U0561758

本书由南京大学人文基金资助出版

资本主义时代农业经济组织研究

Studies of Agrarian Economic Organizations in the Age of Capitalism

（上　卷）

沈汉　等著

人民出版社

目　　录

1

"农业形态学问题还几乎没有人研究。"

——列宁

历史理论"它必须适用于按那种方法表述出来的历史。这种历史决不是整个历史"。

——约翰·希克斯

"每个时代有其特别的经济法则","为了研究一种不同的现实,有必要使用不同的研究工具"。

——库拉

前　　言

农业经济部类是一个传统的经济部类。它是一个比工业经济部类和商业经济部类复杂得多和起源原始得多的经济部类。达尼尔·索恩说:"农业经济过去一直是而且现在仍然是人类社会一种广泛存在的组织形式。""由于农民经济在历史上持续存在,农民经济恐怕有权利按其自身的术语充分地加以研究。"①

农业在人类经济生活中起着重要的作用。在人类社会经济发展的初期,农业部门拥有总人口的三分之一到四分之三,它创

---

① Daniel Thorne,"Peasant Economy as a Category in History",in T.Shanin, ed.,*Peasants in History*,Penguin Books,1968,p.67.

造了一半以上的国民收入,是整个经济的决定性的部门,随着商业尤其是工业革命的开展,农业不再是主要的创造社会财富的经济部类。在从传统社会向现代社会过渡的过程中,农业人口仍占人口的大部分。中国在很长的历史时期中是一个农业国,农业人口占国家人口的大部分。晚近40年随着改革开放的深入,我国的经济结构发生了巨大的变化,国民经济从以农业为主的结构逐渐转变为以工业和商业为主的结构。但人口的绝大多数仍然居住在农村,农业生产的水平还不高。对国外中世纪后期直至当代农业史发展的状况和农民的状况做全面的研究,对于确定我国未来农业发展的方向不无参照意义。

20世纪以来,国内对农业史的实证和理论的系统研究都显得不够,马克思主义经济学对于资本主义时代农业史的很多问题的解释也不能令人满意。列宁在20世纪初期曾评论说,"农业形态学问题还几乎没有人研究。"①一个世纪后的今天,这个问题仍然没有完全解决。

国内外学界在研究欧洲农业史时存在一种习惯的看法,认为农业的资本主义化是近现代欧美农业的常态,一些国家非资本主义农业经济成分的存在则是不正常的状态,是经济发展的失败。② 我们的看法则不同。农业作为一个传统的经济部类,是从封建社会发展而来的。农业本来具有自然经济属性,农业发展受到种种自然条件的制约,这就使得农业发展缓慢曲折。非资本主义和半资本主义结构成分的存在是资本主义时期农业经济发展中的常态,而资本主义农业只是在发达国家农业局部出现的情况。即便在以农业资本主义著称的美国,在19世纪后

---

① 《列宁全集》第56卷,人民出版社1990年版,第101—102页。

② Niek Koning, *Failture of Agrarian Capitalism:agrarian politics in the UK, Germany,the Netherlands and USA*,1846-1919,Routledge,1994.

期,中西部土地经营有相当部分仍然采取了租佃农场的形式,完全使用雇佣劳动力的严格意义上的资本主义农场不过占农场总数的一半左右。国内学界继承了经典政治经济学关于"两极分化"的理论描述,认为英国近代的圈地运动已经消灭了小农,这一结论不符合历史事实。在近代时期,随着农业生产的集中化,小农的确在衰落,但是小农并没有衰落到销声匿迹的地步。直到20世纪,欧洲各国仍然保留了一定数量的小农,当然,它们在数量和比例上没有在第三世界国家那样多。

　　农业经济部类是一个比工业经济部类和商业经济部类复杂得多的经济部类。在中世纪,地产是封建社会经济的基石,封建关系强烈地渗透到土地关系中,由法律规定的农民的身份制度长期存在,土地的等级占有制度也长期存在。这是农业中封建关系的核心。在农业经济关系中,除了地租剥削外,还强制性地实行农奴制和农民对地主的部分人身依附关系。土地经济关系呈二元性。另外,农业是一种在相当大程度上依赖于包括地理条件在内的自然条件的经济部类,而这种依赖性并未因为工业化和技术革命的展开完全消失。布罗代尔对农业提出过一般性的看法,他写道:"一般说来,农业生产是个惰性领域。""领主社会虽然不断经受动摇、打击和破坏,却能在几个世纪里维持下来和重新组合,阻挡乡村中一切异己力量的生长。""领主制扎根于农民生活中,并与农民生活相结合,领主既是农民的压迫者,又是农民的保护人。这种双重关系的遗迹今天在西欧各国还依稀可见。""工业革命以前的经济经常出现故障,各经济部门不能相互协调,在任何情况下都不能同步前进。一个部门动了起来,其他部门不一定受它带动。"①

---

　　① 参见[英]亚当·库珀、杰西卡·库珀主编:《社会科学百科全书》,上海译文出版社1989年版,第407—408页"土地"、"土地占有制"条。

农业史的研究不仅需要经济的研究方法,而且应当纳入法学、自然地理学、农业生态学的视野。

农业经济部类发展一个突出的特点是农业的发展受到自然条件的限制,这种自然条件限制包括地理地貌、土地肥力、水源、气候、季节、生长期等作物属性的制约,农业产量的增长是有限度的。这些都是资本主义时代农业经济组织的性质不同于资本主义工业组织的原因。

在土地产权问题上,诺斯和托马斯认为英国在 17 世纪就确立了绝对财产私有权,绝对产权是资本主义经济形态的主要标志和资本主义经济发展的前提。这两位学者把产权形态绝对化了。现在看来,绝对的土地所有权在欧洲只是在少数国家和地区(如法国)有所规定。而在多数国家和地区,土地产权的构成极为复杂,广泛存在着拥有不完全土地所有权和部分产权的土地持有者。这个时期欧洲并非所有生产单位都是拥有土地所有权的单位,除了拥有土地所有权的业主外,还有相当数量的农民农场主是租地经营。也并非所有大地产都采用了使用雇佣劳动的资本主义大农场的形式,大地产常常分级出租,租佃制农场大量存在,家庭农场也持续存在,租佃制仍然是农业经济组织的重要形式,存在着复杂的租佃制度。本书拟研究租佃制中不同的地租形式(货币地租、实物地租和分成制)、它们存在的比例及地理分布。需要分别研究农场制度的各种类型,如,租佃制农场、使用雇佣劳动力的资本主义大农场、家庭自耕农场和农业合作社中的生产关系;研究各国雇佣劳动关系在农业中的规模和比例;研究地租的变化及其对农民农业生产绩效产生的影响。

租佃制是农业史上持续存在的范畴。但是近现代一些经济学流派,把地租和租佃制完全纳入资本主义经济形态中去分析。把地租视为资本投资的利润。这种定义只适合于资本主义经济形态下大地产的地租,不具有一般性。租佃制是一种具有契约性质的传统土地经营制度。它在中国各个历史时期和欧洲的古代、中世纪和近现代都存在过。因此,需要把地租作为一个具有历史性的经济范畴来看待,重新加以理论探讨。

在一些国家的大租地内部,实行了分层转租,而不是实行雇佣劳动制。在西欧和整个欧洲的农业中,租佃制和农场制仍属较普遍采取的农业经营形式。在那里,存在一定数量的家庭农场和面积稍大的农场。面积50英亩上下的标准的家庭农场,它的耕作以家庭劳动力为主。英国大地产经营常常采取多层租佃制,而不是直接雇佣大批农业工人从事农业经营。

地租有货币地租、分成制实物地租和劳役地租等形式。过去经济学通常将货币地租看作近代先进的地租形式,而把实物地租视为落后的地租形态,是一种衰落的形式。对20世纪一些国家的农业经营方式的考察,我们却发现实物地租作为一种较为便捷的地租形式,在近现代继续以一定的比例存在,在很多发达资本主义国家还颇受欢迎。

在农业革命过程中,不仅在其他欧洲大国,就是在19世纪英国,小农和小家庭租佃农场主都没有完全消失。到20世纪上半叶,农民人数在欧美国家尽管有下降的趋势,在各国人口中比例不大,但仍然存在。而在发展中国家,小农在农业人口中则占较大的比例。需要借助恰亚诺夫学派和欧美各种农民学理论,继续对农民的家庭经济加以研究。

资本主义时代的农业史需要解决的问题很多,其中包括:在资本主义世界体系中,西方资本主义国家农业的结构问题;农业在发展中走的是与资本主义工业化相仿的道路还是自身独特的发展道路;农业革命是否消灭了小农;租佃制以及资本主义时代租佃农场的性质问题;农业经济发展的自然制约性;在全球化时代世界农业生产布局的变化等。

对资本主义定义的不同也造成了研究的困难。在当代西方,一些学者把资本主义社会中存在的所有经济和社会关系都视为资本主义的了。例如,阿明和沃勒斯坦认为,现代世界的所有的生产方式(工资劳动、非工资劳动等)由于参与了世界资本主义体系统治下的市场,因此都是资本主义的了。这种分析方法实际上来源于马克斯·维贝尔的思想遗产,而不是源自马克思主义。按照这种方法,我们将无法对一个国家中国民经济中不同的经济组织形式的性质作辨析。此外,把家庭生产方式如家长对家内妇女的经济关系解释为资本主义剥削关系,在国外学者中也不乏人在。

农业经济史的研究表现出理论方法的贫乏。农业政治经济学在古典资产阶级经济学以前的时代还有一些建树,以后就几乎中断了。19世纪以前在对农业土地制度的研究中,资产阶级重农学派和古典经济学派对于土地保有权给予了很大的关注。与重农学派和古典经济学派相比,新古典经济学派对于土地保有权问题在相当长的时间里没有给予充分的理论关注。在新古典经济学中,土地所有权理论失去了它在古典经济学中所具有的那种特殊意义的主要原因在于,在发达国家中,土地作为一种生产要素的重要性相对来说已经下降。尽管如此,在一些国家特别是在亚非拉第三世界国家中,土地所有权仍然与广泛的经济、社会和政治权力密切相连,具有相当的重要性。

在农业史研究中,单凭对前人的理论作演绎不足以解决问题。唯一可靠的办法是"回过头去",重新研究中世纪以来的农业经济的实际情况,在此基础上对农业经济发展的特点提出自己的看法。当代经济学家约翰·希克斯说过,历史理论"它必须适用于按那种方法表述出来的历史。这种历史决不是整个历史"[1]。

---

[1] [英]约翰·希克斯:《经济史理论》,厉以平译,商务印书馆1999年版,第8页。

波兰马克思主义历史学家库拉则说，"每个时代有其特别的经济法则，""为了研究一种不同的现实，有必要使用不同的研究工具"①。这些方法论的见解对我们很有启发。

①　Witold Kula, *An Economic Theory of the Feudal System*, *Toward A Model of Polish Economy 1500–1800*, London, NLB, 1976, p. 28.

第一编　资本主义时代的农业经济形态理论

第一章 农业经济本体论和农业经济的自然规定性

一、农业经济本体论

农业经济在前资本主义社会是社会的主要经济部类,到了资本主义工业革命以后,则成为社会经济形态中一个居次要地位的部类或部门经济。这个经济部门和资本主义经济形态在特征上有很大的不同之处。它有自身的运作方式和发展规律。马克思注意到农业经济的自然规定性。他写道:"在土地所有制处于支配地位的一切社会形式中,自然联系还占优势。在资本处于支配地位的社会形式中,社会、历史所创造的因素占优势。"[1]"出发点当然是自然规定性"[2],自然规定性是理解农业经济形态特质的一把钥匙。

要说明农业生产方式和工业资本主义生产方式的根本区别,必须运用马克思主义的政治经济学方法,把农业经济的本体分析作为研究的出发点。

马克思主义政治经济学认为,生产关系包括生产资料、劳动对象。资本主义的工业经济加工的对象大都是非自然物,是由

---

[1] 《马克思恩格斯全集》第30卷,人民出版社1995年版,第49页。

[2] 《马克思恩格斯全集》第30卷,人民出版社1995年版,第51页。

人生产出来的东西。如冶炼出来的铜、铁等金属，或是合成的产品。工业生产，体现了人复杂的生产活动，在很大程度上是人对通过由人制造出来的原料进行加工的过程。而农业生产活动是劳动者对自然存在的土壤进行耕作，通过播种等方式，利用作物的生物学的自然生长的本性并期待自然条件的配合进行生产。在传统农业经济中，人的劳动不能取代农作物的生长过程，造成一种生长过程，生产出农业果实或产品。现代科学和农业生产技术的高度发展，可以促进生产过程，提高产量，但是在一般意义上，还是无法用人的活动替代农作物的生长过程。所以我们说，农业生产直至今日，在很大程度上仍然是无法完全摆脱自然经济的生产过程。而这种自然经济的生产过程，是农业经济与工业资本主义经济的本质差别。这种差别，是经济部类之间不可逾越的差异。

农业经济具有两重性。一是属于维生经济，农民的劳作生产首先是维持农民家庭成员的生存。二是在农产品有剩余的基础上，向市场提供产品，即具有商业化的倾向。这两种功能具体地体现在不同类型的农业经济组织的活动中。纯粹的小规模的农民家庭生产，其主要目的是为了满足农民及其家庭成员的维生，生产的小规模使他们无需雇佣劳动者，他们和市场可以没有什么联系。小农维生经济的结构，是从古代社会、中世纪社会沿袭下来的，这一类农民家庭经济完全不具有资本主义性质。而大的所有权农场和大的租地农场，它们的生产目的主要是为市场提供产品。

农业经济运作和发展的规律不同于工业经济。农业经济始终无法完全摆脱自然经济的属性。这意味着，第一，农业经济只有在特定的自然条件下才可能进行；第二，农业经济的生产和发展不可能完全由人来操控运作，只有在它顺乎自然规律的条件下，才可能有较快的发展。

二、自然规定性的概念

物有其存在条件,这是物的规定性的一个方面。物有其活动方式或生命存在形式,这是物的自然规定性的另一个方面。物的存在还由非自然因素决定着。如人对物的控制作用。世间物的规定性,有的属于自然规定性,有的属于非自然规定性。

农业经济形态的本质在历史上是由先后出现的下列条件决定的,这就是:(1)自然规定性;(2)所有权规定性;(3)资本规定性。以往我们在运用政治经济学方法研究农业经济形态时,对农业的所有权规定性和资本规定性研究较多,而较少注意对农业的自然规定性作研究。

亚当·斯密看到农业生产与工业生产的差别。他写道,"在农业上,自然也和人一起劳动;自然的劳动,虽无须代价,它的生产物却和最昂贵的工人生产物一样,有它的价值。农业的最重要的任务,与其说是增加自然的产出力,无宁说是指引自然的产出力"。"减除了一切人的劳作之后,所余的便是自然的劳作。它在全生产物中,很少占四分之一以下,通常占三分之一以上。用在制造业上的任何同量的生产性劳动,都不能引出这样大的再生产。在制造业上,自然没做什么,人做了一切"。①

亚当·斯密还研究了地主和租佃农的关系。他指出:"佃耕者依赖大领主,无异于他的婢仆。他们即使不是贱奴,也是可随意退租的佃农。"②"大领主对于其佃农和家奴,必然有一种驾

---

① 〔英〕亚当·斯密:《国民财富的性质和原因的研究》上卷,郭大力、王亚南译,商务印书馆1972年版,第333—334页。

② 〔英〕亚当·斯密:《国民财富的性质和原因的研究》上卷,郭大力、王亚南译,商务印书馆1972年版,第372页。

驭的权威。"①"可随意退耕的佃户,耕作土地,付给十足的代价,他并非完全隶属于地主。"②

马克思也注意到农业的自然规定性问题。马克思在讨论"生产。生产资料和生产关系。生产关系与交往关系。国家形式和意识形式同生产关系和交往关系的关系。法的关系。家庭关系"这样一个重大的哲学问题时,提醒我们"注意:应该在这里提到而不该忘记的各点":其中第(8)点便是"出发点当然是自然规定性;主观地和客观地。部落、种族等。"③马克思在研究方法论上,注意到经济的自然规定性问题,把它作为认识对象本质的一个重要方面。

三、农业经济的自然规定性

农业经济的自然规定性在本质上是对农业经济自由发展的可能性的一种限定。从本质上说,这是农业经济作为一种传统经济自身具有的无法摆脱的被束缚性。到了技术革命和科技现代化时代,它也难以完全摆脱这种束缚。因此,农业经济活动采用的生产组织形式常常是历史的。农业的生产始终不可能不顾及生产的时间和地点、无法与不顾自然条件而随人的意志自由发展的工业经济和商业经济相媲美,它们内在发展的规律也截然不同。农业经济组织的共时性在很大程度上反映了过去时代的特征。这是人类经济生活必须面对的事实。

这种农业的自然规定性,反映了即便到了资本主义时代,农

---

① [英]亚当·斯密:《国民财富的性质和原因的研究》上卷,郭大力、王亚南译,商务印书馆1972年版,第373页。

② [英]亚当·斯密:《国民财富的性质和原因的研究》上卷,郭大力、王亚南译,商务印书馆1972年版,第377页。

③ 《马克思恩格斯全集》第30卷,人民出版社1995年版,第50、51页。

业也尚未最后摆脱原来意义上的自然经济的属性。这里所说的原来意义上的自然经济,讲的不是农业尚处于自给自足的与市场没有联系的非商品经济形态,而是农业生产在生产组织层面完全无法按照人的主观意志来进行生产。例如,农业生产不可能像工业生产那样保持常年或多年的连续性生产过程,农业生产必然地为春夏秋冬季节的轮换所中断,而到第二年春季需要重新从头来组织生产。从这个意义上说,农业经济常常不具有像工业生产那样的现代性的连续性生产的特点,农业也无法完全采取集约化的生产组织形式。

(一)土地的属性

农业经济是一种不同于工业经济和商业经济的经济部类。从农业经济部类的配置来说,它的一个关键的生产要素——土地——具有不可创造性、不可复制性和地理上的不可移动性。农作物的生长期是由物种的生物属性决定的,它对生长条件的要求也属于自然规定性。农业部类从其产生的历史时间来说,是一个传统的经济部类,它起源于商品经济和资本主义关系形成以前。它最初是个体农民利用有限的技术条件展开的,个体劳动是农业最初的形式,维生是农业生产的目的。随后农业生产关系中出现了强加的人身依附关系。再以后人身依附关系最终解体消失。随着人口的增长,生产的商品化,农业生产的规模扩大了,农业中的生产关系开始具有多样性。但这个经济部类仍未完全摆脱它最初的粗陋的自然经济的痕迹。在发达国家的某一隅,在不发达的第三世界国家的一些地区,农业仍然保持着传统的维生经济的特点,这是农业的自然经济性质和它的生产方式决定的。人力和科学技术的发展永远不可能征服全部农业生产领域。农业将长期保持集约生产方式和个体经营方式并存、自然经济和现代科学嫁接于其上的并存状况。当然,在农业发展过程中各生产方式的比例会发生改变。

为什么资本主义在农业中的发展采取了一种与工业发展不同的模式？首要的原因在于，土地不是严格意义上的资本。日本经济学家大内力曾经指出："农业对于资本主义来讲是个棘手的问题。例如作为生产要素的土地，它虽然能够被限制、被垄断，但由于其不属于劳动产品，因此不能被完全资本化，此外以自然作为生产手段必然带来'不确定性'风险，这会使资本家经营受到影响"①。他指出：我们必须"探讨在资本主义生产方式发展过程中所产生的一切不可避免的变化"，探讨"资本是如何支配农业使其产生变革，包括如何使旧生产形态及所有形态得以存续、如何创造新形态出现的必然性……"同时必须注意"绝不可以切断农业与整个社会生产机构的关联而对其进行独立观察"。

农业生产的基本形式在于，土地是粮食、蔬菜和商品性作物的直接生产者，人是农业的间接生产者。农业的基本生产规律是利用作物的自然生长属性，取得人们所需要的作为产品的作物的果实或枝干。由于人只是农业中处于第二位的生产者，人只有依顺了土地和作物成长和繁殖的内在规律，根据作物的特性提供必要的或改进生产过程的条件来进行生产，也就是说，农业生产中人是被动的，是受自然规律制约的。

农业经济的基本特点是以土地为生产条件，以植物生长的内在规律为基本路径展开的生产活动，因此农业经济属于自然经济。它不是在人所创造的条件下进行生产的，相反，农业生产必须在尊重自然条件和生物生活的规律的前提下发挥人的积极性和创造性，来创造物质财富。及至当代，随着科学技术的发展，人在农业生产中开始逐渐具有一些主动性，但可以说，在农

---

① ［日］東畑精一・宇野弘藏编：《日本資本主義と農業》，岩波書店1959年版，第17页。

业这种经济部类中,生产受到自然条件和自然规律的极大制约。农业经济作为自然经济的基本特征是毋庸置疑的。

而工业生产就其最简单的形式来说,都是由人制造的工具——机器——生产和制造的结果。它是人所发明和制造的加工工具对所发现或制造的原材料加工的结果。它不受季节、气候、水、土壤、肥力、日照等自然条件的限制。工业完全是人工作的结果。所以,农业生产和工业生产有完全不同的内在规律,这种差别就是部类的生产有极大的自然规定性和没有受到多少自然规定性限定的差别。

农业和工业是历史上先后出现的两种经济发展阶段的产物。它们的差异是历史性的差别,是自然经济和人为经济的差别。否认了上述差异,便无法理解农业经济形态的基本特征。

农业经济是一个单位利润率较低的部类,农业从业者经营面积不大的地产,农产品利润率较低。小农户的收入主要用于维持生计。农产品的货币转换率一般较低。而对于农地的投资活动的前景不明朗。此外,面对工农业产品价格差别较大,城市高利率部类和高生活水平的诱惑,农民没有将收入投入农业的长期打算,这是农业发展的不利因素。

土地无法作为一般资本来运作。资本的一般属性是可以增殖,可以用于投资,因此,资本必须是可以流动的。但是,土地作为一种资产,它无法流动,甚至无法移动。它自身无法增殖和扩大。"土地的具有经济意义的主要自然特性是不动性。""不动产的重要特点是它的不动性或位置的永恒性。"土地只能被人使用而无法作为投资扩大生产。所以,土地在政治经济学分析中属于死资本,它不可移动,不可增长。这就在根本上决定了土地经济发展的局限性。这就使得农业无法像资本主义工业那样自由地无限制地发展。

(二)自然环境对农业的制约

农业生产有着不同于其他生产的特点。农业所生产的是有机物质资料,这些有机物质资料最原始的材料,来自太阳的能量。但是人们不能直接利用太阳有形的能(动能),只有通过农业生产过程,经过绿色植物的生长过程把太阳有形的能变成为农作物隐蔽的能(势能),才能供人们使用。农业生产所从事的植物栽培,不只是要有农业生产最原始的材料——太阳光能,同时要有植物生长、发育所需要的其他生活因素或生活条件。① 总的说来,农业生产同其他生产有很大的不同,最突出的不同在于,植物生长发育需要有生活因素或栽培植物需要绝对必需的条件,它们包括:日光、热量、水分、空气和植物养料。② 没有来自于宇宙空间的光和热,没有来自土地里面的养分、水、气、热量,就不具备绿色植物生长的条件。③ 在农业中,"问题不只是劳动的社会生产率,而且还有由劳动的自然条件决定的劳动的自然生产率。"农业对自然和对土地有特殊的依赖性。④

农业生产的性质是完全按照作物生长期来定,而不是按照生产的劳动时间来定。⑤ 农作物绝大多数是一年生或一季生作物,只有少数是多年生作物。

气候是制约农业生产的重要因素。有三个重要的因素影响植物的生长,即温度、降水量和光照强度。范·巴斯教授举出英国小麦生长节气的例子。在小麦生长的八个阶段中,对天气要

---

① 朱剑农:《土壤经济原理》,农业出版社1981年版,第3—4页。

② 朱剑农:《土壤经济原理》,农业出版社1981年版,第4页。

③ 朱剑农:《土壤经济原理》,农业出版社1981年版,第5页。

④ 朱剑农:《土壤经济原理》,农业出版社1981年版,第5页。

⑤ David Goodman and Mechiel Redclift, *From Peasant to Proletarian Capitalist development and Agrarian Transition*, N., Y.St Martin Press, 1982, p.12.

素都有不同的要求。在9月末,小麦生长要求适度潮湿;在10月、11月到12月20日,要求适度干燥、温暖程度不要太高;12月21日到2月底,要求适度干燥,小雪、温度不要超过摄氏10度,没有大风;3月,当小麦开始生长后不要有霜;4月,要求日照充分,定期下小雨;5月到6月15日,要求温暖、没有热浪、有少量雨水;6月16日到7月10日,要求阴凉、多云、当进入花期后没有降水;7月末、8月到9月初,要求干燥、温暖、阳光充足、没有热浪。作为多年生的作物,葡萄对气候条件的要求比谷物的要求复杂得多。葡萄树要获得好的收成,必须具备下列天气条件:前一年夏天必须温暖,这样才会长出许多新芽;秋季足够温和,以确保新芽能够长成;在冬春两季霜冻不严重;夏季和早秋气候温暖,使果实能够成熟。葡萄酒质量高低与光照强度有直接关系。聚集的热量适合酿酒,而多雨的夏季会降低葡萄酒的产量和质量。[①]

在一定温度条件下种植谷物,产量对降水量变化的反应比对温度变化的反应要敏感得多。

J.蒂托对英格兰温彻斯特主教区的40多个采邑的历史考查表明,在1211—1350年间,如果夏季和秋季非常干燥,接下来的冬季寒冷或正常,第二年夏季又是较为干燥的年份,通常都是丰年。潮湿的或者非常潮湿的秋季和潮湿的冬季往往带来糟糕的收成。严冬过后,一般也有好收成,除非在这以前的冬季过于潮湿。18世纪的统计数据表明,在经过类似于1784—1785年和1785—1786年的严冬以及随后而来的干燥炎热的夏季后,农业会获得大丰收。[②]

---

① ［英］E.E.里奇、C.H.威尔逊主编:《剑桥欧洲经济史》第5卷,高德步等译,经济科学出版社2002年版,第55—56页。

② ［英］E.E.里奇、C.H.威尔逊主编:《剑桥欧洲经济史》第5卷,高德步等译,经济科学出版社2002年版,第57页。

在欧洲不同的地区,农业生产对于气候有不同的要求。在北欧,这里温度条件对作物的生长尤其重要,这里更适合种植春季作物,因为冬季作物需要非常早的播种准备期。在地中海沿岸地区,这里的作物生长完全依赖降水,由于这里春季降水极少,不能进行春播,因此主要种植冬季作物。俄罗斯干旱的草原地区也是一个降水量对作物生长至关重要的地区。西欧气候温和的地区,这里的降水量和温度对植物的生长极为重要,降水过多、日照不足会引起秋季温度过低,从而对作物的收成产生不良的影响。西欧谷物产量更加依赖于降水而不是温度。谷物的产出表现出明显的地域差异性。①

农业的自然限定性还表现在农作物种植过程中存在着风险。粮食作物按照种植风险的大小可以分为以下几个等级:(1)高风险作物:包括用作牛饲料的甜菜、亚麻籽用作马饲料的豆类和豌豆;(2)中度风险作物:包括油菜、冬春小麦、冬大麦、和亚麻须根;(3)低风险作物:包括早茬马铃薯、夏大麦、苜蓿和燕麦;(4)无风险作物:包括干草、马铃薯和裸麦。②

(三)地力、肥力的制约

科学技术的迅速发展使得农作物产量的增长显示出很大的潜力。从20世纪后期的农业发展来看,西欧国家粮食作物的单位面积产量有很大增长,增长幅率超过了之前的半个世纪。英国小麦的单位面积产量从1950—1954年的每公顷2.8吨,提高到1965—1969年的每公顷3.9吨,1985年的每公顷6.3吨。大麦的单位面积产量从1950—1954年的每公顷2.6吨,提高到1965—1969年的每公顷3.6吨,1985年的每公顷4.9吨。燕麦

① [英]E.E.里奇、C.H.威尔逊主编:《剑桥欧洲经济史》第5卷,高德步等译,经济科学出版社2002年版,第58页。

② [英]E.E.里奇、C.H.威尔逊主编:《剑桥欧洲经济史》第5卷,高德步等译,经济科学出版社2002年版,第56页。

的单位面积产量从 1950 — 1954 年的每公顷 2.4 吨,提高到 1965—1969 年的每公顷 3.2 吨,1985 年的每公顷 5.3 吨。马铃薯的单位面积产量从 1950 — 1954 年的每公顷 19.9 吨,提高到 1965—1969 年的每公顷 24.9 吨,1985 年的每公顷 35.8 吨。[1] 在德国威斯特伐利亚地区,裸麦的单位面积产量从 19 世纪 30 年代每公顷 883 公斤,提高到 1880 年的每公顷 1060 公斤,1900 年的每公顷 1594 公斤,1910 年的每公顷 1962 公斤,1939 年的每公顷 2130 公斤,1949 年的每公顷 2360 公斤,1970 年的每公顷 3410 公斤,2000 年的每公顷 6416 公斤。小麦的单位面积产量从 19 世纪 30 年代每公顷 665 公斤,提高到 1880 年的每公顷 1218 公斤,1900 年的每公顷 1816 公斤,1910 年的每公顷 2083 公斤,1939 年的每公顷 2410 公斤,1949 年的每公顷 2740 公斤, 1970 年的每公顷 3990 公斤,2000 年的每公顷 8186 公斤。大麦的单位面积产量从 19 世纪 30 年代每公顷 1085 公斤,提高到 1880 年的每公顷 1096 公斤,1900 年的每公顷 1438 公斤,1910 年的每公顷 1717 公斤,1939 年的每公顷 2270 公斤,1949 年的每公顷 2640 公斤,1970 年的每公顷 4100 公斤,2000 年的每公顷 6549 公斤。燕麦的单位面积产量从 19 世纪 30 年代每公顷 684 公斤,提高到 1880 年的每公顷 1090 公斤,1900 年的每公顷 1622 公斤,1910 年的每公顷 1838 公斤,1939 年的每公顷 2100 公斤,1949 年的每公顷 2430 公斤,1970 年的每公顷 3180 公斤, 2000 年的每公顷 5066 公斤。[2] 但是从理论上讲,土壤的地力和

----

① Erik Thorn and Tim Soens, eds., *Rural Economy and Society in North-Western Europe*, *500 – 2000*, Brepols, 2015, p. 136. Table 4.24. Yields in the UK1950–1985.

② Michael Kopsidis, "Northwest Germany, 1750–2000", in Erik Thorn and Tim Soens, eds., *Rural Economy and Society in North-Western Europe*, *500–2000*, Brepols, 2015, p.343. Table 10.1 Westphalian grain yields, 1830–2000.

肥力对农作物产量的作用仍是有限制的。土壤的地力和肥力不可能无限地提高。

(四)自然条件对农业机械化的影响

从18世纪后期开始,在农业生产中逐渐开始使用机械和蒸汽动力。荷兰在18世纪第一次使用了扬谷机、选种机等,并在荷兰出现了用马力带动的锥形脱粒滚筒。18世纪在英国,现代脱粒机的发明已基本完成。在18世纪,播种机也制造出来。这3种农业机械随后在欧洲各国得到推广。

表1-1　19世纪中期到20世纪初期欧洲农业机器的使用①

国家	时间	脱粒机	收割机	播种机
比利时	1880	6900	1500	1800
	1910	23000	19000	12000
	1930	26500	731100	23500
法国	1852	66000	无资料	无资料
	1862	101000	18000	11000
	1882	211000	35000	29000
	1892	234000	62000	52000
	1929	204000	1809000	322000
德国	1882	374000	20000	64000
	1895	856000	35000	169000
	1907	1436000	301000	290000
	1925	1055000	1023000	589000

① ［英］H.J.哈巴库克、M.M.波斯坦主编:《剑桥欧洲经济史》第6卷,王春法等译,经济科学出版社2002年版,第606—607页。

国家	时间	脱粒机	收割机	播种机
荷兰	1875	无资料	1300	无资料
	1890	无资料	12100	2350
	1906	无资料	31500	5600
	1907	无资料	49200	7000
	1917	无资料	87000	19650
	1929	无资料	97700	27000

　　上述资料表明,法国和德国两国农业机械化在第一阶段规模大致相当,但到了19世纪最后20年,德国的农业机械居于绝对领先地位。

　　英国在1860年以前几乎没有任何收割机械。在1880年以后,自动割捆机才开始在英国推广。奥地利在1902年全国有329000个土地所有者使用脱粒机,有13000个土地所有者使用收割机,有75000个土地所有者使用播种机。东欧和南欧到了1930年以后才开始大量使用先进农具。在匈牙利,1935年全国有100多万个农场,它使用了10万多台播种机。而收割机和脱粒机只有几千台,而且大多数是由马力驱动。西班牙在1932年有400万个农场和好几百万公顷土地播种谷物,但该国只有70000台收割机、27000台播种机、5000台脱粒机。意大利1930年有几百万个农场,但是只有125000台各种收割机械。

　　联合收割机主要是美国人开发出来的,但到了1920年代中叶,收割机总量还是非常少。1950年前后,欧洲大部分国家只有几百台这种机器,一些机械化程度较高的国家则有几千台收割机。[①]

---

　　① 　[英]H.J.哈巴库克、M.M.波斯坦主编:《剑桥欧洲经济史》第6卷,王春法等译,经济科学出版社2002年版,第607—608页。

蒸汽机在农业中发挥的作用并没有像人们所预期的那样成功。曾经有过制造蒸汽拖拉机的尝试,并在北美大草原试用过。但因为它太不灵活而被放弃了。随后发明了蒸汽犁。但是蒸汽犁在欧洲未能广泛推广。原因是这种机器,成本高,价格昂贵,需要很高的初始投资,欧洲大多数个体农业劳动者买不起它。这种犁适合在大规模的农场上使用。而且,这种犁使用时需要添煤、添水,这样就需要把煤和水运到田里,这就需要很宽和很好的道路。这些因素使得蒸汽犁的应用变得很困难。

在欧洲,使用蒸汽犁的两个主要国家是英国和德国。19世纪末,在英国有相当数量的蒸汽犁在使用。但到了1910年前后,蒸汽犁的使用没有进一步的发展。在德国,农场使用的蒸汽犁的数量1882年是836台,1895年是1696台,1907年是2995台。1925年和1933年的调查表明,使用蒸汽犁的农场减少了。1949年西德的全国农业调查没有提到有蒸汽犁在使用。法国在19世纪只有几百台蒸汽犁在使用。奥地利1902年的调查表明,有383个农场在使用蒸汽犁。20世纪30年代捷克斯洛伐克、奥地利和匈牙利3国的调查表明,每个国家各有几百台蒸汽犁在使用。1924年在英国的调查表明,在农业中使用的蒸汽机数量已不多,而且大部分用于脱粒。此外再没有其他用途。[①]

拖拉机在第一次世界大战后才在世界范围内推广。而它在欧洲的使用比北美晚得多。因为欧洲的农场面积都比较小或者仅有中等规模。此外,农村人口的密度也比较大,这些都影响了拖拉机的使用。1930年前后,虽然拖拉机的数量较之蒸汽犁要多,但是它的数量还是很有限。英国、法国、德国、意大利各国分别有近20000台拖拉机。许多小国仅有几千台或几百台拖拉

---

① [英]H.J.哈巴库克、M.M.波斯坦主编:《剑桥欧洲经济史》第6卷,王春法等译,经济科学出版社2002年版,第611—612页。

机。20 世纪 30 年代,由于采取了一些推广拖拉机的措施,英国和德国的拖拉机的数量增加了 3 倍。但是在这 10 年间,意大利的拖拉机数量只增加了两倍,法国增加的数量更少。到第二次世界大战前夕,欧洲的拖拉机总数大约是 20 万台。1950 年前后,英国拖拉机的数目超过了 33 万台,德国和法国的数量达到了 10 万台,瑞典和意大利几年后拖拉机也达到了这一规模。[①]而到 20 世纪初年,欧洲大多数国使用的马匹数仍在缓慢地增长。[②]

根据对世界上 19 个国家的调查结果。在 14191 处地产上,使用机器动力耕作的土地为 659 处,占地产数的 4.6%;混合使用畜力和机器动力的地产有 2520 处,占地产数的 17.8%。

在北美洲和中美洲 1782 处地产上,使用机械动力的为 88 处,占地产数的 4.9%;混合使用畜力和机器力的地产有 89 处,占地产数的 5%。其中在哥斯达黎加,使用机械动力的占地产数的 3.6%;混合使用畜力和机器力的地产占地产数的 6.1%。在多米尼加共和国,使用机械动力的占地产数的 3.9%;使用机械动力的占地产数的 3.9%。在圣萨尔瓦多,使用机械动力的占地产数的 1.1%;混合使用畜力和机器力的地产占地产数的 4.8%。在墨西哥,使用机械动力的地产占地产数的 6.2%;混合使用畜力和机器力的地产地产数的 5.7%。在巴拿马,使用机械动力的地产占地产数的 6.7%;混合使用畜力和机器力的地产占地产数的 1%。在南美的秘鲁,使用机械动力的地产占地产数的 2.7%;混合使用畜力和机器力的地产占地产数的 5.1%。在巴西,使用机械动力的地产占地产数的 2.1%;混合使

① [英]H.J.哈巴库克、M.M.波斯坦主编:《剑桥欧洲经济史》第 6 卷,王春法等译,经济科学出版社 2002 年版,第 612—613 页。

② [英]H.J.哈巴库克、M.M.波斯坦主编:《剑桥欧洲经济史》第 6 卷,王春法等译,经济科学出版社 2002 年版,第 614 页表 56"欧洲各国马匹拥有量"。

用畜力和机器力的地产占地产数的3.9%。[1]

在亚洲所调查的238处地产上,使用机械动力的地产占地产数的24%;混合使用畜力和机器动力的地产占地产数的28.1%。在巴林,使用机械动力的地产占地产数的89.1%。在伊拉克,使用机械动力的地产数的44.1%;混合使用畜力和机器力的地产占地产数的17.5%。在约旦,使用机械动力的地产占地产数的32.1%;混合使用畜力和机器动力的地产占地产数的33.9%。在沙特阿拉伯,使用机械动力的地产占地产数的21%;混合使用畜力和机器动力的地产占地产数的26.5%。[2]

在欧洲所调查的4个国家的5068处地产上,仅使用机械动力的地产为372处,占地产总数的7.3%,混合使用畜力和机器动力的地产有2115处,占地产数的41.7%。1970年在比利时,仅使用机械动力的地产占地产数的34.2%;混合使用畜力和机器动力的地产占地产数的8.7%。1970年在捷克斯洛伐克,使用机械动力的地产占地产数的5.6%;混合使用畜力和机器动力的地产占地产数的60%。1968年在葡萄牙,使用机械动力的地产占地产数的8.2%;混合使用畜力和机器动力的地产占地产数的36.1%。1969年在南斯拉夫,仅使用机械动力的地产占地产数的6.2%;混合使用畜力和机器动力的地产占地产数的35.5%。[3]

---

[1] Food and Agriculture Organisation of United Nation, *1970 World Census of Agriculture*, *Analysis and International Comparison of the Results*. Rome, 1981, p.238. Table 11.1. Number and percentage of holdings reporting use of power, by source of power.

[2] Food and Agriculture Organisation of United Nation, *1970 World Census of Agriculture*, *Analysis and International Comparison of the Results*. Rome, 1981, p.238. Table 11.1. Number and percentage of holdings reporting use of power, by source of power.

[3] Food and Agriculture Organisation of United Nation, *1970 World Census of Agriculture*, *Analysis and International Comparison of the Results*. Rome, 1981, p.238. Table 11.1. Number and percentage of holdings reporting use of power, by source of power.

在大洋洲的美属萨摩拉，使用机械动力的地产占地产数的4.3%；混合使用畜力和机器动力的地产占地产数的0.6%。在关岛，使用机械动力的地产占地产数的8.5%；混合使用畜力和机器动力的地产占地产数的6.8%。在太平洋群岛，使用机械动力的地产占地产数的3.2%；混合使用畜力和机器动力的地产占地产数的5.4%。[1]

机械化在发展中遇到的困难，一方面是受到技术是否具有可实施性，另一方面反映了农业生产受自然规定性，如为人口密度、农场土地面积、农村道路和地貌等条件所限制。应当说，农业的自然规定性在更大程度上制约了农业生产的高度现代化。生产方式在很大程度上必须符合自然条件，这是农业经济形态不同于工业经济形态的一个重要的条件，这也是农业生产无法最终摆脱传统的自然经济的特点的一个根本原因。[2]

（五）农业和工业生产的对象和经济规律的差异

农业是以作物生长为方式的生产过程，而工业是以原材料制造和加工为方式的生产过程。农业经济部类和工业经济部类运作的根本不同之处在于，农业经济是以自然创造出来的物为生产和加工对象。而工业经济完全是以通过技术制造出来的物为生产（和加工）对象。农业生产是作物自然生长的结果，而工业产品一般是通过物理或化学方式生产出来。这种生产对象和生产过程的特性决定了工业生产不存在自然制约性。由于生产

---

[1] Food and Agriculture Organisation of United Nation, *1970 World Census of Agriculture*, *Analysis and International Comparison of the Results*. Rome, 1981, p.238. Table 11. 1.Number and percentage of holdings reporting use of power, by source of power.

[2] 诚然，随着温室和大棚技术的推广，反季节的生产蔬菜等作物栽培已经发明。但是，粮食作物的大规模生产由于普遍推开的经济成本和技术难度，恐怕无法进行反季节生产。

方式不同,资本投入在两种经济部类中所起的作用截然不同。从投资角度来说,农业生产规模投资的扩大首先受土地面积的制约,没有足够的土地作为生产对象,投资无法作用于农业作物的种植和生产。从纯农业作物产出而论,投资通过施肥和其他生长促进剂的施用而作用于农作物,然而这种促进作用毕竟只是间接的,起决定作用的是农作物生长和繁殖的内在生物规律。不是所有投资作用都可以直接收到效果的。再有,有足够投资,可以在没有合适的自然条件的地方建设工厂,创造生产条件。

工业产品生产的年增长率可以是无限的或呈几何级数的,而农作物产出增长的幅率只可能是算术级数的增长。农产品单位面积产量年增长率能达到百分之十几到几十已很不错,要达到百分之一百、二百或更高的增长率几乎是不可思议的。这集中地表现出农业生产的增长受到自然规定性极大的制约。随着科技的发展,人的力量已经可以部分地改变自然对农业的规定性,但是自然规定性并没有完全被打破。在农业中资本投入所起的作用是有限制的,而在工业经济中,资本投入所起的作用是无限的。这两个经济部类发展的规律不同。

第二章　土地所有权

一、土地所有权

土地所有权理论目前有很多问题需要研究。基于罗马民法的西方所有权概念只是把拥有所有权和没有所有权定为两个类属，在它们之间划出了不可逾越的界限。这样就把所有权问题简单化了。实际上在人类的经济生活中，在有还是没有所有权之间存在着多层次的持有形式，它们构成了一个谱系。

理查德·霍伊尔指出，"在 1000 年往后延伸的年代，明显地出现了财产权的分叉。在法律上，地产属于领主，但是领主对他的土地的领主权，由于习惯权利的出现而达成了妥协。这种习惯权利给了佃户土地使用权，这使得他们不会立即被赶走。因此，佃户时常有一种竞争的土地所有权的制度。这种制度确认他们耕种的土地本质上是他们自己的，可以出售、抵押、可以遗赠。有时可以在领主法庭上注册他们的权利。因此，'佃户'在这个时期包含了广泛条件的一个系列，从对他们的土地几乎完全没有权利到他们几乎有全权的一个所有权的系列。"①英国的

---

① Richard W. Hoyle, "Conclurion: Reflections on Property and Power Over the Last Millennium", in Bas J. P. van Bavel and Richard W. Hoyle, eds., *Social Relations, Property and Powers* Bropls, 2010, pp.350−351.

自由持有地产和租地保有地产具有这种特点,这些保有权都包含了土地持有者承担的对君主义务的规定性。至于层次低得多的公簿持有保有权,则要承担更多的封建义务和封建税负,但这种佃户仍享有特权,而且这些特权受大法官法庭保护。这几种土地保有权较之全权的保有权,权益要低得多。在中世纪的西欧,这种土地持有制度是和一定的农民身份规定性相联系的,土地也具有法律规定的与个人的身份规定性相仿的封建身份规定性。

租佃地持有者从表面上看它们没有土地所有权,但是他们按租赁条件租种土地的租佃权是受各类契约或习惯法保护的。所以他们对租地实际上拥有部分的所有权。到了近代时期,租佃制继续存在,租佃权得到更多的保护。19世纪后期到20世纪,政府往往采取赎买的政策,让佃户交出一笔赎金,买得土地的完全所有权,如英国的公簿持有农、租地持有农、俄国和东欧的农奴,都是通过这种方式取得他们持有的(耕种的)土地的所有权的。由此,在一些国家残存的已经十分薄弱的身份制度的残余最后被取消了。

现代经济学认为,有三种范畴的财产权。第一种是使用一种资产的权利,即使用者的权利。它规定,对一个个人来说,使用一种资产的潜势包括在物理上的改造权或者毁坏一种资产的合法权利。第二种权利是从一种资产上挣得收入和按一定条件与其他人订立契约以从资产上挣得收入的合法权利。第三种权利是永久地把资产的所有权的任何部分转让给别人的权利,即让渡或出售资产的权利。① 因此,可以这样说,财产权是可以分割的。在上述三种权利中拥有一种或两种权利,即便他们没有

---

① Thrainn Eggertsson, *Economic Behavior and Institutions*, Cambridge U.P., 1990, pp.34-35.

拥有全部的所有权,都属于部分拥有财产权。承认财产权可以分割这一前提,在有全权财产权和没有财产权之间,就出现一个部分拥有财产权的业主系谱。租佃者占据了这个系谱的主要幅域。这是农村所有权分布的真实的系谱图像。

法国历史学家圣·雅各布指出:"几个世纪以来,由于土地和人的地位的形式多种多样,土地法更加复杂了。"《剑桥欧洲经济史》指出:"人们通过不同的方式获得财产,整套形式又汇成一点,即对财产的拥有。"[①]土地所有权涉及土地资源控制的权力和形式。在农业居于支配地位的时期和地区,土地所有制决定了社会和政治状况,也决定了大部分人口的经济力量。土地所有制是相当复杂的。到现在为止还没有给出一个有关土地所有制的一般性的适当的分类。[②] 但是,在封建主义向资本主义过渡时期以及当代的非发达资本主义地区,所有权仍然构成了对农民束缚的一条纽带。

农业经济史包括生产力和生产关系两个方面。关于土地所有权的理论则是农业经济史研究中对生产关系以及生产力研究的一个重要分支。历史上各国土地所有权具有多样性。对土地所有权的研究,是理解农业生产关系的一个重要的出发点。然而,过去相当一段时间里,我国学者在农业史研究中对生产力较为重视,而对农业生产关系的关注不是很多。

道格拉斯·诺斯和罗伯特·托马斯强调绝对产权的确立对资本主义发展的推动作用。他们认为:"英国经济成功地摆脱了十七世纪的危机,这可以直接追溯到已经形成的私人所有权制度。""国会的出现,造成了英国所有权的性质与大陆模式的

---

① [英]E.E.里奇、C.H.威尔逊主编:《剑桥欧洲经济史》第五卷,高德步等译,经济科学出版社 2002 年版,第 103 页。

② [美]约翰·梅尔:《农业发展经济学》,何宝玉、张进选、王华译,农村读物出版社 1988 年版,第 235 页。

大相径庭。转让所有权的权力愈益落到了这样一个集团,私有权和取消王室垄断可以更好地为它自身的利益服务。如果不发生这样的转移,英国经济史或许会大不一样。"①"在新古典理论看来,规定和实施完善的所有权及愈益有效和扩大的市场将把资源导入新的渠道。"②所有权结构在尼德兰和英格兰的发展,"从而为持续的经济增长提供了必要的刺激,它们包括鼓励创新和随后工业化所需要的种种诱因"。他们"把成功的经济增长看作是由有效的所有权的发展决定的"。③

夸大土地绝对产权对资本主义农业经济发展的作用,是一些经济学家根据其理念提出的一种新教条。它一度在中国学界产生过很大的影响。诺斯和托马斯把绝对的农业土地所有权视为资本主义时代农业经济的基本特征。他们在这里把绝对产权制度看作是经济发展的主要动力。他们把绝对财产所有权视为一个不可分割的整体抽象物。他们没有看到在这个时期的经济生活中,存在着多种复杂的所有占有制度。一些经济理论研究者由于忽略了农业经济中所有权的复杂性,从而把诺斯和托马斯的绝对产权理论作为一种理论来加以崇奉。这种概括并不符合世界农业经济组织的基本情况。

在成熟的资本主义社会,土地占有仍然是等级制式的占有。有少数绝对地拥有土地所有权的农业业主,也存在更多的以缴纳租税为条件持有土地的农场主。不完全的土地所有权大量存在。

①　[美]道格拉斯·诺斯:《经济史上的结构和变革》,厉以平译,商务印书馆1992年版,第152、154页。

②　[美]道格拉斯·诺斯:《经济史上的结构和变革》,厉以平译,商务印书馆1992年版,第15、163页。

③　[美]道格拉斯·诺斯、罗伯特·托马斯:《西方世界的兴起》,厉以平、蔡磊译,华夏出版社1989年版,第171页。

G.博尔教授指出,近代早期的农业中存在着"不完全的财产权",而并非绝对财产权。实际的农业土地占有关系并不那么简单。在土地领域,保有权的分布从拥有绝对所有全权的地主到部分拥有保有权的佃户,到农业雇佣劳动者,构成了一个复杂的系谱。

近现代世界农业史表明,对土地的绝对拥有者在乡村人口中只是很少一部分人。到了资本主义时代,西方土地保有权仍然非常复杂,许多人持有土地但不掌握所有权。个体农场主或许与个人所有权相联系,或是与某种形式的共有权相联系。集体农耕可以和个人所有权相联系,也可以和集体所有权相联系,或者与社会所有权相联系。这些在保有权安排中是有很大区别的,它取决于地主和佃户各自精确的权利和义务。在自由契约制度条件下,各自的权利和义务由地主和佃户来决定,法律体系的作用在于强制地对契约规定的义务表示服从。[①] 土地保有权在近代相当长的时间对于农业经营和农民的地位起过重要作用。在第三世界国家中,土地保有权在 20 世纪土地经济中仍然是一个重要的问题。

一个社会在法理上确认私有财产权的至上性,并不代表对土地拥有权利要求的人都拥有绝对的土地所有权。资本主义社会确实在法理上宣布了私有财产权的至上性。确认私有财产的绝对性,这似乎要把资本主义社会的财产关系单一化。但是,这与经济生活中一个人是否完全拥有绝对的土地的私有权不是一件事。拥有私有财产权的人是否获得土地的全部收益也不是一回事,他可能让一些属下分等级地享有部分土地所有权。

财产权包含了多个维度,这些维度可以划分开来或分别处

---

① J.M.Currie, *Economic Theory of Agricultural Land Tenure*, Cambridge U.P., 1981, p.1.

置。特拉因·艾格松指出,财产权包括三个范畴。第一,使用资产的权利,即使用者的权利。它规定,对个人来说使用资产的潜势包括在物质上改变或者甚至破坏资产都是合法的。第二,它包括从资产上挣得收入,以及和其他个人有条件的订立契约。第三,它包括永久地向其他人转递资产其他部分所有权,即让渡或出售资产。①

英文中"保有权(Tenure)"与"所有权(Ownership)"在概念上不能等同。保有权从理论上说,它既包括绝对的所有权(在英国从来没有这类东西),也包括通过向君主承担一定的义务而获得的土地权,还包括在根本没有拥有所有权的条件下,只是通过租赁土地而得到的受法律或习惯保护的土地使用权——即有条件租佃权。

拥有一些有所有权土地又租种一部分土地来经营的农民,他们在这个系谱中的位置处于土地所有者和土地租佃者之间。那些租种大块土地收入颇丰的佃户和只对极小块土地拥有所有权的小农,在农村土地所有制的谱系中的相互位置则成了一个复杂的问题。

农业经济形态并不是非此即彼的封建主义与资本主义经济形态的两分法可以划分的。在典型的封建主义农奴制经济与资本主义工业雇佣劳动的大农场制之间,还存在着一个长长的经济组织的链条或系列,其中有半封建半资本主义的、非封建也非资本主义的各种各样的农业经济组织形式存在。

一种经济形态包含反映其性质的微观结构,可以称为"经济关系集束"或"核心结构"。就其中的单个结构而论,它是单色调的即性质明晰的,它明晰地反映出那种典型的生产关系或

---

① Thrainn Eggertsson, *Economic Behavior and Institutions*, Cambridge U.P., 1990, p.35.

社会关系。但这个时期经济形态的全部构成是多样化的或多元的。与此同时,在典型性的"集束"周围,还存在着大量非典型性的经济结构。

个体农场主或是与个人所有权相联系,或是与某种形式的共有权相联系。集体农耕可以和个人所有权相联系,也可以和集体所有权相联系,或者与社会所有权相联系。这些业主在保有权安排中是有很大区别的,它取决于地主和佃户各自精确的权利和义务。在自由契约制度条件下,各自的权利和义务由地主和佃户来决定。法律体系的作用在于强制地对契约规定的义务表示服从。

到了20世纪,在发达资本主义国家中,封建领主制完全消失后,土地所有权不再有随附的特权,如领主权、封侯的资格、军事权等。土地所有权只是一种财产权,它只是和从土地上获利相联系。由于不拥有土地所有权也能从土地上获利,所以土地所有权的重要性或者说它在土地经营者心目中的地位下降了。在土地绝对所有权与租佃持有权之间不再存在一条绝对不可逾越的鸿沟。

在资本主义社会,不完全的财产权广泛存在。一个例子是公地在各国广泛存在。农民在公地上享有共有的放牧权等使用权。但是这些权利不是农民排他地拥有的权利,而是共享的权利。不完全的财产权另一方面表现在租佃制度中。以不同的租佃条件(或许还附有一些义务)承租土地的佃户,他们对土地并没有所有权,但是他们拥有使用权,这种持有权或使用权为租契或习惯所保护。这使得租户在一个时期内在租地可以进行农业生产和获得收获物。租户凭借不完全的土地所有权从事经营、生产,以此维生。资本主义社会在法律上确定了土地私有权的原则,但是这并不意味着每个乡村劳动者都持有具有绝对所有权的土地。资本主义社会并没有保证农民都拥有土地财产。各国农民在是否拥有土地财产上存在着很大的差别。它们持有的土地的性质也呈现出质和量的差别。这样，农村中土地持有制度仍然是等级制的。租地持有可以简单地被视为较之完全土地所有权低一个等级的所有权，它和真正的所有权有质的不同。① 当然，这种等级占有制与中世纪的身份等级制性质不同，它是一种财产等级制。在资本主义时期的乡村中，根据统计资料，享有不完全土地财产权的人口在人口中占有相当大的比例。

到 20 世纪 60 年代后期，对于土地保有权的形式是否值得关注，对于土地私有制以及私有财产权和资本主义发展的关系，学者有不同的认识。与古典经济学家相比，新古典经济学家很少把注意力放在土地保有权问题上。当代西方学者对于土地所有权在评估农业经济和农民地位时的重要性不那么重视。直到晚近才有较多的著作讨论分成租佃制问题。而事实上，土地保有权对许多发展中国家来说仍然是极其重要的问题。②

一些学者认为，所有权占有和固定租地保有权占有被认为是等值的，无论哪种安排都会导致对资源有效的使用，每一种要素的边际生产效率都可以替换成它的价格。③ 经济学家认为，到了现代，土地所有权的权力减弱了，使用权变得比所有权更为重要。张五常甚至夸张地说，有了使用权（或决定使用权）、自

---

① "不完全的财产权"的概念，参见 Gerard Beaur, Phillipp R. Schofield, Jean-Nichel Chevet, Maria Teresa Perez Picazo, eds., *Property Rights*, *Land Markets and Economic Growth in the European Countryside* (*Thirteenth-Twentieth Centuries*. Brepols, 2013. I. Imperfect property rights and economic change, pp.69–194.

② J. M. Currie, *Economic Theory of Agricultural Land Tenure*, Cambridge U.P., 1981, Preface.

③ J. M. Currie, *Economic Theory of Agricultural Land Tenure*, Cambridge U.P., 1981, p.31.

由转让权、不受干预的收入享受权,有没有所有权都无所谓了。①

另一种看法则认为,分成制租地保有权"没有效率"。记载一种安排下佃户支付给地主的部分产品恐怕可以起一种阻碍作用,即佃户恐怕只能是达到这样的结果,即他分享的边际产品价值与它的价格相当。埃里克·克里奇甚至认为,"到了早期近代,可以公正地说,保有权本身只有第二位的意义,土地所有者和农场耕作全部事务不再依靠保有权,而是依靠不动产和土地中代表的意义。"②范·巴斯也认为,到了近代后期,保有权已经不像以往那样重要。

但是,也有相反的见解,认为土地保有权无关紧要以及分成租佃制是一种无效的安排的观念遭到了J.E.斯提格里兹等学者的批评。③ W.B.摩根认为,土地保有权在许多方面来看都是一个重要的问题。特别在讨论农民时更是这样。在第三世界国家,土地保有权的存在有不同的形式。一些保有权形式始终被看作是农业变革和发展的障碍。政府政策频繁地利用土地保有权作为推动农业变革和经济发展的关键措施。在第三世界国家,地产比发达国家在全部财富中占有更高的比例。土地改革从来就不仅是财产和生产效率的问题,同时也关系到社会正义的问题。因此,许多国家的土地改革纲领主要关注的是社会和政治问题,它们也可能导致创建不那么有效率的生产体系。特别是在前殖民地的热带非洲,一些国家的政府始终在建立私人

① 张五常:《佃农理论——应用于亚洲的农业和台湾的土地改革》,易宪荣译,朱泱校,商务印书馆2002年版,第33页。

② Eric Kerridge, *Agrarian Problems Sixteenth Century ane After*, London, 1969, p.45.

③ J.M.Currie, *Economic Theory of Agricultural Land Tenure*, Cambridge U.P., 1981, p.31.

土地权。在此同时，一些政府采取的社会主义纲领把创立农村公社或集体经营形式看作土地改革的主要内容。在拉丁美洲，土地改革时常意味着处置大庄园和在外地主的地产。在埃及和印度，土改的目标在于限制地主的权力，把土地给予租佃农场主，并限制持有地的大小。[1]

格奥尔格·费尔蒂格批评说："农业中有一种陈旧的观点，即引入充分的土地财产权，对于使工业革命可能发生的农业生产力的发展是一个先决条件。"他指出："农民在欧洲土地上生活了数个世纪，但是直到 19 世纪初期他们才发现农业是一种实业。其结果，许多文学作品把农业现代化归结为所有占有制而不是农民。""土地市场把一个人基本的利益置于农业上，对于把财产权与其他的安排相联系起了主要的作用。"[2]

斯里彻·范·巴斯认为，"无论是从国外市场出发还是从本国市场出发的理论，均不能完全解释土地私有制的发展。从 16 到 18 世纪，许多国家的私人领地在很大程度上只是为了满足土地所有者及其仆人自身的需要而进行生产"。匈牙利历史学家派克认为，在土地私有制扩张的过程中，越来越多的人沦为农奴。农民日益贫困的结果是国内市场萧条，但同时大土地所有者变得日益富足。货币经济被自然经济所代替，这一进程导致了经济、技术和文化的萧条。在这一背景下，少数大土地所有者必然会寻求一切机会来获取最大限度的利润，甚至牺牲公共

---

[1]　W. B. Morgan, *Agriculture in the Third World : A Spatial Analysis*, Westview Press, 1978, p.138.

[2]　Georg Fertig, " A Peasant Way to Economic Growth, the Land Market, Family Transfer, and Life Cycle in Nineteenth-century Westfarlia", in Gerard Beaur, Phillipp R. Schofield, Jean-Michel Chevet, Maria Teresa Perez Picazo, eds., *Property Rights, Land Markets and Economic Growth in the European Countryside (Thirteenth-Twentieth Centuries)*, Brepols, 2013, p.369.

利益。那些土地私有制兴盛的国家,通常都是种植谷物的地方。几乎所有的大土地所有者都雇佣了相当数量的农奴来种植谷物,以满足市场的需要,或是满足自身消费的需要。在农业占优势的所有东欧和中欧国家中,谷物收成的水平很低,裸麦收成量没有超过播种量的 3.7 倍。战争的影响和强迫劳动造成了低生产率。[①]

到了 20 世纪,世界农业经济体系中土地保有权仍然表现出极大的复杂性,一共存在着 6 种土地保有权类型。

第一种,南亚和北美的地产存在着地主和佃户的关系,其中存在着不同的租佃制种类,主要形式是分成制。在这种关系中,土地所有权为少数有权势的精英拥有。农场的生产率很低,绝大多数租佃农场主除了生产维生的产品和供地主占有的产品外,仅能生产很少的可提供市场的剩余产品。在这种农场生产中,劳动密集度很高,而资本密集度很低。

第二种,拉丁美洲的地产关系既有地主与佃户的关系,也有所有者、经理与劳工的关系。此外也有这两种关系的混合制。拥有土地所有权的限于少数精英。尽管维生仍然是农业的特点,但是在以商业为目的农业生产发展中,劳动强度和资本密度都很低。

第三种,在一些地区,土地主要被某些社会家族持有。他们的成员分享土地的使用权,耕作主要用于维生。这种情况主要发生在热带非洲和东南亚。在这些地区,劳动密集度在各地相差很大,但资本密集度很低。当地实行平均主义,常常不鼓励发明。他们阻止商业化农业发展和三圃制发展,实行个人保有权体制。这是一种土地短缺条件下的经营制度。在许多拉丁美洲

---

① [英]E.E.里奇、C.H.威尔逊主编:《剑桥欧洲经济史》第 5 卷,高德步等译,经济科学出版社 2002 年版,第 114 页。

国家,使用权制度的重要性还没有被人们认识。在人口密度较低的情况下,自由使用土地的制度仍然残存,常常主要是维生作物的传统耕作生产。土地被农民所有,他们还从未被其他人剥削过,农民属于公地居住者。[①]

第四种,种植园和大农场类型。这些土地通常为外国人所有,有时为国家所有,使用被剥削的工资劳动者。产品主要提供给出口市场。这些农业组织常常是劳动密集型的,能够取得很高的生产效率。国家所有的种植园、农场或牧场是在新创立的采取私人所有权的土地上建立的,它们常常是为了解决某种特别的商品的短缺问题。在另一些地区实行混合制农业,政府代理人和私人农民共同承担农业发展任务。例如在伊朗,1950年代农业改革期间把王室土地和大地产分配给小土地持有者,采取建立村庄合作社或大规模合作社,有的地方有外国资本参加,从事满足国外市场需要的产品龙须菜,或是为满足国内市场需要的大米、茶和棉花的生产,或是创建规模非常大的家畜生产基地,以增加羊和奶的生产。[②]

第五种,社会主义保有权形式。在一些国家,土地属于国家,实行集体农庄或农业公社经营。这种制度存在于老的社会主义国家,在南亚也建立了这种组织。社会主义国家的政府常常创立国有农场和规模非常大的国家控制的生产单位,用现代机械化方式从事生产,产出大量的粮食产品,以解决粮食的短缺。在斯里兰卡,政府重新划分20万公顷没有充分利用的土地,将它分配给合作经营的农场。而在资本主义体制中发展合作农场,绝非要建立社会主义社会,而是为了解决小农场面临的

---

① W.B.Morgan, *Agriculturein in the Third World:A Spatial Analysis*, Westview Press, 1978, pp.139-140.

② W.B.Morgan, *Agriculturein in the Third World:A Spatial Analysis*, Westview Press, 1978, p.140.

问题。许多合作社进行大宗买卖。建立合作社不涉及土地所有权的改变。在某些国家的土地改革中,特别是在埃及,建立合作社被视为克服在改变地主对土地控制的过程中产生的腐败的有效措施。[①]

第六种,与商业化或市场化农业相联系的私人所有权。这种保有权使土地为私人所有,能自由买卖。私人占有土地的规模相差甚大。私人土地所有制可以从事高水平的密集生产,更有效地使用技术,增加产量。伴随着无地劳动者的增加和乡村贫民向城市移民,政府常常鼓励扩展土地私有权。私人土地所有权的发展一方面增加农业生产的效益,另一方面造成了社会不平等。一些拉丁美洲国家曾经或者一直存在土地高度集中在少数私人所有者手中的现象。根据 1974 年世界银行的报告,1970 年阿根廷土地集中化指数为 0.873。1960 年巴西土地集中化指数为 0.845。1960 年哥伦比亚土地集中化指数为 0.865。1961 年秘鲁土地集中化指数为 0.947。1966 年乌拉圭土地集中化指数为 0.838。1961 年委内瑞拉土地集中化指数为 0.936。亚洲各国土地集中化指数比拉丁美洲略低。1960—1961 年台湾土地集中化指数为 0.474。1960 年印度土地集中化指数为 0.607。1960 年伊朗土地集中化指数为 0.624。1960 年日本土地集中化指数为 0.473。1960 年巴基斯坦土地集中化指数为 0.607。1960 年菲律宾土地集中化指数为 0.580。[②]

联合国粮农组织 1970 年在全世界 46 个国家中调查了

---

① W.B.Morgan,*Agriculturein the Third World:A Spatial Analysis*,Westview Press,1978,p.141.

② W.B.Morgan,*Agriculturein the Third World:A Spatial Analysis*,Westview Press,1978,p.142.Table 3.concentration of Land Ownership,Average Holding Size,Employment Per Hectare and Landlessness in Latin America and South and Southeast Asia.

120310000名土地持有者,其中根据所有权持有土地的占79.2%,租佃经营的占7.1%,以其他保有权形式经营土地的为3.7%,以多种保有权形式经营土地的为9.9%。其中,在14个发达国家中,按照所有权持有土地的占66.7%,租佃经营的占9.9%,以多种保有权形式经营土地的为23.4%。在32个发展中国家中,根据所有权持有土地的占81%,租佃经营的占6.7%,以其他保有权形式经营土地的为4.2%,以多种保有权形式经营土地的为8.1%。在发展中国家中,4个所调查的非洲国家,根据所有权持有土地的比例很低,只达到5.2%,租佃经营者持有的土地为1.6%,以其他任何一种保有权经营土地的占86.2%,以多种保有权经营土地的占6.9%。而在近东、远东和其他发展中国家,以所有权形式持有土地的比例很高,达到了80%以上,在拉丁美洲,根据所有权形式持有土地的比例达到了80%。[1]

在14个发达国家中以所有权持有土地的农户的比例低于32个发展中国家。看来,是否实行绝对的土地所有权,与国家是否发达、资本主义发展水平是否高并无直接因果关系,有时二者恰恰呈现出相反的关系。统计资料促使我们对土地绝对产权与经济发展水平的关系重新加以考虑。

学者在研究土地保有权的形式时,通常青睐于农业业主成为自己使用的土地的所有者的倾向。认为这种"所有者—使用者"制度优于租佃制度。然而,在"所有者—使用者"制度占统治地位的地方,往往是耕地质量较为贫瘠的地区。在人口稠密、土地肥沃的地方,土地一般都由佃户来耕作,而这样的地方要比

---

[1] Food and Agriculture Organisation of United Nation, *1970 World Census of Agriculture*, *Analysis and International Comparison of the Results*. Rome, 1981, p. 87. Table 17–Holdings by tenures of holdings, and by economic groups of countries.

那些实行所有者—使用者制度的贫穷地区繁荣得多。在小土地所有者和佃农之中，土地所有者的比例比在大农场主中更高。土地所有权与富裕程度之间远远不是相伴而生的。有很多所有者—使用者因为每年要支付比佃户的租金还要高的利息，而背上沉重的债务负担。①

总的来说，在封建主义消灭后，在土地所有权问题上，等级占有制始终没有结束。尽管农民的身份制度已经废除，但是无地农民、佃户和租地农场主仍然存在，这就表明了土地等级持有制持续存在。在承认存在着土地财产的绝对所有权的法律前提之下，在土地的实际占有制度中，仍然存在着占有权的多级的阶梯。从拥有所有权到持有租佃权，到没有实际的土地所有权而只是在公有土地上拥有些许使用权的占有形式，构成了一个所有权的等级的阶梯。这种等级制已经不再是欧洲中世纪的超经济的身份等级制，而是一种经济等级制②。

二、从封建主义向资本主义过渡时期农民身份制度的残余

（一）近代初期一些地区人身奴役制度一度强化

资本主义时代在历史时间段上包含了从封建主义向资本主义过渡时期和资本主义时期两个阶段。在这个大的时期中，世界各地区的经济发展是不平衡的。当西欧社会已经在向资本主义过渡之时，易北河以东的东中欧地区出现了农奴制的再现。

---

①　［英］E.E.里奇、C.H.威尔逊主编：《剑桥欧洲经济史》第五卷，高德步等译，经济科学出版社2002年版，第104页。

②　在当代运用"经济等级制"的概念来分析经济结构的一个范例。参见［美］戈登·塔洛克：《经济等级制、组织与生产的结构》，柏克、郑景胜译，商务印书馆2015年版。

历史学家将这种现象称为"再版农奴制"或"第二次农奴制"。这样,农奴制就成为本书考察时期存在的一种农业经济形态。而在美洲,这个时期还存在着奴隶制。总之,在资本主义时代,在亚洲、非洲和拉丁美洲,存在着各种前资本主义的农业经济组织形式。

16 到 17 世纪欧洲的农奴制在中、东欧大规模重建。农奴制在各地发展到了顶峰的时间,在条顿骑士的土地上是 1526 年前后;在俄罗斯是 16 世纪下半叶沙皇伊凡四世统治时期,农奴的处境在 1762 年尤其是 1775 年以后更加恶化;在匈牙利和瓦拉几亚是在 16 世纪末;在波西米亚是在 1620 年白山战役以后;在摩尔达维亚是在 1621 年以后;在摩拉维亚是在 1628 年以后;在德意志东部诸邦国是在三十年战争期间以及战争以后;在波兰是在 1655 年至 1660 年对瑞典战争以后;在爱沙尼亚是在 17 世纪一系列战争以后。东普鲁士在 18 世纪初的黑死病以后,农奴的处境再一次恶化。① 一直到 18 世纪末法国大革命开启的资产阶级革命时代,欧洲各国的农奴制才最后废除。

但是,这种"再版农奴制"不是旧的农奴制的简单重现。易北河以东地区强化农民劳役义务的背景是为了向市场提供商品粮,这是在市场压力下的行为,所以,与旧农奴制比较而论,"再版农奴制"已经不是原来意义上的农奴制了。德国历史学者哈根将它描述为一种再封建主义的剥削。严格地说,它在结构上是农奴制和商业化农业的混杂。

在 18 世纪后期,欧洲的领主集团对于解放农奴以发展农业生产的必要性通常不予关注。他们认为,解放农奴并把土地让给农奴、放弃领主权,是对领主自身财产权的侵犯。贵族集团中

---

① Jerome Blum, *The End of Old Order in Rural Europe*, Princeton U.P., 1978, p.361.

只有少数人赞成废除农奴制。但当贵族王公看到废除农奴制不可避免的现实后，他们才放弃了反对态度，转而支持解放农奴。1789年8月3日法国大约有100名温和的国民议会议员聚集在布雷顿俱乐部讨论废除领主制问题，他们拥有的财富仅次于国王。德·艾吉永宣布说，他提议放弃领主权，以换得农民对自己适当的保障。听到德·艾吉永这一表态的德·诺瓦耶子爵，8月4日夜抢先在国民议会上提议，结束领主在纳税上的特权，允许农民用货币赎买所有的领主权益，无偿地取消领主的永久管业权和其他人身劳役义务。

中东欧18世纪80年代和90年代乡村农民的反抗和骚动造成的革命压力，迫使统治阶级解放农奴。这种惧怕革命威胁的情绪在玛利亚·特蕾西亚皇帝写给在巴黎的驻法国大使梅西·阿尔让托伯爵的信中明确表述出来。她写道："不仅在波希米亚农民如此令人害怕，在摩拉维亚、施蒂里亚和奥地利也是这样；在我这里的住所门前，他们敢于采取极端的蛮横的行动，他们和其他胡闹的人的这些行为使人害怕。"18世纪90年代萨克森和西里西亚爆发的严重的起义再次对已被法国大革命震惊的领主和官员造成威慑。1799年4月23日，普鲁士总理亨利希·冯·戈德在写给西里西亚省大臣卡尔·霍伊姆的信中写道："许多西里西亚和其他王室所属省份的地主经过深思熟虑后表示，最好是自愿地放弃某些东西，以免被迫牺牲所有的东西。"①在萨伏伊，1790年的农民暴动迫使政府加速了20年前就已经开始的解放农奴的过程。1807年法国政府取消了萨伏伊的农奴制，汉诺威随即也取消了农奴制。1846年西里西亚的起义对于1848年奥地利君主国取消农奴制起了很大的作用。

---

① Jerome Blum, *The End of Old Order in Rural Europe*, Princeton U. P., 1978, pp.379-380.

1848 年 9 月 7 日奥地利皇帝签署了解放农奴的法令。1848 年 3 月匈牙利议会在普雷斯堡①开会，面临着 40000 名起义的武装农民的压力，在第二天即宣布取消农奴制。在克里米亚战争爆发后，俄国农奴起义风起云涌，迫使沙皇亚历山大二世在 1861 年 2 月 19 日宣布废除农奴制。

在丹麦，1788 年 6 月 22 日颁布的敕令宣布废除农奴制。1786 年 10 月 30 日颁布的法令，给予农民免服兵役的自由。1787 年 6 月 28 日的法令使农民免遭地主的剥削。在石勒苏益格-霍尔斯坦因，实行了一系列较小的改革，然后在 1804 年解放了农奴。在巴伐利亚，1807 年颁布的敕令规定了农奴劳役义务的定额，限制领主在农民进行土地转手时勒索费用，并且确定了农民与领主之间通过协商来赎买劳役的原则。9 个月以后，巴伐利亚颁布的新宪法宣布解放农奴。在瑞士的巴塞尔州，1790 年 7 月 20 日利斯塔尔城向巴塞尔州的大委员会提出了关于授予个人自由的请愿书。在经过一段时间的犹豫后，1790 年 12 月 20 日大委员会一致表决通过在巴塞尔州取消农奴制。在沙夫豪森州，1798 年 1 月 11 日的敕令取消了农奴制。几个月之后，新建立的海尔维第共和国下令结束一切奴役性的义务。②在波兰，1861 年 5 月 16 日沙皇的圣旨规定，农民可以缴纳货币以折偿劳役义务。到 1863 年，96.1% 的农民折偿了劳役义务。1862 年 6 月 5 日的敕令下令改进某些农民群体的租地契约，并下令建立由地主和地方官员组成的委员会来决定地租。在多瑙河公国，在 1864 年解放农奴时解放了吉普赛人奴隶。在 1848 年革命期间，摩拉维亚省的政府下令禁止奴隶制。但是敕令尚

① Jerome Blum, *The End of Old Order in Rural Europe*, Princeton U.P., 1978, pp.382-383.

② Jerome Blum, *The End of Old Order in Rural Europe*, Princeton U.P., 1978, pp.384-385.

未执行,政府就被革命推翻了。1851 年瓦拉几亚的统治者巴布·斯特贝宣布禁止除国家外的任何人出售奴隶。随后国家解放了被出售的奴隶。1855 年颁布敕令,使所有属于私人的奴隶都获得解放,而由国家对奴隶所有者进行经济补偿。在信奉天主教的巴伐利亚,马克西米利安一世·约瑟夫即位时,教会拥有29807 户农民土地中的 56%。1803 年,马克西米利安一世·约瑟夫开始土地世俗化过程,将这部分土地收归国有,这就使得政府持有大量可供自己处置的农民地产。1803 年 6 月 27 日的敕令准许农民在交付赎金后成为已经世俗化的土地的业主。罗马尼亚绝大多数农民加入了东正教,估计瓦拉几亚有四分之一的地产、摩拉维亚有三分之一的土地属于修道院。罗马尼亚教会成为基督教世界中最富有的教会。教会用巨额资金来资助教育、资助医疗和其他慈善事业。教士过着奢侈的生活,并把相当多的钱财捐给位于耶路撒冷的和其他的东正教圣地。1863 年12 月 29 日罗马尼亚颁布敕令,将所有省份的土地世俗化,没收教会财产收归国家。瑞士王国在 1806 年 7 月 4 日颁布特许状,宣布解放瑞士所属波美拉尼亚的农民,取消农奴制,但法令要求农民直到 1810 年继续向领主服劳役和缴纳其他税费。在罗马尼亚,1862 年采纳的波雅尔占统治地位的公国议会提出的改革计划没有给农民带来任何利益。①

普鲁士从 1818 年到 1849 年先后制定了 33 项法令,直到1850 年 3 月 2 日敕令的颁布,才完成了解放农奴的过程。法国在资产阶级革命时期,从 1789 年 8 月到 1793 年 7 月颁布的废除封建制度的法令长达 180 页。萨克森王国 1832 年 3月 17 日的敕令有 317 项条款,共 81 页。俄国 1861 年 2 月 19

①　Jerome Blum, *The End of Old Order in Rural Europe*, Princeton U.P., 1978, pp.385-386.

日废除农奴制的法令授予农奴人身自由。1804年12月19日丹麦国王颁布的命令说："从1805年1月1日起，我国的石勒苏益格和霍尔斯坦因公国上的维兰制毫无例外地完全地和永远地取消。"1807年10月19日的《普鲁士法》宣布："从1810年圣马丁节起，在我们全国终止所有的维兰制，在1810年圣马丁节以后只存在自由民。"俄国1861年2月19日的《总章程》中写道："永远取消居住在领主地产上和家内的农奴"，并命令说，从今以后他们是"自由的乡村居民"。法国国民议会1789年8月11日的法令宣布："国民议会完全废除封建制度"。奥地利1848年9月7日敕令在一开始就申明，农民的屈从状态和一切对他们加以规定的法律都取消。1864年8月14日罗马尼亚的土地改革法宣布取消农民的奴役性义务，并授予农民对自己的土地充分的所有权。但敕令并未强调农民成了自由民。废除农奴制的立法过程在欧洲各国持续了几十年才最后完成。

废除农奴制的法令当时在一些国家并没有给予农民完全的人身自由。丹麦1788年6月20日的法令只是对14岁以下、36岁以上的农民给予充分的人身自由。而那些年龄在14岁到36岁的人应当先服兵役，他们的农奴身份保留到36岁或者到1800年1月1日为止。在麦克伦堡，领主担心解放农奴会导致劳力短缺。所以1820年1月18日的农奴解放敕令规定，在今后4年中，领主每年秋季直接解放四分之一的农奴，同时不准予农民自由迁徙。拿破仑时期的立法授予华沙大公国的农民以自由民的身份，但是，如果这些农民要迁离的话，他们必须取得所在村庄村长的许可。1815年以后，通常是领主或领主的代理人担任村长。在北海沿岸省份，村民须得取得领主写下的允许他们不再为他工作和到其他地方去工作的许可证明才能迁离。在俄国，解放的农奴除非得到户主和乡村村社的同意，不得推迟离开的时间。①

　　废除农奴制的法令给予农民或多或少的经济活动自由,但有的国家仍对农民在经济上自由活动的权利加以一定的限制。在丹麦,1796 年的法律禁止未婚男性农场仆役当雇佣日工或做其他工作以谋求生计,他们得继续做主人的仆役。领主如果认为必要,可以在肉体上惩罚他们。这就严重地限制了丹麦农民在以后 50 年中的劳动自由权。而在这 50 年以后,这一禁令也没有完全取消。一系列德国的州颁布了特别立法,对农场佣工的自由加以限制,使其难以离开他们的主人。其中一些限制一直持续到 1918 年德意志帝国崩溃。波兰 1821 年的敕令规定,农场佣工要为主人再工作 1 年,雇主可以用刑法惩治违纪的佣工,并可以在任何时候解雇他们。而仆役不得在每年年底前离去,除非主人非常残酷地对待他们。在奥地利君主国,法律限制主人的仆役在订立的契约未满期时自由离去。②

　　普鲁士是德意志第一个取消农奴制的邦国。在它的 1807 年 10 月 7 日的法令中保留了农民仍须向领主缴纳税赋和为领主服劳役的内容。并且这一法令没有触及领主的特权和垄断权。事实上人们并不清楚这项法令真正废除了什么。几个月后它才在多数省中公布,但从未在勃兰登堡省公布。法国拿破仑的占领一时中断了上述法令的执行。1816 年 5 月 29 日新颁布的法令对 1811 年的法律作了修改,使农民更难获得自由。直到 1850 年,普鲁士农民尽管不再是农奴,但他们仍旧处于被奴役的状况。直到 1850 年 3 月 2 日法令颁布,也仍然未把农民从奴役性的土地保有权和奴役性的义务下解放出来。1801 年 5 月 1

---

①　Jerome Blum, *The End of Old Order in Rural Europe*, Princeton U. P., 1978, pp.390-391.

②　[美]格奥尔格·伊格尔斯:"序言"。载沈汉:《世界史的结构和形式》,生活·读书·新知三联书店 2013 年版,第 1 页。

日巴伐利亚国王颁布法令,宣布"迄今仍存在的农奴制被取消"。1808 年 8 月 31 日的法令对取消农奴制做了具体的指导。但是巴伐利亚农民仍然承担着奴役性的义务,领主仍然保持着特权。直到 1848 年 6 月 4 日,王室敕令才授予农民充分的所有权和充分的公民权。在罗马尼亚,对农民收取的税费比实物地租和劳役义务要少些。但农民还得因占有领主的土地而需支付费用。废除农奴制改革后,摩尔达维亚和瓦拉几亚的农民对领主仍然要缴纳一定的抵付义务的费用。俄国废除农奴制的改革不要求农民为自己的人身解放支付费用,但是要求农民赎买自己的份地。在俄国肥沃的黑土省份,份地的价格高出了土地市场价格 34%。在不那么肥沃的非黑土省份,赎买份地的费用比市场土地价格高出 90%。而在西部省份,份地的价格与土地的市场价格相同。

(二)领主制和农民身份制度的残余

从西方资本主义兴起到 20 世纪后期的农业史可以分为两个阶段。第一阶段是从封建主义向资本主义过渡时期,这个时期农业土地关系中存在着一定的封建残余,封建残余的存在的历史时间表在东、西欧存在较大的差别。第二阶段是资本主义时期,这时的农业中存在的是比较纯粹的经济隶属关系,几乎已经没有人身依附关系的残余。

以贵族为特权集团之首的社会等级制度和领主制是欧洲封建社会关系中的两个方面。它们的共同之处都是对人的身份束缚关系作出规定。但二者不同之处在于,社会等级制度确立了政治隶属和特权关系,规定一些人享有特权,而另一些人没有特权,为各个社会集团之间划定了不可逾越的鸿沟。而领主制是以土地关系为中心的封建土地占有制,以及伴随着经济关系发生的奴役、依附和义务关系,它集中地反映了地主与农民之间的经济隶属关系,也含有某种政治社会隶属关系。欧洲的封建制度包含着人的身份制度和对土地的等级占有制度。君主实行的封土制造成了对于国家的政治权利及土地的分层占有制。

西欧封建制度在社会经济内容上,表现出二元性。西欧封建制度下的社会等级制,它的身份规奴役制度比种性制和奴隶制要宽松得多。但它的身份规定和人的隶属性仍然渗透在社会和经济关系中。在一些国家,除了人有身份规定性外,各种类型的地产也有类似于人的身份规定性的对土地占有条件的等级规定性,即两种等级制在这种土地所有制的链条中并行不驳。土地租佃者并没有成为严格意义上的自由农民。在农业中商品经济和市场关系发展的同时,继续保持着身份制度的残余。其结果是限制了政治和社会上的自由流动和农民的自由经营。

欧洲中世纪社会和政治等级制的性质,今天对人们来说已十分清晰。而西方资本主义社会建立的新的经济不平等的等级制度,西方自由主义学者始终在回避,他们自诩说资本主义是一种自由平等的经济制度。其实,从资本主义经济体系来说,资本主义在本质上是等级制的。如果说在发达资本主义国家一国范围内,尚不容易察觉经济结构的等级制的性质。那么,从世界体系的视野来观察资本主义经济体,各国农业经济之间的等级差别立即清晰地暴露出来。[1]

随着资本主义的发展,农业中采用部分资本主义经营方式是历史发展的必然趋势,而农业中保留一定的非资本主义结构(在某些发展中国家甚至非资本主义结构占据了农业经济结构的主要部分)则是农业经济的一种常态,因为农业从来就属于传统的较为老旧的带有自然经济色彩的经济部类。

资本主义近现代农业制度是在废除了封建社会的等级制的

① [英]E.E.里奇、C.H.威尔逊主编:《剑桥欧洲经济史》第5卷,高德布等译,经济科学出版社2002年版,第104页。

条件之下建立起来的。这个制度的参与者在身份上基本属于资本主义时代的自由人或契约人。但是在资本主义条件下,在近代农村,农民根据其对土地所有权拥有的多少。在生产关系中也有不同的地位。他们从完全拥有土地保有权的地主,到毫无土地所有权的农业劳工和雇农,各种土地持有者根据他们对土地拥有的权利及规模的大小,构成了对土地的等级占有。这种等级制的土地占有,是由他们拥有的保有权和财产权大小决定的。其中每个层次的土地所有权在土地所有权范畴都有通过法律或习惯确定的规定性。他们在地租的交纳和租种土地时,有些时候还要承担随附的义务。他们缴纳的地租和地租的形式也有区别。这样,在财产权和所有权维度上,近现代各种土地持有者同样构成了一个多等级的系谱。

(三)欧洲拥有各种保有权的农民

从中世纪后期到19世纪,在很多国家和地区,农民根据不同的土地保有权持有土地,在第三世界尤其是这样。卡尔·波拉尼指出,在非洲,"各种形式的土地保有权成为人们注意的焦点,因此,社会组织大多直接以此为基础。"[1]对土地的不同保有权和持有土地数量不同的农民,构成了一个等级的阶梯。

在居于农民等级阶梯顶层的,是自由持有农。他们接近于拥有充分的财产权或拥有自己的土地权的土地所有者。尽管所有权在过去很少是排他的(有自主产权的自由持有地在中世纪的斯堪的纳维亚以及某些时候在其他地区出现过)。学者认为,自由持有保有权和自由持有农通过三种方式创立。第一种方式,领主寻求吸引佃户来开垦未曾开垦的土地或改进土地,这样就可能把完全的土地所有权授予第一代殖民者。这种自由持

---

[1] Jerome Blum, *The End of Old Order in Rural Europe*, Princeton U.P., 1978,p.99.

有农尤其在低地国家和德意志的某些地区非常重要。在这些地区,他们最初被授予自有特权以鼓励他们开发泥炭地(如在11—12世纪的荷兰)和排干沼泽。随着时间推移,自由持有农也在发生变化。他们不再自己在土地上耕作,而是向资产者出售土地,或捐赠给修道院。拥有充分的财产权的自由持有农成为不在地主,他们把土地转租给佃户,收取地租。第二种,习惯佃户可以转变为自由持有农。第三,近代欧洲存在着财产权逐渐消失的趋势。绝对的土地所有权转给占有者,这是18世纪法国事实上的做法。这种做法在1789年的法律中得到承认。当时土地可以出售给投资者,后者成为佃户并缴纳地租。这样创立了一种新的土地保有权安排。① 他们拥有对土地的所有权。这些人只占农民的一小部分。他们可以世袭地占有土地。在法国北部大约一半的土地上,农民拥有这种土地保有权。在德国易北河西部,在约瑟夫改革后的奥地利君主国,在波兰和德国东部、下西里西亚和勃兰登堡,都存在这种农民。②

　　第二类是拥有世袭保有权的农民。他们终身有权使用自己的土地,并允许他们遗赠、转让和抵押土地。世袭所有权时常被认为与拥有所有权没有区别。但是,世袭保有权只是拥有土地的使用权,以及对森林、牧场、草地和荒地的使用权。这些土地的直接所有权属于领主。领主有权限制土地占有者的行为自由。不管土地如何转手,拥有世袭保有权的土地持有者必须向领主缴纳费用。

---

　　① Bas van Bavel and Richard Hoyle, "Introduction: social relations, property and power in the North Sea area, 500-2000", in Bas van Bavel and Richard Hoyle eds., *Social Relations: Property and Power. Rural Economy and Society in Northwestern Europe, 500-2000*, Brepols, 2010, p.14.

　　② Jerome Blum, *The End of Old Order in Rural Europe*, Princeton U. P., 1978, p.100.

在波兰、德国和奥地利君主国的斯拉夫王室土地上的农民,在领主同意的情况下,允许他们买下他们持有地的世袭保有权,以及伴随这种保有权的处置持有地的权力。在奥地利玛利亚·特蕾萨统治时期,政府鼓励这种做法。在 1772 年波兰第一次被瓜分后,允许新兼并的波兰土地上的农民这样做。政府这样做是因为他们明了,这可以刺激农民劳作积极性,改进农耕,推动国家的经济发展。但是,绝大多数农民缺乏资金去买下更高级的土地保有权。约瑟夫二世在 1785 年和 1789 年颁布敕令,将按领主意愿租种土地的佃户转为世袭地持有土地的佃户。在 18 世纪后期萨克森东北部的上卢萨蒂亚,贵族自愿地将他们的按领主意愿持有土地的佃户转为世袭地持有土地的佃户。他们这样做是因为他们意识到,在不安全的保有权条件下,农民不会认真地去经营他们的持有地并将资金投入土地。

第三类农民是租地农。租地农在欧洲西部和欧洲东部地区广泛存在。地主时常希望规定和限制佃户的权利,并且时常通过规定固定期限的契约来出租土地。地主需要租地有足够长的租期以鼓励佃户向地主的地产投资。然而租期又不能过长,租期过长了会妨碍地主通过提高地租以获取更大的利益。到出租结束时,租佃双方彼此间的相互义务不再继续。地主可以选择新的佃户,佃户也可以选择离去。但是订立新的租佃契约必须进行谈判,有时谈判是在旧的租期结束之前。订立契约时允许地主提高地租,但也要确保佃户延续租佃的条件。因而允许在租期间谈判新的条件。因为当时存在着佃户市场。在佃户不能接受地主的条件时,地主可以去找新的愿意承租的佃户。而佃户在不接受地主的租佃条件时,可以到其他地方去寻找开出较好条件的主人。但还是有这样的倾向,地主通过市场出租租期较短的租地,这种制度使地主可以频繁地就地租率与佃户展开再谈判,而佃户则往往在萧条时期要求更长的租佃期,以保护自己不因地主改变租佃条件而遭到盘剥。

　　一些佃户按照习惯租佃制的安排持有土地,这些佃户宣称们有权买卖和继承租佃权。实际上这些佃户是终身佃户。有些例子表明,习惯佃户被允许(或宣称有这种权利)转包自己的租佃权。尽管在更换佃户时得缴纳入地费,但通常在这种租佃制下地租是固定的。习惯是与佃户休戚相关的制度,它在某种程度上反映了乡村共同体力量的影响。习惯具有向后看的特点。它主张佃户占有权的地位高于领主的所有权。这种类型的保有权倾向于发展成为向领主支付固定地租的自由持有保有权。①

　　许多租地农是终身佃户。尽管他们租佃的土地在他们死后可以由领主任意租给任何人,但通常情况下土地交由死者的继承人租种。有时候佃户家族持续几代人拥有这块土地的保有权,直至佃户自己的有生之年、未亡寡妇和他的儿子的有生之年结束。这种牢靠的土地保有权已接近世袭土地保有权。在有的国家,这种保有权逐渐变异为土地世袭保有权。根据发生在丹麦的情况,大部分这种转换发生在终身佃户中。对丹麦18世纪70个庄园档案的分析,有45%的佃户将持有地保持到去世。在佃户死后,他的未亡人有权继续持有土地。但即便保有权确认这一点,平均持续持有土地的时间不会超过20年很多。许多人是自愿地放弃他们的保有地。在丹麦的西兰岛有25%到30%的佃户因为没有支付地租而被驱逐出租地,这些人沦为无地劳动者。

　　最常见的租地农是定期租地农,即佃户按照固定地租在一

————————

① Bas van Bavel and Richard Hoyle, "Introduction: social relations, property and power in the North Sea area, 500–2000", in Bas van Bavel and Richard Hoyle eds., *Social Relations: Property and Power. Rural Economy and Society in Northwestern Europe, 500–2000*, Brepols, 2010, pp.14–15. 参见[英]爱德华·汤普森:《共有的习惯》,沈汉、王加丰译,上海人民出版社2002年版。

个时期内租种土地。租地保有权在各地区之间差别很大。在德国在莱茵省的莱茵河两岸,有三分之一的土地为定期租地。在其他地区,这种租地制度推行得不广。这种租地制度在法国一些地区广泛采用。特别是在佛兰德尔,在那里定期租地制是农民可采用的唯一的土地保有权制度。在法国其他地区,这种制度实行得不那么普遍。①

　　农业经济的自然规定性和农民身份制度残余的存在,造成了农民的惰性。布罗代尔写道:"一般说来,农业生产是个惰性领域。""领主社会虽然不断经受动摇、打击和破坏,却能在几个世纪里维持下来和重新组合,阻挡乡村中一切异己力量的生长。""领主制扎根于农民生活中,并与农民生活相结合,领主既是农民的压迫者,又是农民的保护人。这种双重关系的遗迹今天在西欧各国还依稀可见。""工业革命以前的经济经常出现故障,各经济部门不能相互协调,在任何情况下都不能同步前进。一个部门动了起来,其他部门不一定受它带动。"②农业这种自然经济部类,只能在初始的、不十分发达的封建社会形态中居于主导作用。而到资本主义时代,在一些发达资本主义国家,农业部类只是一个处于附属地位的经济部类。

---

①　Jerome Blum, *The End of Old Order in Rural Europe*, Princeton U. P., 1978, p.102.

②　[法]费尔南·布罗代尔:《15 至 18 世纪的物质文明、经济和资本主义》第 2 卷,顾良、施康强译,生活·读书·新知三联书店 1993 年版,第 177、271、266、178 页。

第三章　非资本主义、半资本主义和资本主义农业

——农业经济组织的系谱

一、地租和租佃制

（一）地租

马克思指出，"地租是土地所有权在经济上的实现，即不同的人借以独占一定部分土地的法律虚构在经济上的实现"①。考茨基补充说："地租归于土地所有者这一事实，无论是在这一场合和另一场合都不是任何社会机能的结果，而是土地私有权唯一的结果。""土地不是人类劳动的产品，因此它的价格既不能用它的生产所必需的劳动量来决定，也不能由生产成本费来决定。土地价格只能由地租来决定。"②　地租不属于资本主义经济关系范畴。地租是土地所有者凭借土地所有权，凭借强制的支配权对农民的占有。从理论上说，租佃制是凭借对土地所有权，以有条件的使用权的让渡来获利的制度。地租是土地所有者出让土地使用权的收入。它不是通过投资、交换或对劳动

---

① 《马克思恩格斯全集》第 46 卷，人民出版社 2003 年版，第 715 页。
② ［德］考茨基：《土地问题》，梁琳译，生活・读书・新知三联书店 1955 年版，第 100、101 页。

的掠夺来获利的形式。租佃制在资本主义社会和前资本主义社会都存在过,地租不是资本主义关系下才有的经济制度,而是在前资本主义时期就已经存在。地租在前资本主义时期和资本主义时期的形态是有差别的。

当代学者苏珊·阿彻·曼认为,单纯的地租剥削不是资本主义剥削。资本主义生产关系和剥削不是单纯地由私人所有权的占有引起的,这方面的例子可以举出奴隶制和封建剥削。资本主义是基于市场活动和大生产的剥削关系。资本家剥削产生的利润不是用于个人的消费,而是很大程度上将剥削获得的利润投入再生产去获利。资本主义的谋利行为是将资本和劳动力投入生产运作的结果。①

亚当·斯密论及地租时写道,地租是“使用土地的代价”。“在决定租约条件时,地主都设法使租地人所得的土地生产物份额,仅足以补偿他用以提供种子、支付工资、购置和维持耕畜与其他农具的农业资本,并提供当地农业资本的普通利润。”“生产物中分给租地人的那一部分,要是多于这一数额”,“地主自然要设法把超过额留为己有,作为地租。因此,地租显然是租地人按照土地实际情况所能缴纳的最高额。”有时,地主接受比这一数额略低的地租;有时也由于无知,“租地人缴纳比这一数额略高的地租”。② 斯密还指出地租和工资的不同。“地租成为商品价格构成部分的方式是和工资与利润不同的。工资和利润的高低,是价格高低的原因,而地租的高低,却是价格高低的结果。”③“一

① See Susan Archer Mann, *Agrarian Capitalism in Theory and Practice*, Chapel Hill and London, University of California Press, 1990, p.2.

② [英]亚当·斯密:《国民财富的性质和原因的研究》上卷,郭大力、王亚南译,商务印书馆1972年版,第136—137页。

③ [英]亚当·斯密:《国民财富的性质和原因的研究》上卷,郭大力、王亚南译,商务印书馆1972年版,第138页。

切社会状况的改良,都有一种倾向,直接或间接使土地的真实地租上升,使地主的真实财富增大。"①斯密阐述了地租剥削和工资剥削在形态上的不同。

租佃制是农业经济中最普遍的制度形式和生产关系。租佃制至今在世界各国的农业经济组织中仍然广泛存在。生产者不拥有所有权的以家庭生产方式为基本单位的生产形式,是租佃制简单的模式。它在某种程度上继续了前工业化时期土地等级持有的特点。它是在西方中世纪以来和中国封建社会到20世纪上半叶长期存在的农业经济组织形式。

恰亚诺夫曾尖锐地批评以大卫·李嘉图为代表的资产阶级古典政治经济学及他们以后的学者讨论地租问题时的理论倾向,他写道,"就理论而言,从李嘉图到今天,关于国民经济的种种研究一直以作资本主义企业主、在雇佣劳动基础上从事经营的经济人的动机与经济预测为依据进行推论。然而事实表明,这种古典经济学的经济人并非都是资本主义企业主"②。

普鲁东和杜尔哥都肯定了租佃制的历史进步性。蒲鲁东在《贫困的哲学》中对土地租佃制评价道:"它的地位甚至改变了,因为它——也许从封建时代以来第一次——转了手,并且被大规模地分割了。""在该制度的影响下发生的无数次转手,开始了土地所有权的分割……土地所有权第一次摆脱了封建制度长期来使它所处的僵化状态。对农业来说,这是真正的苏醒……它〈土地〉从死手制度转入了流通制度。"③杜尔哥在《关于财富的形成与分配的考察》一书中对租佃制度作出了非常积极的

---

① [英]亚当·斯密:《国民财富的性质和原因的研究》上卷,郭大力、王亚南译,商务印书馆1972年版,第239页。

② [俄]A.恰亚诺夫:《农民经济组织》,萧正洪,中央编译出版社1996年版,第221—222页。

③ 《马克思恩格斯全集》第33卷,人民出版社2004年版,第39页。

评价。他说:"土地的出租……(以现代租佃制为基础的大农业)是一切方式中最有利的方式,但是采用这种方式应以已经富庶的地区为前提。"

萨伊指出了租地农场主较之地主在土地保有权中的次级地位。他写道:"土地所有者对租地农场主实行某种垄断。对他们的商品即土地的需求可能不断增长;但是他们的商品数量只能扩展到某一点……土地所有者和租地农场主之间所达成的交易,总是对前者尽可能有利……除了天然的好处以外,他还从自己的地位、较大的财产、信誉、声望中得到好处;但是,仅仅前一种好处就足以使他能够独享他的土地的一切有利条件。运河或道路的修建,当地人口和福利的增长,都会提高地租……诚然,租地农场主本人也可能自己花钱来改良土壤;但是他只能在租期内从这笔投资中得到好处;租期一满,全部利益就转归土地所有者了;从这时起,土地所有者虽然没有预付分文,却取得利息,因为地租相应地增加了。"[1]

亚当·斯密论及了地主和租佃农的关系的依附性一面。他指出:"佃耕者依赖大领主,无异于他的婢仆。他们即使不是贱奴,也是可随意退租的佃农。"[2]"大领主对于其佃农和家奴,必然有一种驾驭的权威。"[3]"可随意退耕的佃户,耕作土地,给付十足的代价,他并非完全隶属于地主。"[4]西斯蒙第指出在租佃关系中隐藏着不平等和压迫。他指出:"地主通过租契形式把

① [德]马克思:《1844年经济学哲学手稿》,人民出版社1985年版,第35页。

② [英]亚当·斯密:《国民财富的性质和原因的研究》上卷,郭大力、王亚南译,商务印书馆1972年版,第372页。

③ [英]亚当·斯密:《国民财富的性质和原因的研究》上卷,郭大力、王亚南译,商务印书馆1972年版,第373页。

④ [英]亚当·斯密:《国民财富的性质和原因的研究》上卷,郭大力、王亚南译,商务印书馆1972年版,第377页。

从未耕作过的土地租让给农民,永远向农民征收固定的租赁费;佃户则要负责经营或亲自承担田地里的各种工作,提供耕畜、农具和农业资本,自己出卖收获的劳动果实和缴纳税款。佃户本人负责对一切农事方面操心和赢取利润。他把这些是看作一项投机买卖,他按照自己所投入的资本期待着相应的收益。"地主用很多限制性的条款来限制他们的活动,把租契限制到最少的年限,使租地农场主永远处于受自己的支配地位。佃户的状况一般都是如此。以后,"所规定的强制性的条款逐渐从租契中取消了,或者在执行过程中被忽略了,这确是事实,佃户可以更自由地支配他们半个世纪以前一直没种过的土地,于是,他们得到了更长的租期。"①

级差地租理论是揭示资本主义社会中租佃制世纪运作时,因土地位置不同产生地租额差别的理论。级差地租理论在地租理论中属于实践方面的问题。

通过土地位置不同来说明级差地租发生的原因,在近代第一次出现在威廉·配第的著作中。威廉·配第写道:"正如对于金钱需要之加强,抬高了利息,谷物需要之加剧,也抬高了谷价,并因此抬高了生产谷物土地的地租及地价自身。例如,假定伦敦城或一部队所需要的谷物必须从四十余英里远的地方运来,则距离伦敦城或这一军队营房仅一英里地方生产的谷物,就可以在他自身的价格之上,再附加上等于39英里运费的价格……既然人口集中之处,都需要扩大范围的土地,以供给其食粮,故凡其所附近的土地,较之品质相同的远处的土地,不单提供较高的地租,而且还可以产生较高的地价。"②亚当·斯密

---

① 　[瑞士]西斯蒙第:《政治经济学新原理》,何钦译,商务印书馆1997年版,第139—140页。

② 　转引自刘潇然:《土地经济学》,河南大学出版社2012年版,第46页

写道:"不问土地的生产物如何,其地租随土地肥沃程度的不同而不相同;不问其肥沃程度如何,其地租又随土地位置的不同而不相同。都市附近的土地,比僻远地带同样肥沃的土地,能提供更多的地租。"①地租受一般经济状况和供求关系的影响。一国人口和消费的增长会促使地租上升。罗雪尔指出,在国家繁荣时期,地租较高。大城市近郊区的地租特别高。农业生产的改良,将增加工资和利息,这会使地租暂时下降。这种下降要持续到直至人口的增长与上述生产改良相适应的时候为止。交通工具的改进对地租也会有影响。②以后,马克思继承了这一理论。

(二)租佃制

租佃制是农业经济中最普遍的制度形式和生产关系。租佃制至今在世界各国的农业经济中仍然广泛存在。生产者不拥有所有权、以家庭生产方式为基本单位的生产形式,是租佃制简单的模式。它在某种程度上继续了前工业化时期土地等级持有的特点。它在西方和中国直到20世纪上半叶依旧长期存在着。

土地所有者需要佃户耕种土地有各种各样的原因。地主常常拥有比他们自己能够耕种的多得多的土地。他们可能缺少生产资本,也可能缺少专门的技能以有效地耕种自己的土地。佃户耕种是一种代替地主冒险的自我耕作的途径。地主通常要求佃户用现金或劳役来支付地租。劳役地租在法国北部和低地国家很早就消失了。1450年在英格兰劳役地租几乎完全消失。较新的资料表明,在东欧、石勒苏益格和瑞典,劳役制残存到很晚的时期,甚至到19世纪。在17世纪的苏格兰、18世纪的德国和斯堪的纳维亚国家,地主仍在实行产品实物地租,将收入的

---

① [英]亚当·斯密:《国民财富的性质和原因的研究》上卷,郭大力、王亚南译,商务印书馆1972年版,第140页。

② 参见[德]威廉·罗雪尔:《历史方法的国民经济学讲义大纲》,朱绍文译,商务印书馆1997年版,第31页。

农产品向市场出售。在通货膨胀时期，这对地主很有利。这个
时期分成制在一些地区也存在。但除了在法国西部，分成制在
北海地区并不重要。在北海地区地主宁愿选择固定数额的货币
地租，而不是不确定的产品分成制地租。因为如果采取分成制
实物地租，地主还得将谷物销售到市场。

地主需要佃户还有一些社会原因。在前近代社会常备军未
建立的情况下，战争期间需要人力去征战。佃户是一种后备
兵源。

租佃制是人类历史上一种特定的农业生产关系，它在封建
社会和资本主义社会都出现过。但在这两个社会中它又有（或
没有）随附的要素和特定的配置。例如，到了资本主义社会，大
的租佃农场会使用雇佣劳动力。但是，把租佃农场直接等同于
纯粹的资本主义农场，在所有权理论上是无法成立的。与其说
租佃农场与资本主义经济制度相联系，还不如说它与一种特定
的经济部类即农业部类有着历史联系。

土地租佃制是中世纪以后农业经济制度基本的内在结构。
这种经济组织形式是从中世纪延续下来的。租地农场是 1400
年到 1750 年西欧土地制度中到处可见的生产组织。它反映了
所有权的胜利和重建基于有限期契约的一条保有权链条。这种
契约起源于中世纪庄园自营地的出租。在公簿持有保有权下，
租佃制是一种带束缚性的关系。地主通过给佃户使用权，将其
束缚在土地上。土地租佃制中的契约关系，并非两个法人之间
地位平等的契约关系。佃户有潜在的对土地的依附性和某种经
济上的不自由。

从理论上说，租佃制是凭借对土地所有权，通过转让使用权
或部分转让使用权，有条件的使用权的让渡来获利的制度。地
租是土地所有者出让土地使用权的收入。它不是通过投资、交
换或对劳动的掠夺来获利的直接形式。租佃制在资本主义社会

和前资本主义社会都存在过,地租不是资本主义关系下才有的
经济制度。

现代经济学的租赁概念是理解地租性质的直接方式,是说
明租佃这种具有共时性的经济组织的一般特点的较为适当的方
法。现代经济学使用的租赁概念,是指在约定的期间内,出租人
将资产使用权让与承租人以获取租金的行为。租赁存在的主要
原因有以下几方面:节税;降低交易成本;减少不确定性。租赁
是指按照达成的契约协定,出租人把拥有的特定财产(包括动
产和不动产)在特定时期内的使用权转让给承租人,承租人按
照协定支付租金的交易行为。私有制是租赁产生的基础,私有
制产生了人们对不同物品的不同所有权,所有权暂时出让使用
权,收取一定的使用费用,从而产生了租赁。在这种土地租佃制
中,土地所有者和租户之间是纯粹的契约关系,不能用资本主义
剩余价值来定性地租。收取地租是一种契约(合约)关系。超
额的地租或带有附加索取和人身奴役的地租包含剥削和压迫。

地租又是一个历史范畴,地租在前资本主义时期和资本主
义时期的形态是有差别的。在不同的社会形态下,由于所有权
性质的不同,地租内容和形式也不同。例如,在西方封建制度
下,地租反映的是贵族和农民的生产关系。地主在收取地租外,
租户还要履行随附的封建义务。而在资本主义经济中,地租则
采用了上述一般的形式,表现为契约关系。封建地租有三种不
同形式:劳役地租、实物地租和货币地租。资本主义时代的地租
以货币地租为主要形式,但在一些地区也存在实物地租形式。
租佃制在当代各国农业中的规模不同。但这种经济形态持续
存在。

(三)地租类型

以往的政治经济学一般认为,地租的几种形式,如由劳役地
租、实物及分成制地租、货币地租构成的系列,是一种历史的系

列,也是一种先进性逐渐体现的经济制度系列。货币地租的兴起,与后来农业中雇佣关系兴起有一定的联系。到了资本主义时代,农业租佃制中一般采用货币地租。[①] 然而,在对各国农业制度统计资料的概览中,我们发现,到了当代,地租形态并非如以往所概括的那样简单,并不是都采取了通常认为是先进的货币地租的形式。

从分成租佃制到更可靠的租地制或完全的所有者经营制的变化,是与技术变化和投入增加直接相联系的。[②] 货币租佃制一般来说比起实物分成租佃制要进步。但是货币地租和实物地租只是形式有差别,在性质即反映的生产关系上并没有本质区别。无法证明实物分成制地租性质是封建主义的,而货币地租的性质是资本主义的。在农业的实际经营中,不乏有些地主或佃户常常更选择实物分成制地租。到了20世纪发达资本主义时期,实物分成制地租仍然在许多国家存在。甚至有某些发达资本主义国家实施的地租形式中,实物分成制地租还占相当大的比例。其中的原因正如当代农业经济学家速水佑次郎和弗农·拉坦所说:"在较小经营规模的情况下,分成制佃农常能取得比所有者自耕农更高的产量。即使在大规模的分组中,所有者自耕通常也并不显示与其他形式的组有显著不同

---

① 苏联版《政治经济学教科书》写道:"在封建制度下,有三种地租形式:劳役地租、实物地租和货币地租。在这几种地租形式中,地租对农民的剥削都表现得很露骨。"(苏联科学院经济研究所编:《政治经济学教科书(普及版)》上册,人民出版社1959年版,第32页。)"在进一步发展中,劳役地租逐渐为实物地租即实物代役租所代替。""在封建社会晚期,交换有了比较广泛的发展,于是货币地租日益流行。它表现为货币代役租形式。货币地租是封建主义瓦解和资本主义关系产生时期的特征。"(苏联科学院经济研究所编:《政治经济学教科书(普及版)》上册,人民出版社1959年版,第33页。)

② 参见[日]速水佑次郎、[美]弗农·拉坦:《农业发展:国际前景》,吴伟东等译,商务印书馆2014年版,第323页。

的生产率。"①分成制经营显示出的优越性,是与分成制佃农密集性的劳动力投入直接相联系的。他们是以劳动力和管理的密集性投入来换取较高的产出。

在分成制农业经营中,领主提供资本,农民仅提供劳力,领主和农民之间各得收获物的一部分。分成租佃制在历史上的某个时期在世界许多地区的乡村经济中,尤其是在那些资本主义还没有得到发展的或者资本主义因素非常稀疏的地区十分常见。一些学者认为,分成制并非是已经放弃的制度,当然它会被更适合现代农业要求的关系所取代。绝大多数对分成制的研究都是从新古典主义经济学角度来看问题的。分成制在时间和空间上被证明是连续存在的。在西欧,对领主权的挑战和封建地产的分裂在 13 世纪以前就开始了。这个过程到 1500 年接近完成,从束缚人的法律纽带下解放出大批人口,导致在农业中出现了其他的剥削形式。其中首要的是以对负债佃户采取分成制地租的土地出租形式。有证据表明,这种出租的租金常常只是比土地所有者控制生产者的劳动契约规定的数量稍多。

在美国南部资本主义发展过程中,分成制地租继续存在。随着种植园制度被摧毁,劳动力供给和财政被破坏,美国南部分成制被取消,农民变得贫困,农业退化。近代时期,分成制在苏格兰高原和革命前的法国极为普遍。由于地主实行租佃制的条件变得恶劣,佃农趋于崩溃,所以上、下意大利等地重新采取了分成制。直到 20 世纪 60 年代,西班牙南部许多地区仍广泛采用分成契约制。其主要原因是,在低水平上使用工资劳动者来组织生产,导致了廉价劳动力的短缺。随着劳动密集型作物的生产,分成租佃制普遍使用。在巴西部分地区,由于类似的原

---

① [日]速水佑次郎、[美]弗农·拉坦:《农业发展:国际前景》,吴伟东等译,商务印书馆 2014 年版,第 320 页

因,分成租佃制变得普遍,它提高了劳动生产率。它出现在早期资本主义时代,那时人口增长对产量提出了新的需求。它作为一种生产关系,是一种转变期的现象。以后,分成制农民逐渐让位于工资劳动者,同时出现了资本主义农场。至于分成制在当代的出现,在理论上不那么符合上述潮流。在亚洲和非洲农业中分成制持续存在,这常常归因于在这些地区资本主义未能渗透到农业生产中。

在印度,分成制农民部分拥有自己的土地。在那里,佃户的地位和契约劳动者存在差异。在孟加拉有 50% 的农户采用分成制租种一些土地,许多人只是部分土地的占有者和部分分成租佃农。在马来西亚的吉兰丹省也有类似情况,分成租佃制十分流行。

分成制在西非地区分布更多。随着商品作物特别是可可生产的发展,可可农场主面临着动员足够的劳动力来照看作物的任务,许多年轻的家庭成员不愿意从事农场劳动,导致了分成制农民的增加。①

威廉·罗雪尔认为,分成制的方法不利于经济发展。② 马歇尔评论说:"当耕作者每次投入的资本和劳动所获得的收益必须有一半要交给地主时,如果总收益少于他的报酬的两倍,他就不会投入资本和劳动。于是,如果他可以随意自由耕作,他耕作的集约程度就会低于英国定额租约条件下的集约程度。佃农投入的资本与劳动以能给他两倍多的报酬为限:所以他的地主在该报酬中所获得的份额,比在定额租约下要少。"③马歇尔认

①　R.Pearce,"Sharecropping:Toward a Marxist View",in T. J. Byres, ed., *Sharecropping and Sharecroppers*, London, Frank Cass, 1983, pp.42–47.

②　参见[德]威廉·罗雪尔:《历史方法的国民经济学讲义大纲》,朱绍文译,商务印书馆1997年版,第62、63页。

③　Marshall, *Principles of Economics*, London, Macmillan, 1956, pp.535–536.

为："假如佃农没有固定的佃权，地主便可以深思熟虑地和自由地安排由佃农提供的资本和劳动的数量，以及由他自己所提供的资本量，以便适应每一种特殊情况的需要。"①马歇尔的观点是，分成佃农"实际上拥有固定的佃权"。希克斯在这点上和马歇尔观点相仿。②

约翰逊在马歇尔分析的基础上得出这样的结论："在谷物分成租佃制下，如果地主的谷物分成份额为一半，那么佃户将会把其资源投入到生产中，直到谷物产出的边际成本等于边际产出价值的一半为止。不过，同一个佃农将会饲养牲畜，因为在通常情况下，饲养牲畜的主要成本由地主承担，地主则不能分享收益。地主不会对其土地进行投资，除非边际产出的价值是边际成本的两倍。"约翰逊写道，"我对衣阿华州 1925 年到 1946 年期间的谷物分成租佃制农场的净地租进行了估算。从 1925 年到 1934 年，分成租佃农场的净地租，或许每英亩平均比现金租约农场少 1 美元。从 1935 年到 1939 年，净地租大致相同。从 1940 年到 1946 年，分成租佃农场的净地租，每英亩至少比现金租约农场多 4 美元"。③

对分成租佃制，学者有两种截然不同的看法。传统的观点认为，分成制地租会导致资源配置无效率。资产阶级古典经济学家亚当·斯密在《国民财富的性质和原因的研究》中说道："不过，在分成租佃制的条件下，土地仍然得不到改良。地主可以不花一点成本而分享土地产出的一半，这样留给佃农自己分享的自然不多。在这一部分所能节省的更是有限。对佃农来

① Marshall, *Principles of Economics*, London, Macmillan, 1956, p.536.

② 参见张五常：《佃农理论——应用于亚洲的农业和台湾的土地改革》，易宪容译，商务印书馆 2000 年版，第 63 页。

③ 转引自张五常：《佃农理论——应用于亚洲的农业和台湾的土地改革》，易宪容译，商务印书馆 2000 年版，第 71 页脚注 2。

说,他绝不会愿意用这有限的节余来改良土地。教会的什一税,
不过抽出了产品的 1/10,已是土地改革的极大障碍。因此,抽
出产品的一半,一定会不利于土地改良。"①英国农业专家扬在
《1787、1788、1789 年法国游记》一书中,几乎每次论及分成佃农
都要加以谴责。譬如,他写道:"我说不出一句赞扬分成租佃制
的话,而反对这种制度的理由则成千上万……这是出租土地的
所有方式中最差的一种。在这种方式下,被欺骗的地主获得一
点点可怜的地租;农民处于最贫穷的状况;土地耕作极端无效
率;国家与合约当事人一样遭受严重损害。这种租佃制在哪里
流行,哪里的人民就理所当然地陷于贫困无依的悲惨境地。"②
美国学者阿瑟·雷珀和艾拉·里德将分成制农民划入自己没有
农场的工人一类,认为"分成制工人"的真实含义是低工资、地
位不牢靠、缺少自我指导和在公共团体的事务中负责的机会。
他们举出一个例子,黑人分成制农民 A.D.和他的家庭生产了 7
包棉花,挣了 338.74 美元。他按比例获得 169.37 美元的收益。
但是,地主的账簿表明,他欠地主 184.12 美元,因此,A.D.这年
欠债 14.75 美元。③ 约翰·穆勒认为,"分成佃农的劳动积极性
要低于自耕农,因为他只获得其劳动成果的一半,而不是全部。
我猜想这一半产出足以充分维持他的生计。"④

　　但是,西斯蒙第赞成分成租佃制,他本人就是一个分成租佃
制地主。他写道:"分成租佃制……比其他任何制度都更有助

---

①　转引自张五常:《佃农理论——应用于亚洲的农业和台湾的土地改
革》,易宪容译,商务印书馆 2000 年版,第 42 页。

②　转引自张五常:《佃农理论——应用于亚洲的农业和台湾的土地改
革》,易宪容译,商务印书馆 2000 年版,第 46 页。

③　Arthur F. Raper and Ira De A. Reid, *Sharecroppers*, University of North
Carolina Press, 1941, p.63.

④　John Mill, *Principles of Political Economy*, pp.365−366.

于使较底层的阶级得到幸福,有助于提高土地的耕作水平,有助于在土地上积累大量的财富。……在这种制度下,农民如同关心自己的土地那样关心他所耕作的土地。……由此而在土地上积累了大量的资本,发明了许多先进的轮作方法,许多巧妙的耕作方式。……在一块面积不大的、贫瘠的土地上聚集了大量的人口,这一切都非常清楚地表明,这种耕作方式既有利于土地本身,又有利于农民。"①西斯蒙第认为对分制有历史进步性,他写道:"对分制的经营方式或平分收获的经营方式,可以说是中世纪最卓越的发明:这是使底层阶级的道德幸福、使土地经营达到最高阶段和积累更多的财富的最有效的方式。这是一种最自然、最便利而且最有力的过渡性措施,它把奴隶提高到自由人的地位,并使他们的智慧得到培养、使它们懂得节约和节制所获得的一分土地的地利。""分制佃农没有其他国家下层阶级人民那种受种种虐待的顾虑。他不必交纳直接税;这种税完全由他的主人来承担。他对于主人也不必支付金钱地租。所以,他只须为自己的家庭经济而进行买卖。他受不到佃户所受的那种纳税或交纳地租的期限的催逼,绝不致被迫在秋收前低价地出售自己的劳动报酬——收成。"②

巴克根据对中国 11 个地方 641 户农民的调查(1921—1925年)写道:"作为地租,如果佃农租种的是麦田和水田,就要交给地主一半的谷物和稻草;如果佃户耕种的是水田,就要交给地主 2/5 谷物与稻草;如果佃户租种的土地较为贫瘠,就要交给地主 3/10 的谷物与稻草。"他就对贵州的观察说:"地主的分成率取决于土地的肥力。粗略地说,上等土地的地租分成率一般为

① [瑞士]西斯蒙第:《政治经济学新原理》,何钦译,商务印书馆 1997 年版,第 124 页。

② [瑞士]西斯蒙第:《政治经济学新原理》,何钦译,商务印书馆 1997 年版,第 123—124 页。

60%；中等土地的地租分成率为50%；劣等土地的地租分成率为40%。"[1]巴克不赞成通常认为的佃农对土地的耕作不如自耕农好的观点。他写道："根据不同类型土地占有制的产出进行的意向分类调查表明，在大多数地区，产出并没有多大差别，在少数有差别的地区，调查结果对佃户或半自耕农的有利程度同自耕农是一样的。"[2]

租地农民以各种形式来支付地租。有些人用现金，有些人用现金和农产品混合支付。在匈牙利的佩斯郡、在布列塔尼、在多瑙河公国，租户兼用现金、产品和劳役支付地租。在有些地区，如法国北部的埃诺和康布雷西斯，租户用产品和劳役支付地租。租期通常是3年或是3年的倍数，有的时候租期长达18年甚至24年。但绝大多数地区租期为3年或6年，在法国某些地区是9年。波兰农民通常租期为1年，以后每年续租，保持长期的租佃关系。在一些地方，租佃条件通常用文字记下来，用精确的语言写下租户须遵守的条件，包括农民应当使租地上的建筑物在修缮后保持良好状态；业主规定轮种的方式，通常是传统的三圃轮作制；租户支付持有租地的赋税；他们得把自己的谷物送到领主的磨坊去加工；等等。当租户转租土地时，与他的承租人订立契约，确定转租的条件。在法国北部，农民承租人宣称，古代的权利授予他们永久的租佃权；他们否认业主有权把这块土地租给其他人而驱逐他们，甚至把土地卖给某些他们不赞成的人士。如果地主拒绝接受这些不成文法，农民会把新的租户作为诽谤和使用暴力的对象，迫使他们放弃土地。农民租期结束时，他们不能再要求续租，尽管他们的劳作和对土地的改进使租

---

[1]　转引自张五常：《佃农理论——应用于亚洲的农业和台湾的土地改革》，易宪容译，商务印书馆2000年版，第82页。

[2]　Buck, *Chinese Farm Economy*, 1930, pp.156–157.

地升值了。租期期满给了地主一个提高地租的机会。在18世纪后期特别是在1770年以后,出现了地租上涨的现象。地主对每个续租人都提高了租金。在图卢兹,从19世纪40年代到80年代货币地租额涨了一倍以上,出租者还额外索要实物地租作为补充。①

张五常认为,分成制并不一定意味着农业经济的不发达。分成租佃制是一种较为古旧但在当代并非罕见的土地租佃形式,佃户和地主订立的契约规定了每一时期内佃户按照他产出的多少缴纳一定比例的地租。在一般情况下,土地所有者提供土地,佃农提供劳动力。其他投入可由当事人任意一方提供。所以,分成租佃制是一种合约行为。②

分成制在法国西部、中部和南部非常广泛地实行。估计在这些地区的全部租地中,有三分之二实行分成制。而在卢瓦尔河以北,除了洛林外,分成制很少见。分成制地租在普鲁士的莱茵省、萨伏伊和瑞士的少数地区很流行。有的农民持有地太小,不足以维持家庭的生计,他们便附带地再以分成制租种一些土地。总之,许多分成制农民非常贫穷,他们的状况比乡村无产阶级好不了多少。他们缺少耕种土地的农具和家畜,他们别无选择,只有接受地主的条件。地主通常提供包括家畜、种子在内的一半或更多的生产资本,租地农民相应地把收成的一部分交给地主。分成的比例由地主和农民协商决定,一般说来,双方实行对分制。有的时候,仅对生产出的谷物实行分成,有的时候则对土地、菜园、果园、牧场等所有土地的产出分成。在法国的布列塔尼,对土地业主应得的份额折合成现金支付。通常农民支付

① See Jerome Blum, *The End of Old Order in Rural Europe*, Princeton U.P., 1978, p.102.

② 参见张五常:《佃农理论——应用于亚洲的农业和台湾的土地改革》,易宪容译,商务印书馆2002年版,第1页。

的不只是商定的份额,还要加上运输和劳役,要支付部分赋税、下一年的种子费用、补偿地主提供耕作用家畜的费用。[①] 在 18 世纪的进程中,领主对农民的索取越来越多。农民急需资本以摆脱对地主的依附状态,将自己的承租方式从分成制转化为现金租佃制。对法国普瓦图省加蒂纳地区的调查表明,1700 年乡村佃户中 80% 是分成制佃农,20% 是缴纳现金地租的佃户。以后,分成制佃农的比例从 17 世纪 40 年代起逐渐下降。到 1790 年只有 38% 的佃户按照分成制租佃土地,有 62% 的租户为缴纳现金的定期租户。[②] 分成制尽管有缺点,但它仍然是欧洲易北河以东流行的租佃方式。由于分成制是通过农民与地主的协议确定的,这就使得农民在持有土地时有某种安全感。

近代后期和 20 世纪初期,法国仍然存在着少量分成制佃农。在法国北部,分成制土地租户 1852 年有 352307 户,占土地经营者户数的 11.3%,1892 年有 349338 户,占土地经营者户数的 6.2%,1929 年有 147600 户,占土地经营者户数的 5.9%。2000 年有 25046 户,占土地经营者户数的 3.7%。[③] 在欧洲 4 个国家中,租地经营的土地面积共有 17019866 公顷。在这些租地中,采取固定货币地租的为 1485105 公顷,地租实行产品实物分成制的为 941282 公顷,地租采用劳役抵付的为 6979 公顷,地租

　　①　See Jerome Blum, *The End of Old Order in Rural Europe*, Princeton U.P., 1978, p.104.

　　②　See C. M. Gray, *Copyhold*, *Equity and the Common Law*, Harvard U.P., 1963, p.5.

　　③　See Jean-Pierre Jessenne and Nadine Vivier, "Northern France, 1750 – 2000", in Bas J. P. van Bavel and Richasrd W. Hoyle, eds., *Rural Economy and Society in North-Western Europe*, *500 – 2000*, *Social Relations*: *Property and Power*, Brepols, 2010, p.144, Table 6. 2: Numbers of Farmers, Tenants and Sharecroppers in France, Various Dates, 1852 – 2000.

采取其他形式的为 14583500 公顷。[①] 在欧洲 10 国(比利时、法国、联邦德国、意大利、马耳他、荷兰、挪威、波兰、瑞典、英国),1950 年共有佃户 485363 户,1960 年共有佃户 1486409 户,1970 年共有佃户 955536 户。1970 年佃户数量是 1950 年的两倍。[②]

美国在租佃制中采用分成制的比例更大。美国 1969 年共有租地 51235623 公顷,其中实行固定数额货币地租的土地为 17923168 公顷,占 35%;实行固定数额货币地租和实物地租的土地为 7760565 公顷,占 15.2%;实行分成制实物地租的土地为 16137216 公顷,占 31.5%;实行其他地租形式的土地为 9414674 公顷,占 18.4%。[③]

在南美洲的 3 个国家中,租地经营的土地面积共有 27938472 公顷。在这些租地中,地租混杂了货币和实物两种地租形式的为 20497589 公顷,实行产品实物分成制地租的为 6387340 公顷,采取其他形式地租的为 1053543 公顷。[④]

在亚洲两个国家中,租地经营的土地面积共有 9177793 公顷。在这些租地中,采取固定货币地租的为 1974 公顷,地租为固定数额实物的有 59 公顷,地租混杂了货币和实物两种形式的

---

① See Food and Agriculture Organisation of United Nation, *1970 World Census of Agriculture*, *Analysis and International Comparison of the Results*, Rome, 1981, Table 5.10, Area rented by form of renting, p.104.

② See Food and Agriculture Organisation of United Nation, *1970 World Census of Agriculture*, *Analysis and International Comparison of the Results*, Rome, 1981, Table15.6, Number of Holding by Tenure, 1970, 1960, 1950.

③ See Food and Agriculture Organization of United Nation, *1970 World Census of Agriculture*, *Analysis and International Comparison of the Results*, Rome, 1981, Table 5.5, Number and Area of Rented Holdings by Forms of Renting, p.99.

④ See Food and Agriculture Organisation of United Nation, *1970 World Census of Agriculture*, *Analysis and International Comparison of the Results*, Rome, 1981, Table 5.10., Area Rented by Form of Renting, p.104.

为 1353615 公顷,地租实行产品实物分成制的为 7654608 公顷,地租采用劳役抵付的为 97 公顷,地租采取其他形式的为 167440 公顷。①

根据联合国粮农组织 1970 年的统计资料,在调查的 17 个国家中,租地经营的户数为 1781933 户,租地面积为 65625070 公顷。从地租形式来看,实行固定数额的货币地租的有 134107 户,租地面积为 18091019 公顷。实行固定数额的实物地租的有租户 98078 户,租地面积为 188134 公顷。实行货币地租与实物地租混合征收的佃户有 174517 户,租地面积为 11922073 户。实行实物分成制的佃户有 822107 户,租地面积为 23662120 公顷。实行劳役地租的租户有 52287 户,租地面积为 194520 公顷。实行其他地租形式的佃户有 500774 户,租地面积为 11496574 公顷。②

在北美洲和中美洲 5 个国家(哥斯达黎加、多米尼克共和国、圣萨尔瓦多、瓜德罗普岛和美国)中,租地经营的户数为 386550 户,租地面积为 51384218 公顷。其中,实行固定数额的货币地租的有租户 103888 户,租地面积为 18022952 公顷。实行固定数额的实物地租的有租户 36890 户,租地面积为 19688 公顷。实行货币地租与实物地租混合征收的佃户有 41871 户,租地面积为 7763173 公顷。实行实物分成制的佃户有 116693 户,租地面积为 16147723 公顷。实行劳役地租的租户有 2248 户,租地面积为 1546 公顷。实行其他地租形式的佃户有 84960

①　See Food and Agriculture Organisation of United Nation, *1970 World Census of Agriculture*, Analysisand International Comparison of the Results, Rome, 1981, Table 5. 10., Area rented by Form of Renting, p.104.

②　See Food and Agriculture Organisation of United Nation, *1970 World Census of Agriculture*, Analysis and International Comparison of the Results, Rome, 1981, Table 5. 5., p.99.

户,租地面积为9429136公顷。①

在南美洲3个国家(哥伦比亚、秘鲁和乌拉圭)中,租地经营的户数为277826户,租地面积为5834618公顷。其中,实行货币地租与实物地租混合征收的佃户有15086户,租地面积为2933699公顷。实行实物分成制的佃户有100426户,租地面积为951930公顷。征收劳役地租的租户有49994户,租地面积为192786公顷。实行其他地租形式的佃户有112320户,租地面积为1756203公顷。②

在亚洲5个国家(巴林、约旦、科威特、巴基斯坦和菲律宾)中,租地经营的户数为690580户,租地面积为7664571公顷。其中,实行固定数额的货币地租的佃户有7341户,租地面积为39953公顷。实行固定数额实物地租的有54953户,租地面积为163338公顷。在亚洲的五个国家(印度、印度尼西亚、韩国、巴基斯坦、菲律宾),1950年共有佃户611971户,1960年有佃户6428053户,1970年有佃户5501806户。实行固定数额货币地租与实物地租混合征收的佃户有429户,租地面积为715262公顷。实行实物分成制的佃户有570838户,租地面积为6474192公顷。征收劳役地租的租户有45户,租地面积为188公顷。实行其他地租形式的佃户有56974户,租地面积为271638公顷。③

---

① See Food and Agriculture Organisation of United Nation, *1970 World Census of Agriculture*, *Analysis and International Comparison of the Results*, Rome, 1981, Table 5.5., p.99.

② See Food and Agriculture Organisation of United Nation, *1970 World Census of Agriculture*, *Analysis and International Comparison of the Results*, Rome, 1981, Table 5.5., p.99.

③ See Food and Agriculture Organisation of United Nation, *1970 World Census of Agriculture*, *Analysisand International Comparison of the Results*, Rome, 1981, Table 5.5., p.99.

在非洲喀麦隆,租地经营的户数为 48241 户,租地面积为 39602 公顷。其中,实行固定数额的货币地租的佃户有 15003 户,租地面积为 17321 公顷。实行固定数额实物地租的佃户有 6235 户,租地面积为 5108 公顷。实行货币地租与实物地租混合征收的佃户有 1323 户,租地面积为 1662 公顷。实行其他地租形式的佃户有 25680 户,租地面积为 15511 公顷。①

在南美洲的 6 个国家(巴西、哥伦比亚、秘鲁、苏里南、乌拉圭和委内瑞拉),1950 年有佃户 216569 户,1960 年有佃户 1069493 户,1970 年有佃户 1308283 户。尽管 1960 年佃户的数量比 1959 年下降了一半,但到 1970 年佃户数量又有所回升。

在五大洲 18 个国家中,租地经营的土地面积共有 58444714 公顷。在这些租地中,采取固定货币地租的为 4902814 公顷,地租为固定数额实物的有 78124 公顷,地租混杂了货币和实物两种形式的为 21869919 公顷,地租实行产品实物分成制的为 15630897 公顷,地租采用劳役抵付的为 22710 公顷,采取其他形式地租的为 15940220 公顷。②

在非洲三个国家中,租地经营的土地面积共有 144383 公顷。在这些租地中,采取固定货币地租的为 66925 公顷,采取固定数额实物地租的有 12162 公顷,地租混杂了货币和实物两种形式的为 4546 公顷,地租采取其他形式的为 60750 公顷。③

---

① See Food and Agriculture Organisation of United Nation, *1970 World Census of Agriculture*, *Analysis and International Comparison of the Results*, Rome, 1981, Table 5. 5. , p.99.

② See Food and Agriculture Organisation of United Nation, *1970 World Census of Agriculture*, *Analysis and International Comparison of the Results*, Rome, 1981, Table 5. 10. , Area Rented by Form of Renting, p.104.

③ See Food and Agriculture Organisation of United Nation, *1970 World Census of Agriculture*, *Analysis and International Comparison of the Results*, Rome, 1981, Table 5. 10. , Area Rented by Form of Renting, p.104.

实行分成制的农场在全部租佃农场中的比例在亚洲最高，达到 84.5%，在拉丁美洲为 16.1%，在欧洲为 12.5%，在北美洲为 31.5%，在全球占 36.1%。在发达资本主义地区，分成租佃制在北美洲的比例比在欧洲的比例高出一倍以上。[①]

二、农民、家庭农场和大地产

（一）农民

农民可以定义为"主要从农业中获得生活资料、在农业生产中主要利用家庭劳动的农户"[②]。农民并非简单的同质的构成。"农民可以部分地用他们始终变化，但从不全面的市场参与程度（其含义是农民保持不同程度地从市场退出和维持生存的能力）、部分地用他们参与的市场的不完全性来定义。"[③]即需要将从事维生农业的农民与为充分发展的产品和要素市场经营的家庭农业劳动者区分开来。埃里克·沃尔夫说："我们把农民称为乡村的开垦者，这就是说他们在乡村生产谷物和家畜。""在此同时，他们不是如我们所知的美国那样的农场主或是农业企业家。""无论如何，农民不在经济意义上运作企业，它经营是为了一个家庭，而不是为了商业目的。"[④]

在传统经济中，小农农场的规模很小，此外，也没有广泛的机构为它提供服务，因为他们倾向于自给自足。结果他们的经

---

① Yujiro Hayami and Keijiro Otsuka, *The Economics of Contract Choise, An Agrarian Perspective*, Oxford, Clarendon Press, 1993, p.8, Table 1.1..

② ［英］弗兰克·艾利思：《农民经济学——农民家庭农业和农业发展》（第二版），胡景北译，上海人民出版社 2006 年版，第 14 页。

③ ［英］弗兰克·艾利思：《农民经济学——农民家庭农业和农业发展》（第二版），胡景北译，上海人民出版社 2006 年版，第 11 页。

④ Eric R., Wolf, *Peasant*, Prentice-Hall, INC., New Jersey, 1966, p.2.

营建立在低水平的资源生产率上。"当小农农场从各方面接受大规模的富裕机构的服务时,小农农场能够取得高效率。这些服务机构可以是私人企业,它们之间存在着竞争,也可以是国家机构。一般来讲,国有部门提供科研和教育;农产品的销售与投入物的供应则可以由国有部门提供,也可以由私人部门提供。"①

小农的存在开始于人类社会初期。以后延续到封建社会、资本主义社会和当代。小农(自由小农和小佃户)在历史上始终有占不同比例的独立存在,但在更多时候,小农无可抵抗地被卷入其他的社会关系系谱中,成为一种被侵蚀的社会结构组分。到了资本主义时代,在工业领域和农业领域,小生产被扩张的资本主义不断地吞噬,处于衰落中。但是,在农业中,小农并没有消失,在第三世界国家,农民比在发达资本主义国家中占有更大的比例,"两极分化"理论不适合于描述农民经济组织的实际存在。

从 1200 年前到 1750 年,各种农业活动为社会提供了物质基础。几乎全部亚洲地区、北非和欧洲的农耕区,以及部分地广人稀的撒哈拉以南非洲地区和美洲地区都属于农业文明区。在这些农业社会里,绝大多数劳动者是在土地上耕作的小农。到 1750 年,小农生产方式养活了全世界约 7.7 亿人口。②

农民经济基本采取了家庭经济和家庭农场的形式。农场主(farmer)的概念和农民(peasant)的概念不同。农民的目标是自给自足并有很少一点剩余产品提供给市场,而农场主有强烈的把商品提供给市场的倾向。这里并不是要否认"农民"一词有

---

① ［美］约翰·梅尔:《农业经济发展学》,何宝玉等译,农业读物出版社 1988 年版,第 356 页。

② 参见［英］亨利·伯恩斯坦:《农政变迁的阶级动力》,汪淳玉译,社会科学文献出版社 2011 年版,第 2 页。

一种非常松散的指谓乡村居民的含义。①

人们在描述农民时使用了不同的术语,如"小农(peasant)"、"小规模农民(small-farmer 或 small-scae farmer)",以及"家庭农民(family farmer)"。"家庭农场"指的是家庭所拥有的农场,通常是由家庭劳动力耕作的农场。②

小规模农场或小农的经营规模也是学者关注的问题,不同的学者有自己的划定标准。有的学者将"小规模农场"定义为耕种面积小于 2 公顷的农场。在拉丁美洲的很多地区,面积为 10 公顷的农场低于全国的水平,这些农场大部分依靠家庭劳动力经营,所生产出的产品主要是为了维生。而在印度西孟加拉邦的灌溉区,同样大小的农场已经大大超过了该地区的平均水平,很可能雇佣了大量的劳动力,并有丰富的剩余农产品用于出售。③

在欧洲许多地区,根据习惯、立法和人们的认可,建立了一种因袭的土地持有单位。这种单位有房舍、房舍的宅地、菜园、耕地和被奴役性的使用权构成。这种传统的土地单位在各国有不同的名称。在德语国家有 Hufe,在斯堪的纳维亚国家有 bol.,在波兰有 wtoka 或 Ian,在爱沙尼亚和拉脱维亚有 adramaa,在白俄罗斯和立陶宛有 voloka,在里窝尼亚有 Haken,在匈牙利有 session,在法国有 mansus 或 meix,在英国有海德(Hide)。在早期,这种土地单位可能是支持一个家庭生存的必需的土地单位。

---

① See Bas van Bavel and Richard W. Hoyle, ed., *Social Relations*: *Property and Power*, Brepols, 2010, in xvii, "Preface".

② 参见[英]亨利·伯恩斯坦:《农政变迁的阶级动力》,汪淳玉译,社会科学文献出版社 2011 年版,第 7 页。

③ See Peter Hazell, C. Poultons, S. Wiggins and A. Dorward, *The Future of Small Farms for Poverty Reductions Growth*, Washington: IFPRI, 2007, 2020 Discussion Paper 42, p.1.

它使得几代人构成的家庭能够生活在一起。但到了旧制度时期,农民家庭支付到期的债务、提供赋税,是和他所持有的因袭的土地单位成比例的。土地持有者持有的土地与他的义务直接联系着。①

达尼尔·索恩指出:"从范畴而论,我们可以说,在农民经济中,农民的家庭成员不是奴隶。但是我们不会试图去加以详细说明,农民是否是农奴、半自由的或自由的……在农民经济中,农民作为一个群体是受支配的和被他人剥削的,农民完全可能一周一天或数日为男爵和庄园领主干活。他们也可能有义务向地主、官员、贵族和其他重要人物纳贡、送礼,同时,从生产上说,农民家庭拥有明确的权利,可以说是'独立的'。由于他们的地位的双重性,这些农民不可避免地站立在自由的和非自由的连线上。从某种意义上说,在经济学上农民既是受支配者,同时又是主人。"②"在一个特别的国家的一个特别的时期,许多自由和不自由的变体或混合物可以共存。"③"从我们的观点来看,中世纪盛期欧洲的封建主义可以被看作包括在这样一种特别形式的农民经济中。"④研究者看到了农民家庭经济的两个方面,一方面农民有着身份规定性;另一方面,农民家庭经济具有特殊的经济特征。

在欧洲绝对主义后期,绝大多数村民中只有一小部分人拥有充分的持有地,完全无地的农民和只持有零星少量土地的农民的人数大大增加了。领主通过剥夺农民的土地来扩大庄园自

---

① See Jerome Blum, *The End of Old Order in Rural Europe*, Princeton U.P., 1978, p.95.

② Daniel Thorne, "Peasant Economy As a Catagery in History", in T. Shanan, ed., *Peasant and Peasant Society*, Penguin, 1988, p.64.

③ T.Shanan, ed., *Peasant and Peasant Society*, Penguin, 1988, p.65.

④ T.Shanan, ed., *Peasant and Peasant Society*, Penguin, 1988, p.67.

营地。当时人口的增长也带来了土地再划分和再分配的压力。领主看到,如果他们对这种压力让步会有危险性。如果把土地划分的太小,领有土地的农民就没有足够的收入来支付对领主承担的义务。农民也知道,重复地再分割他们取得的土地,会导致贫困和贫民化。随着小土地持有者的增加和无地农民人数的膨胀,领主的义务和国家对整个村庄征收的赋税就会落到那些仍然持有土地的农民头上。而王公出于自身的利益,则希望农民能够承担得起赋税和对他们要求的民事和军事义务。这样,领主、农民和王公都极力阻止土地的再分割。出于维护家族产业使其不至于衰落的封建主义传统,也出于上述原因,各地都坚持继承的土地需要不加分割地授予单一的继承人。① 不分割继承的规则在丹麦、在德国五分之四的地区、在瑞士的中部、在奥地利君主国的德意志王室土地上、在法国的中部和北部、在被称为"小波兰"的波兰南部和西南部十分流行。在波兰许多地方,在波希米亚和摩拉维亚,限制将土地分割到持有地的四分之一以下。在确定单一继承人规则的地方,有的地方将继承人确定为幼子,有些地方确定为长子,也有的地方不作规定。一些地方由领主来指定继承人,在某些地方,习惯和法律要求继承人支付一定的现金给他的兄弟姐妹,并把死者的财产分给他们。在法国南部、瑞士西部、德国的西南部和西北部的部分地区,在继承人中分割土地的做法比较流行。②

许多农村贫穷人口并非严格意义上的"农民",他们缺少土地或缺少其他生产资料,靠自己力量无法进行耕作,他们中有的只是从事"边缘性的"农耕活动。边缘农业无法提供足够的劳

① See Jerome Blum, *The End of Old Order in Rural Europe*, Princeton U.P., 1978, pp.96-97.

② See Jerome Blum, *The End of Old Order in Rural Europe*, Princeton U.P., 1978, p.97.

动量和收入,不足以成为维持家庭生计的主要途径。例如在印度,"边缘农业"指的是土地面积小于 1 公顷的农业生产单位。在印度拥有土地的全部居民中,有 62%属于这类情况,但是他们一共只占有全国耕地面积的 17%。[①]

弗兰克·艾利思对农民下定义说:"农民是主要从农业中获得生产资料、在农业生产中主要利用家庭劳动的农户。农民部分地参与常常是不完全或不全面的投入和产出市场。"[②]他认为,欧洲小农和第三世界的小农之间有很大的差别,欧洲"商业化的农场""完全融入了全速运作的市场之中",而在第三世界"小农只是部分地处于不完全的市场之中"。[③] 对于小农和市场的关系,扬·杜威·范德普勒格认为,不仅第三世界的小农大多只是部分融入市场,而且欧洲农民也是这样。我们对商品化程度加以仔细考察和认真对比后就会发现,第三世界的小农甚至很可能比欧洲的农民更"充分地融入"了市场。或许"欧洲的农民要比第三世界的很多农民更具小农特性",这或许是欧洲小农的生活略微富足的原因。[④]

扬·杜威·范德普勒格制作了一份 1983 年荷兰、意大利和秘鲁的市场依赖程度比较表,表中的数据说明,秘鲁沿海地区的

---

① See Peter Hazell, C. Poultons, S. Wiggins and A. Dorward, *The Future of Small Farms for Poverty Reductions Growth*, Washington: IFPRI, 2007, 2020 Discussion Paper 42, p.1.

② [英]弗兰克·艾利思:《农民经济学——农民家庭农业和农业发展》,胡景北译,上海人民出版社 2006 年版,第 14 页。

③ Frank Ellia, *Peasant Economics*: *Farm Households and Agrarian Development*, *Wye Studies in Agricultural and Rural Development*, Cambridge U.P., 1993, p.4.

④ 参见[荷]扬·杜威·范德普勒格:《新小农阶级——帝国和全球化时代为了自主性和可持续性的斗争》,潘璐、叶敬忠等译,社会科学文献出版社 2013 年版,第 47—48 页。

合作社农业在劳动力、土地、短期贷款、中长期贷款、机械服务、遗传材料、主要投入方面对市场的依赖程度都在 50% 以上，秘鲁山区的小农土豆生产在前述指标对市场依赖程度在 21%—60% 之间；而荷兰的乳制品业对市场依赖程度在 21% 以下，意大利坎帕尼亚的混合农业在上述各项指标对市场的依赖程度均在 27% 以下。① 与中心国家的农业系统相比，边陲国家的农业系统总体上更加处于依附地位，商品化程度更高，更是建立在"彻底的商品流通"之上。②

农业小生产是与家内、户内、家庭经济密切联系的。这是农业小生产与工业大生产的重大差异。小农在和大农业经营竞争中没有别的优势，他唯一能凭借的是自己的低需求和增加劳作时间。农民"他的全部生活，除睡觉和吃饭时间以外，都在劳动"③，并把家庭的全部人力都用在农业上。"小农不仅催促自己去工作，而且也催促自己的家庭去工作。""小土地所有制把这种强制劳动加在自己的劳动者身上，使他们变为驮重的牲畜。他的全部生活除睡觉吃饭的时间外都在劳动。"小经营有儿童帮助，"常常看到在经营区有 70 岁以上的劳动者，他们能够代替整劳动力，并且在很大限度上帮助了经营的成功"④。此外，由于小农经营的土地面积不足，他们通常还要去寻求找其他的

① 参见[荷]扬·杜威·范德普勒格：《新小农阶级——帝国和全球化时代为了自主性和可持续性的斗争》，潘璐、叶敬忠等译，社会科学文献出版社 2013 年版，第 48 页表 2-1"荷兰、意大利和秘鲁的市场依赖程度（1983 年）"。

② 参见[荷]扬·杜威·范德普勒格：《新小农阶级——帝国和全球化时代为了自主性和可持续性的斗争》，潘璐、叶敬忠等译，社会科学文献出版社 2013 年版，第 48 页表 2-1"荷兰、意大利和秘鲁的市场依赖程度（1983 年）"。

③ [德]考茨基：《土地问题》，梁琳译，生活·读书·新知三联书店 1955 年版，第 134 页。

④ [德]考茨基：《土地问题》，梁琳译，生活·读书·新知三联书店 1955 年版，第 138、139 页。

副业收入作为家庭维生的补充来源。

　　黄宗智的农业"过密化""内卷化"理论将小农农业描述为不计成本的自我剥削、自我消耗，不增加很多产出的烦琐密集的生产方式。他认为，中国农民人均土地面积很小，地主占有的土地面积也不大，所以农业蕴含的利润弹性空间非常有限，中国的地主和农民都比欧洲的要穷。农村过剩的劳动力没有出路，所以土地集中化过程进展缓慢，难以形成农业资本主义。

　　当代的统计资料表明，小农甚至到了20世纪也还没有最后消灭。到了20世纪，对小农前途有了新看法。一些学者指出，小农分化和消失在资本主义社会中不是必然的。他们认为，以小农为主体的家庭生产方式具有抵抗资本主义生产方式的内在逻辑，所以小农经济能够无限期地自我再生产。这种结论的主要论据有下面这些：农民对作为生产资料的土地的支配使他们具有维持自身简单再生产的能力；农民共同体的社会规范是互惠而不是单个农民利润最大化；农民家庭的生命周期和代际传递能阻止土地集中到少数农民手中；农民能通过增加自己投入的劳动来抵制市场的压力；家庭生产在耕作方式、劳动收入、从农业和非农业中获得收入等方面具有灵活性；小农的动机是简单再生产而非利益最大化。[1]

　　（二）国家土地所有制和封建领主制下的农民

　　由于本书的主要内容是资本主义时代的土地关系和经济组织，因此不去讨论前资本主义条件下的生产关系和前资本主义条件下的所有制，即具有不同土地关系的国家中农民的地位和受剥削的形式的问题。但当我们把农民作为一历史范畴来讨论时，无法不提到这个问题。

---

　　① 参见［英］弗兰克·艾利思：《农民经济学——农民家庭农业和农业发展》，胡景北译，上海人民出版社2006年版，第57页。

资本主义社会以前农村的社会经济形态,在类型上可以分为国家拥有土地所有权的亚细亚生产方式和领主制农业。梅洛蒂分析说,"亚细亚生产方式同封建生产方式的区别在于,它并不是以人身依附的关系为基础的。存在于亚洲的奴隶制和人身依附关系只是很有限的","它们从来没有成为基本的生产关系"。①"在生产资料所有制方面。在亚细亚社会里,当时最重要的生产资料——土地,是国家所有的。而在欧洲那种封建制度下,根据'土地无不属于领主'这一条封建制度的基本格言,土地属于贵族所有并由长子继承。因此,在亚细亚生产方式里,只有国家享有向生产者征收赋税而索取剩余产品的直接权利,在这种情况下,这种赋税同地租是一回事。主要剥削阶级的成员们只需通过国家而取得它们的一份。"②

梅洛蒂写道:"在东方专制制度下,特权阶级并不占有土地或人,而是掌握一种公共职能,即作为国家——唯一的土地所有者——的代表而索取地租。"③马克思指出:"[在亚洲]国家既作为土地所有者,同时又作为主权者而同直接生产者相对立,那末,地租和赋税就会合为一体,或者不如说,不会再有什么同这个地租形式不同的赋税。在这种情况下,依附关系在政治方面和经济方面,除了所有臣民对这个国家都有的臣属关系以外,不需要更严酷的形式。"④

农民的被奴役关系在不同地区有根本不同的特征。在没有

---

① [意]梅洛蒂:《马克思与第三世界》,高铦、徐壮飞、涂光楠译,商务印书馆 1981 年版,第 75 页。

② [意]梅洛蒂:《马克思与第三世界》,高铦、徐壮飞、涂光楠译,商务印书馆 1981 年版,第 78 页。

③ [意]梅洛蒂:《马克思与第三世界》,高铦、徐壮飞、涂光楠译,商务印书馆 1981 年版,第 74 页。

④ 《马克思恩格斯全集》第 25 卷,人民出版社 1974 年版,第 891 页。

经历过欧洲封建领主制的亚非拉国家,在资本主义前夜,农民受地主或直接受国家的地租—赋税剥削压迫,他们没有奴役性的身份标记。在有过封建化前史的欧洲乡村,在封建主义向资本主义过渡时期或称旧制度时期,领主制继续存在。[①] 农民常常带有奴役性身份的标签。农民按照他们的身份、对土地的占有权和财富多寡,构成了不同的等级。在许多地方,乡村等级的划分按照农民持有土地的大小。欧洲处于封建领主制剥削下的农民,他们要缴纳贡赋、地租和承担义务。而亚洲一些国有土地所有制下的农民,他们只交贡赋,不交地租。这两类农民中,谁的剥削更深重,无疑是一个重要的问题,需要进一步做专门的计量研究来解决。

(三)小农的数量

欧洲从中世纪以来各国就有小农存在。在德意志中部和东部地区,早在 13 世纪就存在小土地所有者。15 世纪末以后出现的人口增长,导致了小土地所有者迅速增长。17 世纪和 18 世纪许多地区出现了佃农。例如,在马利斯特地区 1374 年农民占人口的 88.6%,小农占 11.4%。1777 年农民占 30.5%,小农占 14.5%,佃农占 54.9%。在霍耶斯维达地区,1568 年农民占 78.4%,小农占 12.7%,佃农占 8.9%;1620 年农民占 61.4%,小农占 15.7%,佃农占 22.9%;1777 年农民占 55.7%,小农占 14.1%,佃农占 30.2%。在科尼斯布克地区,1560 年小农占 18.7%;1670 年小农占 35.1%,佃农占 5.9%;1750 年小农占

---

① 参见[法]J.谢诺:《亚细亚生产方式研究前景》,载《外国学者论亚细亚生产方式》下册,中国社会科学出版社 1981 年版,第 116—146 页。本书中心是讨论资本主义时期的农业经济关系和农业经济组织,由于研究的重点和篇幅所限,在此不讨论"亚细亚生产方式"问题。但我们也注意到欧洲社会和被一些学者称为"亚细亚生产方式"的东方社会在农民地位和乡村剥削关系上存在的范式差别。

27%,佃农占15%;1777年小农占21.4%,佃农占31.2%;1807年小农占12.3%,佃农占32.8%。在瑞典所属波美拉尼亚的52个小村庄,1700年小农占13.2%,佃农占20.7%;1760年小农占1.5%,佃农占70.1%。① 在荷兰东部的上艾瑟尔省,根据1602年的税务登记,拥有2匹马或更多的马、农场规模大于6英亩的农民为3718人,拥有1匹马或没有马、农场规模小于6英亩的佃农为2336人。根据上艾瑟尔省1795年的人口统计资料,再加上仆人占有量后,拥有4头或以上的牲畜和一些仆从的农民为4614户;拥有少于4头牲畜,没有仆役的佃农为3429户。②

在法国郎基多克的莱斯匹南,1492年面积为12英亩至24英亩的农场为59个,1607年为44个;小于12英亩的农场1492年为39个,1607年为115个。在蒙彼利埃西北部贫瘠的阿格利尔斯,一个农民家庭要满足维生的需求,需要54英亩的耕地。但是在这里,拥有10英亩耕地小农场的农户在1531年为3户,1664年增至34户。这些都是持有土地极少,靠土地收入难以维生的贫穷小农。③

拥有充分的持有地的农民是较为富裕的农民。在德意志的萨克森,拥有全份持有地的农民在1550年占全部人口的49.5%。到1750年,他们的数量增长了3%,从214800人增至221500人。但他们在全部人口中所占的比例,则下降了25%。到1843年只占全部人口的14%。而茅舍农和无地农民在总人

---

① [英]E.E.里奇、C.H.威尔逊主编:《剑桥欧洲经济史》第5卷,高德步等译,经济科学出版社2002年版,第123页表17"德意志中部和东部地区乡村社会的阶层(1374—1807年)"。

② [英]E.E.里奇、C.H.威尔逊主编:《剑桥欧洲经济史》第5卷,高德步等译,经济科学出版社2002年版,第123页。

③ [英]E.E.里奇、C.H.威尔逊主编:《剑桥欧洲经济史》第5卷,高德步等译,经济科学出版社2002年版,第122页表16"朗格多克的莱斯匹南的土地所有状况"。

口中占的比例则从 1550 年的 18% 上升到 1750 年的 38%，进而
升至 1843 年的 52%。在德国其他地方比例与此差不多。在勃
兰登堡的库尔马克地区，有一半以上农民属于小土地持有者或
茅舍农。在波美拉尼亚，18 世纪中叶绝大多数农民属于中等大
小的土地所有者。而到 1805 年，小土地持有者和茅舍农在持有
土地的农民中占到多数。在普鲁士东部各省，成千上万的无地
农民靠当农业工人维生。从 1770 年到 1880 年在库尔马克，无
地农民增长到 44%。[①] 与其雇主一同生活的男性和女性农场仆
役的人数分别增长到 29% 和 16%。18 世纪末在库尔马克，无
地农民的人数是持有土地农民人数的 3 倍。早在 1700 年的东
普鲁士，无地农民有 72611 人，持有土地的农民有 69231 人。从
1750 年到 1802 年，农场劳工家庭数从 18000 户增至 48000 户；
而持有土地的农民的人数只增加了约 40%。德国中西部无地
农民和几乎无地的农民人数在持续增长。例如，1780 年在德国
东南部巴登的霍赫伯格区，2897 户农民中有 45% 持有的土地
少于 1.8 英亩或没有土地，39% 的农户持有地在 1.8—7.2 英
亩，11% 的农民持有地在 7.2—14.4 英亩，有 5% 的农民持有地
在 18 英亩以上。在丹麦，1688—1800 年西兰地区茅舍农的人
数增加了 6—7 倍。在菲因州茅舍农增加了 4 倍。在日德兰等
地茅舍农增加了两倍。在奥地利的下奥地利省、施蒂尼亚省、摩
拉维亚省，有 285897 名农民（即 58%）持有土地不到充分持有
地标准的四分之一，此外当地还有大量无地农民。1848 年在波
希米亚，一半以上的村民持有土地不足或是无地农民。在波兰，
18 世纪后半叶有 16% 的农民没有土地，33% 的农民持有土地
不到 10 英亩，30% 的农民持有土地在 10—20 英亩，大约 21% 的

---

① See Jerome Blum, *The End of Old Order in Rural Europe*, Princeton U.P.,
1978, p.105.

农民持有的土地在 20 英亩以上。[1]

到了 20 世纪,在巴西,经过无地农民运动,城镇人口向农业的涌入形成了再小农化。在巴基斯坦、孟加拉国和印度,随着新的小型农业生产单位的创生,悄悄地出现了再小农化。[2]

扬·杜威·范德普勒格指出,当今世界约有 12 亿小农。"拥有小型农场的农户始终占世界人口的五分之二。"其中,有上百万欧洲农民仍然保持着浓郁的小农特色,其小农性要比我们大多数人所估计的程度要高。[3]

在非洲,博茨瓦纳在 1993 年土地持有者为 101434 人,全部耕地面积为 322200 公顷,平均土地持有面积为 3.2 公顷。布基纳法索在 1993 年土地持有者为 886638 人,全部耕地面积为 3472480 公顷,平均土地持有面积为 3.9 公顷。佛得角在 1988 年土地持有者为 32193 人,全部耕地面积为 41383 公顷,平均土地持有面积为 1.3 公顷。刚果共和国在 1990 年土地持有者为 4479600 人,全部耕地面积为 2387700 公顷,平均土地持有面积为 0.5 公顷。埃及在 1990 年土地持有者为 3475502 人,全部耕地面积为 3297281 公顷,平均土地持有面积为 0.9 公顷。埃塞俄比亚在 1989—1992 年土地持有者为 6091840 人,全部耕地面积为 4871020 公顷,平均土地持有面积为 0.8 公顷。几内亚在 1995 年土地持有者为 442168 人,全部耕地面积为 895620 公顷,

---

[1]　See Jerome Blum, *The End of Old Order in Rural Europe*, Princeton U.P., 1978, pp.106-107.

[2]　参见[荷]扬·杜威·范德普勒格:《新小农阶级——帝国和全球化时代为了自主性和可持续性的斗争》,潘璐、叶敬忠等译,社会科学文献出版社 2013 年版,第 11 页。

[3]　参见 T.Weis, *Global Food Economy: The Battle for the Future of Farming*. London, Zed Books, 2007.p.25。[荷]扬·杜威·范德普勒格:《新小农阶级——帝国和全球化时代为了自主性和可持续性的斗争》,潘璐、叶敬忠等译,社会科学文献出版社 2013 年版,第 2—3 页。

平均土地持有面积为 2 公顷。几内亚比绍在 1988 年土地持有者为 84221 人,全部耕地面积为 96375 公顷,平均土地持有面积为 1.1 公顷。莱索托在 1989 — 1990 年土地持有者为 229300人,全部耕地面积为 331000 公顷,平均土地持有面积为 1.4 公顷。利比亚在 1987 年土地持有者为 175528 人,全部耕地面积为 2495906 公顷,平均土地持有面积为 14.2 公顷。马拉维在1993 年土地持有者为 1561416 人,全部耕地面积为 1167240 公顷,平均土地持有面积为 0.7 公顷。纳米比亚在 1995 年土地持有者为 113616 人,全部耕地面积为 300146 公顷,平均土地持有面积为 2.6 公顷。留尼旺在 1989 年土地持有者为 15198 人,全部耕地面积为 67154 公顷,平均土地持有面积为 4.4 公顷。圣多美和普林西比在 1990 年土地持有者为 13822 人,全部耕地面积为 76214 公顷,平均土地持有面积为 5.5 公顷。坦桑尼亚在1994—1995 年土地持有者为 3872323 人,全部耕地面积为10764000 公顷,平均土地持有面积为 2.8 公顷。乌干达在 1991年土地持有者为 1704721 人,全部耕地面积为 3683288 公顷,平均土地持有面积为 2.2 公顷。从上述统计资料来看,在非洲存在着大量小农。

在北美洲和中美洲,人均土地持有面积要多一些。巴哈马1994 年土地持有者为 1760 人,全部耕地面积为 20336 公顷,平均土地持有面积为 11.6 公顷。巴巴多斯在 1989 年土地持有者为 17178 人,全部耕地面积为 21560 公顷,平均土地持有面积为1.3 公顷。多米尼加在 1995 年土地持有者为 9026 人,全部耕地面积为 21146 公顷,平均土地持有面积为 2.3 公顷。格林纳达在 1995 年土地持有者为 18277 人,全部耕地面积为 14164 公顷,平均土地持有面积为 0.8 公顷。瓜德罗普在 1989 年土地持有者为 16530 人,全部耕地面积为 53559 公顷,平均土地持有面积为 3.2 公顷。洪都拉斯在 1993 年土地持有者为 325750 人,全部耕地面积为 3637469 公顷,平均土地持有面积为 11.2 公顷。马提尼克在 1989 年土地持有者为 16038 人,全部耕地面积为 50192 公顷,平均土地持有面积为 3.1 公顷。巴拿马在 1990 年土地持有者为 213895 人,全部耕地面积为 2941583 公顷,平均土地持有面积为 13.8 公顷。波多黎各在 1987 年土地持有者为 20245 人,全部耕地面积为 348530 公顷,平均土地持有面积为 17.2 公顷。圣露西亚在 1986 年土地持有者为 11551 人,全部耕地面积为 23478 公顷,平均土地持有面积为 2.0 公顷。维京群岛在 1987 年土地持有者为 267 人,全部耕地面积为 7197 公顷,平均土地持有面积为 27 公顷。上述国家人均持有土地面积很小。

在亚洲各国,土地持有者人均土地持有面积一般都很小,这个地区存在着大量的小农。塞浦路斯 1994 年土地持有者为 52089 人,全部耕地面积为 177760 公顷,平均土地持有面积为 3.4 公顷。印度在 1991 年土地持有者为 106637000 人,全部耕地面积为 165507000 公顷,平均土地持有面积为 1.6 公顷。印度尼西亚在 1993 年土地持有者为 19713806 人,全部耕地面积为 17145036 公顷,平均土地持有面积为 0.9 公顷。伊朗在 1993 年土地持有者为 3602950 人,全部耕地面积为 15458910 公顷,平均土地持有面积为 4.3 公顷。以色列在 1995 年土地持有者为 25448 人,全部耕地面积为 361080 公顷,平均土地持有面积为 14.2 公顷。日本在 1995 年土地持有者为 3453550 人,全部耕地面积为 4282000 公顷,平均土地持有面积为 1.2 公顷。韩国在 1990 年土地持有者为 1768501 人,全部耕地面积为 1857491 公顷,平均土地持有面积为 1.1 公顷。巴基斯坦在 1990 年土地持有者为 5071112 人,全部耕地面积为 19252672 公顷,平均土地持有面积为 3.8 公顷。菲律宾在 1991 年土地持有者为 4610041 人,全部耕地面积为

9974871 公顷,平均土地持有面积为 2.2 公顷。泰国在 1993
年土地持有者为 5647490 人,全部耕地面积为 19002071 公
顷,平均土地持有面积为 3.4 公顷。土耳其在 1991 年土地持
有者为 4068432 人,全部耕地面积为 23451099 公顷,平均土
地持有面积为 5.8 公顷。越南 1994 年土地持有者为 9528896
人,全部耕地面积为 4948302 公顷,平均土地持有面积为 0.5
公顷。

　　根据联合国粮农组织对 1970 年世界各国持有土地在 1
公顷以下的农民的调查数据。在被调查的 33 个国家中,全
部农户共有 111058031 户。其中持有土地在 0.5 公顷以下
的为 37011757 户,持有土地在 0.5—1 公顷的有 21778364
户。两项相加,持有土地在 1 公顷以下的共 58790121 户。
在这 33 个国家中,持有土地在 1 公顷以下的农户占农户总
数的 52.9%。在上述国家中,持有土地在 1 公顷以下的农
户共持有土地 6340959 公顷。其中持有土地在 0.5 公顷以
下的农户共持有土地 2147007 公顷,持有土地在 0.5—1 公
顷的农户共持有土地 4193952 公顷。持有土地在 1 公顷以
下的农户持有地面积占持有地总面积的 2.3%。[①] 这表明,
持有地在 1 公顷以下的小农户户数占到全部农户的一半以上,
但他们持有土地总额占全部持有地的份额则非常少,只
有 2.3%。

---

①　Food and Agriculture Organisation of United Nation,*1970 World Census of Agriculture*,*Analysis and International Comparison of the Results*, Rome, 1981, pp. 58-59,Table 3.4.Number and Area of Holding and Percent Distribution of Holdings Under 1 Hectare.

表 3-1　持有土地在 1 公顷及以下农户数量和持有土地的面积 ①

国家	年份	持有土地的农户总数	1公顷以下(包含1公顷)			比例(%)			
			总数	0.5 公顷以下	0.5—1公顷	总数	农户数		
							占地 1公顷以下农户比例	占地 0.5公顷以下农户比例	占地 0.5—1公顷农户比例
总数(33 国) 户数		111058031	58790121	37011757	21778364	100.0	52.9	33.3	19.6
面积		275659788	6340959	21477	4193952	100.0	2.3	0.8	1.5
非洲(13 国) 户数		10020639	4200937	1872119	2328818	100.0	41.9	18.7	23.2
面积		18026036	2286828	535506	1751312	100.0	12.7	3.0	9.7
北美洲、 中美洲 (4 国) 户数		772614	264889	132019	132870	100.0	34.3	17.1	17.2
面积		9408686	122884	33719	89165	100.0	1.3	1.4	1.9
南美洲(2 国) 户数		1406955	463245	314523	148722	100.0	32.9	22.3	10.6
面积		23638980	178703	75407	103294	100.0	0.8	0.3	0.4
亚洲(7 国) 户数		92955943	51172093	32619415	18552678	100.0	55.0	35.0	20.0
面积		171346442	2618403	803699	1814707	100.0	1.5	0.5	1.0
欧洲(7 国) 户数		5901880	2688957	2073681	615276	100.0	45.5	35.1	10.4
面积		53239644	1134151	698674	435477	100.0	2.1	1.3	0.8

---

① Food and Agriculture Organisation of United Nation, *1970 World Census of Agricullture*, *Analysis and International Comparison of the Results*, Rome, 1981, P.S Table 3. 4.Number and Area of Holding and Percent Dintribution of Holdings Under 1 Hectare.

在非洲(利比里亚和扎伊尔)两个国家中,2626个家庭共持有307公顷的土地。其中持有土地在1公顷以下的有1109个家庭,他们共持有31公顷的土地。持有土地在1—2公顷的有990个家庭,他们共持有42公顷的土地。持有土地在2—5公顷的有491个家庭,他们共持有85公顷的土地。持有土地在5—10公顷的有26个家庭。持有土地在10—20公顷的有9个家庭,他们共持有101公顷的土地。持有土地在50—100公顷的有1个家庭。[1]

在亚洲6个国家(巴林、印度尼西亚、伊拉克、韩国、科威特和沙特阿拉伯)中,17559个家庭共持有20988公顷的土地。其中持有土地在1公顷以下的有11917个家庭,他们共持有4168公顷的土地。持有土地在1—2公顷的有3364个家庭,他们共持有3587公顷的土地。持有土地在2—5公顷的有1631个家庭,他们共持有4136公顷的土地。持有土地在5—10公顷的有368个家庭,他们共持有2435公顷的土地。持有土地在10—20公顷的有205个家庭,他们共持有3030公顷的土地。持有土地在20—50公顷的有60个家庭,他们共持有1680公顷的土地。持有持有土地在50—100公顷的有8个家庭,他们共持有503公顷的土地。持有土地在100—200公顷的有4个家庭,他们共持有677公顷的土地。持有土地在200—500公顷的有2个家庭其中一个家庭持有301公顷的土地,还有1个家庭持有471公顷的土地。[2]

---

[1] See Food and Agriculture Organisation of United Nation, *1970 World Census of Agriculture*, *Analysis and International Comparison of the Results*, Rome, 1981, Table 5. 13. Number and Area of Holdings Operated by Civil Person by Size of Holding, p.110.

[2] See Food and Agriculture Organisation of United Nation, *1970 World Census of Agriculture*, *Analysis and International Comparison of the Results*, Rome, 1981, Table 5. 13. Number and Area of Holdings Operated by Civil Person by Size of Holding, p.110.

表 3-2　全球各地区土地持有者总户数和各种规模土地持有者户数表

地区	土地持有者总户数	无地者户数	1公顷以下户数	1—2公顷户数	2—5公顷户数	5—10公顷户数	10—20公顷户数	20—50公顷户数	50—100公顷户数	100—200公顷户数	200—500公顷户数	500—1000公顷户数	1000公顷以上户数
全球(84国)	150130472	608925	67647904	27595454	27876966	12260191	6497211	3983514	1648487	1003169	657057	185162	166432
非洲(20国)	13110850	206457	5221506	3643406	2952512	718071	216498	133636	11270	3448	1933	705	1408
北美洲、中美洲(14国)	6008005	154256	1116204	529810	597457	405950	449707	841346	786540	585074	387474	85081	69106
南美洲(7国)	8373601	14509	1300829	1050642	1715560	1150198	1060633	1059027	447100	269641	190657	62792	52013
亚洲(16国)	103619780	153503	54655512	19809667	18373270	6886667	2817543	799046	112177	6846	3138	578	1833
欧洲(21国)	18665540	80200	5341974	2553246	4211424	3074692	1929813	1107527	244884	92746	17494	5715	5825
大洋洲(6国)	352696	—	11879	8683	26743	24613	23017	42932	46516	45414	56361	30291	36247

在全球所调查的 84 个国家中,其中无地农民占农户总数的 0.4%,持有土地在 1 公顷以下者占农户总数的 45%,持有土地在 1—2 公顷者占农户总数的 18.4%户,持有土地在 2—5 公顷者占农户总数的占 18.6%,持有土地在 5—10 公顷者占农户总数的 8.2%,持有土地在 10—20 公顷者占农户总数的 4.3%,持有土地在 20—50 公顷者占农户总数的 2.7%,持有土地在 50—100 公顷者占农户总数的 1.1%,持有土地在 100—200 公顷者占农户总数的 0.7%,持有土地在 200—500 公顷者占农户总数的 0.4%,持有土地在 500—1000 公顷者占农户总数的 0.5%,

持有土地在 1000 公顷以上者占农户总数的 0.1%。[①]

在所调查的 20 个非洲国家中,无地农民占农户总数的 1.6%,持有土地在 1 公顷以下者占农户总数的 39.8%,持有土地在 1—2 公顷者占农户总数的 27.7%,持有土地在 2—5 公顷者占农户总数的 22.5%,持有土地在 5—10 公顷者占农户总数的 5.5%,持有土地在 10—20 公顷者占农户总数的 1.7%,持有土地在 20—50 公顷者占农户总数的 1%,持有土地在 50—100 公顷者占农户总数的 0.1%。

在所调查的 14 个北美洲和中美洲国家中,无地农民占农户总数的 2.6%,持有土地在 1 公顷以下者占农户总数的 18.6%,持有土地在 1—2 公顷者占农户总数的 8.8%,持有土地在 2—5 公顷者占农户总数的 9.9%,持有土地在 5—10 公顷者占农户总数的 6.8%,持有土地在 10—20 公顷者占农户总数的 7.5%,持有土地在 20—50 公顷者占农户总数的 14%,持有土地在 50—100 公顷者占农户总数的 13.1%,持有土地在 100—200 公顷者占农户总数的 9.8%,持有土地在 200—500 公顷者占农户总数的 6.4%,持有土地在 500—1000 公顷者占农户总数的 1.4%,持有土地在 1000 公顷以上者占农户总数的 1.1%。[②]

在所调查的 7 个南美洲国家中,无地农民占农户总数的 0.5%,持有土地在 1 公顷以下者占农户总数的 15.2%,持有土地在 1—2 公顷者占农户总数的 12.5%,持有土地在 2—5 公顷者占农户总数的 20.5%,持有土地在 5—10 公顷者占农户总数

[①] See Food and Agriculture Organisation of United Nation, *1970 World Census of Agriculture*, *Analysis and International Comparison of the Results*, Rome, 1981, Table 2. 3. Percent Distribution of Holding by Size of Total Area, p.36.

[②] See Food and Agriculture Organisation of United Nation, *1970 World Census of Agriculture*, *Analysis and International Comparison of the Results*, Rome, 1981, Table 2. 3. Percent Distribution of Holding by Size of Total Area, p.36.

的 13.7%,持有土地在 10—20 公顷者占农户总数的 12.7%,持有土地在 20—50 公顷者占农户总数的 12.6%,持有土地在 50—100 公顷者占农户总数的 5.3%,持有土地在 100—200 公顷者占农户总数的 3.2%,持有土地在 200—500 公顷者占农户总数的 2.3%,持有土地在 500—1000 公顷者占农户总数的 0.8%,持有土地在 1000 公顷以上者占农户总数的 0.6%。

在所调查的 16 个亚洲国家中,无地农民占农户总数的 0.1%,持有土地在 1 公顷以下者占农户总数的 52.3%,持有土地在 1—2 公顷者占农户总数的 19.3%,持有土地在 2—5 公顷者占农户总数的 17.9%,持有土地在 5—10 公顷者占农户总数的 6.7%,持有土地在 10—20 公顷者占农户总数的 2.8%,持有土地在 20—50 公顷者占农户总数的 0.8%,持有土地在 50—100 公顷者占农户总数的 0.1%。

在所调查的 21 个欧洲国家中,无地农民占 0.4%,持有土地在 1 公顷以下者占 29%,持有土地在 1—2 公顷者占农户总数的 13.8%,持有土地在 2—5 公顷者占农户总数的 22.7%,持有土地在 5—10 公顷者占农户总数的 16.4%,持有土地在 10—20 公顷者占农户总数的 10.1%,持有土地在 20—50 公顷者占农户总数的 5.7%,持有土地在 50—100 公顷者占农户总数的 1.2%,持有土地在 100—200 公顷者占农户总数的 0.5%,持有土地在 200—500 公顷者占农户总数的 0.1%。[1]

在所调查的 6 个大洋洲国家中,持有土地在 1 公顷以下者占 3.1%,持有土地在 1—2 公顷者占 2.6%,持有土地在 2—5 公顷者占农户总数的 7.4%,持有土地在 5—10 公顷者占农户

---

[1] Food and Agriculture Organisation of United Nation,*1970 World Census of Agriculture*,*Analysis and International Comparison of the Results*,Rome,1981,Table 2.3.Percent Distribution of Holding by Size of Total Area,pp.37-38.

总数的 7.1%,持有土地在 10—20 公顷者占农户总数的
6.8%,持有土地在 20—50 公顷者占农户总数的 12.5%,持有
土地在 50—100 公顷者占农户总数的 13.1%,持有土地在
100—200 公顷者占农户总数的 12.8%,持有土地在 200—
500 公顷者占农户总数的 15.9%,持有土地在 500—1000 公
顷者占农户总数的 8.5%,持有土地在 1000 公顷以上者占农
户总数的 10.2%。①

根据上述统计数据,持有土地在 2 公顷以下(含无地人口)
的小农在各国农村土地持有者中所占的比例如下:

在 11 个北美洲和中美洲国家持有土地在 2 公顷以下的农
户占总农户中的比例为 20.9%。其中加拿大为 1.9%。哥斯达
黎加为 26.9%。多米尼加共和国为 52.1%。萨尔瓦多为
60.4%。洪都拉斯为 37.5%。牙买加为 76%。墨西哥为
36.1%。巴拿马为 30.4%。波多黎各为 21.2%。

在亚洲的日本持有土地在 2 公顷以下的农户占总农户中的
比例为 92%。在韩国为 92.5%。在巴基斯坦为 28.1%。在菲
律宾为 41%。在斯里兰卡为 87.5%。

1970 年,在 18 个欧洲国家持有土地在 2 公顷以下的农户
占总农户中的比例为 42.1%。奥地利 1970 年这一比例为 21%。
比利时 1970 年这一比例为 34.8%。捷克斯洛伐克 1970 年这一
比例为 94.4%。丹麦 1970 年这一比例为 2.8%。芬兰 1969 年
这一比例为 11.1%。法国 1970 年这一比例为 17.8%。联邦德
国 1971 年这一比例为 17.7%。希腊 1971 年这一比例为
43.9%。匈牙利 1972 年这一比例为 91.9%。意大利 1970 年这

---

① See Food and Agriculture Organisation of United Nation, *1970 World Census of Agriculture*, *Analysis and International Comparison of the Results*, Rome, 1981, Table 2.3. Percent Distribution of Holding by Size of Total Area, p.38.

一比例为50.8%。卢森堡1970年这一比例为12.5%。马耳他1968—1969年这一比例为72.7%。荷兰1969—1970年这一比例为17.3%。挪威1969年这一比例为21.2%。波兰1970年这一比例为33.4%。瑞典1971年这一比例为6.8%。英国1970年这一比例为9.8%。南斯拉夫1969年这一比例为39.3%。在欧洲国家,到20世纪后期,小土地持有者人数已很少,小农人数比例稍大的国家有阿尔巴尼亚、法国、意大利、葡萄牙、西班牙诸国。①

在各国小农中,有一部分持有土地面积在1公顷以下的极小农。这类极小农,在所调查的33个国家分布如表3-3所示。

表3-3 持有土地在1公顷及以下农户数量和持有土地的面积 ②

国家	年份	持有土地的农户总数	1公顷以下(包含1公顷)			比例(%)			
			总数	0.5公顷以下	0.5—1公顷	总数	农户数		
							占地1公顷以下农户比例	占地0.5公顷以下农户比例	占地0.5—1公顷农户比例
总数(33国)									
户数		111058031	58790121	37011757	21778364	100.0	52.9	33.3	19.6
面积		275659788	6340959	21477	4193952	100.0	2.3	0.8	1.5

① See Food and Agriculture Organisation of United Nation, *Supplement to the Report on the 1990 World Census of Agriculture, International Comparaison and Primary Results by Country (1986 - 1995)*, Rome, 2001, pp. 66 - 68, Table 4. 1 Number and Area(in Hectares) of Holdings Classified by Size.

② See Food and Agriculture Organisation of United Nation, *1970 World Census of Agricullture, Analysis and International Comparison of the Results*, Rome, 1981, Table 3. 4.Number and Area of Holding and Percent Dintribution of Holdings Under 1 Hectare, p.59.

国家	年份	持有土地的农户总数	1公顷以下(包含1公顷)			比例(%)			
						农户数			
			总数	0.5公顷以下	0.5—1公顷	总数	占地1公顷以下农户比例	占地0.5公顷以下农户比例	占地0.5—1公顷农户比例
非洲(13国) 户数 面积		10020639 18026036	4200937 2286828	1872119 535506	2328818 1751312	100.0 100.0	41.9 12.7	18.7 3.0	23.2 9.7
北美洲、中美洲(4国) 户数 面积		772614 9408686	264889 122884	132019 33719	132870 89165	100.0 100.0	34.3 1.3	17.1 1.4	17.2 1.9
南美洲(2国) 户数 面积		1406955 23638980	463245 178703	314523 75407	148722 103294	100.0 100.0	32.9 0.8	22.3 0.3	10.6 0.4
亚洲(7国) 户数 面积		92955943 171346442	51172093 2618403	32619415 803699	18552678 1814707	100.0 100.0	55 1.5	35.0 0.5	20.0 1.0
欧洲(7国) 户数 面积		5901880 53239644	2688957 1134151	2073681 698674	615276 435477	100.0 100.0	45.5 2.1	35.1 1.3	10.4 0.8

在非洲,布基纳法索1993年土地持有者为886638人,持有土地在1公顷以下的为114377人;全部持有地为3472480公顷,面积在1公顷以下的持有地总面积为62504公顷。刚果共和国1990年土地持有者为4479600人,持有土地在1公顷以下的为3882900人;全部持有地为2387700公顷,面积在1公顷以下的持有地总面积为1500400公顷。吉布提1995年土地持有者为1135人,持有土地在1公顷以下的为944人。埃及1990年土地持有者为3475502人,持有土地在1公顷以下的为

2579426 人；全部持有地为 3297281 公顷，面积在 1 公顷以下的持有地总面积为 810298 公顷。埃塞俄比亚 1989—1992 年土地持有者为 6091840 人，持有土地在 1 公顷以下的为 4392500 人；全部持有地为 4871020 公顷，面积在 1 公顷以下的持有地总面积为 1796780 公顷。几内亚 1990 年土地持有者为 442168 人，持有土地在 1 公顷以下的为 150950 人；全部持有地为 895620 公顷，面积在 1 公顷以下的持有地总面积为 87884 公顷。几内亚比绍 1988 年土地持有者为 84221 人，持有土地在 1 公顷以下的为 59120 人。莱索托 1988—1990 年全部持有地为 229300 人，土地在 1 公顷以下的为 107400 人。利比亚 1987 年全部土地持有者为 175528 人，面积在 1 公顷以下的持有者为 25213 人。马拉维 1993 年全部可耕地持有者为 1561416 人，持有土地在 1 公顷以下的为 1212967 人。纳米比亚 1995 年全部可耕地持有者为 113616 人，持有土地在 1 公顷以下的为 24752 人；全部可耕地为 300145 公顷，面积在 1 公顷以下的持有地总面积为 8742 公顷。留尼汪 1989 年土地持有者为 13755 人，持有土地在 1 公顷以下的为 3970 人；全部持有地为 50363 公顷，面积在 1 公顷以下的持有地总面积为 1713 公顷。乌干达 1991 年土地持有者为 1704721 人，持有土地在 1 公顷以下的为 839369 人；全部持有地为 3683288 公顷，面积在 1 公顷以下的持有地总面积为 404609 公顷。

在亚洲，塞浦路斯 1994 年土地持有者为 52089 人，持有土地在 2 公顷以下的为 31308 人；全部持有地为 177760 公顷，面积在 2 公顷以下的持有地总面积为 23333 公顷。印度 1991 年土地持有者为 106637000 人，持有土地在 1 公顷以下的为 63388000 人，持有土地在 1—2 公顷的有 20092000；全部持有地为 165507000 公顷，面积在 1 公顷以下的持有地总面积为 24894000 公顷；持有土地在 1—2 公顷的总面积为 28827000 公顷。印度尼西亚 1993 年土地持有者为 19713806 人,持有土地在 1 公顷以下的为 13955905 人;全部持有地为 17145036 公顷,面积在 1 公顷以下的持有地总面积为 5105398 公顷。伊朗 1993 年土地持有者为 3602950 人,持有土地在 1 公顷以下的为 1662040 人;全部庄稼地为 15458910 公顷,面积在 1 公顷以下的持有地总面积为 310720 公顷。日本 1995 年土地持有者为 3444000 人,持有土地在 1 公顷以下的为 2359000 人;全部庄稼地为 4120000 公顷,面积在 1 公顷以下的持有地总面积为 1037000 公顷。韩国 1990 年土地持有者为 1768501 人,持有土地在 1 公顷以下的为 1051861 人;全部持有地为 1857491 公顷,面积在 1 公顷以下的持有地总面积为 567691 公顷,面积在 1—2 公顷的持有地总面积为 765943 公顷。缅甸 1993 年土地持有者为 2924898 人,持有土地在 1 公顷以下的为 952126 人;全部庄稼地为 6886956 公顷,面积在 1 公顷以下的持有地总面积为 388665 公顷。巴基斯坦 1990 年土地持有者为 5077963 人,持有土地在 1 公顷以下的为 1367771 人;全部土地为 19149637 公顷,面积在 1 公顷以下的持有地总面积为 703523 公顷。菲律宾 1991 年土地持有者为 4610041 人,持有土地在 1 公顷以下的为 1685380 人;全部庄稼地为 9974871 公顷,面积在 1 公顷以下的持有地总面积为 728112 公顷。泰国 1993 年土地持有者为 56474900 人,持有土地在 1 公顷以下的为 1114035 人;全部土地为 19002071 公顷,面积在 1 公顷以下的持有地总面积为 574967 公顷,面积在 1—2 公顷的持有地总面积为 1721244 公顷。土耳其 1991 年土地持有者为 4068432 人,持有土地在 1 公顷以下的为 734583 人;全部土地为 23451099 公顷,面积在 1 公顷以下的持有地总面积为 317815 公顷,面积在 1—2 公顷的持有地总面积为 1004250 公顷。越南 1994 年土地持有者为 9528896 人,持有土地在 1 公顷以下的为 8412626 人。持有土地在 1 公顷以下的土地持有者人数较少。

20 世纪的经济统计资料表明，从世界范围来看。资本主义发展导致小农消失的结论不符合当代农业经济发展的总体情况。

联合国粮农组织的统计资料使我们对 1970 年到 1990 年前后各国小农的人数的变化的趋势有所了解。

在非洲，1970—1990 年刚果共和国的可耕地面积从 3821916 公顷减少到 2387700 公顷；但土地持有者从 1970 年的 2536616 户增至 4479609 户，土地持有出现碎化现象。埃塞俄比亚从 1977 年至 1989 年、1992 年土地持有者从 4797300 户增至 6091840 户。巴拿马的可耕地面积从 1971 年的 2098062 公顷增至 1990 年的 2941583 公顷；但土地持有者从 1971 年的 115364 户增至 213895 户，持有土地在 1 公顷以下的户数从 30124 户增至 99905 户。该国土地持有者户数的增长比率超过了可耕地增长的比率，最小农户的增长率超过可耕地面积的增长率。巴西 1970—1985 年可耕地面积从 294145466 公顷增至 376288577 公顷，土地持有者户数从 4905642 户增至 5820988 户，占地在 1 公顷以下的户数从 396846 户增至 645624 户。巴拉圭从 1981—1991 年，土地面积从 21940531 公顷增至 23817737 公顷，土地持有者从 248930 户增至 307221 户，占地在 1 公顷以下的户数从 1781 户增至 29938 户，土地持有者的户数和最小的土地持有者户数的增长率均超过了土地面积增长率。

在亚洲，印度从 1971—1991 年土地耕作面积增长不多，从 16212400 公顷增至 16550700 公顷，但土地持有户数从 70493000 户增至 106637000 户。其中占地在 1 公顷以下的土地持有者从 35682000 户增至 63388000 户，占地 1—2 公顷的土地持有者从 13432000 户增至 20092000 户。印度是一个小农数量急剧增长的国家。巴基斯坦从 1971 年、1973 年至 1989 年，土地持有面积变化不大,从 19913000 公顷增至 19149637 公顷,土地持有户数从 3761940 户增至 5070963 户,其中持有土地在 1 公顷以下的户数从 520617 户增至 1367771 户,持有土地在 1—2 公顷的农户从 538421 户增至 1038288 户。菲律宾 1971—1991 年土地耕作面积从 8494000 公顷增至 9974871 公顷,土地增加数量不多;而土地持有者户数从 2354489 户增至 4610041 户,其中占地 1 公顷以下的土地持有者从 319363 户增至 1685380 户。泰国 1978—1993 年土地耕作面积和土地持有者户数都在增长,其中占地在 1 公顷以下的户数从 638664 户增至 1114038 户,小农户数增长较快。土耳其 1980—1991 年,土地耕作面积从 22764029 公顷增至 23451099 公顷,增长不大。但占地在 1 公顷以下的土地持有者户数从 575188 户增至 734583 户,小农户数增长较快。以上资料表明,亚洲和非洲在 1970—1990 年间,不少国家土地出现碎化,土地持有者户数的增长率超过土地耕作面积的增长率,其中持有土地在 1 公顷以下的土地持有者户数在增长。即便其他小农户数没有绝对增加的亚洲和非洲国家,也都没有出现土地集中化而造成小农消失的现象。①

　　亚、非、拉国家小农数量有增无减的原因在于,在这些国家中,工业经济的统治地位还没有确立,或者说农村还容纳了大批人口。农村土地持有者只拥有很少的资本,他们要依靠持有的小块土地维生。农村人口密度较大,人均土地面积小,是这些国家农民人均持有土地较小的客观原因。

---

　　①　See Food and Agriculture Organisation of United Nation, *Supplement to the Report on the 1990 World Census of Agriculture*, *International Comparaison and Primary Results by Country* (1986 – 1995), Rome, 2001, pp. 69 – 72, Table 4. 2. Number and Area(in Hectares)of Holdings Classified by Size: 1990, 1980 and 1970 Rounds of Censuses (Including Only Countries Providing This Information for the 1990 Round of Censuses.)

欧洲国家如德国、希腊、爱尔兰、意大利、荷兰、挪威、葡萄牙和英国,在1970—1990年间,可耕地面积有所减少,但土地持有者户数则有较大的下降。在这些国家,小土地持有者的户数下降是普遍现象,小土地所有者持有土地的面积也在下降。比利时的土地持有者1970年为184005户,1979年为19227户,1990年为87180户;占地在1公顷以下的农户1970年为53608户,1979年为25424户,1990年为12698户。丹麦占地在10公顷以下的农户1970年为44138户,1979年为38248户,1989年为14728户。芬兰占地在10公顷以下的农户1970年为108796户,1990年为69015户。法国占地在2公顷以下的农户1971年为282592户,1980年为207601户,1989年为161568户。德国占地在2公顷以下的农户1971年为195198户,1979年为145075户,1995年为90600户。爱尔兰占地在2公顷以下的农户1970年为23295户,1979年为22469户,1991年为4460户。意大利占地在2公顷以下的农户1970年为1847358户,1980年为1691320户,1989年为1588195户。荷兰占地在2公顷以下的农户1970年为34377户,1979年为28098户,1989年23224户。挪威占地在2公顷以下的农户1969年为33314户,1979年为24554户,1989年为13604户。葡萄牙占地在2公顷以下的农户1968年为483816户,1979年为520370户,1989年为346410户。英国占地在2公顷以下的农户1970年为31781户,1979年为19240户,1993年为13777户。[1]

---

[1] See Food and Agriculture Organisation of United Nation, *Supplement to the Report on the 1990 World Census of Agriculture*, *International Comparaison and Primary Results by Country*(1986–1995). Rome, 2001, pp.72–74, Table 4.2. Number and Area(in Hectares)of Holdings Classified by Size:1990, 1980 and 1970 Rounds of Censuses(Including Only Countries Providing This Information for the 1990 Round of Censuses).

在发达资本主义工业国,20 世纪后期小农数量和持有地总面积的急剧下降是一个明显的事实。因为在这个时期,农业和小农在发达资本主义国家中的经济地位已是无足轻重。同时因为,农村劳动力可以流向城市去寻找一份工作,没有必要在面积不大收益不多的小土地上谋求生计。发达资本主义国家小农的存在和变动的规律,完全不同于第三世界国家。

在全球所调查的 66 个国家中,持有土地在 5 公顷以下的农户以及他们持有土地面积在全部土地持有者户数和土地面积中占的比例,已有详细的调查资料。5 公顷以下的土地持有者占土地持有者总户数的 37.2%,占全部持有地面积的 6.6%。

在非洲,5 公顷以下的土地持有者占土地持有者总户数的50.6%,占全部持有地面积的 40.3%。其中,阿尔及利亚 5 公顷以下的土地持有者占土地持有者总户数的 32%,占全部持有地面积的 12.7%。喀麦隆 5 公顷以下的土地持有者占土地持有者总户数的 53.8%,占全部持有地的 70.5%。中非共和国 5 公顷以下的土地持有者占土地持有者总户数的 65.4%,占全部持有地的 79.6%。乍得 5 公顷以下的土地持有者占土地持有者总户数的 69.4%,占全部持有地的 67.8%。刚果 5 公顷以下的土地持有者占土地持有者总户数的 62.9%,占全部持有地的79.7%。加蓬 5 公顷以下的土地持有者占土地持有者总户数32.4%,占全部持有地的 68.4%。加纳 5 公顷以下的土地持有者占土地持有者总户数的 48.2%,占全部持有地的 37.2%。象牙海岸 5 公顷以下的土地持有者占土地持有者总户数的54.4%,占全部持有地的 30.4%。肯尼亚 5 公顷以下的土地持有者占土地持有者总户数的 58%,占全部持有地的 33.9%。莱索托 5 公顷以下的土地持有者占土地持有者总户数的 66.3%,占全部持有地的 75.5%。利比亚 5 公顷以下的土地持有者占土地持有者总户数的 40.2%,占全部持有地的 27.9%。马拉维 5

公顷以下的土地持有者占土地持有者总户数的 60.8%, 占全部持有地的 85%。塞拉利昂 5 公顷以下的土地持有者占土地持有者总户数的 56.6%, 占全部持有地的 71.2%。斯威士兰 5 公顷以下的土地持有者占土地持有者总户数的 59%, 占全部持有地的 7.4%。坦桑尼亚 5 公顷以下的土地持有者占土地持有者总户数的 36.7%, 占全部持有地的 57.2%。扎伊尔 5 公顷以下的土地持有者占土地持有者总户数的 57.2%, 占全部持有地的 48.6%。赞比亚 5 公顷以下的土地持有者占土地持有者总户数的 43.8%, 占全部持有地的 27.1%。

北美洲和中美洲的 12 个国家, 5 公顷以下的土地持有者占土地持有者总户数的 18.7%, 占全部持有地的 0.4%。加拿大 5 公顷以下的土地持有者占土地持有者总户数的 3.8%, 占全部持有地的 0.05%。哥斯达黎加 5 公顷以下的土地持有者占土地持有者总户数的 25.6%, 占全部持有地的 1.7%。多米尼加共和国 5 公顷以下的土地持有者占土地持有者总户数的 44.9%, 占全部持有地的 11.4%。萨尔瓦多 5 公顷以下的土地持有者占土地持有者总户数的 32.1%, 占全部持有地的 14.7%。瓜德罗普 5 公顷以下的土地持有者占土地持有者总户数的 52%, 占全部持有地的 40.3%。海地 5 公顷以下的土地持有者占土地持有者总户数的 37.4%, 占全部持有地的 56.1%。洪都拉斯 5 公顷以下的土地持有者占土地持有者总户数的 46.7%, 占全部持有地的 8.3%。牙买加 5 公顷以下的土地持有者占土地持有者总户数的 35.2%, 占全部持有地的 22.7%。墨西哥 5 公顷以下的土地持有者占土地持有者总户数的 26.2%, 占全部持有地的 0.5%。巴拿马 5 公顷以下的土地持有者占土地持有者总户数的 30.4%, 占全部持有地的 3.4%。波多黎各 5 公顷以下的土地持有者占土地持有者总户数的 51.5%, 占全部持有地的 7.6%。美国 5 公顷以下的土地持有者占土地持有者总户数的

4.8%,占全部持有地的0.09%。

在南美洲,巴西5公顷以下的土地持有者占土地持有者总户数的28.5%,占全部持有地的1.2%。哥伦比亚5公顷以下的土地持有者占土地持有者总户数的36.7%,占全部持有地的3.3%。厄瓜多尔5公顷以下的土地持有者占土地持有者总户数的38.7%,占全部持有地的6%。秘鲁5公顷以下的土地持有者占土地持有者总户数的43.2%,占全部持有地的5.9%。苏里南5公顷以下的土地持有者占土地持有者总户数的62.5%,占全部持有地的25.6%。乌拉圭5公顷以下的土地持有者占土地持有者总户数的14.3%,占全部持有地的0.18%。委内瑞拉5公顷以下的土地持有者占土地持有者总户数的37.9%,占全部持有地的1%。南美洲的7个国家,5公顷以下的土地持有者占土地持有者总户数的33%,占全部持有地的1.7%。在南美洲,占地5公顷以下的农奴的比例较高,达到三分之一。但这部分农户占有的土地在持有地总面积中只占不到2%。所以,在南美洲,小农在农业生产中的比重不那么大。

在亚洲13个国家中,5公顷以下的土地持有者占土地持有者总户数的36.9%,占全部持有地的36.8%。印度5公顷以下的土地持有者占土地持有者总户数的38%,占全部持有地的37.8%。印度尼西亚5公顷以下的土地持有者占土地持有者总户数的27.5%,占全部持有地的43.7%。伊朗5公顷以下的土地持有者占土地持有者总户数的29.3%,占全部持有地的7.2%。以色列5公顷以下的土地持有者占土地持有者总户数的50%,占全部持有地的10.8%。日本5公顷以下的土地持有者占土地持有者总户数的30.5%,占全部持有地的50.9%。韩国5公顷以下的土地持有者占土地持有者总户数的33.1%,占全部持有地的61.6%。黎巴嫩5公顷以下的土地持有者占土地持有者总户数的34.3%,占全部持有地的18.3%。尼泊尔5公顷以下的土地持有者占土地持有者总户数的 19.5%,占全部持有地的 44.9%。巴基斯坦 5 公顷以下的土地持有者占土地持有者总户数的 54.2%,占全部持有地的 28.9%。菲律宾 5 公顷以下的土地持有者占土地持有者总户数的 71.2%,占全部持有地的 45.9%。沙特阿拉伯 5 公顷以下的土地持有者占土地持有者总户数的 39.8%,占全部持有地的 12.4%。斯里兰卡 5 公顷以下的土地持有者占土地持有者总户数的 26.8%,占全部持有地的 52.4%。叙利亚 5 公顷以下的土地持有者占土地持有者总户数的 36.8%,占全部持有地的 10%。所以,在亚洲,无论是 5 公顷以下的小农户数还是这批农民占有的土地面积在总土地面积中所占比例都达到了三分之一以上,这表明亚洲是小农经济广泛存在的地区。

在欧洲 15 个国家中,5 公顷以下的土地持有者占土地持有者总户数的 38%,占全部持有地的 18.5%。奥地利 5 公顷以下的土地持有者占土地持有者总户数的 31.2%,占全部持有地的 4.1%。捷克斯洛伐克 5 公顷以下的土地持有者占土地持有者总户数的 6.5%,占全部持有地 2.3%。联邦德国 5 公顷以下的土地持有者占土地持有者总户数的 33.7%,占全部持有地的 7.8%。希腊 5 公顷以下的土地持有者占土地持有者总户数的 56.7%,占全部持有地的 63%。匈牙利 5 公顷以下的土地持有者占土地持有者总户数的 8.5%,占全部持有地的 1.7%。爱尔兰 5 公顷以下的土地持有者占土地持有者总户数的 17.6%,占全部持有地的 2.9%。意大利 5 公顷以下的土地持有者占土地持有者总户数的 43.5%,占全部持有地的 15.8%。马耳他 5 公顷以下的土地持有者占土地持有者总户数的 45.5%,占全部持有地的 62.5%。荷兰 5 公顷以下的土地持有者占土地持有者总户数的 22.7%,占全部持有地的 5.3%。波兰 5 公顷以下的土地持有者占土地持有者总户数的 42.4%,占全部持有地的

24.1%。葡萄牙 5 公顷以下的土地持有者占土地持有者总户数的 42.8%，占全部持有地的 15%。瑞士 5 公顷以下的土地持有者占土地持有者总户数的 23.5%，占全部持有地的 7.8%。英国 5 公顷以下的土地持有者占土地持有者总户数的 17.7%，占全部持有地的 0.9%。南斯拉夫 5 公顷以下的土地持有者占土地持有者总户数的 62.8%，占全部持有地的 30.8%。总之，在欧洲占地在 5 公顷以下的小农户数超过了全部土地持有者的三分之一，但他们占有的土地面积只占到全部土地面积的 18.5%。这表明在欧洲，小农土地占有制在农业中不那么重要。

大洋洲的澳大利亚，5 公顷以下的土地持有者占土地持有者总户数的 7.2%。斐济 5 公顷以下的土地持有者占土地持有者总户数的 35.3%，占全部持有地的 11.8%。[1]

国际粮农组织对 1970 年全球 66 个国家持有土地在 1—5 公顷的小农有一个汇总统计。当时全部农户共有 147183000 户，他们共持有土地 1909079000 公顷。其中，持有土地面积在 1—5 公顷的农户有 54767000 户，他们持有土地 125915000 公顷。这批小农占全部农户总数的 17.2%，他们持有的土地面积只占全部土地面积的 6.6%。[2] 这组数据反映了到 1970 年时小农在世界农业中存在的总体情况。

在农业经营发生集中化的同时，第三世界一些地区出现了再小农化的现象，再小农化增加了小农的数量。巴西发生的无

---

① See Food and Agriculture Organisation of United Nation, *1970 World Census of Agriculture*, *Analysis and International Comparison of the Results*, Rome, 1981, pp.60−63, Table3. 5. Nember and Area of Holdings and Percent Distributiongs with Land from 1 to 5 Hectares by Size of Holding.

② See Food and Agriculture Organisation of United Nation, *1970 World Census of Agriculture*, *Analysis and International Comparison of the Results*, Rome, 1981, p.60, Table3. 5. Nember and Area of Holdings and Percent Distributiongs with Land from 1 to 5 hectares by Size of Holding.

地农民运动造成了城镇人口向农业涌区,形成了小农化。在巴基斯坦、孟加拉国和印度,随着小型农业生产单位的创生,悄然出现了再小农化。① 在秘鲁北部皮乌拉河的浅谷区的卡斯考斯的圣胡安包蒂斯塔农民社区,出现了再小农化过程。在这里,将以前的农庄改造成合作社过程中,将土地划给个体小农所有。无地农民,主要是流动劳动力,占有和支配了大量的土地和水资源。此外,原属于城市的贫民区进行了重行分配,它们不再属于城市,从事农业活动成为这些新的贫民区的居民生活的主要特征。此外,20 世纪 90 年代以后,小农阶级不再具有与市场高度融合的特征,这强化了农村经济的小农性质。这样三个过程带来了小农数量的大幅增长。例如,卡斯考斯地区小农数量 1972 年为 4396 人,1995 年为 13030 人,1995 年小农人数是 1972 年的 296%。丘卢卡纳斯小农数量 1972 年为 3308 人,1995 年为 7065 人,1995 年小农人数是 1972 年的 214%。莫罗蓬小农数量 1972 年为 527 人,1995 年为 1271 人,1995 年小农人数是 1972 年的 241%。布宜诺斯艾利斯的小农数量 1972 年为 480 人,1995 年为 1532 人,1995 年小农人数是 1972 年的 319%。②

当代各国农场耕作面积的大小与小土地持有制的兴衰并非完全由一个国家资本主义发达程度所决定。影响它的还有别的因素。我们可以举出第三世界农业耕作面积的一组统计资料。

1960 年农场平均耕作面积日本为 1 公顷,台湾地区为 1 公顷,西巴基斯坦为 2.6 公顷,印度为 2.5 公顷,巴西为 8.6 公顷,

---

① 参见[荷]扬·杜威·范德普勒格:《新小农阶级——帝国和全球化时代为了自主性和可持续性的斗争》,潘璐、叶敬忠等译,社会科学文献出版社 2013 年版,第 11 页。

② 参见[荷]扬·杜威·范德普勒格:《新小农阶级——帝国和全球化时代为了自主性和可持续性的斗争》,潘璐、叶敬忠等译,社会科学文献出版社 2013 年版,第 69 页表 3-1"再小农化的程度"。

哥伦比亚为 4.2 公顷,墨西哥为 9.4 公顷,肯尼亚为 1.9 公顷,塞内加尔为 3.6 公顷。许多不发达国家的农民人均持有的农地面积超过了日本和台湾地区。占有农地最多的百分之一的农场所占的农地在全部农地中所占的比例,发达国家也不居前列。日本占 11.6%;台湾地区占 14.4%;西巴基斯坦占 25%;印度占 11.4%;旁遮普邦占 6.2%,喀拉拉邦占 26.3%;巴西占 34.6%;哥伦比亚占 46%;墨西哥占 74.4%;肯尼亚占 51.4%;塞内加尔占 5.7%。[①]

农场平均耕作面积差别与这些国家的人口密度和人均土地面积、历史上殖民地时期的土地制度规模结构等都有联系,而和这些国家的资本主义经济发展程度几乎没有正比关系。在上述地区中资本主义发展程度最高的日本和台湾地区,农场平均面积恰恰最小。

(四)农民农场和农民家庭经济学

20 世纪后期在绝大多数发展中国家中,农业对绝大多数人口来说仍然是主要的收入来源和外汇获得的主要手段,也是政府作决策时考虑的中心点。农业区绝大多数家庭的生产活动部分是为了出售,部分是为了自己家庭的消费。他们通过家庭的资源提供生产的某些要素,如劳动力。他们也购买一定的农业投入物如肥料。

农业家庭方式是发展中国家农业经济的主要形式。在低收入的发展中国家,1980 年大约有 70% 的劳动力用于农业经济部类。即便在中等收入的发展中国家,也有 45% 的劳动力用于农业。1980 年时,低收入国家包括马拉维、孟加拉国、海地、中国、

---

① See Bruce F. Johnston and Peter Kilby, *Agriculture and Structural Transformation.Economic Strategies in Late-developing Countries*, New York, Oxford University Press,1975.,p.14.,Table 1. 3 Farm Size in Nine Countries.

印度、塞拉利昂、马拉维,有 86% 的劳动力用于农业。其中海地有 74% 的劳动力、马拉维有 86% 的劳动力、孟加拉国有 74% 的劳动力、中国有 69% 的劳动力、塞拉利昂有 65% 劳动力用于农业。

从统计资料可以看出,中国、巴西、印度这些国家的农业中没有形成大农和大农场制度,应当说和人均耕地面积有直接关系。这些国家农村人口密度大,人均耕地面积很小。上述这些国家的工业起步较迟,规模不大,无法吸收大量农业剩余劳动力。这使得农村中不具备形成家庭大农场的客观条件。这些国家农业生产力水平较低,这就造成了这些国家较长时期人均粮食可消费水平很低,存在着潜在的缺粮威胁。

表 3-4　中国人均土地面积同世界主要国家的比较

国别	土地总面积(千平方公里)	人均土地(亩)	人均耕地(亩)	人均林地(亩)	人均牧地(亩)
世界	135837	45.20	4.52	13.62	10.37
中国	9600	14.39	1.48	1.80	3.36
印度	2975	6.56	3.64	1.49	0.26
美国	9363	60.32	12.16	18.33	15.30
加拿大	9957	603.71	26.84	197.74	14.46
巴西	8512	107.24	6.74	72.44	20.03
苏联	22042	125.01	12.67	51.34	20.85
法国	551	15.32	4.79	4.05	3.53
澳大利亚	7682	772.04	44.45	107.53	454.14

资料来源:《世界知识》1985 年第 7 期。

中等收入的国家用于农业的劳动力平均为 44%,其中印度尼西亚投入农业的劳动力为 55%,尼日利亚为 54%,埃及为

50%,马来西亚为 5%,多米尼加共和国为 49%,菲律宾为 46%,韩国为 34%。①

　　搜集到几个亚洲小农经营的个案资料。米哈克村位于印度西北部,距阿格拉城 9 英里,有一条柏油公路和一条铁路通过。该村有一个商业区,内有一个面粉厂、几个布店和日用品商店、一个合作社和一个每周一次的集市。这里属于典型的印度洋季风气候。每年的 7—9 月是集中的雨季,然后是漫长的旱季。仲秋季节无规则的小雨,每年平均降雨量是 25 英寸(合 635 毫米),其中 80%—90% 的降水集中在 7—9 月。四分之三的土地通过河渠或水井来灌溉。典型的农场是 10—15 英亩。那些拥有不到 6 英亩土地的人总是把自己的土地租给别人,或者租种别人的土地,或者建立合伙关系。这样,经营单位一般都大于 6 英亩,相当一部分超过了 30 英亩。最普遍的劳动力组织形式是经营者和自己的儿子或兄弟共同耕种。大多数农场在收获或其他特定季节雇佣短工。每个农场对牲畜和标准农具及设备的投资大约是 260 美元,每英亩 16 美元,其中四分之三的投资用于牲畜。农机和设备投资的 40% 用于饲料粉碎机。每家有一张犁,每张犁需要大约 4 美元。很大比例的农民都有牛拉大车,每辆大车的平均价值为 40 美元。所有的农民都有至少一头产奶家畜,但没有一户饲养的家畜超过 4 头,每个农场平均两头家畜,大部分产奶动物是水牛。这个地区典型的农场拥有 10—15 英亩土地、使用两个以上的劳动力、两头耕畜、两头水牛和一些农具。该地区两个主要农业季节是雨季期间(7—10 月)的喀里夫季和旱季期间(10 月—次年 4 月)的拉比季。喀里夫季是

---

① See Inderjit Singh, Lyn Squire, John Strauss, eds., *Agricultural Household Models*, *Extensions*, *Applications and Policy*, Johns Hopkins U.P., 1986, p.4, Table 1. Labour Force in Agriculture, 1980, Selected Developing Economies.

生产牲畜饲料的季节,大约有一半土地休耕。在拉比季,几乎所有的土地都被耕种。小麦是当地主要的作物。1959—1960年间,小麦的平均产量在16—27蒲式耳之间。每个家庭农场除去租房和燃料费用,平均收入为320美元。除去维持基本生活水平的需要,每个家庭每年可以有40美元的结余。①

洛坦的农场有7.9英亩土地,劳动力是农场主和他15岁的儿子。他的妻子在农场劳动的时间比当地一般妇女长。卡兰农场有13英亩,劳动力是农场主、他的12岁的儿子和住在另一处的兄弟。这个农场产量较高,每英亩20蒲式耳,每英亩产值48美元,高于平均数40%。这个农场的年收入为461美元。拉姆农场有20英亩土地,它有3个劳动力和3头耕牛。固定劳动力是农场主、他的15岁的儿子和一个兄弟。这个农场的耕作水平低,小麦单产只有每英亩10蒲式耳。苯尼的农场产量是8个农场中最低的,每个劳动力从农场获得的收入只有38美元。苯尼的一个儿子在农场干活,另外两个儿子在城里有工作,儿子们的家小和苯尼住在一起,他们定期给家里钱作为父亲赡养家小的补偿。②

大卫·彭尼对1961—1962年印度尼西亚的北苏门答腊的乡村农场做了调查研究。彭尼调查的8个村庄位于棉兰城的辖区内。这里位于高海拔地带。水稻平均产量从每公顷15公担到47公担不等。每个农场的面积都不大,从略少于1公顷到3公顷。这个地区的蒂卡村在活火山脚下,土地肥沃,在旱季或淡季种植番茄、马铃薯、红胡椒和烟叶。水稻产量很高,每公顷净产大米28公担。种植茄科植物的产值是种植水稻的三倍。这里从20世纪30年代开始种植欧洲蔬菜,在50年代开始大规模

---

① 参见[美]约翰·梅尔:《农业发展经济学》,何宝玉、张进选、王华译,农业读物出版社1988年版,第133—135页。

② 参见[美]约翰·梅尔:《农业发展经济学》,何宝玉、张进选、王华译,农业读物出版社1988年版,第137—140页。

种植。蒂卡村每个农场平均拥有 1.5 公顷土地,其中三分之一是水浇地。该村农民收入比其他村要高,大部分农民建了新房,有的农民有卡车,在运输和商业企业中占有股份。农场有的地块一年种三季。那姆村农场较大,平均每个农场 3.1 公顷,51% 的土地种植橡胶,这成为农民的主业。39% 的农场收成来自橡胶,水稻占作物收成的 18%。帕玛村农场平均面积为 1.8 公顷,每个农场的产值为 58000 盾。塔米昂村农场平均面积为 1.9 公顷,每个农场的产值为 59000 盾。林同村的农场平均面积为 0.9 公顷,每个农场的产值是 61000 盾。鲁布克村的农场的平均面积也是 1.9 公顷,每个农场的产值是 44000 盾。[①]

斯坦福大学粮食研究所从 1975 年开始的研究指出,在真正的维生家庭生产中,不参与贸易的家庭只能消费它生产的产品,并且它的生产必须广泛地依靠家庭的劳动力。无论如何,相当大部分的农业是由半商品化的农场构成的。一部分投入物是购买来的,而一些产出物是拿去出售的。在这种情况下,生产者、消费者和劳动供给决策不再是同时形成的了。尽管很明显它们之间存在联系,但消费的市场价值不可能超过产品的市场价值,也不可能低于投入物的市场价值。[②]

当今学界在对农业经济组织作分析时,有一种把资本主义生产关系泛化的倾向,认为资本主义社会中一切经济关系都是资本主义的,进而认为家庭农民经济的性质也是资本主义的。例如奈格里教授认为:"妇女在家庭里工作,也是一种被雇佣的关系。今天的劳动不只是的发生在工厂里,而是发生在所有的场所。""今天是社会的再生产,生命的再生产,资本的逻辑控制

---

① 参见[美]约翰·梅尔:《农业发展经济学》,何宝玉、张进选、王华译,农业读物出版社 1988 年版,第 142—147 页。

② See Inderjit Singh, Lyn Squire, John Strauss, eds., *Agricultural Household Models*, *Extensions*, *Applications and Policy*, Johns Hopkins U.P., 1986, p.6.

了一切。"①这种将资本主义关系泛化的观念,在社会理论和经济理论上显然难以成立。

在家庭生产中,父亲和长子首要的是在农场从事以维生为主要目标的劳作。主妇和幼子则旨在满足家庭消费需要,在家中劳作,种植菜园和果园,饲养家畜,向家庭提供基本的食品,收获森林产品,并在收获时节做助手。他们把剩余时间用于农场建设和市场生产。家庭生产在市场体制中处于边际地位。家庭生产使得农民家庭满足他们基本的消费和生产要求,同时逐渐地积累财富。乡村非农业部类职业者则帮助和推进农场主和外部世界的商业联系。如磨坊主帮助将小麦磨成粉,做成餐食和酒,农场主将它们运到遥远的市场上去获利。②在农民家庭中,全家共同拥有土地,共同拥有不多的流动资金。在核心家庭的成员之间不存在产权分配。家庭劳动力成员的工作分配,不是按照对生产资料的占有来分配的。每年家庭从生产中获得的收获物,也不是在所有成员中按照其贡献来分配。家庭是一个生活单位,家庭成员共享产品和生活资料。因此,不能用资本主义政治经济学的概念解释农民家庭经济。适合于农民家庭生活方式分析的手段,应当是人类学和道德经济学。

一般来说,农业史学家把农民定义为乡村农业家庭的成员。他们或是作为佃户或是作为小土地持有者控制着他们劳作的土地,他们在以满足他们的维生需求(生产、交换、信贷保护)的家

---

① 格奈姆教授 2017 年 6 月 3—4 日在南京大学的访谈录,见澎湃网。

② See David F.Weiman,Families, "Farms, and Rural Society in Preindustrial America", in Geogre Grantham and Carol S.Leonard, eds., *Agrarian Organization in the Century of Idustrilization*:*Europe*, *Russia*, *and America*, JAI Press, 1989, pp.257-259.

庭固定联系和乡村共同体中组织起来,他们有不同的收入
形式。①

　　农民家庭的研究的中心问题是家庭的构成和它的成员的经
济行为。研究者关注的第一点是家庭构成和家庭周期。关注的
第二点,是家庭及其成员在家庭内部的关系。这包括,家庭劳动
是如何组织的,家庭中老人和年轻人、男人和女人的关系如何,
这些关系对单个家庭成员之间资源的分配的影响和继承的实践
(即财产的传递)。关注的第三点是家庭及其收入,旨在发现如
何保证目前、不远的未来和长时期家庭有适当的收入,外部的压
迫和约束如何影响收入体系、劳动力市场、交换和信贷关系。最
后研究者还关注家庭、地方团体以及国家之间的关系,这涉及乡
村社会和制度、教会和国家。②

　　在绝大多数发展中国家,农业仍然是大多数人口的主要收
入来源,也是换取外汇的重要资源。农业家庭持有制是发展中
国家经济组织的主要形式。1980 年在低收入发展中国家[包括
马拉维(86%)、海地(74%)、孟加拉国(74%)、印度(69%)和斯
里兰卡(65%)],有 70%左右的劳动力被农业部类使用。在中
等收入的发展中国家[包括印度尼西亚(55%)、尼日利亚
(54%)、埃及(50%)、马来西亚(50%)、多米尼加共和国
(49%)、菲律宾(46%)、韩国(34%)],大约有 45%的劳动力被

　　①　See Isabelle Devos, Thijs Lambrecht and Eric Vanhaute, "Introduction:
Familt, Labour and Income in the North Sea Area, 500–2000", in Eric Vanhaute,
Isabelle Devos and Thijs Lambrecht, eds., *Making a Living : Family, Labour and
Income*, Brepols, 2011, p.2.

　　②　See Isabelle Devos, Thijs Lambrecht and Eric Vanhaute, "Introduction:
Familt, Labour and Income in the North Sea Area, 500–2000", in Eric Vanhaute,
Isabelle Devos and Thijs Lambrecht, eds., *Making a Living : Family, Labour and
Income*, Brepols, 2011, pp.1, 3.

农业部类使用。①

自 1975 年以来，斯坦福大学粮食研究所和世界银行的研究工作者一直在发展一种将生产、消费和劳动力供给决策集合在一种持续性的理论化的微观经济学模式。在真实的维生家庭持有制中，这些决策是同时发生的。如果一个家庭不接触贸易，它就只能消费完全依靠自己的劳动生产出来的产品。而大部分的农业是由半商业化农场进行的，一些投资用来购买，一些产品用于出售。②

在欧洲庄园制度衰亡后，绝大多数乡村居民拥有或租种一小块土地。在西欧农村早期发展阶段，乡村社区已经组织起来。他们负责团体间的诉讼、贫民救济、对公地的管理、赋税的征收、确保公共秩序等等。除了在非常边缘的地区，村庄社会强有力的管理建立起来，权力落在少数富有的土地所有者之手，或控制乡村资源的人之手，权力的实施与财产所有权和土地持有相联系。在 1500 年以后，特别在 1800 年以后，在更为商业化的地区，村庄生活处于压力之下，数量越来越多的家庭寻求在传统的农业部类之外寻找收入来源。③农民家庭谋生的方式不再是单一的了，而是变得多样化。领主制经济和商品化的市场要素侵

① See Isabelle Devos,Thijs Lambrecht and Eric Vanhaute,"Introduction:Familt,Labour and Income in the North Sea Area,500‒2000",in Eric Vanhaute,Isabelle Devos and Thijs Lambrecht,eds.,*Making a Living:Family,Labour and Income*,Brepols,2011,p.4.

② See Isabelle Devos, Thijs Lambrecht and Eric Vanhaute, "Introduction:Familt,Labour and Income in the North Sea Area,500‒2000",in Eric Vanhaute,Isabelle Devos and Thijs Lambrecht, eds., *Making a Living: Family, Labour and Income*,Brepols,2011,p.6.

③ See Thijs Lambercht, Eric Vanhaute, Isabelle Devos, Gerard Beaur, and others, "Conclusion:Making a Livingin Rural Societies in the North Sea Area,500‒2000",in Eric Vanhaute,Isabelle Devos and Thijs Lambrecht,eds.,*Making a Living:Family,Labour and Income*,Brepols,2011,pp.323‒324.

入了原本"纯粹的"农民家庭经济。

艾利斯认为："在许多农民社会内，家庭对于土地有着复杂的传统权利。这些权利高于并且限制了土地的自由市场。""农民农业的'家庭劳动'基础，把农民与资本主义企业区分开来。"①农民向家庭以外转让土地非常罕见。农民农业是以家庭劳动而不是个人劳动为基础。这一点是农民家庭生产和资本主义企业生产的根本区别。

家庭农业是个体农民经济的具体表现形式。"以生存为目的的农民家庭经济活动的特点在于：与资本主义企业不同，农民家庭不仅是个生产单位，而且是个消费单位。根据家庭的规模，它从一开始就或多或少地有某种不可缩减的生存消费的需要；为了作为一个单位存在下去，它就必须满足这一需要。以稳定可靠的方式满足最低限度的人的需要，是农民综合考虑种子、技术、耕作时间、轮作制等项选择的主要标准。"②

大多数农民家庭受制于气候的变幻莫测和别人的盘剥，生活处于接近生存线的边缘，生存遇到经济困难的威胁。农民力图避免可能毁灭自己的歉收，不想通过冒险获得大的成功和发横财。波拉尼认为，避免个人受挨饿威胁的考虑在农民中是相当普遍的，农村社会解决这一问题的措施和道德考虑压倒了经济考虑，这是传统社会区别于市场经济社会的标志之一。③ 沃尔夫认为："只有当耕作者屈从于其社会阶层以外的权力拥有者所提出的命令与惩罚的时候，我们才可以说他们属于小农阶

---

① ［英］弗兰克·艾利思：《农民经济学——农民家庭和农业发展》，胡景北译，上海人民出版社2006年版，第8—9页。

② ［美］詹姆斯·C.斯科特：《农民的道义经济学：东南亚的反叛与生存》，程立显、刘建等译，译林出版社2001年版，第16页。

③ See Karl Polanyi, *Great Transformation*, Boston, 1957, pp.163–164.

级。"①斯科特指出,"在大多数前资本主义的农业社会中里,对食物短缺的恐惧,产生了'生存伦理'"。"农民家庭的问题,说白了,就是要生产足够的大米以养家糊口,要买一些盐、布等必需品,还要满足外部人的不可减少的索取。""生存伦理植根于农民社会的经济实践和社会交易之中。"②

农民的家庭经济具有维生经济和少量商品经济的两重性。家庭经济受到资本主义不同程度的侵蚀,它不同程度地介入了资本主义农业的运行。

E.P.汤普森认为,在农民经济即家庭经济中,起主导作用的理念,不是资产阶级古典政治经济学,而是道德经济学和人类学。在家庭中,男性户主具有一种责任感,并对家庭成员包括夫妻、父母、子女之间等个人生活的各个层面具有情感,他们分担生产和家务,关心彼此的健康、共同的财产和地位,相互间真诚相处,拒绝无理和蛮横粗鲁。家庭经济的目的除了共同维生和致富外,还有重要的养育子女、繁衍后代、为子女提供发展条件的人类学的职责。家庭成员之间不仅仅存在经济关系,还存在温情脉脉的道德联系。在资本主义时代,家庭经济在外部不可避免地卷入市场经济中,但非经济的不计功利的道德关系是家庭经济关系的另一个纽带,即人类学的纽带。构成家内劳动的许多任务并没有被资本主义企业取代。③ 女权主义者指出,现代家庭事实上不那么现代,而是相当传统的或者说具有"前工业的"的特点。它缺少直接的工资支付,把家庭主妇或妇女置于在家内劳动的依附地位。妇女大约提供了70%的家内劳动。

---

① Eric Wolf, *Peasants*, New Jersey, Englewood Cliffs, Prentice-Hall, p.11.

② [美]詹姆斯·C.斯科特:《农民的道义经济学:东南亚的反叛与生存》,程立宪、刘建等译,译林出版社2001年版,第3、8页。

③ 参见[英]爱德华·汤普森:《共有的习惯》,沈汉、王加丰译,上海人民出版社2002年版,第196—277页。

在许多家庭内存在着性和年龄的分工。此外,主妇的生产市场是为直接使用而不是为了交换。资本主义没有重视家庭和家内劳动的经济作用。

这样就出现了一个突出的现象,即资本主义以非资本主义的形式持续地生产它最主要的商品。非资本主义生产形式即农业,在资本主义国家中占有比例不相称的份额。[①] 所以,甚至在高度工业化的现代国家的农业中,仍然持续着工资形式和非工资形式的生产共存的特点。这种发展加剧了早已存在的社会中严重的不平衡,抑制了全球范围内资本主义生产关系的普遍化。

20世纪后期,在英国小规模的家庭农场,家庭主妇承担了相当的家内劳作,而在大农场这个比例要小得多。在小家庭农场从事饲养牛和羊的占主妇的58%,而在大农场只占32%。在小家庭农场养鸡、收蛋的占主妇的44%,而在大农场只占29%。在小家庭农场上搜寻迷途家畜的占主妇的33%,而在大农场占24%。在小家庭农场上饲养奶牛的占主妇的27%,而在大农场上占3%。在小家庭农场开拖拉机的主妇占主妇的19%,在大农场占4%。[②]

农民家庭内部的许多经济行为无法用市场关系来解释。与女性相比,男性享有的经济自由要大得多,男性在支配家庭现金收入时的自由度也大得多。男性倾向于把现金花在自己身上,而不是花在安装机械以节约女性的劳动时间上。家庭任务分工由诸种社会因素造成,无论市场相对价格和劳动相对收益如何,男女之间在许多劳动与工作上是不能完全相互替代的。女性和

---

① See Sussan Archer Mann, *Agrarian Capitalism in Theory and Practice*, North Carolina U.P., 1990, pp.134–135.

② See Ruth Gasson, "Family Farming in Britain", in Boguslaw Galeski and Eugene Wilkening, eds., *Family Farming in European and America*, Westview Press/Boulder in London, 1987, p.18, Table 2.4.

男性在同一块地上劳动,但她们之间存在着季节性或任务性的劳动分工。例如,男性负责耕田、参与收割、销售产品;女性负责播种、喷洒农药、参与收割,但是不问农产品销售。因此,女性的劳动绝大部分是没有报酬的。

从权利和经济学角度来看,在农民家庭经济中已经可以看到不平等的因素。女性和男性在生产性资源使用权上的差别,特别是农地使用权的差别,以及他们在家内和农业劳动时间的配置上,在购买农用生产资料决策上的权利有很大不同。女性偏爱种植粮食作物而非经济作物,即使粮食作物的收益按市场价格衡量比后者低。粮食生产中采用高产技术,增加了女性的劳作时间,而增加了男性的闲暇时间。女性缺乏经济独立性,她们劳动时间非常长,其结果是改善了家庭男性家长的物质福利,而不是她们自己或孩子的福利。农家女性对整个家务劳动负有全部责任,她们从事性别专有的田间劳动,负责家庭的主要食物生产,并由此负责养活整个家庭。但她们得不到剩余粮食销售的现金。[①] 但是,这种户主和家庭女性之间的不平等,是父权制带来的不平等和性别的不平等,不属于资本主义的阶级关系,是前资本主义的社会家庭关系的历史遗留物。农民家庭经济关系属于维生经济的范畴。维系农民家庭关系的是温情脉脉的人类学纽带。

在当代资本主义条件下,农民鉴于农业收入不足,他们往往兼而从事其他的工作。20世纪90年代,有70%—75%的荷兰农民家庭从事兼业活动,丈夫或妻子(有时是两人同时)在农场外为家庭挣取一份可观的收入。在专业的奶业农场的收入中,

---

① 参见[英]弗兰克·艾利思:《农民经济学——农民家庭农业和农业发展》,胡景北译,上海人民出版社2006年版,第205—207、209页。

约有 30% 来自兼业活动。在种植作物的农场,这个比例超过了 50%。①

家庭农场的构成也很复杂,具有多样性。到了当代,家庭农场和家庭商业农场以及企业化的农场同时存在。

在劳动力使用上,农业企业完全使用工资雇佣劳动者,家庭商业农场混合使用劳动力,固定领取工资的雇员出现在家庭商业化农场中。而家庭农场则使用家庭支配的劳动力,不使用领工资的雇员。在资本方面,农业企业的资本由股东提供,家庭商业农场的资本来自家庭或与家庭有交往者,家庭农场的资本来自家庭。在管理方面,企业化农场是专门的技术人员管理,家庭农场由家庭和技术人员双方管理,而家庭农场是用家庭特有的方式管理。企业化农场没有家内消费,家庭商业农场有少量家内消费的残余。家庭农场则有部分的或全部家内消费。在法律身份上,农业企业与其他公司形式只有有限的责任,家庭商业农场有连带形式,家庭农场是非正式的农场主身份。家庭农场的土地或是农民家庭的财产,或是正式的租赁财产或非正式的租赁财产。总的来说,家庭农场有排他的土地财产权,它在管理中完全缺少企业形式。②

将小农与大规模农业经营相比较,使用机械的大农场生产可以节省农业劳动力,加快收割、播种的时间,赶上季节农时。但是,就单位面积产量而论,由于小块土地耕作是精耕细作,投入更多的工时,农民更为勤勉,单位面积产量比粗放的集约生产

---

① 参见［荷］扬・杜威・范德普勒格:《新小农阶级——帝国和全球化时代为了自主性和可持续性的斗争》,潘璐、叶敬忠等译,社会科学文献出版社 2013 年版,第 39 页。

② See Bruno Losch, "Family Farming: At the Core of the World's Agricultural History", in Jean-Michel, Sourisseau, ed., *Family Farming and the World to Come*, Springer, 2015, pp.39-44.

自然要高。从人文地理来说,集约化的农业生产比较适合于劳力少土地多的农业地区。从自然地理来说,集约化农业生产适合于平原地区,而不适合于山区和丘陵地区。对于小土地经营和大农场场经营还取决于在农业劳动力过剩的情况下,多余劳动力能否找到出路,农民对土地依恋的习惯心理在家庭农场的选择上也起一定作用。

不同的农场生产能力也不同。小农场的生产效益比大农场低得多。家庭农场的效益比小农场要高。1685 年在不伦瑞克,一个正常的家庭农场拥有 47 英亩可耕地,这意味着每个成年劳动力耕种 20 多英亩土地。而在一些小农场上,一个劳动力只能耕作 7 英亩。18 世纪的不伦瑞克,在阿可莱尤特的农场上,一个成年劳动力耕作 14—23 英亩土地,而在海布斯派纳的小农场上,一个劳动力耕作 10—16 英亩土地。在小佃户农场,每个劳动力只能耕作 5—8 英亩土地。由此看来,小农场上使用的劳动力是正常家庭农场的 3—5 倍。它们对单个劳动力没有充分利用。小型农场不仅在人力资源的使用方面存在着浪费,在畜力使用上也是如此。①

农业是经营规模较小的产业。美国在 1920 年大约有 650万个农场。差不多每个农场都是农民和他的家属自己经营的产业单位。只有比百分之一稍多的农场才是"资本主义式的"。或者是在"工厂式"的基础上由雇来的经理来经营的。那些雇佣劳动力的人所花的钱,每人每年的平均数为 469 美元。在美国一个农场的平均价值大约在 12000 美元左右。在南方某些州,花 4500 美元就可以买一个带有设备和家畜的普通农场。当然也有大农场。在衣阿华州,一个普通农场的财产价值几乎达

---

① 参见〔英〕E.E.里奇、C.H.威尔逊主编:《剑桥欧洲经济史》第 5 卷,高德步等译,经济科学出版社 2002 年版,第 44—45 页。

到 4 万美元,拥有这种农场的农民实际上是资本家。

根据对 81 个国家农业经济组织分类面积在全部土地面积中占有的比例的计算,面积在 1 公顷以下的农业单位占有 9% 的土地面积,面积在 1—2 公顷的农业单位占土地面积的 5%,面积在 2—5 公顷的农业单位占土地面积的 8%。[①]家庭农场在总土地面积中占的比例不大。

关于小农经济模式、农业企业以及公司农业,哪一种经济组织形式在经营中具有优势,是学者关心的问题,舒尔茨在《改造传统农业》(1964 年)一书提出,小农农业代表了深深植根于历史之中的一个停滞阶段。小农不可能跨越他们在使用资源中所隐含的"技术上限"。舒尔茨的理论在几十年之后遭到了学者的反对。2009 年荷兰学者扬·杜威·范德普勒格指出,舒尔茨的理论无论在一般层次上还是在应用层面上都存在错误。小农农业模式在附加值的创造与社会财富的创造上都做出了很大的贡献,在欧洲和第三世界都是如此。范德普勒格举出了对 1971 年、1979 年和 1990 年意大利帕尔马省奶牛养殖业的数据。指出,小农农业比企业农业创造了更多的就业岗位。以 1000 公顷为标准,以小农模式耕作的产出远远高于企业的产出水平。1971 年,小农模式创造的生产总值比企业模式高出了 15%;1979 年小农农场创造的生产总值比企业农业高出了 36%;1999 年小农农场创造的生产总值比企业农业高出了 56%。小农农业创造了较高的总附加值。1971 年企业农场中每个劳动力的收入水平相当于 250 万里拉,小农农场中的收入水平是 380 万里拉。1979 年企业农场和小农农场的代为劳动力收入水平分

[①] See Bruno Losch, "Family Farming: At the Core of the Worlds Agricultural History", in Jean-Michel Sourisseau, ed., *Family Farming and the World to Come*, Springer, 2015, p.53. Fig. 3. 3, Distribution of Agricultural Surface Ares by Size Class (81 countries).

别是 1500 万里拉和 1800 万里拉。到了 1999 年这个数据分别为 6200 万里拉和 7200 万里拉。小农生产模式为农业劳动者提供了高于企业农业劳动者的收入。

费格罗阿和汉隆在研究了不同的第三世界国家个案后认为，小农农业模式的优越性在发展中国家可能会表现得更为明显。与其他模式相比，小农农业在增加生产性就业、提高收入和增加产量方面更具优势。[①] 1967—1968 年度在肯尼亚，平均面积在 3 公顷的面积在 4 公顷以下的农场，平均每公顷产量为 1587 千磅。平均面积在 5.5 公顷的面积在 4—7.9 公顷的农场，平均每公顷产量为 390 千磅。平均面积在 12—15.9 公顷的农场，平均每公顷产量为 403 千磅。平均面积在 18 公顷的面积在 16—19.9 公顷的农场，平均每公顷产量为 383 千磅。平均面积在 21 公顷的面积在 20—23.9 公顷的农场，平均每公顷产量为 245 千磅。平均面积在 26 公顷的面积在 24—31.9 公顷的农场，平均每公顷产量为 245 千磅。平均面积在 50.5 公顷的面积在 32 公顷以上的农场，平均每公顷产量为 278 千磅。[②] 从肯尼亚的资料来看，农场面积越小，单位面积产量越高。

根据 1960 年的农业统计资料，农场平均面积在日本为 1 公顷，在台湾地区为 1 公顷，在西巴基斯坦为 2.6 公顷，在印度为 2.5 公顷，在巴西为 8.6 公顷，在哥伦比亚为 4.2 公顷，在墨西哥为 9.4 公顷，在肯尼亚为 1.9 公顷，在塞内加尔为 3.6 公顷。许多不发达国家的农民人均持有的农地面积超过了日本和台湾

---

① 参见［荷］扬·杜威·范德普勒格：《新小农阶级——帝国和全球化时代为了自主性和可持续性的斗争》，潘璐、叶敬忠等译，社会科学文献出版社 2013 年版，第 146、148、149 页。

② See John Levi and Michal Havinden, *Economics of African Agriculture*, Longman, 1982, p. 80, Table 5.1. Farm Siza, Output and Labour Perhectare on Settlement Shemes, Kenya 1967/68.

地区。在占有农地最多的百分之一的农场所占的农地在全部农地中所占的比例,发达国家也不居前列。日本占 11.6%;台湾地区占 14.4%;西巴基斯坦占 25%;印度占 11.4%,其中旁遮普邦占 6.2%,喀拉拉邦占 26.3%;巴西占 34.6%;哥伦比亚占 46%;墨西哥占 74.4%;肯尼亚占 51.4%;塞内加尔占 5.7%。[①]这种差别与这些国家的人口密度和人均土地面积、历史上殖民地时期的土地制度规模结构等都有联系,而和这些国家的资本主义经济发展程度几乎没有正比关系。在上述地区中资本主义发展程度最高的日本和台湾地区,农场平均面积却恰恰最小。

除了人均持有土地面积以外,土地的地貌对土地经营条件对小农户的存在也有关系。丘陵和不平的土地无法实行的机械化耕作的,农民在山地区的居住和分布往往是分散的。此外,农民在难以为继的情况下坚持耕作自己所有的小块土地,不愿意迁居外地转而从事被雇佣的工作,这在很大程度上为农民的小农习惯思想所致,他们要拼死维护自己的小块土地,将它看作是安身立命之所,这与农民乐于维持习惯生活方式的惰性文化心理有关。

(五)合作社

单纯小农经济在当代常常需要其他的经济制度和活动来支撑。20 世纪 90 年代在西北欧的许多地方,几乎同时出现了具有独创性的地区合作社。在 70—80 年代就提出了建立这种合作社的要求。地区合作社成为支持再小农化的有效机制。这些合作社采取了新的自我调节形式,在克服农业危机中发挥了重要的作用。地区合作社将农业活动和农业人口与农村发展和农

[①] See Bruce F. Johnston and Peter Kilby, *Agriculture and Structural Transformation*, *Economic Strategies in Late-developing Countries*, New York, Oxford University Press, 1975, p.14, Table 1. 3. Farm Size in Nine Countries.

业制度变革的过程连接在一起。这在政治上尤其重要。

秘鲁卡塔考斯的圣胡安包蒂斯塔农民社区坐落在秘鲁北部皮乌拉河谷浅谷区。20 世纪 70 年代约有 5 万平民,其中约 2000 人属于长工,长期受雇于一个资本主义企业性质的大型棉花种植园。当时这个占有 10000 公顷可灌溉土地和大量荒地的企业已逐渐被改造为国有合作社。除了这 2000 名较为稳定的劳动力外,还有 4000 名小农场主,他们拥有小块社区土地。此外,还有数以千计的无地农民参加棉花采摘、水稻栽插和收割,他们频繁地从一个劳动地点迁移到另一个劳动地点。[1] 以后的 30 年间,卡塔考斯展开了再小农化过程。1969 年军政府宣布在全国范围开展激进的土地改革。具体的做法包括,将以前的农庄改造成合作社,从而将土地划分为个体小农所有;无地农民占有和分配了大量的土地和水资源。1972 年卡塔考斯社区建立了第一批 16 个生产合作社,到 1974 年,生产合作社的数量已经增长到 38 个,有 650 人在 1215 公顷的土地上劳作。两年后,生产合作社的数量增加到 65 个,成员增至 1320 人,耕种的土地面积达到 2306 公顷。其中圣巴勃罗苏尔合作社在 1974 年有 60 名劳动力成员,两年后劳动成员增加到 200 名。到 80 年代末,该合作社成员有 4500 名,耕种土地面积为 6750 公顷。[2]

在这一过程中,合作社这种社区组织形式的发展发挥了主要作用;小块土地拥有者的数量激增,这主要与社区周围原有的农业用地退化为条件恶劣的半沙漠地有关。上述的过程是的小

---

① 参见[荷]扬·杜威·范德普勒格:《新小农阶级——帝国和全球化时代了为了自主性和可持续性的斗争》,潘璐、叶敬忠等译,社会科学文献出版社 2013 年版,第 65 页。

② [荷]扬·杜威·范德普勒格:《新小农阶级——帝国和全球化时代为了自主性和可持续性的斗争》,潘璐、叶敬忠等译,社会科学文献出版社 2013 年版,第 74—75 页。

农数量大幅度增加。在这种情况下,再小农化导致了曾受雇于
大种植园以及后来的合作社的计薪工人几乎完全消失。卡斯考
斯社区再小农化的一个突出特征是它在小农阶级内部土地分配
相对平均。在 1995 年时,绝大多数小农人均拥有 0.5—5 公顷
的土地。[①]

布宜诺斯艾利斯地区和卡塔考斯地区一样,是 20 世纪 70
年代小农斗争的主要地区。1973 年罗斯皮廖西家族种植园的
长工和临时工占领了种植园,建立了"一月二日战斗者合作
社"。这个合作社主要是为了扩大生产性就业,他们为此进行
了长期艰苦的斗争,最终导致了相对较高程度的再小农化。[②]

卡塔考斯以及整个秘鲁小农的状况表现出两个特征,即贫
困和极为不利的市场环境。小农无力从市场上购买昂贵的工业
化产品如化肥、农药和相关的技术,同时农产品(棉花、玉米、大
米等)的市场价格波动剧烈。面对这样的现实,这里的小农采
取了一些新的回应方式。他们再次采纳了以家庭自用为导向的
生产方式,由种植棉花改为种植豆类和玉米;作为生产活动的农
业耕作,现在正在以货币成本最小化的方式运作,使得农业外部
投入较低,使农业活动多元化。这些措施,使处在艰难困苦和备
受排挤的境地中的农业得到强化。[③]

北弗里西亚林区合作社属于层次较高的农业合作社。它位

---

① [荷]扬·杜威·范德普勒格:《新小农阶级——帝国和全球化时代为
了自主性和可持续性的斗争》,潘璐、叶敬忠等译,社会科学文献出版社 2013 年
版,第 67—69 页。

② [荷]扬·杜威·范德普勒格:《新小农阶级——帝国和全球化时代为
了自主性和可持续性的斗争》,潘璐、叶敬忠等译,社会科学文献出版社 2013 年
版,第 69 页。

③ 参见[荷]扬·杜威·范德普勒格:《新小农阶级——帝国和全球化时
代为了自主性和可持续性的斗争》,潘璐、叶敬忠等译,社会科学文献出版社
2013 年版,第 83—84 页。

于荷兰北部弗里斯兰省的东北部,是荷兰地区农业合作社的杰出例子。它有 900 名社员,绝大多数是拥有一些土地的农场主和农村居民,也有一些非农民成员。该合作社覆盖的面积约 5 万公顷,其中有大片空间是自然保护区。整个区域约有 80% 的农场主隶属于北弗里西亚林区合作社。①

19 世纪 80 年代的农业危机在某种程度上是由农业活动与市场之间关系的恶化所引发的,它表现在牛奶掺水、产品造假、高利贷、透明度缺失和市场力量失灵。农业危机引发了农业合作组织的第一次高潮。新建立的合作社的目标主要是改善农业活动与市场之间的联结。合作社有三个重要的举措。第一个举措是寻求和建立地域合作,将以保护环境、自然和景观为目的的活动整合到农业生产实践中。第二个举措是建立新的乡村治理形式。这个举措在 20 世纪 90 年代初出现。合作社采取了多种形式,以责任、问责、透明、代表性和可及性为重要标志。使得"农民主导的合作社与荷兰的制度和民主传统相一致"。地区合作社作为一种乡村治理形式,把对景观、自然和环境的保护作为总体目标。第三个举措,地区合作社代表了从专家系统向关注小农创新能力的转移。它就在本地寻找解决环境问题的办法。合作社采取的这 3 种举措,联结成一项新的制度。通过这种相互联系或网络,新的服务、新的产品和额外的行动空间得以形成。②

20 世纪 90 年代初,为了使自然资源免受酸雨的侵蚀,当地

---

① 参见〔荷〕扬·杜威·范德普勒格:《新小农阶级——帝国和全球化时代为了自主性和可持续性的斗争》,潘璐、叶敬忠等译,社会科学文献出版社 2013 年版,第 215—216 页。

② 参见〔荷〕扬·杜威·范德普勒格:《新小农阶级——帝国和全球化时代为了自主性和可持续性的斗争》,潘璐、叶敬忠等译,社会科学文献出版社 2013 年版,第 215、217—220 页。

的农民成立了 6 个协会。2002 年这 6 个协会组织成了北弗里斯兰林区合作社。合作社展开了赤杨带大型维护工程,并以可持续性为目标建设一条新的小农发展道路。为了有效地改善环境,大量减少化肥的使用,同时将粪肥重新改造成为"优质肥料"。合作社还展开维护和改善自然景观的活动。北弗里斯兰林区合作社所在的地区有 80% 的土地纳入自然和景观管理。北弗里斯兰林区合作社的工作计划包含了 30 个具体项目。它们涵盖了区域经济和持续发展的多个方面,如降低成本、土地储备、绿色能源、提高产品质量、改善空气和土壤的质量、加强休闲和旅游等。2004 年,参与自然和景观管理工程的农场平均获得了约 11000 欧元的额外增值。该合作社经过多轮协商后提出一份"使命宣言",提出 10 项"共享价值"。[①]

(六)大地产经营

在 19 世纪下半叶和 20 世纪上半叶,发展大农业成为一种趋势。长途贸易和工业化促使了大规模农业的发展。这个时期的大农场有 4 种形式。

第一种形式是大的种植园,如在印度、斯里兰卡、印度尼西亚、马来西亚和越南等南亚和东南亚国家都出现了大农场。它们在 19 和 20 世纪之交伴随着殖民化过程产生。它们从印度和中国有组织的合作劳动制度的经验中获益。

第二种形式是国家农场。它是在 20 世纪在社会主义的旗帜下在不同的大洲出现的。在有的国家,国营农场是用强力建立的,而不顾及这些国家以往的农业经营习惯。

第三种形式是在拉丁美洲的大庄园形式。在南非殖民化过

---

① 参见[荷]扬·杜威·范德普勒格:《新小农阶级——帝国和全球化时代为了自主性和可持续性的斗争》,潘璐、叶敬忠等译,社会科学文献出版社 2013 年版,第 223—227 页。

程中也建立了这类大农场。它们常常是由来自欧洲的寡头通过暴力建立的。

第四类形式是集体农庄,它们各以不同的方式结合了市场整合和土地使用权。①

20 世纪后期的大农场不是出现在西欧,而是出现在美国和一些第三世界的国家。巴西便是这样的国家。根据 1985 年巴西的统计资料,巴西面积在 100—200 公顷的农场有 283004 个;面积在 200—500 公顷的农场有 174758 个;面积在 500—1000 公顷的大农场有 59669 个;面积在 1000 公顷以上的农场有 50411 个。这样,面积在 100 公顷以上的农场有 567842 个,占农场总数的 9.8%。它们占有持有地共有 295373129 公顷,占全部持有地面积的 78.78%。巴西的农地绝大多数是由 100 公顷以上的大农场来经营的。②

美国 1969 年面积为 100—200 公顷的农场有 461304 个,面积在 200—500 公顷的农场有 250876 个,面积在 500—1000 公顷的农场有 69958 个,面积在 1000 公顷以上的农场有 45771 个。面积在 100 公顷以上的农场共有 827909 个,占农场总数的 30.32%。它们共占有持有地 358632000 公顷。占全部持有地的 83.34%。美国 1987 年面积为 100—200 公顷的农场有 308593 个,面积在 200—500 公顷的农场有 243667 个,面积在 500 公顷以上的农场有 129643 个。面积

① See Jacques Marzin, Benoit Dsaviron, and Sylvain Rafflegean, "Family Farming and Other Forms of Agriculture", in Jean-Michel Sourisseau, ed., *Family Farming and the Worlds to Come*, Springer, 2015, pp.72-73.

② See Food and Agriculture Organisation of United Nation, *Supplement to the Report on the 1990 World Census of Agriculture, International Comparison and Primary Results by Country* (1986 - 1995), Rome, 2001, p.85. Brazel-Agricultural Census 1985-Primary Results.

在 100 公顷以上的农场共有 681903 个，占农场总数的 32.66%。它们共占持有地 344139470 公顷。占全部持有地的 88.17%。[①]

在墨西哥，革命前绝大多数土地都被大地产占有，这些地产依靠在住的劳工和分成制农业工人来耕作。1910 年墨西哥百分之一的人口拥有 97% 的土地。全国 70000 个村庄中的 55000 个实际上位于大地产上。[②] 根据 1970 年国际粮农组织的统计资料，墨西哥全部土地持有者有 1020000 户，共持有土地 139868000 公顷。其中持有地在 1000 — 2500 公顷的有 9727 户，他们共持有土地 14380000 公顷。持有地在 2500 公顷以上的有 12752 户，他们共持有土地 92047000 公顷。持有地在 1000 公顷以上的共有 22479 处，它们的面积共 106427000 公顷，占全部持有地的 76.09%。[③]

三、雇佣劳动制

现在对当代农业中使用的雇佣劳动力的数量已经有了详细的统计资料。国际组织 1970 年的统计显示，在调查的 51

---

① See Food and Agriculture Organisation of United Nation, *Supplement to the Report on the 1990 World Census of Agriculture*, *International Comparison and Primary Results by Country* (*1986 - 1995*) , Rome, 2001, p. 85. Brazel-Agricultural Census 1985-Primary Results.

② See International Labour Office, *The Landess Farmer in Latin America*, *Conditions of Tenants*, *Share-Farmers and Similar Categories of Semi-Independent and Independent Agricultural Workers in Latin America*, Geneva, 1957, p.35.

③ Food and Agriculture Organisation of United Nation, *1970 World Census of Agriculture*, *Analysis and International Comparison of the Results*, Rome, 1981, p.64, Table 3. 6. Number and Area of Holdings with 1000 Hectares and Over by Siza of Holding.

个国家中共有农业劳动力 128821472 人。其中土地持有者和不付工资的劳动者的人数为 105322097 人，占农业劳动者的81.8%。固定的付给工资的劳动者为 9666237 人，短期的或以其他方式付给工资的劳动者为 13833138 人。工资劳动者占农业劳动力的 18.2%。即雇佣劳动力在农业劳动者不到五分之一。①

在非洲农业中使用的雇佣劳动者比例较小。非洲共有农业劳动力 24709766 人。其中土地持有者和不付工资的人数为 23723219 人，固定地支付工资的劳动者为 441519 人，短期的或以其他方式付工资的劳动者为 545028 人。在阿尔及利亚,1973 年底共有农业劳动力 2010119 人。其中土地持有者和不付工资的人数为 2002895 人，固定的付给工资的劳动者为 7224 人。在博兹瓦纳,1968—1969 年共有农业劳动力 242942 人。其中土地持有者和不付工资的人数为 194028 人，固定的付给工资的劳动者为 24885 人，短期的或以其他方式付工资的劳动者为 24029 人。在喀麦隆、加蓬、象牙海岸、莱索托、马拉维和多哥，农业中没有使用雇佣劳动力。在加纳,1969—1970 年共有农业劳动力 3508500 人。其中土地持有者和不付工资的人数为 3007400 人，固定的付给工资的劳动者为 216600 人，短期的或以其他方式付工资的劳动者为 284500 人。在斯瓦斯兰,1971—1972 年共有农业劳动力 149037 人。其中土地持有者和不付工资的人数为 146398 人，固定的付给工资的劳动者为 2639 人。在赞比亚,1970—1971 年和 1969—1970 年共有农业劳动力 2324686 人。其中土地持有者和不付工资的人数为 2185216

---

① Food and Agriculture Organisation of United Nation, *1970 World Census of Agriculture*, *Analysis and International Comparison of the Results*, Rome, 1981, p.218, Table 9. 1.Number of Person Employed in Agricultural Work on the Holdings, by sex.

人,固定的付给工资的劳动者为 139470 人。①

在北美洲和中美洲共有农业劳动力 15251009 人。其中土地持有者和不付工资的人数为 6478139 人,固定地付给工资的劳动者为 1486213 人,短期的或以其他方式付工资的劳动者为 7286657 人。在多米尼加共和国,1971 年 9 月共有农业劳动力 723395 人,土地持有者和不付工资的人数为 534046 人,固定地给工资的劳动者为 189349 人。在圣萨尔瓦多,1970 — 1971 年共有农业劳动力 494023 人,土地持有者和不付工资的人数为 406990 人,固定地给工资的劳动者为 87033 人。在巴拿马,1971 年 5 月共有农业劳动力 277320 人,土地持有者和不付工资的人数为 180425 人,固定地付给工资的劳动者为 96895 人。在波多黎各 1969 年共有农业劳动力 79347 人,固定地付给工资的劳动者为 19446 人,短期的或以其他方式付工资的劳动者为 59901 人。在圣卢西亚,1973 年共有农业劳动力 33014 人。其中,土地持有者和不付工资的人数为 27612 人,固定地付给工资的劳动者为 5420 人。在美国,1969 年共有农业劳动力 5779974 人,固定地付给工资的劳动者为 654370 人,短期的或以其他方式付工资的劳动者为 5125604 人。②

在南美洲所调查的 3 国中,共有农业劳动力 17800946 人。其中土地持有者和不付工资的人数为 14271791 人,固定地付给工资的劳动者为 1208548 人,短期的或以其他方式付工资的劳动者为 2320607 人。其中在巴西,1970 年 12 月,共有农业劳动

① Food and Agriculture Organisation of United Nation, *1970 World Census of Agriculture*, *Analysis and International Comparison of the Results*, Rome, 1981, p.218, Table Number of Person Employed in Agricultural Work on the Holdings, by sex.

② Food and Agriculture Organisation of United Nation, *1970 World Census of Agriculture*, *Analysis and International Comparison of the Results*, Rome, 1981, p.218, Table Number of Person Employed in Agricultural Work on the Holdings, by sex.

力 17582089 人。其中土地持有者和不付工资的人数为 14106190 人,固定地付给工资的劳动者为 1155292 人,短期的或以其他方式付工资的劳动者为 2320607 人。在乌拉圭,1970 年 6 月共有农业劳动力 181606 人。其中土地持有者和不付工资的人数为 132207 人,固定地付给工资的劳动者为 48999 人。在苏里南,1969 年 11 月共有农业劳动力 37651 人。其中土地持有者和不付工资的人数为 33394 人,固定地付给工资的劳动者为 4257 人。[①]

在亚洲所调查的 10 国中,共有农业劳动力 51341401 人。其中土地持有者和不付工资的人数为 45198814 人,固定地付给工资的劳动者为 5878192 人,短期的或以其他方式付工资的劳动者为 264395 人。在伊拉克,1971 年 10 月共有农业劳动力 2110565 人。其中土地持有者和不付工资的人数为 1834433 人,固定地付给工资的劳动者为 64613 人,短期的或以其他方式付工资的劳动者为 211519 人。在以色列、日本的农业中没有使用工资劳动者。在约旦 1975 年共有农业劳动力 203782 人。其中,土地持有者和不付工资的人数为 78740 人,固定地付给工资的劳动者为 73263 人,短期的或以其他方式付工资的劳动者为 51779 人。[②] 巴基斯坦 1971 — 1973 年共有农业劳动力 13366481 人。其中土地持有者和不付工资的人数为 12845274 人,固定地付给工资的劳动者为 512207 人。韩国、沙特阿拉伯

---

① Food and Agriculture Organisation of United Nation, *1970 World Census of Agriculture*, *Analysis and International Comparison of the Results*, Rome, 1981, p.218, Table Number of Person Employed in Agricultural Work on the Holdings, by sex.

② See Food and Agriculture Organisation of United Nation, *1970 World Census of Agriculture*, *Analysis and International Comparison of the Results*, Rome, 1981, p. 218, Table Number of Person Employed in Agricultural Work on the Holdings, by sex.

农业中没有使用雇佣劳动力。菲律宾 1971 年共有农业劳动力 11954175 人。其中土地持有者和不付工资的人数为 6728728 人,固定地付给工资的劳动者为 5225447 人。科威特 1969 年— 1970 年共有农业劳动力 2315 人。其中土地持有者和不付工资的人数为 302 人,固定地付给工资的劳动者为 1677 人。①

　　欧洲所调查的 13 国中,共有农业劳动力 1904499 人。其中土地持有者和不付工资的人数为 15064750 人,固定地付给工资的劳动者为 615946 人,短期的或以其他方式付工资的劳动者为 3364303 人。在奥地利,1969—1970 年共有农业劳动力 798593 人。其中土地持有者和不付工资的人数为 696931 人,固定地付给工资的劳动者为 43876 人,短期的或以其他方式付工资的劳动者为 57786 人。比利时 1970 年共有农业劳动力 291193 人。其中土地持有者和不付工资的人数为 266142 人,固定地付给工资的劳动者为 15799 人,短期的或以其他方式付工资的劳动者为 9252 人。芬兰 1968—1969 年共有农业劳动力 596939 人。其中土地持有者和不付工资的人数为 544533 人,固定地付给工资的劳动者为 52406 人。捷克斯洛伐克 1970 年共有农业劳动力 1933606 人。其中土地持有者和不付工资的人数为 1132353 人,短期的或以其他方式付工资的劳动者为 801253 人。在法国,1969 年共有农业劳动力 74003713 人。其中土地持有者和不付工资的人数为 3511756 人,固定地付给工资的劳动者为 233513 人,短期的或以其他方式付工资的劳动者为 258444 人。联邦德国 1971 年共有农业劳动力 2734588 人。其中土地持有者和不付工资的人数为 2605314 人,固定地付给工资的劳动者

① See Food and Agriculture Organisation of United Nation, *1970 World Census of Agriculture*, *Analysis and International Comparison of the Results*, Rome, 1981, p. 219, Table Number of Person Employed in Agricultural Work on the Holdings, by sex.

为 106907 人, 短期的或以其他方式付工资的劳动者为 22367
人。爱尔兰 1970 年共有农业劳动力 274047 人。其中土地持有
者和不付工资的人数为 229842 人, 固定地付给工资的劳动者为
25140 人, 短期的或以其他方式付工资的劳动者为 19065 人。
马耳他和南斯拉夫农业没有使用雇佣劳动力。葡萄牙共有农业
劳动力 2017823 人。其中土地持有者和不付工资的人数为
1918321 人, 固定地付给工资的劳动者为 99502 人。瑞士共有
农业劳动力 445240 人。其中土地持有者和不付工资的人数为
384319 人, 固定地付给工资的劳动者为 38000 人, 短期的或以
其他方式付工资的劳动者为 22921 人。[1] 在英国和在美国, 绝
大多数社会经济组织仍然是十分传统的。大多数农场的社会组
织仍然是十分传统的。绝大多数农场并非使用成百上千工资劳
动者的"乡村工厂", 而不过是家庭农场, 它们中有许多根本不
雇佣工资劳动者。由于在那里工业并没有与家庭相分离, 并且
没有高度专门化的劳动分工。

大洋洲 3 国共有农业劳动力 673351 人。其中土地持有者
和不付工资的人数为 585384 人, 固定地付给工资的劳动者为
35819 人, 短期的或以其他方式付工资的劳动者为 52148 人。
其中新西兰共有农业劳动力 129412 人。其中土地持有者和不
付工资的人数为 85540 人, 固定地付给工资的劳动者为 33501
人, 短期的或以其他方式付工资的劳动者为 10371 人。[2]

---

① See Food and Agriculture Organisation of United Nation, *1970 World Census of Agriculture*, *Analysis and International Comparison of the Results*, Rome, 1981, p. 219, Table Number of Person Employed in Agricultural Work on the Holdings, by sex.

② See Food and Agriculture Organisation of United Nation, *1970 World Census of Agriculture*, *Analysis and International Comparison of the Results*, Rome, 1981, p. 219, Table Number of Person Employed in Agricultural Work on the Holdings, by sex.

四、农业经济组织的系谱

（一）农业经济组织的三维系谱

任何一种大的社会经济形态内部都是多元的构成。而农业经济形态尤其不是以非此即彼的封建主义和资本主义经济形态的两分法构建的。历史上的农业经济组织的系谱，参数是多维的。这些参数包括，土地持有者的身份规定、多层次的土地保有权、附有条件的和没有附有条件的租地制度、土地持有面积大小等等。

表3-5 农业经济组织的系谱

生产条件的自然规定性（共时性）	生产组织（共时性）	保有权和身份关系（历时性）
土地:死资本(只是资产,不可流动性) 肥力:有限性 生产期:单年生(少数多年生) 地理条件:地貌(制约生产方式和经营方式) 生产力:产量有限性 机械化、化肥使用	个体农业 家庭农业 公地 土地出租(租佃制) 地租形态:实物地租分成制 货币地租 大农场制(雇佣劳动制度)	奴隶制 领主制 市场联系:地方和国内市场,世界市场

在典型的封建主义或农奴制的人生奴役关系存在的农业经济体系和典型的资本主义的大农场使用雇佣劳动的经济关系之间,还存着各种生产经济组织构成的一个长系列。在这个系列中,我们可以看到封建关系递减的经济组织序列,也可以看到生产关系既非封建主义又非资本主义的自由农民经济,还可以看到半资本主义的租地农场主。这个系列中的各个农业经济组织

构成了一个系谱。无法用封建主义和资本主义两分法来区分它们。

从中世纪到早期近代,在实行领主制的地区,农业经济组织的系谱往往是三维的构成。这就是,第一,土地和农民的身份规定性:即奴隶制、农奴制、领主制下农业生产者被奴役的身份或自由的身份,自由的、半自由的或不自由的依附的人身关系。在中世纪实行过领主制的地区,到了发生了资产阶级革命或废除封建农奴制和封建制度的残余后,农业经济形态便发生了变化,农民的身份规定性逐渐消失了,但在有些资产阶级革命已经发生的国家,有身份规定性的地产仍然存在。

第二,土地保有权:农业生产者拥有土地所有权、还是无土地所有权,或者以何种形式拥有租地使用权或公地使用权;在持有土地使用权时是否需要承担地租以外的服役义务。

第三,农业生产者持有土地的规模。在每个维度中,我们又可以发现构成一个系列的多种规定性。而在没有实行过领主制而是实行土地国有制的地区,农业经济组织中不存在第一种维度。

三重维度的叠加,构成了一个农业经济组织的等级制序列。它仿佛像搭建在封建主义和资本主义两座大山之间的悬桥,也可以比作光谱中的一个过渡带。总之,农业经济组织的系列是一个独立的经济部类的系列,无法将它简单地归入封建主义或是资本主义。但到了近代,尤其是到了现代时期,资本主义关系和世界市场已经不可避免地、程度不同地影响着农业经济组织,一部分农业经济组织直接采用了资本主义经营方式。

特纳等学者论及19世纪末英国农业地租制度时,谈到了农业经济组织所发生的的变化:"某些术语已经消失,我们已经不再有终身租地农、三代人的租地、习惯保有权或公簿持有农,而转变为依据双方的协议,定期向地主支付货币地租的基本关系。

这已持续了几个世纪。"①

此外,封建主义向资本主义过渡时期和资本主义时期,世界农业经济组织的结构在各地差异很大。农业持有地规模、凭借所有权经营与租佃经营的土地的比例,以及地租形式都千差万别。

各种农业经济组织构成了一个相对独立的部类系统。这个系统一般地说,它不完全属于封建主义关系,也不完全属于资本主义关系。诚然,在不同的历史时期,这个系统中的一些组织被封建主义关系或资本主义方式侵蚀了。但它的运作规律基本不同于两者中的任何一个。农业部类不是一个可以通过资本投资任意扩大生产和产出的经济部类。

土地的占有者在土地经营中拥有出租权、领主权、管理权和统治权。这些权力常常是相互重叠的。在欧洲一些国家,圈地使得土地的共有权消失了,但是它没有改变现行的土地保有权关系。在法国,通过革命时期的立法使财产权简单化。在德国和斯堪的纳维亚的绝大多数地方,把国家的土地出售给农场主并且取消强制性的劳役,是 18 世纪后期到 19 世纪初期努力的目标。这条解放的路线随着 18 世纪后期在丹麦和 19 世纪中期在德国农奴获得解放得以完成。②

土地所有者需要佃户参与农业劳作有各种原因。地主常常拥有比他们自己有能力耕种的土地面积多得多的土地。但他们可能缺少资本、缺少人力,也可能缺少专门的技能以有效地耕种

①　M. E. Turner, J. V. Beckett, and B. Afton, *Agricultural Rent in England 160-1914*, Cambridge U. P., 1997, p.1.

②　See Bas van Bavel and Richard Hoyle, "Introduction: Social Relations, Property and Power in the North Sea Area, 500 - 2000", in Bas van Bavel and Richard Hoyle eds., *Social Relations: Property and Power, Rural Economy and Society in North-western Europe, 500-2000*, Brepols, 2010, p.12.

自己的土地。佃户耕种是一种代替地主冒险地自我耕作的途径。地主通常要求佃户用现金或劳役来支付地租。劳役地租在法国北部和低地国家很早就消失了。1450 年在英格兰劳役地租几乎完全消失。较新的资料表明,在东欧、丹麦、石勒苏益格、瑞典,劳役地租残存到很晚的时候,甚至到 19 世纪。当时在丹麦劳役已经消失,但在一些斯堪的纳维亚国家,劳役仍具有重要性。在 17 世纪的苏格兰、18 世纪的德国和斯堪的纳维亚国家,地主实行产品实物地租,将收入的农产品向市场出售。在通货膨胀时期,这对地主很有利。同时分成制在一些地区继续存在。但除了在法国西部,分成制在北海地区不重要。在北海地区地主宁愿选择固定数额的货币地租,而不是不确定的产品分成制地租。如果采取后一种地租,地主还得负责将谷物销售到市场。①

尽管租佃制是在相互同意的基础上通过自愿订立租佃契约而把制度固定下来的。在租地制限制和缩小佃户权利的同时,也对地主有一定的限制力。当实行短期租佃期时,地主甚至有失去佃户的风险。所以,在固定条件的地租存在时,所有的契约中都保留了在条件变化的情况下某种程度的灵活性。与此相应,对佃户确定了限制性条件,在租佃继承时并不排除租佃超过期限的可能。②

某些租佃制包含着明显的不平等关系。例如,按照意愿的

① See Bas van Bavel and Richard Hoyle, "Introduction: Social Relations, Property and Power in the North Sea Area, 500 - 2000", in Bas van Bavel and Richard Hoyle eds., *Social Relations: Property and Power, Rural Economy and Society in North-western Europe, 500-2000*, Brepols, 2010, p.13.

② See Bas van Bavel and Richard Hoyle, "Introduction: Social Relations, Property and Power in the North Sea Area, 500 - 2000", in Bas van Bavel and Richard Hoyle eds., *Social Relations: Property and Power, Rural Economy and Society in North-western Europe, 500-2000*, Brepols, 2010, p.15.

租佃制是一种地主不与佃户订立任何契约的租佃制度。在低地国家、法国和德国，这种租佃制很少见。但是在英格兰，这种租佃制常见，特别是在19世纪仍广泛存在。这种租佃制的内容包含了佃户长期持有土地的条件。如果佃户订了为期1年租种的条款，他们可能无须每年更换。但是，按照地主意愿租种土地的佃户除了在被逐出租地以前的一个时期地主会向他们发出警告外，他们没有任何权利。当然，许多乡村共同体会向失去租地的佃户提供短期出借的土地和在公地上季节性的放牧权。[①]

欧洲存在的某些类型的土地保有权在很大程度上对农民改进农业起着阻碍作用。那些以分成制或短期租佃制条件租种土地的租户，在这种租佃制中看不到改良土地会给他们带来任何利益，他们对于改进农业生产没有多大的兴趣。租地的租期阻碍租户引入新的耕作制或者引入新的作物。

（二）所有者经营和租佃经营在当代农业经济组织中的比例

所有权经营和租佃经营在当代都是普遍存在的土地保有权形式。从全球来看，1950年在14个国家的13125000户农户中，以所有权形式持有土地的占57.9%，以租佃形式持有土地的占21.5%，以多种形式持有土地的占17.7%，以其他形式持有土地的为2.9%。1960年在30个国家的94095000户农户中，以所有权形式持有土地的占87%，以租佃形式持有土地的占10.5%，以多种形式持有土地的占21.2%，以其他形式持有土地的为1.3%。1970年在30个国家的114853000户农户中，以所有权持有土地的占81.8%，以租佃形式持有土地的占

① Bas van Bavel and Richard Hoyle, "Introduction: Social Relations, Property and Power in the North Sea Area, 500-2000", in Bas van Bavel and Richard Hoyle eds., *Social Relations: Property and Power, Rural Economy and Society in North-western Europe, 500-2000*, Brepols, 2010, pp.15-16.

7.1%,以多种形式持有土地的占 8.9%,以其他形式持有土地的为 1.2%。

从发达国家来看,1950 年在 6 个国家中共有农户 9152000户,其中以所有权持有土地的占 54.2%,以租佃形式持有土地的占 21.6%,以多种形式持有土地的占 23%,以其他形式持有土地的为 1.2%。1960 年在 12 个国家的 17150000 户农户中,以所有权持有土地的占 62.8%,以租佃形式持有土地的占13.3%,以多种形式持有土地的占 22.2%,以其他形式持有土地的为 1.6%。1970 年在 12 个国家的 13753000 户农户中,以所有权持有土地的占 66.7%,以租佃形式持有土地的占 9.7%,以多种形式持有土地的占 23.6%。

从发展中国家来看,1950 年在 8 个国家中共有农户3973000 户,其中以所有权持有土地的占 66.4%,以租佃形式持有土地的占 21.2%,以多种形式持有土地的占 5.5%,以其他形式持有土地的为 6.9%。1960 年在 18 个国家的 76945000 户农户中,以所有权形式持有土地的占 67.9%,以租佃形式持有土地的占 9.9%,以多种形式持有土地的占 21%,以其他形式持有土地的为 1.2%。1970 年在 18 个国家的 1011000 户农户中,以所有权形式持有土地的占 83.8%,以租佃形式持有土地的占6.8%,以多种形式持有土地的占 8.1%,以其他形式持有土地的为 1.3%。[1]

根据国际粮农组织对各国的调查资料,1970 年前后在世界46 个国家中,持有土地的农户为 120417388 户,他们共持有土地 202381846 公顷。其中拥有所有权的持有者为 95374578 户,

---

[1] See Food and Agriculture Organisation of United Nation, *1970 World Census of Agriculture*, *Analysisand International Comparison of the Results*, Rome, 1981, p.262, Table29.Percentage Distribution of Holdings by Tenure of Holdings.

他们共持有土地 734981575 公顷土地。租地持有 8539096 户，他们持有土地 107964356 公顷。

表3-6　各大洲土地所有权占有和租佃占有土地面积表①

（单位：公顷）

地区	持有土地总面积	所有权持有面积	租佃持有面积
非洲（4 国）	1642464	151516	50111
北美洲、中美洲（11 国）	508911361	189615259	59944537
南美洲（6 国）	39169049	315817434	24353409
亚洲（10 国）	209621599	76035974	12281891
欧洲（12 国）	99461479	53315923	11330206
大洋洲（3 国）	54445	45469	4202

租地持有面积最大的部分分布在北美洲和南美洲。在北美洲和中美洲，单位租地面积平均为 111 公顷，而在南美洲单位租地面积平均为 18.6 公顷。在欧洲单位租地面积较小，平均只有 10.3 公顷。租地面积比例最大的国家是马耳他，租地占耕地面积的 88%。在比利时租地占耕地面积的 71%。在巴林租地占耕地面积的 62%。在新西兰租地占耕地面积的 50%。在荷兰和法国，租地占耕地面积的 48%。在伊拉克和英国，租地占耕地面积的 41%。在美国，租地占耕地面积的 37%。在调查的 31 个国家中，出租土地最多的是占有土地在 200 公顷以上的土地持有者。在调查的 18 个国家的 5800 万公顷租地中，46% 收取固定货币地租，27% 征收实物分成地租，只有很少一部分租地

---

① See Food and Agriculture Organisation of United Nation, *1970 World Census of Agriculture*, *Analysis and International Comparison of the Results*, Rome, 1981, p.93, Table 5.1.Number and Aera of Holding by Tenure of Holdings.

收取劳役地租。

所有者持有的土地面积最大的部分是在北美洲和中美洲，平均面积为 76 公顷，而在南美洲平均面积为 67.5 公顷。所有者持有的土地面积在欧洲平均为 6.7 公顷，在亚洲国家为 2.2 公顷。[①]

在北美洲和中美洲，共有持有土地的农户 4167828 户，持有土地 508911361 公顷。其中拥有所有权的持有者为 2494079 户，他们共持有土地 189615259 公顷土地。租地持有者有 540519 户，他们持有土地 59944537 公顷。[②] 在北美洲和中美洲，拥有土地所有权的户数占 59.8%，土地面积占 37.2%。租佃经营的农户占户数的 13%，租地占全部耕作土地的 11.8%。[③]

在南美洲，持有土地的农户共有 7564629 户，共持有土地 391690498 公顷。其中拥有所有权的持有者为 4678793 户，他们共持有土地 315817434 公顷土地；租地持有者有 1308283 户，他们共持有土地 24353409 公顷。[④] 在南美洲，拥有土地所有权的户数占 61.8%，占土地总面积的 80.6%。租佃经营的农户占

① See Food and Agriculture Organisation of United Nation, *1970 World Census of Agriculture*, *Analysis and International Comparison of the Results*, Rome, 1981, pp.88-90.

② See Food and Agriculture Organisation of United Nation, *1970 World Census of Agriculture*, *Analysis and International Comparison of the Results*, Rome, 1981, Table 5.1. Number and Aera of Holding by Tenure of Holdings, p.93.

③ See Food and Agriculture Organisation of United Nation, *1970 World Census of Agriculture*, *Analysis and International Comparison of the Results*, Rome, 1981, Table 5.2. Percent Distrabution on Number and Area of Holdings by Tenure, p.94.

④ See Food and Agriculture Organisation of United Nation, *1970 World Census of Agriculture*, *Analysis and International Comparison of the Results*, Rome, 1981, Table 5.1. Number and Aera of Holding by Tenure of Holdings, p.93.

户数的 17.3%,他们的租地占全部耕作土地的 6.2%。①

在亚洲 10 个国家中,共有持有土地的农户 93286414 户,持有土地 209621599 公顷。其中拥有所有权的持有者为 80005802 户,他们共持有土地 176035974 公顷土地。租地持有者有 5532353 户,他们持有土地 12281891 公顷。② 在亚洲,拥有土地所有权的户数占 85.8%,土地面积占 83.9%。租佃经营的农户占户数的 5.9%,租地占全部耕作土地的 5.9%③

在欧洲的 12 国家中,持有土地的农户共有 11850300 户,持有土地 90461479 公顷。其中拥有所有权的持有者为 8006806 户,他们共持有土地 53315932 公顷土地。租地持有者有 1100517 户,他们持有土地 11330206 公顷。④ 在欧洲,拥有土地所有权的户数占 67.6%,土地面积占 58.9%。租佃经营的农户占户数的 9.3%,租地占全部耕作土地面积的 12.5%。⑤

①　See Food and Agriculture Organisation of United Nation, *1970 World Census of Agriculture*, *Analysis and International Comparison of the Results*, Rome, 1981, Table 5. 2. Percent Distrabution on Number and Area of Holdings by Tenure. p.94.

②　See Food and Agriculture Organisation of United Nation, *1970 World Census of Agriculture*, *Analysis and International Comparison of the Results*, Rome, 1981, Table 5. 1. Number and Aera of Holding by Tenure of Holdings, p.93.

③　See Food and Agriculture Organisation of United Nation, *1970 World Census of Agriculture*, *Analysis and International Comparison of the Results*, Rome, 1981, Table 5. 2. Percent Distrabution on Number and Area of Holdings by Tenure, p.94.

④　See Food and Agriculture Organisation of United Nation, *1970 World Census of Agriculture*, *Analysis and International Comparison of the Results*, Rome, 1981, Table 5. 1. Number and Aera of Holding by Tenure of Holdings, p.93.

⑤　See Food and Agriculture Organisation of United Nation, *1970 World Census of Agriculture*, *Analysis and International Comparison of the Results*, Rome, 1981, Table 5. 2. Percent Distrabution on Number and Area of Holdings by Tenure, p.95.

在大洋洲的 3 个国家中,持有土地的农户共有 6901 户,持有土地 54445 公顷。其中拥有所有权的持有者为 6010 户,他们共持有土地 45469 公顷土地。租地持有者有 367 户,他们持有土地 4202 公顷。① 在大洋洲,拥有土地所有权的户数占 87.1%,土地面积占 83.5%。租佃经营的农户占户数的 5.3%,租地占全部耕作土地的 7.7%。占有公地者为总户数的 0.6%,他们持有土地的 0.4%。②

在非洲,持有土地的农户共有 3541316 户,他们共持有土地 1642464 公顷。其中拥有所有权的持有者为 183088 户,他们共持有土地 151516 公顷。租地经营者有 57057 户,他们共占有土地 50111 公顷。在非洲,拥有土地所有权的户数占 5.2%,占全部土地耕作面积的 9.2%。租佃经营的农户占户数的 1.6%,租地占全部耕作土地的 3%。③

到了 20 世纪 70 年代,租佃制仍然是世界农业经济中一种较为普遍的保有权制度。对 49 个国家考察的结果,在全部 1734714739 公顷土地中,所有者持有的土地为 1315687462 公顷,占全部土地面积的 75.8%。租地持有的土地为 286313566 公顷,占全部土地面积的 16.5%。公地上的耕作

① See Food and Agriculture Organisation of United Nation, *1970 World Census of Agriculture*, *Analysis and International Comparison of the Results*, Rome, 1981, Table 5.1.Number and Aera of Holding by Tenure of Holdings, p.93.

② See Food and Agriculture Organisation of United Nation, *1970 World Census of Agriculture*, *Analysis and International Comparison of the Results*, Rome, 1981, p.95. Table 5.2. Percent Distrabution on Number and Area of Holdings by Tenure.

③ See Food and Agriculture Organisation of United Nation, *1970 World Census of Agriculture*, *Analysis and International Comparison of the Results*, Rome, 1981, Table 5.2.Percent Distrabution on Number and Area of Holdings by Tenure, p.94.

者共持有土地 33975837 公顷，占全部土地面积的 0.2%。部落或公共保有权土地为 72016764 公顷，占全部土地面积的4.2%。属于其他持有形式的土地为 26721110 公顷，占全部土地面积的 1.5%。①

在欧洲，1950 年所有者持有的土地为 3706.1 万公顷，占土地的 69.9%，租佃者持有的土地为 1589.1 万公顷，占土地的30%，以其他方式持有的土地为 5.5 万公顷，占 0.1%。1960 年所有者持有的土地为 8957.9 万公顷，占土地的 72.9%，租佃者持有的土地为 2820.7 万公顷，占 23%，其他方式持有土地为506.1 万公顷，占土地的 4.1%。1970 年所有者持有的土地为9629.4 万公顷，占土地的 72.6%，租佃者持有的土地为 3540.6万公顷，占土地的 27.3%，以其他方式持有的土地为 14.2 万公顷，占土地的 0.1%。②

1970 年在巴西，实行租佃制的土地面积为 7.1%。在哥伦比亚，实行租佃制的土地面积 6.5%。在秘鲁，实行租佃制的土地面积为 6%。在苏里南，实行租佃制的土地面积为 31.4%。在乌拉圭，实行租佃制的土地面积为 30.8%。在委内瑞拉，实行租佃制的土地面积为 2.5%。③

在巴林，实行租佃制的土地面积为 6.2%。在伊拉克实行

① See Food and Agriculture Organisation of United Nation, *1970 World Census of Agriculture*, *Analysisand International Comparison of the Results*, Rome, 1981, p.100, Table 5.6. Area in Holdings by Tenure.

② See Food and Agriculture Organisation of United Nation, *1970 World Census of Agriculture*, *Analysis and International Comparison of the Results*, Rome, 1981, Table 9.1, p.290. Table 9.1, Table 15.12-Area in Holdings by Tenure, 1970, 1960, 1950, p.289.

③ See Food and Agriculture Organisation of United Nation, *1970 World Census of Agriculture*, *Analysisand International Comparison of the Results*, Rome, 1981, Table 5.7. Percent Distribution of Area in Hodings by Tenure, p.101.

租佃制的土地面积为 40.9%。在以色列,实行租佃制的土地面积为 4.1%。在日本,实行租佃制的土地面积为 5.6%。在韩国,实行租佃制的土地面积为 17.2%。在巴基斯坦,实行租佃制的土地面积为 46.1%。在沙特阿拉伯,实行租佃制的土地面积为 16.2%。在斯里兰卡,实行租佃制的土地面积为 22.4%。[1]

在奥地利,实行租佃制的土地面积为 5.5%。在比利时,实行租佃制的土地面积为 71.4%。在芬兰,实行租佃制的土地面积为 6.6%。在法国,实行租佃制的土地面积为 48.2%。在联邦德国,实行租佃制的土地面积为 28.7%。在意大利,实行租佃制的土地面积为 15.4%。在卢森堡,实行租佃制的土地面积为 39.5%。在马耳他,实行租佃制的土地面积为 88.4%。在荷兰,实行租佃制的土地面积为 48.1%。在挪威,实行租佃制的土地面积为 14.7%。在波兰,实行租佃制的土地面积为 7.5%。在葡萄牙,实行租佃制的土地面积为 29%。在瑞典,实行租佃制的土地面积为 36.5%。在英国,实行租佃制的土地面积为 41.5%。在南斯拉夫,实行租佃制的土地面积为 2.2%。[2]

在大洋洲的澳大利亚,实行租佃制的土地面积为 2.5%。在新西兰实行租佃制的土地面积为 49.6%。[3]

一个国家是采用所有权经营,还是采用租佃经营,与经济是否发达并不直接相关。并非资本主义发达国家基本采取所有权

[1] See Food and Agriculture Organisation of United Nation, *1970 World Census of Agriculture Analysisand International Comparison of the Results*, Rome, 1981, Table 5.7. Percent Distribution of Area in Hodings by Tenure, p.101.

[2] See Food and Agriculture Organisation of United Nation, *1970 World Census of Agriculture*, *Analysisand International Comparison of the Results*, Rome, 1981, Table 5.7. Percent Distribution of Area in Hodings by Tenure, p.101.

[3] See Food and Agriculture Organisation of United Nation, *1970 World Census of Agriculture*, *Analysisand International Comparison of the Results*, Rome, 1981, Table 5.7. Percent Distribution of Area in Hodings by Tenure, p.101.

持有土地的经营形式,而资本主义不那么发达的国家中基本采取用租佃制经营土地的形式。范·巴斯教授分析说,在所有者—使用者制度占据统治地位的地区,往往是耕地质量较为贫瘠的地区。而在人口稠密、土地肥沃的地方,土地一般都由佃户来耕作。在小的土地所有者和佃户中,存在着比大农场中更高比例的土地所有者。土地所有权和富裕程度之间并非相随而行。①

（三）农业经济组织的地域分布以及与经济发展水平的复杂关系

20世纪欧洲农场的面积与美国和第三世界国家巴西和墨西哥相比明显偏小。1955—1961年联邦德国的农场平均面积为9公顷。比利时的农场平均面积为8.2公顷。法国的农场平均面积为15.2公顷。卢森堡的农场平均面积为13.4公顷。荷兰的农场平均面积为9.9公顷。英国的农场平均面积为40公顷。1980年联邦德国的农场平均面积为15.3公顷。比利时的农场平均面积为12.3公顷。法国的农场的平均面积为23.7公顷。卢森堡的农场的平均面积为25.1公顷。荷兰的农场的平均面积13.7公顷。英国的农场的平均面积为62.5公顷。1989年联邦德国的农场平均面积为17.7公顷。比利时的农场面积为15.3公顷。法国的农场平均面积为28.6公顷。卢森堡的农场平均面积为31.8公顷。荷兰的农场平均面积17.2公顷。英国的农场平均面积为64.4公顷。1980年面积小于5公顷的农场在各国农场中所占的比例,德国占35%,比利时占42%,法国占6%,卢森堡占27%,荷兰占33%,英国占17%。1980年面积大于100公顷的农场在农场总数中的比例,德国为

---

① 参见［英］E.E.里奇、C.H.威尔逊主编:《剑桥欧洲经济史》第5卷,高德步等译,经济科学出版社2002年版,第104页。

0.5%,比利时为 0.5%,法国为 2.8%,卢森堡为 0.8%,荷兰为 0.2%,英国为 13.9%。[1]

根据 1970 年国际粮农组织对 17 个国家抽样的农业统计资料,亚洲农场为 9330 万个,非洲农场为 350 万个,拉丁美洲农场为 860 万个,欧洲农场为 1190 万个,北美农场为 310 万个,全球共有 12040 个农场。一个农场平均耕作面积,亚洲为 2.3 公顷,非洲为 0.5 公顷,欧洲为 1.9 公顷,北美洲为 3.1 公顷,拉丁美洲为 46.5 公顷。

拉丁美洲国家农场平均面积比亚洲国家要大得多。阿根廷 1970 年为 270.1 公顷,巴西 1960 年为 79.25 公顷,哥伦比亚 1960 年为 20.60 公顷,秘鲁 1961 年为 20.37 公顷,乌拉圭 1966 年为 208.8 公顷,委内瑞拉 1961 年为 81.24 公顷。

而在亚洲,平均持有地面积台湾地区 1960 — 1961 年为 1.27 公顷。印度为 6.52 公顷。1960 年伊朗为 6.05 公顷。1960 年日本为 1.18 公顷。巴基斯坦为 2.35 公顷。菲律宾为 3.59 公顷。[2]

拉丁美洲国家每个农场工人的平均产出超过了世界的一般水平。而在阿根廷和乌拉圭这两个牧业国家,每公顷农产品产出通常非常低。在墨西哥,土地所有权制度明显地与殖民地时期相似。尽管那里提出要建立中小农场,但目前墨西哥农村有劳动力的人中有 50% 是无地者。在阿根廷这一比

① Geoff A. Wilson and Olivia J. Wilson, *German Agriculture in Transition, Society, Polities and Enviroment in a Change Europe*, Palgrave, 2001, p.31, Table 2.2. Comparison of European Farm Structures (Average Farm Size in Hectares, Selected Countries and Years).

② W. B. Morgan, *Agriculturein in the Third World: A Spatial Analysis*, Westview Press, 1978, p.142, Table 3.

例是 51%。在乌拉圭这一比例是 55%。在智利这一比例
是 66%。①

关于亚洲的土地保有权情况,根据抽样的 4 国,1950 年所
有者持有的土地为 972.4 万公顷,占土地的 75.7%;租佃者持有
的土地为 270.4 万公顷,占土地的 21.1%,其他占有方式占有的
土地为 41.3 万公顷,占土地的 3.2%。1960 年所有者持有的土
地为 2260.8 万公顷,占土地的 64.6%,租佃者持有的土地为
1144.8 万公顷,占土地的 32.7%,其他占有方式占有的土地为
92.6 万公顷,占土地的 2.6%。1970 年所有者持有的土地为
1901.7 万公顷,占土地的 60.9%,租佃者持有的土地为 1183.1
万公顷,占土地的 37.9%,其他占有方式占有的土地为 39.2 万
公顷,占土地的 1.3%。②

在绝大多数南亚国家,相当大比例的土地采用租佃制。但
泰国实行租佃制的比例要小些,在靠近中央平原的水稻产区,租
佃制非常普遍,在中央平原以外的地区实行租佃制的地区微不
足道,因为政府把国有土地交给小土地持有者耕种。在巴基斯
坦,土地改革给原大地产主 200 公顷土地和一些现金作为补偿。
他们中一些人投资机械,并且采取了更加精耕细作的农业技术,
使他们能在减少持有地的情况下能增加收入。③

根据国际粮农组织的调查报告,新西兰 1950 年所有者持

---

① W.B.Morgan,*Agriculturein in the Third World:A Spatial Analysis*,Westview Press,1878,p.143.

② Food and Agriculture Organisation of United Nation,*1970 World Census of Agriculture*,*Analysis and International Comparison of the Results*,Rome,1981,Table9.1,p.290,Table 15.12-Area in Holdings by Tenure,1970,1960,1950,pp.290,289.

③ W.B.Morgan,*Agriculturein in the Third World:A Spatial Analysis*,Westview Press,1978,pp.144-145.

有的土地为 857.2 万公顷,占土地的 49.1%,租佃者持有的土地为 889.3 万公顷,占土地的 50.9%。1960 年所有者持有的土地为 903.9 万公顷,占土地的 50.7%,租佃者持有的土地为 877.5 万公顷,占土地的 49.3%,以其他占有方式占有的土地占 28.3%。1970 年所有者持有的土地为 922.2 万公顷,占土地的 48.5%,租佃者持有的土地为 944.5 万公顷,占土地的 49.6%,以其他占有方式占有的土地为 6.3 万公顷,占土地的 1.9%。[①]

在中东和北非,乡村的贫困和土地保有权密切相关。在热带非洲,尽管乡村贫困和土地资源的压力一般来说没有东南亚那样大,但土地保有权对农民的生计是非常重要的问题。肯尼亚在巩固租佃关系和创立新的改革的土地持有制上取得突出的进步。1954 年"茅茅"运动结束后,殖民地政府实行土地改革,引入商业化作物,实行密集型的计划持有地制度。1963 年独立后,把非洲人农场主重新安置在先前欧洲人拥有的大农场上。先前由欧洲人拥有的 40 万公顷土地分成小土地经营,有 280 万公顷土地加以处理。但是在此同时,占全国人口 16% 的乡村人口大量地移居内罗毕。到 1973 年,估计有 25% 的农民只占有 1 公顷以下的土地,有 50% 的农民持有的土地少于 2 公顷。他们只占有全部可耕地的 4%。在一些国家中,土地改革导致了高度密集的农村人口,土壤恶化和被腐蚀。在玻利维亚高原,土地改革使得土地使用变化,养羊和拾柴火严重地危害了土壤。[②]

资本主义发展的作用固然是造成土地兼并,形成大土地经

---

① Food and Agriculture Organisation of United Nation, *1970 World Census of Agriculture*, *Analysis and International Comparison of the Results*, Rome, 1981, Table 9.1, p.290, Table 15.12-Area in Holdings by Tenure, 1970, 1960, 1950, p.289.

② W.B.Morgan, *Agriculturein the Third World: A Spatial Analysis*, Westview Press, 1978, p.146.

营的一个原因,但是,当代各国农场耕作单位面积的大小并不是由一个国家经济是发达资本主义经济还是欠发达经济的区别这一社会政治原因所决定的。人口密度即人均占有土地面积在很大程度上决定了农业经营方式和经营规模。根据 1970 年国际粮农组织农业统计资料对 17 个国家的抽样,南亚和东亚的印度、日本和中国,农村人口密度较大大,人均农田面积很小。印度 1970 年人均土地面积为 2.3 公顷。日本 1970 年人均土地面积为 1 公顷。农村难以将土地集中起来,建立大农场,而只能走小农经济的道路。农场平均面积亚洲为 2.3 公顷,非洲为 0.5 公顷,拉丁美洲为 46.5 公顷,欧洲为 1.9 公顷,北美洲为 3.1 公顷。①

---

① Yujiro Hayami and Keijiro Otsuka, *The Economics of Contract Choise*, *An Agrarian Perspective*, Oxford, Clarendon Press, 1993, p.8, Table 1.1.

第四章　农业经济形态和马克思主义社会形态理论的再思考

一、马克思主义社会形态理论的再思考

对农业经济形态历史的观察引起了我们对马克思主义社会形态理论的若干再思考。

马克思主义社会形态理论的经典表述,见之于马克思的《〈政治经济学批判〉序言》。马克思写道:"大体说来,亚细亚的、古代的、封建的和现代资产阶级的生产方式可以看做是经济的社会形态演进的几个时代。"①以后,对马克思主义社会形态理论权威性的诠释,见之于苏联在斯大林时期的论述。斯大林说:"历史上有五种基本类型的生产关系:原始公社制的、奴隶占有制的、封建制的、资本主义的、社会主义的。"②到了 20 世纪,斯大林把社会形态发展简单地概括为五阶段单线发展说。《联共(布)党史简明教程》,对五种社会形态理论阐述道:"欧洲在三千年内已经更换过三种不同的社会制度:原始公社制度、奴隶占有制度、封建制度;而在欧洲东部,即在苏联,甚至更换了四

① 《马克思恩格斯全集》第 31 卷,人民出版社 1998 年版,第 413 页。
② 《斯大林文选》(上),人民出版社 1962 年版,第 199 页。

150

种社会制度。"加上当时苏联的社会制度，"历史上有五种基本
类型的生产关系：原始公社制的、奴隶占有制的、封建制的、资本
主义的、社会主义的。""在资本主义制度下，生产关系的基础是
生产资料的资本主义所有制，同时这里已经没有了私自占有生
产工作者的情形，这时的生产工作者，即雇佣工人，是资本家既
不能屠杀，也不能出卖的，因为雇佣工人摆脱了人身依附，但是
他们没有生产资料，所以为了不致饿死，他们不得不出卖自己的
劳动力给资本家，套上剥削的枷锁。除生产资料的资本主义所
有制以外，还存在着摆脱了农奴制依附关系的农民和手工业者
以本身劳动为基础的、生产资料的私有制，而且这种私有制在初
期是很流行的。手工业作坊和工场手工业企业被用机器装备起
来的大工厂所代替。用农民简陋的生产工具耕作的贵族庄园，
被根据农艺学经营的、使用农业机器的资本主义大农场所
代替。"①

　　上述社会形态理论的表述存在两个方面的问题。第一个问
题是这种"五段式"和"单线说"能否概括世界上不同地区历史
发展的全部道路。第二个问题是马克思主义社会经济形态理论
是否应当包含对一种社会形态的结构分析的内容。

　　在对马克思主义社会形态理论的第一个问题的讨论中，埃
里克·霍布斯鲍姆曾评论道，"目前马克思主义者在这个领域
中的讨论是不能令人满意的。这在很大程度上要归因于二十世
纪五十年代中期之前约三十年间国际马克思主义运动发展的历
史状况。这一时期的马克思主义运动的发展无疑对马克思主义
者在这方面的讨论——也像其他方面的讨论一样——起了消极
作用。马克思对历史进化问题的原来的观点在某些方面已经被

---

　　① ［苏］联共（布）中央特设委员会编：《联共（布）党史简明教程》，中共
中央马列编译局译，人民出版社1975年版，第132、139页。

简单化和修改。""马克思最初的社会—经济形态序列已经被改变,但是人们还没有提出令人满意的代替序列。在马克思和恩格斯的卓越的,但是不完整的和试验性的讨论中,有些空白已被发现和填补,但他们分析中某些最有关的部分也被任其从视野中消失。"①霍布斯鲍姆察觉到了封建主义经济形态的理论以及从封建主义向资本主义过渡的理论并没有得到完善地阐述。他写道,"如1845—1846年期间,没有对专门的封建制农业劳动方式作出论述,没有论述封建城市与农村之间的特殊关系,或者说没有阐明为什么其中的一个会从另一个当中产生。另一方面,这里意味着欧洲封建主义是唯一的这一概念。因为,封建制度的其他形式没有产生过中世纪城市,而这种城市对马克思的资本主义发展理论至关重要。就封建主义是欧洲地区以外(也许是日本,对它,马克思在任何地方都没有详细论述过)一般的生产方式这点而言,马克思著作中没有任何地方允许我们去寻求能说明封建主义向资本主义演进的某种'一般规律'"②。

第二,在迄今为止国内学者对马克思主义社会形态理论的研究中,始终把注意力放在人类社会发展是"单线说"还是"多线说","三段式"(存在着三种社会形态)还是"五段式"(存在着五种社会形态)的争论上这样的问题上。而对于一种社会经济形态内部的结构究竟是单一的经济构成的还是有多种经济构成始终没有提出来讨论。

波朗查斯对社会形态提出了很好的结构分析。他写道:"生产方式构成一个抽象形式的事物,严格讲来在现实中是不存在的"。社会形态"是若干'纯粹'生产方式的特殊叠合"。

---

① 转引自郝镇华编:《外国学者论亚细亚生产方式》上册,中国社会科学院出版社1984年版,第34—35页。

② 转引自郝镇华编:《外国学者论亚细亚生产方式》上册,中国社会科学院出版社1984年版,第19页。

"社会形态本身构成一个复杂的统一体,其中各种生产方式里面有一种占居统治地位。"①即这种处于统治地位的生产方式的性质成为整个社会形态的性质。

对社会形态做结构分析的价值不仅在与描述了社会形态的结构模式,这种分析还有助于解释从一种社会形态向另一种社会形态过渡的内在线索。因为革命可以在政治上终结一个时代,开启另一个时代。但经济形态的转变则不然,两个社会形态下的经济生活是密切联系的,无法中断。前一个社会经济形态有生气和活力的经济结构会被下一个社会所继承和发展,一些腐朽的死亡的经济引自将被抛弃,新的生产关系的发展则会创造出新的经济结构。这就是新的社会经济形态的发生学。但是,在社会形态的转型或革命的转变中,多样性的经济结构中,有一些经济结构被承继下来。在中世纪向近代社会的过渡中,在生产关系上,通过废除农奴制和废除人身奴役和人身依附的残余,发生了一个大的制度性的变化。但是,另一方面,农业经济部类的生产方式和生产力会在一个较长时间内没有重大的变化,例如维生的小生产会继续存在下去。在近代国民经济中,传统的惰性的农业和未来发生革命的工业将重新进行配置。

在分析近现代社会经济关系时,对资本主义关系做过高的估计,把一种社会经济形态下的结构看作是同质的单一的构成,而忽略了它总是多元构成的做法,这在一定程度上和马克斯·维贝尔派的资本主义理论的影响分不开。维贝尔的阶级理论强调阶级与市场、分配和消费的关系。他根据人在市场中的地位来定义阶级。他注重考察个人在信贷、商业和劳动市场中的机会。他称,"只有在下列条件下我们才能谈论阶级:(1)一定数

____

① 　[希腊]尼科斯·波朗查斯:《政治权力与社会阶级》,叶林等译,中国社会科学出版社1982年版,第6页。

量的人们共同具有其生活境遇的某一特定组成部分,在此限度内,(2)这一组成部分是有财产占有和收入机会中的经济利益而单独表现出来的,而且(3)是在商业和劳动力市场条件下表现出来的"①。由此而来,把卷入世界市场的一切经济活动都不加分析地视为资本主义。这种思维方式也影响到富于批判精神的依附论学派。阿明和沃勒斯坦认为,现代世界所有生产方式(工资劳动、非工资劳动等)由于参与了世界资本主义体系治下的市场,因此都是资本主义的了。这种市场倾向的阶级分析方法实际上主要来源于马克斯·维贝尔的思想遗产,而不是来源于马克思主义。②

诺斯和托马斯在《西方世界的兴起》一书中质疑马克思主义者使用的社会形态理论,他们在书中提出:"马克思主义历史学家的历史理论遇到了这两个世纪的难题,按照他们的原理,封建主义由资本主义替代。问题是封建主义到 1500 年已经灭亡了,资本主义如现今所知则尚未诞生,而产业革命完全是未来两个半世纪的事情。"③资产阶级学者对马克思主义社会形态理论的挑剔和批评促使我们认真去解决两三百年中社会形态理论的细节问题,用结构分析和结构发生学的思路来构建两种社会形态转变的理论。

马克思曾注意过在新的社会经济形态中还会有旧的经济因子遗存的问题。他写道:"资产阶级社会是最发达的和最多样性的历史的生产组织。因此,那些表现它的各种关系的范畴以

---

① 参见 Reinhard Bendix and S. M. Lipset, eds., *Class*, *Status*, *and Power*: *Social Stratification Comparative Perspective*, New York, Free Press, 1966, p.41。

② 参见 Susan Archer Mann, *Agrarian Capitalism in Theory and Practice*, The University of North Carolina Press, 1990, p.17。

③ [美]道格拉斯·诺斯、罗伯特·托马斯:《西方世界的兴起——新经济史》,厉以平、蔡磊译,华夏出版社 1989 年版,第 112 页。

及对于它的结构的理解,同时也能使我们透视一切已经覆灭的社会形式的结构和生产关系。资产阶级社会借这些社会形式的残片和因素建立起来,其中一部分是还未克服的遗物,继续在这里存留着,一部分原先只是征兆的东西,发展到具有充分意义"①一种社会经济形态实际上是一元为主的多元构成,在社会过渡中一些曾起决定性作用的旧的因素被抛弃,一些老的经济关系中有积极意义的因子被后一个社会经济形态吸收,同时社会经济生活又创生了新的生产关系因子,二者共同构建了新的社会经济形态。这就是社会形态转型的秘密,它不完全是革命的取代模式。而在这一过渡时期,社会经济体系呈现多元化,总体性质不清的混沌状态。

如果把一种社会经济形态视为一种经济结构,而没有看到一种社会形态下的经济常常是多元的构成。例如,封建社会的经济形态不仅有作为封建经济关系的本质部分,半人身依附关系和地主剥削农民的经济关系,还存在着商品经济、市场关系和少量工资关系,封建社会经济固然有地区封闭性的方面,但在此同时,也出现了并日渐发展起来了一个国家内部的和跨越国界和大洋的世界性的商业贸易关系和积累,那么,对于从一种社会形态向另一种社会形态过渡,就无法做出有说服力的解释。

长期以来,一些学者在阐释社会形态理论时,没有区别社会形态和经济形态这两个不同的概念,将社会形态理论等同于经济形态理论。没有注意到近现代资本主义社会形态与中世纪封建主义社会形态的范式差异,没有注意到人的身份关系与经济关系是在封建主义社会形态中同时存在。列菲弗尔认为,在马克思的《资本论》中,有一种不同于政治经济学的东西存在,有一种历史,有一种关于社会学的指示。特别是其中的"'社会经

---

① 《马克思恩格斯全集》第30卷,人民出版社1995年版,第46—47页。

济形态'这个概念,绝不排斥研究社会关系（或社会关系的某些方面）的科学社会学,而是要唤出它,要求它"。然而,现在,"'社会经济形态'这个概念已经为了'经济基础—政治上层建筑'之类简单化的公式的方便而几乎在马克思主义文献中消失了"。① 列菲弗尔提出了在社会经济形态研究中,除了要注意经济要素外,还需要注意研究社会关系的内容。在概念上把社会形态等同于经济形态,是造成对资本主义社会和前资本主义社会的社会范式差异不加重视的一个原因。而在经济关系中忽视强加的政治权力如超经济的强制作用,是造成对这两种社会范式差异的再一个原因。

在资本主义时代,发达资本主义国家使得农业经济与发展中国家的农业经济以各自特有的方式与工业关系耦合和彼此不一致。从微观经济的视野来看,资本主义时代农业经济组织的相当大的部分是非资本主义性质的和半资本主义性质,这部分是以一种异质的或依附的成分参加到资本主义国民经济体系中来。在资本主义开始阶段,农业经济是以一种松散的链接方式与资本主义经济耦合的。

恩格斯提出,要注意经济关系的复杂性和在各个国家和地区经济关系的差别,在试图作概括时,尤其要注意到各地发展的特殊性和差别性。他说过,"政治经济学不可能对一切国家和一切历史时代都是一样的"。在研究国民经济中不同经济部类发展的内在规律时,要注意到这种"不一样"。他们在历史和经济史分析中,常强调居于主导地位的关系和结构,而不去考虑异质历史结构的存在。在对经济形态的研究中,对于近代以来上升到重要地位的资本主义生产关系,常常过高地估计了它存在

---

① ［法］列菲弗尔:《日常生活批判》,转引自徐崇温:《"西方马克思主义"》,天津人民出版社 1982 年版,第 402 页。

的普遍性和决定性作用。即便到了 20 世纪后期,资本主义经济关系也只是世界经济形态中的一部分结构组成部分。在发达资本主义国家、欠发达的资本主义国家,尤其第三世界国家,都存在着一定的、相当的,甚至占据了经济主导地位的非资本主义的经济结构。① 在认识社会的时候,我们需要把一元为主、多元构成作为对一种社会形态的结构分析方法。

第三,一些马克思主义学者常常忽略资本主义时代和前资本主义时代社会形态的范式差异问题。当代经济学者强调要注意到不同历史时期社会经济的范式差异。约翰·希克斯指出,历史理论"它必须适用于按那种方法表述出来的历史。这种历史决不是整个历史"②。波兰马克思主义历史学家库拉则说,"每个时代有其特别的经济法则","为了研究一种不同的现实,有必要使用不同的研究工具"。③ 约翰·希克斯和库拉提出了在经济史研究中,应当把握那个时代特别的范式和经济法则的方法论原则。

中世纪和资本主义时代的社会形态存在着范式差别,马克思在《1844 年经济学哲学手稿》中曾注意到这一点。马克思当时写道:"封建的土地占有已经包含土地作为某种异己力量对人们的统治。""在封建领地上,领主和土地之间还存在着比单纯实物财富的关系更为密切的关系的外观。地块随它的领主而个性化,有它的爵位,随它的领主而个性化,由她的爵位,随它的

---

① ［德］罗莎·卢森堡:《资本积累——一个反批判》,载［德］罗莎·卢森堡、［苏］尼·布哈林:《帝国主义与资本积累》,柴金如译,黑龙江人民出版社 1952 年版,第 66—67 页。

② ［英］约翰·希克斯:《经济史理论》,厉以平译,商务印书馆 1999 年版,第 8 页。

③ Witold Kula, *An Economic Theory of Feudal System*, *Toward A Model of Polish Economy 1500–1800*, London, NLB, 1976, p.28.

领主而又男爵或伯爵的封号;有它的特权、它的审判权、它的政治地位等等。""地产的统治在这里并不直接表现为单纯的资本的统治。"①马克思指出,封建社会在地产的所有权中包含了一种领主和农民之间的人格关系。而到了资本主义时代,"地产这个私有财产的根源必然完全卷入私有财产的运动而成为商品;所有者的统治必然要失去一切政治色彩而表现为私有财产的、资本的单纯统治;所有者和劳动者之间的关系必然归结为剥削者和被剥削者的国民经济关系;所有者和他的财产之间的一切人格的关系必然终止,而这个财产必然成为纯实物的、物质的财富;与土地的荣誉联姻必然被利益的联姻所代替,而土地也像人一样必然降到交易价值的水平。"②"正如我们在英国看到的,大地产就它力求赚到尽可能多的货币而言,已经失去自己的封建性质"③。这种差别在于,中世纪的土地关系不仅包含着有土地的人对没有土地的人的经济剥削,还存在着人身份上的不平等,即在领主与农民之间存在部分身份奴役关系,即这种不平等关系是二元的。只是到了资本主义社会,在乡村才出现纯粹的经济关系。

从前资本主义社会形态向资本主义社会形态的过渡,本质上是一种重大的社会形态范式的转变。前资本主义社会形态与资本主义社会形态在范式上、在政治和经济的结构关系上是不同的。经济地位决定人的政治和社会地位和经济联系成为社会主要的联系纽带的关系特征直到资本主义时期才出现。前资本

---

① [德]马克思:《1844年经济学哲学手稿》,人民出版社2014年版,第41页。

② [德]马克思:《1844年经济学哲学手稿》,人民出版社2014年版,第42页。

③ [德]马克思:《1844年经济学哲学手稿》,人民出版社2014年版,第45页。

主义社会经济社会领域的维度构成是二维的,非经济的身份规定性在前资本主义社会普遍存在,在社会形态中作用常常压倒了经济规定性。具有特权的身份保证了贵族对财富的占有,而社会财富的积累增加不能保证非贵族人士上升到较高的社会等级。只是到了资本主义社会,经济维度才成为社会形态中占主导地位的维度,社会才成为经济社会。从结构意义上说,资本主义社会形态和前资本主义社会形态在政治与经济的关系上,往往是"头足倒置"的关系。

二、农业经济组织的共时性和历时性

共时性和历时性是索绪尔在语言学中提出的一对术语,指对系统观察研究的两个不同的方向。[1]历时性是一个系统发展的历史性变化情况;而共时性是在某一个特定的时刻该系统内部各因素之间的关系,这些因素可能是经过不同的历史演变而形成的,甚至属于不同的历史发展阶段。但是,它们既然共存于一个系统之中,他们的历史演变情况就暂居于背景地位,显现的是各因素共时并存的系统关系。"共时性"与"历时性"分析,是分别从静态与动态、横向与纵向的维度考察社会结构及其形态的视角。前者侧重于以特定社会经济运动的系统以及系统中要素间相互关系为基础;后者侧重于以社会经济运动的过程以及过程中的矛盾。农业经济组织的诸形式中,既有共时性的组织,也有历时性的组织。

农村土地保有权内部表现为等级系列。这种系列由三个维度决定,即身份规定性、从绝对所有权到部分所有权和没有所有

---

[1] [瑞士]费尔迪南·德·索绪尔:《普通语言学概论》,高名凯译,商务印书馆2015年版。

权的保有权规定,以及从有土地的农业耕作者没有土地的农人之间占有土地的多寡。它的维度随着历史时期有所不同。总的特点是维度从身份制向自由持有的过渡。

现有的经济理论过于强调农业经济组织的历时性,而很少注意到它们的共时性。这样就把经济组织的历史延续性割裂开来了,无法认识历史上的经济组织的历史连续性和历史共存的两重走向。

到了20世纪,在发达资本主义国家,土地持有者根据拥有所有权的程度和占有土地的面积大小分成了不同的层次,构成了一个等级的梯级。当然,在发达资本主义国家,已经不存在身份奴役制度。而在第三世界国家,则仍然存在身份奴役制度的残余,等级占有的梯级在构成的方式上与发达资本主义国家不同。一些在发达资本主义国家已经消灭的土地组织在发展中国家继续存在,甚至占有相当的比例。从地域上说,在发达资本主义国家和尚带有殖民地和半殖民地痕迹的国家,也构成了一个具有差别的系列。

但是,农业经济组织的形式在历史上构成了一个系统。这是一个在受到限制的条件下较早就形成的部类,这个部类采取的经济活动式主要是传统的生产方式,它的运作主要依靠自然规律进行。因此,它的生产方式和经济组织形式也是历史的。这个系统中的经济组织无法用封建主义和资本主义的两分法来截然划开。毋宁说它们是横亘在自然经济、市场经济和资本主义经济形式之间的连续性系列。

B.H.尼基福诺夫曾写道:"'土地所有制'这个术语难以用其他什么术语来代替,这不仅因为它是所有社会形态中的占有关系的共同定义,而且显然也是显示着在中世纪,特别是在古代实际存在的、不能确定为占有的那种关系。例如在封建制时代的欧洲,除了有条件的所有制以外,还有农民和大地产所有者的充分的土地所有制(其充分和无条件的程度已发展到在前资本主义关系占统治情况下一般可能有的情况)。"[①]他在这里初涉了农业经济组织兼有共时性和历时性两方面的特点。

三、非资本主义、半资本主义和资本主义结构在当代农业中共存

当代世界农业经济组织的系谱是非资本主义、半资本主义和资本主义经济组织同时共存。

农业中的维生的自由小农、小租佃农及其家庭农场主、只是在农忙时雇佣零工的农民,属于非资本主义农业经济。雇佣少量劳工的自营农场主和租佃农场主属于半资本主义经营,他们中又拥有土地所有权的农场主和完全租地经营的农场主之区别。使用雇佣劳动力的大农场属于资本主义农业。还有一些拥有土地面积较大,产量较大,单靠农场主使用机器自耕经营的农场主,他们的大量农产品提供给国内市场世界市场,也应当属于资本主义或半资本主义农场主。即使到了20世纪,农业经济的多样化的复杂构成继续存在。

农业经营的方式和经营的规模和一个国家的历史以及自然状况有一定的关系。而农业经营的规模和一个国家历史上的经济制度、人口的密度、农民维生经济的方式等都有不同的相关性。例如,由于历史的原因,墨西哥独立前存在的大种植园占有制使得独立后墨西哥仍然保持了相当一部分大土地经营。而在巴西,由于居民稀疏,土地广袤,这些因素使得巴西农业中大土地经营的比例也很大。而在东亚和南亚次大陆,由于人口密度

---

① 　[苏]B.H.尼基福诺夫:《现代争论的逻辑》,载郝镇华编:《外国学者论亚细亚生产方式》上册,中国社会科学出版社1981年版,第339页。

大,人均土地面积很小,农村只能实行的小土地所有制。就整体的比例来看,在第三世界国家,非资本主义经营的土地面积远远超过了资本主义经营的土地面积。

第二编 欧洲各国的农业 经济组织

　　资本主义时代在历史上包括两个阶段,即从封建主义向资本主义过渡阶段和成熟的资本主义阶段。从中世纪后期到工业革命,欧洲经历了从封建社会向资本主义社会的过渡时期。这个时期,社会结构和农业经济形态发生了重大的范式演变,即从等级身份制的残存时期向纯粹的经济社会的转型。这种转型在欧洲易北河以西和易北河以东由于农奴制再版,发生的历史时间表和轨迹差别很大。

第五章 英 国

一、近代初期各种身份的农民

英国资产阶级革命发生在 17 世纪中叶,这次革命发生在英国从封建社会向资本主义社会的过渡时期。16—17 世纪,英国农奴制业已消失。农村中的庄园制已经经过了较长的衰落时期。但是,英国革命时期在政治上没有像 1789 年的法国资产阶级革命那样通过立法一举废除中世纪的土地法。在革命中除了 1642 年废除了骑士领地制外,一整套封建社会的成文土地法和习惯法被保留下来。在社会结构中,仍然保留着封建等级制的残余。英国农村存在着各种不自由身份的农民,他们对土地的占有和使用受到一定的限制。

这里以英国的公簿持有农为例来说明农民的身份制度的残余。公簿持有保有权是从维兰保有权和习惯保有权演变而来的。格雷认为,公簿持有保有权是重新形成的维兰租佃权。中世纪英国法律把作为一种保有权的维兰制和作为一种个人身份的维兰制相区别。一个自由人可以根据维兰保有权持有土地,也可以根据自由保有权持有土地。[①] 一个人的维兰保有地实际

---

① E. B. Fryde, *Peasants and Landlords in Later Medieval England 1380—1525*, Gloucestershire, Alan Sutton, 1996, pp.228-229.

上指他需要向领主提供不自由的义务。如果一个自由民通过维兰义务持有一块土地,那么根据中世纪的法律,在他与领主发生矛盾时,普通法法庭无法保护他的所有物。甚至在他与一个外来户发生冲突时,维兰持有地佃户也无法得到普通法法庭的保护。尽管偶然有自由人以维兰身份持有土地,但绝大多数维兰持有地都由维兰持有。维兰的不自由保有权属于习惯法管理的范畴。庄园习惯法有关于不自由保有权的规则。庄园习惯法规定并确认维兰的权利,庄园法庭保护维兰佃户。①

在 14 世纪后半叶和 15 世纪最初几十年,地主和他们的维兰佃户的关系发生了变化,促进了契约租地的发展。佃户用地租的方式取代劳役。当时许多地主知道,与佃户单独交易,可以防止或者至少减缓附属于他们的农民离去。早期出现的租佃制,通常期限较短。地主可能希望随着租地权的终止,佃户会回归到更为繁重的保有权条件。但是如大量事实表明的,这种情况并没有发生。对于佃户来说,尽管短期的租佃制对其状况没有直接的改进,但是并没有使他们不受危险威胁。因为佃户并没有被保证更新其租约。

如果说租地人不合领主的意愿,地主可以在租期到期时驱逐他们。诚然,佃户此时可寻求王室法庭的保护,但在实践中佃户与领主进行诉讼很难获胜。②

随着保有权发生变化,习惯术语也在改变。在 14 世纪末,如果习惯租用地被授予世袭保有权时,会使用屈辱性的词汇"崽子们"来称呼被束缚佃户的后代。以后,这个词逐渐被先前用于指谓自由佃户亲属的词"继承人"取代。以后,"受让人"一

---

① E. B. Fryde, *Peasants and Landlords in Later Medieval England 1380—1525*, Gloucestershire, Alan Sutton, 1996, p.230.

② E. B. Fryde, *Peasants and Landlords in Later Medieval England 1380—1525*, Gloucestershire, Alan Sutton, 1996, p.231.

词在"继承人"一词之后悄悄地使用,表明佃户有"转租"的权利。但提及习惯保有权时常常附加"根据领主的意愿"这样的话作为结束。这清楚地说明,这些人不是自由持有租佃者。他们不可能得到国王的普通法的保护。[1] 在威尔伯顿,到 15 世纪中叶,称租佃户为持有副本的人变得非常普遍。1452 年的调查提及,凯普西的若干佃户持有记载他的租用地文件的副本。同样是在 1452 年,在汉普顿路西的两项调查中检查了两个佃户的副本。[2] 在拉姆齐修道院的档案中,"副本"一词最初在 1450 年至 1451 年出现在修道院财务管理人的账务记录中,以后它的出现就很频繁。[3] 到 15 世纪末,在某些大地主地产管理中,佃户持有副本成为时常使用的用语。例如,在威斯敏斯特的某些庄园,根据其持有的副本提出要求的佃户,被庄园主要求出示其持有的文件副本。在 15 世纪后半叶,拉姆齐修道院的所有庄园的习惯保有权都改为公簿持有保有权。[4]

到 15 世纪后期,普通法律师在法律范畴上把习惯保有权明确定义为"公簿持有保有权"。[5] 法学家托马斯·利特尔顿在 1481 年出版的《保有权》一书中对"公簿持有保有权"作了简单的论述。

公簿持有农可以定义为在庄园领主控制下,根据庄园法庭

① E. B. Fryde, *Peasants and Landlords in Later Medieval England 1380—1525*, Gloucestershire, Alan Sutton, 1996, p.233.

② E. B. Fryde, *Peasants and Landlords in Later Medieval England 1380—1525*, Gloucestershire, Alan Sutton, 1996, p.233.

③ E. B. Fryde, *Peasants and Landlords in Later Medieval England 1380—1525*, Gloucestershire, Alan Sutton, 1996, p.227.

④ E. B. Fryde, *Peasants and Landlords in Later Medieval England 1380—1525*, Gloucestershire, Alan Sutton, 1996, pp.117-118.

⑤ E. B. Fryde, *Peasants and Landlords in Later Medieval England 1380—1525*, Gloucestershire, Alan Sutton, 1996, p.119.

案卷规定的庄园习惯,并按照庄园领主意志实行的一种基本的土地保有权。公簿持有保有权与自由持有保有权的主要区别在于,公簿持有保有权的转让必须在领主的习惯法庭上进行,因此,这些地产的特别的权利的证据,记录在庄园法庭的簿册上。每块公簿持有地都必须是属于古代庄园的土地,根据有记忆以来的习惯法,它可以转让。领主可以在任何时候把他掌握的土地作为公簿持有地授予佃户。[1]

公簿持有保有权可分三类:第一类是可继承的公簿持有权,第二类是终身公簿持有权,第三类是期限为数年的公簿持有权。[2] 如果对公簿持有地的持有超过了规定的年限,这些持有地就成为不动产。复杂的庄园习惯限制了公簿持有保有权,使公簿持有地不能成为拥有全权的完整的财产形式。在许多情况下,庄园习惯不利于佃户的利益。领主通过佃户对租地的改变而获得相当多的利益。而佃户并没有像自由持有农那样从中获得全部利益。佃户可以把他持有的地产交还给领主,领主也可以把无继承人的公簿持有权收回。公簿持有权收归地主后,地主可以把公簿持有权重新授予别的佃户。[3]

可继承的公簿持有权按照习惯法授予无条件继承权。由于缺乏专门的习惯法,公簿持有权的继承第次依照关于继承的普通法规则。在英格兰各地,习惯各不相同。在肯特郡,绝大多数土地实施均分传赎租地法,每一名男性作为土地的共同继承人。[4]

---

[1]　E.B. Fryde, *Peasants and Landlords in Later Medieval England 1380—1525*, Gloucestershire, Alan Sutton, 1996, pp.120-121.

[2]　B.W. Adkin, *Copyhold and Other Land Tenure of England*, London, The Estate Gazette, 1919, p.123.

[3]　B.W. Adkin, *Copyhold and Other Land Tenure of England*, London, The Estate Gazette, 1919, p.124.

[4]　B.W. Adkin, *Copyhold and Other Land Tenure of England*, London, The Estate Gazette, 1919, p.126.

而在英格兰另外的地区相当多的庄园中,实行末子继承制,如在
苏塞克斯、萨里、密德塞克斯和伦敦附近的庄园十分流行,在其
他地区也有实行末子继承制的。① 继承公簿持有地的未成年继
承人仿照自由持有地一样可以得到监护,领主可以拥有这种监
护权或指定别的监护人,当被监护者年满14岁,监护权即告结
束。以后,年幼的继承人有权按习惯法选择别的监护人。② 拥
有无条件继承不动产权的佃户通常有出售土地的全权,可以不
受阻碍地出售公簿持有地。在出售所继承的公簿持有地时,出
售者无权把他拥有的法定财产权转手给购买者,转手必须通过
庄园领主。没有庄园领主的同意,任何租地不得转手,如果领主
认为转手方式不适当的话,或新的租佃条件有损于领主利益的
话,领主可以拒绝接受新的佃户。③ 可继承的公簿持有地的持
有者有权把他的财产抵押给他人。④ 公簿持有农把他的公簿持
有权地产出租给其他人受到很多限制。按照关于公簿持有权的
一般习惯,他只能出租公簿持有权一年。除非他得到领主关于
更改租期的许可。庄园习惯法可能会规定固定数额的土地转手
的租费。在没有相关习惯法规定的庄园,领主可以提出他乐意
的条件。也有一些庄园有特别的习惯法允许佃户不经领主同意
出租公簿持有地9年、11年或21年。⑤ 在绝大多数庄园,佃户

---

① B.W. Adkin, *Copyhold and Other Land Tenure of England*, London, The
Estate Gazette, 1919, p127.

② B.W. Adkin, *Copyhold and Other Land Tenure of England*, London, The
Estate Gazette, 1919, p.132.

③ B.W. Adkin, *Copyhold and Other Land Tenure of England*, London, The
Estate Gazette, 1919, p.134.

④ B.W. Adkin, *Copyhold and Other Land Tenure of England*, London, The
Estate Gazette, 1919, p.136.

⑤ B.W. Adkin, *Copyhold and Other Land Tenure of England*, London, The
Estate Gazette, 1919, p.139.

有权定下传递公簿持有权地产的遗嘱,在某些庄园,佃户则没有这种权利。[①] 关于终身公簿持有农,领主有权授予数年人相继持有保有权,不过每一代人继承这块公簿持有地时,需要支付一笔固定数额的更新租契的地租。在某些时候,佃户有权利提名他的继承者。在英格兰北部,一些佃户拥有为期 1 年的租佃权。而在英格兰西部诸郡,佃户持有数代人之久的保有权非常普遍。[②] 至于为期数年的公簿持有权,通常定为 12 年。在许多情况下,这类公簿持有农在到期并支付数额固定的更新地契的地租后,可以延长租佃期,他们常常有权使后代继承他的公簿持有权。[③]

公簿持有农在持有地产的同时,享有一定的权利并承担一定的义务。这些都是由庄园习惯法规定的。

公簿持有农为了取得附带的特权,在不同场合要向庄园领主交纳多重罚款。这又可细分为三类。一是入地费,即获得许可最初持有租地时,要交纳一笔款项。它依照各庄园专门的习惯法而定,入地费在各地数额相差甚大。如果公簿持有农是在本庄园购买一处地产的话,按照习惯法,他要交纳数额相当于 3 年、4 年或 7 年的土地产出价值的入地费。[④] 如果是几个佃户合买一块公簿持有地,要征收特别的入地费。对于数代公簿持有地来说,公簿持有农死后,他的继承人在继承土地时要交纳更新

---

① B.W. Adkin, *Copyhold and Other Land Tenure of England*, London, The Estate Gazette, 1919, p.140.

② B.W. Adkin, *Copyhold and Other Land Tenure of England*, London, The Estate Gazette, 1919, pp.146-147.

③ B.W. Adkin, *Copyhold and Other Land Tenure of England*, London, The Estate Gazette, 1919, p.150.

④ B.W. Adkin, *Copyhold and Other Land Tenure of England*, London, The Estate Gazette, 1919, p.153.

租契的地租。① 在英格兰北部的许多庄园,公簿持有农的租地权是由几代佃户和接纳他们的领主共同拥有。在这种情况下,佃户不仅要交纳许可他持有土地的入地费,在领主死后新领主继承地产时,庄园每个佃户还要交纳更新租契的地租。当公簿持有农要求行使比庄园习惯赋予的更多的特权时,如砍伐木材、让渡土地、延长土地租期,他们要向领主请求许可。如果领主认为要求适当,佃户要交纳一笔罚金,以取得领主许可。②

公簿持有农在某些时候要向领主交纳租地继承税,与公簿持有农相联系的租地继承税产生于盎格鲁-撒克逊时期的习惯法。当时自由持有农要向他的维兰提供必要的农耕家畜。在维兰死后,这些物品要归还自由持有农。稍迟一些,当继承人继承公簿持有农的地产时,产生了新的习惯,即自由持有农不再收回所有的家畜,而只是取走一头通常是最好的家畜。当公簿持有保有权取代维兰保有权之后,取得租地继承税的租地,就实行关于公簿持有地的习惯法。习惯保有权是领主登记佃户土地时便拥有的权利,领主有权在发生某些事件时索取某些属于佃户的物。租地继承税可分为三种。第一种是租地继承税(或租地继承义务),它本质上属于一种地租。它包括领主在佃户死后其持有的地产转交继承人时提走一头最好的牲畜或拿走一件物。第二种是当公簿持有农不交纳租地继承税时,可提起诉讼,或扣压(而不是夺取)某种特别的家畜。第三种是租地继承税习惯,指领主根据庄园习惯拥有对某些动物、鸟或家畜的财产权。③

---

① B.W. Adkin, *Copyhold and Other Land Tenure of England*, London, The Estate Gazette, 1919, pp.154-155.

② B.W. Adkin, *Copyhold and Other Land Tenure of England*, London, The Estate Gazette, 1919, p.160.

③ B.W. Adkin, *Copyhold and Other Land Tenure of England*, London, The Estate Gazette, 1919, p.161.

第三,公簿持有农在继承其祖先承租的地产或买下地产时,要向庄园领主纳贡,其数额在无持有农兵役租佃制条件下为一年的免役租。①

第四,公簿持有农每年要向庄园领主交纳地租,其中包括免役租和直接地租。公簿持有农如不交纳,领主可扣压其财物或可在以后6年中提起诉讼。但在事件发生12年后则取消领主的追讼权。如果公簿持有农在相当长时间里不交纳地租也不履行其他习惯法,该处地产就要被认为是自有持有地,并可假定持有人拥有产权。当领主获得一块公簿持有地并被他以公簿持有地出租后,他就不得在古代沿袭下来的地租和义务外有所增加,而必须保持如初。②

第五,在佃户初次租赁土地时或更换领主时,公簿持有农要向领主表示忠诚,包括对领主宣誓效忠并遵守庄园习惯法。③

第六,公簿持有农有义务参加庄园法庭的诉讼。如果得到要求,他们可参加陪审团。④

公簿持有权还有某些附带的权利。公簿持有农占有并可以平安地使用公簿持有地。公簿持有农可根据习惯对领主或其他侵入他的公簿持有地、阻碍他平安的使用土地的人提出侵害诉讼。只要公簿持有农遵守庄园习惯法,他就得到法律充分的保护。但是,如果他违背了习惯法,领主就有权没收他

---

① B.W. Adkin, *Copyhold and Other Land Tenure of England*, London, The Estate Gazette, 1919, p.161.

② B.W. Adkin, *Copyhold and Other Land Tenure of England*, London, The Estate Gazette, 1919, p.162.

③ B.W. Adkin, *Copyhold and Other Land Tenure of England*, London, The Estate Gazette, 1919, p.163.

④ B.W. Adkin, *Copyhold and Other Land Tenure of England*, London, The Estate Gazette, 1919, p.165.

的持有地。①

公簿持有农根据习惯法,有义务维护他的占有地,不让土地荒芜。这是公簿持有农租佃土地的先决条件。领主在两种情况下可以没收公簿持有农占有的地产。一是当佃户死去或让渡他的土地,而他的继承人或让渡对象未能承租土地时;二是当佃户做出违背租佃制的错误行为时,领主可以没收公簿持有农的地产。② 公簿持有地的租户有责任维持他的租地的边界,不得移动土地的界标,也不得圈入更多的土地,如果佃户未能履行这一职责,他的租地将被领主没收,如果作为佃户的公簿持有农取得土地权,那么维持土地边界的义务便取消。③ 如果佃户不能按期交纳地租和更新契约的地租,或不履行出席庄园法庭和陪审团会议的义务,其持有地将被没收。④ 1870 年以前,如果佃户犯有叛国罪或重罪,其持有的地产要被庄园领主收回。如果公簿持有农死后未留下遗嘱或死后没有继承人,地产归还给庄园领主。在领主收回地产之前,领主必须作出必要的宣布,而在领主收回公簿持有农的土地后,他必须偿清死去佃户的债务。关于长在公簿持有地上的树木和地下矿藏的权利归属,不同庄园的习惯法有不同的规定。一般庄园的习惯法认为树木和矿藏都属于领主,佃户不经领主同意不得砍伐树木和开采矿藏。但一般情况下,给予佃户砍伐一些木材修理房屋或做燃料用,取沙石做

① B.W. Adkin, *Copyhold and Other Land Tenure of England*, London, The Estate Gazette, 1919, p.169.

② B.W. Adkin, *Copyhold and Other Land Tenure of England*, London, The Estate Gazette, 1919, p.170.

③ B.W. Adkin, *Copyhold and Other Land Tenure of England*, London, The Estate Gazette, 1919, pp.171, 176.

④ B.W. Adkin, *Copyhold and Other Land Tenure of England*, London, The Estate Gazette, 1919, pp.177-178.

修缮用,以及取泥炭做燃料的权利。上述材料在法律上称为
"必须供给品"。而另一些庄园可能给予佃户较大的权利,他们
有砍伐木材和开采矿藏的全权。①

公簿持有农和庄园其他佃户有权在庄园土地上庄稼收割后
在可耕地上被放牧牲畜,但各庄园对此有不同的习惯法规定,如
有的庄园对于何时可在荒地上放牧,以及允许在哪些可耕地块
上放牧有规定。②

庄园的荒地是属于庄园领主的财产,埋藏在荒地地面以下
的矿藏和上面生长的树木都属于领主。庄园佃户在荒地上没有
任何财产权,而只有使用土地产品的共有权,但没有出售或获利
权。基于习惯佃户的共有权利,庄园领主能够按其意愿在荒地
上做任何事情,但不得妨碍这种共有权,而实际上只要这种共有
权依然存在,实际上被禁止圈占荒地。③

公簿持有农和其他习惯佃农对庄园荒地有多种权利,包括
荒地的共有权、泥炭采掘权、取得必须供给品的权利、捕鱼权、放
猎权、挖掘权等。公簿持有农的这些权利是附属于他的所有地
的。他们是根据庄园习惯法的规定,而不是根据庄园领主的授
予或命令而拥有这些权利。如果公簿持有农失去其租地,便立
即失去这些权利。④

通常人们认为,所有英国中世纪的农民都处于法律身份的
壁垒中。如果是自由民,那么就可以自由流动、自由让渡财产、

---

① B.W. Adkin, *Copyhold and Other Land Tenure of England*, London, The
Estate Gazette, 1919, p.187.

② B.W. Adkin, *Copyhold and Other Land Tenure of England*, London, The
Estate Gazette, 1919, pp.190-191.

③ R.H. Hilton, *English Peasantry in The Later Middle Ages*, Oxford U. P.,
1925, p.24.

④ R. H. Hilton, *The Decline of Serfdom in Medieval England*, London,
Macmillan, 1969, p.24.

租种土地付较低的地租;而如果不是自由农民,那么就要服劳役、交纳入地费和法庭的罚金、封建地租、磨谷费等,并且不能从庄园中迁移出去。关于中世纪英国乡村农民的法律身份到底有多大重要性,史学家有不同的看法。希尔顿认为,中世纪后期"庄园文件中在保有权和身份上如自由民和维兰的分类仍然是重要的……要求自由是 1381 年一个重要的口号。"①而爱德华·米勒在论及 13 世纪伊利主教的地产时说,"相对来说,调查员不大注意个人身份并把他作为对农民分类时考虑的问题"。②但实际上,这种身份束缚已不那么严厉。在达勒姆郡东南部,曾要求在小修道院地产上的不自由佃农发誓不离开庄园。例如,1374 年赫瑟尔登的维兰尤斯塔斯·弗里斯特林的儿子罗伯特曾到庄园法庭在村民面前作出此种宣誓,接受达勒姆小修道院和女修道院的司法裁决,决不离开当地。但是,很少有证据能证明不自由农民被强制居留在他出生的村庄。确实偶尔也有过让维兰返回他们土地的命令,但主教和小修道院只下过少量这种命令。③维兰住在其他村庄的例子很多。并没有命令他们都得返回原先居住的村庄。今天,众多的历史学家已不怀疑中世纪后期不自由农民可以让渡土地这个事实。在达勒姆郡东南部,各种类型的持有不自由土地的佃农看来都能自由地按照自

---

① Tim Lomas, "South-East Durham: Late Fourteenth and Fifteenth Centuries." in P. D. A. Harvey, ed., *Peasant Land Market in Medieval England*, Oxford, Clarendon Press, 1984, p.284.

② Tim Lomas, "South-East Durham: Late Fourteenth and Fifteenth Centuries." in P. D. A. Harvey, ed., *Peasant Land Market in Medieval England*, Oxford, Clarendon Press, 1984, p.285.

③ Jane Whittle, *The Development of Agrarian Capitalism Land and Labour in Norfolk 1440-1580*, Oxford, Clarendon Press, 2000, p.30.

己的愿望处置他们的土地。①

在中世纪英国,在土地保有权和农民的身份之间并没有一一对应的关系。如惠特尔指出的,土地与佃户的身份并不总是吻合的。② 在这个问题上,不同地位之间有所差别。在英国中世纪,没有任何证据可以表明,禁止维兰持有自由土地或禁止自由民持维兰土地。1284 年诺福克郡格雷森豪尔庄园的一项决定确认,维兰无须领主许可便可以转手自由土地。1303 年陪审员宣布,"这个法庭的习惯法允许领主的维兰凭领主的许可向自由民出售他们租用的土地。"诚然,这个庄园现存的资料已无法证明自由土地与维兰土地的区别是如何形成的,但残存的庄园法庭的一个案例记录表明,改变土地的属性不是不可能的。③ 这种土地保有权与农民身份的关系的复杂性并非起始于1348 年至 1349 年的黑死病。在 12 和 13 世纪,律师和普通法法庭在规定维兰的不自由和随附的无资格时,曾把分类简单化和标准化。但是,他们也发现了其中的错杂。他们区别了生来便是维兰和根据保有权确定的维兰,指出了在由自由的或不自由的佃户持有自由土地和不自由土地时,可以有 4 种划分法。④

土地保有权与农民身份的关系应当说有一个复杂的转变过程。在达勒姆郡,根据地租簿,在 1347 年到 1348 年,自由土地

---

① P. D. A. Harvey, ed., *Peasant Land Market in Medieval England*, Oxford, Clarendon Press, 1984, p.42.

② P. D. A. Harvey, "Conclusion." in P. D. A. Harvey, ed., *Peasant Land Market in Medieval England*, Oxford, Clarendon Press, 1984, pp.331-332.

③ Tim Lomas, "South-East Durham: Late Fourteenth and Fifteenth Centuries." in P. D. A. Harvey, ed., *Peasant Land Market in Medieval England*, Oxford, Clarendon Press, 1984, pp.281-282.

④ Tim Lomas, "South-East Durham: Late Fourteenth and Fifteenth Centuries." in P. D. A. Harvey, ed., *Peasant Land Market in Medieval England*, Oxford, Clarendon Press, 1984, p.279.

均为自由佃户持有。黑死病以后，相当数量的自由土地转到非
自由佃户之手。1382 年至 1383 年的地租簿列出的 11 名持有
自由土地的佃户看来都是维兰。大概是黑死病以后缺少劳动
力，使一些非自由的佃户有机会获得自由土地，但绝大部分自由
土地仍在那些有自由身份的人手中。当时在达勒姆东南部形成
了这样的图谱：自由持有农构成了佃户的最上层；在他们之下是
大量有人身自由但持有非自由土地的佃户；在阶梯的最下层是
少数较少的群体，他们是没有自由人身份的维兰[1]，在达勒姆东
南部，绝大部分佃农都持有非自由保有地，但到 14 世纪中叶，他
们中绝大部分人都有人身自由。[2]

公簿持有农是根据领主的意愿，按照庄园习惯法拥有土地
保有权。由于近代早期绝大多数习惯佃户持有庄园法庭证明他
们持有土地的资格的证书的副本，他们通常被称为公簿持有农。

这个时期绝大多数庄园中实行了公簿持有保有权，而各地
实施的公簿持有保有权又有很大的差别。

在西部地区，除了汤顿-狄恩河谷以外，最常见的是租期为
终身的或数代人的公簿持有保有制，证书副本注明根据领主意
愿决定的更新契约时需交纳的特别地租数额。有的时候，授予
四、五代人一份证书抄本。在另一些地方，一份抄本只给一两代
人；但通常领主按照习惯给予三代租户一份证书抄本，三代人可
前后继承租地。一般来说，只有在公簿上写有姓名的人才是习
惯佃户。但少数庄园有一种习惯，在授权一个人时，允许在他的
姓名后面再加上其他的继承人的姓名。当然，按照数代人期限
持有土地的公簿持有农，得根据领主意愿和庄园习惯法支付更

[1]　Eric Kerridge, *Agrarian Problems in the Sixteenth Century and After*,
London, George Allen and Unwin, 1969, p.36.

[2]　Eric Kerridge, *Agrarian Problems in the Sixteenth Century and After*,
London, George Allen and Unwin, 1969, p.37.

新租契时的特别租费。

在密德兰地区，公簿持有农通常可租种土地 21 年，但有时可以租种 40 年、61 年，至少为 9 年。在同一个庄园中，租地期限也会有不同。对于租种土地为期数年的公簿持有农，更新租契的特别费用由庄园领主随意确定。

在继承土地时，几乎有一半以上的公簿持有农要交纳过户费，其数额通常不超过固定的入地费，为一两年的习惯地租。公簿持有农继承土地时交纳的上述费用不是听凭领主意愿而定，必须是"合理的"，即必须合乎继承的习惯。简单地说，继承租地时交纳的特别入地费，要由契约双方和庄园所有的佃户同意并认为合理。当为过户费发生争执时，可以提交更高一级的法庭审理。普通法庭通常只允许交纳一年或一年半的地租额，但向高等民事法庭抗辩时，会判决交纳相当 1 两年地租的过户租费。而在提交大法官法庭审理时，会判决为交纳相当于一年半的土地利润。①

也有少数公簿持有农完全按照庄园习惯法庭案卷，而不是根据领主的意愿来持有土地。他们自己拥有直接的土地保有权，称为自由公簿持有权。这种保有权来自征服者威廉占领的萨克森人自营地的保有权。它受到国王颁发的权利文书的保护。②

近代初期在英格兰还广泛地存在着按照领主意愿的租佃制。在这种租佃制度下，佃户从土地获得的利益较少。这种制度当时在密德兰平原广泛存在。领主不是把土地作为特有自由

---

① Eric Kerridge, *Agrarian Problems in the Sixteenth Century and After*, London, George Allen and Unwin, 1969, pp.38–39.

② Eric Kerridge, *Agrarian Problems in the Sixteenth Century and After*, London, George Allen and Unwin, 1969, pp.40–41. J. A. Yelling, *Common Field and Enclosure in England 1450–1850*, Macmillan, 1977, p.116.

地产租给佃户,而是把地产作为单纯的物让佃户占有。领主允许佃户种植谷物,收获庄稼。这种租借权通常是给予茅舍农、贫民或最穷的租地农场主。爱德华·柯克曾说到,诺曼征服后,在东北部低地区即存在这种制度,称为按领主意愿的习惯租借权。①

在英格兰西部,终身公簿持有地普遍存在,有时把租期定为一代人、两代人或三代人,通常是为期三代人,每一代人死后更新租约。有的地方不是简单地规定为三代人,而是把三代人的时限具体定为99年,这种习惯在西南部特别普遍。而终身公簿持有地在柴郡生产奶酪的乡村和兰开郡平原较普遍。在密德兰和英格兰北部,租为21年或者三代人都比较常见,每7年或一代人死后更换一次租约。在王室所属地产上,各地土地的租期也有差别。密德兰地区王室地产上租期常为31年、41年甚至62年。在英格兰北部为31年。②

各种公簿持有农也进行转租经营。根据许多庄园关于终身公簿持有农的习惯法规定,公簿持有农可以在未经许可的情况下出租持有的土地一年零一天。对于那些通过继承持有土地的公簿持有农,通常允许他们在未经许可的情况下转租土地3年,有时出租土地的时间可更长。在进行3年以上的转租之前,公簿持有农有义务获得领主的许可,但常常可以见到公簿持有农不依照上述规定的违规做法。③公簿持有农转租土地的例子很多。例如,1555年6月至1557年10月间,布雷姆希尔庄园向大

①　Eric Kerridge, *Agrarian Problems in the Sixteenth Century and After*, London, George Allen and Unwin, 1969, pp.45-46.

②　Eric Kerridge, *Agrarian Problems in the Sixteenth Century and After*, London, George Allen and Unwin, 1969, p.48.

③　Eric Kerridge, *Agrarian Problems in the Sixteenth Century and After*, London, George Allen and Unwin, 1969, p.50.

约50名公簿持有农发出了17份新的转租许可证。1610年至1618年，在达林顿卡姆奈顿庄园向12名公簿持有农发出了一份转租许可证，它涉及其他7名公簿持有农的转租。[①] 但是，一些庄园对公簿持有农转租土地有限制。例如，1639年奇斯伯里庄园举行效忠宣誓礼时，禁止在未经许可的情况下转租公簿持有地超过一年零一天。而在法赛特庄园，公簿持有租佃地不得向来自其他村庄的外来户再出租。[②]

使公簿持有农获得公民权，对公簿持有农至关重要。这可以使公簿持有农摆脱公簿持有权，转为自由持有农。这样一来，公簿持有农对领主的全部义务都取消了。对他们起作用的就不再是庄园习惯法，而是适用于自由持有农的法律。因此，公民权是对公簿持有农最重要的、最有价值的权利。完成了这项工作，英国这部分农民才真正从法律身份上获得完全解放，成为严格意义上的自由农民。

授予公簿持有农以公民权一事，19世纪中叶方才提到英国政治经济生活的日程上来。1841年，通过了一项《公簿持有权法》，这项法令保证领主通过颁发证书授予公簿持有农以公民权，以及用地租折算公簿持有农的庄园义务。这种折算可以通过过去与任何单个佃户的协议作专门的折算，或是通过在领主和所有的或大部分佃户之间规定统一的折算方式来进行。（此后，1858年的《公簿持有权法》废除了统一折算的做法。）1841年的法令开创了在领主和佃户达成协议后，建立"公簿持有权委员会"的做法。在这项法令之后，又在1843年和1844年通过了两项法令，后者扩展了1841年法令的内容。这三项法令保证

[①] Eric Kerridge, *Agrarian Problems in the Sixteenth Century and After*, London, George Allen and Unwin, 1969, p.51.

[②] Eric Kerridge, *Agrarian Problems in the Sixteenth Century and After*, London, George Allen and Unwin, 1969, p.52.

了自愿授予公簿持有农公民权的原则。① 由于普通法不授予任何强制实施的权力,因此,授予公民权必须是自愿的,即通过领主与佃户双方的协议,这是一种正式的成文契约,佃户必须支付一定的款项,协议上要写明公簿持有农交纳金钱的数量和取得的权利,这是领主通过协议出售自由持有权的形式。②

1852 年制定的《公簿持有权法》③,它迫使领主的佃户通过告知第三者的做法,给予所有的公簿持有农或习惯持有农以公民权。此后,1858 年和 1887 年通过的法令修改了 1858 年的《公簿持有权法》,取消了一般的折算。此外,还取消了 1853 年通过的一个简短的法令。④

1887 年颁布的《公簿持有权法》结束了新的公簿持有地的创设。这项法令第 6 条明确指出了这一点。以后,1894 年的《公簿持有权法》第 81 条对这一条重新加以颁布。这一条款指出,任何庄园领主不得再把先前非公簿持有权土地授予某人,让其持有庄园法庭簿册的副本而持有这块土地,除非领主事先取得农业渔业部的同意。⑤

在 1894 年以前,授予公簿持有农公民权的权力机构已几经改变。早先相关的权力先后属于 1836 年成立的十一税委员会,根据 1841 年的《公簿持有权法》建立的公簿持有权委员会,以

---

① B.W. Adkin, *Copyhold and Other Land Tenure of England*, London, The Estate Gazette, 1919, pp.202−203.

② B.W. Adkin, *Copyhold and Other Land Tenure of England*, London, The Estate Gazette, 1919, p.119.

③ B.W. Adkin, *Copyhold and Other Land Tenure of England*, London, The Estate Gazette, 1919, p.119.

④ B.W. Adkin, *Copyhold and Other Land Tenure of England*, London, The Estate Gazette, 1919, p.203.

⑤ B.W. Adkin, *Copyhold and Other Land Tenure of England*, London, The Estate Gazette, 1919, p.119.

及与根据 1845 年的《一般圈地法》建立的圈地委员会合并而成的土地委员会。1889 年,根据农业部的法令,土地委员会被取消,建立了一个新的机构农业部。它接管了上述相关权力。1893 年建立了农业和渔业部。①

1894 年通过了新的《公簿持有权法》,这项法令取消了先前已经失效的 6 个法令(1841 年、1843 年、1844 年、1852 年、1858 年和 1887 年的法令),并取而代之。同时,1894 年的法令取消了 1860 年的《大学和学院地产法延伸法令》,而在本法令中重新写进它的主要条款。1894 年的《公簿持有权法》适应于英格兰和威尔士,而不适用于苏格兰和爱尔兰。它也不适用于王室的、兰开斯特公爵的、康沃尔公爵的、宗教团体和宗教委员会的地产。它适用于所有公簿持有地和习惯自由持有地。②这项法令授予所有公簿持有地和习惯持有地的持有者以公民权,即在支付适当的补偿金的情况下,将这些土地转变成为正常的自由持有地。授予公民权可以通过协议或强制实行。所有授予公民权的行为都要通过农业和渔业部。一般来说,一个人可以通过交纳不超过 2 至 3 次入地费的现金,而摆脱所有的负担。③根据这项法令,授予公民权的方式有了强制性的或自愿的两种。前一种办法是通过颁布一份强制授予的文告作为开始,以农业和渔业部的授予作为完成。自愿授予的做法由佃户和经过双方签订的一项协议为开始,由农业和渔业部批准一项证书为完成。在强制性地授予公民权的过程中,佃户必须一次付给领主一笔

① B.W. Adkin, *Copyhold and Other Land Tenure of England*, London, The Estate Gazette, 1919, p.204.

② B.W. Adkin, *Copyhold and Other Land Tenure of England*, London, The Estate Gazette, 1919, p.214.

③ B.W. Adkin, *Copyhold and Other Land Tenure of England*, London, The Estate Gazette, 1919, p.216.

现金或4%的地租。在自愿授予时,允许有4种不同的方式,如,付给可固定数目的现金或变化的地租,或者,让出土地或让出开矿权,或是把荒地的权利让给庄园。①

根据公簿持有权法,自1841年到1914年,作出了23001件授予土地持有者公民权的决定。公簿持有农为取得公民权付出了2759092英镑,同时还支付给领主21248英镑和1388英亩土地作为补偿。1914年,又向农业和渔业部提出了169件授予权利的申请,其中49件的执行是无偿的。1919年农业和渔业部作出了对补偿作出修改的决定,鼓励授予公簿持有农公民权。②1922年英国通过了《财产法》,它规定,所有的公簿持有地都被授予公民权,即公簿持有地成为自由持有保有地,实行无兵役租佃制。1922年这个法令开始生效,公簿持有保有权最终被取消。而公簿持有权附带的最后的封建义务在1935年被取消。③英国农民身份制度的废除,经过了漫长的过程。

二、圈地运动和土地共有权的衰落

描写16世纪英国圈地运动的最有影响的著作当数托马斯·莫尔的《乌托邦》。该书在1516年秋季出版。当时的书名是《关于最完美的国家制度和乌托邦新岛的既有趣又有益的全书》④。

---

① B.W. Adkin, *Copyhold and Other Land Tenure of England*, London, The Estate Gazette, 1919, pp.219-220.

② B.W. Adkin, *Copyhold and Other Land Tenure of England*, London, The Estate Gazette, 1919, p.120.

③ Sir Robert Megarry and H.W.R.Wade, *The Law of Real Property*, London, Stevens and Sons, 1984, pp.32-33. *Stenbung's Dictionary of British History*, London, 1970, p.87. J.P.Kenyon, ed., *A Dictionary of British History*, London, 1981, p.92.

④ [苏]奥西诺夫斯基:《托马斯·莫尔传》,杨家荣、李兴汉译,商务印书馆1984年版,第91页。

莫尔的《乌托邦》描述了英国圈地运动。书中写道,那些圈地的地主、绅士,"他们过着闲适奢侈的生活,对国家丝毫无补,觉得不够,还横下一条心要对它造成严重的危害。他们使所有的地耕种不成,把每寸土地都圈起来做牧场,房屋和城镇给毁掉了,只留下教堂当作羊栏。并且好像他们浪费于鸟兽园圃上的英国土地还不够多,这般家伙还把用于居住和耕种的每块地都弄成一片荒芜。"①

"因此,佃农从地上被撵走,为的是一种确是为害本国的贪食无餍者,可以用一条栅栏把成千上万亩地圈上。有些佃农则是在欺诈和暴力手段之下被剥夺了自己的所有,或是受尽冤屈损害而不得不卖掉本人的一切。这些不幸的人在各种逼迫之下非离开家园不可——男人、女人、丈夫、妻子、孤儿、寡妇、携带儿童的父母,以及生活资料少而人口众多的全家,因为种田是需要许多人手的。嗨,他们离开啦,离开他们所熟悉的唯一家乡,却找不到安身的去处。他们的全部家当,如等到买主,本来值钱无多,既然他们被迫出走,于是就半文一钱地将其脱手。"②

"他们在流浪中花完这半文一钱之后,除去从事盗窃以致受绞刑外(这是罪有应得,你会说),或是除去沿途讨饭为生外,还有什么别的办法?何况即使讨饭为生,他们也是被当作到处浪荡不务正业的游民抓进监狱,而其实他们非常想就业,却找不到雇主。他们对种田素有专长,可是找不到种田的活,由于已无供耕种的田。一度需要多人耕作才产粮食的地,用于放牧,只要

---

① 〔英〕托马斯·莫尔:《乌托邦》,戴镏龄译,商务印书馆1982年版,第21页。

② 〔英〕托马斯·莫尔:《乌托邦》,戴镏龄译,商务印书馆1982年版,第21—22页。

一个牧人就够。"①

莫尔用"羊吃人"来概述圈地运动的后果。他写道:"你们的羊,一向是那么驯服,那么容易喂饱,据说现在变得很贪婪,很凶蛮,以至于吃人,并把你们的田地,家园和城市蹂躏成废墟。"②莫尔出于一个人文主义者对社会和人类的关怀及对未来乌托邦社会的美好设想,揭露了圈地运动在英国造成的严重的社会问题。马克思在写作《资本论》第一卷时基本上接受了托马斯·莫尔对圈地运动的看法。马克思写道:"从亨利七世以来,资本主义生产在世界任何地方都不曾这样无情地处置过传统的农业关系,都没有创造出如此适合自己的条件,并使这些条件如此服从自己支配。在这一方面,英国是世界上最革命的国家。从历史上遗留下来的一切关系,不仅村落的位置,而且村落本身,不仅农业人口的住所,而且农业人口本身,不仅原来的经济中心,而且这种经济本身,凡是同农业的资本主义生产条件相矛盾或不相适应的,都被无情地一扫而光。"③

现在看来,过去对16世纪上半叶宗教改革和圈地运动在英国造成的农村经济和社会变动及农业资本主义发展,有估计过高的倾向。一些学者认为,英国在16世纪已经是资本主义尤其是农业资本主义的典型国家,这与历史事实有出入。英国的圈地运动前后经历了三百多年的过程。16世纪的圈地不过是整个圈地运动重要的起始阶段,但尚不是决定性的阶段。16世纪圈地运动的规模远比不上17世纪。

---

① [英]托马斯·莫尔:《乌托邦》,戴镏龄译,商务印书馆1982年版,第22页。

② [英]托马斯·莫尔:《乌托邦》,戴镏龄译,商务印书馆1982年版,第21页。

③ 《马克思恩格斯全集》第34卷,人民出版社2008年版,第262—263页。

公地和敞地这两个概念相关,指若干所有者的土地混杂地分散分布的大片土地。在圈地运动开展之前,敞地在英格兰普遍存在。研究土地制度史的学者霍默在 1766 年写的《论圈围公地时确定业主各自特定部分的性质和方法》一书中给敞田下了一个定义:"敞田就是几个所有主的土地混杂地分散开来的大片土地。"敞田是敞着的,没有围垣的田,它与那些圈围起来而能自主的地产是相对立的。敞田掌握在几个都拥有各自契据的所有者手中,他们拥有土地的保有权形式可能各不相同。例如,有的人拥有土地所有权,而有的人是通过永久租赁的方法占有土地,他们的土地并没有构成一个不可分的整体。这些土地"混杂地散布着",它们分成许多小块,彼此混杂地交错在一起。这是敞田制最明显的特点。例如,1750 年威廉·卢卡斯拥有的地产是由 47 块分散在镇区各处的地段所组成的。这些长方形地块的每一块都是以一条长而窄的带形地呈现出来,而每条带形地又被一条细长的浅草与相邻的带形地隔开。它平均大小是40 竿长,4 竿宽,约合 200 公尺长,20 公尺宽,面积为 1 英亩。这种带形地往往分成两个长约 20 竿的相等部分,这种地段就叫Oxgang。[①] 这种地段延伸的方向与犁路的方向一致,在每一尽头处均留有一块供犁头转回的地方。这种敞田制的耕地分布,使农民的耕作非常困难,每个农民与他周围的人的土地十分密切地连接着,错杂地混在一起,没有邻人的帮助就无法从事耕

---

① [法]保尔·芒图:《十八世纪产业革命》,杨人楩等译,商务印书馆1982 年版,第 112—113 页。"牛地"(Oxgang)是指一头牛在一天内所耕地的面积,在不同的地区一头牛所耕地的面积也不同。在英国的不同地区,带形地的叫法各不相同。在苏格兰和诺森伯兰,被称为"rigs",在林肯郡被称为"selions",在诺丁汉郡被称为"lands",在多塞特郡被称为"lawns",在威斯特摩兰被称作"dales",在剑桥郡被称为"balks",在萨默塞特郡被称作"raps",在苏塞克斯被称为"pauls",在北威尔士被称为"loons",等等。参见 Lord Ernle,*English Farming*,*Past and Present*,Heinemann and Frank Cass,1961,p.24。

作,每块土地插在他人的土地中间,各人的地块之间不可能设立围篱,使得履行与土地相关的义务也十分复杂。但各地块之间用一些狭窄的不耕种的地带隔开。而各地块的生产当然毫无争执地归其主人进行。敞田制是一种较为原始的土地耕作和占有方式。[①]

对于敞田,瑟尔斯克描述说:"可耕地和草地按照耕作者分成条块,他们中每个人占有分散在土地上的若干条块。"可耕地和草地在收割后及下一个季节中对所有平民共同放牧其牲畜都是开放的。在公地上进行耕作必须遵守某些规则。例如,使冬季的播种的作物和春季播种的作物在不同的区域生长。公地上存在有共有的牧场和荒地,条地耕作者有权在那里放牧牲畜,采集木材,采集其他东西,如石头、煤及其他他们用得上的东西。通过耕作者的会议确定在这块地上的活动者须得遵守的制度,这种集会或是召开庄园法庭,或是某些地方的村庄会议。[②]

"圈地"一词原来的意义,是指在土地四周用连续的篱笆、栅栏、墙或沟渠把那些敞田和公地圈围起来,用重新分配的办法把分散的地块合并起来,形成彼此完全分开的独立的地产。在圈地的初期阶段,它是改善土地耕作和经营的自然经济的技术性措施。而随着圈地运动的发展,它愈益带有明显的社会性并引起下层农业劳动者的怨言和不满。从历史上看,圈地至少包括三种不同的活动。第一,圈围广大的敞田;第二,圈围正规的

---

① ［法］保尔·芒图:《十八世纪产业革命》,杨人楩等译,商务印书馆1982年版,第112—113、115—116页。

② Joan Thirsk, "The Common Field", *Past and Present*, No. 29（1964）, p.3. H.霍默:《论圈围公地时确定业主各自特定部分的性质和方法》,1766年,第1页。转引自［法］保尔·芒图:《十八世纪产业革命》,杨人楩等译,商务印书馆1982年版,第112页。

公地;第三,逐渐侵占森林地、沼泽地和其他荒地。① 瑟尔斯克指出,圈地这个概念,是一个非常松散的论及土地处理和土地使用变化的词汇。圈地在不同地区产生的经济和社会后果差别很大。②

在中世纪很早的时候,圈地便已开始,如对荒地的圈占,对小片林地的开发。1235 年的《默顿条例》和 1285 年的《第二威斯敏斯特法规》写道:"授权庄园领主圈占自由佃户不需要的荒地。"③黑死病爆发以后,劳动力一度短缺,土地出现剩余。但这种情况没有持续很久。在一个多世纪的经济停滞以后,人口重新开始增长。在人口增长影响下,从 1470 年起,土地价格开始上涨。到 17 世纪初年这种趋势变得非常突出。尽管人口的增长在一个地区与另一个地区相差甚大,但它无疑是一种全国性的普遍现象。例如,莱斯特郡人口在 1563 年到 1603 年间增长了 58%,哈福德郡的 74 个教区的人口也有类似的增长率。在阿克霍姆岛,埃朴沃斯庄园在 1590 年到 1630 年间增加了 100 座农舍。在同一个地区的米斯特尔顿,40 年间新建了 30 座农舍,饲养的家畜的数量也大大增长。有的地区能够吸收增长的人口,而有的地区则不然。人口增长引起了土地争端,当时发生了不计其数的关于共有权的诉讼案件,各地实行了限制家畜饲养数量的措施。在人口增长和农业繁荣的压力下,对荒地的开垦

① ［英］克拉潘:《简明不列颠经济史》,范定九、王祖廉译,上海译文出版社 1980 年版,第 271 页。

② Joan Thirsk, "Enclosing and Engrossing", in Joan Thirsk, ed., *Agrarian History of England and Wales*, Cambridge U.P., 1967, Vol. 4, 1500-1640, p.200.

③ Joan Thirsk, "Enclosing and Engrossing", in Joan Thirsk, ed., *Agrarian History of England and Wales*, Cambridge U.P., 1967, Vol.4, 1500-1640, p.201; W. E.Tate, *The English Village Community and the Enclosure Movement*. London: Victor Gollancz, 1967, p.44.

增加了。①

公地制度在历史上起源于欧洲实行领主制的心脏地区。13世纪后期,公地制度在英格兰的中部和南部平原非常流行。但是,在不列颠岛的北部和西部高原沼泽地区,农民较少受地区土地所有制的影响,公地制度与它们附带的共有的束缚比较薄弱或完全不存在。② 在英格兰中世纪各郡各教区广泛存在的公用可耕地和公用荒地,经常是集体的或公共的所有物,没有明确的主人。它们大部分处于未开垦的状态。在满是荆棘的荒野里,长着杂草、灌木和金雀花,沼泽里长满了芦苇,还有一些是泥炭地,在沙石上偶尔长有树木。公地有时也包括较有价值的土地,人们可在那里放牧母羊、饲养公牛或牝马。尽管公地的价值总的来说不高,但农民从其上获得很多收益,农民可以利用共有地上的放牧权,在其上放牧牲畜,尤其是放羊。如果公地上长着树木,他们可以砍伐木材来修理房屋或建栅栏。他们还拥有公地上的池塘和河流中的捕鱼权,以及在公有的沼泽地中挖取泥煤的权利。小租佃农持有土地很少,它们可以在公地上开垦土地,以取得一定的种植收获物补充租地收入的不足,作维生之用。妇女可在公地上拾枯木做燃料。贫穷的织工可以在公地上摊晒漂洗染色的布帛,穷人可在公地上用轻便材料搭盖简易的小屋,在那里栖身,经默许搭盖的小屋数量增长很快。③ 在公地的管

---

① Joan Thirsk, "Enclosing and Engrossing", in Joan Thirsk, ed., *Agrarian History of England and Wales*, Cambridge U.P., 1967, Vol. 4, 1500 - 1640, pp. 204-205.

② Richard C.Hoffman, "Medieval Origins of the Common Fields", in William N.Paller and Eric L.Jones, eds., *European Peasants and Their Markets*, *Essays in Agrarian Economic History*, Princeton U.P.,1975, p.27.

③ F.Seebohm, *English Village Community*, Cambridge U.P., 1983, p.12; Erwin Nasse, *The Agriculture Community of Middle Ages and Inclosures of the Sixteenth Century in England*, London,1872, p.8.

理方面,从来对于维持公用耕地与牧场之间的比例没有强制性的固定规定。在需要的时候,可以通过协议,改变土地的使用方法,把可耕条地改成公用草地,或者把公用牧场改作耕地。16世纪,在许多以牧业为主的地区,存在大量的公地,而乡村社区则不时就改变土地的用途作出决定。①

其实,在15世纪时,英格兰的一些地区便有把耕地圈围起来改作农场的做法。当时人们看到,在土地上种草比种植谷物需要的劳动力要少些。到15世纪末,人口再次增长,耕地被改为牧场或草地。随着耕地的急速减少,农业工资劳动者中许多人失业,同时也出现一些荒芜的衰落的村庄。有利可图的畜牧业使大农场主在公用草地上饲养过多的牲畜,他们用非法的手段占有土地,并驱赶平民。小农和被雇佣人员由于这种或那种原因失去耕地,小村庄完全无人居住,较大的村庄人口也严重减少。② 到15世纪后期,便可以听到对圈地的抱怨之声。1414年诺丁汉郡达林顿和拉格耐尔的国王的佃户向议会提出反对圈地的请愿书。1459年沃里克郡歌祷堂牧师劳斯便就圈地造成乡村人口减少向议会提出请愿书。他在《英格兰国王史》中评述并批评了他所在的沃里克郡因圈地造成人口减少的问题,他列举了大都处于南沃里克的62个庄园、教区、村子和区的名录,指出在那里部分或全部由于圈地而衰落或人口减少,有的村庄如康普顿斯科平则完全消失了。③

在都铎王朝先后建立了几个圈地调查委员会。调查委员会

① Joan Thirsk, "Enclosing and Engrossing", in Joan Thirsk, ed., *Agrarian History of England and Wales*, Cambridge U.P., 1967, Vol. 4, 1500-1640, p.206.

② Joan Thirsk, "Enclosing and Engrossing", in Joan Thirsk, ed., *Agrarian History of England and Wales*, Cambridge U.P., 1967, Vol. 4, 1500-1640, p.210.

③ W.E. Tate, *The English Village Community and the Enclosure Movement*, London: Victor Gollancz, 1967, p.63.

的报告提供了一批关于圈地运动规模的数据。可惜这些圈地委员会提供的数据不完整。其中,1517 年至 1519 年的圈地调查委员会的调查涉及 23 个郡。但是,这 23 个郡残存的调查文件不完整。1548 年圈地调查委员会报告的残存部分,只包括沃里克郡和剑桥郡。1566 年圈地调查委员会的报告只有关于莱斯特郡和伯金汉郡的不完整的资料。1607 年对密德兰地区 7 个郡进行了调查,调查结果是由陪审团提供的,这些资料的精确性存在问题。

　　根据 1517 年至 1519 年圈地调查委员会在 10 个郡进行调查的结果,在诺丁汉郡 80 个村庄中,圈地 4470 英亩,被毁农舍71 座,因圈地而流离失所的有 188 人。在沃里克郡 70 个村庄中,圈地 9694 英亩,被毁农舍 189 座,流离失所的为 1018 人。在莱斯特郡的 49 个村庄中,圈地 5780.5 英亩,被毁农舍 136座,流离失所的为 542 人。在北安普顿郡 112 个村庄中,被圈占的土地为 14018.5 英亩,被毁农舍 345 座,流离失所的人数为1405 人。在牛津郡 107 个村庄中,圈地 11831 英亩,被毁农舍176 座,流离失所的居民 720 人。在伯金汉郡 70 个村庄中,被圈占的土地为 9921 英亩,被毁农舍 160 座,流离失所的居民为887 人。在贝福德郡 36 个村庄中,圈地面积为 4137 英亩,被毁农舍 89 座,流离失所的居民 309 人。在伯克郡 86 个村庄中,圈地面积 6392 英亩,被毁农舍 116 座,流离失所的居民 588 人。在林肯郡 63 个村庄中,被圈占土地 4866.5 英亩,被毁农舍 70座,流离失所的居民 158 人。在诺福克郡 122 个村庄中,圈占土地 9334 英亩,被毁农舍 70 座。[①]

---

① I.S. Leadam, *The Domesday of Inclosures 1517 - 1518*, Kennikat Press, 1971, Vol.I, pp.38, 40.

表 5-1　1517—1519 年圈地调查委员会在 10 个郡中的调查结果①

郡名	圈地影响的亩数	提供资料的村庄数	被毁农舍数	流离失所的人数
诺丁汉郡	4470	80	71	188
沃里克郡	9694	70	189	1018
莱斯特郡	5780.5	49	136	542
北安普顿郡	14018.5	112	345	1405
牛津郡	11831	107	176	720
伯金汉郡	9921	70	160	887
贝福德郡	4137	36	89	309
伯克郡	6392	86	116	588
林肯郡	4866.5	63	70	158
诺福克郡	9334	122	70	——
合计	80444.5	795	1422	5815

　　1607 年圈地调查委员会获得的资料限于密德兰地区 7 个郡。在沃里克郡的 28 个村庄中,圈占并改为牧场的有 5373 英亩,被毁农舍 62 座,流离失所者 33 人。在莱斯特郡的 70 个村庄中,圈占并改为牧场的有 12209.75 英亩,被毁农舍 151 座,流离失所者 120 人。在北安普顿郡的 118 个村庄中,圈占并改为牧场的有 21335.5 英亩,被毁农舍 201 座,流离失所者 1444 人。在伯金汉郡的 56 个村庄中,圈占并改为牧场的有 7077.5 英

---

① I.S.Leadam, *The Domesday of Inclosures 1517-1518*. Kennikat Press, 1971, Vol.I, pp.38, 40.

亩,被毁农舍 29 座,流离失所者 86 人。在亨廷顿郡的 52 个村庄中,圈占并改为牧场的有 7677. 5 英亩,被毁农舍 59 座,流离失所者 290 人。在林肯郡,圈占并改为牧场的有 13420英亩。①

从南密德兰地区的圈地史来看,在 1450 年至 1524 年和1574 年至 1674 年,圈地运动形成了两次高潮。其中 1450 年至1524 年间圈地面积为 182824 英亩,1525 年至 1574 年间圈地面积为 62044 英亩, 1575 年至 1674 年间圈地面积为 477500英亩。②

摧毁村庄和驱赶居民是圈地运动最严重的后果,它造成了大批村庄荒芜,人口减少。贝雷斯福德和赫斯特研究后指出,在南密德兰地区,1450 年至 1524 年圈地摧毁村庄 156 座,1525 年至 1574 年圈地摧毁村庄 19 座,1575 年至 1674 年圈地摧毁村庄54 座,圈地运动期间共有 370 座村庄被废弃。它在当地的影响持续到 19 世纪,这里人口密度不大。③

到了 20 世纪,学者们对 16 世纪密德兰地区圈地的规模作了重新估算。其中,北安普顿郡的耕地面积为 382000 英亩,经重新估算的圈地面积(按千英亩约数)为 166000 英亩,圈地占可耕地面积的43. 3%。贝福德郡的耕地面积为 181000 英亩,经重新估算的圈地面积为 57000 英亩,圈地占可耕地面积的

① E.F. Gay, "Inclosures in England in the Sixteenth Century", *Quarterly Journal of Economics*, XVII (1903), p. 581; J. D. Gould, "The Inquisition of Depopulation of 1607 in Lincolnshire", *English History Review*, LXVII(1952), p.39.

② Robert C.Allen, *Enclosure and Yeoman. The Agricultural Development of the South Midland, 1450—1850.* New York, 1992, p.31. Table 2-1. The Chronology of Enclosure in the South Midlands, 1450-1850.

③ Robert C.Allen, op. cit. p.40, Table, 3-1, Enclosure and Deserted Villages. M. Beresford and J. G. Hurst, eds., *Deserted Medieval Villages: Studies.* London, Lutterworth, 1971.

31. 3%。伯金汉郡的耕地面积为 286000 英亩,经重新估算的圈地面积为 68000 英亩,圈地占可耕地面积的 23.8%。沃里克郡的耕地面积为 346000 英亩,经重新估算的圈地面积为 60000 英亩,圈地占可耕地面积的 17.4%。莱斯特郡的耕地面积为 318000 英亩,经重新估算的圈地面积为 40000 英亩,圈地占可耕地面积的 12.6%。林肯郡的耕地面积为 800000 英亩,经重新估算的圈地面积为 81000 英亩,圈地占可耕地面积的 10.1%。亨廷顿郡的耕地面积为 140000 英亩,经重新估算的圈地面积为 61000 英亩,圈地占可耕地面积的 43.9%。牛津郡的耕地面积为 287000 英亩,经重新估算的圈地面积为 95000 英亩,圈地占可耕地面积的 33%。伯克郡的耕地面积为 275000 英亩,经重新估算的圈地面积为 51000 英亩,圈地占可耕地面积的 18.6%。诺丁汉郡的耕地面积为 319000 英亩,经重新估算的圈地面积为 36000 英亩,圈地占可耕地面积的 11.2%。[1]

英格兰在中世纪很早的时候便开始对荒地、小片林地、共有地的圈占和开发。因此,产生了最早的关于圈地的立法规定。1235 年的《默顿条例》第 4 章写道:"授予庄园领主在荒地上给他们的佃户留下足够的牧场后,圈占剩余的土地,但领主必须证明佃户留有足够的牧场并有进出土地的道路。"1285 年的《第二威斯敏斯特法规》扩展了 1235 年《默顿条例》的相关内容。它称,"授权庄园领主在使用作其他庄园共有牧场的荒地上在没有被特别授权取得共有荒地的情况下进行反对邻人的圈地。同时要保证防止建立新的共有权。在有风车、羊栏、牛奶坊的地方,扩充一个法庭是必要的。此后,人们不能抱怨条例对共有牧场新的侵占。"如果根据这个法令进行圈地,树篱被推倒,可以

---

[1] John E. Martin, *Feudalism to Capitalism. Peasant and Landlord in English Agrarian Development*, Macmillan, 1986, p.135.

扣押邻近教区的财物以补偿损失。①

　　梅特兰和波洛克说,在默顿条例以前"似乎在公地上享有权利的自由持有者,可以拒绝他的领主圈占 1/4 雅兰的土地或荒地。"②单个农夫可以努力通过圈地来摆脱共有农耕对他的束缚,按照他自己的意愿更好地使用圈占的土地。亨利三世第 20 年制定的《默顿条约》可以称为第一个圈地法。③ 1290 年议会案卷记载了罗杰·德布雷抱怨霍姆·德·乔姆圈占了原先的共有荒地并提高了它的地租,因而使他和其他人的家畜无处觅食。在此稍前,莫里斯·伯克莱勋爵通过交换的办法,把他分散的土地调换到一起,巩固了他的自营地。④ 伯克莱的后继者托马斯第二在 1281 年至 1320 年继承管理这块地产期间,为使自己和佃户获得更多利益,鼓励他们交换地块,以使其土地集中,便于耕作管理。同时,他把每英亩地租从 4 便士和 6 便士提高到 1 先令 6 便士。⑤

　　由于根据法律和衡平法,确保了土地保有权的安全,圈地只有通过 3 种途径来进行。即通过习惯、通过整体占有或通过协

---

①　Gilbert Slater, *English Peasantry and the Enclosure of Common Fields*, p. 323.波洛克和梅特兰评述说,"不用怀疑默顿条例和第二威斯敏斯特条例确定了立法原则,领主自由持有荒芜的土地,其结果便是根据明白的意义活推论,平民所有的权力都是来自他的领主。"(F.Pollock and F.W.Maitland, *The History of English Law*, *before the time of Edward I*.Cambridge U.P.i,p,270.)

②　F.Pollock and F.W.Maitland, *The History of English Law*.I.622.Cambridge, Cambridge U.P.1968.

③　W.H.R.Curtler, *The Enclosure and Redistribution of Our Land*, Oxford, Clarendon Press,1920,p.83.

④　W.H.R.Curtler, *The Enclosure and Redistribution of Our Land*, Oxford, Clarendon Press,1920, pp.83 - 84; W.H.R.Curtler, *History of English Agriculture*, Oxford,1909,p.75.

⑤　W.H.R.Curtler, *The Enclosure and Redistribution of Our Land*, Oxford, Clarendon Press,1920,p.84.

议（通过补偿或委托）。①

据福恩塞特庄园案卷的记载，1404 年，当地有相当一批佃户圈占了他们在敞地上的土地，使其羊群的规模有很大增长。②但 1405 年，福恩塞特的若干佃户被罚款 2 先令 2 便士，因为"他们圈占土地的行为违反了上述庄园习惯法。按照诉讼，庄园佃户在那里不能占有公地。"③在 15 世纪和 16 世纪，当地佃户继续圈占土地。根据 1565 年的调查，此时福恩塞特已有 1/3 到 1/2 的土地被圈占，每处圈地的面积为 3 到 13 英亩。绝大多数属于可耕地。

1414 年，诺丁汉郡达林顿和拉格耐尔的佃户抱怨理查德。斯坦霍普强行圈占他的所有的土地，草地和牧场，要他们负连带责任。他们向议会提出反对圈地的请愿书。④

促使提高土地利用率和实行圈地的一个重要原因是人口的增长。黑死病爆发以后，劳力一度短缺，土地出现剩余。但这种情况没有持续很久。在一个多世纪的经济停滞以后，人口重新开始增长。在人口增长的影响下，从 1470 年起土地的价格开始上涨。尽管人口的增长在一个地区与另一个地区相差甚大，但它无疑是一种全国性的普遍现象。在 16 世纪，密德兰地区的人口已相当稠密。在伍斯特郡，除了夏恩伍德森林以外，已没有荒地存在⑤。莱斯特郡人口在 1563 年到 1603 年间增长了 58%。

---

① Eric Kerridge, *Agrarian Problems in the Sixteenth Century and After*, London, 1969, p.94.

② W. H. R. Curtler, *The Enclosure and Redistribution of Our Land*, Oxford, Clarendon Press, 1920, p.84.

③ W. H. R. Curtler, *The Enclosure and Redistribution of Our Land*, Oxford, Clarendon Press, 1920, p.66.

④ W. E. Tate, *The English Village Community and the Enclosure Movement*, London: Victor Gollancz, 1967, p.63.

⑤ Joan Thirsk, ed., *The Rural Economy of England*, pp.75—76.

哈福德郡的 74 个教区的人口也有类似的增长率。在阿克霍姆岛,埃朴沃斯庄园的居民观察到,1590 年到 1630 年间,增加了 100 座农舍。在同一个地区的米斯特尔顿,40 年间新建了 30 座农舍,饲养的家畜的数量也大大增长。有的地区能够吸收增长的人口,而有的地区则不然。人口增长引起了土地争端,当时发生了不计其数的关于共有权的诉讼案件,各地实行了限制家畜饲养数量的措施,在人口增长和农业繁荣的压力下,对荒地的需求增加了。[①]

进入都铎王朝后,英国的毛织业有了较快的发展。随之而来的是对羊毛的需求使得 16 世纪生产羊毛的利润比任何其他农产品要高。当时的记载中对此缺乏系统性的统计资料,但当时代人多有评述。例如,1539 年菲茨赫伯特说:"在所有的牲畜中,饲养羊获利最多。"托马斯·史密斯爵士在 1549 年提出的关于克服圈地带来的威胁的建议中,主张允许谷物出口并禁止羊毛出口,以此"使农耕获得的利率和畜牧业从业者和养羊人一样高",反映了养羊业可以获得厚利。羊毛的高利润刺激了圈地发展牧羊业的运动。但是,1551 年以后,毛织品贸易衰落,它给呢绒生产者以很大的打击。于是,农场者生产的兴趣由羊毛转为肉类和奶酪生产。如英格兰西部和西北部在 1590 年以后把兴趣转向奶酪和黄油的生产。在 16 世纪,英国城市发展很快。伦敦开始沿着泰晤士河扩展。城市对多种产品的需求增加了。西部各郡和西约克郡呢绒产地人口增长。伯明翰周围的金属制造业和达勒姆煤矿的发展,对农产品、肉、奶酪提供了需求

---

① Joan Thirsk, "Enclosing and Engrossing", in Joan Thirsk, ed., *Agrarian History of England and Wales*, Cambridge U. P., 1967, Vol. 4, 1500-1640, pp. 204-205.

和市场。①

生产更多的农产品提供市场，提供促使圈地运动进一步展开。对于地主来说，圈地以后，土地的价格增加，地租也可以相对提高。约翰·诺顿提出，圈地以后的 1 英亩土地，产出抵得上 1.5 英亩公地。亨利·贝斯特在 1641 年说，圈地以后的土地价值相当于同等面积公地价值的 3 倍。圈地可以使农场主增加收益。

在圈地运动中，两种性质不同的圈地交织在一起。一类是开垦和改造残存的荒地。有的时候是出于建立鹿苑和猎苑的目的，并非为了把荒地改造为可耕地。另一类是将敞地上分散条地集中起来，以进行理性化的耕作。但这两种圈地都会导致触动荒地和共有权，带来社会问题。因为圈占土地改作牧场来放羊或放牛，可以获得很好的收益。但小土地所有者，公簿持有农会被驱赶离开土地。他们的房屋被推倒，村庄人口会减少，村民可能成为流浪者，因此圈地运动在 16 世纪就成为一个突出的社会和政治问题。②

圈地产生的恶劣社会后果在亨利七世初年便反映到议会中来。当时一份提交议会的请愿书写道："羊和牛马在赶着上帝勤劳的子民。"《农夫的对话》中写道："自绅士成为畜牧业者后，贫穷的工匠从未快乐过。"在这种背景下，议会通过两项法令。1488 年通过的法令是针对地方性圈地运动的。法令称："许多城镇和村庄被夷为平地，天地为壕沟围绕，变成饲养牛的牧场。"公地被圈占，农场落入个别人手中，居民的减少会影响到

---

① Joan Thirsk, ed., *Agrarian History of England and Wales*, Cambridge U.P., 1967, Vol. 4, pp.210-211; Joan Thirsk, "Tudor Enclosures", in Joan Thirsk, ed., *The Rural Economy of England*, Hambledon Press, 1984, pp.66-67.

② W.E.Tate, *The English Village Community and the Enclosure Movement*, London: Victor Gollancz, 1967.

国家的服务。1489 年通过的一般性质圈地法令名为"反对夷平市镇的法令",又称"圈地条例"。它直接表示反对推倒房屋,把用于农耕的土地改为牧场,它抱怨说:"作为王国最重要的社群之一的农民被摧毁了,教堂被摧毁了,敬奉上帝的仪式被撤销,没有人为下葬的人祈祷了。"[1]

1514 年和 1515 年通过的议会法令再次指出圈地的危害,它"推倒和摧毁了王国的村庄,把那些照例已经过施肥,耕作和生长作物的土地夷为牧场。"法令强调,从本届议会开始,被摧毁的房屋要立即重建,圈占的土地要立即恢复为耕地。[2]

1515 年,大量收购土地并把耕地变为牧场的做法引起人的关注。伦敦的官员调查了谷物出口问题。他们担心在首都会出现谷物短缺。但是 1489 年和 1519 年的反对圈地的法令并未起到实际效果。1517 年沃尔西任命一个委员会来调查人口减少的问题。该委员会调查了英格兰北部四个郡自 1485 年以来村庄和房屋被推倒的情况,以及耕地改为牧场的数量。1518 年,沃尔西发布大法官令,规定在 40 天内废除自 1485 年以来所圈占的土地,除非他们能证明其圈地能使社会受益,违反命令者罚款 100 镑。1528 年又发布宣言,下令废除自 1485 年以来在所有地产上建立的圈围土地的树篱,沟渠和壕沟。1583 年颁布的法令说到,很多租地和大畜群集中在少数人手里,因此地租上涨,耕地荒芜和房屋被摧毁,无力养家糊口的人多得惊人。有人拥有 5000 只、6000 只、10000 只、20000 只,甚至 24000 只

---

① W.H.R.Curtler, *The Enclosure and Redistribution of Our Land*, Oxford, Clarendon Press, 1920, pp.85-86.

② E.Nasse, *On the Agricultural Community of the Middle Ages and Enclosures of the Sixteenth Century in England*, p.76; A.E.Bland, P.A.Brown and R.H.Tawney, eds., *English Economic History*, *Documents*, *Select Documents*, London, 1914, pp. 260-262.

羊。以后,任何人拥有的羊不得超过 20000 只,超过这个数目,每只羊要罚款 3 先令 4 便士。① 这项法令看起来很严厉,但未有实效。

1536 年又颁布法令,它规定,如果地主不起诉拆毁农舍和使耕地变成牧场的佃户,国王就要作为直接领主采取行动,即国王将起诉一切圈地者,而不管他们是不是国王的佃户。这个法令在哈福德郡、剑桥郡、林肯郡、诺丁汉郡、莱斯特郡、沃里克郡、拉特兰郡、北安普顿郡、贝福德郡、牛津郡、伯克郡、伍斯特郡和怀特岛付诸实施。②

1549 年 3 月 8 日,拉提默尔主教在宫廷向爱德华六世抱怨说,先前有居民住的地方,现在只有牧羊人和他的狗。他责备那些贵族,圈占土地者,兼并土地者和提高地租者,他们使英国的自耕农地位下降为奴隶。伯纳德·吉尔平责备乡绅们"把那些看来并没有罪过的穷人赶出他们的住处,并说土地属于他们自己,然后把他们像坏人一样逐出他们的故乡。成千上万的先前拥有很好的房屋的人们现在在英国逐户乞讨。从来没有过如此多的绅士和如此多的不仁慈者。"③

1536 年,英格兰北部农民在"求恩巡礼"的旗帜下发动反叛。农民起事的主要原因是对于宗教改革尤其是对解散修道院带来的社会后果的不满。修道院及其农场在当时常常构成乡村经济社会生活的中心。当弗内斯修道院被解散后,当地居民感到了生活的困难。因为在弗内斯修道院解散之前,农民向修道

① A. E. Bland, P. A. Brown and R. H. Tawney, eds., *English Economic History*, *Documents*, *Select Documents*, London, 1914, pp.264-266.

② Joan Thirsk, ed., *Agrarian History of England and Wales*, Cambridge U.P., 1967, Vol. 4, p.228.

③ E. Nasse, *On the Agricultural Community of the Middle Ages and Enclosures of the Sixteenth Century in England*, p.77.

院贡献多种物资,他们相应地也可以从修道院得到许多回报,如60桶淡啤酒、30打(360只)下等小麦面包、制犁的铁、修房屋用的木材,及其他农具。此外,每个持有犁的人允许送两个人每周去修道院的斋堂吃晚餐,允许所有的佃户把子女送到修道院的学校去上学,并且每天在斋堂吃晚餐。如果儿童有学习才能,会被选为修士,或者优先给他提供一个修道院的职位。弗内斯修道院还支付修理沃尔尼岛堤岸的费用。而修道院解散后,当地贫苦的乡村社会和农民得不到任何帮助。

　　反叛农民的另一个不满是对解散修道院后领主权和土地所有权的变化。而圈地只是他们不满的一个较小的原因,主要的原因是关于习惯佃农权力和责任的变化不满。习惯保有制是英格兰北部4个郡普遍实行的保有制。它使得当地的佃农承担义务在需要之时提供在边境服役以防苏格兰人入侵。他们在承担这些义务时,也取得比南部的习惯佃农多得多的权力。1536年反叛的农民聚集在当卡斯特时,他们提出的主要要求是,根据习惯租佃权的规定,他们应当持有在马夏姆郡、柯尔比郡和尼德戴尔的土地,而更新契约时交纳的款项应当限定在两年的地租总额内。他们抨击地租的提高,他们要求开放自亨利七世第四年以来圈围的土地。

　　更新租契时征收的费用或过户费,是除了地租外佃户一项很大的负担,提高更新租契的费用或过户费,是领主佃户的一种常用的手段。其目的是扩大领主的持有地或者收回租地出租给别的佃户以收取更高的地租。为达到获利的目的,具有商业头脑的英格兰地主将租期定为几年,或不断修改租地条件,使自己在价格变动中获利。①

---

　　①　Joan Thirsk,ed.,*Agrarian History of England and Wales*,Cambridge U.P.,1967,Vol.4,pp.219-220.参见[英]克拉潘:《简明不列颠经济史》,范定九、王祖廉译,上海译文出版社1980年版,第284—285页。

17世纪初年，把耕地改为牧场的做法在密德兰遇到很大的阻力，发生了影响很大的1607年农民反圈地骚动。对此斯托记载道："大批民众突然在北安普顿郡聚集起来，随后，相类似的许多人在沃里克郡，有的群众则在莱斯特郡聚集起来。他们狂暴地推倒和摧毁树篱、填满沟渠，开放他们所有的原来是敞开的用于耕种的公地和土地。在北安普顿郡、沃里克郡和莱斯特郡，动乱的群众力量日益增大，有的地方聚集了上千的男人、妇女和儿童。在沃里克郡的希尔莫顿达到3000人。这些骚乱的民众尽其力量去弄平和打开围圈的土地，但他们不触犯任何人身、物品，也不采取暴力行动。并且，他们所到之处，一般来说都由邻近的居民供给食品。居民送给他们的不仅有装着食品的运货马车，还装着准备好的铲子和铁锹，以使他们迅速完成他们正在进行的工作。"这些人把自己称作"平等派"或"掘土派"，并且发表了《致所有其他掘土派》的宣言，谴责圈地造成了人口减少。他们抗议说，圈地危机及其生活及生存。此后，国王派来的军队绞死了掘土派的领袖雷纳兹，许多他的追随者也被处死。使得起义没有造成严重后果。①

1607年，农民反圈地起义使得当局再次派出圈地调查委员会到7个郡去。这7个郡是北安普顿郡、沃里克郡、莱斯特郡、亨廷顿郡、贝福德郡、伯金汉郡和林肯郡。各郡提交的报告中，林肯郡的报告已经遗失。调查报告表明，在沃里克郡的28个村庄中，圈占并转为牧场的有5373英亩，被毁农舍62座，流离失所者为33人。在莱斯特郡的70个村庄中，圈占并转为牧场的有12209.75英亩，被毁农舍151座，流离失所者为120人。在北安普顿郡的118个村庄中，圈占并转为牧场

① W. H. R. Curtler, *The Enclosure and Redistribution of Our Land*, Oxford, Clarendon Press, 1920, pp.131-132.

的有 21335.5 英亩,被毁农舍 201 座,流离失所者为 1444 人。在伯金汉郡的 56 个村庄中,圈占并转为牧场的有 7077.5 英亩,被毁农舍 29 座,流离失所者为 86 人。在亨廷顿郡的 52 个村庄中,圈占并转为牧场的有 7677.5 英亩,被毁农舍 59 座,流离失所者为 290 人。在林肯郡,圈占并转为牧场的有 13420 英亩。就调查反映的情况来看,抱怨不是集中在对共有牧场和荒地的圈占,而是对公地的圈占。同时,抱怨还集中在大量收购农场。1607 年,《思考》的作者指出,罪恶不是圈地本身,而是对农场的尊重。随后,星室法庭作出决定,认为造成人口减少是对普通法的触犯。①

在 16 世纪圈地过程中,在一些零星圈地的地区,公地逐渐被农民取消。在这些地区,协议圈地很流行。哈蒙德说:"通过自愿的协议逐渐圈地与 18 世纪那种翻天覆地的圈地作用有所不同。"②1589 年在约克郡布雷德福荒原进行圈地时,所有的佃户聚集在荒原上,他们毫无异议地达成一项圈地协议。在兰开郡,通过协议交换条地通常是圈占公地的序幕。在此同时,公用牧场划分给各教区,然后在一致认可的条件下在个人之间划分。划分公地的典型例子是 1608 年利瑟姆庄园的 32 个居民同庄园领主达成协议。领主同意让他的佃户拥有与持有地同等的面积的公有荒地,另外再加 100 英亩,使租户接受圈地。只要租户付得起地租,便允许向租户出租尽可能多的土地。再一个例子是雷庄园,领主爱德华·斯坦利允许他的佃户每人圈占 3 英亩的公地牧场而不支付地租,因为那里土地很多。所以,圈地是在一

①　W. H. R. Curtler, *The Enclosure and Redistribution of Our Land*, Oxford, Clarendon Press, 1920, p.132.

②　J. A. Yelling, *Common Field and Enclosure in England 1450 – 1850*, Macmillan, 1977, p.117.

种平静的气氛中进行的。① 有的地方圈地是由一些人提出动议。如在兰开郡的罗森代尔对小块的可耕条地和少量的圈占，系由佃户提议，领主同意。这些圈地大多数只引起很小异议或没有异议。

在另一种情况下，渴求取得土地的地主花钱以买得佃户的同意。例如 1582 年莱斯特提丁沃斯的地主威廉·布罗卡斯便通过授予"各种赏金和按照价格出租土地"，以取得他的佃户的合作。②

在协议圈地时期，关于采取圈地措施可以提高生产效率的观念成为人们的共识。这是协议圈地得以和平地进行的原因。霍汉庄园的圈地充分说明了这一点。1613 年 10 月 5 日，霍汉庄园的 21 名农夫全体签署了一封给庄园领主托马斯·布鲁德内尔的信件，陈述了他们由于土地分散在公地中，无法很好地利用这些土地。他们"宁愿取得 4 英亩被圈占的土地，也不愿意占有分散在公地中的 1 牛地。结果庄园领主按 1 牛地折算 5.5 英亩土地的比例予以折算，完成了庄园的圈地。这样，托马斯·布鲁德内尔在霍汉庄园通过牺牲部分利益，共圈占了 1088.75 英亩土地。加上原有的自营地，他一共拥有 1297.5 英亩自营地。圈地以后，自营地的产出大大提高，圈地之前 1 年收入 350 镑，到 1635 年自营地收入增至 1176 镑 11 先令 4 便士。"③

在莱斯特郡最南部的科茨巴赫，庄园主约翰·夸尔斯是一个伦敦亚麻布商，他和王家军队定有供货契约。1596 年，约翰·夸尔斯从托马斯·雪莉爵士处买下了科茨巴赫庄园。从

---

① Joan Thirsk, ed., *Agrarian History of England and Wales*, Cambridge U.P., 1967, Vol.IV, p.83.

② Joan Thirsk, *Tudor Enclosure*, London, 1958, p.6.

③ M.C.Finch, *The Wealth of Five Northamptonshire Families*, 1540–1640, Oxford, 1956, p.156.

1602 年实际控制了这座庄园。当时在科茨巴赫庄园有两户自由持有农。约翰·夸尔斯与其中一个自由农结盟,出钱使另一个自由农放弃了他的地产。而第三个自由持有农只有 2 英亩土地,微不足道,约翰·夸尔斯用补偿给他别处土地的办法取得了该自由持有农的土地。至于其他的从夸尔斯处租种土地的租户,在租约到期后,夸尔斯在更新租契时规定了租额很高的新的地租,使所有的佃户都退出了租地。夸尔斯通过对法庭的影响,最终从王室取得许可,圈占了整座庄园。到 1607 年,夸尔斯把 20 英亩可耕地转变为草地,绝大多数租地农民变得贫穷而选择了离去,有 16 所房屋被放弃。经过圈地,科茨巴赫庄园人口减至 80 人。科茨巴赫庄园的圈地遭到 1607 年 5 月的密德兰农民起义的打击。① 夸尔斯则因使庄园人口减少的罪名被提交星室法庭。② 在圈地运动中,地主大量驱逐佃农的现象很多。克里斯托弗·戴尔教授通过对伍斯特主教地产的档案研究发现,在 1440 年至 1480 年间,地主强制性地驱赶顽固不从的佃户的案例有 20 个。这些佃户绝大多数是因为忽略了修缮房屋而丧失了他们的租地。一些佃户是因为"不服从管理"而被逐出土地。③

　　伯克郡中克莱顿庄园为弗尼家族所有。到 1626 年,弗尼家族用出钱使其放弃地产的方法在这个村庄消灭了小自由持有农。弗尼家族又把自由持有地改变为有收入权益的租地持有地,租期为 3 代人或 99 年。但是,在签订新租契时确定了一项

---

　　① E.B. Fryde, *Peasants and Landlords in Later Medieval England 1380—1525*, Gloucestershire, Alan Sutton, 1996, p.234.

　　② Mark Overton, *Agricultural Revolution in England*, Cambridge U.P., 1996, p.154.

　　③ E.B. Fryde, *Peasants and Landlords in Later Medieval England 1380—1525*, Gloucestershire, Alan Sutton, 1996, p.234.

条款:给予弗尼家族圈占土地和交换其他地方等值土地的权利。这样,弗尼家族就能通过圈地来统一占有土地。到 17 世纪,所有庄园自营地完成了圈地。到 1613 年,自营地扩展到荒地地带。而荒地的共有权被消灭了。森林地带和一些散地在 1621 年被圈地,贫民按其地块长度的双倍得到补偿。1635 年至 1636 年进一步圈地,使剩下的敞地不超过 500 英亩。以后,在 1653 至 1655 年的圈地是一次总圈地,到此时,弗尼家族已把中克莱顿庄园的土地圈占完毕。①

英格兰东北部属于圈地过程可以分成两个阶段。第一阶段主要是圈占属于市镇的散地,可耕地和草地属于市镇的以及公用牧场的较好的地段。第二阶段主要是圈占公用荒地。

在威斯特摩兰郡,从 16 世纪后期到 18 世纪后期,广泛地进行协议圈地。其中在 1640 年到 1699 年间进行了 25 次协议圈地,1700 年到 1750 年间进行了另外 30 次协议圈地。这些圈地主要涉及诺森伯兰伯爵及其继承人在教区的土地,圈地的大部分涉及的是公地,只有少数涉及教区的荒地。很多圈地协议没能保存下来,但协议圈地的方式广泛运用于诺森伯兰的圈地中,到 18 世纪中叶,该郡只有 15% 的土地留待私人圈地法和一般圈地法去圈占。②

在库伯兰郡,圈地运动的发展较为滞后。在 1640 年到 1750 年间,在库伯兰郡进行了许多零星的圈地。奈恩山脚下梅尔墨比的圈地在 1677 年至 1704 年间进行。属于伯格男爵的索尔威的公地在 1699 年被圈地。大概在 17 世纪初,海顿的 1500

---

① Mark Overton, *Agricultural Revolution in England*, Cambridge U.P., 1996, pp.157-158.

② Erict Erans and J. V. Beckett, "Regional Family Systems, Northern England, Cumberland, Westmorland, and Furness", in Joan Thirsk, ed., *Agrarian History of England and Wales*, Cambridge U.P., 1967, Vol.V.I, p.47.

英亩公地被圈占。伊登豪尔的马斯格雷夫家族在 1705 年到
1750 年间,支出近 100000 镑,扩充了在东彭宁地区靠近柯克比
斯蒂芬的土地。在 1758 年以前,阿斯帕特里亚的佃户通过圈地
重新分配了土地,将他们先前分散的环形土地合并成紧凑的
土地。①

　　在圈地过程中,尽管有通过协议较为平静地完成圈地的例
子,但是亦有大量例证表明,庄园领主与佃户不断发生矛盾。例
如,辛顿庄园的领主与他的佃户围绕圈占共有牧场展开了长期
的斗争。乡绅约翰·特伯维尔圈占了贝雷里奇斯的许多公地和
牧羊瘠地,而没有对拥有庄园另一半土地的领主的佃户做任何
补偿。②

　　西顿迪拉瓦和哈特利庄园的领主罗伯特·迪拉瓦把他垦
殖的两个庄园的自营地置于自己的管理下,到 16 世纪末,他已
经把哈特利庄园所有的佃户移置出去,使庄园所有的土地成为
了一个圈围的农场。到 1610 年对这块地产的清理完成,全部
2500 英亩土地被圈占。③ 在考文垂,富裕的市民与大量平民围
绕圈占城镇的土地展开了旷日持久的斗争。在林肯郡,从 1511
年到 1722 年,在不同时期发生过类似的斗争。1517 年南安普
顿自治体下令圈占部分盐沼地,以支付建筑防波堤的开支。这
一做法遭到了强烈的反对,最终对原计划作了调整。④

　　① Erict Erans and J. V. Beckett, "Regional Family Systems, Northern England, Cumberland, Westmorland, and Furness", in Joan Thirsk, ed., *Agrarian History of England and Wales*, Cambridge U.P., 1967, Vol. Ⅵ, p.20.

　　② Eric Kerridge, *Agrarian Problems in the Sixteenth Century and After*, London, George Allen and Unwin, 1969, pp.95-96.

　　③ Eric Kerridge, *Agrarian Problems in the Sixteenth Century and After*, London, George Allen and Unwin, 1969, pp.97-98.

　　④ Eric Kerridge, *Agrarian Problems in the Sixteenth Century and After*, London, George Allen and Unwin, 1969, p.98.

圈地过程中必然涉及在圈占土地上继续居住的自由持有农和公簿持有农的保有权问题。在通常情况下,多种自由持有农和租地农在圈地以后和圈地以前一样持有土地。但是,这需要庄园领主作出声明。有的地方领主在圈地后需要增加少许保留地租。例如,在威蒙德姆的克克比比顿-库姆-怀特林安和瓦德克庄园,公簿持有农从大沼泽得到的土地要付1便士入地费和半便士土地租。[①] 但是,爱德华贝恩顿控制的布朗厄姆庄园法庭发布命令称,即使土地本身进行了交换,根据圈地协议的真正意图,按照习惯法和普通持有土地的租地农和索克曼佃户都按照老的保有权和财产权持有土地。地主通常给予参与合伙圈地的农场主更长的租期,因为非此就无法指望他们合作。在圈地中,公簿持有农常常再被授予为期3代人的租约,或让他们按照减轻的租率承租,或者把他们的习惯租地改为普通法租地。持领主意愿承租土地的佃户常常按照较低的租率承租普通法租地。如果他们愿意离开教区,他们常常可得到一份补助费。[②] 这些材料表明,在圈地中一些地方的公簿持有农和自由持有农的利益得到了保护。

圈地运动总体上说是在当时的法律框架下进行的,在庄园内部,土地的交换和圈围土地都需要在庄园法庭登记和被认可,庄园法庭的记载则需要经常公布。[③]对某些圈地的批准有时是由兰开斯特公爵领地法庭的特别委员或根据佃户的请愿作出的。另一些情况下,圈地协议由财政法庭批准。达勒姆主教的

① Eric Kerridge, *Agrarian Problems in the Sixteenth Century and After*, London, George Allen and Unwin, 1969, p.107.

② Eric Kerridge, *Agrarian Problems in the Sixteenth Century and After*, London, George Allen and Unwin, 1969, p.107.

③ Eric Kerridge, *Agrarian Problems in the Sixteenth Century and After*, London, George Allen and Unwin, 1969, p.112.

档案处有时也作出这种批准。王室大法官法庭有时也作出类似的批准。① 一般说来,得到王室大法官法庭的批准比得到议会的批准要容易些。1587年科特纳姆的圈地,据记载,得到了大法官法庭和议会法令的双重批准。1613年王室大法官法庭颁布法令,决定奥厄斯比的圈地协议成立。1693年一项议会法案批准了汉伯尔顿的圈地协议,而这项协议在40年前已得到大法官法庭的认可。②

17世纪开始后,英国政府对圈地运动总的态度是加强控制。1603年国王指示"北方委员会"要时时勤勉有效地调查占领公地和其他土地,而导致耕地减少、农民房屋倒塌的事件。对违犯者要"严加惩处",以纠正错误行为。③ 密德兰地区1607年农民起义发生后,政府采取特别措施对待反抗的圈地农民,主要肇事者被送去政务会,命令他们重建圈地致使倒塌的房屋。次年,成立了两个委员会来解决圈地引起的纠纷。④ 1614年,诺福克的法官报告政务会,根据后者的指示,他们已经检查了过去两年中进行的圈地。并且下令,用树篱和壕沟围圈土地将被禁止,直到有进一步的通告。1621年贝福德郡巡回法庭的法官被指示禁止侵害公地。1623年指示成立了一个专门委员会来平息

---

① Eric Kerridge, *Agrarian Problems in the Sixteenth Century and After*, London, George Allen and Unwin, 1969, pp.113-114.

② Eric Kerridge, *Agrarian Problems in the Sixteenth Century and After*, London, George Allen and Unwin, 1969, pp.116-117.

③ G. W. Prothero, ed., *Select Statutes and Other Constitutional Documents, Illustrative of the Reigns of Elizabeth and James I* Oxford, Clarendon Press, 1944, pp. 370-371.

④ G. W. Prothero, ed., *Select Statutes and Other Constitutional Documents Illustrative of the Reigns of Elizabeth and James I* Oxford, Clarendon Press, 1944, pp. 470-472.

切申特地方圈地引起的抱怨。①

在17世纪的圈地过程中，荒地通常要经过批准才能圈占。关于公地的圈占，在詹姆士一世时期通过的一项法律，确认了哈福德郡的庄园主圈占土地时把佃户仍留在公地上的做法。在查理一世时期还通过了少数私人圈地法案。这个时期进行圈地时，非常普遍的做法仍是通过庄园主与佃户的协议来进行。有时这种协议要通过大法官法庭和财政法庭批准，有时也不经批准。随着英国宪政制度的发展，人们也开始向议会而不是王室提出圈地申请。1666年向上院提出的一项法案，要求"根据衡平法院的敕令确认圈地"。1664年曾有一项要求圈占公地和荒地的法案提交下院，但在表决时以103票对94票被否决。1681年，一位著名的研究商业和农业的作者提出用一般法令处理圈地问题的意见，但当时未得到响应。②

根据调查委员会在1630年到1631年间对圈地的调查，莱斯特郡圈地进展迅速。两年中圈占了10000英亩土地，几乎占该郡土地的2%。在北安普顿郡，圈地的速度与莱斯特郡相仿。但是在亨廷顿郡和诺丁汉郡，圈地涉及的区域则要小。在那里，试图圈占的是小块土地而不是整片土地。③

内战爆发以后，英国政府无力顾及圈地，政府控制圈地的试图中止了。到了英吉利共和国时期，试图恢复旧时对圈地的限制，加强对圈地的管理，曾经起草并提出过一项一般圈地法案，但在议会被否决。④

---

① R.H.Tawney, Agrarian Problem in Sixteenth Century, p.375.

② 直到1801年才通过一项《一般圈地法》。W.H.R.Curtler, *The Enclosure and Redistribution of Our Land*, Oxford, Clarendon Press, 1920, pp.136–137.

③ E.C.K.Gonner, *Common Land and Inclosure*, London, Macmillan, 1912, p.134.

④ E.C.K.Gonner, *Common Land and Inclosure*, London, Macmillan, 1912, p.176.

17 世纪是英国圈地运动重要的阶段,它的规模远远超过了 16 世纪。以往人们过于强调 16 世纪的圈地,没有看到 17 世纪圈地的规模超过了 16 世纪。

在达勒姆郡南部和东部绝大部分较好的土地在 1630 年到 1680 年间被圈地。从 1640 年到 1750 年间,主教法庭的命令确认了 28 起圈地。另有 22 起圈地虽已经实施,但未被主教法庭确认。在议会圈地阶段到来之前,达勒姆郡有 50% 的土地被圈占。①

在德比郡沃克斯沃恩庄园,有继承权的公簿持有农有权利按照数代人或数年的期限转租土地,并把更新租契的地租定为一年的租金。在 1649 年 30 户茅舍农蚕食了沃克斯沃恩庄园的荒地。以后这些占有者获得了为期数年的租佃权。② 1640 年,在德尔菲德,公地在国王和佃户间平均分配。1675 年,在海德猎园的其他部分和霍普的公地和荒地也用类似的办法处理。1697 年在克尼弗顿,1726 年在蒂辛顿,1731 年在多佛里奇,1758 年在阿索普,一些荒地按照各户拥有的羊和牛、马的数目分配到户。③ 在圈地过程中,地方大户人家自私自利的圈地行为遭到有力的抵制。例如,1650 年前后,里顿的 44 户居民起来抗议布雷德肖家族圈地。1665 年,巴格肖家族因为非法侵占阿布尼和大胡克河的部分公地遭到谴责。根据领主和自由持有农地协议对公地和荒地地圈占贯穿于 17 世纪中叶到 18 世纪中叶,在希罗普郡北部莫斯顿公地的一部,韦斯顿公地中的 200 英

① Joan Thirsk, ed., *Agrarian History of England and Wales*, Cambridge U.P., 1984, Vol. Ⅵ, p.48.

② David Hay, " The North-West Midland ", in Joan Thirsk. ed., *Agrarian History of England and Wales*, Cambridge U.P., 1984, Vol. Ⅵ, p.135.

③ David Hey, " The North-West Midland ", in Joan Thirsk, ed., *Agrarian History of England and Wales*, Cambridge U.P., 1984, Vol. Ⅵ, p.136.

亩,莫里顿林地中的 500 英亩被圈占。1693 年海因-希恩河上埃斯普利地 253 英亩土地被圈占。在柴郡,到 1650 年左右,索豪的 277 英亩公地被圈占。①

17 世纪圈地运动在密德兰地区、莱斯特郡、林肯郡、北安普顿郡、诺丁汉郡、德比郡、格洛斯特郡、萨默塞特郡的西部和威尔特郡大规模进行。在莱斯特郡,1630 年至 1631 年有10000 英亩土地被圈占。以后,在林肯郡、剑桥郡北部、西诺福克郡、亨廷顿郡、北安普顿郡和萨默塞特郡,对沼泽地和低地进行了筑填和开垦。到 17 世纪后期,这种开垦得到议会批准,进一步进行。②

16 世纪末和 17 世纪,东盎格利亚地区农业的商业化和专业化促使这个地区,特别是这个地区的中部和东部的圈地运动加快进行。③ 1573 年时塔瑟就称索福克是一个"典型的圈地郡"。到 16 世纪末,索福克郡的圈地已基本完成。④ 到 1750 年以后,在诺福克郡和索福克郡的多个教区,可耕敞地已所剩无几。

17 世纪的圈地并没有广泛地摧毁乡村社会,因为许多被圈占的土地在耕种过程中,已雇佣的劳力并不少于敞地时期。因为几块地合并在一起后,尽管利于耕作,可节省劳动力,但由于农业发展,耕地细作,所以农耕需要更多的人手。库尔特认为,

① David Hey, "The North-West Midland", in Joan Thirsk, ed., *Agrarian History of England and Wales*, Cambridge U.P., 1984, Vol. VI, p.150.

② W. H. R. Curtler, *The Enclosure and Redistribution of Our Land*, Oxford, Clarendon Press, 1920, p.125.

③ M. R. Postgate, "Field System of East Anglia", in Alan R. H. Baker and Robin A. Butlin, eds., *Studies of Field System in British Isles*, Cambridge U.P., 1973, p.287.

④ Alan R. H. Baker and Pobin A. Butlin, eds., *Studies of Field System in British Isles*, Cambridge U.P., 1973, p.289.

圈地并不直接导致减少对农业劳动力的要求。①

关于圈地导致驱赶佃户的情况也不那么一致。在达勒姆地产上,佃户的人数从 1685 年到 1755 年减少了不到 10%。在卡莱尔伯爵莫佩思的地产上,佃户的数量保持不变。一般地说,如果佃户能够支付日渐上涨的地租,地主似乎不情愿赶走他们而遭到麻烦。1685 年在纽伯恩,据说佃户尽可能到一些矿坑去背煤,用工资收入来支付地租。到 1755 年,在这个教区存在着许多面积为 21 英亩或更小的农场。②

晚近的研究修正了英格兰圈地的编年史。现在学者们认为,17 世纪在英国是圈地的比率最高的时期。全英格兰在 17 世纪有 24% 的土地被圈占,而 16 世纪只有 3% 的土地被圈占,18 世纪圈占的土地占 13%,19 世纪圈占的土地占 11%。尽管对上述数字仍存在争议,但这一基本估计已被学界接受。

从一些地区的情况来看,莱斯特郡在议会圈地以前的圈地阶段,到 1550 年共圈地 52 起,占圈地面积的 36%;1550 年至 1600 年圈地 7 起,占圈地面积的 5%;1600 年至 1650 年圈地 57 起,占圈地面积的 40%;1650 年至 1700 年圈地 24 起,占圈地面积的 17%;1700 年至 1750 年圈地 4 起,占圈地面积的 3%。到 1607 年时,莱斯特郡有 25% 的土地被圈占。到 1710 年时,有 47% 的土地被圈占。③

在达勒姆郡,1551 年至 1600 年圈地面积占 1551 年至 1800 年的圈地总面积的 2%。1601 年至 1650 年圈地面积占 1551 年至 1800 年的圈地总面积的 18%。1651 年至 1700 年圈地面积

---

① W.H.R. Curtler, *The Enclosure and Redistribution of Our Land*, Oxford, Clarendon Press, 1920, p.126.

② Paul Brassley, " Northunberland and Durham ", in Joan Thirsk, ed., *Agrarian History of England and Wales*, Cambridge U.P., 1984, Vol.Ⅵ, p.51.

③ Mark Overton, *Agricultural Revolution*, Cambridge U.P., 1996, pp.148−149.

占 1551 年至 1800 年圈地总面积的 18%。这样,17 世纪达勒姆的圈地占 1551 年至 1800 年圈地总面积的 36%。1701 年至 1750 年圈地面积占 1551 年至 1800 年圈地总面积的 3%。1751 年至 1800 年圈地面积占 1551 年至 1800 年圈地总面积的 35%。1801 年至 1850 年圈地面积占 1551 年至 1800 年圈地总面积的 24%。[①]

在南密德兰地区,1450 年以前的圈地面积占圈地总面积的 4%。1450 年至 1524 年圈地的面积占圈地总面积的 6%,1525 年至 1574 年圈地的面积占圈地总面积的 2%。1575 年至 1674 年圈地的面积占圈地总面积的 17%。1675 年至 1749 年圈地的面积占圈地总面积的 5%。在南密德兰地区,1750 年至 1849 年的议会圈地阶段,土地圈占面积占圈地总面积的 55%。1850 年以后的圈地的面积占圈地总面积的 3%。[②] 这个地区 17 世纪圈地的比例低于后来的议会圈地阶段。

晚近的研究从两个方面修正了英格兰圈地的编年史。一方面研究者指出了早期圈地的方式,不全是用暴力驱赶农民,有不少地方是用协议方式圈地。在 16 世纪圈地过程中,在一些零星圈地的地区,公地逐渐被农民取消。在这些地区圈地过程中,协议圈地的方式很流行。"通过自愿的协议逐渐圈地与 18 世纪那种翻天覆地的圈地作用有所不同。"[③]1589 年在约克郡布雷德福荒原进行圈地时,所有的佃户聚集在荒原上,他们毫无异议地达成一项圈地协议。在兰开郡,通过协议交换条地通常是圈

---

① Mark Overton, *Agricultural Revolution*, Cambridge U.P., 1996, p.149, Table 4.3.

② Mark Overton, *Agricultural Revolution*, Cambridge U.P., 1996, p.150, Table 4.4.

③ J. A. Yelling, *Common Field and Enclosure in England 1450 – 1850*, Macmillan, 1977, p.117。

占公地的序幕。在此同时,公用牧场划分给各教区,然后在一致
认可的条件下在个人之间划分。划分公地的典型例子是 1608
年利瑟姆庄园的 32 个居民同庄园领主达成协议。领主同意让
他的佃户拥有与持有地同等面积的公有荒地,另外再加 100 英
亩,使租户接受圈地。只要租户付得起地租,便允许向租户出租
尽可能多的土地。再一个例子是雷庄园,领主爱德华·斯坦利
允许他的佃户每人圈占 3 英亩的公地牧场而不支付地租,因为
那里土地很多。所以,那里的圈地是在一种平静的气氛中进行
的。① 有的地方圈地是由一些人提出动议。如在兰开郡的罗森
代尔对小块的可耕条地和少量的圈占,系由佃户提议,领主同
意。这些圈地大多数只引起很小异议或没有异议。在另一种情
况下,渴求取得土地的地主花钱以买得佃户的同意。例如,1582
年莱斯特提丁沃斯的地主威廉·布罗卡斯便通过授予"各种赏
金和按照价格出租土地",以取得他的佃户的合作。②

　　第二方面,学者通过研究发现,16 世纪圈占土地的面积只
占全部土地很小一部分。16 世纪圈地的比例远远比不上 17 世
纪的圈地运动。晚近研究的结果是,17 世纪在英国是圈地的比
率最高的时期。在全英格兰,17 世纪有 24% 的土地被圈占,而
16 世纪只有 3% 的土地被圈占,18 世纪圈占的土地占 13%,19
世纪圈占的土地占 11%。尽管对上述数字仍存在某些争议,但
这一基本估计已被接受。

　　从一些地区的情况来看,莱斯特郡在议会圈地以前的圈地
阶段,1550 年以前共圈地 52 起,圈占土地是此期圈地面积的
36%;1550 年至 1600 年圈地 7 起,占圈地面积的 5%;1600 年至

① Joan Thirsk, "The Farm Region of England", in Joan Thirsk, ed., *Agrarian History of England and Wales*, Cambridge U.P., 1967. Vol. Ⅳ, p.83.

② Joan Thirsk, *Tudor Enclosure*, London, 1958, p.6.

1650 年圈地 57 起,占圈地面积的 40%;1650 年至 1700 年圈地 24 起,占圈地面积的 17%;1700 年至 1750 年圈地 4 起,占圈地面积的 3%。到 1607 年时,莱斯特郡有 25% 的土地被圈占。到 1710 年时,有 47% 的土地被圈占。[1]

在达勒姆郡,1551 年至 1600 年的圈地面积占 1551 年至 1800 年的圈地总面积的 2%。1601 年至 1650 年圈地面积占 1551 年至 1800 年圈地总面积的 18%。1651 年至 1700 年圈地面积占 1551 年至 1800 年圈地总面积的 18%。这样,17 世纪达勒姆的圈地占 1551 年至 1800 年圈地总面积的 36%。1701 年至 1750 年圈地面积占 1551 年至 1800 年圈地总面积的 3%。1751 年至 1800 年圈地面积占 1551 年至 1800 圈地总面积的 35%。1801 年至 1850 年圈地面积占 1551 年至 1800 圈地总面积的 24%。[2]

在南密德兰地区,1450 年以前的圈地面积占圈地总面积的 4%。1450 年至 1524 年圈地的面积占圈地总面积的 6%,1525 年至 1574 年圈地面积占圈地总面积的 2%。1575 年至 1674 年圈地面积占圈地总面积的 17%。1675 年至 1749 年圈地面积占圈地总面积的 5%。在南密德兰地区,1750 年至 1849 年的议会圈地阶段,土地圈占面积占圈地总面积的 55%。1850 年以后的圈地面积占圈地总面积的 3%。[3] 这个地区 17 世纪圈地的比例低于后来的议会圈地阶段。

都铎时期的圈地运动在一些地区展开较为密集,驱赶农民产生的社会影响较大。但与稍后的 17 世纪相比,圈占土地的比

---

[1]　Mark Overton, *Agricultural Revolution*, Cambridge U.P., 1996, pp.148–149.

[2]　Mark Overton, *Agricultural Revolution*, Cambridge U.P., 1996, p.149, Table 4.3.

[3]　Mark Overton, *Agricultural Revolution*. Cambridge U.P., 1996, p.150, Table 4.4.

例要小一些,它只是圈地运动的一个阶段。

三、庄园制的衰落及庄园衰落后的 农业经济组织

英格兰庄园的衰落开始得很早。在英格兰,自13世纪末起,法律就不允许再建立新的庄园。[①] 任何人试图逃避对于已经合法建立的庄园的与土地有关的义务,而去建立自己的庄园,都将被判定是非法的。在庄园衰落的过程中,庄园土地转而归自由持有农和公簿持有农持有。许多庄园到近代初期逐渐这样被肢解。特别是在密德兰平原、盛产奶酪之乡和其他正在进行圈地的各农业郡,一些庄园不再有庄园法庭,而只存在一个庄园领主。在许多地方,甚至在庄园未被肢解时,庄园法庭便已经不为人注意了。[②] 但是,在公簿持有农继续存在的地方,倘若庄园法庭撤销,则不利于审理习惯佃户的案件。所以,有过弗兰西斯·培根下令惠特彻奇庄园继续保持庄园法庭的例子。也有施鲁顿庄园被肢解后,由于庄园法庭不再继续维持其职能,整个教区处于混乱状态的例子。一般来说,只有当庄园土地已出售给非习惯业主,不再需要庄园的地方法时,庄园才会被肢解。在公地存在的情况下,教区需要根据地方法承认庄园法庭继续存在。因此,在某些地方,庄园如以往那样十分巩固。

在这一过程中,庄园会被合并,也会发生分裂。如果一个庄园落入两个共同继承人之手,就会成立两个庄园法庭。庄园也就会一分为二,每个领主召集属于他自己的部分佃农组成自己

---

① F.Pollock and F.W.Maitland, *The History of English Law, from the time of Edward I*, Cambridge University Press, 1895, p.596.

② Eric Kerridge, *Agrarian Problems in the Sixteenth Century and After*, London, George Allen and Unwin, 1969, p.18.

的庄园法庭。此外,两个庄园也可能会并为一个。如果一个领主正式拥有另一个庄园,他会把新得到的庄园并入原有的庄园。在维斯特伯里,庄园曾经分裂为若干块。此后,马尔波罗伯爵买下最大的属于维斯特伯里百户村的庄园和附属的 7 个小庄园,将其合并为 1 个大庄园。在科斯莱、阿姆斯伯里和布莱斯伯格,都出现了庄园合并的现象。① 尽管在 16 到 17 世纪有庄园合并的例子,但庄园分割成小庄园的例子也很多。一个庄园可分为 6 个或数目更多的小庄园,有的小庄园离庄园中心很远。在高地区,一个庄园所属的土地可以分散在 15 英里半径之内的地区。②

在庄园衰落的情况下,英国的土地所有权和对农民的控制都发生了变化。过去那种没有什么土地是没有领主的,或者称所有的土地都是庄园的或是领主领地一部分的说法不再符合英国的现实。边远的自由持有农不再受他们已离开的庄园的控制。但占压倒多数的地产仍然属于庄园。③

威格斯顿庄园位于莱斯特南部郊区。早期这里有两个教区教堂,一个教堂属于英格兰人,一个教堂属于丹麦人。两个教堂各代表了一个地方社团。13 世纪威格斯顿分为两个庄园。庄园几经转手,其中一部分在 1240 年至 1526 年间落到牛津伯爵手中。到 16 世纪末这个庄园最终被分割,庄园的土地分成 16 小块出售。这里的公簿持有农力量较强大。在 1606 年,20 名公簿持有农买下了庄园土地,他们中有 7 人日后成

---

① Eric Kerridge, *Agrarian Problems in the Sixteenth Century and After*, London, George Allen and Unwin, 1969, pp.19-20.

② Eric Kerridge, *Agrarian Problems in the Sixteenth Century and After*, London, George Allen and Unwin, 1969, p.20.

③ Eric Kerridge, *Agrarian Problems in the Sixteenth Century and After*, London, George Allen and Unwin, 1969, pp.23-24.

为租地持有农。①

诺西利庄园位于莱斯特以南 10 英里处。1086 年时它是一个独立的庄园,有 16 名维兰、6 名边民、3 名农奴和 1 名牧师。在 1504 年至 1509 年间,该庄园人口减少,结束了这个庄园的历史。1563 年这里有 8 户居民。1670 年这里只剩下 1 户人家。1676 年教区调查结果表明,当地有 20 个成年人。1807 年人口调查表明当地有 4 个居民,1851 年时增至 40 人。②

15 世纪和 16 世纪,庄园法庭开始衰落。它表现在庄园法庭召集的次数和它处理的事务的数量和种类减少。其实,庄园的衰落在黑死病以后便开始了。但它的衰落过程很缓慢,因此,庄园及庄园法庭在 16 世纪及以后仍然残存着。庄园法庭的衰落与英国农奴制的废除密切相关。庄园中单个农奴身份的消失以及农奴罚金的消失直接对庄园法庭产生影响。1348 年以后乡村人口的减少使得参加庄园法庭的佃户人数下降,这直接影响到庄园法庭的活动。③ 这个时期习惯佃户不仅逃避农奴制对其奴役束缚,而且寻找逃避庄园的地租和更新契约的特别租费的方法。佃户的抵制影响到庄园的收益,同时也影响到庄园法庭解决问题的效率。黑死病以后英国颁布的《劳工法规》以及一系列行政法规,加强了王室法官的作用。每年召开四次的各郡治安法庭或四季法庭处理了大量地方案件和纠纷。这种司法体制在 16 世纪超过了封建民事法庭的作用。

黑死病以前,许多庄园召集庄园法庭的频率是每三周一

---

① D. R. Mills, *Lords and Peasants in Nineteenth Century*, London, Croom Helm, 1980, pp.109-110.

② D. R. Mills, *Lords and Peasants in Nineteenth Century*, London, Croom Helm, 1980, pp.111-112.

③ J. Whittle, *The Development of Agrarian Capitalism*, Oxford, Clarendon Press, 2000, p.47.

次。黑死病以后,庄园法庭的召集不那么频繁。例如,在伍斯特主教领地,14 世纪末到 15 世纪,通常 1 年只召开 6 次庄园法庭,到 15 世纪中叶减少为每年 4 次,到 16 世纪 20 年代减少为每年两次。① 在赫文罕主教领地,在 1440 年以后,每年召集 3 次庄园法庭。在 1527 年以后,每年只召集两次庄园法庭。② 庄园法庭的收入也普遍出现程度不同的减少。戴尔的研究表明,伍斯特主教地产上庄园法庭的收益在 1419 年至 1420 年间下降了 6%,1506 年至 1507 年下降了 4%。③ 赫文罕主教领地上庄园法庭的收益在 1450 年至 1452 年为 6 英镑 19 先令 4 便士,1486 年至 1488 年为 4 英镑 15 先令 7 便士,1517 年至 1519 年为 7 英镑 15 先令 1 便士,1553 年至 1555 年为 3 英镑 1 先令 3 便士。④

到了 16 世纪,市场对于土地的需求有相当的增长,佃户出售土地的价格增长了 3 倍,但同期庄园的收入并没有明显增长。在绝大多数庄园,到 16 世纪 20 年代账上的结余不再增加。在赫文罕主教庄园,1462 年至 1463 年结余额为 10 英镑 10 先令,1468 年至 1469 年结余额为 27 英镑,1500 年结余额为 3 英镑,1532 年至 1533 年结余额为零。在萨克斯索普劳恩德霍尔庄园,15 世纪的结余额最高达 27 英镑,最低时为 7 英镑。到 1513 年至 1514 年结余额为 13 英镑,1524 年至 1525 年结余额为零。

① C. Dyer, *Lords and Peasants in a Change Society*, *The Estates of the Bishopric of Worcester 680-1540*, Cambridge, Cambridge U. P., 1980, pp.265-266.

② J. Whittle, *The Development of Agrarian Capitalism*, Oxford, Clarendon Press, 2000, p.48.

③ C. Dyer, *Lords and Peasants in a Change Society*, *The Estates of the Bishopric of Worcester 680-1540*, Cambridge, Cambridge U. P., 1980, p.174.

④ J. Whittle, *The Development of Agrarian Capitalism*, Oxford, Clarendon Press, 2000, p.51, Table 2. 3.

萨克斯索普米克尔霍尔庄园的结余情况与前者相似。①

　　由于佃户过于贫穷,所以庄园法庭预期的财政收入无法如数收到账。在 1496 年至 1498 年间,在东盎格里亚的布兰登庄园,有 47% 预期的庄园收入由于佃户贫穷被免收。② 佃户拒绝支付罚款,在布兰登伊利主教领地成为庄园面临的大问题。在 1463 年至 1499 年间,几乎有四分之一的庄园法庭的不定期收入在会计决算时尚未到账,至少有一半庄园原来可以得到的收入,领主未能收到。③

　　到了 16 世纪,佃户感到征收的租金和更新地契的租费过于沉重。他们抵制的情绪强烈。庄园领主发现,征收地租以及更新地契时的租费已超出租户的能力。在庄园法庭的权能和管理的事务减少,其收入减少的同时,到 16 世纪,四季法庭在处罚事务和司法管理事务中显得比封建领主召集的庄园法庭更有效率。而对于佃户来说,四季法庭成为处理他们与领主的多种争端的较得人心的机构。因为四季法庭的活动表明它们比起庄园领主的私人法庭在处理纠纷时更加超然和公正。所以,四季法庭所起的作用在 16 世纪超过了庄园法庭。诚然,在此时,庄园法庭对于领主来说,在管理习惯保有权、处理某些与佃户相关的事务,以及管理乡村生活中仍然起着不可替代的作用。庄园法庭尤其在决定与土地保有权有关的事务中仍然起着重要作用。④

---

　　① J. Whittle, *The Development of Agrarian Capitalism*, Oxford, Clarendon Press, 2000, p.74.

　　② Mark Bailey, *A Maginal Economy? East Anglia Breckland in the Later Middle Age*, Cambridge University Press, 1989, p.270.

　　③ Mark Bailey, *A Maginal Economy? East Anglia Breckland in the Later Middle Age*, Cambridge University Press, 1989, pp.272–273.

　　④ J. Whittle, *The Development of Agrarian Capitalism*, Oxford, Clarendon Press, 2000, pp.83–84.

庄园法庭的残存与公簿持有制的继续存在直接联系,因为庄园法庭被废止将不利于当地习惯佃户的管理。这方面有过例子,如施鲁顿庄园分裂,庄园法庭无法继续下去,致使村子内部陷入混乱,直至政府找出办法加以干预。一般来说,只有当地不再需要庄园地方法,并且庄园土地已准备出售给非习惯所有者时,庄园才会分裂。①

英国资产阶级革命建立的政权无意于彻底摧毁庄园制度。英格兰在 1650 年征服爱尔兰和 1654 年征服苏格兰以后,议会还颁布法令,按照英格兰的模式在这两个地区推行庄园制。②

16 世纪以后,庄园法庭在衰落之后,日渐成为土地登记机构和征收地租的机构。它逐渐把对乡村社区事务的管理权交给社区本身。当庄园男爵对当地的农作实践作出规定时,往往地方法庭已对此作出了规定。地方团体只是让庄园法庭对实施上述决定作出记载而已。③

庄园影响的衰落与另一类地方行政管理组织即教区和教区会的兴起直接联系着。从 15 世纪后期开始,教区会组织在少数教区开始出现。它持续存在了 300 多年。教区会和教区委员逐渐拥有很大的地方权力,而且教区临时警察以后也开始出现。在一些教区,教区官员由选举产生并只任职一年。而在另一些教区,他们可以任职数年。教区会可以自存不废,也可以由选举产生。在某些教区,尽管庄园男爵正式的权力已经衰微了,但庄园领主凭借庇护关系,对任命教区委员会仍有相当的影响,对教

① Eric Kerridge, *Agrarian Problems in the Sixteenth Century and After*, London, George Allen and Unwin, 1969, p.19.

② C.H.Firth and R.S.Rait, eds., *Acts and Ordinances in the Interragunum*, 1642-1660, London, 1911, Vol.ii, pp.883-884.

③ J.W.Molyneux-Child, *Evolution of English Manorial System*, Lewis, 1987, p.131.

区会的活动及教区的政策可起某种控制作用。①

在16世纪和17世纪的约克郡西区,尽管封建主义和庄园制面对众多城市中心的兴起和毛织业家内工业的兴起已失去了它许多最初具有的意义,但庄园的一些特征仍然继续影响着西区经济生活的模式。如在哈利法克斯教区,领主仍然要求恢复对于磨坊的权利以及征收更新土地租契时的特别租费,以使其能获得利益。尽管在此时佃户已是公簿持有农而非中古时期的维兰,他们仍然维持着对庄园领主的某些义务。他们有义务参加庄园法庭的诉讼案件审理和从事在磨坊的劳作,他们关于土地持有的任何变更都必须在领主的法庭登记。每年因为租种土地要向领主交纳地租,同时,有义务交纳一笔称作租地继承税的更新租地契约的费用。有的时候在教区的某些地方,佃户仍需要做一天修路的工作,但这种义务也可以通过支付12便士现金来替代。在磨坊的劳作也可以用现金来抵付。在巴基斯兰德,仍要每个人做6天的工,同时任命了一个监工去监督租户履行这种义务,在拉斯提克也是如此。②

在近代时期,庄园在英国并没有立即消失。在许多地方,为数不少的庄园持续存在。戴德斯韦尔庄园历史悠久,早在土地调查册时期便已经存在。1512年,约翰·维尔斯继承了这个庄园,此后传给其子托马斯·维尔斯。1539年至1661年,戴德斯韦尔庄园为维斯顿家族所有。1661年以后该庄园落到翁斯洛家族手中,翁斯洛家族有11代人是这个庄园的领主。翁斯洛七

---

① J.W. Molyneux-Child, *Evolution of English Manorial System*, Lewis, 1987, pp.132-134.

② J.W Molyneux-Child, *Evolution of English Manorial System*, Lewis, 1987, pp.121-129.

世伯爵迈克尔·翁斯洛便是其中之一,他在八十年代仍是上院议员。①

作为庄园制残余的自营地农场,从 16 世纪一直存在到 20世纪。它成为支持地主生活的一种主要手段。地主和承租人之间的联系纽带长期以来依然照旧,并没有完全商品化。这种联系纽带仍然属于领主关系,包括双方之间的权威和保护关系、服役和尊重关系。租地持有权可以在一个家族手中保留达数代人之久。直到 17 世纪中叶,许多自营地租地或前公簿持有地仍以很低的地租由一个租户家族持有两、三代之久。地租也很少变化。许多领主是中世纪骑士的后代,或者是商人、律师、上升的自耕农的继承人。他们的祖先在都铎和斯图亚特时代买下了庄园。到 19 世纪,在一些村庄,许多农田为一两个大家族所拥有。他们通常继承了中世纪庄园领主的土地财产所有权。庄园习惯也继续保存着。

切顿安和阿希利这两个庄园是在 12 世纪由一个庄园一分为二的。但它们都保持着同样的庄园习惯。因此它们在本质上可以算是一个庄园。在这两个庄园中,所有的习惯保有地都按照继承制向继承人传递,租地的继承采取了习惯保有权的旧形式。大致到 15 世纪,这里的公簿持有农取得与租地农相同的三代人的租佃权。这时,不自由人也逐渐获得迁居的权利。这个庄园已经没有在驻领主,但庄园严格遵守先例,继承习惯固定下来,这里实行长子继承制的习惯。如果佃户死去,留下寡妇和未成年的孩子。如果继承人年少,庄园行使监督权持有其遗产。在切顿安庄园,为了使寡妇维持家庭生计,12 年后将其已故丈

① Martha J.Ellis, "A Study in the Manorial History of Halifax Parish in the 16th and 17th Century", *Yorkshire Archaeological Journal*, XL pt. 1. 2. (1960) p.259.脚注 3。

夫的租佃地给予寡妇本人。①

佩特沃斯庄园在 17 世纪则正处于它的黄金时代。② 当时，在佩特沃斯庄园存在由自由持有佃户组成的男爵法庭，由庄园领主和管事组成的处理公簿持有农案件的习惯法法庭，和审理较小的犯罪案件的封建领主的民事法庭。在这里还存在着十家联保制。自 1625 年至 1922 年，近 300 年间佩特沃斯庄园法庭的案卷共有 25 卷。它收录和记载了庄园的命令、习惯、职责、领主和佃户之间不动产的让与、佃户死亡和继承。③ 其庄园法庭的主要功能是依照习惯法来管理庄园公簿持有农的地产。它禁止公簿持有农在未得到庄园法庭颁发的领主的许可证的情况下出租其租地超过 1 年零 1 天的时限。庄园法庭许可证的有效期限不超过 7 年。要使许可证延长，需要在 7 年期满时申请延期。所有的公簿持有地，无论是通过继承还是通过转让得到的，如要转手，必须经过庄园法庭，违反者要没收其公簿持有地。④

佩特沃斯庄园在 1610 年时，196 英亩土地中只有 13 亩是自由持有地，其余的 183 英亩均为公簿持有地。1779 年时它的公簿持有地已大大减少。在 185 英亩土地中只有 74 英亩，而自由持有地增加到 45 英亩。到 1779 年，登记的自营地达到 66 英亩。由于这个庄园缺乏足够的自营地，庄园土地的兼并被拖延下来。⑤ 在 17 世纪，

① Mary Poget, " A Study of Manorial Custom before 1625", *Local Historian*, Vol. 15, No. 3, Aug. 1982, pp.166-167.

② Lord Leconfield, *Petworth Manor in the Seventeenth Century*, Oxford University Press, 1954, p.1.

③ Lord Leconfield, *Petworth Manor in the Seventeenth Century*, Oxford University Press, 1954, pp.2-3.

④ Lord Leconfield, *Petworth Manor in the Seventeenth Century*, Oxford University Press, 1954, p.10.

⑤ Lord Leconfield, *Petworth Manor in the Seventeenth Century*, Oxford University Press, 1954, p.92.

这个庄园公簿持有农继承租地的费用甚高。例如,1616年杰弗里·豪金斯死时,他将持有的本村的公簿持有地和在乌帕顿的36英亩公簿持有地转给他儿子,其子托马斯·豪金斯付出的代价为1头值40先令的母牛。而当1642年托马斯死后,租地继承税是值3英镑15先令的一头公牛。而他的妻子安娜在法庭更新租契时交纳的特别租费为22英镑。① 当地的租户在荒地上建房必须得到庄园领主的同意,而领主对租户建房的要求可以同意也可以不同意。庄园荒地上种植的树木和地下的矿藏都属于领主的,佃户未经领主许可砍伐树木要受重罚。② 对公簿持有农的处罚在佩特沃斯庄园时多种多样。例如,1612年两名公簿持有农因为囤积黄油和鸡蛋到市场销售而被罚款8便士。③ 可以说,直到18世纪末,佩特沃斯庄园仍属于较传统的旧式庄园。公簿持有农在庄园公地上的权利很小。例如,1630年玛丽·芬奇和约翰·古迪尔由于在一处公地上牧鹅而被视为有罪。

帕普沃斯庄园起源于土地调查册时代。1240年时,罗伯特·德·帕普沃斯是该庄园的主人。1612年前后,埃德蒙·斯莱菲尔德把庄园领主权出售给亨利·韦斯顿。1783年这个庄园转手给翁斯洛第一世伯爵。翁斯洛家族拥有这座庄园达7代人之久,直到1984年。④

1677年,在英格兰北部达勒姆郡的布朗斯佩斯庄园法庭,

---

① Lord Leconfield, *Petworth Manor in the Seventeenth Century*, Oxford University Press,1954,p.18.

② Lord Leconfield, *Petworth Manor in the Seventeenth Century*, Oxford University Press,1954,pp.28-29.

③ Lord Leconfield, *Petworth Manor in the Seventeenth Century*, Oxford University Press,1954,p.31.

④ J.W.Molyneux-Child, *Evolution of English Manorial System*, Lewis,1987, pp.122-127,129,130.

威廉·泰勒因为侵占 1 英亩领主的土地被罚款 5 先令。另有 2
人因为侵占 3 英亩土地被罚款 15 先令。庄园法庭审理的此类
案件很多。1696 年为 10 件,1709 年为 40 件,1716 年为 50 件。
在 18 世纪前 50 年,庄园法庭持续地进行着这种对佃户的处罚
案件的审理。① 在诺森伯兰郡,在山地地区重新组织地产的工
作在 17 世纪初开始进行。当时,庄园法庭处理了一系列有关确
定边境地区土地保有权的案件。在上述高地地区,到 1720 年
时,在南泰恩河谷的少数庄园还保持着习惯保有权,但绝大多数
大地产已被兼并建成有实力的农场,以租地制加以出租。②

　　诺丁汉郡的拉克斯顿村在 17 世纪开始时是一个纯农业村
庄。1618 年吉尔伯特·鲁斯把拉克斯顿庄园的领主权出售给
伯金汉公爵。伯金汉公爵作为詹姆士一世的宠臣,在 1616 年至
1620 年间聚敛了大量的财富,其中主要是地产。而拉克斯顿庄
园只是其中一处。伯金汉公爵主要关心的是在他家乡莱斯特郡
的地产,而诺丁汉郡不在他的发展地产的长计划之列。因此,
1625 年伯金汉公爵把拉克斯顿庄园出手给威廉·考腾爵士。
威廉·考腾爵士是佛兰德逃亡者之子,其父定居伦敦,从事丝绸
和亚麻布的贸易。1631 年时威廉·考腾爵士和他的弟兄共有
资本 150000 英镑,他拥有 20 艘商船进行与非洲和西印度群岛
的贸易,是西印度群岛殖民的先驱。他在英格兰有价值 6500 英
镑的地产。到 1635 年,拉克斯顿地产的三个大地主分别是考腾
爵士、布劳顿和欣德。

　　1635 年,在拉克斯顿占有土地的有庄园领主 1 人,占地
2329 英亩,即占全部地产的 60.3%。两个大自由持有农共占地

　　①　Paul Brassley,"Northunberland and Durham",in Joan Thirsk ed.,*Agrarian
History of England and Wales*,Cambridge U.P.,1974,Vol.Ⅵ,p.48.

　　②　Paul Brassley,"Northunberland and Durham",in Joan Thirsk ed.,*Agrarian
History of England and Wales*, Cambridge U.P.,1974,Vol.Ⅵ,p.50.

1116 英亩，即占总面积的 28.9%，其中彼特·布劳顿占地 754
英亩，奥古斯丁·欣德占地 362 英亩。占地在 50 到 99 英亩的
有两户自由持有农，其中罗伯特·希普顿占地 76 英亩，詹姆
士·培根占地 69 英亩。以下，占地在 20 至 49 英亩的有 4 人·
占地共 116 英亩。占地 10 到 19 英亩的有 3 人，占地共 38 英
亩。占地 5 至 9 英亩的有 3 人，占地共 21 英亩。占地 1 到 4 英
亩的有 6 人，共占地 15 英亩。此外，占地 1 英亩以下的有 4 人。
另有几户在外土地所有者也在拉克斯顿拥有土地。

从 1635 年拉克斯顿土地保有权结构来看，全村 89 户中，48
户系从庄园领主考腾处租种土地，16 户从布劳顿处租种土地，7
户从欣德处租种土地，有 14 块地产为自由持有农持有。①

17 世纪初，拉克斯顿庄园的居民绝大多数依靠土地为生，
但彼此情况差别很大。考腾的地产可粗略地分为三部分。第一
部分为自营地产，共 295 英亩，这部分地产在中世纪一直由村庄
农民为领主耕种。此外，还有 292 英亩林地，通常出租收取地
租。租种这些土地的共有 68 名佃户，他们的租地大小不等，大
的如托马斯·泰勒的租地为 99 英亩，而有 34 名佃户的租地每
户均小于 5 英亩。第三部分地产是罗斯和斯诺晚近从欣德那里
获取的地产，由 7 户佃户租种。布劳顿在拉克斯顿持有的地产
租给了 25 名佃户。欣德的地产有 100 英亩租给 12 名佃户
耕种。②

1635 年，拉克斯顿的租地农场面积在 100 英亩以上的有 5
个，总面积为 1077 英亩。面积在 51 至 99 英亩的租地农场有 15
个，总面积为 1131 英亩。面积在 21 至 50 英亩的租地农场有 15

① J. V. Beckett, *A History of Laxton, England's Last Open Field Village*, Oxford, Basil Blackwell, 1989, pp.59—60, Table 3.1.

② J. V. Beckett, *A History of Laxton, England's Last Open Field Village*, Oxford, Basil Blackwell, 1989, pp.65—66.

个,总面积为 519 英亩。面积在 11 至 20 英亩的租地农场有 10 个,总面积为 167 英亩。面积在 6 至 10 英亩的租地农场有 21 个,总面积为 174 英亩。面积在 1 至 5 英亩的租地农场有 34 个,总面积为 99 英亩。拉克斯顿租地农场总面积为 3342 英亩。[①] 而拉克斯顿庄园土地总面积为 3861 英亩,约占 86% 的庄园土地为租地农场经营。[②]

拉克斯顿庄园的所有权 17 世纪初年为威廉·考腾拥有。但他经营不善,很快债务缠身。为了减轻债务,他在 1640 年 6 月用自己的财产从金斯敦处换得 7200 英镑,但 3 年后他仍然破产了。该庄园的新领主是显赫的贵族罗伯特·皮尔庞特。他在 17 世纪 20 年代末取得纽瓦克子爵和赫尔的金斯敦的头衔。17 世纪这个家族在德比郡、希罗普郡、林肯郡、萨默塞特郡、威尔特郡、汉普郡和约克郡取得大宗财产,同时扩大了自己在诺丁汉郡的地产。罗伯特·皮尔庞特接管拉克斯顿庄园后,发现在庄园领主名下只有 60% 拉克斯顿的土地,他遂从市场上积极购买一切拉克斯顿的地产。1715 年这个家族取得公爵称号。罗伯特·皮尔庞特家族把拉克斯顿庄园一直保持到 20 世纪 50 年代。[③]

在拉克斯顿庄园中,从 1635 年到 1736 年的百年中,绝大多数小自由持有地都发生了转手,并且在转手过程中,几乎所有的自由持有地都被分割出售。持有土地面积在 99 英亩以下的自由持有农从 22 人增加到 47 人,数量翻了一番。而自由持有农

---

① J. V. Beckett, *A History of Laxton, England's Last Open Field Village*, Oxford, Basil Blackwell, 1989, p.69, Table 3. 2, Size of Farms in Laxton 1635.

② J. V. Beckett, *A History of Laxton, England's Last Open Field Village*, Oxford, Basil Blackwell, 1989, p.67.

③ J. V. Beckett, *A History of Laxton, England's Last Open Field Village*, Oxford, Basil Blackwell, 1989, p.97.

持有的土地总面积变化不大。①

格洛斯特郡的布莱丁顿庄园在 1533 年为托马斯·利爵士和几个合伙人买得。利氏是伦敦商人和副市长,常年生活在伦敦,但他持续地买进地产。斯通利修道院、阿德尔斯特罗普和朗伯勒庄园都归他所有。在 1533 年时,布莱丁顿庄园的价格是 897 英镑 13 先令 1 又 1/2 便士。庄园土地保有权归于以服兵役为条件对土地的占有权,当时这种义务已经取消。布莱丁顿庄园的自营地上居住有 16 户佃户,他们的租佃期为 99 年。所有的佃户都被称为"自由人"。他们的劳役均已折算,他们可以自由地离开庄园,让子女去学手艺或进学校。庄园中习惯佃户的地租保持不变。② 庄园设有男爵法庭,其主要工作是记录土地保有权的变更,并维持庄园正常的生产秩序。利氏买下布莱丁顿庄园后,最初分别在 1553 年、1555 年、1557 年和 1560 年召集庄园男爵法庭的会议。③

在 17 世纪,布莱丁顿庄园的保有权和农民的生活发生很大变化。1571 年托马斯·利死后,他和另 3 人拥有的庄园土地租给 3 个伦敦城的绅士,其中一个是林肯律师会所的成员,一个是针线商,一个是布商。租期到他的儿子罗兰死时为结束,或者到罗兰的儿子年满 21 岁时。大约在 1600 年,罗兰·利作出一项决定,不再出租持有的土地,而是零碎地出售整个庄园。这样,

---

① J. V. Beckett, *A History of Laxton, England's Last Open Field Village*, Oxford, Basil Blackwell, 1989, p.99, Table 4.3.

② M. K. Ashley, *The Change English Village, A History of Bledington, Gloucestershire in its Setting 1066 - 1914*, Kineton, The Rouadwood Press, 1974, p.107.

③ M. K. Ashley, *The Change English Village, A History of Bledington, Gloucestershire in its Setting 1066 - 1914*, Kineton, The Rouadwood Press, 1974, p.108.

布莱丁顿庄园佃户由于拥有了习惯法承认的权利,自然在购买土地时捷足先登。关于庄园土地的出售已无法找到系统的资料。维多利亚郡史记载,在17世纪,托马斯·洛金斯、安德鲁·菲利普斯、托马斯·霍尔福德和约翰·拉克(或约翰·鲁克)买下了布莱丁顿庄园的土地。据残存的记载,最早是托马斯·贝克尔在1611年买下庄园土地。1611年,托马斯·盖伊在遗嘱中提到他拥有那里的宅院和租地。1649年,赫尔斯家族在那里拥有宅院和自由持有地。① 1721年,在布莱丁顿有21户自由持有农,他们都是"庄园领主"。每个公簿持有农和自营地的买主都拥有庄园的"地基和农田",即他已买下充分的领主权。实际上,土地出售后,领主权便荡然无存,庄园法庭也不再存在。"没有庄园法庭,也就没有了庄园",只是庄园档案保存在利氏家族手中。② 到1660年,在布莱丁顿几乎不再有公簿持有农存在。这个教区的乡村居民可以分成四类。经济地位较好的是约曼或农场主,原先的小公簿持有农、技工、日工。③ 经过圈地运动,全教区1539英亩土地分别为19人持有,持有土地最多的达219英亩。其他的人持有土地平均在90英亩左右。经过圈地运动,布莱丁顿土地持有者的人数并没有减少。④

---

① M. K. Ashley, *The Change English Village, A History of Bledington, Gloucestershire in its Setting 1066 – 1914*, Kineton, The Rouadwood Press, 1974, p.136.

② M. K. Ashley, *The Change English Village, A History of Bledington, Gloucestershire in its Setting 1066 – 1914*, Kineton, The Rouadwood Press, 1974, p.137.

③ M. K. Ashley, *The Change English Village, A History of Bledington, Gloucestershire in its Setting 1066 – 1914*, Kineton, The Rouadwood Press, 1974, p.158.

④ M. K. Ashley, *The Change English Village, A History of Bledington, Gloucestershire in its Setting 1066 – 1914*, Kineton, The Rouadwood Press, 1974, p.219.

1741 年,一份庄园法庭指南列出庄园法庭管理的诸种事务共有 20 种以上。其中包括:提出所有诉讼人的讼案;调查自上一次开庭后与所有死亡的佃户有关的应交纳给领主的救济、监护等;领主退回的任何权利和劳役;所有血族农奴的儿女入学和安置其从事手工艺,或未经许可娶其女儿;任何农奴未经许可出租土地,或者未经许可收回其有形地产;农奴未经赎身或交纳罚金逃跑;任何超过 12 个月又 1 天的让渡,或为期数年的出租;任何土地由公簿持有地转为自由持有地或由自由持有地转为公簿持有地时,有可能对领主利益的损害;任何砍伐大的木材的事件;非法进入、狩猎或放鹰打猎的行为;任何公簿持有农或其他佃户出售其衰微的保有地;任何农奴在未经领主同意的情况下购买自由土地;为管家逮捕的人被解救或被阻挠;在佃户和领主之间发生任何搬动道路基石或桩标之事;任何未经领主许可侵占领主土地之事;任何持有两块土地者让一块土地荒芜或者把树从一块土地挪到另一块土地上去;任何拔除树木或树篱,推倒房子之事;任何拿取走或破坏属于领主的证据如庄园法庭案卷之事,等等。①

1770 年出版的由尼科尔森和波恩所著威斯特摩兰郡和库伯兰郡农业史指出,此时这两个郡共残存着 325 个庄园。根据库伯兰郡的 107 个庄园和威斯特摩兰郡的 103 个庄园共 210 余个庄园的资料,在库伯兰郡有 71 个庄园即有 66%的庄园实行着习惯保有权,在威斯特摩兰郡有 70 个庄园即 68%的庄园实行着习惯保有权。更引人注目的是,在许多实行习惯保有权的庄园中,仍在征收佃户死后的租地转手费。库伯兰郡有 39 个庄园的佃户要支付不固定的由领主任意确定的更新契约时交纳的租

---

① J. W. Molyneux-Child, *Evolution of English Manorial System*, Lewis, 1987, pp.44-47.

费。在威斯特摩兰郡有 18% 的庄园佃户要交纳不固定的由领主任意确定的更新契约时的租费。① 劳役义务在这两个郡此时也未消失。尽管从都铎王朝之后，劳役有逐渐抵偿的趋势，但到 18 世纪，服劳役"仍然引人注目……并且，它仍是无法选择的和必须做的事情。"②

惠特维克庄园位于莱斯特城西北 12 英里，处于煤田地区和大片供放牧的公地边缘。1086 年时，该庄园属于休·德·格伦特·迈斯尼尔。1264 年庄园转手给温彻斯特和莱斯特伯爵。以后，1310 年通过婚姻转到波蒙特家族手中。1507 年波蒙特家族谱系灭绝后，庄园转归国王所有。以后国王至少两次将它授予他人。1612 年至 1613 年詹姆士一世将惠特维克庄园授予亨廷顿伯爵亨利。以后，直到 19 世纪，惠特维克庄园一直由亨廷顿伯爵家族所有。③

在多塞特郡，斯特拉顿和格里姆斯顿两庄园直到 1900 年以前仍然很有活力地存在着。到此时，近 200 年的庄园法庭案卷一直保存了下来。④ 每年大约在圣诞节时，庄园的所有佃户聚集起来，庄园管事出席会议。由上一届选出的庄园官员公布账目，然后他们辞去职务。会上选出继任的庄园官员。庄园官员中最重要的是土地检查员和牲畜清点员。在各郡建立警察制度

①　C. E. Seale, "The Cumbrian Customary Economy in the Eighteenth Century", *Past and Present*, no.110(1964), pp.110-111.

②　J. Nicholson and R. Bum, *History and Antiquities of the Counties of Westmorland and Cumberland*, London, 1777, I. p. 26; From C. E. Seale, "The Cumbrian Customary Economy in the Eighteenth Century", *Past and Present*, no. 110 (1964), p.113.

③　D. R. Mills, *Lords and Peasants in Nineteenth Century*, London, Croom Helm, 1980, pp.107-108.

④　Gilbert Slater, *The English Peasantry and the Enclosure of Common Fields*, New York, 1968, pp.19-20.

和什一税划拨制度前,庄园还设有临时警察和什一税收税员。斯特拉顿庄园法庭的案卷记载了庄园对河流中水的权利、一些外来人的归顺、租佃权的变迁、经一致同意的土地管理规则以及凡违背在公地上放牧规定的罚款 5 先令或 10 先令。[1]

在汉普郡的克劳利庄园,1869 年至 1874 年间阿什伯顿勋爵拥有庄园自营地农场。1874 年阿什伯顿勋爵把自营地农场出售给亚当·斯坦梅茨·肯纳德,后者是银行家之子。从 1875 年到 1883 年,肯纳德买下了克劳利庄园一块又一块土地,包括 6 个村庄和菜园。他最终买下了庄园领主自己的所有地产。最后,肯纳德推倒了庄园的旧房屋,建立了新的克劳利庄园法庭。肯纳德本人是伦敦的银行家,1885 年他成为汉普郡治安法官和名誉郡长。[2] 1900 年,肯纳德把克劳利庄园的土地出售给出生于汉堡的德国人实业家奥托·恩斯特·菲利皮。后者在格拉斯建有公司。这样,地产落到资本家手中。1902 年,克劳利庄园土地上的约曼离开了地产,失去了约曼身份,这个庄园的历史结束。[3]

罗伯特·C.阿兰根据土地税征收资料以及维多利亚郡史对密德兰南部 16131 个土地经营单位进行了分析研究,区别了庄园农场和非庄园农场。他的研究结果如下:从农场的规模而论,如果以 200 英亩为大、小农场的界限,那么庄园领主属下的大农场占农场总数的 48.3%。庄园领主属下的小农场占农场总数的 1.4%;非庄园农场中大农场占农场总数的 18.3%,非庄园农

---

[1] Gilbert Slater, *The English Peasantry and the Enclosure of Common Fields*, New York, 1968, p.22.

[2] Norman S.B.Gras, *The Economic and Social History of an English Village* (*Crawley, A.D. 909~1928*), Harvard U.P., 1930, p.123.

[3] Norman S.B.Gras, *The Economic and Social History of an English Village* (*Crawley, A.D. 909~1928*), Harvard U.P., 1930, p.124.

场所属的小农场占农场总数的 32.2%。[1] 1790 年前后属于庄
园的农场共有 1957 个,非庄园农场有 8843 个。从两类农场的
规模来看,在属于庄园的农场中,面积在 10 至 60 英亩的占农场
总数的 26%,面积在 60 至 200 英亩的占农场总数的 38.5%,面
积在 200 至 300 英亩的占农场总数的 16.8%,面积在 300 英亩
以上的占农场总数的 18.8%。在非庄园农场中,面积在 10 至
60 英亩的占农场总数的 58.5%,面积在 60 至 200 英亩的占农
场总数的 32.6%,面积在 200 至 300 英亩的占农场总数的
5.5%,面积在 300 英亩以上的只占农场总数的 3.5%。[2]

　　从 1790 年前后阿兰调查的这批庄园所属农场和非庄园农
场的占地面积来看,庄园所属农场的总面积为 322608 英亩,非
庄园农场的总面积为 399008 英亩。非庄园农场的面积稍多于
庄园农场。[3] 这一组数据表明,到 1790 年前后,残存的庄园制
度在南密德兰地区仍占相当比例,庄园主属下的租佃农场与地
主和自由农民经营的农场规模大致相当,其中庄园所属农场的
规模还稍强。这表明,18 世纪末英格兰农业结构实际上是一种
二元经济。即庄园农场制和自由农场制并存。前者本质上是一
种带束缚性的租佃制,后者在构成上也不排除租佃制。

　　对于庄园领主如何获得大量地产,缺乏系统的资料。人们
对 1688 年格里高利·金的社会结构表中的数据存在争议。但
有一点似乎是人们公认的,即此时英格兰土地有三分之一为自
由持有农持有。他们中许多人是小农场主。另外三分之二的土

---

　　[1]　Robert C. Allen, *Enclosure and Yeoman: The Agricultural Development of the South Midland, 1450-1850*, New York, 1992, p.90, Table 5-4, Table 5-5.

　　[2]　Robert C. Allen, *Enclosure and Yeoman: The Agricultural Development of the South Midland, 1450-1850*, New York, 1992, p.53, Table 5-7.

　　[3]　Robert C. Allen, *Enclosure and Yeoman: The Agricultural Development of the South Midland, 1450-1850*, New York, 1992, p.94.

地主要是被可继承的公簿持有农、租期为数代人的公簿持有农和有收入权益的租地农持有。在东密德兰地区，自由持有农的地产被领主逐渐积聚在自己手中。哈巴库克研究了北安普顿郡和贝福德郡的地产，他得出结论说，1680 年到 1780 年间大地主购买的小自由持有农地产在迅速增加。[①] 维多利亚郡史牛津卷记载，牛津郡的柯特林顿郡庄园的领主达什伍德家族的罗伯特·达什伍德爵士和詹姆士·达什伍德爵士在 1684 年至 1750 年间买下了大多数自由持有农的农场，结果是相当多的自由持有农从教区消失了。通过购买使持有自由持有地的约曼消失，造成了大地产的扩大。维多利亚郡史剑桥卷记载，在剑桥郡的惠特尔福特庄园，"在 18 世纪，埃比尼泽和他的侄儿以及同姓名的人吞并了许多小农场，使包括宅院在内的农场被遗弃，而扩大了庄园地产"。在 17 世纪后期，剑桥郡奥韦尔庄园的领主买下了数百英亩公簿持有地。1696 年，剑桥郡奇普纳姆庄园领主买下了教区内所有公簿持有农的土地。[②] 在贝福德郡，奥索里伯爵在 1737 年到 1836 年的百年间 28 次买进土地。其中绝大多数是从自由持有农手中买下土地的，也有 13 次购入的土地包括了部分公簿持有地。[③]

在 20 世纪后期英国的报纸上，人们还不时可以看到出售庄园的广告。1986 年，索福的拉斯特菲尔德和拉斯特菲尔德教区长领地这两个庄园分别卖了 7100 英镑和 6800 英镑。杰拉尔德·兰德在 1976 年买下诺福克郡的 5 座庄园，耗资

[①] H.J.Habakkuk, "English Landownership, 1680－1740", *Economic History Review*, 1ˢᵗ ser.10(1940), p.16.

[②] Marganet Spufford, *Contrasting Communities: English Villages in the Sixteenth and Seventeenth Century*, Sutton, 2000, pp.70, 104.

[③] Robert C.Allen, *Enclosure and Yeoman: The Agricultural Development of the South Midland, 1450－1850*, New York, 1992, p.96.

180000 英镑。① 在 19 世纪,对于英国的乡绅来说,拥有庄园法庭仍被视为有尊严的象征。②

1922 年英国议会通过财产法,取消残存的公簿持有保有权。这样,召集庄园法庭的理由便不存在了。但此后一些庄园法庭仍然存在着。1977 年颁布的司法行政法令规定,庄园法庭和其他古旧的法庭"应当中止听取和决定一切法律程序的司法权"。但是,它们能够继续作为特别法庭处理习惯事务。③

近代时期庄园和庄园法庭残存的历史证明,在新的生产关系和新的政治制度成长起来后,旧的制度形态和组织形式的消失却是何等的漫长和困难。社会经济组织表现为一种结构混杂长期共存。诚然,旧结构在质和量上都随着时间推移急剧衰退。

庄园瓦解后,农村经济组织发展的一种形式是朝着农民村庄转化。牛津伯爵的庄园便是这样的例子。1513 年牛津伯爵死去,维格斯顿庄园由其侄子继承。后者娶了诺福克公爵托马斯·霍华德的女儿安娜为妻。他的侄子后于 1526 年死去,无男性继承人。从 1540 年到 1585 年间,这个庄园的领主权不断转手。领主与习惯佃户之间争斗不断,时时提起法律诉讼,古旧的庄园习惯遭到挑战。其中在 1588 年,代表庄园上 81 户的 8 户习惯佃户和公簿持有农与庄园领主约翰·丹佛斯爵士及其妻子伊丽莎白之间围绕着公簿持有权的性质展开了诉讼。1606 年,

---

① J.W.Molyneux-Child, *Evolution of English Manorial System*, Lewis, 1987, p.139.

② 在 19 世纪,残存的庄园法庭及其古雅的习俗,引起了地方考古学者和对民俗学有兴趣的人士很大的兴趣。在德文郡,曾成立了一个专门研究租佃权和庄园法庭习惯法的委员会,该委员会在 1880 年至 1884 年间提出了多达四卷的报告。(P. D. A. Harvey, *Manorial Record*, London, British Record Association, 1999,p.58.)

③ P.D.A.Harvey, *Manorial Record*.London, British Record Association, 1999, p.58.

20 户公簿持有农从庄园财产受托人处买下他们的农场。农场面积从 1/4 雅兰到 2 雅兰、$2^1/4$ 雅兰、$2^1/2$ 雅兰和 $3^1/4$ 雅兰大小不等。这些农场总面积为 30 雅兰。而另有 7 户公簿持有农没有买下他们的持有地,而只是作为租地持有农,他们持有的全部土地为 $2^1/2$ 雅兰。[①] 1622 年到 1623 年衡平法院的讼案记录开列了庄园所有从丹佛斯处买下庄园农场的人的名单,他们购得农场的面积分别如表 5-2:[②]

表 5-2　讼案记录的庄园交易

威廉·劳	2 雅兰	小威廉·琼斯	1/2 雅兰	罗伯特·克勒克	2 雅兰
罗伯特·赖佛尔	$3^1/4$ 雅兰	威廉·诺恩	$2^1/4$ 雅兰	伊萨克·佛赖尔	$1^3/4$ 雅兰
亨利·福克斯	$2^1/2$ 雅兰	罗伯特·平德	1/2 雅兰	威廉·平德	2 雅兰
小威廉·阿博特	2 雅兰	威廉·里德利	1/2 雅兰	罗伯特·史密斯	$1^1/2$ 雅兰
小约翰·琼森	$2^1/2$ 雅兰	托马斯·克利	1/4 雅兰	威廉·霍姆斯	1/2 雅兰
约翰·伊文斯	$1^3/4$ 雅兰	托马斯·阿斯提尔	1 雅兰	弗兰西斯·史密斯	雅兰
小罗伯特·卡特莱斯	1 雅兰	托马斯·霍姆斯	1/4 雅兰		

　　维格斯顿的特维尔庄园在 1586 年至 1587 年瓦解后,几百英亩土地投放市场,其中绝大部分以 20 至 80 英亩的小块被维

　　① W.G.Hoskins, *The Midland Peasant. The Economic and Social History of a Leicestershire Village*, London-New York, 1965, pp.102-109.

　　② W.G.Hoskins, *The Midland Peasant. The Economic and Social History of a Leicestershire Village*, London-New York, 1965, pp.113-114.

格斯顿的居民购买。① 1606 年,维格斯顿的第二个大庄园全部出售之后,这里完全成为一个农民村庄。这里没有领主,乡村团体由中、小农民土地所有者构成,土地由村庄来管理,而不是由庄园管理,敞田制和共有权在这里存在,形成一种自给自足的农民的维生经济。直到 17 世纪后期,煤业和编织业发展起来,方才打破自给自足的乡村经济生活旧态。② 而 3 块大的敞田一直存在到 1776 年,到那时,圈地运动改变了当地的面貌。③

　　格洛斯特郡的布莱丁顿村在庄园解体以后,实行了敞地农耕。④ 到 1660 年,在布莱丁顿村几乎没有一个公簿持有农,村民的谋生手段多种多样。村庄居民可以分成四类:约曼或农场主、小的前公簿持有农、工匠、粗工。教区居民安布罗斯·雷德尔曾买下村庄的大量土地,并且在牛津郡和伯金汉郡也买下若干农场。他后来欠下 4000 英镑以上的债务,为此,至 1798 年,安布罗斯·苏德尔把部分土地出售给当地的居民和新到来的外来户。在 1807 年时,该教区的 1539 英亩土地,除去那些拥有极少量土地以至于无须交纳土地税者外,分别为 19 个所有者拥有。其中最大的一块地产为 291 英亩,有 18 个土地持有者拥有的土地都在 60 英亩以上。这里实行了没有领主制的自由土地

---

①　W.G.Hoskins, *The Midland Peasant. The Economic and Social History of a Leicestershire Village*, London-New York, 1965, p.176.

②　W.G.Hoskins, *The Midland Peasant. The Economic and Social History of a Leicestershire Village*, London-New York, 1965, p. 212. Mark Overton, Agriculture Revolution, p.155.

③　W.G.Hoskins, *The Midland Peasant. The Economic and Social History of a Leicestershire Village*, London-New York, 1965, p.185.

④　Michael Havinden, *Estate Villages Revisited*, University of Reading, Rural History Center, 1999, p.141.

所有制。① 从 1815 年到 1870 年，布莱丁顿失去了中世纪的基础，农场主与乡村的关系变得越来越松散，农场主的产品更多地与市场发生联系。② 从 1831 年到第二次世界大战，除了面积在 40 英亩以下的小农场外，大农场的数目从 10 个减少为 8 个。到 1901 年，布莱丁顿大农场拥有土地 288 英亩，另有两个农场分别拥有土地 272 英亩和 119 英亩，4 个农场拥有的土地在 109 英亩到 86 英亩之间，另一个农场拥有土地 42 英亩。此外，有 8 个小土地所有者拥有的土地在 37 英亩到 12 英亩之间。其他的土地所有者拥有的土地在 4 英亩以下。③ 到 1914 年，所有持有土地的人，包括农场劳工，都取得了议会授予的公民权。④

海莱是希罗普郡东南角的一个教区，它在 1550 年以后的大量历史资料保存下来了，因此能够对该乡村的经济组织形式作研究。海莱的庄园领主约翰·利特尔顿于 1601 年死于狱中，他的妻子梅里尔严重负债。于是 1604 年大法官法院作出裁决，应当出售地产来偿还债务。当时估定债务为 10000 英镑。到 1618 年，梅里尔卖掉她在海莱庄园的最后的财产，包括出售了早先出租的自由持有地产。1618 年，位于教区北部海莱森林的共有牧场也按照当地土地所有者拥有的土地面积加以分割，分得共有牧场者的面积从 1.5 英亩到 15 英亩不等。⑤ 这样，从

---

① Michael Havinden, *Estate Villages Revisited*, University of Reading, Rural History Center, 1999, p.219.

② Michael Havinden, *Estate Villages Revisited*, University of Reading, Rural History Center, 1999, pp.219, 263–264.

③ Michael Havinden, *Estate Villages Revisited*, University of Reading, Rural History Center, 1999, pp.219, 380.

④ Michael Havinden, *Estate Villages Revisited*, University of Reading, Rural History Center, 1999, pp.219, 249.

⑤ G.Nair, Highley, *The Development of a Community 1550 – 1880*, Oxford, Basil Blackwell, 1988, pp.79–80.

1607 年到 1625 年,庄园佃户先是变成特别的长期租佃农,而后成为自由持有农,他们为此花了一大笔钱。到 1618 年,海莱庄园本身也卖掉了。海莱森林的共有牧场的划分对当地居民产生深刻的影响。社会典型的农场不再是持有分散条块土地的在共有地上享有附带权利的公簿持有佃户,1620 年以后他们成了自由持有农,拥有土地集中的农场。一些茅舍农和小土地持有者也成为自由持有农,而其他人则成为地主的佃户。①

庄园瓦解后,在 16 到 17 世纪,地主-佃户关系成为海莱社区众多社会关系的基础。大的租佃农场主从地主那里转租农场经营,而绝大多数劳工和小茅舍农则从当地地主那里租房子居住。同一些大农场主本身又是在外地主的佃户,他们与在外地主谈判更新租约的条件,他们又直接雇佣工资劳动者。教区重要的官职逐渐由当地社区中的富有者来担任。② 在 1780 年到 1880 年间,工业在海莱发展起来。1780 年当地的煤矿和采石场开始运作,并且开始冶铁。这使得当地劳动者的职业结构向工业转移。从事农业的男性劳动力从 1841 年的 67 人,减少到 1881 年的 42 人。③

米德尔是位于希罗普郡北部面积 4691 英亩的乡村地区,包括 7 个教区。由于当地缺少在驻领主,16 到 17 世纪米德尔教区的领主权落到那些持有土地面积在 700 英亩以上的大农场主和乡绅手中。这个地区形成了 3 个租地大农场和其他一

---

①　G.Nair, Highley, *The Development of a Community 1550－1880*, Oxford, Basil Blackwell, 1988, p.83.

②　G.Nair, Highley, *The Development of a Community 1550－1880*, Oxford, Basil Blackwell, 1988, p.128.

③　G.Nair, Highley, *The Development of a Community 1550－1880*, Oxford, Basil Blackwell, 1988, Table. 7. 1, Male Occupations 1841－1881, p.169.

些农场。① 卡斯尔农场是米德尔领主的自营地,被加以出租。在理查德·吉廷第四(他死于1624年7月)承租时,有625英亩土地,地租甚低。他还拥有牧场的共有权和在米德尔林地的另外8英亩土地,他还在米德尔纽顿和霍尔斯顿持有较多的自由持有地产,承租了布朗希思泥炭沼泽地。他亦将土地租给佃户。② 马霍尔农场为本教区的自由持有农阿彻利家族拥有,这个家族17世纪末成为教区最显赫的家族,直到18世纪和19世纪都没有衰微。该家族成员能从外地弄到钱,这个家族中的罗杰·阿彻利年轻时迁到马顿,后成为伦敦市长。这个家族的第一代农场主托马斯·阿彻利第一在教区边缘修建了色彩斑斓的房屋,他的长子使家族致富,他买下了家族从劳合·皮尔斯处租来的自由持有地,以后又买下了翁斯洛的土地,共187.5英亩。这样,在马顿有了437英亩自由持有地,他还在米德尔森林买了32英亩地,买下了米德尔猎园以及在佩廷森林的土地,他还继续从事皮革业。③ 在米德尔教区还有自由持有地小农场和为期数代人的租地农场,所有者是约曼或绅士。④ 在这个地区,保有土地持有者比农场主持有的土地少,但比茅舍农持有的土地要多得多。⑤

哈维林是位于埃塞克斯郡的王家庄园。几乎所有的土地都

① David Hey, *An English Rural Community*, *Myddle under The Tudors and Stuarts*, Leicester U.P., 1974, p.85.

② David Hey, *An English Rural Community*, *Myddle under The Tudors and Stuarts*, Leicester U.P., 1974, pp.91-92.

③ David Hey, *An English Rural Community*, *Myddle under The Tudors and Stuarts*, Leicester U.P., 1974, p.100.

④ David Hey, *An English Rural Community*, *Myddle under The Tudors and Stuarts*, Leicester U.P., 1974, p.107.

⑤ David Hey, *An English Rural Community*, *Myddle under The Tudors and Stuarts*, Leicester U.P., 1974, p.119.

根据有特权的习惯保有权占有。16 世纪这里的习惯佃户承担的义务在形式上同中世纪没有什么差别,他们向国王交纳数额不大的年地租,行效忠宣誓礼,并在最初持有土地时,交纳相当于 1 年地租额的入地费,要求他们参加庄园法庭的开庭和每年两次的庄园大会。但在实践中,许多大佃户每年付一笔钱,便被免去参加庄园法庭的会议。在中世纪,哈维林有少量自由持有地,但到 16 世纪后期它与习惯保有地的差别已经消失,习惯保有权到 16 世纪和 17 世纪初被当作事实上的自由持有保有权。① 哈维林的直接佃户实际上能够享有他们土地的全部权益,这归因于古代自营地的身份和王室行政管理的薄弱。佃户承担的地租、折偿劳役和入地费都是固定的,自 1251 年以来从未变动过,因此王室收取的地租实际上极低。② 进入 16 世纪,随着时间推移,伦敦消费市场的需求增大了哈维林庄园保有权的自由度。这里地租较低,土地市场不受控制,地产的分化和小持有地积累为大持有地的过程加剧了。到 1617 年,有 14 块地产面积在 200 英亩以上。在土地所有者中,有 5 个家族拥有骑士、缙绅和贵族头衔。他们每户拥有 400 英亩以上的土地。大地产主通常大块出租其自营地,产品提供给伦敦。各种规模的租户都向伦敦的罗姆福德市场以及附近的消费者提供产品,向沿伦敦至科尔切斯特大道而来的旅行者提供食品、饮料和住宿。③

牛津郡的阿丁顿的土地在 1833 年为地主罗伯特·弗农买

① M. K. Mcintoch, *A Community Transformed*, *The Manor and Liberty of Harving 1500-1620*, Cambridge U.P., 1991, p.95.

② M. K. Mcintoch, *A Community Transformed*, *The Manor and Liberty of Harving 1500-1620*, Cambridge U.P., 1991, p.98.

③ M. K. Mcintoch, *A Community Transformed*, *The Manor and Liberty of Harving 1500-1620*, Cambridge U.P., 1991, pp.92-93, 118-119.

下,地产分为 13 个租地农场,其中面积在 500 英亩以上的租地农场有 5 个。它们中,西洛金农场面积约 830 英亩,由佃户托马斯·布朗耕种;东洛金庄园农场共 582 英亩,由佃户威廉·吉布斯租种;东洛金教区的西贝特顿农场,由约翰·F.柯林斯租种,共 568 英亩;阿丁顿教区的东贝特顿农场由理查德·劳伦斯租种,共 587 英亩;东洛金教区的西金格农场由萨拉·桑德斯耕种,面积 567 英亩。面积在 200 至 300 英亩的租佃农场有 3 个,面积在 100 至 200 英亩的租佃农场有 4 个,面积在 70 英亩以下的租佃农场有 1 个。此外,还有 14 个小土地持有者,持有土地面积均在 25 英亩以下。这些小土地持有者往往同时从事小商业经营。① 西牛津郡的西洛金庄园则属于庄园土地直接转为租地农场,这里共有 844 英亩农田,不包括林地和菜园。1869 年卖给奥佛斯通勋爵。从 1867 年米迦勒节起,西洛金的全部土地都租给了一个租户,为期 21 年,年地租为 1177 英镑 9 便士,即每英亩土地租金 1 英镑 8 便士。②

谢林顿是伯金汉郡的一个村庄,它的历史可以追溯到罗马不列颠和诺曼征服时期。到了 15 世纪末,谢林顿的发展进入一个新阶段。当地出现了许多租地农场主,许多大农场主如托马斯·奇布诺尔和亨利·格伦顿将他们的农场范围扩展到相邻的村庄,那里有大面积的牧场有待开发。当地一个起源于 13 世纪的古老家族的约翰·马休已经成为伦敦的市民和绸布商,1490 年当上了伦敦市长,他死于 1498 年。③ 到了亨利七世统治时

---

① Michael Havinden, *Estate Villages Revisited*, University of Reading, Rural History Center, 1999, pp.55-57, Table 5, Table 6.

② Michael Havinden, *Estate Villages Revisited*, University of Reading, Rural History Center, 1999, p.51.

③ A.C.Chibnall, *Sherington, Fiefs and Fields of a Buckinghamshire Village*, Cambridge U.P., 1965, p.154.

期,谢林顿的土地所有权发生了很大的变化,无论是自由持有农和租佃农场主人数都不多。绸布商公司占有了柯克菲尔德庄园。从此以后,这处地产便由伦敦绸布商公司的协理会进行管理。这个协理会与当地的佃户没有什么联系。居住在伯金汉郡温多佛的亨利·柯利特家族,在当地居住的时间长达几代人。他本人是伦敦显赫的市民。1476 年第一次当上伦敦副市长,后来在 1484 年成为伦敦市长。他是一个绸布商和绸布商公司协理会的成员,也是冒险商人公司的成员。用出售呢绒的收入支付买进绸布的费用。他把从中获得的大量利润投资于伯金汉郡地产。在 1505 年他去世前数月,他刚刚从格雷·德·维尔顿勋爵爱德蒙手中买下了柯克菲尔德庄园。绸布商公司便成为谢林顿的在外地主。① 约翰·奇布诺尔在 17 世纪上半叶拥有年价值 300 英镑的地产。1625 年他死后,地产落到他的第三个儿子之手。到 17 世纪上半叶,由于其他地方圈地运动的展开,大批新人来到这里,有的是租佃农场主,有的是农业劳工,他们迫切希望找到工作。所以,谢林顿的很多自由持有农便出租自己的土地,或者雇用一些劳力帮助自己耕作,使自己能腾出手来去干其他行当。约翰·奈特两个年价值为 70 英镑的农场,现在由他的妻子玛格丽特及儿子罗伯特经营。6 个小自由持有农和 3 个租佃农场主除了农耕外,还从事商业和手工业。②

谢林顿村的地产属于伦敦绸布商公司,其年总收入,1620 年代为 19 英镑 5 先令 6 便士;1650 年代为 21 英镑 3 先令 9 便士;1710 年代为 48 英镑 11 先令;1730 年代为 77 英镑 13 先令 2 便士;1750 年代为 90 英镑 13 先令 2 便士;1781 年至 1797 年为

① A.C.Chibnall, *Sherington*, *Fiefs and Fields of a Buckinghamshire Village*, Cambridge U.P., 1965, p.158.

② A.C.Chibnall, *Sherington*, *Fiefs and Fields of a Buckinghamshire Village*, Cambridge U.P., 1965, p.204.

105 英镑。① 18 世纪开始后，老的自由持有农农场主相继退出土地。萨缪尔·坎宁安欠下了纽波特帕格耐尔的瓦勒博士的债务，在 1711 年无力赎回土地。罗伯特·亚当斯深陷债务之中。他死后，其子将地产出售。到 1750 年，菲茨·约翰庄园农场的约翰·巴宾顿成了唯一的在驻农场主。在 1650 年，只有 12% 的土地为在外所有者占有，其余的土地为当地乡绅和农场主持有。而到 100 年后，情况发生很大变化，居住在村庄外的人士，包括未亡人，未婚女子，居住在纽波特帕格耐尔和伦敦的商人，拥有当地三分之二的土地。农场主与地方乡绅占有其余的土地。这时，地租额很低，而农场的利润也很低。② 到 18 世纪末拿破仑战争期间，英国的经济受到战争很大的影响。许多当地的劳动者被迫转而从事乡村工业，如织席和编制篮子，而他们的妻子则为纽波特帕格耐尔的商人织饰带，以这些收入弥补生活不足。到 1810 年，贫困加剧，小租佃持有农和小土地所有者大大减少。③

在谢林顿 1797 年圈地以后，公地被并入农场，土地经营结构没有大的变化。伦敦绸布商公司在其农场上继续征收地租。该公司指派其书记官约翰·沃特尼从 1876 年起任伯金汉郡诸庄园的管事。4 年以后，他在谢林顿召开一次庄园法庭。10 年以后的 1890 年，约翰·沃特尼突然报告说，他在试图召开谢林顿庄园法庭时，已经没有任何佃户前来参加庄园法庭会议。④

---

① A.C.Chibnall, *Sherington*, *Fiefs and Fields of a Buckinghamshire Village*, Cambridge U.P., 1965, p.234, Table 40, Annual Income from The Mercers'Estate in Sherington.

② A.C.Chibnall, *Sherington*, *Fiefs and Fields of a Buckinghamshire Village*, Cambridge U.P., 1965, p.236-237.

③ A.C.Chibnall, *Sherington*, *Fiefs and Fields of a Buckinghamshire Village*, Cambridge U.P., 1965, p.251.

④ A.C.Chibnall, *Sherington*, *Fiefs and Fields of a Buckinghamshire Village*, Cambridge U.P., 1965, p.258.

从谢林顿的历史可以看出,这是一个传统型的乡村社区,庄园制和租佃制这些传统乡村经济结构在这里一直存在到 19 世纪后期。

在汉普郡的克劳利村,到了 16 世纪,随着个人自由的发展和庄园领主需要更多的货币形式的收入,土地市场出现了。土地可以从一个人手中转到另一个人手中。但是在当时,土地转让必须征得领主的同意,条件是佃户支付给庄园领主一笔罚金以取得转让租地的特权。同时,转租的佃户需承担与他占有土地相关的义务。[1] 此时还出现了几块租地合并成经营的现象。在这里,农业的商业化经历了三个阶段。第一阶段是领主和佃户通过市场上的商品交换。第二阶段是用货币支付劳役和地租。第三阶段是转包土地和用土地做抵押。例如,1613 年安布罗斯·达维向约翰·威尔金斯抵押他的土地。威廉·布朗宁在 1629 年用自己的土地为约翰·葛德温作抵押等等[2]。在克劳利村,最初,是地方官和农奴成为第一批农场主。16 世纪后半叶到 17 世纪初期,一些外来户如约翰·霍尔维和杰拉尔德·弗利特伍德爵士成为农场主。在圈地运动开始后,当地土地所有者所有的土地并非全部由自己耕种,如理查德·迈勒就把家庭农场转租给其他人。[3]

克劳利的庄园法庭建于 1208 年,一直持续到 1874 年结束。

① Norman Scott Brien and Ethel Calbert Gras, *The Economic and Social History of an English Village*(*Crawley Hampshire*), *A.D. 909-1928*, Harvard U.P., 1930, pp.95-96.

② Norman Scott Brien and Ethel Calbert Gras, *The Economic and Social History of an English Village*(*Crawley Hampshire*), *A.D. 909-1928*, Harvard U.P., 1930, p.99.

③ Norman Scott Brien and Ethel Calbert Gras, *The Economic and Social History of an English Village*(*Crawley Hampshire*), *A.D. 909-1928*, Harvard U.P., 71930, p.102.

但是,它在 1795 年圈地以后便失去了活力。历史上克劳利庄园共有三种法庭。第一种是郡长的巡回审判法庭。主持这个法庭的是领主的管家,然后是庄园的执事,而晚期是由一个支薪的书记官来主持这一法庭。老的佃户之死和新佃户到来都要对它报告和记录。这个法庭亦称百户村法庭。[①] 第二个法庭是领主法庭或称习惯法法庭。它与第一个法庭分开召集,一年召开两次,由镇长主持这一法庭,由它负责行效忠宣誓礼。涉及财产权的要求和地产分割等事务及银钱收付事务等庄园事务,则由领主法庭和巡回法庭合并审理。几乎所有的习惯佃户都要参加法庭的诉讼工作。除了上述两种法庭以外,还有第三种法庭,佃户私人法庭。它至少到 19 世纪还存在。它由庄园领主的代表和当事双方代表组成。到 18 至 19 世纪,克劳利庄园法庭的记录仍使用拉丁文,只有 1651 年至 1657 年例外。从 1795 年到 1859 年,因为圈地以后,共有农耕制消失了,所以相关的纠纷减少了。从 1859 年到 1872 年,克劳利庄园法庭仍在召集,但对领主的宣誓效忠礼的举行大大减少。从 1872 年到 1874 年,克劳利的庄园法庭已无事可做,从 1875 年到 1899 年,克劳利庄园法庭已不再存在。1899 年宗教特派员派副管事去克劳利召开庄园法庭。法庭是召开了,但并未行宣誓效忠礼,也没有处理任何事务。副管事记载道,克劳利庄园已成为一座"死亡的庄园"。[②]

从 1550 年到 1850 年,在克劳利庄园老的习惯佃户逐渐

---

① Norman Scott Brien and Ethel Calbert Gras, *The Economic and Social History of an English Village*(*Crawley Hampshire*), *A. D. 909-1928*, Harvard U. P., 1930, pp.106-107.

② Norman Scott Brien and Ethel Calbert Gras, *The Economic and Social History of an English Village*(*Crawley Hampshire*), *A. D. 909-1928*, Harvard U. P., 1930, pp.106,110-111.

消失,转化为约曼和茅舍农。在这里,约曼农场主是指拥有一两个宅院和较多习惯土地的人。他们拥有人身自由,但他们还不是土地的自由持有者。到1841年以后,他们才被授予土地所有权。① 到1837年,6个约曼农场主实际上占有克劳利教区全部世俗土地。到1850年,他们占有克劳利庄园除茅舍农占有的土地以外的全部土地。圈地运动中,茅舍农失去了他们原本耕作的土地。剩下的少量土地茅舍农也未能保持良久②。

从1662年到1869年,先后有11位担任克劳利庄园领主。查尔斯·理查德·萨姆纳(1827—1869)是最后一任主教领主。1869年他退休后,宗教特派员成为庄园的领主。由于主教不熟悉庄园的事务和社会要求,使得庄园权力落到信奉新教的资产阶级金融家和工场主手中。从1869年到1874年,阿什伯顿勋爵拥有庄园自营地农场,以后将它出售给亚当·斯坦梅茨·肯纳德。亚当·斯坦梅茨·肯纳德是伦敦金融家。1885年他担任汉普郡的治安法官。1900年,肯纳德又将农场出售给出生于德国的格拉斯哥资产者奥托·恩斯特·菲利佩,后者还买下了几个约曼的农场。到1902年,克劳利村已经没有约曼农场主和他们的农场。除了菲利佩外,在教区拥有土地的还有鲁克莱·豪斯、伦敦商人菲利普·范德比尔、银行家阿瑟·E.迪恩,由农场主和雇佣劳工耕种他们的租佃农场。③ 从1871年到1910年,在克劳利共9

① Norman Scott Brien and Ethel Calbert Gras, *The Economic and Social History of an English Village*(*Crawley Hampshire*), *A.D. 909-1928*, Harvard U.P., 1930, p.112.

② Norman Scott Brien and Ethel Calbert Gras, *The Economic and Social History of an English Village*(*Crawley Hampshire*), *A.D. 909-1928*, Harvard U.P., 1930, p.115.

③ Norman Scott Brien and Ethel Calbert Gras, *The Economic and Social History of an English Village*(*Crawley Hampshire*), *A.D. 909-1928*, Harvard U.P., 1930, pp.123-127.

次至少有 9 名茅舍农被授予公民权,涉及土地面积 1458.5 英亩。从 1910 年到 1926 年,在这里还有相当数量的公簿持有地、习惯租佃地,有待于颁布新的土地法来解放这些土地。[①]

四、租佃农场和农业生产力

英国在 16 世纪以后的近代时期,领主租佃制和自由契约租佃制一度共存,租佃制仍是大地产内部运作的基本纽带。近代英国非庄园的租佃农场制已不含有旧的封建领主关系,但是它还不是纯粹的资本主义关系。租地农场主通过支付租金,取得土地的有条件的使用权,尽管社会承认的契约关系保证了他们的使用权,但他们不是拥有全部产权的资产者。另一方面,如前所述,租地农场的规模有大有小。有的租地农场大到上千英亩,有的租地农场面积在数百英亩。至于说地位处于租佃制系谱另一端的小租佃农场主和小佃户,他们的租佃农场属于家庭农场。他们要承担地租。他们生产的农产品主要供家庭维生所用,只有一部分提供给市场。此外,他们不那么容易自由流动,因为他们对土地有了一定的投入,他们退佃离去时很难完全收回他们的投资,这实际上就产生了一种对他们的束缚作用。甚至他们中一些人会拥有少量土地。因此,他们不可能像雇佣工人那么自由,可以随时断然离开租地,而受到租佃制的束缚。

在英国 19 世纪中期以后的土地持有制度中,实行租佃持有的土地面积和农户数量都占相当大的比例。1887 年在英格兰和威尔士,通过租佃持有土地的农户有 393047 户,通过所有权持

---

① Norman Scott Brien and Ethel Calbert Gras, *The Economic and Social History of an English Village(Crawley Hampshire)* , *A.D. 909-1928*, Harvard U.P., 1930,pp.118-119.

有土地的农户为64588户,部分拥有土地所有权的佃户为18991
户。1888年在英格兰和威尔士,通过租佃持有土地的农户有
400297户,通过所有权持有土地的农户为6389户,部分拥有土地
所有权的佃户为20327户。1889年在英格兰和威尔士,通过租佃
持有土地的农户有405859户,通过所有权持有土地的农户为
66385户,部分拥有土地所有权的佃户为20143户。1890年在英
格兰和威尔士,通过租佃持有土地的农户有408040户,通过所有
权持有土地的农户为66130户,部分拥有土地所有权的佃户为
20665户。1891年在英格兰和威尔士,通过租佃持有土地的农户
有404630户,通过所有权持有土地的农户为68923户,部分拥有
土地所有权的佃户为21373户。1908年在英格兰和威尔士,主要
靠租佃土地经营的有375212户,主要靠所有权经营土地的有
54869户。1910年在英格兰和威尔士,主要靠租佃土地经营的有
376241户,主要靠所有权经营土地的有55433户。1914年在英格
兰和威尔士,主要靠租佃土地经营的有385920户,主要靠所有权
经营土地的有49204户。1920年在英格兰和威尔士,主要靠租佃
土地经营的有360757户,主要靠所有权经营土地的有57234户。
1922年在英格兰和威尔士,主要靠租佃土地经营的有352035户,
主要靠所有权经营土地的有62680户。1950年在英格兰和威尔
士,主要靠租佃土地经营的有185004户,主要靠所有权经营土地
的有138733户,部分拥有土地所有权的佃户为56256户。1960
年在英格兰和威尔士,主要靠租佃土地经营的有123715户,主要
靠所有权经营土地的有157651户,主要靠租地经营的有20590
户,主要靠所有权经营的有31220户。[1]

① Ministry of Agriculture, Fisheries and Food, Department of Agriculture and Fisheries for Scotland, *A Century of Agricultural Statistics*, *Great Britain 1866-1966*. London, Her Majesty's Stationery Office, 1968, p.24. Table 10. Number of Holdings by Tenure——England and Wales.

在苏格兰,1887年通过租佃持有土地的农户有74870户,通过所有权持有土地的农户为5995户,部分拥有土地所有权的佃户为426户。1888年通过租佃持有土地的农户有75665户,通过所有权持有土地的农户为6044户,部分拥有土地所有权的佃户为484户。1889年通过租佃持有土地的农户有75889户,通过所有权持有土地的农户为6054户,部分拥有土地所有权的佃户为510户。1890年通过租佃持有土地的农户有76393户,通过所有权持有土地的农户为6019户。1891年靠租佃持有土地的为76384户,通过租佃持有土地的农户为6535户。1908年主要靠租佃土地经营的有72129户,主要靠所有权经营土地的有6419户。1910年主要靠所有权经营土地的有72024户,靠所有权经营土地的有6110户。1914年靠租佃经营土地的有71259户,靠所有权经营土地的有5891户。1920年靠租佃经营土地的有69684户,靠所有权经营土地的有6218户。1922年靠租佃经营土地的有68177户,靠所有权经营土地的有7824户。1950年靠租佃经营土地的有54514户,靠所有权经营土地的有20278户。1960年靠租佃经营土地的有37918户,靠所有权经营土地的有23390户。1961年靠租佃经营土地的有37579户,靠租佃土地经营的有24171户。1962年靠租佃经营土地的有36851户,靠租佃土地经营的有24102户。1963年靠租佃经营土地的有36319户,靠租佃土地经营的有24125户。1964年靠租佃经营土地的有34854户,靠租佃土地经营的有23404户。1965年靠租佃经营土地的有33581户,靠租佃土地经营的有23254户。1966年靠租佃经营土地的有33104户,靠租佃土地经营的有23240户。①

---

① Ministry of Agriculture, Fisheries and Food, Department of Agriculture and Fisheries for Scotland, *A Century of Agricultural Statistics. Great Britain 1866-1966*. London, Her Majesty's Stationery Office, 1968, p.29. Table 12. Number of Holdings by Tenure—Scotland.

在苏格兰,1887 年通过租佃持有的土地面积为 4247000 英亩,通过所有权持有的土地面积为 618000 英亩。1900 年通过租佃持有的土地面积为 4286000 英亩,通过所有权持有的土地面积为 613000 英亩。1910 年通过租佃持有的土地面积为 4275000 英亩,通过所有权持有的土地面积为 578000 英亩。1920 年通过租佃持有的土地面积为 4133000 英亩,通过所有权持有的土地面积为 606000 英亩。1930 年通过租佃持有的土地面积为 3230000 英亩,通过所有权持有的土地面积为 1411000 英亩。1940 年通过租佃持有的土地面积为 3106000 英亩,通过所有权持有的土地面积为 1421000 英亩。1950 年通过租佃持有的土地面积为 2828000 英亩,通过所有权持有的土地面积为 1571000 英亩。1959 年通过租佃持有的土地面积为 2174000 英亩,通过所有权持有的土地面积为 2185000 英亩。1966 年通过租佃持有的土地面积为 6349000 英亩,通过所有权持有的土地面积为 9118000 英亩。从 1959 年起,通过所有权持有的土地总面积超过通过租佃权持有的土地总面积。[1]

希克斯对领有租佃制作了描述,他认为这是领主制残余在现代的表现。这是一种“在习俗经济和指令经济边缘”进行的经营形态。

19 世纪英国小农和小农场数量在减少,但在全部生产单位中仍占有相当大的比例。1851 年,面积在 5 至 20 英亩的小农场有 42315 个,占农业单位总数的 19.8%;面积在 20 至 50 英亩

---

[1]　Ministry of Agriculture, Fisheries and Food, Department of Agriculture and Fisheries for Scotland, *A Century of Agricultural Statistics. Great Britain 1866 - 1966*. London, Her Majesty's Stationery Office, 1968, p. 30. Table 13. of Holdings by Tenure—Scotland.

的农场为 47829 个,占农业单位总数的 21.9%。① 二者相加,占农业生产组织的 40.7%。

1875 年英格兰农户总数为 412340 户,持有土地面积在 50 英亩以下的农户为 293469 户,小农占农户总数的 71.2%。1895 年英格兰农户总数为 380197 户,持有土地面积在 50 英亩以下的农户为 257646 户,小农占农户总数的 67.8%。②

到了 19 世纪中叶,从英国劳动者的来源和农场的生产关系来看,并非所有的农场都使用了雇佣劳动力。1851 年,在英格兰和威尔士,不使用或没有单独使用雇佣劳动力的农场为 91698 个,仅使用一个雇佣劳动力的农场为 33465 个,使用 2 个雇佣劳动力的农场为 27949 个,使用 3 个雇佣劳动力的农场为 17348 个,使用 4 个雇佣劳动力的农场为 14109 个,使用 5 个雇佣劳动力的农场为 7622 个,使用 6 个雇佣劳动力的农场为 6449 个,使用 7 个雇佣劳动力的农场为 3849 个,使用 8 个雇佣劳动力的农场为 3806 个,使用 9 个雇佣劳动力的农场为 2423 个,使用 10 至 14 个雇佣劳动力的农场为 8632 个,使用 15 至 19 个雇佣劳动力的农场为 3221 个,使用 20 至 24 个雇佣劳动力的农场为 2073 个,使用 25 至 29 个雇佣劳动力的农场为 850 个,使用 30 至 34 个雇佣劳动力的农场为 721 个,使用 35 至 39 个雇佣劳动力的农场为 256 个,使用 40 至 44 个雇佣劳动力的农场为 275 个,使用 45 至 49 个雇佣劳动力的农场为 106 个,使用 50 至 54 个雇佣劳动力的农场为 132 个,使用 55 至 59 个雇佣劳动力的

---

① David Grigg, *English Agriculture. A Historical Perspective*, Oxford, Basil Blackwell, 1989, p.112, Table 9. 1, The Size of Agricultural Holdings in England and Wales, 1851-1975.

② E. J. T. Collins, ed., *Agrarian History of England and Wales*, *Vol. VII. 1850-1914*, 2000. Part II, Table 36. 10. Landholdings by Countries, 1875, 1895, 1915, Cambridge U.P., pp.1807-1813.

农场为 65 个,使用 60 个或更多雇佣劳动力的农场为 170 个。

这说明,英国在 19 世纪中叶,使用雇佣劳动力的农场不过占农场总数的一半稍多,其中还有相当一批只是使用极少量雇佣劳动力的农场。这说明,纯粹家庭农场和把雇佣劳动力作为辅助劳动力的农场占农场的多数。即真正的靠雇佣劳动力进行生产的资本主义农场只占农场的少数。这是我们在估计 19 世纪中叶英国农业资本主义发展程度时需要重视的事实。

关于英国的土地保有权,根据国际粮农组织的调查报告,1950 年所有者持有的土地为 701.1 万公顷,占土地的 39.6%,租佃者持有的土地为 1068.9 万公顷,占土地的 60.4%。1970 年所有者持有的土地为 1052.4 万公顷,占土地的 58.5%,租佃者持有的土地为 746.8 万公顷,占土地的 41.5%。[①]

英国 1970 年佃户共有 89822 户。租地在 1 公顷以下的佃户有 2767 户,租地在 1 至 2 公顷的佃户有 4489 户,租地在 2 至 5 公顷的佃户有 10658 户,租地在 5 至 10 公顷的佃户有 9269 户,租地在 10 至 20 公顷的佃户有 12215 户,租地在 20 至 50 公顷的佃户有 22931 户,租地在 50 至 100 公顷的佃户有 14956 户,租地在 100 至 200 公顷的佃户有 8123 户,租地在 200 至 500 公顷的佃户有 3292 户,租地在 500 至 1000 公顷的佃户有 700 户,租地在 1000 公顷以上的佃户有 422 户。[②]

英国 1970 年持有土地的农户共有 326698 户,持有土地在 1 公顷以下者为 14213 户,占农户总数的 4.4%。其中持有土地在 0.5 公

① Food and Agriculture Organisation of United Nation, *1970.World Census of Agriculture*, *Analysisand International Comparison of the Results*. Rome, 1981.Table 9.1, p.290.Table 9.1, Table15.12- Area in holdings by tenure, 1970, 1960, 1950, p.289.

② Food and Agriculture Organisation of United Nation, *1970.World Census of Agriculture*, *Analysis and International Comparison of the Results*. Rome, 1981.Table 5.4.Number of Holdings rented from others by size of holding, p.98.

顷以下者为 864 户,持有土地在 0.5 至 1 公顷的为 9349 户。[1] 英国持有土地在 1 公顷以下的小农户的比例较小,他们持有的土地只占全部土地的 0.04%。[2]

1827 年,英格兰的耕地面积为 1114 万英亩,苏格兰的耕地面积为 255 万英亩,爱尔兰的耕地面积为 545 万英亩,英国种植作物的总面积为 1914 万英亩。1846 年,英格兰的耕地面积为 1330 万英亩,苏格兰的耕地面积为 339 万英亩,爱尔兰的耕地面积为 524 万英亩,英国种植作物的总面积为 2193 万英亩。1866 年,英格兰的耕地面积为 1334 万英亩,苏格兰的耕地面积为 317 万英亩,爱尔兰的耕地面积为 525 万英亩,英国种植作物的总面积为 2176 万英亩。1876 年,英格兰的耕地面积为 1392 万英亩,苏格兰的耕地面积为 351 万英亩,爱尔兰的耕地面积为 521 万英亩,英国种植作物的总面积为 2264 万英亩。1888 年,英格兰的耕地面积为 1335 万英亩,苏格兰的耕地面积为 369 万英亩,爱尔兰的耕地面积为 414.5 万英亩,英国种植作物的总面积为 2118.5 万英亩。在 1827 年到 1888 年的 60 年间,英格兰的作物种植面积增加了 220 万英亩,苏格兰的作物种植面积增加了 1140 万英亩,爱尔兰的作物种植面积则减少了 130 万英亩。英国种植农作物的耕地面积到了 19 世纪没有很大的增长。1888 年英国的土地种植小麦的有 267 万英亩,种植燕麦的有 418 万英亩,种植大麦的为 294 万英亩,种

① Food and Agriculture Organisation of United Nation, *1970. World Census of Agriculture, Analysis and International Comparison of the Results*. Rome, 1981. Table 3.4. Number and area of holdings and percent distribution of holdings under 1 hectare, p.59.

② Food and Agriculture Organisation of United Nation, *1970. World Census of Agriculture, Analysisand International Comparison of the Results*. Rome, 1981. Table 3.4. Number and area of holdings and percent distribution of holdings under 1 hectare, p.59.

植马铃薯的为 141 万英亩,种植芜菁的为 3350 万英亩,种植亚麻的为 1.6 万英亩,种植蛇麻草子的为 5.8 万英亩,种植三叶草和其他草的为 3268 万英亩,休闲地为 47 万英亩。[1]

对于英国各种作物的每英亩产量,不同学者作出了不同的估算。库默对 1810 年到 1815 年的产量作出的估计为,小麦为 22 蒲式耳,燕麦为 36 蒲式耳,大麦为 32 蒲式耳。麦科洛赫对 1840—1846 年的每英亩产量估计为,小麦为 31 蒲式耳,燕麦为 37 蒲式耳,大麦为 37 蒲式耳。凯尔德对 1857 年到 1877 年的产量作出的估计为,小麦为 28 蒲式耳,燕麦为 46 蒲式耳,大麦为 37 蒲式耳。

英国各种粮食作物的总产量,1830 年小麦为 10400 万蒲式耳,燕麦和荞麦等为 30400 万蒲式耳,总产量为 40800 万蒲式耳。1846 年小麦为 14300 万蒲式耳,燕麦和荞麦等为 25800 万蒲式耳,总产量为 40100 万蒲式耳。1866 年小麦为 9800 万蒲式耳,燕麦和荞麦等为 29000 万蒲式耳,总产量为 38800 万蒲式耳。1876 年小麦为 8400 万蒲式耳,燕麦和荞麦等为 27000 万蒲式耳,总产量为 35400 万蒲式耳。1887 年小麦为 7600 万蒲式耳,燕麦和荞麦等为 23500 万蒲式耳,总产量为 30100 万蒲式耳。由于人口的增长,人均粮食占有量下降了。1830 年人均占有粮食 17 蒲式耳,1846 年人均占有粮食 15 蒲式耳,1866 年人均占有粮食 14 蒲式耳,1876 年人均占有粮食 11 蒲式耳,1887 年人均占有粮食 8 蒲式耳。[2]

进入 20 世纪,从 1890 到 1941 年,英国小麦的种植面积有所下降。1890 年为 96.6 万公顷,1895 年为 57.3 万公顷,

[1] Michael G.Mulhall, ed., *The Dictionary of Statistics*, Thoemmes Press, 1892 [2000], p.13.

[2] Michael G.Mulhall, ed., *The Dictionary of Statistics*, Thoemmes Press, 1892 [2000], p.14.

1900 年为 74.7 万公顷,1905 年为 72.7 万公顷,1910 年为
73.2 万公顷,1915 年为 90.9 万公顷,1920 年为 78.1 万公顷,
1925 年为 62.6 万公顷,1930 年为 56.7 万公顷,1935 年为
75.8 万公顷,1940 年为 72.7 万公顷。从 1943 起小麦的种植
面积才有所增长。①

人们长期以来对英国近代的商业化农业的效益称赞有加。
但英国自工业革命开展以来在世界谷物市场一直属于谷物进口
国。1775 年英国小麦出口 26.5 万吨,进口 163.2 万吨。1781
年英国小麦出口 30 万吨,进口 46.5 万吨。1785 年英国小麦出
口 38.7 万吨,进口 32.3 万吨。1790 年英国小麦出口 9 万吨,进
口 64.9 万吨。1795 年英国小麦出口 5.5 万吨,进口 91.3 万吨。
1800 年英国小麦出口 6.4 万吨,进口 368 万吨。1805 年英国小
麦出口 22.7 万吨,进口 267.9 万吨。1810 年英国小麦出口
22.1 万吨,进口 455.9 万吨。1815 年英国小麦出口 66.3 万吨,
进口 111.7 万吨。1820 年英国小麦出口 26.7 万吨,进口 289.7
万吨。1825 年英国小麦出口 11.3 万吨,进口 229.2 万吨。1830
年英国小麦出口 10.8 万吨,进口 641.7 万吨。1835 年英国小
麦出口 39 万吨,进口 218.5 万吨。1840 年英国小麦出口 25.3
万吨,进口 735.1 万吨。1845 年英国小麦出口 6.4 万吨,进口
368 万吨。

从 1841 年起,英国只有小麦进口的数据而没有小麦出口的
数据,小麦进口额逐渐上升。1847 年为 174.9 万吨,1850 年为
145 万吨,1855 年为 106 万吨,1860 年为 240.1 万吨,1865 年为
221.5 万吨,1870 年为 333.8 万吨,1875 年为 486.7 万吨,1880
年为 599.6 万吨,1885 年为 617 万吨,1890 年为 677.3 万吨,

① B. R. Mitchell, ed., *European Historical Statistics 1750 - 1970*, Columbia
University Press,1975,p.226.

1895 年为 786.6 万吨。1900 年为 812.8 万吨,1905 年为 905.5 万吨,1910 年为 904.4 万吨,1915 年为 839.2 万吨,1920 年为 771.9 万吨,1925 年为 754.8 万吨,1930 年为 832 万吨,1935 年为 921.2 万吨,1940 年为 850.6 万吨,1945 年为 433.7 万吨, 1950 年为 517.8 万吨。[1]

五、农业革命

英国 1550 年到 1850 年间在农业技术领域进行的一系列变革,称为农业革命,它包括一系列新作物的引进、畜牧业的革命、田制的革命、农具的革新。

(一)新作物的引进

在农业革命之前,英国的作物品种极其有限,主要的种属有小麦、燕麦、黑麦、大麦、蚕豆、扁豆。[2] 对于根茎作物和人工草, 人们一无所知。在农业革命中,一系列新作物"涌现"出来,如萝卜、三叶草、马铃薯、苜蓿、芜菁等。对于这些新型的作物种属,人们不断地推陈出新,以适应不同条件的需要。以萝卜为例,农业革命之初,英格兰人种植的只是一般性的萝卜。由于这种萝卜易受冻伤,经常受萝卜虫的破坏和根肿病的侵害,后来, 又引进了瑞典萝卜和甜菜。

萝卜是农业革命中推广的作物之一。据记载,在 16 世纪早期的英格兰,萝卜还只是一种花园作物。到了 16 世纪晚期,人们才把萝卜用作食物。17 世纪二三十年代,在少数的庄园上,人们开始把萝卜用作饲料。以诺福克郡为例,从 17

---

[1]　B. R. Mitchell, ed., *European Historical Statistics 1750 – 1970*, Columbia University Press,1975,p.342.

[2]　Joan Thirsk and J. P. Cooper, eds., *Seventh-Century Economic Documents*, Oxford University Press,1972,p.782.

世纪30年代到60年代，种植萝卜的家庭还不到1%；此后，这个比例逐年上升，到17世纪80年代，种植萝卜的农场主的比例已经上升到20%，到18世纪初，这个比例上升到40%，18世纪20年代，达到50%。[1] 萝卜种植于八月份（即收完谷物后开始种萝卜），具有生长快的特点。由于叶子宽大，因而，在生长的过程中，可以起到斩除杂草的作用。在成排种植的情况下，人们还可以用锄头对萝卜进行田间管理，既锄了草，又保了墒。在三圃制下，一方面，休耕田通过细菌活动的方式增加了氮的补充，另一方面，又通过雨水渗漏，不断地丧失土壤中氮的成分。因此，在休耕田里种萝卜，可减少因雨水渗漏而造成的氮的流失，而且通过叶面的蒸发作用，更多的氮被截留在土壤中。再者，在用作饲料的情况下，萝卜又以牲畜粪肥的形式还了田，无形之中增加了土壤中氮的含量。于是，萝卜在休耕田里种植的比重呈现上升的趋势，休耕田的面积则呈现下降趋势。根据格雷戈里·金的估算，在17世纪90年代的英格兰和威尔士，休耕田占可耕地的比例为20%。[2] 随后，这一比例逐渐下降，到19世纪30年代，这一比例下降到12%，到1871年下降到4%。[3]

土豆原产美洲，大约在16世纪末由西班牙传入英格兰，被人们奉为粮食中的上品。17世纪末叶，土豆在英格兰得以广泛的推广，一个重要的原因是它高产，能提供更多的能量。以千卡热量为标准，每100克小麦和土豆提供的热量分别为340千卡、83千卡。按19世纪的产量，小麦为500千克/英亩，土豆为5吨/英亩，

① Mark Overton, *Agricultural Revolution in England: The Transformation of the Agrarian Economy*, Cambridge University Press, 1996, p.100.

② G. E. Barnett, ed., *Two Tracts by Gregory King*, Baltimore: The Johns Hopkins Press, 1936, p.35.

③ Mark Overton, *Agricultural Revolution in England: The Transformation of the Agrarian Economy*, Cambridge University Press, 1996, pp.63-132.

每英亩土豆产生的热量是同等面积小麦产生的热量的 2.5 倍。[1]
因而,18 世纪最后 25 年,在人口数量剧增、谷物歉收(特别是
1794 年和 1795 年)的情况下,人们开始重视土豆的种植。1795
年 9 月,《时代报》的一篇报道说:"由于担心来年粮食不足,人
们普遍种植土豆,其产量极高。"[2]土豆作为工人和农民共享的
食品得以广泛的推广。在园圃和农场的田边地角,都种植了
土豆。

　　17 世纪从低地国家引入三叶草属豆科植物。三叶草可以
把空气中的氮以氮盐的形式存入土壤,起到肥田的作用。17 世
纪的英格兰人已经了解,种过三叶草的土地能提高谷物的收成。
当时的作家布里斯写道:"在同一块土地上种三至四年三叶草
后,如果再种谷物,收成就会大增。"到 18 世纪早期,三叶草并
没有被大规模地种植。尽管有 20% 的农场主种植三叶草,但它
占可耕地的面积仅为 3%。以诺福克郡为例,从 13 到 18 世纪,
豆科作物占可耕地的比率为 9% — 14%,到了 1825—1850 年,
其比率达到了 25%。[3]

　　在多种新作物引进的同时,有些老作物的种植面积减少,甚
至在局部地区被淘汰,燕麦便是一个例子。在克伦维尔郡和肯
特郡等地,燕麦的种植并未完全普及。在其他地方,如赫特福德
郡、诺福克郡、萨福克郡和伍斯特郡,从 16 世纪起,燕麦的种植
面积急速下降。同一时期,在莱斯特郡、牛津郡以及北部和西北
部诸郡,燕麦种植面积也呈现出减少的趋势。与此同时,小麦的

---

　　[1]　Mark Overton, *Agricultural Revolution in England : The Transformation of
the Agrarian Economy* , Cambridge University Press , 1996 , pp.1-10.

　　[2]　Mark Overton, *Agricultural Revolution in England : The Transformation of
the Agrarian Economy* , Cambridge University Press , 1996 , pp.1-10.

　　[3]　Mark Overton, *Agricultural Revolution in England : The Transformation of
the Agrarian Economy* , Cambridge University Press , 1996 , pp.100-132.

种植面积则呈现出逐步上升的趋势。①再如,根据《不列颠农业统计》,到 19 世纪中后期,黑麦这一在 17 世纪晚期频繁种植的作物,已经消失了。② 这一现象说明了两个问题。一是由于多种作物轮流种植,土地质量提高了。二是由于农业革命时期,英国人口增长较快,比如,1550 年,英国人口数量大致为 300 万,1650 年大致为 550 万,1750 年大致为 600 万,1850 年大致为 1800 万。③ 在人口压力的作用下,人们对高产量、高热量的作物提出了需求。

在中世纪农业低产的原因有三:一是缺乏肥类,二是作物的单一性,三是没有好的整地方法。④多种作物的引进,提高了地力。单就肥源来说,除了因牲口增加而增加的粪肥、泥灰和石灰石,豆科作物也是一大肥源。如每公顷扁豆和蚕豆通过根瘤菌可产生 33—160 千克氮,每公顷三叶草可产生 55—600 千克氮。据估计,对北欧国家来说,三叶草的引进使氮肥总量增加到60%左右。而农业革命中英格兰氮的增加量则高于60%,因为以上估算是基于三叶草占北欧可耕地的 19%,而截至 1871 年,英国这一比例已达到 26%。⑤同时,多种作物的引

---

① Mark Overton, *Agricultural Revolution in England: The Transformation of the Agrarian Economy*, Cambridge University Press, 1996, pp.94-95.

② *Agricultural Returns of Great Britain*, 1872, 1873……1882, London: George E.Eyre and William Spottiswoode, 1872, pp.29-32; 1873, pp.38-39; 1874, pp.23, 44-45; 1875, pp.39, 60-61; 1876, pp.15, 32; 1877, pp.11, 14; 1878, pp.11, 14; 1879, pp.14, 52-53; 1880, pp.14-15; 1881, pp.20-21; 1882, pp.18-19.

③ E.A. Wrigley, and R.S. Schofield, *The Population History of England, 1541-1871*, Cambridge University Press, 1989, p.207.

④ H.S. Bennett, *Life On English Manor: A Study of Peasant Conditions, 1150-1400*, Cambridge: The Syndics of the Cambridge University Press, 1956, pp.184-233.

⑤ Mark Overton, *Agricultural Revolution in England: The Transformation of the Agrarian Economy*, Cambridge University Press, 1996, pp.63-132.

进与栽培,增加了作物的多样性,对病虫害起了一定的预防和抵抗作用。

(二)种植饲料和畜种改良

畜牧行业也出现了革命性的突破。和种植业的变革一样,畜牧业的变革也经历了一个缓慢的过程。起初,英国人思想保守,即使像阿瑟·扬这样的农学家都认为畜牧业是一种落后的行业。然而,在长期的实践过程中,英国人逐渐发现,他们可以通过改进种植方法提高牧草的产量,也可以用培育良种的方法提高饲料转化为畜产品的效率。这样,一场畜牧业的革命展开了。

牧草的种植及管理方法由粗放型转变为精耕细作型,是畜牧行业的一项重大突破。在中世纪英国,庄园上的土地可分为以下几大类型:一是公共耕地,人们以二圃制或三圃制的耕作方法在公共耕地上种植庄稼;二是草地,用以生长牧草;三是荒地,包括沼泽、湿地;四是林地。①截至16世纪早期,人们仍对草地上的牧草实行粗放的管理方式,即牧草是天然的,人们平时对牧草不加管理,只是到6月份才收割干草,然后贮备起来,以供冬季使用。从16世纪,特别从17世纪开始,英格兰掀起了大规模的垦荒运动,人们排干湿地和沼泽,砍伐树木,垦出良田。从农业革命中林地面积减少的状况,开垦的规模可见一斑。1350年前后,英格兰林地覆盖率为10%,到了19世纪中期,这一比率下降到5%左右。②

在耕地面积增加的同时,17世纪市场对畜牧产品的需求日益增多,引起饲料价格的上涨。在饲料价格上涨的速度快于谷

---

① H. S. Bennett, *Life On English Manor*: *A Study of Peasant Conditions*, *1150-1400*, Cambridge: The Syndics of the Cambridge University Press, 1956, p.43.

② Mark Overton, *Agricultural Revolution in England*: *The Transformation of the Agrarian Economy*, Cambridge University Press, 1996, pp.90, 114.

物价格上涨速度的情况下，种植三叶草、萝卜有明显的利益。因而，17 世纪末英国人开始对草地进行精耕细作：耕作、施肥、选种、育种。这就等于打破了可耕地与草场永不变更的惯例。人们逐渐把三叶草等作物移植到可耕地上，并与三圃制结合起来。就此彼得·克里德特写道：三年一轮的节奏没有改变，但在休耕地上种起夏季作物三叶草、蚕豆、扁豆等。① 在诺福克郡和萨福克郡，从 16 世纪末到 18 世纪 30 年代，人工培植牧草的农场由占农场总数的 13.7% 上升到 26.5%，几乎翻了一番。②

飘浮水草种植技术的发明和推广是饲料作物的一场革命。根据博韦等学者的研究，大约 16 世纪末，飘浮水草地已经在石灰岩地区发展起来。③ 1708 年，多塞特郡阿尔福尔地区的法庭案卷中提到了飘浮水草，这是有关飘浮水草状况的最早记载。飘浮水草生长于流动的河水之中，在河水的表面形成薄膜。在严寒的冬季，流动的河水对三叶草起到了保护作用，使其免受冻害，并促其生长。肥沃的河底起到了养肥水草的作用。每年三四月份，当饲料严重缺乏之时，漂浮水草为羊群提供了食物来源。此后，当人们把羊群赶到夏季牧场之后，对飘浮水草进行再次灌溉，到了七八月份，就可以收割干草。

当时，人们通过两种途径种植飘浮水草。第一种方法简单易行，即开挖沟渠把河水引入山谷，在山谷中种植水草。第二种方法较为复杂，首先在农田里建立田垄和排水沟，然后在田埂上开挖排水沟道。据记载，"在克伦威尔的军队里，有一个名叫沃

---

① Peter Kriedte, *Peasants, Landlords and Merchant Capitalists*, Cambridge University Press, 1983, p.108.

② Mark Overton, *Agricultural Revolution in England: The Transformation of the Agrarian Economy*, Cambridge University Press, 1996, p.112.

③ G.G.S. Bowie, Water Meadows in Wessex: A Re-evaluation for the Period 1640-1850, *Agricultural History Review*, Vol. 35(1987), pp.151-158.

尔特·布里斯的人。他热衷于用种植飘浮水草的方法进行排水和灌溉。在其有生之年,英格兰地区建立了许多排水工程。时至今日,这些工程仍然使用。同一时期,飘浮水草系统在英格兰西南部建立起来。"①起初,飘浮水草的种植主要流行于石灰岩地区的山谷地带,如多塞特郡的弗洛姆地区和匹德尔地区、威尔特郡的阿布恩地区。到 1700 年,威塞克斯郡、多赛特郡、汉普郡和威尔特郡的绝大多数河流上都建立了种植飘浮水草的水道。据统计,到 19 世纪 30 年代,仅多塞特郡种植水草的面积就达到6000 英亩。② 不过,一般说来,飘浮水草更适应于比较湿润的西部地区。

新牧草的出现和推广弥补了长期以来饲料的不足。饲料的新来源——三叶草和萝卜的种植增加了饲料的总量,这是由于在种植三叶草和萝卜之前,休耕地和永久性牧场产量很低。据格雷戈里·金的估算,在 17 世纪晚期,英国每年宰杀的牲口数量占全国牲口总量的比例不到 20%。然而,到 19 世纪晚期,这一比例上升到 25%。③ 不过,饲料的增多并不是牲口数目增多、畜产品数量提高的充分条件。其充分条件有两个:第一,要有充足的饲料;第二,要具备把饲料迅速转化为畜产品的优良畜种。优良畜种的培育是农业革命中畜牧产业的另一重大突破。

17 世纪,英格兰人已从荷兰引进了良种牛,并与本地牛相结合,培育出较为优良的牛种。罗伯特·贝克维尔是位优秀的宣传员,他的贡献在于使选配良种的形式固定下来,并为此做了大量的工作。在这期间,人们培育最成功的新牛种不是长角牛,

---

①　*The New Encyclopaedia Britannica*, Vol. 13, p.195.

②　Mark Overton, *Agricultural Revolution in England*: *The Transformation of the Agrarian Economy*, Cambridge University Press, 1996, p.112.

③　Mark Overton, *Agricultural Revolution in England*: *The Transformation of the Agrarian Economy*, Cambridge University Press, 1996, p.113.

而是短角牛。到 19 世纪中期,短角牛或短角牛的杂交品种已占英格兰牛数的一半以上。这种牛的前身就是荷兰牛与英格兰牛的杂交品种。该牛种是达勒姆郡的牛和北约克郡的牛经过杂交而培育出来的,具有食用和提供畜力两大功能。托马斯·贝特、古林兄弟对此做出了重大贡献。

直到 18 世纪末,英格兰人才培育出不同品类的良种羊。当时的育种专家们有四大目标:一是让羊肉长在羊身上较为珍贵的部位;二是减少骨头和内脏的比重;三是提高饲料向羊肉的转化率;四是让羊尽可能早熟。18 世纪 40 年代,贝克维尔开始进行培育良种羊的试验,直到 90 年代,才培育出"因纽特羊"。贝克维尔把他培育的羊称为"变草为羊肉的机器"。[①] 短毛羊即南多恩羊是由苏塞克斯郡格莱德地区的约翰·额尔曼培育出来的。在 18、19 世纪之交,这两种羊是人们培育新羊种的基础。这一时期,良种羊的普及与市场的需求以及饲料的供应有关。在英格兰南部地区,人们根据羊肉、羊脂和羊毛的相应价格而培育不同的品种羊。[②] 18 世纪,市场对肥大的羊关节和羊脂的需求导致人们大量喂养因纽特羊。18 世纪 90 年代,市场导向又促使人们重视斯多恩羊,因这种羊可出产优质羊毛。1815 年以后,由于市场对优质羊肉的需求,人们把南多恩羊和其他新品种的多恩羊的饲养方法同可耕地上饲料的种植结合起来。在牛津郡,由于人们在圈占的土地上种植萝卜,因而能够大力发展因纽特羊,并把因纽特羊和地方羊种结合,培育出考斯伍德羊。这种羊的推广速度极为迅速,1820 年,牛津郡饲养考斯伍德羊的农场只占农场的 5%,1840 年增至 25%。

---

① [英]阿萨·勃里格斯:《英国社会史》,陈叔平等译,中国人民大学出版社 1991 年版,第 209 页。

② Mark Overton, *Agricultural Revolution in England: The Transformation of the Agrarian Economy*, Cambridge University Press, 1996, p.114.

在饲料的来源由粗放经营转变为精耕细作经营的前提下,在市场导向下,英国畜牧业发生了翻天覆地的变化。与 17 世纪相比较,18 世纪后半期羊肉和羊毛的产量提高了 78%。在牲口总数没有增加的情况下,从 1700 年到 1850 年畜产品的产量增加了 2.5 倍。以史密斯菲尔德市场为例,1732 年该市场销售了76000 头牛、515000 只羊。到了 1854 年销售量达到 263000 头牛和 1539000 只羊。①

(三)新型轮作制的实施

英格兰人不断地探索新的轮作制度,以提高粮食和饲料作物的产量,同时又不使地力衰竭。17、18 世纪是英国农业由粗放经营转向精耕细作轮作式经营的转折时期。② 革命性作物的引进与推广、畜牧产品在人们生活消费中比重的提高、圈地运动的推进,为新型轮作制的出现创造了前提条件。

在耕作制度转变的过程中,曾出现过多种形式的轮作制。中世纪中后期,人们普遍使用三圃制。17 世纪之前,在康沃尔郡,人们两年种植小麦,两年种植燕麦,其余七八年改作牧场。德文郡的轮作方式是先种植小麦,接着两年种植大麦,然后种植燕麦、豌豆,再种植燕麦,最后几年改为牧场。在 17 世纪上半叶,十年或十二年的牧轮作制盛行一时,这种轮作制分为黏土、沙土、沼泽地三种类型。在黏土地区,先种植两年小麦或黑麦,接着种植一年大麦、三年燕麦、一年白羽豆或巢菜,最后种植三年或四年牧草。在沼泽区,种植三年小麦之后,再用一年种植大麦与黑麦,然后种植三年燕麦、一年豌豆、三年牧草。轮作制种类繁多,其中两种最为重要,一是变换式轮作制,二是诺福克四

①　B. R. Mitchell, *British Historical Statistics*, Cambridge University Press, 1988, p.708.

②　Peter Kriedte, *Peasants*, *Landlords and Merchant Capitalists*, Cambridge University Press, 1983, p.109.

茬轮作制。

在变换的轮作制下，永久性草场和可耕地之间的界线被打破了。人们把永久性草地进行犁耕，种几年庄稼，然后退耕还牧。1590—1660 年，这种轮作制在英格兰得以广泛的推广。这种轮作制的目的是为了利用存在于土壤中的氮，然而，这种氮对于庄稼的增产只起了短期的效应。随着土壤中有机质的下降，作物产量又下降到原来的水平。在种植庄稼的过程中，由于过滤作用和有机质的分解，土壤中的酸性逐渐增强。因而，变换式农业只是为了利用长期草场中的氮来增加作物产量的权宜之计。[1] 在 17 世纪英格兰的中部地区，针对作物产量开始下降的状况，人们采取了"轮回式农业"。在可耕地上实行轮回式轮作制，第一可以斩除杂草；第二可防止某些害虫和作物病；第三可改良土壤结构。

在实践的过程中，英格兰人把可转换式农业、三圃制、崭新的作物、畜牧业与可耕地结合起来，创造了诺福克四茬轮作制。它成为在这一时期众多的田制之中最重要的一种，"第一年种植小麦，第二年种植萝卜（萝卜用作饲料），第三年种植大麦，收完大麦种植三叶草、黑麦芽，第四年收割三叶草和黑麦。这种新的轮作方法具有积累的效果，因为原来肥源稀少，现在，饲料通过牲口转化为大量的粪肥，不仅养肥了牲口，而且提高了地力，增加了谷物产量。"诺福克四茬轮作制仍然保持了三圃制的种植周期，充分利用了三圃制下休耕的机会，种植扁豆、白羽扇豆、三叶草、萝卜、麻类作物，因而被称为"提高了的三圃制"。[2]

与三圃制相比，诺福克四茬轮作制的优越性大大增强。它

---

① Eric Kerridge, *The Agricultural Revolution*, London: George Allen & Unwin Ltd. ,1967,pp.181-221.

② Peter Kriedte, *Peasants, Landlords and Merchant Capitalists*, Cambridge University Press,1983,p.108.

解决了三圃制下扩大种植面积与地力衰竭的矛盾。在三圃制下，人们主要种植两三种作物，利用休耕的方法恢复地力，牲口的粪肥只是提高地力的一种补充方法。在这种情况下，如果我们假设耕作面积是固定的，那么，增加总产的办法只能靠扩大种植面积来实现。因而，任何增加粮食总产的办法都意味着饲料的减少、地力的衰竭和单产的下降（如图 5.1a 所示）。一系列恶性循环由此而产生。诺福克四茬轮作制则打破了三圃制下的封闭状态，"避免了早期效益递减的恶性循环"。① 首先，萝卜和三叶草的种植使饲料的来源充足起来，既为畜牧的发展创造了前提，也为粪肥的来源提供了保障（如图 5.1b 所示）。其次，三叶草具有固氮的功能。谷物之类的庄稼不能直接吸收大气中的氮，只能通过根系吸收土壤中的氮盐。与此相反，三叶草和豆类作物可以把大气中的氮转化为氮盐，从而起到施肥的作用（如图 5.1b 所示）。再者，种植萝卜可以起到清除杂草的作用，人们称萝卜为"清洁作物"。在三圃制下，休耕为人们斩除杂草提供了机会，而在轮作制下，通过在休耕田里种萝卜，就可以达到这样的目的。一方面，萝卜茂盛的叶子可以阻止杂草生长，另一方面，人们把萝卜种得纵横成行，以便除草。因而，诺福克四茬轮作制的推广，打破了三圃制下的恶性循环，建立了一套农牧相得益彰的新的良性循环机制（如图 5.1b 所示）。

16—18 世纪，由于诺福克四茬轮作制的推广，英格兰农业发生了深刻变化。

（四）新式农具的发明

直到 16 世纪，英格兰人仍使用重犁。这种犁装有轮子，较为笨重，需要 6—8 头公牛或 4 匹马作为引力，两个人协同作业。

---

① Peter Kriedte, *Peasants, Landlords and Merchant Capitalists*, Cambridge University Press, 1983, p.108.

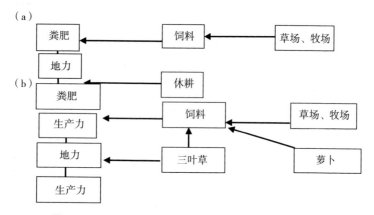

图 5.1 三圃制和诺福克四茬轮作制对生产的不同影响

资料来源：Mark Overton, *Agricultural Revolution in England*：*The Transformation of the Agrarian Economy*,Cambridge University Press,1996,p.2.

一人扶犁,一人在前面照看牲口。这就是人们常说的一个犁队。重犁的使用,既浪费畜力,也浪费人力。从 16 世纪开始,在东部英格兰的部分地区,已引进了"荷兰犁"。这种犁较为轻便,由两匹马挽犁。对于荷兰犁的使用,英格兰人不断地推陈出新。1730 年,迪斯尼·斯坦思和约瑟夫·福尔杰姆对荷兰犁进行了大幅度的改进,发明了罗宾汉犁。罗宾汉犁呈三角形,由两匹马挽犁,一人扶犁。与矩形的重犁相比,它更为快捷、有效。因而,替代了需4(或 6、8)头牛作引力、两人协同作业的重犁。[1]罗宾汉犁造价低、制作简单、较为结实,而且各个部位都由随时可以更换的标准零件组成。有一则关于罗宾汉犁的广告,宣称耕同样一块土地,它可以节省 1/3 的劳动时间,所需的引力不及重犁的 1/3。18 世纪 60 年代,诺福克郡开始使用罗宾汉犁。18 世

---

[1] Phyllis Deane, *The first industrial revolution*,Cambridge University Press,1979,pp.38-39.

纪末,萨福克郡的瑞恩索斯等人对耕犁进行了多重改造。最显著的变化是人们开始用铸铁代替木材制造耕犁。同一时期,农村的铸造工场已经替代了铁匠,成为耕犁的制造者。18 和 19世纪之交,英格兰已进入了耕犁的批量生产阶段。1783 年,英格兰建立了第一家制犁工厂。①

　　播种机和马拉锄是农业革命中的又一项重大发明。1731年,杰斯诺·图尔发明了点播机。同时,为了节省珍贵的劳动力,图尔设计并制作了马拉锄。它可以除掉两行作物间的杂草,并使土壤碎化。②其方法是将麦子或根茎作物播种成行,行距较大,以便用马拉锄除草。③按照这种方法,种子的使用量只占原来播种量的 30%,也就是说可节省 70%的播种量。例如,在使用马拉锄前,每英亩小麦需要种子 2.5 蒲式耳(合 91 升)。使用马拉锄后,只需 3 配克(合 27 升)即可。18、19 世纪之交播种机的使用已遍及诺森伯兰郡、达勒姆郡、诺福克郡、萨福克郡。1770 年在牛津郡和威尔士边界播种机为数不多,1810 年以后播种机推广的速度开始加快。1850 年以后,马拉锄开始传播开来。

　　这一时期,打谷工具也发生了革命性的变化。在中世纪,人们用连枷打谷。连枷是用皮带连接起来的两根棍子,使用时,用手甩动一根棍子,另一根棍子便可起到打谷作用。④使用这种打谷器具,效率低、劳动量大。18 世纪末,苏格兰已出现了打谷机。拿破仑战争期间,打谷机得以广泛的推广。据农业报告委

①　*The New Encyclopaedia Britannica*,15th,Vol.13,p.195.

②　*The New Encyclopaedia Britannica*,15th,Vol.13,p.195.

③　Phyllis Deane,*The first industrial revolution*,Cambridge University Press,1979,p.38.

④　Frank E.Huggett,*The land question and social question*,London,Thames and Hudson,1975,p.20.

员会的记载,18 世纪 90 年代,打谷机出现于英格兰东北部, 1808 年遍及英国的大多数郡,但主要集中于东北和西南诸郡。 早期,人们把这些机器安装于仓库之中,靠马力驱动。拿破仑战 争之后,由于劳动人数增多,打谷机的使用一度减少。但到了 19 世纪 40、50 年代,打谷机再度流行。这时的打谷机,靠蒸汽 机驱动,便于移动,适应性强,价格也有所下降。其他种类的机 器包括蒸汽机、卷扬机、萝卜切割机、油饼机等。这些机器体形 小,起到了节约劳力的作用。

垦地运动是农业革命的一项重要内容。它包括排干湿地、 开荒、砍伐森林等。其中排干沼泽和湿地是垦地运动的主要方 面。在向沼泽地进军的过程中,一系列农具被发明出来。18 世 纪,抽水的工具是风车。19 世纪 20 年代,蒸汽泵替代了风车。 同时,排水的工具及方法也发生了变化。农业革命之初,人们仍 沿用中世纪的传统,用挖沟的方法排水。到了 19 世纪,开始用 瓦管建造地下排水管道,既减少了占地空间,又避免了对传统排 水管道年复一年的维修。通过这些"新式"的排水工具,英国垦 地运动取得了明显的成效。据统计,英格兰和威尔士的土地总 面积增加了 6%,耕地面积增加了 10%。在 17 世纪,沼泽地带 的人以渔猎为生,到了 18 世纪后半叶,这些地区都变成了肥沃 的良田。①

经过农业革命,英国的土地生产率得以提高。农业革命前 夕,诺福克郡每英亩小麦的产量为 9—11 蒲式耳,农业革命结 束时,达到了 32 蒲式耳。② 农业革命使英国农业结束了饥荒频 频发生的局面。17 世纪之前,英国每个世纪平均发生饥荒 12

---

① Mark Overton, *Agricultural Revolution in England: The Transformation of the Agrarian Economy*, Cambridge University Press, 1996, p.90.

② Anne Dighy and Charles Feinstein, *New Directions in Economic and Social History*, Macmillan Press, 1989, p.15.

次;17 世纪饥荒减少到 4 次,18 世纪饥荒减少到 5 次,19 世纪只发生了 1 次。

六、土地的市场流动

(一)土地投资

土地吸引着众多投资者,这与它的两大特质有关,即它作为财富具有安全性和它的价值具有稳定性。许多财富的拥有者为给妻子儿女提供可靠的生活来源,往往将财富转化为土地。约翰·尼克尔森是约克郡的主治医师,1769 年,当其女儿要嫁给商人塞缪尔的儿子时,约翰要求对方与 1800 英镑的嫁妆相对应,至少提供 100 英亩的限嗣地产。① 一些商人零零星星地购买土地则是作为财富的安全贮存方式。商人威廉·丹尼森通过购买土地来积蓄财富,在诺丁汉郡形成了一个地主家族。② 塞缪尔·惠特布雷德在垂暮之年费尽心力地购买土地,又与邻居进行土地置换,在萨斯希尔建成规模相当大的地产。③ 同时,南海事件的发生使土地的保值功能更为突出。南海公司由于发行公债数额庞大,管理失误,1720 年,泡沫破裂,绝大多数债权人损失惨重。④ 钱多斯公爵对公司债权人的惨状记录道:人们的痛苦程度无法想象,为破产忧心忡忡。⑤ 南海事件改变了人们的

---

① John Habakkuk, *Marriage*, *Debt*, *and the Estates System*, Oxford: The Clarendon Press, 1994, p.410.

② R.Wilson, "Ossington and the Denison", *History Today*, March, 1968.

③ Dean Rapp, "Social Mobility in the Eighteenth Century: The Whitbread of Bedfordshire, 1720-1815", *Economic History Review*, Vol. 27, 1974, pp.380-394.

④ R. A. C. Parker, *Coke of Norfolk: A Financial and Agricultural Study*, 1707-1842, Oxford: The Clarendon Press, 1975, p.19.

⑤ J. V. Beckett, *The Aristocracy in England*, *1660 - 1914*, Oxford: Basil Blackwell, Ltd., 1986, p.82.

投资观念,他们开始放弃对股票和公债的购买,把资本转移到土地上来。一些土地贵族对商业和其他产业的投资产生反感,对土地之外的资产几乎不再投资。[①]

有些人购进土地是为了投机。若一个地主需要卖掉自己的土地而又没有直接的买主,投机商就会低价购进,待机整块或小块出售。1676 年,亨利·波尔从帕姆布里尔伯爵手中买下了威尔特郡的拉姆伯利庄园,此后,卖掉了其中的几个农场,1681年,又将庄园上的房屋及其剩余的土地卖给了威廉·琼斯爵士。[②] 有些投机商甚至用抵押贷款的方法筹集资金,购买土地。1778 年,怀特俱乐部的主人罗伯特·麦克利斯从债务人詹姆斯·福克斯手中买下了萨里郡的东霍利斯地产,该土地的售价为 39500 英镑,罗伯特没有现金支付。11097 英镑和詹姆斯的债务相抵销,剩余的款项由罗伯特将这块土地抵押贷款。罗伯特本想将这块土地小块销售,但没过多久,以整块的形式卖给了邻近的托马斯·佩奇,售价为 50500 英镑。[③]

表 5-3　1857—1869 年 71 块土地上用于农场建筑的贷款支出

土地面积 (英亩)	农场的 数量	面积 (英亩)	农场建筑的 支出(英镑)	平均每英亩的 支出(英镑)
<1000	19	3201	12877	4.02
1000—2999	27	5823	23334	4.01
3000—9999	62	16668	60986	3.66

① J. R. Wordie, *Estate Management in Eighteenth Century England*: *The Building of the Leveson-Gower Forture*, London, Royal History Society, 1982, p.138.

② John Habakkuk, *Marriage, Debt, and the Estates System*, Oxford: The Clarendon Press, 1994, p.406.

③ John Habakkuk, *Marriage, Debt, and the Estates System*, Oxford: The Clarendon Press, 1994, p.406.

土地面积 （英亩）	农场的 数量	面积 （英亩）	农场建筑的 支出（英镑）	平均每英亩的 支出（英镑）
≥10000	87	29930	76442	2.84
总计	195	55622	173639	3.30

表5-4　1857—1869年71块土地上农场面积与贷款支出

农场面积 （英亩）	农场数量	面积 （英亩）	平均面积 （英亩）	资本支出 （英镑）	每英亩的 支出（英镑）
<100	20	1194	60	7072	5.92
100—199	48	7414	154	29317	3.95
200—299	62	14692	237	54551	3.71
300—399	31	10699	345	33088	3.09
400—499	19	8555	450	24670	2.88
≥500	15	10068	671	24941	2.48
总计	195	52622	270	173639	3.30

资料来源：A. D. M. Philips, "Landlord Investment in Farm Buildings in the English Midlands in the Mid Nineteenth Century", in B. A. Holdnerness and Michael Turner, eds., *Land, Labour and Agriculture, 1700 - 1920*, London, The Hambledon Press, 1991, pp.191-210.

　　许多地主家族为扩大地产而购置土地，最普遍的类型就是对与其地产交错或毗邻的土地的购买。这样可以获得整齐而宽幅的地块，降低投资成本。1857—1869年，调查员安德鲁·汤普森对71块地产上贷款投资的状况进行了调查。这些土地分布在英格兰的19个郡，涉及耕地面积349328英亩，占英格兰耕地面积的1.2%。这19个郡包括达勒姆郡、北约克郡、兰开郡、林肯郡、诺丁汉郡、德比郡、切斯特郡、什罗普郡、斯塔福德郡、赫里福德郡、伍斯特郡、牛津郡、莱斯特郡、沃里克郡、北安普顿郡、贝福德郡、埃塞克斯郡、格罗斯特郡、布拉克内尔弗里斯特郡。[1]
71 块土地地域分布广泛，具有一定的代表性。表 5-3 和表 5-4
说明：土地投资呈现出规模递减。

在近代社会，人们的社会地位、声望和地产有着密切的联
系，土地是贵族身份和头衔的基础。19 世纪英国系谱专家伯
克写道："在授予头衔问题上，不动产的难题将永远存在。国
王将不动产作为册封世袭头衔的基础。世袭头衔的接受者与
地产之间的联系不可分割。"[2]在乡村，乡绅地主把持着地方官
员的位置，作为社会领袖的地位无可挑战。1881 年，布罗德里
克对乡绅在乡村社会中的作用记录道："这些变化没有削弱乡
绅的力量，他们的实力比原来更为强大，簇拥在他们身边的是不
断地向他们献媚的佃农和雇工。郡的官员通常由这些大地主担
任。他们是地方上的主要雇主，也是农村慈善业的主要支
持者。"[3]

（二）土地卖方

工业化时期的英国，圈地运动迅猛推行。圈地的地主往往
出售部分土地，以筹集圈地费用。1793 — 1802 年，巴斯侯爵的
土地代理人托马斯·戴维斯与其同事纳萨尼尔·巴顿之间的信
函反映了这一事实。信中说："在威尔特郡特罗布里奇城旁边
有一个名叫韦斯特伯利的村庄，土地所有者们对土地的围圈事
宜争论纷纷：有人希望一直等下去，直到一般圈地法令通过为

---

[1] A.D.M.Philips, "Landlord Investment in Farm Buildings in the English Midlands in the Mid Nineteenth Century", in B.A.Holdnerness and Michael Turner, eds., *Land, Labour and Agriculture, 1700 - 1920*, London, The Hambledon Press, 1991, pp.191-210.

[2] F. M. L. Thompson, *English Landed Society in the Nineteenth Century*, London: Routledge & Kegan Paul, 1963, p.62.

[3] Susanna Wade Martins, *A Great Estate at Work: The Holkham Estate and its Inhabitants*, Cambridge University Press, 1980, p.35.

止,这样可以降低圈地的开支,也可以得到其他特权;有人主张
分地而非圈地;有人对什一税的转换表示支持;有一位史密斯先
生表示愿意骑马游说,摆脱什一税。8 年之后,土地所有者们达
成了一致意见:通过拍卖部分荒地的方法取得圈地开支,任命委
员会起草圈地议案。"①

　　一些旧的土地家族因负债而被迫出售土地。土地家族的债
务负担通常有一个上限,F.M.L.汤普森对 19 世纪初期土地家族
的债务上限进行了调查,指出"当债务利息达到等于或超过可
支付性家庭收入的临界点,将通过举借新债进行偿付旧债时,一
段时期的家庭经济紧缩常常会挽救家庭的财富,而不必减少家
庭地产。"②比如 1845 年,第一代埃尔斯伯里侯爵可支付的年收
入在 24000—25000 英镑之间,每年支付债务的利息高达 23000
英镑,他采取的家庭经济紧缩措施使债务得以有效控制;在家族
史上,这一阶段没有出现变卖土地的现象。③ 在债务达到临界
点、家庭经济紧缩措施不能有效地解决问题时,土地家族会首先
忍痛卖掉不受限嗣的地产或外围地产。1776 年科克家族的文
曼·科克去世,留给儿子托马斯·科克的遗产包括限嗣地产、
30193 英镑 5 先令 3 便士的外债、一块位于诺福克郡不受限嗣
的地产。托马斯·科克将这块不受限嗣的地产卖给了莱斯特伯

　　①　G.E.Mingay, *Parliamentary Enclosure in England*: *An Introduction to its
Causes*, *Incidence and Impact 1750-1850*, London and New York, Longman, 1997, pp.
59-60.

　　②　F.M.L.Thompson, "The End of a Great Estate", *Economic History Review*,
Vol. 8, 1955, pp. 36-52; W. A. Maguire, "Lord Donegall and the Sale of Belfast: A
Case History from the Encumbered Estates Court", *Economic History Review*, Vol. 29,
1976, p.572.

　　③　F.M.L.Thompson, "English Landownership: The Ailsbury Trust", *Economic
History Review*, Vol.11, 1958, pp.121-132.

爵,弥补了亏空。① 受债务的逼迫,大多数地主设法打破原有的限嗣,卖掉受嗣的外围地产。1748 年,德文郡第三代公爵的长子威廉结婚,他们利用这一时机,打破家庭限嗣,将两块外围地产转给信托人,以抵销债务。② 有些地主家族由于不能摆脱经济困境,不得不出售主体地产。克拉伦登伯爵是王位复辟的主要受益者之一,通过国王赏赐,家族地产得以扩展。从伯爵本人开始,家庭背上了债务。1664 年,长子亨利继承父业,拖欠公证人 19860 英镑,1678 年,他以牛津郡的康伯利地产为抵押进行贷款,到 1700 年,这项欠款已达到 17310 英镑,由于不能有效解决债务问题,家族不断变卖土地,1723 年,继承人得到的仅仅是一个头衔。③

　　缺少子嗣的地主一般将土地传给旁系亲属。如果继承土地的旁系亲属是城市居民,不乐意到农村当地主,便会将继承的土地抛向土地市场。1797 年和 1804 年,比德勋爵出售了自己在剑桥郡和诺福克郡的土地,这是他通过婚姻方式继承来的。④ 有些旁系继承人继承的土地和他们自己拥有的地产不在同一地区,这些被继承的地产往往逃脱不了被抛售的命运。1762 年,斯塔福德郡什格伯勒地产的主人托马斯·安森从当海员的哥哥

----

　　① R.A.C. Parker, *Coke of Norfolk: A Financial and Agricultural Study, 1707-1842*, Oxford: The Clarendon Press, 1975, p.69.

　　② John Habakkuk, *Marriage, Debt, and the Estates System*, Oxford: The Clarendon Press, 1994, pp.367-368.

　　③ John Habakkuk, *Marriage, Debt, and the Estates System*, Oxford: The Clarendon Press, 1994, pp.379-380.

　　④ J.V.Beckett, "Agricultural Landownership and Estate Management", in G. E. Mingay, ed., *The Agrarian History of England and Wales*, Vol. 6, Cambridge University Press, 1989, p.549.

那里继承了帕克地产,第二年,便卖掉了这块土地。①

　　在建立大地产的过程中,地主们常常卖掉凌乱的外围地产,集中强化主体地产。1749—1756 年,莱斯特伯爵大面积地变卖自己的外围地产,到了 18 世纪后半叶,他的继承人诺福克的科克继续执行同样的卖地策略;他们在主体地产旁边不断地添置田产。② 1815 年,诺福克公爵家的祖传土地传到了第三个侄子手中,他成为诺福克第十二代公爵;1839 年,他卖掉了自己在沃克索珀的地产,得到 375000 英镑,以这笔资金扩大了在萨里郡和苏塞克斯郡的家族地产。③ 在这个过程中,地主们通常向议会请愿,要求授权其土地受托人卖掉外围地产,在主体地产周围购置面积相当的土地。议会 1727—1813 年通过这类法令 203个,1813—1834 年通过了这类法令 90 个。④

　　小土地所有者是土地的主要供应者。圈地运动中,自耕农通常会分得三四十英亩土地,围圈费用通常为 30—250 英镑;若这些土地较为肥沃,并且在圈地前大部分处于敞田的前提下,围圈后的价值至少翻一番。⑤ 在这样的背景下,自耕农会毫不费力地借到抵押贷款,支付圈地费用,或卖掉半打土地,以达到这一目的;或按照提高了的土地价格出售,用这笔资金租赁更大

　　① John Habakkuk, *Marriage*, *Debt*, *and the Estates System*, Oxford: The Clarendon Press, 1994, p.393.

　　② J. V. Beckett, " English Landownership in the Later Seventeenth and Eighteenth Centuries: The Debate and the Problems", *Economic History Review*, Vol. 30, 1977, p.575.

　　③ R.W. Unwin, " A Nineteenth Century Estate Sale ", *Agricultural History Review*, Vol. 23, 1975, pp.116–138.

　　④ John Habakkuk, *Marriage*, *Debt*, *and the Estates System*, Oxford: The Clarendon Press, 1994, p.390.

　　⑤ J.D.Chambers and G.E.Mingay, *The Agricultural Revolution 1750–1880*, London: B.T.Batsford Ltd., 1966, p.89.

的农场。那些以土地为抵押、进行圈地借贷的小土地所有者,那些以土地为抵押进行贷款、将可耕地转化为牧场的小土地所有者,到头来无法偿还债务,不得不出卖仅有的小地产。一份对林肯郡 70 次议会圈地的调查报告显示:在 9 个村庄中,圈地前后有七八十宗土地买卖;这些土地的销售并未导致小土地所有者总数的下降,变卖地产的小土地所有者的位置被新的小土地所有者弥补。[1] 在柴郡、德比郡、莱斯特郡、林肯郡、诺森伯兰郡、诺丁汉郡、沃里克郡,小土地所有者在 1832 年的数量与 1780 年的数量同样多。[2] 19 世纪,小土地所有者拥有的地产总数明显下降。1800 年,英国自耕农耕种土地的数量占英国土地总量的 20%,到 19 世纪末,这一比重下降到 12%。[3] 1846 年,不动产专门委员会在埃塞克斯郡进行调查时,经营着 560 英亩土地的罗伯特·贝克说:"所有的小地产看来都并入了大地产中,约曼(即自耕农)的数量更少了。"[4]

(三)参与土地投资的各种职业者

政府官员为巩固其政治和社会地位,不断将任职过程中取得的财富或发放的薪金用于土地购买,使原来的地产得以扩大。在英国与法王路易十四的战争中,英国一些著名政治家利用自己创造的财富或薪金购买土地,这些政治家原本就拥有相当的土地,如罗伯特·沃尔波尔利用从南海泡沫投机中所获得的财

---

① J.D.Chambers and G.E.Mingay, *The Agricultural Revolution 1750-1880*, London:B.T.Batsford Ltd.,1966,p.89.

② E.Davies, "The Small Landowner,1780-1832,in the Light of the Land Tax Assessment", *Economic History Review*, Vol. 1,1927,pp.87-113.

③ J.D.Chambers and G.E.Mingay, *The Agricultural Revolution 1750-1880*, London:B.T.Batsford Ltd.,1966,p.92.

④ J.V.Beckett, "Agricultural Landownership and Estate Management", in G.E.Mingay, ed., *The Agrarian History in England and Wales*,1850-1914, Cambridge University Press,2000,pp.713-714.

富,在诺福克郡东部扩充地产,使祖先遗留下来的地租收入扩大了2—3倍。查尔斯·赫奇爵士1700—1706年担任国务大臣,1700年在威尔特郡购买了康普敦坎伯韦尔地产,并以此为基础建立了大地产。① 初出茅庐的政治家们同样视土地为其驰骋政坛的凭借。威廉·朗兹曾担任财政部大臣,将自己创造的财富在白金汉郡购置了地产;布鲁克·布里奇是安妮女王时代财政部的审计员,购买了肯特郡的古迪斯通地产。②

在法律界,从业者为能够被授封为贵族而购买田产。1832—1835年,在26位被授封为贵族且地产少于3000英亩的人士中,14位是法律界的官员;贵族院大法官厄尔顿的哥哥在海军法院做了20年法官,在1817年前,花费300000英镑,买下了查德沃斯勋爵送给雅茅斯的药剂师托马斯·佩雷斯的地产。③ 律师们同样忙于购地,成为地主家族。托马斯·格林是伦敦律师,于1810年去世。他的儿子托马斯与一个男爵的女儿结婚,这为其家庭地位的上升铺设了道路;1821年,托马斯购买了600英亩土地,3年后他代表兰开斯特市参加了议会,主持地方上每季召开的地方法庭;1830年,在韦灵顿建立了一座新的庄园住所,开始购买零星的土地来扩大这块地产。④

有许多土地或法律业务代理人将积累的财富用于土地的购买,建立土地家族,进入乡绅行列。到1815年为止,帕克家族已

① John Habakkuk, *Marriage, Debt, and the Estates System*, Oxford: The Clarendon Press,1994,p.415.

② John Habakkuk, *Marriage, Debt, and the Estates System*, Oxford: The Clarendon Press,1994,pp.417-418.

③ F. M. L. Thompson, *English Landed Society in the Nineteenth Century*, London:Routledge & Kegan Paul,1963,pp.55-56.

④ J. V. Beckett, *The Aristocracy in England 1660 - 1914*, Oxford: Basil Blackwell Ltd.,1986,pp.129-130.

经为安卡斯特公爵作了两三代土地代理人,在这期间,他们在凯斯蒂文购置了相当大的一块地产;1710—1756 年,约翰·多布斯担任蒙森勋爵的地产代理人,在离家 30 英里的地方购买了一块地产,该地产足以支撑他儿子的乡绅头衔。[1] 在利文森-高尔家族地产上,代理人历来就有购买地产、在政府中任职的传统。1758—1788 年,托马斯·吉尔伯特担任该地产上的代理人。到了 1787 年,年近 70 岁的吉尔伯特决定辞职,然后回到自己在科顿地产上去。[2]

教会人士也将自己的财富用于地产购买。大多数主教和牧师都是地主家族的幼子们,他们可以从这些土地家族分得一份较为合适的财产。主教和牧师在租有地换户的过程中获得了大量财富,因为新的租有地持有者要缴纳相当数额的入地费。乔治·普雷蒂曼长期担任主教,1803 年,在米尔福德购买了地产。1803 年,与乔治没有亲属关系的林肯郡地主马默杜克·汤林将自己在里彼格罗福的地产送给了乔治,由于乔治后来的购买,这块地产的面积不断地扩大,到 1840 年,乔治的后代利用乔治原先积累的财富在萨福克郡购买了较大的奥韦尔地产。[3]

(四)资本与土地的流转

工业革命之前,英国的手工业制造者就有购买地产的传统。在工业革命时期,工业家不断将资本投入地产,建立土地

---

[1] B.A.Holderness, "The English Land Market in the Eighteenth Century: The Case of Lincolnshire", *Economic History Review*, Vol.27, 1974, p.572.

[2] J. R. Wordie, *Estate Management in Eighteenth Century England: The Building of the Leveson-Gower Forture*, London: Royal History Society, 1982, pp. 46-53.

[3] John Habakkuk, *Marriage, Debt, and the Estates System*, Oxford: The Clarendon Press, 1994, pp.418-419.

家族。纺织家族皮尔家族出身于自耕农家庭,17 世纪中叶开始经营羊毛纺织业;1795 年帕斯利·皮尔去世,其后代不断购买土地,形成了一个大的地主家族;帕斯利·皮尔有 7 个儿子,第三个儿子罗伯特最为成功,他在斯塔福德郡购买了德雷顿庄园以及其他地产,后来成为家族的主支,地产达到 9923 英亩,家族其他分支的地产尽管没有达到这一数量,但也足以支撑这个乡绅家族。① 从事酿造业的乔治·惠廷斯托尔一生共积攒财富 700000 英镑,其中 200000—300000 英镑投在了地产购置上。② 17 世纪初,惠特布雷德家族只是贝德福德郡的小乡绅,18 世纪初到伦敦从事酿造业,到塞缪尔·惠特布雷德一世时,该家族成为伦敦酿造业的先驱,并成为贝德福德郡的大地主。③ 重工业家族也在大规模地扩张土地。康沃尔郡凯黑斯堡的约翰·米歇尔·威廉经营青铜冶炼,还经营银行业,拥有的地产超过 8000 英亩,他的父亲米歇尔是一个康沃尔土地家族的幼子,早年和别人合伙成立福克斯-威廉姆斯公司,后来又成立威廉姆斯-福克斯公司,进行青铜的冶炼,1854 年购买了科尔赫斯堡地产。④

在金融界,银行家常常将巨额财富用于土地购买。威廉·休尔从一系列金融交易中获取了大量财富,除了在诺福克郡继承的三个庄园,他在克拉珀姆、伦敦、威斯特明斯特拥有为数不

① Stanley D.Chapman,"The Peels in the Early English Cotton Industry",*Business History*,Vol.11,1969,pp.61-89.

② F.M.L.Thompson,"Stitching it together again",*Economic History Review*,Vol.45,1992,pp.362-375.

③ Dean Rapp,"Social Mobility in the Eighteenth Century:The Whitbread of Bedfordshire,1720-1815",*Economic History Review*,Vol.27,1974,p.380.

④ F.M.L.Thompson,"Life after Death:How Successful Nineteenth Century Businessmen Disposed of their Fortune",*Economic History Review*,Vol.XLIII,1990,pp.40-61.

多的地产。1715 年,他去世后,财富留给了继承人休尔·埃杰雷,后者去世的时候,除了从威廉·休尔那里继承的财富,拥有的地产横跨夏普郡、约克郡、德贝郡、诺森伯兰郡。① 塞缪尔·琼斯·劳埃德是曼彻斯特和伦敦银行界的知名人士,19 世纪 40 年代,他拥有巨额的财富,并将相当一部分财富投资于地产,以求取得相称的社会地位。②

　　16 到 17 世纪,英国许多商人投资于地产,而伦敦商人首当其冲。丹尼尔·笛福注意到伦敦商人中流行着在埃塞克斯郡购买土地的时尚。他写道,这些伦敦商人……通过购买土地的方式,把伦敦日益增加的财富扩散到了农村。③ 各郡的城市商人也不断购置庐田。来自赫尔、西雷丁的商人们和来自诺丁汉郡、纽马克郡、约克郡、兰开郡的银行家们在林肯郡都购有土地。④ 约翰·贝科特是巴恩斯利城的杂货商,兼做亚麻生意,18 世纪 50 年代,他开始对农村土地感兴趣;从事亚麻业的邻居们也参与了土地的购买,比如威尔逊一家,在当地土地市场上用抵押贷款的方法购买了地产。⑤

　　海外商人也纷纷购买国内土地。1753 年之后,东印度公司的商人詹姆斯·法夸尔森在多塞特郡的利特尔顿地区购下了一

　　① John Habakkuk, *Marriage*, *Debt*, *and the Estates System*, Oxford: The Clarendon Press, 1994, pp.432-436.

　　② F. M. L. Thompson, *English Landed Society in the Nineteenth Century*, London: Routledge & Kegan Paul, 1963, pp.39-40.

　　③ Daniel Defoe, *A Tour through England and Wales*, London: J. M. Dent & Sons Ltd., 1928, Vol. 1, p.15.

　　④ J.V.Beckett, "Agricultural Landownership and Estate Management", in G. E.Mingay, ed., *The Agrarian History of England and Wales*, *1750 - 1850*, Vol. 6, Cambridge University Press, 1989, pp.554-555.

　　⑤ B.A.Holderness, "The English Land Market in the Eighteenth Century: The case of Lincolnshire", *Economic History Review*, Vol.27, 1974, p.561.

个乡村别墅以及其他地产,总共 10982 英亩。俄罗斯商人贾尔斯·罗德在威尔特郡购买了威尔斯福德地产。他死后,长子以诺森伯兰郡的 4687 英亩地产为中心,于 1888 年又投资 335000 英镑,建立了大地产。① 在全球性的烟草、蔗糖、黑奴"三角贸易"中,英国的制造业产品运往非洲,非洲的黑人奴隶被贩往加勒比海,加勒比海地区的蔗糖运往北美和不列颠。② 海外商人从这种海外贸易中大发横财。利物浦的奴隶贩子托马斯·莱兰后来成为银行家,1827 年去世时,其财富达到了 736000 英镑;布里斯托尔商人亨利·布赖特和里查德·迈勒分别积累财富50000 英镑和 30000 英镑。③ 他们将这些财富投资于国内的土地市场,购买大片地产。截至 1755 年,亚伯拉罕·伊萨克·厄尔顿购下了夫里曼特尔住宅;布里斯托尔商人托马斯·佩德勒将在西印度群岛开办种植园获取的部分财富用之于比福特地产的营造。④ 不过,19 世纪 40 年代以后,黑奴贸易不再起作用,因为"两个世纪以来英国反对黑人奴隶贸易的运动已经使与这场运动不和谐的声音消失了。"⑤

以上论述说明:在工业化时期的英国,土地是稳定可靠的财富、投资的工具、人们声望与地位的支柱。基于这样的缘由,各

① John Habakkuk, *Marriage, Debt, and the Estates System*, Oxford: The Clarendon Press, 1994, pp.421-422.

② Julian Hoppit, *A Land of Liberty? England 1689 - 1727*, Oxford: The Clarendon Press, 2000, p.267.

③ Kenneth Morgan, *Slavery, Atlantic Trade and the British Economy, 1660-1800*, Cambridge University Press, 2000, p.37.

④ Madge Dresser, *Slavery Obscured: The Social History of the Slave Trade in an English Provincial Port*, London: Continuum, 2001, p.109.

⑤ Paul Michael Kielstra, *The Politics of Slave Trade Suppression in Britain and France, 1814-48: Diplomacy, Morality and Economics*, London: Macmillan Press Ltd., 2000, p.267.

种职业者、资产者对之进行购买、投资。同时,被债务逼迫的旧土地家族、小土地所有者、圈地的村社等成为土地的卖方。多元买卖方并存的自由交易,说明工业化时期英国的土地市场已经达到了成熟的程度。

七、大地产经营

在工业化时期,英国通过多种方式的土地流动,形成了以大地产为主、小土地所有为辅的土地分配结构。在这种结构下,租地农场主从地主手中租得土地,面向市场,展开经营。

约翰·贝特曼对工业化时期英国地主各阶层作了分类:"贵族"包括那些男贵族和女贵族的长子;"大地主"包括那些至少拥有 3000 英亩土地以及那些每年的地租收入在 3000 英镑的土地所有者;"乡绅"是指那些地产面积在 1000—3000 英亩的土地所有者,平均为 1700 英亩,如果他们的地租收入达到了 3000 英镑,就属于上一个级别——大土地所有者;"大约曼"拥有的土地为 300—1000 英亩,平均为 500 英亩;"小约曼"拥有 100—300 英亩的土地,平均面积为 170 英亩;"小经营者"指那些地产面积在 1—100 英亩的土地所有者;"茅舍农"拥有的持有地低于 1 英亩。[①] 亨特将那些 200 英亩以上的土地所有者通常被视为庄园领主或土地巨头,100—200 英亩的土地所有者是较为贫穷的乡绅,100 英亩以下的土地所有者为农民。[②] 1872—1873 年,联合王国五分之四的土地集中在不到 7000 位

---

① John Bateman, *The Great Landowners of Great Britain and Ireland*, Leicester University Press, 1971, p.501.

② H.G.Hunt, "Landownership and Enclosure, 1750-1830", *Economic History Review*, Vol. 11, No.3(April 1959), pp. 497-505.

资产者的手中。① 同时,根据约翰·贝特曼的数据,1873 年,300 英亩以上土地所有者和公共团体拥有地产占英格兰和威尔士地产总面积的 75%,300 英亩以下土地所有者拥有地产面积的比重为 25%。②

地主如何经营管理自己拥有的土地呢?从凯尔德 1850—1851 年的游历中,可以窥其一斑。在牛津郡,他注意到,"一般状况下,地主是不关心和从事农业的,在他们当中,能熟练操持农活并真正地参加农业实践者极为少见。"③ 1878 年,凯尔德总结了英国大地产者的作用,他写道:"地主就是拥有土地的资本主义者。他们的财产既包括土壤以及土壤以下的所有物品,又包括土壤以上的建筑物和永久性工事。在几乎所有促进农业发展的永久性改良中,地主是理所当然的地产改造成本的承担者。除了矿产,地主每年来自土地的地租收入高达 6700 万英镑,相当于资产价值为 200 亿英镑。在英国,除了地主,没有其他的团体能够管理如此庞大的资产,没有任何一个团体的影响能够如此广泛。"④地主是土地产权的所有者,他们在一般情况下并不从事农业生产,地租是其收入的重要来源。地主把土地出租给租地农场主。

租地农场主有四种来源。第一种农场主由地主的雇工和佣

---

① J.V.Beckett, "The Pattern of Landownership in England and Wales, 1660-1880", *Economic History Review*, Vol.37, No.1(February 1984), pp.1-22.

② John Bateman, *The Great Landowners of Great Britain and Ireland*, Leicester University Press, 1971, pp.501-515.

③ J.V.Beckett, "Agricultural Landownership and Estate Management", in Ted Collins ed., *The Agrarian History of England and Wales*, *1850-1914*, Vol.7, Cambridge University Press, 2000, pp.729-730.

④ J.V.Beckett, "Agricultural Landownership and Estate Management", in Ted Collins, ed., *The Agrarian History of England and Wales*, *1850-1914*, Vol.7, Cambridge University Press, 2000, pp.728-729.

人转化而来，他们依靠地主的恩惠，凭借自己的积蓄，加入到小农场主的队伍，处于农场主的底层。第二种是兼业农场主，他们租用地主几英亩草地，饲养猪、牛和家禽，或照顾用作牵引力的牲畜。他们同时还经营商业、工艺业或其他公共事业。他们可能一辈子都按照这样的模式进行经营。如果他们经营的农场相当成功，这些人就会放弃辅助性的商业，大面积租佃土地，一心一意地从事农场经营。第三种农场主一开始就把经营大面积的农场作为自己的农业生涯。这批人来源纷杂，有的是乡绅、教士或富裕农场主的幼子，有的是退休的军人或职业人员，有的是在农业领域弄潮的成功的工商业人士。乡村牧师经常租赁农场经营，以弥补其微薄的薪金。许多牧师积极投身于租地农场的经营，并在农业的改良中获得赫赫威名。如哈克斯泰布尔身兼多塞特郡萨顿·沃尔特教区的教区长。①第四种租地农场主是那些通过父子相承的方式，长子继承了父亲经营的农场，也继承了父亲投在农场上的资本。

租地农场的继承往往呈现父子相传、兄弟相传、父女相传、夫妻相传等多种形式。明格把父子传承租地农场的情况做以总结，他写道："这些长子们从小就在父亲经营租地农场的环境中成长，他们可能被父亲送到其他地方，跟先进农场主学习农业新思想以及不同的农作方法，也可能到王家农学院或其他农业机构学习。他们通过同其他大农场主的女儿结婚的方法，获得资本，或在毕业时凭运气租得较其父亲所经营的农场大得多的农场，一展抱负。"②大多数租地农场主尤其是大农场主都属于第四类。与长子相比，幼子没那么幸运，但他们可以从父母那里得

---

① G.E.Mingay, "The Farmer", in Ted Collins, ed., *The Agrarian History of England and Wales*, *1850-1914*, Vol. 7, Cambridge University Press, 2000, p.766.

② G.E.Mingay, "The Farmer", in Ted Collins, ed., *The Agrarian History of England and Wales*, *1850-1914*, Vol.7, Cambridge University Press, 2000, p.767.

到一笔资金,从经营小农场起步。通常情况下,那些资金丰厚的农场主在一个地区租得若干片农场,让代理人经营,等到儿子长大成人后再交给他们。

一般而论,地主和租地农场主之间的关系并不是简单而直截了当的。一方面,二者之间有着纯粹的商业关系。地主及其代理人按照商业化的运行方式来管理土地。地主总是热望自己出租的农场得到合理的利用和保护,祈求地租的缴纳按时而足额。租地农场主渴望地主对土地不断地进行固定资本投资,持有地的租期灵活而富有弹性。另一方面,地主和租地农场主之间的关系又错综复杂。以商业关系为基础,二者之间又牵扯着复杂的社会和政治关系。这种关系反过来又对商业关系产生影响。在约克郡西雷丁的一些地区,凯尔德发现地主和租地农场主之间存在着"友好感情"。他写道:"地主看上去都是和善可靠之人,并未利用租地农场主之间的竞争而表现出乘人之危的倾向。在这个世界上,没有一个阶级的人们能够像英国的地主那样在经营中高瞻远瞩,表现出既慷慨又仁义的气度"。①

(一)围绕固定资本与营运资本的主佃博弈

大地产上的投资由固定资本和营运资本两部分组成。固定资本涉及土地、农场建筑、栅栏、树篱、大门、通往农场的公路、排水灌溉系统、海边或河边的防波堤等设施,以及每年用于维护这些设施的开支。② 固定资产可分为四个方面。其一,涉及农场

---

① J.V.Beckett,"Agricultural Landownership and Estate Management",in E.J.T.Collins, ed., *The Agrarian History of England and Wales*, *1850 - 1914*, Vol. 7, Cambridge University Press,2000,pp.741-742.

② J.V.Beckett,"Agricultural Landownership and Estate Management",in G.E.Mingay, ed., *The Agrarian History of England and Wales*, *1750 - 1850*, Vol. 6, Cambridge University Press,1989,p.598.

上的建筑设施、排水灌溉系统、漂浮水草种植设施;其二,树篱、栅栏和生长着的木材也属于固定资本的范畴;其三,对土壤施撒石灰、泥灰、粪肥的花费,打破可耕地或配置永久性草地的费用;其四,对地产围圈和开垦荒地的费用。①

相对于固定资本,营运资本投资则是租地农场主的责任。肯德尔对营运资本的范畴加以限定。他认为,租地农场主的营运资本包括三层含义:(Ⅰ)活的以及死的牲畜;(Ⅱ)租地农场主在租佃权下应从地主那里获得的赔偿金;(Ⅲ)缴纳地租、发放雇工工资和用作其他开支的现金。② B.A.霍尔德内斯对肯德尔的观点加以补充。他认为,租地农场主的营运资本还应包括卖掉的作物和购进的设备器具。③

在固定资本和营运资本之间,存在着怎样的关系呢? 两种资本都是维持地产运作的资金,相互协调、相互促进。二者的区别主要表现为两个方面。一是投资主体不同,前者以地主为主,后者以租地农场主为主。二是投资的范围不同,前者涉及地产及其附属设施,后者包括"农具、种子、某些化肥以及使地主的固定投资处于良好运作状态的费用等。比如,在排水灌溉方面,地主提供固定资本——瓦管,租地农场主提供放置瓦管的石料和灰渣。"④

---

① B.A.Holderness, "Investment, Accumulation, and Agricultural Credit", in E.J.T.Collins, ed., *The Agrarian History of England and Wales*, *1850-1914*, Vol.7, Cambridge University Press, 2000, p.875.

② B.A.Holderness, "Investment, Accumulation, and Agricultural Credit", in E.J.T.Collins, ed., *The Agrarian History of England and Wales*, *1850-1914*, Vol.7, Cambridge University Press, 2000, pp.909-910.

③ B.A.Holderness, "Investment, Accumulation, and Agricultural Credit", in E.J.T.Collins, ed., *The Agrarian History of England and Wales*, *1850-1914*, Vol.7, Cambridge University Press, 2000, p.910.

④ J. R. Wordie, *Estate Management in Eighteenth Century England: The Building of the Leveson-Gower Fortune*, London: Royal History Society, 1982, p.219.

　　固定资本投资是大地产运作的首要条件。为使自己的土地
处于满佃状态,地主不断地把地租收入用作固定资本,投向地
产。在利文森-高尔地产代理人沃克的一封信中写道:"昨天,
从诺斯尔回来后,我到塔恩黑尔先生的农场察看建筑设施,这些
设施损毁严重。仓库非常糟糕,下雪天不能在里面干农活。牛
舍的一部分已经坍塌下来。这些设施已经禁不住这个冬天了,
有必要重新修建。事实上,他的住房也像这些建筑一样糟糕透
顶。不足 100 英镑的维修费用就能够让他舒适自在。"①

　　在诺福克郡,在生产条件较为先进的霍尔克姆地产上,每年
的固定资产投资占地租收入的份额为 11% — 21%;1782 年,贝
德福德公爵在地产改造和维护中的固定资本支出占其地租收入
的 8%;在 18 世纪,金斯顿公爵在其诺丁汉郡地产上的相应支出
占其地租收入的 1% — 5%。② 即使在同一农场,房屋设施的投
资在不同的时期也呈现出较大的变化。比如,在科克家族的地
产上,宾特里霍尔农场在 1794 — 1800 年用于建新房的投资为
1482 英镑,1834—1840 年用于建房和粮仓的投资为 1971 英镑,
1779 — 1800 年用于牛舍和庭院的投资为 1116 英镑;洛奇农场
在 1797 — 1800 年用于营造新房屋的投资为 2664 英镑,1876 —
1879 年用于庭院的投资为 1439 英镑。③

　　大地产下,地主面临着从地产上盈利和不断改建地产的双
重任务。固定资本投资是一项长期的工程,它既是地主从地产
上获利的必要条件,又是吸引租地资本家前来承租并进行营运

　　① J. R. Wordie, *Estate Management in Eighteenth Century England*: *The Building of the Leveson-Gower Forture*, London: Royal History Society, 1982, p.218.

　　② G.E. Mingay, *English Landed Society in the Eighteenth Century*, London: Routledge and Kegan Paul, 1963, p.178.

　　③ Susanna Wade Martins, *A Great Estate at Work*: *The Holkham Estate and its Inhabitants*, Cambridge University Press, 1980, p.178.

资本投资的重要手段。农业繁荣之时,地主通过向中央政府贷款、向私人公司借款、从地租收益中抽取部分资金等方法,对地产的改造和提高进行投资。A.D.M.菲利普斯对总面积为 27727英亩的 100 个农场在 1857—1869 年的投资进行了调查,这些农场的所有者通过贷款获得固定资本,然后,把地租的一部分用于固定资本投资,每英亩的平均投资额为 0.22 英镑,占地租的平均比重为 17.9%。[①] 在农业萧条的年份,地主面临着来自租地农场主的双重要求:一是要求削减地租,二是要求生产条件进一步改造。如果地主对此无动于衷,退佃就会成为现实。在这种情况下,地主不得不用筹集资金改善生产条件的方法挽留佃农。比如,根据奈特利女士的说法,"她的丈夫雷纳尔德对他们在北安普顿郡一个农场的大量投资深感痛心。1880 年,当几位佃农告诉他们准备退佃的时候,雷纳尔德彻底绝望了"[②]。

在一个地区内,地主对固定资本的投入程度直接关系到地产是否盈利、佃户是否安心。比如,英格兰南部和东部是传统种植谷物和养羊的地区,19 世纪末期,这些地区的地租下降幅度相当大。缺少高水平的投资是这些地区某些地产收益下降的重要原因。在苏塞克斯郡,金斯顿的戈林家族拥有金斯顿教区的大部分地产,他们将该地产作为一个 1300 英亩的农场出租。19世纪 70 年代早期,该地产的地租收入为 1550 英镑。到 19 世纪80 年代,地租收入下降到 900 英镑。1896 年,该农场一分为三。

---

① A.D.M. Phillips, "Landlord Investment in Farm Building in the English Midland in the Mid Nineteenth Century", in B.A. Holderness and Michael Turner, eds., *Land, labour and agriculture, 1700-1920*, London: The Hambledon Press, 1991, p.207.

② J.V. Beckett, "Agricultural Landownership and Estate Management", in E. J.T. Collins, ed., *The Agrarian History of England and Wales, 1850-1914*, Vol.7, Cambridge University Press, 2000, p.736.

在地租持续下降的情况下，戈林家族于 1912 年卖掉了这块地产。与戈林家族的情况相反，其邻居 H.B.布兰德在地产投资改造方面是一位活跃的人物，在儿子托马斯的帮助下，他投资并鼓励农场主建立牛奶场，为伦敦、布莱顿、伊斯特本的市场输送牛奶。[1]再如，在兰开郡，由于地主们进行了高水平的投资，并适时地削减地租，地租缴纳不仅较为及时，而且还未出现长期下降的状况，地产时常保持着满佃的状态。[2]可见，地主对地产的投资以及投资的水平不但影响着自己的收益，而且还是其地产是否能招揽佃户的先决条件。

有时候，租地农场主进行固定资本投资，地主则对他们施以赞助。对土地施泥灰本是地主固定资本投资的范畴，这项投资可以使土地得益几十年，地主有时不在这方面进行直接的投资，但却承担着全部或部分的费用。比如，在科克家族的地产上，每当新买进地产，大管家汉弗莱·史密斯就写信给租地农场主，告知他们土地承租的办法。他在一封信里写道："默雷尔是一位好的佃农，自己出资对承租的土地施撒泥灰，他起初并不知道地主老爷会给予赞助。据科克家族的《地产审计报告书》记载，对于自己施撒泥灰的租地农场主，地主会适当地减轻地租，以弥补其成本。租地农场主约翰·卡尔租用了 240 英亩土地，每年的地租为 135 英镑，1715 年，他对承租的土地施泥灰，结果地主就将他的地租按每英亩减少 8 先令的比例总共减少了 96 英镑。"[3]

① J.V.Beckett，"Agricultural Landownership and Estate Management"，in E. J.T.Collins，ed.，*The Agrarian History of England and Wales*，*1850-1914*，Vol.7，Cambridge University Press，2000，p.738.

② J.V.Beckett，"Agricultural Landownership and Estate Management"，in E. J.T.Collins，ed.，*The Agrarian History of England and Wales*，*1850-1914*，Vol.7，Cambridge University Press，2000，p.738.

③ R. A. C. Parker，*Coke of Norfolk*：*A Financial and Agricultural study*，*1707-1842*，Oxford：The Clarendon Press，1975，p.7.

营运资本与农场主的日常经营活动息息相关。农场主不仅需要对牲畜、原料以及家庭用品投资,还必须对固定资本的运作进行投资。在整个联合王国,营运资本的投资往往数额巨大,在1867—1873年,农场主的营运资本投资总额为47270万英镑,其中用于牲畜、作物、机器和工具、其他项目的投资额分别为17820万、26170万、540万、2750万英镑。[1] 再如,1869年,约翰·赫德森开始经营在霍尔克姆地产上租赁的农场。经过整地、施菜油饼,土壤肥力渐渐得以提高。他每年用于购买菜油饼和其他肥料的营运资本为2000—3000英镑,人工肥的投资为800—1000英镑。[2]

在具体的操作过程中,固定资本和营运资本之间的界限并不是截然分开的。这种偏差往往取决于经济形势有利于地主和租地农场主中哪一方。在收成好的年份,地主可能把部分固定资产投资的负担转嫁到租地农场主身上,租地农场主也可能不会坚持让地主承担对农场上固定设施维修的责任。相反,在农业萧条的年份,地主会把维修地产上固定资产的责任从租地农场主那儿收回,如果他想继续维持原先地租水准的话,还要再投以重资,或借款给租地农场主以作营运资本之用。明格对两种资本的分类作了总结,他说,"提供资本是地主对英国农业体系最显著的贡献之一。不过,资本也具有某些限定条件。除了在农业萧条的年份,地主的资本和租地农场主的资本之间有着严

① B.A.Holderness, "Investment, Accumulation, and Agricultural Credit", in Ted Collins, ed., *The Agrarian History of England and Wales*, 1850–1914, Vol.7, Cambridge University Press, 2000, p.909.

② Susanna Wade Martins, *A Great Estate at Work: The Holkham Estate and itsInhabitants*, Cambridge University Press, 1980, pp.115–116.

格的界限。"①因而,在农业经济萧条的年景,地主花在地产上的维护费用就呈现出上涨的趋势;在农业经济昌盛的年景,情况刚好相反。

(二)围绕租佃合约的主佃博弈

在大地产下,地主及其代理人通过租佃合约的方式干预租地农场主的经营活动,激励他们运用最新的农业技术。租佃合约既为地主及其代理人管理地产提供了依据,也为租地农场主的经营活动设置了框架。比如,1732 年,租地农场主马辛厄姆的卡尔签署一份长达 21 年的租佃合约,内容规定:在夏耕、种植萝卜或饲草之前,不能连续种植 3 种谷物。②再如,科克墓碑的一幅浮雕显示,科克和代理人布莱基坐在桌子前,与霍尔克姆地产上的租地农场主约翰·赫德森签署租佃合约。针对这幅浮雕,厄恩利勋爵写道:"通过这些为期 21 年的租佃合约,科克既为那些用自己的力量和资本为地产的改造提高做出贡献的租地农场主提供了保障,又对土地上种植的作物类别进行了限定。"③

租佃合约是地主保证土地质量、提高土地产出的举措。正如 J.V.贝克特所言,"多数租地合约的主要目标只是为了确保地主的地产不受不法农场主的侵害,并保障土壤的肥力不受损失。"④18—19 世纪初,诺福克四茬轮作制成了轮作制的样板。

---

① G.E. Mingay, *English Landed Society in the Eighteenth Century*, London:Routledge and Kegan Paul,1963,p.177.

② R. A. C. Parker, *Coke of Norfolk:A Financial and Agricultural study, 1707–1842*,Oxford:The Clarendon Press,1975,p.55.

③ Susanna Wade Martins,*A Great Estate at Work:The Holkham Estate and its Inhabitants*,Cambridge University Press,1980,p.73.

④ J.V.Beckett,"Agricultural Landownership and Estate Management",in G. E.Mingay, ed., *The Agrarian History of England and Wales*, 1750–1850, Vol. 6, Cambridge University Press,1989,p.614.

在《农民的游记》一书中,阿瑟·扬写道:"在诺福克郡,经过精心地圈地和施泥灰,整个土地经营链条的关键环节就在于农民采用了较为明智的耕作制,轮作周期为萝卜—大麦—三叶草或其他人工草—小麦。"①以诺福克四茬轮作制为基础,人们不断推陈出新,使轮作呈现出多样化的趋势。诸如,小麦—大麦—萝卜—大麦—草—草,小麦—萝卜—大麦—草—草,小麦—萝卜—大麦—草—休耕。

通过租佃合约,地主及其代理人对租地农场主的作物轮作体系给予严格的限定。比如,在科克家族的地产上,代理人布莱基以诺福克四茬轮作制为基础,把作物轮作方案分为四茬、五茬、六茬,并用合约的形式作以规范。四茬方案的表现形式为:萝卜—大麦—人工草—谷物。五茬的形式为:萝卜—大麦—人工草—人工草—谷物或扁豆。六茬方案可分为四类:(1)萝卜—大麦—人工草—人工草—豆类—大麦、小麦或燕麦;(2)萝卜—大麦—人工草—人工草—小麦、大麦、燕麦—豆类;(3)夏季休耕—大麦—人工草—小麦—豆类—大麦或燕麦;(4)夏季休耕—大麦—人工草—人工草—豆类—小麦、大麦或燕麦。②

不仅如此,地主及其代理人对农场主用以轮作的作物也用租佃合约的形式加以严格限定。比如,1721 年,在蒂特尔谢尔地产上,一份租佃合约要求种植人工草以便把租地用作短期牧场。1752 年,霍尔克姆地产上的一份租佃合约禁止租地农场主

---

① A. E. Bland, P. A. Brown and R. H. Tawney, eds., *English Economic History Select Documents*, London: G. Bell and Sons, Ltd., 1914, p.530.

② R. A. C. Parker, *Coke of Norfolk: A Financial and Agricultural study, 1707-1842*, Oxford: The Clarendon Press, 1975, pp.138-141.

连续种植三类庄稼,每类庄稼必须在种植萝卜或夏耕后播种。①
一般而言,租地农场主往往严格执行租佃合约,按照合约允许种
植的作物和轮作方式经营租地农场。表5-5是对1800年前后
科克家族地产临近公地最为贫瘠的农场上租佃合约执行状况
的罗列。从该表提供的数据,可以看出,在科克家族的这些农
场上,作物的轮作既没有单一的模式,也没有出现两种谷物连
续种植的现象。以上论证说明,租佃合约的共同特征就是禁
止农场主连续种植谷物,并通过谷物与豆科作物(或草类)的
轮作增加土壤肥力,或间以休耕的方式以达到恢复土壤肥力
的目的。

表5-5　1800年前后科克家族地产临近公地的农场种植状况一览

	赫姆皮特农场	利姆科恩农场	贝顿农场	布特科内农场
1797	萝卜	扁豆	草地	草地
1798	大麦	萝卜	休耕	小麦
1799	草地	大麦	小麦	萝卜
1800	草地	草地	萝卜	大麦
1801	小麦	草地	大麦	草地
1802	萝卜	扁豆	草地	草地

资料来源:R. A. C. Parker, *Coke of Norfolk: A Financial and Agricultural study*, *1707-1842*, Oxford:The Clarendon Press, 1975, p.110.

　　尽管地主及其代理人按照租佃合约规定严格地执行作物的
轮作,但在许多情况下,租地农场主不断寻找借口,按照自己的
意愿,面向市场经营。对于租地农场主的要求,地主或其代理人

---

　　①　Susanna Wade Martins, *A Great Estate at Work: The Holkham Estate and its Inhabitants*, Cambridge University Press, 1980, p.74.

通常采取默认的态度。在肯普斯顿地区,一位租地农场主写信给土地代理人布莱基,要求在 15 英亩小麦茬子地上播种小麦,其托词就是这块土地的条件非常优越。布莱基在回信中说,"你是一位非常优秀的佃农,我有完全的理由答应你的要求,但如果我答应了你的请求,我就会在地产上开启一个危险的先例。不过我要告诉你,这次我网开一面。"①有时候,租地农场主会以巧妙的措辞迫使土地代理人答应他们的请求。比如,1790 年,科克家族的租地农场主里克斯先生打算在麦子收割完毕后播种大麦,在给土地代理人的信中,他写道:"我正在做一件让科克先生和您都反对的事"。在信中,他向代理人保证他在播种大麦前要好好地施肥。土地代理人最后勉强同意他的要求。②

18、19 世纪之交,受对法战争等因素的影响,英国谷物价格急剧上涨。在斯塔福德郡,每温彻斯特夸特谷物的价格由 1804 年的 58 先令 8 便士上涨到 1813 年的 129 先令。在希罗普郡,同一时期,每温彻斯特夸特谷物的价格由 1804 年的 54 先令 2 便士上升到 1813 年的 134 先令。③ 在谷物暴利的吸引下,一些农场主铤而走险,他们打破租佃合约有关条款的限制,连续种植谷物。在韦格顿农场上,租地农场主洛伯特·彼斯顿在同一块土地上五年之内四次种植谷物。这样,他就违反了 1783 年签订的租佃合约。当时的租佃合约规定:他要么实行八茬作物轮作制,要么实行四茬轮作制,但不能连续种植杆茎作物。④ 在这一

① R. A. C. Parker, *Coke of Norfolk: A Financial and Agricultural study*, *1707-1842*, Oxford: The Clarendon Press, 1975, p.144.

② R. A. C. Parker, *Coke of Norfolk: A Financial and Agricultural study*, *1707-1842*, Oxford: The Clarendon Press, 1975, p.144.

③ J. R. Wordie, *Estate Management in Eighteenth Century England: The Building of the Leveson-Gower Forture*, London: Royal History Society, 1982, p.67.

④ R. A. C. Parker, *Coke of Norfolk: A Financial and Agricultural study*, *1707-1842*, Oxford: The Clarendon Press, 1975, p.111.

背景下,传统的租佃合约开始松动。这一时期,农业委员会来自达勒姆郡、米德尔塞克斯郡、萨里郡的报告表明了传统租佃合约的滞后性。同时,盖伊医院的主管人员在其赫里福德郡地产的租佃合约中引入了较为适应当时经济形势的条款,迪德莱伯爵在米德兰西部的地产上也采取了类似的做法。①

19世纪中期以后,化肥得到推广和应用。在英格兰和威尔士,19世纪50年代,每英亩土地化肥的用量为16磅,19世纪70年代为55磅,1890年代达到67磅。②化肥可以迅速补充土壤的肥力,这就为农场主打破传统的租佃合约提供了方便之门。那些准备广种谷物的农场主,纷纷向地主及其代理人要求打破以诺福克四茬轮作制为基础的经营方式,实施谷物的连续种植。例如,1864年,朗哈姆地区的租地农场主约翰·黑廷斯向地主的地产办公室提出,他是否能用大麦的种植替代根茎作物。1868年,地主允许他根据自己对市场的判断种植合适的作物。③1881年,亨利·奥福曼告诉王家委员会,"我喜欢按照自己的方式经营,使农场达到最佳运作状态。"④看来,到19世纪晚期,租地农场主逐渐摆脱了旧的租佃合约对种植作物的限制,掌握了轮作和作物种植的主动权。

1881年之后,政府开始使用法律来规范地主和佃农之间的

① J.V.Beckett,"Agricultural Landownership and Estate Management", in G. E.Mingay, ed., *The Agrarian History of England and Wales*, 1750-1850, Vol. 6, Cambridge University Press, 1989, p.614.

② Paul Brassley,"Plant Nutrition", in Ted Collins, ed., *The Agrarian History of England and Wales*, 1850-1914, Vol.7, Cambridge University Press, 2000, p.544.

③ Susanna Wade Martins, *A Great Estate at Work: The Holkham Estate and its Inhabitants*, Cambridge University Press, 1980, pp.75-76.

④ J.V.Beckett,"Agricultural Landownership and Estate Management", in Ted Collins, ed., *The Agrarian History of England and Wales*, 1850-1914, Vol. 7, Cambridge University Press, 2000, p.744.

关系。租佃合约的运用说明:一方面,地主和代理人为确保地产上的利益,总是在字面上制定严格的租佃条款,对租地农场主种植的作物和轮作方法予以限定;另一方面,对于勤勤恳恳的农场主或那些头脑较为灵活的农场主,他们总会给予一定的机会,体现出某种人文关怀。这样,由于租佃合约执行中存在的偏差、市场的波动、新的农业技术的利用,到 19 世纪晚期,租地农场主逐渐冲破租佃合约的束缚,在主佃关系中开始处于主动地位。

(三)模范农场:地主向租地农场主传播农业技术

18 世纪晚期以后,特别是在维多利亚时期,英国经历了"高产农业"时代。在 19 世纪 40 年代,通过农业作家菲利普·波斯、雷恩·霍什恩斯和詹姆斯·凯尔德的笔触,"高产农业"一词渐趋流行。①所谓"高产农业",就是"通过新技术和设备的广泛应用以取得丰硕产量的农业。通过排水,土地可以种植更多的谷物和饲草,牲畜可以生产更多的粪肥;为容纳更多的牲口,贮存它们的粪肥,还需要相应的农场建筑。"②在"高产农业"兴起的浪潮中,地主起了推波助澜的作用。他们推动高产农业的方式主要有两种:一是租佃合约的规范作用(前已述及),二是模范农场的示范作用。S.W.马丁斯对此评论说,"如果说租佃合约是地主向租地农场主推行先进农业技术的途径,那么,地主的家庭农场则是展示并传播先进农业技术的典范。"③

在一般情况下,模范农场是地主亲自督种的土地,又被称为

---

① B.A.Holderness,"The Origins of High Farming", in B. A. Holderness and Michael Turner, eds., Land, Labour and Agriculture, 1700 - 1920, London:The Hambledon Press,1991,p.149.

② Stuart Macdonald,"Model Farms", in G. E. Mingay, ed., The Victorian Countryside,London:Routledge & Kegan Paul,1981,p.218.

③ Susanna Wade Martins,A Great Estate at Work:The Holkham Estate and its Inhabitants,Cambridge University Press,1980,p.77.

地主的"家庭农场"。斯图亚特·麦克唐纳在《现代农场主》一文中对模范农场的示范效果作以白描,他说:"从理论上说,模范农场为最新、最好的农业技术提供了地方上的范例,使周边地区的地主或农场主能够从中模仿并受益。模范农场使英国农民抛弃了旧传统、进入了农业启蒙的新时代。"[1]模范农场起源于18世纪,一些地主运用当时先进的农业技术经营家庭农场。比如,1757年,第二任厄格雷蒙特伯爵开始改造其地产;其继承人第三任伯爵将面积800英亩的佩特沃思园改为模范农场。他们设立排水系统、发展优良畜种、运用新农具、种植萝卜。这些做法为他们赢得了声誉。再如,在文特沃斯地区,除了出租土地,罗金厄姆侯爵还控制了2000英亩土地。他把这些土地改建成了两个模范农场,运用肯特郡和赫特福德郡的方式进行经营管理。新的工具得以引进,排水系统得以应用,还有一位擅长种植萝卜的赫里福德郡农场主被聘请过来。[2]

不论在新的农业技术传播方面,还是在农场经营方面,有些地主的家庭农场被租地农场主奉为楷模。在1718—1759年间,托马斯·科克把位于霍尔克姆地区的霍尔农场设置为家庭农场。在此之前,该农场每年的地租收入为75英镑。1724—1728年,霍尔农场上每年的利润为387英镑;1734—1738年,每年的利润上升到610英镑。1737年的米迦勒节[3],相当大的一部分土地从家庭农场中分离出来,组成新的布兰斯尔农场。此后,1739—1743年,霍尔农场每年的地租收入为450英镑。1744—1748年,每年的利润增长到575英镑。1749—1753年,每年的利润为760英

---

① Stuart Macdonald, "Model Farms", in G. E. Mingay, ed., *The Victorian Countryside*, London: Routledge & Kegan Paul Ltd., 1981, p.214.

② G.E. Mingay, *English Landed Society in the Eighteenth Century*, London: Routledge & Kegan Paul, 1963, p.164.

③ 米迦勒节,即9月29日,英国四大结账日之一。

镑。在托马斯·科克生命的最后 5 年，霍尔农场每年的利润超过了 900 英镑。[①]以上数据表明，1718—1759 年，在科克家族的家庭农场霍尔农场上，由于新的农业技术的采用，利润呈现逐年上升的趋势。到了维多利亚时代，模范农场开始在英国各地广泛出现，并成为传播当时先进农业生产技术和管理方式的重要途径。比如，地主 J.C.克恩是坎伯兰郡斯库斯农场的负责人，坎伯兰郡的大部分农业改良技术都是从这里传播出去的。

剪羊毛会是地主向租地农场主和其他地主展示其先进农业技术的重要途径。在剪羊毛会上，来自不同地区的地主和农场主相互交流，有利于农业技术的传播和土地管理方法的优化。在科克家族的模范农场——帕克农场上，剪羊毛会是该农场的主人推广和销售优良畜种的主要机会。在 1820 年的剪羊毛会上，优良畜种出租和售出的情况如下：莱斯特公羊销售金额 270 英镑 8 先令，莱斯特幼母羊销售金额 223 英镑 13 先令，莱斯特母羊销售金额 399 英镑，莱斯特羔羊销售金额 184 英镑 16 先令，绍斯当幼母羊销售金额 463 英镑 1 先令，绍斯当公羊销售金额 577 英镑 10 先令，德文牛销售金额 85 英镑，总计 2234 英镑 19 先令。在帕克农场附近，那些经营得较好的租地农场也得到了一年一度的参观。1820 年，吉布斯农场 70 英亩的高产饲料甜菜得到参观，租地农场主里夫种植的漂浮水草经常被当作范本供人们研究。地主科克竭力推广先进的农具。尽管图尔早就发明了播种机，但到 18 世纪末，手工撒播仍占主流。科克不断地宣传播种机的优点，并在模范农场上使用这种机器。在 1802 年的剪羊毛会上，阿瑟·扬发现帕克农场全部使用播种机播种。在科克的影响下，许多租地农场主开始使用这一工具。1816 年

---

① R. A. C. Parker, *Coke of Norfolk：A Financial and Agricultural study，1707-1842*，Oxford：The Clarendon Press，1975，pp.57-58.

8 月,在给科克的一封信中,肯普斯顿农场的租地农场主杰纳勒尔·菲兹罗说,其农场的一部分用播种机播种,一部分撒播。①
"托马斯·科克每年都要在霍尔克姆地产上举行农业展览会和剪羊毛会,这些活动吸引了欧洲许多国家的贵族们前来参观。"②

需要注意的是,模范农场对租地农场主的影响并非普遍。1853年安德鲁对此评论说:"诸多新农场建立起来,并被称为模范农场,但在它们当中,能够被其他农场作为仿效对象的为数甚少。"③到 19世纪末,即使那些早先被视为楷模的模范农场也渐渐失去了昔日的辉煌。比如,在科克家族的地产上,模范农场处于亏本经营的状态。莱斯特勋爵把模范农场的相当部分转化为牧羊场。④

（四）围绕租赁期限与租佃权的主佃博弈

在工业化时期,英国租地的租期呈现出缩短的趋势。根据凯尔德的观察,到 1851 年,"租期为一年的土地几乎遍布英格兰。"⑤关于租地持有田租期的缩短,主要存在着两个方面的原因。其一是租佃合约中严格的限制性条款与市场发展之间的矛盾。长期租地持有田租期的缩短,始于拿破仑战争时期。此前,租地持有田的租期一般为 7 年、14 年或 21 年。长期租佃合约就是要保护农场的价值,以防备那些居心不良的租地农场主掠

---

① R. A. C. Parker, *Coke of Norfolk : A Financial and Agricultural study, 1707-1842*, Oxford : The Clarendon Press, 1975, pp.114-124.

② F.E.Huggett, *The land Question and European Society*, London : Thames and Hudson, 1975, p.65.

③ Stuart Macdonald, "Model Farms", in G. E. Mingay, ed., *The Victorian Countryside*, London : Routledge & Kegan Paul Ltd., 1981, p.222.

④ Susanna Wade Martins, *A Great Estate at Work : The Holkham Estate and its Inhabitants*, Cambridge University Press, 1980, pp.82-83.

⑤ G.E.Mingay, "The Farmer", in Ted Collins, ed., *The Agrarian History of England and Wales, 1850-1914*, Vol. 7, Cambridge University Press, 2000, p.793.

夺式的经营行为,同时,还要阻止租地农场主把牲口的粪肥贩卖到农场之外,禁止租地农场主犁耕永久性草场。在那些较为先进的地产上,租佃合约的相关条款还要对施肥、轮作等内容进行严格的规范。那些富有经验的大租地农场主,则极力反对租佃合约中的这些条款,因为这些条款使他们不能按照变化的环境和市场而调整自己的经营。

其二是地主和租地农场主关于地租的争执。在拿破仑战争期间,物价飞涨,地主们发现,与长期租地持有田相联系的固定地租常常置自己于不利的境地。同时,租地农场主则发现:1813年后的物价跌落、银行破产和农业萧条使自己在歉收之年仍担负着和丰收年景一样的固定地租,这些固定地租常常令他们难以承担。因而,市场的不确定性使租地农场主不愿把自己的命运和长期租地持有田捆绑在一起。当然,也存在着一些例外的情况。比如,那些正在对森林和荒地进行开发的地主则需要租地农场主确信:他们的努力会得到好的回报。正是在这样的背景下,无论是地主还是租地农场主,都迫切要求缩短租地持有田的租期。

租地持有田租期的缩短并不意味着地主可以随时驱逐租地农场主。大多数大地主都极其明智地认识到,如果让租地农场主租有相当规模的农场,给予他们开发农业的安全感,他们就能够面向市场、成功地经营,自己的利益就来源于此。农场主也明白:如果能够有效地经营农场,即使签订的是短期合约,他们也能够继续保持对土地的使用权。19世纪中期,在对一个模范农场主颁奖时,地主的儿子告诉佃农,"通过这种友好合作,产业得以有效经营,农业技术得以有效应用,地主和佃农的利益得以保证"①。在萨福克郡,托尔马什勋爵向年度租户保证:只要他

---

① F.E. Huggett, *The Land Question and European Society*, London: Thames and Hudson, 1975, p.71.

们对土地进行某种程度的改造和养护,使其处于良好的运作状态,他对他们的租种就不予干扰。[1]

在长期租佃合约的前提下,租期为租地农场主的长效投资提供了安全保障。在以年度为租赁期限的情形下,租地农场主的投资信心则通过租佃权得到保障。何谓租佃权?贝克特的研究表明,租佃权就是离开租地持有田的租地农场主所拥有的、获得未竟投资补偿的权利。[2]根据 M.W.道林的研究,"租佃权是乡村租地农在合约之外向地主要求产权的一种实践,它赋予离佃的农场主向其替代者在其年地租之外要求支付金的权利。租佃权支付金不仅为离佃农场主的未竟投资提供了补偿,而且是离佃农场主对其替代者表达祝福的一种象征,它可以使后者'平安'地占有农场"[3]。在 19 世纪 70 年代中期以前,租佃权以惯例的形式存在,并对以年度为租期的租地农场主的投资起着安全保护作用。道林认为,租佃权是 18 世纪晚期以来竞争性地使用土地的产物。1866 年 2 月 14 日,在给查尔斯·威廉·汉密尔顿的一封信中,他写道:"租佃权是一种惯例,在这种惯例下,一位佃农以高额的代价向另一位佃农表示祝福。很显然,租佃权是竞争的产物。我的老姑妈达弗林女士告诉我,她未曾听说过租佃权一词。"[4]

租佃权使租地农场主的长远投资获得了某种确定性的保

① G.E.Mingay,"The Farmer",in Ted Collins,ed.,*The Agrarian History of England and Wales*,1850-1914,Vol.7,Cambridge University Press,2000,p.794.

② J.V.Beckett,"Agricultural Landownership and Estate Management",in G.E.Mingay,ed.,*The Agrarian History of England and Wales*,1750-1850,Vol.6,Cambridge University Press,1989,p.616.

③ M.W.Dowling,*Tenant Right and Agrarian History in Ulster*,1600-1870,Dublin:Irish Academic Press,1999,p.3.

④ M.W.Dowling,*Tenant Right and Agrarian History in Ulster*,1600-1870,Dublin:Irish Academic Press,1999,pp.295,342.

障。到 19 世纪中期,在英格兰和威尔士的许多郡,有关租佃权的惯例已经得到人们的广泛认可。比如,1850 年时林肯郡的租佃权惯例尽管没有法律效力,但得到了人们的普遍承认。农场易手之时,地主会根据估价给离佃的农场主以赔偿,而且拒不接纳不遵守该惯例的新农场主。①不过,在不同的地区,租佃权的具体运用方法各异。在有些地方,补偿金由地主支付;在有些地方,则由接佃者支付,即补偿金问题的解决在接佃者和离佃者之间进行。比如,在埃弗莎姆谷地,园艺业农场换佃时,接佃者要向离佃者支付所有的投资,这其中包括果树、作物等。这条惯例提高了租佃关系的稳定性,不仅减少了地主对高额赔偿金的支出,而且增加了其地产的价值。②不过,在 19 世纪中期,由于尚不具备法律效力,租佃权的使用往往会出现一些骗局。比如,在萨里郡,以 7 年或 14 年为期的租地持有田非常普遍,同时,滥用租佃权惯例的现象极为严重;一些丧尽道德的农场主利用"离佃时给予补偿金的欺诈性声明",频繁地换佃,不断套取补偿金,致使这个地区农业落后。在萨塞克斯郡,也流行着类似的骗局,这里的租地农场主有权获得犁耕草地的补偿金,而实际上,他们根本拿不到这笔款项。③租佃权惯例向法律的转化始于 19世纪中期。以 1848 年农业惯例特别委员会的成立为契机,议会于 1875 年、1883 年、1906 年、1910 年、1914 年先后通过并完善了农地持有法令,使租地农场主退佃时的补偿金处理逐步走上

---

① G.E.Mingay, "The Farmer", in Ted Collins, ed., *The Agrarian History of England and Wales, 1850 - 1914*, Vol. 7, Cambridge University Press, 2000, pp. 794-795.

② G.E.Mingay, "The Farmer", in Ted Collins, ed., *The Agrarian History of England and Wales, 1850-1914*, Vol. 7, Cambridge University Press, 2000, p.796.

③ G.E.Mingay, "The Farmer", in Ted Collins, ed., *The Agrarian History of England and Wales, 1850-1914*, Vol. 7, Cambridge University Press, 2000, p.796.

了法制化的轨道。

对地主和租地农场主在以上几个方面博弈的研究发现，一是在地主的固定资本和农场主的营运资本之间，界限并不是固定的；二是在某些条件下，租地农场主可以越过租佃合约的相关条款，根据市场需要连续种植谷物；三是在一定的时期，地主的模范农场在推广农业技术方面起到了积极作用；四是通过博弈，租期缩短，但这并非意味着租地农场主可以随意退佃（或被随意驱逐）。总体来看，19 世纪中期之前，农场主的投资和经营活动受地主的干预和影响较大。到 19 世纪中后期，在与地主博弈的过程中，租地农场主获得的经营主动权逐渐增加，他们不仅获得了农场经营的自主权，还在法律上获得了未竟投资的补偿权。

八、关于小农消失的问题

圈地运动使得小农消失的问题是英国农业史上长期引人关注的问题。1909 年阿瑟·H.约翰逊出版了他的讲演稿《小土地所有者的消失》。1904 年德国学者列维的德文著作《大小持有地，英格兰农业经济的研究》出版，在 1911 年出版了英文译本。1987 年戴维·格里格发表《从早期维多利亚时代到现今英格兰和威尔士农场的大小》一文，对英国小农消失的问题做了很多研究。其中尤其以马克思的结论最为引人注目 。过去关于英国小农消失的研究结论大都是依据这种或那种个案资料或当时代人的叙述提出的，并不是基于系统的权威的统计资料，因此难以客观地反映全面情况，不免有以偏概全之嫌。

16 至 17 世纪，英格兰各地形成了一批小租地农场。在 17世纪，每户农家通常持有 10 到 50 英亩土地，并拥有共有权。这类家庭构成柴郡和希罗普郡乡村团体的核心。这些家庭农场的保有权有时为自由持有地,更普遍的为租地持有地,租期为 3 代人。租地持有农通常有权出售他们的租地,有权利转租他们的租地,并有权增加他们认为合适的新的承租人。在密德兰地区西部,到 1700 年时,劳工占到人口的 1/3 到 1/2。但对家庭农场的最大威胁来自上层。总的来说,在这个地区,传统的与家庭农场相伴随的放牧经济在 1640 年到 1750 年间仍然残存着。到 18 世纪中后期,很多小块租佃地并入了面积在 300 到 400 英亩的大农场。①

在伍斯特郡北部有大批小农场平均面积为 40 英亩上下,适合于奶业。② 密德兰西南部格洛斯特河谷地区是畜牧业和农业混合地区。这里的农场面积都很小。例如,马格里特·弗兰库姆直到 1688 年一直在奥尔维斯顿教区的托金顿务农,他的畜群包括 72 头奶牛、阉牛和小牛,但是只有 19 英亩耕地。亨伯里的约翰·布莱克,直到 1719 年,专门从事奶业,并饲养牲畜供宰杀。他放牧了 25 头奶牛、5 头小奶牛和牛犊、16 头阉公牛、1 头公牛,另外耕种了 7 英亩农田。③ 在阿希彻奇教区的诺思维和纳顿,有 8 户习惯持有农,他们持有土地面积最大的为 62 英亩、34 英亩和 21 英亩。1666 年时地租为 5 英镑 13 先令 8 便士。④在迪安森林的纽兰德教区的克利尔韦尔,农场主亨利·摩根在 1648 年有了 32 头牲畜和 124 只羊,还有 12 头猪、2 匹小马和 2

① David Hey, "*The North-west Midland*", in Joan Thirsk, ed., *Agrarian History of England and Wales*, Cambridge U.P., 1984, Vol. Ⅵ, p.149.

② Joan Thirsk, The South-West Midlands, in Joan Thirsk, ed., *Agrarian History of England and Wales*, Cambridge U.P., 1984, Vol. Ⅵ, p.186.

③ Joan Thirsk, ed., *Agrarian History of England and Wales*, Cambridge U.P., 1984, p.187.

④ Joan Thirsk, ed., *Agrarian History of England and Wales*, Cambridge U.P., 1984, p.188.

匹小公马,但种庄稼的可耕地只有24英亩。①

　　在诺斯伯兰郡和达勒姆郡的彭宁山脚下,绝大多数农耕农场是中等大小的。这里的高地农场平均年产出在40至60英镑之间,位于山脚下的农场平均年产出为80至100英镑。在1640年至1750年这个时期,它们变化不大。当然,也有的农场要大些。例如,爱德林汉的亨利·奥格尔的农场和西惠平顿的托马斯·斯科林的农场,谷物和牲畜的年价值达350英镑。而在山脚下的小农场,年产出只有3至4英镑。在低地地区的农场规模比山地和山脚下的农场规模要大。谷物和牲畜的年产值超过100英镑。②

　　在约克郡南部,水手威廉·米德尔布鲁克是一个富裕的农场主,家畜年价值为77英镑5先令6便士,其他地产价值超过110英镑,现金加利息共达到280英镑,到期该归还他的债务为66英镑。坎普塞尔的乡绅托马斯·亚普勒有20头菜牛,12头牛,1头公牛,10头乳牛,9匹阉马和母马,172只羊。另一位乡绅乔治·布莱德温有15头菜牛,6头阉牛,2匹马,3匹母马,2只驹子,122只羊。③ 特伦特河上萨顿庄园的乔治·希特是一个较富裕的农场主。1717年8月他的财产清单说明他全部的财产收入为437英镑6先令9便士,主要靠奶业和饲养肉用家畜致富。特伦特河上另一个诺丁汉的农场主,卡科斯顿的威廉·布雷特的账面年收入达205英镑,他致力于奶业,

　　① Joan Thirsk,ed.,*Agrarian History of England and Wales*,Cambridge U.P.,1984,p.192.

　　② Paul Brassley,"*Northumberland and Durham*",in Joan Thirsk,ed.,*Agrarian History of England and Wales*,Cambridge U.P.,Vol.Ⅵ,pp.35-36.

　　③ G.E.Mingay,"The East Midland",in G.E.Mingay,ed.,*Agrarian History of England and Wales*,Vol.Ⅶ,1750-1850,Cambridge U.P.,1989,pp.80-81.

1748 年他有 14 头乳牛,5 个干草堆,他的仓库中贮存了 1200 块奶酪。①

小农场主的例子很多。诺丁汉郡沃尔德的威洛比的约翰·帕尔默在 1698 年时,地里的庄稼价值 35 英镑,家畜值 42 英镑 10 先令,他的全部财富为 105 英镑 10 先令。韦萨里附近的理查德·史密斯有 8 头乳牛,2 头牛仔,3 头小母牛,80 只羊,5 匹母马,2 匹骟过的马,另有 2 匹公马。他的可耕地上的庄稼其值 50 英镑,仓库中囤积的粮食共值 10 英镑 8 先令,他全部的谷物价值为 180 英镑 11 先令。诺丁汉郡西哈顿的威廉·克拉克则比史密斯富,1746 年时他全部谷物值 56 英镑 12 先令 6 便士。他有 28 只羊和 15 只羊羔值 13 英镑 5 先令,有 2 匹马值 8 英镑 10 先令。他种草和谷物的土地值 10 镑,他仓库中贮存的豆类、谷物、干草等共值 13 镑。② 东密德兰沼泽地上绝大多数农场是小农场。在 17 世纪 90 年代一般大小的农场上羊群有 36 只羊,9 头母牛,4 匹马,4 头猪。1830 年代到 1690 年代中等大小农场耕地有 13.5 英亩,土地不多。③

在东密德兰的沼泽地有较大的农场。例如,韦尔顿勒马什的福恩森·马金德,他养了 691 只羊,1748 年时他的全部畜群价值 580 英镑 11 先令 6 便士。他还养了 20 头牛,11 匹马,6 头猪,种植菜籽和芜菁。威瑟恩的约翰·安布罗斯·埃瑟林顿,1665 年共出借 65 英镑 4 先令现金,他还有其他可收回的利息

———————

① G.E.Mingay,"The East Midland",in G.E.Mingay,ed.,*Agrarian History of England and Wales*,Vol.Ⅶ,1750-1850,Cambridge U.P.,1989,p.103.

② G.E.Mingay,"The East Midland",in G.E.Mingay,ed.,*Agrarian History of England and Wales*,Vol.Ⅶ,1750-1850,Cambridge U.P.,1989,p.104.

③ G.E.Mingay,"The East Midland",in G.E.Mingay,ed.,*Agrarian History of England and Wales*,Vol.Ⅶ,1750-1850,Cambridge U.P.,1989,p.113.

等共 60 英镑。①

在东密德兰,绝大多数农场主持每年的协议或按领主的意愿租种农场,特别是那些大土地所有者属下的小佃户更是如此。他们很少有人转让自己的租地农场。在某些地区,特别是舍伍德森林,有一定数量的公簿持有农,但在这个地区,公簿持有制不普遍。农场租期是地主与相关佃户谈判的一个主要内容。地主为防止落入不胜任的首任不善的佃户之手,常常把农场租期定得较长,而租给一个名声较好的租户。而租户出于自身的利益则不愿意长期承租。因此,便有 1712 年靠近奥卡姆的利氏地产的管家安德鲁·洛夫调查现有佃户中是否有人愿意长期承租农场的事例。他认为这是改进农场的最好的办法。但他发现,只有 2 户佃户愿意以 21 年租期长期租种农场,而另两位佃户愿意以 11 年的较短租期承租农场。② 绝大多数村庄有两个大土地所有者,同时还有相当数量的小自由持有农。租地农场主通常从不止一个大地主处租种土地。此外,也有相当数量的自由持有农从大地主手中租种部分土地。在诺丁汉郡的伊克林教区,金斯顿公爵拥有 1011 英亩土地,租种他的土地的有 21 个佃户。乔治·萨维尔爵士拥有 753 英亩土地,租种他的土地的有 30 个佃户。另有 37 个自由持有农占有余下的 633 英亩土地。有的村庄有大批独立的自由持有农。例如,在拉克斯顿教区,1732 年有 57 户自由持有农,他们共持有 1365 英亩土地,超过教区土地的一半。③

①　G.E.Mingay,"The East Midland",in G.E.Mingay,ed.,*Agrarian History of England and Wales*,Vol.Ⅶ,1750-1850,Cambridge U.P.,1989,p.113.

②　G.E.Mingay,"The East Midland",in G.E.Mingay,ed.,*Agrarian History of England and Wales*,Vol.Ⅶ,1750-1850,Cambridge U.P.,1989,pp.113-114.

③　G.E.Mingay,"The East Midland",in G.E.Mingay,ed.,*Agrarian History of England and Wales*,Vol.Ⅶ,1750-1850,Cambridge U.P.,1989,p.116.

在农业史研究中,在一个时期里,由于缺乏详细的单个农场的档案资料,只能根据农场的规模即田亩数来区分或判断它完全是家庭农场还是使用雇佣劳动力的资本主义农场。各种信息表明,一个农民家庭在不雇佣劳动力的情况下,可以耕种50至60英亩大小的农场。而耕种一个面积超过100英亩的农场则必须使用雇佣劳动力。可以粗略地说,非资本主义化农场的面积不超过60英亩,而面积在100英亩以上的农场必定使用雇佣劳动力,而面积在60到100英亩农场则属于这两种类型之间的过渡型的农场,它们几乎同等地使用家庭劳动力和雇佣劳动力。阿瑟·扬试计算过多种类型的农场所需要的劳动力。他的计算表明,可耕地面积在8到25英亩的农场几乎不耗用农夫的时间。面积为36英亩的可耕地农场,除了在收获季节外,可以由一个劳动力耕作,一个成年劳动力在耕种50英亩可耕地农场时,用去52%的劳动时间。当然,这里没有计算进去家庭中的妇女和儿童的劳动。[1]

及至近代,乡村无地劳动者增加,小农场主的数量减少。这个现象从马克思时代开始便引起了人们的极大关注。人们给这一现象贴上了不同的标签。有的称之为"小土地所有者的衰落",有的的称之为"小农场主的衰落",有的则称之为"农民的消失"。如马克·欧弗顿教授指出的,对于这种现象多种多样的标签表明了人们对于这个需要调查的问题的真正性质模棱两可。[2]

自17世纪末以来,合并为大地产和小土地所有者迅速消失

① Arthur Young, *The Farmer's Guide in Hiring and Stocking Farms*, London, 1970.from Richard Allan, *Enclosure and the Yeoman*, *the Agriculture Revolution of the South Midland 1450-1850*, Oxford U.P., 1992, p.51.

② Mark Overton, *Agricultural Revolution in England*: The Transformation of the Agrarian Economy, Cambridge U.P., 1996, p.171.

的过程加速进行。① 相关的证据来自当时代人的陈述和统计资料两方面。而对当时代人的叙述必须小心谨慎。约翰逊对英格兰一些郡的教区作了比较研究。他把都铎朝和斯图亚特朝对牛津郡 24 个教区的概览与 1785 年土地税征收资料比较后得出结论,在 16 和 17 世纪,当地持有土地在 100 英亩以下的有 482 户自由持有农,公簿持有农或终身佃户,他们共持有土地 13674 英亩,即平均每户为 28 英亩。而到 1785 年,这种规模的农民减少到 212 户,共持有 4494 英亩土地,平均每户 21 英亩。即他们在户数上减少了一半。持有土地的总量减少了三分之二。

在格洛斯特郡的 10 个教区,16 到 17 世纪持有土地者在 100 英亩以下的为 229 户,共持有土地 6458 英亩。而 1782 年到 1785 年,持有土地者在 100 英亩以下的只剩下 80 户,共持有土地 1104 英亩。即持有土地者 100 英亩以下的人数减少到原来的三分之一,持有土地总量为原来的五分之一。②

在另外六个郡的 15 个教区,在亨利八世统治时期,有 472 户自由持有农或公簿持有农,59 户茅舍农,而到 1786 年前后,土地占有者减少为 92 户,茅舍农减少为 35 户,而土地所有者减少为 225 户。③

在牛津郡的 301 个教区中,不少于 96 个教区根本没有土地所有者。在另外 75 个教区中,土地所有者的数目低于 6 户。1753 年,在肯特郡的 40 个教区中,有 10 个教区没有土地所有者,在 13 个教区中土地所有者低于 6 户。1712 年,在诺福克郡的 25 个教区中,有两个教区没有土地所有者,有 7 个教区土地

① A.H.Johnson, *Disappearance of the Small Landowner*, Oxford U.P., 1909, p.128.

② A.H.Johnson, *Disappearance of the Small Landowner*, Oxford U.P., 1909, pp.132-133.

③ A.H.Johnson, *Disappearance of the Small Landowner*, Oxford U.P., 1909, p.133.

所有者的数目在 6 户以下。在牛津郡的 8 个教区中,从 1760 年到 1785 年,土地所有者的人数从 69 户减少为 41 户。① 在牛津郡的 21 个教区中,从 1772 年到 1802 年,所有拥有土地在 6 英亩以上的农户从 219 户减少到 203 户;拥有土地在 6 英亩以下的农户则从 4 户增加到 37 户。②

18 世纪末到 19 世纪初,根据农业部的调查,土地兼并和围积活动在贝德福郡、柴郡、德文郡、多塞特郡、希罗普郡、斯塔福德郡和威尔特郡引人注目。但是,小农场在康沃尔郡、库伯兰郡、德比郡、德文郡、肯特郡、兰开郡、中塞克斯郡、诺丁汉郡、牛津郡、拉特兰郡、希罗普郡、萨里郡、苏塞克斯郡、威斯特摩兰郡、伍斯特郡、约克郡北区广泛存在,③在威尔士,特别是在威尔士南部持续存在。④

事实上,500 英亩以上的农场主要存在于南密德兰地区、东盎格利亚和南部诸郡。而为数在 100 至 150 英亩或为数更小的租佃农场则在英格兰西北部、北密德兰地区、威尔士、英格兰西南部和林肯郡沼泽地带占主导地位。⑤

在英格兰,很少有土地拿到土地市场上去出售,英国绝大部分土地是限定继承人的,所有者有义务在他死后原封不动地把土地传递给他的长子或其他法定继承人。众多土地所有者无法

---

① A.H.Johnson, *Disappearance of the Small Landowner*, Oxford U.P., 1909, pp.135-136.

② A.H.Johnson, *Disappearance of the Small Landowner*, Oxford U.P., 1909, p.150.

③ G. E. Mingay, ed., *Agrarian History of England and Wales*, Vol. Ⅶ, 1750-1850, Cambridge U.P., 1989, pp.607-608.

④ R.J.Colyer, "The Size of Farms in the Later eighteenth and early nineteenth Century Cardiganshire", *Bulletin of the Board of Celtic Studies*, XXVII, 1976, p.119.

⑤ G. E. Mingay, ed., *Agrarian History of England and Wales*, Vol. Ⅵ, 1750-1850, Cambridge U.P., 1989, p.609.参见 [英] 克拉潘:《现代英国经济史》上卷,姚曾廙译,商务印书馆 1964 年版,第 149—151 页。

出售土地,而只能购买土地,以至于土地所有权长期为极少数人掌握。可以说,英格兰提供给市场的土地很少,所以土地价格很高。① 小农业经营者没有资本去购买土地,而只能租种一块小持有地。

把大农场划成小农场而发展小租佃农场,这取决于大地主是否愿意,而大地主通常不愿意这样做。因为在开始时需要建立农场住宅以及供水系统等,这需要耗费巨大的资金。如果这样可以获得大的利润,他们愿意为此筹措资金,但实际上很难办到。② 对地主来说,小土地持有制不如大土地更有利于运动和狩猎。许多思想保守的地主怀疑,把大土地分割成小块,会削弱他们的影响力。③

弗兰德斯·钱宁爵士曾说:"这是一个极端奢侈的年代。在此时,极富有的人为了社会尊严而买下地产,而根本不考虑附着在土地所有者身上的民族受托人的职责。他们许多人对运动的热情超过了其他,而对土地再分割设置许多障碍,因为它危及狩猎射击的乐趣。"而大农场主本人也反对把土地分成小农场租给农业劳工。因为拥有大农场会增强他们与大地主和土地代理人抗衡的基础。他们还认为分成小块土地出租会使劳工过于独立,会导致他们更多地靠耕作自己的土地来为生,而不是依靠大农场主。④

19世纪末在乡村中存在大量茅舍农,他们往往没有土地或

---

① Hermann Levy, *Large and Small Holdings*, *A History of English Agricultural Economics*, London, 1966, pp.118–119.

② Hermann Levy, *Large and Small Holdings*, *A History of English Agricultural Economics*, London, 1966, p.120.

③ Hermann Levy, *Large and Small Holdings*, *A History of English Agricultural Economics*, London, 1966, p.121.

④ Hermann Levy, *Large and Small Holdings*, *A History of English Agricultural Economics*, London, 1966, p.122.

共有权。他们中许多人一直以农业劳动力的身份生存着。此外,还存在有大量的"农场仆役",他们居住在农场的房屋内。托马斯·斯通记叙道:他们"一般说来经营共有地农场",他们不占有任何土地。①

人们时常指出,农民并没有在他们的土地上被驱赶走。小土地所有者的数目已经大量减少,但相当较多的小佃户仍然存在。1886 年的统计资料表明,英格兰所有持有土地的人士中,有 66% 的人持有土地面积在 1 至 50 英亩之间。而这并不包括多由农业劳工持有的大量划成小块出租的土地。在 19 世纪末 20 世纪初,一般讲的"小持有地"是指那些在 1 英亩到 50 英亩之间,②而是指面积在 1 至 5 英亩之间划成小块出租的副业生产地。③

从 18 世纪中期以后,英国朝野不少人士主张在发展有利可图的大土地所有制的同时,把小块持有地租给乡村劳动者,以维持他们的生存。1775 年纳撒尼尔·肯特在谈到大农场的必要性的同时,倡导小土地持有制。是他最先倡导"三英亩地和一头牛",即在给勤勉的乡村劳工以茅舍外,他们还应当有 3 英亩牧场和一头乳牛,同时至少有半英亩的菜园。④ 温彻西伯爵也倡导向农业劳工提供土地,让他们在靠近房舍附近被圈占的草地上拥有园圃,并养一头或几头母牛。阿瑟·扬在他晚年也倡导小块持有地,他还认为拥有一头牛和足够的牧场比小块持有地更有利于农业劳动者。弗里德里克·埃登爵士则希望留有足

① Hermann Levy, *Large and Small Holdings*, *A History of English Agricultural Economics*, London, 1966, p.263.

② Hermann, Levy, *Large and Small Holdings*, *A History of English Agricultural Economics*, London, 1966, p.263.

③ Hermann Levy, *Large and Small Holdings*, *A History of English Agricultural Economics*, London, 1966, p.264.

④ W. H. R. Curtler, *The Enclosure and Distribution of Our Land*, Oxford Clarendon Press, 1920, p.265.

够的土地和牧场使他能养一两头牛、猪、家禽并生产马铃薯以满足家庭每年的需要。①

1769 年，托马斯·巴纳德达纳姆、威尔伯梅斯创办了"改善贫民状况会社"，致力于为贫民提供小块土地，但没有成功。②

1800 年，农业部提供了两项金奖，一项是给予在他的地产上建筑更多的提供给劳工的茅舍，每座茅舍有适当的土地可饲养一头牛，同时还包括好的菜园，另一项金奖给那些在全王国能为农业劳工提供小块土地的人。农业部此时主要由地主组成，这项措施反映了他们的意见。

在 1801 年通过的《一般圈地法》中，第 13 条款规定，从圈地费用中拿出一部分提供小块的供出租的土地，在公地中用蓝色木桩围圈起用做放牧的土地安置他们。

1806 年威尔特郡布罗德萨默福德一项圈地法，指定分给教区每个茅舍 1/2 英亩土地，临近的教区也仿效这种做法。③

1810 年，分派小块土地的做法为温彻西伯爵在拉特兰郡和威尔特郡试验推广。在这一个郡他的地产上，有 70 至 80 个劳动者得到足够的土地，每人饲养 1 至 4 头牛。④ 1815 年，彼得巴勒勋爵贮集了一批土地分给他的农业劳动者。在此以前，埃塞克斯郡切斯特福德的教区长和若干地主也采取了类似的做法。1821 年，科贝特在各地旅行时注意到，在英格兰的一些地方，特

----

① W. H. R. Curtler, *The Enclosure and Distribution of Our Land*, Oxford Clarendon Press, 1920, p.265.

② W. H. R. Curtler, *The Enclosure and Distribution of Our Land*, Oxford Clarendon Press, 1920, p.266.

③ W. H. R. Curtler, *The Enclosure and Distribution of Our Land*, Oxford Clarendon Press, 1920, p.266.

④ W. H. R. Curtler, *The Enclosure and Distribution of Our Land*, Oxford Clarendon Press, 1920, p.267.

别是南部诸郡，向劳动者提供菜园使之受益，在苏塞克斯，他"高兴地看到每个农业劳工的茅舍都有一头猪"。①

1819 年通过一项法令，授权济贫法当局在教区会同意下，掌握一些在教区内或教区附近不超过 20 英亩的属于教区的土地，在法律指导下安置一些人的工作，或就这些贫民的工作付给一笔钱。除了由教区耕种这些土地外，也可向贫民出租这些土地。②

1831 年将上述法令提出的 20 英亩土地的标准提高到 50 英亩，随后，由于许多教区表民需要更多的土地，决定扩展"这个法令有关的仁慈意向。"

1832 年威廉四世第二年第四十二章法规规定，将更多的土地归劳工使用。根据阿希利《牛津郡的小块土地和小持有地》一书所述，在 1873 年，牛津郡大约有 600 至 800 英亩土地为无地的农业劳动者提供燃料。

在此过程中，大地主也理解了为农业劳工提供小块土地的益处。1829 年贝德福德公爵、德·格雷伯爵和其他地主都从自己的地产中拿出部分土地作小块分给无地的农业劳动者，这成一趋势。③

从 1834 年济贫法委员会著名的报告中，提出了向农村劳动者提供小块土地之事。但是，报告说，当个人自愿拿出土地分成小块给贫穷农村劳动者时，则较易实行；由教区来组织这一工作，常常遭到失败。济贫法委员会的报告告诉我们，在威尔特郡、多

① W. H. R. Curtler, *The Enclosure and Distribution of Our Land*, Oxford Clarendon Press, 1920, p.267.

② W. H. R. Curtler, *The Enclosure and Distribution of Our Land*, Oxford Clarendon Press, 1920, p.267.

③ W. H. R. Curtler, *The Enclosure and Distribution of Our Land*, Oxford Clarendon Press, 1920, p.268.

塞特郡,没有哪个教区不向无地的农业劳动者提供小块土地的。①
在剑桥郡,较普遍地采取了向劳动者分发小块土地的做法,在萨
里郡、西苏塞克斯郡、中苏塞克斯郡,许多大土地所有者都拿出
小块土地给农村无地劳动者。在亨廷顿郡,这种现象非常普遍;
在约克郡西区,大土地所有者"为茅舍农提供食宿"。②

诚然,有的地方分给茅舍农的土地非常小。例如,巴斯和韦
尔斯主教把 50 英亩土地出租给 203 人,每个租户只得到 1/12
至 1/2 英亩。地租按每英亩 50 先令计算,佃户免交土地税和什
一税。③

1834 年新济贫法通过后,给予农村贫民以补助的做法被取
消。从 1834 年到 1846 年谷物法被取消,许多乡村贫穷劳动者
仍能得到小块土地甚至奶牛。④ 在德文郡、康沃尔郡和萨默塞
特郡,在北安普顿郡的部分地区,仍非常普遍地给予无地劳动者
以土地。

1868 到 1881 年间,提供小块土地的运动受挫。1881 年,王
家农业委员会报告说,这个运动在许多郡消失了。⑤ 看来,那种
基于自愿把小块土地拿出来分给茅舍农的做法无法实施。⑥

---

① W. H. R. Curtler, *The Enclosure and Distribution of Our Land*, Oxford Clarendon Press, 1920, p.269.

② W. H. R. Curtler, *The Enclosure and Distribution of Our Land*, Oxford Clarendon Press, 1920, p.270.

③ W. H. R. Curtler, *The Enclosure and Distribution of Our Land*, Oxford Clarendon Press, 1920, pp.270−271.

④ W. H. R. Curtler, *The Enclosure and Distribution of Our Land*, Oxford Clarendon Press, 1920, pp.275−277.

⑤ W. H. R. Curtler, *The Enclosure and Distribution of Our Land*, Oxford Clarendon Press, 1920, p.281.

⑥ W. H. R. Curtler, *The Enclosure and Distribution of Our Land*, Oxford Clarendon Press, 1920, p.281.

1880 年,杰西·柯林斯先生致力于小持有地运动。最终议会在 1882 年通过了《扩大小块土地法令》。但这个法令未能很好实施。因为土地保管人对此设置了许多障碍。[1] 1892 年,议会又通过了《小持有地法令》,它授权郡委员会用购买或租赁的办法而不是强迫的方法获得土地,向劳动者出租面积在 1 至 50 英亩的"小持有地"。但各郡在购买土地时受到很大限制。这个法令未取得很大成效。从 1892 年到 1907 年,仅在 9 个郡实施了这个法令。一共买得 716 又 3/4 英亩土地,出售了 59 块,出租了 135 块,[2]成果不大。如列维所说:"在大农场制度取得进展的同时,在 19 世纪初根据其社会基础开始的反向运动没有取得真正的实际效果。农业部极其热心的支持者发起了一场旨在帮助更多的农业劳动者使用少量的土地的方法。为争取小块土地进行的请愿证明失败了。"[3]

1888 年,英国议会下院指派一个审查委员会去调查在不列颠建立小持有地的利弊。该委员会提出的报告书指出,在全国不止一个郡存在着 10 英亩到 50 英亩的可供利用的持有地。1892 年 10 月通过了一项议会立法。这项法令指出,如果有任何人向郡委员会提出请愿表明其土地要求,郡委员会就有权利为满足这些要求创立小持有地。国家将会以极低的利率提供必需的用以购买土地的资本。购买者必须支付至少地价的四分之一的款项。这样一块小持有地面积不应当超过 15 英亩,其年地租不应当高于 15 英镑。这些小持有地可以按分期付款的办法

① W. H. R. Curtler, *The Enclosure and Distribution of Our Land*, Oxford Clarendon Press,1920,p.282.

② W. H. R. Curtler, *The Enclosure and Distribution of Our Land*, Oxford Clarendon Press,1920,p.296.

③ Hermann Levy, *Large and Small Holdings*, *A History of English Agricultural Economics*, London,1966,p.51.

出售。这项措施主要是为了设立小土地所有者而不是小租佃农。这项立法未取得大的成效。在议会立法公布以后一年间，英国①各郡的议会取得了 652 英亩土地,其中出售给农民的不足 300 英亩。

在这个法案通过后 10 年间,英格兰和威尔士有 27 个郡,苏格兰有 14 个郡收到了要求获得土地的请愿书。但是,英格兰仅有 5 个郡,苏格兰仅有 1 个郡购买了土地,还有 3 个英格兰郡租下了土地,以满足这些劳动者的要求。1902 年到 1906 年,英格兰的郡委员会会议只讨论了两例购买了土地以解决劳动者需求的要求,一例为 46 英亩,另一例为 92 英亩。②

关于英国近代后期土地持有面积变化,我们看到一些地方性的资料。在拉克斯顿庄园,租地农场的规模在 19 世纪前 60 年变化不大。1789 年时,面积在 100 英亩以上的农场占非荒地面积的 51%,从 1812 年到 1862 年,占非荒地面积的 60% 左右。占地 50 英亩以上的农场,1812 年为 25 个,1820 年为 23 个,1839 年为 22 个,1862 年为 22 个,1870 年为 22 个,1905 年为 26 个,1910 年为 25 个,1915 年为 24 个。到 20 世纪初年,占地 50 英亩以上的农场的数量稍有增加。而从占地 50 英亩以上的农场的总面积来看,1862 年以后增长较快。占地 50 英亩以上农场的总面积 1872 年为 2876 英亩,1820 年为 2802 英亩,1839 年为 2721 英亩,1862 年为 2725 英亩。③ 1890 年时占地 50 英亩以上的农场面积增加到 3387 英亩,1895 年为 3346 英亩,1900 年

---

① ［英］克拉潘:《现代英国经济史》下卷,姚曾廙译,商务印书馆 1977 年版,第 135 页。

② Hermann Levy, *Large and Small Holdings*, *A History of English Agricultural Economics*, London, 1966, p.126.

③ J. V. Beckett, *A History of Laxton*, *England's Last Open Field Village*, Oxford, Basil Blackwell, 1989, pp.184, 244.

为 3330 英亩,1905 年为 3462 英亩,1910 年为 3588 英亩,1915
年为 3592 英亩。这表明,在拉克斯顿庄园,占地 50 英亩以上的
大租地农场的面积有缓慢增长。

而在拉克斯顿庄园,占地在 50 英亩以下的小租地农场的数
目在下降。1862 年为 90 个,1870 年减少到 49 个,1890 年减少
到 34 个,1905 年减少到 29 个,1910 年减少到 27 个,1915 年仍
为 27 个。从大萧条到第一次世界大战爆发,拉克斯顿庄园农场
总数减少了 40%,1915 年小农场的数目只有 1862 年时的 30%,
1870 年时的 55%。[1] 但是,直到第二次世界大战前夜,占地 50
英亩以下的小农场仍占相当的比例,占拉克斯顿庄园农场总数
的 52%。在这里并未出现小农场消失的现象。诚然,如研究者
指出的,在拉克斯顿庄园,小租地农场在农场中占的比例较高,
它大大超出了全英国的一般水准。

1870 年在林肯郡沼泽地区的阿克斯霍尔姆的 5 个教区中,
有 396 人持有农场的面积在 5 英亩以下,有 29 人持有农场的面
积在 5 至 20 英亩,有 142 人持有农场的面积在 20 至 50 英亩,
有 72 人持有农场的面积在 50 至 100 英亩,有 63 人持有农场面
积在 100 英亩以上。在全部 964 个农场中,面积在 5 英亩以下
的农场占农场总数的 41%,面积在 5 至 20 英亩的农场占农场总
数的 30.2%,面积在 20 至 50 英亩的农场占农场总数的 14.7%。

在霍兰德的 15 个教区中,持有农场面积在 5 英亩以下的有
564 人,持有农场面积在 5 至 20 英亩的有 711 人,持有农场面积
在 20 至 50 英亩的有 410 人,持有农场面积在 50 至 100 英亩的
有 235 人,持有农场面积在 100 英亩以上的有 247 人。在全部
2167 个农场中,面积在 5 英亩以下的农场占农场总数的 26%,

---

[1]　J. V. Beckett, *A History of Laxton, England's Last Open Field Village*,
Oxford, Basil Blackwell, 1989, pp.184, 244, 267, Table 6. 8; Table 8. 3; Table 9. 2.

面积在 5 至 20 英亩的农场占农场总数的 32.8%,面积在 20 至 50 英亩的农场占农场总数的 18.9%。

在凯斯特曼的 9 个教区中,持有农场面积在 5 英亩以下的有 82 人,持有农场面积在 5 至 20 英亩的有 156 人,持有农场面积在 20 至 50 英亩的有 83 人,持有农场面积在 50 至 100 英亩的有 53 人,持有农场面积在 100 英亩以上的有 78 人。在全部 452 个农场中,面积在 5 英亩以下的农场占农场总数的 18.4%,面积在 50 至 100 英亩的农场占农场总数的 11.7%,面积在 100 英亩以上的农场占农场总数的 17.2%。①

在林肯郡科斯塔盐沼黏土地的 5 个教区中,持有农场在 5 英亩以下的有 145 人,占当地农场总数的 24.6%;占地在 5 至 20 英亩的农场有 235 个,占当地农场总数的 39.9%;占地在 20 至 50 英亩的农场有 115 个,占当地农场总数的 19.5%;占地在 50 至 100 英亩的农场有 48 个,占当地农场总数的 8.1%;占地在 100 英亩以上的农场有 46 个,占当地农场总数的 7.8%。

在林肯郡中沼泽地的 12 个教区中,占地在 5 英亩以下的有 147 个,占农场总数的 23.4%;占地在 5 至 20 英亩的农场有 226 个,占农场总数的 35.9%;占地在 20 至 50 英亩的农场有 113 个,占农场总数的 18%;占地在 50 至 100 英亩的农场有 66 个,占农场总数的 10.5%;占地在 100 英亩以上的农场有 77 个,占农场总数的 12.2%。②

在林肯郡的高地区,1870 年时农场规模如下:在凯斯特文希斯的 11 个教区中,面积在 5 英亩以下的农场有 44 个,占农场

① Joan Thirsk, *English Peasant Farming*, *The Agrarian History of Lincohnshire from Tudor to Recent Times*, London, Routledge & Kegan Paul, 1957, Table 36, p.216.

② Joan Thirsk, *English Peasant Farming*, *The Agrarian History of Lincohnshire from Tudor to Recent Times*, London, Routledge & Kegan Paul, 1957, Table 40, p.242.

总数的 16.2%;面积在 5 至 20 英亩的农场有 79 个,占农场总数的 29%;面积在 20 至 50 英亩的农场有 34 个,占农场总数的 12.5%;面积在 50 至 100 英亩的农场有 38 个,占农场总数的 13.9%;面积在 100 英亩以上的农场有 77 个,占农场总数的 28.3%。

在林赛克里夫的 7 个教区中,面积在 5 英亩以下的农场有 8 个,占农场总数的 9.7%;面积在 5 至 20 英亩的农场有 23 个,占农场总数的 28%;面积在 20 至 50 英亩的农场有 9 个,占农场总数的 11%;面积在 50 至 100 英亩的农场有 8 个,占农场总数的 9.7%;面积在 100 英亩以上的农场有 34 个,占农场总数的 41.5%。

在沃尔斯的 24 个教区中,面积在 5 英亩以下的农场有 116 个,占农场总数的 31.7%;面积在 5 至 20 英亩的农场有 84 个,占农场总数的 22.9%;面积在 20 至 50 英亩的农场有 30 个,占农场总数的 8.2%,面积在 50 至 100 英亩的农场有 34 个,占农场总数的 9.3%;面积在 100 英亩以上的农场有 102 个,占农场总数的 27.9%。[1]

1870 年在林肯郡黏土和混合土地上的农场中,面积在 5 英亩以下的农场有 374 个,占农场总数的 26.5%;面积在 5 至 20 英亩的农场有 415 个,占农场总数的 29.4%;面积在 20 至 50 英亩的农场有 194 个,占农场总数的 13.7%;面积在 50 至 100 英亩的农场有 155 个,占农场总数的 11%;面积在 100 英亩以上的农场有 273 个,占农场总数的 19.3%。[2]

19 世纪末,根据 J.斯坦德林向专门委员会的报告,伊普沃

① Joan Thirsk, *English Peasant Farming*, *The Agrarian History of Lincohnshire from Tudor to Recent Times*, London, Routledge & Kegan Paul, 1957, Table 42, p.264.

② Joan Thirsk, *English Peasant Farming*, *The Agrarian History of Lincohnshire from Tudor to Recent Times*, London, Routledge & Kegan Paul, 1957, Table 46, p.298.

斯教区存在着大量的小持有农。持有土地在 100 至 200 英亩的是 12 人,持有土地在 50 至 100 英亩的是 14 人,持有土地在 20 至 50 英亩的是 31 人,持有土地在 10 至 20 英亩的是 40 人,持有土地在 2 至 10 英亩的是 115 人,持有土地在 1/2 至 2 英亩的是 80 人。即该地区绝大多数农户属于小土地持有者。[①]

剑桥郡索哈姆教区是一个敞地和小土地持有者广泛存在的教区。这个教区与剑桥郡其他教区不同,这里始终未进行议会圈地。根据什一税征收记录,该教区共有 12706 英亩土地,但还有 1556 英亩公地。1889 年小土地持有专门委员会取得的资料说,持有土地在 1 英亩以下的有 195 人,持有土地在 1 至 5 英亩的有 77 人,持有土地在 5 至 10 英亩的有 34 人,持有土地在 10 至 20 英亩的有 43 人,持有土地在 20 至 50 英亩的有 57 人,持有土地在 50 至 100 英亩的有 32 人,持有土地在 100 至 200 英亩的有 6 人,持有土地在 200 至 500 英亩的有 8 人,持有土地在 500 英亩以上的有 5 人。[②] 合计小土地持有者持有土地在 100 英亩以下者为 395 人,持有土地在 100 英亩以上者为 19 人。上述地区存在着较多的小土地持有者。

在英格兰和威尔士,1870 年,持有土地不超过 5 英亩的小农户有 113050 户,持有土地在 5 英亩到 20 英亩的农户有 127761 户,这样,持有土地不超过 20 英亩的农户共有 240811 户。同年,持有土地在 20 英亩到 50 英亩的农民有 75418 人,持有土地在 50 英亩以下的农户共有 316229 户。1871 年,持有土地不超过 20 英亩的农户有 237999 户。1872 年,持有土地在 1/4 英亩到 1 英亩的农户有 18659 户,持有土地在 1 英亩到 5 英

①　Gilbert Slater, *The English Peasantry and the Enclosure of Common Fields*, New York, 1907, p.58.

②　Gilbert Slater, *The English Peasantry and the Enclosure of Common Fields*, New York, 1907, p.61.

亩的农户有 103189 户，持有土地不超过 5 英亩的农户共有
121848 户。1875 年，持有土地不超过 50 英亩的农户共有
333630 户。1880 年，持有土地不超过 50 英亩的农户共有
336149 户。1885 年，持有土地在 1/4 英亩到 1 英亩的农户有
22162 户，持有土地在 1 英亩到 5 英亩的农户有 114273 户，这
样，持有土地在 5 英亩以下的农户共有 136435 户。持有土地在
5 英亩到 20 英亩的农户有 126674 户，持有土地在 20 英亩到 50
英亩的农户有 73472 户，这样，持有土地不超过 50 英亩的农户
共有 336581 户。1889 年，持有土地在 1/4 英亩到 1 英亩的农户
有 27352 户，持有土地在 1 英亩到 5 英亩的农户有 121826 户，
持有土地在 5 英亩到 20 英亩的农户有 129250 户，持有土地在
20 英亩到 50 英亩的农户有 74611 户，这样，持有土地在 50 英亩
以下的农户共有 353039 户。1895 年，持有土地在 1 英亩到 5 英
亩的农户有 133372 户，持有土地在 5 英亩到 20 英亩的农户有
126714 户，持有土地在 20 英亩到 50 英亩的农户有 74846 户，持
有土地在 50 英亩以下的农户合计有 334932 户。①

　　1895 年以后，英格兰和威尔士的小土地持有者人数有所下
降，但下降的幅度不大。1903 年，持有土地在 1 英亩到 5 英亩
的农户有 91797 户，持有土地在 5 英亩到 10 英亩的农民有
198874 户。1908 年，持有土地在 1 英亩到 5 英亩的农民有
89958 户，持有土地在 5 英亩到 50 英亩的农民有 197218 户。
1913 年，持有土地在 1 英亩到 5 英亩的农民有 92302 户，持有土
地在 5 英亩到 20 英亩的农民有 122117 户，持有土地在 20 英亩
到 50 英亩的农民有 78027 户，这样，持有土地在 5 英亩到 50 英

---

① E. J. T. Collins, ed., *Agrarian History of England and Wales*, Vol. Ⅷ,
1850~1914, Cambridge University Press, 2000, Part ⅱ, p.1842, Table 37.Ia. Number
of Holdings of Various Sizes in England and Wales, 1870~1895.

亩的农民共有 200144 户。1914 年,持有土地在 1 英亩到 5 英亩的农民有 91570 户,持有土地在 5 英亩到 20 英亩的农民有 121698 户,持有土地在 20 英亩到 50 英亩的农民有 78454 户,这样,持有土地在 5 英亩到 50 英亩的农民共有 200152 户。[①]

在英格兰各郡,持有土地在 50 英亩以下的农户数目及其变化已有详细的统计资料。

在贝德福郡,持有土地在 50 英亩以下的农民在 1875 年为 2802 户,1895 年为 2695 户,1915 年为 3142 户。在伯克郡,这类农民在 1875 年为 2652 户,1895 年为 2493 户,1915 年为 2364 户。在伯金汉郡,这类农民在 1875 年为 3433 户,1895 年为 2975 户,1915 年为 3335 户。在剑桥郡,这类农民在 1875 年为 5747 户,1895 年为 5238 户,1915 年为 6393 户。在柴郡,这类农民在 1875 年为 10816 户,1895 年为 9523 户,1915 年为 8631 户。在康沃尔郡,这类农民在 1875 年为 10710 户,1895 年为 10224 户,1915 年为 9752 户。在坎伯兰郡,这类农民在 1875 年为 4354 户,1895 年为 3943 户,1915 年为 3919 户。在德比郡,这类农民在 1875 年为 10698 户,1895 年为 9296 户,1915 年为 8018 户。在德文郡,这类农民在 1875 年为 11628 户,1895 年为 9172 户,1915 年为 9570 户。在多塞特郡,这类农民在 1875 年为 3686 户,1895 年为 3194 户,1915 年为 3404 户。在达勒姆郡,这类农民在 1875 年为 4098 户,1895 年为 4278 户,1915 年为 4314 户。在埃塞克斯郡,这类农民在 1875 年为 5254 户,1895 年为 4919 户,1915 年为 5275 户。在格罗斯特郡,这类农民在 1875 年为 8475 户,1895 年为 6943 户,1915 年为 6658 户。

---

① E. J. T. Collins, ed., *Agrarian History of England and Wales*, Vol. Ⅷ, 1850–1914, Cambridge University Press, 2000, Part ⅱ, p.1843, Table 37.Ib. Number of Holdings of Various Sizes in England and Wales, 1895–1914.

在汉普郡,这类农民在 1875 年为 6105 户,1895 年为 6382 户,
1915 年为 7220 户。在赫里福德郡,这类农民在 1875 年为 5395
户,1895 年为 4117 户,1915 年为 4152 户。在哈福德郡,这类农
民在 1875 年为 2776 户,1895 年为 2234 户,1915 年为 2240 户。
在亨廷顿郡,这类农民在 1875 年为 2117 户,1895 年为 1637 户,
1915 年为 1627 户。在肯特郡,这类农民在 1875 年为 6760 户,
1895 年为 6826 户,1915 年为 7553 户。在兰开郡,这类农民在
1875 年为 18210 户,1895 年为 15372 户,1915 年为 14025 户。
在莱斯特郡,这类农民在 1875 年为 5974 户,1895 年为 5179 户,
1915 年为 4572 户。在林肯郡,这类农民在 1875 年为 19706 户,
1895 年为 16796 户,1915 年为 15190 户。在中塞克斯郡,这类
农民在 1875 年为 2406 户,1895 年为 2343 户,1915 年为 1694
户。在蒙默思郡,这类农民在 1875 年为 3242 户,1895 年为
3398 户,1915 年为 3064 户。在诺福克郡,这类农民在 1875 年
为 12493 户,1895 年为 8950 户,1915 年为 9509 户。在北安普
顿郡,这类农民在 1875 年为 4406 户,1895 年为 3825 户,1915
年为 3298 户。在诺森伯兰郡,这类农民在 1875 年为 3070 户,
1895 年为 3146 户,1915 年为 3170 户。在诺丁汉郡,这类农民
在 1875 年为 6194 户,1895 年为 5373 户,1915 年为 4290 户。
在牛津郡,这类农民在 1875 年为 2789 户,1895 年为 2652 户,
1915 年为 2596 户。在拉特兰郡,这类农民在 1875 年为 950 户,
1895 年为 665 户,1915 年为 500 户。在希罗普郡,这类农民在
1875 年为 8281 户,1895 年为 8121 户,1915 年为 7904 户。在萨
默塞特郡,这类农民在 1875 年为 11999 户,1895 年为 9972 户,
1915 年为 9291 户。在斯塔福德郡,这类农民在 1875 年为
10870 户,1895 年为 9588 户,1915 年为 8483 户。在萨福克郡,
这类农民在 1875 年为 5667 户,1895 年为 4671 户,1915 年为
4591 户。在萨里郡,这类农民在 1875 年为 4159 户,1895 年为

3567 户,1915 年为 3321 户。在苏塞克斯郡,这类农民在 1875 年为 5717 户,1895 年为 5555 户,1915 年为 5839 户。在沃里克郡,这类农民在 1875 年为 5210 户,1895 年为 4991 户,1915 年为 4794 户。在威斯特摩兰郡,这类农民在 1875 年为 2134 户, 1895 年为 1993 户,1915 年为 1834 户。在威尔特郡,这类农民在 1875 年为 5295 户,1895 年为 4503 户,1915 年为 4106 户。在伍斯特郡,这类农民在 1875 年为 6210 户,1895 年为 6246 户,1915 年为 6295 户。在约克郡东雷丁区,这类农民在 1875 年为 5573 户,1895 年为 4463 户,1915 年为 4288 户。在约克郡北雷丁区,这类农民在 1875 年为 10260 户,1895 年为 8411 户,1915 年为 7704 户。在约克郡西雷丁区,这类农民在 1875 年为 25152 户,1895 年为 21776 户,1915 年为 19286 户。

据上综述,在英格兰所有各郡,1875 年时持有土地在 50 英亩以下的农民为 293469 户,1895 年为 257646 户,1915 年为 247181 户。英格兰农民总户数在 1875 年为 412340 户,1895 年为 380176 户,1915 年为 372637 户。威尔士各郡持有土地在 50 英亩以下的小农户,1875 年为 40161 户,1895 年为 41732 户,1915 年为 42508 户。英格兰和威尔士持有土地在 50 英亩以下的农户数,从 1875 年的 330630 户,下降到 1895 年的 299378 户和 1915 年的 289689 户。① 在近代时期最后 40 年间,占地在 50 英亩以下的小农户的户数下降了 13%,这种减少不是很快。

根据英国农业和渔业部编纂的 1866 年至 1966 年农业统计资料,英国 19 世纪后期到 20 世纪上半叶小农的存在概况已经十分清楚了。英国的小农并没有消失,还存在着相当数量。在

---

① E. J. T. Collins, ed., *Agrarian History of England and Wales*, Vol. Ⅶ, 1850-1914, Cambridge University Press, 2000, Part ⅱ, pp.1807-1813, Table 36.10. Landholdings by Counties, 1875, 1895, 1915.

英格兰和威尔士,1875 年持有土地的农户共有 470000 户,其中持有土地在 50 英亩以下的(未再分类)共有 333630 户。1885 年持有土地的农户共有 475140 户,其中持有土地在 5 英亩以下的有 136425 户,持有土地在 5—20 英亩的有 126674 户,持有土地在 20—50 英亩的有 73472 户。总计持有土地在 50 英亩以下的为 336571 户,占全部农户总数的 70.8%。1895 年持有土地的农户共有 440467 户,其中持有土地在 5 英亩以下的有 97818 户,持有土地在 5—20 英亩的有 126714 户,持有土地在 20—50 英亩的有 74846 户。总计持有土地在 50 英亩以下的为 299378 户,占全部农户总数的 68%。1905 年持有土地的农户共有 432573 户,其中持有土地在 5 英亩以下的有 91574 户,持有土地在 5—50 英亩的有 198293 户。总计持有土地在 50 英亩以下的为 289867 户,占全部农户总数的 67%。1915 年持有土地的农户共有 433353 户,其中持有土地在 5 英亩以下的有 90643 户,持有土地在 5—20 英亩的有 120616 户,持有土地在 20—50 英亩的有 78430 户。总计持有土地在 50 英亩以下的为 289689 户,占全部农户总数的 67%。1925 年持有土地的农户共有 405708 户,其中持有土地在 5 英亩以下的有 75283 户,持有土地在 5—20 英亩的有 110385 户,持有土地在 20—50 英亩的有 79119 户。总计持有土地在 50 英亩以下的为 264787 户,占全部农户总数的 65%。1935 年持有土地的农户共有 379727 户,其中持有土地在 5 英亩以下的有 67223 户,持有土地在 5—20 英亩的有 96882 户,持有土地在 20—50 英亩的有 75062 户。总计持有土地在 50 英亩以下的为 239167 户,占全部农户总数的 63%。1955 年持有土地的农户共有 369565 户,其中持有土地在 5 英亩以下的有 79618 户,持有土地在 5—20 英亩的有 87076 户,持有土地在 20—50 英亩的有 66222 户。总计持有土地在 50 英亩以下的为 232916 户,占全部农户总数的 63%。

1966 年持有土地的农户共有 312182 户,其中持有土地在 5 英亩以下的有 63546 户,持有土地在 5—20 英亩的有 70024 户,持有土地在 20—50 英亩的有 52713 户。总计持有土地在 50 英亩以下的为 186283 户,占全部农户总数的 59.7％。① 在苏格兰,1875 年持有土地的农户总数为 80796 户,其中持有土地在 50 英亩以下的为 56311 户,占农户总数的 98％。1885 年持有土地的农户总数为 80796 户,其中持有土地在 50 英亩以下的为 79355 户,占农户总数的 70％。1895 年持有土地的农户总数为 79636 户,其中持有土地在 50 英亩以下的为 54061 户,占农户总数的 68％。1905 年持有土地的农户总数为 79131 户,其中持有土地在 50 英亩以下的为 53358 户,占农户总数的 67％。1935 年持有土地的农户总数为 75335 户,其中持有土地在 50 英亩以下的为 49147 户,占农户总数的 65％。1955 年持有土地的农户总数为 73026 户,其中持有土地在 50 英亩以下的为 48694 户,占农户总数的 67％。1966 年持有土地的农户总数为 54560 户,其中持有土地在 50 英亩以下的为 32426 户,占农户总数的 59％。②

当然,小农持有土地的总面积在全部持有地面积中占的比率比户数所占比率要小得多。在英格兰和威尔士,1875 年全部耕地为 2683.7 万英亩,面积在 50 英亩以下的持有地总面积为 418.2 万英亩,占全部耕地面积的 15.6％。1885 年全部耕地为

---

①　Ministry of Agriculture, Fisheries and Food, Department of Agriculture and Fisheries for Scotland, *A Century of Agricultural Statistics. Great Britain 1866-1966*, London, Her Majesty's Stationery Office, 1968, p.19, Table 6. Holdings by Crop and Grass acreage size groups-England and Wales, 1875-1966.

②　Ministry of Agriculture, Fisheries and Food, Department of Agriculture and Fisheries for Scotland, *A Century of Agricultural Statistics. Great Britain 1866-1966*, London, Her Majesty's Stationery Office, 1968, p.22, Table 8. Holdings by Crop and Grass acreage size groups-Scotland.

2771 万英亩,面积在 50 英亩以下的持有地总面积为 421.5 万英亩,占全部耕地面积的 15.2%。1895 年全部耕地为 2768.3 万英亩,面积在 50 英亩以下的持有地总面积为 422.5 万英亩,占全部耕地面积的 15.3%。1915 年全部耕地为 2705.3 万英亩,面积在 50 英亩以下的持有地总面积为 427.2 万英亩,占全部耕地面积的 15.8%。1941 年全部耕地为 2432.1 万英亩,面积在 50 英亩以下的持有地总面积为 339.4 万英亩,占全部耕地面积的 14%。1951 年全部耕地为 2446.6 万英亩,面积在 50 英亩以下的持有地总面积为 341.4 万英亩,占全部耕地面积的 14%。1960 年全部耕地为 2444.6 万英亩,面积在 50 英亩以下的持有地总面积为 303.4 万英亩,占全部耕地面积的 12.4%。1966 年全部耕地为 2432.6 万英亩,面积在 50 英亩以下的持有地总面积为 264.1 万英亩,占全部耕地面积的 11%。①

在苏格兰,1875 年全部耕地为 461.1 万英亩,面积在 50 英亩以下的持有地总面积为 66.6 万英亩,占全部耕地面积的 14.4%。1885 年全部耕地为 484.7 万英亩,面积在 50 英亩以下的持有地总面积为 66.8 万英亩,占全部耕地面积的 13.8%。1895 年全部耕地为 489.4 万英亩,面积在 50 英亩以下的持有地总面积为 67.5 万英亩,占全部耕地面积的 13.8%。1925 年全部耕地为 470.5 万英亩,面积在 50 英亩以下的持有地总面积为 67.3 万英亩,占全部耕地面积的 14.3%。1945 年全部耕地为 442.5 万英亩,面积在 50 英亩以下的持有地总面积为 67.7 万英亩,占全部耕地面积的 15.3%。1966 年全部耕地为 430.9 万英亩,面积在 50 英亩以下的持有地总面积为 40.7 万英亩,占

---

① Ministry of Agriculture, Fisheries and Food, Department of Agriculture and Fisheries for Scotland, *A Century of Agricultural Statistics. Great Britain 1866-1966*, London, Her Majesty's Stationery Office, 1968, p.20, Table 7. Acreage by Crop and Grass siza groups-England and Wales.

全部耕地面积的 9.4%。①

　　根据英国农业和渔业部编纂的 1866 年至 1966 年农业统计资料,英国 19 世纪后期到 20 世纪上半叶小农的存在概况已经十分清楚了。英国的小农并没有消失,还有相当数量存在着。在英格兰和威尔士,1875 年持有土地的农户共有 470000 家,其中持有土地在 50 英亩以下的(未再分类)共有 333630 户。1885 年持有土地的农户共有 475140 户,其中持有土地在 5 英亩一下的有 136425 户,持有土地在 5—20 英亩的有 126674 户,持有土地在 20—50 英亩的为 73472 户。总计持有土地在 50 英亩以下的为 336571 户,占全部农户总数的 70.8 %。1895 年持有土地的农户共有 440467 户,其中持有土地在 5 英亩以下的有 97818 户,持有土地在 5—20 英亩的有 126714 户,持有土地在 20—50 英亩的为 74846 户。总计持有土地在 50 英亩以下的为 299378 户,占全部农户总数的 68 %。1905 年持有土地的农户共有 432573 户,其中持有土地在 5 英亩以下的有 91574 户,持有土地在 5—50 英亩的有 198293 户。总计持有土地在 50 英亩以下的为 289067 户,占全部农户总数的 67 %。1915 年持有土地的农户共有 433353 户,其中持有土地在 5 英亩以下的有 90643 户,持有土地在 5—20 英亩的有 120616 户,持有土地在 20—50 英亩的有 78430 户。总计持有土地在 50 英亩以下的为 289689 户,占全部农户总数的 67 %。1925 年持有土地的农户共有 405708 户,其中持有土地在 5 英亩以下的有 75283 户,持有土地在 5—20 英亩的有 110385 户,持有土地在 20—50 英亩的有

　　① Ministry of Agriculture, Fisheries and Food, Department of Agriculture and Fisheries for Scotland, *A Century of Agricultural Statistics. Great Britain 1866-1966*, London, Her Majesty's Stationery Office, 1968, p.23, Table 9. Acreage by Crop and Grass siza groups-Scotland.

79119 户。总计持有土地在 50 英亩以下的为 264787 户,占全部农户总数的 65%。1935 年持有土地的农户共有 379727 户,其中持有土地在 5 英亩以下的有 67223 户,持有土地在 5—20 英亩的有 96882 户,持有土地在 20—50 英亩的有 75062 户。总计持有土地在 50 英亩以下的为 239167 户,占全部农户总数的 63%。1955 年持有土地的农户共有 369565 户,其中持有土地在 5 英亩以下的 79618 户,持有土地在 5—19.75 英亩的有 87076 户,持有土地在 20—49.75 英亩的有 66222 户。总计持有土地在 49.75 英亩以下的为 232916 户,占全部农户总数的 63%。1966 年持有土地的农户共有 312182 户,其中持有土地在 5 英亩以下的 63546 户,持有土地在 5—19.75 英亩的有 70024 户,持有土地在 20—49.75 英亩的有 52713 户。总计持有土地在 49.75 英亩以下的为 186283 户,占全部农户总数的 59.7%。① 在苏格兰,1875 年持有土地的农户总数为 80796 户,其中持有土地在 50 英亩以下的为 56311 户,占农户总数的 70%。1885 年持有土地的农户总数为 80796 户,其中持有土地在 50 英亩以下的为 79355 户,占农户总数的 70%。1895 年持有土地的农户总数为 79636 户,其中持有土地在 50 英亩以下的为 54061 户,占农户总数的 68%。1905 年持有土地的农户总数为 79131 户,其中持有土地在 50 英亩以下的为 53358 户,占农户总数的 67%。1935 年持有土地的农户总数为 75335 户,其中持有土地在 50 英亩以下的为 49147 户,占农户总数的 65%。1955 年持有土地的农户总数为 73026 户,其中持有土地在 50 英亩以下的为 48694 户,占农户总数的 67%。1966 年持有土地

---

① Ministry of Agriculture, Fisheries and Food, Department of Agriculture and Fisheries for Scotland, *A Century of Agricultural Statistics. Great Britain 1866-1966*, London, Her Majesty's Stationery Office. 1968, p. 19. Table6. Holdings by Crop and Grass acreage size groups-England and Wales, 1875-1966.

的农户总数为 54560 户,其中持有土地在 50 英亩以下的为 32426 户,占农户总数的 59%。①

当然,小农持有地的总面积在全部持有地总面积中占的百分比比户数所占百分比要小得多。在英格兰和威尔士,1875 年全部耕地为 2683.7 万英亩,面积在 50 英亩以下的持有地总面积为 418.2 万英亩,占全部耕地面积的 15.6%。1885 年全部耕地为 2771 万英亩,面积在 50 英亩以下的持有地总面积为 421.5 万英亩,占全部耕地面积的 15.2%。1895 年全部耕地为 2768.3 万英亩,面积在 50 英亩以下的持有地总面积为 422.5 万英亩,占全部耕地面积的 15.3%。1915 年全部耕地为 2705.3 万英亩,面积在 50 英亩以下的持有地总面积为 427.2 万英亩,占全部耕地面积的 15.8%。1941 年全部耕地为 2432.1 万英亩,面积在 50 英亩以下的持有地总面积为 339.4 万英亩,占全部耕地面积的 14%。1951 年全部耕地 2446.6 万英亩,面积在 50 英亩以下的持有地总面积为 3414 万英亩,占全部耕地面积的 14%。1960 年全部耕地为 2444.6 万英亩,面积在 50 英亩以下的持有地总面积为 303.4 万英亩,占全部耕地面积的 12.4%。1966 年全部耕地为 2432.6 万英亩,面积在 50 英亩以下的持有地总面积为 264.1 万英亩,占全部耕地面积的 11%。②

在苏格兰,1875 年全部耕地为 461.1 万英亩,面积在 50 英

①　Ministry of Agriculture, Fisheries and Food, Department of Agriculture and Fisheries for Scotland, *A Century of Agricultural Statistics. Great Britain 1866−1966*, London, Her Majesty's Stationery Office. 1968. p. 22. Table 8. Holdings by Crop and Grass acreage size groups-Scotland.

②　Ministry of Agriculture, Fisheries and Food, Department of Agriculture and Fisheries forScotland, *A Century of Agricultural Statistics. Great Britain 1866−1966*. London, Her Majesty's Stationery Office. 1968. p. 20. Table 7. Acreage by Crop and Grass Siza groups-England and Wales.

亩以下的持有地总面积为 66.6 万英亩,占全部耕地面积的 14.4%。1885 年全部耕地为 484.7 万英亩,面积在 50 英亩以下的持有地总面积为 66.8 万英亩,占全部耕地面积的 15.2%。1895 年全部耕地为 489.4 万英亩,面积在 50 英亩以下的持有地总面积为 67.5 万英亩,占全部耕地面积的 13.8%。1925 年全部耕地为 470.5 万英亩,面积在 50 英亩以下的持有地总面积为 67.3 万英亩,占全部耕地面积的 14.3%。1945 年全部耕地为 442.5 万英亩,面积在 50 英亩以下的持有地总面积为 67.7 万英亩,占全部耕地面积的 16%。1966 年全部耕地为 430.9 万英亩,面积在 50 英亩以下的持有地总面积为 40.7 万英亩,占全部耕地面积的 9.3%。[1]

随着时间的推移,英国的小土地所有者和小租佃农场的数量不断减少。到 20 世纪初期,他们的人数已很少。1993 年英国共有土地持有者 244205 户,其中持有地面积在 5 公顷以下的有 35392 户,占农户数的 14.5%。全国持有地共有 17144777 公顷,持有地面积在 5 公顷以下的农户持有土地共有 86016 公顷,占全部持有地的 0.5%。[2] 1999 — 2000 年英国共有农用地 15798510 公顷,其中所有权经营的为 10456940 公顷,租佃经营的为 5341570 公顷。持有土地在 0—2 公顷的有 21370 户,持有土地在 2—5 公顷的有 21480 户,持有土地在 5—10 公顷的有

① Ministry of Agriculture, Fisheries and Food, Department of Agriculture and Fisheries forScotland, *A Century of Agricultural Statistics. Great Britain 1866 - 1966.* London, Her Majesty's Stationery Office. 1968. p. 23. Table 9. Acreage by Crop and Grass Siza groups-Scotland..

② Food and Agriculture Organization of the United Nations, *Supplement to the Report on the 1990 World Census of Agriculture. International comparaison and primary results by country* (*1986 - 1995*). Rome, 2001, p. 68, Table 4. 1. Number and area of holdings classified by size.

25670 户。这两类小农占全部农户的 18%。[①] 英国小农到了 20 世纪后期,在乡村经济生活中起的作用已经很小,但这个群体并未最后消失。

九、近代对中世纪土地法的
继承和最终的改革

资产阶级革命在一国的胜利并不意味着资本主义经济已经确立,也不意味着资本主义财产关系业已成熟。同样,大规模资本的积累和工业革命的胜利作为一种经济史的事实也不等于资本主义财产关系的最后确立。马克思曾注意到资本主义私有制建立的复杂性。他说:"以个人自己劳动为基础的分散的私有制转化为资本主义私有制,同事实上已经以社会的生产经营为基础的资本主义所有制转化为社会所有制比较起来,自然是一个长久得多、艰苦得多、困难得多的过程。"[②]而英国在没有摧毁封建法律体系的情况下向近代社会过渡,在残存着相当的封建法律残余的背景下在农业和土地制度领域向资本主义关系的过渡,其农业发展的道路自然就更漫长更艰巨。许多学者在描述英国近代资本主义发展的典型性时很少注意到这方面的情况。法律制度是一种社会经济制度的重要方面。对英国近代时期土地法和习惯做一粗略的浏览,对于理解这个时期农村土地关系的变化非常必要。

(一)资产阶级革命时期的土地立法

在 1640 年开始的英国革命期间,长期议会及以后的护国政

---

① Food and Agriculture Organization of the United Nations, 2000 World Census of Agriculture.Main Results and Metadata by Country(1996-2005).Rome, 2010,p.215.

② 《马克思恩格斯文集》第 5 卷,人民出版社 2009 年版,第 874 页。

府颁布了一系列土地立法。这些立法剥夺了王室和王党的土地,在一个时期内造成了土地所有权的部分变动。

1646 年 2 月,长期议会颁布法令取消监护法庭。这项法令宣布取消国王对贵族地产的监护和转让权,所有行封建臣从宣誓礼领有土地者,所有通过罚款、特许、查封、赦免进行土地转让者,均取消一切附加费用。过去对国王履行骑士义务而领有土地者,现在成为土地的所有者。[1]以后,护国政府重申了这一法令。这项法令废除了地主对国王的封建臣属关系和义务。但是,革命时期并没有进一步废除农民对地主的封建义务,也没有废除地主的司法权,没有取消什一税。

长期议会颁布一系列法令,没收了封建贵族和王党的土地。1643 年 9 月,颁布了扣押国王、王后和王子收入的法令,规定王室领地上的收入交由议会支配。1649 年 7 月,议会颁布出售属于国王、王后和王子的领地、庄园和土地的法令。1653 年 11月,议会又颁布了出售王室拥有的森林的法令。此外,长期议会还没收了王党分子的土地和财产。1642 年 10 月,议会决定没收"拿起武器帮助国王的罪犯"的收入。1643 年 3 月,议会通过立法扣押声名狼藉的王党分子的土地。一切支持国王的人的地产,除留五分之一为其家庭维生外,均予没收。1650 年 6 月以后,议会又数次通过出售未交纳罚款的王党分子的领地的法案,迫使王党分子再次大规模出售土地。从 1651 年到 1652 年,议会多次通过法令,详细列出了其土地应出售者的名单。其中一个法案列举了 74 人,另一个法案列举了 29 人,再一个法案列举了 678 人的姓名。[2]但是长期议会和护国政府从未宣布封建地

---

① S. R. Gardiner, ed., *Constitutional Documents of the Puritan Revolution*, *1625-1660*, Oxford, 1906, p.290.

② [苏]塔塔里诺娃:《英国史纲(1640 — 1815)》,何清新译,生活·读书·新知三联书店 1962 年版,第 129 页。

产为非法。几乎所有的没收土地的法令在说明其原因时,都强调没收是为了解决议会军与王党作战的财政需要。例如 1653 年 11 月一项出售王室森林的法令便强调,作出这项决定是因为议会的事业"需要大量的财政开支"。①

长期议会还制定了没收教会土地的法令。1641 年 7 月 9 日,下院决定没收 14 个主教的土地。1646 年 10 月 9 日,长期议会取消大主教职,将其领地交给国家管理。1646 年 11 月,通过出售大主教和主教领地的法令。1649 年 4 月,议会取消了教长、牧师会成员和受俸牧师的职务和土地所有权。教会地产属于封建产业,但议会在没收上层教职人员土地时,却把没收的原因归结为教士个人的罪行。②

总的来说,革命时期的土地立法使土地所有权发生了部分变化,共没收和出售了价值 5500000 英镑以上的土地,向王室罚款将近 1500000 英镑。③

在长期议会通过的出售土地的法案中作出了这样的规定,如果该地产对除国王和王党外的任何人欠有任何债务,那么购买者就要对这个债主履行这些债务。大多数出售土地的法令给土地的直接租佃者以购买土地的优先权。这个优先权保留 30 天。土地的价格定为土地年收入的 10 倍。并且规定,买主在购买时须立即交付地价总额的 50%,余下的在 6 个月内付清。许多出卖土地的法令,保留了国家的债主权利。他们借给国家的款项,在购买土地交款时扣除,有时还给予他们以购买土地时仅

---

① C.H. Firth and R. S. Rait, eds., *Act and Ordinance of the Interregnum 1640-1660*, London, 1911, Vol. 2, p.783.

② 如 1641 年 9 月 9 日的法令。参见 Christopher Hill, *Puritanism and Revolution*, London, Lawrence and Wishart, 1958, pp.170-171。

③ C.Hill, *Reformation to Industrial Revolution*, *British economy and society 1530-1780*, London, Weidenfeld and Nicolson, 1967, p.116.

次于直接租户的优先权。①地产所有者过去享有的一切特权、权利和惯例,也随同土地转归买主。这样,就形成了新的土地所有权和原先对农民的封建权利的结合。如果新的土地所有者购买的是教会土地,那么买主不仅获得土地及所属的全部财产,而且获得收取什一税和教会捐税的权利、推荐和任命神职人员的权利等,以及原先土地所有者在地产范围内的司法权。②

根据瑟尔斯克对英国革命时期出售没收土地的研究,在出售的 295 块地产中,由议会官员买下的为 18 块,由伦敦商人买下的为 79 块,由地方乡绅买下的为 13 块,由伦敦的乡绅买下的为 7 块,由地方的约曼和技工买下的为 41 块,由律师买下的为 4 块,由王党的代理人买下的为 20 块,购买者身份不明的为 9 例。在获得出售的王党封建地产的各社会集团中,伦敦商人买得的土地最多,占 31%。③

出售的王党分子的土地,很多被原土地所有者的代理人买回。瑟尔斯克在研究中发现,在埃塞克斯郡、赫福德郡、肯特郡和萨里郡出售的土地中,有 25% 在当时又落到原所有者手中。在伯克郡、汉普郡、牛津郡和苏塞克斯郡,出售的没收土地有 39% 又落到原所有者手中。根据霍利戴的研究,约克郡出售的没收的王党分子的土地有 67% 被原主人买下。瑟尔斯克发现,到 1660 年,在东南各郡 130 个被 1651 年至 1652 年的 3 个议会法令没收并加以出售的原所有者中,有不少于 126 人最终恢复了自己的地产。霍利戴发现,这一比例在约克郡更高。在上述 3 个法令没收的 14

---

① [苏]塔塔里诺娃:《英国史纲(1640—1815)》,何清新译,生活·读书·新知三联书店 1962 年版,第 129 页。

② [苏]塔塔里诺娃:《英国史纲(1640—1815)》,何清新译,生活·读书·新知三联书店 1962 年版,第 130 页。

③ Joan Thirsk, *The Rural Economy of England*, *Collected Essays*, London, 1984, Table1, p.106; Table III, p.108.

个家族的地产中,只有一个家族没有恢复其地产。诚然,这些恢复了地产的王党分子并非都有能力持续保持原有地产,有的恢复其被没收地产者,以后又将其中一部分出售。①

到了 17 世纪 50 年代护国政府时期,小议会曾建议公簿持有农取消封建宣誓,改为公簿持有农作一种简单的自白,说他从该地主处领有土地。当公簿持有农的土地转入另一个人手中时,地主任意征收的费用应当改为交纳一定数量的费用,等于该地段 1 年的地租。尽管公簿持有农多次提出要求废除公簿持有制这种土地领有形式,但是这种形式仍然存在。②

复辟以后,一切在革命中被没收的土地,都归还了原主,但在革命时期,地主出售的土地则仍归买主所有。③

议会在 1660 年颁布法令,完全取消了封建主与国王之间的封建依附关系。这个法令继续了 1646 年 2 月的法令的内容,取消骑士领地制,把过去为国王服役而领有的贵族领地,变成与国王没有任何封建联系的地产。④

总的说来,英国近代初期的土地法在理论上仍然承认中世纪保有权的框架,并且继续用传统的术语讨论它。爱德华·科克接受了利特尔顿和更早的布莱克顿的著作中对保有权的分类方法。近代英格兰的土地法的主要内容是围绕着五种保有权关

---

① Christopuer Clay, "Landlords and Estate Management in England", in Joan Thirsk, ed., *Agrarian History of England and Wales*, Vol. Ⅶ, 1650-1750, Cambridge U.P., 1984, p.143.

② [苏]塔塔里诺娃:《英国史纲(1640—1815)》,何清新译,生活·读书·新知三联书店 1962 年版,第 113—114 页。

③ [苏]塔塔里诺娃:《英国史纲(1640—1815)》,何清新译,生活·读书·新知三联书店 1962 年版,第 172 页。

④ Act Abolishing Tenure by Knight Service, etc. in A.E.Bland, P.A.Brown, and R.H.Tawney, eds., *English Economic History, Select Documents*, London, 1914, p.670.

系发展起来的。这就是骑士义务、无兵役租佃制、公簿持有保有权、教会永远所有的捐助产和租地者每年向国王交纳的军器赋。其中租地者每年交纳给国王的军器赋到了伊丽莎白一世时期已经消失。而教会永远所有之捐助产只与教会土地有关。骑士义务最终在 1660 年被取消。[1] 17 世纪英国革命以后,封建制度在严格意义上已经崩溃,但庄园体系一般说来仍然保存着。[2] 18 世纪,法学家布莱克斯通指出了英国土地制度的若干荒谬之处,例如,在更新租契时要交纳特别地租,以及租地收回的制度。直到 19 世纪,英国土地法的概念和文字,都还是用封建语言写成。如同狄骥在 1905 年时所评述的,尽管此时英国已成为一个民主国家,但它的土地法仍适合于一个贵族国家。[3]

(二)土地继承制

继承制度是财产从死去的人向活人转移的过程,特别是代际财产转移的过程。这是财产关系再生产的一个组成部分。[4] 而土地继承制是土地制度史和农业经济形态研究的重要问题。它涉及不动产所有权的转移,土地是否资本化,以及土地市场的形成诸问题。它是检验资本主义财产制度和经济自由原则是否形成的一个重要指标。这里就所及的资料,对近代英国的土地继承制稍加叙述。

大土地所有者授产的意图在各个时代都是相似的,他们希望自己在世时有最大限度的自由,同时希望在他们死后把土地

---

[1]　Mildred Campbell, *English Yeoman Under Elizabeth and the Early Stuart*, Kelly, 1942, pp.107-109.

[2]　Mildred Campbell, *English Yeoman Under Elizabeth and the Early Stuart*, Kelly, 1942, p.107.

[3]　A.V. Dicey, "The Paradox of the Land Law", *Law Quarterly Review*, Vol. 21, p.221.

[4]　Jack Goody, "Introduction", in Jack Goody, Joan Thirsk and E. P. Thompson, eds., *Family and Inheritance, Rural Society in Western Europe 1200-1800*, Cambridge U.P., 1976, p.1.

财产保持在本家族手中,但希望限制他们后代相关的自由。这就是英国中世纪限制继承权的原则。这体现在 1285 年的《赠予法》中。1285 年的《赠予法》规定,赠予人的遗嘱必须得到执行,受赠人无权作出有损赠予人及其子女利益的转让。该法令还规定,通过在血族继承制中追索财产的令状,受赠人的继承人能从受让人手中重新取得让予物。对赠予人而言,他可以从大法官法庭取得令状。而且,这种称为"追索财产令"的令状,实际上与归还令状是相联系的。①

英国普通法关于继承的原则在诺曼征服后不久便建立,直到 1925 年被推翻。其首要的原则众所周知,即地产传递给长子,而排除其他同宗兄弟姊妹的继承权。其次的原则则不那么为人所知,即如果没有儿子,土地传递给女儿。这样,普通法给了男性以优先权。但只是有限的优先权。它把儿子置于女儿之上,而女儿位于旁系男性亲属之上。如果有几个女儿,她们有同等的继承权。在最初,女儿中只有一个有继承权。但到了 12 世纪中叶,这个规则有所修改,此后诸女儿有同等的继承权。② 但是,在中世纪,在英国法律框架中,关于继承制不甚明了。14 世纪以来,长子在继承制中处于优势地位,但次子有时也有收获。到了 15 世纪后期,长子在继承制中的地位有所削弱,但长子继承制的优势地位没有遭到有力的挑战。到了 16 世纪,围绕继承制问题产生了争论。托马斯·斯塔基写了《枢机主教波尔和托马斯·卢普塞特的对话》(1532—1534 年),斯塔基批评长子继承制剥夺次子的继承权是不正当的。在《对话》中,枢机主教波

① ［英］密尔松:《普通法的历史基础》,李显冬等译,中国大百科全书出版社 1999 年版,第 188 页。

② Eileen Spring, Law, Land, and Family, *Aristocratic Inheritance in England, 1300-1800*, The University of North Caroline Press, Chapel Hill & London, 1994, pp.9-10.

尔也对长子继承制表示不赞成。只有卢普塞特支持长子继承制，他认为，在英国，长子继承制渗透于等级社会中。到了17世纪30年代，约翰·塞尔顿肯定英国早期的继承实践。他认为，在各个儿子中分割财产，是英格兰早期萨克森人的习惯，诺曼征服后在肯特继续存在。① 从宗教改革到17世纪英国革命，曾作出过平均分割继承的改革尝试，但是最终都失败了。

16世纪在莱斯特郡基布沃思哈科特教区，父亲倾向于在死前不再放弃土地的权利；而寡妇则常常拥有土地数年，她主宰她家的房屋直到退休。那时，给她屋内一个安生之处，通常是一个带灶的房间和院内一个储藏物品的处所。16世纪在土地短缺的地方，在所有的儿子中平分土地会导致家庭持有地分成小块土地，而土地再划分在经济上简直就是一种自杀行为。所以不可能采取在诸子中平分土地的做法。我们在遗嘱中可以看到，得到土地的儿子没有家畜和动产，家畜和动产转归其余的子女。例如，在1536年，罗伯特·史密斯只拥有半维格特土地和价值13英镑的动产，他把土地遗产给了他的妻子和长子，而把他的动产给了其余的儿子和女儿。他指令说，"我希望我的子女们将共同留在我的房屋内，使用我留给年仅16岁的幼子的家畜。"1543年斯密顿的托马斯·斯蒂文森作出了类似的决定，"如果我的任何一个子女离开了或者结婚了，属他的那部分财产应当在其他子女中分割。"在基布沃思哈科特教区，土地继承制的基本原则仍是保持财产尽可能不分割的原则。②

在无兵役租佃保有权实行中，根据普通法程序，一般由长子

①　Joan Thirsk, "The European Debate on Customs of Inheritance, 1500 - 1700", in J. Goody, Joan Thirsk and E. P. Thompson, eds., *Family and Inheritance, Rural Society in Western Europe 1200-1800*, Cambridge U. P. , 1976, pp.183-191.

②　Ciecly Howell, *Land*, *Family and Inheritance in Transition*, *Kibworth Harcourt 1280-1700*, Cambridge U. P. , 1983, pp.260-261.

继承租田。但在某些地方,实行无遗嘱死者土地均分制。即死
者如果未留下遗嘱,继承者年满 15 岁以后,可在他们中均分土
地,在没有男性后代时,可在女性后代中均分土地。无遗嘱死者
土地均分制在肯特郡、威尔士、东诺福克郡、波特兰岛、伦敦河
谷、密德兰平原和北方诸郡实行。以后,亨利八世时期先后在威
尔士和肯特郡取消了许多地产上的无遗嘱死者土地均分制,
1601 年在肯特郡取消了这种制度。①

在 17 世纪初,伦敦在继承人中分割继承的习惯。通常在
支付了债务和葬礼的费用之后,把动产平均分成三份:一份给
寡妇,一份在没有得到遗产的子女中平均分配,而另一份可作
自由遗赠。这种做法长期以来使得伦敦富人的寡妇所得的遗
产比她的女儿要多。到了 17 世纪后期,伦敦商人也不再采取
分割继承的方式,而是逐渐采取乡村社会土地继承的习惯。
1692 年和 1696 年在约克郡和威尔士乡村,立遗嘱人可以自由
地不受习惯的束缚,寡妇除了先夫留给她的遗产外,还可以要
求三分之一的遗产。这样,使诸子所得的遗产减少。1724
年,在上述地区,强制实行伦敦的遗产均分的习惯被取消。以
后,大地主没有采取任何有效的行动以保证他们的次子分享
他们父亲的财产。②

"以他们的名义和家族的名义",是 17 和 18 世纪初的常用
语。将主要的地产授予他的长子,限定它的继承权给年长者,有
时也把地产分割开,授予他的末子。这是授产制度基本的做法,

---

① Eric Kerridge, *Agrarian Problems in the Sixteenth Century and After*,
London, 1969, pp.34-35.

② J.Goody, "Patterns of Inheritance and Settlement by Great Landowners
from the Fifteenth to Eighteenth Centuries", in J. Goody, Joan Thirsk and E. P.
Thompson, eds., *Family and Inheritance*, *Rural Society in Western Europe 1200-
1800*, Cambridge U.P., 1976, pp.225-226.

多年来变化很小。① 在约克郡东区继承实施的过程中,授产是占统治地位的方式。如果一个土地所有者死时没有立下遗嘱,按照普通法,他的土地便要依照法律传递给他的长子,或最亲近的男性亲属;但是在约克郡东区继承实施过程中,后一种情况始终未发生过,也未发生过继承失败的事例。②

在约克郡东区,从1530—1919年的将近400年间,共进行了127起继承案。大地主在死后将他的地产遗留给他的继承人。没有一起地产继承案是在地主在世时进行的。在这127起继承案中,有78起是由儿子继承土地所有者的地产,占继承案的61.4%;有7起是由孙子继承,占5.5%;有7起是由女儿继承,占5.5%;有1起是由外孙继承,占0.8%;有11起是由兄弟继承,占8.7%;有4起是由侄子继承,占3.1%;有7起是由外甥继承,占5.5%;有1起是由姐妹的孙子继承,占0.8%;有3起是由叔伯的子侄继承,占2.4%;有7起是由男性堂兄弟继承,占5.5%;有1起是由养子继承,占0.8%。在继承案中,占主导地位的是男性亲属,而在女性亲属中,只有女儿可能继承父亲的财产。③

根据劳伦斯和珍妮·斯通的研究,从1540年至1780年间,在英格兰的赫德福德郡、北安普顿郡和诺森伯兰郡362个乡村宅邸的2000个以上的所有者对地产的处置,平均有5%的地产传给了女儿,在另一张表格中,有8%传给了女性。④ 彼特·拉

---

① Barbara English, *The Great Landowner of East Yorkshire 1530 - 1910*, Havester, 1990, p.75.

② Barbara English, *The Great Landowner of East Yorkshire 1530 - 1910*, Havester, 1990, p.100.

③ Barbara English, *The Great Landowner of East Yorkshire 1530-1910*, *Havester*, *1990*, pp.99-100.Table Relationship of great landowners to their successors.

④ Eileen Spring, *Law*, *Land*, *and Family*. *Aristocrayic Inherience in England*, *1300-1800*, University of North Caroline Press, 1994, p.14.

斯莱特根据对詹姆斯一世授封的准男爵的分析得出结论说,在
1610 年至 1760 年,每个世系有八分之一的父系继承中断。[①]
1702 年,第九代德比伯爵死后,在他的女儿和继承人亨莉塔
及他的兄弟和男性继承人第十代伯爵詹姆士之间展开了长时
期的继承诉讼。直到 1715 年他们才接受了大法官法庭的裁
决。克雷教授指出,在 1670 年至 1740 年期间,女性继承人的
数目有所增长,男性继承人占的比例在下降。[②] 根据斯通的研
究,在 1840 年至 1880 年间,在财产继承中,有 10% 的财产为妇
女所继承。[③]

封建继承法是封建经济关系的一种表现形式。大土地所有
者为了他们自己的利益保存了指定继承制,使个人的财产转变
为家族指定继承人的财产。他们在实行这种继承制之时,努力
保持大地产的完整性,防止遗产的分散和地产的化小,以使地主
集团保持自己的经济实力,为其继续控制政治权力提供经济
基础。

(三)19 世纪对土地法的改革　公簿持有农的消失

19 世纪 20 年代,詹姆斯·汉弗莱斯对英国的不动产法提出
了一系列的批评。同时他在提出的一个综合性法典的框架中纳
入了改革的内容。他比同时代的法学家走得更远,建议给予终身
佃户以严格授予的权利。边沁对汉弗莱斯的提议表示赞赏。此
后,根据布鲁姆 1828 年所作的著名讲演,成立了不动产委员会。

---

① Eileen Spring, *Law*, *Land*, *and Family. Aristocrayic Inherience in England*, *1300－1800*, University of North Caroline Press, 1994, p.15.

② J.P. Cooper, "Patterns of Inheritance and Settlement by great Landlords from the Fifteenth to eighteenth centuries", in J. Goody, Joan Thirsk and E. P. Thompson, eds., *Family and Inheritance*, *Rural Society in Western Europe 1200－1800*, Cambridge U.P., 1976, p.229.

③ L. and J. F. C. Stone, *An Open Elite? England 1540－1880*, Oxford U.P., 1986, p.60.

不动产委员会在 1829 年、1830 年、1832 年、1833 年先后提出了 4 份详细的报告,建议对不动产法实行温和的改革。1829 年的第一份报告的内容涉及了继承,遗孀产权,鳏夫产权、契约和更新租契时的地租、收回、长期使用的权利要求和有效期限。1830 年提出的第二份报告涉及关于土地的一般契约和文件的登记。1832 年提出的第三份报告涉及保有权,随附的继承权、未来的利益和永久所有权,以及关于教会权利的条款和限制。[①] 1833 年提出的第四份报告涉及遗嘱和遗嘱检验。[②] 从 1829 年的第一份报告中可以看出,"不动产委员会"对于土地改革的态度非常动摇和矛盾。这份报告中写道:"我们得到令人满意的报告,对我们来说,不动产只需要很少的本质性变动。"除了在一些相对来说不那么重要的特例中,英国法看来几乎可以像任何人类制度那样期盼完善。"在此同时,委员会的报告评述说,有关不动产转手的法律,极度的不完善",因此需要进行"许多重大的变更"。造成这种不完善状况的原因很清楚,那就是,曾经适合于现状并且理性化的规则和准则,在社会状况和财产状况已经变化的情况下依然如故。委员会指出:"在封建时代非常有效的理论基础,看来在 19 世纪不再有效。现在出租和再出租的迂回方式本身,

---

① J.P.Cooper, "Patterns of Inheritance and Settlement by great Landlords from the Fifteenth to eighteenth centuries," in J. Goody, Joan Thirsk and E. P. Thompson, eds., *Family and Inheritance, Rural Society in Western Europe 1200 - 1800*, Cambridge U.P., 1976, pp.225-226.

② Joan Thirsk, "The European Debate on Customs of Inheritance, 1500 - 1700", in Jack Goody, Joan Thirsk and E.P.Thompson, eds., *Family and Inheritance, Rural Society in Western Europe 1200 - 1800*, Cambridge U.P., 1976, pp.183-191; Cicely Howell, Land, *Family and Inheritance in Transition. Kibworth Harcourt 1280 - 1700*. Cambridge U.P., 1983, p.261; A.W.B.Simpson, *History of Land Law*, Oxford, Clarendon Press, 1986, Second edition, p.274.

看来成为耽搁和开支浩繁的原因。"①根据不动产委员会上述报告的内容,英国制定了六项立法,这就是 1833 年的继承法令,1833 年的获得和更新租契时交纳的地租及收回的法令,1833 年的物权诉讼法,1833 年的遗孀产权法,1837 年的遗嘱法和 1845 年的物权法。② 这些法令的通过,朝着确立地产的绝对财产权迈出了重要的第一步,是具有资本主义性质的土地法令。但是到此时,对英国土地法的资本主义改造并未最后完成。

19 世纪中叶,几乎在"反谷物法同盟"活动的同时,科布登和布莱特领导了一个要求"自由的土地"的激进运动。到 19 世纪 50 年代,这一活动进一步发展。科布登在 1864 年说,"我须得承担亚当·斯密的责任","并且我恐怕要建立一个争取自由贸易的联盟,正如我的建立谷物自由贸易同盟一样","如果你也能够呼吁土地和劳动的自由贸易……那么,我说,那些人对英格兰所做的,恐怕比我通过实行谷物自由贸易所做的更多。"科布登展开了取消长子继承权,取消限定继承权和让渡,以及使土地转手简单化的斗争,但取得的成就甚微。③ 在改革土地法,要求建立土地的自由市场及土地转让简单化的压力下,1854 年帕麦斯顿内阁时期,成立了专门的王室委员会。④ 1862 年,根据威斯特伯里勋爵的法令建立了全国范围的土地所有权登记制度。规定在严格的检查后自愿登记土地所有权。此后,在 1897 年通

---

① A.H.Manchester, *A Modern Legal History of England and Wales 1750 - 1950*, London, Butterworths, 1980, p.303.

② A.W.B.Simpson, *History of Land Law*, Oxford, Clarendon Press, 1986, Second edition, pp.276-278.

③ A.H.Manchester, *A Modern Legal History of England and Wales 1750 - 1950*, London, Butterworths, 1980, p.305.

④ A.W.B.Simpson, *History of Land Law*, Oxford, Clarendon Press, 1986, Second edition, p.281.

过了土地转让法，实行了地产强迫登记制度。①

从 19 世纪 50 年代开始制定的一系列法令逐渐增大了终身佃户对土地的管理权。这些法令的实施，使终身佃户取得了相当的管理权。1864 年的土地改进法给予终身佃户以投资改进土地的权利。1856 年和 1857 年给予终身佃户在法庭允许的情况下出售土地、分割其土地的权利。1877 年的法令进一步规定，佃户经过无须同意便可租种土地 21 年，但财产授予人可以剥夺终身佃户的这种权利。1882 年的法令采取了更为大胆的步骤，把全部土地管理权交给终身佃户，而终身佃户可以不受束缚地自行使用这些权利。②

19 世纪 70 年代，以张伯伦为首的激进派再一次提出自由的土地的要求。张伯伦在 1873 年解释了他提出的自由的土地意味着什么。他说："我赞成把土地从所有的束缚下解放出来，因为它抑制了土地最大限度的产出。我赞成通过一切手段推进它随时出售和转手。""我愿意取消不合理的长子继承制的习惯法，""我赞成取消限定继承人的法律，因为它为了设想中的不到 150 个家族的利益，全国有半数的土地被束缚在那里。""其次，我赞成修订影响占用公地的法律，由于需要根据公正合理的条件为了人民确保残存的公地，并且从国家那里拿出小块土地直接确保租佃权。""最后，我赞成给予每个农场主以充分的租佃权，而不管任何租佃条件。这样将使得他们对于给予他的地

----

① A. W. B. Simpson, *History of Land Law*, Oxford, Clarendon Press, 1986, Second edition, pp.282-283.

② A. W. B. Simpson, *History of Land Law*, Oxford, Clarendon Press, 1986, Second edition, p.285.参见［英］克拉潘：《现代英国经济史》中卷，姚曾廙译，商务印书馆 1975 年版，第 326 页。

产不断进行改进"。① 与此同时,土地法同盟在 1869 年宣布了
这个组织努力的目标。它包括:"推进土地的自由转手,确保通
过一项《无遗嘱地产法》;保留社会对于土地的权利,以及对请
求颁布议会法以授权圈地的土地权,并反对把这些土地兼并到
附近地主地产的做法;推进适当的干涉私有权的措施,以便于影
响劳动者和土地耕作者在目前获得的土地上获得利益;致力推
动对公共拥有的财产的管理,它将有助于达到上述目标。"一批
律师以极大的热情加入了这场辩论。王室法律顾问约瑟夫·凯
指出,运用现有的土地法在技术上非常困难。"甚至连律师也
难以理解。"J.F.斯蒂芬认为,应当取消不动产与动产之间的区
别,地产法应当成为适用于所有财产的一般性法律。成功地实
施这样的变革可以使法律简单化。②

在 19 世纪,争取土地转让是立法改革的一项具体内容。这
是朝着确认土地绝对所有权的重要一步。早在 1815 年和 1816
年,萨金特·翁斯洛和萨缪尔·罗米利爵士先后试图提出关于
对契约进行一般注册的法案,但可惜都没有成功。不动产委员
会当然赞成这项计划,该委员会陈述说,在现有的制度下,主要
的弊病是不能确保土地财产所有权的安全。为了确保所有权的
问题,需要弄清产权问题。但这个过程花费甚大并且耽搁时间。
委员会向人们描述了该如何建立这种注册制度。为了贯彻不动
产委员会的提议,议会下院在 1830 年和 1834 年间先后提出了 7
份法案。1845 年和 1846 年,坎贝尔在上院也做了同样的尝试,
但均失效了。到了 1846 年,上院一个专门委员会报告说,不动

---

① R. Douglas, Land, People and Politics, from A. H. Manchester, *A Modern Legal History of England and Wales 1750-1950*, London, Butterworths, 1980, p.305.

② A. H. Manchester, *A Modern Legal History of England and Wales 1750-1950*, London, Butterworths, 1980, pp.305-306.

产转手过程中耗资甚大,有必要彻底地考察整个不动产的转让过程。该委员会认为,对所有不动产的产权进行注册是根本办法。于是,1847年建立了"注册和转让委员会"。1853年,克兰沃斯勋爵提出议案,专门委员会提议成立一个王室委员会处理这一问题。这个委员会于1854年成立,后于1857年提出了报告。该委员会在报告中陈述说,要找出持久性的方法来保护现存的土地所有权。希望找到一种土地注册制度,使得土地所有者能够以一种简易的方式来买卖土地。而就土地财产权而论,可以允许主体的性质有所差别。[1]

1859年,时任副检察长的凯恩斯以委员会报告为基础提出了两项法案。一项是1859年的《所有权注册法案》,这项法案未能通过。另一项是韦斯伯里勋爵于1862年提出的《土地注册法》,结果这个法令未遭激烈抵制便获得通过。法令规定,国家保证进行登记的一切土地财产的所有权有效。但是,所有者首先有义务去证明他对自己土地有财产的所有权。而这注册纯粹是自愿的。当时,许多地主在技术上无法很好地证明自己对土地财产的所有权,他们不情愿把这些事实公开,在这种情况下,很可能他的邻居会对土地的边界提出质疑,所以,当时人们对这一法令的实施热情不够。从1862年10月到1868年1月,申请地产所有权的注册只有507例;土地财产所有权登记的案例只有200个。[2]

1875年凯恩斯勋爵提出了《土地转手法》,几年以后这项法令实施,注册过程成为一种自愿的过程。此后,保守党财政大臣哈尔斯伯里勋爵在1897年成功地通过了《土地转手法》。这项

---

① A.H. Manchester, *A Modern Legal History of England and Wales 1750 - 1950*, London, Butterworths, 1980, p.308.

② A.H. Manchester, *A Modern Legal History of England and Wales 1750 - 1950*, London, Butterworths, 1980, p.309.

法令规定,在数年之内,在全国进行强制性的地产注册。在土地法改革过程中,英国的土地所有者很不情愿,他们害怕这些变革会影响到财产让与。他们不赞成任何把土地财产公开化的措施,他们认为这是土地所有者自己的事情。①

使公簿持有农获得公民权,对公簿持有农至关重要。这可以使公簿持有农摆脱公簿持有权,转为拥有自由持有权。这样一来,公簿持有农对领主的全部义务都取消了。对他们起作用的就不再是庄园习惯法,而是适用于自由持有农的法律。因此,公民权是对公簿持有农最重要的、最有价值的权利。完成了这项工作,英国这部分农民才真正从法律身份上获得完全解放,成为严格意义上的自由农民。

授予公簿持有农以公民权一事,19世纪中叶方才提到英国政治经济生活的日程上来。1841年,通过了一项《公簿持有权法》,这项法令保证领主通过颁发证书授予公簿持有农以公民权,以及用地租折算公簿持有农的庄园义务。这种折算可以通过与任何单个佃户的协议作专门的折算,或是通过在领主和所有的或大部分佃户之间规定统一的折算方式来进行(此后,1858年的公簿持有权法废除了统一折算的做法)。1841年的法令开创了在领主和佃户达成协议后,建立"公簿持有权委员会"的做法。在这项法令之后,又在1843年和1844年通过了两项法令,后者扩展了1841年法令的内容。这三项法令保证了自愿授予公簿持有农公民权的原则。② 由于普通法不授予任何强制实施的权力,因此,授予公民权必须是自愿的,即通过领主与佃户双方的协议,这是一种正式的成文契约,佃户必须支付一定

① A.H. Manchester, *A Modern Legal History of England and Wales 1750-1950*, London, Butterworths, 1980, p.310.

② B.W. Adkin, *Copyhold and Other Land Tenure of England*, London, The Estate Gazette, 1919, pp.202-203.

的款项,协议上要写明公簿持有农交纳金钱的数量和取得的权利,这是领主通过协议出售自由持有权的形式。[①]

1852 年制定的《公簿持有权法》[②],迫使领主的佃户通过告知第三者的做法,给予所有的公簿持有农或习惯持有农以公民权。此后,1858 年和 1887 年通过的法令修改了 1858 年的《公簿持有权法》,取消了一般的折算。此外,还取消了 1853 年通过的一个简短的法令。[③]

1887 年颁布的《公簿持有权法》结束了新的公簿持有地的创设。这项法令第 6 条明确指出了这一点。以后,1894 年的《公簿持有权法》第 81 条对这一条重新加以颁布。这一条款指出,任何庄园领主不得再把先前非公簿持有权土地授予某人,让其持有庄园法庭簿册的副本而持有这块土地,除非领主事先取得农业渔业部的同意。[④]

在 1894 年以前,授予公簿持有农公民权的权力机构已几经改变。早先相关的权力先后属于 1836 年成立的十一税委员会,根据 1841 年的《公簿持有权法》建立的公簿持有权委员会,以及与根据 1845 年的《一般圈地法》建立的圈地委员会合并而成的土地委员会。1889 年,根据农业部的法令,土地委员会被取消,建立了一个新的机构农业部。它接管了上述相关权力。

---

① B.W. Adkin, *Copyhold and Other Land Tenure of England*, London, The Estate Gazette, 1919, p.119.

② B.W. Adkin, *Copyhold and Other Land Tenure of England*, London, The Estate Gazette, 1919, p.119.

③ B.W. Adkin, *Copyhold and Other Land Tenure of England*, London, The Estate Gazette, 1919, p.203.

④ B.W. Adkin, *Copyhold and Other Land Tenure of England*, London, The Estate Gazette, 1919, p.119.

1893 年建立了农业和渔业部。①

1894 年通过了新的《公簿持有权法》,这项法令取消了先前已经失效的六个法令(1814 年、1843 年、1844 年、1852 年、1858 年和 1887 年的法令),并取而代之。同时,1894 年的法令取消了 1860 年的《大学和学院地产法延伸法令》,而在本法令中重新写进它的主要条款。1894 年的《公簿持有权法》适应于英格兰和威尔士,而不适用于苏格兰和爱尔兰。它也不适用于王室、兰开斯特公爵、康沃尔公爵、宗教团体和宗教委员会的地产。它适用于所有公簿持有地和习惯自由持有地。②这项法令授予所有公簿持有地和习惯持有地的持有者以公民权,即在支付适当的补偿金的情况下,这些土地转变成为正常的自由持有地。授予公民权可以通过协议或强制实行。所有授予公民权的行为都要通过农业和渔业部。一般来说,一个人可以通过交纳不超过 2 至 3 次入地费的现金,而摆脱所有的负担。③ 根据这项法令,授予公民权的方式有了强制性的或自愿的两种。前一种办法是通过颁布一份强制授予的文告作为开始,以农业和渔业部的授予作为完成。自愿授予的做法由佃户和经过双方签订的一项协议为开始,由农业和渔业部批准一项证书为完成。在强制性地授予公民权的过程中,佃户必须一次付给领主一笔现金或 4% 的地租。在自愿授予时,允许有四种不同的方式,如,付给可固定数目的现金或变化的地租,或者,让出土地或让出开矿权,或

① B.W. Adkin, *Copyhold and Other Land Tenure of England*, London, The Estate Gazette, 1919, p.204.

② B.W. Adkin, *Copyhold and Other Land Tenure of England*, London, The Estate Gazette, 1919, p.214.

③ B.W. Adkin, *Copyhold and Other Land Tenure of England*, London, The Estate Gazette, 1919, p.216.

是把荒地的权利让给庄园。①

根据农业和渔业部的报告，根据公簿持有权法，从 1841 年到 1914 年，作出了 23001 件授予土地持有者公民权的决定。公簿持有农为取得公民权付出了 2759092 英镑，同时还支付给领主 21248 英镑和 1388 英亩土地作为补偿。1914 年，又向农业和渔业部提出了 169 件授予权利的申请，其中 49 件的执行是无偿的。1919 年，农业和渔业部作出了对补偿作出修改的决定，鼓励授予公簿持有农公民权。②

1922 年英国通过了《财产法》，它规定，所有的公簿持有地都被授予公民权，即公簿持有地成为自由持有保有地，实行无兵役租佃制。1922 年这个法令开始生效，公簿持有保有权最终被取消。而公簿持有权附带的最后的封建义务在 1935 年被取消。③

直到 19 世纪 80 年代，英国对租地持有保有权没有进行任何改革。但这个问题在关于工人阶级住房的王室委员会的会议上多次辩论。1886 年任命了一个城镇持有地专门委员会以调查相关的事务。该委员会提出的备忘录说，未发现有任何对租地持有者授予土地权的计划可以授予地方当局在合适的地区推动授予租地持有农以土地权。④

① B. W. Adkin, *Copyhold and Other Land Tenure of England*, London, The Estate Gazette, 1919, pp.219-220.

② B. W. Adkin, *Copyhold and Other Land Tenure of England*, London, The Estate Gazette, 1919, p.120.

③ Sir Robert Megarry and H. W. R. Wade, *The Law of Real Property*, London, Stevens and Sons, 1984, pp.32-33. *Sternburg's Dictionary of British History*, London, Edward Arnold, 1970, p.87. J. P. Kenyon, *A Dictionary of British History*, London, 1981, p.92.

④ N. T. Hague, *Leasehold Enfranchisement*, London, Sweet & Maxwell, 1987, p.1.

1948 年任命了租地持有权委员会来考虑租地持有者授予权利的问题。以 L.J.詹金斯为首的委员会多数委员反对向租地持有者授予土地权。他们推荐通过地租法来延长长期租地持有农租地的期限。

在 1967 年租地持有权法令颁布之前,只有两项法规涉及佃户的持有地获得自由持有保有权,这两项法令都不那么重要。第一项法令是 1925 年《财产法》,它的第 153 条把长期的残存地产的保有权扩展为不受限制的土地所有权。这些土地必须是创立了至少 300 年,而且离到期还有 200 年以上;它的地租已没有货币价值。符合这些规定的地产数量非常有限。第二项法令是 1920 年的《礼拜堂处所法》令。这个法令授予强制性购买教堂、小教堂和其他做礼拜场所托管的自由持有地。[①]

1966 年 2 月 18 日工党政府发布了《关于英格兰和威尔士租地保有权改革白皮书》。其意向是提出一项法案,使得长期租地持有地强制性地获得自由持有保有权,或者将现在的租地保有权延期 50 年。这项白皮书基于这样的怀疑,即在长期的租地保有权下存在着对佃户的不公正而有利于地主。[②]

英国最终颁布了 1967 年租地持有保有权改革法令。法令规定,一个拥有租地持有保有权的佃户,如果占有土地上的房屋全部或房屋的主要部分,他便有权获得土地的自由持有保有权或者至少将租期延续 50 年,条件是:(1)它的租期是长期租期,即租期在 21 年以上,或者后来租期扩展到 21 年。(2)他持有的是低地租的租地,即地租不超过 1965 年应纳税价值的三分之二。(3)在 1965 年 3 月 23 日调查中,它的财产估价在大伦敦地

---

　　① N.T.Hague, *Leasehold Enfranchisement*, London, Sweet & Maxwell, 1987, pp.2-3.

　　② N.T.Hague, *Leasehold Enfranchisement*, London, Sweet & Maxwell, 1987, p.3.

区不超过 400 英镑,在其他地区不超过 200 英镑。以后这个限度在 1973 年有所增加。(4)到佃户依照权利提出要求的日期,他已经占有房屋至少 3 年。

如果佃户希望获得自由持有保有权,会向他转交有关土地转让、抵押清账、地租清账和其他影响地主利益的债权的条款。自由持有保有权购买价格是未来的市场价格。如果佃户希望获得延长租期的租地,他必须满足他的租期上加 50 年的佃户承担的条件,包括 50 年延长期中增加的地租额。[①]

十、20 世纪农业经济组织的变化

在 20 世纪,英国农业在国民经济中所占的比重和农业人口在就业人口中所占的比例都有了很大的下降。在 1851 年,英国农业就业人口大约有 200 万。到 1995 年,农业产值只占国内生产总值的 1.6%;2002 年,农业就业人口只占全部劳动力的 1.4%。[②] 从第一次世界大战爆发到加入欧洲共同体以来,英国政府对农业领域的国家干预程度逐步加深。政府政策加速了传统的租佃农场的衰落和自营农场的兴起,也进一步促进了大土地所有制的发展。地主、农场主和农业工人的近代农业社会结构延续到了 21 世纪初,基本格局未变,但土地社会的三种构成要素的力量对比已经与 19 世纪有了很大不同,农场主阶层所占权重上升,而土地贵族和农业工人所占的人数比例与影响力均有不同程度的下降。

---

① N.T.Hague, *Leasehold Enfranchisement*, London, Sweet & Maxwell, 1987, pp.10-11.

② HMSO, *UK 2005*: *The Official Yearbook of the United Kingdom of Great Britain and Northern Ireland*, London, 2004, p.415.

（一）国家干预的不断加强

进入 20 世纪之后,英国政府对农业领域经济活动的干预逐步增强,英国的农业状况也日益与政府农业政策的调整息息相关。英国政府的农业政策虽然经常作出一些调整,但其不变的宗旨是保护国内这一产业的发展;另一方面,这又不意味着政府一贯采取补贴农业和鼓励农业生产的做法。出于稳定市场和削减开支的需要,英国政府有时也实行限制农业生产的政策。英国农业政策制定的出发点首先并不是服从于经济目的,而是服从于政治目的。虽然在 20 世纪英国的进口粮价低于国内市场价格,但政府政策的作用是通过抬高进口粮价来保护国内农业。两次世界大战期间的农业管制、二战后争取农村选票的两党政治和加入欧共体后实行的共同农业政策等历史事实说明,英国农业政策的变化基本上是服务于政治目的的。

在二战之后,英国政府最重要的农业政策是补贴农业,在20 世纪 50 年代,90% 以上英国农民的收入不是来自农产品的市场营销,而是来自政府。1950 年的英国农业大臣斯坦利·埃文斯说:"没有哪个国家像英国这样宠着农业。"[1]农业政策的调整结果对于农业经济组织的影响主要体现在两个方面,一是加速了小土地所有制的衰落,有利于大土地所有制的巩固和扩张;二是促使了自营农场的崛起和租佃式农场的式微。

早在 20 世纪 30 年代凯恩斯主义实行之前,从 19 世纪末开始,英国政府就已经着手干预农业经济活动,而 20 世纪英国农业是 19 世纪农业发展的延续。在 19 世纪末的农业大萧条期间,英国政府就已经放弃了传统的自由放任政策,开始干预农业经济活动。19 世纪中叶英国成为"世界工厂"以后,政府奉行自

---

[1]　*The Time*, 17, April, 1950.

由放任的不干预政策,英国工商业资产阶级也认为"英国工业,其他国家农业"的国际分工对英国最为有利,他们以牺牲本国农业为代价,加紧发展工商业。1846年《谷物法》废除,英国农业失去了最后一道保护屏障。到19世纪末,海外廉价的农产品大量涌入,致使英国粮价大跌,农业凋敝,形成了1873—1996年的农业大萧条。大萧条期间,英国粮价下跌40%,小麦价格下降尤其严重,从1870年的每夸脱2英镑55便士,下降至1894年的1英镑12便士。英国农业工人的数量从1861年的140万人下降至1911年的约100万人。英国大量农场破产,农场主的人数从1871年的30.5万人,下降至1881年的27.9万人,至1911年才略有恢复,有大约28万人。①

为了拯救农业,英国议会通过了一系列法律文件保护农业生产者和经营者的利益。1883年《农业持有地法》规定,在租佃到期后,地主必须补偿农场主为改进土壤状况而进行的投资,例如排水和施肥等。此前的法律规定是双方协商解决,这容易造成一些经济纠纷。1882年和1884年两个《土地安排法》为地主把地产传给长子提供了方便,他们无需通过议会立法,可以出售部分地产,以获得支付债务或投资改良土地的钱款。② 1889年,政府恢复了解散已久的农业委员会。③

1893年的《肥料和饲料法》旨在保护农场主在购买相关农业生产资料时的利益。1895年的《菜农补偿法》规定,无论地主同意与否,凡菜农为改良生产条件而进行的投资,地主必须予以

---

① C.S.Orwin and E.H.Whetham, *A History of British Agriculture 1846-1914*, London, 1964, p.342.

② F. M. L. Thompson, *English Landed Society in the Nineteenth Century*, London, 1963, pp.319-320.

③ 这一机构由威廉·庇特在1793年拿破仑战争期间成立,1822年解散。其职能主要是防治动物疾病、开展农业普查和进行农业教育。

补偿。补偿的范围包括果树、灌木和可耕地。1896 年的《农业税率法》和 1901 年的《农业税率补偿法》免除了地主和佃农应付的某些地方税。1899 年的《土地改良法》为地主改良土地提供了贷款方面的便利。

在一战之前，英国政府还实行了一些加强农业教育的措施。1889 年的《教育机构法》授权各郡政府提供农业教育的内容。此后，许多郡政府提供了由巡回讲师讲授的短期课程。一些郡在现有大学中成立了农学院或农业系。利兹大学、纽卡斯尔大学、爱丁堡大学和阿伯丁大学开始授予相关毕业生农学学位。1909 年的自由党政府执政时期通过的《发展基金法》拨款 200 万英镑，用于农业教育和农业研究。[1]

在此期间，虽有国家干预农业的事例发生，这些做法更多地带有一些应急色彩，政府行为远未发展到进行系统的国家干预的程度。就其对农业经济组织的影响来看，大部分法律倾向于保护经营者和生产者的利益，而忽视了土地所有者的权益。这种做法为一战后的土地出售和 20 世纪自营农场兴起的发展趋势奠定了基调。

在 20 世纪，从第一次世界大战开始，英国政府的经济政策逐渐转向全面的国家干预，其农业政策的演变就是这种国家干预不断强化过程的一个重要组成部分。以 1945 年第二次世界大战的结束为界，20 世纪英国政府对农业的干预可分为两大时期：1945 年以前，因为两次世界大战和 20 世纪 30 年代资本主义世界经济大危机的爆发，国家对农业的干预往往表现为战争或危机期间的一种应急措施，其实质就是战争期间的军事国家垄断调节。

---

[1]　Richard Perren, *Agriculture in Depression 1870 - 1940*, Cambridge U. P., 1995, p.29.

　　一战的爆发使得英国人的吃饭问题成为一时之间的头等大事。大战爆发之前,英国农业对外依赖性很大,是世界上最大的农业进口国,而且主宰了某些出口品的世界市场。英国购买了蔗糖、茶叶和小麦这几类商品全部国际贸易量的半数。它每年需从国外进口 80%的谷物、40%的肉类、60%的水果、所有的糖和殖民地生产的许多其他食品。[①] 1905—1909 年间,约有 76%的乳酪和 68%的鸡蛋是从国外进口的。[②] 1913 年,英国在一年中进口了价值 2.2 亿英镑的食物,国内生产的食物仅价值 1.9亿。就制面包的小麦而言,英国人已变成了"周末人"的民族,这是因为,若用英国本土生产的小麦制作面包,只能满足国内需求的 1/5,即从星期六的晚餐至星期一的早餐。[③] 战争前期,农业问题未引起足够的重视,到 1916 年底,因德国海上封锁的加强,粮食生产不足的问题更加凸显。在这种背景下,英国政府采取了一系列增加粮食生产、加大农业投入和管制粮价的措施。

　　1915 年 5 月,英国成立了以米尔纳勋爵为首的委员会,研究增加粮食生产的问题。7 月米尔纳委员会提出了一份报告,提出两点建议,一是开垦草原,耕种粮食作物;二是对农民的粮食生产实行价格保障。[④] 但政府在 8 月拒绝了这份报告。政府农业委员会错误地判断了形势,认为市场粮价已经足够高,可以刺激农民大量进行粮食生产。

　　1916 年,粮食歉收,吃饭问题雪上加霜。同年,新成立的霍

　　① L. Woodward, *Great Britain and The War of 1914-1918*, London, 1967, pp. 501-502.

　　② [英]艾瑞克·霍布斯鲍姆:《帝国的年代》,贾士蘅译,江苏人民出版社 1999 年版,第 36—37 页。

　　③ [英] W. H. B. 考特:《简明英国经济史》,方廷钰等译,商务印书馆 1992年版,第 235 页。

　　④ E. H. Whetham, *The Agrarian History of England and Wales*, Vol. VIII, 1914-1939, Cambridge U. P., 1978, p. 76.

布豪斯委员会和谢尔本委员会在调研之后,提出了和米尔纳委员会相同的建议:实施粮食最低价格保障,以增进粮食生产。

1917年初,英国通过《谷物生产法》,规定对燕麦和小麦实行价格保障制度,期限至1922年。保障价格是小麦每夸脱60先令,燕麦每夸脱38先令6便士;对农业工人实行最低工资制,最低工资是每周25先令;地主和农民都要按照农业部门的指令进行农业生产,以满足战时需求;不得增加地租。

这些规定有利于调动农业生产者的积极性,解决战时的粮食需求问题。但是不增加地租显然不利于土地所有者。法案没有受到土地阶层的阻挠而顺利通过,这是因为,困难时刻,贵族地主不愿发国难财,他们没有借战时粮价上涨之机而提高地租。

政府采纳了以主席普鲁瑟罗为首的农业委员会的"开垦方案",到战争结束时开垦了300多万英亩的土地,粮食产量也有大幅度的增长。为解决劳动力不足的问题,除46000名妇女劳力外,在战争后期,政府还将84000名士兵和30000名战俘投入到农业生产中去。为了限制粮食消费,实行了高粮价和分配消费的制度。[①] 一战期间,地租和农业工人的工资都有所提高,出现了农业的"战时景气"。在战争的最后一年,英国政府还实行了严格的食品配额分配制,还严禁用口粮喂养牲畜和禽类。这一规定严格执行的程度,可以通过战后的一个事例佐证:1919年1月,战争已经结束,埃塞克斯郡一名81岁的老太太收到227英镑的巨额罚款单,理由是她用小麦喂鸡。[②]

从一战结束到二战爆发,英国农业生产和农民的收入再次跌入低谷,陷入了长期的不景气。一战后,世界农产品市场恢复

[①]　G.E. Mingay, *Land and Society In England 1750－1980*, London, 1994, p.230.

[②]　P.Horn, *Rural Life in England during the First World War*, Dublin, 1984, p.66.

至正常水平,印度、阿根廷、加拿大和澳大利亚的大批粮食在此涌入英国市场,英国粮价因输入的海外农产品的冲击而大跌。小麦价格由 1918 年的每夸脱 89 先令 3 便士跌至 45 先令 8 便士,跌幅近一半。在这种情况下,政府的粮价补贴成为一项沉重的财政负担,难以为继。1921 年 8 月,英国取消了对粮食的价格管制,同时规定在 1922 年对小麦和燕麦实行补偿,具体做法是每英亩小麦补偿 3 英镑,每英亩燕麦补偿 4 英镑。① 在战争结束之后,英国政府牺牲了对战争做出重大贡献的农民的利益,放弃了对农业有利的粮食补偿措施,这一做法被历史学家威瑟姆视为背信弃义的行为,他发明了"大背叛"一词来描述这一事件。历史学家鲁滨逊认为:"对农民的'大背叛'导致了此后 10 年的英国农业困境。"②

20 世纪 20 年代也是英国地产大量转手的年代。从 1922 年到 1939 年,农业各阶层的利益都受到了消极影响。地租下降了大约 20%,农业工人的工资在 1920 年 8 月为每周 46 先令,1921 年 10 月,34 个郡的工资降为每周 42 先令。农场主大量破产。在 1914—1920 年,英格兰和威尔士破产的农场平均每年有 82 家,1921 年有 285 家,1922 年有 403 家,20 年代的其余年份为每年平均 496 家,1932 年达到 560 家,1933 年降至 428 家,从 1934 年到 1939 年,平均每年为 240 家。③ 在 20 世纪英国农业史上,大部分时间是大土地所有制在不断增长,但在这个总的趋

---

① E.H. Whetham, *The Agrarian History of England and Wales*, Vol. VIII, 1914-1939, Cambridge U.P., 1978, p.140.

② E.H. Whethem, "The Agriculture Act 1920 and its Repeal—'The Great Betrayal'", *Agricultural History Review*, Vol. 22, Issue I, pp.36-49; G.M. Robinson, *Agricultural Change: Geographical Studies of English Agriculture*, Edinburgh, 1988, p.146.

③ Richard Perren, *Agriculture in Depression 1870-1940*, Cambridge U.P., 1995, p.42.

势之下,也有 20 年代的个别反复,这一时期大土地不增反减,而小土地和自营农场在扩大。土地出售的对象首先是现有的佃农,在 20 年代,自营农场所占比例从 11% 增加至 36%。第二类主要购买者是城市的商人和白领阶层,他们选择来乡下休闲或度过退休生活。

经营农业无利可图,加上大量贵族子弟在一战中阵亡,迫使很多地主出售地产。据 F.M.L.汤普森估计,在英格兰 1918 年到 1921 年就有四分之一的土地易主。[①]

此后英国农业不但未有好转,从 1929 年起,反而又因资本主义世界经济大危机的爆发,景况进一步恶化。在这种情况下,国家再一次干预了农业的生产与销售。其具体做法体现在对农业生产、农产品对外贸易和农产品的销售三个方面。

在农产品的对外贸易方面,1931 年 10 月新的国民政府上台,他们一反自由贸易的传统政策,开始实行保护主义措施。当年通过的《果蔬产品法》规定,对部分进口水果和蔬菜征收关税,为期一年,税率不超过 100%。1932 年 3 月 1 日通过的《进口税率法》规定,除已征税商品和该法特别规定的商品外,所有进口商品一律征税,税率为 10%,征收期限为整个 30 年代。1932 年,帝国经济会议在渥太华举行,英国政府做出了让步,大英帝国殖民地对英国具有出口的优先权,可以自由出口到英国;其他国家的农产品进口实现配额制,且征收关税。[②]

在英国国内的农业生产方面,采取保护和恢复本国农业生产的措施。1925 年《英国糖产品补助法》规定对甜菜生产予以补贴。甜菜是英国本土制造糖的主要原材料。在这一法律的鼓

[①] F. M. L. Thompson, *English Landed Society in the Nineteenth Century*, London, Routledge and Kagan Paul, 1968, p.336.

[②] Richard Perren, *Agriculture in Depression 1870 – 1940*, Cambridge U. P., 1995, p.56.

舞之下,1930 年,英国的甜菜种植面积达到 34.9 万英亩,有三分之二分布在传统的农业区东盎格利亚一带。[①] 为了鼓励小麦生产,1932 年《小麦生产法》规定,政府为小麦的出售设定一个概念价格,当农民小麦售价低于这一概念价格时,政府补足差价。同时,政府对主要的小麦进口来源国实行进口配额制,以限制小麦的进口量。1934 年,对奶类牲畜的养殖予以补贴。1937年,对农田撒石灰予以补贴。这些措施都是战后《1947 年农业法》的先兆,只不过补贴的范围和额度都很有限,只相当于1936—1937 年农业产值的 5%左右。

在农产品销售方面,对小麦、奶类、肉类和甜菜规定了保证价格,刺激农场主扩大农牧业生产;1931 年和 1933 年,英国先后通过了两个《农业市场法》规范农产品市场的交易。前者针对的是国内农产品贸易,后者针对的是进口农产品,基本内容是对国内农产品进行价格补贴或生产补偿,涉及的产品种类有牛肉、猪肉、黄油、牛奶、火腿、奶酪、小麦、葎草、大麦和燕麦。[②]

此外,1923 年、1925 年和 1929 年先后通过三个《农业税率法》,彻底免除了农民交纳地方税的义务。

在第二次世界大战爆发以后,因受德国潜艇的袭击,英国的船只受到很大损失,而现有船只又有很大一部分因服务于战争而不能用来从事运输业务,这样,英国的粮食进口受到了很大的限制。到 1943 年,进口粮食的数量比战前减少了 85%,谷物和牛奶价格上涨,农业补贴的范围也扩大至山羊的养殖。为了解决食品供应不足的问题,英国政府采取了一系列增加粮食生产的措施。在恢复农业生产方面,各郡成立的战时农业执行委员

---

① Richard Perren, *Agriculture in Depression 1870-1940*, Cambridge U. P., 1995, p.53.

② M.Tracy, *Government and Agriculture in Western Europe*, London, 1989, p.152.

会的首要任务是实施土地开垦计划,把战前抛荒而改建为牧场的土地改良为耕地。这项计划逐郡落实,到 1943 年,已改良抛荒土地 550 万英亩,占抛荒地总面积的 1/3 还多。与此相应的是,在 1942 年到 1945 年间,谷物的年平均产量增加了 85%。谷物产量的增长是以牺牲畜牧产品为代价的,肉类、奶类和蛋类产品的数量均有不同程度的下降。[①]

战争时期农业生产的一大困难是劳动力人手不足。为此,英国政府主要采取了两项措施。一是帮助农民购买了大量拖拉机和农业机械。可以说,英国农业生产的机械化是在二战期间实现的。到 1946 年,英国的拖拉机数量增加了 3 倍,而联合收割机从战前的几乎没有增加到 3460 台,马匹则基本上从田间消失了。[②] 二是组织了各种非常规的农业劳动力如战俘、妇女和儿童从事农业生产。1943 年,"妇女耕地大军"的人数达到了 87000 人,投入农业生产的战俘也超过了 50000 人。学校在每个学期有计划地安排学生参加农业劳动,遇到农忙时节,大批的军人和志愿者也参加抢收抢种。

从二战一开始,英国政府又实行了对食品的定额分配政策,政府也成为粮食的单一收购者。被列入管制的食品种类包括肉类、黄油、奶酪、鸡蛋、茶叶和白糖,每人所得的配额很小,但能满足人们基本的食物消费。这样,英国在粮食供应方面度过了战争期间的艰苦岁月。

在第二次世界大战结束以后,英国政府对农业的干预成为一种持续而系统的做法,政府运用所掌握的政治权力,通过各种经济和法律杠杆,从生产到销售各方面干预农业经济生活。英

① Jonathan Brown, *Agriculture in England : A Survey of Farming 1870-1947*, Manchester University Press, 1987, pp.128-132.

② Jonathan Brown, *Agriculture in England : A Survey of Farming 1870-1947*, Manchester University Press, 1987, pp.136-137.

国农业出现了战后的繁荣景象，农民收入大幅度增加。农业景气固然有技术进步的成分，但更主要的是受益于政府的惠农政策。据伯克利·希尔等人估算，在 20 世纪 50 年代中期，英国对农业的补贴额度相当于当时农业的净收入，到 70 年代初则相当于全国农业总收入的 50%—80%。①

英国政府干预农业的做法一般是，由议会制定并通过各种法律，如土地法、农业法和林业法等，作为政府制定政策的依据，使其每一项政策都有法可依。同时建立许多专门机构，负责干预与调节农业方面的事务。

战时的粮食短缺使得全国上下都在不计成本地渴望获得足够的粮食，这种情况也改变了政府和国民对待农业的态度。战争期间，在展望战后的农业政策时，各政党和地主、农民、农业工人痛定思痛，认为不能重现 30 年代的惨淡经营状况，必须做出一些根本的改变。除解决当时的吃饭问题的迫切需求外，还有政治家提出了消除农村贫困问题和解决城乡差别等问题的方案。

第二次世界大战结束以后，英国政府鉴于两次世界大战中的经验教训和战后对外贸易与国际收支不断恶化的形势，以尽量扩大国内农业生产作为农业政策的基本方针，力求减少农产品的进口。政府颁布了一系列的农业法令，其中《1947 年农业法》影响深远，被称为"农民的宪章"。早在 1940 年 11 月，英国农业大臣在议会下院发表演说时，就提出了发展农业和提高农业从业人员收入的设想。在同年 11 月、1944 年 12 月和 1945 年的 2 月与 11 月的议会演说中，政府多次表达了上述建议，也得到了下院多数的支持。在此基础上，通过了《1947 年农业法》。

---

① B.Hill and K.A.Ingersent, *An Economic Analysis of Agriculture*, London, 1982, pp.106-107.

该法第 1 条宣布了英国农业的发展目标为："促进并维持农业有效而稳定的状况,以生产本国的部分食品和因为国家利益而急需在英国生产的部分其他产品。农业生产以最低的价格进行,同时又需要兼顾到农场主和农业工人的收入和生活水平,需要对投入到农业中的资本有足够的利润回报。"①

英国政府实施农业法的主要做法是执行农产品的价格保障制度,如果农产品的市场售价低于保障价格,由财政拨款补足差价。纳入价格保障的有 11 种农产品:牛、羊、牛奶、鸡蛋、大麦、小麦、燕麦、黑麦、土豆、甜菜和羊毛。果蔬产品不在这个范围之内,但英国对进口果蔬课以关税,以保护国内果蔬生产者利益。为了稳定农产品的价格,1956 年的农业报告又规定,保障价格不得低于上一年度的 97.5%。②

英国政府根据年度农业评估的结果,每年制定农产品的保障价格。农业评估结果由农业大臣与农场主协会的代表(不含农业工人的代表)协商之后做出。在英国各行业的工人联合会中,农场主协会拥有独一无二的法定地位,他们可以通过与政府协商来决定他们产品的价格,这一定价无疑对他们是有利的。农业利益是以牺牲纳税人而非消费者利益的方式获得的。在1951 年、1955 年、1956 年和 1970 年,政府还发布过特别农业评估报告。50 年代的特别评估针对工资问题发布,1970 年的则针对农业投入成本提高而发布。在二战之后,英国的这一做法在资本主义国家中具有普遍性。一些资本主义国家为了保证农产品的销售有利于农场主,从而有利于农业的发展,在市场价格方面采取的重要措施之一,是实行支持价格(或称"保证价格"),

---

①　J.K.Bowers,"British Agricultural Policy since the Second World War", *Agricultural Historical Review*,Vol. 33(1985) ,p.66.

②　J.K.Bowers,"British Agricultural Policy since the Second World War", *Economics*,London,1966,p.68.

这是国家在流通领域调节农业生产的一项重要措施,它是由政府规定的一种收购农产品的优惠价格,是政府考虑到经济、政治诸种因素,由有关部门按一定的程序和公式来确定的。

除了价格保障制度之外,还有补助金制度。补助金是指政府对农业中开垦荒地、购买肥料、撒石灰水、改进供水与排水、改善牲畜品种、防治动物疾病、养殖山羊和改良土壤予以补助。其主要内容是对若干主要农产品实行价格保证制度和补助金制度。[1]

另外,政府还实行了一系列其他宏观调控农业生产关系的措施。其中比较重要的有:政府、银行和抵押公司通过信贷和抵押贷款方式为农场融资;英国还建立了比较完善的农业科研、推广和教育体系,其农业科研机构的研究领域涉及农业生产和经营管理的所有方面,设在伦敦的英联邦农业发展和咨询局是世界上最大的农业科技情报中心之一,英国的农业从业人员,不论是农场主还是农业工人,都要经过一定的教育和培训,取得资格证书之后方可从事农业的生产与经营工作等。[2]

战后初期,英国政府农业政策的目标是刺激生产,提高粮食产量。例如,1952年的年度报告指出,到1956年,农业生产水平要比战前高出70%左右,要优先发展畜牧养殖,具体做法是把100万英亩农田改造为牧场。农业生产的发展带来了两个问题,一是农业过度生产,政府补贴大增。1960年,政府的生产补贴只有37%用于农业,从1964年起超过了农业生产成本,到

---

① David Grigg, *English Agriculture : An Historical Perspective*, Oxford U. P., 1989, p.25.

② 曾尊固:《战后英国农业的发展和变化》,《南京大学学报》(哲学社会科学版)1986年第3期,第146—147页。

1972年,政府的所有生产补贴中,有70%用于农业生产。[1] 二是农产品价格偏高。在50年代中后期,世界农产品价格普遍下降,而英国为了维护农业发展,人为地维持了远高于世界农产品价格的国内市场价格,这一做法也遭到了世界农业出口国的批评。

1958年,英国决定限制农业扩张,对农业生产者的产品实行配额制,超过生产配额的施以罚款。1961年,对大麦和猪肉实行产量配额制,1963年又扩及鸡蛋生产。农场主协会对此做出了极其强硬的反应,政府被迫让步,转而采取限制进口的做法,以继续保护国内农民的利益。1964年,英国开始限制谷物和肉畜的进口,1969年,进口限制扩及黄油和鸡蛋。其结果是抬高了国内市场价格,消费者的负担增加。

1965年的白皮书对英国农业经济结构变化有直接影响。农业经济结构指农业经济中各种经济因素的构成状况以及这些因素之间的相互关系。英国农业结构改革是指通过一系列措施,减少中小农场数目和增加大农场数目,扩大农场的规模,以适应现代化生产的要求,从而使生产发展,使农民生活不低于其他行业就业者的生活水平。农业经济结构改革,在西欧一些国家很突出。因为这些国家耕地少,而且又很分散,大多数农场的规模又很小,再加上现代农业生产力的发展则不断要求土地连片,要求农场规模扩大。这是一个尖锐的矛盾。为了解决这个矛盾,就必须改革旧有的农业结构。

1964年白皮书强调了农业规模经济的重要性,提出了改革小土地所有制的必要性。政府鼓励小农放弃农业生产,对出售和转让土地的小农予以补助,同时鼓励农场之间的合并。合并

---

[1]　David Grigg, *English Agriculture: An Historical Perspective*, Oxford U. P., 1989, p.25.

工作通过农业与果蔬合作社中央委员会进行。

1967 年的农业法又规定了三项具体措施：第一，凡是政府批准合并的农场，可领取 50% 的补助金。第二，凡是退出农业的小农场，可根据不同情况得到一定的补贴。第三，鼓励农业生产者成立合作社，这也是扩大农场规模的途径之一。虽然英国农业的人均产量和平均亩产都在不断提高，但同时资本收益率在下降。[①] 政府和专家都指出，资本密集型的农场必须伴随着规模的扩大才能有更多的盈利。在这种背景下，政府出台了加快土地兼并的政策。

所有这些农业措施都是直接对农业生产经营者有利，在传统的由地主和农场主构成的租佃制农场中，农场主是获益者，从结果来看，战后的农业政策进一步加速了租佃农场的衰落。

1973 年，英国加入欧洲经济共同体。以后，经过 5 年过渡期，开始执行共同农业政策。共同农业政策源于《罗马条约》。1957 年 3 月，法国、德意志联邦共和国、意大利、比利时、荷兰和卢森堡签订了《罗马条约》，欧洲经济共同体建立。条约除了规定建立关税同盟之外，还提出了要实施一项共同体范围内的共同农业政策，把共同市场扩大到农业和农产品贸易上。条约第 39 条提出的农业发展目标为：通过促进技术进步，保证农业生产的合理发展和对所有生产要素特别是劳动力的最佳利用，来提高农业生产率；在不断提高农业劳动生产率的基础上，增加农业从业者的收入，从而使农业从业者能够保持合理的生活水平；稳定农产品市场；保障供应的可靠性；为消费者提供价格合理的农产品。[②]

---

① J.K.Bowers, "British Agricultural Policy since the Second World War", *Agricultural Historical Review*, Vol. 33(1985), p.74.

② Henrik Zobbe, *The Economic and Historical Foundation of the Common Agricultural Policy in Europe*, Fourth European Historical Economics Society Conference, September 2001, Merton College, Oxford, U.K., p.6.

欧共体从 1962 年起制定了对共同体农业的指导和保证政策,即"共同农业政策"。1993 年,欧盟正式诞生,欧盟共同农业政策是欧共体共同农业政策的延续和发展,共同农业政策与关税同盟政策一起构成欧共体两大支柱政策。

欧共体的共同农业政策对进口的农产品施以高关税,以保护共同体农业免受外来竞争的冲击。在共同市场之内,维持农产品价格保持在一个高价水平,以保护农业生产者利益。共同体还对农产品售价和农业生产进行财政补贴。

共同农业政策的一些做法与英国政府的农业政策高度相似。1962 年欧洲共同市场建立了一项特别基金,即"欧洲农业指导和保证基金"。共同体每年对一系列的农产品制定一个目标价格,当农产品售价低于目标价格时,共同体为政府出面收购农产品提供基金。剩余农产品被储藏起来,如果储藏成本太高,有三种处理方式:一是销毁;二是政府补助用于出口,这种做法经常惹怒美、加、澳等传统的农业出口国;三是作为对外援助物资赠予发展中国家。

既然所有农产品销售无忧,且价格有利,共同体农业也存在着一个生产扩张的问题。与战后英国一样,共同体也存在着一个限制生产的问题。1977 年,欧共体规定,对产量超过生产配额的奶牛征收税费。1982 年又宣布,对超出生产配额的谷物不再按照目标价格收购。[①]

欧洲共同农业政策对英国产生了积极与消极两方面的影响。在积极的方面,英国加入欧共体,粮食生产者成为受益者。既然欧共体的农产品价格高于此前英国执行的世界市场价格,那么农场主可获得更多的利润。另外,在欧共体范围内,英国农

---

① David Grigg, *English Agriculture: An Historical Perspective*, Oxford U. P., 1989, p.26.

业的规模化经营程度和生产力水平最高。以农场规模来看,到1974年,欧洲经济共同体国家1公顷以上农场的平均规模,英国为68公顷,法国为27公顷,西德为15公顷,意大利为7公顷,共同市场国家平均每一农场为18公顷。[1] 英国的劳动生产率也比其他欧共体国家高出2—3倍,这就使英国农场主在竞争中处于有利的地位。在2015年,英国农民收到了来自欧盟的24亿英镑的价格补贴和40亿英镑的农村发展补助,英国农业总收入的55%来自共同农业政策的支持。[2]

但另一方面,共同农业政策对消费者和政府皆有不利的影响。对消费者而言,欧共体食品价格高于原来英国的价格,增加了消费者的支出。与当时的联邦德国等欧共体国家不同,英国实行世界农产品市场的价格,并通过价格保障制度弥补农场主在按照低价销售时蒙受的损失。加入欧共体以后,英国不得不把价格提高到欧共体的统一价格的水平,而欧共体的统一价格又高于世界市场的价格,于是增加了消费者的负担。

对于英国来说,政府成为农产品的最大单一大购买者,成员国资格使得英国背上了沉重的财政包袱,因为它要向共同体交纳大量预算资金。在欧共体国家中,1978年,英国农业劳动力在总人口中所占比例人口最低,只有2.7%,英国农业在国民生产总值中的分量也最小,只占2.3%,所以英国成为共同体最大的农产品进口国。欧共体的农业财政补贴资金来自成员国交纳的预算资金,英国既然是最大的农产品购买国,那么它交纳的预算资金就最多。1976年,英国对共同体财政的净摊款为1.78亿英镑,至1980年猛增至约12亿英镑,这主要来自补助进口农产品目标价

---

① 《农业经济译丛》1979年第3期,第113页。

② Emily Gosden, "What Would Brexit Mean for Farmers and the Common Agricultural Policy?", *Telegraph*, 13rd, Jun., 2016.

格的财政负担。① 这与当时撒切尔夫人压缩公共财政的初衷背道而驰。此后,英国与欧盟进行了长期的讨价还价的谈判,共同农业政策本身也进行过改革,但问题依然没有实质性的改善。

2016 年,英国举行了是否脱离欧盟的全民公投,表决结果是脱离欧盟。过渡期之后,共同农业政策在英国就将成为历史。但是,政府的农产品价格补贴、专项资金扶持农村发展的做法基本不会发生改变。从目前世界范围之内的农业政策来看,这种做法基本上已是大势所趋。

(二)农场制的变化

在 20 世纪,英国的土地关系发生了很大的变化,租佃式的土地经营方式大势已去,成为明日黄花,而自营农场异军突起;与此同时,英国土地集中化的趋势也得到了日益的加强。英国土地关系的这些变化与国家对农业生产关系的干预紧密相关,从结果来看,总体上促进了农业生产力的发展。

英国近代土地制度的变革是通过圈地运动的方式进行的,其主要内容不是把土地分配给农民,而是确立了大土地制度。与此相应,近代英国的农场大体上分为"租佃农场"和"自营农场"两种类型。其中典型的农业经营方式是由地主、租地农场主和农业工人组成的三层结构式的经营方式,在这种经营方式下,地主占有②土地,他们一般将土地出租给资本主义租地农场

---

① [英]巴巴拉·贝克文:《英国关于共同农业政策的总结》,载《国际经济评论》1981 年第 6 期。

② 本书使用"占有"而非"所有"的概念,是因为英国的土地所有权在世界上是最为复杂而特殊的。自从 1066 年的诺曼征服以来,英国的全部土地在法律上都归英王所有,英王是唯一的和绝对的土地所有人(owner),任何个人、企业仅能拥有土地的使用权或占有权(tenure)。但完全拥有土地权益的土地持有人或保有人(holder)实际上是该土地的永久占有者,只要他不违反土地法、土地规划或侵犯他人利益,就可以随心所欲地利用和处置土地,在事实上等于是土地的所有人。

主,靠收取地租生活,自己不直接参与经营,租地农场主再雇佣农业工人进行农业生产。此类农场被称为"租佃农场"。另外还有少量的自由持有农,他们占有一块土地并进行独立生产,这种土地通常被称为"自营农场"。自营农场在土地总面积中所占比例很低,据明格教授估算,在19世纪,英国约有1/10—1/7的土地掌握在自由持有农手中。① 根据1887年的首次官方农业调查,当时只有14%的农民完全拥有自己所耕种的土地。②

史学界一般认为,在由地主、租地农场主和农业工人组成的三层结构式的租佃农场经营方式中,土地的占有权和使用权既相分离又相协调,十分有利于英国农业的发展。这一判断是符合英国近代农业的实际情况的。

在20世纪,英国农业经营方式中最引人注目的变化是租佃制度已经衰落,在经营方式中退居次位,当代英国典型的经营方式是自营农场。

在考察英国农业经营方式的变化时,要注意英国各部分的地区差别。因为历史的原因,北爱尔兰的土地经营方式在整个英国处于一种特殊地位,与其他3个地区有很大的区别。爱尔兰农民在19世纪曾进行过反对英国统治和争取土地的斗争,迫使英国政府不得不在1870年和1896年两次颁布法令,由国家从地主手中以高价强制赎买土地,然后转卖给农民,并责成农民将这笔款项在49年内分期付给国家。在爱尔兰独立以后,北爱尔兰仍保留在联合王国境内,这种土地占有状况也一直延续下来,因此,在北爱尔兰没有租佃农场,农民基本上都是自耕农。

当代苏格兰的农业经营方式和英格兰与威尔士类似。

---

① G.E.Mingay,*Land and Society In England 1750-1980*,London,1994,p.145.

② Ministry of Agriculture, Fisheries and Food, *A Century Of Agricultural Statistics*,*Great Britain 1866—1966*,London,1968,p.24.

　　1975 年,英格兰和威尔士 35%—40% 的农业用地由佃农耕种,其余为自营农场主经营,这一点与同期其他发达国家的情况区别不大。同一时期,荷兰 44% 的农田是租佃式的,西德为 29%,法国略高为 47%。[①] 但在历史上,英格兰却是租佃式农场为主导的农业状况。1877 年的农业统计显示,英格兰拥有 1 英亩以上耕地的有 269722 人,这其中 1.4% 的人即大约 4000 人拥有 56% 的耕地。[②] 租佃式大土地所有制在维多利亚时代后期达到巅峰,进入 20 世纪之后就盛极而衰了。表 5-6 为英格兰与威尔士自营农场在整个农场经营中所占比例的变化:

表 5-6　英格兰与威尔士自营农场所占比例的增长情况

（单位:%）

年代	在农场总数中所占比例	在农场总面积中所占比例
1891	14.6	15.0
1914	11.3	10.9
1919	11.7	12.1
1927	36.6	36.0
1941	34.6	32.7
1950	39.0	38.0
1960	56.7	49.2
1970	60.0	53.1
1975	62.9	53.7

　　① G. H. Peters and A. H. Maunder, " Efficiency, Equity and Agricultural Change with Special Reference to Land Tenure in Western Europe", in A.H.Maunder and K.Ohkawa eds.,*Growth and Equity in Agricultural Development*, London,1983, pp.429-442.

　　② David Grigg, *English Agriculture:An Historical Perspective*, Oxford U. P., 1974,p.101.

续表

年代	在农场总数中 所占比例	在农场总面积中 所占比例
1983	70.4	60.2

资料来源:David Grigg, *English Agriculture:An Historical Perspective*, Oxford U.P., 1974, p.104.

如表5-6所示,自营农场在英国农场总数中所占的比例由1914年的11.3%和1919年的11.7%提高到1983年的70.4%,与此同时,自营农场在农场总面积中所占的比例也由1914年的10.9%和1919年的12.1%提高到1983年的60.2%。这说明,经过20世纪的发展,自营农场不论在英国的农场总数方面还是在农场的总面积方面,均已超过租佃农场,成为当代英国占据主导地位的农业经营方式。

在租佃形式下,土地占有权和使用权是相分离的,而在自营农场形式下,这两者是统一的。自营农场的兴起和租佃农场的衰落说明了英国农场土地的占有权在20世纪发生了大规模的转移,即土地占有权从贵族地主手中转移到亲自经营农场的农场主手中。在近代的土地占有者构成方面,以1873年为例,大贵族占有24%的土地,乡绅等中小贵族占有55%,自由持有农占有10%,教会和王室占有10%。[①] 但到了20世纪,随着时间的推移,以贵族和乡绅为主体的土地占有方式已经不复存在,主要的地产转出主要发生在占地3000至10000英亩的大贵族乡绅手中。这方面的地产转移目前尚没有确切而系统的数字,只有一些阶段性和部分性的估算。例如,1877年的40名贵族所占有的土地,到20世纪60年代已经失去了76%;再如,1920—

① G.E.Mingay, *The Gentry:The Rise and Fall of A Ruling Class*, London, 1976, p.59.

1960 年间,英格兰与威尔士就有 40% 的耕地从贵族地主手中转移到农民手中。[1]

租佃关系的衰落和自营农场的增加是同一过程的两个方面。造成这一现象的原因主要有二。第一,在政府政策方面,法令往往倾向于保护农场主利益,限制地主的权利,挫伤了地主占有土地的欲望。19 世纪的英国,在地主——租佃——农业工人三层式经营方式中,一个主要缺点是:地租较重,租佃权不稳。当时农场主为了提高土地肥力和兴建设施而进行的投资,在夺佃后都归地主所有。议会先后通过多项法令,以解决这一弊端,促进本国农业发展。1883 年和 1906 年的两个《农业持有地法》规定,地主不得干涉农场主如何使用租佃的土地,如果地主单方面解除租约或在租约到期前将土地售出,租佃农场主就有权要求地主补偿他们为改善土地耗用的资金。1895 年的《菜农赔偿法》规定,当农场主退佃时,有权就自己栽培的果树的价值向地主提出赔偿。[2] 在此之前,地主的赔偿往往是由他们与农场主进行协商,具有随意性。这些法令对地主应作出的补偿具有强制性,在一定程度上维护了农场主的利益,但地主仍能以提高地租来迫使农场主退佃。

1920—1923 年间,租地农场主又先后取得了对租金方面的保护,即有权就租金数额请求仲裁,而地主必须在一年以前预先通知佃农,才能废除租约。1923 年的《农业持有地法》给予租地农场主更加稳定的租佃权,若农场主告知地主退佃,后者须向前者退出多达两年租金的赔偿;除非地主提出农场主耕作不善的根据,才可以免于赔偿,但这需要获得郡农业委员

① P.Perrott, *The Aristocrats*, London, 1968, pp.180-182.

② C.S.Orwin and E.H.Whetham, *A History of British Agriculture 1846-1914*, pp.298,301,315.

会作出的鉴定。① 然而，由于各郡的农业委员会明显宽厚地对待租地农场主，一旦遇到纠纷，往往会作出不利于地主的决定，所以从 1921 年到 1929 年，只有几百份此类的证明签发。

英国的法律还一再延长租地农场主可能的租期。1941 年《农业法》规定，如果农场主愿意，可获得终身租期。1976 年的法律又把租期延长到租地农场主死后的两代人，随后 1984 年的法律对此作出了修正，租期限定到正在承租的农场主身后一代。②

1947 年的《农业法》进一步规定，佃户有权把与地主之间发生的有关租佃纠纷提交郡农业委员会解决。在英格兰和威尔士，尽管租约是每年一签，但是如果地主要夺佃必须得到农业部的批准，这实际上很少有地主会这样做。

租佃关系衰落的第二方面的原因是在经济方面。地租的下降和地产税的增加使得出租土地的地主无利可图，不得不放弃地产。在 19 世纪末的农业大萧条发生后，1877—1901 年间英格兰与威尔士的地租额平均下降 29%。在 20 世纪初的 20 年间，虽然农业生产恢复元气，但地租几乎没有上涨。在 1921—1936 年农业萧条时期，地租又下降了 25%，1939 年的地租收入一般低于 19 世纪 80 年代的水平。③ 收入没有增加，但支出不减反增。除了生活费用的支出不断增加外，令地主感到雪上加霜的是地产税的上涨。英国的地产税于 1894 年首次实施，起初数额很低。到 1919 年时，对价值在 200 万英镑以上的地产征税

① G.E. Mingay, *Land and Society in England 1750 - 1980*, London, 1976, p.230.

② R.Douglas, *Land, People and Politics: A History of the Land Question in the United Kingdom 1878—1952*, London, 1976, pp.46-47.

③ E.H. Whetham, *The Agrarian History of England and Wales*, Vol. VIII, 1914-1939, Cambridge U.P., 1978, p.317.

达收入的 40%。此外,英国地主代代相承的地产继承方式也遇到了麻烦,因为,英国政府于 1975 年又开征了"资产转让税"。[①]

内外交困之下,地主都乐意把土地卖掉,他们大多把土地卖给正在承租的租地农场主。除了考虑到这些农场主对所经营的土地熟悉外,地主还认为他们对常年经营的土地已有了感情,日后会善待这片熟悉的土地。所以,自有土地的农场主比重逐年增加。自有土地的农场主比例的增长,使他们能从长远考虑,合理利用土地和进行农田基本建设,不断提高单位面积的产量。

英国土地占有权的性质在 20 世纪未发生根本的变化,仍属于资本主义私人占有制的范畴;但在土地占有的形式上,尤其是在土地占有人员的构成和土地规模上都发生了巨大的变化。

在土地占有者方面,19 世纪以贵族和乡绅为主体的占有方式已经不复存在,农场主、公司和外国人成为主要的土地占有人。1873 年的土地占有人当中,大贵族占有 24% 的土地,乡绅占有 55%,自由持有农占有 10%,教会和王室占有 10%。[②] 贵族地主失去土地的原因,在租佃关系的衰落部分已谈到。主要的地产转移还是发生在占地 3000 至 10000 英亩的大乡绅手中。

20 世纪英国土地关系的另外一个明显的特点是土地兼并加剧。在土地占有规模的变化方面,最明显的特点是土地出现了日益集中化的趋势,这主要表现在面积在 300 英亩以上的大中型占有地在土地占有总数和总面积中所占比例的提高。

在 19 世纪,农场面积问题是一个被大多数历史学者所忽略的问题。在 20 世纪初,有三位历史学家探讨过这一问题。一位是赫尔曼·列维,他著有《大持有地和小持有地:英国农业经济

---

① F. M. L. Thompson, *English Landed Society in the Nineteenth Century*, London, Routledge and Kagan Paul, 1968, pp.329-338.

② G.E.Mingay, *The Gentry*: *The Rise and Fall of A Ruling Class*, London, 1976, p.59.

学研究》①。他认为在 1750—1850 年间,大部分小农场消失了,导致这一现象发生的原因是议会圈地法令的颁布和谷物价格的上扬,19 世纪末的农业危机则进一步加剧了大农场制的形成。另外两位是哈蒙德夫妇,他们的《乡村劳工》②认为议会圈地法令对小农场主是一个致命的打击。至 30 年代,克拉潘爵士的《现代英国经济史》修正了这一看法,认为工业革命之后,小农不但没有消失,而且在数量上还占有优势。以明格为代表的当代农业史专家认为,小农业的确衰落了,其原因并非来自圈地,而是来自大农业的扩张与兼并。

在研究深度上,对于 20 世纪英国农场面积的研究者首推大卫·格里格。他的论文《自维多利亚时代至今英格兰与威尔士的农场面积》一文对前人的研究成果作了批判,得出了更具说服力的结论。他认为,自维多利亚时代至 20 世纪后期,英国大农场面积在扩大,但在农场数量方面,小农场所占的比例没有发生结构性的变化。其观点以后在其专著《英国农业:一项历史考察》做了系统的阐明。他根据英国百年农业统计资料计算后得出如下结论③:

表 5-7　英格兰与威尔士 300 英亩以上占有地在土地占有
总数和总面积中所占比例的变化　　　　（单位:%）

年代	在占有总数中的 比例	在占有总面积中 所占比例
1895	4.8	27.8

---

① H. Lvey, *Large and Small Holdings*: *a Study of English Agricultural Economics*, Cambridge U.P., 1911.

② J.L.and B.Hammonds, *The Village Labourer*, London, 1911.

③ David Grigg, "Farm Size in England and Wales, from Early Victorian Times to the Present", *The Agricultural History Review*, Vol. 35, No.2 (1987); David Grigg, *English Agriculture*: *An Historical Perspective*, Oxford U.P., 1989.

续表

年代	在占有总数中的 比例	在占有总面积中 所占比例
1915	4.2	24.7
1924	3.8	23.1
1944	4.1	24.2
1951	4.3	25.2
1960	5.0	28.4
1966	6.4	33.4
1975	9.5	42.7
1983	13.7	54.3

除了大中型占有地在土地占有总数和总面积中所占比例都有大幅度的提高以外，英国平均每处占有地的面积也是在不断扩大，从1895年的平均为80英亩增加到1997年的174.4英亩。[①] 英国的单位农场往往与每一块占有地并不一致，有时一块占有地可能被分成几个农场，有时一个农场可能兼跨几处占有地。但农场规模的扩大与地产规模的扩大是一致的。

看待小农业的衰退需要考虑几个因素。一是统计学方面不同统计方法的差别。英国的人口普查使用的是农场概念，而农业普查使用的是持有地概念，二者不是一一对应的关系，既有一个农场分散在几块持有地的情况，也有一块持有地摊给几个农场的情况，这样就使得统计结果有较大的出入。例如，1978年的农业普查时，有59家农场企业经营的125处不同地产，如

----

① *Britain 1999：The Official Yearbook Of United Kingdom*，London，1998，p.446.

果按照两种不同的分类，可以得出两个差异较大的结论。[①]

二是不同历史时期统计标准有差别。从 1866 年的农业普查开始，统计的对象是 1/4 以上英亩的持有地，从 1912 年开始，只统计大于 1 英亩的土地，把土地按照面积分为 1—5 英亩、5—50 英亩、50—100 英亩、100—300 英亩和 300 英亩以上几种类别。从 1922 年起，一名农场主需要把他经营的几处地产归为一块对待。而自 1942 年起，普查只统计 5 英亩以上的土地。自 1976 年开始，使用公顷作为面积单位，而此前使用的是英亩。

三是统计的土地类型的差异使得统计结果有较大的出入。19 世纪的人口普查只统计作物种植地和草地，没有把高地和山区的牧场纳入。从 1892 年开始，农业普查把树林和粗放经营的牧场也纳入。自 1979 年开始，只算土地总面积，而不再按照土地用途进行细分。

四是有忽略或缺失的资料来源。在人口普查过程中，统计来源是户主的职业。有些业余农场主或农业爱好者，拥有一小块土地，但他们不把自己视为农场主或农民，这样就缺失了这一类人的土地使用情况。1968 年，农业部把面积少于 4 公顷、没有农业雇工或所需工作量低于每年 26 个标准工作日的大约 4.7 万块小土地从统计中删除。1977 年，又进一步删除了 9600 份此类土地。所以，自 1968 年起，小农业的数量不能直接与以前的数量进行对比。

由于城市扩张侵占了农业用地，大约 250 万英亩土地的消失并非缘于大土地的兼并，而是农业用地改作了工商业用途或改建为住宅。

大卫·格里格在对相关数据进行校正之后，重新作了统计

---

① B. A. Holderness, *British Agriculture since 1945*, Manchester: Manchester University Press, 1985, p.128.

数据的排列。英格兰和威尔士超过 5 英亩的持有地在数量、总面积和平均面积三个方面的变化情况如表 5-8 所示：

表 5-8 1895—1983 年英格兰和威尔士农业持有地的数量与面积

时间	持有地数量	面积 （单位：千英亩）	平均面积 （单位：英亩）
1895	342649	27382	80
1915	342710	26773	78
1925	330425	25636	78
1935	312503	24757	79
1944	295247	24136	82
1951	296332	24251	82
1960	273135	24254	88
1966	248636	24154	97
1975	186116	23536	126
1983	173336	26921	155

资料来源：David Grigg, "Farm Size in England and Wales, from Early Victorian Times to the Present", *The Agricultural History Review*, Vol. 35, No. 2 (1987), p.183.

从 1915 年至 1966 年，持有地数量减少了 27%，从 1966 年至 1975 年，锐减了 46%，其主要原因在于删除了 4.7 万分小土地的数据。在平均面积方面，从 1895 年至 1951 年，变化不大。1966 年之后，农场平均面积增加，很大一部分原因也是来自对于小土地数据的删除。

1978 年，英国土地所有权的分布情况为，个人所有者 39520户，拥有 90.3% 的土地；各种机构 4272 家，拥有 9.7% 的土地。在机构中，中央政府拥有 114 万英亩，地方政府拥有 90 万英亩，国营企业拥有 55.6 万英亩，王室拥有 40.7 万英亩，宗教组织拥有 17.2 万英亩，大学和学校拥有 24.1 万英亩，各类保护地拥有 32.7 万英亩，金融机构拥有 53 万英亩。各中央政府部门中，国防部曾经是最大的土地所有者,在二战期间,国防部一度控制了全国五分之一的土地。1892 年法令鼓励地方政府购买土地,出租给小农,但在 1970 年之后,许多地方政府出售了他们掌控的土地,估计地方政府拥有的土地减半。[①]

英国大农场并非一帆风顺地发展起来的,从 19 世纪 80 年代到 20 世纪 20 年代经济萧条期间,小农制反弹,300 英亩以上的大农业有所衰退,所占面积比例从 1885 年的 29% 下降至 1924 年的 23.1%。20 世纪 30 年代以来,情况发生了逆转,到 1983 年,大农场所占面积比例升至 54.3%。

形成土地集中现象的原因首先要归于政府农业政策的作用。英国政府的土地立法、农业补贴和补助措施都起到了土地集中和农场兼并的客观效果。1947 年的《农业法》规定对生产效能低、影响劳动生产率提高的小农场进行合并。欧洲经济共同体关于共同体范围之内农业结构改革的统一规划曾经设想,种植谷物的农场,其经营规模至少拥有土地 80—100 公顷。政府差价补贴的数额取决于各农场的播种面积和销售数量,农场越大,获得的补贴就越多。对农业技术改进所给予的补助的发放的情况也是类似。据统计,到 1970 年,只占农场总数 20% 的面积最大的农场却得到了政府补贴总额的 70%。[②]

其次,土地集中也是市场竞争的结果。竞争采用兼并和联合两种加速土地集中的形式。兼并的对象是中小农场。现代化的技术装备需要大量的资金,农业机械的使用也以大面积耕作为基础。因此,势单力薄的小农场面对财力雄厚的大农场的竞争,总是处于不利的地位。在此情况下,每年都有大批中小农场

---

① David Grigg, *English Agriculture: An Historical Perspective*, Oxford U. P., 1989, pp.105-106.

② David Grigg, *English Agriculture: An Historical Perspective*, Oxford U. P., 1989, p.25.

破产,被大农场所兼并。而土地的联合则主要发生在大农场之间。有些大农场主联合起来,将他们相邻的、分属不同人所有的地产合并为一处农场,这不但为他们提高了更大的规模经济,而且为每名成员进一步提供可以专门从事某个方面经营的优势,如生产、市场、财务和其他方面。[①] 兼并和联合的结果是英国农场数量的减少和平均农场面积的增大。英国各类农场总量从1915年的32万户减少到1960年的29万户,到1983年进一步减至18万户。但是,如果进一步分析的话,我们可以发现减少的只是小农场,大农场的数量及所占比例反而有所增加。

现代英国农业日益成为技术密集型和资本密集型的产业,在进行人力和物力的投入方面,小农场的财力就显得捉襟见肘;即便小农场能够进行相应的投资,但受制于规模效益,其结果也难以尽如人意。而且,小农场在获得信贷、商业谈判和拓宽销售渠道方面的劣势也一目了然。随着生活成本的上涨,一个农民养家糊口需要的农场面积也在不断变大。在1957年,一个牧场主50英亩就可以养活全家,到1967年,需要150亩。在20世纪30年代,一名养两匹马的农民,有30英亩土地就可以生存;到50年代,一位有拖拉机的农民则需要90—120英亩的土地才能体面地生存。[②]

在加入欧共体之后,面对更大范围的和更加激烈的竞争,土地的集中也愈益剧烈。从1973—1983年加入欧共体的10年之内,英格兰与威尔士面积在500公顷(1235.5英亩)以上的大农场数量增至1546处,占总面积的11.4%,200公顷(494.2英亩)以上的农场总数达9995处,占总面积的34.1%。小农场相

---

① G.E.Mingay, *Land and Society in England 1750－1980*, London, 1994, p.255.

② W.G.Owen, "The One Man Farm", *Agriculture*, Vol.74(1967), p.113.

应衰落。面积介于 20—50 公顷（49. 4—123. 6 英亩）之间的农场减至 47547 处，只占总面积的 14. 5%，在英格兰只占 11. 6%。1978—1982 年 5 年间又减少了近 2500 处，或者说，平均每年减少 1%。面积介于 50—100 公顷（123. 6—247. 1 英亩）的农场数量最多，所占总面积的比例低于 1/5，仅为 17. 9%。面积介于 2—10 公顷（4. 9—24. 7 英亩）的非常小的单位农场在 1978—1982 年间减少了 7556 处，或者说，减少了 10. 7%，每年减少 2% 还多。[①]

农业政策以外的其他原因也对土地占有权有所影响。例如，许多小农场是高度专门化的，易于受到市场和气候变化的影响而将土地转手；另外，还有些土地的出售是出于住宅需要和产业发展的考虑。

另一方面，并非农场规模越大，其生产效率就越高。因为随着规模的扩大，存在着一个边际效益递减的问题。在 20 世纪 70 年代末，有的学者认为农场规模效益的上限是 700 英亩。布里顿进行了细化研究，结论有所不同。他认为，奶牛牧场面积的上限为 150 英亩，种植业农场为 250 英亩，混合农场为 200 英亩，牲畜类牧场面积上限为 300 英亩。[②]达到上限面积之后，规模效益就不存在了。

在这种理性分析之外，大农场继续强势崛起，还有其他动机，主要是农场主对大农业的执着，他们迷信农场规模越大越好，增加面积就能够增加收入。而且，土地作为不动产，是一种长期的投资对象。

混合占有这一概念是由伦敦大学威尔学院的学者伯克利·

① Ministry of Agriculture, Fisheries and Food, *A Century of Agricultural Statistics, Great Britain 1866-1966*, London, 1968, Figures 6. 1, 6. 2.

② D. K. Britton, "Size and Efficiency in Farming", *Farm Management*, Vol. 3 (1979), p. 366.

希尔在 1974 年提出的,以后逐步为其他学者所接受。他认为在
自营农场和租佃农场两种形式之外,从二战之后,英国还兴起了
第三种农场占有形式——混合占有,但是他没有给混合占有下
一个定义。1989 年,格里格在其《英国农业——一项历史考察》
中专门有一节对这种占有形式进行了简短的讨论。格里格把混
合占有理解为"地主和经理之间的一种合伙分成制关系"。① 据
此,混合占有型农场不是一种土地所有制关系的反映,而是一种
农业经营的方式,它既不是把土地出租给农场主经营,也不是土
地所有者自己经营的农场,而是地主和职业经理人共同经营的
农场类型。1983 年,混合占有型农场占到英格兰和威尔士农场
总数的五分之一,占农场总面积的三分之一。②

　　从 1950 年到 1970 年,租佃农场、自营农场和混合农场在总
数量和所占面积两个方面都发生了比较明显的变化。租佃农场
从 1950 年的 18.5 万户占有 15399.9 万英亩土地,到 1960 年缩
减为 12.3 万户占有 1186.3 万英亩土地,1970 年为 7.16 万户占
有 892.4 万英亩;自营农场从 1950 年的 13.8 万户占有 771.6
万英亩土地,演变为 1960 年 15.7 万户占有 1048.3 万英亩,
1970 年这一数字又变为 10.7 万户占有 945.1 万英亩;混合农
场在 1950 年有 5.6 万户占有 529.8 万英亩,1960 年为 5.18 万
户占有 618.4 万英亩,1970 年为 5.39 万户占有 895.5 万
英亩。③

　　在 1950 年,自营农场和混合农场所占面积的比例分别为

　　① David Grigg, *English Agriculture : An Historical Perspective*, Oxford U.P.,
p.107.

　　② Berkeley Hill, "Farm Tenancy in the United Kingdom", *Agricultural
Administration*, Vol.19(1985), p.192.

　　③ Berkeley Hill, "The Rise of The Mixed-Tenure Farm : an Examination of
Official Statistics", *The Journal of Agricultural Economics*, Vol.25(1974), p.178.

27%和19%,而租佃农场超过50%。同年,在农场数量所占比例方面,租佃农场为49%,自营农场为36%,混合农场为15%。1970年,租佃农场、自营农场和混合农场所占比例分别为31%、46%和23%。在60和70年代,租佃农场的面积在50年代和60年代分别减少了23%和25%;自营农场在50年代增加了36%,在60年代减少了10%;混合农场在户数上虽有减少,但占有面积却一直在增加,50年代增加了14%,60年代猛增了44%。到70年代,英国农场的格局由50年代的租佃农场独占半壁江山,发展为3类农场三分天下的局面。

1970年,25英亩以上的农场占农业总面积的97%,从1960年到1970年,此类农场的数量减少了18%,其中租佃农场减少了34%,自营农场减少了17%,只有混合农场不减反增,增加了12%。在25—50英亩、50—125英亩、125—250英亩、250—500英亩、500—1250英亩和1250英亩以上各类农场中,租佃农场所占比例很均衡,都在31%—34%之间;自营农场所占比例分别为46%、40%、38%、32%、28%和25%;混合农场所占比例分别为23%、26%、29%、34%、41%和42%。① 可见,农场面积越大,其中自营农场所占比例就越低,混合农场所占比例就越高。

表5-9 1950—1970年三类农场的平均面积

(单位:英亩)

	租佃农场	自营农场	混合农场
1950年	83	56	94

① Berkeley Hill, "The Rise of The Mixed-Tenure Farm: an Examination of Official Statistics", *The Journal of Agricultural Economics*, Vol. 25(1974), p.180.

	租佃农场	自营农场	混合农场
1960 年	96	67	119
1970 年	125	88	166
1950—1960 年间涨幅	51%	57%	77%
1960—1970 年间涨幅	30%	31%	37%

资料来源：Berkeley Hill, "The Rise of The Mixed-Tenure Farm: an Examination of Official Statistics", p.179.

在这 3 类农场的平均面积上，混合农场最大，其次是租佃农场，自营农场最小，而且混合农场的增长幅度最快。伯克利·希尔对这一现象发生的原因的解释是，混合农场主要发生在大农场中，这是大农场扩张的一种手段。

大卫·格里格根据希尔后期的跟踪研究，对混合农场作了总结，发现在 1970 年之后的十几年间，混合农场的发展势头有所减缓，在农场数量和所占面积两个方面皆逊色于自营农场。这一变化以下表显示。

表 5-10　1970—1983 年间英格兰和威尔士的混合农场
所占数量和所占面积的比例变化

	所占农场数的比例			所占面积比例		
	租佃农场	自营农场	混合农场	租佃农场	自营农场	混合农场
1970 年	30.7	46.2	23.1	32.6	34.6	32.8
1975 年	25.5	44.0	30.5	27.2	32.0	40.8
1980 年	23.3	53.9	22.7	26.8	39.4	33.9
1983 年	20.4	57.4	22.3	24.4	41.3	34.4

资料来源：David Grigg, *English Agriculture : An Historical Perspective*, Oxford U.P., 1989, p.107.

对混合农场制进行研究的学者不多,没有更多可以依赖的资料,目前尚难以进行更加深入的探讨。笔者认为,混合农场的发展是与 20 世纪租佃农场衰落、自营农场崛起的基本步调一致的,是在传统的自营农场和租佃农场两种经营方式之外,对农业经营方式进行的一种制度创新。

农业生产力水平的提高从上层建筑和经济基础的相互作用方面来说,20 世纪英国土地关系的变化在很大程度上是英国国家垄断资本主义系统地干预经济生活,尤其是调整农业生产关系的重要结果。从第一次世界大战开始,英国政府对经济生活的态度由 19 世纪的自由放任逐渐转向全面的国家干预,其农业政策的演变就是这种国家干预不断强化过程的一个重要组成部分。通过英国农业在 20 世纪经营方式的改变和土地集中化的加强等方面的变化,我们可以发现英国政府对农业的干预一般都是通过制定《农业法》和《农业持有地法》等法令,作为政府制定政策的依据。而且,英国政府运用所掌握的政治权力,通过各种经济和法律杠杆,使国家对农业的干预成为一种持续而系统的作用。从生产关系和生产力之间的相互作用的因果关系来说,作为 20 世纪英国农业生产关系的一个重要方面的土地关系的变革,是有利于生产力的发展的。

英国农业在 20 世纪实现了生产的机械化、化学化和专业化,出现了农业生产力水平的大幅度提高。英国土地关系的上述变化无疑总体上是有利于发挥生产经营者的生产积极性和实施现代农业科技的。以机械化水平为例,英国农业劳动者的平均固定资产装备程度高,甚至超过了某些工业部门。在 1950 年、1960 年、1970 年,英国农业物资耗费(买进的材料和生产性劳务)在农产品价值中所占的比重相应为:33.6%、40.9%、56.9%。英国在 1925 年有拖拉机 20300 台,并且全部是进口的,而农用役马却有 91 万匹。从 1931 年开始,英国着手开展农业机械化。1933 年,英国已能够生产农用拖拉机。到 1939 年,拥有拖拉机 56200 台,役马为 649000 匹,在农业动力中,机械动力占 60% 以上,畜力不足 40%。战后,英国农机工业发展较快。1946 年,农用拖拉机拥有量已达 203000 台,农用役马降至 52 万匹,拖拉机提供的机械动力已占农业牵引力的 88%。到 1948 年基本实现机械化,大约用了 17 年的时间。到 50 年代初,英国中等以上的农场已全部使用拖拉机,开始进入全面机械化的发展时期。①

英国农业生产力的发达主要表现为高效的农业劳动生产率上。这种农业生产率的提高不仅表现在英国与当代其他发达国家的横向比较上,也表现在与英国本国以前的历史时期的纵向比较上。

就英国本国农业发展史来说,20 世纪,特别是第二次世界大战以来农业生产力的进步是历史上最快的一个时期,以 1960—1985 年间为例,英国农业总产量的年平均增长率达到 2.7%。下面两个表格分别显示了英国农业的总产量和单产量在近代不同历史的增长率:

表 5-11　1700—1985 年英国农业总产量的年平均增长率

时期	1700—1760	1760—1780	1780—1801	1801—1841	1841—1871	1871—1901	1901—1922	1922—1939	1939—1960	1960—1985
增长率(%)	0.6	0.13	0.75	1.2	1.3	0.7	0.0	1.6	2.9	2.7

资料来源:David Grigg,*English Agriculture:An Historical Perspective*,Oxford U.P.,1989,p.7.

---

①　陈耀庭、肖德周编:《战后资本主义农业现代化简论》,广西人民出版社 1982 年版,第 10 页。

表 5-12　英国部分主要农作物的单产情况

（单位：英担/英亩）

作物	1885—1889	1921—1925	1933—1937	1950—1954	1974—1974	1980—1984	1885—1937 年的增长率(%)	1937—1984 年的增长率(%)
小麦	16.2	18.6	17.8	22.7	35.6	52.7	10	195
大麦	13.0	14.6	16.2	21.1	30.0	38.9	25	140
燕麦	13.8	13.8	16.2	19.4	30.8	37.3	18	130
马铃薯	119.9	126.4	136.1	162.8	254.3	290.0	14	113
甜菜	—	148.2	188.7	231.7	277.0	330.5	—	75
芜菁	238.1	238.1	213.0	321.0	386.4	491.7	-10	131
干草	27.5	22.7	21.1	20.3	34.8	—	-24	65

资料来源：David Grigg, *English Agriculture : An Historical Perspective*, Oxford U.P., 1989, p.64.

这些资料充分表明,二战以后英国农业生产率的提高速度在英国历史上是前所未有的。正如明格所说："战后的年代无疑是真正的'农业革命'的时代。"[1]

（三）乡村社会结构

20世纪,英国农村人口的绝对数量和所占相对比例都有了明显的下降,今天的农业就业人口不足全部劳动力的2%,许多传统的行业消失,这种变化的结果是农村社会结构趋于简单。本章的农村社会结构按照土地贵族(大土地所有者)、农场主(农业经营者)和农业工人(农业生产劳动人员)进行划分和分析。需要指出的是,随着20世纪自营农

---

[1]　G.E.Mingay, *Land and Society in England 1750-1980*, London, 1994, p. 253.明格一直是"农业革命"概念的力倡者,他认为农业革命发生于1750—1880年间,并于1966年以《农业革命1750—1880》作为他与另一位农业史学家钱伯斯合写的著作的名称。但晚近他在研究了英国现代农业史之后,修正了自己早年的看法。

场所占比重越来越大,很多农场主本身也是土地所有者,农场主这一概念本身与 19 世纪传统意义上的租佃农场主概念有所不同。

土地贵族。这里所说的土地贵族是指大土地所有者,不仅包含有封号的贵族,也包括没有封号的大地产阶层。在人们一般印象中,20 世纪的土地贵族日薄西山,其政治经济和社会地位日益沉沦,是一个没落的社会阶层。然而细究之后可以发现,土地贵族失去的只是政治权力,在经济领域,他们依然位列富翁行列;在公共领域,他们依然是社会关注的焦点人物。

在 19 世纪中期,英国的大地主是全国最富有和最有权力的阶层。工业革命结束之后,他们在财富上日益逊于工商业资产阶级,经济地位开始下降。从 1832 年开始的议会改革,逐步取消了地主贵族掌控的衰败选区,1872 年的《秘密投票法》终结了地主对佃农投票权的干预,地主阶级在地方的政治影响力日渐式微。

在国家层面,整个贵族阶层在全国的政治影响力微乎其微。1911 年《议会法》规定上院不得否决下院的财政法案。一战后又规定贵族不得担任首相,1963 年,道格拉斯-霍姆伯爵为了当首相,需要先辞去贵族封号。1910 年,议会下院议员有 40% 来自土地社会,他们要么自己是地主,要么是贵族子弟。1945 年以来,这一成分所占比例一直在 5% 左右。[1] 1910 年,有三分之一到一半的贵族经常出席上院会议。1999 年工党进行议会改革时,只有大约 150 人经常出席议会。工党政府规定 1300 多名

---

① F. M. L. Thompson, "English Landed Society in the Twentieth Century: I, Property: Collapse and Survival", *Transactions of the Royal Historical Society*, Vol. 40 (1990), p.4.

贵族中选举 92 人世袭贵族作为上院成员,其余的世袭贵族就此失去上院议员身份。

土地贵族在地方政治影响力的下降反映在郡长职位的社会成分的变化上。各郡郡长没有实权,是一种荣誉性职位,基本行使的是礼仪性的职能。在 20 世纪初,大多数郡长来自当地的名门望族。1910 年,英格兰的 43 名郡长有 39 名是贵族,苏格兰的 33 名郡长有 29 名是贵族,威尔士的 12 名郡长有 7 名是贵族。到 70 年代,英格兰的 46 名郡长只有 15 名是贵族,苏格兰的郡长大约有一半是贵族,而威尔士的郡长则无一人是贵族。贵族地主政治地位的下降也反映在郡务委员会主席职位的成分变化上。在 1914 年的郡务委员会主席中,英格兰和威尔士有 15 名贵族和 7 名男爵。到 1973 年,英格兰土地贵族担任这一职位的不足 10%;苏格兰的比例稍高一点;威尔士已是彻底没有。到 80 年代末,全国则无一名贵族担任这一职位。[①] 土地贵族从地方政治舞台的淡出,大多并非被地方民众逐出,主要是他们对政治失去兴趣而选择了自愿引退。

土地贵族的择偶对象和范围也在 20 世纪发生很大变化。在维多利亚时代,贵族虽然不是一个完全封闭的社会阶层,但大多数贵族在择偶时选择的标准都是门当户对。至少一半的贵族的配偶来自有封号的贵族家庭,约四分之一的贵族婚姻对象来自乡绅、国教牧师和军官家庭,这些家庭也与土地社会有着密切的联系。剩下不足四分之一的贵族配偶来自英国土地社会之外的圈子,主要是商人、职业人员和文官家庭以及外国的贵族和军

---

① F. M. L. Thompson, "English Landed Society in the Twentieth Century: I, Property: Collapse and Survival", *Transactions of the Royal Historical Society*, Vol. 40 (1990), pp.4-6.

官家庭。① 到 70 年代中期,情况正好相反。不足四分之一的有封号的贵族的配偶来自同样有封号的土地贵族家庭。1975 年,在王室以外有 24 名公爵夫人和 9 名已经离异的前公爵夫人,这 33 人有 13 人来自贵族家庭。诺森伯兰公爵夫人是第八代巴克卢公爵的女儿,桑德兰公爵夫人是第八代诺森伯兰公爵的女儿。但世家大户之间的互相通婚只是少数现象,其余大约三分之二的公爵夫人家庭出身背景多样化。没有一人来自乡绅家庭,有 6 人出身于军官家庭,其余的是商人的女儿、银行家的遗孀或离异者。1975 年,对 227 名贵族的婚姻状况综合研究发现,有 24% 的贵族配偶来自贵族家庭,4% 来自乡绅家庭,1% 来自教士家庭,14% 是军官的女儿,2% 是职业人员的女儿,12% 出身外国家庭,另有 42% 出身背景不能确定。② 决定当代贵族婚姻的不再是血统和出身,而是财富、长相、风度、爱好等其他因素。

从 19 世纪末到 20 世纪中期,贵族消亡的挽歌不断唱响,贵族本身也经常顾影自怜,不可终日。经过一个世纪的变化,可以说,土地贵族作为一个社会阶级已经不复存在,但贵族和大地产在英国还继续存在。1919 年,英国议会通过《财政法》,决定对价值超过 200 万英镑的地产征收 40% 的继承税。第九代马尔博罗公爵评价说:"这是以社会公平的名义,摧毁我们社会影响力的最后堡垒……新税法使我们这些人的后代很难传承下去。"他预言英国土地贵族将会很快消失。1933 年,斯特拉伯基勋爵过早地做出了判断:"土地贵族作为一个阶级已经被清除了。农村乡绅已经消失。"③实际情况没有如此悲观,今天,第十一代

---

① M. E. Montgomery, *Gilded Prostitution*: *Status*, *Money and Transatlantic Marriage*, London, 1989, pp.89-91.

② *Who's Who*, 1975.

③ D. Cannadine, *The Decline and Fall of the British Aristocracy*, Yale University Press, 1990, p.20.

马尔博罗公爵依然居住在布伦海姆宫,周围有 1.15 万英亩的土地,位列英国最富有的 200 人之列。而且,随着英国农场平均面积的扩大,大地产不但没有消亡,新旧大地主实际上操控着英国的土地。

英国的土地贵族在 20 世纪经历了重大的损失,两次世界大战使得一些贵族子弟阵亡,家族世袭中断;延续下来的部分家庭,因为高额赋税、债务或经营不善而破产,最终也从土地贵族名录中消失。英国的《伯克地产乡绅》收录了拥有土地 1000—10000 英亩的地主名录,每隔一个时期就更新一次。在 19 世纪80 年代,该书列出了大约 4000 个家庭,到 1937 年,这些名单中有三分之一的家庭已经没有了土地,这意味着大约有 1300 家在两次世界大战之间出售完了土地。再到 1952 年版时,列出了4500 家。编辑指出,从 1937 年到 1952 年,又有 1000 家售光了土地。再看比乡绅更大的贵族阶层的状况。在 19 世纪 80 年代末,英国有不超过 250 家拥有的土地在 10000 英亩以上,他们属于贵族和从男爵。另有 350 名贵族的地产规模较小,其中 55 人的地产少于 2000 英亩。到 1968 年,这 350 名贵族家庭约有三分之一没有了土地。①

但土地贵族家庭的消失率和土地的减少率比人们预想的要低得多。希泽尔·克莱门森对 19 世纪 80 年代的 124 个贵族家庭和 376 个乡绅家庭进行过样本调查,当时这些贵族每家的土地都在 1 万英亩以上,乡绅的土地在 3000 至 10000 英亩。1980年,对于上述家庭的土地情况,她通过调查问卷和访谈的方式采访了这些贵族和乡绅的后人。调查结果显示,65% 的贵族家庭还有 1000 英亩以上的土地,其中 29% 的家庭的土地超过 1 万英亩。38% 的乡绅家庭有 1000 英亩以上的土地,但只有 19% 的家

① P.Perrott, *The Aristocrats*, London, 1968, p.182.

庭土地超过 3000 英亩。她的结论是,到 1980 年,19 世纪 80 年代的土地贵族家庭的后人中,有 52% 的人继续拥有地产,其中 44% 的人的土地在 1000 英亩以上。[1]

F.M.L.汤普森认为,英国的土地结构在 20 世纪没有发生根本性的变化,贵族依然控制着英国大约一半的土地。从 1918 年底到 1921 年底,英格兰和威尔士售出的土地在 600 万至 800 万英亩之间,苏格兰出售也有几百万英亩,桑德兰公爵一人就卖掉了 130 万英亩。这种出售土地的情况在两次世界大战之间持续。第二次世界大战结束至 50 年代,是第二波出售土地集中的时间段,但规模要小得多。由于没有官方的统计数据和土地交易记录,汤普森估算,从 1910 年到 1980 年,贵族和乡绅大约售出了 1000 万英亩的土地,而他们在 1883 年拥有 1850 万英亩的土地。所以,到 20 世纪 80 年代,英国的土地贵族和乡绅大约还控制着原有土地的接近一半数量。1979 年,英国一份王家委员会的报告说,有 5000 英亩以上的地产不足 1200 人,他们占据了英国 600 万英亩的土地。[2] 这说明了当代英国大地产在占有土地面积方面的优势。如果从时间方面纵向比较,在 19 世纪 80 年代的英格兰和威尔士,拥有超过 3000 英亩的 1688 名土地所有者,占有大约 1400 万英亩的土地;土地面积在 6000 英亩以上的大约 1000 名地主,占有了大约 800 万英亩的土地。如果这样对比,那么,从 19 世纪 80 年代到 20 世纪 80 年代这 100 年间,英国的大地产结构有数量方面的些微变化,但没有实质性的改变。苏格兰的情况也类似。19 世纪 80 年代,苏格兰四分之三

---

① H.Clemenson, *English Country Houses and Landed Estates*, London, 1981, pp.119-122.

② F.M.L.Thompson, "English Landed Society in the Twentieth Century: I, Property: Collapse and Survival", *Transactions of the Royal Historical Society*, Vol. 40 (1990), pp.13-14.

的土地由 476 处大地产掌握;在 20 世纪 70 年代,大约一半的土地掌握在 546 处大地产手中。[1]

至于失去地产的贵族,他们失去土地除了因经营不善而破产外,还有其他若干原因。有的贵族是为了逃避继承税而出售地产,有的是没有直系后代继承地产,而他们又不愿意地产旁落,干脆在生前处理掉了事。第十一代和第十二代利兹公爵就典型地体现出这一点。第十一代利兹公爵在 1927 年继承了其父的爵位,他父亲为了规避继承税,已经在生前售出了部分地产。为了避税,第十一代利兹公爵出售了霍恩比城堡的地产隐居泽西岛,此后也不断出售剩余土地。他结过三次婚,没有后代,1963 年去世,爵位由其堂弟奥斯本继承。第十二代利兹公爵奥斯本二战时期做过驻梵蒂冈的大使,继承爵位后继续居住在罗马,他终身未婚,当然也没有后代。在他之后,爵位和地产双双消亡。第八代布莱代尔本伯爵无后,在他外甥继承爵位之前,已经售出了主要地产。第九代伯爵也无后,1936 年就出售了所有地产,他于 1959 年去世,他的一位远房堂弟继承爵位。这样,第十代布莱代尔本伯爵继承的只是一个头衔,没有任何地产。

1963 年,第六代格雷伯爵继承爵位,他是主持通过 1832 年大改革法案的首相格雷伯爵的后代。他并没有居住在他们家的霍维克地产上,而是居住在加拿大,霍维克地产归到第五代格雷伯爵的一位女儿名下。1981 年,第六代艾克赛特侯爵去世,爵位由他弟弟继承,第六代侯爵一直居住在加拿大的不列颠哥伦比亚,他们家在博格利的房产委托给了保护基金会。[2]

---

[1] F.M L.Thompson, "English Landed Society in the Twentieth Century: I, Property: Collapse and Survival", *Transactions of the Royal Historical Society*, Vol. 40 (1990), p.16.

[2] P.Perrott, *The Aristocrats*, London, 1968, pp.153–154.

对于出售部分地产的贵族而言,土地面积的减少并不必然意味着财产的缩水。从 1945 年到 1980 年,英国的土地价格从平均每英亩 60 英镑猛增至 2000 英镑,涨幅 30 余倍。地价的上扬足以抵消失去的土地份额所值的财富。

农场主。农场主指农场的经营者,是农业企业的业主。一名农场主可以是自然人、合伙人或合股的法人公司。在租佃制农场盛行的时代,农场主往往只是经营者,不是土地的所有者,但在 20 世纪,随着越来越多的农场成为自营农场,大多数现代农场主也是土地所有者,所以,农场主是一个在不同历史时期具有不同内涵的概念。英国还有农场主这一职业的职工联合会——全国农场主联合会,1908 年由科林·坎贝尔发起成立。二战之后,这一社团组织在对政府农业政策的制定方面发挥了举足轻重的影响力。

但农场主也是一个很难界定的概念和职业,很多从事其他行业的人,例如,一名拍卖师、屠夫、酒馆老板、兽医、食品供应商或公务员,因拥有土地也自认为是农场主,这些人可以被称为"业余农场主"。英格兰和威尔士规定,工作时间少于每年 275 个标准工作日的不算全职工作。而在 1960 年,英国 11% 的业余农场主没有其他收入,42% 的人另有其他全职收入,14% 的人有其他兼职收入。在英格兰和威尔士,业余农场主的比例为三分之一到三分之二,在苏格兰这一比例为 45%。1985 年全国业余农场主的比例约为三分之一。①

业余农场主大致可以分为五类人。第一类是从事商业服务业的人,如酒馆老板、客栈老板、磨坊主和屠户。第二类是手工业者,如木匠、石匠、裁缝和砖瓦匠。第三类是从事与土地相关

---

① B. A. Holderness, *British Agriculture Since 1945*, Manchester University Press, 1985, pp.123-125.

工作的人，如经纪人、土地代理人、粮商、种子商、马贩、马鞍匠等。第四类人兼职做工人，他们在兰开夏和约克郡做纺织工人，在德比郡开采铅矿，在康沃尔郡开采锡矿。第五类也是20世纪增加最明显的一类，就是城市白领阶层，他们选择乡下作为休闲之地，养花种草或种植作物是他们的业余嗜好，他们的主要收入来自其他职业。

在1907年的农业普查中，土地占有者需要回答的一个问题是，他们经营农业是否为了商业目的。25%的人选择了回答否，这些人可以被视为业余农场主。1930年，G.T.格雷特估计全国有33万农场主，其中30%为业余农场主，他们只占有4%的土地。1941年的农业普查把英格兰和威尔士25%的土地占有者定义为业余农场主，他们占有12%的土地。[1] 1970年，英国把每周工作时间低于40小时的定义为兼职。以此判断，1970年的业余农场主比例为20%，这一比例到1984年增加至30%。这意味着三分之一的农场主有第二职业。

近代以来的大农场主属于资本家阶级。20世纪的大农场主的阶级属性没有发生变化。明格使用的是"资本农场主"的概念。他说，在19世纪，英格兰和威尔士的耕地中有很大一部分是由可称为"资本农场主"的人所持有，他们具有相当的手段和智力，具有为几百亩甚至几千亩土地购置设备和进行有价值的管理的能力。1851年的人口调查显示，英格兰和威尔士大约有25万农场主和牧场主，他们之中大部分持有土地不足100英亩（这类农场一般来说由农场主及其家人自己耕作经营），当然也有许多更大的农场。时人认为小农场主是消极、保守和怀旧的，对农业的改进方式只能来自更大的农场

---

① Ruth Gasson, *Gainful Occupations of Farm Families*, London, Wye College, 1983, p.4.

主,他们有教养,游历广泛,支持农业社会,积极参与公众活动,与同行中的热心者们交换意见。这种观点有正确的成分,但若适用于全体则是无效的,各种农场主中都有具有重大影响的成员。①

在20世纪,农业在英国整个国民经济中的地位江河日下,农业劳动力在总劳动人口中所占比例大幅度下降。与荒芜的田园、废弃的农舍和移作他途的棚圈设施等社会景象相对应,农场主阶层的社会地位也经历了一番兴衰变迁的过程,但他们的人数不是直线减少,而是略有反复。直到20世纪60年代之前,农场主在人数上没有呈现出减少的态势,反而有所增加,从60年代之后,才出现了人数的大幅度减少。据威特比的统计,从1901年到1911年,农场主人数从224299人增至228788人,1921年时为264083人,1931年有所减少,为248246人,1951年又增至275525人,1961年迅速增加到298296人。1901—1911年间,人数净增率为1.8%;1911—1921年间,净增率为14.2%;1921—1931年间,新入比例16.6%,转出率24.2%,净增率为-7.6%;1931—1951年间,虽然总人数有增加,但经营5英亩农场以上的人数减少了16000人,至1966年,总人数进一步减至248536人。1971年,包括5英亩以下的农场主的总人数为27000人,1981年为237031人。②

自诺曼征服之后的《末日审判书》以来,英国历史上首次土地所有权的普查是1877年的官方统计。关于20世纪农场主的情况,都是来自学者的调查研究,不同的学者研究的调查

---

① G.E.Mingay, *Land and Society in England 1750 - 1980*, London, 1994, p.143.

② M. C. Whitby, "Farming in England and Wales, 1921 - 1961", *Farm Economist*, XI(1966), p.84; G.E.Mingay ed., *The Vanishing Country Man*, London, Routledge, 1989, p.102.

样本和分析方法有差异,所以对于农场主的人数结论方面有着较大的差异。有些农场主同时经营几块农场,或者,一块地产分摊给几位农场主经营,这些现象都会导致数字统计有一定的重复率。据 1958—1959 年阿什顿和克拉克奈尔的研究,当时英国的农场主有 357275 人,这一数字比威特比的要多出很多。其中 314571 人为个人,31786 人是合伙人,7053 处是股份公司。在重复计算的农场方面,他们的结论是有 13444 处农场,实际经营 30368 处地产。[1] 霍尔德尼斯认为,英国农场主的数量从 19 世纪末的大约 40 万人,减至 20 世纪 80 年代的大约 16 万人。[2]

农场主阶层是一个相对封闭的社会阶层,从业人员的上一代大多也是农场主。1944 年的一项社会调查显示,81%的农场主的父亲也是农场主,只有 7%的人来自与农业没有直接关系的家庭。三分之二以上年满 14 岁的农场主的儿子表示,未来的工作地点还是农场。70 年代的一项统计表明,只有 2%的农场主来自其他行业的家庭。在 20 年代土地转手量比较大的时期,这一数据有所变化。1939 年之前入职的农场主,三分之一以上的已经转行,到 70 年代还在继续经营农场的人中,大约五分之一来自其他行业,有矿工、农业工人和铁路职员等不同的家庭背景。[3] 在地区范围内,农场主之间往往有着较强的家族纽带关系。在林肯郡,一个家族占有分散在 21 个郊区的地产,这一家族又与其他拥有 20 处地产的 4 个家族有着姻亲关系。总体来

① J. Ashton and B. E. Cracknell, "Agricultural Holdings and Farm Business Structure in England and Wales", *Journal of Agricultural Economics*, V. XIV (1961).

② B. A. Holderness, "The Farmers in the Twentieth Century", in G. E. Mingay ed., *The Vanishing Country Man*, London, Routledge, 1989, p.103.

③ B. A. Holderness, "The Farmers in the Twentieth Century", in G. E. Mingay ed., *The Vanishing Country Man*, London, Routledge, 1989, p.106.

看,农场主是一个排他性较强的阶层,其他社会阶层的人员很难顺利踏入这一行业。

受整个英国教育推进程度和全国农场主联合会的影响,英国的农场主更加注重教育和科学知识对农业生产的指导作用。在 1914 年之前,很少有农场主接受过小学以上程度的文化教育。直到二战结束之前,农场主们也没有接受学校教育之外的知识传授。到 1972 年,已有 10% 的农场主上过中学。受教育的比例在不同的年龄段有着很大的差异。40 岁以下的人大多数接受过高等教育。到 1985 年,40 岁以下的农场主,大约有三分之二的人接受过高等教育。在 60 年代末,农业领域每年新接收农场主、经理和工人约 17000 人,其中大学生只有 2400 名。到 80 年代中期,新接收的入职人员减少了一半,但进入农业领域就业的大学毕业生人数差不多翻了一番。①

农业工人。英国的农业工人在 20 世纪经历了一个人口锐减的过程。但在第二次世界大战和战争刚刚结束后的最初几年,为了战时粮食生产的需要,农业工人的人数曾经有过短暂的增加时期。1921 年的人口普查显示,农业工人的数量是 86900人,比 1911 年减少了 8.8%。农业工人中有 8.4% 为妇女,21.2% 是临时工。② 农业工人的年龄结构趋于老化,年轻一代大多不愿子承父业。从 1918 年到 1927 年,对沃里克郡 11 所学校的毕业生跟踪调查结果表明,只有 36% 的男孩日后从事了农业工作。1921 年对科茨沃兹 36 名年满 14 岁的毕业男生的跟踪调查显示,有 9 人离开了出生地,这 9 人中有 2 人成为士兵,2人当了警察,1 人当了石匠,1 人当了制靴匠,1 人当了花匠,2 人

---

①　B. A. Holderness, *British Agriculture Since 1945*, Manchester: Manchester University Press, 1985, pp.131-132.

②　F. D. W., "United Kingdom: Numbers in Agriculture", *Farm Economics*, Vol.VIII(1955), p.38.

成为农业工人。27 名留在当地的,他们的职业五花八门,有花匠、脚夫、杂货商、货车司机等,但没有人做农业工人。从 1921 年到 1931 年,有 27.6 万名年龄介于 15—24 岁的男子离开了农业领域,另谋生路。在 30 年代的前 9 年,农业劳动力持续减少,下降了 17%。① 这些失去的农业人口集中在英格兰南部,流向是矿区和新兴制造业。

二战时期,英国实行农业优先的生产战略,农业工人除非自愿,无需入伍服兵役。农业工人和许多妇女、士兵与战俘共同从事农业生产,使得农业从业人数大增。战俘服务于农业持续到 1948 年,妇女耕种大军到 1949 年才解散,1950 年,全职的农业工人人数还有 59.5 万人,达到了 1933 年以来的最多人数。② 此后,从 1949—1965 年,农业工人的数量以每年 4% 的速度减少,从 1949 年到 1979 年 30 年间减少了三分之二的数量,在 70 年代初,农业工人只占全部农业从业人员总数的 30%。

农业工人的减少有几个原因。第一,自营农场数量增多,这类农场更多地使用家庭成员和亲戚来耕作,较少雇用全职的农业工人,以节约经营成本。1983 年,英国农业就业总人口为 57 万,农场主、职业经理人及其配偶、亲属超过 300 万人,占 58% 的比例。1851 年,农场主及其亲属只占农业就业人口的 21%,1901 年占 29.6%,1931 年占 32.9%,1951 年占 36.%,所占比例一直出于一个上升的趋势。在 1851 年,包括全员工人和零工在内,英国有 126.7 万农业工人。1983 年,农业全员工人和零工

---

① W. A. Armstrong, "The Most Despised Craftsmen: Farmworkers in the Twentieth Century", in G. E. Mingay ed., *The Vanishing Countryman*, Routledge, 1989, pp.116-117.

② Ministry of Agriculture, Fisheries and Food, *A Century of Agricultural Statistics, Great Britain 1866-1966*, London, Her Majesty's Stationery Office, 1968.

的数字分别为 11.76 万人和 15.5 万人。①

第二,农业机械化降低了使用农业工人的比例。1950 年,英国拖拉机的数量超过了马匹的数量,1965 年拖拉机总数为 43.5 万台,此后一直维持在这个数字水平。联合收割机和奶牛自动挤奶器的使用提高了好几倍的工作效率。但盖森的研究认为,离开农业的主要是妇女和零工,全职农业工人数量的减少原因是代际的新陈代谢,即老工人退休或去世,接班的年轻人少。战后的经济繁荣使得年轻人比较容易在其他行业谋职。1950 年,学校的毕业生有 9.2% 从事农业工作,1970 年只有 4.6%。②

第三,城市的扩张和工矿厂区的建设,侵占了大量农业用地,使得原有土地的农业人员转而从事其他行业的工作。19 世纪 70 年代以来,英国的农业用地减少了 400 万英亩,仅此一项因素就减少了 15% 的农业从业人员。仅 1920 年到 1940 年,耕地减少了 65 万英亩,有大约 20 万农业工人转行。③

农业工人的子弟离开土地或继续做农业工人,受制于不同区域的环境条件差异。在 20 世纪 60 年代,传统农业区诺福克郡的农村孩子,在毕业之后大多选择回到乡间继续做农活。成年之后的出路是当兵,或拿个驾照当司机。在伯明翰、考文垂或弥尔顿·凯恩斯等城市的郊区农村,乡下孩子有更多的机会外出谋生。④

① David Grigg, *English Agriculture: An Historical Perspective*, Oxford U.P., 1989, p.145.
② R.Gasson, "Resources in Agriculture: Labour", in A. Edwards and A.J. Rogers eds., *Agricultural Resources, An Introduction to the Farming Industry of the United Kingdom*, London, 1973, p.121.
③ David Grigg, *English Agriculture: An Historical Perspective*, Oxford U.P., 1989, p.147.
④ H.Newby, *The Deferential Worker*, London, 1977, p.195.

农业机械化改变了农业工人的工作环境,也对他们提出了更高的知识和技能要求。过去的青年农业工人需要熟练地驾驭马匹,他们以马背上威风凛凛的形象为荣。从 30 年代起,驾驶拖拉机的农村青年成为新型的农村年轻人的代表,拖拉机是他们接受了现代化的标志物。农业生产从劳动密集型转变为资本密集型的结果是,农业劳动者的工作变得孤单乏味。在机械化普及之前,农忙时节,乡下人不分男女老幼,集体日出而作,日入而息,过的是农场的集体生活。现在大片一望无垠的农田上,只能看见一个拖拉机手孤单的身影。农村相对信息封闭,业余生活单调,这也是很多年轻人选择离开农业的原因。

从播种、除草、杀虫、收割到饲养各个环节,都需要现代农民掌握一定的科学技术。为了提高农业从业人员的知识和技能,英国政府和教育部门先后采取了一些措施,提高准入门槛,或鼓励农业工人提高专业能力,但收效不大。从 1938 年起,英国 9 所大学和 43 所农学院开始授予农学学位,但对农民和农家子弟的影响力很小。1953 年起,实行农业学徒制,2359 人注册学习了一年的课程,其中只有 4%来自农业家庭。70 年代初,政府开始实行农业工种的工人分级,不同级别的工人工资不同。到 80 年代,绝大多数农业工人没有兴趣考级,仍然维持在最末一级的水平。[1]

与工业领域的工人相比,农业工人的工作满意度出奇的高。1970 年,一份官方问卷显示,只有 1%的农业工人不喜欢自己的工作。1971 年,萨福克郡的一份调查表明,93%的农业工人认为自己的工作一直很有趣或大部分时间很有趣。[2] 与其他部门

---

[1]　W. A. Armstrong, "The Most Despised Craftsmen: Farmworkers in the Twentieth Century", in G. E. Mingay ed., *The Vanishing Countryman*, Routledge, 1989, pp.119-120.

[2]　H. Newby, *The Deferential Worker*, London, 1977, pp.289-290.

的工人相比,农业工人不认为自己是机器的奴隶,工作不是很乏味,农村田野为他们提供了一个广阔的工作空间,乡间的动植物也能够增添一些劳动时的乐趣。而且,农业是季节性的工作,有着更大的时间方面的自由度。

英国农业工人的工资在 20 世纪上半叶有较大的波动。农业工人平均工资从 1917 年的每周 37 先令降至 1921 年的 28 先令。这引发了 1923 年诺福克郡农业工人的大罢工,有 2 万人参加,后发展为一场骚乱。随后类似的罢工在全国发生。1924 年,英国通过一项法律来解决农业工人的工资问题。政府并不规定一个最低工资水平,而交由各郡成立一个委员会专门处理。但农业工人的实际工资没有上涨,英格兰农业工人的工资低于最低工资水平的 21%,威尔士低于最低工资水平的 36%。到 1939 年,农业工人的每周平均工资只有 34 先令 9 便士,他们最大的单项支出仍然是购买食品。他们的工资大大低于同一时期其他行业的工人,这时木匠和石匠的工资是每周 71 先令,印刷工人是 73 先令,火车司机为 72—90 先令。二战期间,农业地位上升,农业工人的工资有了大幅度的增加。1940 年的《农业工资法》授权成立一个中央委员会,规定全国农业工人的最低工资是每周 48 先令。从 1938 年到 1949 年,农业工人工资涨幅为 170%,而全国其他行业平均涨幅为 82%。但之后农业工人工资增长速度放慢,从 1949 年到 1972 年,全国工资上涨 376%,而农业工人的仅增长了 291%。1945—1946 年度,农业工人工资达到每周 72 先令,1948—1949 年度为 5 英镑 9 先令,1979 年达到 72.04 英镑。[①] 到 1961 年,80% 的农业工人家庭有了一台电视机,37% 的人有了汽车,生活

---

① W. A. Armstrong, "The Most Despised Craftsmen: Farmworkers in the Twentieth Century", in G. E. Mingay ed., *The Vanishing Countryman*, Routledge, 1989, pp.21-123.

水平有了很大起色。

在二战之后,农业工人的流动性比战前有所增强。1930年,在埃塞克斯的艾尔姆顿,多数农业工人的家庭在此居住超过60年,他们几乎不更换雇主。从1940年到1943年,英格兰南部的农业工人有38.3%至少更换过一次雇主。二战之后,农业工人换雇主的频率增加了,使得一些农场主不得不从远处招来新的雇工。1972年,左翼社会学家霍华德·纽比在东安格利亚著名的农业区萨福克郡进行社会调查,他的结论是当地农业雇工平均服务于一处农场的时间长度为16.7年。全国有62%的农业雇工在同一处农场工作的时间超过5年。与上一代农业工人终身服务于一家农场的情况相比,战后的农业工人在选择雇主方面有了更多的更替决定。[1]

从1906年到1982年,英国农业工人也有自己的职工联合会——全国农业工人联合会。但与全国农场主联合会的强势地位相比,农业工人联合会一直处于弱势,最终于1982年被交通职工和全体职工联合会合并,成为其中的一个分会。1906年,全国农业工人联合会在诺福克郡的北沃尔沙姆成立,早期的秘书长是左翼人士R.W.沃克尔,他热衷于阶级斗争和社会对立,领导发动了1923年的诺福克农业工人罢工,但以失败告终。1920年,该组织有成员93000人,到1929年只剩下了23000人。从1924年起,R.W.沃克尔被解职,由温和派的艾德温·古奇担任主席,他担任这一职位直到1964年去世为止。古奇的立场是与政府、地主和农场主合作,在二战时期他为农业工人争取到了一些利益,到1948年,该组织的成员增加到13.7万人。但此后该组织日益萎缩,因为农业工人认为他们的利益更多地与雇主的利益结合在一起,而不是寄托于工会组织。70年代社会主义

---

[1]　H.Newby, *The Deferential Worker*, London, 1977, p.161.

学者爱德华·纽比对萨福克农业工人进行过调研,结果让他自己非常失望。92%的农业工人认为自己的利益与老板的利益一致,他们认为"多数老板用心处理职工的福利",86%的工人对自己的薪资水平满意。[①]

　　1982 年,在表决是否加入交通职工和全体职工联合会时,全国农业工人联合会有 43%的成员投了赞成票,有 7%的反对票,其他人弃权。在发达资本主义社会中,农业工人的地位被极端地边缘化了。

---

① 　 H.Newby, *The Deferential Worker*, London, 1977, pp.387-388.

第六章 法 国

一、中世纪的领主制

（一）中世纪早期的庄园制度

在大约9世纪以后，庄园这种古老的社会组织支配着大部分的人口，在附庸制发展过程中和它的鼎盛时期，庄园是一个依附者群体。依附者接受领主的保护、听从领主的指挥、遭受领主的压迫。

庄园最初称为villa，原指古罗马时期上层阶级的乡村住宅，后也包括住宅附近的田地。罗马帝国晚期，这种villa的面积一般为两三百公顷，主要使用奴隶劳作。随着时间的发展，"villa"一词逐渐退出历史舞台，而代之以"curte"、"fisca"等词。739年，法国普罗旺斯贵族阿博在遗嘱中详细记录了自己五个curte的情况。在法语中，"庄园（seigneurie）"一词具有多重含义：（1）它指一块土地，领主的土地，庄园；（2）它指领主对土地以及土地上的人民所行使的权力，即领主权。（3）它指领主土地权，这一权力并不会因为土地转让而丧失。庄园的定义主要涉及土地及权力两个方面。这种定义最早源于14、15世纪受到罗马法影响的早期法学家。到17世纪，法学家夏尔·卢瓦索在著作《庄园专论》中提出"庄园，它是与土地相关的公共权力"。[1]皮

---

① Michel Puzelat, *La Vie rurale en France XVIe –XVIIIe siècle*, Paris, SEDES, 1999, p.19.

埃尔·古贝尔认为庄园首先是块大地产,可涉及经济领域和法律领域。马克·布洛赫认为应当从两方面来看法国的庄园,"从土地关系上讲是这样一块被管理的土地,它的大部分地产收入直接或间接地只归一个主人所有;从人与人之间关系上讲,就是只服从一个领主的一群人"①。在《封建社会》一书中,马克·布洛赫更加详细地描述了中世纪庄园的特点且着重强调土地关系方面的内容。他指出庄园就是由领主的属臣所居住的地产,"这种土地通常划分为密切地相互依存的两部分,一是'领主自营地',史学家称之为'保留地',出产的产品全部直接归领主所有;一是佃领地,即中小规模的农民佃领地,这种土地数量不等,分布于领主的'庭院'周围。领主声称对农奴的房舍、可耕地和草地拥有绝对的不动产权,这表现在这些财产每次转手时,领主都要求举行新的封地仪式,封地仪式很少是免费授予;财产继承人空缺时领主享有占有权;享有合法没收权;最后也是最重要的是,领主有权征税和征索役务……"②从这些定义可以看出,法国史学界大多是从经济和司法两个方面来定义庄园。需要指出,此处"司法"的概念不同于"现代司法"概念,它更多地是指一种权力,不仅包括司法和立法工作,也包括政府行政职能。因为中世纪时地方政府机构欠缺,许多政府工作如征税、地方治安等都不得不由庄园来代替。因此,中世纪时的庄园不仅是一个基层经济单位,也是一个基础的行政管理和司法单位。

11 世纪早期的大多数庄园似乎都有领地。法国北部和东部的庄园住宅常常有一个大的村庄那样大,有的甚至有几个村庄的规模。在较南的地区,如巴黎和卢瓦尔河一带,如诺曼底和

---

① [法]马克·布洛赫:《法国农村史》,余中先等译,商务印书馆 1991 年版,第 79 页。

② [法]马克·布洛赫:《封建社会》上卷,张绪山等译,商务印书馆 2007 年版,第 387—388 页。

安茹,庄园规模一般适中,法国南部和勃艮第也是这样。塞纳河、瓦兹河和索姆河流域的盆地全是大庄园住宅,有时非常巨大。[1] 18 世纪都兰地区,塞纳维耶尔子爵庄园面积达 3155 阿庞[2]。按当地 1 阿庞约等于 42.7 公亩计算,这个庄园面积约为 1347.185 公顷,只是个中等大小的庄园。9 世纪初,阿纳普王室庄园的核心区域就有 2800 到 2900 公顷。圣阿芒修道院在布西涅的一处庄园仅仅只有 14 公顷[3]。大领主一般都有多个庄园,且分布于不同地区。例如,9 世纪圣-日耳曼-德-普雷修道院有 25 个庄园,占地 3 万多公顷,每个庄园平均拥有 1200 公顷土地。850 年圣贝尔坦修道院的庄园共占地约 11000 公顷。圣阿芒修道院有 16 个庄园,圣里基耶尔修道院的产业遍布 52 个地方[4]。

在中世纪的法国,大多数土地都属于领主。他们既是"土地的主人",也是庄园的管理者和法官,是整个庄园权利的中心。领主自留一部分土地,其余土地作为份地交由农民耕作。农民从领主处领得份地耕作,农民必须向领主交纳地租或提供劳役。在早期劳役是农民负担的最主要形式。劳役包括承担领主自领地一切农活,如翻耕、播种、除草、施肥等。在农忙时节,领主自领地的粮食要首先收割,领主的葡萄要最先采摘以保障品质。此外,劳役也包括一些为领主生活服务的项目以及一些公共服务项目,例如维修领主住宅、提供马匹为领主运输粮食、

---

① ［意］M.M.波斯坦主编:《剑桥欧洲经济史》第 1 卷,郎丽华等译,经济科学出版社 2002 年版,第 271 页。

② 阿庞(Arpent),法国古代土地面积单位,各地大小不一,约相当于 20 至 50 公亩。

③ Geroges Duby et Armand Wallon(dir.), *Histoire de la France rurale*(*Tome I*),Paris:le Seuil,1975,p.358.

④ Geroges Duby et Armand Wallon(dir.), *Histoire de la France rurale*(*Tome I*),Paris:le Seuil,1975,p.354.

修路、巡视庄园等等。在中世纪,不仅农奴需要提供沉重劳役,自由人也需要提供少许公共劳役,如修路、运输等。12 世纪劳役地租逐渐退出历史舞台,而代之以实物或货币地租。中世纪晚期至近代早期,法国农民最重要的代役租为年贡,年贡可为实物也可为货币,一旦领主和农民达成协议,年贡的数量和缴纳形式就固定下来,多年不变。除了年贡,农民还需缴纳按比例征收的土地税或少量实物地租等,以及各类杂项费用,如伐木、牧猪、拾柴火等使用森林的费用、市场费、过桥费等等。少数农民可免除大部分地租和劳役,但他们必须自带装备为领主服役。

领主不仅在经济上控制着农民,在政治上也是庄园公共权力的中心。领主最基本的统治权是领主的司法审判权,它是领主一切权力的基础。根据司法权,领主可组织召开庄园法庭,对违法之人处以罚款、惩戒,审理庄园内的民事纠纷。少数大领主还可审判刑事案件,对农民具有生杀予夺的大权。法国中世纪早期由于王室衰微,各级领主乘机篡夺更多公共权力。在早期,由于没有税收机构,通常由领主作为国家机构代表向农民征税。随着王室的衰微,过去上交给国家的一些税收部分落入领主手中。此外,领主们对庄园中的农民拥有管辖权、统治权,其中最常见的是禁令权。禁令权最初只是领主发布布告的权力。如葡萄成熟时由领主宣布何时正式开始摘葡萄的通告,庄园农民都必须遵守。到后期,领主不断巩固扩大自身权力,强迫农民服从领主命令。1319 年皮卡迪一个领主的代表要求一个农民去砍柴,并承诺按雇工水平给予报酬,遭到该农民的拒绝,为此领主法庭判处农民交纳罚金。[①] 10 世纪以后,领主利用手中的权力,强迫庄园居民必须使用领主在庄园中所设的公共磨坊、面包烤

---

　　① [法]马克·布洛赫:《法国农村史》,余中先等译,商务印书馆 1991 年版,第 94 页。

炉等,居民们要向领主缴纳费用。领主在经济上和政治上控制着庄园中的农民。

在庄园生活中,领主在许多方面都享有优先权。例如领主的土地应当最先耕作,最先收割;休耕地和公共牧场开放时首先让领主的羊群进入。此外,领主还具有一些专属特权,如拥有专供领主狩猎的森林、拥有能饲养一两百只鸽子的鸽舍等。

9世纪到13世纪,农奴制在法国曾广泛存在,占据着人口的绝大多数。他们生活在庄园中,接受庄园领主的保护,服从领主的命令,成为庄园中最为重要的组成部分。

法语中Serf是从拉丁文"奴隶"一词servi变化而来,中文译为农奴。法语俗语常将其称为homme de corps。homme de corps是指属于某个人或某个团体的人,强调其人身附属于主人、依附于主人,即有人身依附关系。维泽雷修道院院长这样描述一位农奴:"他从头到脚都归我所有",强调农奴身体是属于主人的。农奴待遇并不比奴隶好多少,11世纪安茹的一份家谱中记载了一个农奴尼韦被主人维亚尔割断喉咙。① 农奴对土地存在依附关系。马克·布洛赫认为农奴身份具有两重性,既有人身依附关系,也要依附于土地。农奴对主人的严格依附是农奴的主要特征,这种依附关系无论他走到哪里都无法改变,并且将世代相传。1077年,加尔朗老爷表示:"我把诺东维尔的全部男女农奴都送给圣马丹,无论他们的后代中有谁又迁往他处,不管他们是男是女,不管迁往地远近,是乡村、村镇、市镇或是城市,因他的农奴身份,他们同样隶属于圣马丹的僧侣们"。②

---

① [法]马克·布洛赫:《封建社会》上卷,张绪山等译,商务印书馆2007年版,第418页。

② E. Mabille, *Cartulaire de Marmoutier pour le Dunois*, 1874, n。XXXIX (1077),转引自[法]马克·布洛赫:《法国农村史》,余中先等译,商务印书馆1991年版,第102—103页。

农奴是直接农业生产者,领有一块土地和房屋,拥有自己的家庭,有一定财产权利。但他们必须依附于土地,不能随意迁徙,当土地转让时要随同土地一起转让。他们没有土地所有权,不过领主也不能将他们赶离土地,农奴的土地可世袭。作为领有份地的回报,农奴要向领主提供不固定的劳役,缴纳各种贡赋,如实物租、任意税、使用村中磨坊、烤炉、压酒器的费用等等。圣-日耳曼-德-普雷修道院的庄园中,撒克逊·安罗屈持有一块 9 公顷 31.64 公亩的份地,第一年向领主缴纳 3 苏①,第二年缴纳 1 苏的现金,3 只小鸡和 15 个鸡蛋,并承担常规劳役②。其法律地位略高于奴隶,不能被随意买卖,但可以交换。1172 年,巴黎附近圣热内维耶尔修道院用一个女农奴与同一教区的圣法龙修道院交换了一个带着 3 个孩子的母亲。③

在法国,农奴的主要标志有:首先,农奴可以合法婚配,但若没有领主的允许,他们禁止与自由人或庄园外的人结婚。830年,艾因哈德的妻子为一个农奴向其领主求情。这个农奴叫弗尼罗,来自莫斯巴什,在没有得到领主允许的情况下与一个自由人女子结婚。他们害怕领主追究,不得不请求艾因哈德妻子的帮助④。由于庄园地域范围小,很多农奴都不得不去庄园外寻求婚配对象。起初,领主之间通过互换的方式交换婚配对象。后来,领主干脆向农奴征收一笔费用作为补偿。其次,农奴可以继承父母的遗产,但需要先缴纳一笔费用。法国存在着两种不

① 苏(sou),法国辅币名,等于二十分之一利弗尔(livre)。

② M.B.Guérard,*Polyptyqye de L'abbé Irminon ou denomnrement des manses, des serfs et des revenus de L'abbaye de Saint-Germain-des-prés sous le règne de Charlemange*,t..I,Paris,1844,p.154.

③ Constance H. M. *Archibald*, *The serfs of Sainte-Geneviève*, *The English historical Review*,Vol. 25,No. 97,1910,pp.1-25.

④ G.G.Coulton, *The Middle Village*, New York:Dover Publications. INC., 1989,p.187.

同的继承方式：第一种规定领主在农奴死后可以从农奴家取走一小部分遗产，如最好的家具、最好的牲畜等，这种方式在西欧许多国家都出现过；第二种继承方式是法国特有的，也是法国最流行的方式，称为永久管业。按照永久管业的规定，有子女的农奴，只有与父母同住的子女在父母去世后可以继承遗产；农奴死后若无子或即使有子女但不与父母同住，遗产应全部由领主继承，旁系亲属一律没有继承权。若昂·特旺诺原先是一个农奴，但他与一个自由人女子结了婚。他在奥尔维勒当了 30 多年的主管人员，还是木匠，家境殷实。他一辈子积攒了一块中等大小的土地，并且为子女赎买了自由人身份。但就是因为子女的自由人身份，在 1473 年特旺诺去世后子女无法继承他价值 333 利弗尔①的遗产②。最后，农奴要交纳人头税，税收数目虽不多，但代表着农奴对领主的服从关系。《庄园敕令》中就规定庄园中的公职人员要象征性地缴纳一头小猪。圣热内维耶尔修道院的人头税是每人 4 德尼埃③。④ 总的来说，农奴地位略高于奴隶但低于自由人。在生活中他们受到歧视，不允许出庭作证，不允许参加国王的军队，不允许参加圣事仪式等。因为他们身体是属于主人的，是非自由人。中世纪末，随着社会经济的发展，农奴与非自由人的界限也日渐模糊。

（二）中世纪后期庄园制的衰落

典型的庄园体制在法国存在的时间并不长。从中世纪中叶开始，在农村曾经占据主导地位的庄园就出现瓦解的迹象。

---

① 利弗尔，Livre，法国古代记账货币。

② James Lowth Goldsmith, *Lordship in france, 500－1500*, New York: Peter Lang, 2003, p.318.

③ 德尼埃（denier），法国古代货币单位，1 德尼埃约为 1/12 苏。

④ Constance H. M. Archibald, *The serfs of Sainte-Geneviev*, The English historical Review, Vol. 25, No. 97, 1910, pp.1－25.

中世纪早期,农奴获得自由民身份的现象时有出现,但真正大规模农奴解放运动约始于12、13世纪,并一直持续到16世纪中叶。在这个过程中,12、13世纪的垦荒运动起了重要的作用。

早在10世纪时,法国部分地区如诺曼底和缅因地区就出现了大规模垦荒运动,但很快因为阿拉伯人的入侵而被迫中断。11、12世纪,法国国内经济发展,人口迅速增加。为解决这些新增人口的生计,教会、贵族开始组织人们开垦荒地,大规模的垦荒运动在法国全境开展。垦荒运动的先驱是大修道院的修士们,例如本笃会的修士开垦了鲁西荣的森林和荒地、缅因的森林等;西多会的修士为诺曼底的清林造田作出重要贡献。在教会人士的带动下,大小贵族纷纷加入这场声势浩大的垦荒运动。12世纪,法兰西王室也积极支持垦荒,并多次在塞纳河和卢瓦河之间的地段开垦荒地。最初的垦荒基本上是修道院修士自己亲自劳动,或依靠修会皈依者和附庸的帮助。随着垦荒运动的发展,农民成为开垦荒地的主力军。利穆赞的农民就参与了克勒兹河下游左岸森林的清林工作。为了吸引这些远道而来的宾客们,领主们为他们提供了十分优厚的条件。1108年至1134年,路易六世向埃当普附近托尔富的垦荒者颁布了宪章,允许"他们享有一又四分之一阿尔旁的土地。但他们每年应缴纳6德尼埃、2只母鸡、2塞蒂埃①的燕麦作为租金。他们免于除了普遍性的征调外的所有行业性捐税、军役税以及兵役和巡查义务;他们不服役"。②由此可见,这些"宾客"向领主领有一块土地,仅仅只需要少量现金或实物,即年贡,一年除了只有几天公共劳役之外不需要提供其他劳役。他们不需要缴纳人头税,可

---

① 塞蒂埃(setier),法国古代谷物容量单位,约为150至300升。

② [法]乔治·杜比主编:《法国史》上卷,吕一民等译,商务印书馆2010年版,第354—355页。

以出席王室法庭,可以自由结婚、迁徙,也可以自由支配自己的财产。简单来说,这些"宾客"大多已经摆脱了农奴身份,成为自由人。15世纪,在经历百年战争和黑死病的打击后,法国经济遭受重创,人口减少。为了将人们留在自己的土地上,领主们对农奴变得异常友善,主动提出解放奴隶。1439年,勃艮第比尔骑士团封地的修士们解放了图尔西村的村民。[①]

中世纪末农奴自己也采取多种方法尽力争取获得自由人身份:农奴可以将劳役折算成实物或货币租,或采取赎买的方式获得自由人身份。劳役折算为实物或货币租是生产关系的重大变革。由于法国庄园土地碎化严重,一个庄园的土地可能分布于好几个村庄,彼此相距甚远,管理人员不方便管理,也不便组织他们参与领主自营地劳动。因此,一些偏远地方的小块份地持有者常常就免除了劳役或将劳役换成实物或货币租。12世纪,绝大多数新开垦的地区都采取收取实物或货币租的方式来代替劳役。例如12世纪早期,法兰西王室颁布特许状授权给王室庄园洛里,取消庄园各种旧习惯费用、任意税、军事服务、各种劳役征用以及城堡的警卫工作等等,但是居民们要每年支付6德尼埃的房租和每阿庞6德尼埃的地租[②]。最初赎买身份的农奴多是村中有钱有势的头面人物——庄园管理人员,随后越来越多的普通农奴家庭也渴望获得自由人身份,甚至出现了整个村庄将公共土地出售来获得自由身份的事件。1249年,圣热内维耶尔修道院的农奴兰吉的约翰将1阿庞的土地卖给了修道院,获得60苏和自己与4个儿子的自由人身份。同年,于贝尔·德·普罗谢特尔和妻子也将自己在兰吉3/4的土地出售给修道院,

---

① [法]马克·布洛赫:《封建社会》上卷,张绪山等译,商务印书馆2007年版,第126页。

② James Lowth Goldsmith, *Lordship in France*, *500–1500*, New York: Peter Lang, 2003, p.113.

得到 43 苏和夫妻俩及儿子的自由。[1] 也有些农奴分项买得自己的自由权利,如购买自由结婚的权利、为子女购买日后自由继承的权利等等。1245 年巴黎附近的格朗西和弗勒内尔,有 13 个农奴以每年半桑利斯[2]磅的蜡,共支付 15 年的代价让自己摆脱了任意税、永久管业和婚姻税的束缚[3]。领主也会主动提出解放农奴,但必须付出一笔费用。12—13 世纪法兰西王室为取得赎金大批解放了王室领地上的农奴。

农奴采取法庭斗争、集体逃离或反抗斗争来摆脱农奴制。庄园法庭实行集体审判制度,依照习惯法来判决,虽然在判决时常会偏向领主,但领主也要服从庄园法庭的审判,不能独断专行。因而农奴有时也依靠司法制度与领主斗争,争取自身权益。1179 年,巴黎附近罗纳村的村民同领主圣热内维耶弗修道院打起官司。修道院宣称罗纳村的村民都是自己的农奴,但村民不承认。案件上诉至王室法庭,国王也很难判断。15 年后,全体村民最终取得胜利,获得解放。[4] 除了法庭斗争,农奴们采取多种方式逃避领主的劳役和压榨,如欺瞒、逃避等。胆大的农奴还会冒险逃离庄园,到中世纪末出现了整个庄园集体逃离的现象。更激进的农奴被迫发动起义,如 1358 年的扎克雷起义。农奴的反抗斗争迫使领主让步,他们废除了庄园居民农奴身份,减轻农民负担,缓和社会矛盾。

到 16 世纪中叶,法国大规模农奴解放运动基本结束。这一

---

① Arch. Nat., S. 1575, no. 16,转引自 Constance H. M. Archibald, "The serfs of Sainte-Geneviève", *The English Historical Review*, Vol. 25, No. 97, 1910, pp. 1-25.

② 桑利斯为地名,因各地磅的度量不一致。

③ Arch. Nat., S. 1546,转引自 Constance H. M. Archibald, "The serfs of Sainte-Geneviève", *The English Historical Review*, Vol. 25, No. 97, 1910, pp. 1-25.

④ Constance H. M. Archibald, "The serfs of Sainte-Geneviève", *The English Historical Review*, Vol. 25, No. 97, 1910, pp. 1-25.

时期,法国农民多数已变成自由人。根据 1427 年至 1440 年勃艮第的圣文森特山城堡领的地籍册记载,当地 359 个居民只有 86 个是农奴。[1] 他们在人身关系上和经济关系上都不再依附于领主,可以自由迁徙,婚姻不受限制,没有劳役、人头税等农奴身份的标志,不受领主管制。16 世纪中叶,图卢兹的阿尔蒂加村已经有一百多年没有领主统治。村民们不需要缴纳采邑税、不需要提供劳役,对土地有完全的所有权。村中所有行政事务由国王的代表——在里厄镇办公的法官、图卢兹的司法总管以及提起上诉图卢兹最高法院来处理[2]。

司法权是领主权利的核心和领主统治的基础。而领主行使司法权力的机构正是庄园法庭。起初,国王仅授予领主处理庄园内部民事案件的权利,即低级审判权。从中世纪早期一直到 1789 年大革命,领主的庄园法庭负责处理一些诸如盗窃、斗殴等小的刑事案件,偶尔会处理大的刑事案件,如杀人。对犯有重大罪行的刑事犯,领主拥有判处其死刑的权利,即高级裁判权。可以说,直到大革命前领主在司法审判方面都具有不容置疑的权利。

庄园法庭一般由领主组织召开。只有一两个庄园的小领主可能会亲自出席主持,中等或大庄园的领主很少出席,通常是由领主的代表庄园管家出席并主持,另设陪审员数人。到中世纪晚期至近代早期,较大的庄园法庭还设有专职法官、庭警,以及纪录案件审判的书记员。庄园法庭并不是常年召集,各庄园根

---

[1]　Nathalie Zborowksi, Origine, description et confection d'un terrier: celui de la châtellenie de Mont-Saint-Vincent. Première moitié du XVe siècle. Bailliage de Charolles, *Revue de physiophilie*, 66, 1990, 11-28. 转引自 James Lowth Goldsmith, *Lordship in France*, *500-1500*, New York: Peter Lang, 2003, p.315.

[2]　[美] 娜塔莉·泽蒙·戴维斯:《马丁·盖尔归来》,刘永华译,北京大学出版社 2009 年版,第 24—25 页。

据自身情况决定开庭时间。有些庄园开庭次数比较频繁,有些
庄园一年可能只开庭三四次。开庭地点也十分随意,有时是在
村里的一棵大树下,有时在领主宅邸的厅堂内,有时在教堂内,
有时在村中小酒馆中举行。

　　原则上,庄园内所有成年男子包括自由人和农奴都必须出
席庄园法庭,无故拒绝出席者将受到惩罚。1339 年阿尔萨斯的
阿斯拉什规定,如果有陪审员拒绝出席领主的法庭,该陪审员要
被拉去接受审判。领主有权进入他的房子取走除犁和床以外的
任何一样东西,并将其捆在马上,带到法庭。① 实际上,绝大部
分农民认为参加庭审浪费干农活的时间,不愿参加,缺席现象十
分普遍。法庭中,领主或管家只是主持人,可以参加审判裁决,
但他不是唯一的裁决人。所有参加庭审的村民都有权裁决,法
庭最后仍是以集体名义下达判决。裁决主要依据庄园习惯法。

　　法庭负责处理的案件大致可以分为三种:一是庄园内部的
纠纷,大多是一些邻里之间发生的小争执,如上告邻居家的驴穿
过自家田地且吃掉它"舌头长度的"作物,或为邻居家的树枝伸
进自家围墙而争吵,或条田里相邻的两家为条田的分界线而产
生的纠纷,诸如此类。领主与庄园内农民之间的纠纷也上交庄
园法庭审理,如某个农民偷了领主鱼塘的鱼、私自砍伐领主树林
里的树、拖欠领主的地租等。这一类案件是庄园法庭审理的主
要案件,数量上占绝对多数。二是庄园内部的公共事务,包括乡
村共同体的工作以及共同体内部家庭事务等,如村庄中庄稼收
割的时间、公共牧场开放的时间、为未成年人指定监护人、家庭
内部财产继承安排等。三是刑事案件,如盗窃、斗殴等。有时也
处理大的刑事案件,如杀人、放火。不过这种大的刑事案件极少

---

① G.G. Coulton, *The Middle Village*, New York, Dover Publications. INC, 1989,p.68.

会出现,而且由于审理及监禁的花费昂贵,领主也不太乐意接收此类案件。

15 世纪奥弗涅地区一本庄园法庭登记簿记录了法庭在当地 6 个庄园巡回审判的情况。当时主要是由同一个法官在几个庄园定期巡回审判,平均每月巡回审判 1 次。根据记录,领主本人从来没有在法庭上出现,通常派庄园的一位税务代理人作为领主的法律代表参加。每个庄园法庭 1 年内可处理 30 到 67 件案件,6 个庄园 1 年共审理约 600 件案件,这些案件大多是涉及内部事务。其中私人债务纠纷占 30%;关于庄园共同事务的案件,如违反乡村共同体规定或不交纳年贡的,占 30%;动物引起的破坏及其他财产纠纷的案件占 20%;暴力、口头侮辱事件占 10%;关于财产继承及指定监护人的案件占 10%。刑事案件极少。最常见的案件是小偷小摸,数量不到案件的 1%。法庭也处理涉及领主利益的案件,数量相对比较少。在总共 600 个案件中只有 90 个,占 15%,其中 51 件是关于农民不交地租的。在这类案件中,法庭要尽最大可能地维护领主的利益。15 世纪末,皮翁萨的领主与庄园居民之间就居民的劳役发生争执。领主宣称庄园中所有居民均要服从永久管业制度,并要求他们 1 年提供 52 天劳役。居民拒不服从,领主因此上诉至法庭。最终,双方于 1492 年在仲裁人调解下达成一致意见,规定家中有马等能参加劳作的家畜的农民家庭每年提供两天劳役,没有马的贫苦农民提供 3 天,并规定土地转让费为土地财产的 1/3,但居民免除永久管业[1]。庄园法庭不仅是维护领主利益和领主谋取利益的机构。按当时的规定,败诉者需要上交罚金,所有罚款都归给领主。争辩双方如果私下达成协议而不经法庭审判,双

---

[1] James Lowth Goldsmith, *Lordship in France, 500-1500*, New York: Peter Lang, 2003, pp.310-311.

方都要交纳罚金。为了获利,一些领主将庄园法庭出租,租佃人主持庄园法庭并获得法庭所有罚款。这种商业化的庄园法庭,其公正性也就可想而知了。尼古拉·德·克莱芒热无情地批判说,地狱里都比法国要公正①。

中世纪庄园法庭的这种混乱和随意在多个方面均有体现,诸如开庭时间的不确定性、开庭地点的随意性等等。参加审判的人数不确定,而且无论是负责主持的领主或代理人还是参加审判的人员都没有法律知识。审判的标准很多时候是依据村中长者的记忆,审判程序也十分简易。通常法庭只是要求提出告诉的双方当事人口头宣誓,没有证人举证更没有律师参与。法庭正式审理的案件并不多,很多都在主持人的干预下达成和解。15 世纪早期的米罗尔庄园法庭审理的 137 个案件中只有 35 件得到判决。②

到中世纪末,这种现象逐渐得到改善。15、16 世纪,领主通常会聘请一些职业法官主持法庭审理,有时也将法官职位出租。此外,庄园法庭还设有陪审员、书记员甚至是负责治安的庭警。法官们受过少许专业法律培训,一般会担任好几个庄园的法官,在几个庄园中定期巡回审判。16 世纪中叶,舍农索城堡领地的首席法官——布列塔尼的勒内每年开庭 4 次,参加庭审的还有一名领主审判所检察员和一名负责记录的书记员,此外领地内还有 3 个乡村警察。③ 所有人的工资和招待法官食住的费用全部由领主迪亚娜支付,这变成领主一笔相当沉重的负担。17 世

---

①　Opera,ff . 49 a,52 b,转引自 G. G. Coulton, *The Middle Village*, New York,Dover Publications.INC.,1989,p.187.

②　James Lowth Goldsmith, *Lordship in France*, *500 – 1500*, New York:Peter Lang,2003,p.310.

③　[法] 伊旺·克卢拉:《文艺复兴时期卢瓦尔河谷的城堡》,肖红译,上海人民出版社 2007 年版,第 113 页。

纪,勃艮第一位贵族说,"罚金、无主财产和没收的钱物的收入还不够支付法官们的工资"①。领主对庄园法庭也逐渐失去兴趣。此外,这些庄园法庭的法官大多也在王室法庭任职,保证了基层地区法庭审判的一致性,也让王室加强对地方庄园的控制和影响。旧制度时期,昂热省的300个庄园法庭雇用了40位王室法庭工作人员。② 16世纪,王室颁布一系列法令对古老的庄园法庭审判进行改革,借机加强对庄园法庭的控制。过去由庄园法庭审理的一些案件越来越多地上交王室法庭审理。1670年,王室法庭规定了归王室法庭审理的案件,包括叛国罪、渎圣行为、叛乱、公众煽动反政府言论和公共暴动、异教徒以及绑架和强奸等等。③ 地方有时还会派一两个检察官监督审查庄园法庭的审理,加强对基层组织的控制。从这一点来看,15世纪左右庄园法庭开始从古老的带有原始公社性质的集会逐渐转变为由王室控制的司法机构。领主权力的基础——司法权被削弱。

中世纪早期大庄园制盛行,仅凭一人之力是很难管理的,再加上战争频繁,领主多要随军出征,无暇管理自家庄园。因而在中世纪早期,庄园多由管家管理。著名的《庄园敕令》就是王室颁给王室庄园管理人的规则,或者说是王室管理人员的工作手册。从敕令来看,管理人出身于自由民,需要服军役或承担其他国家职务,总管庄园一切事务,权力非常大。管理人首先应管理好庄园的一切生产活动,他应当安排播种或耕耘,收集庄稼、干

---

① [法]马克·布洛赫:《法国农村史》,余中先等译,商务印书馆1991年版,第120页。

② Soleil, *le mantien des justices seigneuriales*, pp.89-91,转引自James Lowth Goldsmith, *Lordship in France*, *1500-1789*, New York:Peter Lang, 2005, p.53.

③ L.Despois, *Histoire de l'autorité royale dans le comté de Nivernais*, *Paris*: *Giard et Brière*, 1912, p.426, 转引自James Lowth Goldsmith, *Lordship in France*, *1500-1789*, New York:Peter Lang, 2005, p.49.

草或葡萄,应安排组织庄园的劳动力,要组织专人管理畜牧业生产,照看好庄园的葡萄园、树林、果园、鱼池、磨坊等,要清点庄园生产的产品,并将收入上报,领主到来时要为领主提供在庄园生活所需要的一切食物和日常用品。管理人还要负责一些行政管理方面的工作,如开设庄园法庭,监管民众不法行为,为新增奴隶分配土地和工作。管理人下设庄园长,协助管理人处理一些庄园内的具体事务。庄园长是本地人,对庄园情况比较了解,但庄园长势力不能过于强大,他所管理的范围不超过他一天内能够周巡视察的范围。庄园有一些执事人员,如工头、收税员、仓库管理人、管林人和马夫等,有各类手工匠,如铁匠、金银匠、啤酒工,农业生产者,渔夫等等。这些人基本上都出身于农奴或奴隶,在领主庄园内领有一块份地耕作,并为这块份地缴纳租税。庄园长和执事人员都不领工资,将这些管理工作当作是替代的手工劳动,且职位都是世袭的。也有少量庄园长是持有采邑的自由民。

庄园管理人和庄园长拥有巨大的权力,可以说是领主在庄园的全权代表,职位的世袭进一步加强了庄园长手中的权力。12世纪,福塞的埃蒙博尔·沙桑在庄园中权势非常大,不仅是村中的头面人物,甚至凌驾于领主之上。领主因此撤销了埃蒙博尔·沙桑的管理者职位。但埃蒙博尔·沙桑反诉,认为管理者职位是世袭的,领主不能撤换他。此案件先上诉至领主的上级——图尔大主教布尔格伊的博德里,后上诉至普瓦图伯爵威廉。虽然最后埃蒙博尔·沙桑放弃了上诉,但此事之后领主制定了一个新规,即每位管理者上任之前都必须手扶圣坛宣誓他必须在领主同意下开展工作并且不会将职位变成他的遗产①。

---

① George T.Beech, *A Rural Society in Medieval France：The Gâtine of Poitou in the Eleventh and Twelfth Centuries*,Baltimore：the Johns Hopkins Press,1964,p.119.

凭借着世袭权力,庄园管理人获得大量财富,继而赎买了自己的身份,提高自身地位。有些管理人甚至购买到骑士职位,为日后子女进入贵族阶层奠定基础。由于领主常年不驻扎在庄园,对庄园情况缺乏了解。庄园管理人和庄园长们乘机侵占领主的权益,如私吞部分税款,甚至侵占领主的土地。为了维护自身利益,领主逐渐废除过去庄园职位世袭制。

13 世纪,领主开始聘请外来的管理人管理庄园,并在大庄园内建立起一整套的管理制度。处于首位的是领主的总管,负责审查监督领主下属所有财产并安排领主的生活。总管之下,设有总财务官、地区税务员巡视监督领主产业经营。每个庄园都设有一个管家具体管理,另有一位当地官员协助具体工作。管家们多出身贵族,从领主处领有一份工资作为报酬,职位不能世袭。1547 年,亨利二世的情妇普瓦捷的迪亚娜获得了舍农索城堡及附近领地。当年,迪亚娜聘请自己的财政代理人安德烈·贝罗担任领地管家,兼任领地税务员,年薪 60 利弗尔。他每年要向迪亚娜的总管尼古拉·蒂贝和迪亚娜的财务官西蒙·戈耶汇报工作,接受审理。① 除了聘请职业管理人,有的领主仍然自己管理经营庄园,他们多数都是一些小庄园的领主。18 世纪 70 年代,贝勒丰自己管理位于都兰的塞纳维耶尔领地。她要求所有采邑持有者向她宣誓效忠,并亲自监督管理 8 块分成制租地和6 块 1/2 份份地,组织征收什一税、地租和劳役。② 有的大领主直接将庄园分成几部分出租给他人经营,或者将庄园职位如收税员出租给他人,租赁者很多就是以前的庄园管理人员。16 世纪 60 年代,舍农索城堡领地的佃农多是些经济条件相对

① [法]伊旺·克卢拉:《文艺复兴时期卢瓦尔河谷的城堡》,肖红译,上海人民出版社 2007 年版,第 112 页。

② Brigitte Maillard, *les compagnes de Touraine au XVIIIe siècle. Structures agraires et économie rn France*, *1500-1789*, New York:Peter Lang, 2005, p.42.

较好的人员。例如弗朗索瓦兹·德·布瓦泽是贵族皮埃尔·奥勒弗伊的母亲和监护人,享有亡夫的遗产。奥诺拉·勒格朗是国王的膳食总管兼面包总管。伊莱尔·莱斯皮尔是昂布瓦兹教会圣母小教堂和圣-让-巴蒂斯特小教堂的常任神甫。[1] 租赁庄园的人有银行家、包税商、王室财务官员,尤其是在经济比较发达的法兰西岛地区。他们大多资金雄厚,可以租赁管理一个或数个领主庄园,每年提前向领主支付庄园总收入的 25% —40%的租金,达到数千乃至上万利弗尔。偶尔他们还向欠债的领主们提供贷款。1579 年克洛德·罗贝尔泰以王太后凯瑟琳·德·美第奇的名义与图尔商人拉乌尔·儒伊斯签订一份七年的租约,将舍农索城堡领地的土地出租。除了城堡、楼阁、后院、花园、禁猎区,一座用作缫丝厂的莱乌德庄园,以及磨坊和葡萄种植园外,城堡领地几乎所有土地都出租。承租人不仅要管理庄园生产,还要组织庄园法庭,为领地内所有官员提供膳食,要为舍农索城堡和昂布瓦兹城堡任何人提供诉讼费用,并且有责任将罪犯押往巴黎或其他地方,且要负担相关费用。1580 年,美第奇王太后同意这项租约。在这 7 年间,平均每年拉乌尔可从领地获利 1200 埃居[2]。该领地包括 60 阿庞领主自营地,61 阿庞果园和领地以及 9 块分成制租田[3]。每阿庞约为 20 至 50 公亩,即使按最低每阿庞 20 公亩算,仅领主自营地和果园等就达到 2420 公亩,约和 24.2 公顷。阿乌尔能租下绝大部分土地,足见其财力雄厚。16 世纪初,这种能将整个领主地产租佃下来的资本家还是极其少见的。到 16 世纪末,教会和大贵

---

[1] ［法］伊旺·克卢拉:《文艺复兴时期卢瓦尔河谷的城堡》,肖红译,上海人民出版社 2007 年版,第 189 页。

[2] 埃居(écu),法国古钱币。

[3] ［法］伊旺·克卢拉:《文艺复兴时期卢瓦尔河谷的城堡》,肖红译,上海人民出版社 2007 年版,第 190 页。

族领主们从主要依靠雇佣管理人来管理庄园转变为主要将土地出租经营。

二、旧制度时期的乡村

研究勃艮第乡村的史学家皮埃尔·德·圣-雅各布说过:旧制度时期是法国乡村变革的关键时期,也正是法国社会充满各种矛盾的时期。16 到 18 世纪,法国社会风起云涌,变化莫测,正是在这样一个时期,法国乡村静悄悄地发生着变革:古老的庄园制度走向没落,新的经济模式萌芽。

(一)旧制度时期的乡村社会

16 至 17 世纪,法国在与佛兰德尔相邻的北海沿岸地区五谷丰登、繁荣昌盛。尽管这里和欧洲其他地区一样,农业深受价格上涨和战争因素的影响,但当地农民按照自己的方式经营的农业仍然取得了好的收成。法国北部和中西部地区的农业部分受到英国农艺学家理查德·韦斯顿介绍的荷兰农业改革经验的影响,获得相当大的发展。[①] 16 世纪,新农业技术不断涌现,新物种大量引进。受城市经济发展的影响,经济作物种植业迅速发展。在部分经济发达地区农业生产专门化也已出现,古老的乡村社会日益被卷入市场经济。

从 16 世纪开始,古老的轮作制发生变化。有些小块土地不再休耕而是有用于种植豌豆、蚕豆、扁豆、驴食草等饲料作物或小麦,土地利用率大大提高。1630 年左右,在巴黎、诺曼底和博韦地区,人们开始大量种植驴食草和三叶草。领主鼓励甚至强迫农民进行改革。1645 年,巴黎主教强迫伊弗里的新佃户在一

---

① [意]卡洛·M.奇波拉主编:《欧洲经济史》第 2 卷,贝昱、张菁译,商务印书馆 1988 年版,第 272、276 页。

块超过 8 公顷的保有地种上驴食草①。

15 世纪以后,伴随着新旧大陆交流的增加,一些来自远方的新作物开始在法国定居,并改变了法国人民的饮食生活习惯,如查理八世时期从意大利带回的香瓜,16 世纪从小亚细亚传入法国的荞麦,1556 年从美洲传来的烟草和四季豆,此外还有草莓、向日葵、甜菜、西红柿、油菜等等。尤为值得一提的是玉米。玉米最早由西班牙人从美洲引进,16 世纪末越过比利牛斯山进入法国,最初只是穷人的食物。17 世纪早期,由于图卢兹地区菘蓝市场的崩溃,图卢兹的农民开始改种玉米。1674 年左右,玉米在图卢兹站稳脚跟。玉米产量高且用途多,曾帮助法国南方农民解决饥荒问题。英国农学家阿瑟·扬就对法国玉米种植大加赞赏。

16 世纪开始,伴随着乡村纺织工业的发展,大麻、亚麻等经济作物和菘蓝等染料作物产量不断增加。来自中国的桑树也于 16 世纪末引入普罗旺斯、朗格多克地区。此外,苜蓿、驴食草等成为农民人工种植牧场的重要物种。在所有的经济作物中,葡萄是无冕之王。16 世纪由于法国国内城市经济的发展和荷兰、英国等国外市场的扩大,法国葡萄酒市场异常繁荣。16 世纪巴黎人每年的葡萄酒消费超过 25000000 升,平均每人消耗 100—150 升(人数包括了妇女和孩子)②。而据 2010 年法国农业部的统计数据,2009—2010 年法国 14 岁以上的人士人均一年仅消费葡萄酒 56.5 升。荷兰、英国等国对法国葡萄酒消费也是成倍增长。当时几乎整个法国无论当地地理自然条件是否适合,

---

① Geroges Duby et Armand Wallon(dir.) ,*Histoire de la France Rurale*(*Tome 2：L'age Classique*,*1340-1789*) ,Paris,le seuil,1975,p.225.

② Michel Puzelat,*La Vie rurale en France XVIe –XVIIIe siècle*,Paris,SEDES,1999,pp.58-59.

都种植葡萄,如当时欧洲最大的葡萄种植区——巴黎盆地。16世纪巴黎以南一块大地产上,农田占总面积的 91.2%,葡萄园占 8.8%,牧场仅占 0.4%①。葡萄种植业超过了畜牧业,成为农业经济中第二支柱产业。17 世纪,勃艮第、香槟、波尔多、朗格多克的葡萄酒产业声名鹊起,葡萄种植面积扩大、葡萄酒产量不断增加。1627 年,葡萄园占朗格多克山谷土地的 20% 或 25%,甚至高达 40%②。地处大西洋沿岸的勃艮第、波尔多地区,凭借其优越的地理位置和自然环境,葡萄酒业迅速发展。

总的来说,16—17 世纪法国农业经济有所发展,农业技术水平也有所提高,新技术、新物种开始为人所采用,葡萄种植业等经济作物种植都有所发展,并且逐渐走上了资本主义的发展道路。当然跟同时代的英国相比,法国农业发展还是相对缓慢一些,尤其是在大革命之前,法国农业发展滞后。其中一个重要原因就是这一时期农业改革遭遇阻碍。

旧制度后期,随着封建领主制的瓦解,领主收入减少,为尽可能地维护自己利益,领主变得更加保守,牢牢守护着过去的特权利益。18 世纪下半叶,法国部分地区开始恢复那些早已被人遗忘的、往往已经几个世纪不征收的古老的封建苛捐杂税。他们除了保留农民在 17 世纪所负担的一切贡赋外,还另外增添了许多名目,恢复了古时修筑道路的徭役和建造营房的义务。70 岁以下的男子都要派到这些工作;两个妇女可以代替一个男子。仿佛倒退到了古代。这种现象被称为"封建反动"或"领主的发动"。

而这其中表现最明显的就是中世纪晚期蓬勃发展的农奴解

---

① 〔意〕卡洛·M.奇波拉主编:《欧洲经济史》第 2 卷,贝昱、张菁译,商务印书馆 1988 年版,第 282 页。

② Emmanuel Le Roy Ladurie, Alan Sheridan (translated), *The French Peasantry 1450-1660*, Aldershot, Scolar Press, 1987, p.316.

放运动受阻,到大革命之前法国依然保留大量农奴制残余。据亨利·塞估计,1789 年大革命前法国约有 100 万农奴甚至更多①。这些农奴主要分布于经济不发达地区,如东北部的弗朗什-孔泰和洛林地区,以及中部的贝里、尼韦内、奥弗涅地区。据法国一个当代人估计,1784 年在法国 100 万农奴中,有 40 万生活在弗朗什-孔泰。1781 年在勃艮第的 9331 个村庄中,有 3421 个是农奴村庄。在法国的东部和中部,农奴很分散②。除了保留大量农奴,已经获得自由民身份的农民仍部分地受限于过去农奴身份限制,如受到永久管业的限制。

永久管业是法国特有的一种继承方式,也译为"死手权"。实际上,实行永久管业的农民根本没有财产所有权,所有的财产都是属于领主的,因此农奴的财产不能转让、更改。子女可以继承遗产,但继承人必须与父母同住并满足相关条件,否则财产全部归领主所有。如果农民试图迁徙就必须放弃自己所有的财产和权利。为了收回财产,领主可动用追索权,要求获得农奴的全部遗产。到大革命前,永久管业及追索权依然延续而且还得到巴黎高等法院的支持。1738 年,勃艮第的蒙塔尔伯爵上诉最高法院要求追回农奴让-纪尧姆·莫罗的所有财产。莫罗原本是蒙塔尔伯爵家的农奴,年轻时逃至巴黎并在巴黎生活了 50 年。莫罗在巴黎成为一位成功的商人,死后无子嗣,他将自己价值至少 150000 利弗尔的财产留给了巴黎的慈善机构。在最高法院诉讼过程中,巴黎市长代表巴黎的慈善机构提出莫罗已经在巴黎生活了 50 多年,是巴黎的一位资产阶级。伯爵得到勃艮第最高法院的支持,认为莫罗没有依照勃艮第地区习惯购买自由人

① [法]施亨利:《十八九世纪欧洲土地制度史纲》,郭汉鸣译,正中书局 1935 年版,第 1 页。

② Jerome Blum, *The End of Old Order in Rural Europe*, Princeton U.P., 1978, p.59.

身份，也没有放弃在当地的土地和财产，因此他依然要服从永久管业和追索权。最终巴黎最高法院裁定蒙塔尔伯爵胜诉，支持永久管业及追索权①。永久管业的残存意味着农民随时都有可能失去自己祖辈的遗产（尽管这种现象并不多见），农民自然不愿也不敢在土地上投入过多，也不愿引进新技术、新方法、新物种。从而影响了农民的生产积极性，阻碍了农村经济的发展。

针对这一问题，当时不少有识之士提出批评意见，要求废除永久管业、追索权及其他封建特权。18 世纪六七十年代，启蒙思想家积极参与此次批判运动，对于永久管业、农奴制等问题的争议达到白热化的地步。1765 年，律师达穆尔出版反对农奴制的《关于在法国完全废除奴役的论文》。论文发表后，达穆尔遭到报复，律师本人被迫停业 3 个月，顾客大量流失。伏尔泰也曾出版一本抨击弗朗什-孔泰地区圣-克洛德大主教区教会农奴制的小册子。教会十分恼怒，上诉法庭控告伏尔泰。虽然最终教会胜诉，但伏尔泰得到了广大民众的支持。18 世纪 60 年代，巴黎最高法院再次受理与莫罗案相似的案件。案件的当事人皮埃尔·特吕绍是一个来自尼韦内省的逃亡农奴和一个自由人女子的儿子。他出生于巴黎，并在巴黎度过了自己的一生，死后将自己的 18000 利弗尔遗产留给自己的旁系亲属。尽管特吕绍家族在尼韦内省已经没有任何财产和亲属，皮埃尔·特吕绍父亲的领主拉图尔内尔声称依据追索权和永久管业要求以获得皮埃尔·特吕尔的财产。案件起初是由巴黎的王家小城法庭审理，该法庭根据不到庭而败诉的原则支持特吕尔的旁系亲属。领主不服，上诉至巴黎高等法院。该案件引起关注。巴黎一些有影响力的律师甚至出版小册子支持特吕尔的旁系亲属，批判所谓

① James Lowth Goldsmith, *Lordship in France*, *1500－1789*, New York：Peter Lang, 2005, pp.41.

的追索权。他们提出皮埃尔·特吕尔已经是一位自由人,不应该受到永久管业的限制,而且尼韦内地区的永久管业规定只适用当地,不能在巴黎使用。1760 年巴黎最高法院最终判决遗产留给特吕尔家族,但仍然保留追索权和永久管业[①]。直到 1779 年,内克才颁布法令废除王室领地上所有农民的永久管业和全国领主们的追索权。这意味着领主的永久管业和追索权只限于庄园之内,在废除追索权和永久管业的自由地区领主不能再实施该权利。农民在自由地区的财产权获得保护,他们也可以通过定居在自由地区获得个人自由。内克本想通过这项法令推动解放农奴,但收效甚微。教会在这方面表现得更为保守,不仅没有继续解放农奴反而进一步强化对农奴的控制。1684 年至 1716 年,耶稣会会士在法国积极推动追索权的实施,追缴逃亡农奴的财产,并获得成功。圣-克洛德大主教堂在 1779 年法令颁布不久后同意让该教堂 1.2 万的农奴摆脱永久管业,但农奴们每人必须以分期付款的方式共支付 10 利弗尔以上的赎金,期限为 10 年以上。[②] 真正追随内克的贵族少之又少。直到法国大革命时期,政府才正式废除永久管业。

除了永久管业、追索权,大革命前的法国还残留着不少中世纪领主制的残余,如任意税、土地转让金等等。这些制度的残留不利于法国社会经济的转型,是法国农村经济落后的因素之一。而大革命前法国农业经济落后的另一个重要因素则是当时农民的税收负担过于沉重。

(二)农民的负担

在法国,由于第一、第二等级享有免税特权,因此在第三等级中

---

① James Lowth Goldsmith, *Lordship in France*, *1500-1789*, New York: Peter Lang, 2005, pp.211-213.

② James Lowth Goldsmith, *Lordship in France*, *1500-1789*, New York: Peter Lang, 2005, p.214.

占人口绝大多数的农民成为当时的纳税主体,承担起国家及教会的一切赋税徭役,负担沉重。沉重的税收负担阻碍法国农村经济的发展,致使大革命之前法国农业陷入非常糟糕的境地。

在欧洲,什一税是无所不在的农民义务。每个持有土地的农民不管他的土地多少,都得支付什一税。对所有的土地,包括贵族的庄园自留地、教会和自治市民的土地,都得征收什一税。在法国,贵族和教士只需缴纳比率很低的什一税,少数老的教士等级拥有的土地可以豁免什一税。最初,设立什一税是为了维持教会正常运转、保障教会人士的生活,并用于救助穷人。后来绝大部分教会占有的什一税,落到了富有的高级教士和修道院手中。1789年法国全国教会什一税总额达到1.2亿。① 其中大约十分之一的教区牧师占有了教区所有的什一税。法国1695年和1768年颁布的法律命令,什一税收取者要拿出三分之一给贫民,用于维护和修缮教堂以及保障教士适当的生活水平。但是绝大多数什一税的占有者对此毫不在意。他们中绝大多数人确实在维护教区教堂,但他们经常很不情愿或者只拿出很少的钱用来维护教堂。以至于地方农民不得不拿出额外的钱来维持教堂的继续运行。在一些农民不愿意拿钱给教堂的地方,教区甚至无法维持教堂和本堂神甫。在绝大多数乡村,政府代替教士和什一税所有者征收什一税。

法国的什一税有两种,对谷物、葡萄酒、家畜征收的什一税称"大什一税",对蔬菜和蜂蜜征收的什一税称为"小什一税"。常常是大什一税的收入落到世俗领主手中,数额不大且难以征收的小什一税的收入落到教区牧师手中。什一税征收额在法国各地差别甚大。有的地方征收的什一税为十分抽一。在村庄与

① [法]乔治·勒费弗尔:《法国大革命的降临》,洪庆明译,格致出版社2010年版,第90页。

村庄之间、教区的这块土地与那块土地之间征收的什一税的比率常常不同。有的收取二十分之一、三十分之一或三十六分之一的产品作为什一税 。在法国许多地方,对谷物征收十一分之一到十三分之一的什一税,或是 7.2% 到 9% 的什一税。有的地方在土质好的土地上征收七分之一的收获物作为什一税,在中等土质的土地上征收五分之一的净收成作为什一税,在劣质土地上征收三分之一的净收成作为什一税。有的地方农业产出率很低,播下 1 蒲式耳的种子只能收获 3—4 蒲式耳的谷物。有的地方规定净收成为固定数额的现金,但典型的做法是用实物缴纳什一税。①

　　什一税是教会最重要的收入来源,在经济较为落后的南部地区,什一税占当地教会收入的 75%—90%。在诺曼底地区,大革命前厄弗勒大教堂分会的 68444 利弗尔的总收入中有 51333 利弗尔即 75% 来自在当地征收的什一税,利希厄大教堂分会 76662 利弗尔收入中,什一税占 84%,约合 64396.08 利弗尔。巴约大教堂分会一年有 89726 利弗尔收入,其中 91% 约 81650.66 利弗尔来自什一税。② 这些费用基本上都是由农民缴纳的,成为农民每年承担的一笔巨大费用。科坦登省农民缴纳的什一税几乎占到农民上交总费用的一半,即其他所有费用加起来与什一税相当。波尔多地区什一税占农民收入的 14%,领主征收的各项庄园费用仅占农民收入的 11%③。教会对农民的

---

　　① Jerome Blum, *The End of Old Order in Rural Europe*, Princeton U.P., 1978, p.63.

　　② Bernard Bodinier, *les biens des chapitres normands et la Révolution*, *Chapitres et Cathédrale en Normandie*. Caen：Musée de Normandie, 1997, 29‐31, 转引自 James Lowth Goldsmith, *Lordship in France*, *1500‐1789*, New York：Peter Lang, 2005, p.66.

　　③ Henri Seé, Edwin H.Zeydel(translated), *The economic and social condition in France during the eighteenth century*, New York：F.S.Crofts & CO. 1935, p.23.

疯狂搜刮早已引起农民的不满,因什一税引发的纠纷和冲突从中世纪一致延续到法国大革命。宗教战争时期,三分之一的外省尤其是南方地区几乎全部都拒绝支付什一税。在 1789 年之前,什一税一直是农民最厌恶的税收之一。

农民的负担远不止这些。农民的税赋是国家主要的财政收入来源。农民要承担交给国家的赋税。法国的税收体系一向以混乱著称,在近代早期法国根本没有统一的税收体系。在这种混乱的税收体系中,我们大致可以分为三类:直接税、间接税和额外税。其中与农民直接相关的主要有直接税中的任意税、人头税,间接税中的盐税和附加税,等等。

直接税是直接对纳税者征收税收种类,主要依据纳税者财产多寡征收,包括任意税、人头税、给养税等,其中占主要地位的是任意税。任意税过去是在战争时临时征收的税收种类,15 世纪以后才成为常规税种。由于教会、贵族、政府官员都享有免税特权。所以任意税的征收对象是平民,主要还是由农民缴纳。任意税的征收是按配额进行。首先由政府确定征税总额,分配到各个财税区。各财税区根据自身情况制定计划,将数额分配到各个教区直到各个村庄共同体。村庄共同体共同支付上级定下的纳税额,通常是开会讨论并拟定纳税名单。穷人支付的最少,乞丐、寡妇等穷人只需要象征性地缴纳 1/4 个苏,境况稍好点的缴纳 3、4 利弗尔;一般的佃户多付一些,约 20 利弗尔;富农和大农场主缴纳的最多,可能达到 100—300 利弗尔,占村中任意税税额的一半以上①。1663 年,莫旺地区四个村庄共有 82 户农民,其中缴纳 1—4 利弗尔的最多,为 45 户,纳税最多的只有

---

① Pierre Goubert, Ian Patterson (translated), *The French Peasantry in the Seventeenth Century*, Cambridge-Paris: Cambridge University Press-Editions de la Maison des Sciences de l'Homme, 1986, p.198.

4 户,纳税额不超过 34 利弗尔。到 1740 年,当地共有 85 户人家,其中缴纳最低税额(1—4 利弗尔)的仅 11 户,有 24 户纳税 5—9 利弗尔,纳税额达到 40 利弗尔以上的共有 6 户,其中有 3 户纳税额达到 50 利弗尔以上①。当然,作为村中的头面人物,这些富有的大农场主也会想尽办法转嫁赋税负担。

人头税是路易十四统治晚期才出现的税收种类,于 1695 年出现,1701 年正式确立。它完全是按人头征收,对所有人征收,不论是特权阶层还是一般平民。在法国一些地方,人头税数额是官员根据对农民全部财产的估算为基础确定的。在法国另一些地方,人头税是根据农民持有的土地的价值确定的。上述两种人头税的征收方式存在明显的差异。有时两个相邻地区的人头税差别很大。位于巴黎东北的贡比涅有 1700 户住宅,共缴纳人头税 8000 利弗尔,平均每座炉灶交人头税 4.7 利弗尔。而邻近的村庄康里只有 150 户住宅,却要缴纳 4500 利弗尔人头税,平均每户缴纳人头税 30 利弗尔。富有的农民缴纳人头税没有困难,但贫穷的农民承担人头税则很困难。②

政府还征收其他多种税收。例如,对消费某种商品征税、征收消费税和国内关税等。此外,还有国家专门向农民征收的税种。几乎在所有的地方,农民都得向国家服劳役,通常农民得去维修邻近的道路和桥梁。农民还被召唤去做其他的工作,如建筑、修缮、维护公共建筑或通知者的宅邸,而这通常都是没有报酬的。在法国,政府并不强迫人们去服劳役或徭役。只有那些居住在道路 4 里格之内的农民,才被要求去承担维护道路的义务。但是这种做法从未引入朗基多克,在巴黎和瓦朗西安行政

---

① Jacques Houdaille, *Quatre villages du Morvan*: *1610 - 1870*, Population (French Edition),42e Année, No. 4/5,1987,pp.649-670.

② Jerome Blum, *The End of Old Order in Rural Europe*, Princeton U. P., 1978,p.66.

区也很少向农民提出这种义务要求。在一些地方,要求所有 70 岁以下的男子和 60 岁以下的妇女履行这种义务。①

在西欧许多国家要求农民一年为国家工作的时间不超过 3—4 天。在法国,这种对国家的义务可以用现金抵偿。到 1789 年之前,这种劳役已经消失了。在法国的法律中没有对农民对国家的劳役规定上限。在实行折偿之前,一般官方的要求是 1 年服 6—40 天劳役。

法国在路易十四时代开始实行征兵制。最初只是在农民中征兵,以后才在城镇居民征兵。军人服役 2—4 年,后改为 6 年。他们待在自己的村庄,定期训练,接受检阅。村庄为士兵置装,向他们发放工资。每年共征兵 1000 人。法国征召士兵的负担比其他国家要轻些。②

到了旧制度末年,在东、西欧奴役性土地上,农民承担的义务达到了顶点。18 世纪政府捐税以惊人的速度增加。1715 年时,土地税和个人税(贡税)以及人头税(人丁税)共计为 6600 万利弗尔。1759 年增至 9300 万利弗尔。到 1789 年高达 11000 万利弗尔。直接税在 74 年中增加了 69%,间接税在 18 世纪增加了两倍。③ 1787 年奥弗涅省议会说:"百姓早已不堪重负,如果不能减轻他们的负担,奥弗涅的人口和农业将遭受不可挽回的损失。"在科曼日地方,如果人们不能减免负担,各个社区就会抛荒自己的产业。④

---

① Jerome Blum, *The End of Old Order in Rural Europe*, Princeton U. P., 1978, pp.67-68.

② Jerome Blum, *The End of Old Order in Rural Europe*, Princeton U. P., 1978, p.70.

③ [苏]罗琴斯卡娅:《法国史纲(十七世纪——十九世纪)》,刘立勋译,生活·读书·新知三联书店 1962 年版,第 45—46 页。

④ [法]伊波利特·泰纳:《现代法国的起源:旧制度》,黄艳红译,吉林出版集团有限责任公司 2014 年版,第 348 页。

　　和欧洲其他国家一样,对法国绝大多数农民来说,劳役不是主要的负担。农民的主要负担是地租。此外还要缴纳持有地转手的费用和什一税。地租是那些根据世袭保有权持有土地的农民应支付的费用。农民向领主缴纳这种租费。这些领主对其土地拥有直接所有权,并且是土地的最高所有者。根据习惯或协议,这种租费以现金或实物形式缴纳,或同时用两种形式缴纳。当时用货币支付的地租的负担通常是无足轻重的,因为它是很久以前规定的作为一种永久性的不变的税费,当时货币比旧制度后期有更强的购买力。而在法国一些地区如西北部,要求农民支付的实物地租对农民是一种沉重的负担,有时土地税相当于农民收获物的三分之一到四分之一。但在通常情况下,土地税为农民收获物的十二分之一。①

　　农民土地转手要征收费用。那些拥有土地世袭保有权的农民,可以按自己的意愿将土地出售、交换或遗赠给他人。这种税费像现金地租一样,用以表示对领主拥有的最高财产权表示承认。有时转手费用甚至相当于出售土地的价格。有的地方农民为土地转手付一次性租费。有时土地转手时不像直接继承人的继承费那样,不要农民付费或不要他们付那么多的费用。在另一些地方,领主对于农民土地持有者死后的土地转手,只索要象征性的费用,如1只家禽、1大壶葡萄酒、1副手套或少量硬币,用以表示农民承认领主的最高所有权。②

　　在大多数情况下,领主对于世袭持有地的转手要征收大笔费用。如果土地转手是由于土地持有人死去的缘故,领主将取走死去农民最好的家畜,并根据当地习惯索要一笔现金。这笔

　　① Jerome Blum, *The End of Old Order in Rural Europe*, Princeton U. P., 1978, p.60.

　　② Jerome Blum, *The End of Old Order in Rural Europe*, Princeton U. P., 1978, p.62.

费用的数额相当于土地持有者从土地上获得的一年、半年或两年收入的,或地产价值一定的比例,这个比例一般在 1.25% 到 10% 之间,例外的为 20%。土地持有者转手出售土地的费用要高些。在法国,这笔费用相当于土地价格的八分之一,有的地方为土地价格的四分之一或三分之一。

法国领主除了要对土地转手征收费用,还要求取得土地世袭保有权的农民对于领主拥有的最高土地所有权提出证词。其内容包括对持有地详细的描写和陈述农民应当承担的义务。农民准备这种文件有时要付很高的费用。在 18 世纪后期,领主每隔 10 年、20 年或 30 年会修改庄园法规或领主的土地赋税簿册。这意味着此时农民要提交新的证词。通常准备新供词由农民付费,有时领主也会帮助农民去做此事。通常修改土地赋税一事是由职业的土地赋税簿册专家去做,他们常常从领主那里得到奖赏,其数额为他们给领主带来的额外收入的一定比例。①

从 18 世纪下半叶开始,由于封建主开始大量侵占乡村共同体的土地,对农民的剥夺加剧了。1669 年路易十四颁布敕令,命令属于乡村共同体的土地分成三部分,一部分给地主,一部分给农民,一部分留给乡村共同体,使封建主的侵占行为合法化。18 世纪,乡村共同体土地的分配具有明显的掠夺性质。领主不仅把最好的农地拿走,而且他们侵占的乡村共同体农地大大超过了农地总量的三分之一。领主需要这些土地是为了在苛刻的条件下(如对分制)把它们出租,以增加封建收入。

除了主要的义务外,各地的农民还要负担许多用实物或货币缴纳的税费。他们要交一定数量的鸡蛋、家禽、蔬菜、坚果、蘑菇等,以及为领主纺一定数量的纱线和织一定数量的布匹。此

---

① Jerome Blum, *The End of Old Order in Rural Europe*, Princeton U. P., 1978, p.61.

外,农民还要为他们养的猪进入领主的森林以及他们使用领主的炉灶和葡萄榨汁器向领主支付现金。1789 年农民的陈情书说,法国布列塔尼的领主对农民征收烟囱税,每座房舍每年为 18 利弗尔,当时一年的房租不过 3 利弗尔。在香槟地区一些村庄,因为农民的房舍建筑在领主的土地上,每年要对每户农民包括无地农民征收 3 利弗尔 7 苏的费用。①

沉重的租税负担给法国农业经济的发展带来一系列负面影响。首先,由于法国税收制度的不平等,富有的特权阶层享有免税权,承担起赋税负担的基本上是平民,且主要是由农民负担。因此在近代早期,相比其他国家,法国农民的负担更加沉重,农民生活水平低,负债累累。为了维持生计,不少农民不得不将土地出售,自身则沦为无产阶级。到 18 世纪,贵族们受到资本主义的冲击,收入减少,因而加重了对农民的剥削。农民生活日渐困难,对教会、贵族的不满不断积累,致使当时法国社会动荡不安。其次,由于税负沉重,农民生活都无法维持,自然无法增加对土地的投入,更加谈不上采用新技术和新方法,农业生产率长期得不到提高,影响农业经济的发展。古贝尔指出正是因为税负过于沉重致使农民长期无法突破"小农"的局限。法国农业发展长期处于滞后状态,尤其是在大革命前。

大革命前的一个世纪,法国的农业状况非常糟糕。据泰纳估计,1715 年时有三分之一的农民,总计约 600 万人,死于困苦和饥饿。在半个多世纪的时间里,到路易十五死时,情况仍然如此。1725 年,圣西蒙说,"在斯特拉斯堡和尚蒂伊德奢侈和挥霍之中,人们看到了诺曼底荒草蔓生的原野,欧洲的首席国王若要成为伟大的君主,就必须不计条件到处乞讨,他的王国必须变成

① Jerome Blum, *The End of Old Order in Rural Europe*, Princeton U. P., 1978, p.64.

一个庞大的奄奄一息的收容院,对于这些不幸的人,就算和平时期也受到无情的剥夺。"1739 年达尔让松在日记中写道:"穷困刚刚在各省激起了三场起义:在吕菲克、卡昂、希农。人们在路上谋害手提面包的妇女。""在我所在的图兰区,居民靠野草为生已经一年多了。"沙特尔主教回答国王说,饥荒和死亡十分严重,百姓只能像绵羊一样啃食野草,像苍蝇一样倒毙。[1] 1740 年克莱蒙菲朗德主教马西永在信中写道:"我们乡村的人民生计极度困顿,没有床,没有家具,大部分人半年中连大麦和燕麦面包都吃不上,而这些东西是他们唯一的食物,他们不得不克扣自己和孩子的口粮以支付捐税。"[2]"朗基多克有个人告诉我,很多农民逃离这个省份,跑到皮埃蒙特、萨伏伊、西班牙,他们被十分之一税弄得焦头烂额,不堪其苦……税吏出卖农民的一切东西,任意拘禁,作风就像战争中的轻骑兵,但税吏为了牟利,其贪婪和邪恶比轻骑兵犹有过之。"[3]高等法院说,"整个小村子缺少必需的生活品,为了生存只能吃牲畜饲料","鲁昂已经两天没有供应了,没有粮食,没有面包"。骚动的民众控制了这个城市三天,抢劫了所有的公共粮仓,所有的社区货栈。这次骚乱结束后,1770 年在兰斯,1775 年在第戎、凡尔赛、圣日耳曼、蓬图瓦兹和巴黎,1782 年在普瓦提埃,1785 年在普罗旺斯的埃克斯也发生了类似的骚乱。[4] 布尔日督办说,大革命前 30 年,大批分成农出卖自己的家具,"很多家庭全家两天粒米未进",在好几个

---

[1] [法]伊波利特·泰纳:《现代法国的起源:旧制度》,黄艳红译,吉林出版集团有限责任公司 2014 年版,第 341—342 页。

[2] [法]伊波利特·泰纳:《现代法国的起源:旧制度》,黄艳红译,吉林出版集团有限责任公司 2014 年版,第 342—343 页。

[3] [法]伊波利特·泰纳:《现代法国的起源:旧制度》,黄艳红译,吉林出版集团有限责任公司 2014 年版,第 345 页。

[4] [法]伊波利特·泰纳:《现代法国的起源:旧制度》,黄艳红译,吉林出版集团有限责任公司 2014 年版,第 346—347 页。

教区,饥民一天大部分时间躺在床上以减轻痛苦。[1] 1784 年,上
基耶埃内议会指出:"没有人知道课税最重的乡村的命运有多
艰辛,我们已经有好几次看到,地产主抛弃了自己的土地。"苏
瓦松省议会的一份报告说,该地"贫困状况极其严重"。在加斯
科尼,"惨象让人撕心裂肺"。在图勒附近,农民在缴纳捐税、什
一税和贡赋后就一无所有了。[2]

(三)土地关系的变革

16 世纪以前在易北河西南各地区,领主土地制度已经建立
起来。在传统的领主土地制度中,庄园的耕地一般分为两种:领
主的自营地和农奴的份地。领主自营地通常包括领主的住宅及
附属建筑、耕地、森林、草场、牧场、园圃、池塘、马房、鸽棚、磨坊、
烤炉、压榨机等等。这部分土地曾经长期是领主最为重要的经
济来源,一般由领主或管家直接管理,由农奴耕种。而份地或称
佃领地是农奴们从领主那里领有的一块耕地,最初是指住宅或
由住宅和农业建筑物形成的居住点,以后也包括住宅中的人们
共同经营的一块土地。在法国,份地既是一块土地经营单位,也
是一块赋役单位。各地份地的大小都不一样,它们分散于庄园
中各个地方。由于耕种的农民身份不同,份地的性质也不一样。
9 世纪后,这种典型的自领地与份地相结合的模式出现巨大变
化,古老的领主地产制出现瓦解的迹象。其中一个现象是领主
自营地越来越小。尤其到中世纪后期,随着商品经济的发展,劳
役地租逐渐被货币地租取代,领主们开始雇佣劳动力耕种或者
将自己的耕地直接租给农民耕种。

---

① 　[法]伊波利特·泰纳:《现代法国的起源:旧制度》,黄艳红译,吉林出
版集团有限责任公司 2014 年版,第 347 页。
② 　[法]伊波利特·泰纳:《现代法国的起源:旧制度》,黄艳红译,吉林出
版集团有限责任公司 2014 年版,第 348 页。

法国旧的领主地产从 16 世纪便开始瓦解。由于货币贬值、战争的蹂躏,国内各阶级和个宗教派别之间的冲突,加上农民的暴乱,土地贵族陷入了贫困,一些封建权利与特权被削弱了,地产的转让也就变得更方便了。以后,秩序得到表面上的恢复,到 16 世纪末,一些地方的封建势力有所抬头。但是在法国,领主的权力已经日渐衰落,虽然在公共场合他们还维持着他们的威严,但私下里他们不得不承认实际上他们已经丧失了对土地的支配权。① 加上 16 世纪以后,法国资本主义的发展和王权的强化,法国贵族开始大量往城市尤其是首都巴黎迁居,"不在"地主增加。领主们无法像以前一样直接参与土地的经营管理,租佃就成为他们最好的选择。因此,到旧制度时期,法国租佃制盛行。1783 年布莱男爵拥有的布莱和布罗里的地产坐落在波旁地区,离邓勒华 2 法里。"这是个无可挑剔的教区;土地优良,大部分为林地、干草地和牧场,其余的土地可以种植小麦、黑麦和燕麦",这里谷物贸易很发达。领地主要分为两块,其中布莱的土地有 1437 阿庞,由 7 个佃户经营。其中只有一人是个大佃户,每年要向领主缴纳 7800 利弗尔,其他的人每年支付较少。布罗斯的土地有 515 阿庞,由 2 个佃户经营,地主给他们提供的牲畜价值 3750 利弗尔,他们共向地主缴纳 2240 利弗尔。此外,领主在布莱还有 810 阿庞的领主领地,由 120 个纳年贡的农民掌握;在布罗斯有 85 阿庞的领地,由 20 个纳年贡的农民掌握。② 从地产分布情况看来,领主几乎将所有的土地全部出租出去,甚至各种封建权利也被领主租出去了。除了个别领主外,绝大多数领主保留的由自己管理的土地的面积已经缩小了

---

① [意]卡洛·M.齐波拉主编:《欧洲经济史》第 2 卷,贝昱、张菁译,商务印书馆 1988 年版,第 255—256 页。

② [法]伊波利特·泰纳:《现代法国的起源:旧制度》,黄艳红译,吉林出版集团有限责任公司 2014 年版,第 416—423 页。

许多。

在这个时期,法国地产主们主要采用两种租佃制。一种是定额租佃制,即农具与牲畜均由耕种全部农田并向地主缴纳现金和实物地租的农民自行解决。另一种是分成租佃制,由地主提供土地、部分牲畜与农具,并与分成制佃农共同承担风险、共享收成。这两种租佃制在旧制度时期都非常流行,尤其是分成租佃制。16 世纪以前,法国很少发现分成租佃制的痕迹。但16—17 世纪分成租佃制却在法国迅速发展。到大革命前,分成租佃已成为法国当时最普遍、分布最广的土地经营方式。当时全国约有 2/3 或 3/4 的地区实行分成租佃制①。阿瑟·扬甚至认为在大革命前法国 7/8 的土地上都采用了分成租佃制②。这两种租佃制都可以缴纳现金或交纳实物作地租。当时租佃期很短,一般为 3 年到 4 年。期限较长的也就是 6 年至 9 年。③ 且随着经济的发展,契约期限变得越来越短。

16 世纪以后,不仅领主自营地大幅度减少,不少旧贵族的土地也大量流失。旧制度时代,随着法国社会变迁,旧贵族逐渐走向衰落。部分旧贵族由于收入减少,支出增长而走向破产,不得不出售地产。土地开始向其他阶层转移。一位贵族在 1755 年写道:“虽然贵族有各种特权,但他们还是不断走向破产,而第三等级占有了各种财富。”这样,大量地产通过被迫或自愿出售的方式转入金融家、文官、大商人和大资产者之手。当然,在债台高筑的贵族全面丧失财产之前,他们只是让渡部分财产。

---

① Albert Soboul, *La France à la veille de la Révolution*: *économie et société*, Paris: SEDES, 1974, p.233.

② Le baron A. de Calonne, *La vie agricole sous l'Ancien Régime dans le nord de la France*: *Artois*, *Picardie*, *Hainaut*, *Flandres*, Paris: Cuillaumin et cie, 1885, p.63.

③ [意]卡洛·M.齐波拉主编:《欧洲经济史》第 2 卷,贝昱、张菁译,商务印书馆 1988 年版,第 257—258 页。

为了把农民束缚在自己的土地上,以便有一天可以根据赎回权拿回这块土地,领主把自家土地周围的空地和荒地的所有权让渡给农民,对抛荒的土地不收分文。根据 1766 年的法令,垦荒地 15 年内免征任何税。这项政策使得此后的 3 年内,在 28 个省共垦荒 40 万阿庞。在很多地方,除了城堡和每年产值只有两三千法郎的毗邻的庄园,领主就只剩下封建捐税了,剩下的土地都是农民的了。泰纳说,到 1760 年据说四分之一的土地都已经转入农民之手①。这个说法可能有所夸大。旧制度时期,法国贵族势力尤其是旧贵族确实出现没落迹象,不少旧贵族因为破产而不得不出售大量地产。与此同时,大量第三等级通过购买官职、土地等方式进入贵族阶层,成为新贵族。18 世纪,总共有 6500 户家庭成功进入第二等级,也就是说约四分之一的贵族在 1700 年之前并不是贵族②。这些新贵族从旧贵族和教会手中大量购买土地,成为新的贵族领主。例如博韦地区财政分区长官、穿袍贵族尼古拉·特里斯坦曾多次从负债的小贵族手中购买土地,以至于人们说,"尼古拉·特里斯坦的财产都是由那些早已被借款人看中的博韦贵族们的财产所组成的……"③从总体上看,法国贵族依然占据大量土地,只是旧贵族领地大量减少了。

法国是一个小农经济占主导的国家。跟欧洲其他国家相比,旧制度末年法国农民占有的土地要比"他们同时代的欧洲其他地区的人更多",大约占 40%。④ 可能在欧洲,没有哪个民

① [法]伊波利特·泰纳:《现代法国的起源:旧制度》,黄艳红译,吉林出版集团有限责任公司 2014 年版,第 358—359 页。

② Guy Chaussinand-Nogaret, *La Noblesse au XVIIIe siècle:de la Féodalité aux Lumière*, Bruxelles, Hachette, 1976, p.48.

③ Geroges Duby, Armand Wallon, (dir), *Histoire de la France rurale (Tome II)*, Paris:Seuil, 1975-1976, p.272.

④ Michel Puzelat, *La Vie rurale en France XVIᵉ-XVIIIᵉ siècle*, Paris:SEDES, 1999, p.26.

族像法国人一样那么喜欢购买土地。法国下层阶级把全部积蓄都用来购买土地,而下层阶级所购买的土地通常都比较小,从而致使法国小农数量惊人。1772 年,卡昂督办在编订对不动产征收的二十分之一税收册时估算,在 15 万纳税人中,大约有 5 万人的税额不超过 5 苏,更多的人税额不超过 20 苏。阿瑟·扬为法国小产业者数量之大而震惊。① 不过这并不意味着法国缺乏大土地所有制。恰恰相反,旧制度时期的法国是一个大、中、小土地所有制并存的社会。大革命之前,土地日益向大土地所有者和小土地所有者集中。土地的集中和碎化并存,呈两极化趋势。

　　1680 年,博韦地区的关库尔拥有土地的 98 个农民中,其中 3 个中农拥有 10—16 公顷中等大小的土地。94 个农民所拥有的土地不足 2 公顷,其中 72 人的地产不足 1 公顷。在库德赖-圣-热尔梅,大、中、小土地并存。大地主拥有约 90 公顷的土地,拥有 8—14 公顷的土地的中农有 9 个,约有 20 个农民所占有的土地约在 3—8 公顷之间,剩下 95 个小农中有 52 个农民拥有的土地不足 1 公顷。② 毫无疑问,从人数上看,博韦地区拥有小块土地的小农占主导。在布雷地区埃斯波布尔格也是如此,据 1678 年一项统计数据,当地 6 个贵族拥有 26% 的土地,教会拥有 21% 的土地,资产阶级占有 7% 的土地,剩下的 46% 的土地分布在 148 个农民中。农民占有土地的比例较高,但 51 人所占有土地不超过 1 公顷,有 74 人拥有 1—2 公顷的土地,有 17 人拥有的土地达到 2—4 公顷,仅有 6 人拥有 4—8 公顷的土地③。

---

　　① ［法］伊波利特·泰纳:《现代法国的起源:旧制度》,黄艳红译,吉林出版集团有限责任公司 2014 年版,第 358—359 页。

　　② Pierre Goubert, *Cent Mille Provinciaux au XVIIe siècle : Beauvais et le Beauvaisis de 1600 à 1730*, Paris:Flammarion,1968,p.184.

　　③ Michel Puzelat, *La Vie rurale en France XVIᵉ–XVIIIᵉ siècle*, Paris:SEDES, 1999,p.26.

由于人口增长等因素,法国小土地所有者数量也不断增长,而土地面积有限。这导致农民所占有的土地不断碎化,人均占有的面积越来越小。在朗格多克的贝桑,从 1520 年到 1559 年土地占有者数量多了 2 倍多,小土地所有者多了 3 倍多[①]。1460 年在朗格多克的圣-蒂贝里,无地的农民仅有 8 人,到 1690 年无地的农民已达到 39 人。1460 年当地小土地占有者有 110 人,平均每户占有的土地约为 1.6 公顷;到 1690 年,数量增长至 272 人,每户平均仅占有 1.3 公顷土地。且这些土地还经常被分成小块种植。例如在茹拉山区,一个农民平均 2.4 公顷的土地被分成 32 块小份土地。在维瓦赖,农民的土地被分成 10—20 块小份土地[②]。土地碎化是农民地产的特征。

另一方面,随着经济发展的社会变革,大土地所有者不断积累财富,扩大地产。农村的土地日趋向大土地所有者手中集中。16 世纪末,地主们就开始图谋扩张他们的地产。到了 17 世纪,地主常以“紧急的和临时的需要”为理由没收以前由农民占有的土地,从而使得地产重新获得了相当大的扩展。在 17 世纪中期,农民的地产主要是遭到新的资产阶级化的地主的掠夺。这些新地主利用旧土地贵族的衰落大搞土地投机,从中获得利益。他们尽力扩大自身经营的土地的面积,以便从价格上涨中获取利益。除了地主以外,农民也将他们的地产合并和集中,以便更为合理、更有利经营。自 17 世纪初以来,塞纳河以北的法国许多地区就出现了这种现象。拥有分散的田地的农民学习英国农

[①] Geroges Duby et Armand Wallon(dir.),*Histoire de la France rurale*(*Tome 2* :*L'age Classique*,*1340-1789*) ,Paris :le seuil,1975,pp.182-183.

[②] Michel Puzelat,*La Vie rurale en France XVI* e *-XVIII* e *siècle* ,Paris :SEDES,1999,p.26.

民成功的经验,开始合并他们租种的土地,需要时互相交换田地。[1] 勃艮第最高法院的总检察官在 3 年间从 10 个不同的地主那儿获得了 22 张地契,总共 60 公顷土地[2]。大革命之前,在某些地区土地集中获得了巨大的成功。

在旧制度时代的法国,大土地所有制和小土地所有制都有所增长。仍以郎格多克的圣-蒂贝里为例。1460 年全村总共 189 户,其中小土地者和土地农民为 118 人。中等土地所有者为 62 人,平均每人占有 9.1 公顷土地。大土地所有者 9 人,平均每人占有 35.7 公顷土地。到 1690 年,小土地所有者和土地农民人数已经达到 311 人。中等土地所有者数量却减少至 34 人,人均占有土地面积减少至 8.4 公顷。大土地所有者增长至 12 人,人均占有土地面积增长到 44.7 公顷土地[3]。在里耶维勒村也同样如此,1715 年出身于资产阶级的罗贝尔·德·莫内维尔购买了里耶维勒的土地,成为当地的领主。1725 年,里耶维勒村总耕地面积为 762 公顷。其中罗贝尔家族拥有 392 公顷土地,占全村土地总面积的 51.4%;教会占有 31 公顷土地,占全村土地总面积的 4.07%。而全村 16 个中农和 32 个短工占有全村 11.5%左右的土地,平均每人占有土地约为 1.82 公顷。到 1762 年,全村土地总面积为 737 公顷。罗贝尔家族所占有的土地已达到 501 公顷,占全村土地总面积的 68%;教会拥有的土地略有增加,达到 33 公顷,占全村土地总面积的 4.5%。拥有土地的农民人数减少,总共只有 37 人,拥有全村约 11.2%的土地,平均每

①　[意]卡洛·M.齐波拉主编:《欧洲经济史》第 2 卷,贝昱、张菁译,商务印书馆 1988 年版,第 256 页。

②　[法]马克·布洛赫:《法国农村史》,余中先等译,商务印书馆 2003 年版,第 158 页。

③　Michel Puzelat, *La Vie rurale en France XVIe -XVIIIe siècle*, Paris: SEDES, 1999, p.27.

人拥有土地 2.23 公顷。1791 年,全村土地总面积为 733 公顷,略有减少。但罗贝尔家族的地产再次扩大,达到 521 公顷,占全村土地总面积的 71%;教会土地减少,仅有 26 公顷,约占 3.6%。拥有土地的农民人数增长,达到 44 人,但他们所拥有的土地减少,仅拥有全村 10.05% 的土地,即 73.67 公顷,平均每人拥有的土地约为 1.67 公顷。到 1811 年,罗贝尔家族的地产已经扩大到 606 公顷,全村 79.3% 的土地都属于原来的领主[①]。在不到 100 年的时间里,罗贝尔家族的土地由 392 公顷增加到 606 公顷,增加了 214 公顷。

正如马克·布洛赫所言,大革命前法国是"一个大土地所有制与小土地所有制并存的国家"[②],土地的集中与分化并存。随着大革命的到来,土地集中的趋势被打断。作为大革命的支持者,农民获得大量土地,小土地所有制在大革命后进一步得到发展。

中世纪时期的法国和欧洲其他地区一样,在农村存在大量由乡村共同体居民共同使用的公有土地。这些土地包括村中的森林、沼泽、荒地等,也包括处于休耕时期的所有耕地。它向村中所有人开放,供领主和村民们放牧、砍伐树木、狩猎等,作为领主和村民生活的补充。在中世纪直至近代早期的法国,公地在村民生活中占据着尤为重要的位置。然而这种推行共耕共有制的公有土地到了近代却与推行土地私有制的资本主义生产方式不相容。因此,在近代欧洲,英国首先出现圈地现象。而圈地也常常被视为是西欧各国农业变革的开始。在法国,最初主要圈

---

① G.R.IKNI,*La terre de Lierville de 1715 à la Restauration*,in:Albert Soboul(direction),*Contribution à l'histoire paysanne de la Révolution française*,Paris:éditions sociales,1977,pp.251–279.

② [法]马克·布洛赫:《法国农村史》,余中先等译,商务印书馆 1991 年版,第 171 页。

占的土地就是圈占公地。马克·布洛赫将这种集体地役的废除和新技术的应用视为近代法国农业变革的两大特征。且"在法国,如同在几乎所有国家,——例如英国——对集体地役的反击远远早于耕作方式的变化"①。

中世纪晚期,在普罗旺斯和诺曼底就已出现对集体地役权的"首次攻击"。普罗旺斯过去一直严格地实行公共牧场制度。这个地区是一个转场放牧区。每年夏天职业牧羊人将牛羊赶去高山牧场,秋天牛羊下山时正值秋收完毕。根据过路权,这些专职放牧人有权在秋天的留茬地放牧牛羊,从而损害了本地小耕地者的利益。为保护自身利益,同时也由于当地广阔的牧场让耕地者们不需要担心牧场不足的问题,小耕地者和大地主们联合起来要求废除公共牧场制。15 世纪中叶至 16 世纪中叶,萨隆、阿维尼翁和里耶兹等地纷纷废除了强制性公共牧场。1469 年,普罗旺斯地区的三级会议向国王提交一份申请,"请求将一切牧场、葡萄园、禁牧林地和其他一切可以圈围的占有地在整年中圈围起来,若有侵犯,责以重罚,然而在国王属地内实行的相反习惯不受妨碍。"国王恩准了这项提案:"鉴于提案公正无私,人人都应有权占有并支配自己的财产,准其奏折。"②许多地方市镇也作出决定,支持废除强迫性的公共牧场制。

16 世纪以后,这种对公地的圈占变得越来越普遍,反对公有地的冲突也越来越激烈。

一方面,领主和富人通过各种方式圈占乡村共同体的公有土地。"1747 年,奥弗涅地区克劳巴的居民抱怨说,'村中的居民热罗·萨拉-帕泰贡,由于是富人,是村中的头面人物……就

① [法]马克·布洛赫:《法国农村史》,余中先等译,商务印书馆 1991 年版,第 219 页。

② *Arch.B.-du-rhône*,B49,fol. 301 v,转引自[法]马克·布洛赫:《法国农村史》,余中先等译,商务印书馆 1991 年版,第 220—221 页。

扩大其私人的权力,甚至把属于村子的公社大部分土地圈围起来,并和他的土地连接起来'。"①17 世纪 60 年代以后,政府开始有条件地支持领主圈占公地。1669 年,国王颁布法令明确了三分法的含义和适用原则,其中规定当村民不向领主缴纳任何使用森林、公地所产生的费用时,领主有权要求分割公地,并获得其中的 1/3。剩余 2/3 的公地属于乡村共同体,供居民共同使用。不过这项决议由于农民的抗议和反对,政府当局态度并不稳定。政府曾多次支持三分法,后又宣布无效,甚至那些正式的交易、协议或法律判决所确定的也不例外。法国在 1575 年、1659 年和 1667 年颁布的法令就是例证。此外,领主还利用农民欠他们的沉重的债务,以产权作为表面的理由,强行征用共同体的地产。尽管贵族、教士与资产者的地产扩张不断引起农民的抗议,但瓜分村社的土地的行为却很少遭到有力的抵制。瓜分村社土地的行为一直持续到 18 世纪下半叶。

林地过去一直属于共同体的公共土地供所有人使用。近代,由于森林价值被重新发掘,林地逐渐成为各方势力争夺的重点。通过各种合法或不合法的方法,林地大部分都落入贵族或大农场主的手中,变成他们的私有土地。到旧制度末年,法国有森林约 8000000 公顷。其中 746851 公顷属于法兰西王室,占林地总面积的 9.3%;12%属于教会,约 961066 公顷;1022178 公顷林地属于乡村和城镇居民集体所有,占 12.78%;3861194 公顷林地属于各级领主和平民,即归私人所有,占林地总面积的 48%左右②。到

---

① Essuile, *Traité politique et économique des communes*, 1770, p. 178; C. Trapenard, *le pâturage communal en Haute-Auvergne*, 1904 p.57; cf. *Arch. du Puy-de-Dôme*, Inventaire, C.t. II, n. 2051,转引自[法]马克·布洛赫:《法国农村史》,余中先等译,商务印书馆 1991 年版,第 209 页。

② Michel Devèze, *Les forêt françaises à la veille de la révolution de 1789*, *Revue d'histoire moderne et contemporaine*, T. 13e, No. 4, 1966, pp.241-272.

1789 年,公共林地多数只在一些经济落后、人口稀少的地区如中央高原、阿尔卑斯山区、阿尔萨斯、洛林等地存在。

另一方面,部分贫困的乡村共同体不得不出售公有土地,或内部瓜分公地。有时,领主、资产阶级和大农场主也会购买贫困乡村共同体所售出的公地,进一步扩大自身土地面积。1764 年,勃艮第地区克洛莫特村 20 户居民将公地的 2/3 转让给领主,以获取一份让他们摆脱永久管业的特许状。1782 年,第戎议会领袖尼古拉·德·布吕拉尔解放了尚松的农奴,获得村庄中一半的林地共 112 公顷①。1770 — 1789 年,在阿图瓦地区 326 个有公共财产的乡村共同体中,36 个共同体将公共土地进行分割。这 36 个共同体主要位于阿图瓦东部地区,靠近农业经济发达地区——弗兰德。其中有统计资料的共 33 个共同体,涉及居民 4002 户。他们共同分割了 2186.65 公顷土地,平均每户可得到约 0.55 公顷。②

不过与英国的圈地运动相比,法国的圈地运动明显要落后很多。不少地区所谓圈地运动依然保留古老的集体地役制特征,改革并不彻底。阿瑟·扬在 1789 年渡过英吉利海峡来到法国。他在法国看到的事情使他大为惊讶。他看到法国有些省份整个都被分割圈占,“居民们荒唐得不可思议,十分之九的圈地的管理制度与敞地制一样。就是说,存在着大量的休闲田”③。许多地方的圈地并没有将圈占的土地完全分给农民。许多大量圈地的村庄还保留了广阔的公共牧场,在这些村庄维持着集体

①　James Lowth Goldsmith, *Lordship in France*, *1500-1789*, New York, Peter Lang, 2005, p.29.

②　Jean-Michel Sallmann, *Le partage des biens communaux en Artois*, 1770-1789, *Études rurales*, No. 67, 1977, pp.71-84.

③　[法]马克·布洛赫:《法国农村史》,余中先等译,商务印书馆 1991 年版,第 71—72 页。

权力,例如布列塔尼就是这样。除了布列塔尼和科唐坦等地,牧场往往并不圈占,等第一茬草收割完毕,牧场就对全体居民的牲畜开放。在圈占地区,耕田周围种上篱笆或垒起矮墙,不实行公共放牧制度。在布列塔尼南部的海滨,在同一圈占土地中没有修建矮墙。1768 年,蓬克鲁瓦的总督代理人说道:"每人将自己的牲畜拴在自己地块的木桩上,以免它们跑到别人的田里。"①

在近代早期的法国社会大变革时代,看似数百年如一日的乡村悄悄发生改变。农村经济有所发展,不合理的农奴制度开始瓦解,古老的庄园制度和生产方式走向没落。但对比英国,法国农业经济发展相对缓慢,农业结构变化不大,农民收入有限而负担沉重,导致农民长期无法摆脱小农状态。尤其在大革命前,缓慢发展的法国农业又遇到极大阻碍,改革并不彻底,保留诸多封建残余,也限制了农业资本主义的发展。因此,在法国虽然也存在着圈地运动,无论在规模还是在程度上都无法与英国相比。

三、大革命时期的农业变革

1789 年 7 月 14 日,法国大革命②在巴黎爆发,并迅速席卷了整个法国。这一事件成为法国近代史上最重要的历史事件。大革命的爆发不仅改变了法国的政治、经济、社会文化,也使法国农业呈现新的发展方向。

---

① ［法］马克·布洛赫:《法国农村史》,余中先等译,商务印书馆1991 年版,第 73 页。

② 关于大革命的结束时间存在着多种看法,有学者认为大革命于1804 年结束;有学者认为应当包括拿破仑帝国时期即1814 年才结束。本文采纳后一种观点,即大革命时期是从1789 年大革命爆发到1814 年拿破仑帝国的结束。

（一）大革命时期的土地政策

大革命爆发初期,农民并没有引起国民会议代表们的关注。但在大革命爆发后,农民却以极大的热情投身于革命运动。各地农民纷纷拒绝交纳年贡、实物地租、什一税等封建税赋。抗租抗税成为农村普遍现象,不少地区出现农民暴动反抗封建压迫。在诺曼底西部和上阿尔萨斯等地,农民冲进领主的庄园别墅,没收和烧毁了各种封建契约,强行取消领主权。正是在不断发展的农民运动的压力下,资产阶级出台一系列土地法令,废除各种封建权利,将农民和土地从封建束缚中解放出来,并最终在法律上确立了近代意义上的土地私有权。

1789 年 8 月 4 日晚,诺亚伊子爵率先在国民会议上提出废除封建权利。这一提议当晚得到与会代表热烈的响应。代表勒冈·德·克朗加尔在会前就说:"告诉人们你们将废除奴役的法令……"[1] 从 5 日到 11 日,国民会议代表们纷纷讨论了有关封建权利及土地的问题,并于 11 日形成最终提案,这就是著名的八月法令。八月法令的颁布揭开了大革命解决土地问题的序幕。

在法令第一条,国民会议就宣布要彻底打破封建制度:"国民会议,彻底粉碎封建制度,并宣布在封建的或年贡的权利与义务方面,无论是与实物或人身永久管业权,人身奴役有关的权利和义务,还是代表这一切的权利和义务,均无条件废除,其他一切权利和义务则可以赎买,赎买的价格和方式将由国民会议决定。上述权利中未被本法令取消的部分年贡将继续征收,至少到完全清偿为止。"[2]

---

[1] Jean Gallet, *Seigneurs et paysans en France*, 1600-1793, Rennes, Éditions Oust-France, 1999, p.248.

[2] ［法］雷吉娜·佩尔努:《法国资产阶级史》(下),康新文等译,上海译文出版社 1991 年版,第 280 页。

根据法令的第一条,封建权利被分为两种:无条件废除的封建权利和可赎买的封建权利。其中按规定可无条件废除的封建权利主要包括:一、诸如永久管业、封建徭役等旧的封建奴役制度。二、领主的狩猎权、养鸽权、禁猎区等各种象征着领主身份各种封建特权和优先权;领主通过禁令权强迫农民使用领主磨坊、压酒器;砍伐森林或河塘捕鱼交纳的各种费用;等等。庄园法庭也被无条件废除,但在政府建立起新的司法体系之前旧司法人员继续保留岗位。三、什一税。然而在法律尚未作出规定前,人们必须按照旧的方式缴纳什一税。可赎买的封建权利主要是指各种封建租税,如年贡、庄园什一税,以及各种额外租税如土地转让金等。法令第六条宣称所有的永久地租,无论是实物形式的还是货币形式的,无论是什么种类的,无论它们的起源是什么,无论它们应由谁来承担,它们都要赎买。赎买的比率日后由国民会议确定,在此之前农民需要继续交纳封建租税。在最后,法令还宣布"要采取保护措施在未来将不再产生任何不许补偿的租金"①。这实际上为各种封建租税的存在提供了法律依据,也断绝了农民的所有幻想。

从上述法令内容可以看出,八月法令并没有实现其第一条所称的"彻底废除封建制度"的宣言。八月法令废除了各种封建劳役、农奴制、永久管业等,使农民获得人身自由。实际上这只是废除了一些基本已不复存在的封建制度。到 18 世纪初,法国绝大部分农民已获得人身自由,仅在弗朗什-孔泰等地存在大约 100 万的农奴残余。且 1779 年时政府也曾宣布于王室领地废除永久管业,并号召其他领主也追随政府的行为。狩猎权

---

① Ph.Sagnac et P.Caron, *Les comités des droits féodaux et de législation et l'abolition du régime seigneurial* (*1789–1793*) , Paris, Imprimerie Nationale, 1905, p.2.

等领主特权曾引起农民的强烈不满,但这些并不是农民最重要的负担。且不少富裕农民也早已突破了这些特权限制,如17世纪末法兰西岛的大农场主让·纳瓦尔就在自家农场设立了鸽舍。随着革命形势的发展,农民也已自发突破领主禁令权的限制。1790年3月,国民议会才正式废除禁令权,而此时绝大部分地区的农民已经不再使用领主的磨坊并开始组立农民自己的磨坊和烤炉等。什一税的废除确实减轻了农民的负担,不过废除什一税的主要受益人是大土地所有者而不是佃农。他们依然将各种租税附加于土地地租中。而农民最关心的问题还是各种封建租税。因为18世纪时法国农民已基本成为土地的主人,土地不完全属于他们的唯一标志就是年贡、土地转让金等封建租税。八月法令颁布后,农民依然需要交纳各种封建租税,其土地所有权实际上依旧是不完整的。梅林·德·杜埃认为:"在破坏封建制度时,我们没有打算要剥夺采邑的合法土地所有者他们的所有权,但我们已改变了这些财产的性质:从此以后(它们)从封建法中解放出来,(但)它们依然服从地产法"。[1] 但对农民来说,无论是服从封建法还是地产法,年贡、土地转让金等封建租税的存在依然是其土地所有权不完整的标志。琼斯指出,所有这些改革都只是改革意图的一种表现,且几乎所有这些法令在具体执行前都需要进一步制定法令[2]。

这一法令出台后,国王路易十六一直拒绝承认,法令迟迟不获批准。直到1789年9月21日,路易十六在巨大压力下才不得不批准该法令。

八月法令出台后,国民会议立即组织成立封建委员会来负

　　① Gérard Walter, *Histoire des paysans de France*, Paris: Flammarion, 1963, p.380.

　　② P. M. Jones, *The Peasantry in the French Revolution*, Cambridge, Cambridge University Press, 1988, p.82.

责具体相关法令的制定。其成员包括当时著名的法学家梅林·德·杜埃、弗朗索瓦·德·特龙歇和古皮·德·普雷费勒纳等。次年3月15日,委员会根据八月法令的精神颁布了有关封建权利的废除和赎买的具体方法及相关规定,这就是1790年3月法令。

根据委员会的核心成员、法学家梅林·德·杜埃的意见,3月法令将封建权利分为两种:属人权和属物权。前者是大革命前领主从公共霸占、由公共出让或靠暴力确立的权利,是领主篡夺的公共权利。当时,因为领主为农奴提供了军事庇护,这些权利是合理的回报。到近代,领主既然已经不再为农民提供保护,这些封建权利就应当无偿地废除。这些权利包括荣誉权、司法权、永久管业权、奴役权、狩猎权、禁猎区、养鸽权、市场权、道路费等等。后者被认为是领主最初将土地转让给农民所获得的权利,因此这些权利都属于领主合法的正当的收入,因此必须通过赎买方式才能获得解放。年贡、庄园什一税等封建年费和土地转让金等临时费用,属于需要赎买的权利。至于需赎回的权利种种事项全部由领主单方面确定。倘若领主的地契在1789年大恐慌时期被烧毁,领主只需找到10个证人证明其在1789年前的30年里拥有该土地,就可被认定具有这块土地的所有权。而农民要想拒绝支付赎买费用就必须提供证据证明这块土地是领主采取非法手段侵占的而不是领主转让的。但对农民而言,举证是非常困难的事情。

1790年5月,封建委员会颁布法令确定了具体的赎买方式和赎买价格。根据法令的规定,以货币形式支付的年贡等封建年费的赎买价为封建年费的20倍,以实物形式缴纳的封建年费则为其价值的25倍。土地转让金等临时费用则应支付转让金比率的5倍。其定价基准或按土地等级定价,或依据协议定价,依据其购买价格或实际价值的5倍。若当地土地转让金的比率为 1/12,这块土地的购买价格假设为 100 利弗尔,则农民购买土地时缴纳的土地转让金为 8.34 利弗尔。而假设农民需要赎买这块土地则土地转让金的比例提升到 5/12,农民需缴纳 41.67 利弗尔。农民可单独赎买自己的土地,若拥有多块土地也可分开赎买。但每块土地上所有的封建权利必须一起赎买,在赎买金全额缴纳前农民需要继续缴纳这些封建租税。共同所有人可分开赎买临时费用但必须共同赎买年贡等封建年费。此外,农民还须补交三十年来拖欠的部分。如此苛刻的赎买标准使普通小农赎买地产完全成为一件不可能的事情。赎买的价格不仅远远高出土地价值,且赎买的方式也十分复杂,加重了农民的负担。

1791 年 9 月 9 日,夏朗德滨海省一个土地产业主的代理人在帕耶城堡公证人的陪同下向领主提出申请,希望能赎买一块 8 茹尔纳勒①土地。这 8 茹尔纳勒土地按当时的地价估计约为 480 利弗尔,但其赎买价格却高出土地价格数倍乃至数十倍。赎买的内容主要包括两项:土地转让金和实物租税。依据 1790 年 3 月的法令,这块土地每茹尔纳勒的土地转让金赎买价为 33 利弗尔 6 苏 9 德尼埃。由于当地是按五年三次轮作的方法耕种,每年每茹尔纳勒的产量约为 3 斗,每年总产量为 24 斗②。按赎买前 14 年间所有小麦的两个最高价和两个最低价之间的平均价格折算,每斗平均价格为 317 苏 6 德尼埃,3 斗小麦的价格为 1012 苏 6 德尼埃,即每年每茹尔纳勒土地产量约合 1012 苏 6 德尼埃。由于这块地是以实物形式交纳,赎买比例为 25 倍,即每茹尔纳勒的土地需交纳 25312 苏 6 德尼埃。再加上土

---

① 茹尔纳勒(Journal),古代土地面积单位,相当于 1 人 1 天能耕作的面积。

② 斗(boisseau),容量单位,1 斗为 12.5 升。

地转让金的赎买费用,每茹尔纳勒的赎买费用总共为 28618 苏 2 德尼埃①。若按每利弗尔约合 20 苏的比率计算,约为 1431 利弗尔。这样算下来,这位土地占有者为赎买这 8 茹尔纳勒的土地须向领主交纳总共 11448 利弗尔的赎买金。封建赋税的赎买不仅赎买金额高出土地价值数倍,所需赎买的内容也是五花八门的,如免费磨麦的权利等。② 全国需赎买的封建租税估计达到 1.2 亿利弗尔③。若按 20 倍的比率计算,则农民总共需要支付 24 亿利弗尔,若按 25 倍的比率计算,则需要支付约 30 亿利弗尔。这样一笔如此巨大的数目是普通农民根本无法承担的,因此各地赎买封建租税的人都十分少。到 1791 年,波尔多区总共只进行了 547 次赎买,其中赎买封建年费的总费用为 110000 利弗尔,赎买额外租税的总费用为 390000 利弗尔。④ 而在其他区尤其是乡村地区赎买所得的费用就更少,塞纳地区的卡尼区仅有 4 起赎买,迪珀区仅有 10 次,科德波克仅有 21 起赎买,蒙蒂维利耶尔区总共有 60 起封建权利的赎买⑤。真正能赎买土地的多是那些大地产主和资产阶级。根据吕克对下夏朗德地区封建赎买的统计,从 1789 年到 1793 年,整个地区的赎买共 349 份,其中市民的赎买能力远远超过农民。市民中,3% 的土地赎

---

① J.N.Luc,Le rachat des droits féodaux dans le département de la Charente-Inférieure(1789 - 1793), in Albert Soboul (direction), *Contributions à l'histoire paysanne de la Révolution française*,Paris:Edition sociales,1977,p.317.

② [法]让·饶勒斯:《社会主义史·法国革命:第 1 卷　制宪议会(下)》,陈祚敏译,商务印书馆 1995 年版,第 131 页。

③ Gérard Walter, *Histoire des paysans de France*, Paris:Flammarion,1963, p.389.

④ Jean Gallet, *Seigneurs et paysans en France*, *1600-1793*,Rennes,Éditions Oust-France,1999,p.254.

⑤ PH. Gougard, *L'abolition de la féodalité dans le district de Neufchâtel* (*Seine -Inférieure*) ,in:Albert Soboul(direction), *Contributions à l'histoire paysanne de la Révolution française*, Paris:Edition sociales,1977,p.367.

买价低于 50 利弗尔,40% 的赎买价超过 500 利弗尔,其中有 24% 的赎买超过 1000 利弗尔。而农民很少能拿出超过 200 利弗尔的资金来赎买土地,56% 的赎买均低于 500 利弗尔[①]。大多数农民实际上根本无法通过赎买方式获取完整的土地所有权。1790 年 3 月,法令没有完全解决农民的土地问题。

1790 年法令的出台没能解决农民最关心的土地问题,没能完成 8 月法令中所宣称的"完全废除封建制度"的任务。国民会议坚持该法令,并对农民的反抗行为予以镇压。这更加激起农民的不满情绪,农民在领主的城堡前竖起绞架以警告那些准备去赎买封建权利的富农,向领主和政府抗议。为了得到农民的支持,逐渐失势的吉伦特派决定采取更为激进的措施。

1792 年 2 月 29 日,库通在国民会议上提议不应再需要赎买的封建费用,除非是那些能提供证据证明土地费用建立在确实的土地授予基础上或建立在双方都认可的基础上的。4 月,国民会议开始就农民问题展开激烈讨论。1792 年 6 月 18 日,议会颁布法令决定无条件废除土地转让金等临时费用和年贡等封建年费。议会在法令第一条宣称,国民会议取消 1790 年 3 月 15 日法令中第三章第 1 条和第 2 条的规定,以及所有相关的法令规定,无条件废除一切临时费用、年贡费用、封建费用等等。因为这些封建权利都是不合法的、不合理的。除非领主能提供证据土地非封建的、现金租税租约的原始证书。仅在这种情况下,上述所有费用才能继续征收,也可被赎买。其余情况下,一切封建费用均被无条件废除。8 月 20 日至 27 日,议会又颁布多项法令再次强调无条件废除年贡等封建租税,除非能提供证

---

① J.N.Luc, *Le rachat des droits féodaux dans le départment de la Charente-Inférieure*(*1789-1793*), in: Albert Albert Soboul(direction), *Contributions à l'histoire paysanne de la Révolution française*, Paris: Edition sociales, 1977, pp.329-331.

明其最初的土地转让的证书。当然绝大多数领主也很难找到最初的土地转让契约书。对绝大多数农民来说,6月法令到8月法令已经废除年贡、庄园什一税、土地转让金等封建租税,废除了土地封建所有权的象征。农民基本上获得了完整的土地所有权。从此以后,法国的土地从封建特权中解放出来,除了那些由私人协议所确立的和法律所支持的那些。① 此外,即使农民需要赎买各项租税,也无须所有费用一起赎买,所有赎买都可分开进行,各项临时费用也可一项项赎买。这实际上减轻了那些缺少资金的农民的负担。

1793年雅各宾派上台执政,走上更加激进的改革道路。同年7月17日,国民公会颁布法令宣布,"所有以前的庄园租金、封建费用、年贡费用、固定的和临时费用,以及由去年8月25日法令保留的那些费用全部无条件废除",②但排除了那些纯粹土地收益且非封建性质的地租。第6条规定,以前领主、公证人等所持有的那些封建地契必须全部被烧毁。在8月10日前所收集的地契证书应当在市政委员会和乡村共同体委员会的组织下于10日当天当众烧毁,其余的必须在法令颁布后三个月内全部被烧毁。第7条规定,若有人窝藏、窃取那些理应被烧毁的地契证书的底稿或副本,处以五年监禁。至此,土地所附着的封建权利被完全废除,"农民的地权才充分地解放"③。1804年,《拿破仑法典》颁布,正是确定了"所有权是对于物有绝对无限制的使

① P. M. Jones, *The Peasantry in the French Revolution*, Cambridge, Cambridge University Press, 1988, p.92.

② Ph. Sagnac et P. Caron, *Les comités des droits féodaux et de législation et l'abolition du régime seigneurial (1789-1793)*, Paris, Imprimerie Nationale, 1905, p.775.

③ [法]施亨利:《十八九世纪欧洲土地制度史纲》,郭汉鸣译,正中书局1935年版,第154页。

用、收益及处分的权利"①概念,为农民新获得土地私有权提供法律保障。

（二）大革命时期的地权转移

大革命时期封建权利的废除使农民的人身及土地获得解放,土地所有权得到承认,农民确立了对土地真正的所有权。然而农民所占有的土地通常都较小,仅仅依靠一块土地农民甚至连温饱问题都难以解决,更难保证自己的"经济独立"地位。所以,索布尔指出,"仅仅解放农民的人身,甚至解放土地,都是不够的。还必须使农民获得土地所有权,以保证他们的经济独立;否则,废除封建制对农民来说有成为'一场空'的危险。"②因此,解决土地问题的第二个关键点就是使农民获得更多土地,实现地权转移。为此,革命政府主要采取了两种方式,即出售国有财产和分配公地。

大革命时期,为缓解财政压力,国家将没收的所有财产予以出售即国有财产的出售。起初,国家出售的主要是教会的财产及一部分王室财产。1792 年后,逃亡贵族、嫌疑犯、拒绝宣誓的教士等人的财产也被纳入国有财产的行列。国有财产出售虽然没有彻底改变法国土地占有结构,但也在很大程度上实现了地权转移,影响了日后法国土地制度的发展。

1789 年大革命爆发后,国民会议就遇到严重的财政困难。为解决迫在眉睫的财政问题,塔列朗等代表提出国家可将教会财产收为己有,因为教会不同于其他财产所有人,教会的财产来自国民的捐赠,国民也就拥有支配这些财产的广泛权利。11 月

①　《拿破仑法典(法国民法典)》,李浩培等译,商务印书馆 2006 年版,第72 页。

②　王养冲编:《阿·索布尔法国大革命史论选》,华东师范大学出版社1984 年版,第 93 页。

2 日,米拉波再次向议会提出要求没收教会财产。当天议会以
568 票赞成、346 票反对的绝对优势通过了米拉波的提案,决定
将教会财产收归国有,并将其出售。1790 年 5 月 14 日,议会颁
布法令确定了所出售财产的范围、出售的具体方法和价格等。
根据 5 月 14 日法令,国有财产被分为三类:第一类,耕地、草场、
葡萄园等土地及庄园,附属的房屋和其他财物;第二类,货币形
式支付或货币形式支付的地租或贡赋以及其附属的额外税赋;
第三类,森林除外的其他财产。财产的出售由各市镇负责组织,
在各区的首府举行拍卖。起初,为了扩大购买者的社会范围,鼓
励农民购买土地,土地被分成小块出售,并且允许分期付款。购
买者依据所购买的土地种类首期分别支付 12% — 30% 不等的
首付款,其余部分可于 12 年内分期偿还。随着债务问题进一步
恶化,这项有利于小农的规定被取消。1790 年 11 月,分期付款
的年限由 12 年缩短为 4 年半,并且禁止市镇将土地拆散出售。
雅各宾派上台后,为争取农民的支持再次提出分散出售。1790
年底,国有财产的出售正式开始,到 1792 年,各地均出售大量教
会资产。如在上马恩省,从 1790 年底到 1792 年将近 39000 公
顷的原教会土地被转手,约占该省可耕种土地的 1/10[1]。在斯
特拉斯堡区,没收来的作为国家财产的土地总面积的 1/3 是在
1791 年被出售的[2]。

　　1792 年初,逃亡贵族、嫌疑犯和拒绝宣誓的教士的财产也
被纳入国有财产的范畴。同年 12 月,各地政府开始出售其动
产。1793 年 6 月 3 日,国民公会正式颁布法令宣布将逃亡贵族
的不动产予以出售。这标志着国有财产的出售正式进入第二阶

---

　　[1]　P.M.Jones, *The Peasantry in the French Revolution*, Cambridge, Cambridge University Press, 1988, p.155.

　　[2]　G.Lefebvre, *Les recherches relative à la vente des biens nationaux*, *Revue d'histoire moderne*, T.3e, No.15, 1928, pp.188-219.

段。为获取农民的支持,法令规定将逃亡贵族产业尽可能地分成小块出售,且将付款期限延长到 10 年。此外,为照顾无地或少地的农民,法令规定,在那些没有任何公地可供分割但有逃亡贵族的财产遗留的村庄,所占有的土地不足 1 阿庞的小农家庭每户可获得约 1 阿庞(约为 0.5 公顷)的小块土地,每年需要向政府支付一定的租金。不久后,随着财政形势进一步恶化,议会再次改变态度,禁止将土地分成小块出售。当然各市镇政府并没有完全听从议会的指示,而是依据各地实际情况。1793 年 6月 3 日法令出台后,多姆山省的官员们无视该法令,继续将土地"打包"出售[1]。1796 年,议会决定将土地拍卖的地点改在各省首府,不便于农民参与拍卖。不过从 1795 年起,国有财产的出售已经接近尾声。1802 年拿破仑上台后,执政府要求停止出售逃亡贵族的财产,并将尚未出售的财产归还给他们。但教会财产的出售依然继续进行,直到 19 世纪 20 年代才结束。

国有财产的出售最初是为了解决财政问题。从这一点考虑,这次财产出售可以说获得巨大成功。政府所出售的土地价格通常都要高出土地原本的股价数倍。"有块土地原先定为四千二百十二利弗尔,此价一点也不低,但却卖了一万一千利弗尔……","有个园子每年的租金为四百利弗尔,结果却卖了一万一千五百利弗尔"。[2]托利尼亚 160 份出售的国有财产中有 88份土地高出其估价 2 倍以上,其中有 10 块土地的价格高出原估价的 5 倍以上。[3] 到 1791 年 10 月 1 日,诺尔省所出售的财产起

① P.M.Jones, *The Peasantry in the French Revolution*, Cambridge, Cambridge University Press, 1988, p.159.

② [法]让·饶勒斯:《社会主义史·法国革命:第 1 卷 制宪议会》(下),陈祚敏译,商务印书馆 1995 年版,第 136 页。

③ Gérard Béaur, *Histoire Agraire de la France au XVIIIe siècle: Inerties et Changements dans les Campagnes françaises entre 1715 et 1815*, Paris: SEDES, 2000, p.50.

初估价为 23345164 利弗尔, 却卖出了 40897386 利弗尔。到 1792 年, 加莱省所出售的土地估价为 34886871 利弗尔, 出售价为 53370055 利弗尔。到 1792 年 1 月, 下塞纳省所出售的土地估价为 20277079 利弗尔, 出售价 37174637 利弗尔。到 1791 年 12 月 31 日, 上马恩省所出售的土地估价为 10794503 利弗尔, 售价 19681605 利弗尔; 到 1791 年 11 月 1 日, 上加龙省所售的土地估价为 10285414 利弗尔, 售价 14976601 利弗尔。到 1790 年 12 月 30 日, 巴黎共出售了 80 份不动产, 估价为 1841263 利弗尔, 售价为 3183250 利弗尔①。

尽管后期政府禁止将土地分成小块出售, 但由于法国农村耕地大多较零散, 因此所出售的小块土地绝不在少数。蓬图瓦兹地区所出售的土地大多都比较小且分布广泛。1791 年, 蓬图瓦兹地区于尔叙利内出售 55 公顷土地, 共包含 82 块地产, 获利 63000 利弗尔。1793 年, 蓬图瓦兹地区圣母教堂的 6 块地被出售, 共占地 10 公顷, 获利 43200 利弗尔。同年, 皮伊瑟教会所出售的 11 公顷土地, 获利 43200 利弗尔, 而这块地是由 34 块小份地组成。② 为了获得土地, 少地或无地农民常常通过合伙购买土地, 然后再将土地分割的方法得到小块土地。因合买土地的现象十分普遍, 议会于 1793 年 4 月 24 日颁布法令严令禁止农民联合购买土地。"如果一个公社的全部或大部居民集资合伙购买出售的土地, 然后再在这些居民中重新分配, 将被看作是欺诈行为并将因此受到惩罚。"③后期, 大地产的出售逐渐成为普

---

① 转引自陈崇武、王耀强:《法国大革命时期教会财产出售初探》, 载《世界历史》1992 年第 1 期。

② Albert Soboul, *Problème paysans de la révolution* (1789 – 1848): *études d'histoire révolutionnaire*, Paris, Francois Maspero, 1976, p.254.

③ [法]雷吉娜·佩尔努:《法国资产阶级史》(下), 康新文等译, 上海译文出版社 1991 年版, 第 286 页。

遍现象。1794 年 10 月,克莱尔蒙-弗朗德区共拍卖了 663 份逃亡贵族的财产,只有 19 份土地的价格接近贫苦农民能购买的价格——500 利弗尔。[①] 小块土地的出售确实便于农民尤其是资金短缺的小农购买,但不代表购买者主要是农民。大地产主、资产阶级大量购买小块土地,并将它们组合成大地产。有时,资产阶级购买了大地产而后将土地分成小块出售给农民,从中获取利润。

由于资料缺乏,大革命时期法国究竟有多少土地实现地权转移,目前尚没有确切的统计数据,只能大致估计。大革命前,教会所占有的土地大概占全国土地的 6% — 10%,其总价值估计为 30 亿利弗尔。而这一时期所出售的逃亡贵族不动产的价值约为十几亿利弗尔,大约相当于教会财产的一半。以此推算,这一时期所出售的土地约占全国土地总面积的 9% — 15%[②]。也就是说大概 450 万 —750 万公顷的土地被转让给他人,具体出售情况各地差异极大。在康布雷齐,44% 的土地被出售;而阿泽布鲁克区,12.5% 的土地被转手;在诺尔省,所出售的土地占该省土地总面积的 25%;而在圣戈当区,仅有 3.6% 的土地被出售[③]。各地所出售的教会产业和逃亡贵族产业也多有差距,多数地方所出售的财产中教会财产占多数。在萨特地区,将近 6500 公顷教会土地被出售,占该地区土地总面积的 10%。此外,另有 1862 处住宅被出售。在芒地区,所出售的教会土地比

①　P.M.Jones,*The Peasantry in the French Revolution*,Cambridge,Cambridge University Press,1988,p.155.

②　Gérard Béaur,*Histoire Agraire de la France au XVIIIe siècle：Inerties et Changements dans les Campagnes françaises entre 1715 et 1815*,Paris：SEDES,2000,p.52.

③　G.Lefebvre,*Les recherches relative à la vente des biens nationaux*,*Revue d'histoire moderne*,T.3e,No.15,1928,pp.188-219.

例达到该地区土地总面积的 16%;萨布莱或西莱-勒-吉罗姆区所出售的教会土地约为 13%;在弗雷斯纳和拉弗莱什附近,所出售的教会土地约占土地总面积的 5.6% 和 5.7%[①]。在蒙彼利埃,3.2% 的土地作为教会财产被出售;在贝济埃,所出售的教会地产占该区土地总面积的 4%;朗德地区的圣塞弗尔和塔尔塔两地,这个比例分别降到 2.63% 和 0.33%[②]。所出售的逃亡贵族地产略少于教会地产。蒙彼利埃地区 1.8% 的土地作为逃亡贵族的地产被出售;贝济埃地区所出售的逃亡贵族的地产占全区总面积的 2.2%;而在圣塞弗尔区和塔尔塔区,分别有 4.51% 和 1.69% 的土地作为逃亡贵族的地产被出售[③]。

以上数据我们可以得出结论,大革命实现了一次土地所有权的大转移。在这个过程中,谁是这次地权转移中的受益者?毫无疑问,教会和贵族所占有的土地将大大减少,主要获利者应当是农民和资产阶级。传统观点认为,资产阶级获得了所出售的国有财产的绝大部分,农民尤其是小农所获甚少。勒费弗尔依据其对诺尔地区的研究发现,在诺尔地区农民获得的土地更多,这就改变了过去的看法。应当说资产阶级和农民在这个过程中获得多少土地是因地而异的。到 1792 年底,拉昂区共出售了 43000—44000 阿庞土地,其中乡村人口得到 23200 阿庞,而资产阶级或者说非农业人口获得 18800 阿庞,剩余的被贵族和教士所购买。乡村人口所购买的土地占全部出售土地的

① Gérard Béaur, *Histoire Agraire de la France au XVIIIe siècle*:*Inerties et Changements dans les Campagnes françaises entre 1715 et 1815*,Paris:SEDES,2000,p.52.

② P.M.Jones,*The Peasantry in the French Revolution*, Cambridge,Cambridge University Press,1988,p.160.

③ P.M.Jones,*The Peasantry in the French Revolution*, Cambridge,Cambridge University Press,1988,p.160.

53.5%，而资产阶级获得 44.2%，教士和贵族仅得到约 2.3%。[1]
从 1790 年到 1793 年，康布雷齐区的农民购买了 16000 公顷的
土地，而资产阶级仅得到约 1600 公顷土地；在凯努瓦农民购买
了 6000 公顷土地，资产阶级获得 640 公顷；在瓦朗西耶内，有将
近 8000 公顷土地落入农民手中，而资产阶级仅获得 2800 公顷
土地；在阿韦内，农民获得的土地为 4000 公顷，资产阶级仅得到
850 公顷[2]。在对全国 126 个区的抽样调查中，1/4 的地区里农
民所购买的土地超过出售土地总数的 40%；1/3 的地区内不足
20% 的所出售土地被农民买去。其中，东北部地区如阿尔萨斯
和勃艮第以及诺尔地区，农民所得到的土地较多。在沙蒂永区，
农民购买了 73% 的土地；在蒂-叙尔-蒂勒区农民购买的土地份
额为 68%；在瑟米尔区和圣迪齐耶区，农民都得到约 60% 的土
地。西部地区，农民购买的土地份额较少。大城市周边尤其是
巴黎附近，农民所有的土地份额很少，例如凡尔赛周边地区农民
得到的土地不足 10%[3]。

　　农民整体实力薄弱，购买者众多但所购买的土地多为小块
土地。桑斯县 914 位农民买主平均每户得到 12.31 顷土地。此
外，资产阶级还购买了 114 处房产，农民仅购得 12 处[4]。拉昂
区，3020 位农村居民（包括农村的资产阶级、手工业者、农场主

---

　　① Jean.Loutchisky，*La petite propriéte en France avant la Révolution et la vente des biens natioanux*，Pairs，Honoré Champion，1897，pp.82－83.

　　② G.Lefebvre，*Question agraires au temps de la terreur：documents publiés et annotés*，La Roche-Sur-Yon，Henri Potier，1954，p.18.

　　③ Gérard Béaur，*Histoire Agraire de la France au XVIIIe siècle：Inerties et Changements dans les Campagnes françaises entre 1715 et 1815*，Paris：SEDES，2000，p.54.

　　④ ［法］雷吉娜·佩尔努：《法国资产阶级史》（下），康新文等译，上海译
文出版社 1991 年版，第 287 页。

等)购买了约 12000 阿庞的土地①。平均每户所得土地仅为
3.97 阿庞。到 1793 年,诺尔省 8490 个农民购买了 43000 公顷
的土地,2143 个资产阶级得到了 22000 公顷土地。农民所获的
土地的平均面积仅为 5 公顷,而资产阶级获得近 10 公顷土
地②。在土地购买中,大农场主、大土地所有者获利更多。大革
命时,彭图瓦兹的皮伊瑟出售了 68 公顷土地,其购买者全部是
该村及附近地区的富农和大农场主,其中农场主托马森获利最
多。在 5 年中,他从皮伊瑟和附近村庄共购得 74 公顷的土地。
大农场主迪普雷也得到 11 公顷的土地。③

无论如何,大革命时期国有财产的出售使近 450 万—750
万公顷的土地在短短几年内实现地权转移,这是一次大规模的
土地所有权重新分配。在这个过程中,农民获得大片土地,许多
农民第一次成为土地的主人。勒菲弗尔估计诺尔省约有 3 万农
民参与国有财产的出售,其中 1/3 的农民第一次成为土地所
有者④。

1793 年法令完全废除了土地上附着的封建权利,解放了法
国农民及其土地,确立了农民的土地所有权。而国有财产的分
割使一大批农民获得土地,农民土地所有权得到强化。此时,乡
村共同体成为革命政府接下来必须解决的问题。如何解决这个
问题? 如何削弱乡村共同体强制轮作和强制放牧的公共地役

① Jean.Loutchisky, *La petite propriéte en France avant la Révolution et la vente des biens natioanux*, Pairs, Honoré Champion, 1897, pp.83, 87.

② P.M.Jones, *The Peasantry in the French Revolution*, Cambridge, Cambridge University Press, 1988, p.157.

③ Albert Soboul, *Problème paysans de la révolution (1789－1848): études d'histoire révolutionnaire*, Paris: Francois Maspero, 1976, pp.254, 261.

④ G.Lefebvre, *Les paysans du Nord pendant la Révolution française*, Bari, 1959, pp.514－521, 转引自 P.M.Jones, *The Peasantry in the French Revolution*, Cambridge, Cambridge University Press, 1988, p.160。

权？各村庄的公地应当如何处理？这些都是大革命所面临的难题。

　　法国历来是一个以小农为主的国家,农民思想较为保守。大革命前,法国也曾出现圈地运动。尤其是 18 世纪后半叶,在重农主义者的推动下,王室政府颁布法令推动改革,试图改变古老的公共地役制,削弱公地的集体所有权,积极促进资本主义农场经济的发展。但这次改革由于反对势力过于强大而大多失败。到大革命时期,"如果允许自由行动的话,农村中大部分人愿意回到旧有集体耕作方式上去。"① 大革命爆发后,国民会议继续前人的事业,积极推动土地私有化,将土地从共同体的公共权利中解放出来。1790 年 6 月,议会表示反对恢复过去已经废除的所有公共权利。1792 年 9 月 28 日,国民会议再次颁布法令宣布允许圈地,允许自由耕作、自由经营,禁止强制性轮作。但法令并没有废除公共放牧权,旧制度时没有废除过路权的地方也依然保留该权利,不过土地所有者在公共牧场放养牲畜的权利受到限制,其放养牲口数量必须与他们圈围的土地成比例。法令宣称土地就如同居住在这里的人们一样自由,土地所有人有权决定他们种植什么,在哪里种植,有权决定是将土地出售还是保留。从以上内容来看,1791 年法令只废除了乡村共同体强制性轮作的封建权利,并没有完全取消公共放牧权。19 世纪,公共牧场在法国长期存在,土地集体所有权依然保留。直到1889 年 11 月 21 日,第三共和国政府才正式颁布法令取消公共放牧权。当时全国还有 8000 多个市镇依然反对取消公共放牧权,并向政府抗议。政府被迫再次让步,宣布公共放牧权的取消与否由各乡村共同体自行决定。

---

　　① ［法］马克·布洛赫:《法国农村史》,余中先等译,商务印书馆 1991 年版,第 257 页。

公共牧场是乡村共同体中贫困居民的重要生活来源,其存在的基础就是村庄中的公地。旧制度末年,法国约有 16% 的土地属于公地①。当时全国土地面积约为 5000 万公顷,按此推断公有地大约达到 750 万公顷。如何处理如此庞大数量的公有地,确实是大革命时期的一个重要问题。早在 1790 年 8 月,议员厄尔托·德·拉梅尔维勒就建议将公有地分给那些具有公地使用权的人。议会采纳了他的意见,但就土地分割方式迟迟没有达成一致意见。1791 年 11 月,为调查各省对公地分割的态度和意见,国民会议的农业委员会向各省政府发去了一份调查信。从反馈回来的情况看,36 个省当中,仅有 15 位省长表示支持分割公地,但就分割形式存在不同意见;有 17 个省长表示反对,另有 2 省长官表示不关心。尽管支持者不占多数,议会依然决定进行改革。② 1792 年 8 月 14 日,吉伦特派上台后促使议会通过法令分割公地(林地除外),但法令没有规定具体的分割办法。1793 年,雅各宾派上台后推行有利于农民的政策。同年 6 月 10 日,国民公会通过有关分割公地的法令。其中规定除了森林、矿山和公共区域以外,所有的公地按人头在全村人中平分,不分年龄、性别和身份。未成年人也可分得一部分土地,可暂时由其父母掌管,直到其 14 岁时。分成制佃农和定额佃农由于不是当地村民,不能参与公地的分割。考虑到农民的抵触情绪,政府强调该法令不是强制性的,是否分割土地完全由各乡村共同体自己决定。若村庄中 1/3 以上的年满 21 岁的男女成年居民都投票赞成,当地才能进行公地分割。农民所分得的土地在未来十年内不能被出售。此外,法令还宣布废除 1669 年的"三分

---

① Noelle Plack, *Common Land, Wine and the French Revolution: Rural society and Economy in Southern France c. 1789-1820*, Farnham, Ashgate, 2009, p.133.

② P.M.Jones, *The Peasantry in the French Revolution*, Cambridge, Cambridge University Press, 1988, pp.140-141.

法",要求领主将以前侵占的公有土地归还,除非领主能证明所获土地是购买所得。两年后,迫于农民的压力,政府不得不宣布暂停公地分割法令。1803 年,执政府正式废除公地分割法令,但承认已经分割的公地。

1793 年法令的出台本身是为了维护小农的利益,但法令出台后就立即遭到农民强烈抵制,但也有不少地区表示支持。法令在各地执行情况不一,总体上看,这一时期真正进行公地分割的依然是少数地区。在上马恩省,波旁区 56 个乡村共同体中有 31 个表示支持公地分割,仅有 20 个实际执行;绍蒙区 81 个乡村共同体中,27 个共同体期望将公地分割,但仅有 3 个共同体实际执行;茹安维勒区有 8 个乡村共同体将公地分割,另有 1 个表达了这种愿望[1]。加尔省 385 个乡村共同体中,仅有 25 个共同体投票赞成,其中 18 个共同体真正实现了分割。[2] 北方经济发达地区赞成公地分割的乡村共同体一般要多于南方经济落后地区。在北方,诺尔省 671 个乡村共同体中,有 31 个共同体真正推行该法令;科多尔省 727 个乡村共同体中有约 50 个共同体分割了公地。而在南方,上阿尔卑斯省 182 个乡村共同体中没有一个村庄实现公地分割;阿尔代什省 334 个乡村共同体中仅有 5 个真正将公有地实现分配。[3] 当然这些乡村共同体并不是全部都拥有可分的公地,科尔多省沙蒂永区 107 个共同体中仅有 29 个共同体拥有公地,其中有约 15 个乡村共同体在 1793 年

[1]　Gérard Béaur, *Histoire Agraire de la France au XVIIIe siècle*: *Inerties et Changements dans les Campagnes françaises entre 1715 et 1815*, Paris: SEDES, 2000, pp.90-91.

[2]　Noelle Plack, *Common Land*, *Wine and the French Revolution*: *Rural society and Economy in Southern France c. 1789-1820*, Farnham, Ashgate, 2009, pp.67-68.

[3]　P.M.Jones, *The Peasantry in the French Revolution*, Cambridge, Cambridge University Press, 1988, pp.150-151.

后实现了公地分配,塞纳-奥兹省厄当佩区 78 个乡村共同体中,有 17 个拥有可分的公地,其中仅有 2 个村庄将公地分割①。尽管这次改革运动最后以失败告终,对比大革命之前的农业改革运动,1793 年法令已经取得不小的成就。根据普拉克对全国 20 个省的统计数据,1793 年后有近 2000 多个村庄将公有地进行分割。分割公地的现象遍及全国,影响较大,大量公有土地落入个人土地所有者手中。更重要的是 1793 年法令推动日后乡村共同体圈地运动的发展,为 19 世纪公地分割提供了一个范例。不少地区正是在 1793 年法令的推动下才决定分割公地,如奥兹省在 1793 年之前只有 40 个村庄实行公地分割,然而在 1793 年之后有 109 个乡村共同体分割了公地。②

公地的分割使一部分农民获得一部分土地,加强了农民对土地的占有权。奥兹省有将近 3 万人参与了这次土地分割③。由于是按人头均分公地,每个人能获得土地不可能太大,这也进一步促进小土地所有制的发展。1794 年,勒芒省三个公共牧场被共同体村民分割。但这次分割采取出售方式,三个牧场获利 28489 利弗尔 10 苏。这笔资金被分成 850 份,由当地村民平分,每份为 33 利弗尔 10 苏。即使分成小块土地进行分割,每份土地也不超过 12 亩④。泰齐耶尔村,超过 100 名当地居民根据 1793 年法令将大革命前他们已经清理的土地进行分割,每块地

① P.M.Jones, *The Peasantry in the French Revolution*, Cambridge, Cambridge University Press, 1988, pp.150-151.

② Noelle Plack, *Common Land, Wine and the French Revolution: Rural society and Economy in Southern France c. 1789-1820*, Farnham, Ashgate, 2009, pp.67-68.

③ Gérard Béaur, *Histoire Agraire de la France au XVIIIe siècle: Inerties et Changements dans les Campagnes françaises entre 1715 et 1815*, Paris: SEDES, 2000, p.90.

④ Paul Guichonnet, *Biens communaux et partages révolutionaries dans l'ancien département du Léman*, *Études rurales*, No. 36, 1969, pp.7-36.

10 到 100 亩不等,平均每块地约为 30 亩①。当然,这些土地最终都会落入富有资产者手中,农民所获得的这些小块土地后也被大土地所有者收购。1793 年勒芒省的勒姆赖森林被分成了354 份小块土地,到 1860 年减少到 58 份,1935 年为 57 块地②。土地的集中与分化并存。

1813 年 3 月 20 日,为解决财政问题,拿破仑要求将森林、牧场以及公共区域以外的公地和公有住宅拿去拍卖。拍卖所得全部归国家。政府每年向共同体支付所出售土地价值的 5% 的年金作为补偿。据估计,这次公地的出售大概涉及 10 万公顷土地,约占公地总面积的 2%③。1813 年后,加尔省约有价值1940879 法郎的公地被政府没收,其中出售了价值 963229 法郎的公地,至少有 3699 公顷的土地被出售。参与这次公地出售的有 76 个乡村共同体,而这个数据要高于 1793 年法令颁布后分割公有地的乡村共同体数量,当时仅有 18 个乡村共同体分割了公地。

1789 年法国大革命虽然没有如人们所期望的那样彻底摧毁古老的乡村共同体。在很多方面,革命政府不得不屈从农民的威胁,采取妥协的措施。但大革命所出台的一系列措施已大大限制了共同体的公共权利,尤其是强制性轮作的取消给予了土地所有者自由经营、自由耕种的权利,加强了土地的个人私有权。而公有地的分割虽然当时遇到极大阻力,但也使农民获得

① Noelle Plack, *Common Land, Wine and the French Revolution: Rural society and Economy in Southern France c. 1789-1820*, Farnham, Ashgate, 2009, p.135.

② Paul Guichonnet, *Biens communaux et partages révolutionaries dans l'ancien département du Léman*, *Études rurales*, No. 36, 1969, pp.7-36.

③ Gérard Béaur, *Histoire Agraire de la France au XVIIIe siècle: Inerties et Changements dans les Campagnes françaises entre 1715 et 1815*, Paris: SEDES, 2000, p.94.

一部分土地,进一步强化了农民土地所有权,尤其是小农的土地
所有权。1730—1738 年,北方萨瓦地区约有 159000 茹尔纳勒
的公地,到 1835 年这个数据降到 1200000 茹尔纳勒,也就是说
在这一百年内约有 10000 公顷的公有土地被侵占或分割①。大
革命前,法国大约有 16% 的土地属于公地,到 1846 年公地占全
国土地总面积的 9%,共 4718656 公顷②。半个世纪内,公地的
比例由 16% 降到 9%。公地减少,公共权力也受到限制,传统的
集体土地所有制逐渐削弱。

(三)大革命后小农经济的发展

资产阶级革命在某种意义上说是资产阶级领导下的农民战
争,因此资产阶级革命也必须解决农民问题、满足农民的要求。
作为法国大革命重要的参与者和支持者,法国农民从中也得到
不少"好处",获得了大量土地。小土地所有制得到巩固,法国
特色的小农经济继续缓慢发展。

大革命时期,封建权利的废除解放了农民和土地,使过去占
有土地的纳年贡农民成为土地真正的主人,获得土地所有权。
国有财产的出售和公地分割则将土地所有权实行再分配,改变
了大革命前的土地占有结构。关于大革命前各阶层分别占有多
少土地,目前学界没有较为精确的统计。但可以肯定,旧制度末
年教会和贵族是土地的最大占有者。据估计,大革命前教会约
占有全国 6% — 10% 的土地;贵族所占有的土地份额约为
20%—25%,农民手中持有全国 25%—35% 的土地。关于资产
阶级所占有的土地份额,各学者的争议比较大,认为在 12% —
30% 之间。大革命后,原有的土地占有结构发生急剧变化。教

---

① Paul Guichonnet,*Biens communaux et partages révolutionaries dans l'ancien département du Léman*,*Études rurales*, No. 36,1969,pp.7-36.

② Noelle Plack,*Common Land,Wine and the French Revolution：Rural society and Economy in Southern France c. 1789-1820*,Farnham,Ashgate,2009,p.133.

士作为一个阶级已经消失,教会所占有的土地也被全部出售。贵族在大革命中遭到沉重打击,其拥有的土地曾大量流失。但帝国时期及复辟王朝时期,逃亡贵族的财产得到一定的恢复和补偿。估计大革命时期贵族所持有的土地中约有 1/5 被侵占和出售①,贵族所拥有的土地约为 16%—20%。总体上,贵族依然保持雄厚的经济实力。1811 年洛泽尔省内,前 30 位纳税大户中有 26 位是旧制度时的贵族②。农民和资产阶级从前两个阶级手中获得大量土地。诺尔省的情况很有代表性。从 1789 年到 1802 年,农民所占有的土地比例由 30%上升到 42%,资产阶级由 16%上升到 28%,而贵族所占有的土地比例则由 22%下降到 12%,教会所占有的土地被全部出售,由 20%变为 0。在整个诺尔省,农民所获得部分超过了 12%③。

农民获得大量土地是大革命时期的一个重要成就,也是大革命后土地占有结构的特色。大革命前农民约占有 25%—35%的土地。到督政府时期,农民已经拥有全国一半的土地④,比革命前增加了全国土地总面积的 25%—15%。大革命前拉昂区的蒙村,贵族拥有近 53 阿庞的土地;教士拥有 89 阿庞;资产阶级拥有 169 阿庞;农民占有 58 阿庞。几年时间内,农民获得了 62 阿庞 87 弗尔热⑤的土地。当地农民所拥有的土地达到

---

①　Peter Mcphee, *A social history of France*, 1789-1914, New York: Palgrave Macmillan, 2004, p.98.

②　P.M.Jones, *The Peasantry in the French Revolution*, Cambridge, Cambridge University Press, 1988, p.255.

③　王养冲编:《阿·索布尔法国大革命史论选》,华东师范大学出版社1984 年版,第 96 页。

④　[法]雅克·戈德肖:《督政府时期的日常生活》,转引自[法]让·蒂拉尔:《拿破仑时代法国人的生活》,房一丁译,上海人民出版社 2007 年版,第 9—10 页。

⑤　弗尔热(verge),古代土地面积计量单位,相当于 0.1276 公顷。

121 阿庞，比大革命前增长了近 2 倍。谢勒瓦村，大革命前农民仅有全村 13.6% 的土地，约 28 阿庞。而大革命之后，农民所占有的土地达到 42 阿庞，占全村土地总面积的 20.29%[①]。土地所有者的数量迅速增长。据估计，1825 年全国土地所有者的数量已经超过 650 万；到 1850 年，这一数据达到 750 万以上[②]。大量无地或少地农民获得一小块土地，其中绝大多数都是拥有小块土地的小农。

根据 1825 年的税收记录，当时全国大约有 10296693 位土地所有者缴纳了土地税，所交总税额为 237538260 法郎。其中，大约 8024987 位土地所有者所交纳的土地税不足 20 法郎，占全部土地所有者人数的 77.94%。但他们所缴纳的税收总额仅 40365685 法郎，占所缴纳总数额的 16.99%。缴纳的税赋在 20—300 法郎之间的共有 2169078 人，占全部人数的 21.07%。他们共缴纳了 130458040 法郎，占总税额的 54.91%。所交税额在 300 法郎以上的有 102628 人，不足总人数的 1%。他们共缴纳了 66714535，占总税额的 28.1%。[③] 根据以上数据，19 世纪的法国小土地所有者人数占绝对多数，但所占有的土地份额偏少。1862 年，全国共有土地所有者 6248000 人。其中小土地所有者为 558 万人，共拥有 14800000 公顷土地，平均每人拥有 2.65 公顷土地；中土地所有者人数为 633000，共拥有土地 21200000 公顷，平均每人拥有 33 公顷的土地；大土地所有者

---

① Jean.Loutchisky, *La petite propriéte en France avant la Révolution et la vente des biens natioanux*, Pairs, Honoré Champion, 1897, pp.96-100.

② Albert Soboul, *Problème paysans de la révolution（1789 - 1848）: études d'histoire révolutionnaire*, Paris, Francois Maspero, 1976, p.300.

③ 数据参考 Peter Mcphee, *A social history of France, 1789 - 1914*, New York, Palgrave Macmillan, 2004, p.147。

34700人,共拥有土地9455000公顷,平均每人拥有273公顷[1]。按这个数据推算,全国6248000名土地所有者平均每人仅拥有约7.28公顷土地。其中小土地所有者的人数占全部土地所有者的人数的89.31%,他们所占有的土地约占全部土地面积的32.56%;中等土地所有者占全部土地所有者人数的10.13%,其拥有的土地约占土地总面积的46.63%;大土地所有者人数比例仅为0.56%,他们所拥有的土地却占全部土地面积的20.8%。从上述数据可知,大革命之后的法国中小土地所有者无论在人数还是所拥有的土地面积方面都具有绝对优势。而大土地所有制与大革命前相比反而有所下降。在大革命前,不足1%的大土地所有者人数拥有全国42%的土地;中等土地所有者也拥有全国将近40%的土地;而小土地所有者人数虽多,他们所拥有的土地仅占17%左右。从占有土地的人数看,大革命前后小土地所有者都占绝对优势,且大革命之后小土地所有者的数量迅速增长。但从所占有的土地面积看,大革命后的法国是一个以中小土地所有制为主的国家,但大革命并没有完全摧毁大土地所有制。当时的法国依然是大、中、小土地所有制并存的国家。

　　直到19世纪后半叶,法国大土地所有制才得到较为迅速的发展,但依然保留着人数众多的小土地所有者。1882年,全国估计有1800万人生活在农村,其中,500万人以上没有任何土地或所拥有的土地不足1公顷,100万人所拥有的土地不足1—2公顷,100多万人所拥有的土地在2—5公顷,所拥有的土地在5—10公顷的有529500人,372320位土地所有者所拥有的土地在10—30公顷之间,65710土地所有者所拥有的土地在

---

① Gérard Walter, *Histoire des paysans de France*, Paris:Flammarion, 1963, p.405.

30—50 公顷之间,4358 土地所有者所拥有的土地在 50—100 公顷之间,土地面积在 100—200 公顷之间的有 18720 人,200 公顷以上的土地所有者有 10482。最后一类的大土地所有者所拥有的土地总面积达到 800 万公顷,而所有土地不足 1 公顷的人总共才拥有约 250 万公顷土地。而当时统计全国土地所有者所拥有的土地面积为 4900 万公顷,即 10482 人拥有约 1/6 的可耕地,而 500 万小农所拥有的土地不足 1/20①。土地日益向大土地所有者手中集中。

综上所述,大革命废除了土地封建权利,解放了农民土地,改变了封建时期的土地所有权观念。同时,它也彻底摧毁了古老的土地占有制度。从占有土地的社会阶层来看,教士阶层所占有的土地几乎完全消失,贵族所占有的土地也持续减少,资产阶级和农民所占有的土地份额上升。从占有土地的面积看,大革命以前,法国其实是以大土地所有制为主的;而大革命之后,却是中小土地所有制占绝对主导地位。小土地所有制盛行,在此基础上,小农经济缓慢发展。

大革命是法国近代史上最重要的历史事件,大革命的爆发也改变了法国社会整个面貌,农村社会的面貌也焕然一新。一个当时代人写道:"当我到达丰特夫罗尔(曼恩-卢瓦尔省)时,我被它自 1789 年以来的巨大变化惊呆了。无数的田地被开垦出来,上面种植着各种作物。妇女、小孩从各处收集肥料来改良土壤。这些土地从前在修道院手中时,因其天然的贫瘠,曾被认为是无法种植的。它们开始时被大块地出售,然后无产的普通短工们又一小块一小块地买下。曾以疲沓、懒散著称的短工,如今变得勤劳而积极。这些曾经的无产者几乎都有了几块地。此

---

① Gérard Walter, *Histoire des paysans de France*, Paris: Flammarion, 1963, p.421.

外还有茅屋和地窖。有的人已经收获了大量的葡萄,能够出售15 到 20 桶的葡萄酒。他们中的一个人,10 年前以 50 法郎的低廉价格买得了一块位于山坡上,被认为无法耕种的地,有 80 公亩大小。经过开垦、种上葡萄后,就在我眼前,他以 2230 法郎重新售出了。"①

　　一方面,大革命废除了封建权利,清除所有的封建残余,使农民获得了解放。在大革命之后,近代意义的土地私有权得以确立,农民享有土地的绝对的排他的财产权利。而大革命时期对乡村共同体公共权利的限制和废除也使农民可以自由经营、自由耕种。过去束缚土地的一切封建制度基本被大革命扫除。另一方面,大革命出售国有财产和分配公地使全国近 15% 的土地实现了土地所有权的再分配。农民和资产阶级从中获得大量土地,大量无地农民也从中获得一部分土地。但必须指出,在这个过程中,资产阶级、农场主、富农获利更多。实际上,大革命时期有利于小农的土地出售方法所实行的时间很短,大部分时候政府一直强调要求将土地"打包"出售,禁止以小块地方式出售土地。但由于法国农村原本的小农经济的思想基础,资产阶级、富农等人在购买土地后没有用于土地经营,而是将其分成小块出售。应当说小土地所有制的形成并不是大革命时期改革者的愿望,而是由法国原本的土地制度所决定。

　　无论如何,大革命之后法国小农经济得到巩固和强化。在从封建主义向资本主义转型的过程中,法国农业走了一条法国式小农经济的道路。在耕作制度上,大革命虽然没有彻底解决乡村共同体的问题,但也冲击了传统乡村共同体的集体所有权,推动 19 世纪法国式圈地运动的发展。大革命后,传统的轮作制

①　转引自[法]让·蒂拉尔:《拿破仑时代法国人的生活》,房一丁译,上海人民出版社 2007 年版,第 9—10 页。

越来越受到挑战,人工牧场有所发展。耕作方法上,新技术尤其是农业机械也逐渐进入农村,改变了农村社会的面貌,农业生产率也有所提高。如 1831 年马扬纳地区的休耕地为 15 万公顷,到 1845 年已下降到 10 万公顷。与此同时,其产量却由每公顷 13 公升上升到每公顷土地 14 公升小麦。1836—1850 年,杜布地区的人工草场从 13000 公顷扩大到 30000 公顷;而当地小麦的产量也增长了 25%①。1840—1846 年,维莱内岛谷物类作物产量增长了 20%。休耕地面积大大减少,人工草场有所发展。1840 年时,休耕地约为谷物类作物种植面积的 47.7%,到 1848 年已下降到 33%②。

各种农业生产均有所发展,种植业、畜牧业等的产量、产值均有所发展。如葡萄种植业在 19 世纪前半叶已基本达到现在的生产水平。1840 年,酒的产量达到 3600 万百升,即 36 亿升;到 1848 年达到了 5000 万百升,即 50 亿升③。即使在不那么适宜葡萄种植的地区,葡萄酒生产也有较大发展。如加尔省的尼姆区,1812 年时当地总共有 34967 公顷土地种植葡萄,而葡萄酒的产量为 456200 百公升,平均每公顷土地得到 13.04 百公升葡萄酒;到 1854 年,葡萄种植面积上升到 45686 公顷,可酿造 1142150 百公升酒,每公顷土地的产量为 25 百公升。阿莱区内,1812 年时葡萄种植面积为 11.069 公顷,总产量为 69950 百公升,每公顷土地可得到 5.95 百公升葡萄酒;到 1854 年,葡萄种植面积上升到 13481 公顷,共酿造了 86400 百公升,每公顷土地可

---

① Peter Mcphee, *A social history of France*, 1789-1914, NewYork: Palgrave Macmillan, 2004, p.159.

② Albert Soboul, *Problème paysans de la révolution (1789 - 1848)* : études d'histoire révolutionnaire, Paris: Francois Maspero, 1976, p.298.

③ Albert Soboul, *Problème paysans de la révolution (1789 - 1848)* : études d'histoire révolutionnaire, Paris: Francois Maspero, 1976, p.298.

得到 6.4 百公升酒①。布罗代尔强调:"不久前,在相当短的时间内,确实发生了翻天覆地的、往往令人惊诧莫明的变化。"②虽然学者们常常强调近代法国小农的落后与保守,但无法否认与大革命前相比,19 世纪法国的小农经济取得较大成就。

四、19 世纪前期的土地占有结构和经营方式

大革命之后的 19 世纪上半叶,法国最主要的经济部门仍是农业,绝大部分劳动力隶属农业部门。多数人口的收入低下,支出主要用于购买食物和必需品,对工业品的需求有限,而且地区之间的交通不便限制了市场的发展,法国尚未形成统一的民族或国家市场。19 世纪中叶之后,法国的经济发展速度加快,传统的经济和社会结构逐渐发生变化。③ 不过,就 19 世纪前期而言,大革命并未像传统观点所认为的那样,为法国资本主义农业的发展扫清障碍。相反,正如马克·布洛赫所言,大革命将大量的土地投入市场,"巩固了小土地所有者的地位"④,阻碍了法国农业资本主义的发展。⑤ 整体上而言,19 世纪上半叶法国农业

---

① Noelle Plack, *Common Land, Wine and the French Revolution: Rural society and Economy in Southern France c. 1789-1820*, Farnham, Ashgate, 2009, p.147.

② [法]费尔南·布罗代尔:《法兰西的特性:人与物》(下),顾良、张泽乾译,商务印书馆 1997 年版,第 159、116 页。

③ Roger Price, *A Social History of Nineteenth-Century France*, London: Hutchinson, 1987, pp.3-4.

④ [法]马克·布洛赫:《法国农村史》,余中先等译,商务印书馆 1991 年版,第 265 页。

⑤ Peter McPhee, *A Social History of France, 1789 - 1914*, Palgrave Macmillan, 2004, pp.158-159.

基本上是传统农业的延续，①土地占有结构和经营方式与旧制度相比并无本质的变化。

（一）19 世纪前期的土地占有结构

大革命之前，土地的占有者主要包括教士、贵族、城市资产者和农民。② 对这一问题的研究者虽然众多，但因 19 世纪之前统计资料的缺乏，个案研究的结论千差万别，很难对全国的土地占有结构作出准确的估算。许平老师在其《法国农村社会转型研究：19 世纪至 20 世纪初》中对 19 世纪前期法国农业的土地占有结构的变化有较为细致的研究。粗略来看，大革命之前，农民占有的土地面积约占全国土地面积的 30%左右；贵族占有的土地约占全国土地面积的四分之一；资产阶级拥有的土地约占总耕地面积的 12%—15%，其余为王室和教会占有的土地。大革命时期，革命政府将王室、教会和逃亡贵族的土地收归国有，成为"国有财产"或"国有土地"，进行出售。经过大革命的土地再分配之后，到 19 世纪，教会不再占有土地，土地的占有者主要由贵族、资产阶级和农民组成。这是 19 世纪法国农村土地占有结构的基础。③

贵族地产在大革命时期经历了较大的冲击。据估计，被没收的流亡贵族的土地约值 27 亿—30 亿利弗尔，这给封建贵族的土地占有制以沉重的一击。但是大革命时期只有约 25%的贵族加入流亡大军，大部分贵族或者隐匿起来渡过革命时期，或者利用革命所提供的机会找到了新的社会位置。如拿破仑时期

① 许平：《法国农村社会转型研究：19 世纪至 20 世纪初》，北京大学出版社 2001 年版，第 6 页。

② Georges Duby et Armand Wallon(dir.) ,*Histoire de la France Rurale*,*Tome 3*:*Apogée et crise de la civilisation paysanne*(*1789-1914*) ,Paris:Seuil,1976,p.89.

③ 许平：《法国农村社会转型研究：19 世纪至 20 世纪初》，北京大学出版社 2001 年版，第 7 页。

就有许多政府官员和军官出身于旧贵族。因此大革命并未消灭贵族阶层，相当一部分的贵族地产也保留下来。波旁王朝复辟之后，1825 年 4 月查理十世颁布"补偿流亡贵族十亿法郎"法令，这笔补偿虽然并未全部用于购买土地，但有相当数量的土地被归还给贵族。如在诺尔省，贵族在革命中约损失了 30400 公顷的土地，复辟后重新买回约 7100 公顷。[1] 在萨尔特省，贵族在革命期间损失了 40500 公顷土地，到 1830 年几乎全部回到贵族手中；到 19 世纪中叶，卢瓦尔-歇尔地区约有 22.7% 的土地为原贵族所有。原贵族的地产在加莱海峡省占 16%；在罗讷省，贵族拥有的土地在 0—21% 之间不等；在卡尔瓦多省，原贵族所有的土地占土地总面积的 17%；在多尔多涅省，贵族占有的土地为 10%。[2] 可见直到 19 世纪，贵族仍占有相当数量的土地。

城市资产者凭借雄厚的经济实力，成为大革命中土地再分配，尤其是早期教会和王室土地出售中的最大获利者。在绍莱地区，资产阶级购得原教会和王室土地的 56.3%。在维埃地区，资产阶级也购得同样比例的国有土地。在博热地区，资产阶级获得的国有土地比例为 53.5%，在旺代的萨布勒地区，比例高达 78%。城市附近的土地尤其为城市资产者所青睐。在凡尔赛，农民仅购得国有土地的 13.49%，其余大部分土地被资产阶级所购买。在巴黎地区，资产阶级也获得 80% 以上的国有土地。在北部的诺尔省，之前教会土地占这一地区土地的 20% 以上，到 1802 年基本消失，贵族占有的土地从 22% 下降到 12%，资产阶级占有的土地从 16% 增至 28%，农民占有的土地从 30%

---

[1] Roger Price, *A Social History of Nineteenth Century France*, London: Hutchinson, 1987, p.99.

[2] 许平:《法国农村社会转型研究:19 世纪至 20 世纪初》,北京大学出版社 2001 年版,第 11 页。

增至 42%。① 根据雷吉娜·佩尔姆的估计,在塞内地区的桑斯县,购买土地的有 393 人是资产者,914 人是农民,但资产者购买的土地面积为 2 万坰,而农民购买的土地仅为 1.12 万坰。在塞纳河瓦兹省先后出售了 46789 阿尔邦的土地,资产阶级购得 39809 阿尔邦,农民仅得 6314 阿尔邦。② 虽然各地比例有所差别,大体而言,国有土地的很大一部分都落入资产阶级手中。

大革命之后,资产阶级占有的土地面积仍呈上升趋势。在诺尔省、巴黎盆地、诺曼底、卢瓦尔河和洛林边界等土地较为肥沃的地区,资产阶级大量投资购买土地。到 1852 年,上述地区资产阶级占有的土地已超过土地总面积的 40%,有的地方达到 60%。在土壤较为贫瘠的中央高原、阿尔卑斯和比利牛斯地区,资产阶级占有的土地则仅为 17%,有的地方仅 10%。③

有学者认为,资产阶级大量购买土地,加强了资本主义土地的集中,为日后资本主义农业经济的发展准备了条件,或为法国近代农业资本主义的发展提供了坚实的基础。从长时段来看,似乎有一定的道理。但土地集中到资产阶级手中,与资本主义农业的发展并不是一条简单的线性关系。

除了资产阶级外,农民也从大革命土地关系的变革中获得了很大的好处。特别是雅各宾专政时期先后颁布了三个土地法令,规定没收逃亡者的土地归为国有;同时将这部分国有土地分成小块进行出售,允许贫苦农民在 10 年内分期付款,后来又将付款期限延长至 20 年;按人口平均分配农村公社的公有土地

---

① Fernand Braudel et Ernest Labrousse, *Histoire économique et sociale de la France, tome III: 1789-1880*, Vol. 1, Paris, 1976, p.62.

② 张庆海:《雅各宾派的土地革命对法国农业近代化的影响》,《史学集刊》1997 年第 1 期。

③ Fernand Braudel et Ernest Labrousse, *Histoire économique et sociale de la France, tome III: 1789-1880*, Vol. 1, Paris, 1976, p.644.

等。许多此前无地少地的农民因此获得小块土地。虽然在购买土地的过程中,农民的经济实力无法与城市资产者相竞争,但由于革命前农民就已占有 30% 左右的可耕地,加上小农人数众多,19 世纪小农的小土地占有取代封建的大地产在法国农村中占据了优势。1835 年、1842 年和 1858 年,纳税额小于 20 法郎的小农小土地的纳税份数占总纳税份数的四分之三到五分之四。[①] 由于拿破仑法典规定男女享有平等的继承权,加上 19 世纪上半叶是一个人口加速增长的时期,使土地日益细分,小农占有制日益普遍。1882 年,法国农业统计表明,1835 年土地纳税份数是 10893528 份,指数为 100;1842 年土地纳税份数增至 11511841 份,指数为 105;到 1858 年,土地纳税份数增至 13118723 份,指数为 120,[②]1882 年进一步增长到 135 万份。[③]以上数字说明,这一时期法国土地占有结构具有两个特点:一是小农土地占优势;二是土地占有结构变化的趋势是更加分散。

　　土地的社会占有结构和土地占有的面积大小之间有一定的关联。实力雄厚的资产阶级和贵族基本上是大、中土地所有者。七月王朝时期,包括巴黎在内的 77 个行政区内,直接税纳税额超过 1 万法郎的 50 名纳税人中,40 名是原贵族;直接税纳税额在 8000 到 1 万法郎的 52 名纳税人中,43 名是原贵族;直接税纳税额在 5000 到 8000 法郎的 285 名纳税人中,183 名是原贵族,其余都是资产阶级新贵。当时的直接税一般来自土地财产,由

---

① Fernand Braudel et Ernest Labrousse, *Histoire économique et sociale de la France*, *tome III：1789-1880*, Vol. 1, Paris, 1976, p.637.

② Roger Price, *A Social History of Nineteenth Century France*, London：Hutchinson, 1987, p.141.

③ Bas van Bavel and Richard Hoyle (eds.), *Rural Economy and Society in North-Western Europe*, *500-2000：Social Relations；Property and Power*, Turnhout：Brepolis, 2010, p.141.

此可以推断,大部分大土地所有者是原贵族和资产阶级。[①]

有学者统计,复辟时期约有 6248000 名土地所有者,可以分为三类。第一类,小土地所有者,即小农,约为 558 万人,占有的土地总面积为 1480 万公顷,人均占有面积为 2.65 公顷。第二类,中等土地所有者,约有 633000 人,占有的土地总面积为 2120 万公顷,人均占有面积约 33 公顷。第三类,大土地所有者,34700 人,占有的土地总面积为 9455000 公顷,人均占有面积 273 公顷。大土地所有者中,相当一部分是革命中保存了其地产和革命后恢复了地产的贵族,还有从土地变革中获利的金融家、承包商和军火供应商等。根据上述数据,约占土地所有者总人数 89.4% 的小农,所占土地为土地总面积的 32.6%;约占土地所有者总人数 10.3% 的中等土地所有者,占地面积为土地总面积的 46.6%;约占土地所有者总人数 0.06% 的大地主,所占土地面积为土地总面积的 20.8%。[②] 由此可见,19 世纪上半叶法国是一个大、中、小面积并存的土地占有结构。

尽管小块土地的数量占绝大多数,但也要注意到上述统计数据中所体现出的土地所有权的分化。中等土地所有者和大土地所有者所占有的土地面积和价值实则远高于小土地所有者。从 19 世纪上半叶占有土地的纳税额也可以看出(见下表),估税额少于 20 法郎的农场多达 80% 左右,小农场的数量 1858 年比 1825 年增加了 2421770 个,比重增加了 1.7%。这些农场的面积最多 5 公顷,但总估税价值所占比重不到五分之一。估税额在 30 到 300 法郎之间的中等农场所占土地面积比重最高,总

---

① 许平:《法国农村社会转型研究:19 世纪至 20 世纪初》,北京大学出版社 2001 年版,第 11 页。

② 许平:《法国农村社会转型研究:19 世纪至 20 世纪初》,北京大学出版社 2001 年版,第 12 页。

估税价值所占比重接近 50%。估税额在 300 法郎以上的大农场数量虽然仅占全部农场的 1% 左右，其估税价值占到 27% 左右，高于估税额少于 30 法郎的小农场所占比重。①

表 6-1 19 世纪上半叶法国农场数量（以估税额为依据）

占有土地的估税额（单位:法郎）	1825 年			1858 年		
	农场数量	所占比重（%）	纳税额所占比重（%）	农场数量	所占比重（%）	总价值所占比重（%）
≤20	8024987	77.94	16.99	10446757	79.63	18.88
21—30	663237	6.44	6.75	821852	6.26	7.15
31—50	642345	6.24	10.46	758876	5.78	10.55
51—100	527991	5.13	15.41	609562	4.65	15.18
101—300	335505	3.26	22.29	368631	2.81	21.17
301—500	56602	0.55	9.14	59842	0.46	8.26
501—1000	32579	0.31	9.54	37333	0.29	9.33
≥1001	13447	0.13	9.42	15870	0.12	9.48
合计	10296693	100.00	100.00	13118723	100.00	100.00

资料来源: Colin Heywood, "The Role of the Peasantry in French Industrialization, 1815-1880", *The Economic History Review*, New Series, Vol.34, No.3(Aug., 1981), p.361.

土地的社会占有结构和面积结构还影响了地产的分布特点。资产阶级占有的土地多靠近城市，大资产者占有的土地多集中在其居住的中心城市附近。19 世纪前期，富有的大资产阶级新贵一直在购买靠近巴黎的博斯平原原贵族的土地。这些资

---

① Colin Heywood, "The Role of the Peasantry in French Industrialization, 1815-1880", *The Economic History Review*, New Series, Vol.34, No.3(Aug., 1981), p.361.

产阶级购买土地的原因主要有三个方面：一是这一时期工业还不发达，投资土地可以获得一份既安稳又不错的收入，成为生活保障；二是他们将占有土地作为保障其社会地位的一种手段；三是受传统观念和贵族生活方式的影响，在城市附近购买土地建造别墅以显示其事业上的成功。如在加莱省的商人和工厂主中，1851 年有 60% 的人，1878 年有 76% 的人，1896 年有 77% 的人继承或购买土地。大资产阶级占有的土地越来越集中在北部巴黎地区至诺曼底一带，包括塞纳-马恩省、塞纳-瓦兹省、小塞纳、布尔戈尼南部、涅夫勒省、索恩-洛瓦、罗讷、阿利埃省，以及朗格多克、上加龙、奥德和埃罗地区。此外，巴黎盆地以北至比利时边界，塞纳河和卢瓦尔河之间，阿基坦西南和罗讷河谷地区也有一些较为集中的资产阶级大地产。①

　　中等资产阶级土地占有者分为两类。一类是农村中的资产阶级，一类是农村中占有土地的城市资产阶级。前者指那些住在农村，以资本主义生产方式经营土地的农业资产阶级，后者指购置土地但居住在城市中的资产实利者、实业家、商人、磨坊主及医生、公证人等。他们的土地更靠近其居住的中等城市。在夏特勒市的资产阶级的土地，大多在城市周围方圆 30 公里以内，人均拥有土地 1 — 50 公顷左右，多属于中等土地所有者。在布列塔尼、勃艮第地区以及大西洋沿岸和中部高原以南地区中等面积的土地比较集中。

　　贵族占有的土地遍及法国各地，在西部、中部和南部以及地中海地区贵族大土地较为集中。原土地贵族与资产阶级不同，他们一般住在其土地上。七月王朝建立后，一些正统派贵族失去了政治上的地位，返回故里，加重了这一局面。这就决定了贵

---

① Roger Price, *A Social History of Nineteenth Century France*, London：Hutchinson, 1987, p.100.

族的土地不一定都靠近中心城市。加之复辟时期为避免贵族的地产分散,仍坚持长子继承制。1817 年政府颁布法令规定,长子在继承爵位的同时继承地产。1824 年,右翼极端派掌权时颁布的法令规定,长子可以不承袭贵族爵位但继承地产。1826 年5 月颁布的法令又规定,可以在两代人中选择继承人。这些措施使得贵族的土地比较集中。歇尔周围六个省,大土地面积超过 50%,西南地区、罗讷河口至上阿尔卑斯等地,大土地也占50%的土地面积,奥德和东比利牛斯地区的情况也是如此。[1]

农民占有的小土地分散于法国各个地区。不过,在东部孚日、阿尔卑斯和萨瓦省较为集中。这里的小土地所有者超过经营者总数的 95%,索姆和荣纳地区小土地所有者也比较多。土地占有面积的大小还受到土地使用方式的制约,相对来说,在始于大面积种植农作物的土地肥沃的平原地区和适于发展畜牧业的高原地区,土地比较集中,而远离城市的土地贫瘠的贫困地区和山区则多是小土地所有者。此外,南方葡萄种植区由于适于小农的精耕细作,小土地也占优势。

(二)19 世纪前期的土地经营方式

19 世纪上半叶法国农村存在 3 种土地经营方式。占主导地位的经营方式是土地所有者直接经营土地。直接经营主要指土地所有者依靠自己家庭的劳力和资金,有的也使用少数短工或雇工耕种土地,中小型土地所有者多采取这种经营方式。1851 年土地所有者自己耕作经营的占土地经营者的 65%。随着土地日益析分,直接耕种者的数量也日益增多。1882 年,直接耕种者占土地经营者总数的 80%,其耕种的土地面积占总耕地面积的 60%。除巴黎地区以外,土地所有者自己直接耕种土

---

① Fernand Braudel et Ernest Labrousse,*Histoire économique et sociale de la France*,tome *III*：*1789-1880*,Vol. 1,Paris,1976,p.642.

地这一经营方式在其他地区都占重要地位。特别是法国东部和南部。在南方,除朗德地区外,75%甚至80%以上的中小块土地都是所有者自己直接耕种。全国有8—10个省份土地所有者直接耕种的土地占总耕地面积的80%以上,只有西部地区和巴黎盆地直接经营的比例较低。与中小型土地占优势的土地占有结构相一致,这种土地所有者自己直接耕种的方式是当时土地经营的主导方式。①

土地所有者直接耕种土地,土地所有权与土地经营合为一体,形成典型的一家一户的小农经济。这种摆脱了封建束缚的小农经济是大革命的产物,相对于封建土地制度,它是一种进步,是进一步向资本主义经营转化的基础。但就其本身而言,这时的法国小农经济仍属于传统农业经济的范畴。大多数小农仍因袭旧的经营方式,为一家一户每日消费而生产,即使有些许剩余出售,也不是为了获得利润,而是为买而卖,目的是维持个体经济的简单再生产。

当时法国的小农大部分是占地不足5公顷甚至不足1公顷的农民。根据1862年的统计,占地少于1公顷的小小农占总经营者的38.5%。按19世纪早期的生产水平计算,考虑当时仍沿用的土地轮作制,一般需要6—7公顷土地才能维持一家人的生计。由此可以推断,绝大部分的小农的土地都不足以维持生活,或只能勉强维持生活。而直接耕种者中的中等土地所有者,虽然可以有一些剩余粮食或农产品出售,但商品生产在其经营中不占主导地位,所以也不是严格意义上的资本主义的商品生产,基本上仍是自给自足的农业生产。

---

① Fernand Braudel et Ernest Labrousse, *Histoire économique et sociale de la France*, *tome III:1789-1880*, Vol. 1, Paris, 1976, pp.654-655.许平:《法国农村社会转型研究:19世纪至20世纪初》,北京大学出版社2001年版,第14—15页。

另一种重要的经营方式是租佃制。土地所有者把土地租给耕种者,承租人自己提供牲畜、工具以及必要的资金。按双方租约规定缴纳租金。大土地所有者多采用这种租佃制的经营方式。与土地占有结构中大土地不占优势的特征相一致,采用租佃制的经营者也不多。根据统计资料,1851 年 23%的土地经营者采用租佃制。1882 年,受农业价格下跌的影响,只有 12%的土地经营者采用租佃制,90 年代提高到 19%。租佃制在各个地区之间发展不均衡。①

19 世纪的租佃制与革命前的不同之处在于,它消除了所有者与经营者之间的封建关系,但又并非完全意义上的资本主义大租佃制。当时的承租人分为两种,一种是小佃农,大都是无地少地的农民,为维持个人家庭生活而进行混合耕作,以求自给自足,属于传统的经营范畴。另一种是大佃农,实际上是耕作承包人,他们与土地所有者的关系如同工厂中经理与老板的关系。他们承租大块土地,为市场而进行生产,从中获取利润。这是资本主义农业的生产方式,但是这种大租佃制在整个农村经营体制中所占比例不多。1851 年农业调查表明,租佃制农民占总经营者的 23.3%,在租佃制中占主导地位的小佃农的小耕作,大租佃制只占其中的一小部分。

另一种经营方式是土地收益分成制。由土地所有者提供土地、资金和工具,耕种者提供劳动力,土地上收获成果的 40%—50%上缴给土地所有者,在交付形式上有实物地租和货币地租两种。采用这种经营方式的大多是大土地所有者,特别是原贵族大土地所有者。1850 年,采用土地分成制的经营者占经营者总数的 12%。此后随着经济形势的发展,采用这种经营方式的

① 许平:《法国农村社会转型研究:19 世纪至 20 世纪初》,北京大学出版社 2001 年版,第 16 页。

人数日益减少。1882 年仅占经营者总数的 8%,1912 年不足 6%。分成制主要集中在较为贫困的西南部、中西部、大西洋沿岸、中央高原和比利牛斯山区,北部和东部则较少。①

土地收益分成制是一种较为落后的经营方式。分成制也是把土地所有权与土地经营权分开,土地所有者提供工具和资金,也就是说生产资料全部由土地所有者提供,劳动则由分成制农民承担。从这一意义上说,土地所有者类似资产者,分成制农民类似出卖劳动力的雇佣农业工人。但是,在经营方式上,土地收益分成制又与以最小的投入获得最大利润的资本主义经营方式大相径庭。分成制是租佃关系的原始形态,它把土地所有者依土地所有权而对生产者进行的剥削率给予明确阐明并且固定下来,生产者的积极性必然因此而受到影响。在这种陈旧的生产关系中,土地所有者不参与农业生产和土地经营过程,只满足于收取地租;土地所有者和土地上的生产者双方都对土地效益的提高不热心,不利于生产效率的提高。此外,当时的分成制基本上是把土地分成小块由农民按传统方式进行耕作,农民依然是为生计而生产,上缴的实物地租拿到市场出售,仅仅具有一般的商品生产的意义,绝不是资本主义的经营。只有那些在土地所有者和分成制农民之间的包租人,他们把商业资本运用于农业经营,从土地所有者那里租来土地,分给农民耕种,并对耕作进行管理,把分成制农民的收获物集中起来拿到市场上出卖,才建立起一种资本主义性质的生产关系。但是这种资本主义的成分在当时分成制经营中所占比例非常小。

不过地区与地区之间,以及地区内部也存在显著的差异。以法国西部的布列塔尼为例。19 世纪,这里的小土地的数量较

---

① 许平:《法国农村社会转型研究:19 世纪至 20 世纪初》,北京大学出版社 2001 年版,第 17 页。

前一个世纪之前有所增加,很多农民拥有的土地都不足以养活一个家庭。大多数农民都是土地所有者,但他们并不直接经营土地,而是将土地出租,租金每两年以货币支付一次,租约几乎很少变化,基本上都是 3 年、6 年或 9 年。在布列塔尼农业最为发达的东部地区,如依勒-埃-维勒讷省,收益分成制到 19 世纪下半叶才逐渐消失。[①] 法国东南部的可耕地面积原本就有限。15 世纪以来,普罗旺斯和孔塔-维奈桑便以小土地占有为主,大革命的土地出售进一步析化了这里的土地占有面积,对七月王朝时期地籍册的研究表明,在孔塔平原,超过 1 公顷的土地都很少。[②] 在法国东部的阿尔萨斯地区,1852 年,下莱茵省 79% 和上莱茵省 73% 的土地经营面积都少于 5 公顷,小土地所有者的数量比大革命之前显著增长。[③]

　　大革命虽然实现了农村中土地财产关系的转移,但并没有带来土地经营方式的巨变。购买了原来王室、教会和部分贵族土地的新的土地所有者,仍主要采用旧的经营方式来经营土地。即使是资产阶级占有的土地,也很少有自己经营的大农场。大土地所有者把集中的土地分成小块进行耕种。在南部,他们与分成制农民分享牛拉犁耕的成果;在北部,他们和小佃农签订租种契约。而遍布全国的中小农则怀着世代相袭的对土地的热爱,在自己拥有的小块土地上辛勤劳作,土地仍是他们维持生存

---

　　① A.Le Névanic,"L'agriculture en Ille-et-Vilaine de 1815 à 1870",*Annales de Bretagne et des pays de l'Ouest*,Année 1909,T. 25,N. 4,p.625.

　　② Michel Hau,"La résistance des régions d'agriculture intensive aux crises de la fin du XIXe siècle:les cas de l'Alsace,du Vaucluse et du Bas-Languedoc",*Économie rurale*,Année 1988,T. 184-186,p.32.

　　③ Michel Hau,"La résistance des régions d'agriculture intensive aux crises de la fin du XIXe siècle:les cas de l'Alsace,du Vaucluse et du Bas-Languedoc",*Économie rurale*,Année 1988,T. 184-186,p.33.

的根本。如果说这一时期法国农村中土地占有结构仍是大、中、小型结构并存,那么在经营方式上则是以小土地耕作为主体。小土地耕作的小农经济是这一时期法国农业耕作和土地经营的一个突出特点。[①]

(三)农业的缓慢发展及其原因

大革命之前,法国农村中的资本主义发展水平远远落后于英国。18世纪资本主义对法国农村的有限渗透,没有能够瓦解封建的经济基础,改变农村中的经营方式和经济结构。法国的贵族和资产阶级与同时期英国的贵族和资产阶级不同,他们很少直接经营土地,农业生产中也较少引进新技术、采用新方法。直到大革命之前,法国农村都还基本保留着中世纪的耕作方法和经营方式。大革命强化了小土地所有制,即便为资产阶级所购买的土地,也大都划分为小块土地租佃经营,因此,19世纪法国的农业并未迅速迈向资本主义。相反,以小农为主的小块土地经营长期延存。不过与大革命之前相比,虽然在小农经济框架下农业生产发展的余地有限,但废除封建土地制度和封建关系后,小农生产的积极性有很大的提高。这一点体现在19世纪前期法国农业生产有较为明显的发展。

根据图泰纳的统计,1815—1824年法国农业生产的年增长率为1.2%。[②] 莱维·勒布瓦耶认为,1825—1834年和1835—1844年农业生产年增长率是1.5%。[③]

---

① 许平:《法国农村社会转型研究:19世纪至20世纪初》,北京大学出版社2001年版,第18页。

② Roger Price, *The Modernization of Rural France. Communications Networks and Agricultural Market Structures in Nineteenth-Century France*, London: Hutchinson, 1983, p.17.

③ 许平:《法国农村社会转型研究:19世纪至20世纪初》,北京大学出版社2001年版,第20页。

这一时期的农业增长在一定程度上是因为休耕田地的减少和耕地面积的扩大。1815 年至 1852 年,休耕田由 1 千万公顷降至 600 万公顷。1846 年休耕田面积占总耕地面积的 26.6%,1852 年降至 21.8%。与此同时,耕地面积也显著增加。1789 年全国耕地面积约 1600 万公顷,1840 年增至 2059 万公顷,1852 年达 2234 万公顷。农业劳动生产率和粮食产量也有明显的提高。1815—1852 年耕地面积增加了 10%,约 200 万公顷,收获量却增加了 50%。①

根据法国农业署的统计数据,1840 年左右,法国的粮食作物种植面积为 13900262 公顷,约合 7037 平方古里(lieue carré②),约占法国国土面积的四分之一。其中小麦的种植面积为 5586787 公顷,占粮食作物种植面积的 40%,其次是燕麦、黑麦和大麦,分别是 3000634 公顷、2577554 公顷和 1188189 公顷,分别占 22%、19% 和 9%。此外还有小麦和黑麦的混合麦和玉米等。③ 1813 年的粮食产出为 132435000 百升,1840 年粮食产出为 182516000 百升。④

随着农业生产商品化倾向的加强,土地使用日益多样化。19 世纪初引进甜菜后,甜菜的种植面积迅速扩大,1852 年种植甜菜 11.1 万公顷。蚕丝产量 1815 年到 1850 年增加了 4 倍,油菜、茜草和饲料等其他经济作物及蔬菜水果的种植业在增加。⑤

---

① 许平:《法国农村社会转型研究:19 世纪至 20 世纪初》,北京大学出版社 2001 年版,第 20 页。

② 1 古里等于 4 公里。

③ Alex Moreau de Jonnès, *Statistique de l'Agriculture de la France*, Paris: Librairie de Guillaumin, 1848, p.26.

④ Alex Moreau de Jonnès, *Statistique de l'Agriculture de la France*, Paris: Librairie de Guillaumin, 1848, p.45.

⑤ 许平:《法国农村社会转型研究:19 世纪至 20 世纪初》,北京大学出版社 2001 年版,第 20 页。

此外,养殖业也有所发展。根据法国农业署的统计数据,1812年,法国人口为 2900 万左右,饲养的总牲畜为 42006342 头,按居民平均算,人均 1.26 头。1840 年左右,法国有 3300 万居民,饲养的家畜、羊、猪、马等牲畜总共 49817185 头,人均 1.48 头,增长了 15% 左右。[①]

与此同时,农业机械化生产在巴黎盆地、诺尔省等经济发达地区也开始起步。1818 年在诺尔省出现手动脱粒机,1851 年这些地区相继出现使用蒸汽机的脱粒机。尤其是凭借得天独厚的土壤、气候和靠近中心城市的地理条件,北部和巴黎盆地的商品农业开始发展,这里发展起有能力进行技术革新的较大规模的资本主义农场。1852 年法国农业普查表明,在诺尔省,每公顷土地的净产值是 393 法郎;在塞纳-瓦兹省每公顷土地的净产值是 302 法郎;在下塞纳河加莱海峡省为 257 法郎;在南部一些不发达的省份,如朗德地区每公顷土地的产值是 47 法郎,下阿尔卑斯是 50 法郎,洛泽尔省是 51 法郎。[②] 由此可见,北部采用集约式经营的资本主义农场对传统农业具有显著的优势。

除了法国北部地区之外,其他大部分地区采用的仍是传统的农业生产方式。土地和劳动力的投入是传统农业的主要投入。虽然当时在法国农村中,土地的直接经营者中小农和佃农们在有限的土地上增加劳动力投入,精耕细作,粮食产量有所增加,但随着人口数量的增长,土地压力日益增大,许多小农连自己的生活都难以维持。19 世纪 50 年代,孚日省一个租佃 5 公顷牧场和田地的小农的家庭预算,显示了当时许多小农和佃农

---

① Alex Moreau de Jonnès, *Statistique de l'Agriculture de la France*, Paris: Librairie de Guillaumin, 1848, pp.415—416.

② Roger Price, *The Modernization of Rural France, Communications Networks and Agricultural Market Structures in Nineteenth-Century France*, London: Hutchinson, 1983, p.21.

生活上的窘迫情况。这家小农每年租金、税金,加上 5 口之家的日常花费需要 1000 法郎,而牧场上的牲畜和土地上的农作物的总收入只有 875 法郎,[1]家庭收支入不敷出。中小农在丰年的时候还可勉强度日,或稍有节余,遇到歉收年,只能靠抵押土地、举债借款渡过难关。1820—1842 年,贫困地区中小农抵押债务的总额增加了 50%左右,约有价值 450 亿法郎的土地资本被当作抵押物,借贷 130 亿法郎,当时的高利贷利率达 15%—20%。[2] 小农一旦举债便难以翻身。法国学者洛朗指出,到 19 世纪中叶,传统农业生产已经达到其发展的"顶峰",再没有任何发展余地,只有"为科学的商品化的农业开辟道路",才能出现持续跃进的农业前景。[3]

　　许平从两个层面分析了造成 19 世纪法国农业发展缓慢的因素。其一是封闭的稳定的农业结构,受制于农业生产、土地经营方式和社会结构三个方面。19 世纪前期法国农村,经济作物的生产还没有充分发展起来,当时基本的农业产出是谷类和葡萄,包括小麦、大麦、黑麦、燕麦、荞麦和玉米等,其中小麦生产占主体,农业生产基本围绕粮食和葡萄展开。在北部和西北部实行以各种谷类生产为主、葡萄生产为辅的传统混作制。南部、西南部和中部一些省是葡萄的集中产地,葡萄种植的比例较高。在经济封闭的东部山区和整部高原也盛行以各种谷物生产为主的传统混作制,同时也有一定数量的畜牧业。

---

　　①　Roger Price, *The Modernization of Rural France, Communications Networks and Agricultural Market Structures in Nineteenth-Century France*, London: Hutchinson, 1983, p.116.

　　②　Fernand Braudel et Ernest Labrousse, *Histoire économique et sociale de la France, tome III: 1789-1880*, Vol. 1, Paris, 1976, p.759.

　　③　许平:《法国农村社会转型研究:19 世纪至 20 世纪初》,北京大学出版社 2001 年版,第 22 页。

所谓以谷物生产为主的混作制,指的是生产者按照自己家庭的各种生活需求而进行生产。谷物混作,就是生产者按节气、按比例、按轮作规律、按生产者个人生活需求而混合种植各种谷物粮食。在没有更多城市人口要求供养,没有更大的需求次级的情况下,粮食生产的增长有限。因为土地耕作者主要为自己的家庭需要而生产,或是对附近有限地区的优先供给而进行耕作,商品化农业生产的冲动非常微弱。到19世纪中叶,索恩、利马涅和阿尔萨斯平原地区的混作制已发展到很高的水平,难以走出传统农业的低水平陷阱。葡萄酒生产虽然具有很强的商品性,但由于其受地域和气候的影响,同时又需要大量熟练的劳动力精耕细作,适合于小生产经营,很难实现社会化大农场经营,因此并不足以引起大的生产变革。①

而且直到1862年,占地小于1公顷的小小农,占土地经营者总数的38.5%;占地1—10公顷的小农占46.5%;占地10—40公顷的中等土地所有者为12%;占地大于40公顷的大土地所有者仅占总经营者的3%。合计起来,占地10公顷以下的小农占土地经营者的85%,他们成为农村中人数最多的社会阶层。按一般规律,只有这个阶层迅速分化,实现与土地的分离,才能在此基础上建立起发达的资本主义大农场。但是19世纪前期的法国农村中,中小农对土地的依附性很强,分化的过程相当缓慢。商品经济不发达是造成这一状况的主要原因。再加上残余的农村公社权利和传统的生产方式的延存,严重阻滞了中小农民的分化。②

其二是城市发展的不充分,市场结构和交通道路状况的落

① 许平:《法国农村社会转型研究:19世纪至20世纪初》,北京大学出版社2001年版,第23—24页。

② 许平:《法国农村社会转型研究:19世纪至20世纪初》,北京大学出版社2001年版,第25—26页。

后,无法为农业商品化提供充分的条件。19世纪前期,法国的城市人口虽有明显增长,但城乡人口的结构并未发生根本性变化。整个19世纪,法国乡村人口在总人口中仍占绝大多数。19世纪上半叶是法国人口增长时期。1811年,法国乡村人口约为2340万人,占总人口的79%;1841年,乡村人口增长到2690万人;1866年达到3050万人,占总人口(3800万人)的70%。[①] 19世纪上半叶工业化的展开并未迅速改变法国的人口结构。在欧洲早期工业化国家中,法国的城市化程度远远落后于英国和荷兰,甚至落后于后起之秀德国。根据1866年的统计,法国共有市镇[②] 37548个。其中乡镇(即人口少于2000人的市镇)34767个,2000到10000人的城镇2595个,人口超过10000人的城镇186个,超过20000人的城镇仅有73个。[③] 如果以城市人口占总人口的比例来衡量城市化程度,英国早在19世纪中叶城市人口便已过半,德国是在1891年,法国则迟至1931年才达到这一标准。[④] 城市发展不充分,对农业商品化的拉动不大,农村依然是社会经济和人口结构的重心,维持农村人口的生计仍是农业生产的主要任务。因此,农业生产难以从自给自足的小农生产

① Georges Duby et Armand Wallon(dir.) ,*Histoire de la France Rurale* ,*Tome 3* :*Apogée et crise de la civilization paysanne* (*1789－1914*) ,Paris :Seuil ,1976 ,p.60; Annie Moulin ,*Peasantry and Society in France since 1789* ,trans.by M.C.and M.F. Cleary ,Cambridge :Cambridge University Press ,1991 ,p.61.

② 自大革命以来,无论是乡村还是城市,法国基层行政单位统一称"commune",即"市镇"。在调查统计中,往往以居民人数为标准(法国的常规标准为2000人),划分为乡村市镇(communes rurales,简称"乡镇")和城市市镇(communes urbaines)。市镇经常会新设或合并,所以文中提到的市镇数量不同时期略有差异。

③ Jacques Boudoul et Jean-Paul Faur ,"Renaissance des communes rurales ou nouvelle forme d'urbanisation?" ,*Économie et statistique* ,N°149 ,1982 ,p.Ⅳ.

④ 计翔翔:《近代法国城市化初探》,《世界历史》1992年第5期,第87页。

形态中挣脱出来。城市化不足也影响了农业市场的发育。

当时法国存在 3 种形态的农产品市场。第一种是与农村经济密切联系的地方性小集市。这种小集市在一定的地区界限范围内,一般是在较大的村镇里定期举行,每周一次。附近的农民到这里来出售其剩余的农副产品,包括谷物、牲畜、家禽和鸡蛋等,买回农具和日用品。集市上的交换是在农民、手工业者和地方显贵之间进行的,生产者和消费者直接接触,中间很少有商业资本的介入。当时法国农村社会的大部分交换就是在这种遍布全国各地农村中的小集市和小市场中进行的。这种小集市的社会功能主要是在乡村社会内部调配农副产品,并不能反映商品生产的发展。

第二种是地区性市场。这是在较大的地域范围内形成的贸易中心,多集中在市镇,其影响力辐射周围的农村。地区性市场不同于小集市,它是周围地区的贸易中心,其社会功能主要是向附近地区的小市场集散商品,同时与其他地方的地区性市场也有一定的联系。来这里进行贸易的有些是附近的农民,大部分是小商人。他们把从农民手中或地方小集市上收购的谷物粮食或其他商品拿到市场上出售,从中获取商业利润。但是,这种市场在当时的法国发展并不普遍,除了发达地区较为密集以外,一般落后地区很少见,也没有形成彼此互相联系的网络。

第三种是大的商业中心。大多处于水陆交通要冲,如巴黎、马赛、波尔多、斯特拉斯堡和图卢兹等,利摩日是中西部的粮栈和粮食贸易中心。这些中心市场具有双重作用,一是满足地区内农产品流通的需要;二是与地区外和国际间的市场建立更广泛的商业联系。来这里从事贸易的多是财力雄厚的大粮食商。他们大多直接从大土地所有者那里购买粮食,供应大城市,也有的从事中小市场和大市场之间的中转贸易。这些大市场确实存在地区间或国际间的农产品贸易,但由于交通运输业发展不完善,城市化水平低,没有形成城市群,中心市场的作用受到很大的限制,本地区范围内的商品流通仍在中心市场中占主导地位。[①]

总体而言,19 世纪前期法国农产品市场的结构特征是前工业时代的,表现为农产品主要还是地方性和地区性的消费,地方性的小型农产品市场占主导地位,地区性的农产品市场之间没有形成有机的联系,大的农产品中心市场也没有形成贯穿全国的农产品市场机制。交通运输条件落后,国内市场不畅通,给农业生产者提供的进入市场的机会不多,农业商品化生产的发展余地不大。由于 19 世纪前期,法国的城市、工业、市场的发展仍相对滞后,法国农业因此也没有条件实现根本性的突破和转变。不过,大革命摧毁了封建关系,19 世纪 70 年代之前,法国的农业发展实际上处于一个新旧经济力量并存的缓慢变革时期。尽管这一时期的农业生产特质还没有发生根本性变化,呈现出一种传统的质的稳定性,但与小农经济并存的资本主义因素和新的经济力量在不断的成长中。从 19 世纪 40 年代开始,法国农业的变化速度加快。到 19 世纪 70 年代,法国农业发展进入一个新的阶段。

五、19 世纪下半叶农业经营方式的变革

有关农业革命与工业革命之间的相互关系,历来是经济史家争论不休的问题。法国的工业革命始于 19 世纪上半叶,但经济史家对法国"农业革命"即 19 世纪法国农业发生转变的时间有着不同看法。阿瑟·扬将 18 世纪法国广泛存在的小农土地

---

① 许平:《法国农村社会转型研究:19 世纪至 20 世纪初》,北京大学出版社 2001 年版,第 28—31 页。

所有制看作法国农业落后于英国的原因,这一观点得到经济史家的认同。他们认为,19世纪法国小型家庭农场的大量存在也是其经济发展以及工业化迟滞的原因。以克拉潘和米歇尔·莫里诺为代表的传统观点认为,法国农业直到19世纪40年代仍陷于停滞,落后而且原始,直到19世纪80年代才发生转变。[①]威廉·内维尔则认为法国的农业变革可以追溯到19世纪20年代。内维尔认为,图泰纳1961年的统计实则显示出农产总产量和人均产量的快速且持续性增长在19世纪中叶已经出现,大概在1815—1824年到1865—1874年间。根据图坦纳的统计,从18世纪下半叶到20世纪上半叶,法国农业产量的增长趋势大概可以分为四个时期:1775—1820年是缓慢增长时期;1820—1870年是快速增长时期;1870—1890年是萧条时期;1890年到20世纪中叶是低速增长时期。[②] 上述两种观点的立足点略有差别,前者侧重农业经营规模和结构,后者注重农业产量。

就本章所探讨的问题而言,法国农业经营结构和规模较之19世纪前期变化的程度确实更为显著,也有学者将这一时期称为法国的"农业革命"时期。一般认为,19世纪50年代至20世纪初,是法国经济结构发生变化,农业从传统的小农经济向资本主义农业转变的关键时期。交通运输业的革命、工业化的展开和城市的发展,带动了农业的发展,由此带来国内统一市场的形成,城乡之间内在联系的加强,法国农业生产越来越多地卷入市

[①] Colin Heywood, "The Role of the Peasantry in French Industrialization, 1815-1880", *The Economic History Review*, New Series, Vol.34, No.3(Aug., 1981), pp.359-360; Michel Morineau, "The Agricultural Revolution in Nineteenth-Century France: Comment", *The Journal of Economic History*, Vol.36, No.2(Jun., 1976).

[②] William H. Newell, "The Agricultural Revolution in Nineteenth-Century France", *The Journal of Economic History*, Vol.33, No.4(Dec., 1973), pp.698-699; William H. Newell, "The Agricultural Revolution in Nineteenth-Century France: Reply", *The Journal of Economic History*, Vol.36, No.2(Jun., 1976), p.438.

场经济和现代社会。

（一）农业变革的机遇

19 世纪下半叶,随着交通运输网的逐步发展和完善,统一的国内市场初步形成。50 年代以后,铁路和地方公路建设,把盛产煤炭的北部、蕴藏丰富矿产的中部,以及法国其他工业生产区连接起来,在为工业生产提供有利条件的同时,现代交通的触角也伸向原来相对独立的各个地区市场和封闭的农村,在巴黎与各地之间,在各地区市场之间,在乡村与市场之间建立起了有机联系,导致市场结构发生变化。这一时期,法国农产品市场结构的变化集中表现为中小市场的功能和地位的改变,以及枢纽性商品集散地的形成。[①]

19 世纪下半叶,法国的铁路建筑规划是以巴黎为轴心连接各省的中心城市,对原来各地区的中心市场与其他城市之间的联系考虑较少,造成的结果是,农产品流通迅速向铁路干线附近地区集中。以卡尔瓦多原来的 3 个地区性中心市场的小麦销售为例,阿尔让塞 1819—1869 年销售量一直呈上升趋势,最高的 1869 年销量为 44919 百升,1879 年之后降至 22061 百升,减少了一半以上。卡昂市场小麦的最高销量是 1869 年的 95414 百升,1879 年降至 60362 百升。埃夫里西 1859 年销售 11371 百升,1869 年降至 4552 百升,1879 年仅有 832 百升成交量。[②] 位于罗讷-索恩河流域的格雷市一直是粮食贸易的中心,曾经兴盛一时,肩负着把从东部收集来的农产品顺流而下疏散到中南部各地,又把南部进口的粮食逆水而上运抵北部和巴黎盆地的

---

① 许平:《法国农村社会转型研究:19 世纪至 20 世纪初》,北京大学出版社 2001 年版,第 56—57 页。

② Roger Price, *The Modernization of Rural France. Communications Networks and Agricultural Market Structures in Nineteenth-Century France*, London: Hutchinson, 1983, p.295.

重任,是连接南北方的枢纽。但在新的铁路交通网中,它失去了昔日的优势,其经济地位被处于东、西、南、北和中部铁路会合处的第戎取而代之,格雷的贸易量减少了三分之二,其城市地位也随着衰落。与此同时,乡村集市的贸易交换也在减少。

与传统的中小市场的衰落形成鲜明对比,铁路干线的地方,新的商业中心正在兴起。这些新的市场是以其在铁路交通网中的地理优势逐渐胜出的。比如康塔尔省的汝萨克历史上曾一度因羊毛和牲畜贸易而闻名,但它抵挡不住相距仅6公里、位于铁路线上的奥里亚克镇的竞争而衰落下去,奥里亚克则慢慢繁荣起来。位于铁路线上的贝济耶和尼姆也取代了附近的蒙彼利埃成为贸易中心市场。

在市场功能重新整合的过程中,特别具有意义的是枢纽性商品集散地出现。以巴黎为代表的中心大城市,在经济意义上,不再仅仅是农产品消费的中心市场,它们正成为全国枢纽性农产品集散地。巴黎是谷物、食用油、酒类等主要农产品的调节市场。图卢兹在19世纪70年代成为重要的铁路中心和粮食市场,主要影响着下朗格多克地区和普罗旺斯地区的粮食供应。马赛、勒阿弗尔和里昂等地的商业地位进一步加强。[1] 此外,还出现了一些专门产品的商品集散地,如牲畜贸易中心拉维莱特地处巴黎与其他地区之间的商品流通要道。1913年全国牲畜贸易中43%的大牲畜,47%的小牛,34%的羊和56%的猪,从各地运到这里,再从这里销往各地。[2]

乡间集市与地方性市场的萧条,意味着农产品超越地区空

① 许平:《法国农村社会转型研究:19世纪至20世纪初》,北京大学出版社2001年版,第57—58页。

② Roger Price, *The Modernization of Rural France. Communications Networks and Agricultural Market Structures in Nineteenth-Century France*, London:Hutchinson,1983,p.297.

间的界限和地方经济范畴,逐步纳入全国性的商品经济流通的
渠道中。以现代交通为依靠的新的商业中心和枢纽性商品集散
地兴起,表明统一的国内市场正在形成。其最主要的体现是地
区间粮食价格的差异缩小。19 世纪下半叶交通道路的改善,工
业和城市的发展,国内市场的出现,原先阻滞农业发展的诸多外
部条件开始发生变化,法国农业开始缓慢向现代商品化农业生
产转型。

　　在农业向商品化生产转化的过程中,市场消费需求的拉动
至关重要。而市场消费需求这一时期主要受人口增长,尤其是
城市人口增长,以及人均消费需求的增长等因素影响。19 世纪
法国的人口增长速度虽然与其他国家相比相对缓慢,但仍有所
增长。1876 — 1906 年间,法国人口增长了 235 万人。1851 —
1901 年间,城市人口增长了 680 万人。这一时期人们的食物结
构发生明显的变化。1852 — 1881 年,人均小麦消费由每年的
186 升至 250 升,增长了 34%;人均马铃薯消费增加了 40%;
酒的消费增加了 21%;糖增加了 118%,由人均每年消费 3.3 公
斤增至 7.7 公斤。肉类消费也在增长。据统计,1882 年巴黎人
均肉类消费已达 79.31 公斤,其他城市为 60.39 公斤,乡村为
21.89 公斤。① 人均消费水平的提高,加上城市人口所占比重的
增长,增加了对农产品的需求。

　　此外,市场竞争压力的加大也是推动农业生产结构转型的
重要原因。交通变革将封闭的市场打开后,法国农业在获得新
的机遇的同时,也面临随之而来的国内外市场的竞争压力。在
国内,由于市场的扩大,一些生产者原来因地利之便而拥有的对
地区市场的垄断和优势逐渐失去。比如原来在巴黎市场的肉类

----

① Roger Price, *A Social History of Nineteenth Century France*, London:
Hutchinson,1987,p.22.

供应中占优势的卡尔瓦多,因其他地区肉类进入巴黎市场,导致其销售量的下降。它在拉维莱特等 3 大主要牲畜市场中的销售量从原来占总数的 37%,下降到 1860 年的 25%,1880 年的 20%。① 巴黎盆地南部和东部的农民出售的两项主要产品,谷类和羊毛,也因为其他同类产品进入巴黎市场而价格下跌。阿维农地区的葡萄酒生产者发现本地的消费者也喜欢上了来自埃罗、奥德和塔尔纳地区生产的酒。布尔戈尼、博德莱和南部的葡萄酒凭借低廉的运费进入巴黎市场后,伊尔德弗朗斯的葡萄酒市场也很快衰落。国内市场的统一,带来地区之间和生产者个人之间竞争压力的增加。在新的竞争压力下,农业生产者只有改变传统的生产技术和经营方式,才能在新的市场竞争中谋得利润。②

在国际市场上,法国农业也面临着前所未有的竞争压力。当时英国、俄国和德国的农产品在市场上占有优势,法国农产品仅凭借地利之便,主要输往英国和比利时,很少进入其他国家的市场。自法国市场部分对国际市场开放后,其他国家的农产品不断涌入。尤其是 19 世纪 80 年代,美国内战结束后,其资本主义农业迅速发展,美国的农产品很快在各国对法国进口的农产品中位居第一,俄国位居第二。以法国进口粮食最多的 1892 年为例,从美国进口的小麦为 10062892 公担,俄国为 2423020 公担,印度和阿尔及利亚分别为 1674421 公担和 780746 公担。③

---

① Roger Price, *The Modernization of Rural France. Communications Networks and Agricultural Market Structures in Nineteenth-Century France*, London: Hutchinson, 1983, p.318.

② 许平:《法国农村社会转型研究:19 世纪至 20 世纪初》,北京大学出版社 2001 年版,第 68—69 页。

③ Roger Price, *The Modernization of Rural France. Communications Networks and Agricultural Market Structures in Nineteenth-Century France*, London: Hutchinson, 1983, p.301.

其中从美国进口的小麦占法国进口小麦总量的 67.3%。进口粮食自然会对国内粮食市场形成压力。经由波尔多和马赛进口的粮食使南部和西南部的谷物种植业衰落。1882 年因德国进口糖的竞争,博斯的一家糖厂倒闭。因此,面对国内外市场的竞争压力,法国的农业生产者必须改变经营方式,增加投资,提高生产率,才能在国内市场和国际市场上与外地或外国农产品相抗衡。

（二）农业经营方式的转变

许平教授认为自 1850 年之后,法国农村中的资本主义关系迅速发展,法国农业进入一个新的发展阶段。具体表现为三个方面:其一是农业生产者更多地从事商品生产;其二,资本主义经营方式得到扩展;其三,农业技术革命的展开。

在 19 世纪 50 年代之前,已有一定数量的农民在市场上出售自己的产品,但即使在最发达的地区,其产品的大部分仍是生产者自己消费,没有形成为交换而生产的市场经济,从严格意义上讲,是一种半商品化的农业生产体系。[①] 农业生产者转向为市场而生产的成都,不仅取决于其生产剩余和商业机会,还取决于他们对这一问题的自觉意识。19 世纪下半叶,有三个因素促使农民对市场作出反应。首先是农产品价格的上涨。因工业增长、城市扩大,对农产品的需求迅速增加,造成农产品价格上涨。整体而言,1815—1851 年是价格下跌阶段,1851—1873 年是价格上涨阶段。19 世纪 50 年代至 70 年代农产品价格的上涨,让农民尽可能地多产多卖,不知不觉中卷入了新的经济联系。其次,乡村集市和地方市场的萎缩,迫使农民走入地区或民族市场。[②] 此外,还包括工业品的普及也是一个重要推动力。随着

[①] 许平:《法国农村社会转型研究:19 世纪至 20 世纪初》,北京大学出版社 2001 年版,第 72 页。

[②] 这个问题还值得商榷,地方集市一直到今天都在农民的日常生活中发挥着重要作用。

工业品的普及,农民要提高生活水平和生产水平,需要用现金购买工具或消费品。尽管其本意是维持家庭生活,但为了获得更多的货币,平衡家庭收支,在购买更多工业品的同时就必须出售更多的农产品。这样,农民更多地为了出售而生产,为买而卖,最终被拖入市场经济的轨道。但小农进入市场的方式与大土地经营者不同。前者仍以商人资本为中介,间接与民族市场发生联系。大土地所有者则直接与大商人打交道,在中心市场出售自己的产品。①

农业商品化的发展会带动土地经营方式的转变,尤其是专门化的生产,是农业经营方式变化的显著标志。在新的市场结构和交通条件的刺激下,新型的以雇佣劳动为基础的资本主义农场首先在北部佛兰德尔、皮卡迪、巴黎和诺曼底等土地富饶的地区出现。这里的农场规模一般都比较大,比如在博斯平原,典型的大农场的土地面积一般都在 50 公顷以上,雇佣 12 名农业工人,根据生产需要增雇短工。那里的积极农业人口的三分之二都是农业工人。在布里附近的大农场,方圆 50 — 100 公顷,只有一些小村落,其余全是耕地,由大农场主雇佣的工人耕种。北部的资本主义农场,凭借其靠近巴黎等城市的优越的地理条件和优良的土壤条件,专门为中心市场生产粮食。在下罗讷河谷平原,也出现了向市场供应作物和水果的专业化生产的农场。随着人们饮食结构的变化,适应日益扩大的市场需求,家畜饲养的专业化也得到发展。由于与英国签订了商约,肉类、蛋、黄油的出口增加,刺激了布列塔尼地区家畜饲养专业化的发展。高原地区的自然条件不适于谷物生长,日益向牲畜饲养的专业化方向发展。到 1882 年,夏洛莱、尼韦尔内和布博内一带形成了

①　许平:《法国农村社会转型研究:19 世纪至 20 世纪初》,北京大学出版社 2001 年版,第 74 页。

牲畜饲养的专业化,专门供应巴黎、里昂、第戎和法国东部的肉食;曼恩、普瓦图、旺代和夏朗德专门为其他地区供应幼牛,并为巴黎市场提供牛肉;布列塔尼也为其他地区供应幼牛。奶牛的饲养主要集中在布列塔尼、诺曼底、弗朗什-孔德、普瓦图和圣东日地区。①

　　下朗格多克和鲁西永地区,在19世纪下半叶也开始从传统的为生存而计的复种制转向专门化的葡萄生产。70年代在法国流行的葡萄根瘤虫害使葡萄种植面积大幅度减少。80年代后重建葡萄园时,因南部农村中的纺织业衰落而转移出的资本,出现了一些大的投资者,反而加速了葡萄园种植结构的变化,出现明显的集中趋势,发展起资本主义性质的葡萄酒制造业。1892年,在朗格多克和鲁西永地区,40公顷以上的大葡萄园占葡萄种植总面积的30%以上。南部佩罗、奥德、东比利牛斯和阿列日四省,56%的农民都是农业工人,远远超出全国平均水平。根据法国政府调查,1906年全国"有130万个农场雇佣5名工人,4.5万个农场雇工人数在6—50名之间,此外还有250个农场(全部在北部)雇佣工人超过150名。"②

　　农业生产的专业化、商品化,以及资本主义农场的发展,对法国农业迈向现代化有重要意义。一方面,逐步改变了农业生产的性质,农业生产的目的不再仅仅是为了维持生产者及其家庭的生活需要,而是越来越多地卷入市场,通过市场上的商品交换实现农产品的价值,从而获取利润;另一方面,动摇了原来小土地经营占绝对优势的经营结构的稳定性,出现了资本主义大农场与小土地经营混杂并存的局面,同时也增加了农业生产

　　① Roger Price, *A Social History of Nineteenth Century France*, London: Hutchinson, 1987, p.159.

　　② Roger Price, *A Social History of Nineteenth Century France*, London: Hutchinson, 1987, p.159.

的活力。比如专业化生产较为发达的朗格多克地区,1816 年,其产品占全国总产量的 17%,专业化生产日益发展后,1869 年,其产品已占总收获量的 29%。1882 年,巴黎盆地各省谷物的单位面积产量是西部和南部地区产量的两倍。1910 年,巴黎盆地小麦产量每公顷 24 担,接近全国平均水平的两倍。1879 年,北部大农业经济区平均每公顷收入 114.5 法郎,而中部地区平均每公顷收入才 33 法郎。[①] 收入差距大虽然也有土壤、地理等方面的原因,但经营方式也是一个重要因素。[②]

(三)农业生产的发展

19 世纪前期,法国的农业年增长率最高维持在 1.2%—1.5%之间。根据经济学家莱维·勒布瓦耶的计算,1852—1856 年和 1862—1866 年,每年生产增长达到 2.3%。按照维亚隆的估计,1852—1862 年之间,平均每年增长 3.2%。1852—1861 年及 1862—1871 年增长率也保持在 1.6%左右。1882 年法国的农业产值为 110 亿法郎,是 1850 年农业产值的 1.8 倍,是 1815 年农业产值的 2.5 倍。[③] 农业生产率的提高,既有经营方式的转变带来的促进作用,也包括技术上的革新,如农业技术的提高、耕作方式的改变、生产工具的革新等。

19 世纪 50 年代以前,法国农业发展最主要的变化是减少休耕地,引进甜菜、土豆等新作物。当时的耕作方法和农业机具还没有显著的改进。50 年代以后,在市场需求的刺激下,农业革命的步伐加快。农业生产出现了新的局面。

---

① Roger Price, *A Social History of Nineteenth Century France*, London: Hutchinson, 1987, p.26.

② 许平:《法国农村社会转型研究:19 世纪至 20 世纪初》,北京大学出版社 2001 年版,第 79—80 页。

③ Fernand Braudel et Ernest Labrousse, *Histoire économique et sociale de la France*, tome *III*: *1789–1880*, Vol. 2, Paris, 1976, p.725.

现代化要求农业为城市和工业生产和服务,推动了农业耕作方式的变革。在土地使用方面,饲料、经济作物、蔬菜和水果等种植比例明显增加,特别是 60 年代,一些地区认为肉类生产更加有利可图,改种粮食为饲料作物,发展专门供应城市市场的畜牧业。1851—1871 年,饲料种植增长了 70%,达 2500 万吨。甜菜的产量由 1855—1864 年的 440 万公担增至 1865—1874 年的 7700 万公担。同期根茎作物的种植也由 5200 万公担增至 9000 万公担。谷物种植由 1851—1862 年的占总面积的 61%,降至 1882 年的 57%。① 经济作物的兴起,特别是化肥的使用,使土地能及时补充足够的肥料,排除了耗尽地力的危险,从而使传统的小麦—玉米(或黑麦)—休耕的三圃轮作制及小麦—休耕的二圃轮作制受到破坏,休耕田进一步减少。1850 年以后,诺曼底的休耕地几乎完全消失,1852—1882 年间,全国的休耕田减少了 30%,1882 年,只有洛泽尔省还保持了 30%的休耕地。在全国范围内,1852 年休耕地占耕地面积的 21.8%,到 1882 年下降至 14%。②

19 世纪 60 年代起,在市场需求的推动下,区域性的专业化生产特征日益突出。葡萄生产集中在南部,甜菜生产集中在北部平原,小麦种植集中在巴黎盆地,黑麦集中在中部,牧场和森林在山地地区,传统的混作制逐渐为专门化生产所取代。

农业生产技术也得到改进。肥料的广泛使用是休耕地减少的直接原因。施肥是这一时期土壤改良最主要的方法,人造肥料大量进口。1853—1874 年,进口肥料由 1.4 万吨增至 9.4 万吨。化肥主要在北部大农业区的大农场中使用。1870 年,一份

① Roger Price, *A Social History of Nineteenth Century France*, London: Hutchinson,1987,p.21.

② Fernand Braudel et Ernest Labrousse,*Histoire économique et sociale de la France*,tome *III*:*1789-1880*,Vol. 2,Paris,1976,p.712.

来自北滨海省迪南地区的报告说明,在一些公社里,由于对土地施加了石灰和泥灰,农作物产量增加了一倍。在萨尔特省,有50公顷的土地施加了石灰,每公顷小麦产量增加了三分之二。①这一时期农业生产进步最突出的表现是农业机具的改进。不仅铁制机具普遍取代木制工具,而且技术含量也不断提高。19世纪四五十年代,只在博斯平原和布里地区使用长柄镰刀,到70年代,全国迅速普及。长柄镰刀较之普通的短柄镰刀劳动效率提高25%—35%。犁的改进也很突出,适合于深耕的有导轮的铁犁取代原来的木犁。这种新式的犁先在北部地区使用,随后沿大西洋沿岸地区和罗讷河向南推广②。中部高原地区因土壤贫瘠,仍采用旧式犁。

农业的机械化也得到进一步普及。1852年,脱粒机有6万台,1873年达13.4万台,1882年增至20万台。除长柄镰刀外,收割机也被广泛使用,每台收割机每天收割50—60公亩,劳动效率是镰刀的三倍。收割机的普及不如脱粒机那么迅速,1882年法国才有收割机1.9万台。割草机在60年代开始使用,到1882年有割草机1.9万台,1892年增至3.9万台。③以蒸汽为动力的农业机具的使用主要限于北部的大农场地区。1852—1858年,蒸汽脱粒机由81台增至2253台,1873年为6000台,1882年为9000台。④6个人照看一台蒸汽脱粒机,一天脱粒

① Roger Price, *The Modernization of Rural France. Communications Networks and Agricultural Market Structures in Nineteenth-Century France*, London: Hutchinson, 1983, pp.378-379.

② 不过,南部地中海沿岸属沙质土壤,大都使用的是木制轻犁。

③ Roger Price, *The Modernization of Rural France. Communications Networks and Agricultural Market Structures in Nineteenth-Century France*, London: Hutchinson, 1983, p.383.

④ Fernand Braudel et Ernest Labrousse, *Histoire économique et sociale de la France*, tome III: *1789-1880*, Vol. 2, Paris, 1976, p.681.

15000升,而人工用连枷打谷,每天只能打300升。[①] 劳动效率的提高显而易见。

19世纪下半叶生产技术的进步直接带动了农业生产的发展。以土地单位面积的产量为例,小麦的平均产量从1815年的每公顷1050升,增加到1880年的1500升,增长了40%。1852年全国平均小麦单位面积产量是每公顷1364升,1882年平均1800升。葡萄的单位面积产量也在增长,在加尔省、埃罗省、奥德和东比利牛斯地区,1868年,葡萄的平均产额是1816年的3倍。[②]

(四)土地占有结构的变化

19世纪下半叶至20世纪初,法国的农业生产虽取得了较大的发展,但并未在土地占有结构上出现根本性的变化。这是法国农业的一个重要特点。直到19世纪80年代初,法国土地占有的主要趋势仍是土地的析分,即再分割。一直到第一次世界大战前,法国小农占有土地的特点并未发生根本性变化。[③]

1815年,法国土地纳税份额是900万,到1881年增加到1300万,增加了46%。[④] 土地纳税份数的增加,说明土地一再被析分。40公顷以上的大农场的数量1862到1882年间在减少,从原来的154167份减少到142088份,5—20公顷的农场数

① Roger Price, *The Modernization of Rural France. Communications Networks and Agricultural Market Structures in Nineteenth-Century France*, London: Hutchinson, 1983, p.386.

② Fernand Braudel et Ernest Labrousse, *Histoire économique et sociale de la France*, tome III: *1789-1880*, Vol. 2, Paris, 1976, pp.683-684.

③ Jean-Luc Mayaud, "De la pluri-activité paysanne à une re-définition de la petite exploitation rurale", *Annales de Bretagne et des pays de l'Ouest*, Année 1999, T. 106, N. 1, p.231.

④ Fernand Braudel et Ernest Labrousse, *Histoire économique et sociale de la France*, tome III: *1789-1880*, Vol. 2, Paris, 1976, p.633.

量增加幅度最高。[1] 不过自 60 年代中期之后,土地分割的势头开始减缓。1871—1881 年,纳税份数的年增长与前 50 年相比,减少了 60%。[2]

法国财政部对 1862 年、1882 年和 1908 年的农民占地情况的统计数据表明,虽然小土地所有者仍占绝大部分,但 25 英亩以下的小土地所有者数量略有减少,1882 年少于 2.5 英亩的为 223.5 万,1908 年减少到 208.8 万;拥有 2.5—25 英亩土地的所有者从 1862 年的 243.5 万增长到 1882 年的 261.8 万,1908 年下降到 252.4 万;拥有 25 英亩以上的土地所有者数量在增加。25—100 英亩的土地所有者从 1862 年的 63.6 万增加到 1908 年的 74.6 万;100—250 英亩的土地所有者从 1882 年的 10.5 万增加到 1908 年的 11.8 万。不过大土地所有者的数量大幅度下降,250 英亩以上的土地所有者从 1862 年的 15.4 万减少到 1882 年的 3.3 万,到 1908 年为 2.9 万。也就是说,大土地所有者和小土地所有者的数量到 20 世纪初都有所下降,中等土地所有者有所增加。[3]

从 1862 年到 1882 年,在法国西部和南部地区,10 公顷以下的中小农场的数量增长最为显著。在采用复种制的南部和西部地区,以及葡萄园和为市场而生产的蔬菜园区,土地一再分割。尤其是 19 世纪下半叶的根瘤蚜虫病对法国南部的葡萄园产生了极大的影响,大量葡萄园被低价出售,土地得到重组。

① Roger Price, *A Social History of Nineteenth Century France*, London: Hutchinson, 1987, p.18;许平:《法国农村社会转型研究:19 世纪至 20 世纪初》,北京大学出版社 2001 年版,第 86 页。

② Fernand Braudel et Ernest Labrousse, *Histoire économique et sociale de la France, tome III: 1789-1880*, Vol. 2, Paris, 1976, p.634.

③ 许平:《法国农村社会转型研究:19 世纪至 20 世纪初》,北京大学出版社 2001 年版,第 87 页。

1862 年,下朗格多克地区具有劳动能力的男性平均占有土地为5.4 公顷,1862 年到 1882 年间,这里超过 10 公顷的中等农场的数量有所提高,不过小块土地依然占有相当比重。小土地所有和大农场经营始终并存。[1] 在巴黎盆地中部和下诺曼底出现明显的土地集中趋势。农业比较发达的巴黎盆地区,包括东北、诺曼底、香槟和东部地区,大农场数量扩展。香槟地区 10 公顷以下小农场数量在 1862 年到 1882 年间增长了 57%,30 公顷以上的农场数量增长了 30%。[2]

也就是说,在资本主义农业不发达的地区,小地产仍占主导地位,且土地被一分再分,面积不断缩小;在资本主义农业较为发达的地区,大土地兼并小土地,土地越来越集中。土地的分散过程与土地的集中过程同时进行。这两个过程在空间和地域上存在差异。这种独特的土地结构的变化,构成 19 世纪下半叶20 世纪初法国农业和农村社会的一个鲜明特点,反映了法国农业向资本主义商品化生产转型的过程中在地区发展的不平衡。

1882 年法国政府对当时的土地经营状况的调查结果表明,100 公顷以上特大地产多集中在巴黎盆地(单位面积在 100—200 公顷)、埃纳省(单位面积在 400 公顷)和中部的涅夫勒、阿利埃、上维恩以及卢瓦尔-歇尔省。40 公顷以上的大地产多在卢瓦河流域至巴黎盆地及东北部一带。此外,中央运河地区和歇尔省的大地产也较多,占当地土地总面积的 60%。10—40 公顷的中型地产,主要分布在诺尔省、南部、中央高原、布列塔尼和

---

[1] Michel Hau, "La résistance des régions d'agriculture intensive aux crises de la fin du XIXe siècle: les cas de l'Alsace, du Vaucluse et du Bas-Languedoc", *Économie rurale*, Année 1988, T. 184-186, p.32.

[2] William N.Parker and Eric L.Jones, *European Peasants and Their Markets*, *Essays in Agrarian Economic History*, Princeton: Princeton University Press, 1975, pp. 298-299.

诺曼底地区。另外,在菲尼斯太尔和上卢瓦尔省,中等地产占一半以上。小土地经营在多姆山省、罗讷、伊泽尔、北部海滨、伊尔维兰和芒什省居多,超过所有可经营土地的 40%,有的地方达50%。[1] 这一地产分布状况与地区的农牧业商品化发展程度相对应,也说明农业资本主义的发展水平与土地占有结构之间有着某种内在联系。

一直到 19 世纪 80 年代之前,法国农村中土地分割和土地集中的现象同时存在,土地分割占主导,这一点可以从土地纳税份数的不断增长和土地平均面积不断减少的数字中得到证明。80 年代之后,在土地分割与缩小的趋势逐渐减弱的同时,土地的集中和扩大逐渐成为法国农业发展的主导趋势,到 20 世纪这一趋势日益明显。主要的原因是 19 世纪 50 年代以来农村人口不断外流,到 70 年代达到高潮,加上小麦和谷物价格的下跌,根瘤蚜虫害对葡萄种植的影响,使土地价值下降,投资减少,鼓励了土地的集中。[2]

土地集中和地产扩大这一趋势,可以从大地产在土地总面积中所占比例不断扩大的变化中得到反映。从下表可以看出,根据 1862 年法国农业统计以及 1882 年法国农业部公布的统计数据[3],5 到 30 公顷的中小农场数量远超过大农场数量。1862年,法国的农场规模平均为 12.5 公顷,英国在 1851 年的平均农场规模为 40 公顷,远高于法国。到 1882 年,大土地所有者和小

① Fernand Braudel et Ernest Labrousse, *Histoire économique et sociale de la France*, *tome III:1789-1880*, Vol. 2, Paris, 1976, p.650.

② Bas van Bavel and Richard Hoyle (eds.), *Rural Economy and Society in North-Western Europe*, *500-2000: Social Relations: Property and Power*, Turnhout: Brepolis, 2010, p.142.

③ *Statistique de la France*, *Agriculture: Résultats généraux de l'enquête décennales de 1862*, Strasbourg, 1870; *Ministère de l'Agriculture*, *Statistique agricole de la France*, *Résultats généraux de l'enquête décennales de 1882*, Nancy, 1887.

土地所有者的数量都有所下降,中等土地所有者有所增加。[①]

表 6-2 19 世纪下半叶法国的农场规模（1862 年和 1882 年）

面积 （公顷）	1862 年数量	所占比重%	1882 年数量	所占比重%
1—5	1815558	56. 28	1865878	53. 25
5—10	619843	19. 21	769152	21. 95
10—20	363769	11. 28	431335	12. 31
20—30	176744	5. 48	198041	5. 65
30—40	95796	2. 97	97828	2. 79
40 公顷 以上	154167	4. 78	142088	4. 05
合计	3225877	100. 00	3504322	100. 00

资料来源: Colin Heywood, "The Role of the Peasantry in French Industrialization, 1815-1880", *The Economic History Review*, New Series, Vol.34, No.3(Aug. , 1981) , p.362.

根据法国政府 1882 年关于农业土地面积的调查,全国平均小于 1 公顷的地产占可耕地总面积的 2.2%,1—10 公顷的土地,占可耕地面积的 22.9%,10—40 公顷的土地占可耕地总面积的 29.9%,大于 40 公顷的土地占可耕地总面积的 45%。[②] 到 1892 年,占农场总数 4% 的 40 公顷以上的大农场的土地,几乎占耕地总面积的一半,平均每个农场面积 162 公顷;占农场总数 76% 的 10 公顷以下的农场(含 1 公顷以下的小小农),仅占可耕地面积的 23%;其余占农场总数 20% 的 10—40 公顷的中等农

[①] Colin Heywood, "The Role of the Peasantry in French Industrialization, 1815-80", *The Economic History Review*, New Series, Vol.34, No.3 (Aug. , 1981) , p.362.

[②] Fernand Braudel et Ernest Labrousse, *Histoire économique et sociale de la France*, *tome III*; *1789-1880*, Vol. 2, Paris, 1976, p.648.

民,占有30%的可耕地面积。[1]

对1882年和1892年的调查结果进行比较,可以看出,10—40公顷的中等农场所占土地比例,从29.9%变为30%,基本保持稳定;10公顷以下的小农所占的可耕地面积的比例由1882年的25.1%降到1892年的23%,40公顷以上的大农场由占总面积的45%增加到占总耕地面积的"几乎一半"。可见小农场面积的减少与大农场面积的增加在同步进行,而且土地集中的趋势逐渐超过了土地分散的趋势,成为19世纪晚期20世纪法国农村土地占有结构变化的主要趋势。[2]

与英国、美国相比,法国的土地结构变化过程显得过于缓慢。第一次世界大战之前,其农村土地占有结构并未发生根本性变化。大量存在的小土地占有和与之相适应的小土地经营,仍然使法国以小农经济著称于世。造成这种情况的原因有很多,比如城市对农村人口的吸引力不强,致使大量人口滞留在农村,并附着在有限的土地上;农村中土地所有权和经营权合一的单元体制不利于农业劳动者与土地分离;法国农业发展时期,正赶上19世纪80年代世界性的农业衰退,一些大土地所有者把土地转卖,减缓了土地集中的过程等。诸种原因中,最主要的还是法国农业资本主义发展水平不高,发展速度缓慢,因此不能给土地结构的变化以强有力的推动。

---

① Roger Price, *The Modernization of Rural France. Communications Networks and Agricultural Market Structures in Nineteenth-Century France*, London: Hutchinson, 1983, p. 352;统计数据可参见: *Statistique agricole de la France: Résultats généraux de l'enquête décennales de 1892*, publiée par le ministère de l'agriculture. Direction de l'agriculture, Paris: Imprimerie nationale, 1897。

② Ronald Hubshcer, "La petite exploitation en France: reproduction et compétitivité(fin XIXe siècle-début XXe siècle)", *Annales ESC*, Année 1985, T. 40, N. 1, p.9;许平:《法国农村社会转型研究:19世纪至20世纪初》,北京大学出版社2001年版,第89—90页。

（五）农业变革的内部障碍

19 世纪中叶，交通运输和工商业的发展，法国农业处于一个较为有利的发展环境之中。农业生产和农村社会中僵化的结构开始有所松动。但法国农业并未快速向资本主义方向发展，这中间除了工业发展还不够快，不能给农业发展更大的外部推动力量之外，法国农业内部的不利因素也是严重阻碍农业自身发展和转化的重要原因。这些不利因素中最重要的有两点：一是资本积累和投入不足；二是小土地占有。

法国农业在对商品化作出反应之初，采取了与英、德、美等国不同的形式。在法国，土地贵族以强制农民提交部分产品，然后贵族再进入市场进行交易的方式卷入商品经济，这就造成了土地所有权与土地经营权的分离，土地所有者即资金积累的主动者并不直接参与土地的经营，只是最大限度地掠夺直接生产者，因此在很大程度上妨碍了生产者生产积极性的提高，由此导致生产率的提高有限，所有者获取的资金也相应不足，因为这些货币大部分被挥霍掉了，很少被持有者投入农业，用于扩大再生产，以获取更大的收益，因而不具备资本的意义。此外，大革命使许多土地易主，使原本就不充分的资金积累过程中断，新的土地所有者，特别是那些小土地所有者到 50 年代之后才缓慢转向市场，开始新的资本积累过程。

向商品生产转化的缓慢影响了资本积累，资本积累和资本投入的不足又反过来影响农业生产的转化。19 世纪 50—70 年代是法国农产品价格上涨、农业发展的"黄金时代"，也是法国农业资本积累和资本投入的重要时期。根据图泰纳的统计，1851—1853 年和 1873—1882 年间，投资于农业的资本额增加了 34%—41%，如果不包括土地投资，则增长了 14%—26%。不过，资本的积累和投入主要集中在农业发达地区，因而出现了所谓吸引资本地区和不吸引资本地区。佛兰德尔、皮卡迪、巴黎盆地和诺曼底等地的大农场,以及一些从衰落的地方纺织业中吸引资本的农场,如朗格多克的葡萄种植区,都是农业资本积累和资本投入的主要地方。1879年,在经营好的农场中平均每公顷投入一头牲畜和100法郎。由于农业资本获利一直低于其他行业,当时的商业经营资本获利10%,是土地资本投入的回报的两倍。因此,农业特别是落后地区的农业很难吸引其他资本,农业主要是自己为自己积累和提供资本,因而在商品化程度较低、小农场占多数的地区,资本的积累和投入就非常不足。图泰纳指出,即使是在50—70年代的繁荣时期,农业的收入转而再投资用以增加生产的也相对不多。资本不足扼住了法国农业发展的咽喉,限制了农业向现代化经营的发展。

影响农业投资的原因还在于传统观念的束缚。除少数资本主义大农场之外,大多数农民仍然为传统的观念所困扰,在他们看来,土地仍是维持生活的根本和保持社会地位的标志,因此稍有钱财就会投资于购买土地。尽管地价一再上涨,一些农民对占有土地的热情仍然不减。但他们关心的不是生产的增长,而是土地面积的增加,忽视资本的积累和投入,以低水平的生产维持低水平的收入和生活水平,反过来又影响资本的积累和投入,由此造成生产长期不能迅速发展。[①]

此外,经营方式也影响了对农业的投资。19世纪下半叶法国农村的土地经营方式仍以直接经营、租佃制和分成制三种为主。与19世纪上半叶相比,分成制比例下降,租佃制提高。根据法国政府部门的统计,1892年,75%的农场是土地所有者直接经营,包括大的采用雇工劳动的资本主义大农场及一家一户的小农,土地所有者直接经营的土地占土地面积的53%。6%的

---

① 许平:《法国农村社会转型研究:19世纪至20世纪初》,北京大学出版社2001年版,第92—93页。

农场采用分成制,用分成制经营的土地,占土地面积的 11%。
19% 是租佃制,用租佃制经营的土地,占土地面积的 36%。① 这
其中在面积较小的农场中的佃农和分成制农民与小土地所有者
和小农一样,缺少资本。其土地上的收益除交纳租金、维持生活
外,可能还要积蓄钱财,以便有朝一日购买土地。土地收入增
加,租金也相应增加。1851—1881 年地租增加了 42%。②

采用租佃制的农场的租期偏短也影响了农民对土地的投
入。根据 1862 年的调查,568688 个农场中,96555 个是 3 年租
期,142632 个是 4 年租期,288390 个是 9 年租期,41111 个农场
的租期超过 9 年。③ 尽管长租期的农场多在北部,但北部的租
佃农一般是资本主义大土地的承租人,他们仍然抱怨租期太短,
影响他们的收入和对土地的投资。其他租期短的租佃农,即使
有资本,也不情愿投入。

此外,19 世纪 80—90 年代世界性的农业萧条,加上法国农
业信贷不足也是影响农业投资的重要原因。1870 年据卡尔瓦
多省的奥奈地区的报道,对小土地所有者的借款利息为 7%,对
租佃农的借款利息为 8%—9%。当资本收益仅为 2.5%—3%
时,大部分小农都不敢举贷。政府对农业投资重视不足,严重影
响了农业的发展,一直到第三共和国才意识到这一问题。1894
年,立法机构第一次通过了建立农业金融专门系统的议案,建立
起地区性农业信贷机构,将私人资本收集起来对农业进行贷款。

① Roger Price, *A Social History of Nineteenth Century France*, London: Hutchinson, 1987, pp.18-19.

② Fernand Braudel et Ernest Labrousse, *Histoire économique et sociale de la France, tome III: 1789-1880*, Vol. 2, Paris, 1976, p.740.

③ Roger Price, *The Modernization of Rural France, Communications Networks and Agricultural Market Structures in Nineteenth-Century France*, London: Hutchinson, 1983, p.365.

但直到第一次世界大战前,由于时间太短,农业信贷机构还没有充分发挥其作用。[1]

除资本不足外,小土地占有和小土地经营的障碍同样不容忽视。实现资本主义商品生产的两个主要要素,雇佣劳动力的使用和资本的投入,在很大程度上都受农场单位面积大小的影响。以雇佣劳动力的使用情况来看,根据法国政府统计,1892年有24%的10公顷以上的农场采用雇佣工人劳动,10公顷以下的农场基本上都是家庭劳动力。除了典型的大农场和大葡萄园以外,一般的农场主要没有帮手,最好的只有两三名,平均不到两名。此外,在大农场中耕作的都是被雇佣的训练有素的农业劳动工人,小农场一般是雇佣季节工人、临时短工或家内佣人。这些季节工人和临时性短工通常本身拥有一小块不足以维持生计的小土地,兼作短工以维持生计,不算是完全意义上的雇佣劳动者。[2]

此外,有些地方的土地租佃关系仍比较落后。比如法国东南部的普罗旺斯地区,旧制度时期这里的领主制较为松散,佃农拥有较多的自主权。然而值得讽刺的是,到第三共和国时期,这里的租佃关系反而回归到类似旧制度下的庄园制关系。实际上,大革命之后,此类关系直到七月王朝统治初期确实存在于法国的大部分地区。在一些农业较为落后的省区,如布博内甚至延存至20世纪。但大部分地区的传统租佃关系随着所谓"农业革命"的到来逐渐消失。法国西南部隶属沃克吕兹省的阿普地区,农场以小土地经营为主,传统租佃关系直到第三共和国初期仍非常盛行,土地所有者在租赁合同中对佃户有诸多强制性

① 许平:《法国农村社会转型研究:19世纪至20世纪初》,北京大学出版社2001年版,第94—95页。

② 许平:《法国农村社会转型研究:19世纪至20世纪初》,北京大学出版社2001年版,第96页。

的要求。① 彼得·西蒙尼将之看作传统史家所认为的"农业革命"的"反面教材",指出除了19世纪法国乡村和农业发生变革的普遍性图景之外,要注意法国农业和社会关系的地区和地方多样性。②

土地单位经营面积的大小还直接影响到资本的投入和农业生产技术的改进。小土地所有者的经营优势在于有家庭廉价劳动力,由于自身资金不足,贷款不足,因此尽可能多地使用人工,节约劳动成本。只有规模较大的农场才有投入资本,购买先进的生产工具的可能。价值在600—1250法郎的收割机,小农根本无力购买。收割机主要在巴黎地区、法国北部等大农场中使用。1882年全法国有1.6万架收割机,其中一半以上在巴黎附近的几个省的大农场中使用。1892年全法国共有2.9万名250英亩以上的土地所有者,他们拥有收割机2.3万架;各种类型的犁则多达366.9万部,这些犁多为占土地25英亩以上的小土地所有者占有。25英亩以下的小农几乎没有任何机器。因此,在很长时间里,法国的农业生产在空间上形成一种二元结构:一边是发达的机械化生产,一边是落后地区的手工劳作;一边是农业新机械在大农场中的推广应用,一边是生产技术在小农场中停滞不前;一边是现代农业的资本集中,一边是传统农业的劳动集约。③ 这种二元农业生产结构一直保留到了20世纪下半叶。

---

① Peter Simoni, "Agricultural Change and Landlord-Tenant Relations in Nineteenth Century France: The Canton of Apt (Vaucluse)", *Journal of Social History*, Vol.13, No.1(Autumn, 1979), pp.126, 129.

② Peter Simoni, "Agricultural Change and Landlord-Tenant Relations in Nineteenth Century France: The Canton of Apt (Vaucluse)", *Journal of Social History*, Vol.13, No.1(Autumn, 1979), p.116.

③ 许平:《法国农村社会转型研究:19世纪至20世纪初》,北京大学出版社2001年版,第97页。

六、20 世纪农业经济组织的转变

农业史家一般将 1750 年以来法国的农业发展分为三个阶段,第一个阶段是 1750 — 1880 年,第二个阶段是 1880 — 1950 年,第三个阶段是 1950—2000 年。前两个阶段法国的农业始终徘徊在传统经济体系的框架中,农业发展体现出极端的保守性。第三个阶段才是法国农业实现革命性转变的时期。[①] 这种革命性的转变一方面体现为农业的机械化和现代化耕作带来的农业生产率的迅速提高,另一方面也体现为政策引导下的土地整治和重组,带来的土地占有和经营方式的改变。不过,这并不意味着法国的农业走向了经典意义上的资本主义发展道路。大土地所有和资本主义大农场经营只是地区现象,从未在法国的农业发展中占据主导地位。从土地占有结构和农业经营方式两个层面可以看到法国的这种特殊性。

(一)土地占有结构的变化

第一次世界大战之后,法国的土地市场经历了一个集中化的过程。战争损失了超过 130 万人,占男性劳动力的三分之一。农业部门遭受的影响尤其之大,接近一半的死者都是农民或受雇于农业领域。战时农产品的价格走高,但因为工业品、机器和肥料紧缺,农民反而没有支出的机会。1919 年,很多缺少劳动力的家庭不得不出售自己的农场,而那些幸免于难的家庭则有能力进行投资,土地价格相对便宜。1 公顷土地的名义价格与 1914 年相比翻了一番,如果考虑到通货膨胀的影响,只有 1914

[①] Erik Thoen and Tim Soens (eds.), *Rural Economy and Society in Northwestern Europe*, *500 - 2000*: *Struggling with the Environment*: *Land Use and Productivity*, Turnhout: Brepolis, 2015, p.188.

年土地价格的一半。通货膨胀还导致实际租金的下降,这对佃农较为有利。在诺曼底西部,战争期间,按实际购买力计算,土地租金下降了40%,缓解了佃农的压力,同时也导致土地所有者出售土地,转向其他回报率更高的投资。一直到20世纪30年代,人们对于投资购买土地都缺乏兴趣。一些有资本的人利用这一机会购买土地,还有一些农业雇工也购买土地,成为小土地所有者。①

农业领域的就业人数也由此发生了变化。1911年约有520万农业劳动力,1921年为490万。其中完全依赖工资收入的农业工人人数从330万人下降到230万人,中等规模土地所有者的人数则有所增加。农业雇工人数的下降一方面归因于很多雇工仍执迷于购买土地成为小土地所有者,另一方面也由于农业机械化减少了对雇工的需求。因此1919—1945年家庭农场逐渐成为主体。

表6-3　法国农业劳动力人数的变化

年份	总劳动力人数	农业部门就业人数所占比例(%)
1789	—	67
1801	—	66
1821	—	62
1851	15737000	52.9
1866	14768000	49
1886	16544000	47.7
1896	18404000	46.2

①　Bas van Bavel and Richard Hoyle(eds.), *Rural Economy and Society in North-Western Europe, 500 - 2000: Social Relations: Property and Power*, Turnhout: Brepolis, 2010, p.143.

年份	总劳动力人数	农业部门就业 人数所占比例(%)
1906	20048000	43.8
1921	21259000	42.4
1926	21044000	39
1931	21202000	26
1936	19752000	36.5
1954	19494000	26.3
1962	19743000	19.6
1968	20683000	14.7
1975	22043000	9.2
1982	23776000	7.4
1990	25342000	4.8

资料来源:Erik Thoen and Tim Soens(eds.),*Rural Economy and Society in North-western Europe*, *500 - 2000*: *Struggling with the Environment*: *Land Use and Productivity*,Turnhout:Brepolis,2015,p.187.

在第二次世界大战之后,土地仍然对投资者缺乏吸引力,人们更愿意投资于获利更为丰厚的工业领域。土地经营分散,农业投入成本高,劳动生产率低,从而导致农产品价格昂贵,在国内外市场上缺乏竞争力,这是第二次世界大战之后法国农业面临的困境。从 20 世纪五六十年代开始,法国政府开始制定相应的农业政策,推动农业的发展。比如 1960 年的"农业指导法"和 1962 年埃德加·皮萨尼的"补充法"致力于调整法国农业社会阶层结构,发展以中等规模的农场为基础的现代化农业。[1]随后国家又创立了"土地整治和乡村建设协会",简称

---

① 江秋明译:《法国四十年的土地政策》,农业出版社 1991 年版,第93 页。

"SAFER"。该协会是一个非营利性的半公立的公司,有权获取土地或农场,进行整合之后再出售给特定的农业生产者。SAFER 的重组不算特别积极,每年重组的土地不超过 75000 公顷(占土地市场的 15%),因为经常会遭到土地所有者的反对。[1]之后的农业政策还包括 1970 年出台的农业社团产业法;1975 年和 1984 年的地租法修改草案;1980 年梅埃涅利起草的"指导法",进一步补充并明确了法国的农业结构政策。[2] 这些农业政策首先的目标是推动大中型农场的发展,鼓励小农场出售土地或长期出租耕地,以发放津贴的方式,对老年农民发养老金,对出租土地十五年以上者追加将近,对出售土地折付终身年金,促使其改行或者退休。相反,对在小农场上继续经营者,则不给予太多的优惠或信贷帮助。通过这些措施,大大加速了土地的集中过程。[3]

表 6-4　1852—2000 年土地所有者、租佃农和分成制佃农的数量

年份	所有者直接经营者(owner-occupiers)	%	租佃农(Farmers)	%	分成制租佃农(Sharecroppers)	%	总数(Total)
1852	2072433	66.4	695865	22.3	352307	11.3	3120605
1892	4190795	74.6	1078184	19.2	349338	6.2	5618317
1929	1771200	70.6	590400	23.5	147600	5.9	2509200

---

① Bas van Bavel and Richard Hoyle (eds.), *Rural Economy and Society in North-Western Europe*, *500 - 2000*: *Social Relations*: *Property and Power*, Turnhout: Brepolis, 2010, p.143.

② 江秋明译:《法国四十年的土地政策》,农业出版社 1991 年版,第 93 页。

③ 胡焕庸、周之桐编著:《法国经济地理》,天津人民出版社 1981 年版,第 95 页。

续表

年份	所有者直接经营者（owner-occupiers）	%	租佃农（Farmers）	%	分成制租佃农（Sharecroppers）	%	总数（Total）
2000	3293227	48.5	324107	47.8	25046	3.7	678480

资料来源：Bas van Bavel and Richard Hoyle(eds.), *Rural Economy and Society in North-Western Europe*, *500-2000*: *Social Relations*: *Property and Power*, Turnhout: Brepolis, 2010, p.144.

　　1882年,法国农场的平均规模仅为2.3公顷,如果不考虑面积在0.4公顷以下的农场,则农场平均面积为10公顷左右。不过在法国北部小农场的数量比南部要少。在佛兰德尔和布列塔尼,小农场或超过40公顷的中等规模农场并存。在菲尼斯特尔,中等专业化生产的农场占土地面积的一半以上。在巴黎盆地和东部粮食种植区和畜牧养殖区,面积在40公顷以上的农场占绝大部分。

　　农场的规模与乡村社会的形态有一定的关联。小土地或中等农场占优势的地区在布列塔尼西部、下诺曼底、佛兰德尔、法国东部等地,这里农村社会更为民主。在中等租佃农场占主导的地区,比如布列塔尼,农村社会更为等级化,佃户对地主的那种传统性的依赖仍然存在。在法兰西岛和皮卡迪等大农场占主导地位的地区,因为需要大量的农业雇工,这些雇工很多都是附近农村的小土地所有者,其他则是来自法国其他地方或比利时的季节性移民。这些地方具有明显的"资本主义性质的等级结构"。这一结构一直延续到20世纪50年代,之后才发生决定性的变化。

　　第二次世界大战导致农业人口的下降,农场的数量和经营规模也都有所下降。战后经济的恢复和迅速发展,推动了农业的发展,但并未撼动19世纪晚期以来逐渐占主导的家庭经营方式,即直接经营的模式。1945 年之后,始于 20 世纪二三十年代,以家庭经营为中心的集约化生产再度发展。1955 年,220 万个农场中,低于中等规模的农场数量占三分之二。1970 年,150 万个农场中66% 都是小农场。不过在十多年的时间里,中等规模的农场平均面积从 14.2 公顷提高到 20.4 公顷。小小规模的农场在逐渐减少,尤其是少于 5 公顷的农场。1955 年到 1963 年间,5—10 公顷的农场数量减少了四分之一。1963 年到 1967 年间,少于 10 公顷的农场数量有所下降;10—20 公顷的农场数量下降了约 12%;1967 年到 1970 年间,20—35 公顷的农场数量下降了 4% 左右。与此同时,大农场的数量不断增加,尤其是超过 35 公顷的农场数量上升最快。50—100 公顷的农场在 15 年的时间里数量增长超过三分之一。超过 100 公顷的农场自 1892 年不断减少后,自 20世纪 60 年代开始增加,在 1970 年达到 3 万个。[①]

表 6-5　不同规模的农场数量的变化(1892—1970 年)

(单位:千个)

面积(公顷)	1892	1929	1955	1963	1967	1970
<5	4064	2160	800	549	447	422
5—20	1217	1310	1013	849	724	606
20—50	335	380	377	394	399	394
50—100	52	81	75	85	92	101
>100	33	32	20	23	26	30
总计	5701	3963	2285	1900	1688	1553

资料来源:Georges Duby et Armand Wallon(dir.),*Histoire de la France Rurale*,*Tome 4*:*La fin de la France paysanne de 1914 à nos jours*,Paris:Seuil,1976,p.227.

---

① 　Georges Duby et Armand Wallon(dir.),*Histoire de la France Rurale*,*Tome 4*:*La fin de la France paysanne de 1914 à nos jours*,Paris:Seuil,1976,pp.225-226.

表 6-6 1929—1975 年农场面积的变化①（单位:千个）

农场面积 （公顷）	1929		1955		1967		1975	
	农场数	%	农场数	%	农场数	%	农场数	%
<1	1014	25.6	151	6.6	81	4.8	101	7.8
1—5	1146	28.9	648	28.4	364	21.7	248	19.1
5—20	1310	33.4	1012	44.3	719	42.6	455	34.9
20—50	380	9.6	376	16.5	399	23.8	358	27.5
50—100	81	2.1	75	3.3	92	5.5	106	8.2
>100	32	0.8	20	0.9	27	1.6	32	2.5

资料来源:胡焕庸、周之桐编著:《法国经济地理》,天津人民出版社 1981 年版,第 80 页。

　　农场数量的下降和农场规模的扩大是 20 世纪法国农业结构的最引人注意的变化。如上表所示,1929 年,有 1014000 个面积在 1 公顷以下的农场,占农场总数的 25.6%;面积在 1—5 公顷的占 28.9%,两类合计占农场总数的 55%,到 1975 年下降到 27%。② 小农场数量的减少一方面是国家推动的农业用地整治和重组计划发展的结果,另一方面由于农业劳动力下降,很多农场无人继承,无法继续经营,只能出售。虽然第二次世界大战之后法国农场规模变化的趋势是小农场数量减少,大农场数量增加,但大农场所占的耕地面积并不占优势。一直到 1970 年,超过 100 公顷的农场仅占可耕地面积的 15%。③ 1975 年,5—20 公顷的农场数量最多,占到农场总数的 34.9%。农场面积在

---

　　① 与前一个表的数据略有差异,均来自法国农业调查统计数据。

　　② 胡焕庸、周之桐编著:《法国经济地理》,天津人民出版社 1981 年版,第 80 页。

　　③ Georges Duby et Armand Wallon (dir.) , *Histoire de la France Rurale* , *Tome 4* : *La fin de la France paysanne de 1914 à nos jours* , Paris : Seuil , 1976 , p.226.

20—50 公顷之间的,1929 年只占 9.6%,到 1975 年增加到 27.5%,这两类合计达 62.4%。

表 6-7　农场规模所占的可耕地面积百分比(1852—2000 年)

(面积:公顷)

年份	1—5	5—10	10—40	>40	总面积(千公顷)
1852	10.5	11.3	45.9	32.2	34447
1892	13.8	14.2	33.7	38.3	34720
1929	9.514	53.1	23.4		33080
1986	1.7	2.8	43.4	52.1	28270
2000	2.95	15.7	81.3		25502

资料来源:Bas van Bavel and Richard Hoyle(eds.),*Rural Economy and Society in North-Western Europe*,*500 - 2000*:*Social Relations*:*Property and Power*.Turnhout:Brepolis,2010,p.147.

　　农场规模的地区差异是法国农业的固有特征。1955 年以来的农业调查清楚地说明不同地区农场的规模。小农场主要集中在阿尔萨斯、布列塔尼、科坦丁,里昂周围从汝拉到多姆山省一带,以及西南部从多尔多涅到上比利牛斯和加斯科尼海峡一带。巴黎盆地和一些粗放型经营的山区牧场则是超过 100 公顷的大农场集中区。这些地区以外则是中等农场分布区。[①] 这一以中等规模农场为主的情况一致延续到了今天。

表 6-8　2000 年法国北部地区农场平均规模

农场分布地区	农场数量	总面积(千公顷)	平均面积(公顷)
布列塔尼	34921	1584	45.3

[①]　Georges Duby et Armand Wallon(dir.),*Histoire de la France Rurale*,*Tome 4*:*La fin de la France paysanne de 1914 à nos jours*,Paris:Seuil,1976,p.226.

农场分布地区	农场数量	总面积(千公顷)	平均面积(公顷)
诺曼底	25603	1868	72.9
法兰西岛	4834	548	113.3
北部加莱海岸	13180	794	60.2
皮卡迪	11891	1283	107.8

资料来源：Bas van Bavel and Richard Hoyle(eds.), *Rural Economy and Society in North-Western Europe*, *500 - 2000*: *Social Relations*: *Property and Power*, Turnhout: Brepolis, 2010, p.147.

(二)农业经营方式的变化

自 1852 年之后，十年一度的农业调查为土地占有形式提供了较为准确的数据。法国仍然存在三种经营土地方式。其中，土地所有者直接经营的方式在法国南北各地占绝大多数。在法国东北部，所有者直接经营占全部土地所有者的 85% 以上，他们经营的土地占可耕地面积的 60% 左右。租佃农场在法国西北部占较高的比重，这里上层阶级对土地的占有根深蒂固，他们占到土地所有者比例的 30% 左右，拥有的土地占 20% ——50% 之间。分成制租佃主要分布在曼恩和布列塔尼南部地区。

在 19 世纪末，直接经营者拥有足够的土地维持其家庭生活被认为是比较理想的状态：土地可以带来安全和保障。但实际上完全独立的农场主在大多数地区都很少见。专业化或集约性的混合种植在西北部比例较高，占到土地业主的 85% 以上，经营的土地占到 60% 以上。租佃农的安全保障更低一些，19 世纪盛行的 6——9 年的租期也延续到了 20 世纪。不过租约的范围、国家保障和稳定性等问题也引起了广泛的争论。1936 年乔治·莫内和 1941 年的农业部长路易·萨勒龙的相关提案最后都以失败告终，1943 年 9 月最终才通过一个类似的提案，在 1946 年 4 月的"租赁法"中得到进一步确认。它包含 3 个主要的条款:其一,在租约的最后,土地所有者的佃户享有优先租佃权;其二,如果新的承租者愿意出高于原租户 30% 以上的价格来承租土地,且该竞拍属实的话,土地所有者可以据此确定新的租金,如果原租户不愿支付更高的租金,他可享有一定的补偿;其三,如果土地所有者希望出售租户部分或全部的土地,租户享有优先购买权。通过这些规定,"租赁法"可以在一定程度上保障租户的利益。这些条款后被纳入 1955 年的《农业法典》,此后又收入到欧共体的立法框架里。在 20 世纪 50 年代,政府通过两条途径来支持发展中等家庭农场,一是土地重组,二是为租户提供适合的法律保障。1950 年至 2000 年间,土地整治涉及全法国 40% 的可耕地,不过主要集中在法国北部。[1]

1955 年到 1970 年,10 年的时间里农场数量减少了近三分之一,不过一半以上的土地由所有者直接经营,另外不到一半的土地租佃经营,分成制经营的比重逐步下降。这一整体状况掩盖了两种情况,一种是完全占有其土地的经营者的数量减少了一半,另一种是纯粹的租佃农和分成制农的数量也在下降,半直接经营半租佃经营的数量和比重则在提高。这种混合经营的方式在 1955 年占农场数量的 25% 左右,到 1970 年占到 43%。整体上,1970 年,至少 88% 的农业经营者占有其经营土地的一部分或全部。纯粹的直接经营者加上以直接经营为主体的农场数量占三分之二以上。这种土地所有权比重的扩大,伴随着纯粹性的直接经营所占比重的减少,主要与土地重组政策相关。[2]

---

① Bas van Bavel and Richard Hoyle (eds.) , *Rural Economy and Society in North-Western Europe*, *500 - 2000*: *Social Relations*: *Property and Power*, Turnhout: Brepolis, 2010, pp.144−145.

② Georges Duby et Armand Wallon(dir.) , *Histoire de la France Rurale*, *Tome 4*: *La fin de la France paysanne de 1914 à nos jours*, Paris: Seuil, 1976, p.228.

表6-9　农业经营方式所占比重

农场数量	1955 年		1963 年		1967 年		1970 年	
	千个	%	千个	%	千个	%	千个	%
直接经营	1212	53.6	866	45.7	744	44.2	659	41.6
直接经营为主	580	25.4	362	19	357	21.2	377	23.7
分成制经营为主			266	14	266	15.8	319	19.9
分成制经营	467	20.7	392	20.8	299	17.7	233	14.7

资料来源：1971 年法国农业统计，转引自 Georges Duby et Armand Wallon（dir.），
Histoire de la France Rurale，Tome 4：*La fin de la France paysanne de 1914 à
nos jours*，Paris：Seuil，1976，p.229.

　　土地经营的方式同样也存在地区差异。北部和西部，从拉罗舍尔到里昂和南希一线，是租佃制为主的区域。直接经营为主的区域主要集中在这条线以南和以东的地区。西部博卡日地区依赖于大土地所有者的小农经营，与东部敞地区将多个农场组合起来进行大农场经营之间的区域差别也同样存在。不过这种对立自 20 世纪 60 年代之后日益缓和，北部和巴黎盆地传统的租佃制经营区，与南部和东部的直接经营区开始出现反向的发展。北部的租佃农有些成为所有者，南部的所有者部分的会租佃土地作为补充。土地市场的流转机制推动了这一区域差别的缓和。

　　关于农场雇工经营的情况，由于农业机械化的普及，家庭经营的农场所占比重越来越高。1955 年，接近 20% 的农场至少雇佣 1 个工人，5% 的农场甚至雇佣好几个农业工人，15000 个农场雇工的人数超过 5 人。到 1970 年，88% 的农场完全实行家庭式经营。在使用雇工的农场中，四分之三以上只有 1 个农业雇工，仅有 3.2% 的农场雇工不多于 5 个工人。雇工人数超过 5 个

农场接近 9000 个,仅占调查农场数的 0.56%。而且在这些雇工中,很多还同时受雇于几个农场,也就是说并非全职雇工。1970年,十分之三的雇工属于这种情况。兼职雇工也有地区差异,巴黎盆地只有十分之一的雇工是兼职,西部则高达五分之一。[①]

表 6-10　农业雇工经营的情况　　　　（单位:%）

雇工所占比例	1955 年	1967 年	1970 年
完全无雇工	82.2	86.5	88
1 个雇工	9.5	9.6	8.8
好几个雇工	4.8	3.9	3.2
其中超过 5 个雇工	0.69	—	0.56

资料来源:Georges Duby et Armand Wallon(dir.) , *Histoire de la France Rurale*, *Tome 4*: *La fin de la France paysanne de 1914 à nos jours*, Paris:Seuil, 1976, p.235.

雇工使用与农业经营方式有着直接的联系。全职农业雇工主要集中在巴黎盆地的大农场经营区,还有一些中等农场比如布列塔尼的租佃制区,或地中海沿岸的直接经营区。在巴黎盆地或地中海沿岸地区,很多农场使用的雇工都在 5 个以上。相反,西部的小农场或中等农场则一般雇 1 个工人。长期农业雇工在逐年减少,相反,临时雇工则在增加。根据农时和农业活计的季节差别,很多农场会临时雇工采摘水果和葡萄等,而且这些活计往往只能用手工劳动,推动了季节性的劳动力流动。在1973 年,只有 12% 的农场需要长期劳动力,25% 的农场需要临时雇工。这些雇工既可能出现在超过 100 公顷的大农场中,也有可能出现在小于 5 公顷的小农场中,比如朗格多克或普罗旺斯地区。这里的果园或葡萄园众多,50% 以上的农场都需要临

---

① Georges Duby et Armand Wallon(dir.) , *Histoire de la France Rurale*, *Tome 4*:*La fin de la France paysanne de 1914 à nos jours*, Paris, Seuil, 1976, p.235.

时劳动力。博斯或布里的甜菜园里大量来自布列塔尼的移民并非只是曾经的过往。在布列塔尼，"很多年轻女孩前往菲尼斯泰尔采摘草莓，前往索罗涅采摘芦笋，到九月份则前往曼恩-卢瓦尔河或卢瓦尔河-大西洋采摘葡萄"。不过此类临时雇工中外国人的比重越来越高。1973 年，80% 的临时雇工都集中在地中海地区、西部和西南部。其中三分之一是外国人，43% 是女性。① 总体上，无论是长期性的还是临时性的雇工，他们只占到农业劳动力的 15%。

由此可见，农业的机械化和技术革新，在很大程度上改变了农业经营的方式，农业工作的节奏，及其与其他生产活动之间的关系。19 世纪以农场规模大小和雇工人数的多少来衡量农业的"资本主义化"的标准到 20 世纪下半叶遭到挑战。如果按照所谓"资本主义经营"的定义，法国的农业似乎并不是严格意义上的资本主义农业。从 19 世纪到第一次世界大战之前，法国的农场规模都以小农场经营为主，之后逐步发展起家庭农场，到 20 世纪下半叶则以中等农场的家庭直接经营为主，资本主义性质的农业经营似乎从未成为法国农业生产的主导形式，而且这一类型的农场数量还在持续减少。②

家庭经营相反自 20 世纪中叶以来在法国的农业经营中居于主导地位，以父子或夫妻为生产单位的农场具有相当的灵活性。1955 年到 2000 年间，法国农场的平均规模大幅度提高，从 14 公顷增加到 42 公顷。1962 年的《农业共同经营重组法案》进一步推动了土地的集中。该法案要求两个或多个农场主可以将他们的农场组合成单一所有地，像工业企业一样来经营土地。

---

① Georges Duby et Armand Wallon(dir.), *Histoire de la France Rurale*, Tome 4: *La fin de la France paysanne de 1914 à nos jours*, Paris, Seuil, 1976, p.236.

② Georges Duby et Armand Wallon(dir.), *Histoire de la France Rurale*, Tome 4: *La fin de la France paysanne de 1914 à nos jours*, Paris, Seuil, 1976, pp.237-238.

1965 年,一个 GAEC 的平均规模是 115 公顷,之后下降到 60 公顷,主要是父子或兄弟合伙经营。1984 年创立的"农业有限责任经营",允许多个经营者以合伙方式经营土地,并认可由夫妻组成的合伙关系,妻子按全职劳动力计算。①

今天,大约一半左右的农场由单个农场主经营。一半左右为合营:22.5%是在 GAEC 的框架下进行,23.2%在 EARL 的框架下进行,前者主要是以家庭劳动力为主的畜牧养殖区或种植区,后者主要是以粮食生产、家禽饲养或园艺种植为主的地区。小农场在 20 世纪下半叶逐渐减少,除一些种植特殊作物的农地。法国西部 20—50 公顷的中等农场雇工经营的现象普遍,他们利用农业政策和现代化的信贷体系确保了农场的良性发展。度过 20 世纪 70 年代的危机之后,耕地面积减少。在巴黎盆地中心和东部,超过 50 公顷的农场占这一地区可耕地面积的四分之三以上,通常都是直接经营。尤其是实行机械化之后,对劳动力的需求下降,农业种植的成本下降,尤其是欧盟共同农业政策(CAP)②对农产品价格的保障,使得农业生产的收益和利润提高。地区之间农场规模的大小仍存在差别,那些历史上是大农场的地区也一直延续到了今天。③

由此可见,20 世纪下半叶法国的农业政策将生产机构"指导"向现代化和集约化的家庭农场方式发展。在农业政策和农业自身发展的双重推动下,法国农业的社会经济结构发生了极

① Bas van Bavel and Richard Hoyle (eds.), *Rural Economy and Society in North-Western Europe*, 500-2000: *Social Relations: Property and Power*, Turnhout: Brepolis, 2010, pp.147-148.

② 论及欧盟农业政策及其对法国现当代农业影响的著作和论文很多。可参考唐珂主编:《法国农业》,中国农业出版社 2014 年版,第 219—242 页。

③ Bas van Bavel and Richard Hoyle (eds.), *Rural Economy and Society in North-Western Europe*, 500-2000: *Social Relations: Property and Power*, Turnhout: Brepolis, 2010, pp.147-148.

大的变化。一方面,在地租以及土地收益分成等法规的推动下,大土地所有者兼出租者的权利受到约束;另一方面,乡村人口的外流,加上农业经营日益机械化和自动化,带来家庭式经营的普及。这种现象并非是历史的倒退,相反,它成为大多数工业国农业生产的现代生产形式,正是在这一基础上,农业技术进一步发展,农业生产率大幅度提高。[①]

(三)农业的现代化与农业生产率的提高

根据菲利普·T.霍夫曼的研究,巴黎盆地的农业体系在 18 世纪中叶便已有出色的表现,但仅限于这一地区,西部和其他地区,一直到 19 世纪中叶农业仍然停滞不前。布列塔尼的农业按人均最终产量衡量,直到 20 世纪末才发生了根本性变化。尽管农业生产率自 18 世纪以来持续提高,不过,直到 1950 年之前,法国的农业发展都并未实现真正意义上的革命。现在越来越多的学者不再认同所谓在 18 世纪晚期 19 世纪初法国发生了"农业革命"的看法。甚至在 1890—1940 年间,与比利时和德国相比,法国的农业发展都表现欠佳。从第一次世界大战末到第二次世界大战结束,法国长期为粮食短缺所困扰。[②]

除了农业结构和经营方式之外,农业的发展直接得益于战后农业技术的发展。首先是农业生产的机械化和自动化。1945年,农业的现代化开始初露曙光。法国经济体的快速发展,市场和工业领域对农业提出了更高的要求,农业发展成为国家整体经济战略的一环受到重视。法国政府把农业投资正式纳入国家预算,改变了农业投资几乎全靠私人企业的办法,每年农业事业费占国家经费的 13%,致力于推动本国农业机械工业的发展。

---

① 江秋明:《法国四十年的土地政策》,农业出版社 1991 年版,第 94 页。

② Erik Thoen and Tim Soens(eds.), *Rural Economy and Society in North-western Europe, 500 - 2000*: *Struggling with the Environment*: *Land Use and Productivity*, Turnhout: Brepolis, 2015, p.188.

到 20 世纪 80 年代,法国机械工业已成为仅次于汽车工业的第
二大部门。法国的农业资本中有机构成发生了很大的变化,固
定资本的投资比例大幅度提高。政府和城市不仅提供大量的农
业机械、化肥和运输手段,而且负责农产品的销售,这就是法国
政府所制定的"市场供应渠道合法化,农产品加工合理化"政
策。① 新的农业政策致力于推广自动化的农业机器。1945 年法
国仅生产 850 台拖拉机和 860 台自动收割机。1949 年拖拉机
产量达到 17725 台。1952 年之后,生产率大幅度提高,1958 年
的拖拉机产量高达 93600 台。1959 年,法国一共有 625000 台拖
拉机。到 1967 年增加到 110600 台,1973 年为 1333000 台。法
国生产和进口的拖拉机主要为低马力型(15—35 马力),与法
国农场的平均规模相适应。自动化还体现为一系列的农用机器
的使用,除了拖拉机,还包括联合收割机、自动割草机、运料车
等。1945 年到 1959 年间,法国的拖拉机数量翻了 17 倍,联合
收割机的数量增长最快,是 1945 年的 200 倍。其拖拉机马力与
英国相当,尽管自动化程度整体上仍落后于英国和德国。推动
战后农业发展的另一个技术因素是化学除草剂和杀虫剂的使
用,不过最重要的是化肥的广泛使用。1950 年之后,肥料供应
迅速增加,15 年的时间里增长了三倍。1945—1946 年,硝酸盐
的使用为 2.09 亿吨,磷酸盐为 3.95 亿吨,碳酸钾为 2.95 亿吨。
到 1965—1966 年,三种肥料的使用分别增加到 7.49 亿吨、
11.88 亿吨和 9.07 亿吨。②

　　在土地集中的基础上,法国还实行了农业生产专业化政策,

---

　　① 胡焕庸、周之桐编著:《法国经济地理》,天津人民出版社 1981 年版,第
95 页。

　　② Erik Thoen and Tim Soens(eds.),*Rural Economy and Society in North-western Europe*, *500 - 2000*: *Struggling with the Environment*: *Land Use and Productivity*,Turnhout:Brepolis,2015,pp.206-207.

包括农场、生产过程和地区三个方面。虽然农业经营以家庭农场为主，不过在 20 世纪下半叶，随着农业技术的进步和农业生产率的大幅度提高，为市场而进行专业化生产已成为各地区农业生产的主导结构，这是其资本主义性质的一个重要体现。农业种植与经营规模也有一定的联系。一般而言，超过 50 公顷的农场通常进行专业化的作物种植生产，小于 25 公顷的农场多从事畜牧业。考虑到小土地经营的地区分布，农业劳动力的分布不均，根据农场规模、劳动力和自然条件，进行专业化生产，由此也形成农业生产结构的区域差异。

法国约有 55% 以上的土地为农牧业用地，其农业用地面积和耕地面积在西欧各国中是最大的，人均耕地面积也是最多的，这两项指标都为英国和西德的两倍以上。根据 1975 年的调查统计，法国的土地总面积为 5490 万公顷，其中耕地为 1701 公顷，占 30.9%；牧场草地 1340 万公顷，占 24.4%；林地 1432 万公顷，占 26.1%；非农业用地 510 万公顷，占 9.3%。在耕地面积中，粮食作物种植面积为 949 万公顷，饲料种植面积 487 万公顷，块根作物种植面积 129 万公顷，各种水果种植面积 22.6 万公顷。[①]

巴黎盆地和香槟地区是粮食种植区，这里的畜牧业基本上消失。有些农业经营者还养有几头牛犊，多是为打发无聊的时光而已，而不是出于盈利的目的。相反，从普瓦图到多菲内以畜牧业为主。随着科学养殖的发展，产业化的畜牧养殖业日益发展起来，取代了以前农场中简易的牲口棚。山区，尤其是中央高原及其周边地区仍保留了粗放型的养殖业。尽管罗讷河谷下游曾进行过土地重组，目的是发展多种种植，不过南部地区的葡萄

---

① 胡焕庸、周之桐编著：《法国经济地理》，天津人民出版社 1981 年版，第 76—77 页。

种植作为其传统种植业仍保留下来。① 1945 年左右,一匹马、两个劳动力可以种植 7 公顷的葡萄园,临时雇一个工人即可。到 20 世纪 70 年代,一个人加一台拖拉机可以种植 8 — 10 公顷的葡萄园。20 公顷以上的葡萄园则超出了家庭直接经营的类别。79% 的葡萄园小于 7 公顷,占葡萄园总面积的 31%。超过 20 公顷的葡萄园大概有 2000 — 3000 个。②

随着农业生产的现代化和生产率的提高,以及农产品市场价格的上涨,农民家庭收入取得了较大的提高。1967 — 1968 年的欧盟进一步认可了法国政府的农业政策。1950 — 1958 年,农民的毛收入增长了 5% 左右,之后有所下降。1964 — 1975 年,根据农业核算委员会的统计,农民的实际购买力增长了 4%。③

不过,农民收入有着较大的地区差异。1963 年,根据经营毛收入的统计,2% 的经营者毛收入高于全国平均收成的 5 倍,三分之二的收成低于平均水平,不同群体农业收入之间的差距并未消失。同时,雇工的收入也有高低之分,高级雇工和一般雇工之间的收入差距在加大。根据 1963 年的报告,农业中等收入地区包括:阿基坦、罗讷-阿尔卑斯、下诺曼底、利穆赞和布列塔尼,其收入指数为全国平均水平(指数 100)的 62 — 75 之间;巴黎、皮卡迪、香槟地区的收入指数甚至高达 230。根据农业经济管理研究所 1964 年的调查,以及 1968 年的农业核算信息,可以大体看出收入差别与经营规模和技术经济条件之间的关系。

---

① Georges Duby et Armand Wallon(dir.), *Histoire de la France Rurale*, Tome 4: *La fin de la France paysanne de 1914 à nos jours*, Paris: Seuil, 1976, pp.240-241.

② Georges Duby et Armand Wallon(dir.), *Histoire de la France Rurale*, Tome 4: *La fin de la France paysanne de 1914 à nos jours*, Paris: Seuil, 1976, p.246.

③ Eric Vanhaute, Isabelle Devos and Thijs Lambrecht(eds.), *Rural Economy and Society in North-Western Europe*, *500 - 2000*: *Making a Living*: *Family*, *Labour and Income*, Turnhout: Brepolis, 2011, p.143.

1964 年,所有面积少于 30 公顷,以家庭经营为主的农场,人均年收入不超过 1 万法郎,同等规模的养殖场也大体一样。超过 50 公顷的农场人均年收入可以达到 2 万法郎。超过 100 公顷的农场收入可能超过 4 万法郎,主要从事作物种植,包括粮食和经济作物等。[①] 不过总体上而言,战后三十年,农业技术的变革和农业生产率的提高,农业经营者的收入有较大的增长,不过不同农业群体之间的收入差距依然存在。而且这种收入差距并不必然与农场规模完全相关。个案研究标明,在普罗旺斯或朗格多克的一些专业化种植水果或葡萄的小农场(面积在 10 公顷以下),或者阿基坦、南比利牛斯、利穆赞和奥弗涅、朗格多克和普罗旺斯等规模较大的非专业牛羊养殖场(面积为 20—50 公顷),收入也并不高。总之,战后 30 年农业技术的变革并未带来农业经营者收入的急剧增加,只是维持他们在持续发展的社会经济体中的相对位置而已。

从 20 世纪 60 年代到 1980 年,农业经营者收益提高,土地价格也开始回升。1974 年土地平均价格为每公顷 11750 法郎,是 1950 年的 10 倍以上。如果除去通货膨胀的影响,1974 年的土地价格是 1950 年的三倍左右。土地的实际价格自 1959 年到 1974 年翻了一番。[②] 1980—1998 年,土地市场价格再度回落。因此,土地价格在城市和土地肥沃的粮食种植区最高。在布列塔尼或洛林,1 公顷土地价值约 3000 欧元,在巴黎盆地北部则可能达到 7500 欧元。[③]

① Georges Duby et Armand Wallon(dir.) , *Histoire de la France Rurale* , *Tome 4 : La fin de la France paysanne de 1914 à nos jours* , Paris : Seuil , 1976 , p.249.

② Georges Duby et Armand Wallon(dir.) , *Histoire de la France Rurale* , *Tome 4 : La fin de la France paysanne de 1914 à nos jours* , Paris : Seuil , 1976 , p.231.

③ Bas van Bavel and Richard Hoyle (eds.) , *Rural Economy and Society in North-Western Europe* , *500 - 2000 : Social Relations : Property and Power* , Turnhout : Brepolis , 2010 , p.143.

到 20 世纪 60 年代中叶,法国农业进入一个新时期。1954
年,农业部门的就业人口有 510 万人,到 1962 年下降到 390 万
人,到 1968 年只剩不到 300 万人。但与此同时,法国农业产量
大幅度提高。第二次世界大战之前,法国还大量依靠从殖民地
进口谷物和畜牧产品,出口葡萄酒、水果、蔬菜等农产品。第二
次世界大战之后,特别是从 20 世纪 50 年代开始,法国农业才有
了较快的发展,不仅迅速实现了农业现代化,而且改变了农业生
产结构。在出口的农产品中,谷物和畜牧产品的比重显著增加。
自 1968 年起,法国已由农产品净进口国变成了净出口国,其谷
物、乳制品、肉类、甜菜、葡萄等农产品产量均居世界前列,农业
与工业的齐头并进是法国不同于当时的英国、西德等西欧国家
的突出特点。1960 年,法国农业产值在国民经济总产值中所占
比重为 9.5%,农业人口占全国总人口的 22.1%;到 20 世纪 80
年代初,法国的农业产值在国民经济总产值中的比重约为 6%,
农业人口占全国总人口的 8.6%,约为 450 多万人。①

在西欧各国中,法国是唯一不仅粮食自给,而且还有相当数
量粮食可供出口的国家。英国、西德重工轻农,粮食依赖进口。
共同市场成立后,法国的粮食出口主要供给共同市场国家,农产
品的 65%都输往共同市场国家,另外还有一部分输出到别的国
家。当时法国的粮食产量在世界上仅次于中国、美国、苏联、印
度,位居世界第 5 位。法国的粮食作物主要有小麦、大麦和玉
米,这 3 种作物占到法国粮食作物种植面积的 85%以上,此外还
有黑麦、燕麦、高粱和水稻等。

第二次世界大战之后,法国的粮食生产增长很快。1962—
1963 年粮食产量为 2480 万吨,1975 年增加到 4060 万吨。每年

生产的粮食,约四分之一留作本地使用,四分之三进入市场,40%销国内市场,60%供出口。在各类粮食作物中,小麦占有特别重要的地位。软粒冬小麦占小麦播种面积的90%,其他为春小麦。产地遍及全国,以北部的巴黎盆地为主,其次是罗讷河和加龙河流域。黑麦主要分布在土壤贫瘠、气候较冷的中央高原,由于单产低,种植面积不断下降。第二次世界大战后,法国十分重视发展畜牧业,扩大玉米、大麦等饲料作物的播种面积,并在牧区兼营种植,因此分布广泛。① 在欧洲经济共同体中,20世纪80年代之前,法国是唯一大量输出粮食的国家,其他共同体国家,包括英国、德国、比利时、意大利等国都是大量进口粮食的国家。共同体实行农业一体化政策后,法国的粮食输出的优势地位十分明显,而美国和其他粮食出口国将粮食输送到欧共体,受到共同体对外关税的限制。

除了粮食外,法国的经济作物也种类繁多,包括糖料、油料、烟草、麻等都有种植。甜菜是主要的经济作物,主要分布在北部和西北地区,尤其是比利时与法国交界处最为集中。北部的甜菜种植与小麦产区大体相一致,因为它是与小麦轮种的作物。1976年甜菜的种植面积为57.8万公顷,总产量2100万吨,居世界第二,主要用于制糖。马铃薯主要用作酒精原料和饲料,产于北部和中部。第二次世界大战后,由于对马铃薯的需求量减少,而且政府将其排除在可以接受农业补贴的农产品之外,其种植面积不断缩减。1948—1952年收获面积为112.4万公顷,1975年只有31.1万公顷。尽管单位面积产量比战前增加了一倍以上,但由于种植面积的萎缩,总产量仍达不到战前的水平。

法国的园艺业比较发达,水果、葡萄、蔬菜、花卉的种植业规

---

① 胡焕庸、周之桐编著:《法国经济地理》,天津人民出版社1981年版,第81—82页。

模都比较大,尤其是水果生产发展很快。葡萄和苹果是法国水果栽培业的两大项目。葡萄栽种已有悠久的历史,分布也很广,全国除西北部外,各区都有葡萄栽种,其中地中海沿岸、加龙河下游、勃艮第地区和香槟地区为专业化地区。1976 年葡萄产量为 1098 万吨,占当年世界总产量的六分之一,居世界首位。产量的 60% 用来酿酒。法国的苹果生产也居世界第一,布列塔尼和诺曼底都是苹果的重要产区。此外,地中海沿岸一带生产油橄榄、柑橘等水果,以及各种蔬菜,运销法国北部和共同体各国。①

　　畜牧业也在法国农业中占有重要比重。1978 年法国农业总产值达 1450.5 亿法郎,其中畜牧业产值约占 54%,种植业约占 46%,是一个典型的农牧并重的国家。法国不仅小麦、大麦和玉米等产量大大超过本国消费量大量出口,畜牧产品中的牛肉、奶酪、黄油以及禽蛋等也都出口到欧共体或欧共体以外的其他国家和地区。1976 年法国的牛肉和奶类总产量仅次于美国和苏联,居世界第三。西部的布列塔尼和诺曼底,中央高原,东部汝拉山地和洛林地区,东南部的阿尔卑斯地区和南部的比利牛斯地区,都是以畜牧业为主的地区,部分与种植业相结合。其中,布列塔尼、诺曼底,中央高原以及汝拉山区的畜牧产品在农业总产值中都占到当地的 75% 以上,其他几个地区也占到 50% 以上。法国全境以畜牧业为主的地区占到全境面积的三分之二以上。这种畜牧业超过种植业的现象始于 19 世纪晚期,到 20世纪更为突出。在农业用地中,充作畜牧业用地的达 2500 万公顷,其中 1400 万公顷为常年牧场,500 万公顷为饲料产地(包括大麦、燕麦和玉米),300 万公顷为苜蓿等牧草种植地,200 万公

---

　　①　胡焕庸、周之桐编著:《法国经济地理》,天津人民出版社 1981 年版,第83—86 页。

顷为短期草场,另外 100 万公顷为块根饲料作物种植地。根据 1976 年的统计,法国全境共有牛 2400 万头,其中奶牛 1000 万头,猪 1200 万头,羊 1200 万头,家禽 2 亿只。牛肉和奶类的产值占畜牧业总产值的三分之二以上,猪肉产值约为 15%,是法国进口肉食的主要项目。[①] 此外,法国的林业和渔业也取得了较大的发展。

尽管 20 世纪 80 年代之后,农业生产率和单位产量的增长速度放缓,甚至停滞[②],但一直到今天,法国的农业生产在欧盟中仍占据重要地位。2011 年,法国农业生产总值为 704 亿欧元,占欧盟农业生产总值的 18.1%,在欧盟 27 个成员国中位居第一,高于第二位的德国 5%。从整体上来看,现代法国农业呈现出如下几个特点:第一,农业以种植和畜牧业为主,农牧结合,实行多种经营。第二,农业机械化程度较高。目前,法国农业从整地、播种、田间管理到收割、运输、加工和储存等基本实现了机械化和自动化。第三,农业合作组织在农业发展中发挥了非常重要的作用。早在 19 世纪中期,法国就出现了供销和信贷等农业合作组织,20 世纪 80 年代以来,以家庭农场为基础、以流通领域合作社为主要形式的现代农业合作组织发展迅速,经营内容也从共同购买生产资料、销售农产品、获得技术和信息等方面的服务,扩展到加工、贮藏和销售等领域。[③]

毫无疑问,在两个世纪的时间里,与旧制度相比,法国的农业取得了长足的发展,尽管法国农业的真正变革要到 20 世纪

---

① 胡焕庸、周之桐编著:《法国经济地理》,天津人民出版社 1981 年版,第 87—88 页。

② Erik Thoen and Tim Soens(eds.), *Rural Economy and Society in Northwestern Europe, 500 - 2000: Struggling with the Environment: Land Use and Productivity*, Turnhout: Brepolis, 2015, p.212.

③ 唐珂主编:《法国农业》,中国农业出版社 2014 年版,第 11—12 页。

50 年代之后。与西欧其他国家相比,法国是一个农业大国,但同时其农业发展长期处于缓慢且滞后的状态。在生产组织形态上,法国的农业组织形态可能谈不上典型意义上的资本主义农业形态。从 19 世纪一直到第一次世界大战之前,法国的土地占有结构以小土地所有为主,农民直接经营的形式居于主导。不过从 19 世纪 80 年代之后,小土地析分的速度开始减缓。自第一次世界大战之后,土地占有结构开始发生变化。小土地所有的比重逐年下降,中等规模的家庭农场数量逐渐增加。尤其是第二次世界大战之后,在政府政策的引导下,加上农业自动化和机械化的发展,以中等规模和家庭经营相结合的方式在法国农业组织经营中占据主导地位。

第七章 德 国

一、中世纪后期的农业

德国东部的土地使用制度是在 13—14 世纪德意志人在东斯拉夫人的土地拓殖时期开始确立的。到 14 世纪末期,德国已经包括波美拉尼亚、勃兰登堡州和西里西亚省。在东边更远的地方,德意志的条顿骑士和携剑会友沿着东波罗的海海岸,在从下维斯杜拉河到芬兰湾的地区定居下来。在德国东部的西里西亚、波希米亚、埃尔茨山区到波希米亚的西北部、南萨克森部分地区、威瑟尔河口和易北河河口、勃兰登堡的北海湿地、东普鲁士围绕着维斯杜拉河的地区。有的村庄建设成不大的防守严密的村庄。这些村庄采用了高度统一的形式。在所有这些新定居地,共同使用土地的做法不像在老的德意志西部地区那样流行。[①] 在新殖民化的村庄建立的政府机构和德国西南部的乡村机构不同。它们的首要职能是立法和行政职能,而非经济职能。

易北河以东地区领主的收入,首先来源于领主直接管理的庄园自营地,包括种庄稼的土地、牧场、草地和森林。第二方面

[①] R. L. Hopcraft, *Regions, Institutions, and Agrarian Change in European History*, Ann Arbar, University of Michigan Press, 1999, p. 163.

来自居住在村庄里的居于从属地位的农民的劳役义务和其他的租费。第三方面的收入是在领主权力控制下的磨坊主和工匠支付的租金。①

中世纪易北河以东德意志村庄,有大量的公有地。通常公有地面积是一个村庄农民拥有的土地面积的 2—4 倍。公有地的一部分属于定居在村庄的贵族所有,或者日渐被统治当地的贵族的陪臣所有。典型的村庄还拥有用以支持教区神甫和行政长官的土地。为庄园领主和村庄显贵服务的少数小土地持有者便定居在那里。

15 世纪以前,在易北河以东的中欧和东欧地区,这里的乡村居民拥有较大的自由。当地中海和西欧土地上中世纪后期村民取得和市民以及其他公民平等的法律身份时,在易北河以东的东欧,在 15 世纪末和 16 世纪初出现一种相反的倾向。到了15 世初期,情况开始恶化,建立农奴制度的速度加快了。②在德国中部和东部,还存在一种对庄园雇工的强制性劳务。这种方式 1543 年出现在勃兰登堡。其内容是农奴的所有子女都必须在土地所有者家中做 1—4 年的仆人,这是在通常的农业劳务之外的额外负担。③ 到了 16 世纪初,土地贵族急切地将他们的地产用于生产国内和向国外市场所需要的产品。在此时,统治王公包括勃兰登堡选帝侯,用一种新的身份把人身自由的村民束缚在土地上。勃兰登堡统治者要求村民每周 2 天去领主土地上耕作。这种领主的侵犯性行为实际上"使易北河以东的自由

---

① 　William W. Hagen, *Ordinary Prussians*, *Brandenburg Junkers and Village*, *1500-1840*, Cambridge U.P. ,2002,p. 32.

② 　[英]E.E.里奇、C.H.威尔逊主编:《剑桥欧洲经济史》第 5 卷,高德步等译,经济科学出版社 2002 年版,第 109 页。

③ 　[英]E.E.里奇、C.H.威尔逊主编:《剑桥欧洲经济史》第 5 卷,高德步等译,经济科学出版社 2002 年版,第 111 页。

农民成为农奴"。它成为中东欧农奴制大规模发展的一个插曲。①

除了在勃兰登堡的乌尔马克和诺伊马克外,处于从属地位的农民并没有被限制持有或转移财产、缔结婚约或以农奴身份在法庭进行诉讼。农奴或农奴制的概念在德国中世纪法律中非常普遍地使用,但很少出现在16和17世纪勃兰登堡的法规中。德国法律解释说,这些依附条件不是个人身份属性,而是因为他们占有要承担不支薪的劳役和强制性服役的农场的结果。② 这些地方的地主迫使大农场持有者每周带上一队牲畜到庄园去做两到三天的劳役义务。小土地所有者则要承担在庄园的体力劳动。③

在德国北部公共法庭和庄园法庭一样仍然正常地存在。自由人、自由的持有者和租佃者一样出席公共法庭并接受审判。④

德国南部和西北部基层组织是由许多村庄和独立农场组成的。其特征是在土地上很少有什么公共权力。这种小村庄在威斯特伐利亚、上帕拉丁、符登堡和巴伐利亚的部分地区广泛存在。在这里,持有土地的农民是孤立的完全封闭的。⑤

在德国西南部和易北河以西的中部,存在着公用的敞地,农民依附于封建领主。部分庄园土地由奴隶和依附佃农耕种。其

① William W. Hagen, *Ordinary Prussians, Brandenburg Junkers and Village*, *1500-1840*, Cambridge U.P. , 2002, p. 35.

② William W. Hagen, *Ordinary Prussians, Brandenburg Junkers and Village*, *1500-1840*, Cambridge U.P. , 2002, pp.36-37.

③ William W. Hagen, *Ordinary Prussians, Brandenburg Junkers and Village*, *1500-1840*, Cambridge U.P. , 2002, pp.36-37.

④ R. L. Hopcraft, *Regions, Institutions, and Agrarian Change in European History*, Ann Arbar, University of Michigan Press, 1999, pp.167-168.

⑤ R. L. Hopcraft, *Regions, Institutions, and Agrarian Change in European History*, Ann Arbar, University of Michigan Press, 1999, p. 165.

余的土地则分配给乡村佃户。每个佃户占有 1 "胡符（Hufe）"土地。德国把这种佃户称为"胡符农"。胡符农要向领主服劳役并缴纳地租。到 13 世纪，耕种村庄土地受村庄共同体监督。尽管劳役衰落了，但农民对领主的租费仍然负担沉重。这些租费因庄园不同而异，但都包括地租、个人的税负、十一税、交给法警和行政官的费用和租地继承费、使用庄园所垄断的磨坊、公共面包房、酿啤酒坊要支付费用，还要缴纳赋税。可能德国农民承担的全部负担比英格兰要轻一些。在莱茵兰和摩塞尔地区，中世纪盛期农民的负担总和相当于农民谷物总产品的三分之一。他们的税赋比英格兰农民要轻些。依附农民常常要把自己的谷物收获物的一半用于缴纳税费。[①]

在易北河以西的地区，封建关系和中世纪的农奴制度在 12 到 16 世纪逐渐消失。到 6 世纪庄园制已完全废除，甚至有的地区从 1500 年起，庄园中的农民就可以自由地迁徙和买卖土地。农民在婚姻、继承、土地占有及使用方式（包括出租、占有、半参股方式的出租或者封建的采邑制）等方面拥有广泛的自主权，他们以货币或实物方式支付地租。

二、黑死病，三十年战争，16 世纪西部和
　　东部农业发展的不同道路

14 世纪中叶到 15 世纪发生的黑死病使得德国人口急剧减少。在这一过程中，又发生了内战和贵族纷争。1475 年前后勃兰登堡乡村呈现出一幅荒凉的景象。许多村庄人口减少而被完全放弃了，还有一些村庄只剩下一半居民。绝大多数

---

① Werner Rosener, *Peasants in the Middle Ages*, University of Illinois Press, 1992, p. 140.

庄园领主长期丧失了作为封建军士的功用。在中世纪后期的危机中,勃兰登堡的侯爵拍卖了许多土地。当地残存的强有力的庄园领主则通过土地兼并致富。他们在扩大领主权的同时,强化了领主的司法权,使得庄园法庭的权力压倒了村民会议的权力。①

到 16 世纪经济繁荣时期,德国人口才完全恢复。到了三十年战争前夕,德国人口增加到 1500 万人。②

在 16 世纪农业生产高涨以后是 17 世纪的衰退。③ 这是一个在资本主义萌芽之后重新封建化的时期。在这个时期,以不断上升的价格向市场提供肥畜、黄油、啤酒花、蔬菜和水果的趋势在发展。牧场被改造为耕地。在产品价格不断上涨的情况下,在麦克伦堡、波美拉尼亚、莱茵河下游地区、西里西亚和萨克森等地开始集约经营粮食生产。④

三十年战争使得德国人口骤减。有学者评论说:"在这灾难深重的 30 年里,约有 40%的德国农村人口被战争和瘟疫夺去了生命。"⑤估计在三十年战争中有 40%的乡村人口和 30%的城市人口死去。⑥ 由于战争,黑森损失了人口 40%—50%,图林根

---

① William W. Hagen, *Ordinary Prussians, Brandenburg Junkers and Village, 1500-1840*, Cambridge U.P. ,2002, pp.32,34.

② R. L. Hopcraft, *Regions, Institutions, and Agrarian Change in European History*, Ann Arbar, University of Michigan Press, 1999, pp.176-177.

③ [德]马克斯·布劳巴赫等:《德意志史》第 2 卷上册,陆世澄等译,商务印书馆 1998 年版,第 629 页。

④ [德]马克斯·布劳巴赫等:《德意志史》第 2 卷上册,陆世澄等译,商务印书馆 1998 年版,第 562 页。

⑤ [德]马克斯·布劳巴赫等:《德意志史》第 2 卷上册,陆世澄等译,商务印书馆 1998 年版,第 631—632 页。

⑥ Wilhelm Abel, *Agricultural Fluctuations in Europe from the Thirteenth to the Twentieth Century*, N.Y. St. Martin Press, 1978, p.155.

人口损失了 50% 以上。① 在黑森-卡塞尔的松塔拉区,从 15 世纪末叶到 17 世纪中叶村庄拥有的家庭数量普遍减少。小村庄劳腾豪森的家庭数目 1583 年为 17 家,1639 年为 3 家,1656 年为 9 家。小村庄登斯 1583 年为 27 家,1639 年为 13 家,1656 年为 19 家。在中等村庄科林斯瓦尔德 1583 年有 58 家,1639 年有 14 家,1656 年有 23 家。在大村庄松塔拉,1583 年有 231 家,1639 年有 58 家,1656 年有 134 家。②

三十年战争给德国农业造成了很大的破坏。同时使波西米亚、德意志、波兰和勃艮第大片土地荒芜。③

战争间接的结果是造成饥荒、谷物价格上涨和传染病流行。传染病 1634 年开始在德国东南部发生,1636—1640 年横扫德国中部、西部和南部绝大部分地区。在此同时,勃兰登堡绝对主义国家的发展,增加了对赋税的要求,使容克和地主处境恶劣。农业缓慢地下降。1700 年全德谷物产量比英格兰、低地国家,甚至比法国还要低。

德国东部和北部通过法律来保持大农场制。随着 15 世纪末庄园控制的增强,领主和王公都要求实行地产不可分割的继承制。这有利于巩固一个富有的上层土地所有者等级。在西南部,再封建化不那么成功,分割继承制较为流行,小土地持有非常普遍。当地生产葡萄酒和工业原料作物,他们创造的收入超

① John C. Theibault, *Germamn Villages in Crisis*, *Rural Life in Hesse-Kassel and the Thirty Years' War*, *1580-1720*, New Jersey, Humanities Press, 1995, p. 166.

② John C. Theibault, *Germamn Villages in Crisis*, *Rural Life in Hesse-Kassel and the Thirty Years' War*, *1580-1720*, New Jersey, Humanities Press, 1995, p. 172. Table 6.2 Number of householders in Selected Villages in Amter Sontra and Wanfruied, 1583, 1639, 1656.

③ [英]E.E.里奇、C.H.威尔逊主编:《剑桥欧洲经济史》第5卷,高德步等译,经济科学出版社 2002 年版,第 65 页。

过了农业。分割继承的土地有利于这些经营项目。许多代延续下来的持续分割继承,使得德国西部的农场变得很小,典型的农场面积在 5 公顷即 12 英亩以下。德国这种小农场分布在西南部,大农场分布在东部和西北部的状况一直持续到 20 世纪。①

尽管发生了庄园化,但德国东部谷物大部分还是由农民农场生产的。例如,在立窝尼亚奥克森斯蒂尔那地产上,1624—1654 年得自农民的岁入相当于来自领主自营地岁入的 4 倍。在波兰和波希米亚情况也是一样。直到 17 世纪末,农民始终是市场主要的谷物供应者。在德国东部,土地贵族自己拥有的大地产经营得很好。例如东普鲁士的塔皮奥,1550—1696 年间,由庄园地产生产出的谷物很少达到司法区平均收成的 45% 的。司法区有 26% 的岁入来自独立农民的谷物税,14% 来自磨坊税和其他税收。②

在中世纪后期,在德国的西北部、北部和东部实行非公社制的农耕制度。在北部沿海和西北部,这种农民经济残存到近代早期。在德国东部,政治发展则与西部完全不同。在这里,农民和工人的状况没有改善,相反重新实行了封建式的劳役制,并对原先在欧洲最自由的农民加以限制。③

在易北河以西的地区,庄园制、土地所有者和农民之间的封建关系以及中世纪的农奴制度在 12—16 世纪逐渐消失。1500年以后,甚至有的地区在 1500 年起,庄园中的人口就可以自由地迁徙和买卖土地。农民在婚姻、继承、土地占有及使用方式

---

① R. L. Hopcraft, *Regions*, *Institutions*, *and Agrarian Change in European History*, Ann Arbar, University of Michigan Press, 1999, pp.182-183.

② Wilhelm Abel, *Agricultural Fluctuations in Europe from the Thirteenth to the Twentieth Century*, N.Y. St. Martin Press, 1978, p. 214.

③ R. L. Hopcraft, *Regions*, *Institutions*, *and Agrarian Change in European History*, Ann Arbar, University of Michigan Press, 1999, pp.157-158.

（包括出租、占有、半参股方式的出租或者封建的采邑制）等方面拥有广泛的自主权，他们以货币或实物方式支付租金，当他们从农场获得或继承土地时，需要交纳一定的赋税。在这些地区，庄园制从 12—13 世纪起，就已经开始废除。到 16 世纪，庄园制已完全废除。

在德国西北部，在 16 世纪农民的自由遭到了某种压制。例如，在石勒苏益格-霍尔斯坦因，1524 年贵族被授予对于农民无限制的司法权，而农民向丹麦上诉的权利被取消。农民未得到领主的许可不得离开他们的持有地，甚至禁止农民结婚。在近代早期，许多地方的农民进行反抗，以保持他们的权力和自治。例如，迪特马奇的农民在 1500 年起来打败了丹麦汉斯国王的重装骑兵。[1]

在德国西北部，国王和伯爵在 16 世纪强夺了农民的农场，然后由他们自己来经营这些地产。这些地产绝大多数是小地产，但也有大地产。例如，奥格登堡伯爵饲养牛的农场面积达到 4000 公顷左右。以后，随着经济条件的变化，西部的大农场纷纷瓦解。

在生产专门化和国际贸易关系发展的过程中，在 16 世纪相互缠绕的复杂经济关系发展起来。西欧中心地区在粮食需求发展和价格波动中，更依赖世界市场。商业化的起伏影响到生产和出口谷物的德国东部地区的内部社会结构。在易北河以东地区，发展起了一种专门化的农业类型。

在这个商业化过程中，一个土地所有者阶层容克地主成长起来。它生产的目的是依靠出口市场获利。在此同时，农民劳动力日渐被束缚在地产上，自由农民一步步地失去了他们的权

---

① R. L. Hopcraft, *Regions, Institutions, and Agrarian Change in European History*, Ann Arbar, University of Michigan Press, 1999, p. 181.

利,承担沉重的劳役和租税负担。这样,第二次农奴制(或称
"再版农奴制")发展起来。被剥夺了土地所有权的农民依附于
并束缚在土地上。形成这个过程还有其他一些因素,当时收成
很坏,饥馑和流行病造成了人口锐减,农产品价格下降,普遍的
萧条和购买力丧失。当时对付这种挑战的措施,便是改变以地
租为基础的地产管理方式。①

16世纪地主对变化的形势采取了由地主家族直接控制土
地,取代了封建领主的地租,剥削和财产管理方式,用劳役和租
费来代替农民的地租。16世纪庄园经济扩张。容克地主把统
治权作为工具来达到其经济目的,加强了贵族对于农民的权力
关系。直到18世纪,国家权力没有阻碍容克扩大其地产。政府
继续承认容克的贵族特权,特别是从未干涉容克在地产上的领
主权。这是一种长期的政治交易,它起了一种归化贵族,使贵族
承担起了给扩张中的国家以财政支持的责任。②

在德国符登堡的朗根堡区,生产力水平不高。在平原村庄
布鲁赫林根、比林斯巴赫和拉波德斯豪森,种子和产出的比率是
1:4.9稍多。而在亚格斯特河谷边缘、在阿岑罗德和库普弗霍
夫村,种子产出率为1:4.2。这里的种子产出比率低于德国的
平均水平。而在17世纪,德国农民的平均产出率平均为1:
4.5。所有的农民都努力将农业失败的概率最小化,他们种植谷
类作物、做饲料的斯佩尔特小麦和裸麦,因为这些作物能抗霜冻

① Hanna Schissler, " The Junkers: Notes on the Social and Historical
Significance of the Agrarian Elite in Prussia", in: Robert G. Moeller, ed., *Peasants
and Lords in Modern Germany*, *Recent Studies in Agricultural History*, Boston,
Allen&Unwin, 1986, pp.25-26.

② Hanna Schissler, " The Junkers: Notes on the Social and Historical
Significance of the Agrarian Elite in Prussia", in: Robert G. Moeller, ed., *Peasants
and Lords in Modern Germany*, *Recent Studies in Agricultural History*, Boston,
Allen&Unwin, 1986, p. 26.

和过多的雨水。① 在 16 世纪 30 年代以后,当地对土地的需求增大了。在贫瘠的土地上劳动力的增加,解决了农业产量停滞不前的问题。15 世纪德国市场对葡萄酒的需求则促使农民将种植谷物的土地改种葡萄。由于当时地主贵族的主要收入来源是土地,所以,他们仔细地看管所属的土地,实行长子继承制,防止领地分散,并加强用领主制控制农民。②

　　在经历了第一场大饥荒后,到 16 世纪 80 年代,当地的许多村庄和市场小镇出现了数量可观的没有任何土地的家庭。1581 年在朗根堡区,有 10%—15% 的家庭没有土地,没有土地的家庭环绕着小小的市场城镇。在加斯特河谷的其他村庄如赫登和下埃京巴赫,有 30% 的农民是茅舍农。在霍亨洛赫平原的村庄中,1581 年有 40% 的农民是茅舍农。③ 1553 年该地区 12 个村共有佃户 224 户,1581 年佃户数增至 318 户。1553 年茅舍农为 23 户,1581 年增至 58 户,茅舍农的比例从 1553 年时的 10.3% 增至 1581 年的 18.2%。④ 其中,比林斯巴赫村的茅舍农由占农户的 26.5% 增至 37.3%。下埃京巴赫村的茅舍农由占农户的 9.7% 增至占农户的 23.3%。赫尔登村的茅舍农增长了 27%。⑤

---

　　① Thomas Robisheaux, *Rural society and the search for order in early modern Germany*, Cambridge U. P. , 1989, p. 25 以及 Table 1. 1. Seed ratio in Langenburg distrit, 1623。

　　② Thomas Robisheaux, *Rural society and the search for order in early modern Germany*, Cambridge U. P. , 1989, pp. 28, 29.

　　③ Thomas Robisheaux, *Rural society and the search for order in early modern Germany*, Cambridge U. P. , 1989, pp. 73, 74.

　　④ Thomas Robisheaux, *Rural society and the search for order in early modern Germany*, Cambridge U. P. , 1989. p. 73, Table 3. 1. Cotters in Langenburg district, 1553 and 1581.

　　⑤ Thomas Robisheaux, *Rural society and the search for order in early modern Germany*, Cambridge U. P. , 1989, p. 73.

1606 年在阿岑罗德,有 14 家佃户没有土地,18 户佃户每户持有土地在 0.1—4.9 摩尔根,6 户佃户每户占有土地 5—9.9 摩尔根,6 户佃户每户占有土地 10—19.9 摩尔根,1 户佃户占有土地在 20—29.9 摩尔根之间,3 户佃户每户占有土地在 30—39.9 摩尔根之间,3 户佃户每户占有土地均在 40 摩尔根以上。[①]

在布鲁赫林根村,有 7 家佃户没有土地,23 户佃户每户持有土地在 0.1—4.9 摩尔根,8 户佃户每户占有土地 5—9.9 摩尔根,6 户佃户每户占有土地 10—19.9 摩尔根,2 户佃户占有土地在 20—29.9 摩尔根之间,1 户佃户占有土地在 30—39.9 摩尔根之间,3 户佃户每户占有土地在 40 摩尔根以上。[②]

在朗根堡区,从 1550 年到 1689 年地主每年从土地出租征收的地租在逐步增长。1550—1559 年地租总额为 204 佛罗林,1570—1579 年地租总额为 319 佛罗林,1590—1599 年地租总额为 387 佛罗林,1600—1609 年地租总额为 433 佛罗林,1600—1609 年地租总额为 433 佛罗林,1600—1609 年地租总额为 433 佛罗林,1610—1619 年地租总额为 453 佛罗林,1620—1629 年地租总额为 509 佛罗林,1630—1639 年地租总额为 519 佛罗林,1640—1680 年、1649—1689 年地租总额均为 522 佛罗林。[③] 在朗根堡区地主从更新租约中向租户收取的费

---

① Thomas Robisheaux, *Rural society and the search for order in early modern Germany*, Cambridge U.P., 1989, p. 88, Table 3.4. Land distribution in Atzenrod, 1606.

② Thomas Robisheaux, *Rural society and the search for order in early modern Germany*, Cambridge U.P., 1989, p. 88, Table 3.5. Land distribution in Bachlingen, 1606.

③ Thomas Robisheaux, *Rural society and the search for order in early modern Germany*, Cambridge U.P., 1989, p. 169, Table 6.3. Average yearly income in rents from Langenburg district, 1550-1689.

用,1590—1599 年间每年为 888 佛罗林,1600—1609 年间每年为
735 佛罗林,1610—1619 年间每年为 789 佛罗林,1620—1629 年
间每年为 877 佛罗林,1630—1639 年间每年为 757 佛罗林,
1640—1649 年间每年为 170 佛罗林,1650—1659 年间每年为 270
佛罗林,1660—1669 年间每年为 288 佛罗林,1670—1679 年间每
年为 355 佛罗林,1680—1689 年间每年为 304 佛罗林。[1]

  将德国乡村地区整合进市场经济的过程,在 16 世纪可分为
两个阶段。这两个阶段初略地和农业发展的两个阶段吻合。第
一个阶段是稳健的发展阶段,时间是从 1450 到 1560 年。第二个
阶段是 1560 年到 1640 或 1650 年,这个阶段是非常迅速的发展阶
段。在第一阶段,谷物价格的高涨在吸引农民经济进入市场上起
了最为重要的作用。例如在维尔茨堡,裸麦的价格从 1511/1520
年到 1531/1540 年翻了一倍。[2] 在朗根堡,作饲料用的斯佩尔特
小麦每 malter 的价格从 1601—1610 年的 1.5 佛罗林,上涨到
1611/1620 年的 3.4 佛罗林,1621/1630 年的 4.3 佛罗林。[3]

  在 16 世纪后期,霍亨洛厄地区的市场发展起来。由于农产
品价格很高,并且向地区以外外销谷物、葡萄酒和牛,当地的每
个村庄或多或少都卷入了市场经济。在朗根堡区,首先是在
1572 年,马特尔·埃尔曼、马丁·海恩利希和文德尔·朔伊尔
曼首先向市场出售产品致富,随后在 16 世纪 80 年代大批租佃
农场主和小土地持有者展开向外地出售谷物的商业活动。其他

---

 ① Thomas Robisheaux,*Rural society and the search for order in early modern Germany*,Cambridge U.P.,1989,p.169,Table 6.4. Average yearly income in entry fines from Langenburgdistrict,1590-1689.

 ② Thomas Robisheaux,*Rural society and the search for order in early modern Germany*,Cambridge U.P.,1989,p.148.

 ③ Thomas Robisheaux,*Rural society and the search for order in early modern Germany*,Cambridge U.P.,1989,p.150,Table 6.1 Median price of spelt in Langenburg district,1601-1670.

农民也参与了买卖货物、烘面包、做屠户和做各种工匠、酿造葡萄酒和打工。库普弗霍夫村的老约普·布洛恩格通过经商，他的土地、现金贮藏、出售牛、葡萄酒、谷物和放贷的财富达到3700佛罗林。调查者在下埃京巴赫的雅各布·阿贝尔家中的收入簿册上发现这个家族有4600佛罗林的资产。他的几个邻居的账簿上一般都有1330佛罗林的资产。在亚格斯特河谷的奈瑟尔巴赫村，小酒馆主人恩德雷斯·弗兰克的财产达到了8600佛罗林，这是一个惊人的数字。[1]

德国农业的转折点是在1627—1634年。沃伦斯坦政府在三十年战争期间大量征收战争税。以朗根堡为例，1627年战争税总额为295佛罗林，1628年增至918佛罗林，1629年更增至7726佛罗林，1630年为2912佛罗林，1631/1632年为1587佛罗林，1636/1637年战争税又增至6500佛罗林。到1634年，许多土地沦为荒地和牧场。

奥托博伊伦在士瓦本地区，这里是1517年到1525年农民战争的中心地区之一。这里的领主权非常巩固和持久。奥托博伊伦的农民受到的压迫和剥削非常沉重。在1544年，在奥托博伊伦的阿滕豪森村，各种领主税负给农民带来很重的负担，其中土地税为10.8%，货币地租占2.4%，什一税占10%，全部封建税负占农民收成的23.8%。在博恩村，土地税占农民全部收成的6.7%，货币地租占4.3%，什一税占10%，全部封建税负占农民收成的21.6%。在弗雷兴雷登村，土地税占9.1%，货币地租占3.7%，什一税占10%，全部封建税负占农民收成的23.4%。[2]

---

① Thomas Robisheaux, *Rural society and the search for order in early modern Germany*, Cambridge U.P., 1989, pp. 153−154.

② Govind P. Sreenivasan, *The Peasants of Ottobeurn*, *1487−1726*, Cambridge U.P. 2004, p. 138. Table 3.7 Seignenrial dues as a propotion (%) of the harvest at Ottobeuren, 1544.

在奥托博伊伦的阿尔提斯里德村,占地不到 2.534 公顷
的农户有 6 家,占地在 5.491 公顷以上的农户有 7 家。在阿
滕豪森村,占地不到 2.534 公顷的农户有 58 家,占地在
2.534—5.487 公顷之间的农户有 1 家,占地在 5.491 公顷以
上的农户有 17 家。在本宁根村,占地不到 2.534 公顷的农户
有 72 家,占地在 2.534—5.487 公顷之间的农户有 6 家,占地
在 5.491 公顷以上的农户有 25 家。迪特拉特里德村,占地不
到 2.534 公顷的农户有 19 家,占地在 2.534—5.487 公顷之
间的农户有 3 家,占地在 5.491 公顷以上的农户有 8 家。在
艾格村,占地不到 2.534 公顷的农户有 74 家,占地在 2.534—
5.487 公顷之间的农户有 7 家,占地在 5.491 公顷以上的农户
有 19 家。

在这个地区,农民处于贵族领主的司法权控制之下。在弗
兰肯骚森村,通常有两个或更多的领主。他们对村庄里的居民
行使伯爵领主的司法裁判权,另有 45 个居民从属于贵族冯多恩
伯格的司法裁判权。在内塔村有 18 个居民从属于伯爵领主的
司法裁判权。[1] 到了 17 世纪,旧的判例汇编已经被新的法律实
践所取代。地方上有司法官和陪审团共同裁决违法行为。格里
希特博恩伯格村实施的是由冯博恩伯格家族若干支系在 1604
年制定的 42 点指示来判案。[2]

1630 年在阿布特罗德村,地产分布得极不平等。在账簿
上,89 个家庭每个家庭持有的土地面积从 1 胡符以上到不足 1

[1]　John C.Theibault, *Germamn Villages in Crisis*, *Rural Life in Hesse-Kassel and the Thirty Years' War*, *1580 - 1720*, New Jersey, Humanities Press, 1995, pp. 21-22.

[2]　John C.Theibault, *Germamn Villages in Crisis*, *Rural Life in Hesse-Kassel and the Thirty Years' War*, *1580-1720*, New Jersey, Humanities Press, 1995, p. 26.

阿克尔(Arcker)。①

表7-1 1601年施塔韦诺领主拥有的财产价值统计(按照4%资本化)②

(单位:荷兰盾)

	价值	占总资产的%
庄园房舍和自营地农场的建筑	5813	8.6
森林的收入	15552	23.2
来自自营地产品的收入		
谷物出售	12104	18.0
家畜	10917	16.3
鱼和菜园	3615	5.4
领主磨坊的租	4400	6.5
领主法庭和司法裁判费收入	1649	2.3
来自村庄的地租收入		
施塔韦诺主体农场主的固定地租		
劳役	8454	12.6
以收获物作为地租	1375	2.0
现金地租	864	1.3
外国公民的短期义务		
劳役义务	1609	2.4
谷物地租	804	1.2
总额	67156	100

---

① John C. Theibault, *Germamn Villages in Crisis, Rural Life in Hesse-Kassel and the Thirty Years' War, 1580–1720*, New Jersey, Humanities Press, 1995, p.119.

② William W. Hagen, *Ordinary Prussian Brandenburg Junkers and Villages, Junkers, 1500–1840*, Cambridge U. P., 2002, p.41. Table1.1 Composition of the Stavenow lordship's market value, 1601.

施塔韦诺在 1618 年以前存在着贵族的司法权,领主向农民征收或轻或重的领主税并强迫农民服劳役。持有全份伙伴分土地的农民通常每周要服劳役 3 天。这是易北河以东勃兰登堡乡村大致流行的封建劳役情况。在 16 世纪中叶以后,农民每周服 3 天劳役的情况非常流行。在三十年战争结束以前,没有证据表明劳役义务进一步加重。[1]

1601—1614 年拥有全份和半分土地的持有者占 50%,小土地持有者占 27%。1694 年拥有全份和半分土地的持有者占 38%,小土地持有者占 21%。1727 年在施塔韦诺领主的地产上,拥有全份和半分土地的持有者占 52%,小土地持有者占 5%,农业劳工占 19%。

在施塔韦诺领主土地上 1601—1614 年种植的作物中,裸麦为 32.3%,大麦为 11.5%,燕麦为 33%,谷物种植面积占全部土地的 76.8%。1694 年种植的作物中,裸麦为 24%,大麦为 18%,燕麦为 6%,谷物种植面积占全部土地的 48%。1719 年种植的作物中,裸麦为 24%,大麦为 10.5%,燕麦为 17%,谷物种植面积占全部土地的 51.5%。1727 年种植的作物中,裸麦为 35%,大麦为 14.5%,燕麦为 19.5%,谷物种植面积占全部土地的 69%。该地产上谷物种植面积的比例 1694 年仅为 48%,1727 年增至 69%,土地利用率提高了 21%。[2]

德国这个时期是一个半市场化的社会,资本主义并没有得以无所障碍地发展,绝对主义国家朝着更加商业化、官僚化和军事化的方向发展。在贵族和村民的关系中情况相仿,家庭和财

---

[1] William W. Hagen, *Ordinary Prussian Brandenburg Junkers and Villages, Junkers, 1500-1840*, Cambridge U.P., 2002, pp. 65, 67.

[2] William W. Hagen, *Ordinary Prussian Brandenburg Junkers and Villages, Junkers, 1500-1840*, Cambridge U.P., 2002, p. 115. Table 2.4. Projected seigneurial production and incomes, 1727, Compared with earlier or anticipated output.

产起着决定性的作用,但社会并非没有流动,社会并非仍是传统束缚的社会和自我再生产的社会,历史在不断的变动中,社会成员须得不断地适应这种变动。[①]

表7-2 柏林市场1703—1805年谷物平均价格[②]

(单位:格罗申小银币)

年份	裸麦	大麦	燕麦
1703—1712	19	1812	—
1713—1722	24	2115	—
1723—1732	20	1813	—
1733—1742	24	1914	—
1743—1752	23	1914	—
每十年均数,1703—1756	22	19	14
1766—1775	33	23	18
1776—1785	27	20	16
1786—1795	32	26	20
1796—1805	47	38	28
每十年均数,1766—1805	35	27	21

德国东部和德国西部地区一个非常明显的差别是,非德意志居民的生产效益比德意志居民低得多。这就使得德国地主在对东部土地进行圈地实行庄园化过程中,首先被圈占的是非德意志居民的土地而不是德意志居民的土地。被迫放弃土地的首先是"普鲁士居民"而"德意志居民"的土地被圈占的要少得多。

---

① William W. Hagen, *Ordinary Prussian Brandenburg Junkers and Villages*, *Junkers*, *1500-1840*, Cambridge U.P., 2002, p.122.

② William W. Hagen, *Ordinary Prussian Brandenburg Junkers and Villages*, *Junkers*, *1500-1840*, Cambridge U.P., 2002, p.210. Table 2. 4.

此外,土地、交通状况、政治边界和居民点的地界,也影响到庄园面积扩大的情况。所以,肥沃的黏土地和黄土地最能吸引庄园以损害农民利益为代价进行扩展,靠近河流的和波罗的海沿岸的地区便是这样。

16 世纪下半叶德国东部地区农民的个人地位有所恶化,往往与斯拉夫居民更为低下的法律地位相当。在这个地区盛行着沉重的徭役,农民不仅要为上升中的邦国,而且也要为贵族和城市负担新的贡赋,并重新沦为农奴。在易北河以东,由于 14 世纪以来建立了与波兰西部和西方世界的联系,农业的市场化在那里发展更快。东部的邦君们在 17 世纪以前由于财政极为窘迫,为了自身的独立不得不以批准赋税为条件允许贵族对农民拥有更多的自由,这种自由的程度甚至超过了邦国巩固以来的西部地区。庄园主被赋予了领主裁判权、警察权力和教会庇护权等官厅权力,使得他们集中了对付农民的私人停止权和行政管理权。在这个地区,由于庄园主对农业的兴趣,也出现了诸侯直辖庄园的萌芽。勃兰登堡大选侯在 16 世纪便接受了这样的观点:君主必须是他的国土上最大的地主。王室领地也可以作为私人经济来经营、扩大、出卖和世袭。①

在易北河西岸,尽管农民的生活和社会地位也都下降了,但情况对农民更有利些。这里邦国领地分散,邦国君主处于关心税收的目的,对农民提供了某种程度的保护,而另一些农民则处于较为温和的教会领主的控制之下。② 西部的贵族往往为诸侯和教会供职,他们较少自己经营农业,而宁可把各个田庄季节性地租赁出去,并把劳役转化为可靠的不受物价波动和货币贬值

---

①　[德]马克斯·布劳巴赫等:《德意志史》第 2 卷上册,陆世澄等译,商务印书馆 1998 年版,第 559—560 页。

②　[德]马克斯·布劳巴赫等:《德意志史》第 2 卷上册,陆世澄等译,商务印书馆 1998 年版,第 559 页。

影响的货币租金和实物租金。

在德国西部，存在着自由农民的定居地，这些地方被称作"帝国的村庄"。这些帝国的村庄是数世纪以前像帝国城市一样创立的。这些村庄只承认德意志神圣罗马帝国是其领主。到18世纪，这些帝国村庄中绝大多数已经落入地方统治者的控制中，失去了原先的地位。此外，德意志还有一批自由农民生活在法德边境地区。在中世纪，领主不在强迫这些农民成为移民，互殴走位有特殊军事价值的边民。自由农民构成了德国西部乡村人口的一小部分。这些农民尽管有自由身份，但他们中的绝大多数人还得向对有权势的领主缴纳租税。①

在德国东部自由农民的数量比西部要多得多。13世纪条顿骑士团征服这个地区时，他们由于立即皈依了基督教而获得了自由。在东普鲁士，自由民被称为"克尔默"，因为骑士团授予他们那种曾授予卡尔姆城和托伦城同样的特权。德意志东部其他地方的自由农民还有其他的名称。②

"克尔默"在德意志乡村社会等级中是一个专门的类别。他们的地位处于贵族和农民之间。这种身份表现在普鲁士军事组织中。在那里，贵族之子担任委任的官员，"克尔默"之子充任非委任军官，而不自由农民之子充当士兵。尽管"克尔默"被称为他们所持有土地的所有人，并可以随意地让渡这些土地，他们却没有对这些土地的完全所有权。他们的土地被视为国家土地的一部分。他们要向君主缴纳税金，并要在王室庄园服劳役。以此表示承认后者的最高所有权。那些从私人领主那里租得土地的自由民，有时需要在缴纳货币地租之外，还要缴纳实物地租

① Jerome Blum, *The End of Old Order in Rural Europe*, Princeton U. P., 1978, p. 29.

② Jerome Blum, *The End of Old Order in Rural Europe*, Princeton U.P., 1978. p. 30.

和服劳役。他们时常生活在他们自己的村庄或是孤立的农场上。以后，庄园的土地逐渐环绕了他们的土地，他们沦为领地农民的同类。到了 18 世纪，一些"克尔默"失去了他们对于领主的自由。领主强迫他们缴纳一字儿不自由农民要缴纳的租费。而且，由于他们中许多人缺少能够证明自己特别身份的文件，他们的土地有时会被领主霸占，他们像德意志东部绝大多数农民那样有沦为农奴的危险。①

在德国西南部，一些领主对土地持有者转手土地索要费用。新的土地持有者要向对该地产具有直接所有权的领主付费，还要对在当地有司法审判权的领主付费，如果持有者是农奴，他还要对作为农奴主人的领主付一笔费用。而在德国符登堡，领主对土地转手只索要相当于土地售价 2% 的费用。②

在德意志王室的地产，法令规定土地转手的费用在持有地价值的 3%—5% 之间。在各斯拉夫省份，没有授权征收土地转手的费用，但是确实有领主征收这种费用。在下西里西亚，在农民之间转手土地时，领主要收取费用。③

在德国政府规定了农民全份额持有地的单位"胡符（Hufe）"的面积在 7—15 公顷之间。征税土地单位的确定，有利于实行较为公正的征税制度。根据萨伏依公爵的指令，1728 年至 1738 年对土地面积和土地价值做了地籍测量。④

---

① Jerome Blum, *The End of Old Order in Rural Europe*, Princeton U. P., 1978, p. 30.

② Jerome Blum, *The End of Old Order in Rural Europe*, Princeton U. P., 1978, pp. 60–61.

③ Jerome Blum, *The End of Old Order in Rural Europe*, Princeton U. P., 1978, p. 62.

④ Jerome Blum, *The End of Old Order in Rural Europe*, Princeton U. P., 1978, pp. 66–67.

三、再版农奴制和农奴制的废除

在 15 世纪以前,在易北河以东的中欧和东欧地区,这里的乡村居民拥有较大的自由。但是到了 15 世初期,情况开始恶化,建立农奴制度的速度加快了。[①]在德国中部和东部,存在一种对庄园雇工的强制性劳务。这种方式 1543 年出现在勃兰登堡。其内容是农奴的所有子女都必须在土地所有者家中做 1 至 4 年的仆人,这是在通常的农业劳务之外的额外负担。[②]

在德国中部,自 15 世纪开始的再封建化进一步发展。这种倒退削弱了领域统治者的权力。地方领主能够利用这种削弱获得对农民的司法裁判权。[③] 最初只是农民的社会和法律自由受到威胁,但最终他们的经济自由也被剥夺。16 世纪农产品价格上涨导致了领主更多地直接耕种庄园自营地。为了获得自由劳动力,他们开始运用自己的法律权利,要求农民为他们服劳役。这样一来,一大批先前欧洲最自由的农民开始像农奴那样要承担劳役义务,在向市场提供产品的商业化地产上劳动。例如在 15 世纪的勃兰登堡,贵族只有很小的自营地农场。贵族逐渐地扩大庄园对农民的权力,减少农民的人身自由,增加他们的劳役义务,把世袭租佃制变成很不利于农民的租佃制。贵族还以牺牲农民为代价,增加自己拥有的土地。到 16 世纪在勃兰登堡出现了土地贵族的大农场。在 16 世纪最后二十五年到 17 世纪最初二十五年,勃兰登堡土地贵族的自营地占有面积从 3236.5 胡

---

① ［英］E.E.里奇、C.H.威尔逊主编:《剑桥欧洲经济史》第 5 卷,高德步等译,经济科学出版社 2002 年版,第 109 页。

② ［英］E.E.里奇、C.H.威尔逊主编:《剑桥欧洲经济史》第 5 卷,高德步等译,经济科学出版社 2002 年版,第 111 页。

③ F.L.Castern, *The Origins of Prussia*, London: Oxford U.P., 1954, p.94.

符增加到 4885.5 胡符,既增加了 50%。而农民拥有的土地从
21889.5 胡符减少到 40.5 胡符,大约减少了 8%。[1] 在这个阶
段,村长和村团体的地位大大下降了。这一过程以德国中部出
现一种新的庄园制度为其顶点。其特点是由服强制性劳役的农
民来耕种庄园土地。而在以往的封建领主统治下,农民的负担
主要为地租负担。

另一方面,农民并没有因为庄园的控制和劳役义务的加强
而被摧毁。在勃兰登堡,伴随着劳役义务的增加,现金或实物地
租冻结或有所下降,作为对劳役义务的某种补偿。在其他地区,
如同在波美拉尼亚乡村一样,农民保持了一定的自主权。在这
里,地方政府掌握在农民中精英分子手中,他们组成了地方法
庭。这种法庭每个季度举行,处理财产、继承问题上发生的纠
纷,并维持地方秩序,维修街道、桥梁、建筑水坝、提供消防服务、
保护村庄的特权。他们还支付雇佣牧师和教师的开支。在封建
权力不十分强大的地方,强有力的农民团体起来保护农民的权
力和自由,使乡村控制着自己的事务。[2]

尽管发生了庄园化,但德国东部谷物产量大部分还是由农
民农场生产的。例如,在立窝尼亚奥克森斯蒂尔那地产上,
1624—1654 年得自农民的岁入相当于来自领主自营地岁入的 4
倍。在波兰和波希米亚情况也是一样。直到 17 世纪末,农民始
终是市场主要的谷物供应者。在德国东部,土地贵族拥有的大
地产并非经营得很好。例如东普鲁士的塔皮奥,1550—1696 年
间,由庄园地产生产出的谷物很少达到司法区平均收成的 45%
的。司法区有 26% 的岁入来自独立农民的谷物税,14% 来自磨

---

① F.L.Castern,*The Origins of Prussia*,London：Oxford U.P.,1954,p.58.

② R. L. Hopcraft, *Regions*, *Institutions*, *and Agrarian Change in European History*,pp.157-158.Ann Arbar,University of Michigan Press,1999,p.179.

坊税和其他税收。①

德国东部农民法律地位和自由的下降，造成了这个地区农业生产的衰落。诚然这个地区继续生产谷物供出口。但是当地的农业生产技术是原始的，庄园自营地地产的扩大并没有带来生产力的提高。谷物生产力的下降造成了 17 世纪德国谷物贸易额的下降。北海地区谷物在欧洲市场上的竞争力下降了。18世纪上半叶运到荷兰的谷物平均总值不到前一个世纪的一半。②

德国东部的再封建化极大地减少了这个地区自由农民的数量。但农民仍然耕种着大部分土地。1624 年的统计资料表明，勃兰登堡的密德尔马尔克，农民耕种了总量 26000 胡符土地中的 77%。到 18 世纪末，普鲁士选侯国中官员和贵族只耕种了五分之一的可耕地，而农民耕种了五分之四的可耕地。在 16 世纪的价格革命中，农耕显得有利可图。地主更多地致力于耕种自己的土地。但他们中大部分人不是特别富裕，许多人还比不上殷实的自由农民那样富裕。哈根认为，尽管容克庄园主企业家确实可以得到利润，但生产成本也非常高。总的来说，在再封建化获得成功的德国东部，许多农民沦落到状况不比农奴好多少的地步。波美拉尼亚的编年史家托马斯·坎错在 16 世纪 30 年代就当时的农民写道："他们对他们的农场没有任何权利，许多人向他们的领主提供后者索要的众多役务。有时这些役务使他们都没有时间从事自己的农事，他们因此日益贫穷和被迫外逃。这些农民说，他们一周六天都得服劳役；第七天他们才做自己的

---

① Wilhelm Abel, *Agricultural Fluctuations in Europe from the Thirteenth to the Twentieth Century*, N.Y.St.Martin Press, 1978, p.214.

② R. L. Hopcraft, *Regions, Institutions, and Agrarian Change in European History*, pp.157-158. Ann Arbar, University of Michigan Press, 1999, p.180.

事。""这些农民比奴隶好不了多少,他们的领主能够随意地殴打他们,把他们发配到很远的地方。但如果农民或他们的子女违背领主的意志迁居他地,领主能够下令将他们像自己的奴隶一样捉回来……而这个农民的后代,不管是儿子还是女儿要违背,都不得离开地产农场。不仅他们父亲的农场被占有,而且他们必须接受去耕种领主选择的贫瘠的土地。所以,许多人逃亡或不明下落,使得许多农场无人耕种。农场必须安排其他人来耕种。如果逃亡者没有在农场留下物资,地主就不得不给新来的农场持有者以马匹、牛、猪、大车、犁种子和其他物品,并且或许自己要数年才能获得收益,直到这块土地恢复了生产秩序。其时,新人和他们的子女就和其他农民一样成为他的农奴。"①哈根指出,劳役义务的增加和庄园控制的加强并未使农民崩溃。例如在勃兰登堡,在劳役增加的同时,冻结了低额的货币或实物地租,这意味着对增加的劳役义务的一种补偿。许多农民发现,通过增加劳役来保持他们的农场是值得的。在其他一些地方,如 16 世纪在东波美拉尼亚的一些村庄,农民保持了他们先前拥有的一定程度的自主权。在这种领主权相对薄弱,保留有农民的村社权力的地方,给予农民对自己事务的管理权。这与自由农民享有的权利没有什么区别。②

在德国西南部,要求农民如果不带牲畜拉的车每年服劳役 14 又三分之一天,如果带上牲畜拉的车每年服劳役 16 天。在德国中部,领主对农业生产较为积极,有的领主要求农民 1 年服 52 天劳役。但大多数领主向农民索要的劳役日数比这要少。领主索要的劳役是与农民持有土地的大小成比例。在德意志西

① Wilhelm Abel, *Agricultural Fluctuations in Europe from the Thirteenth to the Twentieth Century*, N.Y.St.Martin Press, 1978, p.131.

② Wilhelm Abel, *Agricultural Fluctuations in Europe from the Thirteenth to the Twentieth Century*, N.Y.St.Martin Press, 1978, p.179.

北部,许多领主致力于大规模的农场生产。持有足够大面积土地的农民每年要带上牲畜拉的大车服劳役 104 天,少数地区为156 天,平均每周 2—3 天。在东汉诺威的吕内堡的庄园,持有足够大面积土地的农民每年要带上牲畜拉的大车服劳役 156天,或者不带牲畜拉的大车服劳役 300—312 天,即每周服劳役平均 6 天。①

在东普鲁士,领主通常要求持有足够大土地的农民每周 6天,派出两个人带上 4 匹马去服劳役。在靠近柯尼斯堡的埃尔梅兰,私人领地上的农民一家每周要出两个人、4 匹马去服劳役3 天。而在王室庄园上的农民,则一年只要服劳役 9—60 天。相反,在瑞士的波美拉尼亚的农民家庭,在 18 世纪 60 年代每天要提供两个劳动力、4 匹马为领主服劳役。在麦克伦堡,领主提出特别的劳役要求,在那里许多私人庄园上,持有充分的份地的农民家庭,一周要出 3 个劳动力和 6 匹牲畜为领主服劳役。勃兰登堡的领主要求的劳役稍轻些,持有土地的农民家庭每周要带上牲畜拉的车去服劳役 3 天。只有房舍和园子的农民,一周服劳役 3 天。而在乌克马克,这样的农民一周要服劳役 6 天。在下西里西亚,持有租地的农民每周只要带上牲畜拉的车服劳役 1—2 天。在萨克森,劳役一年为 30—80 天,服劳役的时间集中在春季土地耕种和秋季收获时节。②

在波希米亚、摩拉维亚、西里西亚和加利西亚,持有全份土地的农民一年要服 156 天劳役。在波希米亚,持有半份土地或四分之一份土地的农民,一年要带上 2—3 头能够工作的家畜服 156 天劳役。而持有全份土地的农民则要求带上 4 头牲畜服

① Jerome Blum, *The End of Old Order in Rural Europe*, Princeton U. P., 1978, p.53.

② Jerome Blum, *The End of Old Order in Rural Europe*, Princeton U. P., 1978, pp.53-54.

劳役。那些持有土地不到半份土地的农民,1 年要服 26—156
天不带牲畜的劳役。无地农民每年要服 13 天劳役。①

在许多地方,要求离去的农民须得向他的领主缴纳一笔离
去费。有时离去费的数额是固定的,有时离去费定为农民财产
总额的一个百分比,多的时候为 10%,通常是 2.5%—3%。农
民在支付了离去费之后,自己就从农奴制下解放出来了。如果
他离去时没有缴纳这笔费用,那么仍然是农奴,而他的领主可以
在她死后要求取得它的财产。如果在离去时没有付费的农奴是
妇女,那么她不仅依旧是农奴,在德意志的土地上,她的子女不
管出生在何处、生活在何处,在法律上仍然是她的领主的
农奴。②

在巴伐利亚以及 1791 年以后在洛林,农奴取得教士职位或
是与贵族结婚,或是自己被封为贵族,便自动获得了解放,不再
是农奴。③

几乎在所有地方,领主在领有农奴时要付给他们一小笔钱,
这笔钱通常给农奴本人,同时告知他的农奴身份。有的时候农
奴要行臣从宣誓礼。在符登堡,农奴在 12 月 26 日即圣斯蒂芬
日行这种宣誓礼,并付出一笔款项。在仪式之后,领主赐给农奴
一顿餐食。领主为此花费的费用甚至超过了他刚从农奴那里得
到的款项。这种情况表明,领主主要不是把这笔钱作为收入的
一种来源,而是以此彰示他的领主权。④

------

① Jerome Blum, *The End of Old Order in Rural Europe*, Princeton U.P.,
1978, p.55.

② Jerome Blum, *The End of Old Order in Rural Europe*, Princeton U.P.,
1978, p.37.

③ Jerome Blum, *The End of Old Order in Rural Europe*, Princeton U.P.,
1978, p.37.

④ Jerome Blum, *The End of Old Order in Rural Europe*, Princeton U.P.,
1978, pp.37-38.

在麦克伦堡农民比德国其他地方的农民的处境要恶劣。从17世纪中叶起在麦克伦堡公开的农奴买卖就很活跃，诚然这种买卖直到1757年都未得到官方的批准。麦克伦堡的诗人和爱国主义者约翰·亨利希·福斯（1751—1826年）抨击麦克伦堡领主把农奴送去补充普鲁士军队。[①]

1681年的法律允许勃兰登堡国在一定的条件下出售无地农奴。但是有报告说，这种出售一直规模不大。1759年普鲁士西里西亚政府下令结束活跃的农奴买卖。但禁令似乎没有完全生效。在勃兰登堡出售农奴的现象持续到1795年。1773年11月8日弗里德里希二世表示禁止在东普鲁士出售没有土地的农奴。而在波美拉尼亚，直到18世纪80年代立法还允许出售没有土地的农民、抵押或交换农奴。[②] 在石勒苏益格-霍尔斯坦因，法律禁止出售没有土地的农奴。但农奴主对这项法律毫不在意，报告说，一个农奴主用一名农奴去换两条狗，还有农奴主将自己的农奴在赌场作为赌注。[③]

几个世纪以来，在欧洲奴役性的土地上，农民对领主承担的负担和劳役义务不断变化。在北德意志的希尔德斯海姆王公的领地上，农民要承担138种名称不同的义务。

西欧的领主通常不像东欧的领主那样对农业生产那么积极。他们中许多人允许农民将其劳役折算成货币来支付。也有一些领主把农民的劳役用于建筑房屋、修缮、差役、站岗放哨，有时将劳役用于狩猎活动，让农民在他们狩猎时驱赶野兽、搬运猎

---

① Jerome Blum, *The End of Old Order in Rural Europe*, Princeton U.P., 1978, p.41.

② Jerome Blum, *The End of Old Order in Rural Europe*, Princeton U.P., 1978, p.41.

③ Jerome Blum, *The End of Old Order in Rural Europe*, Princeton U.P., 1978, p.42.

获物。农民大多因为租种领主的土地要承担劳役义务。但是在洛兰、汉诺威、下萨克森南部、符腾堡,农民还要对那些对他们拥有私法审判权的领主承担劳役义务。① 到了农奴制取消的前夜,用现金抵付劳役的做法在东普鲁士一些地区越来越普遍。②

领主除了要农奴服不付酬的劳役外,还强迫农民为领主额外工作。领主对这种雇佣劳动只支付比一般的雇佣劳动低得多的工资。在德意志的中部,领主付给从事附加劳动的农民以实物工资,数额相当于他们收割或扬晒的谷物实物的八分之一到十二分之一。在波希米亚、摩拉维亚和西里西亚,每周劳役义务不到三天的农民被迫按照固定的工资率为领主做三天工。③

在法国资产阶级革命的影响下,德国从 18 世纪末期起在一些邦国废除农奴制。实行开明专职的奥地利走在农奴解放运动的前列。玛莉亚·特蕾萨以“调整”为宗旨进行了改革。这一改革在 1781—1789 年约瑟夫二世实行重农主义的激进改革中达到了顶峰。不过在约瑟夫二世死后,这些改革又被取消了,只有废除农奴制和已经实行的保护农民的规定仍然生效。1783年巴登的卡尔·弗里德里希对农奴制的废除没有触及地主和农民的关系。④

在符登堡公国,1817 年取消了采邑联盟。农民的土地可以出售。在诸侯土地上封建制度一直存在到 1848 年。在此以前

① Jerome Blum, *The End of Old Order in Rural Europe*, Princeton U. P., 1978, pp.50-51.

② Jerome Blum, *The End of Old Order in Rural Europe*, Princeton U. P., 1978, p.59.

③ Jerome Blum, *The End of Old Order in Rural Europe*, Princeton U. P., 1978, p.56.

④ [德]卡尔·艾利希·博恩等:《德意志史》第 3 卷下册,张载扬等译,商务印书馆 1991 年版,第 495 页。

土地不准分割,实行土地的一子继承制。①

　　巴伐利亚农奴的解放比普鲁士王国要早。1803 年巴伐利亚公布的一个调查材料说,在半数以上已经世俗化的教会领地上,农奴制已经不复存在。1808 年 8 月 31 日,普遍地不经补偿地废除了农奴制,但领地制和领主裁判权大部分还保留着。而在巴登是通过赎买得到削弱。②

　　在普鲁士王国,18 世纪的农民保护法推迟了这个地区的农民解放。但普鲁士地区农民解放过程进展很快。在 18 世纪末以前,农民的解放已经展开。19 世纪初年施泰因和哈登堡两首相先后进行改革,宣布了人身自由,通过财产让与和补偿,在法律上为绝大多数中农和大农免除了土地负担和一切劳役和赋税。但小农直到 1850 年仍然没有得到调整,领主裁判权还完整地保留着。普鲁士的农业制度建立在新的基础上,一些土地贵族开始采用农业资本主义经营。在易北河以东,庄园中农业劳动者开始得到解放。地产由中世纪的骑士领地向现代资本主义大地产发展。这样土地经营方式就必然要转变为雇佣劳动,形成一个新的农业工人阶层。

　　在弗里德里希·威廉三世登基后不久,而当时在普鲁士省大臣冯·施勒特尔周围形成了一个改革家团体。在 1793 年到 1795 年新兼并的东普鲁士,弗里德里希·威廉一世和弗里德里希二世采取了改革措施,1804 年确认了农民的人身自由。

　　在普鲁士斯泰因和哈登堡两任首相期间,通过 1807 年和 1811 年的改革敕令。1807 年的敕令宣布,"关于地产自由交

---

　　① 〔德〕卡尔·艾利希·博恩等:《德意志史》第 3 卷下册,张载扬等译,商务印书馆 1991 年版,第 496 页。

　　② 〔德〕卡尔·艾利希·博恩等:《德意志史》第 3 卷下册,张载扬等译,商务印书馆 1991 年版,第 501 页。

换:第一款,我们每个州领土上的居民从今以后可以自由地获得和拥有各种类型的地产。这样,贵族不仅能够获得贵族的土地,而且能够获得市民和农民的土地,同样,市民和农民也能不仅获得市民和农民这些非贵族的土地,而且可以获得贵族的土地。每一次此类地产转手,无论如何必须如同以前那样,向当局申报。""关于财产的划分:第四款,所有拥有性质属于可以出手的地产的所有者,在向地方当局作相应的申报后,能够一点一点地出售这块土地的小块或整块出售。合作者能够以同样的方式划分他们拥有的共有财产。""关于授予自由租佃权:第五款,每个业主拥有的无论是作为采邑的一部分或是任何其他的限定继承的财产,都可以自由地以任何期限出租,只要以货币形式收取的租金用于支付抵押的,或是限定继承的财产,都可以作为地产收益将其资本化。""取消维兰制:第十款,从此敕令公布之日起,不再有任何新的维兰关系——无论是根据出身、婚姻或获得一份维兰持有地——存在。第十一款,从同一日起,所有根据世袭保有权持有土地的农民和他们的妻子和他们的后代,都不再是维兰。"①

　　1811 年的立法由同一天颁布的两道敕令构成。一道敕令的名称为《关于领主、专员和他们的农民之关系的规则》,另一道敕令的名称是《关于更好地耕作土地的敕令》。它们规定,所有领主土地的佃户再支付了敕令规定的给领主的赔偿金后,就成为他们持有地的业主。② 1807 年和 1811 年改革敕令在普鲁士废除了农奴制。

　　在施泰因和哈登堡时期,德国进入了一个在国家支配下进

---

　　① Cobden Club, *System of Tenure in Various Countries*, London, Macmillan Press, 1870, pp.306-308.

　　② Cobden Club, *System of Tenure in Various Countries*, London, Macmillan Press, 1870, pp.313-314.

行农业改革的新阶段。英国的自由主义经济思想在这个时期传播到德国,首先影响到柯尼斯堡地区。在这里出现了自由主义思想家克雅卡劳斯、施特勒尔、奥尔斯瓦德和策勒,还有普鲁士1811年敕令的起草人塔埃尔。

关于19世纪上半个世纪普鲁士农业改革的结果,20世纪60年代的研究表明,1816年至1859年,有能力用牲畜拉犁耕地的农民由于土地的自由买卖失去了44.5万公顷耕地,由于所有权调整失去了48万公顷土地,由于地主收回失去约30万公顷土地,合计共失去120万公顷土地。但由于耕地整顿得到了240万摩尔根,在调整时失去了160万摩尔根,因此所有的土地还剩下43.8万摩尔根,使整个损失减少为92.7万摩尔根,等于1816年水准的2.7%。有份地的自耕农总共减少6870户,相当于2%。对自耕农来说,地产结构变化很小,自耕农大体保住了他们从公地分得的土地。但是由于所有权的调整,他们失去了在公地上的权利。后来庄园主就利用其面积与耕地相等的共有地资源,把自己的庄园扩大为大农业企业。与此同时,骑士庄园的土地增加了约18%。由于分配共有地和大量的土地买卖,农村小农户的数字不断增加,[①]出现了农村人口过剩。这些过剩农业人口在1850年以后被德国西部和中部的工业化所吸收。

在东、西普鲁士,1819—1849年农村人口增长率为53%。这种增长主要发生在小农和农业工人中,因为对这些家庭来说子女就是劳动力。而城市人口增长率要低些,为27%。这就造成了从40年代开始农村人口向城市的大迁徙。这种运动使得在几十年后,城市人口在总人口中的比例从占三分之一增加到

---

① [德]卡尔·艾利希·博恩等:《德意志史》第3卷下册,张载扬等译,商务印书馆1991年版,第500页。

占二分之一,有的地区增加到占总人口四分之三。[1]

在莱茵河右岸的普鲁士,大地主从赎买中得到的款项大多用来清理债务、抢购土地或购买铁路股票。在那里和在南德以及西南部德国,购买国内和外国公债券的人也很多。南德的大庄园和大领地得到了几百万古尔登。克莱贝尔说,"庄园的大地产企业主要依赖农民……被迫支付的巨额赎金才得以转变为资本主义生产……不是一场胜利的资产阶级革命给普鲁士的资本主义发展扫清了障碍,而是古老的庄园主阶级或者说它的国家所操纵的改革给它作好了准备。由于这种情况就产生了一个特点,即不断发展的农业资本家阶层对发展往往受到阻碍的工业资产阶级居于领先地位"[2]。

萨克森在改革过程中,1832 年 3 月 17 日发布了关于赎买和共有地分配的法令。以后,1834 年 1 月 1 日成立的地租银行承担了农民给领主的现金补偿,解除了农民额外的封建负担,农民可以不受限制地支配自己的土地,农民有 55 年的偿还期限。这项措施几乎完全保住了农民的土地并且新建了许多大农庄。从此以后,农村中富裕的中农和大农户成为萨克森农业区典型的农业组织形式。在汉诺威,在法学家卡·贝·施蒂费参与下制定的 1831 年赎买法令和 1833 年执行法取消了领地制,使土地一子继承制成为固定的制度。[3]

德国农民的解放是在农民承担巨额负担的情况下实现的。农民要承担新的租税。几十年前确定下来的劳役负担和现金负

---

① [德]卡尔·艾利希·博恩等:《德意志史》第 3 卷下册,张载扬等译,商务印书馆 1991 年版,第 503 页。

② [德]卡尔·艾利希·博恩等:《德意志史》第 3 卷下册,张载扬等译,商务印书馆 1991 年版,第 503—504 页。

③ [德]卡尔·艾利希·博恩等:《德意志史》第 3 卷下册,张载扬等译,商务印书馆 1991 年版,第 501 页。

担不再使用,农民必须根据 1806—1807 年高昂的谷物价格测算出的金额来支付免除劳役费。农民为了得到所有权和附带偿还资本化的地租需要直接支付的款项,往往支出等于土地赎金的两倍。这种负担在初期往往无法通过提高生产率得到补偿。领主利用农民的土地补偿费、征购不受保护的农民的土地,用自由经营等方法扩大自己的地产,用赎金建立甜菜加工厂、烧酒酿造、木材加工企业等工业企业和磨坊。

易北河以东的大地产传统上一直拥有政治和经济特权。到了 19 世纪后期,容克和资产阶级日益同质化,他们都成为普鲁士统治阶级的成员。这个时期,尽管大土地持有者在衰落,但他们可以确保自己的农业利益。普鲁士统治精英新的封建化的统治方式与地主向后看的意识结合起来。而大土地所有者对市场的依赖,表现出一种资产阶级化的倾向。

四、近代农业结构

18 到 19 世纪初德国的农业制度可以划为五个地区。第一个地区是德意志西部、南部。这个地区的农业制度古旧僵化,实行着领主制。在多数农民田产在继承人中实行平均分配。第二个地区是西北部实行新领主制的地区。在德国西北部几乎完全不存在农奴制。在这个地区实行的领地制是对土地的统治。在这里存在领主拥有"直接所有权",农民拥有罗马法规定的"使用权"。中世纪这个地区存在着军人等级和劳动者等级的等级制度。1525 年以后,在这里发生了有利于领主的变化。贵族领主拥有低级的或高级的审判权,甚至有权处死人。贵族的权力超过了国家的权能,他们能向农民索要租税、支派劳役,征收古老的、长期以来归世俗君主所有的教会什一税。第三个地区是东南部(巴伐利亚—阿尔卑斯)农业制度地区。第四个地区是波西米亚、西里西亚和易北河以东的庄园制地区。德国东部庄园制的特点是包括人身统治、土地统治和审判权在内的所有统治权集中在一个人的手中，实行了完整的大地产制。自主保有地经济在不断地增长。农民的负担（包括徭役和强制性的劳动）大大加强，而农民的自由地受到比古代德意志更大的限制，以至于在 18 世纪，由世袭隶属关系向农奴制转化的情况时常可见。第五个地区是德国中部的领地制地区。

德国各地的农民尽管有些差别，但他们也有很多共同点。农民受到两重束缚，即他们既是领主的臣仆，又是一个乡村或马尔克公社的成员，他的生活由领主和公社共同决定。农民是领主的臣仆，但也有一些特权。在他们以下，还有数量日益增多的茅舍农和寄居农，这两类人不能享受农村公社成员的权利，地位比农民还低一等。

18 世纪下半叶到 19 世纪上半叶，物价上涨、市场扩展，新的市场形成。领主在物价高涨的年代需要更多的现金来维持他们的生活水平和对奢侈品的需求，他们的剥削标准也提高了。他们在对农民经济剥削加强的同时，在实行农奴制的地区，农民的法律身份和个人权利也恶化了。在麦克伦堡、波美拉尼亚、霍尔斯坦因和其他一些地方，律师持续地降低农民自由迁徙的权利，允许领主向农民要求超出常规的劳役义务，削弱或取消农民的土地保有权。麦克伦堡 1616 年的一项法律规定，农民被领主占有的土地应当归还农民自由使用。然而在 1797 年 11 月 7 日格赖夫斯瓦尔德大学法学院的一项规定说，"先前的习惯"不再适用。[①]

在下萨克森、东北德意志的韦尼格罗德公爵领地、勃兰登堡

---

① Jerome Blum, *The End of Old Order in Rural Europe*, Princeton U.P., 1978, p. 72.

和东普鲁士的王室庄园上,拥有整份土地的持有者通常持有 2 胡符土地。正在德意志中部安哈尔特德某些王公的庄园,1687 年规定拥有整份持有土地的农民面积为 4 胡符。在哈尔伯施塔特主教领地的一个村庄,整份农民持有地的面积在 4.5 — 7.5 胡符之间,半份农民持有地的面积在 1.5 — 2.5 胡符的土地。整份持有地的面积标准各地相差很大。在符登堡,1 胡符的土地面积各地差别很大,在 4 — 389 摩尔根之间,即在 6 — 584 英亩之间。在有的地方,1 胡符土地面积的差别不那么大。在汉诺威的劳恩堡,1 胡符在 35 — 63 英亩之间。在勃兰登堡,1 胡符规定为 30 普鲁士摩尔根(19 英亩)。但有的地方规定为 200 摩尔根(126 英亩)。在萨克森 1 胡符在 32 — 41 英亩之间。在山区 1 胡符土地面积为 60 英亩。[①]

　　18 世纪初期德国的农业落后于英格兰和尼德兰。1700 年时,除德国西北部例外,其他地区普遍出现了农业萧条,经济停滞一直延续到下一个世纪。腓德烈大帝指出,在德国东部,轻视牲畜耕作,很少有放牧的草地,施肥不足,土地收成很差。在西南部,园圃和葡萄园属于密集性种植,可耕地仍然不足。在西南部许多地区,谷物种植中两圃制地制仍在实行。18 世纪德国的君主已经知晓英国和荷兰的先进的农业经验。弗里德里克威廉一世(1713—1740 年)致力于在某些地区引入改进农耕的方法,安排重新定居的农民开垦土地,复兴普鲁士的农业经济。他颁布了圈地法,并宣布反对共有农耕制度。他建立了专门的委员会去调查农耕制度,以便对各地区的圈地提出建议。从 1763 年开始,他指导司法审判法庭。1777 年他在西里西亚颁布了"永久不变的法律",指出共有的财产制或混合土地持有制已经束

---

　　① Jerome Blum, *The End of Old Order in Rural Europe*, Princeton U. P. , 1978, pp. 95-96.

缚了农业发展,自由使用土地和草地应该被完全废除。18 世纪
在德国西南部,由国家和村庄官员组织的农业生产已经出现了。①
改革在不那么发达的地区较为成功。例如,圈地法在德国北部的
实施较为成功,土地私有化付诸实行。但巩固土地所有制和实行
圈地在德国南部实施较为困难。直到 20 世纪开始前,在南部和
西南部还存在着高度分散的敞地,需要进行大规模的圈地。②

　　18 世纪各地区农业发展模式不同。德国北部和东部一些
地区,开始引入新作物和轮种制。18 世纪在霍尔斯坦因和麦克
伦堡部分地区在圈占的土地上实行了一种复杂的轮种制度。在
德国北部沿着弗里斯兰海岸,在部分莱茵地区和威斯特伐利亚,
从东石勒苏益格到东浦路的波罗的海沿岸,以及在萨克森,四圃
制等多种轮作制发展起来。在较远的南部,还有实行七圃轮作
制的地区。石勒苏益格-霍尔斯坦因是最发达的农业区之一。
到 1800 年,北海沿岸地区仍然是牛的主要出口地区。到 1800
年,德国东、西部之间牛的贸易已经明显衰落。因为此时勃兰登
堡、普鲁士、萨克森和德国西部较多地区努力使肉类自给自
足。③ 威斯特伐利亚的西普鲁士省和巴登大公爵领地代表了两
种类型的土地所有制的转换形式。一个实行土地充分的私有
化,一个实行仍然公开让人们去占有土地的个人土地占有制。

　　自 1750 年以后,绝大多数欧洲启蒙思想家中形成了一种认
识,即集体用益权和共同放牧的土地成为发展农业谷物生产的
障碍,他们普遍倡导取消上述共有制度。在这个时期,把牲畜关

　　① Sabean, David Warren, *Property production, and family in Neckarhausen
1700-1870*, Cambridge U.P. , 1990, p. 187.

　　② R. L. Hopcraft, Regions, *Institutions, and Agrarian Change in European
History*, Ann Arbar, University of Michigan Press, 1999, p. 181.

　　③ Wilhelm Abel, *Agricultural Fluctuations in Europe from the Thirteenth to the
Twentieth Century*, N. Y. St. Martin Press, 1978, p. 211.

起来养肥,种植饲料作物,以及适当地施肥,得到了倡导。这种观念与古典自由主义确立对土地的绝对产权的观念密切相关。这种思想在普鲁士的哈勒和柯林斯堡有深厚的基础。①

在普鲁士,18 世纪60—70 年代早期的法令并没有导致土地关系广泛的转变。但是在一些地区,如威斯特伐利亚的拉文斯堡县,到1806 年有四分之三的程序已经完成。两个基本的原则的运作成为作出进一步规定的模式,即共有地必须转变为完全私人所有,土地分配应当根据规定的使用权,而不是根据非正式的使用权实践来决定。在这一过程中,少数大农确保了最大最好的份额,而小农则得到较小的土地作为补偿,而没有财产的小茅舍农和租佃劳动者则几乎什么也得不到。1821 年普鲁士颁布了《公地划分敕令》。②

在这个时期,德国国家和邦的官员首先关心的是维持原先的岁入,他们为此不惜阻挠农业制度的改革。③ 在远东贫瘠的土地上,旧的三圃轮作制仍然在实行。在东普鲁士实行七圃轮作制,经常是按裸麦—大麦—大麦—燕麦—燕麦—豌豆—休耕

---

①　Niels Grune, "Individualisation, privatization, mobilization: the Impact of common property reform on land markets and agricultura growth in Germany, A comparatuive view of westphalia and Baden", in Gerard Beaur, Phillipp R.Schofield Jean-Michael Chevet, Maria Teresa Perez Picazo, eds., *Property Right, Land Markets and Economic Growth in European Countryside* (*Thirteenth-Twentieth Centuries*), Brepols, 2013, p. 159.

②　Niels Grune, "Individualisation, privatization, mobilization: the Impact of common property reform on land markets and agricultura growth in Germany, A comparatuive view of westphalia and Baden", in Gerard Beaur, Phillipp R.Schofield Jean-Michael Chevet, Maria Teresa Perez Picazo, eds., *Property Right, Land Markets and Economic Growth in European Countryside* (*Thirteenth-Twentieth Centuries*), Brepols, 2013, pp. 159-160.

③　R. L. Hopcraft, *Regions, Institutions, and Agrarian Change in European History*, Ann Arbar, University of Michigan Press, 1999, p. 188.

的次序轮作。许多地区重视为市场生产谷物。①

在 18 世纪下半叶,德国西南部农民商人集团已经形成。1740—1860 年,他们在帕拉丁、莱茵-黑森和上莱茵河谷北部地区农业生产、农业技艺和农产品销售转变过程中起了关键的作用。在 18 世纪最后几十年农民商人要求得到更多的劳动力。在经过三十年战争后的复苏,德国西南部的农业制度发生了根本的变化。战争和瘟疫曾造成了这个地区人口减少了 80%。当地信奉加尔文教的政治流亡者在目睹了国外的农业状况后,发起了大规模的移民运动。有 1 万名信仰和来源不同的移民移居到这一地区。这些移民把成熟的农耕方式引入。特别是在农业状况较好的巴登北部和莱茵河谷-帕拉丁东部,开始种植新作物,如玉米、烟草、蛇麻草、块状茎作物(马铃薯和萝卜)。休耕制度在 18 世纪几乎完全消失了。18 世纪 80 年代在许多地区,如克莱希和帕拉丁北部,人口明显增多了。② 在帕拉丁选侯国,18 世纪 70 年代以后人口平均年增长 0.9%。德国西南部每平方公里人口达到 77 人,成为西欧人口最密集的地区。以后,人口继续增长,19 世纪 60 年代达到每平方公里 100 人。在适合居住的巴登北部和东帕拉丁,甚至达到每平方公里 130 人。③这个时期,许多农民为保持自己继承下来的农场,宁愿支付更高

① Wilhelm Abel, *Agricultural Fluctuations in Europe from the Thirteenth to the Twentieth Century*, N.Y.St.Martin Press, 1978, p. 215.

② Frank Konnersmann, "Land and Labour in intensification in the Agricultural modernization of southwest Germany, 1760-1860", in Mats Olsson and Patrick Svensson, eds., *Growth and Staghation in European Historical Agriculture.* Brepols, 2011, pp. 142-143.

③ Frank Konnersmann, "Land and Labour in intensification in the Agricultural modernization of southwest Germany, 1760-1860", in Mats Olsson and Patrick Svensson, eds., *Growth and Staghation in European Historical Agriculture*, Brepols, 2011, p. 144.

的地租。除了租地农外,农民拥有的土地权在 18 世纪的进程中增加了。在 18 世纪 90 年代,在绝大多数地区拥有土地的农民占到农民总数的 70%—80%。自由持有农将他们的土地出租给小土地持有者。从 18 世纪 20 年代起,在村庄中个人对公地的管理权得到承认。以后,在巴拉丁人口增长后,这种情况在那里也发生了。农民最大的负担是地租,而农民的离去费至少要占到土地财产价值的 10%。①

18 世纪下半叶赋税负担特别是消费税和其他税负的加重,加上土地缺乏,导致了对所有现存生产资料的密集和有效的使用。农产品价格的上涨也使农民收入增加。中农和大农更需要从家庭外获得劳动力。当时农村中有 15% 的大农场和 20 公顷以上的农场在农民手中。而 100 年以后,这个比例下降到 1% 到 2%。普费德斯海姆的戴维·默林格的账簿记载了 1802—1819 年的农事资料。使用由两匹马拉的马车次数每月从 60 次增加到 110 次。1802—1819 年他使用的日工人数增加了三分之一,达到 30 人。仆人增加了四分之一,达到 8 人。结果,种植的芜菁在 1803—1807 年间增加了 19%,1807—1812 年增加了 57%。1803—1807 年间马铃薯生产由于投入的劳动力增加,产量增加了 50%。② 普费德斯海姆的戴维·默林格和奥夫斯泰因的戴维·卡古,19 世纪上半叶遗赠给他们的后代 10 万古尔登以上。这些巨大的财富都是通过出售肥母牛和公牛、精酿的白兰地酒得到的。例如,

---

① Frank Konnersmann, " Land and Labour in intensification in the Agricultural modernization of southwest Germany, 1760‑1860", in Mats Olsson and Patrick Svensson, eds., *Growth and Staghation in European Historical Agriculture*, Brepols, 2011, p. 144.

② Frank Konnersmann, " Land and Labour in intensification in the Agricultural modernization of southwest Germany, 1760‑1860", in Mats Olsson and Patrick Svensson, eds., *Growth and Staghation in European Historical Agriculture*, Brepols, 2011, p. 156.

出售一头肥公牛可获得 150 古尔登。很多农场主在这个时期土地面积没有扩大,但通过提高生产力使收入大大增加。[1]

普鲁士在 1760—1770 年制定的早期法令并没有导致土地关系全面改变。在一些地区,例如威斯特伐利亚和拉文斯堡郡,到 1806 年,全部法律程序中有三分之二已经完成,两项基本规则的运作已经成为未来管理的模式。公地已经完全转变为私人所有;土地份额的分配由实践中确定。1821 年普鲁士颁布的《公地划分敕令》给整个王国提供了这种支配权的法律框架。单边准的小佃户在放牧的公地上分的一块土地始终没有获得通过。他们在私有化过程中能够获得的,只是有时地位高高在上的人出于怜悯,让他们保持一小块放牧地。尽管 1820 年以后公众的观念逐渐转向这种激进的干预不利的看法,在 19 世纪余下的日子里,改革政策的落实在很大程度上坚持了这种观念。[2]

在巴登的马格拉维特这个以后得到极大扩展的大公爵领地的核心地区,领地的领主和一小批大公爵的顶层官员,推行了重农主义的改革政策,实行了给予农民更多土地的计划。而在西南部由于遭到村庄和政府在 18 世纪后期保守的抵抗而失败了。他们在这样做的时候,州的改革者有意识地注意到特别的地方条件,以及小农和附属农民群体的需求,在公地划分时不违背地

---

[1]　Frank Konnersmann, "Land and Labour in intensification in the Agricultural modernization of southwest Germany, 1760-1860", in Mats Olsson and Patrick Svensson, eds., *Growth and Staghation in European Historical Agriculture*, Brepols, 2011, p. 157.

[2]　Niels Grune, "Individualisation, privatisatio, mobilization: the Impact of common property reforms on land markets and agricultural growth in Germany, A comparatuive view of Westphalia and Baden", in Gerard Beaur, Phillipp R.Schofield Jean-Michael Chever, Maria Teresa Perez Picazo, eds., *Property Right, Land Markets and Economic Growth in the European Countryside* (*Thirteenth-Twentieth Centuries*), Brepols, 2013, pp. 159-160.

方共同体的意愿。在莱茵河右岸帕拉丁选候区,把共有地转变为个人拥有的可耕地或草地的工作在 1810 年左右完成了。当地平均地将小块土地分配给所有公民。但是,在农民之间的沟壑也产生了,因为随着人口的增长,新的公民需要等待数年才能分到面积有限的公地条块。①

在巴登大公爵领地,1809 年、1810 年和 1829 年的敕令和 1831 年的共同宪法都没有规定强制性地来划分公地。他们倾向于由地方上提出划分公地的动议。根据当地公民的意见,如果没有合法文件反对这一原则,公地最终在公民中分配。对于划分公地的决定和进一步改变使用公地的制度,都要求在公民中有三分之二多数的授权。授予终身佃户的公地,不得被抵押、转租或出售。巴登的法律确认了由"公共所有权"和"个人占有制"构成的双重制度。在巴登实行这种限制,主要是出于担心在较富裕的农民手上实行第二次积累。当时,后一种现象已经在邻近的黑森-达姆施塔得出现。那里的埃希采尔和兰佩特海姆在 1821 年和 1838 年把当地的公地转变为私人财产后,许多茅舍农卖掉了自己的小块土地。据报告,迟至 1883 年,巴登-巴拉丁的赫姆斯巴赫仍然强烈反对私有化。理由是担心会产生乡村无产者,并给乡村团体带来负担。②

普鲁士在土地改革中公地转变为私人地产只有一些个案资料。

---

① Niels Grune,"Individualisation,privatisatio,mobilization:the Impact of common property reforms on land markets and agricultural growth in Germany,A comparatuive view of Westphalia and Baden",in Gerard Beaur,Phillipp R.Schofield Jean-Michael Chever, Maria Teresa Perez Picazo,eds.,*Property Right,Land Markets and Economic Growth in the European Countryside*(*Thirteenth-Twentieth Centuries*),Brepols,2013,pp.160–161.

② Niels Grune,"Individualisation,privatisatio,mobilization:the Impact of common property reforms on land markets and agricultural growth in Germany,A comparatuive view of Westphalia and Baden",in Gerard Beaur,Phillipp R.Schofield Jean-Michael Chever, Maria Teresa Perez Picazo,eds.,*Property Right,Land Markets and Economic Growth in the European Countryside*(*Thirteenth-Twentieth Centuries*),Brepols,2013,p.161.

在威斯特伐利亚省,在1820—1896年间,由公有地变为私有地的变
动,涉及867948公顷土地,即全部土地的43%。例如,在拉文斯伯
格县,到1874年,有23620公顷的土地即全部土地的四分之一被分
配。在此同时,在毗邻的原明登公国,有35887公顷的土地,即占整
个地区面积31%的土地被分配。在更为西边的明斯特兰,分配的土
地在25%—45%之间。当然,实行这一过程,必须由取消封建主义
的对农民自由处置土地的限制来支持。在威斯特伐利亚的绝大部
分地区,在19世纪第一个十年,绝大多数公地的划分已经发生
了。① 在拉文斯伯格县有19313公顷即83%的公地分给了农民。而
只有304公顷公地留给没有分得有所有权土地的租佃者。这种转
变是一个里程碑式的事件,它形成了双重结构的土地所有权。这种
分配使得在那些得到土地补偿的业主中,有许多小土地所有者由于
得到分配的土地而进入半小农或小农的范畴。在东威斯特伐利亚
的希尔德斯舍教区的乡村村庄中,在土地划分后的数十年间,农家的
数量增加了。半农民和小农分别占增加的农户数量的53%和56%。
从整体上说,一方面,私有化极大地加强了大农的经济地位;另一方
面,私有化进一步剥夺了无地乡村居民家庭必不可少的生活来源。在
此同时,在农民的谱系中小土地所有者在很大程度上加宽了。②

---

① Niels Grune, "Individualisation, privatisatio, mobilization: the Impact of common property reforms on land markets and agricultural growth in Germany, A comparatuive view of Westphalia and Baden", in Gerard Beaur, Phillipp R.Schofield Jean-Michael Chever, Maria Teresa Perez Picazo, eds., *Property Right, Land Markets and Economic Growth in the European Countryside (Thirteenth-Twentieth Centuries)*, Brepols, 2013, pp. 161-162.

② Niels Grune, "Individualisation, privatisatio, mobilization: the Impact of common property reforms on land markets and agricultural growth in Germany, A comparatuive view of Westphalia and Baden", in Gerard Beaur, Phillipp R.Schofield Jean-Michael Chever, Maria Teresa Perez Picazo, eds., *Property Right, Land Markets and Economic Growth in the European Countryside (Thirteenth-Twentieth Centuries)*, Brepols, 2013, p. 162.

巴登的人均土地面积比威斯特伐利亚明显要少得多。在整个大公爵领地上,到 19 世纪中叶,有 20%的土地属于公有财产。但是这些土地大部分是森林,共有可耕地和草地只占全部面积的 4%。其中有三分之二分给个人使用。占所有家庭的三分之一的平均占有 0.4 公顷的是终生佃户。在巴登北部的拉登堡和施韦青根,每人平均分的共有地相对比例较高,占全部土地面积的 7.8%和 5.5%。各地的情况千差万别。人均拥有可耕地在黑德斯海姆和伊维斯海姆可达到 0.9 公顷。在福伊登海姆、尼卡豪森和普兰克斯塔德,平均分摊的共有地占持有地面积的四分之一。但也有 6 个村庄共有地占的比例很低,或没有共有地可分配。① 在巴登公爵领地,到了 1854 年,分配给个人的公地为 37804.62 公顷,占全部土地的 2.48%。到 1873 年,分配给个人的公地为 45348.12 公顷,占全部土地的 5.69%。②

根据当时代人的观察,在 1835 年以前,在威斯特伐利亚首府明斯特的 10000 公顷牧地和荒地中,有 1.5%被分割出售给大约 1000 户小农,连同他们自己原有的土地,他们耕种了这个地

① Niels Grune, "Individualisation, privatisatio, mobilization: the Impact of common property reforms on land markets and agricultural growth in Germany, A comparatuive view of Westphalia and Baden", in Gerard Beaur, Phillipp R.Schofield Jean-Michael Chever, Maria Teresa Perez Picazo, eds., *Property Right, Land Markets and Economic Growth in the European Countryside (Thirteenth-Twentieth Centuries)*, Brepols, 2013, p. 165.

② Niels Grune, "Individualisation, privatisatio, mobilization: the Impact of common property reforms on land markets and agricultural growth in Germany, A comparatuive view of Westphalia and Baden", in Gerard Beaur, Phillipp R.Schofield Jean-Michael Chever, Maria Teresa Perez Picazo, eds., *Property Right, Land Markets and Economic Growth in the European Countryside (Thirteenth-Twentieth Centuries)*, Brepols, 2013, p. 163. Table 7.1. Communal property and access to common land in the Grand Duchy of Baden, 1854. Table7.2.1 Agricultural farmland by tenurial statutes in the Grand Duchy of Baden, 1873.

区 7.5%的土地;由于建立了世袭的租佃农或是在 1808 年取消
领主限制后,土地通过出售可以让渡。在 1770 年,平均每年转
让的土地只占 0.03%。但在 1771—1800 年间两个土地私有化
阶段,土地让渡的比例分别增加了 4—5 倍,达到了 0.11% 和
0.16%。1801—1805 年这一比例又下降到 0.05%。以后在
1816—1830 年,这个比例达到了顶点,为 0.32%。但是在威斯
特伐利亚的两个地区,1830—1860 年土地流转率分别达到
1.6% 和 0.8%。而在勒纳教区,年土地流转率达到 2.5%。这
与下层阶级强烈地要求土地和当地土地的私有化直接相联系。
在 1842 年之前,有 235 公顷的土地被分割。①

　　在威斯特伐利亚通过分割共有地来分配小块土地,对土地
市场造成某种程度的冲击。但大量无地人口并没有通过这一过
程成为土地的所有-占有者。在 19 世纪,在威斯特伐利亚建立
了相当数量的小农场。由于这个地区土地资源稀缺,它采纳了
劳动密集型的生产方式。这个过程对于总产量的提高作用不可
估计过高。因为在当时土地持有结构中,占主导地位的是大农。
在勒纳教区,无地者购置土地和共有地的分占,并没有导致产量
的增加。②

----

①　Niels Grune, "Individualisation, privatisatio, mobilization: the Impact of
common property reforms on land markets and agricultural growth in Germany, A
comparatuive view of Westphalia and Baden", in Gerard Beaur, Phillipp R.Schofield
Jean-Michael Chever, Maria Teresa Perez Picazo, eds., *Property Right, Land Markets
and Economic Growth in the European Countryside(Thirteenth-Twentieth Centuries)*,
Brepols, 2013, pp. 167-168.
②　Niels Grune, "Individualisation, privatisatio, mobilization: the Impact of
common property reforms on land markets and agricultural growth in Germany, A
comparatuive view of Westphalia and Baden", in Gerard Beaur, Phillipp R.Schofield
Jean-Michael Chever, Maria Teresa Perez Picazo, eds., *Property Right, Land Markets
and Economic Growth in the European Countryside(Thirteenth-Twentieth Centuries)*,
Brepols, 2013, p. 173.

19 世纪普鲁士土地改革的计划,旨在创建一个不受限制的土地市场,并促使把土地给予最适合耕种者。但是在威斯特伐利亚,这两个目标都没有完全实现。从 1816 到 1859 年,大农持有的土地减少了 2%,这是由于关闭了 10% 的农场,又新建了 8% 的农场的结果。有降级 24000 公顷的土地出售给了小土地持有者。但是这部分土地只占农民所有维生的土地的 3% 不到。根据当时代人的观察,1835 年在威斯特伐利亚管辖的明斯特地区,100000 公顷牧场和换地中,有 15% 出售给了大约 1000 户小农。就规模而论,土地改革对市场的作用,很难说造成了土地持有结构的大变革。① 但是,把公地分配给农户,毕竟助长了农业的发展。根据米夏埃尔科·普西狄斯的估算,从 1830 年到 1880 年,农场的产量增加了 138%,而农业耕作面积增加了 13%。②

1873 年在巴登大公爵领地,土地保有权的形式如下:全部土地为 797600.5 公顷,其中有完全所有权的土地为 628456.32 公顷,占总面积的 78.79%。租地持有地为 11039.40 公顷,占土地总面积的 13.84%。个人化的共有地为 45348.12 公顷,占土地总面积的 5.69%。其他土地为 13396.68 公顷,占土地总面积

① Niels Grune, "Individualisation, privatisatio, mobilization: the Impact of common property reforms on land markets and agricultural growth in Germany, A comparatuive view of Westphalia and Baden", in Gerard Beaur, Phillipp R.Schofield Jean-Michael Chever, Maria Teresa Perez Picazo, eds., *Property Right, Land Markets and Economic Growth in the European Countryside (Thirteenth-Twentieth Centuries)*, Brepols, 2013, p. 167.

② Niels Grune, "Individualisation, privatisatio, mobilization: the Impact of common property reforms on land markets and agricultural growth in Germany, A comparatuive view of Westphalia and Baden", in Gerard Beaur, Phillipp R.Schofield Jean-Michael Chever, Maria Teresa Perez Picazo, eds., *Property Right, Land Markets and Economic Growth in the European Countryside (Thirteenth-Twentieth Centuries)*, Brepols, 2013, p. 173.

的 1.68%。①

海德堡省土地保有权情况如下:面积在 1.8 公顷以下的农场中,有土地所有权的占 61.28%,租地农场占 27.29%,共有地农场为 6.73%。面积在 1.8—3.6 公顷的农场中,有土地所有权的占 65.68%,租地农场占 27.02%,共有地农场为 4.06%。面积在 3.6—7.2 公顷的农场中,有土地所有权的占 72.82%,租地农场占 23.52%,共有地农场为 1.58%。面积在 7.2—36 公顷的农场中,有土地所有权的占 77.52%,租地农场占 20.26%,共有地农场为 0.29%。

在曼海姆省,面积在 1.8 公顷以下的农场中,有土地所有权的占 38.59%,租地农场占 35.42%,共有地农场为 23.35%。面积在 1.8—3.6 公顷的农场中,有土地所有权的占 49.75%,租地农场占 33.95%,共有地农场为 14.31%。面积在 3.6—7.2 公顷的农场中,有土地所有权的占 61.99%,租地农场占 28.94%,共有地农场为 6.89%。面积在 7.2—36 公顷的农场中,有土地所有权的占 77.58%,租地农场占 17.76%,共有地农场为 2.32%。

在海德堡区,面积在 1.8 公顷以下的农场中,有土地所有权的占 57.94%,租地农场占 28.04%,共有地农场为 9.78%。面积在 1.8—3.6 公顷的农场中,有土地所有权的占 61.78%,租地农场占 30.32%,共有地农场为 4.68%。面积在 3.6—7.2 公顷的农场中,有土地所有权的占 68.54%,租地农场占 26.58%,

① Niels Grune, "Individualisation, privatisatio, mobilization: the Impact of common property reforms on land markets and agricultural growth in Germany, A comparatuive view of Westphalia and Baden", in Gerard Beaur, Phillipp R.Schofield Jean-Michael Chever, Maria Teresa Perez Picazo, eds., *Property Right, Land Markets and Economic Growth in the European Countryside(Thirteenth-Twentieth Centuries)* , Brepols,2013,p. 164.

共有地农场为 2.65%。面积在 7.2—36 公顷的农场中,有土地所有权的占 75.54%,租地农场占 20.14%,共有地农场为 0.74%。

在曼海姆区,面积在 1.8 公顷以下的农场中,有土地所有权的占 38.73%,租地农场占 39.26%,共有地农场为 19.09%。面积在 1.8—3.6 公顷的农场中,有土地所有权的占 48.73%,租地农场占 39.20%,共有地农场为 9.78%。面积在 3.6—7.2 公顷的农场中,有土地所有权的占 56.04%,租地农场占 37.15%,共有地农场为 5.53%。面积在 7.2—36 公顷的农场中,有土地所有权的占 65.02%,租地农场占 29.33%,共有地农场为 2.04%。

在施韦青根区,面积在 1.8 公顷以下的农场中,有土地所有权的占 35.25%,租地农场占 40.77%,共有地农场为 21.92%。面积在 1.8—3.6 公顷的农场中,有土地所有权的占 50.67%,租地农场占 38.06%,共有地农场为 8.94%。面积在 3.6—7.2 公顷的农场中,有土地所有权的占 67.86%,租地农场占 20.94%,共有地农场为 4.80%。面积在 7.2—36 公顷的农场中,有土地所有权的占 85.10%,租地农场占 10.65%,共有地农场为 1.84%。[1]

在勒纳教区。1830 年有 22%的农场主与领主共享土地财产权;而到 1866 年,只有 2%的农场主与领主共享财产权。在这

---

[1] Niels Grune, "Individualisation, privatisatio, mobilization: the Impact of common property reforms on land markets and agricultural growth in Germany, A comparatuive view of Westphalia and Baden", in Gerard Beaur, Phillipp R.Schofield Jean-Michael Chever, Maria Teresa Perez Picazo, eds., *Property Right, Land Markets and Economic Growth in the European Countryside (Thirteenth-Twentieth Centuries)*, Brepols, 2013, p.166.Table 7.2.2. Tunurial structure of agriculturalland by farm size group in the Grand Duchy of Baden, 1873.

里,共有地在 1830 年占 1.2%,1866 年占 0.4%。再一个是博格伦教区,1830 年农民中与领主共有地产权占 68%,1866 年农民与领主共有地产权占 8%。

1830 年勒纳教区农场主占人口的 52%,无地农民占人口的 37%,仆役在 1822—1855 年约占人口的 3%。在奥伯基希教区,1830 年农场主占人口的 17%,无地农民占人口的 62%,仆役在 1822—1855 年约占人口的 10%,日工在 1822—1855 年占人口的 11%。在博格伦教区,1830 年农场主占人口的 27%,无地农民占人口的 42%,仆役在 1822—1855 年约占人口的 34%。

关于农场面积,1830—1833 年勒纳教区农场平均面积为 10.3 公顷,农场承担的平均税额为 44.3 塔勒尔。在奥伯基希教区,1830—1833 年农场平均面积为 46.9 公顷,农场承担的平均税额为 60 塔勒尔。在勒纳教区,1830 年纳税低于 18 塔勒尔的茅舍农为 35 人,纳税在 18—50 塔勒尔的小农场主为 42 人,纳税在 50—120 塔勒尔的中等农场主为 25 人,纳税在 120 塔勒尔以上的大农户为 7 人。在奥伯基希教区,1830 年茅舍农为 7 人,小农场主为 2 人,中等农场主为 1 人,大农场主为 41 人。①

1830—1866 年在勒纳教区土地转手为 900 起,土地转让率为 6.9%。其中根据契约转手的土地为 3.3%,通过出售发生的土地转手为 1.6%,与外部关系密切的家族间发生的土地转手为 0.7%.在勒纳教区土地占收率为 900 起,土地转让率为 6.9%。其中根据契约转手的土地为 3.3%,通过出售发生的土

---

① Georg Fertig, "A peasant way o economic growth. the land market, family transfers, and the life circle in nineteenth-century Westfhalia", in Gerard Beaur, Phillipp R.Schofield Jean-Michael Chever, Maria Teresa Perez Picazo, eds., *Property Right, Land Markets and Economic Growth in the European Countryside (Thirteenth-Twentieth Centuries)*, Brepols, 2013, p.373. Table 18.1. Basic Characteristics of the parishes.

地转手为 1.6%,与外部关系密切的家族间发生的土地转手为
0.7%。在博格伦教区,此期间发生的土地转手为 996 起,转手
率为 8.9%。其中通过契约转手的占 4.9%,通过出售转手的为
0.5%,转手给外部关系密切的家族的为 0.6%。①

　　从 19 世纪中叶起,德国农业走上了技术革新和近代化的道
路。从 18 世纪后期绝对主义时期开始,新技术不断发明,改革
农业耕作制度的思想在德国广泛传播。18 世纪末出版了大量
农业书籍,其中有塔埃尔、舒巴特、根茨、克鲁格、舒巴特等人写
作的农业经济和技术方面的著作。学者对农业的性质和任务进
行了热烈的讨论。卡斯帕尔·福格特在汉堡附近办起了示范农
场,道格拉斯·费希特从苏格兰引入了苗圃技术。英格兰的技
术在德国北部农业和林业地区产生很大的影响。塔埃尔的学生
马·舍恩劳伊特内写了《农业理论》,在巴伐利亚创立的魏恩斯
特凡农业学校。李比希在 1840 年出版了《有机化学及其在农业
和生理学上的应用》。1817 年在林业协会的基础上兽医学校和
种马场结合建立了高级农业学校,以后同大学合并。在 19 世纪
上半叶还创办了模范农场、试验站和各种私人创立的农业协会。
到 1848 年已经形成了一个全国的各种农业组织网络。在农村
实行义务教育,把农民从地理和精神上的孤立和隔绝状态下解
放出来。②

　　各种农业组织纷纷建立。1762 年舒巴特在魏森湖建立了

---

　　①　Georg Fertig, "A peasant way o economic growth. the land market, family transfers, and the life circle in nineteenth-century Westfhalia", in Gerard Beaur, Phillipp R.Schofield Jean-Michael Chever, Maria Teresa Perez Picazo, eds., *Property Right, Land Markets and Economic Growth in the European Countryside(Thirteenth-TwentiethCenturies)*, Brepols, 2013, p. 375. Table 18. 2. Turnover rates of land by marketed definition, 1830–1866.

　　②　[德]卡尔·埃里希·博恩等:《德意志史》第 3 卷下册,张载扬等译,商务印书馆 1991 年版,第 506—507 页。

"图林根农业协会"。1808 年塔埃尔在默克林建立了"农业联合会"。这期间,农民在乡镇、县和地区建立了农业联合会。1820年普鲁士共建立了 20 个这样的协会。1820 年以后为了帮助谋求行业利益和增长农业知识,在德国的各省和地区,到 1870 年建立了 18 个这类组织。1842 年在普鲁士成立了国家农业经济委员会,作为国家促进各省农业协会的技术代表机构。1848 年在萨克森建立了农业委员会,在黑森-达姆施塔得成立了一个国家农业中心。各地都试图使这些组织与国家合作,并受国家领导和控制。在巴伐利亚和其他邦也建立了类似的组织。但是在黑森选侯国,却在 1848 年解散了所有的联合会。[①] 1837 年根据塔埃尔的建议成立了德国农场主大会,1838 年开始吸收林场主前来参加这个大会。该会每年举行,庄园主和骑士在会员中占了很大的比例,会员中没有农民。大会主要讨论农业经济问题,也附带讨论政治问题。1860 年在海德堡举行的第 21 次农场主大会上,仿照伦敦皇家协会的模式建立了德国农业协会。1870 年成立了北德意志联邦地区的农业总会。1872 年德国农业总会建立了德国农业委员会。这是一个主要为普鲁士富裕农业阶层服务的组织。此外,六七十年代以后还建立了威斯特伐利亚农民协会[②]。

德国农业发展的一个标志是耕地面积在土地总面积中的比例增加了。在旧普鲁士各省,耕地在土地总面积中占的比例由 1802 年的 36.5% 增至 1900 年的 52.6%。

18 世纪到 19 世纪,德国的农业技术和生产工具有很大发展。1865 年前后,较先进的长柄镰刀在大地产盛行的地区普

---

① 　[德]卡尔·埃里希·博恩等:《德意志史》第 3 卷下册,张载扬等译,商务印书馆 1991 年版,第 507 页。

② 　[德]卡尔·埃里希·博恩等:《德意志史》第 3 卷下册,张载扬等译,商务印书馆 1991 年版,第 523 页。

及,而小镰刀则在小块土地上使用。在庄园和农家,男子使用大镰刀,妇女使用小镰刀。到 19 世纪上半叶,生产需要的犁不再由手工制造,而是由大工业生产。在犁的制作材料上,越来越多地用钢铁而不是木材来制造。1819 年在霍恩海姆建立了第一个农具厂,在北部输入模仿英国的犁和农具。1847 年在柏林,1850 年和 1851 年在莱比锡、1854 年在乌尔姆建立了农业机器厂。莱比锡萨克工厂在 1883 年生产了犁 1 万具,1904 年生产了 100 万具,1911 年生产了 200 万具。以后又生产出仿照英美式样的播种机和收割打谷机和分离机、污水泵和离心泵。1862 年在布考建立了沃尔夫自动蒸汽机和打谷机工厂。1859 年起亨兰茨工厂开始制造农业机器,到 1866 年已经能生产 50 个不同品种的机器。德国在 50 年代有了大约 1900 台条播机、施肥机和干草收割机。1907 年有了 3000 台蒸汽犁在使用。①

德国发展起了近代木材加工业。在 1800 年前后,中欧每年生产的木材只有 10% 用作建筑材料,用于矿山和金属工业燃烧用的木材的比例很大。19 世纪中叶以后木材主要作为建筑材料,用于建筑业、矿山、铁道枕木、家具制造。1800 — 1880 年木材价格上涨 300%—500%,国家林业管理局的收益从 1850 年到 1870 年增加了 50%—75%。1895 年德国有 9 万林业工人,占就业人数的 5%,1903 年达到 103000 人。普鲁士和巴伐利亚的国家林业管理局分别有 35000 名和 15000 名专职工人,是全国最大的雇主,规模可以和克虏伯公司相比。②

19 世纪中叶以后,德国的园艺业发展起来。在爱尔福特 1823 年建立了 J.C.施密特花卉公司,1843 年恩斯特·本纳里

----

① [德]卡尔·艾利希·博恩等:《德意志史》第 3 卷下册,张载扬等译,商务印书馆 1991 年版,第 520 页。

② [德]卡尔·艾利希·博恩等:《德意志史》第 3 卷下册,张载扬等译,商务印书馆 1991 年版,第 526 页。

加入这个公司,1848 年 F.C.海内曼的公司参加进来,1863 年起哈格—施密特公司发展成为世界上经销花木的大公司。1900 年提供了 13000 种花木,它的品种目录有 90 页之多。在 1865 年园艺大博览会召开时,该公司培植的玫瑰有 500 种以上。1900 年前后爱尔福特公司的出口目录中除了一年生夏季花草以及仙人掌和多浆植物外,还有 1000 种花卉鳞茎和球根植物,3000 种温室植物和冷室植物,1500 种两年生花木。①

到了 19 世纪 80 年代,随着工业化和城市化的发展,农村人口和在农业中就业者在减少。1882 年德国全部就业者中有 42.2%在农业和林业工作,33.8%在工业和手工业工作。1871 年总人口的 63.6%住在人口不超过 2000 人的农村村镇,12.4%住在 2000—5000 人的乡镇。1925 年 35.6%的人口住在农村乡镇,10.8%住在人口为 2000—5000 的乡镇。②

19 世纪德国的农业是建立在拥有土地的自由农民和经营耕作的大地主的基础上。各个土地所有者阶层的实力对比在 19 世纪没有大的变动。但是最大的和最小的保有地的面积都在减少。1895—1907 年间,面积在 250 英亩以上的保有地从占全国土地面积的 24.1%降到 22.2%。面积在 5 英亩以下的保有地从占全国土地面积的 5.6%下降到 5.4%。在麦克伦堡,60%的土地属于面积在 250 英亩以上的保有地。而在符登堡和巴伐利亚,这样的保有地只占 2%,在巴登只占 3%。巴伐利亚的土地有一半属于面积为 12.5—50 英亩的保有地;而面积在

① [德]卡尔·艾利希·博恩等:《德意志史》第 3 卷下册,张载扬等译,商务印书馆 1991 年版,第 527 页。
② [德]卡尔·艾利希·博恩等:《德意志史》第 3 卷下册,张载扬等译,商务印书馆 1991 年版,第 522 页。

50—250 英亩的保有地占地面积不到土地总面积的三分之一。[①] 在德国社会中,拥有在 250 英亩以上的大保有地的地主数量众多。大保有地的面积将近占到巴伐利亚土地的三分之一。在麦克伦堡这种现象也很普遍。1895 年大约有 280000 份这样的大保有地。到 1907 年持有土地在 12.5—50 英亩的中等农民所占的土地总面积已经超过了他们。持有土地在 12.5—50 英亩土地的小农人数有 100 万人,占德国农田耕作面积的三分之一,他们的土地占土地总耕作面积的 10%。这些人不能单靠他们的土地维持生活。面积不到 5 英亩的"零星土地保有者"的土地共有 325 万份,平均每份土地的面积不到 1 英亩,他们的土地总面积只占到德国耕地面积的 5%。随着农奴的解放带来的土地变动,大地主拥有的土地面积占德国耕地总面积的四分之一左右。在易北河以东,大地产很普遍,它们几乎都掌握在大地主自己手中。这种大地产的面积可能达到 2000 英亩。[②]

在 18 世纪末,黑森-卡塞尔的小土地精英几乎完全是贵族。拥有 90%非森林土地的农民,他们中绝大多数人拥有的土地面积都非常小,而且是分散的。他们时常要承担庄园税,以及承担给国家和地方地主的劳役义务。在德国东部则相反,那里以大贵族地产为特征,农民对拥有土地的地主承担沉重的劳役义务。18 世纪在黑森-卡塞尔存在着大量小农和中等规模的农民持有地,此外也有少量的大地产。尽管这个世纪初期发生了重要的土地改革,这种结构在 19 世纪继续保持着。

到了 1907 年,黑森-卡塞尔选区改名为黑森-卡塞尔行政

---

① [英]克拉潘:《1815—1914 年法国和德国的经济发展》,傅梦弼译,商务印书馆 1965 年版,第 228—229 页。

② [英]克拉潘:《1815—1914 年法国和德国的经济发展》,傅梦弼译,商务印书馆 1965 年版,第 230—231 页。

区,它的土地占有情况如下:持有 2 公顷以下条地的有 76220
户,他们共拥有土地 47524 公顷,占全部土地的 9.6%。持有土
地 2—5 公顷的小农有 25597 户,他们共持有土地 83565 公顷土
地,占全部土地的 16.9%。持有土地在 5—20 公顷的中等规模
的农民持有者有 22177 户,他们共持有 216412 公顷土地,占全
部土地的 43.7%。持有土地在 20—100 公顷的大农持有者共
有 3463 户,他们共持有土地 109904 公顷,占全部土地的
22.2%。持有土地在 100 公顷以上的大土地所有者有 223 户,
他们共持有土地 37911 公顷,占全部土地的 7.7%。

当地在 18 世纪末,地产绝大多数落到贵族和王室家族成员
手中。

1865 年占有土地在 100—200 公顷的土地所有者中,贵族
为 63 家,非贵族为 32 家。占有土地在 200—299 公顷的土地所
有者中,贵族为 20 家,非贵族为 5 家。占有土地在 300—399 公
顷的土地所有者中,贵族为 14 家,没有非贵族。占有土地在
400—499 公顷的土地所有者中,贵族为 10 家,没有非贵族。占
有土地在 500—599 公顷和 600—699 公顷的土地所有者中,贵
族各为 2 家,没有非贵族。占有土地在 700—799 公顷的土地所
有者中,有 3 家贵族。占有土地在 800—899 公顷的土地所有者
中,有 1 家贵族。占有土地 1000 公顷的土地所有者中,有 7 家
贵族。

1895 年占有土地在 100—199 公顷的土地所有者中,贵族
为 56 家,非贵族为 69 家。占有土地在 200—299 公顷的土地所
有者中,贵族为 34 家,非贵族为 12 家。占有土地在 300—399
公顷的土地所有者中,贵族为 10 家,非贵族为 1 家。占有土地
在 400—499 公顷的土地所有者中,贵族为 10 家,没有非贵族。
占有土地在 500—599 公顷的土地所有者中,贵族有 8 家,非贵
族为 1 家。占有土地在 600—699 公顷的土地所有者中,贵族为

7 家,没有非贵族。占有土地在 700—799 公顷的土地所有者中有 3 家贵族。占有土地在 800—899 公顷的土地所有者中有 4 家贵族。①

　　1865 年占有土地在 100—200 公顷的土地所有者中,贵族为 63 家,非贵族为 32 家。占有土地在 200—299 公顷的土地所有者中,贵族为 20 家,非贵族为 5 家。占有土地在 300—399 公顷的土地所有者中,贵族为 14 家,没有非贵族。占有土地在 400—499 公顷的土地所有者中,贵族为 10 家,没有非贵族。占有土地在 500—599 公顷和 600—699 公顷的土地所有者中,贵族各为 2 家,没有非贵族。占有土地在 700—799 公顷的土地所有者中,有 3 家贵族。占有土地在 800—899 公顷的土地所有者中,有 1 家贵族。占有土地 1000 公顷的土地所有者中,有 7 家贵族。占有土地在 900—999 公顷的土地所有者有 1 家,没有非贵族。1865 年占有土地在 100—200 公顷的土地所有者中,贵族为 63 家,非贵族为 32 家。占有土地在 200—299 公顷的土地所有者中,贵族为 20 家,非贵族为 5 家。占有土地在 300—399 公顷的土地所有者中,贵族为 14 家,没有非贵族。占有土地在 400—499 公顷的土地所有者中,贵族为 10 家,没有非贵族。占有土地在 500—599 公顷的土地所有者中,有 8 家贵族和 1 家非贵族。占有土地在 600—699 公顷的土地所有者中,有贵族 7 人。占有土地在 700—799 公顷的土地所有者中,有 3 家贵族。占有土地在 800—899 公顷的土地所有者中,有 4 家贵族。占有土地在 900—999 公顷的土地所有者中,有 1 家贵族。占有土地

---

　　① Gregory W. Pedlow, "The landed elite of Hesse-Cassel in the nineteenth century", in Ralph Gibson and Martin Blinkhorn, *Landownership and Power in Modern Europe*, Harper Collins Academic, 1991, p. 111. Table 5. 1 Landownership in 1907.

在 1000 公顷以上的土地所有者中,有 12 家贵族。①

在 19 世纪最后 25 年,德国农业对国民财富增长的意义不断降低。农业部类的生产水平、商业价值以及雇佣劳动力中所占的比例都在下降。德国经济正在从一个以农业经济为主的国家向工业经济占主导地位的国家转变。德国这种转变的开始比英国在历史时间表上要晚得多,也因为这种差别,因此德国 19 世纪后期农业的现代化程度更高。德国农业部类中雇佣的劳动人口 1882 年占总雇佣人口的 43.2%,1895 年占 36.1%,1907 年占 34.7%。在农业中工资劳动者占的比例从 1882 年的 52.1%,下降到 1907 年的 34%,到 1925 年降至 26.5%。独立的农业生产者数量从 1882 年的 46.7%,下降到 1907 年时的 24%。农业对国内生产总值的贡献从 1860—1864 年期间平均 44.9%,下降到 19 和 20 世纪之交时的 29%,1910—1913 年的 23.4%。农业在德国出口额中占的份额从 19 世纪 80 年代开始的 18.3%,下降到 20 世纪 30 年代中期的 1%。在 19 世纪最后 25 年,谷物生产部门尤其表现出这种衰退。由于世界范围的农业萧条,农产品价格自 1873 年起猛烈下降,直到 1896 年以后才开始回升。德国尽管农场的数量持续上升,但这种增长集中在面积 2 公顷以下的小农场,耕种的土地的数量实际上在下降。几乎 60% 的农场都属于小农场。面积超过 200 公顷的大农场只占全部农场数的 0.2%,占全部可耕地面积的 20%。②

---

① Gregory W. Pedlow, "The landed elite of Hesse-Cassel in the nineteenth century", in Ralph Gibson and Martin Blinkhorn, *Landownership and Power in Modern Europe*, Harper Collins Academic, 1991, p.112. Table 5.2. Ownership of Large Estates.

② Hans Juergen Puhle, "Lords and Peasants in the Kaiserreich", in Robert G. Moeller, ed., *Peasants and Lords in Modern Germany. Recent Studies ij Agricultural History*, Boston, Allen&Unwin, 1986, pp.83-84.

在 19 世纪最后 25 年,德国农民未能赶上社会经济的变革,未能从结盟的精英那里得到特权和保护。农民遭到 1870 年谷物价格下降的打击。他们拒绝从国外进口价格不那么昂贵的饲料以从事奶业和其他家畜的生产,而放弃不谋利的谷物生产。相反,农民寻求建立一个农民联盟,去争取容克的政治领导。农民赢得了容克对农民过时的生产方式的保护。[1] 在 1890 年保守主义农业政策的促进下,把易北河以东和以西的农民整合进一个种植谷物的土地所有者利益占统治地位的制度框架中。[2]

根据德国的统计资料[3],德国土地耕作面积在 19 世纪持续增长,谷物产量也持续增长。德国种植各种作物的耕地面积 1816 年为 2310 万英亩,这年谷物产量为 2.96 亿蒲式耳。1837 年德国种植各种作物的耕地为 3001 万英亩。1858 年德国种植各种作物的耕地为 3533 万英亩。1879 年德国种植各种作物的耕地为 4331 万英亩,这年谷物产量为 5.8 亿蒲式耳。1887 年德国种植各种作物的耕地为 4405 万英亩,这年谷物产量为 6.4 亿蒲式耳。在普鲁士王国,1834 年可耕地和草地为 2851 万英亩,年收益为 840 万英镑;牧场为 1362 万英亩,年收益为 330 万英镑;林地为 1730 万英亩,年收益 110 万英镑。种植其他作物的土地为 1260 万英亩,年收益为 80 万英镑。普鲁士全部土地为 7203 万亩,年收益为 1360 万英镑。1887 年德国全国有可耕地 4405 万英亩,草地 1465 万英亩,林地 3010 万英亩,牧场等占地

---

① R.G.Moeller, ed., *Peasants and Lords in Modern Germany*, Boston, 1986, pp.6-7.

② R.G.Moeller, ed., *Peasants and Lords in Modern Germany*, Boston, 1986, pp.8-9.

③ 德国从 1837 年起才有官方统计资料。

3760 万英亩。①

在德国易北河以西的土地上,直到 19 世纪土地关系都保持不变。贵族仍然拥有权力并占有土地。在宗教改革以后,在信奉天主教的各个邦国中,教会仍然占有相当的土地。从整体上说,德国西部的贵族地主当时并没有开始自己耕种他们自己的地产。他们主要的兴趣是收取租。这些贵族地主常常并不住在他们自己的地产上,而是去担任政府的官职,在军队中和教会中任职。经历了三十年战争的蹂躏之后,许多农田荒芜了,邦国统治者主要的兴趣是拥有尽可能多的农民,以达到征税和有人从事军事服役的目的。他们使农民继续留在他们的持有地上。在 18 世纪,某些开明的统治者解放了土地上的农奴。例如在巴登便是这样。但是在巴伐利亚,土地贵族实质上并没有放弃任何封建特权。农民的劳役义务、该交纳的现金特别是实物地租仍然十分沉重。② 到 19 世纪末,德国东、西部土地持有的结构完全不同。1895 年在位于易北河以东的普鲁士王国诸省中,面积在 100 公顷以上的大地产的总面积,占到农耕土地面积的 43%。农民的小持有地尽管数量众多,但它们在土地总面积中占的比例却微不足道。在德国西部,农场面积相差甚大。大地产尽管仍然构成了当地地产的重要部分,但在全部地产数量中占的比例很小。此外,面积在 2 公顷以下的小持有地的数量甚多。2—20 公顷面积的农场是主要的地产结构类型,它们的面积占到全部土地面积的一半左右。就当时的技术水平而论,这类地产适宜于一个家庭

---

① Michael G. Mulhall, ed., *The Dictionary of Statistics*, Thoemmes Press, 2000, p.21.

② Michael Tracy, *Agriculture in Western Europe*, *Challenge and Response*, *1880–1980*, Granada, Second edition, 1982, p.90.

维生。较小的农场通常无法通过出售谷物获益。①

到 18 世纪末,改革的压力加大了。法国大革命以后法国军队入侵德国,造成了德国第一次大的社会政治变动。拿破仑兼并了莱茵河以西的土地后,把威斯特伐利亚、伯格大公爵领地还有属于他控制的美茵联盟的若干其他邦国分给他的兄弟和妹夫。这里的农民从中世纪的奴役制度下解放出来,获得了他们的持有地的所有权。在 1815 年以后,由于贵族要求重建他们的权利,德国南部和西部农民的自由在 1848 年革命后没有得到保证。特别是在威斯特伐利亚,贵族和教会直到 1848 年还坚持要求他们的特权和对土地的所有权。在 1848 年以后,农民才完全从封建纽带下解放出来。

土地改革的本质是使农民获得解放并取得对自己土地的权利。购买土地所有权对许多农民来说是沉重的负担。并不是所有的邦国都建立了农民银行为农民购买土地提供信贷。但即便有这种贷款,一些农民家庭在 1918 年以后还是无法使自己免除债务负担。改革并没有创建一个理性的农业结构。重新分配土地主要是将坐落在共有荒地和森林的土地分配给农民。这一过程使得无地农民免于沦为乞丐,但农耕仍然在先前的条块敞地上进行。在德国的西部和南部地区,在继承人中平分土地的习惯具有使土地碎化加剧的倾向。一些州较早就开始合并土地,但这种做法从整体上说效果有限。②

在普鲁士王国东部发展情况不同。霍亨索伦王朝保护农民的意图毫无效果,他们的努力遭到了地主的抵制。普鲁士在

---

① Michael Tracy, *Agriculture in Western Europe, Challenge and Response, 1880-1980*, Granada, Second edition, 1982, p.92.

② Michael Tracy, *Agriculture in Western Europe, Challenge and Response, 1880-1980*, Granada, Second edition, 1982, p.91.

1806 年被拿破仑打败,以后在 1807 年签署了屈辱的提尔西特条约。普鲁士失去了几乎一半的领土。1807 年的《施泰因－哈登堡法》把农民从地主控制和劳役义务、现金负担下解放出来,并使得他们对自己耕种的土地有权力。为了取得土地所有权,他们割让他们持有地的三分之一到一半给地主。如果留给他们的土地太小,以至于无法养家糊口,现金税和实物地租就会被用作替代而得到减免。许多农民发现自己无法维生和负担沉重,结果重新出售了他们先前从地主那里获得的土地。1811 年的敕令把自由给予拥有一队拖车的马的农民。先前保护农民就业权利的立法在 1816 年被取消。这样,地主可以在给予农民自由时提出苛刻的条件,或者夺取农民的持有地。在麦克伦堡省和先前属于瑞典的波美拉尼亚省的一部分,农民从未得到任何真正的保护。主要的土地改革被推迟了,以至于持有土地的农民几乎没有离去的自由。在德国易北河以东,改革的结果只是增强了土地贵族对自己地产的所有,并且增大了没有土地的劳动者的队伍。到 19 世纪后期,采取了重新安置农民的政策。有人估计,先前属于农民的 200 万公顷土地(相当于地产的三分之一)被地主和贵族掠夺了。也有人认为,这一估计可能过高,被掠夺的土地占上述面积的一半。①

　　19 世纪中期及以后,德国的农场农场主持强烈地支持自由贸易政策的态度。从 1850 到 1870 年是繁荣年代,德国作为一个净出口国不需要任何保护。此外,农场主反对对工业进行保护,因为这可能提高农业所需工业产品的价格,并且会导致英国反对德国谷物出口。另一方面,工业家希望自己发展工业的活动得到政府的保护,防御英国工业产品的竞争。

---

　　① Michael Tracy, *Agriculture in Western Europe*, *Challenge and Response*, *1880-1980*, Granada, Second edition, 1982, pp.91-92.

弗里德里希·李斯特提出的"民族的政治经济制度"为保护年轻的工业提供了强有力的理论。工业家此时意识到必须得到农业企业家的支持。这时德国农业家和法国、英国有同样的认识，在从美国输入的小麦的冲击下，他们正在失去市场。德国随着人口增长，开始从俄国、奥匈和美国那里进口小麦和裸麦。

1876年建立了德国工业家中央协会以及税收和经济改革家协会。后一个组织主要是由大地主构成的。1878年他们联合展开了回到农业和工业的保护政策上来的运动。同时，在德国国会中成立了一个强大的保护主义者协会。俾斯麦也正在设法为帝国财政争取岁入，因此欢迎恢复进口税的主张。新的关税税则在1879年7月获得通过，它包括对谷物征收温和的关税，对家畜产品提高税收。进口动物则受到限制。当时谷物税太低，以至于不足以防范从1879年开始的价格下跌。现在德国谷物几乎完全被迫退出了先前的出口市场。而在国内市场上则遭到日益增加的竞争，因此需要进一步的保护措施。

1883年德国国会同意把小麦和裸麦每100公斤的进口关税从1马克提高到3马克，俾斯麦现在坚定地相信，粮食产品的进口税既是岁入的来源，又是帮助农民的手段。1887年俾斯麦提出了提高小麦和裸麦的关税到6马克。这对于帝国国会议员来说提得太高了。他们接受了5马克的税率，同时提高了其他谷物的关税。[1]

1887年以后农产品价格短暂地恢复。这是由于增加灌输和海外竞争的加强造成的粮食价格上涨的结果，尤其发生在

---

① Michael Tracy, *Agriculture in Western Europe. Challenge and Response*, *1880-1980*, Granada, Second edition, 1982, p.93.

1890 年和 1891 年由德国和其他国家收成不好引起的粮食供应短缺造成的。它引发了对高粮价不满的民众的示威。于是谷物的关税提高临时停止了。1890 年俾斯麦被免职,由卡普里维接替他的总理职务。卡普里维与俾斯麦不同,他与农业利益没有联系。他处于与农业没有利益联系的工业家的压力之下。工业家现在不仅要求廉价的粮食以降低开支,而且要求更接近国内市场。一系列因素的综合作用使得德国的关税政策发生变化。卡普里维要求缔结新的商业条约,在农产品关税问题上做出退让,使德国从出口工业产品中获益。德国首先与奥匈缔结条约,然后和意大利、比利时、瑞士缔约。与奥地利的条约把德国的小麦和裸麦的出口关税从每 100 公斤 5 马克降低为 3.5 马克,同时还降低了其他谷物的关税率。与意大利的条约降低了德国对于葡萄酒、鸡蛋、水果和家禽的关税率。这些条约为帝国国会通过。在这些条约付诸实施后,谷物价格急剧下降。而关税的下降遭到了众多的谴责,农场主的不满加剧了。

1893 年普鲁士的地主建立了"农场主联盟","农场主联盟"是由普鲁士容克地主创立和领导的,它首要的目标是确保生产出来的谷物在普鲁士邦国有更好的市场。这个组织的成员包括西部各州中数量日益增大的小农场主,他们要求保护关税,并强烈地反对新的商业条约。1893 年以后,在新的大选中,右翼势力恢复了力量,他们的许多候选人得到支持当选为议员。"农场主联盟"对增强农业保护主义起了很大的作用,在德国政治中构成了一个新型的压力集团。第一次世界大战以后,"农场主联盟"和"德国土地联盟"联合,组成了"帝国土地联盟"。①

德国从 1879 年开始采取的保护措施并未能阻止德国市场

---

① Michael Tracy, *Agriculture in Western Europe. Challenge and Response*, *1880-1980*, Granada, Second edition, 1982, pp.100-101.

上谷物价格的下跌。谷物价格从 1879 年起下跌,然后经过 1890 年前后丰收带来的某种恢复,在 19 世纪 90 年代中叶落到最低点。以后是持续到第一次世界大战的谷物价格的恢复时期。谷物关税当然减缓了谷物价格的下跌,并且在短时间里限制了进口的增长。小麦和裸麦的进口从 1876 年开始增长,到 1880 年被制止,直到 19 世纪 90 年代也没有再回升。随着人口的增长和对面包需求的增长,直到第一次世界大战,小麦的进口增长很快。进口大麦主要是德国西部的需求,在那里猪的饲养数量迅速上升。①

德国这个时期最引人注目的特点是种植谷物的土地面积没有减少。在 19 世纪 90 年代和 20 世纪初期,随着农业技术的改进,裸麦和燕麦的产量都提高了。30 年间种植裸麦和燕麦的面积扩大了一倍。德国裸麦的进口量逐渐减少。裸麦进口量 1865—1869 年为 298000 吨,1870—1874 年为 626000 吨,1875—1879 年为 1082000 吨,1885—1889 年为 737000 吨,1895—1899 年为 866000 吨,1900—1904 年为 804000 吨,1905—1909 年为 490000 吨,1910—1913 年为 418000 吨。裸麦的出口量逐年增大。1865—1869 年为 117000 吨,1870—1874 年为 125000 吨,1875—1879 年为 155000 吨,1900—1904 年为 168000 吨,1905—1909 年为 407000 吨,1910—1913 年为 830000 吨。

但是德国的小麦进口量逐年增加。1865—1869 年为 409000 吨,1875—1879 年为 819000 吨,1890—1894 年为 946000 吨,1895—1899 年为 1404000 吨,1900—1904 年为 1891000 吨,1905—1909 年为 2255000 吨,1910—1913 年为

---

① Michael Tracy, *Agriculture in Western Europe. Challenge and Response*, *1880-1980*, Granada, Second edition, 1982, pp.103-104.

2419000 吨,小麦的出口数量不大,而且逐渐下降。1865—
1869 年为 590000 吨,1875—1879 年为 660000 吨,1880—
1884 年为 82000 吨,1900—1914 年为 162000 吨,1905—1909
年为 186000 吨,1910—1913 年为 363000 吨。德国成为小麦
的进口国。

德国大麦的进口量逐渐增长。1865—1869 年为 112000
吨,1875—1879 年为 335000 吨,1888—1889 年为 480000 吨,
1890—1894 年为 799000 吨,1895—1899 年为 1056000 吨,
1900—1904 年为 1165000 吨,1905—1909 年为 2078000 吨,
1910—1913 年为 3037000 吨,而 1905—1913 年大麦出口量趋
于零。① 德国成为大麦的纯进口国。

1880 年到 20 世纪初期,德国主要谷物的种植面积增加不
多。裸麦种植面积由 590 万公顷增至 620 公顷,小麦种植面积
从 180 万公顷增至 190 万公顷。燕麦种植面积从 370 万公顷增
至 430 万公顷。大麦种植面积保持不变,为 160 万公顷。但谷
物的总产量却有很大的增长。裸麦总产量由 1880—1884 年的
560 万吨增至 1910—1913 年的 1130 万吨。小麦产量由 1880—
1884 年的 250 万吨增至 1910—1913 年的 430 万吨。燕麦产量
有 1880—1884 年的 410 万吨增至 1910—1913 年的 850 万吨。
大麦产量由 1880—1884 年的 220 万吨增至 1910—1913 年的
330 万吨。② 德国消费的主要谷物由裸麦转为小麦。

从 19 世纪 80 年代到第一次世界大战,有多少农户从谷物

---

① Michael Tracy, *Agriculture in Western Europe. Challenge and Response*,
1880-1980, Granada, Second edition, 1982, p.104. Table 4. 4 Imports and exports of
grain.

② Michael Tracy, *Agriculture in Western Europe. Challenge and Response*,
1880-1980, Granada, Second edition, 1982, p.105. Table4. 3. Area of major Crops.
Table 4. 6. Production of grain。

关税政策中获益,学者的看法不一,相关的资料也残缺不全。从一些资料来看,持有土地在 5 公顷以下的农户很难从高谷物价格中获益。只有那些持有土地在 20 公顷以上的土地持有者才能从高谷物价格中获得实质性的利益。1895 年时,有 4252000个土地持有者持有的土地面积在 5 公顷以下。有 990000 个土地持有者持有的土地面积在 5—20 公顷。只有 307000 个土地持有者持有的土地面积在 20 公顷以上。至于那些被雇佣的农业劳动者,他们通过农产品价格增长获取的利益是非常有限的。从增加谷物价格增长中获利的农场主看来占的比例很小。①

1848 年革命以后,德国农场的结构和规模没有特别的发展。在到 1848 年为止的改革时期,在德国南部和西部,小土地持有的模式依然如故。到 1800 年土地经营的面积已经固定下来。倘若要重新安排地块,需要得到全部土地所有者的同意才能进行。到 19 世纪中叶,在一系列州中,通过了巩固已有的土地占有制的法律。一些州试图禁止在土地继承中平均分配的做法。巴伐利亚州便采取了这种做法,而其他的州则没有这样的禁令。② 在人口贫瘠的地区采取了改变土地占有结构的做法,在那里重新安置小农场主。例如,根据 1886 年的法律,在普鲁士的波茨坦地区和西普鲁士,创立了小土地持有地和中等规模的持有地。抵押制使农民凭借有限的财力,通过在一段时间里支付现金或庄稼实物的方法来获得土地。

技术进步特别是在普鲁士各州对德国农业发展的意义很大。20 世纪初年,阿尔布雷希特·特尔关于"理性化的农耕"的先驱性著作出版后,对农业产生了很大的影响。敞地制度被

---

① Michael Tracy, *Agriculture in Western Europe. Challenge and Response*, *1880-1980*, Granada, Second edition, 1982, p.105.

② Michael Tracy, *Agriculture in Western Europe. Challenge and Response*, *1880-1980*, Granada, Second edition, 1982, p.107.

废除后,作物轮作技术得到推广。英格兰的排水工程技术引进德国,蒸汽犁等新的机器和化肥得到广泛使用。在德国创立了农学院,农学研究发展起来。抵押信贷制度在许多州建立,随后短期信贷也发展起来。1860 年以后,合作银行的发展解决了农民的财政问题,农民开始集体购买必需的农业设备。奶制品的合作销售组织开始建立。对付农业危机的保险组织也发展起来。①

19 世纪末在普鲁士的霍尔斯坦因,持有土地面积在 2 公顷以下的农户中,所有者占有土地的占 31%,租佃占有者占 42%,所有权和租佃权混合占有者占 27%。持有土地面积在 5—20 公顷的农户中,所有者占 64%,租佃者占 5%,所有权和租佃权混合占有者占 31%。持有土地面积在 20—100 公顷的农户中,所有者占 70%,租佃者占 7%,所有权和租佃权混合占有者占 23%。持有土地面积在 100 公顷以上的土地持有者中,所有者占 59%,租佃者占 21%,所有权和租佃权混合占有者占 20%。

在汉诺威,持有土地面积在 2 公顷以下的农户中,所有者占 20%,租佃者占 49%,所有权和租佃权混合占有者占 31%。持有土地面积在 2—5 公顷的农户中,所有者占 28%,租佃者占 22%,所有权和租佃权混合占有者占 50%。持有土地面积在 5—20 公顷的农户中,所有者占 51%,租佃者占 5%,所有权和租佃权混合占有者占 44%。持有土地面积在 100 公顷以上的土地持有者中,所有者占 35%,租佃者占 34%,所有权和租佃权混合占有者占 31%。

在威斯特伐利亚,持有土地面积在 2 公顷以下的农户中,所有者占 20%,租佃者占 55%,所有者和租佃混合占有者占 25%。

① Michael Tracy, *Agriculture in Western Europe. Challenge and Response*, *1880-1980*, Granada, Second edition, 1982, p.108.

持有土地面积在 5—20 公顷的农户中,所有者占 57%,租佃者占 5%,所有权和租佃权混合占有者占 38%。持有土地面积在 100 公顷以上的土地持有者中,所有者占 45%,租佃者占 24%,所有权和租佃权混合占有者占 26%。这表明,在德国,土地持有的主要形式为所有者占有,第二位是所有权和租佃权混合占有,纯租佃制农场的比例处于第三位。[1]

巴伐利亚帕拉丁地区 1840 年有 580000 户居民,1871 年有 615000 户居民。1840 年当地居民有三分之二从事农业。帕拉丁的可耕地大约有一半用来种植谷物,其余的土地种植马铃薯。在这个地区出现了乡村显贵。在 1907 年有将近 90% 的农地以不到 20 公顷的单位面积耕种。在这里实行了不分割继承制,这种制度起到了防止土地碎化的作用,这样就形成了中等大小的富裕农民。[2]

19 世纪下半叶,德国农业生产得到了蓬勃发展,但仍然落后于英国、丹麦、荷兰。到了这个时期,气候和土地质量对农业产出的作用越来越小。19 世纪下半叶,德国的地租和土地价格上涨,普鲁士国有地每公顷的租金 1849—1914 年由 14 马克增加到 37 马克,整个农业产量增加到 3—3.5 倍。1800—1900 年农业劳动力由 950 万人增加到 1140 万人。[3]

---

① Stefan Brakensiek and Gunter Mahlerwein, " North-west Germany, 1750-2000", in Bas van Bavel and Richard Hoyle, eds., *Rural Economy and Society in North-western Europe*, 500-2000, Social Relations: property and power, Brepols, 2010, p. 260. Table 10.3: Percentage of owner occupiers, tenants and farmers cultivating mixed holdings in various Peussian provinces, 1895.

② Jonathan Osmond, "Peasants and rural notables in the Bavarian Palatinate 1816-1933", in Ralph Gibson and Martin Blinkhorn, eds., *Landownership and Power in Modern Europe*, London, Harper Collins Academic, 1991, pp.133, 136.

③ [德]卡尔·艾利希·博恩等:《德意志史》第 3 卷下册,张载扬等译,商务印书馆 1991 年版,第 521 页。

德国的小麦种植面积 1849 年为 176.6 万公顷,1855 年为
184.4 万公顷,1860 年为 190.2 万公顷,1870 年为 196.4 万公
顷,1879 年为 230.6 万公顷,1885 年为 229.4 万公顷,1889 年为
232.2 万公顷。马铃薯的种植面积 1849 年为 160.2 万公顷,
1855 年为 184.8 万公顷,1860 年为 205.6 万公顷,1870 年为
239.6 万公顷,1880 年为 276.3 万公顷,1885 年为 292.1 万公
顷,1889 年为 291.8 万公顷。大麦、燕麦和裸麦的种植面积在
19 世纪后期变化不大。①

1899—1944 年,德国谷物的种植面积受世界大战的影响有
所减少。小麦的种植面积 1890 年为 232.7 万公顷,1895 年为
227 万公顷,1900 年为 236.6 万公顷,1905 年为 226 万公顷,
1910 年为 223.8 万公顷,1915 年为 226.2 万公顷,1920 年为
154 万公顷,1925 年为 167.7 万公顷,1930 年为 190 万公顷,
1935 年为 218.7 万公顷,1940 年为 189.7 万公顷,1944 年为
178.1 万公顷。裸麦的种植面积 1890 年为 582 万公顷,1895 年
为 589.4 万公顷,1900 年为 595.5 万公顷,1905 年为 614.6 万
公顷,1910 年为 618.7 万公顷,1915 年为 641.1 万公顷,1920 年
为 432.5 万公顷,1925 年为 470.8 万公顷,1930 年为 471.1 万
公顷,1935 年为 455.5 万公顷,1940 年为 497.5 万公顷,1944 年
为 385.1 万公顷。燕麦种植面积 1890 年为 390.7 万公顷,1895
年为 402.9 万公顷,1900 年为 412.3 万公顷,1905 年为 418.2
万公顷,1910 年为 428.9 万公顷,1915 年为 461.5 万公顷,1920
年为 324.4 万公顷,1925 年为 345.2 万公顷,1930 年为 332.2
万公顷,1935 年为 279.8 万公顷,1940 年为 284.3 万公顷,1944

---

① B.R.Mitchell, ed., *European Historical Statistics 1750-1970*, New York: Columbia U.P., 1975, p.204.

年为 243.8 万公顷。这个时期大麦种植面积变化不大。[1]

德国农产品的产量在 19 世纪中期以后迅速增长。谷物 1846 年小麦产量为 141.6 万公吨,裸麦产量为 292.7 万公吨,大麦产量为 253.3 万公吨,燕麦产量为 238.3 万公吨,马铃薯产量 705.5 万公吨,甜菜产量 23.3 万公吨。1850 年小麦产量为 184.6 万公吨,裸麦产量为 499.9 万公吨,大麦产量为 187.2 万公吨,燕麦产量为 309.8 万公吨,马铃薯产量为 1094.2 万公吨,甜菜产量为 62.7 万公吨。1855 年小麦产量为 152.4 万公吨,裸麦产量为 389.4 万公吨,大麦产量为 206.7 万公吨,燕麦产量为 380.4 万公吨,马铃薯产量为 1014.6 万公吨,甜菜产量为 98.4 万公吨。1860 年小麦产量为 249.1 万公吨,裸麦产量为 656.1 万公吨,大麦产量为 226.1 万公吨,燕麦产量为 462.3 万公吨,马铃薯产量为 1192.5 万公吨,甜菜产量为 163.2 万公吨。1865 年小麦产量为 218.6 万公吨,裸麦产量为 564.5 万公吨,大麦产量为 208.9 万公吨,燕麦产量为 400.2 万公吨,马铃薯产量为 2159.2 万公吨,甜菜产量为 220.5 万公吨。1870 年小麦产量为 240.9 万公吨,裸麦产量为 624.7 万公吨,大麦产量为 210.1 万公吨,燕麦产量为 397.3 万公吨,马铃薯产量为 2036.6 万公吨,甜菜产量为 230 万公吨。1875 年小麦产量为 272.4 万公吨,裸麦产量为 640.9 万公吨,大麦产量为 197.9 万公吨,燕麦产量为 383.2 万公吨,马铃薯产量为 2281.6 万公吨,甜菜产量为 275.7 万公吨。1880 年小麦产量为 323.6 万公吨,裸麦产量为 586.2 万公吨,大麦产量为 255 万公吨,燕麦产量为 512.8 万公吨,马铃薯产量为 2279.5 万公吨,甜菜产量为 473.8 万公吨。1885 年小麦产量为 351.3 万公吨,裸麦产量为 689.4 万公

---

① B.R.Mitchell, ed., *European Historical Statistics 1750 - 1970*, New York: Columbia U.P., 1975, p.215.

吨,大麦产量为 270 万公吨,燕麦产量为 526.4 万公吨,马铃薯
产量为 3374.4 万公吨,甜菜产量为 930 万公吨。[1] 1890 年小麦
产量为 374.3 万公吨,裸麦产量为 692.6 万公吨,大麦产量为
271.2 万公吨,燕麦产量为 593.4 万公吨,马铃薯产量为 2731.6 万
公吨,甜菜产量为 1062.3 万公吨。1895 年小麦产量为 364.3 万
公吨,裸麦产量为 772.5 万公吨,大麦产量为 279.4 万公吨,燕麦
产量为 624.4 万公吨,马铃薯产量为 3778.6 万公吨,甜菜产量为
1119.6 万公吨。1900 年小麦产量为 430.7 万公吨,裸麦产量为
855.1 万公吨,大麦产量为 300.2 万公吨,燕麦产量为 709.2 万公
吨,马铃薯产量为 4058.5 万公吨,甜菜产量为 1601.3 万公吨。
1905 年小麦产量为 418.7 万公吨,裸麦产量为 960.7 万公吨,大
麦产量为 299.2 万公吨,燕麦产量为 654.7 万公吨,马铃薯产量为
4832.3 万公吨,甜菜产量为 1737 万公吨。1910 年小麦产量为
424.9 万公吨,裸麦产量为 1051.1 万公吨,大麦产量为 290.3 万公
吨,燕麦产量为 790 万公吨,马铃薯产量为 4346.8 万公吨,甜菜产
量为 1815 万公吨。[2]

　　德国农产品的产值有些不完整的资料。1840 年有估计说
德国农业总产值为 1.05 亿英镑。1856 年德国农业产值为 1.51
亿英镑,畜牧业产值为 8000 万英镑,农牧业总产值为 231 亿英
镑。1886 年德国农业产值为 2.62 亿英镑,畜牧业产值为 1.62
亿英镑,农牧业总产值为 4.24 亿英镑。1840 年德国从事农业
的劳动力为 640 万人,年总产值为 1.7 亿镑,农民人均产值 27
镑。1856 年从事农业的劳动力人数为 740 万人,年总产值为
2.31 亿镑,农民人均产值 31 镑。1886 年从事农业的劳动力人

　　[1]　B.R.Mitchell, ed., *European Historical Statistics 1750-1970*, New York:
Columbia U.P., 1975, p.241.

　　[2]　B.R.Mitchell, ed., *European Historical Statistics 1750-1970*, New York:
Columbia U.P., 1975, p.254.

数为812万人,年总产值为4.24亿镑,农民人均产值52镑。[①]

德国1837年农业资本总额为6.31亿英镑,其中土地资本为4.8亿英镑,牲畜为8800万英镑,其他资本为6300万英镑。1856年农业资本总额为16.02亿英镑,其中土地资本为13.04亿英镑,牲畜为1.38亿万英镑,其他资本为1.6亿英镑。1886年农业资本总额为23.07亿英镑,其中土地资本为18.15亿英镑,牲畜为2.62亿万英镑,其他资本为2.3亿英镑。

19世纪德国农业资本总额的变化如下:1837—1856年农业资本总额为9.71亿英镑,年平均资本为5100万英镑。1848—1858年间,由于将大地产在农民中分割,农业总资本迅速增长。1856—1886年农业年资本总额为7.05亿英镑,年平均资本为2350万英镑。[②]

在1895—1900年的五年间,德国农业能够供应国内市场所需裸麦的92.6%,但只能供应国内市场所需小麦的73.7%。表7-3说明了德国各种主要作物的平均产量与进口量[③]。

表7-3　德国各种主要作物的平均产量与进口量

(单位:百万公吨)

	小麦		裸麦		大麦		燕麦	
	产量	进口	产量	进口	产量	进口	产量	进口
1900—1904年	3.90	2.03	9.66	0.83	3.12	1.17	6.95	0.51

① Michael G. Mulhall, ed., *The Dictionary of Statistics*, Thoemmes Press, 2000, p.24.

② Michael G. Mulhall, ed., *The Dictionary of Statistics*, Thoemmes Press, 2000, p.24.

③ [英]克拉潘:《1815—1914年法国和德国的经济发展》,傅梦弼译,商务印书馆1965年版,第244页。

	小麦		裸麦		大麦		燕麦	
	产量	进口	产量	进口	产量	进口	产量	进口
1905—1908 年	3.72	2.32	9.94	0.55	3.15	1.96	7.95	0.62
1911—1912 年	4.21	2.08	11.23	-0.32	3.32	3.30	8.11	3.0

19 世纪末到 20 世纪初德国的土地持有面积有如下的统计资料。1882 年持有土地面积在 2 公顷以下的农户有 3061831 户,这部分农户共持有 1825900 公顷土地;持有土地面积在 2—5 公顷的农户有 981407 户,这部分农户共持有 3190200 公顷土地;持有土地面积在 5—20 公顷的农户有 926605 户,这部分农户共持有 9158400 公顷土地;持有土地面积在 20—50 公顷的农户有 239887 户,这部分农户共持有 7176100 公顷土地;持有土地面积在 50—100 公顷的农户有 41623 户,这部分农户共持有 273200 公顷土地;持有土地面积在 100—200 公顷的农户有 11033 户,这部分农户共持有 1521100 公顷土地;持有土地面积在 200 公顷以上的农户有 13958 户,这部分农户共持有 6265000 公顷土地。

1895 年持有土地面积在 2 公顷以下的农户有 3236367 户,这部分农户共持有 1818900 公顷土地;持有土地面积在 2—5 公顷的农户有 1016318 户,这部分农户共持有 3286000 公顷土地;持有土地面积在 5—20 公顷的农户有 998804 户,这部分农户共持有 97219100 公顷土地;持有土地面积在 20—50 公顷的农户有 239643 户,这部分农户共持有 7113200 公顷土地;持有土地面积在 50—100 公顷的农户有 42142 户,这部分农户共持有 2756600 公顷土地;持有土地面积在 100—200 公顷的农户有 11250 户,这部分农户共持有 1545200 公顷土地;持有土地面积在 200 公顷以上的农户有 13811 户,这部分农户共持有 6286600 公顷土地。[1]

1907 年持有土地面积在 2 公顷以下的农户有 3378509 户,这部分农户共持有 1731300 公顷土地;持有土地面积在 2—5 公顷的农户有 1006277 户,这部分农户共持有 3304900 公顷土地;持有土地面积在 5—20 公顷的农户有 1065539 户,这部分农户共持有 10421600 公顷土地;持有土地面积在 20—50 公顷的农户有 225697 户,这部分农户共持有 6821300 公顷土地;持有土地面积在 50—100 公顷的农户有 36494 户,这部分农户共持有 2500800 公顷土地;持有土地面积在 100—200 公顷的农户有 10679 户,这部分农户共持有 1499200 公顷土地;持有土地面积在 200 公顷以上的农户有 12887 户,这部分农户共持有 5555800 公顷土地。[2]

1907 年在石勒苏益格,持有土地面积在 2 公顷以下的小土地持有者为 97069 户,占有总土地面积的 2.8%;持有土地面积在 2—5 公顷的土地持有者为 14994 户,占有总土地面积的 3.7%;持有土地面积在 5—20 公顷的土地持有者为 25004 户,占有总土地面积的 20%;持有土地面积在 20—100 公顷的大农场主为 21021 户,占有总土地面积的 57.8%;持有土地面积在 100 公顷以上的大土地持有者为 922 户,占有总土地面积的 15.7%。

---

[1] Michael Tracy, *Government and Agriculture in Western Europe 1880-1988*, Harvester Wheatsheaf, 1989. Table 3.1. Agricultural Holdings and Agriculturally Used Land in Germany, 1882-1907, p.84.

[2] Hans Juergen Puhhle, "Lords and Peasants in the Kaiserreich", in Robert G. Moeller, ed., *Peasants and Lords in Modern Germany*, *Recent Studies in Agricultural History*, Boston, Allen &Unwin, 1986, p.84. Table 3.1 Agricultural Land-Holding and Agriculturally Used Land in Germany, 1882-1907.

同年在汉诺威,持有土地面积在 2 公顷以下的小土地持有者为 41408 户,占有总土地面积的 5.9%;持有土地面积在 2—5 公顷的土地持有者为 11550 户,占有总土地面积的 11.6%;持有土地面积在 5—20 公顷的土地持有者为 12664 户,占有总土地面积的 44.8%;持有土地面积在 20 — 100 公顷的大农场主为 2820 户,占有总土地面积的 30.8%;持有土地面积在 100 公顷以上的大土地持有者为 107 户,占有总土地面积的 6.9%。

同年在希尔德斯海姆,持有土地面积在 2 公顷以下的小土地持有者为 60222 户,占有总土地面积的 11%;持有土地面积在 2—5 公顷的土地持有者为 9391 户,占有总土地面积的 14%;持有土地面积在 5—20 公顷的土地持有者为 9568 户,占有总土地面积的 33.5%;持有土地面积在 20 — 100 公顷的大农场主为 2132 户,占有总土地面积的 24.9%;持有土地面积在 100 公顷以上的大土地持有者为 214 户,占有总土地面积的 16.6%。

同年在吕讷堡,持有土地面积在 2 公顷以下的小土地持有者为 38509 户,占有总土地面积的 4%;持有土地面积在 2—5 公顷的土地持有者为 14274 户,占有总土地面积的 7.9%;持有土地面积在 5—20 公顷的土地持有者为 14219 户,占有总土地面积的 27.6%;持有土地面积在 20 — 100 公顷的大农场主为 6276 户,占有总土地面积的 54.3%;持有土地面积在 100 公顷以上的大土地持有者为 143 户,占有总土地面积的 6.2%。

同年在施塔德,持有土地面积在 2 公顷以下的小土地持有者为 31475 户,占有总土地面积的 4.2%;持有土地面积在 2—5 公顷的土地持有者为 11108 户,占有总土地面积的 11.2%;持有土地面积在 5—20 公顷的土地持有者为 11894 户,占有总土地面积的 41.1%;持有土地面积在 20 — 100 公顷的大农场主为 3573 户,占有总土地面积的 40.7%;持有土地面积在 100 公顷以上的大土地持有者为 89 户,占有总土地面积的 2.8%。

　　同年在奥斯纳布吕克,持有土地面积在 2 公顷以下的小土地持有者为 25846 户,占有总土地面积的 4.9%;持有土地面积在 2—5 公顷的土地持有者为 14762 户,占有总土地面积的 15.7%;持有土地面积在 5—20 公顷的土地持有者为 11365 户,占有总土地面积的 55.2%;持有土地面积在 20—100 公顷的大农场主为 1521 户,占有总土地面积的 23.4%;持有土地面积在 100 公顷以上的大土地持有者为 11 户,占有总土地面积的 0.8%。

　　同年在奥里希,持有土地面积在 2 公顷以下的小土地持有者为 21725 户,占有总土地面积的 6.7%;持有土地面积在 2—5 公顷的土地持有者为 5948 户,占有总土地面积的 10.9%;持有土地面积在 5—20 公顷的土地持有者为 4885 户,占有总土地面积的 26.6%;持有土地面积在 20—100 公顷的大农场主为 2786 户,占有总土地面积的 52.4%;持有土地面积在 100 公顷以上的大土地持有者为 50 户,占有总土地面积的 3.4%。

　　同年在明斯特,持有土地面积在 2 公顷以下的小土地持有者为 62743 户,占有总土地面积的 5.7%;持有土地面积在 2—5 公顷的土地持有者为 16026 户,占有总土地面积的 11.7%;持有土地面积在 5—20 公顷的土地持有者为 14010 户,占有总土地面积的 37%;持有土地面积在 20—100 公顷的大农场主为 4818 户,占有总土地面积的 40.6%;持有土地面积在 100 公顷以上的大土地持有者为 46 户,占有总土地面积的 5%。

　　同年在明登,持有土地面积在 2 公顷以下的小土地持有者为 62199 户,占有总土地面积的 10.4%;持有土地面积在 2—5 公顷的土地持有者为 16995 户,占有总土地面积的 15.8%;持有土地面积在 5—20 公顷的土地持有者为 13016 户,占有总土地面积的 41%;持有土地面积在 20—100 公顷的大农场主为 2609 户,占有总土地面积的 25.3%;持有土地面积在 100 公顷以上的大土地持有者为 107 户,占有总土地面积的 7.5%。

同年在阿恩斯贝格,持有土地面积在 2 公顷以下的小土地持有者为 161188 户,占有总土地面积的 11.4%;持有土地面积在 2—5 公顷的土地持有者为 14471 户,占有总土地面积的 13.7%;持有土地面积在 5—20 公顷的土地持有者为 12638 户,占有总土地面积的 35.4%;持有土地面积在 20—100 公顷的大农场主为 3123 户,占有总土地面积的 31.8%;持有土地面积在 100 公顷以上的大土地持有者为 85 户,占有总土地面积的 7.7%。[1]

1890—1913 年德国国民收入年增长率为 2.9%,比法国、英国和其他欧洲国家增长要快,但比丹麦、瑞典和美国要慢。德国出口每年增长约 5.1%,比几乎所有其他国家要快。德国的农业保护政策刺激了农业生产。尽管它使粮食价格上涨,但它阻止了人口向其他部类转移。[2]

五、20 世纪初到两次世界大战期间的农业

在第一次世界大战爆发时,德国进口的不仅有大量的食品,特别是从北美输入的做面包的小麦,还有家禽饲料和肥料。德国还在农业生产中依靠外国劳动力。第一次世界大战时期,德国遭到英国的封锁,进口削减,造成了粮食严重短缺。在第一次世界大战后的一段时间,德国食品仍然短缺,因此继续实行价格

①　Stefan Brakensiek and Gunter Mahlerwein, "North-west Germany, 1750-2000", in Bas van Bavel and Richard Hoyle, eds., *Rural Economy and Society in North-western Europe*, *500-2000*, *Social Relations*; *Property and Power*, Brepols, 2010, p.258.

②　Michael Tracy, *Agriculture in Western Europe. Challenge and Response*, *1880-1980*, Granada, Second edition, 1982, p.108.

控制。从 1920 年起控制逐渐放松，随后粮食价格上涨。1923 年通货改革以后，农业产品价格的上升比生产开支增长得要慢些，特别是比工资的增长要慢。战争爆发终止了对食品的关税，以后没有恢复。德国的农业服从于国家的国际竞争。农场主发现自己处于严重的困难中，债务加重，许多农场主不得不把农场卖掉。

1925 年凡尔赛条约终止，德国恢复了由本国决定关税的权利。当时在德国发生了是否应当恢复对农业的保护政策的辩论。一些经济学家认为，应当对谷物实行自由贸易，德国应当向丹麦和荷兰那样发展畜牧业生产。国会中的左翼政党和代表小农的政党反对保护关税政策。而 1925 年 9 月以后在国会中得势的保守党和大地主要求实行新的关税政策，他们重建了战前的标洛关税率，家畜产品的关税率比以前提高一些，而谷物的关税率则降低了一些。[1]

在此时，结束了战时禁止农产品出口的禁令，再次允许农产品出口。重要农产品的进口恢复到战前的水平。德国过去的谷物价格一般来说低于世界价格，现在上升到略高于世界价格。总的来说，德国还没有恢复农业繁荣。政府优先出口的是制造业产品，用这笔收入支付沉重的战争赔款。

1913 年到 1926 年间德国主要农作物产量下降。小麦产量从 1913 年的 393 万吨下降到 1926 年的 220 万吨。裸麦产量从 1913 年的 771 万吨下降到 1926 年的 422 万吨。马铃薯产量从 1913 年的 1762 万吨下降到 1926 年的 1170 万吨。甜菜产量从 1913 年的 1779 万吨下降到 936 年的 1075 万吨。[2] 农业产出的

---

① Michael Tracy, *Agriculture in Western Europe. Challenge and Response*, *1880-1980*, Granada, Second edition, 1982, p.195.

② Gustavo Corni, *Hitler and the Peasants. Agrarian Policy of the Third Reich*, *1930-1939*, Berg, 1990, p.5 Table 1. 1. Main Crop, 1913-1936.

价值扣除了种子和家畜饲料后,1913 年为 1970 万德国马克,1925 年为 919.8 万德国马克,1926 年为 861.9 万马克,1927 年为 955.9 万德国马克,1929 年为 1097.5 万德国马克。[①]

到了 1925 年时,德国农业已经糟糕到了极点,甚至人们称之为出现了危机。1929 年以后德国和其他国家一样,价格下降。这对于债务缠身的农场主问题显得特别严重,因为他们在 20 世纪 20 年代早期繁荣年代开支过度。统一在"绿色阵线"中的农业组织要求采取行动,恢复对谷物进口实行垄断。以稳定国内市场的谷物价格。政府否决了他们与现存商业条约相违背的要求。尽管政府否定了进口小麦垄断化的要求,但在 1930 年 4 月制定了国家对所有玉米贸易进行垄断的政策。由于国内玉米生产量很小,这项政策实际上只是对进口玉米的国家垄断。裸麦是德国谷物生产中比小麦更为大宗的产品。在 1925 年困难时期,政府通过在市场上购买裸麦以支持其价格。当时由政府支持的私人团体来做此事。1919 年政府买下了两个贸易公司,在 1928 年裸麦丰收后,由它们来进行大规模的市场运作。但这一行为耗资巨大,效果却不佳。[②]

由于 1929—1933 年德国政府提高了关税率,进口粮食数量大大减少,1933 年进口的粮食只有危机前的 62%。德国小麦市场价格出现了与世界市场相仿的下跌趋势。小麦价格指数如果以 1928—1929 年为 100,那么 1929—1930 年为 115,1930—1931 年为 120,1931—1932 年为 108,1932—1933 年为 91。裸麦价格指数从 1928—1929 年的 100,下跌到 1929—1930 年的

---

① Gustavo Corni, *Hitler and the Peasants*, *Agrarian Policy of the Third Reich*, *1930–1939*, Berg, 1990, p.6. Table 1.3 Volue of agricultural yield, excluding seeds and animal feed.

② Michael Tracy, *Agriculture in Western Europe*, *Challenge and Response*, *1880–1980*, Granada, Second edition, 1982, pp.196–197.

82,1930—1931 年的 77,1931—1932 年的 92,1932—1933 年的 74。谷物价格总指数逐年下降,从 1928—1929 年的 100,降到 1929—1930 年的 87,1930—1931 年的 86,1931—1932 年的 85, 1932—1933 年的 71。畜产品价格指数从 1928—1929 年的 100,降到 1929—1930 的 89,1930—1931 年的 76,1931—1932 年的 65,1932—1933 年的 59。① 收支相抵,德国农业总收入 1928—1929 年为 22 亿马克,1929—1930 年为 19 亿马克, 1931—1932 年为 12 亿马克,1932—1933 年为 9 亿马克。危机 期间德国农业收入逐年下降。②

德国 1928—1929 年农业总收入为 1022.8 万马克,总开支 为 803.3 万马克,净收入为 219.5 万马克。1919—1930 年农业 总收入为 980.8 万马克,总开支为 788.1 万马克,净收入为 192.7 马克。1930—1931 年农业总收入为 864.6 万马克,总开 支为 692 万马克,净收入为 172.6 万马克。1931—1932 年农业 总收入为 735 万马克,总支出为 612.7 万马克,净收入为 122.3 万马克。1932—1933 年农业总收入为 640.5 万马克,总开支为 551.4 马克,净收入为 89.1 万马克。农业实际收入在逐年 下降。③

德国农场经营不大景气。1928 年德国面积为 5—20 公顷 的农场在德国西部每公顷土地平均负债 36 马克,在德国东部每

① Michael Tracy, *Agriculture in Western Europe, Challenge and Response, 1880-1980*, Granada, Second edition, 1982, p. 200. Table 7.2: Agricultural Price Indices. 1928/1929 年为 100。

② Michael Tracy, *Agriculture in Western Europe, Challenge and Response, 1880-1980*, Granada, Second edition, 1982, p.200. Table 9.3. Receipts and expenses of agriculture.

③ Gustavo Corni, *Hitler and the Peasants. Agrarian Policy of the Third Reich, 1930-1939*, Berg, 1990, p.9. Table1.8. Incomes and expenditure in agriculture, 1928-1933.

公顷土地平均负债 43 马克;21—50 公顷的农场在德国西部每公顷土地平均负债额为 36 马克,在德国东部每公顷土地平均负债额为 47 马克;面积在 51—100 公顷的农场,在德国西部每公顷土地平均负债 37 马克,在德国东部每公顷土地平均负债 59 马克。①

到了 20 世纪 20 年代末,容克地主在东部地区仍然是与现代工业社会格格不入。容克在 1879 年以后对德国政府采取保护主义贸易政策具有相当大的影响。

第三帝国时期政府将资金投入其他方面,不重视农业问题。希特勒在 1930 年 7 月让瓦尔特·达尔负责农业政策。当时政府认为农场主不是一种经济力量,不应当归入市场力量,他们应当得到国家的特别照顾,确保其产品公正的价格。

国家社会主义党在帝国议会中的席位从 1928 年的 12 席增加到 1933 年的 288 席,这在很大程度上归因于危机中得到农业人口的支持。1930 年 9 月的大选中,由于该党在纲领中写入了对处于债务、赋税重负和价格下降打击下的农场主减轻负担的内容,国家社会主义党争得了相当多的乡村选民的选票,特别是在石勒苏益格-霍尔斯坦因地区的选举中取得胜利。

1930 年纳粹党将其兴趣转向吸引乡村选民。和其他法西斯国家一样,粮食部门对德国纳粹政权起了显著的作用。粮食供应对维持德国的社会道德水平和使公共观念能够支持纳粹制度起了关键的作用。此外,重组欧洲市场可以对德国纳粹制度的粮食需求作必要的补充。德国从第一次世界大战吸取了反面的教训,当时协约国的封锁造成了德国粮食短缺。纳粹党认为

①　Gustavo Corni, *Hitler and the Peasants.Agrarian Policy of the Third Reich*, *1930-1939*, Berg, 1990, p.11.Table. 1. 11. Average level of Indebtedness, 1928, RM. per hectare.

这是德国在大战中失败的国内原因。纳粹党非常注意避免第一次世界大战时的这一教训。

纳粹党努力从普鲁士容克中谋求支持。1931 年 10 月创立的"哈兹伯格政线"纳入了纳粹党和两个由容克占主导地位的组织。当时纳粹党和容克在一系列问题上观点是一致的。尽管他们之间阶级基础不同,他们都强调提高国内的粮食产量、强调农业对增强军事力量的重要性。1894 年容克卡尼茨公爵提出的谷物进口垄断政策是纳粹相关政策的前身。1933 年 1 月希特勒出任总理后,他允诺采取措施把农民从悲惨境地中解放出来。他在"五一"讲演中宣称,国家的复兴要从农民开始。胡根伯格出任了政府的经济和农业大臣。德国迅速地建立了新的农业经济组织。1933 年 7 月 15 日颁布的法律宣布,农民的组织从此属于帝国的事务。

1933 年 9 月,德国开始大规模地重建农业部类。9 月 13 日制定的《基本法》授权建立"国家食品公司"。"国家食品公司"是一个综合性的承担了包括粮食生产和分配任务在内的组织。在法律上,所有农场主和他们的家庭、所有的农业工人、所有处理农业生产的加工者和商人都从属于这个组织。乡村具有公共性质的农业组织都从属于它。农业合作者也从属于它。①

参加"国家食品公司"的有全国 40% 以上的居民,人数达 600 万人。这一组织有助于改善农民的经济状况和确保他们在帝国中的地位。德国 55000 个村庄每个村庄都设一名地区农民领导人,他们向 500 个高级农民领导人提出农业状况的报告,后者再向 19 名国家农民领导官员提出报告。这一体制确保了对农业经济部类和粮食生产的控制。粮食的进口、粮食的生产和

---

① Michael Tracy, *Agriculture in Western Europe. Challenge and Response*, *1880-1980*, Granada, Second edition, 1982, p.205.

粮食价格都受到帝国严格的控制。帝国粮食种植园制度实际上结束了农产品的自由市场,粮食生产受到指导,粮食在市场影响下调动。通过向每个农场征税来解决帝国粮食种植园制度运作的基金。帝国为此每年的开支超过了 100 万德国马克。德国 25%以上的国民生产总值都是来自于帝国粮食种植园,它们的产品年销售额超过 300 亿德国马克。从 1936 年"四年计划"开始,德国法西斯国家对农业的干预加强了。1937 年 1 月,对黄油、人造奶油和脂肪实行配给制度。1938 年以后,对农场生产的监督达到了新的水平。每个农场都要就其农耕和收成填报表,一部分粮食允许消费,其余的需要上交国家。[①]

在纳粹统治时期,德国的土地所有权关系没有发生根本性的变化。1933 年 9 月的法律确立的基本目标是加强对家庭农场的保护。这项法律规定了维持家庭生计的农场最小规模,将家庭农场规模定在 7.5—12.5 公顷之间,农场土地为所有权占有,这一法律不适用于租佃持有地。这种家庭农场称世传农庄[②],不仅特别法庭允许不得出售。在所有者死亡或退休后,土地应当转给唯一的继承人。这一规定在于禁止农场土地投机,使世传农庄脱离土地市场。同时也防止了在代际传递中土地持有碎化的问题。此外,限制所有者自行处置世传农庄,以至于出现了重新使国家作为地主,恢复封建保有权的状况。[③]

事实上许多按世传农庄的规定建立的规模受限制的农场是

①　Gesine Gerhard, "The Modernization dilemma: agrarian policies in Nazi Germany, in Fernandez-Prieto, Lourenzo, Juan Pan-Montojo, and Miguel Cabo, eds., *Agriculture in the Age of Fascism. Authoritarian Technocracy and Rural Modernization, 1922-1945*, Brepols, 2014, pp.145-146.

②　世传农庄(Erbhof)为 1933 年到 1945 年德国纳粹时期由长子世传的农庄。

③　Michael Tracy, *Agriculture in Western Europe, Challenge and Response, 1880-1980*, Granada, Second edition, 1982, p.207.

不合格的。这些农场太小,不足以养活农民。当时还有一些农场是联合农场。到 1938 年,有 684997 个世传农场进行了登记。他们占有的土地占德国农田面积的一半。由国家承担农场主的债务以利于农场的发展。

纳粹政府时期土地持有碎化的现象更加严重。当时德国的法律强调国家对土地的责任,租佃制不被政府认可,也不受鼓励。只是到 1937 年,国家才采取了推进租佃制的措施,其目的是为了推动对农场的投资。

国社党通过控制供给以确保生产者获得"公正的价格"。而增加粮食生产是本质问题。1933 年外贸形势很糟,粮食大宗进口。1934 年 11 月展开了一场"生产战争",目标是增加粮食产量。政府采取担保粮价、赎买债券的政策。政府还规定了年度产量目标。但希特勒拒绝提高农产品价格,这使得到了 1938 年农场主财政处境困难,无法进行新的生产投资。这个时期连年从农村抽出大量劳动力到工业部门,影响了农业的发展。德国农业的净收入增加很慢,1932—1933 年为将近 10 亿马克,1934—1935 年为 26 亿马克,以后就很少增长。"生产战役"的结果是复杂的。1930—1931 年谷物产量达到 2020 万吨,1932—1933 年为 2420 万吨。马铃薯产量 1930—1931 年为4270 万吨,1936—1937 年为 5080 万吨,1838—1839 年为 5120万吨。[1]

对新的农业机械的投资 1934—1935 年为 2.54 亿帝国马克,1935—1936 年为 3.56 亿帝国马克。1936—1937 年为 4.12亿帝国马克。1937—1938 年为 4.63 亿帝国马克,1938—1939

---

[1] Michael Tracy, *Agriculture in Western Europe, Challenge and Response, 1880-1980*, Granada, Second edition, 1982, pp.210-211. Table 9.6 Production of major agricultural Production.

年为 5.93 亿帝国马克。德国新定居的农民 1933 年为 4914 户,增加耕种面积 6.03 万公顷;1935 年新定居的农民为 3905 户,增加耕种面积 6.83 万公顷;1937 年新定居的农民为 1894 户,增加耕种面积 3.76 万公顷;1939 年新定居的农民为 486 户,新增耕种面积 1.79 万公顷;1941 年新定居的农民为 381 户,新增耕种面积 9600 公顷。[1]

根据 1933 年的统计资料,德国东部拥有土地面积在 100 公顷以上的土地所有者拥有的土地占全帝国土地的 37.9%,在麦克伦堡占土地的 64.7%,在什切青占土地的 59.1%,在科林斯占土地的 56.6%,在柯宁斯堡占土地的 55.2%,在波斯坦占土地的 52.8%,在波森占土地的 52%,在奥德河上法兰克福占土地的 50.9%。

对德国 1932—1938 年独立的农场主和挣工资者的净收入统计如下:1931/1933 年,独立的农场主的总收入为 3 亿马克,挣工资者的收入为 13.32 亿马克。挣工资者的收入是独立农场主收入总额的 444%。1933/1934 年,独立的农场主的总收入为 13.68 亿马克,挣工资者的收入为 13.76 亿马克。两个集团的总收入基本持平。1934/1935 年,独立的农场主的总收入为 22.35 亿马克,挣工资者的收入为 14.43 亿马克。挣工资者的收入是独立农场主收入总额的 64.5%。1935/1936 年,独立的农场主的总收入为 21.59 亿马克,挣工资者的收入为 15.76 亿马克。挣工资者的收入是独立农场主收入总额的 72.9%。1937/1938 年,独立的农场主的总收入为 22.68 亿马克,挣工资

---

[1]　Lourenzo Fernandez-Prieto, Juan Pan-Montojo and Miguel Cabo, eds., *Agriculture in the Age of Fascism Authoritarian Technocracy and Rural Modernnization*, *1922 - 1945*, Brepols, 2014, p.156. Appendix. Agriculturalindicators for Germany. Table 5.1. Number and area of new settlements during the period of National Socialism.

者的收入为 17.38 亿马克。挣工资者的收入是独立农场主收入总额的 76.6%。[①]

德国农业在 1939 年时遇到了严重的危机，价格政策有利于城市消费者，但是成千上万的农业劳动者离开了乡村和土地，涌入迅速扩张的军工部门。劳动力短缺是 1939 年农业产量下降的直接原因。这场危机在 1936 年时已经非常清晰地表现出来。但纳粹政府无力采取实际措施来解决问题。唯一可能采取的措施是掠夺国外劳动力来解决这一危机。1939 年 10 月，大约有 25 万波兰公民和战争囚犯被用于普鲁士农场生产，首先是作为收获时节急需的劳动力使用。以后，由于源源不断地增加外国劳动力的供给，农业经济部类得到恢复。[②]

1939 年德国东部有 7% 的土地由单位持有在 100 公顷以上的大土地持有者所持有。不到一半的土地是由面积 5 公顷以下的持有地构成。这些小土地为部分时间务农的农户占有，这些农户往往同时还在工厂和矿山工作。[③] 这些土地中有一部分是由农户完全自营，另一些则由农户雇佣其他人来耕种。其他的土地则采取长期出租。德国法律给予租地农以充分的保护，不允许单方面毁约，甚至当所有权发生变更时也不允许毁约。在苏联占领东德以前，大地产占马格德堡和阿尔特马克土地的 30%，它们由容克、贵族和资产阶级家庭占有。

在萨克森省 19 世纪后期的农业生产已经高度机械化。到

---

① Gustavo Corni, *Hitler and the Peasants. Agrarian Policy of the Third Reich, 1930-1939*, Berg, 1990, p.230. Table 10.2. Net incomes in Agriculture 1932-1938.

② Gustavo Corni, *Hitler and the Peasants. Agrarian Policy of the Third Reich, 1930-1939*, Berg, 1990, Xii, Tim Mason, "Forward".

③ Hans C. Buechler, and Judith Maria Buechler, *Contesting Agriculture, Coopprativism and Privatization in the New Eastern Germany*. State University of New York Press, 2002, p.42.

19 和 20 世纪之交,该省拥有德国全部蒸汽机马力的三分之一。到 1920 年当地的农业与工业结合在一起。1928 年当地糖产量占德国糖产量的四分之一。

德国 1915 年小麦产量为 423.5 万公吨,裸麦产量为 915.2 公吨,大麦产量为 248.4 万公吨,燕麦产量为 598.6 万公吨,马铃薯产量为 4346.8 万公吨,甜菜产量为 1096.3 万公吨。第一次世界大战的战败打击了德国的农业生产力。1920 年小麦产量为 424.9 万公吨,裸麦产量为 1051.1 公吨,大麦产量为 290.3 万公吨,燕麦产量为 790 万公吨,马铃薯产量为 4346.8 万公吨,甜菜产量为 1815 万吨。1925 年小麦产量为 387.8 万公吨,裸麦产量为 927.2 公吨,大麦产量为 298.9 万公吨,燕麦产量为 642.3 万公吨,马铃薯产量为 4797.6 万公吨,甜菜产量为 1032.6 万吨。1930 年小麦产量为 432 万公吨,裸麦产量为 844.7 公吨,大麦产量为 314.6 万公吨,燕麦产量为 599 万公吨,马铃薯产量为 5078.3 万公吨,甜菜产量为 1491.9 万吨。1935 年小麦产量为 526.9 万公吨,裸麦产量为 822.6 公吨,大麦产量为 372.7 万公吨,燕麦产量为 592.5 万公吨,马铃薯产量为 4511.8 万公吨,甜菜产量为 1056.8 万吨。1939 年小麦产量为 495.6 万公吨,裸麦产量为 840.4 公吨,大麦产量为 372.6 万公吨,燕麦产量为 614.3 万公吨,马铃薯产量为 5186.7 万公吨,甜菜产量为 1677 万吨。1944 年小麦产量为 380.8 万公吨,裸麦产量为 750.8 公吨,大麦产量为 229.1 万公吨,燕麦产量为 444.4 万公吨,马铃薯产量为 4124 万公吨,甜菜产量为 1361.7 万吨。[1] 统计资料表明,德国除了在第一次世界大战和战后受影响的 20 年代,德国农业产量保持了平稳的增长。甚至在第二

---

[1]　B.R.Mitchell, ed., *European Historical Statistics 1750–1970*, New York, Columbia U.P., 1975, p.254.

次世界大战期间,农业产量下滑也不大。

根据国际粮农组织的调查报告,联邦德国 1950 年所有者持有的土地为 1941.7 万公顷,占土地的 87.6%,租佃者持有的土地为 270.1 万公顷,占土地的 12.2%,以其他方式占有的土地为 5.5 万公顷,占 0.3%。1960 年所有者持有的土地为 1816.4 万公顷,占土地的 85%,租佃者持有的土地为 313.1 万公顷,占 28.7%,以其他方式占有的土地为 7.4 万公顷,占土地的 0.4%。1970 年所有者持有的土地为 896.4 万公顷,占土地的 71.1%,租佃者持有的土地为 361.6 万公顷,占 28.7%,以其他方式持有的土地为 3.6 万公顷,占土地的 0.3%。[①]

六、第二次世界大战以后的农业

第二次世界大战期间德国经济遭到了蹂躏,城市被毁,基础结构崩溃,工业生产停顿。在战后早期,农业成为国家经济和社会的主要支柱。城市中的居民遭到饥饿,需要尽快地使人口恢复。严重的粮食短缺为 1946 年和 1947 年的坏收成所加剧。大批流民从德国东部流向德国西部。在战后很短的时间里,有 1200 万德国人从东部流亡到德国西部。[②] 在纳粹时期被解散的农场主联盟在 1948 年重建。1951 年农场主联盟在联邦德国成为代表地主利益的排他的官方正式承认的代表机构,它代表了 80%—90% 的联邦德国农场主。同时,地方上建立了 24000 个农场主地方组织。1948 年建立了支持农场的中期和短期信贷

[①] Food and Agriculture Organisation of United Nation, *1970 World Census of AgricultureAnalysis and International Comparison of the Results*, Rome, 1981, Table9.1, p.290.

[②] Geoff A. Wilson and Olivia J. Wison, *German Agriculture in Transition, Society, Politics and Enviroment in a Changing Europe.*Palgrave, 2001, p.21.

制度。1948 年新德国马克的使用,增加生产和商品交换的信心,绝大多数重要农产品的价格稳定下来。①

第二次世界大战以后,德国农业通过恢复,成为经济部类中增长得最快的部类。农业稳定成为德国稳定和在 1949 年建立联邦德国的基础。联邦德国面积比东德要小得多。前者为 248000 平方公里,而后者为 471000,前者比后者农业耕作面积少了 710 万平方公里。②

1949 年联邦德国有将近 170 万个农场(这个数字不包括面积在 1 公顷以下的农场),但其中有三分之一的农场面积不到 2 公顷。这种小农场的结构和历史文化的因素相关。19 世纪初期农奴解放后,形成了一个由小家庭农场占主导地位的制度。在联邦德国的某些地方,这种历史的模式进一步被流行的土地继承制所加强。北部和东部实行不分割的长子继承制,这种制度鼓励在代际继承中土地规模大小不变。在西南部和西部则相反,在那里以分割继承为特征。农场土地在所有者后代中划分,导致了农场土地加剧碎化。同时,在农场主所有的土地中夹杂着属于其他农场主的地块,使农场主难以管理自己的土地。③

国际粮农组织的统计资料反映了 1950 年联邦德国农业中劳动力的使用和雇佣劳动者所占的比例。在调查的 2011992 个土地持有家庭的 9403681 人中。其中土地持有者耕种自己土地的为 6018461 人,土地持有者耕种非自己的土地的为 73687 人。土地持有者家庭成员被固定地雇佣的为 3494457 人,土地持有

① Geoff A. Wilson and Olivia J. Wison, *German Agriculture in Transition. Society,Politics and Enviroment in a Changing Europe*,Palgrave,2001,p.24.

② Geoff A. Wilson and Olivia J. Wison, *German Agriculture in Transition. Society,Politics and Enviroment in a Changing Europe*,Palgrave,2001,p.25.

③ Geoff A. Wilson and Olivia J. Wison, *German Agriculture in Transition. Society,Politics and Enviroment in a Changing Europe*,Palgrave,2001,p.29.

者家庭成员临时被雇佣的为 546841 人。在持有地上被雇佣的劳动者为 1583865 人,其中固定被雇佣的劳动者为 1104363 人,临时被雇佣的工资劳动者为 479502 人。[①] 上述资料表明,1950年时在联邦德国的农业劳动者中,雇佣劳动者只占八分之一左右。这表明,当时雇佣劳动不是联邦德国农业中主要的生产组织形式。

联邦德国在 20 世纪中期以后,农场规模变化的重要特点是小农场的数量急剧下降[②]:

表 7-4　联邦德国 1949—1998 年小农场数量的变化

年　份	1—9 公顷的农场	10—19 公顷的农场	20—29 公顷的小农场
1949	1262000	256000	—
1953	1172000	258000	—
1955	1135000	263000	—
1957	1090000	270000	—
1958	1063000	27400	—
1959	1039000	278000	—
1961	944000	290000	—
1962	914000	293000	—
1963	880000	297000	—
1964	851000	296000	—

①　Food and Agriculture Organisation of United Nation, *Report on the 1950 World Census of Agriculture*, Vol. 1, *Census result by countries*, Rome, 1955, Feudal Republic of Germany, p.10.

②　Geoff A. Wilson and Olivia J. Wilson, *German Agriculture in Transition, Society, Policies and Environmen in a Changing Europe*, Palgrave, 2001, pp.26–28. Table 2. 1 Farm holdings in he FRG by size classes, 1949–1998 (number of holding over 1 ha in 1000s).

年 份	1—9公顷的 农场	10—19公顷的 农场	20—29公顷的 小农场
1965	808000	292000	—
1968	738000	286000	960000
1969	709000	281000	100000
1970	639000	268000	104000
1971	599000	253000	106000
1972	561000	243100	106000
1973	539000	231000	109000
1974	508000	219000	108000
1975	491000	212000	107000
1976	479000	206000	107000
1977	456000	200000	106000
1978	442000	194000	105000
1979	419000	187000	104000
1980	407000	181000	103000
1981	395000	177000	100000
1982	384000	172000	99000
1983	369000	167000	97000
1984	362000	163000	95000
1985	354000	159000	94000
1986	345000	155000	92000
1987	325000	149000	89000
1988	317000	143000	86000
1989	307000	137000	84000
1990	296000	129000	80000
1991	273000	121000	76000
1992	268000	115000	72000
1993	260000	110000	69000

续表

年　份	1—9公顷的农场	10—19公顷的农场	20—29公顷的小农场
1994	251000	104000	66000
1995	236000	97000	62000
1996	228000	93000	60000
1997	221000	88000	57000
1998	216000	85000	56000

联邦德国农场总数1958年为1471000个,1959年为1452000,1960年为1385000个,1961年为1375000个,1962年为1348000个,1963年为1320000个,1964年为1294000个,1965年为1252000个,1966年为1228000个,1967年为1206000个,1968年为1186000个,1969年为1157000个,1970年为1083000个,1971年为1035000个,1972年为997000个,1973年为968000个,1974年为928000个,1975年为905000个,1976年为889000个,1977年为862000个,1978年为844000个,1979年为815000个,1980年为797000个,1981年为780000个,1982年为764000个,1983年为744000个,1984年为731000个,1985年为721000个,1986年为707000个,1987年为681000个,1988年为665000个,1989年为649000个,1990年为630000个,1991年为595000个,1992年为582000个,1993年为567000个,1994年为550000个,1995年为524000个,1996年为509000个,1997年为494000个,1998年为484000个。[1] 从总体上看,1949—1998年期间联邦德

---

① Geoff A. Wilson and Olivia J. Wilson, *German Agriculture in Transition*, *Society*, *Policies and Environmen in a Changing Europe*, Palgrave, 2001, pp. 26 - 28. Table 2. 1 Farm holdings in he FRG by size classes, 1949 - 1998 (number of holding over 1 ha in 1000s).

国农场总数呈下降趋势。减少了三分之二左右。其主要原因是小农场数量的急剧减少。

德国学者对于面积多大的农场能够发挥商业市场功能有不同的看法。有的学者认为,只有面积在 50 公顷以上的农场才有足够的能力来履行市场功能。但是,在莱茵兰-普法尔茨省,通常认为 12 公顷以下的农场属于小混合农场。在石勒苏益格-霍尔斯坦因省,通常认为 75 公顷以上的农场才算得上是大农场。[1]

经验表明,一个地区农业组织采取大农场还是小农场,在一定程度上受当地农村人口密度的影响。例如巴伐利亚就是这样。上巴伐利亚 1836 年的人口密度达到每平方英里 105 人,比法国同期人口密度要小。但 1939 年增至每平方英里 302 人,1952 年达到每平方英里 384 人,人口密度为 1836 年的 4 倍。1954 年在巴伐利亚难民达到 200 万人,在巴伐利亚南部移民来自苏台德的地区,在巴伐利亚北部移民来自西里西亚。移民占当地居民人口的 21%,他们中有五分之三居住在人口不到 2000 人的村庄中。德国到 1954 年人口密度超过了意大利。德国西部的人口密度超过了德国东部,但德国西部解决就业问题不如德国东部好。[2]

1950 年联邦德国共有地产 2011992 处,总面积为 21979025 公顷。联邦德国土地保有权分作五类。第一类是由持有者所有的地产,共 840514 块,总面积为 13788896 公顷。第二类是从其他人那里租地来经营的地产,共有 108744 块,总面积为 881415 公顷。第三类是用劳动来偿付地租的契约租佃地,共有 77141

① Geoff A. Wilson and Olivia J. Wilson, *German Agriculture in Transition*, *Society*, *Policies and Environmen in a Changing Europe*, Palgrave, 2001, p.43.

② Rene Dumont, *Type of Rural Economy*, *Study in World Agriculture*, Muthuen, 1957, pp.339-340.

块,总面积为 54294 公顷。第四类是以其他保有权经营的土地,共有 77142 块,总面积为 54294 公顷。第五类是按照混合保有权运作的土地,这类地产共有 978883 块,总面积为 7231427 公顷。

持有者所有的土地为 19241649 公顷。租地经营的土地为 2651664 公顷。契约租佃地为 31418 公顷。以其他保有权持有的土地为 54294 公顷。[1] 这表明,当时在联邦德国,以所有权经营土地面积占全部土地经营面积中的 87.5%。而租佃经营的土地只占全部土地经营面积的很小部分。

联邦德国 1971 年租种土地的佃户共有 71997 户,租地面积在 1 公顷以下的佃户有 3669 户,租地面积在 1—2 公顷的佃户有 9055 户,租地面积在 2—5 公顷的佃户有 13765 户,租地面积在 5—10 公顷的佃户有 11312 户,租地面积在 10—20 公顷的佃户有 14922 户,租地面积在 20—50 公顷的佃户有 15949 户,租地面积在 50—100 公顷的佃户有 2635 户,租地面积在 100—200 公顷的佃户有 690 户。[2]

到了 20 世纪中叶,从土地保有权来看,所有者持有的土地在德国土地总面积中占 70%—80%,租佃者持有的土地在德国土地总面积中占 20% 多。

1945 年时,萨克森-安豪特地区的土地持有的分布具有多样性。但是有相当一部分土地属于 200 公顷以上的持有单位。这种大面积的持有比德国其他地区比例要高。在该地区的马格

---

[1] Food and Agriculture Organisation of United Nation, *Report on the 1950 World Census of Agriculture*, Vol. 1. *Census result by countries*, Rome, 1955, Federal Republic of Germany, p.9.

[2] Food and Agriculture Organisation of United Nation, *1970 World Census of Agriculture, Analysisand International Comparison of the Results*, Rome, 1981, Table 5.4. Number of Holdings rented from others by size of holding, p.98.

德堡村,持有土地在 2 公顷以下的农户占农户数的 7.10%。持有土地在 2—5 公顷的农户占农户数的 5.30%。持有土地在5—20 公顷的农户占农户数的 29.50%。持有土地在 20—50 公顷的农户占农户数的 23.80%。持有土地在 50—100 公顷的农户占农户数的 10.40%。持有土地在 100—200 公顷的农户占农户数的 5.80%。持有土地在 200 公顷以下的农户占农户数的21.70%。在梅泽堡村,持有土地在 2 公顷以下的农户占农户数的 7.30%。持有土地在 2—5 公顷的农户占农户数的 6.80%。持有土地在 5—20 公顷的农户占农户数的 29.00%。持有土地在 20—50 公顷的农户占农户数的 20.90%。持有土地在 50—100 公顷的农户占农户数的 9.40%。持有土地在 100—200 公顷的农户占农户数的 8.20%。持有土地在 200 公顷以下的农户占农户数的 18.40%。而在全德国,持有土地在 2 公顷以下的农户占农户数的 6.25%。持有土地在 2—5 公顷的农户占农户数的 11.40%。持有土地在 5—20 公顷的农户占农户数的15.80%。持有土地在 20—50 公顷的农户占农户数的 19.80%。持有土地在 50—100 公顷的农户占农户数的 6.60%。持有土地在 100—200 公顷的农户占农户数的 4.90%。持有土地在200 公顷以下的农户占农户数的 15.30%。[1]相比较,马格德堡村和梅泽堡村持有土地在 200 公顷以上的农户以及持有土地在100—200 公顷的农户的比例,都要比德意志帝国这类农户的比例要高。

关于联邦德国(德国西部)自 20 世纪 40 年代末以来农场规模的变化,有下列统计:

---

[1]　Hans C. Buechler, and Judith Maria Buechler, *Contesting Agriculture, Coopprativism and Privatization in the New Eastern Germany*, State University of New York Press, 2002, p.42. Table 3.1 Size of Frams in Sachesn-Anhault and in the Reich in 1925.

表7-5 1949—1998 年联邦德国农场持有地大小分类
（表中农场数目以千为单位）①

年份	1—9 公顷	10—19 公顷	20—29 公顷	30—49 公顷	50—100 公顷	100 公顷 以上	总数	平均面积（公顷）	农场数量年下降率（%）
1949	1262	256	72	40	13	2.9	1647	8.1	—
1953	1172	258	113	—	13	2.9	1559	8.3	—
1955	1135	263	114	—	13	2.8	1528	8.6	—
1957	1090	270	116	—	13	2.8	1492	8.8	—
1958	1063	274	118	—	13	2.8	1471	8.9	-1.4
1959	1039	278	119	—	13	2.8	1452	9.0	-1.3
1960	961	287	122	—	14	2.6	1385	9.3	-4.6
1961	944	290	124	—	14	2.7	1375	9.4	-0.7
1962	914	293	125	—	13	2.7	1348	9.6	-2.0
1963	880	297	126	—	14	2.6	1320	9.8	-2.1
1964	851	296	130	—	14	2.6	1294	10.0	-1.9
1965	808	292	135	—	14	2.7	1252	10.2	-3.2
1966	781	291	138	—	15	2.8	1228	10.4	-1.9
1967	760	289	94	47	15	2.8	1206	10.6	-1.8
1968	738	286	96	48	15	2.8	1186	10.7	-1.7
1969	709	281	100	50	15	2.8	1157	11.0	-2.4
1970	639	268	104	53	16	3.0	1083	11.7	-6.4
1971	599	253	106	57	17	3.2	1035	12.2	-4.4
1972	561	243	109	61	19	3.4	997	12.7	-3.7
1973	539	231	109	65	20	3.6	968	13.0	-2.9

① Geoff A. Wilson and Olivia J. Wison, *German Agriculture in Transition, Society, Politics and Enviroment in a Changing Europe*, Palgrave, 2001, pp. 26 - 28. Table 2. 1 Farm holdings in the FGR by size classes, 1949-1998(number of holdings over I ha in 1000s).

续表

年份	1—9 公顷	10—19 公顷	20—29 公顷	30—49 公顷	50—100 公顷	100 公顷 以上	总数	平均面积（公顷）	农场数量年下降率（%）
1974	508	219	108	68	22	3.8	928	13.5	-4.1
1975	491	212	107	70	22	3.9	905	13.8	-2.5
1976	479	206	107	71	23	4.0	889	14.0	-1.8
1977	456	200	106	72	24	4.2	862	14.4	-3.0
1978	442	194	105	73	25	4.2	844	14.6	-2.1
1979	419	187	104	74	26	4.3	815	15.1	-3.4
1980	407	181	103	75	27	4.3	797	15.3	-2.2
1981	395	177	100	76	28	4.6	780	15.5	-2.1
1982	384	172	99	76	29	4.7	764	15.8	-2.1
1983	369	167	97	76	30	4.9	744	16.1	-2.6
1984	362	163	95	76	31	5.0	733	16.3	-1.5
1985	354	159	94	76	32	5.2	721	16.6	-1.6
1986	345	155	92	77	33	5.4	707	16.8	-1.9
1987	325	149	89	77	35	5.6	681	17.4	-3.7
1988	317	143	86	77	37	6.0	665	17.7	-2.3
1989	307	137	84	77	39	6.5	649	18.2	-2.4
1990	296	129	80	76	41	7.1	630	18.7	-2.9
1991	273	121	76	75	43	7.8	595	19.6	-5.6
1992	268	115	72	73	45	9.0	582	20.2	-2.2
1993	260	110	69	71	47	9.8	567	20.7	-2.6
1994	251	104	66	70	49	11	550	21.4	-3.0
1995	236	97	62	67	50	12	524	22.3	-4.7
1996	228	93	60	66	50	13	509	22.9	-2.9
1997	221	88	57	63	51	14	494	23.6	-2.9
1998	216	85	55	63	51	15	484	24.1	-2.0

在德国东部，许多大地产在 1945 年以后迅速崩解为小地产，结果小地产的数量和比例大大增长。占地 1.5—12.5 英亩的小地产 1945 年占地产总数的 56%，1950 年为 45.4%，在地产总数中的比例从 9% 增至 10.7%。面积在 12.5—50 英亩的地产 1945 年占地产总数的 33%，1950 年为 48.5%，在地产总数中的比例从 31.8% 增至 59.6%。①

从上表来看，在 1949—1990 年间，大量面积在 1—10 英亩的小农场在德国继续存在，持有地平均面积仍然很小。联邦德国农场的平均面积比法国、丹麦、卢森堡和英国的农场要小。德国较多的农场面积在 5 英亩以下和 100 英亩以上。到了 1980 年，联邦德国有三分之一的农场面积在 5 英亩以下。在欧洲，只有比利时和意大利小农场的百分比超过德国。面积在 5 英亩以下的农场在比利时农场中占 42%，在意大利农场中占 74%。

1945 年以后，石勒苏益格-霍尔斯坦因地区的农业生产中收割机、拖拉机和挤奶机大量增加了，农业生产经历了从劳动密集型农业向资本密集型农业的转变。1949 年当地典型的家庭农场通常拥有 15 公顷土地，由 3 个家庭整劳动力（他们通常来自 3 代人）和一个季节劳工来耕作。一个家庭农场通常拥有 3 匹马、8 头奶牛、20 头猪、60 只鸡。农场通常装备了挤奶机、脱粒机、拖拉机。许多农场主自己购置所需的车辆，其余的设备在收获时节从邻人农场主或机械站去租借。② 一个家庭农场的劳作从早晨 5 点钟开始，午间有 2.5 小时的午餐休息时间，一天的

---

① Rene Dumont, *Types of Rural Economy. Studies in World Agriculture*, London, Methurn, 1957, p.439.

② George Gerolimatos, *Structural Change and Democratization of Schleswig-Holstein's Agriculture, 1945-1973*. Doctor Dissertation of University of North Carolina, UMI. 2014, p.3.

劳作在傍晚 7 点钟结束。①

约翰内斯·马施曼回忆说:"自我童年以来农耕发生了多么大的变化啊!"20 世纪 70 年代的农场生活方式与 40 年代已经完全不同。在 1970 年,农业生产过程完全靠计时的农业机械来完成。对谷物生产来说,机械化和临近农场的轮作缩短了先前所需要的劳作时间。拥有装备的大公司在一天开始时首先去大农场工作,用余下的时间来完成小农场的任务。虽然工作单调沉闷,但无须外部劳动力参加劳作。马施姆回忆,在 20 世纪 60 年代后期,小的用篱笆围起来的条地被拉平,地貌被改变以便于使用新的笨重的机械。农场主过去习惯于生产黄油和奶酪以满足地方市场的需求,用不规则的方式送牛奶,现在拖拉机在固定时间开来取货送奶。②

在位于东霍尔斯坦因靠近麦克伦堡的科格尔的地产上,一个农场面积有 1290 公顷,其中 755 公顷土地用于农耕。农场主威廉·洛斯需要成百的劳动者为他耕作,其中有茅舍农、分成制佃户、工资劳动者、机械劳工等。许多像威廉·洛斯一样的农场都雇佣代理人、会计、监工来管理农场生产。③

德国由于农场规模小,靠农场收入难以满足家庭生活所需,所以在联邦德国的农场主中,在农场之外工作的人很多。全日制工作的农场主的比例不超过 50%。1965 年,全日制工作的农

① George Gerolimatos, *Structural Change and Democratization of Schleswig-Holstein's Agriculture, 1945－1973*, Doctor Dissertation of University of North Carolina, UMI. 2014, p.4.

② George Gerolimatos, *Structural Change and Democratization of Schleswig-Holstein's Agriculture, 1945－1973*, Doctor Dissertation of University of North Carolina, UMI. 2014, pp.288-290.

③ George Gerolimatos, *Structural Change and Democratization of Schleswig-Holstein's Agriculture, 1945－1973*, Doctor Dissertation of University of North Carolina, UMI. 2014, p.7.

场主只占41%,部分时间在农场工作的农场主占33%,兼职的农场主占26%。1970年,全日制工作的农场主占43%,部分时间在农场工作的农场主占35%,兼职的农场主占22%。1975年,全日制工作的农场主占45%,部分时间在农场工作的农场主占15%,兼职的农场主占40%。1980年,全日制工作的农场主占50%,部分时间在农场工作的农场主占39%,兼职的农场主占11%。1985,全日制工作的农场主占50%,部分时间在农场工作的农场主占40%,兼职的农场主占10%。1990年,全日制工作的农场主占49%,部分时间在农场工作的农场主占42%,兼职的农场主占9%。1995年,全日制工作的农场主为49%,部分时间在农场工作的农场主占43%,兼职的农场主占8%。[1] 1980年联邦德国有记载的797500个农场中,大约有39%即大致五分之二经营者只是部分时间花在农场生产上。[2]

联邦德国在农场数量减少的同时,农业劳动力的数量也在下降。1949年农业劳动力为530万,在全部劳动力中占27.1%。1950年农业劳动力为510万,在全部劳动力中占23.2%。1955年农业劳动力为430万,在全部劳动力中占20.0%。1960年农业劳动力为340万,在全部劳动力中占13.8%。1965年农业劳动力为290万,在全部劳动力中占10.9%。1970年农业劳动力为210万,在全部劳动力中占7.8%。1975年农业劳动力为170万,在全部劳动力中占6.7%。1980年农业劳动力为130万,在全部劳动力中占4.7%。1985年农业劳动力为110万,在全部劳动力中占

---

① Geoff A. Wilson and Olivia J. Wison, *German Agriculture in Transition, Society, Politics and Enviroment in a Changing Europe*, Palgrave, 2001, p.31. Table 2.3 Full-time and part-time farms in the FRG (Over 1 ha).

② E. Morhs, "Part-time Farming in the Federal Republic of Germany", *Geographic Joumal*, 6.4, 1982, p.327.

4.0%。1990 年农业劳动力为 83 万,在全部劳动力中占 2.9%。1994 年农业劳动力为 69 万,在全部劳动力中占 2.4%。[1]

七、东德农业及其变革

德国东部的大地产生产在第二次世界大战以后发生了变化。当时在苏联指导下进行了土地改革。当时有 9 万流亡者来到这里,大量土地被认为是纳粹分子的土地加以没收,土地按小块分配给这些无地的农民和农业工人。在这次土地改革中,有119530 名无地的农民和农业工人分占了 924365 公顷的土地,人均分得土地 7.7 公顷。有 80404 名拥有很少土地的农民分占了 270949 公顷的土地,人均分得土地 3.4 公顷。有 89529 名重新定居的居民分占了 754976 公顷的土地,人均分得了土地 8.4公顷。有 45403 名小租佃农分得了 43976 公顷土地,人均分得土地 1.1 公顷。有 169427 名工人和技工分占了 169427 公顷土地,人均分得土地 0.7 公顷。此外还在森林地区建立了 62140户农场,他们共分占 62140 公顷土地。[2]

相当大比例的土地分配给了无地的农民和农业工人。但这批人分得的土地人均面积过小,无法进行生产经营。到 1953年,有三分之一的新农场主放弃了他们的农场。这些土地回归国家所有,以国家农场的方式来进行耕作,或者以集体的形式来使用。获益者只拥有土地的收益权,而没有对土地拥有完全的

---

[1]　Geoff A. Wilson and Olivia J. Wison, *German Agriculture in Transition. Society,Politics and Enviroment in a Changing Europe*, Palgrave, 2001, p. 34. Table 2. 4 People working in FGR agriculture(excluding fishersand forestry).

[2]　Hans C. Buechler, and Judith Maria Buechler, *Contesting Agriculture, Coopprativism and Privatization in the New Eastern Germany*, State University of New York Press,2002,p.44.Table 3. 2 Allocation of Land in the Land Reform of 1945.

所有权。当时一度没有直接按照苏联的模式实行集体化。一种看法认为,创立小农场是一种深思熟虑的策略,这样可以最终实行集体化而不至于遭到乡村农民的反对。把土地分给流民是一种将他们整合进经济生活的手段,防止未来他们进行骚乱。把土地分给个人的做法也降低了第二次世界大战期间工业被破坏造成的很高的失业率。1945年苏联占领当局下令重建此先存在的农业购置合作社,并允许建立其他形式的自愿组织。但所有这些组织以后都被解散。它们在1946年被"相互帮助的农场主协会"取代。建立这种组织的最初目的是组织和管理农业机械的工作站,它使单个农场主和后来的集体农场可以租用先前的旧农机设备,并通过这种机构来增添新的设备。以后,仿造苏联的模式与机械工作站合并建立了更大的机构,由政府控制。这些工作站还承担了对成立的乡村合作社进行政治教育的任务。

1952年政府创建了一种新的集体农庄形式。它致力于进行生产而不是商业活动。在这种合作社中,成员只是将土地入股,而自己保留家畜和机械。后者将所有的生产资料变为公有。在所有这三种形式中,其成员都拥有土地所有权。与保加利亚和罗马尼亚这些社会主义国家不同,在东德1945年的土地改革中,土地并没有被征用和罚没,而是继续归个人所有。这些单位的结构、权利和义务都完全由法典规定,并不由国家控制。在这些合作社中,收入分配根据各成员入股带进的土地数量。带入的土地占收入的比例,在不同类农庄分别占20%、30%或40%。在所有的集体农庄中,允许小规模的私人生产。每个社员可分得半公顷土地,用于生产个人所需的产品,这块土地可以个人耕种,也可以集体耕作。每个成员可以饲养两头母牛、两头母猪和它生下的小猪、5只羊、数量不限制的山羊、鸡、兔子和其他小家禽。在强调这些安排是根据自愿原则的同时,政府从一开始就倡导农民采取合作社的形式。①

在民主德国,1960 年有国有农场 669 个,1970 年有 511 个,1980 年有 469 个,1989 年有 454 个。农业生产合作社 1960 年有 19313 个,1970 年有 9009 个,1980 年有 3946 个,1989 年有 4015 个。专门化的生产为市场服务的蔬菜或园艺合作社 1960 年有 298 个,1970 年有 346 个,1980 年有 213 个,1989 年有 199 个。②

农产品和投资的价格政策成为指导农业结构变化的手段。在 1945 年土地改革后,面积 20 公顷以上的农场仍然存在。最初,只是用稍带强制性的手段按照规定的低价格出售,由占领当局政府管理它。到了 50 年代初,大的私人农场已经处于越来越不利的地位,他们被迫以很低的价格上交他们的产品,只有小部分产品能拿到特别设立的农民市场上去出售。这种政策促使这些大农场主纷纷逃往西部。

到 1953 年,大私人农场的数量在减少。特别是在 20 世纪 50 年代初展开防止大私有农场的运动后。从 1952 年到 1955 年合作社的数量从 1906 个增至 6047 个,到 1959 年增加到 10645 个。到 1960 年,实际上所有残存的农场主都"被鼓励"加入合作社。在 20 世纪 70 年代,开始还将土地集中化,组成大的农业合作社。一个这样的合作社有 4000—6000 公顷土地。到 1908 年,采取了将其中的工厂和家畜生产分开组成专门的生产单位。畜牧业单位有的养奶牛,有的养羊、猪和肉牛。根据原农场管理者的陈述,有的农场非常富有,在银行有 300 万马克的存

① Hans C. Buechler, and Judith Maria Buechler, *Contesting Agriculture, Coopprativism and Privatization in the New Eastern Germany*, State University of New York Press, 2002, pp.45−46.

② Geoff A. Wilson and Olivia J. Wison, *German Agriculture in Transition, Society, Politics and Enviroment in a Changing Europe*, Palgrave, 2001, p.116.

款,这在当时是一个不小的数额。①

1973 年到 1990/1991 年,民主德国农业生产合作社发展到最高峰。1990—1991 年解散了合作社。民主德国的合作社平均面积大约为 6000 公顷。此外还有家畜生产合作社。后者通常饲养 1000 头母牛和其他家畜。② 民主德国的农业生产合作组织有极度集中化和专门化的特点。它借鉴和采纳了大规模无个性化生产的美国福特主义的模式。某些专门化的家畜饲养合作社饲养了 2200 头牛,包括 600 头奶牛,300 头母猪和生下的小猪。另一个合作社饲养了 980 头母牛和公牛,1500 头猪。第三个合作社养了 6000 头牛,包括 1800 头母牛,并饲养了 7000 头猪。第四个合作社饲养了 2200 头牛,8000—8500 头猪,2200 只羊,大约 60000 只母鸡。一些用于对外展示的合作农场达到了极大的规模,养了 40000 头家畜。在图林根,一个大的养猪农场养了 196000 头猪。③ 民主德国大规模地工厂化地生产家畜,其主要目的是为了出口。但饲养家畜的合作社的效益并非很高。因为当时农田生产不出足够的家畜饲料来供给家畜食用。

民主德国农业生产合作社的成员一方面领取工资,另一方面通过从事个体生产来增加自己的收入。如前所说,每个社员可分到半公顷土地自己耕种。到 1977 年,无地的农场工人都有权分得这种土地。其结果是到 20 世纪 80 年代初期,有三分之

① Hans C. Buechler, and Judith Maria Buechler, *Contesting Agriculture, Coopprativism and Privatization in the New Eastern Germany*, State University of New York Press, 2002, pp.50-51.

② Hans C. Buechler, and Judith Maria Buechler, *Contesting Agriculture, Coopprativism and Privatization in the New Eastern Germany*, State University of New York Press, 2002, p.59.

③ Hans C. Buechler, and Judith Maria Buechler, *Contesting Agriculture, Coopprativism and Privatization in the New Eastern Germany*, State University of New York Press, 2002, p.62.

二的农业生产合作社社员都在从事私人生产。有的社员还通过开垦边际土地增加私人的收入。政府发现,在 1982 年,有 2300 公顷的土地没有得到耕种,其中有一些交由农业合作社负责开垦耕种,但其中有一部分派给小规模生产者。大规模私人生产当时是不允许的,但小规模的私人生产实际上得到鼓励。1989 年,有 33%的水果、13.5%的蔬菜、33%的鸡蛋、25%的兔肉、15%的猪肉、29%的羊毛、98%的蜂蜜是由私人生产者提供的。但国家始终对私人生产的规模加以限制。[①]

农业生产合作社设置了一批专职管理人员。一个典型的生产合作社 270 名劳动者中,有 30%即 81 人从事管理工作,他们不参加实际农业生产。一个占地 5000 公顷的粮食生产合作社中,管理人员有 22 人,从事生产准备工作的人员有 5 人,行政人员有 10 人。这样,非生产人员总共有 37 人。[②]

到 1989 年时,东德有三分之二的农业生产合作社社员没有私人土地。在东德,第二次世界大战后私人农场的数量在持续下降。但是,到 1989 年仍然有大约 3500 个私人持有的农场,这些农场的土地占全部可耕地的 5.4%。[③]

许多非农业工人也被允许拥有私人的小块土地。这些私人所有的土地在某些产品的生产中起了重要的作用。它们生产出了德国 22%的水果,98%的蜂蜜,34%的鸡蛋,25%的鸡肉和兔肉,25%的羊毛。私有的小块土地为农村居民提供了附带的收

---

① Hans C. Buechler, and Judith Maria Buechler, *Contesting Agriculture, Coopprativism and Privatization in the New Eastern Germany*, State University of New York Press, 2002, p.84.

② Hans C. Buechler, and Judith Maria Buechler, *Contesting Agriculture, Coopprativism and Privatization in the New Eastern Germany*, State University of New York Press, 2002, pp.90-91.

③ Geoff A. Wilson and Olivia J. Wison, *German Agriculture in Transition, Society, Politics and Enviroment in a Changing Europe*, Palgrave, 2001, p.116.

入,同时为家庭消费提供了高质量的新鲜食品。在东德,私有小块土地的生产高效率和国家和集体农场生产的低效率形成了鲜明的对比。①

从1950年到1989年东德的农业无论在投入上还是在生产的产品方面都在发展。东德饲养的牛(包括肉用牛和奶牛)的头数,1950年为360万头,1960年为460万头,1970年为520万头,1980年为570万头,1989年保持在570万头。饲养的猪的头数,1950年为570万头,1960年为830万头,1970年为970万头,1980年为1280万头,1989年为1200万头。饲养的羊的数量,1950年为100万只,1960年为200万只,1970年为160万只,1980年为200万只,1989年为260万只。②

东德实行的是密集型的农业耕作。因此农田使用的化肥数量不断增加。每公顷土地施用的硝酸盐类化肥,1950年为28.7公斤,1960年为36.7公斤,1970年为81.3公斤,1980年为119.9公斤,1988年增至141.3公斤。每公顷土地施用的磷酸盐肥料,1950年为15.4公斤,1960年为34公斤,1970年为65.2公斤,1980年为62公斤,1988年为56.4公斤。每公顷土地施用的钾肥,1950年为59.7公斤,1960年为77.4公斤,1970年为97.7公斤,1980年为79.2公斤,1988年为94.4公斤。每公顷土地施用的石灰,1950年为84.5公斤,1960年为121公斤,1970年为186.8公斤,1980年为197.8公斤,1988年为272.7公斤。东德使用的拖拉机数量也在增长。1960年共有70566台,1970年有148865台,1980年有144502台,1988年达

---

① Geoff A. Wilson and Olivia J. Wison, *German Agriculture in Transition, Society, Politics and Enviroment in a Changing Europe*, Palgrave, 2001, p.117.

② Geoff A. Wilson and Olivia J. Wison, *German Agriculture in Transition, Society, Politics and Enviroment in a Changing Europe*, Palgrave, 2001, p.118. Table 4.3 Development of livestock number in the GDR, 1950-89.

到 167529 台。①

东德农业的单位面积产量自 1960 年到 1989 年在增长。谷物类产量每公顷产量 1960 年为 2. 75 吨,1970 年为 2. 82 吨,1980 年为 3. 81 吨,1989 年为 4. 4 吨。马铃薯每公顷产量,1960 年为 19. 24 吨,1970 年为 19. 52 吨,1980 年为 17. 97 吨,1989 年为 21. 25 吨。甜菜每公顷产量,1960 年为 28. 78 吨,1970 年为 32. 01 吨,1980 年为 28. 19 吨,1989 年为 28. 60 吨。每头奶牛的奶产量,1960 年为 2315 公斤,1970 年为 2900 公斤,1980 年为 3433 公斤,1989 年为 4120 公斤。②

德意志民主共和国的解体导致了由国家管理的合作社的解散和对集体生产模式的质疑。在民主德国转折时期,农业的状况比其他经济部门要好。农业没有出现立即崩溃的危险。农民可以在没有价格补贴的情况下继续从事农业。

东、西德之间边境开放后,东德马克与联邦德国马克的比率是 2 比 3。这造成了大量货物从东德流出。在民主德国,除了绝大多数最基本的必需品外,所有物品都稀缺,因此价格都很高。

在 1989—1990 年到 1992—1993 年期间,农产品的价格分别下降了 38%—76%。小麦的价格下降了 49. 7%,动物产品价格下降了 65%—77. 4%。1988—1992 年总产品价格下降了 36%。东德农场主的产品中,水果和蔬菜是唯一能找到市场的产品。东德由于气候潮湿和生长期较长,农产品质量在市场上

---

① Geoff A. Wilson and Olivia J. Wison, *German Agriculture in Transition*, *Society*, *Politics and Enviroment in a Changing Europe*, Palgrave, 2001, p.118, Table 4. 4 Intensification of agriculture in the GDR, 1960-1988.

② Geoff A. Wilson and Olivia J. Wison, *German Agriculture in Transition*, *Society*, *Politics and Enviroment in a Changing Europe*, Palgrave, 2001, p.119. Table 4. 5 Agricultural productivity in the GDR: selected commodities, 1960-89(t/ha).

无法与低工资国家的农产品竞争。[①]

原来的农业生产合作社得到了相当的政府资助，以补偿它们因价格下降受到的损失，使其能够向资本主义转型。

德国东部朝着土地私有化的转变早在20世纪90年初就已经开始。1990年6月德意志民主共和国政府制定了《农业调整法》，提出了一个重建农业合作社制度的计划框架。这个法令提出了三个目标。第一，重建土地的私人所有权。第二，创建一个有活力的可变动的农业结构。第三，公正地和平等地对待所有的农业实体，旨在解散或重建合作社，把土地所有权和包括家畜和机器在内的入社的资本归还给它的所有者，不论他们当时是不是合作社社员。土地所有者可以选择是继续留在重建的合作社中，还是出租或出售他们的土地，或是把土地抽出由自己耕种。

当时莫德罗政府继承了昂纳克和克伦茨政府的政策，建立了"托管公司"来接受所有政府资产的管理事务，并寻求将能存活的企业私有化，同时清算其余无法存活的企业。农业十分特殊，土地所有权和土地使用权只是在国有农场中才保持一致。1991年马齐埃政府制定的《农业调整法》确认农业合作社的生产具有合法性。这一法令写道，"所有的所有权和生产形式、家庭农场和有农场自由行程的合作社，和其他林业企业一样，都被授予同等的竞争机会"。尽管社会民主党政府在1998年开始掌权，但合作社仍然广受承认。[②] 除了重新归还合作社成员对土

① Hans C. Buechler, and Judith Maria Buechler, *Contesting Agriculture, Coopprativism and Privatization in the New Eastern Germany*, State University of New York Press, 2002, pp.108,109.

② Hans C. Buechler, and Judith Maria Buechler, *Contesting Agriculture, Coopprativism and Privatization in the New Eastern Germany*, State University of New York Press, 2002, p.113.

地的充分的权利外,他们还可以对合作社的资产提出其他的
要求。

1991 年 6 月的《农业适应(改造)法》,对上述法令的规定
作了调整。因为 1990 年 6 月的《农业调整法》没有给予合作社
社员旧法律中没有规定的权利,没有对合作社社员以充分的法
律保护,修订后的法令收紧把土地财产归还给合作社成员的做
法,把 1991 年 12 月 31 日作为重建或解散合作社的最后期限。
过了这个期限,作为法律实体的合作社将不复存在。合作社重
建为新的法律实体,必须得到三分之二成员的同意。[1]

当旧法律承认它的成员对土地拥有私人所有权时,农业合
作社的继承权就变得很模糊了。第一个变化表现在 1990 年 3
月,规定继承人对最初投资于合作社的价值拥有权利。而以后
的《农业改造法》超过了这一法律,承认了合作社成员对合作社
的资本拥有权利。

当时合作社的债务总额估计有 76 亿德国马克。政府提出
了债务救济计划,由国家信托管理机构来管理合作社债务偿还
计划。该机构还监督德意志民主共和国所有的工业资产。它首
先拿出了 14 亿马克以支付"旧债务",以实现合作社重建计划。
以后又提出了实业理性化的计划,提供 28 亿马克偿债基金,帮
助 1530 个合作社继承者的业务。对于合作社继承者,免除资本
所得税,1992 年和 1993 年还免征了工业税。[2]

绝大多数合作社选择了按照联邦德国的模式进行法律重
组。与此同时,各种类型的个体农场、有限的合作伙伴组织和其
他的合作形式都出现了。1992 年底以前,有 40%的合作社或是

---

[1] Geoff A. Wilson and Olivia J. Wilson, *German Agriculture in Transition*, *Society*, *Politics and Enviroment in a Changing Europe*, Palgrave, 2001, p.126.

[2] Geoff A. Wilson and Olivia J. Wilson, *German Agriculture in Transition*, *Society*, *Politics and Enviroment in a Changing Europe*, Palgrave, 2001, p.127.

由于财政破产或是根据成员的协议解散了。1992—1993 年,家庭农场的数量迅速增长。1998 年达到 25925 个。这些家庭农场大小不一,其中有一些是农场主用部分时间经营的农场,这类农场的平均面积为 14.6 公顷。农场主全日制耕作的家庭农场平均面积为 126.7 公顷。①

1996 年,在德国东部 21.7%的土地由个人耕种,15%合伙耕种,后者通常是父子组合。1996 年在新本德斯伦德尔,农业组织包括 25014 个个人农场,2465 个合伙农场,3249 个私有法律土地实体。②

1989 年在德国东部存在的 3844 个农业合作社中,到 1995 年仍有 3126 个合作社继续存在。③

在统一后的德国东部乡村,一个合作社可以改造为一个合伙人拥有优先义务的普通法合伙人,也可以成立一个分成制的公司,或是单一的合作社。它也可以在内部分成几个法律上独立的公司,合作进行农业生产。④ 当许多德国东部的合作社在等待解体时,有的选择了改造为西德的农业企业形式。那些选择重新组织成西部式样的合作社的社员,在绝大多数情况下选择了解散。许多合作社接受了西方专家的劝告,后者认为原先

① Geoff A. Wilson and Olivia J. Wilson, *German Agriculture in Transition, Society, Politics and Enviroment in a Changing Europe*, Palgrave, 2001, p.128.

② Hans C. Buechler, and Judith Maria Buechler, *Contesting Agriculture, Coopprativism and Privatization in the New Eastern Germany*, State University of New York Press, 2002, p. 117. Table II. 1, Juridical Forms of Agriculture in the New Bundeslander(1996).

③ Hans C. Buechler, and Judith Maria Buechler, *Contesting Agriculture, Coopprativism and Privatization in the New Eastern Germany*, State University of New York Press, 2002, p.121.

④ Hans C. Buechler, and Judith Maria Buechler, *Contesting Agriculture, Coopprativism and Privatization in the New Eastern Germany*, State University of New York Press, 2002, p.121.

的合作社规模太大,不利于理性地进行生产运作,还是分成较小的合作社,重新把作物生产和家畜饲养合并在一起为好。但也不是所有合作社的管理者都赞成把原先的农业合作社化小。[1]

柏林墙推倒后,成千上万的东德人流向西部,造成了东部土地的荒芜。一些合作社因债务而破产。但许多德国东部的农民宁可建立自己的农场,也不愿意被西德的农场主雇佣。

德国西部的农场主,不论农场的大小如何,都是个人从事农场农耕。他们中只有少数人的妻子参与农作。[2]

在东、西德统一以后,东德的农业制度并没有很快地消失。德国东部的农业合作社的形式继续存在。在民主德国,土地归私人所有,农业合作社保持了某种自由。正因为如此,民主德国的农业比匈牙利等其他社会主义国家农业的效率要高。[3]

在德国统一以后,西部的农民并没有支持单一的经济制度。相反,他们把若干种不同的资本主义模式用于德国东部的农业,不那么强调经济规模。德国东部的农民很少经营个人农场。他们认为,由一个经理来管理合作社更有利于合作社取得贷款。德国西部农场主建立的农场常常采取了集体合作社的形式,这样更容易形成大资本。由于在原先的东德,农业并没有国有化,所以德国东部的农业向西德式农业转变并不十分困难。但是,在德国西部很少有农业合作社。

---

[1]　Hans C. Buechler, and Judith Maria Buechler, *Contesting Agriculture, Coopprativism and Privatization in the New Eastern Germany*, State University of New York Press, 2002, pp.130-131.

[2]　Hans C. Buechler, and Judith Maria Buechler, *Contesting Agriculture, Coopprativism and Privatization in the New Eastern Germany*, State University of New York Press, 2002, p.247.

[3]　Hans C. Buechler, and Judith Maria Buechler, *Contesting Agriculture, Coopprativism and Privatization in the New Eastern Germany*, State University of New York Press, 2002, p.304.

在德国东部农业中,统一后的生产组织形式可以分为三种。第一种是合作社,第二种是独立的家庭农场。此外还有第三种,即各种中间的农业经济组织形式。例如,有14个独立的农场分成了6个合伙单位,在先前合作社的土地上各自拥有一定的地段。他们饲养家畜,并互相帮助。这6个合作单位还建立了一个销售和购买合作社,出售猪崽。合作社对每个成员分别记账和结账。①

1991年制定的《农业改造法》规定了对农民的补偿。但是在这个法令执行的过程中,各个合作社的做法不一样。农业合作社对补偿进行的谈判常常旷日持久。有的社员得到相当于他们股份的35%或40%的补偿金。一些年迈的农民可以依靠这笔资金度过晚年。另一些人则把这笔钱用于投资,投资的利率可达6.5%—7.5%。他们可以保留本金而享用利息。一些合作社社员接受了西方专家的意见,即原先东德的合作社规模过大,不利于理性地耕作,而把它划分为较小的农场。但是,并非所有原先的农业合作社都选择了重组成较小的合作社的做法。有的合作社仍然保留了原先的规模,将其继续经营下去,而且经营得很好。② 许多东德农民试图建立个人农场,当然规模要小些。有个农民把自己土地的四分之一出租。1994年,一个农业合作社失去了原先的1560公顷土地中的310公顷。国家常常为建设高速公路从农民手中买地。例如一个合作社中,169个土地所有者租出了469条块土地,总面积为700公顷。从

---

① Hans C. Buechler, and Judith Maria Buechler, *Contesting Agriculture, Coopprativism and Privatization in the New Eastern Germany*, State University of New York Press, 2002, pp.309−311.

② Hans C. Buechler, and Judith Maria Buechler, *Contesting Agriculture, Coopprativism and Privatization in the New Eastern Germany*, State University of New York Press, 2002, pp.126−127, 130.

1992—1998 年,德国农业合作社的数量在持续减少。当然这种减少的速度较慢。1992—1995 年农业合作社数量减少了10.2%,1995—1998 年减少了 7.4%。农业合作社持有土地的平均面积减少得较为缓慢。

建立独立农场是德国政府倡导的道路,但是,相对来说只有很少的原农业合作社走这条道路。建立独立农场的主要障碍是风险大。尽管农场主可以从国家那里得到相当多的国家补助金,以降低失败的风险,但很多农民还是放弃了这种做法。他们说,自己害怕因经营不善而负债,他们没有偿还债务的经验。在1994—1999 年,只有极少数新的独立的农场主能够在东德建立农场。农业企业家通常限于家庭企业家。他们在对付危机时,只向自己家庭的成员去商量取得财政资助。家庭主妇和家庭其他成员继续在农场外工作,她们以此提供给家庭必需的现金,以维持生计和渡过困难。一些东部的农场主收入比西部要高。但东部的农场主不考虑子女继承他们的独立农场。研究者发现有的农场的历史已经有三代人之久了。每个农场主都希望牺牲他们自己这一代人,以帮助下一代人离开土地。[1]

东部农场主只拥有所需土地的 10%,所以他们得设法从别人或教会那里租得土地。总的来说这种机会太少。到 1994 年只有极少数个人能够买得新的土地。但是,到 1999 年,也有些东部独立的农场主通过购买土地扩大了自己的农场。例如费尔德曼家将其农场面积从 266 公顷扩大到 342 公顷。[2] 独立的农

---

[1]　Hans C. Buechler, and Judith Maria Buechler, *Contesting Agriculture, Coopprativism and Privatization in the New Eastern Germany*, State University of New York Press, 2002, p.196.

[2]　Hans C. Buechler, and Judith Maria Buechler, *Contesting Agriculture, Coopprativism and Privatization in the New Eastern Germany*, State University of New York Press, 2002, p.202.

场也雇用临时工帮助生产。这些人通常是退休者或失业者。但是如果失业者每日挣到 315 马克,或者一周工作在 14.9 小时以上,根据规定,他们就要失去全部失业救济金。一个被调查者说:"当你说你已经挣了 100 马克时,国家就会来拿走 80 马克。"①

独立的农场和农业合作社一样,常常种植一些特别的作物供给市场,用来补充收入。他们中的一个人曾说:"我们不得不根据市场来定位自己的生产,在当前,我们不得不把我们的耳朵贴在地上去听。"②单个农场主的生产常常受到消费者反复无常的需求的影响。某些年份市场需要马铃薯,下一年市场又转而需要玉米粉了。

在德国东部有很大的合作农场,在德国西部小的和中等的家庭农场仍然占据主导地位。和欧洲其他国家一样,德国西部朝着土地集中化发展的倾向在发展。20 世纪 90 年代初,在德国西部,由全日制农场主经营的农场平均面积只有 29 公顷。此外,还有同样数量的农场主用部分时间经营的农场。由于在德国西部农场规模小,它们更倾向于生产专门化,不像德国东部的农场那样希望通过规模效益来获得利润。西部家庭农场的家畜生产主要是为了农场主家庭自己食用。③

一位农业史作者采访了 6 位拥有土地在 5—28 公顷之间的德国东部的农民,这些农民平均拥有 18.5 公顷的土地。他们都

---

① Hans C. Buechler, and Judith Maria Buechler, *Contesting Agriculture*, *Coopprativism and Privatization in the New Eastern Germany*, State University of New York Press, 2002, p.212.

② Hans C. Buechler, and Judith Maria Buechler, *Contesting Agriculture*, *Coopprativism and Privatization in the New Eastern Germany*, State University of New York Press, 2002, p.215.

③ Hans C. Buechler, and Judith Maria Buechler, *Contesting Agriculture*, *Coopprativism and Privatization in the New Eastern Germany*, State University of New York Press, 2002, p.230.

表示需要更多的土地。许多农民和专家认为,一个家庭农场需要 200—300 公顷的土地。如果他的农场有 500 公顷的土地,3个人经营,他们的装备就能够有效率地使用。但是在 1994 年,很少有单个农民能够买到土地。当时国家基金和贷款愿意帮助农民发展生产。1990 年一个全日制的农场主可以获得 20000马克非投资贷款,投资贷款额则可达到 40000 马克。1989—1990 年欧盟平均每年分配给农场主的单笔补助金达到 18535德国马克。①

　　德国统一前后,西部和东部的农业劳动和土地的生产率的差距发生了巨大的变化。

表 7-6　1989—1994 年德国西部和东部农业劳动和土地生产率
（生产总值按 1991 年价格计算,单位为德国马克）②

每个劳动者的劳动生产总值			每公顷土地的生产总值		
年份	德国西部	德国东部	德国西部	德国东部
1989	35097	3472	2289	485
1990	38224	8146	2413	798
1991	36814	22494	2194	1328
1992	47812	43175	2720	1467
1993	43045	53201	2348	1464
1994	45863	55852	2357	1354

---

　　① Hans C. Buechler, and Judith Maria Buechler, *Contesting Agriculture, Coopprativism and Privatization in the New Eastern Germany*, State University of New York Press, 2002, pp.196, 202, 210.

　　② Hans C. Buechler, and Judith Maria Buechler, *Contesting Agriculture, Coopprativism and Privatization in the New Eastern Germany*, State University of New York Press, 2002, p.148. Table 6.1 Labor and land Productivity in Western and Eastern Germany Agriculkture（groaa product in 1991 prices in deutsche marks, 1989-1994）.

上述表格的数据说明,在德国统一以前的 1989 年,东德的农业劳动生产率只达到联邦德国的农业劳动生产率的四分之一。而到 1993 年,德国东部的农业劳动生产率已超过了德国西部的农业劳动生产率。从每公顷土地的产值来看,统一前的 1989 年东德每公顷土地的生产总值只有联邦德国的 37.1%,德国统一后,1992 年德国东部的每公顷土地产值达到德国西部每公顷土地产值的 85%,1994 年为德国西部每公顷土地产值的 74%。

表 7-7　1992—1998 年在德国新合并的土地上农场事业的发展①

农场类型 (不同的法律形式)	农场数量				均面积(公顷)1998 年
	1992 年	1994 年	1996 年	1998 年	
家庭农场	14602	22601	25014	25925	49.3
合伙农场	1125	1977	2820	3064	416.7
全部私营农场	15727	24578	27834	28989	—
合作社	1432	1333	1293	1218	1432.3
GmbHs	1180	1388	1432	1560	773.5
其他公司	423	588	284	164	525
公司全部	3035	3309	3009	2942	—

统一以后,在德国东部农场数量有很大增长。在德国东部,1992 年有 37524 个农场,1994 年有 55774 个农场,1996 年有 61986 个农场,1998 年农场数量增至 63862 个。1998 年农场数量是 1992 年农场数量的 1.7 倍。

德国的小土地结构可以追溯到中世纪的敞地制度。以后,

① Geoff A. Wilson and Olivia J. Wison, *German Agriculture in Transition, Society, Politics and Enviroment in a Changing Europe.* Palgrave, 2001, p.129. Table 4.8 Development of Farm businesses in the new Lander, 1992-1998.

拿破仑法典规定在继承人中平均地分配土地。这使得农场愈益无法管理。这种分割继承的做法到 19 世纪末大致结束。到 20世纪土地小块化很少发生,但是这种传统继续存在。早在 1800年德国人就已经意识到需要改进农场的结构。当时德国小农场林立的状况与英国圈地形成的大农场制相比,是一种未开化的景象。到了 20 世纪,尽管 20 年代后期的萧条和纳粹统治时期都尝试改变这种农业结构,提高农业生产的效益。但是直到第二次世界大战开始,始终没有着手进行这项工作。在德国存在一种对于家庭农场的认同,家庭农场始终被认为是社会的基本支柱。在德国,家庭农场模式被认为反映了农民文化和农民传统的优点。在纳粹时期,又被"血与土壤"的口号夸大。俾斯麦时期采取了控制价格和进口措施,以后则提出了为了国家安全,粮食要保持自给自足的政策。德国的农业保护主义有长期的传统。以后,在工业家和农场主中间重又发展起了一种政治意识,要保护农业,养活增长的城市人口,为工业提供劳动力后备军。①

八、统一后的农业结构

在德国统一之前数月,形成了一种财产权应当归还给土地所有者的舆论。但是在做法上存在着很大的争论。德国农场主联盟主张推进家庭农场制。1990 年联邦德国政府在新合并的土地上实行的农业政策旨在支持发展各种能够在欧洲单一市场中竞争的有活力的新的农业组织;支持农业和林业工人增加收入和提高生活水平;重新把农业生产的结构定向为向市场负责

---

① Geoff A. Wilson and Olivia J. Wison, *German Agriculture in Transition*, *Society*, *Politics and Enviroment in a Changing Europe*, Palgrave, 2001, p.19.

任和高质量的方向;停止环境对农业造成的危害;支持一种对环境不发生危害的可持续发展的农业。[1]

1967 年德国从各国购买粮食耗资 169 亿马克,出口粮食货值为 22 亿马克。1977 年从各国购买粮食耗资 385 亿马克,出口粮食货值 127 亿马克。1988 年从各国购买粮食耗资 522 亿马克,出口粮食货值 267 亿马克。1991 年从各国购买粮食耗资 680 亿马克,出口粮食货值 358 亿马克。1993 年从各国购买粮食耗资 593 亿马克,出口粮食货值 347 亿马克。1995 年从各国购买粮食耗资 654 亿马克,出口粮食货值 369 亿马克。1997 年从各国购买粮食耗资 748 亿马克,出口粮食货值 439 亿马克。德国粮食贸易逆差 1967 年为 147 亿马克,1977 年为 258 亿马克,1988 年为 254 亿马克,1991 年为 322 亿马克,1993 年为 246 亿马克,1995 年为 286 亿马克,1997 年为 309 亿马克。[2] 1967 年以后,德国在世界粮食市场中属于粮食少量进口国。

根据国际粮农组织的调查,联邦德国 1950 年所有者持有的土地为 1941.7 万公顷,占土地的 87.6%,租佃者持有的土地为 270.1 万公顷,占土地的 12.2%,其他方式占有的土地为 5.5 万公顷,占 0.3%。1960 年所有者持有的土地为 1816.4 万公顷,占土地的 85%,租佃者持有的土地为 313.1 万公顷,占 14.7%,其他方式占有的土地为 7.4 万公顷,占土地的 0.4%。1970 年所有者持有的土地为 896.4 万公顷,占土地的 71.1%,租佃者持

① Geoff A. Wilson and Olivia J. Wison, *German Agriculture in Transition*, *Society*, *Politics and Enviroment in a Changing Europe*, Palgrave, 2001, p.125.

② Geoff A. Wilson and Olivia J. Wison, *German Agriculture in Transition*, *Society*, *Politics and Enviroment in a Changing Europe*, Palgrave, 2001, p.154. Table 5.1 German agricultural imports(billion DM), p.155. Table 5.2 German agricultural exports(billion DM), p.156. Table 5.3 German agricultural trade balance (billion DM).

有的土地为 361.6 万公顷,占 28.7%,其他方式持有的土地为
3.6 万公顷,占土地的 0.3%。①

联邦德国 1960 年持有土地在 1 公顷以上的农户共有
1390772 户。其中持有土地在 1—2 公顷的有 232431 户,持有
土地在 2—5 公顷的有 388749 户,持有土地在 5—10 公顷的有
342769 户,持有土地在 10—20 公顷的有 287037 户,持有土地
在 20—50 公顷的有 22296 户,持有土地在 50—100 公顷的有
13771 户,持有土地在 100—200 公顷的有 2102 户,持有土地在
200—500 公顷的有 617 户。②

联邦德国 1971 年持有土地的人口共 1060617 户,其中以农
业为主要职业的居民为 611701 户,以非农业为主要职业的有
448916 户。③ 联邦德国 1971 年时共有耕地 12616227 公顷,土
地持有者为 1067755 户。其中拥有所有权的持有者为 424835
户,他们持有的土地为 3764151 公顷。租地持有者为 71997 户,
他们持有的土地为 1128355 公顷。以不止一种保有权持有土地
的有 567245 户,他们持有的土地为 7723721 公顷。④

联邦德国 1971 年持有不同面积土地的户数如下:持有土地

---

① Food and Agriculture Organisation of United Nation,*1970 World Census of
AgricultureAnalysis and International Comparison of the Results*, Rome, 1981. Table
9.1,p.290.Table 9.1,Table15.12 −Area in holdings by tenure,1970,1960,1950,
p.289.

② Food and Agriculture Organisation of United Nation,*Report on the 1960
World Census of Agriculture.Volume 5Analysis and International Comparison of Census
Resullts*,Rome,1971,p.26.

③ Food and Agriculture Organisation of United Nation,*1970 World Census of
Agriculture Analysis and International Comparison of the Results*, Rome, 1981, Table
9.1,p.42.Table 2.6 Holdingand area operated by main occupation of the hold.

④ Food and Agriculture Organisation of United Nation,*1970 World Census of
Agriculture Analysis and International Comparison of the Results*, Rome, 1981, p.93.
Table 5.1 Number and area of holding by tenure of holding。

在 5 公顷以下的占农户的 7. 5%,持有土地在 5—50 公顷的占农户的 77. 4%,持有土地在 50—100 公顷的占农户的 9. 3%。持有土地在 100—200 公顷的占农户的 3. 0%。持有土地在 200—500 公顷以下的占农户的 1. 8%。①

在德国统一后,德国东部的大农场比德国西部多。在德国西部,有 3. 1%的农场面积在 100 公顷以上。而在德国东部,有 25%的农场面积在 100 公顷以上。在各种类型的农场中,德国东部农场平均面积比德国西部的农场要大。②

1999—2000 年农业调查时,德国共有土地持有者 471960 户,持有土地 19097900 公顷。其中,几乎没有土地的为 2070 户,他们共拥有 9290 公顷的土地。持有土地在 1. 99 公顷以下的为 35760 户,他们共持有土地 54500 公顷。持有土地在 2—4. 99 公顷的有 79800 户,他们共持有土地 410020 公顷。持有土地在 5—9. 99 公顷的有 73950 户,他们共持有土地 714450 公顷。持有土地在 10—19. 99 公顷的有 87360 户,他们共持有土地 1578670 公顷。持有土地在 20—29. 99 公顷的有 51770 户,他们共持有土地 1514570 公顷。持有土地在 30—49. 99 公顷的有 62580 户,他们共持有土地 2755890 公顷。持有土地在 50—99. 99 公顷的有 543100 户,他们共持有土地 4078210 公顷。

在全部农户持有的土地中,以所有权持有的土地总面积为 6224280 公顷,以租地持有的土地总面积为 10766640 公顷。以其他保有权持有土地的总面积为 160640 公顷。即以所有权持有的土地面积占土地总面积的 36. 3%,以租地持有的土地面积

---

① Food and Agriculture Organisation of United Nation, *1970 World Census of Agriculture*, *Analysis and International Comparison of the Results*, Rome, 1981, p. 56. Table 3. 3 Percent distribution of ares of holding by size of total area.

② Geoff A. Wilson and Olivia J. Wison, *German Agriculture in Transition. Society*, *Politics and Enviroment in a Changing Europe*, Palgrave, 2001, p. 144.

占土地总面积的 62.8%,以其他保有权持有的土地面积占土地总面积的 0.9%。①

从 1971—1995 年,德国土地持有地面积从 15236139 公顷增至 17156900 公顷,但土地持有者的数量却从 1074637 户减少到 566900 户,户数大大减少。持有土地在 2 公顷以下的户数,从 195201 户下降到 90600 户。这表明德国到了 20 世纪后期小农人数急剧下降。②

---

①　Food and Agriculture Organisation of United Nation, *FAO Statistical Development Series*, *2000 World Census of Agriculture*, *Main results and Metadata by country* (*1996－2005*), Roma, 2010.

②　Food and Agriculture Organisation of United Nation, *Supplement to the Report on the 1990 World Census of Agriculture.International comparison and primary results by country* (*1986－1995*), Rome, 2001, p.73.Table 4. 2 Number and Area (in Hectares) of holdings classified by size: 1990, 1980, and 1970 rounds Of censuses (including only countrirs proving this in Formation for the 1990 round of censuses).

第八章 俄 国

一、俄罗斯帝国之前的农业

（一）基辅罗斯和蒙古罗斯时期

在基辅罗斯时期,土地的私有化和封建化尚处于初始阶段。王公对罗斯国土的统治是共有的,雅罗斯拉夫的子孙共同占有罗斯的国土,但并不将国土分割,而是按照长幼(先兄弟后子侄)顺序依次更替,确定对国土的占有。[①] 单个王公暂时管辖这部分或那部分土地。王公所在地区收入的多寡和他们在对外防御中的需要是一致的。"王公的政治统治就建立在这两种阶梯严格协调的基础上:最好的地方归最有资格的王公。"[②]基辅罗斯公国实现了表面的统一。但基辅大公只是名义上的宗主,实际上国家处于割据之中,割据的王公拥有大小不等的领地,他们在领地上的特权造成了国家的分裂局面。1169 年,弗拉基米尔·摩诺马赫之孙、罗斯托夫-苏兹达尔公国大公安德烈(1157—1174 年)攻陷基辅城,迁都弗拉基米尔,统一的基辅罗斯国家分裂为 13 个独立公国,并形成了东北罗斯、西南罗斯、西

---

① [俄]瓦·奥·克柳切夫斯基:《俄国史教程》第 1 卷,张草纫、浦允南译,商务印书馆 1992 年版,第 171 页。

② 曹维安:《俄国史新论:影响俄国历史发展的基本问题》,中国社会科学出版社 2002 年版,第 49 页。

北罗斯三个地域中心。

从 11 世纪起,罗斯社会出现了封建化的最初特征,罗斯王公和亲兵们开始设立自己地产并占有劳动者。

基辅罗斯居民的劳动组织是农村公社,它是一种地域公社,不同于血缘为基础的氏族公社。农村公社处理民事纠纷和刑事案件,实行连环保制度。公社内部以家庭为单位进行劳动生产,全部土地归公社所有,分配给各户使用。由于地多人少,所以还没有出现土地重分的现象。王公土地、波雅尔贵族土地和教会、寺院的世袭领地刚刚建立。封建剥削的形式是劳役地租和实物地租。根据《罗斯法典》的记载,这时罗斯已经出现了世袭领地,法律条文规定了对杀害王公庄园的总管、庄头、田畯及契约农的处罚。[①] 国家统治臣民的手段,既不是以割据制、等级制和人身依附为依托,也不是以封建土地所有制为基础,他们只是依靠亲兵和"索贡巡行"的方式来维持其统治。

1219 年,蒙古军队在成吉思汗率领下大举西征,直逼第聂伯河。四分五裂的基辅罗斯公国难以抵挡,惨遭劫掠。基辅罗斯一分为二,东北罗斯由金帐汗国统治,西北罗斯和西南罗斯被纳入立陶宛大公国版图。俄国历史从此进入蒙古罗斯时期。

金帐汗国保留了各公国原政权,通过罗斯公统治和压榨罗斯民众,但要求公们按时到萨莱朝觐,接受金帐汗的诏令和册封,缴纳贡赋并承担军役。罗斯公们视册封为殊荣和肥缺,为谋求"公"的封号不惜自相残杀。金帐汗也鼓励罗斯公之间的倾轧,以达到分而治之的目的。1147 年公"长手"尤利·弗拉基米尔·多耳哥鲁基(1125—1157 年)为了与对手抗争,在波雅尔库奇科的世袭领地上建起了莫斯科城,居住在这个地区的居民都

---

① 王钺:《〈罗斯法典〉译注》,兰州大学出版社 1987 年版,第 21、25、26 页。

是从其他地区邀请来并给予优惠的移民,他却强迫当地的显贵无条件服从。

东北罗斯人口稀少,存在着大量的空闲地,封建的人身依附关系还没有充分发展起来。基辅衰落以后,东北罗斯大量的空闲地吸引了许多农民和修道院前来进行殖民活动。13世纪下半期到14世纪上半期,被破坏的农业逐渐开始恢复,农业技术获得很大进步,休闲耕作制代替伐林制。15世纪下半期到16世纪初,三圃制代替二圃制成为主要的耕作制度。农民一般把土地分成三块,一块播种秋作物(黑麦),一块播种春作物(小麦、大麦、燕麦、豆类、黍类),一块是休闲地。三块土地互相轮换,而以秋播作物为主。索哈犁和普卢格犁的广泛使用,镰刀、耙等生产工具的改良,三圃制的推广和人肥、畜肥的使用,大大推进了农业生产力的发展。

在北方罗斯地区,大公之间的联系不再是氏族的血缘关系,而是物质利益作用下的国家权力关系。在鞑靼奴役的俄罗斯北方,雅罗斯拉夫·弗谢沃洛德成为金帐汗国册封的第一个公,他让其子孙在已故父辈的领地上成为世袭领主。

在"卡利达"(钱袋)伊凡一世(1325—1340年)时期,他凭借富有向金帐汗国邀宠,并与特维尔公争锋。同时,扩大自己的领地,使莫斯科成为全俄罗斯的政治、宗教中心。当莫斯科的政治、经济和军事势力不断增长时,金帐汗国却陷入了混乱之中,不断的内讧使其衰弱。历经几代公的奋战,罗斯终于摆脱了鞑靼蒙古的奴役,实现了国家的统一。

连年征战厮杀的蒙古鞑靼人是落后民族的政治代表,一方面,它采取一种比定居农业更为简陋的原始经济形式,只能维持小规模的劳动生产,这延缓了社会体力和脑力劳动的分工,阻止了俄国城市化的发展。此外,蒙古人的入侵以空前扭曲的方式把东方典型的专制主义带到了俄罗斯,强化了"俄罗斯人较为内向隐忍的性格和家长制传统"①,使俄罗斯被阻隔在西欧文艺复兴运动之外,从此拉开了俄国与西方社会的距离。另一方面,鞑靼蒙古表面上通过罗斯公实行间接统治,实际上摧毁了俄罗斯的旧制度。俄罗斯人为逃避鞑靼人的奴役,不断离开原有的公国和村社,从南向北大规模地移民,由此促进了俄国旧的经济形态和社会组织的解体。国家政治生活中古代民主制的残余(自治、选举、公众权利、造成封疆裂土的长幼顺序制)的瓦解以及不能保证国家财政收入的"索贡巡行"制度的瓦解,为俄罗斯文化注入了新因素。封建世袭领地制度在俄罗斯建立,加速了俄罗斯的封建化进程。

诸公领地的分散和不相协调无法给居民提供必要的保护,他们不得不自我保护和自我管理,或者由米尔或者交给贵族地主来管理。

世袭领地制度的实施加速了基辅罗斯的分裂程度和土地封建私有化的进程。由于诸公后代的不断繁衍,其领地不断分割变小。诸公们的经常性的流动停止了,他们成为坐镇一方的统治者,世代居住,彼此疏远。诸公的继承土地的方式改变了,诸公把自己的领地作为个人的私有财产从家族中独立出来,他可以立遗嘱把领地传给儿子。没有儿子时,可以传给妻子或女儿,甚至传给按辈分轮不到的远亲,也可以转让给其他公,这样,削弱了基辅罗斯时期公对罗斯国土的占有。

世袭领地制度是诸公割据时期俄国占据统治地位的土地制度。割据时期的贵族不仅是土地占有者,而且是享有豁免权、审判权和一定的免税权的土地占有者。贵族的世袭领地与所在地区的行政官员保持着微弱的从属关系。

---

① [美]西里尔·E.布莱克等:《日本和俄国的现代化——一份进行比较的研究报告》,周师铭等译,商务印书馆1984年版,第176页。

（二）莫斯科罗斯时期

15 世纪中叶莫斯科大公利用自己的势力逐渐扩展自己公国原先狭小的疆域；最终成为罗斯与外敌斗争中的领导者和君主。

从伊凡·卡利达(1462—1505 年)时代起，莫斯科公就在俄国北方建立了以莫斯科为中心的中央集权的专制主义国家。归顺莫斯科国家的诸公侍卫，不仅来自北方公国和边远的俄罗斯南方、切尔尼戈夫、基辅、沃林，也有来自德国西部、波兰、立陶宛的外国人，以及来自克里米亚、金帐汗国的侍卫。他们控制了莫斯科中央和地方机构的许多重要地位，统率着莫斯科的军队，治理着莫斯科国家的地方各省。他们认为自己是天生的国家统治者，不像其祖辈一样散居在各个领地，分散地、单独地治理着俄罗斯国土，而是聚集在莫斯科共同地、整体地治理着整个俄罗斯的疆域。

但莫斯科公则认为自己是统一俄罗斯的伟大君主，很难把诸公、波雅尔视为按照合同自由任免的臣仆，根本不能容忍他们重新分权的欲望。为了确立莫斯科公的权威，必须铲除旧的传统习惯势力，建立新的国家制度。

1497 年莫斯科公颁布了《1497 年法典》。这一法典开启了俄国农民农奴化的进程。它初步规范了司法程序、法庭组织和法律内容，限制地方官员和波雅尔的权势，严厉镇压民众的反抗行为；限制农民离开主人、徙居他处的权利，规定只能在每年尤利耶夫节前后一周内离开，且须向主人缴纳一定数额的金钱。该法典保护封建主的利益，割据诸公逝世时无子者，不得把自己的领地遗赠任何人。其领地在他去世后由其母分给在世的兄弟，无人继承的领地悉归莫斯科大公。

1549 年伊凡四世(1533—1584 年)为了进一步强化莫斯科中央集权，进行改革。确立了俄国官方的权力观念：一是君权神授;二是宗法统治;三是沙皇是上帝在人间的直接代理;四是由上帝和沙皇共同治理和谐的东正教王国。他彻底铲除波雅尔势力,提高军事服役人员的经济、政治地位。组建"近臣拉达",召开了"缙绅会议"。2月27日颁布法令,解除波雅尔对地方城镇的司法权,规定今后一切案件均由沙皇法庭审理,使地方官员和世袭贵族无法再利用司法特权勒索民众,同时使军事服役人员享有与波雅尔同等的法律地位。

从14世纪末期开始,诸公通过相互协议确立了已有明确领土的采邑其他公国官吏不得侵犯的原则,即"我的附庸的附庸就是我的附庸"的国家领土权原则。德米特里·顿斯科伊大公把土地分给自己的儿子,"从自己孩子的采邑中抽出几个乡、村镇和村庄给自己的夫人,不是作为私有财产,而是作为公国所有,禁止自己的儿子进入夫人的领地"①。莫斯科政府的土地既是在经济上满足兵役需要的手段,也是防止波雅尔和波雅尔子弟逃避服役的手段。

15世纪下半期,随着大公国中央集权的强化和疆域的不断扩充,一方面大公国兼并了许多封邑公国,吸纳了以前各公国宫廷的服役人员;另一方面,莫斯科宫廷大兴土木,大公国的仆役数量大增,居住在莫斯科宫廷里的仆役和贵族之间开始发生联系,由此出现了领地制度。"人连同土地自由依附的封建权利造成了极大的流动性、政治关系的极端不稳定性,并由于它的充分发展而破坏了各种法制。古代封建人的从属原则同新的领土从属原则之间的长期斗争,最后以领土国家权力的胜利而告终。"②莫斯科大公虽然夺取了几个都城,但那几个公保持着自

---

① [俄]Н.П.巴甫洛夫-西利万斯基:《俄国封建主义》,吕声和等译,商务印书馆1998年版,第545页。

② [俄]Н.П.巴甫洛夫-西利万斯基:《俄国封建主义》,吕声和等译,商务印书馆1998年版,第541—542页。

己大部分世袭领地。一方面,他们虽然成为大公的仆从,但仍然具有"公"的身份;另外一方面,历代莫斯科大公在将自己的部分土地分给儿子时,他们又建立起一些主权和非主权的公国。他们虽然在自己的领地上仍是国君,但已经失去了政治独立性,成为服役的臣属从属于大公,表现出鲜明的封建制特征。"服役公必须为自己的领主服役,但又与在自己领地范围内保持了完全独立的贵族毫无区别"①。

贵族被安置在国家土地上,即在服役的前提下,国家把一部分土地交给贵族。大公为了防止贵族出走,通过签订担保契约书和征收保证金的方法加以控制。16 世纪初期,除了立陶宛,几乎所有的割据公国都归顺了大公国,贵族已无处可去。如果贵族迁徙到非大公国所管辖的地区,则属犯下叛国罪。16 世纪,贵族自由出走不复存在,与此相应的自由服役也就失去了它本来的内涵。对自由仆役而言,服役是他的义务,贵族和波雅尔之间的服役差异也随之消失,他们在社会生活中的其他差别在16 世纪也逐渐缩小。

15 世纪末期,只有在特殊的条件下波雅尔和波雅尔子弟才能获得领地,在贵族地主之后出现了波雅尔地主和波雅尔子弟地主。对贵族而言,没有任何法律限制他们成为世袭领地占有者,波雅尔和波雅尔子弟对贵族的优势地位仅仅反映在官方的法律文献上,在实际中,他们经常沦为奴仆。16 世纪下半期,二者在语言上的差别痕迹逐渐消失,波雅尔子弟也被称为贵族。这两个称号的地位相比,贵族总是高于波雅尔子弟。17 世纪形成惯例,宫廷服役最终取代了自由服役,而且只有一小部分幸运贵族可以在莫斯科宫廷或莫斯科宫廷附近服役,大部分在大公

---

① 〔俄〕Н.П.巴甫洛夫-西利万斯基:《俄国封建主义》,吕声和等译,商务印书馆 1998 年版,第 556 页。

国的各个城市服役。16—17世纪的领地制度是对有服役义务的服役仆从的强制性安置,它与割据时期的做法有着本质的不同。"如果为我的儿子服役,村庄就属于他;如果不为我的孩子们服役,就收回村庄。"①领地制战胜世袭领地制意味着主权的领土统治原则逐渐取得了对个人财产权的胜利。

军事义务是取得土地的前提条件,"谁服役,谁就拥有土地,谁拥有土地,谁就得服役"②。这份土地不能出售、转赠、按遗嘱继承、按遗产转让;只有为自己主人服务时,才能使用这份土地;停止服务或前往另一个公为另一个公服务时,领地将自动丧失。"大多数比较老的占有土地的世袭贵族逐渐为担任公务的贵族所取代,他们不是靠生来就有的权利占有土地,而是依靠做官占有土地。"③1550年政府加紧征集人数众多的武装力量,开始用分配土地的办法来维持军队,1078名不同官职的军事服役人员得到了176775俄亩的土地。④ 按照С.Б.韦谢罗夫的解释,领地制度是一种简单的、不可分割的特殊制度,它在罗马帝国、拜占庭和西欧都存在过。他描述了伊凡三世在远征诺夫哥罗德后的"伟大的改革"。1484年和1489年伊凡三世没收了近59万奥勃扎⑤的土地,既没收了诺夫哥罗德波雅尔手中将近100万俄亩的土地,撤销了临近莫斯科的县,也把将近莫斯科的

---

① [俄]Н.П.巴甫洛夫-西利万斯基:《俄国封建主义》,吕声和等译,商务印书馆1998年版,第531页。

② И.А.Порай-Кошиц.История русского дворянства.М.,2003.С.125.

③ [美]西里尔·E.布莱克等:《日本和俄国的现代化——一份进行比较的研究报告》,周师铭等译,商务印书馆1984年版,第72页。

④ [俄]瓦·奥·克柳切夫斯基:《俄国史教程》第2卷,贾宗谊等译,商务印书馆1996年版,第220页。

⑤ 1奥勃扎=1.5俄亩,1俄亩=1.09公顷。

2000 个波雅尔子弟安置在这些地方。① 1550 年伊凡四世下令将 1000 个莫斯科贵族和波雅尔子弟安置在莫斯科县,赐予他们波雅尔的领地。1556 年伊凡四世颁布《连带土地服役法》,拥有 100 切季的土地所有者服役时,应自备武器、马匹,服役不再是协议性的,而是由法律规定的义务。

服役领地占有制的实施破坏了世袭领地占有制的法律性质,土地和服役联系起来,人为地发展了俄国的土地的私人占有制度。它破坏了俄国城市化的进程,把大批服役人员从城市吸引到农村。它在自己的服役领地努力培养自己的家庭手工业者,自给自足,不求助于城市,从而使城市工业、手工业失去了消费市场。服役领地占有制造成了俄国领土的无限制扩展,疆域的不断扩大又给国家政府增加扩充军队的经济负担。如此恶性循环,服役领地占有制成为制约国家经济发展的一个重要障碍。当时俄国还存在属于完全个人所有的世袭领地。它可以出售、转赠、按遗嘱继承、按遗产转让。世袭领地具有封建等级性质,它区别于采邑和领地,带有过渡时期的一些特征,土地和政权结合得并不十分紧密,与法国墨洛温王朝初期的土地赏赐相似,它不是通过法定明令以服役为条件的土地赏赐,较少受到限制和监督。世袭领地给予其占有者的,更多是特权而不是义务(虽然也要服役),其结果则造成了贵族在政治上的独立性,使国家中央政权日益走向四分五裂。它被领地制度取代成为历史的必然。可见,"莫斯科国家与西方国家的区别,在于它不仅奴役了最低的农民阶级,而且也奴役了最高的官宦阶级"②。

---

① В. И. Буганов. Российское дворянство.//Вопрос истории, 1994. №1C. 34.

② [俄]戈·瓦·普列汉诺夫:《俄国社会思想史》第 1 卷,孙静工译,,商务印书馆 1999 年版,第 89 页。

在封建农奴制下,土地所有制有以下几种形式:国有土地(又称黑地)、宫廷土地、地主土地。黑地成为世俗化封建主和教会封建主扩大土地的主要源泉。黑地转为封建主私有,意味着对农民的剥削加强。在农奴制下,劳役制是封建剥削的主要形式,特别是在土地肥沃的中央黑土地带河伏尔加河中下游。在中央非黑土地带,则以货币代役租为主。在农奴制下,生产力发展缓慢,农业生产是粗放型的,主要依靠扩大耕种面积来提高产量。俄国的主要农业地域辽阔,有中央黑土地带、黑海北岸、克里米亚、库班、乌克兰和北高加索。三圃制依然是主要的耕作制度。

二、18 世纪的农业经济组织

(一)土地继承制度

15 世纪末至 17 世纪是俄国两种土地所有制——领地制和世袭领地制并存的时期。17 世纪末期以来,领地制成为占主导地位的土地占有制形式。18 世纪初期,由于沙皇政府的法令政策,贵族通过抢劫和赏赐不断扩大对土地和农奴劳动的占有。

莫斯科公国时期,"服役人员"土地占有分为世袭领地制和领地制。《1649 年法典》规范了贵族土地占有方式:赏赐的领地是有条件的占有,它依赖于贵族官职的大小;"服役人员"继承的不仅是领地,还继承了服役的义务;"服役人员"的女儿和遗孀获得一部分用于维持生活的地产,并有权在出嫁时带走;容许领地和领地之间、领地和世袭领地之间的交换,并在一定条件下把土地转给其他直系亲属。世袭领地属于完全的个人私有财产,可以出售、转赠、按遗嘱继承、按遗产转让。领地是国家赏赐给贵族的财产领地,是有条件的土地所有制。军事服役是取得土地的前提条件,这份土地不能出售、转赠、按遗嘱继承、按遗产转让。只有为自己主人服务时，他才能有权使用这份土地。停止服务或前往另一个公为另一个公服务时，将自动导致土地的丧失。17世纪下半期的土地法令明显地表现出服役前提下两种土地形式的接近。1684年颁布继承法后，容许同族赎买、继承或支配不动产使这两种土地的支配权日趋一致。

由于俄国贵族得到的不是军饷，而是土地和农民，需要有一定的时间用来操持家务。频繁的战争，繁重的军役使具有双重身份的贵族无力经营领地经济，土地荒芜，农奴逃亡，家道中落。18世纪西方工业革命的冲击，极大地刺激了俄国贵族的物质需求，而俄国商品经济不发达，城市化进程的缓慢滞后又不能满足贵族对西方生活方式的追求。如A.A.马特维耶夫埋怨沙皇，他为了获得地产才出国学习，但在4年中很贫穷。① 贵族则依靠贪污、贿赂达到目的。彼得一世毫不留情，惩治了盗用公款的西伯利亚公爵M.П.加加林。建立告密制度，揭发那些躲在自己领地和修道院不服役的贵族。1711年颁布法令，通过告密揭发，将躲避服役的贵族名单公布于世并没收其的领地。

为了惩治违法行为，防止贵族土地占有的分散和贵族等级的分化，1714年3月23日政府颁布了《动产和不动产的继承秩序——一子继承法》，贵族只能将其不动产传给一个儿子，余子只能继承其他动产，日后必须为国家服役来获取土地俸禄谋生；若无子，由长女继承；若没有子女，由遗孀继承，或者可以随意把不动产传给本家族中所认定的一人，动产则可以分给他所愿意给予的亲戚或旁人。

1715年法令对《一子继承法》作了补充，没有得到领地遗产的中等军官学校的学生，即余子必须担任7年军职、10年文职，

① А.Б.Каменский.От Петра I до Павла I：реформы в россии ⅩⅧ века：Опыт целостного анализа.Москва，2001.С. 121.

经商或从事其他行业 15 年后,才能容许购买村庄、农户或店铺。1725 年《世袭领地事务条款》进一步规定,这种限制也适用于有夫之妇。如果她们的丈夫、中等军官学校的学生没有服役,就不能以妻子名义非法购买地产。《一子继承法》排除了中等军官学校的学生娶带有不动产嫁妆未婚妻的可能。"今后任何人不得拥有不动产嫁妆,中等军官学校的学生在未取得官阶和荣誉称号前不得结婚。法令竭力杜绝中等军官学校的学生任何吃闲饭的可能性。"①

1682—1710 年彼得一世对宠臣大量赏赐连带农民的土地,许多贵族因受赏成为田连阡陌的大地主。1721 年,彼得一世下令,容许贵族买卖农奴,农奴成为贵族地主的私有财产。1704 年下令,凡是隐藏逃奴者,一经发现,立即处以死刑。1706 年,又补充规定,罪犯被处死后,没收其全部财产。

《一子继承法》是俄国封建土地所有制发展史上的重要里程碑,它在法律上取消了领地和世袭领地之间的差别,把两者的融合固定下来,并接受统一的法律支配,统称为"不动产"。《一子继承法》实施的结果:在此前地产分成几部分,地主则加重农民的苛捐杂税,使得农民失去纳税的可能;现在根据遗嘱指定继承人,实行不动产的《一子继承法》,而余子们只分得动产,国家则可以从更多的农户那里得到更多的收入;它强化了贵族的门第,有了稳固的地产和家族威望,贵族门第才能安然无恙,"只有光荣和伟大的家族才能使贵族地位永固"②;以前在所有继承人之间分割地产,贵族子弟都有一份闲饭吃,他们不肯为国家效力而奔波,而是千方百计地躲避服役而游手好闲,为了生存,现

---

① ［俄］Б.Б.卡芬加乌兹、Н.И.巴甫连科主编:《彼得一世的改革》上册,郭奇格译,商务印书馆 1997 年版,第 231 页。

② Е.Н.Кушева.Дворянство 见 Б.Б.Кафенгауза.Очерки истории СССР. Москва,1954.С.198.

在未分得不动产的余子不得不以服役、学习、经商等其他途径为生,这样,吸引了更多的贵族为国家服役和创办企业。

《一子继承法》一方面加强了两种土地结构上的法律平等,简化了贵族土地占有的手续,贵族作为等级开始形成。另一方面,"军功地主不再是封臣,自己无权向沙皇提出要求,他们只是臣仆,从专制政府那里获得地产,必须无条件地服从专制政府。按照法律规定,他们的服从应是直接而明确的,没有封建等级制的中介。"①《一子继承法》也有内在的矛盾性。法令的第2条,有关妇女拥有不动产的定义上有矛盾,容许无嗣的贵族把土地转让给女儿,女儿出嫁时作为陪嫁。但在第8条上,又不容许把不动产作为嫁妆。法令的第1条不能把不动产作为物品出售、抵押,但在第12条又容许出售,并未说明具体的情况。

苏联时期的俄国史学家认为,"这不是两个阶级力量的平等,而是某些社会力量的较量,贵族划分为无地的服役人员和土地贵族,破坏了整个阶级的平衡,最终使国家成为最大的土地所有者"。目前,大部分俄国学者认为,让贵族服役或从事有益的活动,这是法令的基本目的。另外一部分学者认为,沙皇是想把部分贵族变为第三等级。第三种观点认为,沙皇为了关心贵族,甚至想把贵族变成类似西方的官僚阶层。第四种观点认为,《一子继承法》是反贵族的法令。② 实际上"容许领地所有者出卖领地和作为遗产传给旁系,这在一定程度上促使土地变为商品,但这一重要步骤未能把封建所有制变为资产阶级所有制。因为支配权由于亲属保留了赎买权,家族中的最后一人不得出

---

① [英]佩里·安德森:《绝对主义国家的系谱》,刘北成、龚晓庄译,上海人民出版社2001年版,第237页。

② А.Б.Каменский.От Петра I до Павла I:реформы в россии ⅩⅧ века:Опыт целостного анализа.Москва,2001.С. 123.

让财产而受到了限制,占有土地依然是贵族的特权"①。

即便如此,《一子继承法》对俄国大多数贵族地主而言仍然是非常可怕的。彼得一世时期,贵族对国家的依附关系就如同农民对贵族的依附关系一样。由于俄国工商业发展缓慢,其他余子们没有机会从事工商业活动,只能在土地上寻求生活来源。即使他们以最低的价格变卖动产,也很难找到买主。加上"当时所有贵族子弟都在军队中担任下级军官,他们失去了继承家庭不动产的权利,长期处于最低的官职上,最终使他们失去了从事其他职业的机会"②。

总之,《一子继承法》破坏了俄国传统的土地继承制度,其他余子负担过重,不可能在 15 年内严格履行其职责,它一方面导致了地主经济的衰败,继承者并未从土地上获得粮食和牲畜。其他余子生活陷于困境,不得不放弃贵族的尊严为盗寇。另外一方面,把两种土地制度合而为一,即使国家在贵族地主不纳税的情况下仍然有权没收他们的土地,实际上意味着有条件服役领地制度的消灭。

《一子继承法》颁布后的一段时间内,寡妇开始抱怨贫穷和缺少生存手段。1716 年政府颁布了调整法令,丈夫或妻子死后的孤寡老人可以把动产和不动产的 1/4 作为永久领地。1725年的法令又做进一步的调整,1/4 的领地可以由母亲分给儿女中的任何一个,也可以分给已故儿子的母亲;根据需要容许买卖,这样破坏了《一子继承法》严格的继承原则。1730 年政府被迫废除《一子继承法》,实现贵族子女平分土地的权利。

此后,俄国政府主要在贵族土地的继承方式上加以严格规

① [俄]Б.Б.卡芬加乌兹、Н.И.巴甫连科主编:《彼得一世的改革》上册,郭奇格译,商务印书馆 1997 年版,第 5 页。

② И.Порай-кошиц.История русского дворянства.Москва,2003.С. 145.

范。1765—1785年土地法令规定:同族的土地财产可以出售、抵押;确定给予亲属的赎金,按照继承关系,可以分出一小部分,作为陪嫁;政府监督不动产的交易;在继承土地财产问题上确定第一继承人。如1768年参政院禁止贵族Ⅱ.梅谢尔斯基大肆出售和抵押自己的村庄。1778年大尉H.巴赫梅季耶夫立遗嘱将自己的所有财产留给H.巴赫梅季耶夫。由于H.戈利津的荒淫无度而失去了土地的继承权,但法律规定土地只能传给男性,最后只好将H.巴赫梅季耶夫自己挣来的田产留给H.戈利津,其余的田产由国家托管。[①]

1765—1785年政府确立了丈量土地的原则。政府有权要求贵族出示相应的证件,严格检查每一块领地和世袭领地;如果发现贵族地主擅自占有荒地,其占有资格不被法律承认,可将所占有的土地收归国有;世袭领地边缘的土地要无偿留给实际上的土地所有者;公共别墅只留给那些希望成为地主的人;占有未法律化的土地要罚款。《1785年贵族敕书》,确立了贵族的基本权利,取消贵族利用土地资源的限制以及没收犯罪贵族的土地财产。

1724年的《一子继承法》规定,土地的占有原则上不能继承,甚至不能终身占有,它完全取决于对国家的服役状况,这样从经济上完全控制了俄国贵族。

(二)教产世俗化、土地赏赐、税制改革

俄国国家通过将教产世俗化,在经济上改革教会的土地所有制,由国家支配教会的收入和财富。1701年彼得大帝恢复修道院衙门的敕令,将教会的土地和财产为国家所用,任命贵族A.M.普希金掌管修道院衙门。1701—1705年彼得大帝下令统

---

① Н. В. Киприянова. К вопросу о дворянском землевладении и законодательстве XVIII в.//Вести московского университета,1983,№1.С. 63.

计牧首、大主教和修道院的产业,禁止修道院掌握领地,剥夺教
会世袭领地上的收入,并把教会转归修道院衙门管理,所有教会
农民也随之成为国家农民。1705—1720年,政府拒绝承认已经
世俗化的教会领地,把它转给个人,把高级僧侣的房屋和5个教
区周边的领地(诺夫哥罗德、普斯科夫、基辅、阿斯特拉罕、西伯
利亚)从修道院衙门中取消,而其他15个教区,由于掩盖了其
领地上的真实收入而让其恢复原状;明确划分了教会领地的收
入,一部分以货币、实物和耕地的形式供高级僧侣享用,其他剩
余收入上缴国库,以满足国家的需要,首先是满足军事需要。
"每年从修道院衙门的款项中拨出15000卢布,供给一个兵团的
生活费用,同时,还拨出17000卢布,供给炮兵衙门。修道院衙
门有权随时将教会财产收归国有,卖给或送给世俗人员。"①

　　在1710年的《官秩表》中,政府将主教级教会人员的薪金
来源确定下来,它规定,主教区部分土地的收入用于发放薪水,
其他财产用于保障慈善机构、学校及医院的正常活动。教会的
地产分为两部分,一部分为固定地产,用于保障教会管理人员的
薪金,固定地产外的财产收入上缴国库。1720—1721年取消牧
首制,设立正教院,关闭修道院衙门,其收入上缴国库。1722—
1725年政府核实所有教会领地的编制,其结果,1701—1704年
将近300个农户转给了世俗封建主,大部分赏赐给了А.Д.缅什
科夫和沙皇的近臣。② 教产还俗不仅使教会失去了对自己土
地、财产的支配权,而且加重了教会的经济负担。据统计,
"1720年教会将剩余的31675卢布上缴国库,1724年又将
83218卢布上缴国库"③。这样,从根本上动摇了教会经济独立

　　① [俄]Н.М.尼科利斯基:《俄国教会史》,莫斯科1983年版,第191页。
　　② А.Г.Манько.Дворянство и крепостной строй России XVI-XVIII вв.
М.,1975.С.191.
　　③ [俄]Н.М.尼科利斯基:《俄国教会史》,莫斯科1983年版,第192页。

的基础,把修道院变成了国家的一个经济部门。

叶卡捷琳娜一世时期,政府在圣主教公会中成立经济院。1738年安娜女皇将圣主教公会的经济院取消,将教会经济转归参政院管理,使圣主教公会失去了管理经济的自由。1748年伊丽莎白女皇责成圣主教公会对教会的地产收入、详细支出以及教会领地上的男性劳力进行统计,上报教会资金和粮食储备情况、单项收入及农民上缴实物贡赋情况。1762年,彼得三世规定教会地产上的农民必须交纳1卢布的人头税才有资格耕种教会的土地,教会可以将土地、磨坊、渔场出租,但租金和农民的人头税都要上缴国家经济院,政府用它来为教会人员发放薪水。

叶卡捷琳娜二世进一步完善教产还俗政策,继续没收教会的地产。1763年5月恢复圣主教公会的经济院,委托它对教会的地产进行登记。1764年2月颁布法令,教会和修道院地产收归国有,其地产和农民由经济院管辖。原教会农民成为“经济农民”,地位与国有农民相似。对教会机构人员进行定编,将近1000个修道院缩减为226个。修道院除了自己必要的开支,每年要向国家上缴617518卢布。如诺夫哥罗德的95座修道院中的73座被关闭,全国关闭了500座修道院。[①] 到保罗一世继位时,教会有权自由支配的地产只剩下无人居住的旷地,如花园、牧场的边角地以及个别渔场等。

通过教产还俗,国家从经济上打击和削弱了教会的势力,使其依附于国家政权。西欧国家的教俗权力之争始于12—14世纪,即西欧统一的民族国家开始建立时期,其结果西欧教会势力远离国家,但保留了自己的经济优势,以及对世俗社会的影响力。而在俄国,教会改革的结果意味着教会服从于国家利益、国

---

① А.Б.Каменский.От Петра I до Павла I:реформы в россии XVIII века:Опыт целостногоанализа.Москва,2001.С.390-393.

家管理体制的一体化,即政府不仅把教会作为一个行政机构,而且使教会在经济上完全依赖于国家。国家确定教会机构和人员的编制,严格规范国民的精神生活。教产还促使农奴制进一步深化,原来属于教会的地产和农民,现在属于国家和贵族所有。

随着15—16世纪俄国中央集权封建国家的确立,国家的土地制度也日益完善起来。通过特辖制,政府没收和消灭了波雅尔的土地占有,培植和强化了"服役人员"的经济势力。具体表现在对"服役人员"的土地分配。1570年沙皇就给杰季诺夫斯克县的200个哥萨克,以及卡希拉、普罗尼斯克、扎赖斯克县的"服役人员"分配了领地。[①] 1585年叶皮凡的300个哥萨克获得了领地。国家在这个范围内并没有培养大的土地占有者,因赏赐获得领地的贵族构成了莫斯科国家军事力量的核心。16世纪下半期这些人的数量达到了25000人,他们的领地在25—150切季之间,而小土地所有者的领地远离国家政治中心,所以他们的地位很低。18世纪初期,俄国"服役人员"不超过16000人。15个贵族家族(多尔戈鲁基、沃尔孔斯基、谢尔巴托夫、利沃夫、普列谢耶夫、布图尔林、沃伦金、瑙莫夫、沃耶伊科夫等)的领地上控制着1000—2000个农户,但大多数贵族控制的农户为10—30个。在沙皇阿列克谢·米哈依罗维奇时期,给3000个"服役人员"分配了土地。他们之中最富有的是波雅尔代表、忠心为政府服役的军事"服役人员"。彼得大帝时期,则把赏赐土地作为增强贵族政治势力的一个手段,只对那些有功绩者而不是按照门第的高低赏赐土地,这些贵族被安排在宫廷。彼得大帝时期的土地政策不具有等级特征,它只有一个原则,即每个贵族,特别是他的上层要维护政府的政策并为之忠心效力。土

[①] А.Г.Манько.Дворянство и крепостной строй России XVI-XVIII вв. М.,1975.С.275.

地的分配、贵族称号的获得与以前的衙役、反对国家机构改革、暗中破坏国家服役制度者无缘。

为了加强贵族的团结,1714 年实行的《一子继承法》,把两种土地形式合而为一。从彼得一世起,宫廷服役者开始获得贵族称号和在摩尔达维亚、瓦拉几亚的领地,在贵族中出现了坎捷米尔·阿巴扎、班特什·卡缅斯基、米洛拉多维奇、库利科夫斯基等领地。彼得一世时期在陆军、骑兵团服役的 34 个外国军官获得领地。1741 年 12 月 31 日伊丽莎白女王给曾支持她登基的普列奥布拉任斯基军团的 364 个贵族,如贵族沃伦佐夫、舒瓦诺夫、赫拉泼维茨、奥赫梅齐耶夫、卡尔达波茨耶夫、斯列普佐夫等分配了领地。

18 世纪国家进行了三次大规模的土地分配。1700 — 1715 年彼得一世为了加强专制主义王权给"服役人员"赏赐了 12662 个农户,获得赏赐的有海军将官 Ф.А.戈洛温、团长 Ф.М.阿普拉克辛、将军 М.М.戈利津、元帅 Б.П.舍列梅捷夫、伯爵 Г.И.戈洛温、将军 Н.И.列普宁、总警察局长 Я.В.布留斯、У.谢尼亚温。1728 — 1732 年彼得二世和安娜女王给贵族赏赐了 19955 个农户,获得赏赐的有 А.洛普欣、将官 М.马秋什金、Г.尤苏波夫、公爵加加林、中尉 П.萨尔蒂科夫。1742 — 1744 年伊丽莎白女王给贵族赏赐了 21297 个农户,这里有新的赏赐和以前没收来的土地,获得赏赐的有近卫军连军官和沙皇的近臣 Ф.杜边斯基、Г.列韦沃利德。18 世纪上半期赏赐的 170986 农户中,只有 23748 人来自国家土地资源,其他的都是没收来的土地。18 世纪下半期作为政治手段的土地赏赐继续进行,政府也开始把工商界上层人士纳入贵族行列。叶卡捷琳娜二世赏赐了 80 万贵族,获得赏赐的有巴里亚京斯基、扎沃多夫斯基、西韦尔斯、叶拉金、博赫维斯涅夫、叶罗普金、基特罗夫、普罗佐诺夫、科尔夫。赏赐的人中宠臣:奥尔辽夫、拉祖莫夫、佐普里奇、赫拉泼维茨、鲁缅采夫、波将军、巴涅尔、博布尔斯基。17—18 世纪俄国贵族子弟中获得贵族称号和爵位的 40 个家族,只限于俄国中心,不包括乌克兰和波罗的海沿岸地区。[1]

随着政府赏赐土地,贵族等级不断注入新鲜血液,它延缓了整个封建贵族等级的衰落,使农奴制度得以在俄国继续残存。此外,政府没有阻挡非贵族出身的人员占有土地。19 世纪初期,他们在俄国中心地区占有 62% 的土地,只有 38% 的土地还掌握在旧贵族手中。[2]

赋税制度是俄国封建社会经济关系的基础。俄国封建时期的赋税制度历经三个发展阶段:索哈税征税阶段、按户征税阶段、按人头征税阶段。18 世纪彼得一世按人头征税为内容的税制改革成为贵族控制农民的有效手段。

彼得一世改革前俄国税制混乱,1714—1717 年,基辅省的居民要交纳 40 多种税,而且在实施中弊端百出。此外,频繁的战争,使国库日益拮据,国家税呈逐年快速递增的趋势。为了增加收入,1718 年政府颁布法令征收人头税,地主农奴每人交纳 74 戈比,国家农奴交纳 1 卢布 20 戈比。1794 年开始征收粮食税,通过用粮食税补充到人头税中来提高人头税额,在 18 个省将人头税从 70 戈比提高到 1 卢布。

此外,国有农民和皇室农民还需向国家缴纳代役租。1723 年 10 月 23 日和 12 月 10 日,政府连续两次发布命令,向所有不为地主劳动的农民按每个人头征收 40 戈比代役租。1783 年 5 月,包括一户农在内的全部国有农民的代役租提高到 3 卢布。

1797 年保罗一世颁令将各省分为四类:一类省份(15 个)

[1]　А.Г.Манько.Дворянство и крепостной строй России XVI-XVIII вв. М.,1975.С. 279.

[2]　А.Г.Манько.Дворянство и крепостной строй России XVI-XVIII вв. М.,1975.С. 282.

的代役租从 3 卢布增加到 5 卢布,二类省份(4 个)的代役租从 3 卢布增加到 4.5 卢布,三类省份(16 个)的代役租从 3 卢布增加到 4 卢布,四类省份(7 个)的代役租从 3 卢布增加到 3.5 卢布,此后逐年增加。如果说 18 世纪 20 年代代役租只占人头税的 1/2 的话,那么到 19 世纪 20 年代则比人头税多 2.53 倍。①

与此同时,政府下令在全国范围内进行人口普查,把以前不属于农奴的家仆也定为农奴,把一些具有自由身份的游民也归为农奴,一起征税。1722 年人口普查的结果:查出了 200 万以前的人口普查遗漏的男性人口,全国总的男性纳税人口达到 540 万②。

1719 年彼得一世引入了西欧的身份证制度。1724 年政府对外逃后又回到原住地的农民实行身份证制。农民只有经过贵族地主的书面允许和管家的允许才可以暂离自己的村庄在 30 俄里范围内打工。如果去距离自己的村子 30 俄里以外的地方打工,必须有身份证。身份证上要注明居住地和暂离期限,期限最多不能超过 3 年,出走的必须是农民本人。身份证制度要求所有在外打工的地主农民必须回村注册,不能回村注册的专业技术工人必须交纳 50 卢布。农民从一个县迁徙到另外一个县必须得到财政委员会的准许。③ 农民对自己的主人承担劳役租,或者是混合赋役,还要对国家承担大量的劳役。逃跑和欠缴税款是犯罪行为,逃跑者被抓后要遭受严厉的

---

① 罗爱林:《俄国封建晚期农村公社研究 1649—1861》,广西师范大学出版社 2007 年版,第 132 页。

② 罗爱林:《俄国封建晚期农村公社研究 1649—1861》,广西师范大学出版社 2007 年版,第 112 页。

③ А. Б. Каменский. Российская империя в XVIII веке: традиции и модернизация. Москва, 1999. С. 121.

体罚,送还给其主人。①

18 世纪,人头税大约占国家总预算的 50%。②3/4 的俄国男性居民被纳入人头税的纳税范围。③ 除僧侣和贵族外,所有服役人员的后代以及俄国北部的黑农、伏尔加河流域、西伯利亚、远东地区的非俄罗斯民族,他们过去向俄国政府交纳特殊毛皮税,现在都属于纳税范围。私有农奴每丁纳人头税 74 戈比,国有农奴每丁纳人头税 1 卢布 20 戈比。

税制改革改变了过去按户征税的不平等的现象。俄国的国库收入大增,国家收入 1701—1724 年从 250 万卢布增到 850 万卢布,其中 460 万来自人头税。④ 把奴仆纳入征税范围,为奴仆直接参加生产活动提供了可能性。新税制以货币计算,不论农民有无耕地或耕地多少,每人都要缴纳 74 戈比税,刺激了农民努力扩大耕地面积。

但是新税制实施过程中缩小了居民职业选择的自由,严禁居民在国内自由迁徙和向国外移民。政府把社会等级之间的流动降到最低限度,而加强了农民对贵族地主的依附关系。人头税因贵族地主负有督促农民按期交纳税款的责任,加强了贵族地主对农民的控制。人头税消灭了奴仆制,使所有生活在地主土地上的农民都成为农奴。过去被认为是自由民的国家农民(约 250 万人)也由于人头税的征收而纳入了农奴制体系中,最终使农民依附于贵族地主,贵族依附于国家。

人头税带给农民极为沉重的负担,农民除交纳人头税外,还

---

① A. Романович－словатинский. Дворянство в России. Москва, 2003. C. 309－310.

② 罗爱林:《俄国封建晚期农村公社研究》,广西师范大学出版社 2007 年版,第 113 页。

③ Анисимо.Налоговая реформа Петра.Лениград,1982.C. 19.

④ Анисимо.Налоговая реформа Петра.Лениград,1982.C. 104.

要为国家和地主服徭役,挖运河、造船、筑路、建造城堡。农民为逃避重负,纷纷逃亡,导致社会的极大不稳定。叶卡捷琳娜一世时期,把人头税从 74 戈比降到 70 戈比。安娜女王时期,1736 年法令调整工厂主对农奴的支配权,重申 1724 年的身份证制度。

(三)18 世纪贵族的土地占有

封建土地所有制是贵族统治的基础。18 世纪贵族扩大了对土地的占有和对农民的占有。根据 1700 年政府的统计,世俗封建主有 15041 人,1699 年他们拥有 378662 个农户,1700—1710 年他们拥有 363371 个农户。到 17 世纪末期在其他封建主手里掌握着 126934 个农户(另外一种统计是 146498 个农户),属于宫廷的有 100000 个农户。[①]

不同等级的贵族地主占有农奴连带的土地资源是不等的。1696—1698 年来自京城的官员地主 535 人控制着 170097 个农户,占所有世俗封建主控制的农户的 45%。他们中的 69 人拥有 500 个农户,其中 13 人拥有 1000—2000 个农户,5 人拥有 2000 个农户。17 世纪末期 51 个波雅尔和 11 个波雅尔寡妇拥有 50320 个农户。27 个波雅尔中几乎一半是公家族,波雅尔公 М.Я.切尔卡斯基是一个大地主,他拥有 9083 个农户。拥有上千个农户的是 И.Т.特罗耶古洛夫、Ю.Ю.和 Я.Н.奥多耶夫斯基、И.Ю.特鲁别茨科伊、П.И.和 А.П.普罗佐罗夫斯基、П.М.多尔戈鲁科夫、П.А.戈利津、Н.П.和 А.И.列平、公巴里亚京斯基。18 世纪初被晋升为京城官员的非名门贵族:三个纳雷什金家族拥有 7618 个农户,三个洛普欣家族的波雅尔拥有 1835 个农户,四个洛普欣家族的御前大臣拥有 1286 个农户。15000 个大地

---

① Е. Н. Кушева. Очерки истории СССР—Дворянство. Москва, 1954. С. 186.

主中有 14500 人是拥有低于 100 个农户的中等贵族,以及拥有几十个和几个农户的小贵族。[①]

波雅尔和上层官员占有领地不仅在数量上,而且在法律方式上不同。当时普通贵族占有的土地是有条件的领地,首都的地主大都有世袭领地。人数众多的中小贵族成为专制君主的统治基础,17 世纪出现了领地和世袭领地的融合。出现了可以继承的领地,实际上容许领主死后其子弟转让领地,但禁止经常性地交换领地。18 世纪 20 年代政府采取措施加强贵族对土地的占有。

18 世纪初领地普遍私有化。1714 年 3 月 23 日《一子继承法》的颁布完成了领地与世袭领地的融和。二者的融合使领地作为继承私有财产转到了贵族手中。人头税加速了贵族对农民土地的占有。1718 年 11 月 26 日的人口普查法令和后来对其法令的解释,贵族成为不纳税的特权等级。《名册》对农民和赫洛普的统治权利延伸到世袭领地上居民。政府颁布法令遣返逃奴和责成贵族为该农奴交纳人头税。这些措施导致了 18 世纪贵族对土地的恣意妄为。

彼得一世时期,给功绩卓著的贵族赏赐的不仅有收归国有和充公的村庄,而且有宫廷的土地。Л.К.纳雷什金 1691 年获得了沙茨克县科诺别耶夫斯基乡 2853 个农户和 34485 切季土地。А.Д.缅什科夫在 1706 和 1709—1710 年得到了 2157 个农户,1700—1710 年海军上将 Ф.А.戈洛温得到了 1106 个农户,海军上将 Ф.М.阿普拉克辛得到了 1097 个农户,Б.П.舍列梅捷夫得到了 2408 个农户,伯爵 Г.И.戈洛夫得到了 705 个农户,В.布留斯得到了 634 个农户。[②]

---

① E. H. Кушева. Очерки истории СССР—Дворянство. Москва, 1954. C. 187.

② E. H. Кушева. Очерки истории СССР—Дворянство. Москва, 1954. C. 189.

18 世纪俄国贵族土地所有制的一个重要特点是分散性。通常贵族拥有的土地不是集中在一个省或一个县,而是分散在许多地区。1700 年 В.Б.兹梅耶夫在罗曼诺夫县拥有 16 个农户,在姆岑斯克县有 9 个农户,在雅罗斯拉夫县有 26 个农户,在加里奇县有 119 个农户,在沃洛格达县有 31 个农户,在科斯特罗马县有 36 个农户,在丹科夫县有 16 个农户,总共 253 个农户。1724 年第一次人口普查表明,宫廷、教会和世俗封建主占有的土地上大致有 4000000 个农奴。①

18 世纪初贵族计有 3264 个家庭 15920 人。他们中的 2050 个家庭每家拥有 30 户农奴,共计 17628 户农奴;他们中的 619 个家庭每家拥有 30—100 户农奴,共计 34855 户农奴;他们中的 2669 个家庭(占总数的 81%)只拥有 52483 户农奴(占总数的 22%);而他们中的 596 个家庭(占总数的 19%)拥有 186414 户农奴(占总数的 78%)。例如,多尔戈鲁基家族拥有 2552 户农奴,沃尔孔斯基家族拥有 2332 户农奴,谢尔巴托夫家族拥有 1681 户农奴,利沃夫家族拥有 1575 户农奴,普列谢耶夫家族拥有 1496 户农奴,布图尔林家族拥有 1386 户农奴,沃伦斯基家族拥有 1381 户农奴,列昂季耶夫家族拥有 1343 户农奴,沃耶伊科夫家族拥有 1341 户农奴。拥有 2000 户的家族只有两个,拥有 1000 户的家族只有 17 个,②农奴大多数集中在人数不多的大家族上层官员中。

18 世纪初期贵族上层(波雅尔、御前侍臣、御前大臣、宫内杂务、莫斯科贵族和列入莫斯科名册的老住户)在俄国军队中占据要职,1681 年他们共有 6385 人,按照 1710 年的登记,他们

① Е. Н. Кушева. Очерки истории СССР—Дворянство. Москва, 1954. С. 192.

② Я. Е. Водарский. Служилое Дворянство в России в XVII – XVIIIв. Москва, 1969. С. 237.

拥有农奴 25.4 万,占总数的 71%。中级军官和士官拥有的农奴,中校拥有 17 户,少校拥有 137 户;骑兵大尉拥有 224 户,大尉拥有 159 户,中尉拥有 461 户,准尉拥有 756 户;中士拥有 159户,军士拥有 18 户。总计在 18 世纪初期,俄国大约有 3 万贵族,他们在军队中担任要职,他们在陆军和骑兵中服役,贵族在军队占 25%,在骑兵占 1%。1.6 万贵族拥有 36 万农奴(占总数的 82%),他们之中的 235 人拥有 11.7 万户农奴(占总数的27%)。贵族等级上层总共有 6 千人,他们拥有 13.7 万户农奴,2—2.5 万贵族拥有 18.1 万户农奴(占总数的 42%)。①

由于俄国幅员辽阔,自然环境不同,17—18 世纪贵族占有土地、农奴的数量,贵族土地增长的幅度、布局和比率在各个地区存在着巨大的差异。

中央非黑土地带包括莫斯科、弗拉基米尔、卡卢加、科斯特罗马、尼热戈罗德、特维尔、雅罗斯拉夫。根据 17 世纪下半期税务册的记载:中央非黑土地带开垦率占 20%。波雅尔-贵族的耕地达 400 万俄亩,占所有耕地的 67%。波雅尔-贵族占地最多的是弗拉基米尔省,占地 79.9 万俄亩,在卡卢加省占地49.1 万俄亩,在尼热戈罗德省占地 40.8 万俄亩,在莫斯科省占地 62 万俄亩。② 1700 年贵族大土地所有制占优势,59% 的农奴控制在大贵族手中③。

在西北地区诺夫戈罗德、普斯科夫和圣彼得堡,耕地占全区领土的 7%,65% 的耕地掌握在波雅尔-贵族的手中。

---

① Я. Е. Водарский. Служилое Дворянство в России в XVII – XVIIIв. Москва,1969.С. 238.

② Я. Е. Водарский. Дворянское землевладение в России в XVII – первой половине XIX в. Москва,1988.С. 114.

③ Я. Е. Водарский. Дворянское землевладение в России в XVII – первой половине XIX в. Москва,1988.С. 118.

波雅尔-贵族的耕地比其他领地占有者高出 2 倍。三省共有土地 1741.0 万俄亩,贵族地主占有 1157.1 万俄亩(66%),宫廷土地占 113.4 万俄亩(7%),国家土地占 82.2 万俄亩(5%),其他等级占 388.3 万俄亩(19%)。三省所有耕地共 284.5 万俄亩(12%),贵族地主所占耕地 208.1 万俄亩(73%)。①

西部地区的斯摩棱斯克省。1700 年波雅尔和其他莫斯科服役人员的领地差别不大,主要集中在维亚泽姆斯基县和多罗哥布日县,这两个县大土地所有者占优势,地区的土地开垦率占 38%,森林占地区领土面积的一半。最多的瑟切夫卡县(66%)和克拉斯尼科县(65%),别力斯克县(17%)和波雷奇斯克县(28%)。12 个县中维亚泽姆斯基县、克拉斯尼科县、瑟切夫卡和尤赫诺夫县的耕地占领土的一半以上。全省共有土地 487.9 万俄亩,贵族地主占有 418 万俄亩(86%),宫廷土地占 38.1 万俄亩(8%),国家土地占 2.6 万俄亩,其他等级占 29.2 万俄亩(6%)。②

中央黑土地区包括图拉、梁赞、奥尔洛夫、库尔斯克、沃罗涅日、坦波夫和哈尔科夫。与中央非黑土地区不同,中央黑土地区波雅尔-贵族的土地被国家土地所包围。波雅尔-贵族的土地的扩展通过民间自发的移民,或是通过军事服役人员开垦的土地得以实现。17 世纪初期政府成功地遏制了莫斯科宫廷、民政官员和上层军官占有土地的欲望,禁止把南部县的领地和世袭领地分给莫斯科的官员。

17—18 世纪在中央黑土地区,人口稠密,南部和东部县份

① Я.Е.Водарский.Дворянское землевладение в России в XVII－первой половине XIX в.Москва,1988.С.136.

② Я.Е.Водарский.Дворянское землевладение в России в XVII－первой половине XIX в.Москва,1988.С.142.

得到开发,出现了许多居民点和新的可耕地;独院小地主①的数量在增长。教会、宫廷和国家占有土地数量不大。1700 年只有梁赞地区大土地所有制占优势,在整个黑土地区中心中小土地所有制占优势。1700 年上层官员和莫斯科地主的农户在坦波夫地区占 56%,在梁赞占 41%、在图拉占 33%、在奥尔洛夫占 23%、在库尔斯克占 1%。上层官员和莫斯科地主的大部分农户集中在梁赞、坦波夫县。18 世纪中央黑土地区的土地共有 2945.6 万俄亩,地主占有 1256.5 万俄亩(43%)、宫廷占有 94.5 万俄亩(3%)、国家占有 110.1 万俄亩(4%)、教会占有 15.8 万俄亩、国家农民占有 1053 万俄亩。全省所有耕地共 1438.3 万俄亩,占全省土地面积 49%,其中贵族地主占有的耕地 827.6 万俄亩(28%)。总之,17 世纪中央黑土地区的土地面积 2270.2 万俄亩,在 18 世纪上升为 2945.6 万俄亩,耕地从 266 万俄亩上升到 1438.3 万俄亩(几乎 5.5 倍),贵族地主的耕地从 181.5 万俄亩上升到 827.6 万俄亩,占有土地的比率从 6%上升 28%。②

伏尔加河中游包括喀山、奔萨、辛比尔斯克、萨拉托夫省。17 世纪下半叶耕地接近 130 万俄亩。从 1700 年到 1737 年贵族大土地所有者控制的农奴比率从 44%上升到 55%,贵族地主的耕地上升了几乎 7 倍。土地的开垦率提高了 26%,贵族领地分布最多的奔萨达到 60%、辛比尔斯克达到 45%、萨拉托夫省达到 23%、喀山为 19%。土地丈量结果是,贵族地主占有的土地 1044 万俄亩(31%),宫廷占地 93.8 万俄亩(3%),国

---

① 独院小地主是俄国旧时代的一种农户,源于 16—17 世纪的边防军下级军官子弟,有一个院子,没有农奴。

② Я.Е. Водарский. Дворянское землевладение в России в XVII - первой половине XIX в. Москва,1988.С. 190-194.

家占地 976. 9 万俄亩（29%）、其他等级占地 1283. 3 万俄亩
（38%）。[①]

北方和乌拉尔北部包括：阿尔汉格尔斯、沃洛格达、维亚茨
基、奥洛涅茨和彼尔姆。北方和乌拉尔北部的可耕地占领土面
积的 0. 8%，最多的在沃洛格达省（可耕地占领土面积的
1. 6%）。波雅尔-贵族的土地达 33. 2 万俄亩（59%），仅占整个
北方和乌拉尔北部的 0. 4%。这个地区的森林面积大，可耕地
少，地区的开垦率 8%，森林占 84%。开垦率最高的在维亚茨
基、彼尔姆，48% 的耕地是国家土地。贵族地主的耕地在北方占
5%，在乌拉尔北部占 14%。与 17 世纪比较，总耕地从 74. 1 万
俄亩增加到 659 万俄亩，增加了 9 倍，但是贵族地主的耕地只增
长了 2 倍，从 33. 2 万俄亩增长到 57. 3 万俄亩。[②]

乌拉尔南部包括奥伦堡和乌法省。可耕地占领土面积的
14%，其中上乌拉尔县占 0. 6%，奥伦堡占 3%，布古里明斯克县
23%、布古鲁斯兰县 22%、缅泽林斯克县 21%。贵族地主领地的
比率在乌法县 45%，在布古鲁斯兰县 30%，在车里雅宾斯克县
占 0. 5%，特洛伊茨克县占 2%，在比尔斯克县占 3%，贵族地主
的耕地达到 400 万俄亩（14%）。[③]

新俄罗斯包括叶卡捷林堡和赫尔松。地区的开垦率达
21%，森林占 1%，庄园土地占 1%，割草场和不适宜耕种的土地
占 75%。1788 年和 1796 年政府给贵族地主大规模赏赐土地，
贵族地主的土地从 200 万俄亩上升到 350 万俄亩，而国家农民

[①] Я.Е. Водарский. Дворянское землевладение в России в XVII-первой
половине XIX в. Москва, 1988. С. 200-202.

[②] Я.Е. Водарский. Дворянское землевладение в России в XVII-первой
половине XIX в. Москва, 1988. С. 211-214.

[③] Я.Е. Водарский. Дворянское землевладение в России в XVII-первой
половине XIX в. Москва, 1988. С. 215.

仅有 8 万俄亩土地。贵族地主的土地在斯拉维扬谢尔波斯克占74％,上第涅泊夫斯克占 73％,巴甫洛格勒斯克占 70％,在罗斯托夫占 37％,奥尔维堡斯科没有。总之,这两个省贵族地主的领地有 600 万俄亩,占全区土地的 59％。①

17—18 世纪贵族通过强占和国家赏赐的手段大大扩充了占有土地的数额,波雅尔-贵族占有 2800 万俄亩,占全部土地的14％;国家农民占有 8.5 百万俄亩,占全部土地的 4％;教会占有700 万俄亩,占全部土地的 3％。②

17 世纪俄国贵族的土地占有为 9％,而在 18 世纪俄国贵族的土地占有为 29％,与 17 世纪相比地主的耕地上涨了 5 倍。③由于俄国疆域的不断扩展、教会领地的世俗化,巨大的土地资源成为国家的经济基础,国家对土地财富的占有长期以来具有绝对的优势。根据 18 世纪的 3 次人口普查,俄国居民中分别有104.9 万人(第一次普查占农民总数的 19％)、255.2 万人(第二次普查占农民总数的 39％)、291.4 万人(第三次普查占农民总数的 40％)属于国家所有。④ 18 世纪由于兼并爱沙尼亚、拉脱维亚、立陶宛、白俄罗斯、乌克兰第聂伯河右岸的土地,俄国政府拥有的土地数量大大增加。

———————

① Я.Е.Водарский.Дворянское землевладение в России в XVII－первой половине XIX в.Москва,1988.С. 217.

② Я.Е.Водарский.Дворянское землевладение в России в XVII－первой половине XIX в.Москва,1988.С. 225.

③ Я.Е.Водарский.Дворянское землевладение в России в XVII－первой половине XIX в.Москва,1988.С. 240.

④ А.Г.Манько.Дворянство и крепостной строй России XVI－XVIII вв. М.,1975.С. 278.

表 8-1　17—19 世纪前期俄国社会各等级耕地占有的增长①

地区	世纪	占有者(千亩)						占耕地比例(%)	所占地区面积比例(%)
		贵族地主	教会	宫廷	总共	其他	所有		
旧的居住区									
中央非黑土地区	17	4070	1318	637	6025	56	6081	51	20
	18	6846	—	743	7589	2108	9697	21	32
西北地区	17	774	263	94	1131	68	1199	10	7
	18	2081	—	139	2220	597	2817	6	16
北方	17	332	87	—	419	230	649	5	1
	18	300	—	53	353	696	1049	2	2
总共	17	5176	1668	731	7575	354	7929	66	8
	18	9227	—	935	10162	3401	13563	29	14
增长额	18	4051		204	2587	3047	5634	16	6
%		—	78	—	28	34	861	71	—	—
居住区									
中央黑土地区	17	1813	156	153	2122	554	2676	22	9
	18	8276	—	385	8661	5546	14207	30	48
伏尔加河中游	17	570	170	260	1000	300	1300	11	4
	18	3955	—	386	4341	4069	8410	18	25
乌拉尔北部	17	—	1	—	1	91	92	1	0.2
	18	272	—	278	550	4818	5368	11	14
乌拉尔南部	18	396	—	35	431	1651	2082	4	7

① Я.Е.Водарский.Дворянское землевладение в России в XVII-первой половине XIX в.Москва,1988.С. 234.

续表

地区	世纪	占有者（千亩）						占耕地比例（%）	所占地区面积比例（%）
		贵族地主	教会	宫廷	总共	其他	所有		
新俄罗斯	18	1557	—	—	1557	1730	3287	7	32
总共	17	2383	327	413	3123	945	4068	34	4
	18	14456	—	1084	15540	17814	33354	71	24
增长额	18	12073	—	671	12417	16869	20286	84	21
%	—	506	—	162	397	1824	723	—	—
总计	17	7559	1995	1144	10698	1299	11997	100	6
	18	23683	—	2019	25702	21215	46917	100	20
增长额	18	16124	—	875	15004	19916	34920	100	15
%	—	213	—	76	140	1557	292	—	—

（四）农奴制的强化

俄国农奴制在16世纪末期形成,17世纪确立,18世纪得以强化。农奴有三种类型:国家农民、采邑农民和私人农民。俄国的农奴制度经历了三个发展阶段:17世纪农奴制根据契约确定农奴对地主的人身依附关系;彼得一世时期,农奴在法律上世代依附于地主;叶卡捷琳娜二世时期,由于地主有条件服役义务的取消,农奴完全处于依附地位,成为地主的私有财产。①

15—16世纪,西欧社会逐渐从封建的农耕社会迈向资本主义的工业社会。16世纪统一的莫斯科国家依然处于三面受敌的包围中。从伊凡三世起,政府年复一年把数以千计的军队聚

---

① ［俄］瓦·奥·克柳切夫斯基:《俄国史教程》第5卷,刘祖熙等译,商务印书馆2009年版,第129页。

集在边疆同野蛮的游牧民族进行单调的、艰巨的、劳民伤财的战争。伊凡四世时期,莫斯科公国先后同瑞典人、波兰人、立陶宛人、鞑靼人以及其他对手进行战争,最后陷入漫长的立沃里亚战争。"尽管新兴的俄国军事力量能够击败凶残却相对原始的地方游牧民族,但不能同西方武器和战术武装起来的更先进的波兰或瑞典军队抗衡。"①无休止的战争造成异常紧张的环境,莫斯科国将领地制与军事体制结合起来。国家依靠服役贵族的民间武装来保卫国家,由每 150 俄亩出骑兵一人。所以,为了抵御外敌入侵,必须增强以农奴为主的军事力量,控制农奴是保证军事力量的有效途径。

长达 25 年的立沃里亚战争和特辖制使俄国社会经济遭到严重破坏,俄国人口锐减,17 世纪俄国人口密度每平方公里 3—4 人,而法国是 40 人。莫斯科省有 76%—96%的居民点被遗弃,加上国内近卫军的蹂躏,促成了俄国中部和西北部农民向新开发的边疆地区逃亡。国家开始加强对农民的控制。俄国历史上从来不曾有过旨在直接建立农奴制的法律,但政府的某些立法在事实上起到了同样的效果。宣布某些年份禁止农民外出或迁移的政府立法尤其帮助了农奴制的确立。伊凡三世在《1497年法典》中规定农民只能在每年 11 月尤里耶夫节前后的两个星期内在莫斯科公国流动,地主允许或拒绝农民出走伴随着与该农民的结算。伊凡四世时,赋予地主决定各自领地地租标准的权力,并由他们自己征收,从而使地主第一次成为自己庄园劳动力的主人。1581 年由于立沃里亚战争的失败,农民大量逃亡,伊凡四世禁止农民流动,第一次取缔了尤里耶夫节。1592年至 1593 年的戈杜诺夫颁令,禁止一切农民流动。这一法令是

---

① 〔英〕佩里·安德森:《绝对主义国家的系谱》,刘北成、龚晓庄译,上海人民出版社 2001 年版,第 353 页。

16—17 世纪初推行农奴制政策的顶点。1597 年,沙皇费多尔颁布追捕逃亡农民的法令,凡农民逃亡在 5 年之内均可由原主人捉拿押回原籍。1601—1602 年宣布在每年的尤利耶夫节前后禁止农民外出或迁移的政府立法有效地促进了农奴制的建立。后来政府不断延长逃亡农民的有效追捕期限:从 16 世纪末期的 5 年延长到《1649 年法典》的无限期。1648 年缙绅会议彻底废除了对强制索回农民的所有限制。《1649 年法典》明确宣布对农民实行农奴制,农民从此不可更改地被束缚于土地上。1658 年政府颁令,规定农民逃亡为犯罪。

此外,刚刚摆脱蒙古人专制统治和民族压迫的俄国社会,自然经济占据统治地位,城市化进程缓慢,"在俄国,莫斯科本身没有强大的市民阶级,从事贸易的是波雅尔、官员和一批客商,他们的地位和特权取决于政府"①。城市受到沙皇的严格控制,并且被小心地同国家其他部分隔离开。城市平民被视为国家农奴;只有纳税人可以定居在城市里,未经容许任何居民不得离开。"客商"这一最高商人阶层获得了贸易和制造业的垄断特权,农村人口停止向城市流动,城市发展受到阻碍。为了加强军事实力,国家只有实行普遍的农奴制才能把社会各等级固定在居住地。

俄国农奴制的确立和沙皇专制制度关系密切,但农奴制的出现早于沙皇专制时期。"当时俄国政治制度最明显的特征是全国居民普遍为国家服役。莫斯科公国就是要求每个人不是献身就是献财为国家服务,因而组织国家服役成为行政的首要任务。"②《1649 年法典》消除了老居民和新式农民之间的重要差

---

① ［英］佩里·安德森:《绝对主义国家的系谱》,刘北成、龚晓庄译,上海人民出版社 2001 年版,第 213 页。

② ［美］拉伊夫:《独裁下的嬗变与危机——俄罗斯帝国二百年剖析》,蒋学祯、王端译,学林出版社 1996 年版,第 5—7 页。

异,把所有耕种土地的农民和他们的子孙都划为农奴;法典废除了有利于农奴逃亡的所有限制性法规,对窝藏逃跑农奴的人施以重罚。1649年以后,政府不仅把农奴视为贵族的财产,而且扩大贵族在其领地上的司法和警察权力。

《1649年法典》是俄国等级制度发展的重要分界线。法典把人们固定在其居住地。所有服役者都获得占有领地的特权,但只有世袭服役者才能占有农奴。僧侣获得布道的特权。工商业者获得了在城市从事商业、手工业和工业的特权。农业劳动成为农民的权利,但不是农民的特权,工商业者也可以务农。18世纪的改革使贵族、僧侣和城市工商业者获得了不同程度的解放,但农民却恰恰相反,他们遭受奴役的程度达到了顶峰。农民对贵族的依附达到了奴隶般的状态。

宫廷政变时期,政治动荡,经济凋敝,农民大量逃亡。从1719—1727年,逃亡的农民差不多有20万。逃跑的范围逐渐扩大,起先是农奴从一个地主家跑到另外一个地主家,而如今则涌向顿河、乌拉尔和遥远的西伯利亚城市,涌向巴什基尔驻地,教会分裂派驻地,甚至逃到波兰和摩尔达维亚。这样使政府无从征兵和征税。国库的空虚迫使政府考虑农民问题,"政府寻求的不是农奴关系的法律依据,而是能全额征收人头税的方法"①。

1754年5月13日对土地进行总清丈,按照严格的规章检查占有权和占有权的不动产契照,消灭土地杂乱交错现象。1754年的法令决定根据第一次人口普查确定逃亡者,但不追溯到1719年以前。

在立法整顿和巩固土地所有制和农奴所有制的同时,也扩

---

① [俄]瓦·奥·克柳切夫斯基:《俄国史教程》第4卷,张咏白等译,商务印书馆2009年版,第308页。

大农奴制本身,加强地主的司法权。1736 年 5 月 6 日法令授权地主确定对逃亡农民的处罚尺度。1758 年 5 月 2 日法令责成地主监督自己农奴的行为举止。1760 年 12 月 13 日法令规定地主有权将农奴流放到西伯利亚。以上特权本是政府的权力,与土地所有权无关,现在这些特权与贵族的财产权融为一体。1729 年和 1752 年法令将逃亡者、流浪者和无处所的教徒统一交由为其缴纳人头税的地主支配。

17 世纪占有农奴和土地是所有为国家服军役贵族的权利。18 世纪彼得一世颁布了《官秩表》,所有为官获得贵族称号者都有权占有土地和农奴。宫廷政变时期,由于贵族成分的驳杂,加上政府既要把农奴制作为国库的财源,又要把占有农奴作为等级的特权而摇摆不定。如 1739 年法令禁止无村落者获得农奴。1743 年法令则容许缴纳人头税者把农奴登记入册当兵。1730 年、1740 年和 1758 年法令剥夺没有贵族称号者占有土地和农奴的权利,世袭贵族独自垄断占有土地和农奴的权利。1730 — 1760 年世袭贵族获得了一系列占有农奴和土地的优惠和特权,世袭贵族可以自由支配不动产,扩大地主对农奴的司法警察权力,有权不带土地出卖农奴,简化侦缉逃亡农奴。这样贵族比其他等级在司法上处于非常特殊的优越地位。

1762 年颁布了《贵族特权与自由诏书》。贵族义务减轻,但以这些义务为基础的占有土地和农奴的权利却逐渐扩大了。在《贵族特权与自由诏书》实施前,农民经地主同意个人承担合同义务,实施后,这种义务转变为农民在私有者的土地上完成世代相传的国家赋役,以保证军役贵族完全其军役任务。1742 —1747 年第二次人口调查,为了每年 342 万 5 千卢布的税款,占纳税居民总数不少于 73% 的近 490 万农奴便交给了贵族和贵族私人机构进行司法警察管辖。在地主土地上约有 350 万农奴,占帝国农业人口的 54%。① 此做法使俄国形成了欧洲最恶劣的农奴受奴役的形式。1754 年法典编纂委员会的草案规定,贵族无例外地对自己的仆人和农民及其财产拥有全权,只是不得剥夺其生命权,不得用鞭笞惩处或对其刑讯拷问。贵族可随意转让自己的农奴,支配他们的劳动和人身,包括批准他们娶妻和嫁人,以及施加上述惩罚之外的任何惩罚。农奴被看作时刻准备逃跑或犯罪的奴隶,受到密切监视。

1762 年《贵族特权与自由诏书》加重了农民的负担。以前农奴和其他纳税等级负担军队、官吏和神职人员的借口是维护国家安全,内部秩序和神职的需要。但贵族的义务兵役取消后,他们的农奴却仍然要继续用自己的无偿劳动供养这些贵族,而且还要和其他纳税等级分别供养另外三个不纳税等级的退休人员的费用。

彼得一世时期,主要靠征收新农奴的"魂灵"税,国家预算增加了 3 倍。从 1700 — 1708 年农民的平均负担增加了 4 倍。人口普查使原来的奴隶都并入农奴等级,从此,农奴依附于他们的主人,而不是依附于他们耕种的土地。叶卡捷琳娜二世时期,把农奴制扩大到整个乌克兰,她于 1785 年颁布了《贵族特权敕书》,使农奴数量急剧增加,农奴缴纳的货币地租在某些地方增加了 4 倍以上。数量庞大的国家农民被转交给贵族后,受到更重的剥削,农民大众被迅速而彻底地农奴化了。1785 年《贵族特权敕书》完成了使农民陷入奴隶状态的历程:女皇保障贵族的所有特权,免除他们的强制义务,赋予他们控制农村劳动力的全部司法权。

俄国的村社历经四个发展阶段:基辅罗斯时期的自由村社、

---

① [俄]瓦·奥·克柳切夫斯基:《俄国史教程》第 4 卷,张咏白等译,商务印书馆 2009 年版,第 318 — 319 页。

蒙古罗斯时期的自由村社与依附村社并存时期、莫斯科罗斯时期的依附村社时期、俄罗斯帝国时期的农奴制村社。村社本是农民面对低下的生产力和恶劣的自然环境建立的生存、生活和劳动的共同体,但在俄国成为沙皇政府进行统治和贵族地主推行农奴制的工具。

农奴制的确立带来村社地位的变化。传统的自由村社日渐减少,转化为从属于封建领地的依附村社;村社的自治功能进一步弱化,村社的管理、税收、警察等职能却得到加强,村社成为地主对农民实行农奴制度统治的工具;村社的赋役负担较前显著增加。

农民构成了村社的主体,因此,农民的农奴化本质上是村社的农奴化。它是世袭领地制度与村社制度结合的必然结果。

伊凡三世颁布的《1497 年法典》限制农民从一个地主名下转到另外一个地主名下,农民离开原先地主只能在秋天的两周之内,要求出走的农民必须事先向主人缴纳一定数额的房租——"居住费",农民由此开始被农奴化。伊凡四世颁布的法典又规定了新的易主赎金条款。赎金的额度取决于农民在地主土地上耕作年代的长短。

随着莫斯科公国地域的不断扩大,哥萨克的出现,特辖制的实施和立沃里亚战争的消耗,迫使国家更加严厉地限制农民的"出走权"。1580 年第一次进行人口土地调查,重新确定各地的税额,并首次实行禁年,禁止农民迁徙,废除了尤利耶夫节。1602 年国家还严令禁止纳税农民转入家奴阶层。1607 年政府立法惩处那些窝藏逃亡农民的人。1646 年国家采取措施,把城乡纳税居民全部编造成册。此后,废除了追捕逃亡农民的期限。

18 世纪为了统治和剥削方便,地主保留了作为农民自治形式的村社,个别地主甚至在获得新领地后获得或新建村社。在农奴制的村社里,村社的地位取决于农奴主的意志。村社成为贵族地主实施领地管理的补充工具。贵族地主在使村社臣服于自己时,首先把对农民的审判权和处置权归自己或自己的领地机关,用连环保制度来迫使村社保证完成各种封建赋税义务。村社在组织征税和履行国家义务方面,发挥了积极作用。

二是强化村社的管理体制。18世纪俄国村社具有两重性:一方面,村社是满足村社农民利益的自治联盟;另一方面,村社又是依附于贵族领主的主体,其行为受到农奴主的严格监督。一方面,村社仍然与土地保持着直接的联系,每个村社农民都是土地事实上的占有者;另一方面,地主却是土地法律上的所有者。其矛盾性体现在村社的行政管理体制上:一方面,领主为了控制和监督领地上农民,以指导生产的名义向村社派来管家。管家在不同的领地上起的作用是不一样,在劳役制的领地里管家甚至直接领导村社,村社只拥有很少的自治权。而在代议制领地里管家扮演着领主与村社之间协调人的角色。另一方面,村社有一套自己的行政管理机构,在一定程度上独立自主地行使职权,管理村社的日常事务,但必须向领主或领地办公室负责。但在农奴制的条件下,尽管村长由农民米尔选举产生,但他必须严格遵循领主的村社教导,必须毫无差错地执行领主的指示。为保证村长对贵族领主的绝对忠诚,由农民当选的村长须得到贵族领主的批准。农奴制条件下的村长与自由村社时期乡绅的不同之处在于,村长既捍卫农民的利益,同时又为贵族地主服务,保证不折不扣地征收赋税。村社无论有多大的自治权,最终还是要服从于贵族领主。①

女皇时期,贵族通过先进的管理方式加强对村社领导权的控制,村社管理体制体现出官僚化的趋势。一些地方的米尔会

① 罗爱林:《俄国封建晚期农村公社研究》,广西师范大学出版社2007年版,第69—103页。

议丧失了自治功能,体现了农奴制在村社管理体制上的强化,在另一些村社,村米尔继续保持着农民自治功能。

18 世纪贵族地主加强对农民的管理。18 世纪 60 年代保存下来的一份《家务管理记事簿》记载了一个地主家务管理的情况。其中提到,农奴因一件小事,就要挨几百鞭,树条抽打几千下。地主住在莫斯科,服代役租或当手工业学徒的家仆每逢节日必须到主人家里请安;不到者要罚抽树条 1000 下。如果农奴不参加斋戒祈祷,就要罚用树条抽 5000 下。[①]

18 世纪在俄国,村社被农奴化,村社与贵族领地的结合,村社成为依附于贵族地主的自治单位,成为贵族地主推行代议制和劳役制经济剥削的工具。一是份地所有权转移到贵族地主手中。村社与贵族领地的结合,村社成为领地的附庸,贵族地主以份地的方式让村社把土地转给农民占有和使用,并由此承担各种赋税,这样,土地的所有权和占有权、使用权的相互分离——土地私有公有制。二是农民占有和使用份地原则的决定权转归贵族地主。"谁缴税,谁就有权占有和使用土地"。[②] 三是赋税容量大幅度增加。农民不仅要向国家,而且要向贵族地主缴纳赋税,村社成为收取赋税的中间人。

村社作为农民与封建主之间的中间人,承担调整农村土地关系的任务,实施重分土地。土地重分是由于土地资源渐渐不能满足人们的土地需求而导致土地紧张所造成的。土地重分从本质上说是使农民的赋税义务平均化。

村社负责实施等级义务兵役制。俄国的兵役义务肇始于18 世纪初,大体上经历了两个阶段:一是等级义务兵役制;二是

---

① [俄]瓦·奥·克柳切夫斯基:《俄国史教程》第 4 卷,张咏白等译,商务印书馆 2009 年版,第 134 页。

② 罗爱林:《俄国封建晚期农村公社研究》,广西师范大学出版社 2007 年版,第 149 页。

普遍义务兵役制。18 世纪的俄国,兵役虽属国家义务,但国家并不直接从事征兵活动。国家的作用仅限于发布征兵命令,提出征兵额度,规定征兵条件以及服役年限等,然后由领地来履行兵役义务。领地效仿政府的做法,让村社具体负责新兵的选派工作,只为自己保留确定征兵原则、监督征兵过程、批准米尔决议书的权利。村社按照"按单身男子→按大家庭→普遍按户→按人头"原则进行选兵。

彼得一世时期,根据第一次人口调查,从法律上把以前按照法令区分的两种农奴身份混同了。农奴在人身上依附于地主,同时还依附于本等级,甚至地主都不能使他们脱离本等级,他们永远是国家的义务纳税人。奴仆同农奴一样,永远依附于自己的主人,但不承担农奴应服的国家赋役。彼得一世的法律把农奴承担的国家赋役扩大到奴仆。这样,就改变了农奴制的契约起源,即通过人口调查,把以前按照契约履行农奴义务的人,列入人口调查《名册》上的某个贵族的名下的人为农奴。这样,由个人与个人之间建立起来的契约关系,现在被政府的法令所取代,农奴的范围被扩大。

叶卡捷琳娜二世时期,通过赏赐和取消迁徙自由的方法把俄国的农奴制度发展到顶峰阶段。

由于 1762 年 2 月 18 日《贵族特权与自由诏书》的颁布,农民的农奴劳动作为贵族履行义务兵役的手段。随着贵族义务的取消,把人口众多的国有土地分给私人的办法自然停止。农民的农奴劳动不是全归贵族私人占有,劳动的一部分是上缴国家的赋税,农民的农奴劳动是地主与国家共同占有。叶卡捷琳娜二世把 40 万国有和宫廷领地的纳税农民分别赠给私人占有。为了制止乌克兰普通农民自由迁徙,1763 年颁布法令,农民只有在获得地主准假证明以后才能离开地主。1783 年 5 月 3 日法令规定乌克兰的基辅、契尔尼戈夫以及塞维尔斯克-诺夫哥罗德省的所有普通农民,仍须留在刚结束人口调查的地区,仍归属原主人名下。[1] 根据 1794—1796 年间的人口普查,农奴占总数的 53.1%,占全国人口的 49%。

叶卡捷琳娜二世强化农奴制立法。1760 年法令赋予地主有权把"粗鲁无礼"的健康农奴劳工永远流放到西伯利亚,并禁止返回。1770 年 10 月 18 日法令,确立了贵族地主的司法权力,对犯有轻微罪行的农奴,给予同重大刑事犯罪行为相同的惩罚。1785 年《贵族特权敕书》默认了农奴是地主财产的组成部分。[2]

18 世纪以前,地主经济盛行经营土地和剥削农奴劳动的代役金和服劳役混合制。为了使用地主的一块土地,农民部分为地主种地,部分向地主缴纳代役金。18 世纪上半期,这种混合制开始分解,由于义务服役人员不可能有充足的精力直接参与农业经营,有些地主几乎完全把自己的全部土地供农民使用,征收代役金,另外一些地主把土地划出一部分分给农民,其余的土地则通过徭役劳动来耕种。自从贵族获得自由后,拥有很多土地的贵族有了更多的空余时间从事经济事务,但代役金并未消失,反而日益扩大。究其原因,一是俄国贵族与西方贵族不同,贵族与土地联系的不紧密一定程度上反映出国家义务传统价值的稳定和俄国封建因素的缺乏。土地是西方贵族最基本的地位和权力的标志。在俄国则相反,俄国贵族的社会基础不是土地而是国家义务。但长期居留在城市的贵族有许多并没有在国家机关供职,当时在国家机关供职的贵族只有 1 万多人。他们向每个农奴征税 1 卢布、2 卢布甚至 5 卢布。二是许多地区出现

---

① [俄]瓦·奥·克柳切夫斯基:《俄国史教程》第 5 卷,刘祖熙等译,商务印书馆 2009 年版,第 125—126 页。

② [俄]瓦·奥·克柳切夫斯基:《俄国史教程》第 4 卷,张咏白等译,商务印书馆 2009 年版,第 129 页。

农民暴动,惊慌失措的贵族长年龟缩在各个城市,投靠自己的同僚——省长和县检察局长。代役金成为最合适和有利可图的剥削手段,它使地主摆脱了琐碎的经济事务,并使地主凭借不受限制的权利,提高代役金,使他得到亲自在农村经营永远得不到的收入:60年代每个入册农奴缴纳2卢布,70年代3卢布,80年代4卢布,90年代5卢布,所以,18世纪贵族获得解放后,贵族更加空闲,地主经济变得比以前更加代役金化。①

劳役制仍在地主对农民的剥削中占统治地位。叶卡捷琳娜二世执政初期,许多省的农民一半劳动时间为地主干活,农民只有在结束了为地主的劳作后才能为自己干活。在许多地方,地主要求农民每周工作4天甚至5天。一般而言,农奴制下的俄国农村的劳动与西欧邻国农民的劳动相比更加沉重。"主人的勒索和俄国的徭役劳动,不仅超过邻国居民的实例,而且还常常超出人们难以忍受的程度。地主每天驱使农民为他干活,只给他们赖以糊口的月粮"②。

贵族为国家承担义务服役时,他在身边保持一定数量的家仆,出征时家仆随行。他本人不在时,委托他们管理农业。

叶卡捷琳娜二世执政初期,农奴价格上升。整村购买农奴时,一个带有土地的农奴通常售价为30卢布。1786年一个农奴的价格为80卢布。叶卡捷琳娜二世执政末期,一般很难买到价格低于100卢布的私有农奴。零星购买充当壮丁的农奴,价格为120卢布。18世纪末期价格达到400卢布。③

---

① [俄]瓦·奥·克柳切夫斯基:《俄国史教程》第4卷,张咏白等译,商务印书馆2009年版,第131—132页。

② [俄]瓦·奥·克柳切夫斯基:《俄国史教程》第4卷,张咏白等译,商务印书馆2009年版,第133页。

③ [俄]瓦·奥·克柳切夫斯基:《俄国史教程》第5卷,刘祖熙等译,商务印书馆2009年版,第135页。

在乡村,贵族的职责不是从事农业生产活动,而是指挥管理农民,建立管理和剥削农奴的制度。农业栽培、农艺学,采用新耕作法和新式农具的事务在贵族那里退居第二位。地主从土地占有者逐渐转变为农奴占有者和对农民的警察管理者。农奴制度把贵族领地农业引向错误方向,"白白得来的农奴劳动消除了贵族积累流动资金的兴趣。滥用权力,通过事务所的一道普通命令代替资金流动和农业知识便可白白得到一切"①。

农奴制对国民经济产生的消极影响表现在几个方面。一是农奴制延缓了农民劳动力在平原地区的自然分布,如根据第三次人口调查,18 世纪中叶莫斯科省集中了全国农奴的 1/3 以上。1858—1859 年第十次人口调查,在非黑土地卡卢加省,农奴占该省总人口的 62%;在贫瘠的斯摩棱斯克省则占 69%,在黑土地的哈尔科夫省只占 30%,在沃伦涅日省只占 27%。② 农奴制严重影响了劳动力的使用效率,并使农村人口过剩。③ 二是阻碍了俄国城市化的进程。18 世纪由于价格革命的影响和农奴制的强化,俄国粮价一直呈上升趋势,所以农民向城市迁移的速度放慢。1740—1783 年平均每年城市人口自然增长率为 0.8%,农民向城市迁移年增长率为 0.18%,而 1783—1801 年两项年增长率分别为 0.6% 和 0.16%,补充城市人口的两条渠道明显收缩。④ 农产品涨幅远远超过工业品涨幅,工资涨幅低于物价涨幅,对城市从事工业和手工业的市民生活水平产生了消

①　[俄]瓦·奥·克柳切夫斯基:《俄国史教程》第 5 卷,刘祖熙等译,商务印书馆 2009 年版,第 136 页。

②　[俄]瓦·奥·克柳切夫斯基:《俄国史教程》第 5 卷,刘祖熙等译,商务印书馆 2009 年版,第 37 页。

③　[美]尼古拉·梁赞诺夫斯基、马克·斯坦伯格:《俄罗斯史》,杨烨等译,上海人民出版社 2007 年版,第 259 页。

④　张广翔:《18—19 世纪俄国城市化研究》,吉林人民出版社 2006 年版,第 388 页。

极影响。因此,市民尽可能保持与农业的联系,坚持种菜园,饲养牲畜,甚至种地。18 世纪下半期城市农业经济为一半城市人口提供了生活资料。到 19 世纪初,城市的经济结构未发生根本性变化,城市尚未完全脱离农村。城市工商业者难以同贵族在工商业领域内竞争,其最佳选择就是贵族化。当时得到贵族称号的企业主完全与贵族合流,最终失去了生产组织者的角色。手工工场也在很大程度上失去了最初的特征,城市发展毫无生气可言。城市的工商业职能下降,延缓了城市向国家真正的工商业中心的转化过程。三是农奴制耗尽了国家通过直接税获得的财源,迫使国家金库求助间接手段——把酒类的专卖总额增加 5 倍,扩大国家贷款(外债达 4400 万,内债达 8250 万),把沉重负担转嫁给后代。①

三、农奴制的废除

(一)1861 年农奴制废除的原因

随着经济的发展,农产品与市场发生了密切联系,自然经济开始解体。但农奴制严重阻碍了这一发展。一是人身束缚已经越来越难以有效地满足俄罗斯帝国的经济需求。二是农业上封建贵族土地占有制是资本主义在农业发展中的障碍。大量无偿的农奴劳动妨碍了地主经济使用新机器,采用新技术。三是农奴份地少,生活极端贫困,无力购买农具,同时也无力在市场上购买生活资料。在工业上,自由雇佣劳动力得不到保证,巨额代役租妨碍了资本的积累。国内市场狭小,影响了资本主义工业的发展。1859 年出现了革命形势,农民运动是农奴制危机的集

---

① [俄]瓦·奥·克柳切夫斯基:《俄国史教程》第 5 卷,刘祖熙等译,商务印书馆 2009 年版,第 140 页。

中反映。废除农奴制前农民骚动达到 1467 次,其中 1801—1825 年达到 281 次,占总数的 19%;1826—1854 年达到 712 次,占总数的 49%;在亚历山大废除农奴制前六个月发生了 474 次,占总数的 32%。逃跑和抗拒地主的强制是农民运动的主要方式。农民运动动摇了农奴制度和沙皇制度。持续增长的要求解放的情绪促进了农奴制的废除。沙皇被迫解决农民问题。

农民运动导致"上层危机",革命的威胁导致政府走上了废除农奴制的道路。①

俄国的改革酝酿开始于尼古拉一世时期。尼古拉一世(1825—1855 年)统治时期,虽然镇压了 12 月党人起义,但大臣会议、国务会议和参政院的地位下降,组建了独立于常规国家机构的各种秘密委员会,尤其是提高沙皇办公厅的作用。但农民问题迫在眉睫。"农奴制度,对所有的人都是灾难,这是感受得到的和显而易见的,并且不能让这一灾难再继续下去……必须准备好走逐步过渡到另外一种制度的道路。"尼古拉一世任命财政大臣基谢廖夫处理农民问题。

1816 年 8 月 17 日,基谢廖夫向亚历山大一世递交了《关于逐步消灭俄国农奴制度》的奏折,认为公民的自由是人民富裕的基础。要逐步把农民从农奴制的依附中解放出来。"剥夺农民个人自由不仅是不公正的,而且在俄国也会像在法国那样,有爆发革命的危险。"他主张对俄国的社会、经济关系进行逐步的改革。

1836 年 4 月 29 日,尼古拉一世任命基谢廖夫为沙皇办公厅厅长,负责有关国有农民的改革问题。1837 年沙皇建立国家财政部,基谢廖夫被任命为大臣,主要任务就是加强对国有村庄

① 曹维安:《俄国史新论:影响俄国历史发展的基本问题》,中国社会科学出版社 2002 年版,第 178—179 页。

和国有农民的管理。1837 — 1841 年进行了有关国有农民的改革。

对国家农村生活改革的主要内容:一是消灭国家田庄缺少耕地的状况,增加农民的份地;二是用代役租代替人头税,责成在国家西部田庄上逐步消灭租赁制,国有农民改缴货币代役租;三是整顿好粮食方面的工作,建立粮食储备;四是提高和推广农业技术;五是建立学校网络;六是组建医疗站和兽医站;七是有计划地组织移民;八是扩大国有农民个人权利等。

1839 年建立了一个新的特别委员会,对地主农民实行"财产登记",以严格规定地主农民份地和义务的限额。为了把地主农民从对农奴主的依附中解放出来,他提出在保存地主土地所有权的前提下,地主与农民签订协议,使私有农民获得人身自由,即农民转变为自由阶层,可以自由移居到其他土地上去,并在国家法庭上受到法律保护等。

1842 年 4 月 2 日政府颁布了"义务农民"法令,规定地主有权同自己的农民签订协议,条件是在地主保存其世袭领地所有权的前提下,农民同地主协商,履行义务,农民可以获得地主的一块土地和自由。但这一法令没有得到实施。1844 年政府又颁布了一些有关私有农民与地主关系的法令。1844 年 6 月 12 日法令规定,地主有权收取一定数量的赎金,让自己的家仆获得自由,同时,容许地主在其家仆抵押自己田产或财产时,解放自己的家仆。1847 年颁布法令,农奴可以公开拍卖的方式卖掉自己的田产或财产来抵债,以获得赎买自己的权利。通过这种途径,农奴获得个人人身自由和土地所有权。改革使地主停止了侵占国家土地,在乌克兰、立陶宛和白俄罗斯的田庄上取消了劳役制;某些富农采用先进的农业科技,使用少量的贷款发展经济;农民通过使用土地或经营小手工业以改交代役租;鼓励农民移民等。这一改革成为 1861 年改革的先声。但这一改革没有触动农奴制,没有侵犯地主贵族的利益、地主贵族土地所有制而具有很大局限性。克里米亚战争的灾难突显了俄国进行一场深刻改革的迫切性。

（二）废除农奴制的法令及其实施

1861 年改革草案的制定分为三个阶段:第一阶段(1856 年 3 月 30 日—1857 年 1 月 30 日)政府向领地贵族进行动员阶段。第二阶段(1857 年 1 月 30 日—1860 年 10 月 10 日)建立各种改革机构,制定改革草案。第三阶段(1861 年 1 月 28 日—1861 年 3 月 5 日)国务会议对改革草案进行讨论、审批和公布。亚历山大二世热衷于保护地主利益,自由派官僚与领地贵族之间的斗争是"统治阶级内部关于让步程度和方式的斗争",废除农奴制实际上是官方和领地贵族联合起来对农民的"掠夺",1861 年 2 月 19 日法令是政府从地主的立场上解决农民问题的法令。[1]

1857 年 1 月,亚历山大二世成立秘密委员会,主要任务是研究如何解决农民问题。该委员会同时也成为改革派与保守派论战的阵地。

1857 年 11 月 20 日,沙皇签署致纳吉莫夫省长诏令,提出废除农民对地主的人身依附,农民有权赎买宅园地,但土地所有权仍全部归地主所有。解放农民问题由此转向公开,秘密委员会于 1858 年 1 月 更名为农民事务总委员会,各省也陆续成立省委员会,改革蓄势待发。1859 年 3 月,编纂委员会成立,协助总委员会着手酝酿已久的法令制定工作。1861 年 2 月 19 日,亚历山大二世发表《1861 年 2 月 19 日宣言》,声称:"改善农奴地位是先辈的遗命,也是天意托朕的使命"。废除农奴制改革大幕拉开。

1861 年 2 月 19 日沙皇颁布《1861 年 2 月 19 日宣言》,宣布

---

①　曹维安:《俄国史新论:影响俄国历史发展的基本问题》,中国社会科学出版社 2002 年版,第 184 页。

俄国废除农奴制。《1861 年 2 月 19 日宣言》中最重要的是《关于农民脱离农奴地位的总法令》，它详细规定了农奴解放的条件。概括起来有以下几点：

一是关于农奴人身自由。该法令规定："永远废除农奴制度，脱离了农奴地位的农民在人身和财产方面获得自由农村居民的各项权利，拥有一般公民权，不经地主的容许可以结婚，处理他们的家庭事务；农民可以订立各种契约、合同、借债和包工；农民有权自由经商，开办工厂、各种工商业企业、手工业作坊，加入行会，在自己的村子里从事手工业，并可在城乡中出售自己的产品；农民有权控告、辩护、起诉；在民事案件中、农民可以亲自或经代理人打官司，在刑事案件中农民可以提出控告，可以亲自或经过代理人用一切可以利用的法律手段维护自己的权利；没有法庭判决或政府及社会当局的法令，不得对农民进行任何惩处；农民可以担任社会职务，改变自己的身份，加入其他的等级和阶层，按自己的愿望，可担任军职和应募当兵；每一个农民都可以拥有动产和不动产。"为了便于管理，该法令规定建立"村会"体制，一个村会由属于同一个地主领地上的农民组成。通过召开村会处理村社事务。由村会选举的村长以及公职人员组成村公所，设有收税员、粮库管理员、学校、医院、森林警察、大田警卫和文书等管理村社的各项事务。乡的管理是通过乡民大会和乡长，以及乡农民法庭。地主临时充当农村世袭领地的警察，地主有权监督、维护社会秩序和所属区域内的社会治安；地主是村社的监护者。村长应该保护地主的合法要求。可见，农奴获得人身自由是有限的，村社的治安等大权仍掌握在地主手中，地主仍享有极大权益。

二是关于土地方面。该法令重申"全部土地的所有权仍属于地主"。关于土地的分配使用，涉及 4 个方面的问题：

第一，关于确定农民使用份地的面积问题。在全部土地归地主所有的前提下，让农民长期使用一定数量的份地。农民使用的土地分为两部分。一是农民房前屋后的土地,即宅旁园地。这部分土地农民可以随时用赎金赎取。二是耕地,作为份地分给农民。赎买份地由地主决定,农民无权决定。份地的面积由地方法令规定。不同地区(黑土地区、非黑土地区、草原地区)有不同份地标准。

第二,关于农民因使用份地应承担的义务。法令规定,农民使用份地必须给地主服劳役或缴纳代役租。代役租的标准根据不同地区,最高人口份地确定,一般在 8 — 12 卢布之间。劳役日的时间是夏季每天为 12 小时,冬季为每天 9 小时。

第三,关于农民赎买份地的赎金数目和手续问题。法令规定,农民同地主预先协商,经地主同意,农民可以将宅旁园地或份地赎归自己私有,赎买期限不定。赎金的数目不是按照地价计算,而是按照代役租计算。赎金远远超过了土地的实际价格。

赎买份地的手续是,一般要求农民必须一次缴纳赎金总额的 20% — 25%,其余的 75% — 80% 由国家向农民贷款,付给地主。然后,农民要在 49 年内将贷款连本带息全部归还给国家。农民在赎取份地时,必须同地主签订"赎买契约"。在签订"赎买契约"之前,农民必须继续为地主服义务。

第四,关于割地问题。地主在一些情况下,有权割取农民的份地。

1861 年农奴制改革废除了长达 360 年的农奴制度,是资产阶级性质的改革。改革使 2000 多万农民在法律上获得了人身自由,摆脱了农奴依附地位,消除了贵族地主奴役和剥削农奴的垄断权。1861 年改革"直接影响了约 5200 万农民和 2000 多万私有土地地主农奴的地位"。贵族失去了最有价值的特权——即控制土地的权力和无偿使用自己农奴的优惠权。二是改革使农民可以将份地和宅旁园地赎归自己私有,农民经济转入商品经济关系;土地变成了商品,占有制形式不再是贵族地主的等级特权。这一切都为俄国资本主义的发展创造了必要条件:首先加速了农民的分化。其次是加速了地主从徭役(劳役)经济向资本主义的过渡。再次加速了商业性农业的发展。

但是改革依然保留了大量农奴制残余:一是沙皇专制制度依然维护着贵族地主的利益。二是封建农奴制的经济基础——地主土地所有制没有被消灭,仍有大量土地保存在地主和贵族手里。改革后3000名贵族保留了9500万俄亩的好地,而2000万被解放的农奴获得1.16亿俄亩土地。但土地分配必须按照以前的租金价格来赎买。赎金通过村社分期偿付,49年后土地才能属于农民。三是农奴制的残余——工役制在一些省份占有很大的优势。四是农民的份地归村社所有,保存了村社土地使用制。村社获得了土地的所有权,负责纳税和征兵,发挥着治安和组织乡村生活的作用。但村社限制村民的自由流动,导致农村人口剧增。定期分配土地压制了农民的劳动积极性。五是分配给原农奴的土地严重不足。一般都少于他们当农奴时维持自身生活的小块土地的18%,平均面积不到3俄亩。有些地方农民损失的土地超过了40%。而且在分配土地时,农民往往难以取得森林区域或靠近河流的土地。为了满足需要,农民们不得不承担以前主人的一些额外义务。13%的农奴获得足够的自由土地;45%的农奴获得的土地可以维持自己家庭的生计;42%的农奴没有获得足够的土地。农民更加贫困,仍处于被统治、被奴役的地位。

四、19世纪末—20世纪初的农业经济组织

(一)19世纪的农业经济组织

农奴制取消后的半个世纪内,贵族和土地的分离进程持续不断。

表 8-2 1861—1912 年贵族对土地的占有

年份	贵族家庭土地占有的数量	土地所有者家中贵族的比例（%）
1861 年	114.5—115.5	78—81
1877 年	98—100	69—74
1895 年	103—104.5	54—55
1905 年	86.5—88	38—39
1912 年	94.5—96.5	36—37

19 世纪俄国城市化的快速展开是贵族等级远离土地的一个重要因素。1858 年居住在欧俄各省出身贵族的市民只有15%—20%，1897 年已经达到 47.2%。按照 1897 年第一次人口普查结果，1858 年出身世袭贵族、终身贵族和没有贵族称号官员的市民人数有 32.9%，而在 1897 年则达到 57.6%。

1897 年在欧俄地区，农奴解放前 80% 的贵族留在土地上，只有 20% 或者更少的贵族成为市民。到第一次世界大战前夕40% 的贵族居住在土地上，60%—80% 的贵族成为市民。1861—1912 年地主家庭的贵族人数缩小 2 倍，随之而来的是世袭贵族手中的土地减少。1861 年农奴制改革进程中，贵族等级把 28% 的土地转给昨天自己的农奴。1862 年欧俄地区（不包括波罗的海的土地）留在贵族手中的土地从 8720 万俄亩减少到4110 万俄亩，约为 53%。

改革以后贵族土地亏损日益上升。欧俄各省贵族的土地占有，除了阿尔汉格尔斯、阿斯特拉罕和波罗的海省外，从 1862 年的 8716.9 万俄亩减到 1877 年的 7704 万俄亩，1905 年的5124.8 万俄亩，43 年内下降了 41%。仅中部黑土地区贵族就丧失原有土地份额的 2/3，见表 8-3。

表8-3　1877—1914 年中央-黑土地区贵族土地占有的减少

省份	土地的数量(千亩)		
	1877 年	1905 年	1914 年
沃伦涅日	1378.9	994.1	641.3
库尔斯克	1165.4	859.3	704
奥廖尔	1231.1	45.1	641.8
梁赞	1053.5	682.6	468.9
坦波夫	1593.3	1114	860.4
图里	1026.9	797.8	599
总计	7449.1	5292.9	3915.4

　　面对资本主义关系的渗透,贵族等级事务特殊会议被迫承认:"私人土地占有失去了永恒性,这正是改革前罗斯贵族世袭领地制度最显著的特征。现在土地被买卖,轻易地被分割;土地与其他商品一样成为民间流通的物品。"出现了领地贵族失地和"穷困衰落"的现象。改革后贵族土地份额的减少见表8-4。

表8-4　1862—1905 年各个地区贵族土地占有的变动(%)

地区	1862 年	1867 年	1872 年	1877 年	1882 年	1887 年	1892 年	1897 年	1902 年	1905 年
中央工业区	100	96	88	79	69	63	56	50	45	44
北方	100	92	88	83	72	65	62	57	52	52
西北	100	101	102	101	100	98	92	86	81	80
中央农业区	100	97	93	88	84	80	77	73	66	62
乌克兰左岸	100	98	94	90	85	79	74	68	61	58
西南	100	101	99	97	95	93	91	87	82	80

地区	1862 年	1867 年	1872 年	1877 年	1882 年	1887 年	1892 年	1897 年	1902 年	1905 年
南部草原	100	96	90	88	79	71	65	61	55	52
东部草原	100	94	90	89	82	77	74	67	56	52
黑土地各省	100	96	92	87	79	74	69	64	59	58
非黑土地各省	100	97	93	90	84	79	75	71	63	60
所有 45 省	100	96	98	88	82	77	71	67	61	59

从表 8-4 可见,非黑土地各省贵族土地急剧减少,减少速度最快的是中部工业区和北方地区,在这里 1905 年大约减少了 44%和 52%。后来在世界性农业经济危机的影响下,70 年代末期开始延伸到黑土地区(中央和乌克兰左岸地区)。贵族土地占有最稳定的地区是 9 个西部省份,在此贵族土地所有制一直保留到 1905 年,占以前土地的 80%。1878 — 1881 年是贵族土地减少的第一个高峰。贵族与自己的农奴协调土地关系后,最乐于经营土地的贵族开始抛弃土地。世界各国谷物价格下跌成为 1878—1882 年贵族出卖土地高峰原因之一。1905—1907 年农民的骚乱导致了 1906 — 1908 年贵族土地史无前例地急剧减少。

领地贵族土地占有"穷困衰落"的历史进程极其复杂。贵族在土地市场上是大量出卖土地者,从 1863 — 1872 年的 80.4%降到 1903 — 1905 年的 49.5%,后来增到 1906 — 1909 年的 51.4%。同时也是土地最大的购买者,贵族获得的土地多于其他等级。见表 8-5。

表 8-5　1863—1909 年购买土地的等级结构

年份	贵族	商人	农民	法人(农民土地银行)
1863—1872 年	51.6	22.6	12.7	4.1
1873—1882 年	42.9	24.2	17.7	4.8
1883—1892 年	34.6	20.8	29.2	4.6
1893—1897 年	33.2	18.2	27	8.8
1898—1902 年	27	17.8	36.7	6.4
1903—1905 年	26.2	13.7	40.4	7.3
1906—1909 年	15.2	7	37.4	32

　　1863—1897 年贵族成为最大的土地购买者,商人和的农民占据第二位。贵族购买土地的比率 1863—1872 年为 51.6%,1873—1882 年为 42.9%,1883—1892 年为 34.7%,1893—1897年 为 33.2%。1898—1905 年农民成为最大的购买主,贵族转到第二位。1906—1909 年在市场上最大的土地收购者是农民土地银行;后来农民土地银行把收购的土地转售给农民。但到19 世纪末期贵族出卖的大约一半土地仍落在贵族等级手中。所以,在贵族内部出现了土地资源重新分配的过程。

表 8-6　贵族土地的买卖　　　(单位:千俄亩)

年份	出卖	购买	亏损	平均年亏损率(%)
1863—1872 年	16120	9673	6447	0.77
1873—1882 年	23431	13940	9491	1.24
1883—1892 年	17996	9688	8308	1.24
1893—1902 年	21016	10979	10037	1.69
1903 年	1493	795	698	1.32
1904 年	1384	759	625	1.20
总计	81440	45834	35606	1.2

从农奴解放到 1905 年革命,贵族对购买土地表现出极大的兴趣。90 年代末期贵族购买的平均面积每年从 938—967 千俄亩。除去 1873—1882 年贵族等级向其他等级出卖自己的土地,从 1863—1902 年贵族购买土地的平均年面积达到 1293 千俄亩。只有 1903—1905 年贵族购地的面积第一次降到每年 705 千俄亩。在 1905—1907 年农民浪潮的打击下,1906—1909 年出现更大幅度的降低——平均降为每年 597 千俄亩。农村正常生活恢复以后,贵族购地的信心有所恢复,从 1906—1909 年的 461—758 千俄亩,到 1911—1914 年贵族开始购地,购地的平均年面积恢复到 1025 千俄亩,比 1873—1882 年以后要高。从整体上来说,贵族土地商品化程度,以买卖为特征的贵族土地占有稳定性相当高,改革后的 40 年内达到了 175.5%,比其他等级出售和购买的人数多二倍。

即便如此,从整体上看贵族出卖土地的比例仍高于购买土地的比例(见表 8-7)。欧俄各省的比例从 1877—1878 年的 18.7%—13.7%,1905 年 79.8%—61.9%。在 28 年内贵族土地降幅最大的是北部,约 3 倍,中部工业区、西北和东南部,几乎 2 倍,以及在伏尔加河中游、中央黑土地区、乌克兰左岸和南部草原。正是在这些省贵族团体的积极性很高,要求采取措施巩固贵族土地占有。

表 8-7　1863—1914 年购买和出售贵族土地面积之比

年代	购买和出售贵族土地面积之比(%)
1863—1872 年	64.2
1873—1882 年	60.1
1883—1892 年	53.1
1893—1902 年	52
1903—1905 年	53

年代	购买和出售贵族土地面积之比(%)
1906—1909 年	29.6
1911—1914 年	52.9

贵族希望通过购买方式收回以前丧失的土地,这主要发生在西部省份。1892—1896 年购买贵族出售土地 61%在立陶宛和白俄罗斯 6 个省份,70%在其他西南 3 个省;对于整体欧俄地区来说,1893—1897 年这个比例只有 54.5%。在一些地区某些贵族不仅仅把土地作为可以投资获利的手段,而且在市场上与购地的非贵族展开了竞争。

1863—1905 年贵族和农民购买了贵族出卖土地面积的80%。购买土地数额从解放农民的最初 10 年的 74%增长到1905 年革命时的 95%。1906—1908 年农民土地银行扩大把土地倒卖给农民的范围,补偿了贵族在购买土地时作用的降低。第一次世界大战前的最后几年,贵族作为购买者回到了市场,同时农民土地银行恢复了以前的活动:1911—1914 年贵族和农民购买了由贵族和商人出卖土地的 93%(商人出卖的比购买要多)。从整体上看,由于大地主极力保护地主土地所有制,贵族土地的亏损并未导致国家经济制度的改变。贵族土地占有的份额在(除萨马尔省)的伏尔加河流域高达 40%,在中央黑土地区达到 60%—70%。

由各种土地银行抵押贵族土地,影响到了地主土地的利用。领地贵族没有力量摆脱困境,"他们土地荒芜,家园破败",负债并变得贫困。贵族的土地在整个国家土地份额和私人土地份额中大大减少。

土地的丧失涉及贵族土地所有者的不同阶层。1861 年改革前领地贵族分为 3 个部分:拥有不超过 20 人的小领地贵族占所有地主的 41.6%,隶属于他们的农奴占 3.2%;拥有 21—100 个农奴的中等领地贵族占所有地主的 35%,他们管辖着大约 16% 的地主农民;拥有高达 100 个农奴的大贵族占所有地主的 23.3%,他们管辖着 80% 的农奴,平均每人占有 366 个农奴。

1861 年农奴制废除后,土地成为领地贵族财富的主要标志。划分贵族土地占有者的标准是:小地主拥有 1—100 俄亩;中地主拥有 100—500 俄亩;大地主拥有 500 俄亩以上。

20 世纪初,80% 的小领地贵族占有的领地不超过 50 俄亩。改革前夕出身纳税等级的贵族享受了贵族等级特权,现在他们的贵族等级权利遭到排挤。在探讨领地贵族地位问题时,贵族等级事务特别委员会指出,与西部各省一样,地主中占优势的是从事小和更小经济事务的领主,如在大俄罗斯图里和梁赞省生活着由贫穷的文盲庄稼汉转为贵族的 100 多个家庭。他们的处境实际上很艰难,他们没有任何行政权力,甚至在播种时或者歉收时得不到补助金,许多人在经济上比农民更穷,尤其是地方自治机构拒绝帮助,把他们推给贵族等级机构,贵族团体不可能帮助他们。

中等领地贵族分布比较均匀,一半集中在中部地区和 9 个西部省。在弗拉基米尔、喀山、库尔斯克、奥廖尔、图里、下诺夫哥罗德和坦波夫省占一半,在沃伦涅日、雅罗斯拉夫省占 20%—25%。中央-工业地区是中小土地所有者最多的地区。这部分贵族从整体上在 1858—1877 年内减少了 8%,在后来的 28 年内减少了 23.4%,在地主的总比例中从 1877 年的 29.8% 降到了 1905 年的 25.3%,革命前的 10 年内基本上保持着这个水平。中等地主通常生活在自己领地并积极参加贵族团体事务和地方生活事务。

大领地地主,特别是拥有 1 万俄亩和更多土地的大地主主要生活在彼得堡或莫斯科自己的别墅,某些人过着时尚的西欧现代生活。在沃罗涅什省大领地贵族的土地占所有贵族土地的75%,这个比例在伏尔加河流域高达70%,在其他中央-黑土地省大庄园这个比例达到60%。

在中央-黑土地区拥有 6.7 万俄亩、在伏尔加河流域拥有16 万俄亩的伯爵奥廖尔-达维达夫、拥有 7.5 万俄亩的伯爵 C.Д.和 A.Д.舍列梅捷夫是最大的地主。伯爵 A.博布林斯基、公爵 3.H.尤苏波瓦、公爵 A.A.莫尔德维诺夫、公爵巴里亚京斯基、公爵 B.H.奥廖尔、公爵瓦西里奇科夫、伯爵克莱米赫利、贵族纳雷什金、沃伦佐夫、舒瓦洛夫、沃尔孔斯基、斯特罗加诺夫、拉耶夫斯基等都属于大土地所有者。所有这些地主都在伏尔加河流域和中央-工业省里占有土地。

(二)农业资本主义的发展状况

19 世纪 60 年代后,农民的份地与地主和国家的土地分开。由于人口增长迅速,农民人均土地占有量和牲畜数量减少。在土地短缺的压力下,农民开始从农业外寻找增加收入的途径。因此,1860 年后分析农民分化程度不能依据马匹数量和播种面积,而是依据农民收入。

1896 年沃罗涅日省农户经济指标个案研究反映了 19 世纪末农民社会结构真实情况。按照收入,沃罗涅日省农民结构中贫农占 15%,中农占 73%,富农占 12%。根据劳动力使用情况,可以划分为农业型(82%)、资本主义型(12%)和无产阶级型(6%)。农业型农民只利用家庭成员劳动,资本主义型农民主要利用雇工劳动,无产阶级型农民主要出卖劳动力为生。统计结果表明,19 世纪末沃罗涅日省农民基尼系数很小,根据土地占有量计算基尼系数为 0.249,根据牲畜占有量计算则为0.173,根据最能反映不平等程度的收入计算基尼系数只有0.09。因此,沃罗涅日省农民分化不明显,其财产和社会地位比较平等。①

科斯特罗马、诺夫哥罗德、奔萨和哈尔科夫四省的统计情况和沃罗涅日省大致相同。可以认为,19 世纪末至 20 世纪初俄国农民贫富差距不大,到 1917 年短短 20 年间农民分化突然加剧的情况是根本不可能的。农村资本主义分化的萌芽只是刚刚出现,"俄国已经是一个资本主义国家,城乡经济生活都已纳入资本主义的轨道"的结论是没有依据的。②

资本主义时期俄国农民土地问题是判定俄国农业资本主义发展水平的重要指标,关系到俄国发展道路选择。受列宁观点的影响,苏联学者常常将农民土地问题政治化,片面强调农民缺少土地。

俄国农民占有和使用的土地分为三类:有私有土地、租赁土地和份地。1861 年改革后,农民私有土地迅速增多,从改革初期的 500 万俄亩增至 1905 年时的 2400 万俄亩,在全部私有土地中的比重从 5.5% 上升至 23.6%。农民租赁土地虽有所减少,但到 20 世纪初期,农民承租的土地仍有 2000 多万俄亩。农民份地总量有所增加,1877 年,欧俄农民份地是 1.314 亿俄亩。1905 年,农民份地增至 1.388 亿俄亩,约占欧俄土地总面积的35%。由此可见,资本主义时期农民占有和使用的土地总量增加了。

由于人口的增长和农户分家速度的加快,改革后各类农民户均份地均有所减少。原地主农民户均份地从 1877 年时的 8.9 俄亩减至 1905 年时的 6.7 俄亩,原领地农民户均份地从 12.5 俄亩减至 9.5 俄亩,原国有农民户均份地从 15.1 俄亩减至 12.5 俄亩。

① ［俄］鲍·尼·米罗诺夫:《俄国社会史》上卷,张广翔等译,山东大学出版社 2006 年版,第 115 页。

② 《列宁全集》第 1 卷,人民出版社 2013 年版,第 I 页。

这些土地能否保证农户维持基本生产和生活呢？列宁认为,15 俄亩份地是农民维持基本生活的底线,份地不足 15 俄亩的 82.3%的农户为贫困农户。苏联时期一些学者受列宁影响,高估了农民份地底线。B.Г.丘卡夫金指出,"这明显是出于政治的考虑"。现在俄罗斯研究农民问题的学者普遍认为,对于中等农户来说,8—9 俄亩份地即可以维持基本生产和生活,耕地不足 4 俄亩(有时是 3 俄亩)的农户被视为贫困户。考虑到各地各年度的收成差异,一般来说,黑土区户有份地 8—8.5 俄亩、非黑土区户有份地 9—9.5 俄亩便能够满足农民维生需要。

到了 1905 年,原地主农民户均 6.7 俄亩份地属于偏低,而原国有农民户均份地 12.5 俄亩和原领地农民户均份地 9.5 俄亩均高于最低份地标准。也就是说,占农户总量一半的原国有农户和原领地农户并不缺少土地,只有部分原地主农户缺少土地。可见,无论从农民人均土地还是户均土地来看,欧俄大多数农民并不缺少土地。①

(三)斯托雷平的农业改革

19 世纪末,俄国农业经济组织中农产品商品率增长,农业技术开始普及,大农户经营效率提高。但是,农业发展仍然存在严重问题。首先,尽管俄国土地辽阔,但农业用地明显不足。缺地农民经济状况恶化,份地粮食产量无法满足最低限度的生存需要;其次,拥有少量土地的小农户是俄国社会经济基础,农业经营以满足自身需要为限。此时,西方国家在农业发展道路上已经完成了路径选择。俄国取消农奴制后,农业资产阶级道路选择直到 1917 年也没有完成。尽管在俄国美国式道路比普鲁士道路拥有更广泛的社会基础,但是农业发展道路的抉择伴随着各种社会力

---

① 参见张福顺:《资本主义时期俄国农民土地问题症结何在》,《黑龙江社会科学》2008 年第 1 期。

量的尖锐斗争。各方力量博弈最终在 20 世纪初明朗化。1905—1907 年革命为解决农业资本主义发展的美国式道路创造了必要条件,但革命的失败丧失了采取这一路线的可能性。

1898 年,维特建议尼古拉二世重新审查政府农业政策。维特强调农民法律和经济状况不佳是俄国文化和经济进步的重要障碍,农民经济事关帝国命运,维特倡议立刻成立专门委员会商讨农民立法问题,力劝沙皇完全解放农民,使农民摆脱地方当局特别是村社的监管。沙皇没有立刻接受维特的改革思想,直到财政危机和经济危机。1899 年和 1901 年农村发生歉收和饥荒,农村社会紧张状态加剧,沙俄政府意识到政权岌岌可危,开始采取措施解决农民问题。从 1902 年起,沙皇陆续设立若干委员会召开特别会议制定农业规划和重新审查农业立法。1903 年 2 月 26 日颁布的《沙皇宣言》表达了沙皇赞同农民脱离村社的倾向。在农业纲领制定上,维特改革派与普列维代表的保守派争斗激烈。普列维遇刺后,维特派以为得到了实施农业改革的机会,改革方案准备就绪,但 1905 年革命不期而至。农民起义此起彼伏。7 月,俄国历史上第一个全国性农民组织——全俄农民协会创建,并迅速发展壮大,在欧俄建立了 470 多个村级和乡级组织,参加人员达 20 万名。沙俄政府意识到政权岌岌可危,试图通过农业改革稳定局面。

为了防止农民运动再次爆发,1906 年 1 月 10 日,维特上书沙皇,力陈"承认份地为占有者所有"的农业纲领,并尽快颁布农民退出村社的细则。沙皇认可了维特的主张,最后批准了法令,奠定了新一轮农民改革的基础。但维特在第一届国家杜马召开前夕被迫辞职,丧失了实施自己拟定的改革纲领的机会。①

---

① 参见张广翔:《俄国农业改革的艰难推进与斯托雷平的农业现代化尝试》,《吉林大学社会科学学报》2005 年第 5 期。

1906 年 4 月，斯托雷平担任内务大臣，两个月后兼任总理大臣，成为 20 世纪初俄国农业改革的总指挥。为了消除阻力使改革顺利进行，斯托雷平发动"六三政变"，先后解散两届杜马，直接驱逐国家杜马议员。认为宪政和人权不会带来秩序，只有依靠"铁腕手段"才能推动农业改革，从而使专制制度在 20 世纪新的历史条件下得以维持。斯托雷平农业改革的实质在于摧毁村社，扶持富农，使之成为专制制度的中流砥柱。改革的根本目标在于维护地主和专制国家的统治，保证地主在国家农业制度中的优势地位。而最终是农业资本主义的保守形式获得胜利。

早在 1861 年之前，俄国已经开始土地私有化。取消农奴制后，土地私有化进程成为不可抵挡的历史洪流，这是农民对土地强烈的私人占有欲决定的。从 1861 年到 1905 年斯托雷平改革前，有三分之一的农户转向土地个人所有制。许多农户虽然在村社范围外拥有土地，但并未与村社脱离关系，因为购买土地的初衷是因为村社无法保证人人分得土地，而且村社内居住显然比独立农庄更安全。此外，还有对村社不满但受制于传统未能脱离的农民。因此，斯托雷平改革前，俄国村社内部弊端造成的解体现象已经初露端倪。

1906 年之前，国家对村社制度百般呵护。1861—1893 年期间，只有全额支付土地赎金的人才可获准脱离村社，无力全额支付赎金的人欲脱离村社需要村社大会许可。从 1893 年起，国家扶持村社力度加强，无论是否全额支付赎金脱离村社，必须得到村社大会和政府机构的同意。因此，农民实际丧失了脱离村社的权利。政府加强维护村社制度的根本原因在于，村社是管理农民的最有效工具，"一群羊要放，一只羊也要放，而群放总比单放强"[1]。

---

① ［俄］鲍·尼·米罗诺夫：《俄国社会史》上卷，张广翔等译，山东大学出版社 2006 年版，第 502—503 页。

　　1906 年 11 月 9 日,斯托雷平正式颁布农业改革法令。法令规定,每一个根据村社制占有份地的户主,可随时要求将这块土地中应该归于他的那部分确定为自己的私有财产,如果要将多余土地(按人口应得的份地多余的部分)固定为私有财产时,应按 1861 年改革时所规定的土地价格向村社交款。将份地固定为私有财产的农民仍保有使用村社草场、森林及其他公共土地的权利。这意味着,份地不再受村社所有的限制,农民有权自由脱离村社,份地归个人所有。该法令旨在激活农民土地私有意识,加速村社解体。1861 年以后,许多村社早已停止分配土地,徒有虚名。这些地方的农民退出村社的办法在 11 月 9 日法令中没有明确。1910 年 6 月 14 日、11 月 9 日法令修改后经沙皇批准,由国务会议和国家杜马通过成为法律,硬性规定这些地方的农民退出村社,可以直接将份地变为各家私有财产。[①]

　　1907—1915 年,全俄共有 200 万户退出村社。其中 1908—1909 年退出人数最多,约占总数的 50%。从 1910 年开始退社户数逐年下降。详见图 8-1。[②]

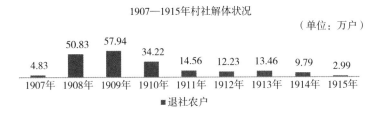

1907—1915年村社解体状况

(单位：万户)

4.83　　50.83　　57.94　　34.22　　14.56　　12.23　　13.46　　9.79　　2.99

1907年　1908年　1909年　1910年　1911年　1912年　1913年　1914年　1915年

■退社农户

图 8-1

　　截止到 1916 年 1 月 1 日,全俄 248 万农户退出村社,带有

　　① С.М.Дубровский: *Столыпинская земельная реформа*. М., 1963. С. 9-10,124.

　　② С.М.Дубровский: *Столыпинская земельная реформа*. М., 1963.С. 241.

土地1592万俄亩,分别占公社农户总数的26.1%和14.8%。[1]
显然,达到最终的改革目标还需要一个长期的进程。斯托雷平
没有急于促使农户退社,而是致力于土地集约化经营、土地调
整、协调市场和社会基础结构、为农民提供农艺、法律和财政
支持。

1911年5月29日,《土地规划章程》颁布。土地规划是斯
托雷平农业改革的一项重要政策,旨在划分村社间土地界限,消
除村社内部耕地交错,以便农业机械展开作业,提高劳动生产
率。土地规划突破村社束缚,政府试图借此对传统农业进行根
本改造。土地规划被寄予厚望,甚至被认为是"未来的俄国的
全部谜底"都蕴藏其中。[2]

从1907年开始,土地规划面积呈逐年上升趋势,只有1912
年略有下降。到1914年,全俄土地规划面积共1683万俄亩。
详见图8-2。[3]

(单位:万俄亩)　　　　1907—1914年土地规划面积

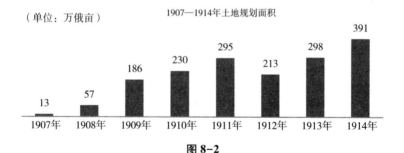

图 8-2

政府鼓励退社农民将土地联合为整体经营,形成独立的农
民经济,包括独立农庄和单独田庄两种形式。但独立农民建立

---

① С.М.Дубровский:*Столыпинская земельная реформа*.М.,1963.С.361.

② 《列宁全集》第23卷,人民出版社1990年版,第173页。

③ С.М.Дубровский:*Столыпинская земельная реформа*. М.,1963.С.241.

独立田庄的比例很小。西北地区阿尔汉格尔斯克、沃洛格达和奥洛涅茨三省,建立独立农庄和单独田场的农民仅占农户总数的 17.2%,土地占总规划土地面积的 22.1%。[①] 所需要的大量农业专家和职能部门无法保证。

土地规划的受益者是富农,因为贫农不可能建成单独田场,与其他农户合力建立的独立农庄也微乎其微,他们基本选择出让土地给富农。土地最终集中到富农手中。贫农在土地规划中很少获益,他们非常清楚,土地规划使富裕农民有可能购买份地而更富裕,贫苦农民有可能出卖份地而更贫穷,直到"变成穷光蛋,而这并不是因为愚蠢和挥霍,只是因为倒霉"[②]。各地农村出现反抗行动,烧毁独立农庄和单独田场。列宁指出,土地规划问题的核心和实质在于,为了"保住政权"必须"把旧农村改造成资产阶级的农村",结果却造成"土地零散插花","丧失土地的现象增多了,农民穷得更快了,地界混乱的现象增多了","也算业主"的贫苦农民受到的盘剥更严重了。[③]

农民银行成立于 1883 年,旨在消除耕地匮乏现象,改善耕地匮乏的农民的处境。斯托雷平改革开始后,意在利用农民银行促进土地购买,从而扩大并巩固私有农民阶层。可以说,以 1906 年为界,农民银行的职能前后截然不同。1906 年之前,个体农民通过农民银行购买土地比例只有 2.4%;1906 年之后,个体农民购买比例逐渐上升,村社和合作社集体经济购买比例逐渐下滑。1909 年,个体农民购买土地比例第一次超过集体经济,上升到 78%,而集体经济下降到 21.6%。

1907—1914 年农民银行共支出贷款 3066 万卢布、赎买份

---

① С.М.Дубровский:*Столыпинская земельная реформа*.М.,1963.С. 588.

② [苏] М.Н.波克罗夫斯基:《俄国历史概要》下册,贝璋衡等译,商务印书馆 1994 年版,第 643 页。

③ 《列宁全集》第 23 卷,人民出版社 1990 年版,第 174—175 页。

地预付款 11 万卢布以及价值 112 万卢布的无须偿还物资，30 万农户受益。贷款总额满足不了农民需求，受益农户数量也不多。因此，农业银行对推动土地市场形成没有起到决定性作用。

斯托雷平改革后，从农业银行处获益的主要是富裕农民。根据规定，购买土地除贷款外必须自付一部分。1883—1906 年土地价格由每俄亩 43.5 卢布飞涨至 131 卢布，农民自付款由每俄亩 8 卢布涨至 29.4 卢布。这样，只有富裕农民才支付得起，贫苦农民只能望而却步。详见图 8-3。[①] 作为土地买卖的中介机构，农业银行高价收购贵族地主土地，加价卖给农民。1904 年，每俄亩土地收购价格为 68.5 卢布，卖出价格为 111.9 卢布。1906 年，收购价格和卖出价格分别变成 118.8 卢布和 128.7 卢布。可见，正是农业银行推动了土地价格的上涨。斯托雷平改革后，农业银行对贵族大幅让利，每俄亩地卖出价格上涨 16.8 卢布，收购价格上涨了 50.3 卢布。[②] 1905 年革命导致土地价格下跌了 20%。农业银行仍然按照 1904 年价格收购，在土地买卖中地主只赚不亏。

移民是斯托雷平农业改革的另一项重要举措。17 世纪以来，俄国领土不断扩张，国境线一直向东推移至阿拉斯加。如何经营广袤的新占领土地成为难题。西伯利亚自然条件恶劣，在当时的社会生产力发展条件下，人类生存都面临困难，从事农业生产更为奢望。政府只能通过强制措施移民，把西伯利亚变成劳役流放地区。19 世纪，由于工业发展需要大量劳动力，为了避免劳动力流失，沙俄政府实施限制移民政策。

1904 年 6 月，沙俄政府颁布移民法令，宣布任何人都有自

----

① 转引自 В.М.Володин：*Аграрная Россия：история，проблемы，перспективы*. Пенза：2007.С.201.

② 转引自 В.М.Володин：*Аграрная Россия：история，проблемы，перспективы*. Пенза：2007.С.202.

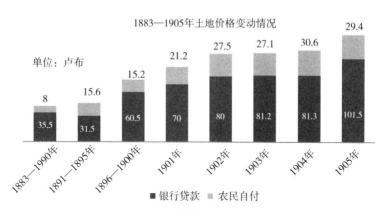

图 8-3

由迁徙的权利,这意味着由限制移民转向鼓励移民。1906 年 3 月,《关于执行 1904 年移民法令的相应章程》颁布,允许欧俄任何地区农民向边疆自由迁徙,并给予相应优惠政策。东部移民运动由过去零散自发的行为转变为政府行为,移民人数大幅增长。1906—1910 年移民人数超过 250 万,比 1861 年到 1905 年近半个世纪还多。移民迁出地区主要是人口稠密的中央-黑土区,移民迁入地区除西伯利亚外,还包括远东、亚洲中部和高加索。

　　政府开动宣传机器大肆宣扬移民优势,但在移民安置方面却乏善可陈。20 世纪初的阿穆尔河沿岸的生活和生产条件被描述为"野人一般"。医疗卫生条件极差,死亡率一度升高为30%。① 移民开始回流。1910 年,回流移民超过 30%,1911 年超过 60%。详见图 8-4。②

---

　　①　王晓菊:《斯托雷平改革时期俄国东部移民运动》,《西伯利亚研究》1999 年第 3 期。

　　②　С.М.Дубровский:*Столыпинская земельная реформа*.М.,1963.С. 390.

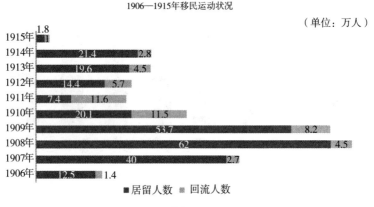

1906—1915年移民运动状况

（单位：万人）

图 8-4

综上所述,移民运动对开发新地区的象征意义大于实际意义。这个运动既没有解决土地匮乏问题,也没有在新地区造就富裕农民阶层,更没有缓解农村的紧张状态。

对于斯托雷平改革,在俄国,沙皇和贵族地主、富裕和贫苦农民,知识分子的左派和右派,从上到下各阶层都不满意。斯托雷平改革没有成功地为沙俄政权续命,倒是在沙俄政权垮台的进程中又推了它一把。在统治上层,斯托雷平解散杜马,消除了专制制度中的平衡力量。在下层,改革造成农民骚动倍增,扶强抑弱的改革实质使农村反对浪潮愈演愈烈。

从斯托雷平农业改革的几个主要数据如村社解体、土地规划和移民运动可以看出,改革整体完成度不高。对农业发展总进程影响甚微,改革时期地主经济和农民经济未能出现任何奇迹,扶植强大富农阶层的愿望落空了。在专制制度条件下,不可能解决本质上的属于资产阶级的任务,即取消地主地产和与之相关的封建残余。这个任务不可能由资产阶级革命来完成,只能通过社会主义革命来解决。

毋庸置疑,斯托雷平改革改善了农民的生活水平。但是,和西方发达国家的差距没有缩小反而加大了。俄国居民死亡率是美国的两倍多,儿童死亡率更高,每 3 名婴儿中就有 1 名在 1 岁前死亡。人均寿命只有 32 岁,美国则是 47 岁。人均年收入只有美国的 12.2%。图 8-5 反映了俄美居民主要食品消费对比,可以看出,除土豆外,俄国居民食品消费全部低于美国。①

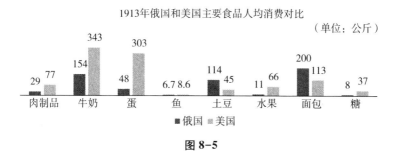

1913年俄国和美国主要食品人均消费对比

（单位：公斤）

图 8-5

农产品产量是农业生产发展的综合性指标,是评价斯托雷平农业改革的重要依据。1913 年俄国 1.78 亿人口粮食总产量为 56 亿普特,美国 0.79 亿人口粮食总产量为 64 亿普特,俄国人均粮食产量不足美国的一半。而粮食出口与总产量的比例俄国为 11.8%,美国只有 5.7%。② 俄国出口的 663 万普特粮食主要依靠压缩内需,粮食出口数量惊人不能说明这一时期俄国农业生产繁荣。

（四）临时政府的农业改革

临时政府非常清楚土地问题对于俄国社会命运的决定性意义。1917 年 3 月 19 日,临时政府发表启动农业改革宣言,成立

①　转引自 B.M.Володин：*Аграрная Россия：история，проблемы，перспективы.* Пенза：2007.C. 202。

②　А.M.Анфимов：Тень Столыпина над России.http://russiabgu. narod. ru/pages/themes/txt/anfimov_ten_stolipina.pdf.

土地改革总委员会（以下简称"土改委"）。土改委设20个分委会，就土地基金重分、土地占有的法律形式、改革中的金融和经济统计等问题进行专门讨论。此外，还成立了农业改革联盟（以下简称"农改联"），自由经济协会、全俄土地联盟、莫斯科和哈里科夫农业协会等诸多社会科学组织都被吸纳进来。农改联有52个地区分会，许多著名的社会活动家都参与其中。

从农业改革的组织结构即可看出，临时政府试图充分吸纳不同阶级利益的代表，以求论证充分。但是，意见难以统一。"把所有土地交给农民"的土地改革总方针没有异议，最先确认。但是分地前首先要把土地收回实行国有化，土地国有化具体方针是一个十分敏感的议题，委员会里对是否采取赎买手段分歧巨大，以致无法正式开会讨论。

关于农村集体大经济和个体小经济问题孰优孰劣，土改委最初意见不统一。一派认为，集体大经济是有利于生产力发展的最佳方式，可以消除阶级差别，彻底铲除农奴制残余影响，应该执行个体小经济向集体大经济逐渐过渡的农业政策；另一派认为，俄国农村的阶级斗争现状与发展集体经济相悖。最后，农改委达成了一致意见，认可了生产居民必需品和农业发展必需品的两类集体大经济暂不切分的原则。关于大农户的划分原则问题，农改委认为，是否采用雇佣劳动不是划分的关键，大农户也是劳动农民。为了避免大农户经济在改革中发生损失，农改委专门制定了措施，完整保留大农户，雇佣劳动力不受任何限制。

经过激烈争论，土改委就几个问题达成一致意见：第一，劳动农户是经营的最佳形式；第二，土地重分标准要考虑地域差异和劳动力消费；第三，地主以及其他私人经营土地全部国有化；第四，大型经营性农户和乡村企业按照两倍标准获得土地；第五，土地重分的政治意义大于实际意义，因为俄国土地资源不多,重分不会带来更多的经济效益,必须加强土地规划、提高农业技术和改善农业生产。①

4月21日,临时政府颁布《关于土地委员会命令》,在省、县、乡成立基层分委会,在立宪会议召开前做好未来土地改革和土地关系调整的准备工作。临时政府和农民对基层土改委的作用期待不同。农民认为,基层土改委是帮助自己实现土地梦想的革命机构。一方面,临时政府则竭力控制基层土改委里的农民代表数量,试图遏制农民自治。另一方面,农村的革命形式也迫使临时政府向农民妥协,希望基层土改委能为政府服务。临时政府和基层土改委的冲突证明,二月革命后俄国农民思想解放,资产阶级民主思想活跃。

事实证明,基层土改委完全不受临时政府控制。5月20日至6月6日,萨马拉省召开第二届农民大会,代表总人数630人,其中乡级代表545人,占87%。土地改革委员会48人,乡级农民代表26人,约占50%。显然,基层农民代表在大会上占明显优势,可以充分反映底层诉求。会议经过激烈争论通过了《萨马拉省土地利用临时规范》,临时的期限至立宪会议召开为止。规范规定,所有地主私人土地、官家土地、教会土地、银行土地和皇室土地都要立即上交再分配给农民。所有土地契约都不再具有法律效力。独户农民只能获得一己之力耕种范围内的土地,不能超越满足自己消费的限额。租赁出去的土地也要收回。② 大会宣读了临时政府禁止私自抢夺地主土地,违者追究法律责任的通知,大会气氛骤然紧张,与会代表立刻给县、乡发电报,要求不要理会临时政府的通知,全省都要遵从萨马拉省制

① Труды комиссии по подготовке земельной реформы.

② П.С.Кабытов, Н.А.Курстов: *Вторая русская революция: Борьба за демократию на средней волге в исследованиях, документах и материалах* (*1917-1918гг.*).*Самара*:Самар.ун-т,2004.C.346-348.

定的临时规范。

省一级的《土地利用临时规范》与中央政府命令背道而驰，却成为当地农民认可的法律规范。临时政府对此大为震惊惶恐，但无能为力。

列宁领导的布尔什维克理解俄国农民对土地的渴望，也深刻理解土地渴望对俄国革命的意义。如果能把握土地这个生死攸关的关键问题，让农民成为布尔什维克的支持者，至少也要保持中立，就可以在俄国混乱局势中果断破局。5月22日，列宁在全俄农民第一次代表大会上发表《关于土地问题的讲话》，呼吁："我们要农民连一个月、一个星期、一天也不耽误地立刻得到地主的土地！"[1]

7月初，布尔什维克在彼得格勒组织了一次不成功的夺权活动，史称"七月事件"。失败后布尔什维克处境十分困难，迅速在几个重大问题上调整了策略，修改了口号。土地问题是其中最重要的策略调整。尽管之前布尔什维克支持废除土地私有制，但并不同意农民平分土地的要求，而是同意临时政府的全国一切土地国有化的土地纲领。对于6月份社会民主党把"平分土地"写进党纲的行为，布尔什维克予以了强烈批评。但"七月事件"后，布尔什维克果断使用了社会民主党的口号，提出"立即无偿地废除地主的土地私有制，在立宪会议作出决定以前，把土地交给农民委员会管理，并保证供给贫苦农民以农具"[2]。

在俄国历史命运转折的关键时刻，列宁发挥了决定性作用。尽管布尔什维克大部分领导人持怀疑抵制态度，列宁坚决制定和推行了布尔什维克夺取政权的战略。列宁抓住了俄国问题的

---

[1] 《列宁全集》第30卷，人民出版社2017年版，第144页。

[2] 《苏联共产党代表大会、代表会议和中央全会决议汇编》第1分册，人民出版社1964年版，第510页。

关键,准确地开出了"和平、土地、面包"的药方。作为政治领袖的列宁把握历史机遇的敏锐性、改变策略的灵活性和发动行动的坚决性,在二月革命后的俄国乱局中无人能出其右。

20世纪初的国家现代化在于从农业社会向工业社会转换。俄国的现代化速度有所增长,但是与其他发达国家的差距加大,赶超发达国家的希望几近渺茫。[1] 有观点认为,帝俄时期经济发展欣欣向荣,如果没有第一次世界大战和十月革命,俄国将赶超西方发达国家。事实上,虽然现代化速度加快,居民生活水平提高,但根据国家发展水平主要指标看,和发达国家还有很大距离。因此,俄国在不改变社会关系和国家制度的情况下,保持当时的现代化速度,俄国不仅不会进入发达国家之林,还会被排挤出文明国家行列,不排除丧失民族独立的可能性。为了避免这种情况发生,俄国需要另一种方式的现代化。

帝俄没有能力催化国家高速现代化,保证国家不受外敌侵扰,这成为沙皇统治被推翻的原因。此后,政权内部的各种政治力量也无力解决遗留问题。在内部经济崩溃外部陷入战争的条件下,随着国家状况越来越糟,加速现代化的呼声越来越高。

(五)农业合作社的发展:集体经济的最初探索

19世纪40年代合作社思想便传入俄国,深受 M.B.彼得拉舍夫等知识分子推崇。车尔尼雪夫斯基更是认为合作社是从村社直接过渡到社会主义的跳板,打开了俄国合作社理论研究的大门。1865年,俄国第一个消费合作社成立。此后,合作社运

---

[1] Н. А. Ерофеев: *Правда и ложь об уровне жизни в царской России. Вестник Московского университета.* Серия 8. История. 2003.（1）. http://oko-planet.su/history/historydiscussions/46898-pravda-i-lozh-ob-urovne-zhizni-v-carskoj-rossii.

动开始发展,到十月革命前夕,经历了 4 个发展阶段。[①]

这一阶段是俄国农业合作社运动的萌芽时期。彼得堡农村贷款储蓄合作社委员会促进了农村合作社的建立和发展。1871年,委员会制定了贷款储蓄合作社示范章程,规范合作社原则。章程强调,贷款储蓄合作社的目的在于低息贷款而非追逐利润。第一阶段的合作社被称为"贵族合作社",因为从贷款储蓄合作社获得贷款的多为富农。从 80 年代后期开始,大部分合作社运转困难,贷款收不回被迫转为长期。到 1895 年,俄国贷款储蓄合作社数量达到 1586 个。农村消费合作社数量更少。

农业合作社发展缓慢的原因在于两个方面:第一,农民对村社和政府的依赖度较高,法律观念淡薄,发展经济的热情匮乏;第二,政府政策执行乏力且自相矛盾,审批程序复杂时间拖沓,政策经常在支持和掣肘间摇摆。

第一阶段合作社思想启蒙与合作社实践探索的意义在于创新社会发展思路,积累经验,一些成功的范例为俄国人民带来发展希望。

1891—1892 年俄国农业歉收严重恶化了农民生存状况。农民收入难以维持生计,国家工业化的推进和铁路建设掏空了国库。政府迫不得已开始重视农业合作社发展,试图通过合作社帮助农民提高生活水平,预防农民赤贫导致革命爆发。

1895 年 6 月 1 日,政府出台《小额贷款法令》,成立 3 种类型的贷款合作社。这是俄国第一部合作社法令。代表政府对合作社的态度由漠视放任转变为积极支持。合作社还帮助农民采购农具出售农产品,扩大了合作社业务范围。

第二阶段合作社数量明显增加,但从加入人数、分布密度和

---

① 参见张广翔、袁丽丽:《19 世纪 40 年代—20 世纪初期俄国合作社的思想和实践》,《俄罗斯中亚东欧研究》2010 年第 6 期。

金融实力看,还远远落后于西欧国家。农村合作社发展主要依赖政府资金扶植和宣传推动。

1905—1914年是俄国合作社运动蓬勃发展时期,合作社数量、加入人数和金融实力大幅增长。1906—1914年,每年新建合作社3000个,比前5年总数的两倍还多。到1914年,全俄共建合作社3.1万多个,其中6000个是农业社以及劳动组合。[①]

农业合作社数量猛增受斯托雷平改革之惠。因为改革后,农村小土地所有者数量激增,土地改良呼声增长,对资金的需求旺盛。在第三阶段,农村成为合作社运动发展最活跃的地方,成为俄国社会经济文化生活的重要组成部分。1906年后,农业合作社运动中农民的主动性加强,自愿组织超过政府促建。尤其是在欧俄,包括沃洛格达省、特维尔省、科斯特罗马省和雅罗斯拉夫尔省,农业合作社运动特别活跃。

在农村消费市场上,销售合作社挤压商贩和资本家,供应合作社为农民提供农具、化肥、建筑材料和消费品。农民合作加工厂和生产劳动组合在与奶油、干酪、马铃薯淀粉和麦芽糖制造商的竞争中愈来愈占上风。合作社的存在还迫使中间商降低了商品价格,高利贷商降低了贷款利息。

这一时期合作社体系初步确立。由于形势所迫,沙俄政府积极扶持农业合作社发展。到1917年,全俄共有合作社6.3万个,成员人数2440万人。农业合作社和劳动组合数量增长迅速,由1914年的5985个增加到1917年的8500个。

二月革命后,合作社发展障碍被清除。1917年3月20日,临时政府颁布《合作社联盟法令》,规定合作社的性质为"持有可变资本和成分的合伙经营组织",宗旨在于"提高成员的物质

---

① А. Ф. Киселев, Э. М. Щагин: *Российская империя в начале XX века. Новейшая история Отечества.* Т. 1. М., 1998. С. 62.

和文化生活水平"。合作社第一次获得了法律地位。合作社建立只需在临近法院注册,关闭合作社得到全体会议决议和法院许可即可,无须征得临时政府同意。到十月革命前,合作社体制已经初步建立。

(六)苏维埃政府初期的农业政策与农业发展

1920 年 7 月,列宁在《土地问题提纲初稿》中阐明了"无产阶级取得胜利后"的农业政策。首先,必须无条件没收大土地占有者的全部土地,绝不容许"补偿";其次,由于经济落后,没收的土地主要交给农民使用,只有在少数情况下才留办国营农场,由无产阶级国家自己经营,把以前的雇佣工人变成执行国家委托的工作人员;第三,农业大生产还不具备"提高"的能力,即使"维持",也需要"眼界开阔、富有革命觉悟、在职业上政治上组织上受过很好训练的农村无产者",如果不具备条件就匆忙交给"有觉悟""不内行"的产业工人来组织农业大生产,只能破坏无产阶级的威信。列宁强调,只有在大规模集体生产和最新技术基础的原则上改组全部工业时,"城市才有可能给落后而分散的农村以技术的和社会的根本的帮助,并且在这种帮助下为大大提高耕作和一般农业劳动的生产率打下物质基础,从而用榜样的力量促使小农为了自身的利益过渡到集体的、机械化的大农业上去"。①

然而,苏维埃政权未来得及实施国家建设,外国武装干涉和国内战争便爆发了。列宁提出"一切为了前线"的口号,宣布实施战时共产主义政策,采取诸多措施以消灭商品和货币,用强制性的平均主义分配取而代之。除农业外,全国经济都实行国有化,所有经济活动均由国家通过行政手段管理。在农业领域,土地政策、粮食政策和阶级政策都发生了变化。

---

① 《列宁全集》第 39 卷,人民出版社 1990 年版,第 173—175 页。

十月革命前夕,列宁在《四月提纲》中提出社会主义农业经济组织的设想。列宁指出:"在土地纲领上,应把重点移到雇农代表苏维埃。没收地主的全部土地。把国内一切土地收归国有,由当地雇农和农民代表苏维埃支配。单独组织贫苦农民代表苏维埃。把各个大田庄(其面积约 100 俄亩至 300 俄亩,根据当地条件和其他条件由地方机关决定)建成示范农场,由雇农代表进行监督,由公家出资经营。"①

十月革命胜利后,1917 年 10 月 26 日,全俄工兵代表苏维埃第二次代表大会宣布成立人民委员会作为工农临时政府。大会通过了列宁起草的《和平法令》和《土地法令》。世界上第一个社会主义的国家诞生,社会主义农业政策开始实施。《土地法令》反映了列宁在土地纲领上的重大战略变化。列宁放弃了革命前把"大田庄建成示范农场"的设想,转而提出"土地应当平均使用,即根据当地条件,按劳动土地份额或消费土地份额把土地分配给劳动者"。②

需要指出的是,平均分配土地给农民原是社会民主党提出的土地革命纲领,列宁用来作为布尔什维克的土地纲领是顺应了当时广大农民群体的要求。1918 年 1 月,列宁在《土地社会化基本法》中强调:"只要政权掌握在工农政府手里,只要实行了工人监督,实行了银行国有化,建立了指导(调节)整个国民经济的工农最高经济机构等等,土地平均使用等方法是绝不会危害社会主义的。"③此后,列宁在《庆祝十月革命一周年》的讲话中明确阐明,土地改革是从土地社会化开始,"我们亲自举手通过了土地社会化,同时我们又公开指出它不符合我们的观

---

①　《列宁选集》第 3 卷,人民出版社 1995 年版,第 15 页。
②　《列宁全集》第 33 卷,人民出版社 1990 年版,第 19 页。
③　《列宁全集》第 33 卷,人民出版社 1990 年版,第 100 页。

点",是因为"大多数农民都主张平均使用土地,我们不愿意强迫他们"。①

国内战争爆发后,全国领域实施的战时共产主义政策影响到农村土地政策。从 1918 年夏天开始,对农村来说,"城市里的十月革命……才真正成为十月革命"。② 农村阶级矛盾发生变化,以前是全体农民与地主的矛盾,现在是贫农与富农的矛盾成为主要矛盾。大多数布尔什维克领导人认为,农村阶级矛盾深刻变化后,将土地私人使用直接过渡到社会主义经营不但可能而且必要,土地社会化向土地国有化转变的机会来临了。列宁也开始提出个体农户向共耕制过渡的问题。所谓共耕制,就是生产资料和生活资料均公有化的制度。农民组成农业劳动组合,保留家禽家畜和宅旁园地,仅在耕种土地时共同劳动。

布尔什维克土地政策开始由社会化转向国有化,尽管法律上没有明文规定取消农民土地占有和使用的权利。1919 年 2 月 14 日,全俄中央执行委员会颁布《社会主义土地整理条例和向社会主义农业过渡的措施》。③ 这是土地国有化纲领开始贯彻的信号。条例明确宣布,俄罗斯联邦共和国境内的全部土地都是统一的国家资源,由有关人民委员部及其下属地方政权机关管理和支配。土地使用的个体形式必须过渡到协作形式,大型的苏维埃农场、公社、共耕制和其他协作制的土地使用形式是达到这个目的的最好手段。因此,所有个体土地使用形式都应当看作是暂时的和正在过时的形式。

农民对布尔什维克土地政策转向极为不满。土地国有化和共耕制都不是农民理想,农民一直渴望的是自由耕种土地和自由支配

---

① 《列宁全集》第 35 卷,人民出版社 1990 年版,第 141 页。

② 《列宁全集》第 35 卷,人民出版社 1990 年版,第 140 页。

③ 《苏联共产党和苏联政府经济问题决议汇编》第 1 卷,中国人民大学出版社 1984 年版,第 28 页。

劳动成果,习惯于认定余粮是可以自由售卖的私有产品,因为粮食是我生产的,这是我自己的产品,我就有权利出卖。按照共耕制,农民失去了自由支配产品的权利。土地国有化使农民支持布尔什维克的初衷丧失了根基,刚刚获得的土地权利变成了"暂时的和正在过时的",这是农民绝不可能接受的。农民认为布尔什维克违背了诺言,开始反抗苏维埃政府,各地的暴动风起云涌。

1918 年 5 月,苏维埃政权颁布《关于粮食委员会特别权利的法令》。① 命令粮食拥有者在法令颁布后的一周内交出全部余粮,不遵守命令者将被作为"人民的敌人"判处 10 年以上徒刑并没收全部财产。粮食人民委员部首先建立了"消费定额"制度,规定每个农民每年定额消费量为 12 普特粮食和 1 普特碎米,超出此标准的一切粮食都是"余粮",必须强行征收。② 为了没收"余粮",又实施了"入户清查",进入农民粮仓直接检查没收。苏维埃政权颁布严厉法令实施粮食专政政策既有客观原因也有主观原因。客观原因在于国内无政府主义泛滥,粮食危机已经危及了政权存亡,主观原因在于布尔什维克希望通过农村的无产阶级革命直接过渡到共产主义生产方式和分配方式,政权可以全面掌控农村和随意支配农产品。

国内战争爆发初期,苏维埃政权岌岌可危,缓和政权与农民的关系成为当务之急。俄共(布)中央被迫在粮食政策上做出让步,开始实行"余粮征集制"。③ 与十月革命初期相比,布尔什

---

① Декреты советской власти.Т.II.М.:Политиздат,1959,C. 261-266.

② С. А. Павлюченков:Крестьянский брест,или предыстория большевистского НЭПа. М.:Русское книгоиздательское товарищество,1996,C65.

③ 近年来,有学者提出,"余粮征集制"的汉译应为"粮食摊派制",其内涵并非"征集农民全部余粮",而是"中央政权将粮食需求在各省、县、乡、村进行分摊",和沙俄政府"粮食收集制"的延续。参见赵旭黎:《错误的"余粮收集制"与国内学界对苏联史的误读》,《历史教学》2013 年第 24 期。

维克的粮食政策更为和缓。因为在国内战争爆发以及苏俄控制区农民起义频发的背景下,农民态度直接影响布尔什维克政权的生存。1919 年 1 月 17 日,列宁在全俄中央执行委员会、莫斯科苏维埃和全俄工会代表大会联席会议讲话中指出,以前的粮食政策是在"粮荒达到了顶点,我们没有一点存粮"的情况下实行的,"当人们忍受不下去的时候,我们应当放弃这个原则"。在目前的形势下,"我们决定提出一个粮食政策基本原则……从而保证我们能够获胜"。粮食问题基本原则包括:粮食由国家依照阶级原则进行分配、对食物中的主要品种实施垄断、食品供应由国家负责。列宁强调,要"强迫地方粮食机关协助收购组织行使这一权利",而且,"直率地承认……全俄中央执行委员会的意志也需要强迫"这一点"比把脑袋藏在羽翼下以为万事大吉好得多"。①

粮食政策的转变争取了民心,民心向背影响了战争胜负。高尔察克和邓尼金在占领区取消了《土地法令》,此举将农民推向布尔什维克一边。农民担心,白军胜利后夺走刚刚得到的土地。和再次失去土地相比,布尔什维克的"余粮征集制"只是他们较小的负担,战争结束后余粮征集额度肯定会减少。正如列宁 3 年后在俄共(布)十一大政治报告中总结的那样,国内战争时期农民承担了很重的负担,因为"农民群众看到并且懂得,为了保卫工农政权不被地主推翻,为了不致被可能夺走全部革命果实的资本主义入侵所扼杀,他们肩负起这些重担是必要的"②。

十月革命初期,列宁确立了依靠贫农、中立中农和斗争富农的农村阶级政策。1918 年 6 月 11 日,全俄中央执行委员会颁

---

① 《列宁全集》第 35 卷,人民出版社 1990 年版,第 410、412—413 页。
② 《列宁选集》第 4 卷,人民出版社 1995 年版,第 661 页。

布法令,在全国农村建立乡、村两级贫农委员会,负责分配粮食、日用品和农具以及协助地方粮食机关没收富农余粮。此举壮大了布尔什维克在俄国农村的影响力,打击削弱了富农势力。但贫农委员会执行 1918 年 5 月 13 日颁布的《关于粮食人民委员特别权力的法令》,工作偏激,打击扩大化,损害了中农利益。

十月革命后,俄国农村进行了土地重分。富农的土地、农具和牲畜都分给了贫农,富农和贫农的数量减少了,中农的数量增加了,农村阶级关系发生了深刻改变。十月革命前农村绝大多数农户是贫农,土地改革后,农村中农数量占了优势,成为人数最多的农民群体。正如斯大林后来总结的那样,"十月革命后苏联已经成为小农经济的国家,中农已经成为农业中的'中心人物'"①。为了适应农村阶级关系的变化,以及打赢国内战争和战胜国外武装干涉的需要,布尔什维克改变了阶级政策,由中立中农转变为团结中农。

1919 年 3 月,俄共(布)第八次代表大会作出《关于对中农的态度的决议》,指出"现时具有特别重要意义的是更正确地执行党对中农的路线,即更关心中农的需要,消除地方政权的违法乱纪行为,力求同中农妥协"。决议强调,"把富农和中农混淆起来……是最粗暴地违反共产主义的一切基本原则",苏维埃政权与中农合作具有"长期性"。苏维埃政府"无论如何要减轻向中农征收的特别税","并大力帮助农民……以提高经营水平,保证农民的劳动和生活"②。由于贫农委员会工作中损害中农利益造成恶劣影响,全俄苏维埃代表大会宣布取消贫农委员会,改选乡苏维埃,并指示必须让中农的代表参加。

帝俄参加第一次世界战争后农业发展开始下滑,政权制度

---

① 《斯大林全集》第 11 卷,人民出版社 1953 年版,第 75 页。
② 《列宁全集》第 36 卷,人民出版社 1990 年版,第 196—197 页。

更迭后的国内战争对农业的影响更具灾难性。1920 年末，国内战争结束，苏维埃政权取得胜利，但整个国民经济尤其是农业面临极端困难，农业经济组织效果不佳，农作物播种面积连年下降。1921 年，所有农作物播种总面积只有 1909—1913 年的 61.7%。主要农作物单位产量和总产量大幅下滑。战时共产主义时期，役畜数量大幅降低。和 1916 年相比，1920 年俄罗斯联邦、坦波夫省、西伯利亚省和奔萨省的大型有角牲畜、马匹、母牛、羊和猪的数量减少了 20%—40%。[①]

1921 年初燃料危机爆发，铁路交通中断，俄罗斯联邦西部和伏尔加河流域粮食储备基本耗尽，部分企业停产，饥饿加剧。2 月，喀琅施塔得水兵发动武装起义。喀琅施塔得水兵曾是布尔什维克夺取政权的重要依靠力量，为什么短短 3 年后就发生了大规模武装起义呢？这并非反革命势力蛊惑，而在于士兵对苏维埃政权粮食政策的不满。叛乱士兵多为入伍不久的农民，家乡农村不断传来的消息成为起义动因。起义士兵不仅提出经济要求而且还提出政治口号，反抗直接指向苏维埃政权。3 月 18 日，喀琅施塔得起义被"没有丝毫怜悯地"镇压。

列宁在起义事件后进行了深刻反思。1922 年 11 月，他在《俄国革命的五年和世界革命的前途》一文中写道："到了 1921 年，当我们度过了，而且是胜利地度过了国内战争的最重要阶段以后，我们就遇到了苏维埃俄国内部很大的——我认为是最大的——政治危机。这个政治危机不仅暴露了相当大的一部分农民的不满，而且也暴露了工人的不满。"列宁认为，"农民本能地在情绪上反对"是因为布尔什维克"在经济进攻中前进得太远了"，"向纯社会主义形式和纯社会主义分配直接过渡，是我们

---

① 参见 В. М. Володин：*Аграрная Россия：история，проблемы，перспективы.* Пенза：2007.С. 215，222–224。

力所不及的,如果我们不能实行退却⋯⋯那我们就有灭亡的危险"。① 可见,喀琅施塔得水兵起义促进了布尔什维克根本革新战时共产主义政策。如何以最快的速度恢复国内经济发展和解决农业发展问题成为苏维埃政权的迫切任务。1921 年 2 月,列宁决定实行新经济政策。

五、社会主义农业经济政策与后果

(一)十月革命后村社的复兴与消亡

从基辅罗斯算起,俄国村社存在了 1000 多年,在俄国农村政治经济生活中起到举足轻重的作用。19 世纪末到 20 世纪初,俄国村社命运发生了重大的转变。十月革命后,斯托雷平农业改革没有摧毁的村社在全国范围内得到空前强化,出现了全面"复兴"。

1922 年,俄罗斯联邦《土地法典》承认了村社的法律地位。1926 年 1 月 5 日,俄联邦土地人民委员部批准通过《土地社标准条例》,将村社定义为"农户的土地联合",直接领导村社成员的土地利用和土地关系调节,解决土地规划、轮作、分配和重分问题,监督土地利用,确定和改变公用土地的用途。村社最高机构是村民全体大会,成员包括 18 岁以上全体土地耕作者。得到国家政权赋予的权利后,村社在农村经济生活中发挥了积极的作用。因此,十月革命后村社不仅没有被取缔,反而在全苏范围内得到复兴,村社占有的土地面积扩大到空前程度。到 1927年,俄罗斯联邦村社土地面积占到全部土地面积的 95.5%。②

---

① 《列宁全集》第 43 卷,人民出版社 1990 年版,第 277—278 页。

② В.П.Данилов.Советская доколхозная деревня:население,землеользование,хозяйство.М:Наука.1977.С 95-106,160.

村社得到了苏维埃政权认可,作为传统的农民公社组织得以保留。为什么原本持否定态度的布尔什维克能够在建立政权后支持村社呢？这是一系列主客观条件和因素决定的。首先,村社具有的"俄罗斯精神"特质使其在俄国农民心目中具有崇高地位。苏俄政权初期,布尔什维克政权不够强大,内忧外患,在农村中的影响力有限,不足以全面推动土地国有化。村社满足了农民政治、经济和心理需要,在战时共产主义时期具有一定的可利用性。其次,战争和灾荒给农业带来沉重打击,新生的布尔什维克政权缺少发展集体经济的经验,村社具有悠久的传统,可以方便在农村实施各类管理。第三,十月革命后的土地改革促进了村社复兴。1918—1920年,在南部、东南部和中央地区开展了合并独家田和独立农庄运动。大部分地区地段土地所有制几乎消灭殆尽,只有白俄罗斯基本未受冲击,保留了24.5%,莫斯科工业区保留了4.3%,新西伯利亚保留了6.4%。村社借机收回了独户田和独立农庄的土地。此外,地主的土地也被村社吸收。村社土地所有制占据绝对优势。主要农产区村社土地占有率几乎98%—99%,中央工业区为80%—95%,西部和西北部偏低,为65%—75%。[①]

村社的职能得到扩大和加强。在分配土地上村社大权在握,大包大揽,诸如谁有权获得土地、从市民和难民中吸收新成员、驱逐或者召回村社成员和土地平分和整理等都由村社全权决定。村社还有权干涉农户耕作方式细节。乃至村和乡苏维埃在土地关系领域的所有措施都要得到村社的认可才能推行。

20年代,在苏联农村形成了村社和村苏维埃双重管理的现象。村苏维埃是农村的基层政权组织,村社作为国家管理机构

---

① В.П.Данилов.Советская доколхозная деревня：население，землепользование，хозяйство.М：Издательство《Наука》.1977.С.106-107.

基层组织的职能被取消。虽然地方管理和税收的职能从村社中剥离,交给了村苏维埃执行,但是,村社还保留了一项极其重要的职能,即调节农村经济中的土地利用。土地是苏联农民赖以为生的重要媒介,土地利用是农民经济之本,因此,在当时苏联的农村生活中村社仍然具有决定性的意义。村苏维埃相当于行政管理机关,而村社相当于经济组织,但是村社有时也对非经济问题施加影响,甚至能替代村苏维埃直接发挥作用。村社相对于村苏维埃的优势主要表现在其经济职能上。村社拥有的资金储备和对资金的支配权力远远大于村苏维埃。全苏主要地区都表现出这种趋势。

联共(布)农村工作部对各地区的调查结果表明,村苏维埃没有或只拥有极少的预算支配,而村社可支配的资金数额巨大。① 详见表8-8。

表8-8 （单位:卢布）

村名称	村苏维埃资金	村社资金
梁赞省库兹明村	0	11853
梁赞省新村	0	29514
梁赞省上别洛穆托夫村	0	22401
梅利托波尔州尼佐夫村	1526	13525
梅利托波尔州达尼洛夫村	3361	2446
梅利托波尔州沃洛科涅什特村	0	2227
梅利托波尔州普里希布村	0	2561

① Под ред. В. П. Данилов. Трагедия советской деревни. Т. 1. М., РОССПЭН. 1999.С. 437-439.

续表

村名称	村苏维埃资金	村社资金
阿尔汉格尔斯克州乌斯季齐列姆村	0	820
萨拉托夫省恰达耶夫村	564	1380
萨拉托夫省巴库尔村	1463	3181
萨拉托夫省耶弗拉舍夫村	1249	5500
萨拉托夫省斯拉斯图申村	768	2383
别斯科尔边村（阿尔马维尔）	8491	1238
梅利托波尔州普里希布村	0	2561

耶弗拉舍夫村 1927 年的会议统计证明，全年村社大会次数是村苏维埃次数的近 5 倍。经济问题多在村社大会上解决，而不是村苏维埃。详见表 8-9。

表 8-9

	村苏维埃大会	村社大会
设备完善问题	9 次	13 次
土地和森林管理问题	2 次	27 次
农业建设问题	4 次	17 次
其他经济问题	2 次	26 次
公益捐献和预算问题	1 次	8 次

村社大会仍是农村最具权威的机构。通过斯塔弗罗波尔州 1925—1928 年上半年村社大会次数统计可以看出，村社大会的威信逐年增加。详见图 8-6。参加村社大会大多是农村的富裕农民，贫农阶层很少参加。在讨论重大的解决问题的时候，村社

都把村苏维埃排除在外。

斯塔弗罗波尔州1925—1928年上半年村社大会次数

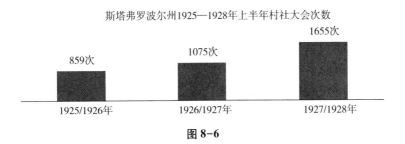

图 8-6

十月革命后复兴的村社皆为土地重分型。土地重分期限更短、频率更快。1923—1926 年,科斯特罗马、奔萨、坦波夫、奥尔洛夫、北高加索和乌拉尔的村社几乎每年都要进行土地全部重分。土地频繁重分也是迫不得已,因为长期的战争和饥荒导致农村人口流动加快,流动农民迁居后就要求分配土地。千百万农民渴望摆脱地主和大资本的压迫,希望土地利用中能遵守公平原则也是造成土地频繁重分的原因之一。除经济因素外,土地频繁重分也有政治因素。苏维埃政府不仅没有限制,反而促进和推动土地重分,因为土地重分符合布尔什维克依靠贫农、限制富农的阶级政策。土地频繁重分造成土地使用权不稳定,农民不愿意增加投资,对农业经济效益产生负面影响。然而,尽管土地频繁重分具有消极因素,但 20 年代后期苏联农业发展还是恢复到了战前水平。1916 年全国农户总数为 2101 万,2013 年增加到 2283 万,1927 年增加到 2502 万。[1] 村社复苏对苏联农业经济发展的负面影响并不明显。

村社复苏的消极作用之一是加强了农村宗法性。村社对农户生产方方面面干涉过宽,削弱了农户的经营自主权和市场适

[1]　В.П. Данилов. *Советская доколхозная деревня*: население, землеользование, хозяйство. М: Наука. 1977.С.211.

应度。村社的宗法性得到加强,经济上的宗法性必然影响政治上的宗法性。尽管苏维埃政府力图改造村社,将其作为纯经济组织,限制其经济外的统治权利。规定村社大会由原来的家长会议转变为全体成员大会,但由于自然经济闭塞造成的公民意识淡薄,村社大会实际上仍然由家长操控。俄国农村成为"三十五万宗法村社的汪洋大海"。对于布尔什维克来说,改造宗法农民的任务和改造小资产阶级农民同样艰巨。农村经济结构宗法性阻碍了俄国农村商品经济的发展。农村少量的资本主义成分虽然存在,但在宗法经济背景下勉强生存。相对于资本主义,宗法经济成为社会主义农业发展的主要障碍。在俄国重农轻商的文化传统熏陶下,村社社员比个人主义者更可靠的思想根深蒂固,在民粹主义的极力美化下,崇尚平均主义原则的村社比商品经济更加具有"俄罗斯精神"。①

带有宗法性质的古老村社并非先进生产关系,不代表先进生产力的进步方向,不利于农业商品经济发展,在 19 世纪末就失去活力,却能在苏维埃政权背景下延续到 20 世纪 30 年代初,职能更加强化,成为苏联农业现代化的最大障碍。

1927 年末,联共(布)十五大确立了向富农进攻和农业集体化方针,开始限制村社,希望把村社纳入村苏维埃的管辖之下。首先,公益捐献金不再由村社管理,而是交给村苏维埃支配。这样一来,村苏维埃就有了独立预算,可以从经济上限制村社职能。其次,联共(布)农村工作部制定了《土地使用和土地规划基本原则》,简化了土地集体化程序,把村社纳入到村苏维埃的管理之下。需要指出的是,农村工作部认为"立刻取缔在经济上仍然发挥一定积极作用的村社"是错误的,因为村社的某些

---

① 参见金雁:《村社制度、俄国传统与十月革命》,《陕西师大学报》(哲学社会科学版)1991 年第 3 期。

经济职能有助于合作社发展。①

中央没有采纳农村工作部的意见,1928 年 12 月,中央批准了限制村社政策。12 月 5 日,《全苏土地法令》规定村社要完全服从村苏维埃领导,村社包括土地使用形式的选择、土地规划的制定以及土地规划工作中的优先权等所有决议都必须经村苏维埃批准,村苏维埃有一票否决权。《全苏土地法令》还剥夺了富农在村社大会上的表决权和在村社机构中的当选权。这就为彻底取缔村社做好了经济上、法律上和组织上的准备。② 1930 年 10 月 15 日,斯大林亲自签署命令,在农业全盘集体化地区取缔所有集体化程度超过 75%的村社,具体期限由区执行委员会确定。③

具有一千多年历史的俄国村社在极短的时间内被消灭了,取而代之的是集体农庄。村社与集体农庄完全是截然不同的苏联农村基层组织。村社是俄国农民传统的经济组织形式。由于寒冷气候条件的影响,农民个体生存困难,因此俄国农村生活具有集体化和互助传统,以便化解农民个体生存的危机。俄国村社的一条重要原则就是“人人为我、我为人人”的集体主义精神。但是,这种集体主义精神是否有助于转向集体农庄呢? 村社是否可以转向更高形式集体主义的阶段,甚至成为农业社会主义改造的支点呢? 答案是否定的。

村社的实质是俄国农民一种传统的邻里组织,和用革命的方式摧毁个体农民的集体农庄具有不可调和的矛盾。因此,不

---

① Под ред. В. П. Данилов. Трагедия советской деревни. Т. 1. М., РОССПЭН. 1999.С. 441.

② 转引自曹维安:《苏联集体化前的农村公社》,《陕西师大学报》(哲学社会科学版)1991 年第 3 期。

③ Под ред. В. П. Данилов. Трагедия советской деревни. Т. 2. М., РОССПЭН. 1999.С. 669.

能认为村社是斯大林式集体农庄的原始形式或过渡形式。作为农民自我管理机构,村社一直是平衡农民和国家之间关系的组织,帝俄时期也是如此。因此,无论哪一种形式的"非常措施",如粮食收购、征税、公益捐献和国债发行等,从一开始就遇到了来自村社的阻力。村社大会成为了号召农民反对"非常措施"的公开集会场所。因此,正如1905—1907年村社在革命农民运动中的积极作用引起了斯托雷平的反村社改革一样,苏联政府也提出了取缔村社的任务。

(二)新经济政策时期的农业:恢复与发展

1921年2月8日,俄共(布)中央政治局会议起草了《农民问题提纲初稿》,这是迄今为止发现的最早记录列宁新经济政策思想的文件。初稿一开头就提出,"满足非党农民关于用粮食税代替余粮收集制(即收走余粮)的愿望"①。3月15日,俄共(布)第十次代表大会通过决议,用新经济政策取代战时共产主义政策。列宁对战时共产主义政策进行了批判性总结:"当时也是迫不得已:过去我们一直是生活在极端激烈艰苦的战争条件下,因此我们在经济方面也只能按战争方式行动,此外没有别的办法。"②

新经济政策在苏共高层领导中没有达成共识,因为新经济政策并非源自于马克思社会主义思想的经典教义,而是列宁依据国情提出的新战略。列宁在国内战争时期的经济建设实践中看到,完全舍弃商品货币关系和市场关系的"战时共产主义"只能使国家进入死胡同,而新经济政策恰恰证明,商品货币关系能出色地为社会主义生产方式服务,因而,新经济政策是"一种特别的社会经济和政治发展模式"③,它既不同于前新经济政策时

---

① 《列宁全集》第40卷,人民出版社1990年版,第338页。

② 《列宁全集》第41卷,人民出版社1990年版,第56页。

③ [俄]A.H.雅科夫列夫主编:《新经济政策是怎样被断送的》(一),人民出版社2007年版,"总序"第1页。

期的战时动员体制,也不同于后新经济政策时期斯大林的行政动员模式。

　　E.A.普列奥布拉任斯基、Л.Д.托洛茨基和Г.Е.季诺维耶夫等公开反对新经济政策。托洛茨基始终认为新经济政策是暂时的退却,是权宜之计。他更多地看到新经济政策的消极后果,把新经济政策时期成长起来的较富裕的农民等同于富农,提出要在农村展开一场新的阶级斗争,进行所谓的"第三次革命"。托洛茨基指出,苏联之所以总是出现粮食收购危机,归根结底还是工业化实行得不够,浪费了时间,因此,最终的解决办法不在农业本身,而是必须进一步加强工业化,即"超工业化"。[①] 超工业化资金可以从农业获得,这实际上就是普列奥布拉任斯基"每年最大限度地把资金从农业调到工业"理论。1923 年,托洛茨基在苏共十二大呼吁,尽快用更新的政策来代替新经济政策。季诺维耶夫把新经济政策比喻成"类似于布列斯特的退却",只是进攻之前的"喘息"。联共(布)高层领导中很多人对新经济政策持否定态度,但隐藏了自己的想法。据国家粮食委员会成员斯维捷尔斯基回忆,1921 年列宁曾批评某些人:你们当着我的面似乎是赞成我并说"是",可是一转身你们就说"不"。[②]

　　地方政府对新经济政策的反对情绪更加强烈。一些县级党组织甚至认为新经济政策滋生了资本主义因素,是向资产阶级投降,一些"原则卫士"用退党甚至自杀来表达愤怒。农业部副人民委员 H.H.奥辛斯基向中央汇报,地方政府不理解新经济政策,不明确政策本质,一些人认为新经济政策是复辟资本主义道

　　① 参见《布哈林文选》中册,人民出版社 1981 年版,第 280—281 页。

　　② Урок даёт история.М:Издательство политической литературы,1989,С.101-102.

路,另一些人认为这只是装装样子的政治手腕而已。①除了思想上的模糊之外,地方政府在执行政策时也存在实际困难,缺少管理机关,只能依靠原来的粮食工作者,而他们又肩负着取缔粮食征集制的任务。向农民解释清楚现在是实行粮食税而非粮食征集制本身就是件困难的事情。

新经济政策主要包括农业、工业和商业三方面的改革。农业改革的重要内容就是废除余粮征集制改行粮食税,即按国家规定交纳一定的粮食税,超过税额的余粮归个人所有。粮食税额度一般为余粮征集制时期的一半,根据土地占有面积有所区别,富裕农民承担的税收是贫困农民的十余倍。粮食税实行累进制,贫农可以减免。粮食税缴纳后所有剩余农产品完全由农民自由支配,可以在市场上自由买卖。粮食税政策极大促进了农民的生产积极性,并有助于建立正常的商品交换关系。1921年3—5月,全俄中央执行委员会颁布一系列法令,宣布用粮食税代替余粮征集制,以法律形式将允许自由贸易的原则确定下来。

1921年3月23日,苏维埃政府颁布《关于保证农村居民正确和稳定地使用土地法令》。这是实施新经济政策后第一个调整农村土地关系的规范性文件。1921年12月,俄共(布)第十一次全国代表大会确定了土地政策的基本原则:第一,毫不动摇地保持土地国有化;第二,巩固农民的土地所有权;第三,给农村居民以选择土地使用形式的自由。②1922年10月,苏维埃中央执行委员会通过了《俄罗斯苏维埃社会主义共和国土地法典》

---

① 〔俄〕Ю.Н.阿法纳西耶夫主编:《苏联社会:产生、发展和历史结局》,莫斯科1997年版,第61页。

② 参见《苏联共产党代表大会、代表会议和中央全会决议汇编》第2分册,人民出版社1964年版,第139页。

（以下简称《土地法典》），规定自 1922 年 12 月 1 日起实施，并推广到全苏联，后来成为整个 20 年代苏联土地政策的基本纲领。

《土地法典》宣布废除土地私有制，巩固土地国有化，土地占有被限制在劳动使用土地的基础上，严禁土地买卖。农民占有和使用土地无期限，只有在农户消亡、迁移、犯罪、离开土地六年以上无音讯以及全体农民自愿放弃等条件下才能废除。农民可以离开村社，村社在分配土地时，允许农民自愿选择占有和使用形式。土地上的建筑物和作物是农民不可剥夺的个人财产。国家占有农民土地时必须给予补偿。[①]《土地法典》规定，具有悠久俄国历史传统的土地重分停止，即使是布尔什维克的反对者也称道此举"正确"。[②] 因为土地停止重分后，农户具有了更强的土壤改良积极性。

集体农庄是苏维埃政权建立的新型土地占有和使用形式。1919 年 3 月，俄共（布）第八次代表大会上提出布尔什维克的农业纲领。规定组织社会主义大农业的最重要方法是：建立国营农场、支持共耕社和协作社、凡未播种的土地一律由国家组织播种、由国家动员一切农艺人来大力提高农业经营水平、支持农业公社完全自愿的联合。俄共认为，"这些措施是使绝对必须提高的农业劳动生产率得以提高的唯一办法"。[③]

新经济政策时期，农村出现集体经济发展萌芽。集体经济包括共耕社、劳动组合和公社三种类型，生产资料集体化比例依次逐级增高。共耕社兼有集体经济和个体经济双重特征，个体

---

① 转引自沈志华：《新经济政策与苏联农业社会化道路》，中国社会科学出版社 1994 年版，第 30 页。

② Н.Л.Рогалина：Борис Бруцкус-историк народного хозяйства России. М.：1998.С.135.

③ 参见《列宁全集》第 36 卷，人民出版社 2017 年版，第 417—418 页。

经济特征更强。双重经济在共耕社中均衡发展，成为农民尤其是中农最为喜爱的集体经济形式。国家利用农村自发探索集体经济发展道路的契机，宣传集体经济组织的优越性，引导农民在自愿基础上加入最简单的集体经济之中，简单形式集体经济逐渐巩固发展后，再联合为复杂的集体经济形式。

国营农场是执行国家经济计划的工业企业，耕种者领取工资，身份是国家职工。新经济政策时期，国营农场占地面积不大，在土地使用结构中处于弱势地位。

为了发展社会主义大农业，必须实现农业机械化和科技化。1918 年，全国共有 400 多家农机企业。9 月，第一台拖拉机样品在奥布霍夫工厂下线。1920 年，全国生产出 36 台拖拉机。1924 年拖拉机实现批量生产。到 1928 年全苏拖拉机数量达到 1 万台。

1924 年，苏联中央执行委员会主席团决定成立农业科学院指导农业生产。1929 年，全苏列宁农业科学院成立，根据农业科技领域设十个专业学部，进行农业科学理论研究和探索农业科学应用技术。此后，苏联农业科学研究发展加快，出现多位杰出的农业科学家，如 B.P.威廉姆斯、H.И.瓦维洛夫和 И.B.米丘林等。然而，由于知识文化界出现自由主义思潮，要求在社会生活和政治层面实施减少行政干预实施宽松政策，1922 年开始查封反苏言论刊物、取缔反苏维埃党派并驱逐代表人物。在这次驱逐行动中，众多农业经济科学家和农业技术人才被驱逐出国或流放，如农业问题最高委员会委员，农业规划委员会主席，彼得堡农学院教授 Б.Д.布鲁茨库斯、莫斯科大学校长，生物学家 M.M.诺维科夫、莫斯科农业协会主席 A.И.乌格里莫夫。

20 世纪前 10 年，俄国土壤侵蚀情况极为严重。以奔萨州为例，1915—1920 年土壤侵蚀面积由 1.8 万俄亩增加到 3.7 万俄亩。1920 年 11 月，全俄造林改土工作者会议召开，提出一系列紧急措施控制土壤侵蚀,如在俄联邦境内恢复并新建造林改土地区、培训造林改土专业人才,原有人才立刻从军队复员、保证造林改土人力物力等。1921 年 8 月,劳动和国防委员会颁布命令成立土壤改良合作社。国家增加给土壤改良合作社的拨款并提供贷款。

新经济政策实施不足十年,全苏范围内推行只有 1925—1927 年短短三年,远不足以形成完整的体系。但新经济政策时期苏联取得的巨大成就不可否认。农业得到恢复,食品消费水平超过十月革命前沙俄时期,农民不仅吃饱了而且吃好了,餐桌品种丰富,住房条件也得到明显改善,连远东边疆农村都用上了电灯。1925 年,全苏播种面积恢复到战前水平,大型有角牲畜、羊和猪的饲养数量均超过战前水平。农民供给城市的食品充足,工农联盟更加稳固。工业指标开始回升,1921—1924 年,国家工业总产值提高了一倍。交通快速恢复,通货膨胀遏制,货币体系巩固。国家生活的方方面面都开始复苏。农民武装暴动的浪潮衰退,国家经济基本上恢复到了战前的水平,打破了外部经济封锁,苏维埃政权更加稳固了。

新经济政策最大的贡献是证明了完全可以通过发展市场关系活跃国家生产力并保持经济普遍增长。农民对政府的信任危机基本消除。苏维埃政权威信重新树立,移居国外的白俄也承认,短期内农民没有推翻苏维埃政权的打算,不希望回到沙皇和高尔察克年代。[1] 苏联的政治经济形势迅速好转,社会趋于稳定,就像列宁本人总结的那样,"农民满意他们目前的境况,这一点我们是有把握肯定的"。[2]

---

① П.С.Кабытов、В.А.Козлов、Б.Г.Литвак: *Русское крестьянство-этапы, духовного освобождения.* М:Мысль,1988,С. 142.

② 《列宁选集》第 4 卷,人民出版社 1990 年版,第 664 页。

一位老农民在第九届苏维埃代表大会上的发言阐明了新经济政策的实质："一个人有两只手，一只手给国家干活，一只手给自己干活。"他强调，余粮征集制时期农民藏粮，现在不藏了，因为已经交过了粮食税。农民是国家根基，如果国家是一栋房子，农民就是墙，工人是房盖，知识分子是窗户和门，墙倒了房子就塌了，房盖也坏了，窗户和门也裂了。"农民要是完蛋了就全都完蛋了"。[①]

新经济政策取得了巨大成就，有人认为这是"商品充裕、有吃有穿、国泰民安、科学与艺术欣欣向荣的黄金时代"[②]。实际上，新经济政策实施伊始就潜伏着危机。这就是俄国历史悠久而沉重的封建传统和新经济政策时期的现代化潮流之间的矛盾，也就是市场经济、民主化和人的自由个性发展的尖锐矛盾。这种矛盾冲突在很大程度上决定了新经济政策的失败。新经济政策时期也发生了多次经济危机和政治危机，如1923—1924年的销售危机（工农业"剪刀差"危机）、1926—1927年尖锐的商品匮乏、1927—1928年的粮食收购危机……交替出现的危机表明，新经济政策不仅仅发展了经济，也动摇分化了经济，引出许多尖锐的社会问题。

斯大林是新经济政策的终结者。1926年4月13日，斯大林给列宁格勒党组织积极分子做中央全会工作报告时，第一次发出了终结新经济政策的信号。斯大林把新经济政策分为两个时期，指出苏联在经济发展上已进入了"新经济政策的新时期，进入直接工业化的时期"。接着在谈到如何进行社会主义积累

---

① Урок даёт история. М: Издательство политической литературы, 1989, С. 103.

② ［俄］米·戈里诺夫，谢·弗·察库诺夫：《列宁经济政策构想的形成与发展》，王丽华主编：《历史性的突破——俄罗斯学者论新经济政策》，人民出版社2005年版，第1页。

的问题时,斯大林总结了历史上原有的三种工业化方式:第一种是英国式的,即依靠数十年数百年掠夺殖民地的方式进行;第二种是德国式,即依靠巨额的战争赔款方式进行;第三种是旧俄式,即在受奴役的条件下通过获得借款的方式进行。同时,斯大林还指出了第四种工业化的方式,即依靠本国节约来发展工业的方式,斯大林认为国内肯定有足以保证工业化积累的来源。至于具体的实现方式,斯大林委婉地表示,"不能再提'饿着肚子出口了'……但可以在不损害人民消费的条件下采取一切办法使我国的输出增加,使国家手中能保有一定的外汇储备"①。在当时尚未消灭反对派的情况下,斯大林还不方便公开号召放弃新经济政策,只能以"不损害人民消费"的措辞把自己的政策与托洛茨基区别开来。

社会主义国家的实质是什么,社会主义国家应该怎样建设,建设国家的目标和手段怎样协调,国家政权和人民群众的相互关系是什么,布哈林和斯大林对这些问题的理解截然不同,提出的解决方案也迥然相异。布哈林方案主张用经济方式管理经济建设,这是自由主义的市场社会主义观念,斯大林方案主张用非经济的行政命令管理经济建设,这是国家社会主义观念。两种方案的分歧伴随着两个集团的政治斗争,经历了潜伏、公开、尖锐和激化五个阶段后,斯大林方案胜出。20世纪20年代,斯大林方案战胜布哈林方案具有历史必然性,这是当时苏联国内局势和国际关系决定的。

首先,新经济政策实施了工业、农业和金融等领域一系列经济改革,但政治体制改革没有同步进行。列宁晚年提出的实现党的民主化、限制总书记权力等措施没有实施,背离列宁党内生活组织原则的权力斗争却逐年加剧。没有涵盖社会生活方方面

---

① 《斯大林选集》下卷,人民出版社1979年版,第459—463页。

面的系统改革,单纯的经济改革缺乏牢固的根基。

其次,苏联建国后经过十几年的发展建设仍然遗留了许多问题没有解决,尤其是没有解决国家的现代化问题。从中央领导人到普通群众,绝大多数苏联人希望能找到一条捷径,迅速彻底地摆脱落后局面,解决一切社会矛盾,提高生活水平。布哈林方案的"乌龟速度"显然不能满足人民需要。斯大林的"赶超发展"战略承继了俄国现代化历史发展传统,满足人民迅速实现强大俄国的梦想。

第三,斯大林亲自组建了具有"无产阶级气质"的新一代领导群体,并成为他们的代言人。虽然20年代在党、苏维埃和国家机构以及社会组织的最重要岗位上担任领导职务的大部分老布尔什维克在党内斗争中并不支持斯大林,但是苏共中央委员中数量最多的恰恰是来自于国内战争前线的新一代共产党员,地方上则更是如此。这些新提拔的领导干部人数在第一个五年计划中比原来多了一倍,1932年达到了370万人。[1] 他们工作热情高涨,但文化水平不高,缺少经济知识,对行政命令和军事方式习以为常,而对新经济政策所要求的经济管理方法却极端地陌生和不适应。斯大林正是依靠了新一代干部的力量把自己的政治对手——排挤出权力中心。布哈林方案缺少能够保证方案得以贯彻实施的相对健全的制度、领袖或领袖群体,更重要的是缺少干部基础或者更广泛的群众基础。布哈林联合斯大林开除托季联合反对派的党籍,这种错误的政治斗争手段打破了党内平衡力量,最终失去话语权。

第四,斯大林获得了大部分城市居民的支持。城市居民认为农村丰富的副产品,如粮食、牛奶、蔬菜和水果可以不用花钱

---

① Отв.ред.А.К.Соколов:Общество и власть:1930-годы,Повествование в документах,1998,С.75.

就唾手可得,这在城市里是不可想象的。羡慕之余,城市居民希望国家对此进行调节。斯大林农业集体化和没收富农生产资料和土地的做法深得城市居民拥护,农村副产品储备被征集到集体农庄,其中一部分供应给了城市,城市居民的愿望得到了满足。

最后,布哈林方案的实施需要在相当长的一段时间内保持和平共处的国际关系。而苏联虽然并非像斯大林描述的那样战争迫在眉睫,但它与美、英、德、中、法等多国关系不睦,完全不可能融入国际市场走市场化道路发展本国经济。自沙俄时期起,其外交实践一直把本国利益置于优先考虑地位,从未真正实现过与世界其他国家和平共处、互利共赢,布哈林方案需要彻底改变苏联外交政策,这在当时是不可能实现的。

(三)斯大林时期农业全盘集体化

十月革命后,苏联政府满足农民愿望,将农村可耕种土地基本全部交到农民手中,支持中贫农,限制富农,允许农民主要群体保持独立的小农经济。苏联农民过上了憧憬中的生活。然而,小农经济的种种弊端促使农民也在自发地主动探索集体经济的发展道路,从而改善自己的生活。农民在加入集体经济时,更倾向于最简单形式的共耕社,因为共耕社可以保留部分个体经济,若集体经济收成不好或者解散,农民可以依靠个体经济度日。之后,简单形式的集体经济逐渐再更替为复杂形式的集体经济:从共耕社发展为劳动组合,再从劳动组合发展为公社。1925 年,乌克兰对集体农庄进行重新登记,数据证明了苏联农村集体经济发展的上述趋势。据统计,在农村的集体经济中,公社占 10.8%,劳动组合占 54.8%,共耕社占 34.4%。这与政府之前掌握的数据有所不同,政府低估了农民共耕社的积极性。而在 1918 年,政府认为共耕社集体化成分太弱(共同耕种土地,但牲畜农具完全私有),没有把共耕社计入集体经济加以统计。

到 1927 年 10 月前,苏联农村集体经济呈现如下发展特点:第一,集体经济规模不大,平均每个集体经济大约有 13 个农户、50 公顷土地和十几头牲畜,生产资金约 4 千卢布。第二,集体经济播种面积和中农持平,平均每户播种面积达到 6.1 公顷,而全苏个体经济平均播种面积只有 4—6 公顷。第三,集体经济的收成略高于个体经济,平均每公亩 8.8 公担,而全苏个体经济平均每公顷只有 7.6 公担。第四,集体经济的粮食商品率具有绝对优势,达到 27.5%,而个体农民的粮食商品率只有 16.9%。但是由于集体农庄数量少,在国家粮食收购中起到的积极作用不大。1926—1927 年度,集体经济总共出售 1200 万普特商品粮,仅占国家粮食收购总数的 1.7%。第五,集体经济的畜牧业发展严重落后,平均每 100 俄亩有 7.6 头牛,而个体经济则有 11.2 头。第六,集体经济的收入分配采用平均主义原则,每个成员付出的劳动无法得到精确的计算,成员劳动价值无法得到充分体现,成员间争吵频繁,导致集体经济解体。[①]

总之,经过约十年发展,苏联农村集体经济尚未找到组织劳动的最佳方式。在集体经济中,为了平衡劳动强度经常轮换劳动工种,由于缺乏责任感,农具破坏严重,牲畜死亡率高。但是和小农经济相比,集体经济已经发挥出大生产的某些优势。集体经济可以贷款购买农机农具,虽然拖拉机数量不多,主要依靠畜力和人力进行劳动,但集体劳动中的合作和分工明显提高了劳动效率,促进了生产力发展。

斯大林倡导推进的农业集体化运动并不是偶然的、突然的和自发的,而是俄国赶超发展模式下必然产生的一种农业经济模式。它承袭了俄国农业发展传统,具有深远的俄国历史文化

---

① 参见 В. П. Данилов: Советская доколхозная деревня: население, землепользование, хозяйство. М: Наука. 1977. С. 301-308.

根源和社会思想根源。从彼得一世起,俄国开始赶超西方先进国家,建设军事强国。在赶超过程中,必然打断自然的、有机的发展进程,人为地加快发展速度。粮食是巨大的物质财富,俄国农民承担了国家赶超发展的重担。1925 年,联共(布)十四大提出工业化方针。工业化需要的巨额资金不可能来自散乱的小农经济。农业全盘集体化的主要目的就是控制粮食获得资金。

到 1927 年 10 月,全苏共有集体经济 1.7 万个,包含 40 万农户,占农户总数的 1.5%。在最简单的生产合作社里也出现了集体劳动,如机械合作社、良种培育合作社和土地改良合作社。这样的合作社共有 1.9 万个,包含 70 万农户,约占农户总数的 3%。[1] 随着经济增长、机械化普及和农业集约化发展,最简单的生产合作社有可能成为小农经济和集体经济之间的一种过渡形式,但是这需要相当漫长的过程并耗费大量资金。显然,苏联没有足够的耐心和资金。

1927 年 12 月,联共(布)中央宣布,粮食收购数量减少了1.28 亿普特,"粮食收购危机"爆发。[2] 事实上,1.28 亿普特是指 1927—1928 经济年度第二季度(10 月—12 月)与 1926—1927 经济年度同期的收购数量差。[3] 如果以经济年度为单位,1927—1928 年总收购量只比 1926—1927 年减少了 3 千万普特,比 1925—1926 年还多了 1 亿普特。因此,1927 年底苏联并没有突然爆发粮食收购危机。"粮食收购危机"只是发动农业

---

[1]　Отв. ред. В. П. Данилов: Кооперативно - колхозное строительство в СССР 1923–1927:док.и материалы.М:1991.C. 13–19.

[2]　В. Г. Косачёв: Накануне коллективизации. Поездка И. В. Сталина в Сибирь.Вопросы истории. 1998 №5.С. 101.

[3]　关于 1.28 亿普特的数据计算,可参见金雁:《论苏联 1927—1928 年度的粮食危机》,《陕西师大学报》(哲学社会科学版)1984 年第 4 期。经济年度从每年的 7 月 1 日开始至次年的 7 月 1 日为止,共分为四个季度,第一季度为 7、8、9 月,第二季度为 10、11、12 月,第三季度为 1、2、3 月,第四季度为 4、5、6 月。

全盘集体化运动的借口。①

　　虽然苏联官方一直强调广泛开展集体农庄建设和联共（布）十五大的联系，甚至直接把联共（布）十五大命名为"集体化大会"，然而农业全盘集体化政策并非诞生于联共（布）十五大决议之中，而是斯大林1928年初视察西伯利亚时在边疆区党委会议上提出的。斯大林指出，自己来西伯利亚除了"帮助完成粮食收购计划"外，另一个重要任务就是"在西伯利亚边疆区展开集体农庄和国营农场建设"。因为，"非常措施"只能使当年粮食收购情况好转，却"不能保证富农明年对于粮食收购不再怠工"。为了使粮食收购工作具有比较稳固的基础，必须采取其他措施，即"展开集体农庄和国营农场的建设"。斯大林明确指出发动农业全盘集体化运动的目的："粮食问题是农业问题的一部分，而农业问题是社会主义建设问题的一部分……要勉勉强强供应工人阶级和红军粮食，有农业局部集体化就够了"，但是，为了"建立一个能充分供应全国粮食并能保证国家掌握必要粮食后备……单靠农业局部集体化确实完全不够的……要把出产商品最少的个体农民经济联合为出产商品最多的集体经济……必须使我国各地区毫无例外地都布满集体农庄（和国营农场）。②

　　1929年11月7日，《真理报》发表斯大林的著名文章——《大转变的一年》，指出苏联农村发生了"伟大的转折"，"农民已经不象从前那样一批一批地加入集体农庄，而是整村、整乡、整区、甚至整个专区地加入了"，"中农加入集体农庄了。这是农

---

　　① 此前国内研究多以年度收购差1.38亿作为粮食收购危机爆发的依据，甚至有1927—1928年收购量为3亿普特的误解。按照最新解密档案文献，自1925—1926年起，四年粮食收购量分别为5.14亿、6.46亿、6.16亿和6亿普特。

　　② 参见《斯大林全集》第11卷，人民出版社1955年版，第3—10页。

业发展中的根本转变的基础"。集体农庄被称为是农村社会主义发展的"康庄大道"。① 实际上,当时绝大多数农民对集体农庄的评价是负面的,态度是观望的,不愿意加入集体农庄。全苏农村集体经济比重只占 7.6%,而贫农比例为 30%,显然,加入集体农庄的贫农只有四分之一。农民的意识没有发生任何转变。②

1930 年 1 月 5 日,中央政治局通过《关于集体化的速度和国家帮助集体农庄建设的办法》。规定伏尔加河下游、伏尔加河中游和北高加索这些主要产粮区的农业集体化要在 1930 年秋季或者最迟在 1931 年春季完成,其他产粮区在 1931 年秋季或者最迟在 1932 年春季基本完成。③ 斯大林的动员文章和中央决议颁布后,农村集体经济比例立刻达到 21.6%,两个月后又增加到 53.5%。集体农庄中心的统计数据含有夸大成分,地方政府编造虚假信息是普遍现象,"纸上的"集体农庄数量很多。④

农业全盘集体化运动的迅猛发展是通过强迫手段和经济手段获得的。中央规定的集体化速度和期限过于苛刻,地方政府又层层加码,基层工作人员为了完成任务只能强迫和命令。除逮捕、关进集中营和流放等镇压手段外,还采取了经济手段对农民进攻,如加强粮食收购和加快收缴农业税、保险费和贷款等税费。除主要产粮区外,少数民族地区和粮食消费地区也加入了

---

① 《斯大林选集》下卷,人民出版社 1979 年版,第 206 页。

② Н. А. Ивницкий: *Коллективизация и раскулачивание（начало 30 – х годов）*. М. 1996. С. 15.

③ 《苏联共产党代表大会、代表会议和中央全会决议汇编》第四分册,人民出版社 1956 年版,第 113 页。

④ Под ред. В. П. Данилов: *Трагедия советской деревни*. Т. 2. М., РОССПЭН. 2000. С. 364–365.

农业全盘集体化运动竞赛。

贫农一无所有,稍作犹豫后加入了集体农庄,中农和富农抵制劳动成果集体化,进行激烈反抗。1930年,全苏发生群体暴动1.4万次,参与人数247万人,是1929年的10倍。70%的暴动原因在于反对农业全盘集体化,明确提出消灭苏维埃政权的口号。① 农民暴动信息被严密封锁,即使很多联共(布)高层领导人也不清楚。国家政治保安总局的秘密报告只有斯大林等领导核心人员才能看到。

农民暴动频发迫使中央采取措施稳定国内政治局势。1930年3月2日,《农业劳动组合标准章程》和斯大林的署名文章《胜利冲昏头脑》在《真理报》同时发表。斯大林在文章中承认农业全盘集体化运动中存在"过火"行为,破坏了自愿原则和地区差异,但把错误完全归咎给基层干部,谴责他们被"集体化的重大成就冲昏了头脑"。② 实际上,被谴责的恰恰是那些前不久积极完成斯大林命令的干部。农业全盘集体化运动开始降温。三个月后,全苏农业集体化比例下降到21.4%,俄联邦下降到19.9%。③ 可见,农业全盘集体化运动成果极为脆弱。

1930年6月,联共(布)十六大召开,充分肯定了高速工业化和农业全盘集体化方针,认为必须重新审议农业五年发展计划,推动农业全盘集体化运动,首先通过经济手段施加压力。8月29日和30日,政治局通过《关于粮食收购命令》和《关于稳定居民货币资金命令》,大幅提高粮食收购任务和粮食税。9月2日,斯大林命令各地党委宣传"农业全盘集体化运动是一场持

---

① Под ред. В. П. Данилов: Трагедия советской деревни. Т. 2. М., РОССПЭН. 2000.С. 788.

② 参见《斯大林全集》第12卷,人民出版社1955年版,第167—174页。

③ Под ред. В. П. Данилов: Трагедия советской деревни. Т. 3. М., РОССПЭН. 2001.С. 8.

久战"，因为"这是现在农业建设中最重要的决定性因素"。①
地方政府为了"完成并超额完成"任务，继续采取行政镇压手
段，程度超过高潮时期。

但是，高潮时期的教训证明，仅仅依靠强制是不行的。联共
（布）中央还采取了鼓励措施，如增加建设机器拖拉机站，吸引
农民加入集体农庄。此外，还加强了组织手段，动员庄员现身说
法，成为"集体农庄事业的组织者和宣传者"。尽管多管齐下，
全苏农业集体化比例还是提高缓慢，仅由 9 月的 21.4% 提高到
10 月的 24.6%。② 为了躲避农业全盘集体化运动，哈萨克斯坦
农民开始向伊朗、土耳其、蒙古、阿富汗和中国新疆伊犁地区迁
徙，其中向中国迁徙的人数最多。

1930 年 12 月，联共（布）中央制定了 1931 年的农业集体化
指标：主要粮产区 80%，其余产粮区 50%，粮食消费区 20%—
25%。③ 为了完成中央指标，地方政府加强镇压，自愿原则变成
一纸空文。1931 年春天，农业全盘集体化指标提前超额完成。
联共（布）中央六月全会宣布，"集体化运动在苏联大部分地区
已经取得了决定性的胜利"，在主要产粮区集体化已经完成，加
入集体农庄的农户比例达到 80% 以上，在其他产粮区加入集体
农庄的农户比例也达到 50% 以上，"至迟在 1932 年春季，基本
上完成全盘集体化"。④

---

① И.Е.Зеленин:Сталинская революция сверху после великого перелома 1930-1939.М.:Наука,2006,С10.

② Под ред. В. П. Данилов: Трагедия советской деревни. Т. 2. М., РОССПЭН. 2000.С. 27.

③ Под ред. В. П. Данилов: Трагедия советской деревни. Т. 2. М., РОССПЭН. 2000.С. 773.

④ 参见《苏联共产党代表大会、代表会议和中央全会决议汇编》第 4 册，人民出版社 1957 年版，第 223—224 页。

　　显然,这一结论过于乐观。农业全盘集体化运动"新高潮"勉强维持到了 1931 年秋天。从 10 月份开始,各地农民开始退出集体农庄,最主要原因就是食品困难。1930 年 10 月至 1931 年 11 月全苏农业集体化运动发展趋势详见图 8-7。[①]

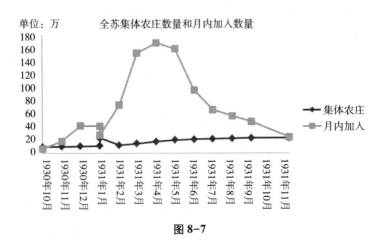

图 8-7

　　1931 年秋到 1933 年春,联共(布)中央采取一系列"温和政策",继续推动农业全盘集体化运动。1934 — 1936 年,联共(布)中央的农业政策由全面进攻转为有限妥协,目的在于缓和政府和农民之间的紧张关系,消除农业经济危机。托洛茨基把这一时期的农业政策称为"斯大林式新耐普"[②]。"新耐普"政策包括:撤销对集体农庄庄员的判罪、取消票证制度实施粮食自由贸易、颁布《农业劳动组合示范章程》和 1936 年《苏维埃社会主义共和国联盟宪法》等。"新耐普"政策取得了一定的成效。从政治上看,农村局势开始稳定;从经济上看,生产力得到了快

　　① И.Е.Зеленин:Сталинская революция сверху после великого перелома 1930-1939.М.:Наука,2006,С. 19.

　　② "新耐普"俄语为 Неонэп,意为"新的新经济政策"。

速的发展,这是第二次世界大战前发展速度最快的一个时期。对于苏联农民来说,无论是个体农民还是集体农庄庄员,都是农业集体化运动时期中最平稳的一个时期。

此后,联共(布)又用了几年时间把残余的个体农户吸收进集体农庄。1939 年 3 月,联共(布)十八大宣布,苏联解决了"社会主义革命中的一个极端困难的任务:完成农业的集体化,彻底巩固集体农庄制度。"①

农业全盘集体化运动在经历了两次高潮期后,一场席卷乌克兰、北高加索、伏尔加河流域、哈萨克斯坦、南乌拉尔和西西伯利亚的大饥荒爆发了。1932—1933 年大饥荒规模之大、波及范围之广、后果之严重在俄国史上史无前例。大饥荒给苏联人口带来了巨大损失,尤其是农业人口。②

1939 年 3 月,联共(布)十八大宣布,苏联解决了"社会主义革命中的一个极端困难的任务:完成农业的集体化,彻底巩固集体农庄制度。"③但是,农业全盘集体化运动是否促进了苏联农业的发展呢? 我们对比 1913 年与 1940 年农业播种面积和总产量就可以发现,农业全盘集体化运动完成后,总播种面积增加了 700 万公顷,但总产量仅增加了 200 万吨。可见,总产量增长完全建立在播种面积扩大的基础上,单位产量降低。单位产量从 8 公担/公顷降低到 7.6 公担/公顷,比 1913 年低了 0.6 公担/公顷。④ 详见

---

① 《苏联共产党代表大会、代表会议和中央全会决议汇编》第 5 分册,人民出版社 1958 年版,第 6 页。

② 关于"大饥荒"死亡人数学界一直存有争议。达尼洛夫、康德拉申和列宁认为死亡人数在 500 万—800 万之间。2008 年俄联邦国家杜马公布的死亡人数为 700 万。

③ 《苏联共产党代表大会、代表会议和中央全会决议汇编》第 5 册,人民出版社 1958 年版,第 6 页。

④ В. М. Володин: Аграрная Россия: история, проблемы, перспективы. Пенза:2007.С. 273.

图 8-8。

1913—1940年农业播种面积和总产量

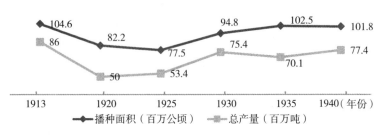

图 8-8

经过近 30 年发展,苏联农业经济组织的单位产量、总产量和播种面积却均低于沙俄时期的 1913 年。因此,无法证明集体农庄在农业生产方面具有优越性。

农民失去自由迁徙的权利,无权选择生活和劳动地点,被束缚在集体农庄中强迫劳动,为城市供应价格低廉的农产品,出口粮食为国家工业发展提供外汇。1940 年商品粮共计 3420 万吨,是农业全盘集体化运动前的两倍多。必须承认,集体农庄是农业向工业输血的有效工具,苏联在短时间内实现了工业化。然而,斯大林通过暴力手段和经济压力强行建立的集体农庄体系既不稳固也无法持久。

(四)20 世纪 40—50 年代初的农业经济组织

卫国战争爆发前,全苏总人口 1.94 亿,农村人口 1.31 亿。建成 23.69 万个集体农庄和 4200 个国营农场,集体经济中共 1870 万农户。[①] 农业集体化运动基本消灭了个体农户,残余的

---

① 转引自 B.B.Кондрашин.Крестьянство и сельское хозяйство СССР в годы Великой Отечественной войны.Известия Самараского научного центра Российской академии наук.2005.Т 7 № 2.http://www.ssc.smr.ru/media/journals/izvestia/2005/2005_2_289_300.pd.

个体经济成分微不足道,1940年全苏尚存个体经济64万户,播种面积占比不足1%。① 集体农庄成为农村占绝对优势的经济组织形式,是完成国家粮食收购任务的强力手段。在发生战争的极端条件下,集体农庄的优势和缺陷充分暴露出来。

集体农庄有其优势。首先,在高度的统一管理下,集体农庄具备强大的保障战争供给的能力,可以最大限度地从农村获取粮食等战备物资;其次,政府通过集体农庄全面控制农村局面,通过宣传鼓动有效调动农民参战和生产的积极性。鉴于集体农庄在战争中表现出的优势,即使在德占区德军也没有取缔集体经济,只是给集体农庄换了一个名字——"农业合作社",并将集体农庄的生产成果据为己有。为了巩固集体农庄体系,德军留用了原有的行政管理机构,并着手组建新的管理机构。

集体农庄的缺陷也充分暴露出来。战前,在政府强大的压力下集体农庄竭泽而渔,在完成国家粮食收购任务后农民已经所剩无几,多地区已经出现饥荒预兆。战争爆发后,农村必须首先无条件保障军队和城市。国家需求增加,而农村劳动力锐减、农业生产条件极差,因此,大部分集体农庄上交粮食留存种子储备后,再也没有粮食分给庄员。只有极少数集体农庄在战时艰苦条件下仍保持了较高的分配标准。

为了维持生存,庄员只能大力发展个人副业,最大限度地发展宅旁园地经济,种植粮食以及单位产量高的土豆、蔬菜和大豆,其中土豆的种植面积最大。民间甚至有"战胜希特勒的是土豆"的说法。事实上,庄员一直热衷经营宅旁园地。庄员个人经济收入增长收入引起联共(布)中央忧虑。1939年初,斯大林命令取消1938年农业人民委员部关于"宅旁园地面积可以达

---

① И.Е.Зеленин.Сталинская революция сверху после великого перелома 1930-1939.М.：Науку.2006.C.188.

到 1 公顷"的规定,严格遵守 1935 年《农业劳动组合示范章程》,禁止违法扩大宅旁园地面积。斯大林认为,虽然庄员个人经济尚在可控范围内,但如果任由其发展,三四年后宅旁园地面积将挤压集体农庄。"农民总是做对自己有利的事儿",但布尔什维克必须有预见性,"不能只看见鼻子底下那点事儿"。[①]

战争爆发后,政府对庄员违规扩大宅旁园地面积和饲养牲畜的行为采取了视而不见的纵容态度,因为政府深知,没有宅旁园地农民已经活不下去了。但是,这并不意味着政府打算长期支持鼓励庄员私人经济发展。卫国战争后期,当苏联政权危机消失胜利初现时,立刻开始遏制庄员个人副业。原因在于,虽然个人副业保障了农民自身生存,但如斯大林所言,"庄员个人经济发展势必影响集体经济",而战时表现上佳的、对战争胜负产生决定性影响的集体农庄必须继续巩固。可以说,战时政府对庄员个体经济的纵容是不得已而为之。至于苏联残余的个体农户,即便在战争期间也没有得到姑息,税收压力只增不减。

为弥补农业和农民的损失,政府采取了诸多扶持措施。第一,针对农村男性劳动力减少和技术人员不足的问题,政府大力发展农村群众性教育,发动妇女儿童接受教育,学会开拖拉机和收割机。第二,完善社会保障体系,帮助农村贫困户,免除粮食收购任务,定期不定期给予资金支持,组织社会力量定期上门服务。但是 30 年代成立的社保体系受益者主要是市民,农民的社会保障主要依靠农村互助机构。第三,在农村设立集体农庄社会互助储金会[②],购买食品直接发给贫困户,因为战争年代食品显然比钱更重要。但是,作为储金会成员的集体农庄自顾不暇,

---

① Под ред. В. П. Данилов: Трагедия советской деревни. Т. 5 (2). М., РОССПЭН. 2006. С. 379, 416-424.

② 集体农庄社会互助储金会(КОВК),俄语全称 Кассы общественной взаимопомощи колхозников。

因此多数储金会名存实亡,在国家保障不足的情况下互相帮助。农民主要依靠互相帮助渡过难关,尤其是军属、孤儿和战争致残人员受到特殊照顾。虽然政府提供的社会保障实际意义不大,但即使极其微小的关怀也给予了农民希望,巩固了农民对政府的信任,这种信任在卫国战争期间弥足珍贵。

除物质生活外,政府对农村文化生活给予了扶持。得益于此,农村部分传统文化在卫国战争期间不仅没有消亡还更加活跃。政府转变了宗教政策,和东正教会建立合作关系,教会影响力加强,在国际上为苏联争取国际舆论支持和物质援助,在国内为人们在战争极端条件下生存提供安慰。政府、集体农庄和农民共同努力修复战争中受损的俱乐部、学校、图书馆和阅览室等文化设施,农村国民教育体系和文化教育机构照常运行,其重要职能之一就是鼓舞人民英勇战斗。政府还着力改善农村卫生医疗条件,加大力度维护社会治安,打击趁火打劫等偷盗行为。

战争爆发后,农村劳动力锐减。大多数成年男性参军入伍或者进入企业,从事农业劳动的都是老弱妇孺。1941—1945年集体农庄劳动力变动情况详见图8-9。①

1943年,苏联农村劳动力降到最低。为了弥补劳动力损失,1943年4月13日,联共(布)中央委员会和苏联人民委员会颁布《关于提高集体农庄庄员最低工分标准》命令,将最低标准由1939年的每年60、80和100个提高到100、120和150个,各地区有所区别,12岁至16岁少年为50个。除年标准之外,还细化了不同农忙时期的工分分配。例如年最低150工分地区,5月15日之前30个,5月15日至9月1日45个,9月1日至11

---

① В. Н. Земсков. Патриотический трудовой подвиг советского крестьянства в годы Великой Отечественной войны. Политическое просвещение. 2011. 02.http://www.politpros.com/journal/read/? ID=270 * 此为每年1月1日的统计数据。

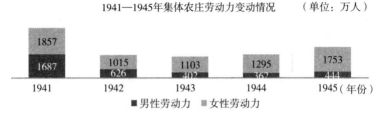

1941—1945年集体农庄劳动力变动情况　　（单位：万人）

图 8-9

月 1 日 45 个,11 月 1 日后 30 个。违法者将被开除,没收宅旁园地,送劳改营监禁 6 个月。① 此后,庄员的工分逐年增加。和 1940 年相比,1945 年男性农民工分增加了 10.3%,达到 344 个,女性农民工分增加了 30.6%,达到了 252 个。② 显然,均超过了联共(布)中央命令规定的平均工分 1 倍多。

　　纵观苏联的全部历史进程,1941 — 1945 年的卫国战争是农民最痛苦同时也是最辉煌的阶段。30 年代,斯大林发动农业全盘集体化和消灭富农运动,动用军队镇压农民暴动。十年间联共(布)中央政策多次反复,时而施压时而缓和,在政权与农民

---

　　① 工分(трудодень),是 1930 — 1966 年苏联农村集体农庄实施的评价庄员劳动数量和质量的标准,也是分配收入的唯一标准。塔吉克斯坦等种植经济作物地区,工分价值更高,多以货币支付,1 工分在 10 卢布以上。乌克兰等量产区工分价值偏低,多以实物支付,1 工分低于 3 卢布。1937 年收成好,51%的庄员 1 工分兑换了 3 公斤以上粮食。1939 年收成不好,17%的庄员 1 工分兑换 3 公斤以上粮食,36%的庄员不足 1 公斤。第二次世界大战爆发后,工分价值暴跌,1940 年兑换 1.6 公斤,1943 年 0.7 公斤,1944 年 0.8 公斤。第二次世界大战后,由于干旱造成歉收以及继续加大粮食出口,工分价值没有上涨,1945 年只有 24.6%的庄员兑换到 0.7 公斤以上,1946 年降低到 14.3%。1946 年冬天,农村饥荒爆发。1948 年后,工分价值开始提高,直到 1966 年用工资取代了工分。赫鲁晓夫认为,工分不能被认为是评价生产劳动的正确和客观的手段。

　　② В.Н. Земсков. Патриотический трудовой подвиг советского крестьянства в годы Великой Отечественной войны. Политическое просвещение. 2011. 02.

之间寻找平衡点。农民深知,政府无论采取哪种手段,是强迫集体化还是新耐普,最终目的都是从自己手中拿走更多的粮食。据国家政治保安总局秘密情报反映,农民早就宣称"假如战争爆发,绝不会保卫苏维埃政权",认为"布尔什维克一遇到困难就想起农民,一过上好日子就忘了",坦言"谁得了苏维埃的好处谁去参战吧"。① 然而,当战争真的爆发后,苏联农民又是如何表现的呢?

在苏联人民的意识当中,外敌入侵时必须忽略分歧团结抗敌,不惜任何代价捍卫国家独立是集体共识,也是 17 世纪初驱逐波兰和瑞典军队、结束混乱时期形成统一国家后形成的民族传统。战争初期,苏军的不断失利使全苏人民放弃了一战而胜的幻想,转入了决不妥协的持久战。农民中的绝大多数拒绝不战而降,把土地拱手相让。尽管农业全盘集体化运动剥夺了私人对土地的所有权,但土地仍然属于农民集体,决不能交给"侵略者"。成长在 30 年代的青年农民对集体农庄怀有好感,因为他们完全不了解农业还有另外的经营方式。对集体农庄持反抗态度的农民经过短暂的态度摇摆后也停止了反对的言论和行动。

极少数农民仍然记恨剥夺他们土地财产的政权,认为报复的机会到了,怀着德国必胜的心态加入了德军。据俄罗斯史学家统计,叛变投敌在德军服役者在 70 万—100 万人,在德占区担任过伪警察或者行政机关职员的有 20 万—30 万人,"附敌人员"总计 100 万—130 万。德国史学家统计数字更高一些,为200 万。② 在苏联总人口中,"附敌人员"比例为 0.05%—

---

① Под ред. В. П. Данилов. Трагедия советской деревни. Т. 1. М., РОССПЭН. 1999. С. 84–85.

② 转引自马龙闪:《苏联卫国战争期间俄奸知多少》,《历史教学问题》2003 年第 4 期。

0.1%，也就是最高不超过千分之一。

农业全盘集体化时期，约 243 万农民被剥夺了财产和土地、强制迁移到偏远地区、丧失选举权、在国家政治保安总局的监管下强迫劳动，这些人被称为特殊移民。[①] 卫国战争爆发后，这些被苏维埃政权镇压的特殊移民成为联共（布）中央高层隐忧。但特殊移民同样表现出对苏维埃国家的忠诚。例如，斯塔夫罗波尔边疆区战前有特殊移民 4.34 万人，1942 年下半年特居区沦陷，到 1943 年 1 月收复时，有 412 人随德军撤离，约为 1%。当然，斯塔夫罗波尔边疆区特殊移民中的"附敌人员"十倍于全苏平均数的事实也说明，农业全盘集体化运动催生了更多的苏维埃政权对立面。沦陷中，大部分特殊移民表现出对苏维埃政权的维护，帮忙掩护共产党员和犹太人。1946 年，斯塔夫罗波尔边疆区委书记奥尔洛夫向斯大林汇报，第二次世界大战期间共有全区 7636 名特殊移民加入苏军，大部分人作战英勇。3 人获得苏联英雄称号，303 人获得勋章，471 人获得奖章，564 人在战斗中致残。[②]

卫国战争期间，农村为军队输送的兵源不低于 1000 万，占军队总数的三分之二。战争中，苏联共损失人口 2700 万，三分之二是农村人口，包括出身农村的军人和和平居民。[③] 关于卫国战争期间农民积极劳动的动力源泉，俄学界存在意见分歧。В.Н.泽姆斯科夫认为，农民积极劳动的动力来自高度的"爱国

①　Под ред. В. П. Данилов. Трагедия советской деревни. Т. 5（1）. М., РОССПЭН. 2004.С. 8.

②　В. Н. Земсков. Патриотический трудовой подвиг советского крестьянства в годы Великой Отечественной войны. Политическое просвещение. 2011. 02.

③　В. В. Кондрашин. Крестьянство и сельское хозяйство СССР в годы Великой Отечественной войны. Известия Самараского научного центра Российской академии наук. 2005.Т 7 № 2.

主义",是完全自愿的。B.B.康德拉申和 M.A.维尔灿认为,农民仍处于政府隐形强迫下,劳动出于"恐惧"而非自愿。不管是自愿还是被迫,苏联农民为保卫国家、弥补战争给农业带来的损失作出巨大贡献,这是毋庸置疑的。康德拉申在回答"在伟大的卫国战争期间,那些饱受斯大林体制迫害的农民为什么愿意为祖国和苏维埃国家战斗? 无论在前线还是在后方都表现出真正的英勇捐躯精神? 是西方为之迷惑的'俄罗斯精神之谜'还是其他原因?"问题时同样毫不含糊地指出,答案并不复杂,就是俄罗斯人的爱国情怀驱动。因为"无论春夏秋冬,无论沙皇还是布尔什维克领袖统治,农民的欢乐和痛苦、幸福和厄运世世代代和俄罗斯土地纠缠在一起"。①

我们看到,在肯定苏联农民的爱国主义情怀方面俄罗斯学者是有共识的。卫国战争中,苏联农民节衣缩食,积极劳动,有力地保障了前线和城市居民的食品供应,补给了兵源,为取得反法西斯战争胜利付出了巨大代价,居功至伟。

战争爆发后,苏联部分领土被德军占领。德占区有 7700 万苏联居民(40%),9.8 万个集体农庄(41.7%),1876 个国营农场(44.9%)和 2890 个机器拖拉机站(41.3%)。号称苏联粮仓的乌克兰和北高加索沦为德占区。德战区战前出产 38%的粮食,50%的经济作物和 87%的制糖甜菜,养殖 45%的大型有角牲畜和 60%的猪。为了弥补德占区耕地损失,后方开始扩大播种面积。哈萨克斯坦、乌拉尔和西伯利亚有大量未开垦处女地,具有扩大播种面积的良好条件。德占区还有康拜因和拖拉机的工厂,年产量占全苏三分之一。由于无法撤离,部分农业机械被就

① В.В. Кондрашин. Крестьянство и сельское хозяйство СССР в годы Великой Отечественной войны. Известия Самараского научного центра Российской академии наук. 2005.Т 7 № 2.

地分拆销毁,大部分拖拉机和汽车被移交苏军。后方集体农庄和机器拖拉机站的运力减少了 32%,汽车数量减少了 89%。[①]

1941 年,在农村劳动力锐减的情况下,增加播种 150 万公顷。其中西伯利亚增加了 76.2 万公顷,乌拉尔增加了 42 万公顷,哈萨克斯坦增加了 28 万公顷,中亚增加了 18.6 万公顷。但全苏农作物播种面积还是从 1940 年的 1.5 亿公顷降低到 1941 年的 8470 万公顷。苏联政府农业领域投资锐减,由 1940 年的 126 亿卢布缩减到 1943 年的 51 亿卢布。燃料、木材和防水布等供应农村的物资锐减,玻璃和油毡纸完全断供。[②]

第二次世界大战使苏联本来就落后的畜牧业雪上加霜。战争爆发后,前线地区牲畜开始东撤,但成功撤离到后方安全地区的不足 13%,其中少部分牲畜在途中死亡,大部分牲畜交给了军队没有返还。后方缺少兽医,牲畜病发率极高。饲料不足,部分牲畜饲料转为人食用。为了增加肉类食品供给,集体农庄增加了食用牲畜的养殖数量,大型有角牲畜养殖数量由 1941 年的 1140 万头增加到 1943 年的 1250 万头,羊从 2810 万头增加到 3420 万头。战后,全苏集体农庄大型有角牲畜存栏量 1590 万头(比战前减少 420 万头),母牛 360 万头(减少 210 万头),猪 270 万头(减少 550 万头),羊 3710 万头(减少 480 万头),马匹 660 万头(减少 790 万头)。1940 年,全苏畜产品年产量 93.9 万吨,1942 年下降到 44.15 万吨。

种植业损失更为惨重。与 1940 年相比,1945 年粮食总产

---

① В. В. Кондрашин. Крестьянство и сельское хозяйство СССР в годы Великой Отечественной войны. Известия Самараского научного центра Российской академии наук. 2005. Т 7 № 2.

② В. Н. Земсков. Патриотический трудовой подвиг советского крестьянства в годы Великой Отечественной войны. Политическое просвещение. 2011. 02.

量减少了 4. 16 亿公担(55%),土豆总产量减少了 1. 5 亿公担
(60%),蔬菜总产量减少了 3039 万公担(51%),甜菜总产量减
少了 1. 13 亿公担(71%),葵花籽总产量减少了 1686 万公担
(73%),皮棉总产量减少了 908 万公顷(45%)。1941 — 1945
年,各类作物播种面积稳中有升,但总产量依旧持续下降,这是
因为单位产量不断下滑,粮食下滑了 40%,土豆下滑了 54%,蔬
菜下滑了 46%,甜菜下滑了 54%,葵花籽下滑了 63%,皮棉下滑
了 28%。[1]

　　1944 年,苏军战局转为主动,随着德占区的收复,农业局面
开始好转。卫国战争胜利后,1946 年乌克兰和南部地区发生旱
灾,引起国内食品供应困难,部分地区出现小规模饥荒。因此,
直到 1947 年,苏联国内才取消食品供应票证制度。卫国战争胜
利五年后,即 1950 年,苏联农业发展指标恢复到战争开始后的
1940 年的水平。

　　卫国战争结束后,人心思定。农民为卫国战争作出巨大牺
牲,更加渴望和平稳定的环境,发展经济改善生活。他们期盼政
府体恤,减轻肩负的国家现代化重担。尤为重要的是,卫国战争
末期,数百万苏联军民越过国境,经过东欧一直攻至柏林,他们
亲眼看到欧洲农村完全不同于苏联的生产和生活方式,非常羡
慕,希望彻底改变苏联农村的面貌。凯旋士兵带回来的崭新思
想意识在苏联农村迅速传播,农民认为,必须改革战前农村经济
组织形式,首先就是解散集体农庄。

　　在国外,作为第二次世界大战战胜国的苏联国际影响力空
前强大。在国内,斯大林个人威信比战前还要巩固。对于苏联

① В. Н. Земсков. Патриотический трудовой подвиг советского крестьянства в годы Великой Отечественной войны. Политическое просвещение. 2011. 02.

来说,这是一个调整国家政策的历史良机。但是,联共(布)中央没有进行全国人民期盼的改革,反而迅速恢复并强化战前体制。斯大林认为,战争检验了集体农庄,事实证明农业集体化运动是正确的,没有农业集体化运动就没有卫国战争的胜利,"集体化的方法是最进步的方法"[1]。因此,1947—1950年,新并入苏联版图的立陶宛、拉脱维亚和爱沙尼亚按照30年代的模式完成了农业集体化。

卫国战争胜利后,集体农庄不仅没有解散,反而加强了控制。战时发展起来的庄员个人副业受到限制。1946年9月,联共(布)中央颁布《关于消除破坏集体农庄农业劳动组合章程现象》的命令,指出庄员侵占集体农庄公有土地发展个人宅旁园的行为是非法的。到1949年末,共有1060万公顷"非法占有"的土地被收缴上交集体农庄。[2] 集体农庄管理制度更加严格,强化了劳动纪律,集体农庄主席通过编制造假手段吃空饷的行为被严惩,禁止集体农庄将农产品售卖给临近的市郊单位,通过行政手段强迫庄员把小牲畜卖给国家而不是进入市场销售。集体农庄必须首先完成国家收购任务,然后才能出售剩余产品,而收购价格极其低廉。

农业税开始上涨。1948年庄员负担的农业税上涨了30%,个体农民或者退出集体农庄者上涨了一倍,农业税缴纳不全将被追究刑事责任。此后,农业税一路上涨,1949—1952年平均每户庄员负担的农业税由419卢布上涨到528卢布。1950年,政府对集体农庄劳动进行统计测算,结果表明,庄员劳动时间的73%用于集体农庄劳动,10%用于国家服务,17%用于个人副

---

① 《斯大林选集》下卷,人民出版社1979年版,第497页。

② А.В.Петриков, М.Л.Галас. Сельское хозяйство России в XX веке. Россия в окружающем мире:2001(Аналитические ежегодник)http://www.rus-stat.ru/index.php? vid = 1&year = 2001&id = 63.

业。与此同时,庄员得到的劳动收入比例分别是 19.5%、19.4%
和 46.1%。也就是说,庄员收入的几乎一半来自个人副业。
1953 年,政府开始对宅旁园地上的个人副业收税。1946—1953
年,政府在农业领域收入 2980 亿卢布,其中 1050 亿卢布投到其
他领域。①

　　从 1947 年开始,联共(布)中央开始在农村实验推行"包产
到组"的改革,主要内容是改革集体农庄收入分配中的平均主
义,按照农庄内工作小组分配收入,以便促进劳动生产率,增加
农产品单位产量。1947—1950 年,"包产到组"在部分地区试
行,尤其是乌克兰推广范围较大。但是,由于农业体制如此改革
与斯大林农业大生产思想背道而驰,因此,农业改革很快遭到批
判。中央认为,现有集体农庄规模仍然达不到农业大生产要求,
因此在全苏范围内发动大规模的集体农庄合并运动。到 1951
年 1 月 1 日,集体农庄由战前的 30 万个合并为 12.3 万个。②

　　战后苏联农业发展状况表明,联共(布)中央没有休养生
息,而是进一步控制农业榨取农民,农村生产力没有得到应有的
恢复,农民劳动强度大,收入极低,物质生活没有得到改善,劳动
积极性不高。直到 1950 年,全苏播种面积和粮食单位产量也没
能恢复到战前水平。农民纷纷逃离农村,挤进城市。

(五)赫鲁晓夫时期的农业经济组织

　　赫鲁晓夫从斯大林手里接过的苏联依然局面复杂。一方
面,国家科学技术实力强大,是历史上最接近西欧和北美水平的
时期,国际地位巩固,话语权空前有力;另一方面,国内经济体系

---

　　①　А. В. Петриков, М. Л. Галас. Сельское хозяйство России в XX веке.
Россия в окружающем мире:2001(Аналитические ежегодник)http://www.rus-
stat.ru/index.php? vid=1&year=2001&id=63.

　　②　参见陆南泉:《苏联经济体制改革史论》,人民出版社 2007 年版,第
105—106 页。

缺乏动力,灵活度不够,人民生活水平和发达国家差距较大。西欧和北美的市场经济模式表现出苏式超级垄断性经济不具备的活力。但是,在西方福特-凯恩斯发展模式也缺陷重重面临大调整。因此,国际社会上有意见认为,苏联发展模式更具竞争力,前景广阔。

苏联领导层非常清楚国内经济体系的缺陷,农村是其中最薄弱的环节。50年代初,农村日益贫困,在充当多年的提款机后面临崩溃。在Я.Н.雅科夫列夫笔下,农村过着赤贫生活,战后完全荒芜,每天晚上集体农庄的生产队长挨家挨户给成年劳动力派活,得到的是村妇的嘲弄和村夫的咒骂。"20世纪中叶,俄罗斯的农村成为了国家农奴制农村,国家从农民那里夺去了除空气以外的所有东西"。[①]

苏联领导层一致认为,必须改变国内农业发展落后的局面,增加农业投资。但是,关于改革的具体措施却分歧明显。十月革命后,农业发展道路选择一直是党内政治派别斗争的焦点。当时存在着两种意见:第一,马林科夫方案。对传统农产区加大投入,集约化生产,提高粮食单位产量,提高农业内涵的组织经营方式。第二,赫鲁晓夫方案。大规模拓展新农业区,重点开发荒地,包括生荒地和熟荒地,实施外延式农业经营组织方式。与20年代斯大林和布哈林围绕发展道路选择争夺领导权一样,赫鲁晓夫农业政策改革同样伴随着政治斗争。所有不认同赫鲁晓夫农业改革的高层领导,如马林科夫、卡冈诺维奇和莫洛托夫等都被作为"反党集团"进行了批判。

赫鲁晓夫方案胜出的原因在于:第一,在几十年的农业高压政策下,传统农业区经济组织方式弊端重重,不进行根本的体制

---

① [俄]雅·尼·雅科夫列夫:《一杯苦酒——俄罗斯的布尔什维主义和改革运动》,徐葵等译,新华出版社1999年版,第15页。

改革而单纯增加投资,效果是极其有限的,所谓农业集约化经营也很难奏效;第二,从列宁到斯大林再到赫鲁晓夫,苏联尽快赶超发达国家完成工业化的国家目标没有丝毫动摇,农业支持工业的发展道路也没有调整。

改革者赫鲁晓夫出身农村,具有丰富的农村工作经验,在乌克兰出色地领导完成粮食收购任务,对苏联农业潜伏的危机可谓了解深刻。他指出,苏维埃政权已经成立近三十八年了,时间不短了,农业落后的问题"再往尼古拉二世身上推诿,该觉得可耻了"①。赫鲁晓夫执政后,推行了农业改革。但是,赫鲁晓夫的农业改革只是对斯大林模式的小修小补,并没有触动实质。无论是优先发展重工业的国家战略,还是依靠行政压力的农业管理方式,赫鲁晓夫都承继了斯大林模式。赫鲁晓夫仍然遵循坚持发展社会主义大农业的基本前提,大力发展集体农庄不动摇,加强党对集体农庄的领导,扩大集体农庄规模,继续执行斯大林时期开始的合并集体农庄政策,合并速度加快。

赫鲁晓夫任内推进了开垦荒地、扩种玉米和畜牧业跃进发展的三大政策,实质仍然是斯大林时期的利用行政命令强行干预农业自然发展进程,完全忽视自然规律,其改革效果自然难以奏效。

1954 年 1 月,赫鲁晓夫上书中央主席团,明确提出开垦荒地、迅速增加粮食播种面积的计划。2 月,在苏共中央全会上赫鲁晓夫作了《关于进一步扩大苏联的粮食生产,开垦生荒地和熟荒地》的报告,进一步阐述了开垦荒地问题。该计划遭到苏共高层多位领导人的反对。莫洛托夫、马林科夫和卡冈诺维奇都认为,与其将人力物力花在前途未卜的荒地不如集中力量在

---

① 转引自陆南泉:《苏联经济体制改革史论》,人民出版社 2007 年版,第141 页。

传统农产区集约化经营,赫鲁晓夫方案如赌博一般,十分冒险。赫鲁晓夫方案受到他们的一致抵制。但赫鲁晓夫开垦荒地的决心是顽强的。他认为,开垦荒地是解决当前粮食问题的唯一途径,哈萨克斯坦、西西伯利亚、伏尔加河流域和北高加索的荒地开发后将大大增加全苏播种面积,而且垦荒投资效益高,资金回笼快。赫鲁晓夫力排众议,政治上打击对手,政策上积极贯彻开发荒地计划。

从1954年开始,先后有170万人参与开发荒地。到1958年,新开发土地粮食增产一倍,收购数量增加了两倍。这是因为新垦区地广人稀,人均消费低,因此商品粮比例高。1954—1959年,全苏垦荒投资总额374亿卢布,同期通过垦荒区商品粮销售获得620亿卢布国家预算进款。[①] 到1962年,共开发荒地4180万公顷,其中俄罗斯联邦1600万公顷。开发荒地计划的实施暂时缓解了苏联的粮食问题,新开发土地年平均粮食收购数量占总数的40%,丰年时能占到50%—60%。大规模垦荒后,全苏粮食总产量从每年8090万吨增加到1.13亿吨。[②]

轮作制是俄国传统耕作方式,即定期留出休闲地休耕,以便恢复土壤肥力。尤其是干燥地区,可以保持土壤水分。但在大规模垦荒中,为了扩大播种面积,休闲地越来越少。向土地最大限度索取的垦荒破坏了生态平衡,短短几年,原本肥沃的新开发土地开始沙化。尤其是苏联北部和中部地区,土壤肥力消失。1958年后,新开发土地上收成不再增产。1963年开始歉收,苏

---

① А. В. Петриков, М. Л. Галас. Сельское хозяйство России в XX веке. Россия в окружающем мире:2001(Аналитические ежегодник)http://www.rus-stat.ru/index.php? vid = 1&year = 2001&id = 63.

② 转引自 В. В. Кондрашин. Крестьянство и сельское хозяйство СССР в годы Великой Отечественной войны. Известия Самараского научного центра Российской академии наук. 2005.Т 7 № 2.

联政府只好大批采购进口粮食。

为了解决苏联的畜牧业发展问题,赫鲁晓夫提出"扩大玉米种植面积"的方案,认为玉米是非常有价值的饲料作物,许多畜牧业发达国家都广泛使用玉米作为饲料,而苏联,即使在最适宜种植地区玉米的播种面积也极小。在赫鲁晓夫的推动下,苏联开始了扩种玉米运动。

赫鲁晓夫规划建立新粮仓,制定青饲料喂养牲畜办法,设计制造机械化种植玉米的设备,改良玉米品种。乌克兰成立玉米研究所,莫斯科展览馆专门开辟了玉米展厅,农业部发行《玉米》期刊,玉米制作的食品种类更加丰富。

1962 年,全苏玉米播种面积扩大到 3700 公顷。赫鲁晓夫种植玉米作饲料发展畜牧业的想法是从美国学习的,美国经验在苏联的推广确实遭遇了滑铁卢,原因在于推广手段仍然是斯大林时期的,完全依靠行政手段在农业领域发动运动,不顾地域差别,强行在不适宜地区扩种玉米。赫鲁晓夫认为,一些地区长不出玉米的原因在于人为因素,必须"撤换那些本身使玉米这种作物干旱枯萎,但却没有为它恢复生机提供机会的领导者"。赫鲁晓夫后来认识到并承认并未所有地区都能种植玉米,但是和斯大林时期一致的是,中央的决策错误也要由地方执行干部负责,赫鲁晓夫在回忆录里指出,"有些干部想迎合我","好像一群马屁精","不首先为农民作好适当的准备,就坚持大面积种植玉米","而我作为第一个推广种植玉米的倡议人的声誉也受到了损害"。① 显然,种不出玉米怪地方干部,种多了还是地方干部的错误。

在开垦荒地和扩种玉米取得了初步成效后,1957 年 5 月,

① 参见陆南泉:《苏联经济体制改革史论》,人民出版社 2007 年版,第171—172 页。

赫鲁晓夫在列宁格勒农业工作者会议上突然提出，"苏联已经具备一切条件，要在今后几年在按人口平均计算的肉类、牛奶和黄油等产量方面达到美国现有水平"，"如果 1960 年尚不能完成，就让我们在 1962—1963 年去完成它"。此后，赫鲁晓夫把畜牧业赶超美国的大跃进发展上升到阶级立场问题，反对者被指责为"反党集团"，"以老爷式的轻蔑态度来对待广大人民群众的迫切的切身利益，不相信社会主义经济蕴藏的巨大潜力"。于是，如何看待畜牧业赶超美国成为当时检验一个人政治正确的标准。①

事实上，1957 年美苏两国肉类产量的实际情况证明，苏联人均肉类产量赶上美国至少需要 15 年，因为美国人均 97 公斤，苏联只有 36 公斤，而近两年增长率不足 10%。② 因此，在 3—5 年内赶超美国的畜牧业发展计划非常不切合实际。为了完成赶超计划，地方干部在强大的压力下宰杀了幼畜、种畜和奶牛。杀鸡取卵的办法只能增长当年肉类产品产量，第二年就再也完不成任务了。

赫鲁晓夫对斯大林农业政策中缺陷最明显的部分进行调整，首先就是扩大集体农庄和国营农场的自主权。斯大林时期苏联农业经济组织计划性过强，指导性意见过多，忽视各地区集体农庄的不同特点，连对施肥、拔草和间苗的次数和时间都有严格的统一规定。违背自然规律的盲目指挥对农业生产的破坏性极大。

赫鲁晓夫巧妙地选择了改革切入点，1955 年 3 月 9 日，颁布《关于修改农业计划工作的办法的决议》，明确指出国家计划

---

① 转引自李典军：《苏联农政模式研究》，中国农业出版社 2007 年版，第 212 页。

② 转引自李典军：《苏联农政模式研究》，中国农业出版社 2007 年版，第 215 页。

委员会、农业部和农产品采购部此前犯有严重的错误,农业计划制度过于集中,给集体农庄、国营农场和机器拖拉机站的指标过多,今后,要发挥集体农庄和国营农场的主动性,根据自身特点更合理地规划经营管理。决议强调,今后不再硬性规定播种面积和结构、牲畜种类和头数以及农业组织具体措施。只下达农产品采购量一项硬性指标,地方自行组织管理完成国家任务即可。①

赫鲁晓夫深得人心的改革措施还包括集体农庄劳动报酬制度调整。1953 年 9 月,决定实施集体农庄庄员报酬预付制度,预付报酬的资金来源是出售牲畜和畜产品的现金收入的 15%,预付办法是按季度拨付。② 随着集体农庄实物和货币收入的增长,庄员工分也逐渐增加。1956 年 3 月,集体农庄庄员得到按月发放的预付的劳动报酬,年终进行结算。预支报酬分为实物和现金两种。实物预支包括粮食、蔬菜、畜产品和饲料等,现金预支来自集体农庄销售农产品的货币收入以及采购组织预支的定金。1957 年,颁布《机器拖拉机站工作人员货币工资办法》,由集体农庄支付的货币工资每月 3 日前必须到位,以便机器拖拉机站按月发放工资。当集体农庄现金不足时,可由国家银行提供短期贷款。年终时,集体农庄和机器拖拉机站将根据集体农庄总收入进行结算。

为了提高集体农庄庄员的劳动积极性,赫鲁晓夫学习了美国经验,实验机械化包工包产小组制度。这种新的农业劳动组织形式有三种类型:一是综合机械化生产队,人数不等规模不大;二是在综合机械化生产队中分出若干个机械化小组,对小组

---

① 《苏联共产党和苏联政府经济问题决议汇编》第 4 卷,中国人民大学出版社 1987 年版,第 200—205 页。

② В. М. Володин: Аграрная Россия: история, проблемы, перспективы. Пенза:2007.С. 296.

实行包工奖励工资制度；三是农机手家庭承包，由国营农场职工承包土地。这三种类型的组织形式都是建立在经济承包的基础上，劳动成果与收入直接挂钩，多劳多得。在当时的条件下，这种美国经验舶来品没有也不可能成为普遍的劳动组织形式。

苏联时期，农民从事双重劳动，加入集体农庄和国营农场后，在国家和集体的社会劳动中贡献力量，同时还要从事个人副业，即耕种宅旁园地和饲养家畜家禽。个人副业在苏联社会经济生活中意义重大，可以说小经济里蕴含着农业发展的大问题。个人副业不溶于社会主义大农业意识，其发展一直受到政府限制。

1935 年 2 月，为了缓和农村紧张局势，联共（布）中央颁布《农业劳动组合示范章程》，明确规定庄员个人副业规模，宅旁园地面积 0.25—0.5 公顷（个别地区 1 公顷），母牛 1 头，幼畜 2 头，母猪 1—2 头，羊 10 只，蜂箱 20 个，家禽家兔数量不限。这种鼓励农民适当发展个人经济的政策深得人心。农民从集体经济中获益甚微，得到政策支持后最大限度地发展个人经济，宅旁园地面积和饲养牲畜数量迅速增加。庄员个人副业增长引起政府担忧，1938 年 4 月，颁布《关于国营农场职工个人使用牲畜数量》，要求庄员饲养牲畜不得超过 1935 年章程规定，超额牲畜要征收肉品税和奶制品税。1939 年 1 月，废除农业人民委员部 1938 年 4 月颁布的"允许宅旁园地面积达到 1 公顷"的规定，超标土地一律没收。10 月，全苏没收 1.19 万公顷宅旁园地。[①] 卫国战争时期，在政府的默许下个人副业迅速发展。战争胜利后，个人副业发展政策迅速收紧。

赫鲁晓夫上台后立刻改革个人副业管理制度。1953 年 7

---

① Под ред. В. П. Данилов: Трагедия советской деревни. Т. 5（2）. М., РОССПЭН. 2006.С. 98，582.

月 1 日,政府颁布命令规定宅旁园地税收固定化,不管收入多少税收不变。1954 年,该项税收从 1952 年的 95 亿卢布降低到 41 亿卢布,减税政策深受农民好评。[1] 此后,政府对个人副业采取了诸多鼓励政策,得到政策支持个人副业迅速恢复发展,农民、工人和机关干部都热衷于经营菜地果园,物质生活得到改善,国家干预变小,社会生活出现一定程度的民主化。

庄员经营个人经济的热情远远高于集体经济,刚刚发展的个人副业再次引发政府担忧。从 1956 年开始,赫鲁晓夫开始缩紧个人副业政策。先限制后禁止市民饲养牲畜,取消农场职工自留地和自养畜。个人副业萎缩,市场供应开始不足,政府被迫再次放松政策。1961 年,赫鲁晓夫在中央一月全会上宣布,个人副业"不违背社会主义和共产主义的发展",而且"是对从集体经济中所得收入的补充"。要"严惩那些热衷于取消宅旁园地的人"。[2]

1934 年 1 月 19 日,苏联颁布《消费合作社粮食采购法》,标志着除粮食收购外,粮食采购成为国家增加粮食储备的补充手段。采购法出台后,1934 年苏联粮食采购数量达到 359 万吨,是 1933 年的 9 倍。[3] 尽管采购法规定,粮食采购是农民自愿履行的义务,但实际上,还是中央给地方下达硬指标,地方政府强迫农民完成。完不成任务的庄员将被扣发工分和罚款。表面上看,采购法对农民有益,但并不受农民欢迎。原因在于收购价格

---

[1] В. Н. Плотников. Личное подсобное хозяйство: большие проблемы малых хозяйств. Вестник Волгоградского государственно университета. 2010. Т 3. №2. С. 90.

[2] 转引自陆南泉:《苏联经济体制改革史论》,人民出版社 2007 年版,第 152 页。

[3] Под ред. В. П. Данилов: Трагедия советской деревни. Т. 4. М., РОССПЭН. 2002. С. 30.

明显低于市场价格,是对农民的另一种方式的剥夺,严重制约了农民的劳动积极性,损害了农民利益,束缚了农业发展。

赫鲁晓夫执政后,为了调动农民生产积极性,贯彻物质利益原则,对农产品采购制度进行了一系列改革,如提高农畜产品采购价格、全国统一收购制度、取消义务交售制好机器拖拉机站实物报酬。由于采取了上述措施,农民收入增加,各地区收入差距减小。

农畜产品采购价格急剧提高引发城乡矛盾。1953—1959年,农产品采购价格平均提高了2倍,个别畜类产品提高了9—11倍。1962年,政府计划继续提高畜产品采购价格,采购成本中的一部分需要转嫁给市民,畜产品市场价格上涨35%。此举立刻引起市民的抗议骚乱,规模之大导致部分地区动用了军队才压制下去。市民骚乱虽然平定了,但城乡农产品供应矛盾并没有解决。一年后,国内供应危机爆发。

20年代末,苏联农村出现第一批拖拉机小组。1928年,乌克兰敖德萨州建立了全国第一个机器拖拉机站。1929年6月5日,劳动和国防委员会颁布命令,在全苏各地建立机器拖拉机站。农业全盘集体化运动开始后,为了吸引农民加入集体农庄,开始加快普及机器拖拉机站。1930年9月10日,联共(布)中央通过决议,将全苏所有的机器拖拉机站和拖拉机队集中到拖拉机中心,都由国家统一管理。这样一来,原本属于集体农庄的农机全部归国营机器拖拉机站,农民只能通过购买拖拉机中心股票的方式参与新拖拉机站的建设。1931年,全苏机器拖拉机站总数达到1400个。机器拖拉机站帮助集体农庄进行机械化劳动,不管完成情况如何,集体农庄都要按照合同支付实物报酬。集体农庄和机器拖拉机站的关系变得本末倒置:不是集体农庄管理机器拖拉机站,监督它的工作质量,而是机器拖拉机站监督集体农庄的粮食收购和农业集体化实施。因此,机器拖拉机站的建设并非以更好地为集体农庄服务为目的,而是把集体农庄纳入到更严格地监控管理体系之中。农业集体化后,机器拖拉机站成为苏维埃国家管理控制农村的重要政治组织。

1958 年,中央二月全会通过赫鲁晓夫《关于进一步发展集体农庄制度和改组机器拖拉机站》的报告,机器拖拉机站改组工作迅速开展。主要内容包括改变为集体农庄进行生产技术服务的现行制度,逐步把机器拖拉机站改组为技术修理站,把农业机器卖给集体农庄。

改组机器拖拉机站也是赫鲁晓夫对斯大林模式农业经济组织的重大修正。改组的主要目的是赋予集体农庄更大的自主权。但是,改组反而恶化了集体农庄经营。购买机器拖拉机站的机械成为集体农庄的沉重负担,虽然赫鲁晓夫要求改组要稳步推进,但事实上仍然是强制推行,集体农庄斥巨资购买机械设备后,再也无力经营其他计划。机器拖拉机站有技术能力的公职人员不愿意成为集体农庄庄员,因为这意味着收入和社会地位一落千丈,他们大多选择进城工作。集体农庄购买了设备却缺少技术熟练人员维修保养,导致设备损毁严重。

50 年代后期开始,苏联国内城市化进程加快。1958 年,政府开始给农村居民办理身份证,农村人口在国内流动比原来方便。1960—1964 年,农村外流进城人口达到 700 万人,其中大部分是青年。1961 年,苏联城市人口第一次超过农村人口。农业生产越来越落后于居民对食品消费的需求。1963 年,苏联国内出现供应危机。为解决国内粮食消费问题,政府进口粮食940 万吨,动用国家储备金三分之一。[①] 此后,粮食进口常态化。

从 1963 年末开始,苏联政府开始重视农业内涵发展,挖掘

---

① В. М. Володин: Аграрная Россия: история, проблемы, перспективы. Пенза:2007.С. 299,302.

农业内在潜力。十二月全会探讨了加快发展作为农业发展基础的化工产业的措施。1964年二月全会宣布实施农业集约化的发展方针,如普及化肥和农业机械使用、注重农业科技成果转化和先进经验推广。7月15日,历史上第一次在农村集体农庄实施社保体系,庄员退休后可以得到退休金。9月,第一个全苏农工联合企业成立。赫鲁晓夫执政最后一年,苏联农村的资本投资急剧增长。

从苏联农业总产值指标看,赫鲁晓夫改革取得了积极成效。1953年中央九月全会后,苏联农业发展连续6年保持了高增长。1953年,农业总产值787亿卢布,1959年增长到1197亿卢布,增长了52%。1962年,增长到1269亿卢布,达到最高点。1963年开始回落,降低到1176亿卢布。[1] 综合分析赫鲁晓夫农业政策可以看出,农业总产值的增长依靠的仍然是无持续性的跃进政策。

号称"改革者"的赫鲁晓夫,其实从未脱离斯大林模式的整体框架,对农业经济组织的各种末端调整缺乏宏观整体调控,经常是顾此失彼。"他离开习惯了的斯大林政策的此岸,但无论如何也不能找到彼岸。"[2]

六、20世纪60—80年代农业政策与效果

60年代中期,苏联农业经济衰退愈发明显。赫鲁晓夫走下政坛,但农业改革并未终止,在勃列日涅夫的领导下继续推进。

---

[1]　А. В. Петриков, М. Л. Галас. Сельское хозяйство России в XX веке. Россия в окружающем мире:2001(Аналитические ежегодник)http://www.rus-stat.ru/index.php? vid=1&year=2001&id=63.

[2]　[俄]格·阿·阿尔巴托夫:《苏联政治内幕:知情者的见证》,徐葵等译,新华出版社1998年版,第139页。

1965 年,中央三月全会集中讨论苏联农业形势,分析存在的问题并提出了解决措施,即大幅增加农业投资,降低国家粮食收购计划,提高粮食采购价格,固定粮食采购计划,等等。苏联农业经济组织转向新的发展模式。即从原来的利用工农业产品剪刀差剥夺农业发展工业完成国家现代化的斯大林模式,转为工业支援农业的补偿模式。然而,新的农业经济组织模式效果如何呢?首先,国家负担增加,财政压力变大;其次,农业从剥夺对象转为补贴对象后,吞噬石油利润习以为常,丧失发展动力。

勃列日涅夫时期最重要的农业政策革新就是加大农业领域投资,农业史上第一次得到国家的大规模资金支持。60 年代前期,农业投资在政府投资总额中占比 15.5%,1970 年增加到20%。[①] 苏联成为世界上农业投资比例最高的国家,过去长期处于被索取地位的农业成为政府投资优先照顾的对象。苏联政府意识到过去半个世纪对农业的过度压榨造成对农民的深刻伤害,现在到了该补偿的时候了。

1961—1985 年,苏联农业投资与产出的年平均数据详见图8-10。[②] 从数据中可以看出,20 年间农业总投资增加了 2 倍,但农产品价值增幅反而降低。60 年代前期农业产出是投资的2.3 倍,80 年代降低到了 1.3 倍,巨额投资没有得到相应的回报。而且,苏联官方统计资料中农产品价值计算依据的是政府硬性规定的采购价格,采购价格远高于市场价格,因此,官方统计数据误差较大,农业投资实际收益要更保守一些。

农业巨额投资的主要来源是石油出口创汇。国际原油市场价格波动造成苏联石油出口收入忽高忽低,因此农业投资来源

---

① В. М. Володин: Аграрная Россия: история, проблемы, перспективы. Пенза:2007.С. 311.

② А. А. Никонов: Спираль многовековой драмы: аграрная наука и политика России(ⅩⅧ-ⅩⅩ вв.).М.,1995.С. 332.

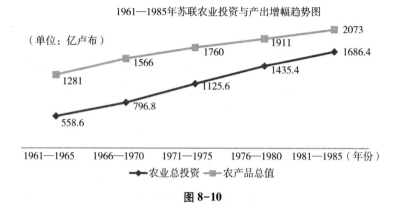

图 8-10

极不稳定。国际市场石油价格高,苏联有充足的资金进口粮食饲料,发展国内禽类养殖,当石油价格下降,为维持禽类养殖业正常运转仍然需要如数进口粮食饲料,资金缺口巨大,因此 80 年代后期苏联外债增加迅速。

国内农业领域投资受到工业觊觎。农业发展需要工业产品提供支持,工业部门以国家计划委员会没有下拨相关款项为由拒绝生产。最后,只好从农业投资中抽回资金划归工业,才完成相关产品生产。

农产品采购制度始于斯大林时期,赫鲁晓夫时期开始改革采购制度中的不合理政策。但 60 年代中期,农产品采购制度仍然存在诸多弊端:国家采购计划不稳定,每年一变,计划发布后还会多次追加采购任务,造成采购数量过高。虽然赫鲁晓夫时期多次大幅提高农产品采购价格,但是工业品价格也随之上涨,增加了生产费用,冲抵了农产品销售利润。因此,农产品采购价格的提高并未给农民带来更多好处。

勃列日涅夫改革首先固定采购计划,规定 1966—1970 年五年不变,不再每年不断追加采购数量。集体农庄和国营农场超计划完成采购任务将给予奖励,具体为收购价格上涨50%。固定收购计划和超计划奖励制度刺激了集体农庄和国营农场的生产积极性,政策一直执行到1980年。政策实际执行中出现一些问题,如集体农庄和国营农场千方百计压低国家采购计划从而获取更多的超计划奖励、各地区农业生产条件差异导致集体农庄收入差距加大、集体农庄内部不同年度自然气候差距导致收入不均衡、出现大小年状况等等。从1981年开始,固定采购计划五年不变改为分年度的统一价格,超计划奖励改为超过"十五"计划平均水平奖励。

其次,粮食和肉类等农产品采购价格不断提高。由于赫鲁晓夫改革,60年代,苏联农产品采购价格第一次超过了成本价格。农民终于可以从农产品销售中获利了,斯大林时期农产品价格低廉至极的局面不见了。勃列日涅夫改革强调物质刺激促进农业生产,继续提高农产品采购价格。1965年,农产品采购价格平均提高20%,1970年提高25%,1979年提高12%,1984年提高16%。[1] 农产品采购价格不断上涨,直到超过了市场零售价格。农产品价格倒挂现象出现。近郊农民进城购粮回家喂猪,苏联城市和农村关系颠覆。

自古以来,俄罗斯国家的农业经济组织就是粗放经营。可以说,这是俄国不可避免的也是最适宜的经营方式。从世界范围看,集约式经营只存在于劳动力过剩、土地短缺和资金充足的地方。由于土地资源充足,俄罗斯民族增加农产品产量的最简洁办法不是精耕而是扩大播种面积,尤其是在国家领土不断扩大的条件下,肥沃土地从来没有成为稀缺资源,这成为农业长期粗放经营的根本原因。对土地的资金投入较少,劳动投入太多,

---

① В. М. Володин：Аграрная Россия：история，проблемы，перспективы．Пенза：2007.С. 311.

生产资料投入和农业科技应用不占主要地位。靠天吃饭,气候条件好、产量高、粮食出口量增加,气候条件差、产量低、饥荒频发是历史常态。

　　60 年代后期,苏联农业开始注重集约化经营。经过 30 年发展,80 年代在扩大机械化、使用化肥和改良土壤方面取得明显成效。和 60 年代相比,90 年代农业动力装备率和电力装备率分别增加了 5 倍和 30 倍。化肥和土壤改良变化详见图 8-11 和图 8-12。[①]

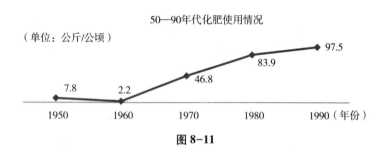

图 8-11

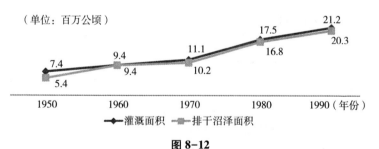

图 8-12

　　苏维埃政权几十年间对待个人副业的态度都是批判性的,

---

　　① А.В. Петриков, М. Л. Галас: Сельское хозяйство России в XX веке. С. 24.

只有大农业才有发展前途的思想根深蒂固,个人副业充其量不过是大农业的补充。其非社会主义性质的原罪导致政府长期限制个人副业发展。即使个人副业在卫国战争时期展示出强大的保障国家食品安全能力,也不能避免战后继续受到政府限制的命运。即使到了60年代,赫鲁晓夫政府对个人副业的认知观念都未彻底改变,造成政策时紧时松,纠结多变。

勃列日涅夫政府执政初期就放松了对个人副业的政策限制。1969年通过的《集体农庄示范章程》明确了政府支持个人副业发展的态度。70年代后期,苏联政府对个人副业的性质认定发生了根本改变。1977年,勃列日涅夫在《关于苏联宪法草案及全民讨论的总结》报告中驳斥了某些人限制甚至取消个人副业的建议,指出"这种与剥削无关的劳动形式目前在我国经济中起着有益的作用"①。此后,政府出台一系列命令,取消了对个人副业的诸多限制。1982年6月,苏共中央通过《1981—1990年食品纲要》,在纲要中第一次公开肯定了个人副业在苏联国民经济中的巨大作用,指出70年代以来个人副业农产品产量下降,要求采取有效措施鼓励扶持个人副业发展,使之进一步增产农产品。

由于农村人口持续下降、农村住宅大量增加、宅旁园地面积下降等多种原因,个人副业产值占全苏农业总产值的比重一直在下降。1970年占比29%,1975年占比28%,1980年占比25%,食品纲要颁布后继续降低,1985年占比为23%。1990年才回升到24%。②

20世纪60—80年代,在深化农业改革的背景下,苏联农业

---

① 《勃列日涅夫言论》第13集,上海译文出版社1981年版,第288页。

② В. Н. Плотников. Личное подсобное хозяйство: большие проблемы малых хозяйств. Вестник Волгоградского государственно университета. 2010. Т 3.№2.С. 91.

取得了快速发展。1980—1990 年,农业产值占国民生产总值的比例由 13% 提高到 18%,农业收入占国民生产收入的比例由 14. 9% 提高到 24. 8%。农业集约化经营效果明显,粮食单位产量逐年增加,1961—1965 年,每公顷产量 10. 2 公担,1986—1990 年提高到 15. 9 公担。同期,粮食总产量由 7650 万吨增加到 1. 04 亿吨。畜牧业有较大发展。1986—1990 年,大型有角牲畜数量达到 5924 万头,比 1966—1970 年增加了 19. 7%。1992 年,禽类数量达到 6. 6 亿只,比 1971 年增加了 84. 4%。[①] 80 年代末,苏联人均卡路里摄入量进入世界前十名,人均食品占有量增速超过许多国家。

勃列日涅夫时期,作为俄罗斯民族非传统饮食品种的大米种植发展迅速,因为大米具有营养价值丰富和产量高的优势。1965 年,全苏大米总产量 58. 3 万吨。专家认为,国内市场对大米的需求量很高,可以增加种植,年产量可以达到 200 万吨。专家意见得到中央认可,决定在克拉斯诺达尔边疆区库班河滩地、伏尔加河下游的阿斯特拉罕州和卡尔梅克、捷列克河下游达吉斯坦、滨海边疆区和哈萨克斯坦种植大米。在政府的大力推广和科技支持下,1975 年,苏联大米产量达到了 200 万吨。

尽管 20 多年间苏联农业发展增速很快,但由于起点低,农业绝对增长水平不高。苏联农业发展危机并没有摆脱。在农业经济组织自身方面存在诸多问题:第一,农村劳动力严重不足。随着城市化进程的推进,农村人口逐渐较少。80 年代后,农村人口仅为总人口三分之一。秋收季节,政府只好发动几百万市民和军人参加农村劳动。第二,农业管理过于集中。几经改革,农业发展的集中管理模式变化不大。集体农庄和国营农场缺少

---

① В. М. Володин: Аграрная Россия: история, проблемы, перспективы. Пенза:2007.С. 315-317.

自主权,没有成为独立的经济单位,所有农业活动受制于政府领导,耕地、施肥乃至母猪交配都要遵守统一规定。第三,农业促产手段单一。为了促进农业生产,政府轮流使用两升两降方案,即提高补贴、提高农产品价格、降低税收、降低贷款门槛。第四,劳动效率低下。集体农庄和国营农场效益与劳动者收入脱钩,领导和员工的收入不会因农庄经营好坏有任何改变,有国家采购保底,国际市场波动也影响不了个人收入。集体农庄大锅饭奖懒损勤。

由于城乡居民收入增加,食品需求也随之增长。从 70 年代开始,国内食品供应不足的问题加剧。肉和肉制品供应一直短缺,鸡蛋、糖和葵花籽油供应定期中断。首都和大城市食品保障较好,越偏僻地区食品供应越差。小城科夫罗夫居民给报社的信中写道:"我坐在厨房里想,给家人做点什么吃呢?肉没有,香肠早就不知道什么味了,好几天没起火了。现在更好了,最基本的食品也没了,牛奶一个星期都没看见了,黄油上架大家打架抢购,人与人互相仇视,这种戏码天天上演,当官的难道看不见吗?"①

政府当然了解国内食品供应危机,但没有根治方案,唯一良策就是食品进口。由于解决供应危机效果立竿见影,苏联政府粮食进口"上了瘾"。② 60—70 年代,苏联农产品进出口贸易相对平衡,从 70 年代中期开始,农产品进出口额逆差剧增。苏联从 20 世纪初的世界最大粮食出口国变为粮食净进口国。1970—1972 年,平均每年农产品进口耗资 26 亿美元,1981—

---

① А. В. Шубин: От"застоя"к реформам. СССР в 1977 - 1985. М.: РОССПЭН,2001.C. 175.

② [俄]格·阿·阿尔巴托夫:《苏联政治内幕:知情者的见证》,徐葵等译,新华出版社 1998 年版,第 239 页。

1985 年增加到每年 190 亿美元。[①]

七、后苏联时期农业经济的市场化改革及效果

（一）土地私有化改革政策：从叶利钦到普京

苏联解体后，俄罗斯开始向市场经济转型，改变原有的通过国家指令全面集中指挥经济的局面，"私有化"成为国家经济体制改革的关键词。农业领域的改革核心是土地所有制，叶利钦政府启动土地私有化改革，普京执政后推行至今。

1991 年 4 月 25 日，俄罗斯联邦议会通过《俄罗斯联邦土地法典》，为根本改革土地关系提供了法律依据。原来的土地所有制单一形式被多种土地所有制形式取代，包括联邦所有制、共和国所有制和集体所有制。公民占有的土地份额确认后，可以获得土地所有权，并终身继承。1993 年 10 月 27 日，叶利钦签署《关于调节土地关系和发展土地改革》的总统令，规定土地所有者有权出售自己占有的土地。1996 年 3 月 7 日，叶利钦签署《关于实现宪法规定的公民土地权利》的总统令，继续推动土地自由流转，土地所有者出售、出租和赠送土地份额的行为合法化。俄罗斯国家自古以来缺少土地私有化传统，对土地私有制民众普遍接受度不高，各党派意见纷纭，争执不休。

集体农庄和国营农场体系首先成为土地私有化改革对象。叶利钦政府要求在一年内改组已经运转半个多世纪的集体农庄和国营农场。目的是在农村发展大型私人农场，形成中产者阶层。私人农场是西方国家农业经济组织形式，在土地私有制基

---

① В. М. Володин：Аграрная Россия：история，проблемы，перспективы. Пенза：2007. С. 330.

础上取得良好的经济效益。南橘北枳,西方农业发展模式在俄
罗斯水土不服。俄罗斯缺乏私人农场经营客观条件,在极短时
间内无法建立西方国家式的保障体系。政府许诺的支持私人农
场发展的财政、信贷、税收和物资技术供应也是空头支票。叶利
钦政府拆分国家大农业的改革没有取得成效。

普京上台后继续推动土地私有化改革。在同国家杜马的多
年争执后,2001 年 9 月 20 日,《俄罗斯联邦新土地法典》出台。
2002 年 6 月 26 日,普京签发《俄罗斯联邦农业用地流通法》,最
终解决了农用土地自由买卖问题。针对叶利钦政府私人农场模
式农业改革的失败,普京政府重回大农业发展思路,把发展大型
农业综合体作为农业发展的重要途径,对大型农业企业提供政
策扶持,加大财政和信贷支持力度。

(二)农业经济市场化改革的效果

20 世纪 90 年代俄罗斯启用"休克疗法",仓促发动激进的
市场经济改革,希望一举跨入市场经济轨道,跻身发达国家。然
而,国家对市场自由化尺度把控不力。农业改革缺乏明确目标,
改革手段没有科学评估。农业发展的历史遗留问题没有解决,
新的问题又产生了。

农业自由市场关系缺乏国家监管,部门间商品关系丧失了
必要的等值平衡,农业财政体系整体紊乱,农业无力为农工联合
体生产领域提供资源和服务。国家对农业的投资直线下降,
1990 年农业投资占国家投资总额的 15.9%,2000 年降低到
2.8%。[①] 农业失去了最重要的发展条件,农工联合体停止了科
技更新换代。受制于中央长期的统一指挥,地方政府缺乏农业
管理经验,也没有资金投入;在全新的多种土地所有制和市场关

---

① В. М. Володин: Аграрная Россия: история, проблемы, перспективы.
Пенза:2007.С. 388.

系大背景下,农业发展缺乏法律保障,叶利钦政府颁布的一系列土地法规相互矛盾,俄罗斯社会各界质疑不断。直到 1999 年 12 月叶利钦辞职,政府和杜马对土地自由买卖问题也没能达成一致意见。国家和农业生产主体之间以及农工联合体内部组织之间没有清晰划分职责,农业生产紊乱无序。

"休克疗法"造成俄罗斯国家体制断裂,经济运行失控,国民经济急剧恶化。伴随农业市场化改革而来的是农业生态环境破坏、播种面积减少、土壤质量下降、农业基础设施严重不足、农业科技含量下降和农业劳动力素质下降诸多负面现象。因此,农业市场化改革没有成功,而且扩展和加深了农业制度性和结构性危机。1991—1996 年,农产品价格上涨约 1000 倍。工业品价格上涨约 4000 倍。其结果就是农工联合体无偿奉献出 200 万亿卢布,相当于 1997 年国家农村拨款预算的 30 倍。主要农产品产量急剧萎缩,除蛋类和水果外,其余农产品产量全部低于 20 世纪 70 年代水平。1971—2000 年粮食加工品产量对比见图 8-13。①

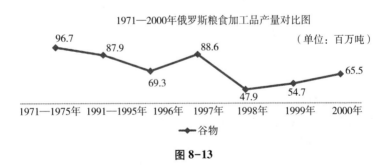

1971—2000年俄罗斯粮食加工品产量对比图

(单位:百万吨)

96.7　87.9　69.3　88.6　47.9　54.7　65.5

1971—1975年　1991—1995年　1996年　1997年　1998年　1999年　2000年

━◆━ 谷物

图 8-13

1992—1996 年,俄罗斯农产品生产总量和居民人均食品产

---

① В. М. Володин: Аграрная Россия: история, проблемы, перспективы. Пенза:2007.С. 338,341.

量持续降低。图 8-14 和图 8-15 反映了俄罗斯和美国、中国两组数据同比 1989—1991 年百分比对比。可以看出,中国的指标呈现逐年稳步上升趋势,美国的指标呈震荡持平趋势。而俄罗斯两项指标均持续下降,1996 年,农产品生产总量只有 1992 年的 63.2%。[①]

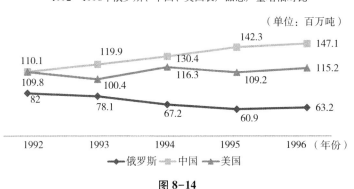

图 8-14

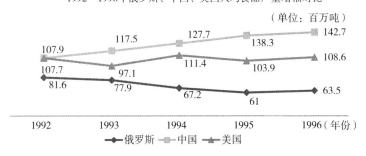

图 8-15

① В. М. Володин: Аграрная Россия: история, проблемы, перспективы. Пенза: 2007. С. 391.

(三)21 世纪初农民的生活

20 世纪,俄罗斯农业经过了一系列的改革,其中有 1906—1914 年斯托雷平改革、1918 年土地国有化、1919—1920 年余粮征集制、20 年代新经济政策、30 年代农业全盘集体化运动,90年代农业市场化改革,农业经济组织几经颠覆。进入 21 世纪后,俄罗斯农业痼疾未改,新病又添。农村贫困加剧,失业现象泛滥,教育、医疗和文化发展落后,社会大众对未来普遍失去希望,精神低落,认为俄罗斯"就像在看不到光明的隧道穿行"。

图 8-16

俄罗斯城乡收入差距加大。图 8-16 为 1970—2002 年农业领域人员平均工资与全国各行业平均工资对比动态图。[①] 可

---

① С. Г. Кара‐Мурза. Белая книга. Экономические реформы в России 1991‐2001.http://istmat.info/node/529.

以看出,从 20 世纪 70 年代开始,农民收入逐渐增加,到 80 年代后期已经持平甚至超过全国平均数。80 年代成为农民生活水平最高的一个时期。苏联解体后,农民收入暴跌。进入 21 世纪时,农民收入只有全俄平均数的 40%。2001 年,农民平均月收入 852 卢布,是银行职员的 6%。

农村住房建设严重滞后。农民自住房建设面积锐减,与此相对应的是农村别墅建筑增幅巨大,尤其是莫斯科郊外富人区别墅面积超过全俄其他所有地区总面积的 1.3 倍。

据官方统计,农村失业人口比城市高 3—4 个百分点,2003 年达到 11%。实际上,农村失业人口比例远远高于官方统计,因为很多人并没有到政府那里登记,因为他们知道,登记也无济于事。2003 年,180 万在籍失业农民中只有 50 万人在政府帮助下再就业。按照货币收入,37% 的农民共计 2520 万人生活在贫困线以下。2003 年,农民平均月收入 2164 卢布,大约 70 美元,相当于能源行业工人的 14%。2004 年,全俄农村社会劳动监测中心对 18 个地区 3000 名农民进行问卷调查。调查结果表明,大部分农民认为苏联解体后十余年的农业市场化改革失败。42.6% 的人认为个人生活水平下降,其中 25.5% 的人认为生活水平下降严重,只有 6.9% 的人认为生活水平得到改善。超过半数的农民认为,单纯依靠个人和家庭成员的努力无法改善物质生活。[1]

农村社会文化生活明显衰退。幼儿园、学校、俱乐部、医院数量逐年萎缩。和 1991 年相比,2003 年农村减少了 49% 的幼儿园(1.98 万个)、27.5% 的中小学(8200 个)、38% 的医院

---

[1] Л.В. Бондаренко. Сельская Россия в начале XXI века(социальный аспект). Социологические исследования. 2005(11). http://www.demoscope.ru/weekly/2006/0253/analit03.php.

(1800个)、25%的俱乐部(1.56万个)、4.3%的图书室(4300个)、10%的邮局网点(9000个),生活服务体系基本崩溃。农村人均寿命下降。城乡差距加剧。农业人口继续流失,农村人口稀少而土地广阔,居民点越来越小,距离越来越远,尤其是远东和卡累利阿人口问题极为严峻。

农民自我评价消极,负面情绪加剧。大众传媒忽视俄罗斯传统文化,大肆宣传西方文化,农村道德水平下降。农村是社会经济子系统,其未来消极的发展预期,无法完成粮食生产、提供工业原料以及其他社会职能,如人口、社会文化、自然保护、土地控制。农村问题已经影响了俄罗斯国家的可持续发展,甚至影响国家存亡。国家显然需要立即采取措施,稳定农村局势,保证农村经济增长,提高农民生活水平,降低贫困、振兴农村道德文化。

(四)国际制裁背景下的农业

长期依赖进口食品的态势对俄罗斯国家安全构成威胁。俄罗斯政府在2010年2月批准了《俄联邦粮食安全学说》,计划在2020年前大幅降低食品进口比例,达到国内粮食生产基本自给,但计划推动乏力。俄乌冲突导致的国际经济制裁给俄罗斯农业发展以巨大推动力。

2013年,乌克兰危机引发西方国家与俄罗斯激烈冲突。从2014年3月开始,美国、欧盟、加拿大、澳大利亚、日本、瑞士和挪威等国宣布对俄罗斯进行经济制裁。制裁主要针对金融、能源和军事领域,冻结俄罗斯境外资产,封锁能源和武器出口,俄罗斯外汇来源大幅萎缩。为了应对制裁俄罗斯实施了反击,2014年8月6—7日,普京签发第560号和第778号总统令,宣布将采取"个别特殊经济措施"保障俄罗斯安全,为期一年,停止从欧盟、美国、加拿大、澳大利亚和挪威进口牛肉、猪肉、水果、禽类、奶酪和乳制品。2015年6月24日,俄罗斯联邦政府第

320号总统令宣布,将食品进口禁令延长至2016年8月5日。此外,俄政府从食品禁运名单中剔除了牡蛎、贻贝和鲑鱼苗,规定无乳糖食品可以作为药类进口。

制裁行动如同双刃剑,制裁方和被制裁方均蒙受损失。对于欧盟来说,俄罗斯是第三大贸易伙伴。俄罗斯反制裁开始后,欧盟失去了俄罗斯市场。此前,鉴于俄罗斯农产品市场的高增长,欧盟农场主扩大了生产规模,制裁给农场主带来的损失是惊人的。西班牙、意大利、希腊、法国、波兰和爱尔兰的水果和奶酪等产品出口受限,转内销后在欧盟市场引发农产品价格暴跌,全欧洲陷入通货紧缩,银行举步维艰。各国政府允诺给农场主的损失补贴也没能兑现,农场主与政府矛盾加剧。为了改变局面,欧盟商人试图规避禁运政策,通过哈萨克斯坦和白俄罗斯等第三方国家将农产品输入俄罗斯。对此,俄罗斯增强进口管制措施,禁止受限制国家通过其他国家进入俄罗斯市场。

俄罗斯反制裁政策同样冲击了国内农产品消费市场。在很长时期内,俄罗斯市场已经习惯消费进口农产品,禁运政策造成国内市场进口农产品价格暴涨,一些农产品下架,短期内出现商品短缺。为了弥补巨大的消费缺口,俄罗斯政府实施一系列强有力的农业产品进口替代计划。一方面,俄罗斯政府扩大了与非制裁国家的农产品贸易合作。乳制品进口转向白俄罗斯,水果和蔬菜进口转向土耳其,格鲁吉亚和以色列也在合作名单。在加强与已有的贸易伙伴联系基础上,积极发展新的贸易伙伴,主动推动农产品和食品潜在供应者的多元化。金砖国家框架内的农业合作成为俄政府工作重点,农产品出口金砖国家的份额不断增加。俄罗斯计划和伊朗共建农产品贸易绿色通道,减轻关税,加速伊朗境内运输通道建设。另一方面,俄罗斯政府投入补贴,积极促进国内农业生产。制裁之前,政府农业补贴主要针对化肥、种子和燃料,制裁后,政府更加重视为提高单位产量进行补贴。外部制裁迫使俄罗斯政府将国家食品安全提高到政治高度,重视提高农产品自给率。

在国际经济制裁背景下,俄罗斯农业发展同时迎来机遇和挑战。俄罗斯主动调整农业发展政策,将外部制裁作为修正自己农业发展道路和模式的机会。国际经济制裁使普京政府团结民众整合民意更加有效,还产生一定的免责效应。更关键的是,普京政府借此机会倒逼国内的现代化改革,调整国内日益严峻的对资源能源出口过于依赖的经济结构。该发展模式发端于苏联后期,在高油价时代得到强化,在没有外部压力的条件下难以实施改革。按俄罗斯经济发展部评估,这一期待已部分实现,比如,食品工业等行业在制裁中很快实现了相当程度的进口替代,一些国内品牌得到快速发展。

梳理 20 世纪苏俄农业经济发展可以发现,俄罗斯农业经济危机的主因并不在于西方制裁,西方制裁只是放大了经济危机这一事实。对俄罗斯而言,最大的问题是尽快解决内生的结构性问题,首先是对能源资源类商品出口的高度依赖问题。但这需要时间,不是短期内可以完成的。农业领域需要四五年,畜牧业还需要十年左右时间。在某种程度上说,外部经济制裁放松或取消反而有可能让俄罗斯重新回到原来恶性循环的发展轨道上。这也是美国特朗普政府意欲解除对俄制裁的主因。

在发掘内部潜力的政策的刺激下,俄罗斯粮食生产和出口取得巨大突破。不仅可以满足国内市场需求,而且还成为了世界粮食生产大国。2013 — 2016 年粮食出口总额变化详见图 8-17。2014 年,俄罗斯粮食出口总额同比 2013 年增长了 58%,此后两年小幅上升。[①] 2014 年,俄罗斯粮食出口总额居世界第六位,小麦居第三位。2015 年,俄罗斯小麦出口超过美国和加

---

① 数据来自俄罗斯农商鉴定分析中心官方网站。http://ab-centre.ru/。

拿大,成为世界小麦最大出口国。

2013—2016年俄罗斯粮食出口总额

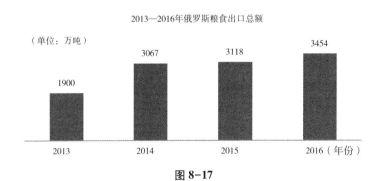

图 8-17

　　显然,俄罗斯已经跻身全球粮食市场重要成员行列,对世界农业经济政策的影响也越来越明显。农业已成为俄罗斯经济发展的火车头,有望取得更大成就,俄罗斯政府将继续支持农业发展,将农业列为重点发展领域。俄罗斯政府已经意识到,农产品生产销售非常有利可图,在 21 世纪粮食仍然是稳定的外汇收入来源。政府计划继续加大农业投入,扩大播种面积和增加化肥施用。

第九章 波 兰

面积 30 余万平方公里的波兰,地处中欧,是西欧和东欧的过渡地带;在文化上受到斯拉夫文明和日耳曼文明的共同影响。在农业上也有其特色,既有着得天独厚的谷物生产条件,同时也具备不错的畜牧业环境。在交通上,在承接欧洲东西陆路枢纽的同时,也能受到来自波罗的海海风的吹拂,有着便捷的海陆交通条件。不大不小的波兰拥有过大国辉煌的光辉历史,同样有过几世纪被列强瓜分的黑暗时期;有过民主的光辉时刻,通过"亨利条例"开启过自由选王时代,领一时民主之潮流,同样有着难以描述的黑暗光阴,因"再版农奴制"的劳役制庄园经济为世人所诟病;曾几何时贵族肆意欺凌农民,但当失去了整个国家时,这个民族团结了起来,波兰的革命甚至激励了法国大革命。波兰在社会主义国家中也成为最特殊的一国,在农业中甚至允许和保护私有产权的存在,这延续到了波兰转轨。日后波兰成为最先进行转轨的东欧社会主义国家。

本文选择了波兰农业发展中最有其特点的两个阶段来试图展示处于不同农业文明交汇处的波兰农业的特殊发展道路。第一阶段为劳役制时期的波兰,试图说明在封建时期,为何在西欧各国开始赋予农民更多独立和自由之时,波兰会选择在法律上重建"再版农奴制"? 又是何种原因使得它的劳役制和其他斯拉夫国家不同？第二阶段选择了二战后波兰五十年的农业发展历史,去探寻波兰为何呈现出了与其他社会主义国家大相径庭的独特之处？同时探寻五十年间波兰农业的兴衰,以及为何波兰成了东欧最先转轨的一国。本文通过探寻不同历史时期波兰农业发展的特殊之处及背后的机理,提供思考不同农业文明交融的新视角。

一、劳役制时期

（一）波兰劳役制形成的特殊背景

15—16世纪,波兰国家的政治经济文化发生了巨大变化,特别是在经济领域,新的土地关系形成和确立,并且这一关系延续到了18世纪。这种土地形式和同处于欧洲的西欧形成了鲜明的对比。波兰并不是地租货币化使得农民在经营上获得独立,而是出现了某种程度上的倒退,也就是普遍建立起了劳役制庄园经济。中层贵族、大地主和教会通过土地兼并扩大自己庄园面积,同时把农民束缚于土地之上,利用农民的强制劳役来推动庄园经济的运作。

当然波兰劳役制庄园经济的建立有着特殊的历史背景。西欧航海大发展以及新大陆的开辟,推动了西欧城市与工商业的发展,意味着越来越多的人开始从事非农业生产,虽然新大陆拥有广袤的土地以及大量的廉价劳动力,但是大多种植棉花、烟草等附加值高、运输便捷的产品。而粮食运输受限且成本较高,所以粮食只能由欧洲大陆供给。西欧对于粮食的需求越来越大,粮食价格飞升,"价格革命"越发推动了这一趋势。从此,东欧和西欧开始了"截然不同"的分流,内部之间出现了专业化分工。东欧成为西欧的粮食供应地,劳役制庄园成为东欧农业生产的主要方式。波兰只是其中比较具有代表性的一国,在波兰之外的捷克、匈牙利、罗马尼亚、俄国等国也出现了劳役制。在这些劳役制占据统治地位的国家,农民重新丧失了自由。东欧农业制度转变和倒退,反映的是欧洲经济市场的整合,以及欧洲区域经济发展的二重性。这种趋势加速了西欧的政治经济发展,更多的农民从土地束缚中解脱出来,推动了城市和工商业的发展,而东欧的国家则从属于西欧,在一定程度上失去了经济上的主动性和独立性。

波兰劳役制出现的原因一方面在于西欧日益增长的粮食需求,另一方面在于作为劳役制庄园的所有者能够从谷物生产中获得更高的收益,这种收益远高于从佃农手中获得的货币地租和赋税。同时劳役制庄园的发展,不断提高贵族的经济政治地位,与此形成鲜明对比的是不断被限制自由的农民被束缚和固定在土地上。

(二)劳役制的形成和发展

波兰贵族 1496 年使农民不能自由地脱离地主的土地并服从他们的审判权,在 1523 年宣布农民为一个没有法律资格的阶级,这两次法令从政治上否定和取缔了农民的政治权利及地位。最初的劳役制并不是特别繁重,14 世纪的波兰劳役仅仅为每年 15 天,1421 年上升到每周 1 天,到 16 世纪中叶,劳务增加到每周 3 天。在 16 世纪,波兰劳役制发展到顶峰。

1551—1580 年间,在波兰西部,有两个村庄每周要农民服 2 天劳役,有 10 个村庄每周要农民服 3 天劳役,有 7 个村庄每周要农民服 4 天劳役。在波兰东部,有两个村庄每周要农民服 2 天劳役,有 1 个村庄每周要农民服 4 天劳役。在马佐维亚,有 3 个村庄每周要农民服 2 天劳役,有 1 个村庄每周要农民服 4 天劳役。在小波兰,有 1 个村庄每周要农民服 2 天劳役,有 1 个村庄每周要农民服 4 天劳役,有 6 个村庄每周要农民服 3 天劳役。

在全波兰,平均要求农民每周服 3.03 天劳役。①

是何种因素驱动波兰贵族在 1496 年开始从法令上驱动这一进程呢? 一个重要原因在于波兰贵族的粮食出口获得免交谷物税的特权,这极大激励了波兰贵族对于粮食出口的欲望,因此也迫切希望改变原有的农业制度。在 15 世纪之前,波兰农村主要存在两种庄园形式,一种是 13 世纪根据德意志法而建立的村长庄园,此种庄园主要依靠雇佣劳动,生产的粮食用于供应城市;另一种则是教会和修道院的庄园,主要依靠农民的劳役进行生产,附属的农民每周必须要为庄园劳作 1—3 天,粮食主要满足教会和修道院的需要。

正如上文所提到的一样,西欧日益增长的粮食需求对波兰产生了巨大的影响,波兰通过格但斯克等波罗的海港口向西欧工商业发达的国家,诸如尼德兰、英国等出口粮食。一些出口粮食的村长和富农因此发迹,而以货币地租为主要经济来源的贵族则因为通货膨胀而收入减少,因此贵族有充分的动机去兼并更多庄园和自耕农的土地。1423 年,波兰贵族就获得了强购"桀骜不驯的"村长的庄园的权利。在迅速抢夺农业利润后,贵族还通过法令的形式保障自己对于这一利润的控制和垄断,1496 年,波兰议会通过法令,剥夺城市市民购买和拥有农村土地和劳动力的权利,确立了贵族对土地和农奴的独占权。同时还获得了免税出口粮食以及进口外国商品的权利。造成这种结果的关键在于工商业发展的滞后,难以形成对贵族行为的有效约束。贵族通过一系列强力而蛮横的措施建立起越来越多的庄园,确立劳役制,强迫农民进行谷物生产。

① Markus Cerman, *Villagers and Lords in Eastern Europe*, *1300 - 1800*. Palgrave Macmillam,2012,p.77,Table 4.9,Labour Rent Demands o Noble Estates in Poland,1551-80(Number of Villages and Their Labour Service Obligations in Days Per week).

16 世纪前半期,劳役制庄园的范围扩展到了波兰东部,劳役制成为波兰农业生产的主要形式。一个贵族一般拥有一个乃至几个村庄,庄园耕地能够达到 60—80 公顷,主要生产黑麦、燕麦、小麦、大麦 4 种谷物,波兰甚至成为西欧最大的粮食供应国。历史学家对 1560—1570 年波兰谷物生产和消费作出了估算。这个时期小麦扣除种子以后的年产量为 172577 吨,包括种子的年产量为 220515 吨。裸麦扣除种子以后的年产量为 597424 吨,包括种子的年产量为 796564 吨。大麦扣除种子以后的年产量为 140595 吨,包括种子的年产量为 177595 吨。燕麦扣除种子以后的年产量为 457885 吨,包括种子的年产量为 621415 吨。谷物扣除种子以后的年总产量为 1368461 吨,包括种子的年产量为 1816089 吨。根据维赞斯基的研究,当时波兰谷物总产量为 1816100 吨,人口约为 240 万—260 万人,人均谷物消费为 219 公斤。因此谷物有大量过剩,用作饲料和工业原料。同时,波兰出口谷物为 74600 吨。①

贵族通过以劳役制为基础建立起来的再版农奴制确立了波兰的农业生产体系。在这一体系中,贵族主要通过人身、司法、土地三方面强化了农民对他们的依附性。

在人身依附方面,1347 年的维系利查条令,规定了农民离开农村的条件,限制了农民的自由流动,而到了 15—16 世纪,限制更为严格,法律规定了农民任意离开农村应受的惩罚。1496 年的皮沃特勒库夫宪法规定每户农民只有一年一次的出走权,只有一个孩子能够进城学习手艺和上学。之后的法令更为严苛,农民离开农村必须经过封建领主的同意及许可,农民的

---

① [英]E.E.里奇、C.H.威尔逊主编:《剑桥欧洲经济史》第 5 卷,高德步等译,经济科学出版社 2002 年版,第 82—83 页,"表 10 波兰的谷物生产(1560—1570 年)"。

自主权在被不断剥削,同时逐渐为封建领主所掌控。

在司法依附方面,由于贵族获得了强购村长庄园的权利,农村的自治权被不断削弱,而且农村的自治制度沦为贵族压迫农民的工具。农民原本拥有向乡村法院控告封建领主的权利。1518 年以后地方贵族获得了乡村法院的审判权,农民被剥夺了控告封建主的权利,在法律上处于孤立无援的地位。

在土地依附方面,农民在使用封建领主的土地后,必须要为封建主服劳役,服劳役的天数随着劳役庄园制的发展而不断增加。在 14 世纪的波兰,农民每年的劳务只有 15 天。1421 年,波兰加大了农民的这一负担,规定每星期服劳役 1 天。16 世纪中叶,劳务增加到每星期 3 天。① 除此之外,农民还须向国家、教会缴纳赋税。

通过立法,农民在人身、司法、土地方面几乎完全依附于贵族,劳役制庄园在全国占据了主要地位。到 1772 年上半年,波兰贵族拥有全国 78% 的土地。王室拥有 13% 的土地,教会拥有9% 的土地。② 在 17—18 世纪的波兰,规定领主有责任代国家征收农民应缴纳的赋税。领主如果无法从农民处收取赋税,他们就得自己向国家缴纳赋税。③

1600 年在波兰贵族的地产上,自营地和租佃地的比例有如下数字:在大波兰东部,自营地占 50%,租佃地占 50%。在小波兰,自营地占 45%,租佃地占 55%。在大波兰西部,自营地占 44%,租佃地占 56%。在马索维亚,自营地占 40%,租佃

---

① [英]E.E.里奇、C.H.威尔逊主编:《剑桥欧洲经济史》第 5 卷,高德步等译,经济科学出版社 2002 年版,第 113 页,"表 10 波兰的谷物生产(1560—1570 年)"。

② Jerome Blum, *The End of Old Order in Rural Europe*, Princeton U. P., 1978, p.20.

③ Jerome Blum, *The End of Old Order in Rural Europe*, Princeton U. P., 1978, p.23.

地占 60%。在全波兰贵族地产上,自营地占 44%,租佃地占 56%。① 总的来说,波兰西部由于更加靠近西欧,接近主要市场,租佃地的比重更高,不过从全国来看,劳役制始终占据主要地位。

虽然劳役制庄园占据了农业生产的主要地位,但是在其内部也存在较大差异,其中发展最快的是中等贵族所管辖的劳役制庄园经济,大封建主的庄园经济反而较慢,发展最慢的是国有庄园。可以将劳役制庄园视作一个相对独立的经济体,在达到中等规模之前,贵族能够拥有足够尽力去监管农奴,达到庄园最大的生产效率;而随着庄园规模的逐渐扩大,贵族监管农奴的成本和难度增加,如果委托行政人员则存在"委托—代理"问题,难以实现庄园产量的最大化,规模最大的国家庄园成为生产效率最为低下的庄园形式。

这一时期的贵族庄园较之前在规模上已经有了很大改变,贵族通过驱赶农民来扩大庄园规模,贵族在兼并土地的同时,也面临着不得不面对的问题。不断扩大的庄园面积和日益紧张的劳动力,除了使用农民的劳役,还不得不雇用无地和少地的农民进行生产。随着贵族庄园的扩大,农民的土地越来越少,越来越细碎。贫困农民为了维持生活,除了服劳役外不得不外出务工。但这与西欧所盛行的包买制不同,东欧农民愈发贫困,无力改善生产工具,劳动力和生产效率下降,农民的贫困化削弱了城市和农村之间的联系,导致了城市手工业的衰落。

随着劳役制的确立和发展,粮食成为波兰的最大宗出口商品。15 世纪末,波兰通过波罗的海沿岸港口格但斯克向西欧各

---

① Markus Cerman, *Villagers and Lords in Eastern Europe*, 1300 - 1800. Palgrave Macmillam,2012,p.62.Table4. 1,Proportion of Noble Demesne and Tenant land,Poland c. 1600(%) .

国出口粮食,每年约为数千瓦什特①。一个世纪后,16 世纪末,每年增加到了 46000 瓦什特,17 世纪前半期,每年增加到 58000 瓦什特。1618 年是波兰粮食出口的最好年份,出口达到 120000 瓦什特。② 阿姆斯特丹是波兰粮食出运的终点站,每年运至阿姆斯特丹的波兰粮食可供 50 万至 100 万西欧居民食用。

（三）劳役制的衰落

上文已经提到过庄园制经济的扩展存在最优规模,一旦超过这一规模,贵族的监管成本将会攀升,同时生产效率也会随之下降。同时,伴随着贵族对农民土地的兼并,以及对农民的剥削,使得整个社会的结构极其不合理。16 世纪波兰最著名的政治学家安哲伊·弗里茨·莫哲夫斯基(1503 — 1572 年)在《论共和国的改革》一书中写道:"国家的繁荣不能只依靠贵族。如果无人耕种,谁将给我们和牲畜以食物;如果没有手工业者,谁将给我们以衣着;如果没有商贩,谁将给我们运来需要的东西;最后,如果没有农民,谁能当贵族呢?"③他深刻地指出了作为整个劳役制经济核心的贵族阶层,在整个系统的独断性以及所面临的威胁,以劳役制庄园经济为核心的经济体系处于极不均衡的状态。过于强势的贵族阶层和发展不充分的其他阶层形成了鲜明的对比,也意味着在面临外部冲击时,整个体系会分崩离析。

从经济系统的整体性和稳定性来看,以劳役制庄园经济为主要生产方式、以农业和原材料为主要出口的波兰经济是不稳定不均衡的。如果将其与西欧相比,我们会发现作为"欧洲谷

---

① 1 瓦什特等于于 2.25 吨。
② 刘祖熙:《波兰通史》,商务印书馆 2006 年版,第 104 页。
③ ［波］斯坦尼斯瓦夫·阿尔诺耳德、马里安·瑞霍夫斯基:《波兰简史——从建国至现代》,史波译,商务印书馆 1974 年版,第 72 页。

仓"的波兰,生产结构单一,以初级产业为主,工商业发展滞后,政治体制落后。但当我们将视线转移至波兰以东时,我们会发现,在所有实行农奴制的国家中,波兰和多瑙河公国的自由农民在本国人口中占的比例最大。在18世纪末的波兰,100万英亩持有地中有10%—20%为自由农民所持有。他们中许多人来自邻近的国家,特别是来自波美拉尼亚和西里西亚的逃亡者。波兰地主接纳了他们,只要他们这些新到来者缴纳数额不大的免役税。他们允许城镇居民按照自由保有权方式持有土地。作为逃亡农奴的自由民,只要他们原先的主人不再追索他们,他们就可以长期自由地在新居住地生活下去。但是,并不是所有的自由民都保持着这一身份,他们中有许多人自愿成为领主的农奴。当他们中的一些人这样做时,他们欠下的债务则由领主来偿付。他们中的一些人在遭到刑事指控时会得到领主的保护,确保自己的人身安全。但是,他们中更多的人沦为农奴。因为他们娶了农奴为妻,因而也就具有了他们妻子的农奴身份。[1]波兰在地缘上处于西欧和东欧的过渡地带,在经济形式上具有相似情况。

17世纪,波兰经济展现出其与欧洲国家不同的趋势。它的经济发生了持续衰退,主要原因上文已经提到过,劳役制庄园经济对农民严重的剥削,降低了农民的劳动生产率,同时波兰以农业出口为主的经济结构存在极大的弊端。因为众所周知,提高农业的边际产出是极其困难的,同时农产品的产品附加值是相对有限的。这间接说明波兰以劳役制庄园为核心的经济结构是不稳定的,同时对于贸易具有较强的依赖性。因为贵族主要通过出口粮食来增加收入,当出现一些干扰造成

---

[1] Jerome Blum, *The End of Old Order in Rural Europe*, Princeton U.P., 1978, pp.32-33.

对贸易的冲击时,劳役制经济的弊端就凸显出来了。当战争打断贸易和影响农业生产时,当农产品价格发生波动时,在国外市场受到冲击时,国内市场的开拓受制于农民的贫困以及产业的单一,所以贵族的经济基础在不断削弱,加速了封建经济的瓦解。

1648—1720 年战争在波兰国土上肆虐,尤其是 1660—1666 年、1700—1720 年的两次北方战争对波兰经济造成了极大破坏,许多城市和农村被彻底破坏,人口也随之减少。战争的破坏引起了农业生产的急剧下降,战后的农业产量仅为战前的 40%,同时生产效率也在下降。波兰的历史学家通过产量和种子之比推断出这一结论。16 世纪末时,这一比率为 4,到了 17 世纪末和 18 世纪初时,这一比率下降到了 3.3,到了 18 世纪中叶这一比率才恢复到 4.3。而同一时期尼德兰、英国、法国的这一比率却为 7.5—13 倍、4.36—9.8 倍、6.7 倍。同时,随着欧洲其他国家农业生产的发展,粮食价格不断下降。除此之外,波兰粮食出口还受到俄国与英国的竞争。波兰粮食出口锐减反映出了波兰农业的衰退,以及劳役制庄园经济的乏力。17 世纪前半期波兰粮食出口每年平均为 58000 瓦什特,17 世纪末下降到 32000 瓦什特,18 世纪初又下降到了 10000 瓦什特。

贵族在国外粮食市场遭遇竞争时,无法通过提升生产效率获得价格优势,只能通过压缩成本来降低价格。贵族进一步增加农民的劳役时间,农民愈发贫困,丧失生产积极性,导致农业生产陷入恶性循环。这意味着劳役制的运作机制在波兰已经完全丧失活力。一部分贵族尝试改变这种农业生产体系了,开始放弃了低效率的劳役制,使用代役制或者使用雇佣劳动力进行农业生产,同时也改变了以粮食为主的单一生产结构,转向了畜牧业,与工业形成互动,建立了毛纺业。在 18 世纪末的波兰,有

30%的农民家庭用支付代役租来代替服劳役。①

但是这只是微小的尝试,封建劳役制仍然未走到其尽头,仍然具有顽强的生命力。在18世纪,法官认为领主有出售农奴的权利。在1958年发表的史料中有转让2788名无地农奴的个案。这可能只是当时出售农奴的一部分。② 通过进一步剥削农民的权利,来强化和维系劳役制,在19世纪上半叶,波兰会议王国把劳役义务提高到每周3天③,但也通过一些小修小改来提高农民的生产积极性。19世纪上半叶在波兰会议王国,要求从事额外劳作的农民每天能够得到3.5戈比的收入,这个标准相当于雇佣劳动者工资的五分之一到十五分之一④,所起到的作用是极为有限的。

与劳役制同时存在的是波兰国际地位的衰落以及周边环境的恶化。波兰周边环绕着三个列强,俄国、普鲁士、奥地利。波兰在1773年为俄、普、奥三国瓜分,失去了北方出海口以及南方肥沃的土地。到了此时,劳役制已经到了山穷水尽的地步,生产关系开始了大规模转变,代役制也随之兴起。1750—1772年,大波兰地区增加了很多移民村以及农户,不断增加的移民和封建主实行的代役租制度,使代役租农民的数量迅速增加,这些农民拥有相对自由的生产经营权,劳动生产效率较高。1793年波兰第二次为俄国和普鲁士瓜分,1795年波兰第三次为俄、普、奥所瓜分。列强三次瓜分波兰,普鲁士获得了波兰20%的领土以

---

① Jerome Blum, *The End of Old Order in Rural Europe*, Princeton U.P., 1978, p.59.

② Jerome Blum, *The End of Old Order in Rural Europe*, Princeton U.P., 1978, p.42.

③ Jerome Blum, *The End of Old Order in Rural Europe*, Princeton U.P., 1978, p.71.

④ Jerome Blum, *The End of Old Order in Rural Europe*, Princeton U.P., 1978, p.56.

及 23%的人口,奥地利获得了波兰 18%的领土以及 32%的人口,俄国获得了波兰 62%的领土和 45%的人口。

（四）劳役制的崩溃

19 世纪初波兰的农业组织仍然以庄园制为主,贵族拥有整个村庄,农民依附于贵族。波兰议会王国最后几年的严重问题既不是农民的合法解放,也不是土地改革,而是农民向土地所有者缴纳租金的方式,代役租逐渐取代了劳役[1]。到了 19 世纪初,由于波兰已经不再是一个独立的政治实体了,所以波兰的土地改革以及生产关系变革是瓜分波兰的俄、普、奥三国政府推进的,而不是由波兰人自己主导的。当然三个分区进行改革的时间以及具体内容是存在差异的,这也导致了波兰之后区域发展的差异[2]。改革生产关系主要包括赋予农民自由,也就是解除他们的土地和人身依附关系,同时赋予这些被解放的农民对以前租用的土地的所有权。

普鲁士是第一个推动波兰土地改革的主导者。推动这一变革的政治因素是拿破仑在中欧取得的一系列军事胜利（包括 1806 年在耶拿的胜利）,他在一些原属于波兰的土地上创立了华沙公国,并解放了公国的农民。普鲁士担心公国的自由农民会影响到普鲁士国内的农业生产,因此采取行动。从 1807 年开始,普鲁士政府颁布了一系列土地改革法令。农民有权拥有他们以前租用的土地。但作为土地所有者之后,农民需要补偿封建主失去土地和劳动力的损失,通常会把他们以前耕种的一部分土地归还给封建主。向封建主补偿的必要性在于把土地改革

---

[1]　Piotr S.Wandycz,*The Lands of Partitioned Poland*,*1795–1918*,pp.7,73.

[2]　Stefan Kieniewicz,*The Emancipation of the Polish Peasantry*, pp.5,30-32;Zbigniew Landau and Jerzy Tomaszewski,*The Polish Economy in the Twentieth Century*,p.12;Piotr S.Wandycz,*The Lands of Partitioned Poland*,*1795–1918*, pp.152–153.

的范围限制在那些在履行了对封建主的义务之后能够作为独立农奴生存的农奴。因此最初的普鲁士推动的土地改革是局部的，只有有能力的一部分人能够获得解放，这也导致了农民之间贫富差距拉大，推动了富农阶层的形成。在1848年革命动乱之后，土地改革才扩展到普鲁士分区所有的农民。①

1848年奥地利分区（加利西亚）进行了土地改革。但这次改革不是由于欧洲动荡的局势所导致的，相反是有波兰自身所面临的问题推进的。1830年波兰革命被俄国瓦解后，7000余名波兰贵族逃往法国，继续谋划如何推动波兰复国。各个政治派别意见不一，斗争激烈。最终，他们得出这样的结论，如果没有得到波兰大多数人民的支持，任何武装起义都不会成功。这就提出了如何争取农民对国家事业支持的问题。因为按照传统的看法，只有波兰人口中最活跃"政治阶层"即贵族，关心如何争取波兰的独立。而农民所关心的只是人身解放和土地改革。塔德乌斯·科西阿斯科以美国革命的经验为基础提出，自由人愿意为自己的国家而战。因此流亡贵族们不情愿地断定"解放和土地改革对于国家事业是必不可少的"，他们开始说服同样不情愿的加利西亚贵族来执行这些政策。1848年复活节那天，加利西亚各地的教会宣布解放农奴和土地改革。②

与普鲁士分区的土地改革不同的是，奥地利分区的土地改革，无论其租用的土地数量有多少，农民不需要偿还地主（后来

① Stefan Kieniewicz, *The Emancipation of the Polish Peasantry*, pp.58-59, 63-67,69-71,190-191,132-133; Wladyslaw Rusinski, "Wstp," in Dzieje Wsi Wielkopolskiej,ed.,by Wladyslaw Rusinski,p.8; Wandycz, *The Lands of Partitioned Poland*,1795-1918,pp.46-47,70,152-153.

② Stefan Kieniewicz, *The Emancipation of the Polish Peasantry*, p.134; Wandycz, *The Lands of Partitioned Poland*,1795-1918,p.143.

把征收农民的税款用来偿还贵族)。①

由此产生的土地使用权模式与普鲁士分区不同。加利西亚农村广泛存在大庄园和小农场,却没有一个富裕的农民阶层。全省40%以上的耕地仍然掌握在贵族手中,三分之二的农民缺少起码的耕地(5公顷)去建立了一个自给自足的家庭农场,而只能通过在贵族产业上从事被雇佣工作来补充自己的收入。但是,鉴于农民的就业人数和供求规律,农民得到的报酬极为有限,加利西亚农民陷入贫困和苦难之中②。

与加利西亚情况类似,解放和土地改革发生在俄国分区。1861年俄国农奴解放两年后,当波兰王国爆发革命时,波兰革命政府宣布解放农民,让农民拥有他们耕种的土地以获得他们的支持。1年后,当革命失败的时候,俄国政府授予波兰王国的农民以同样的的权利。俄国当局这样做是为了避免农民对波兰革命政府的支持,一旦革命被压制,保证农民不会进行游击战争。就像在加利西亚一样,无论地块的大小如何,农民都可以获得他们耕种土地的所有权。大约有三分之二的波兰失地农民得到了土地③。

波兰有3200万英亩土地,其中有将近一半被开垦。1864年在波兰取消了封建主义。波兰贵族把2100万英亩土地按10英亩的小块分给206.4万农奴,他们得到了240万英镑的补偿。

① Stefan Kieniewicz, *The Lands o f Partitioned Poland*, *1795-1918*, pp.135, 137,139; Wandycz, *The Lands of Partitioned Poland*, *1795-1918*, pp.143-144,151.

② Stefan Kieniewicz, *The Lands of Partitioned Poland*, *1795-1918*, pp.139, 203-205,213; Zbigniew Landau and Jerzy Tomaszewski, *The Polish Economy in the Twentieth Century*, pp.16-17; Wandycz, *The Lands of Partitioned Poland*, *1795-1918*, op.cit., p.223.

③ Stefan Kieniewicz, *The Lands of Partitioned Poland*, *1795-1918*, pp.156, 162-163,169, 172-173, 177; Piotr S. Wandycz, *The Lands of Partitioned Poland*, *1795-1918*, pp.162,172,177-178,197-199.

根据考夫曼的数字,1870—1878 年波兰小麦产量为 1500 万蒲式耳,产值为 360 万英镑。裸麦产量为 4700 万蒲式耳,产值为 810 万英镑。燕麦产量为 3600 万蒲式耳,产值为 360 万英镑。大麦等谷物产量为 2500 万蒲式耳,产值为 400 万英镑。谷物总产量为 1.23 亿蒲式耳,总产值为 1930 万英镑。

根据费希尔的研究,波兰的谷物产量 1822 年为 80 万吨,1857 年为 230 万吨。马铃薯产量 1822 年为 28 万吨,1857 年为 175 万吨。肉类产量 1822 年为 8.5 万吨,1857 年为 15.7 万吨。整个农业生产的产值中,谷物为 1930 万英镑,其他产品产值为 1470 万英镑,畜牧业产品产值为 2100 万英镑。农业总产值为 5500 万英镑。①

土地改革在 3 个分区中取得了类似的结果。在 3 个分区中农民获得了人身自由。但他们可能自由地失去所有地产,因为土地改革并没有保证一个自给自足家庭农场所需的最小土地数量。这就是 1848 年以后,在土地改革受益的普鲁士人中的许多小农以及 1864 年分区波兰农民的困境。在 1870 年至 1891 年,王国失地农民人数增加了 4 倍。到 1900 年,这一人数达到了 120 万。到 1910 年,失地农民达到 200 万。大多数人被地主或富农雇佣。②

在土地改革之后,在 19 世纪后半叶和 20 世纪初的三个分区中,更多的土地确实落入了解放的农民手中。来自三个分区的农民移民都是出于经济原因,希望寻求比波兰农村能够提供

---

① Michael G.Mulhall, ed., *The Dictionary of Statistics*.Thoemmes Press,2000, p.26.

② Stefan Kieniewicz, *The Lands of Partitioned Poland*, *1795-1918*, pp.70-71,225; Zbigniew Landau and Jerzy Tomaszewski, *The Polish Economy in the Twentieth Century*, p.14;Wandycz,The Lands of Partitioned Poland,1795-1918,pp.70-71,199,299.

的更好的生活。农民通常把移民生活看作是临时居留，目的是通过购买额外的土地来赚钱，以改善他们或家庭的经济状况。农民寄钱回家买土地，或是用积蓄归还土地。结果，土地价格上涨，促使土地所有者出售他们的土地。①

　　对于在波兰存在了长达四百年的劳役制，波兰著名经济学家库拉提出自己的看法②。在波兰开放的封建经济中，整个社会存在两个主要部门：薄弱的工商业部门以及占绝对优势的"自然经济"部门。当国外市场对于农产品的需求扩大，整个国外市场供不应求时，"自然经济"部门随之扩张，"自然经济"部门的掌控者贵族阶层拥有政治上的主动权和优势，同时贵族为了逐利，有充分的动机去推动"自然经济"部门的扩张。"自然经济"部门的两大生产要素是土地和劳动力。贵族为了在粮食贸易中获取更多利润，需要采取措施来扩大"自然经济"部门的规模，一方面是扩大土地面积，另一方面是降低劳动力成本，而这时二者是统一的，归根结底来说就是让贵族拥有更多土地，让农民依附于土地。贵族通过其政治上的绝对优势，不断削弱农民的政治经济地位，使农民在人身、土地和司法上依附于贵族，将货币地租转化为劳役地租，不断地延长劳役时间。贵族通过压缩成本和扩大生产规模推动了粮食生产，并从贸易中获得巨大利润，"自然经济"部门获得了快速发展的同时，抑制了本就薄弱的工商业部门发展，但是随着劳役制庄园的扩张以及国外粮食贸易的波动，劳役制显示出其疲软的一面，规模越大的庄园发展越缓慢，在面临"委托—代理"约束时，贵族作为庄园产出的获益者，而被剥削的农奴则是产出的根本，规模越大的庄园对

　　①　Stefan Kieniewicz, *The Lands of Partitioned Poland*, 1795 – 1918, pp. 210–211, 223–224.

　　②　Witold Kula, *An Economic Theory of the Feudal System : Towards a model of the Polish Economy*, 1500–1800.

农奴的监管成本越高,但贵族不一定意识到这一点。与此同时,作为实际生产者的农奴面对过于繁重的劳役,缺乏足够的生产积极性,以及投资土地的冲动,导致波兰的粮食生产效率越发低下,而且随着时间的推移这种趋势越发明显,波兰在粮食贸易竞争处于不利位置,粮食出口受挫,贵族为了重新夺回市场,只能通过进一步压低成本来实现。他们进一步去增加农民的劳役时间,农民的积极性更低,生产效率随之下降。贵族进一步压榨,陷入了低效率的无限恶性循环之中。整个劳役制庄园经济陷入山穷水尽之中。虽然有一些局部的改良,但未从根本上对劳役制进行修正。不进行变革的话,生产效率会越来越低下,如果进行土地改革则意味着贵族利益毁于一旦。所以波兰自身无法完成土地改革,只能通过外力来打破这种恶性循环,由瓜分波兰的俄普奥三国进行了土地改革。

二、二战后的农业

(一)农业集体化时期

波兰在 1944 年进行了土地改革,之后波兰的农业政策和土地政策基本延续了战后三年的政策。波兰政策中为私营农业创造良好氛围被视为是社会主义中极为特殊的"波兰道路"①。

---

① J. Tepicht, *PPR a indywidualna własnoś ć chłopska* [The Polish Workers'Party and Individual Peasant Property], "Trybuna Wolności", 1946, No.94, p. 9; M. Mieszczankowski, *Wypaczenia czy błędne teorie* [Distortions or False Theories], "Życie Gospodarcze" 1957, No.22, p.4; W. Góra, *Wpływ działalnoś ci partii robotniczych na społeczno-ekonomiczne przemiany wsi w Polsce Ludowej, 1944 - 1968* [The Influence Exerted by the Activity of the Working Class Parties on Socio-Economic Changes in the Countryside in People's Poland, 1944 - 1968], "Rocznik Muzeum Rolnictwa w Szreniawie" 1969, Vol.1, pp.47 - 82.

直到 1948 年之前,波兰工人党出于对波兰历史的考虑,以及根据马克思经典著作关于在没有必要物质条件和政治准备的情况下,不能轻率地进行变革的原理,没有采取波兰农业全面集体化的政策①。

在抛弃全面集体化策略之后,波兰工人党致力于发展能够满足农民生产和需求的农业合作社,他们的目标是推广集体所有权以及有效地把农业生产者和国家联系起来。出于政治考虑,国家权力机关在波兰工人党的影响下,坚决反对农民在分得的土地上共同耕作的自发的尝试。这种尝试在大波兰省较为频繁,因为在这类地区劳役制有着深厚的历史传统,雇工具有比在自己土地上耕种更高的积极性。而这些地区的农民总是不断尝试在分得的土地上建立合作社②。

在政权建立之初,波兰工人党对待农村地区的社会经济改革时采取了较为谨慎的态度,试图去寻找能够有效平衡波兰实际情况和农民社会意识的方法,对激进的农业集体化带来的政治经济后果感到担忧。然而,在新政权稳固之后,波兰统一工人党在进行土地改革之后采取了一系列较之以前更多的农业改革措施,建立形式多样的合作关系并加强城市和农村、工人和农民之间的紧密联系。波兰统一工人党在农业领域的主张并不只是坚持马克思主义,同时也注重公民的意向。

在 1948 年,波兰工人党领导人之间围绕集体化发生了一场

---

① H.Chołaj, *Kwestie polityki rolnej i spółdzielczości wiejskiej w Polsce Ludowej* [Questions Concerning the Agricultural Policy and Rural Cooperatives in People's Poland], Warszawa 1970, p.20.

② Cf.H.Słabek, *Przebudowa ustroju rolnego w Wielkopolsce i na Pomorzu, 1945-1949* [The Transformation of the Agricultural System in Great Poland and Pomerania, 1945-1949], Poznań 1968, p.54.

争论,这来源于深层次的政治斗争①。1948 年春,集体化农庄应该成为社会主义农业主要组成部分的观念在波兰工人党内部蔓延开来。持有这部分观点的人旨在推翻违背社会主义原理(苏联模式)走波兰道路的瓦拉迪斯劳·斯罗·哥穆尔卡。这种观念来源于波兰工人党内部对中央委员会秘书长专权的控告,以及国际工人阶级运动日益复杂的局势。共产党工人情报局在这一事件中起到了重要作用。1948 年年中,情报局借全民民主的名义清除资本主义残余,包括农村的小商品经济,用集体化道路取而代之②。1948 年 7 月,在希·明茨的主持下召开了中央委员会全体会议。明茨是波兰工人党内教条主义的代表人物。他提出,波兰的工人阶级运动应当把集体化包含进去。他指出调整立场的必要性在于消除资本主义残余,提高农业人口的生活水平,以及增加农业产量。明茨的演说和以往的创造适合农业发展的经济条件、克服农民的思想阻碍观点存在一些共同点③。新政策与以往不同之处在于坚持更严厉的态度清除农村的资本主义生产要素。在 1948 年 9 月,在清除了党内右倾主义以及解除哥穆尔卡的职务后,中央委员会通过的有关农业集体化的决策,这项决策旨在通过国家资本推动农业集体化的进步。到 1949 年,集体化农场的比例达到了 1%,建立集体农场的速度在之后的两年中得到了保持。会议强调自愿加入集体农庄的行为

----

① In April 1948, Serious Disputes Over Collectivization Developed in the PWP Leadership.Cf.Shorthand Report on the meeting of the Planning Section of the Economic Department of the PWP Central Committee, Held on April 22, 1948. Central Archives of the PUWP Central Committee 295/ IX/20,k.38 ff.

② Resolution of the Information Bureau, "Nowe Drogi" 1948, No. 10, pp.14-17.

③ H. Minc, *Wytyczne w sprawie naszego ustroju gospodarczegoi społecznego* [Directives Concerning Our Economic and Social System], Speech Made at the Plenum of the PWP Central Committer on July 6,1948,ibidem,1948,No.10,p.83.

应当被拥护。新的集体农庄能获得国家经济上的支持,也成为加入集体化的诱因。同时还采取了阶级的标准,只有中小农场主能够创建和加入集体农场,富农(在沙皇时代被称为库拉克)被拒绝加入①。

1949年9月的全体会议决定,即使没有时间进行组织准备以及推动农业结构转变的经济条件的准备,也要立刻推动农业集体化。集体化的政治主张被波兰统一工人党定为明确的意识宣言。波兰统一工人党是在1948年12月由波兰工人党和波兰社会党组成的,斯大林主义在波兰的土地上生根发芽,阶级斗争在社会主义发展的同时也随之开展了起来,城市和农村的资本主义根基必须被连根拔除,宣言中还明确指出集体化农场必须批斗富农,经济和社会的利益只能由集体农庄的农民享有②。

有关农业集体化一系列政策被当时中央委员会书记亚历山大·萨瓦茨基发展。在1949年4月的中央委员会的全体会议上,萨瓦茨基再次强调了因为资产阶级的存在,农村的富农侵占了中农和贫农的资产,从资本主义向社会主义转变的过程中应该进行阶级斗争,并且阶级斗争在农村地区应该普遍化、激烈化。③ 萨瓦茨基认为集体化的进程应该以贫困农村为基础,因为农民拥有正确的政治觉悟。对于萨瓦茨基而言,他在政治上的成功源于他通过鼓励克服贫下中农的犹豫来使得工农联盟能够巩固。萨瓦茨基认为,农业集体化应该消除富农在农村的影

① H.Minc,*Biecezadania partii w zakresie polityki gospodarczej i społecznej na wsi* [The Current Tasks of the Party with Regard to the Economic and Social Policy in the Countryside],Speech Made at the Plenum of the PWP Central Committee on September 3,1948,ibidem,1948,No.11,p156;J.Tepicht,*W sprawie walki klasowej na wsi* [The Class Struggle in the Countryside],ibidem,1948,No.12,p.247.

② Deklaracja ideowa PZPR.Statut PZPR [The Ideological Declaration of the PUWP.The Statutes of the PUWP],Warszawa 1949,p.26.

③ R.Zambrowski,Aktualne Zadania,p.81.

响,并通过国家的既定政策让富农变成贫农。他草率地认为有觉悟的小农会迫不及待地建立集体化农场。萨瓦茨基忽略了急促的农业结构的转变会使得农业产值下降。他对经济的论断明显从属于政治原则,并且实施集体化的结果取决于政治和宣传工作。萨瓦茨基的态度反映了波兰农业集体化中的强压政策。

1949年11月29日,转向集体化的政策为波兰统一农民党所拥护,并且指出农业集体化的重要作用在于能够提升农民的生活和文化水平,还能增加农业产量。当具体提出集体化的章程时,波兰统一工人党提供了多样的形式,设计出来一些不同的农业集体化形式供集体农庄选择以便维护和提升农民的利益。建立集体农庄时允许有少许自由。虽然在土地革命时期对于私有产权予以承认,但到了此时,苏联合作社以及苏联农民协会成了波兰集体农庄的蓝本,即把农业集体化朝苏联的集体化农庄形式推进。当集体化的章程被正式确立后,通过不同形式展开了大规模的政治宣传,由哥尔穆克领导的前波兰工人党被指责借保护农业生产力阻挠集体化,并且没有在农村地区广泛有效地开展阶级斗争。宣传的另一个侧重点是从社会阶层中消灭富农阶层。集体化的指令关注到了消除社会化大生产和农村小手工业生产之间的差异的必要性。这些政治特性在1949年5月波兰统一工人党中央委员会的决议中再次被重申,一个地区的书记应当对这个地区的集体农庄的发展负责。

1949年10月,中央政治局做出了加强集体化进程的决策。他们要求开展的集体化运动应该着力于农业产量的提高。新的集体农场能够拥有更高的农业产量,并且对农村地区的发展有着积极的作用。强调集体农庄应该不分时节,加强劳作的强度。政治局还建立了国家农技站,以便为集体农庄提供机械化和技术化服务。由于没有了对机械和拖拉机的所有权,集体农庄的生产资料只能依靠国家组织提供、安排、分配,失去了独立性。

农机站的另一项任务在于在基层营造一种支持农业集体化的政治氛围。

重工业化以及失败的农业政策带来了严重的经济后果，1951年，明茨申明："我们的农业无法跟上工业增长的速度，这是一个带有个体、小商品乃至部分资本主义特征的农业，所以难以充分利用现代化机械和农业技术来提高产量。"[①]明茨的话部分是对的，事实上农业无法充分利用来自工业部门的机械以及生产技术，工业部门承担着自身的任务，无法给予农业部门以必要的资源来提高农业产量。明茨的论断为进一步增加集体农庄的数量提供了理论依据，甚至打破了最初的自愿原则。

这种对确定的制度的公然违背，使农民产生了不同的反应。在开始阶段农民被采纳了统一工人党决议领导人的责备，当局的责备使得部分积极分子失去了方向，也降低了工作热情，建立集体化农庄的速度开始放缓。1952年第十七次中央委员会全体会议中，波兰统一工人党中央委员会主席鲍莱斯瓦夫.贝鲁特呼吁全党要保持集体化的比例，尽管他曾批判过农村的集体化进程中存在"有害的教派主义"和"机会主义"。他指出农业集体化对实现传统农业向社会主义农业转型有重要作用。1952年2月，这个指令颁发到各个基层组织，中央委员会要求基层在农村开展政治工作，加强对农民阶层的影响，扩张基层组织和团体。与此同时，国家经济计划委员会制定的1956—1960年的五年计划指出，农业集体化将在1960年完成[②]。

---

① H.Minc, *Przyczyny obecnych trudności w zaopatrzeniu iśrodki walki z tymi trudnościami* [The Reasons for the Present Difficulties in Supplies and the Ways of Overcoming These Difficulties], "Nowe Drogi", 1951, No. 4, p.12.

② See Wstepny zarys planu rozwoju gospodarki narodowej Polski nalata 1956-1960 [Preliminary Outline of the Plan for the Development of Poland's National Economy in the Years 1956-1960], AAN, PKPG 6, Vol. 811, unp.

1953 年召开的第一届合作社农民代表大会上,中央委员会的书记诺瓦克指出:"我们必须使得遍及整个农村的个体农户越来越多的尽快加入农业一体化之中"。对于持续高压的加速集体化,高层领导也颇有微词,诺瓦克指出了农业集体化中存在对法定原则的违背、缺乏责任心。

1953 年年末 1954 年年初,斯大林去世使得波兰政局发生转变。然而,批评只涉及相对次要的工业经济问题,尽管集体化的推行带来了越来越多的不满和失望情绪,当局还是秉承着不去触及这个问题的原则。1953 年 10 月举行的第九次中央委员会全体会议,1954 年 3 月产生的波兰统一工人党第二代领导层并没有给予集体农庄以太多关注。尽管全体会议指出建立太多经济规模较小的农场是失误,批评了农业集体化糟糕的经济状况,同时也希望能够提升经济管理能力、提供更多的国家援助来提高集体化的效率。第二次党代会坚定了集体化政策,认为即使它存在一定的缺点,也不会影响其深远的意义。

1955 年 1 月召开的第三次波兰统一工人党中央委员会全体会议,通过的决议说,"为了加强集体农庄的发展,去克服一些诸如集体农庄成员积极性较差的情况,所以有必要全面考虑并且采取适当的措施去采取一些物质激励,提升组织工作和政治工作的能力"。

1956 年之初,政治变革带来的影响逐步清晰,1949 年制定的有关农业集体化政策的原则仍在执行,1956 年 2 月召开的中央委员会第五次全体会议坚持了这一原则,并做出了小农庄应该较 1949——1955 年更快集体化的声明[1],做出这一声明的论据

---

[1] Uchwała o rozwoju rolnictwa w latach 1956–1960 i zadaniach partii na wsi [Resolution on the Development of Agriculture in the Years 1956-1960 and the Tasks of the Party in the Countryside], ibidem, p.105.

是农业的发展远远滞后于工业。按照当局的设想,1960 年集体农庄应该包括 25%—30%全部农民的土地,这一声明更偏向集体农场,向集体农场许诺降低他们的交易配额,提供更多赊购,为农业生产提供更多的资源。宣传工作也被进一步加强,在土地政策方面做了微调,一些在仓促的集体化进程中被叫停的农业活动应该被重启,例如水利、灌溉、林业等。

直到 1956 年 5 月,第二次集体农业工作者大会上出现了争论,当局的代表强调要坚定不移地执行农业集体化的政策,完全忽视了潜伏的政治危机[①]。然而,在许多代表激烈批评下,会议采纳了很多反映农业集体化真实情况的意见。代表们批评内部民主被限制,同时生活中充斥着太多行政干预。会议宣称自主权丧失的原因是集体农庄没有一个属于自己的管理机构。会议拒绝承认州立集体农场委员会的合法地位。会议的一项决议决定建立新的委员会,以及建立合作化农场的地区工会。会议还再次指出国家对农业集体化的支持是不足的,农机站和集体农庄之间的合作是不完全的。

第二次集体农庄工作者代表大会代表着第一阶段集体化的完结,也就是集体农庄集约化增长的结束。1956 年夏秋之交发生的政治事件对人民的社会经济生活产生了深远影响,新的集体化道路被实施。第八次波兰统一工人党全体会议和第五次波兰统一农民党全体会议上通过了这一政治决议。他们都因激进的集体化被诟病,这一政策使得农业产量下降。波兰统一工人党中央委员采纳了有关集体化的批评,提倡加强农场能够得到更好的条件来获得更好发展,而至于把农场拆分则是福祸难料。作为结果,集体化政策的停止,以及集体农庄的迅速解体,这也

① Cf. Z. Nowak's speech, in: II Krajowy Zjazd Spółdzielczości Produkcyjnej [The Second National Congress of Cooperative Farmers], Warszawa 1956, p.127.

反映了集体化政策的制定和实行存在巨大失误。

1949 年,集体农庄的三种类型被草拟出来,社会主义程度和利益分配方式的不同把他们区分开来。

第一种形式是农民为了在土地上统一耕种和收割成立的土地耕种协会,土地和屋舍依然保持着私有占有制,但是牲畜和农具是共同使用的。在这种耕种协会中,利益分配与各户土地占集体耕种土地面积成比例,从利益分配形式来看,这种协会只能看作是最简单的农业集体化形式,在这种协会的基础上成立集体投资基金和社会基金被看作是更高形式的核心。

第二种形式是农业生产合作社,这种形式的一大特点是利用一切土地资源,包括可耕作的土地和荒地,在这些土地上进行集体耕作。成员保有已分配土地的所有权,并且这种所有权是可以继承的。如果成员要退出合作社,那么他将会被分到合作社土地的边缘部分。同时成员有责任贡献自己的农用机械、器具以及牲口。家庭被允许保留一小块临近农舍的土地,这块土地可以用来耕作和养殖。至于利益分配原则则相对复杂。第一,个人和合作社之间的分配比例是 80∶20。而个人所得则是依据如下原则:25% 来源于对土地的贡献;10% — 15% 来源于对牲畜的贡献;剩下 60% — 70% 则是来源于对工作的贡献,用工作天数来衡量。集体收益的一部分被用来建立集体投资资金以及社会资金,集体投资基金被用来追加对牲畜、农具以及农舍的投资,社会基金则是用于对成员公共社会、文化需求的满足[①]。

最后一种形式,也是最高级的形式,是农业合作单位,这是对苏联农业合作社的复制。它和农业生产合作社的不同之处在

---

① A. Kita, W. Jurek, A. Niedźwiecki, *Spółdzielczość produkcyjna w świetle ustawodawstwa i doświadczeń* [Cooperative Farming in the Light of Legislation and Experiences], Warszawa 1956, p.126.

于利益分配方式,成员和合作单位利益分配的比例为 70∶30,而且分配标准完全取决于劳动,按劳分配原则被视为社会主义较高程度的体现,这种形式被认为是真正的社会主义①。

根据这种原则,颁布了 1950 年有关第四种集体化形式的法令,新的集体化形式叫作农业合作协会,是土地耕种协会和农业生产合作社的结合,成员资格及权利和土地耕种协会一致,但是利益分配方式则是采用农业生产合作社的原则,重视按劳分配原则。

这项章程的实施并没有停止对集体化政策的更多修正,旨在把集体农庄带向苏联道路。但是直到 1952 年年底还没有得到一致的结论。但是所有的章程都包括了以下一些原则:自愿加入集体化的原则、加入集体化的阶级原则、最低集体劳动的确定原则、禁止使用雇农原则、保护土地所有权的原则、保留自留地的原则,合作社民主选举原则、集体农庄和国家之间保持完整的商业关系原则。

早在 1949 年,违背集体化自愿加入原则的情况已经出现,在一些曲解的竞争中,许多地区委员会被证明对于在村庄建立集体农庄缺乏积极性。一些农民在试图保留自己的土地时会面临各种形式的威胁。对于地方组织而言,选择什么地区组织集体农庄是一个重要考验。地方组织在这些村庄进行了大量的行政和宣传工作,派遣了许多工人和青年团体来实现建设集体农庄的目标,甚至大量农民反对这些措施。一些极端、暴力以及非法的措施被实施,例如开除家庭成员的公职,甚至逮捕。一些送到农村的工人团体在农民之间具有不光彩的名声。他们在组织农业集体化进程中,使用了极端和违反自愿性原则的措施,而不

---

① Cf.T. Hunek, *Spółdzielczość produkcyjna w rolnictwie polskim*〔Cooperative Farming in Polish Agriculture〕,Warszawa 1985,p.34.

是帮助农民修理机械、设备和房屋。

党的文件显示,最大的一起违反自愿原则的事件发生在西波美拉尼亚。在1951年上半年,在格雷菲采地区没有按照自愿原则便强制建立了15个集体农庄。德拉瓦地区的领导人和组织为了建立集体农庄而采取了违背自愿性原则的措施,广泛地使用了诸如非法的附加税、不正当的行政罚款,甚至通过安全部门和民兵组织进行非法逮捕。安全部门的负责人被控告虐待市民。针对这些令人震惊的控告,格雷菲采和德拉瓦地区的相关负责人受到了惩罚。在短期内不择手段、违反规则建立集体农庄的热情消减下来,但是从长期来看,这些地区采取的行为造成了极为恶劣的影响,农民心目中国家和强压联系在一起。

对党的文件的分析显示,直到1953年建设集体农庄的强压才得以缓解,集体农庄的增长率得以下降。在建立农庄的过程中,大量不公平的举措在土地交换中实施,很多农民的细碎土地被合并了。如果这种交换发生在春季,那将会对农业生产带来巨大损失。这种交换对于那些想在自己土地上独自耕种的农民极为不利。在华沙、凯尔采、卡托维兹、卢布林省交换土地的面积只占到集体农庄的1%,在一些农业集体化程度较高的地区,交换土地的面积也不超过集体农庄面积的32%。

集体农庄规模小、缺乏经济独立性,政局变动是集体农庄被建立起来的主要原因。1956年,面积低于70公顷的农庄占到了集体农庄总数的12%,70—200公顷面积的农庄则占到了集体农庄总数的一半以上。有些集体农场甚至是由农村管理工作者、教师等组成的,因为没有农民,所以没人在土地上工作。有时农民被许诺,只要他们合并自己的土地加入集体化,在集体农场将会得到房屋、体面的工作、丰厚的回报。但是他们的希望很快被现实打破。有时地方政府也会为挑选出来的集体农庄提供优厚的条件,例如为他们担保过多的贷款,但是这些措施反而使农庄成员缺乏进取心,导致农庄很快破产。

一种普遍的情况是,地方组织和政治局一开始对建立新的集体农庄抱着很大的兴趣,但是他们的兴趣很快消减,因为这样的原因,农庄总是遭遇到重大困难,阶级原则尤其是在最开始的集体化阶段被严格地执行。按照阶级划分的原则为指导方针,富农被视作投机者和剥削者而被禁止加入到集体农庄之中。1950年12月,中央委员会强烈地责难拥有15公顷以上土地的农民被迫加入到集体农庄。什切青省组织则因为揭露了68户富农并把他们从集体农庄中驱逐而得到了中央委员会的嘉奖。

除了这种刻意的孤立富农阶层的政策之外,在集体农庄中出现一种自发的趋势,把最贫困的农民排除在集体化之外,以不使得集体农庄成员的收入减少。因此,小规模和极小规模农庄所占的比例显得无关紧要。到1950年秋,土地面积达到2公顷的农庄占有财产达到所有集体农庄比例的9.4%,2—5公顷的占到18.8%,15—20公顷的占到0.5%。超过20公顷的占到0.2%,5—10公顷的占到了60.7%,10—15公顷的占到了10.4%,这样的情况使得当局意识到中等规模的比重过大,把中间阶层作为集体化的中间力量是不正确的。

尽管采取了很多措施去争取小土地所有者,尽管已经反对富农,到1955年为止,集体农庄的构成仍然没有发生较大改变。在某一地区,土地面积为2公顷的农庄占到了集体农庄财产的7.2%,2—5公顷的占到14.1%,5—20公顷的占到78.1%,超过20公顷的占到0.6%。尽管采取了很多政策上的努力,仍然无法改变中等规模的农庄在集体农庄中占据主导地位,同时还是存在一些大型农庄。这看起来似乎是集体化进程在区域上存在的差异,在西部地区,经济发展,集体化发展得较好,农民的财产较多,所以大规模的农庄得以存在。而波兰中东部由于农业集体化的失败,小农经济盛行,因此所占财产份额少。

建立集体农庄的措施主要有两种:第一种是在已有集体合作社基础上整合;第二种是从头开始建设。1949 年奥尔什丁省以移民农业合作社为基础建立了波兰第一个集体农庄。根据这样的方法,1949 年年底在马祖里亚建立了 25 个集体农庄,占到了当时波兰集体农庄数量的 10%。在大波兰省也一样,最初的集体农庄是由土改后形成的合作社以及移民合作农庄发展而来的[①]。

而从头开始建设集体农庄的方式是由政治宣传运动推进的。首先建立了筹备委员会,之后,地方组织和行政机构组织了一场会议,用来选举出农场执行机构和成员。下一步则是在法律上确立集体农庄的管理部门,虽然事实上这是波兰统一工人党中央委员会的农业部门。根据相关法令,集体农庄的最高管理机构是集体农庄成员的全体大会,全体大会做出关键决策。而当前任务、决策的实现则是由每年从集体农场成员中选举出来的常委会做出的。

在形式上,集体农庄隶属于农民互助合作社的农业中心,但是帮助和保护是有限制的,会受到来自国家政党和行政机关的干扰。1953 年 5 月 30 日国务委员会做出了成立合作农业委员会的决议,总理任命了 56 位成员,波兰统一工人党中央委员会书记艾德蒙担任委员会的首脑[②]。

为了加快集体农庄的建立,1949 年采取了一系列诸如减税

① I. Ławniczek, *Rolnicza spółdzielczość produkcyjna w Wielkopolsce w latach 1949–1974* [Agricultural Production Cooperatives in Great Poland in the Years 1949–1974], Warszawa; Poznań 1977, p. 24.

② Decree of June 30, 1951 on Land Tax, DzU Ministerstwa Rolnictwa [Journal of Laws of the Ministry of Agriculture], 1951, No. 14, item 89; Regulation of the Council of Ministers of January 10, 1951, Concerning Reduced Land Tax Rates for 1951 for Agricultural Cooperative Associations, DzURP [Journal of Laws of the Polish Republic] 1951, No. 3, item 17.

和其他有利于农业发展的措施。1949 年 3 月 14 日,农业部出台了免除农业合作社单位成员从土地改革中获得土地的款项,合作农场的土地税被减轻,土地耕种协会得到了 30% 的税收减免。土地耕种协会缴纳 4.5% 的税基,农业生产合作社和农业合作单位则是 3.5%。集体农庄被完全免除来自法定活动和副业得到的收入税。

为了在经济上强化合作社,国家把一部分属于政府的不动产转移给合作社,合作社免费得到土地和可以通过按揭付款得到牲口和农具。集体农庄的流通需求受益于来自波兰国家银行的贷款,以及从农业银行得到了投资贷款,使得新成立的集体农庄能够得到特殊的金融支持,贷款由 1949 年的 4700 万兹罗提提升到 1956 年的 97900 万兹罗提。

表 9-1　波兰的农业投资(1950——1955 年)　(单位:个)

年份	1950	1951	1952	1953	1954	1955
全体农庄	33	21	29	33	41	58
集体农庄	21	18	21	26	32	42
个体农庄	12	3	8	7	9	16

资料来源:《剑桥波兰史》,第 318 页。

农机站在帮助和影响集体农庄的发展方面起到了特殊的作用,尽管农机站有义务为个体农民提供服务,但是他们还是将重心放在集体农庄之上,农机站对集体农庄的农业、运输活动占总业务的比重由 1950 年的 54.2% 提升到 1956 年的 72.5%。此外集体农庄能够以低于个体农户的费用得到相同的服务。甚至第二届波兰统一工人党代表大会明确指出农机站应该引领农业集体化的发展,同时也指出了农机站工作的一些失误:对集体农庄权利缺乏关注、欠佳的服务、不可靠的农业技术援助、对拖拉机和其他农用机械开发的欠缺。农机站和集体农庄的比例为 1∶23，这也意味着一个农机站要为 23 个集体农庄提供技术和机械上的服务，显然农机站的设备、机器的效率，最为重要的是他们的组织和工作量难以达到集体农业工作者的期望。在 1953 年，拖拉机首次在集体农庄一般的区域收割，但是收割时间的延长使得收成受到损失，同时也耽误了收割之后的播种，使得作物尤其是马铃薯的收成减少。农机站和集体农庄的合作是农业集体化中的一个痛点，同时也是集体化失败的一个重要原因。

在集体化政策实施的第一年，建立了 243 个集体农庄，拥有土地 41500 公顷，占波兰可耕种土地面积的 0.2%，集体农庄中农民的财产仅占所有农民财产的 0.1%。这意味着当局在 1948 年秋制定的计划未得到贯彻落实。大多数的集体农庄是由士兵、移民和雇农组成的，世代相传的小土地所有者只有零星的加入。西部收回失地的一些省份，集体农庄在已经存在的集体耕作形式的基础上得以建立。到了 1950 年，建立了超过 911 个集体农庄，但是只有 76 个是在传统村庄的基础上建立的，445 个集体农庄是在收回的西部地区建立的，124 个建立在重新分配土地的村庄中，226 个建立在混合村庄中。快速集体化的新农庄在经济上被予以调整，他们受制于农业生产资源的缺乏、人力资源的缺乏、农业税和交易配额的阻碍。

早期集体化的主要特征在于倾向建立更高类型的集体农庄，地方组织认为建立的集体化农庄的类型越高能够反映社会主义的层次越高，因此他们认为只有第二和第三种类型，也就是农业生产合作社和农业合作单位，才能够得到当局的认同。所以第二种和第三种集体农庄占到了 1949 年集体农庄总数的91%，1950 年达到 87.4%，1951 年也达到 84.4%。这样的结果看起来似乎没有对农民阶层的强压是无法实现的。

表9-2　集体农庄的发展情况（1950—1955年）

年份	1950	1951	1952	1953	1954	1955
集体农庄数（个）	635	2707	3034	6228	8109	9076
家庭数（千户）	16.9	67.1	78.7	146.6	175.1	188.6
土地面积（千公顷）	190.3	684.8	756.7	1380.3	1712.6	1866.9
耕地面积（千公顷）	169.5	606.7	666.8	1207.3	1491.3	1638.5
建筑物（千栋）	8.8	41.9	47.8	90.3	117.2	128.4
牛（千头）	41.6	153.7	210.5	375.6	502.4	577.1
猪（千头）	57.3	191.0	292.8	542	709	873.5
羊（千头）	14.0	73.9	127.8	270.1	410	470.4

数据来源：*Rocznik statystyczny*, 1957［Statistical Yearbook, 1957］, p.137.

　　在政治宣传和行政强压下，集体农庄的数量增长得很快，正如表9-2所显示的，1951年集体农庄的数量比1950年多了四倍，相对而言，西部地区和北部地区省份诸如弗罗茨瓦夫、什切青、波兹南和科沙林省的集体农庄发展得很好。而另外一些地区农业集体化进展较慢，诸如中部和东部的卡托维兹、凯尔采、克拉科夫、比亚韦斯托克、绿山省。在1953年年初，农业集体化公认发展最好的地区是波兹南、彼得哥什、弗罗茨瓦夫。

　　从1954年开始，农业集体化速度开始明显放缓，集体化遭遇挫折，主要原因是斯大林去世这一政治事件导致了波兰党政当局对前景的疑虑和迷惑，但是直至1956年政治变革，当局对于官方对集体化的态度也没有发生根本改变。

　　对于集体化政策片面追求数量的结果，截至1956年6月一共建立了9975个集体农庄，但是只拥有210万公顷土地，只占到了农民可耕种土地的 11.2%。农业集体化的开端是以移民土地和收复土地为基础的,所以在北部和西部地区集体农庄占了很大比例。到 1956 年年中,什切青和弗罗茨瓦夫省超过 40% 的土地完成了集体化,在奥波莱、绿山、科沙林省也达到了 20%,相对而言,在凯尔采、克拉科夫、华沙、罗兹和卢布林省的传统村社集体化进程则相对要慢很多,只达到了 1%——3%。

表 9-3　集体农庄与个体农户每公顷产出对比(1950—1955 年)

	谷物	小麦	黑麦	大麦	土豆	甜菜
集体农庄	13.6	14.4	12.9	15.0	94	158
个体农户	12.6	12.8	12.3	13.2	119	199

来源:*Rocznik statystyczny*,*1957*,p.126.

1955 年,集体农庄的总产量(加上自留地)为 108 亿兹罗提,仅占到个体农户的 9.5%。同时,集体农庄耕种的效率低于个体农户,集体农庄在每公顷耕地上的产出平均比个体农户低 14%,但是由于能够较个体农户更容易获得机械和化肥,所以集体农庄的效益也没有想象中那么差。

从表 9-3 可以看出,集体农庄在谷物和小麦、黑麦、大麦的生产上较个体农户有一定优势,而个体农户则是在土豆和甜菜上具有优势。原因之一在于当时的农用机械能够有效地耕种谷物等主要粮食作物,而集体农庄在机械和化肥的获取上较个体农户更为方便。农用机械对于土豆和甜菜之类的作物并不适用,所以精耕细作的传统生产方式在这两种作物生产中体现了优势。

1955—1956 年,波兰的农业集体化达到了顶峰,但是当 1956 年秋出现政治动荡后,再也没有达到这样的高度。

表 9-4　1956 年波兰集体农业化的瓦解

地区	集体农庄数			剩余农庄比例（%）
	1955 年 12 月	1956 年 6 月	1956 年 12 月	
波兰	9694	9975	1534	15.8
比亚韦斯托克	325	298	22	6.8
彼得哥什	1040	1146	156	15.0
格但斯克	441	436	47	10.6
卡托维兹	125	137	65	52.0
凯尔采	190	188	96	50.5
科沙林	411	625	16	3.9
克拉科夫	228	229	64	28.1
卢布林	424	424	140	33.0
罗兹	415	381	123	29.6
奥尔什丁	532	524	41	7.7
奥波莱	522	534	38	7.3
波兹南	1293	1391	423	32.7
热舒夫	347	358	79	22.8
什切青	718	725	17	2.4
华沙	361	390	141	39.1
弗罗茨瓦夫	1678	1680	41	2.4
绿山	512	509	19	3.7

来源：S.Jarecka-Kimlowjka, *The Socio-Economic Problems of the Development of Cooperative Farming in Poland in the Years 1944-1956*, Poznan 1986, pp.135 ff.

　　集体化进程被打断的主要原因在政治对于经济的高度干预，以及对于当局而言推动集体化的政治动机远大于经济动机，在集体化的进程中充斥着阶级斗争和普遍怀疑的氛围，自愿加入合作社的原则被严重地违背了，波兰农业的特殊性以及农民的个人意愿并没有得到尊重和考虑，这也是集体化进展较快的地区没有传统的世袭农庄的原因。六年计划中对农民采取政治和经济方面的高压政策导致了一系列严重后果,使得农民在内心中把集体化和高压政策联系起来,这是1956年下半年集体农庄政策迅速瓦解的原因之一。

从社会经济角度来看,在1950—1955年波兰经济没有足够能力和资源完成对农业的技术改造是集体化失败的一个原因。发展计划在六年计划(1950—1955年)期间做过许多次更正,国家发现农业能够分享工业化成果,同时农业能够为工业部门的扩张提供必要的积累。但是,在波兰农村地区并没有得到足够资金支持,农具、化肥、建筑材料同样没有得到足够的供应。国家对集体农场提供的投资资金表明国家的援助不充分,1950年国家对每公顷耕地的投资为478兹罗提,1951年只有203兹罗提,1952年只有213兹罗提,1953年只有218兹罗提,1954年只有246兹罗提,到1955年也不过244兹罗提。有经济学家认为:"像这样对农业的资金支持,至少需要连续十年才能保证集体化进程的稳定。"①

另外一些原因则是缺乏对集体农庄的有效管理和组织。缺乏完整的条例明确指明集体农庄的职能、事务以及日常运行。一个很基本的问题是成员对集体农庄的贡献的衡量没有明确的方法,没有具体说明是按工作天数还是工作时间来衡量。缺乏从事人力管理、农业管理、养殖管理的专门人员,这给集体农庄的管理带来了巨大麻烦,一个很重要的原因在于,擅长经营和管理的富农被排除在集体农庄之外。集体农庄纪律松散,1954年超过三分之一的成员没有履行完成一百个工作日的义务。同时,集体农庄中农民的家庭成员在集体劳作中参与较少。此外

---

① T. Adamowski, J. Lewandowski, *Rolnictwo polskie w dwudziestopięcioleciu* [Polish Agriculture in the Last Twenty-Five Years], Warszawa 1970, p.74.

投资政策在实施中存在很多问题,尽管普遍来看投资资金偏低,但是因为一些主观情况使得一些农庄被过度投资,而另一些农庄则被完全忽视了。

另外一个在集体农庄中出现的问题是如何调整种植业和养殖业以适应社会需求,从表9-3中,我们可以看出集体农庄在生产谷类作物方面具有较个体农户更高的生产力,主要原因在于工业化发展较好的地区,能够为该地的集体农庄提供相对较多的化肥和农机,而对于需要更多劳动力投入生产的经济作物的产量远远低于个体农户。同时养殖业的发展则更为堪忧,由于饲料和养殖技术的缺乏,造成集体农庄养殖业发展不良。但是与此同时,集体农庄成员在自留地上开展的养殖业则发展迅速,因为很多集体农庄的成员使用集体农庄的饲料喂养自己的牲畜,牛和猪的出栏量分别比集体农庄高了近30%和40%。

此外由于集体农庄经济状况欠佳,尤其是养殖业发展滞后,严重地影响了农民的收入。加之存在的通货膨胀使得农民的真实收入难以得到提高,1955年农民从每亩耕地上得到的收入为1921兹罗提,而且并不是所有的收入都是以货币形式得到的。1955年,每个集体农庄家庭收到20.5公担谷物以及5.9公担土豆,这样较低的实物支付,使得集体农庄的成员把大部分精力都集中到了自留地的经营上。集体农庄收入过低的原因不仅是成员缺乏劳动效率,更为重要的是国家汲取了太多农业的养分去供养工业发展,集体农庄的经济状况严重地被农产品配额交易影响了,1954年集体农庄的义务交易配额达到集体农庄总产出的49.7%,而牲畜则达到了80.5%,过重的配额交易使集体农庄不断恶化,使得饲料数量减少以及牲畜繁育被阻碍。

1956年6月新的政治要求提出时,不只是农民,包括所有的经济学家和经营者都反对农业集体化。正如之前所提到,农民的态度收到集体化过程中所采取的一些高压政策和不恰当措施影响,另外一个原因则是农民在把土地并入集体化之后并没有发现产量比之前有明显的提高,反而生活状况在不断恶化。

农民的态度很清楚地表现出来。1956 年 4 月,波兰统一工人党积极分子瓦尔德萨瓦·比耶科夫斯基写道:"相对于地区组织和省一级的组织,农民在政治上对农业集体化没有任何兴趣"。他在经济统计的基础上得出结论说,缺乏有力的管理者以及来自外界的频繁干预,使得农民的感觉被自我管理的缺乏所放大。

在农业集体化开始的最初阶段,国家管理部门的代表对这一运动十分热情,但是在 1956 年下半年却不断评判和指责集体农庄。这种态度影响到了农民,1956 年 10 月这种不满情绪终于爆发出来。到 11 月中旬,主要是在西部和北部的省份 75%的集体农庄解散。而且解散得最快的正是集体化程度最高的第三种类型的集体农庄(在 1956 年重新收复的土地上建立的集体农庄),它们主要分布在什切青、弗罗茨瓦夫、科沙林、绿山、奥波莱、奥尔什丁省和比亚韦斯托克北部。这一类型农庄在 1956 年迅速瓦解。

同时,解散集体农庄的决策受到了一些进行过土改和无地农民较多的集体农庄的反对,而这些地区也正是在集体化初期进展较慢,并且经历重重困难的地区,如凯尔采、华沙、卢布林、波兹南省。

(二)新农业政策时期

1956 年 2 月召开的苏共二十大,推动了波兰及其他东欧社会主义国家的民主化进程。赫鲁晓夫所作的《关于斯大林个人崇拜及其后果》的报告,揭露了斯大林和斯大林模式的错误,这对波兰统一工人党当局产生了巨大冲击,1956 年 3 月 1 日,波兰统一工人党第一任总书记鲍·贝鲁特在莫斯科病逝。苏共二十大之后,波兰的政治危机不断加深,不只是来自外界政治的冲击,而是来源于更深层次的经济政策,尤其是农业集体化政策引发的一系列问题。在一系列协商和调解无效后,于 1956 年 6 月 28 日爆发了震惊世界的"波兹南事件"。

"波兹南事件"是波兹南采盖尔斯基工厂的工人因领导没有调整不合理的劳动定额和工资合同而引发的社会冲突事件。这一天也被称为"黑色星期四"。波兹南事件是工人群众不满的总爆发。在 1956 年 10 月波兰统一工人党二届八中全会上,新的党中央第一书记哥穆尔卡对"波兹南事件"做了客观的评价,他说道:"当波兹南的工人跑到这个城市的大街上时,他们抗议的不是人民波兰,也不是社会主义,他们抗议的是我们社会制度普遍存在的并且使他们痛苦地感觉到的弊病,抗议的是对于社会主义基本原则的违背"。

哥穆尔卡对农业集体化政策进行了批判,他指出:"在过去的六年里,党发动了争取农业生产合作集体化的一系列运动,在这个时期里,成立了大约 1 万个农业合作社,参加的农户大约占 6%。在今天,我们有了六年计划的经验之后,值得更近一些去看过去时期中党的农业政策的经济后果是什么。波兰的农村政策应该是不断努力加紧农业生产,提升每一公顷土地的产量"。同时他也指出了在之前的农业集体化之中,从每公顷农地总产量的价值来看,个体农场以不变的价格生产 621.1 兹罗提,集体农场生产 617.3 兹罗提,国营农场生产 393.7 兹罗提。因此,个体农民和集体农民的差异是 16.7%,而个体农场的产量比国营农场多 37.2%[①]。

1956 年政治动荡之后,哥穆尔卡结束了实行集体化农业的企图。共产主义领导阶层虽然坚持所谓社会主义转型,但 30 年

---

① W.Gomulka,*Speech at the 8th Plenum of the PUWP*,Nowe Drogi,Number 10,1956.

来,私营部门对农业发展仍然具有决定性意义。1984年农业用地面积占农业总面积的76%,其中国家出租的土地以及平均土地面积5—15公顷的农民农业,占农业总产值的74%。平均占地面积3000多公顷的社会主义国家农场占主导地位;占农业用地的18%。相比之下,农业合作社的重要性不大,只占农业总面积的4%①。

自从引入中央计划制度(1949—1955年)引入以来,波兰国家管理私营农业主要是间接的手段,并预测在特定经济条件下的私人农民的反应。② 这并不意味着国家对私营农业的影响是微不足道的。波兰农民被纳入中央计划经济在很大程度上通过农业合同来进行。国家是主要农产品的垄断买家。州的国家机关进场对农民施加行政压力,使其与国家分销机构签订合同。

国家设定了一个包括农业投入、供给制度形态的机制;它不仅设定了价格,而且还能直接确定对整个农业投入的供应量。在同一时间国家通过投资来影响私营部门的发展、信贷和结构。中央宏观经济决策规划人员规定了投资支出水平,总体投资的结构也决定了经济的水平和对食品的有效需求。

波兰的价格间接指导是基于私人农场作为收入最大化的假设。此外,假设农民生产活动的目标是农场总收入的最大化。与理想的典型的新古典主义条件相反,他们将自己的劳动力的使用扩大到最优利润之外,以增加产出量。这是协调个体农场经济目标(收入最大化)与规划当局农业政策目标(提高农业生产)的基础。

---

① Maly Rocznik Statystyczny, 1985, p. 175; Rocznik Statystyczny, 1984, pp. 277, 282. The remaining 2% of the Agricultural Area Belongs to the Agricultural Circles(kólka rolnicze).

② Z. Kozlowski, *The Organizational Framework of Polish Agriculture*, (ISEES Research Paper, Glasgow, 1976), pp. 14-15.

20 世纪 50 年代和 60 年代,各种农产品的强制性配额由当局以强制交付价格支付,固定在较低水平。这使国家能够廉价地购买农产品。60 年代,粮食,土豆,肉类和某些时期的牛奶交付强制;它们在国家采购总额中的份额从 1960 年到 1971 年稳步下降,并从 1972 年 1 月起全部废除。采用行政计划经济的方法对私营部门来说是不恰当的。私营农业要通过市场关系,要以更有吸引力的价格和与国家的自愿合同结合起来,更好地履行其任务。

这一切导致了哥穆尔卡 1956 年引入了新的农业政策。哥穆尔卡实行新农业政策时,把国家部门、合作部门、私营部门统一为一个完整体系。[1] 1956 年新农业政策的主要特征是:第一,解散合作社;第二,承认农民的需要;第三,改善国营农场和剩余的集体农庄的表现。

1956 年,波兰有 10000 多个较低级的生产合作社。在 1956 年和至 1957 年,大多数生产合作社解体了。到 1957 年,只有当时采取自愿入社的方式组成的合作社得以保存下来。1966 年共有 1225 个生产合作社,平均面积为 177 公顷,平均成员为 18 户。国营农场的数量也有所下降:1955 年,国营农场有 6630 个,1968 年只有 5792 个国营农场。

“新政策”对农业的管理不是直接将农民社会化,而是将其与社会化经济联系起来。联系的方式有垂直和水平两种。与国家的垂直联系在于农民农业与农业社会组织之间的横向联系。与国家的联系是一个双向的联系,农业通过商品交换和土地税为国家提供了附加产品,而国家用工业产品来供给农业。主要形式是强制性地向国家交付农产品,按照市场价格或合约价格

[1]　H.Minc, *Charakter i tendencje rozwojowe naszego przemyslu*, Nowe Drogi, I, Number 3, May, 1947, p. 35.

低于交货价格。1951 年至 1956 年间,农业通过强制性交付价格强制性出口基础农产品,为合同工业化做出了相当大的贡献,这是合同或市场价格的一半。1956 年,有一个重大的变化:所获得的盈余是投资于农业本身。与国家通过强制性交付的经济联系仍然存在,但覆盖范围仅缩小到三个:粮食、肉类和土豆。此外,购买价格上调。"新政策"最主要的创新就是建立了"社会主义支出体系",这一体系包括了一系列的经济金融手段:第一,建立指定数量、指定时间、指定价格的远期合约;第二,于 1959 年建立了国家农业发展基金,为农业的发展提供了资金来源;第三,提供固定资本和流动资金的国家信贷。

在这一系列的经济手段中,最重要的是农业发展基金(1959 年)。它是基于农产品强制性交货方式与自由市场价格或合同交易之间的差异来创建的。以前纳入一般社会积累的差额总值现在已经归还给农民,但不是归还给个人,而是作为集体财产归还。1968 年这个差额的大小如下:每 1 磅谷物 120 兹罗提;每 1 磅土豆 30 兹罗提;每 1 公斤屠宰动物 8.3 兹罗提。这笔款项交给了农业发展基金,该基金由农村自己负责处理。它用于购买生产资料,主要是拖拉机和机械。远期合约制度的使用范围得到了推广,这也是一种社会主义支出制度:以低价格提供生产资料与农产品供应合同相结合,形成农民信用基础。横向联系是通过农业小组提供的。这是一个传统的组织,首先在 19 世纪之交在波兰组建,现在复苏了。农业小组是农民自愿加入的一般社会经济组织,通过相互协助和合作共同努力,将他们联系在一起,旨在增加和改善农业生产。1967 年年底,共成立了 34000 个农业小组,参加农业小组的包括妇女在内共 210 万人,他们的活动涵盖了 84.2%的农村。

农业社会主义的因素和国家的联系越来越多。可以从以下看出来:在 1962—1963 年间,波兰生产的粮食 10%—12%是由政府在强制性交付的基础上购买的。在自由市场上购买的产品大致相同。在该国约有 17% 的动物饲养屠宰是通过交货方式进行购买的，51% 是在市场上或在合同的基础上购买的。合同制度主要用于工业作物。国家在合同制度的基础上收集了甜菜、大麦、烟草和猪等全部作物。包括动物产品在内的约 60 种产品属于其范围。1963 年，该制度扩大到包括小麦在内。在接下来的几年里，谷物的承包量在增加，价格也在上涨。1967 年，谷物作物占全部面积的 14.3%，小麦整个面积的 25% 都在合同范围之内。这相当于约 30% 的市售谷物和 57% 的小麦。该州还承包了 89% 的油菜植物、大约 47% 的土豆，77% 的猪用于制作粗制培根，其中 86% 用于精制培根。整个农业生产中约有 48% 的产品是通过社会化的商业抵押制度购买的。

给农业生产方向的主要措施是支付给承包农民的价格。然而，还应用其他激励措施，例如生产资料、种子、化肥、饲料、建筑材料的供应以及信贷和专业咨询。国家通过信贷制度和农业发展基金筹措农业投资的作用可以归结为以下几点：信贷对农村和农业融资投资起到了巨大作用，1969 年，农民的农业投资为 85.82 亿兹罗提，而获得的信贷为 72.34 亿兹罗提。偿还的信贷为 30.69 亿兹罗提，所得净额为 41.65 亿兹罗提。占到了农民生产总投资的一半左右[1]。农业发展基金的来源是早期的强制性储蓄形式，1969 年农业发展基金提供了 43.4 亿兹罗提投资，形成了 50 多个专业化基金，总额占这一年农民总投资的 17%。上述形式的融资意义可以从化肥投入和农业机械化的增长显现。1950 年，每公顷化肥投入量为 7.7 公斤；1960 年为 36.5 公斤；在 1968 年是 92.5 公斤；在 1959 年，在 600 个农业圈中，只有 700 台拖拉机。1963 年，农业界拥有 28367 台拖拉机，

---

[1] "*Rocznik Statystyczny Rolnietwa*", 1971, pp.353-354.

而 1967 年，他们拥有拖拉机 66200 台①。

此外，这一时期，波兰农业获得发展的重要原因之一在于波兰统一农民党的发展壮大，波兰统一农民党 70% 的成员是农民。在 1948—1956 年期间，波兰统一农民党的活动受到了严格限制，党的组织无法得到发展，但是 1956 年政治局势发生转变后，波兰统一农民党得到了发展。1959 年 11 月召开了第三次代表大会，把提高农业生产、发展农村活动、实现农业现代化作为党的主要任务。1948—1956 年波兰农业集体化产生的种种弊端在于农民的政治参与不足，其根源是农民的利益诉求没有得到重视，严重违背了自愿参与合作社的原则。1956 年波兰统一工人党二届八中全会后，波兰统一工人党和统一农民党之间加强了合作，1957 年 1 月，两党联合制定了新的农业政策指示，主要是贯彻自愿入社原则，充分利用各种手段调动农民的积极性，从资金、机械、肥料、激励制度等方面改善了农业生产条件提高个体农民的生产效益，同时 1956 年 12 月与 1955 年 12 月相比，整个波兰的集体合作社只剩下了 15%，甚至在个别地区这个比例更低②。取而代之的是农民自愿成立的农业小组。农业小组是个体农业中的一种互利的合作经济组织，波兰统一工人党和统一农民党把这种形式看作是最初级的合作化形式，采取自愿加入退出；不改变财产的所有权；共同经营，服务互利，自我管理这一系列原则。这一举措对农业发展起到了极大的作用，充分扩大了农民的经营自由以及自我管理范围。相对于上一时期的举措而言，这些政策更加符合波兰农业的生产力水平，同时也尊重了农民的自我管理的意愿。

---

① "*Rocznik Statystyczny Rolnietwa*", 1971, pp.364-365.

② S.Jarecka-Kimlowjka, *The Socio-Economic Problems of the Development of Cooperative Farming in Poland in the Years 1944-1956*, Poznan 1986, pp.135 ff.

第一个五年计划(1956—1960 年)由于采取了诸多积极的新政策,农业得到了较好的发展。在 1959 年 3 月 10—19 日,波兰统一工人党召开了第三次代表大会①,代表大会根据英德霍夫斯基所作的《1959—1965 年国民经济发展的指示》,通过了第二个五年计划(1961—1965 年)的指标,1965 年工业生产将比 1960 年增长 50%,农业生产将增长 20%,国民收入将增长 40%,实际工资将增长 23%—25%,投资总额将增长 46%,代表大会期间还通过了奥哈布所作的《关于党的农村政策的指示》。但是第二个五年计划的完成情况并不好,只有工业生产完成了既定指标,其中生产资料的生产比 1960 年增长了 59.9%,就业的人数增加了 1276000 名,大大突破了原定的计划,但是其他的指标都没有达到,农业生产计划增长 22%,而实际上增长了 14.5%。

农业没有如期达标的原因有几点,其中客观因素在于 1962—1964 年气候不好,农业连续三年歉收。1962 年四种谷物产量较 1961 年减少了 200 万吨,由 1540 万吨减少到 1340 万吨;1963 年牲畜少了 200 万头,畜牧业的生产也受到严重影响。

表 9-5　1961—1964 年波兰农业发展状况

年份	谷类产量(每公顷千克数)	畜牧业生产指数(2004-2001=100)	食品生产指数(2004-2001=100)	作物生产指数(2004-2001=100)	谷物产量(吨)
1961	1782.4	77.54	65.25	106.72	1612.3
1962	1600.1	78.79	61.39	87.63	1404.5
1963	1717.3	76.44	64.18	105.28	1517.8
1964	1607.3	76.8	67.53	113.67	1409.2

数据来源:世界银行波兰农业数据。

---

① 转引自刘祖熙:《波兰通史》,商务印书馆 2006 年版,第 505—506 页。

从上表可以看出,在工业迅速增长的同时,波兰的农业无论是在产量还是生产效率上都出现了下滑。出现这种情况的原因不仅仅是气候,更深层次的原因在于《1959—1965年国民经济发展的指示》,计划中工业增长指标定为50%,要接受100万青年就业,而农业增长指标为20%。这个计划意味着国家将采取举国之力发展工业。而对于处于冷战期间的波兰而言,这意味着对于农业的支持,无论是资金、技术、机器还是劳动力都要置于次要地位,国家的发展模式重回优先发展重工业,资金和技术更多地倾向于城市和工业的社会主义建设的旧模式。但国家对于农业的机械投入并未减少。

表9-6 波兰农业人口数据

年份	农村人口（%）	农村人口增长率（%）	耕地面积（万公顷）	农业机械（每100平方公里拖拉机台数）
1961	52.10	1.53	904.5	44.8
1962	51.47	-0.13	877.7	52.6
1963	51.07	0.36	883.8	61.0
1964	50.67	0.53	876.7	84.8
1965	50.27	0.58	850.5	88.5

数据来源:世界银行波兰数据。

从表9-6中看出,波兰农村人口增长率从1961年的1.53%降至-0.13%,而且农村减少的人口多为青年,这对于一个不大的国家是一个严重的问题。这对于"二五"计划时期的波兰农业产生了巨大冲击。1962年农业经济出现了滑坡,直到1965年才得以缓解和恢复。此外随着工业进程的加快以及城市人口的增多,肉类需求的增长远高于畜牧业发展的速度,农产品和大众消费品不足,出现了市场供应不足的情况。

　　随后召开的波兰统一工人党第四次代表大会(1964 年 6 月
15—20 日)按照原方针制定了第三个五年计划(1966 — 1970
年)的经济指标①:工业生产增长 44%,农业生产增长 17%,投资
增长 38%,国民收入增长 34%,就业人口增长 150 万,职工的实
际工资增长 10%。计划制定者希望通过科学技术进步,提高劳
动生产率,降低原料、燃料和动力的消耗,增加出口,停止谷物进
口等方法来完成第三个五年计划。第三个五年计划并未对经济
制度和经济决策进行反思,只是对计划和管理体制进行了局部
性的改革。

　　第三个五年计划规定的工业生产和投资任务都超额完成,
但是农业生产仍然没有完成计划的指标。1970 年的农业增长
了 9.5%,远没有达到目标所定的 17%;1970 年的工业总产值比
1950 年增长了 7 倍,而农业总产值只增加了 60%。这也和农业
发展自身的特征有关,虽然与上一时期相比,农业不再是工业部
门投资的主要来源,农业部门所获的盈余主要用于投资农业,同
时国家也为农业提供信贷,但是农业投资水平处于较低水平
(1961 年价格仅占总投资的 15.4% ②)。

　　波兰农业需要技术进步,而且国家也在推动波兰农业的机
械化,但是农业投资的吸收能力是极为有限的,因为机械化和技
术化的目的是通过机械来替代人力,但是波兰的农业生产是劳
动密集型的,所需的是资本和投资。而且波兰农业相对于工业
而言,资本产出比非常高。例如,在 1956 — 1960 年,它是 3.8,

---

①　转引自刘祖熙:《波兰通史》,商务印书馆 2006 年版,第 507—508 页。

②　"*Rocznik Statystyczny Rolny*", 1970, p. 98. A Relatively Lower Rate of
Investment in Agriculture is a Common Feature in all the European Socialist
Countries. See W. Misiuna, "Doskonalenie zarzad-zania i planowania rozwoju us-
polecznionej gospodarki rolnej w krajach RWPG", *Gospodarka Plan- owa*, Number 6,
1969, p.26, Table 4.

在 1961—1965 年是 6.0,在 1966—1969 年是 22;而手工业则分别为 2.5、2.5 和 2.6[①]。有限的投资基金对农业发展的提升作用极为有限。1956 年到 1960 年农业以外的就业增长率为 2.4%,1961 年到 1965 年为 3.4%,1966 年到 1970 年为 3.3%。因此,从 1961 年到 1970 年的工业生产增长是通过更高的投资和更高的就业增长来实现的,这间接意味着波兰劳动生产率没有达到标准[②]。

农业生产遇挫的客观原因是恶劣的气候条件。但这并不是根本原因。农业发展最主要的危机发生在养殖业。养殖业对于波兰农业乃至整个社会具有极为重要的意义,波兰家庭 50%的收入用于食物支出,其中三分之二用于肉制品,其中 70%是猪肉,1955—1967 年期间,农民收入弹性为 0.77,肉类为 0.96,这是非常高的[③],而且伴随着工业化和城市化进程的加快,城市人口的消费需求保持着较快的增长,这对于波兰的农业来说是一个巨大挑战。政府的解决方案是提高肉类价格以减少需求,这一举措导致严重的社会后果。肉食危机的原因不仅在于 1960—1970 年之间两次气候条件变化给农业生产带来的冲击,此外还受到经济政策的影响。"新"经济政策已经变老了,畜牧业生产停滞不前。就养殖业而言,个体农户和国家农场的生产禀赋是不同的,个体农户与国营农场以及合作农场相比在猪肉生产上占有优势,而国营农场和合作农场更适合作物生产和养牛。国营农场有大面积牧场,而家庭农场则用自己的劳动力进行养殖,在劳动密集型的农业生产上具有优势 。波兰猪肉饲料

---

① See W.Herer,"*Procesy Wzrostu w rolnictwie*",Warszawa,1970,p.73.

② *Report of the Central Committee of the PUWP on the period between the Fifth and the Sixth Congresses*,Warsaw,1971,p.10.

③ See Z.Zekonski,"*Zmiany w strukturze spozycia w latach 1960-1968*",in *Go & Podarka Planowa*,Number 11,1969,p.9,Table 4.

由大麦和土豆组成,这也使得波兰猪肉获得了广阔的出口市场。国家在进行"第三个五年计划"时取消从国外进口谷物导致饲料相对短缺①,而恶劣的气候使得作物减产,增加了养殖的成本。1965 年,由于养殖业原料采购价格普遍上涨,尤其是谷物采购价格和合成饲料零售价格普遍上涨,导致养猪业盈利能力恶化,给肉类产量造成了巨大影响,但是这一系列的影响主要是对于个体农户而言的,国家在这一时期,国家倾向于把较多的资源提供给国有农场和合作社。而在大型农场,活猪生产的利润率只是相对下降,绝对数量减少不多,这使得个体农户在活猪饲养上受到了巨大的冲击。在 1970 年 12 月终于爆发了"肉类危机"。

由于中央权力的高度集中,哥穆尔卡越来越脱离现实,漠视群众关于改善生活的要求,抵触改革,严重的官僚作风压抑着波兰的民主,议会和人民会议的权限受到了限制,波兰统一工人党和统一农民党于 1956 年 10 月建立起来的同盟合作关系受到了破坏②。面对 1969 年和 1970 年因农业歉收造成的经济困难,哥穆尔卡决定采取冻结工资和提高物价的办法来平衡市场的供求关系。1970 年 12 月 12 日,部长会议决定从 12 月 13 日起提高食品的价格,其中肉和肉制品提价 17.6%,面粉提价 16%,牛奶提价 8%,奶制品提价 25%,鱼提价 11.7%,其他商品提价更多③,尤为困难的莫过于肉类,肉类的生产始终无法满足需要,政府因此决定提高畜产品的生产价格,从经济角度来看,面对农业的歉收,调整价格是有道理的,但是这关系到千家万户的决

---

① Kalecki Warned Against this Policy at that Time. See *Zycie Gospo-darcze* 1964.

② 《哥穆尔卡的生平活动》(1985 年华沙),转引自刘祖熙:《波兰通史》,商务印书馆 2006 年版,第 514 页。

③ 刘祖熙:《波兰通史》,商务印书馆 2006 年版,第 514 页。

策,没有和群众商量,也未进行宣传和解释,而时间恰巧在圣诞节前夕,因此引发了社会普遍不满,发生了大规模的社会暴动。哥穆尔卡不得不辞职。12 月 20 日,波兰统一工人党举行五届七中全会,选举盖莱克为党中央第一书记,结束了持续 14 年的"哥穆尔卡时期"(1956—1970 年),开始了为期十年的"盖莱克时期"(1971—1980 年)。

"哥穆尔卡时期"波兰农业的发展曲折前行,相对于集体化时期而言,农业有了极大的发展,同时在"第一个五年计划"期间采取的措施对波兰农业的发展起到了奠基性的作用,组建了农业发展基金,充分保障了农民自我管理的权利,使得农民较"集体化时期"拥有了更高的生产积极性,并且创立了适合波兰实际情况的新的农业生产组织形式——农业小组,在推动农业机械化方面也作出了极大贡献,同时采取了一些极具创新的经济手段,农业在"第一个五年计划"时期取得了巨大的成效。但是,受到苏联模式的影响,在"第二个五年计划"和"第三个五年计划"时期,波兰统一工人党制定了优先发展工业的计划,对于一个不大的国家而言,要实现自身的发展以及社会主义化,优先选择资本产出比较高的工业无疑是必然举措,但是波兰所处的华约国家内部市场相对有限,而且缺乏特别大的农业主产国,对于波兰而言,农业产值的降低无疑是巨大挑战,制定过高的工业增长指标,意味着国家将倾注较多的资金于工业之上,农业则是处于次要位置,即使国家的工业体系能够和农业体系进行充分的互动,为农业提供机械,因为波兰的农业是劳动密集型产业,单纯提高机械化,并不能实质性地提高农业产量,农业增产需要的是扩大市场和提升农产品的收购价格,但是农产品的价格上升意味着工人的生活成本随之上升,国家的工业增长将受到掣肘,所以国家采取了限制农产品价格的举措,并且从农业人口中转移了大量的青年劳动者,使得农业产量随之下降,加之恶劣的气候冲击,使得波兰的农业减产成为必然,并且危及了工业,乃至整个社会,因为食品问题难以通过对外贸易来解决,官僚作风忽略了人民群众对生活水平的需求,这使得波兰在 1970 年爆发了"肉类危机",结束了"哥穆尔卡时期",也将农业政策改革提上了议程。

(三)踟蹰不前的农业

1970 年 12 月爆发的"肉类危机"(又称"十二月事件"),是波兰发生的又一大事件。经过与 150 个最大工厂职工协商,政府撤销了 1970 年 12 月 12 日关于提高食品价格的决定,1971 年 1 月 9 日,政府决定冻结食品价格两年(到 1972 年年底),并拨款 86 亿兹罗提用以改善低收入家庭的生活水平,改善社会保障和提升社会服务。爱德华·盖莱克采取的这一系列措施受到了拥护,使得这一严重的社会事件得以平息。

在波兰统一工人党第六次代表大会(1971 年 12 月 6—11日)上,制定了社会主义建设进一步发展的纲领,确定了第四个五年计划(1971—1975 年)的主要指标。在此期间,国民收入将增长 38%—39%,即从 1970 年的 7560 亿兹罗提增加到 1975 年的 10450 亿兹罗提,工业生产将增长 48%—50%,农业生产将增长 18%—21%,实际工资将增长 17%—18%,对工业的投资将增长 53%,达到 14000 亿兹罗提,其中消费品工业的投资几乎增加一倍,就业人数将增加 200 万[1]。

相比前三个五年计划,第四个五年计划制定的发展计划是一个高投资、高速度、高消费的方针。由于东西方的和解,世界市场出现了有利的行情。同时第六次代表大会对于发展社会主义民主、提高议会和人民会议的作用,加强波兰统一工人党同统一农民党和民主党的团结合作给予了很大注意。

---

[1]　刘祖熙:《波兰通史》,商务印书馆 2006 年版,第 520 页。

20世纪60年代开始,很多消极的社会主义集体化特征开始在波兰农业发展中显露。在农业部门和工业部门的交换中实施配额交易制度,农业产品盈利性的原则被忽略,一些过度烦琐因素影响农业产品。与此同时,政府在一些经济问题的处理上过于教条,行政管理过于繁文缛节。由于诸如此类的种种原因,1966—1970年的五年计划中,农民的实际收入没有得到提高。

1971年波兰的农业结构为,83%的耕种土地由小农场耕种,国有农场拥有15.1%的耕地,合作经营的农场占有1.3%,农业园为0.6%。农业和粮食产业构成了国家三分之一的收入,食品支出占到国家消费的一半以上,同时农业和食品出口成为波兰外汇的重要来源。国家农场在农业生产中发挥的作用大于它所占据的土地面积,在培育良种、种植高产谷物和生产饲料方面发挥了重要作用。小规模农场作为波兰农业的重要组成部分对农业发展起到了一定的作用。1965—1970年间,拖拉机开始在小规模农场中得到推广,到1973年达到了92000台。农业机械和工具的价值占到了农民资产的30%。

1971年4月14日,波兰统一工人党和波兰团结农民党主席团审查了1971—1975年的农业计划目标,评估了农业产量增长和农村地区加速转型的可能性,这次会议明确指出,农业产品的可盈利性应该重视,而且要更多地满足社会的需求。双方领导层达成了以下共识[1]:

一、将于1972年1月1日起,废除牲畜、谷物、土豆的配额交易制度,扩大合同耕作制度,把其作为合作社和国家机关购买的主要来源,在保障农产品销量和农民收益的同时,促进相关农

① Witold Lipski, Changes in Agriculture Canadian Slavonic Papers /*Revue Canadienne des Slavistes*, Vol. 15, No. 1/2, POLAND(Spring and Summer, 1973), pp. 101-107.

产品需求量的增加,促进农业发展;

二、保持农业发展基金作为个体农业投资的主要来源,该基金由现金和既有农业框架下能够有效收集的土地税构成;

三、1971 年中,土地税改革对农业发展基金的筹集作出了巨大贡献,但是过多的农业累进税应该减少,使得能够获得足够的税款减免,拥有充足的资金去改善相对贫瘠土地的耕作条件;

四、为了保证农业发展能够拥有足够的支持,扩大牲畜养殖量,提高农业机械化和电气化的程度,对农业机械、农业建材、燃料和交通运输设施的发展给予更多支持;

五、提高农产品生产和交易的效率,清除和减少易腐烂的农产品,缩短农民卖出农产品的时间,使得不断发展的农业和粮食产业能得到有效的保障;

六、提高农业工人的生产生活水平,建立基础的社会保障体系,为农村人口提供医疗服务。

从农业自我管理的发展可以看出波兰公民意识的进步以及农民参与国民经济和国家建设的热情。这一系列的共识和即将推出的具体指令应被限制在农村地区农业的自我管理体系之下。

随后这项由波兰统一工人党和波兰团结农民联盟达成的重要决议由波兰议会和波兰政府在 1972 年实施。这些措施使农业得到发展,更为重要的是这些措施的受益者远远不止波兰的农民,这些措施使得工人阶层和整个社会受益,农业的发展为整个波兰居民提供了日益丰富的食品供给。

在第四届波兰统一工人党执政期间,农业的发展被置于优先地位。当时预期 1971—1975 年波兰的平均实际工资会上升17—18 个百分点,社会的总体消费会上升 38—39 个百分点。平均每个家庭的食物支出占总预算的 40%,只有农业发展起来,全民的生活水平才能得到提高。最终在这个五年计划中,农业产量提高了 18—21 个百分点。

如何在农业政策和发展计划中平衡紧要任务和次要任务、当前目标和长期目标，并不是一个简单的任务。波兰是一个工农联盟国家，基于领导国家的统一工人党和代表农民利益的团结农民联盟，在当时最紧要的目标是通过全方位的发展建成一个现代化的社会主义国家，并提升人民的生活水平。

波兰政府试图通过提升计划化水平，提高农产品的盈利能力，完善组织管理方法。如何实现农业的可持续发展和如何制定有效而公平的分配制度是随之而来的问题。

20 世纪 50 年代和 60 年代，各种农产品的强制性配额由当局以强制价格支付，把价格固定在较低水平。这使国家能够廉价地购买农产品。实际上，几乎不包括直接生产成本的这些低价格是间接征税，从农业到国家的强迫工业化。60 年代，粮食、土豆、肉类和某些时期牛奶都是强制性交付；它们在国家采购总额中的份额从 1960 年到 1971 年稳步下降，并从 1972 年 1 月起全部废除。现在看来，行政规划方法用于私营部门是不恰当的。私营农业要通过市场关系，以有吸引力的价格和与国家的自愿合同来更好地完成其任务。

自 1972 年以来，所谓的国家自由购买价格发挥了重要作用。国家确定的价格在 20 世纪 50 年代和 60 年代明显高于其采购和分销组织的强制交货价格。该价格最初在全国范围内统一。这种价格制度特别适用于消费前必须加工的产品，如粮食、畜产品和牛奶。由于主要农产品的私营贸易被禁止，国家实际上在营销方面具有垄断地位。因此，购买价格对农业总产量具有重要的指导作用。

国家另一个重要价格政策就是合约价格，即事先与农民订立了有约束力的交货合同，其中规定了要交付的数量、交货日期和质量要求。通过这种方式，国家可以计划购买农产品并规定

数量和质量;这对某些农业作物尤其重要。合同价格大部分高
于国家自由采购的价格。农民还可以获得其他好处,例如煤炭
的定期供应,可以得到便宜的运输。在70—80年代中期,国家
采购总量的68.8%是由合同买卖进行的。对于谷物,合同比例
在92%—98%之间,马铃薯为87%,甜菜和猪(培根猪)
为100%。

私人农民可以在自由农民市场上出售自己的农产品。这些
都是通过供求互动形成的自由市场价格,不受国家影响。

到了70年代,波兰又出现了新的危机。盖莱克政府在波兰
统一工人党六大通过"高速发展战略",提出"高速度、高积累、
高消费"的口号,但在不改变体制模式和发展路线的条件下大
幅提高人民的消费水平是很难做到的,为了实施"三高战略",
波兰政府借了很多外债,企图改变以往因为国内资金不足,限制
农业投资来发展工业的状况。这种措施一度起到了很有效的作
用,但是在既有的计划经济体制下,外来资金利用效率极低,而
外债带来的压力越来越大。加之70年代的石油危机,使得外来
资金减少。在70年代中期以后,外债剧增,贸易逆差加大,财政
赤字上升,政府不得不通过提高物价来摆脱困境。

1975年12月8日至12日,波兰统一工人党在华沙召开了
第七次代表大会,盖莱克作了题为《为社会主义建设的进一步
高速度发展——为劳动人民的进一步提高而奋斗》的报告[1],报
告提出了第五个五年计划(1976—1980年)的指标,要求在新的
五年里,把投资额增加7000亿—7400亿兹罗提,比1971—1975
年期间增长37%—40%。1976—1980年期间,实际工资将增加
16%—18%,同上一个五年计划的指标相近。到1980年,平均

① 波兰《新路》月刊1976年第1期,转引自刘祖熙:《波兰通史》,商务印书馆2006年版,第526页。

每人的肉类消费量将达到 79—81 公斤,鱼类消费量将增加到 10 公斤,为了达到这些目标,农业生产将增长 15% 以上,农业生产的首要任务是发展畜牧业生产,使这一生产增长 16%—18%,到 1980 年,牛的存栏量达到 1500 万头,生猪 2350 万头。1976 年 12 月 17 日,议会通过了第五个五年计划。

1976 年年初,经济形势恶化,在基本食品涨价逐年推迟的情况下,工资不断增长,增加了市场食品,尤其是对肉类供应的压力,以至于无法控制,而农业的连年歉收,更导致了市场形势的恶化。同时,政府以行政手段取消了小型公有企业,使得居民的日常消费更为缺乏。

1976 年 6 月,政府意识到用对农产品的巨额补贴来维持目前的价格的政策已经无法继续下去,必须提高肉类和其他食物的价格。此时国家面临的危机较 1970 年的"肉类危机"更严重。政府此时进退两难,最终波兰统一工人党和政府决定提高食品价格。时任总理的彼·雅罗谢维奇采取了一次性大涨价的方案,把肉、肉制品和鱼的价格提高 69%,把黄油的价格提高 60%,把糖的价格提高 1 倍,对于因提价造成的损失,政府给予补贴。补贴按工资的多寡确定递增的百分比,工资越高补贴越多,工资越低补贴越少。不断上升的物价对收入相对较低的工人和农民是一场巨大的冲击,他们能够从国家得到的补贴极少①。

这一举措从执行开始便不断引发工人罢工和社会动乱。为了避免事态的扩大,波兰统一工人党和当局决定撤销涨价的决定,全国恢复了秩序,但群众不知道撤销涨价会维持多久,市场上立即出现了一股抢购风,人心惶惶,一片混乱,政府开始在 7 月实行凭票供应制度。

---

① 刘祖熙:《波兰通史》,商务印书馆 2006 年版,第 529 页。

盖莱克并没有从 1976 年六月事件中得到教训，他无视国民经济中存在的严重问题和人民群众中滋长的不满情绪，却做出了大规模宣传运动的决定。但是宣传活动不能起到任何作用，市场形势越来越糟，商品匮乏的现象更加严重，出现了投机倒把和黑市。

1980 年 7 月，政府认为不能继续冻结肉类和其他食品的价格，决定用议价的办法提高肉类和食品的价格。这一事件引发了新一轮的工人罢工和社会动荡，出现了新的政治危机，迫使盖莱克政府下台。国内形势一片混乱，国家背负巨额外债，人民群众生活水平日益恶化。国内形成了具有强大政治力量的"团结工会"，议会成为政治角力的舞台，国内经济形势进一步恶化。在这样的情况下，雅鲁泽尔斯基宣布国家进入军管状态，稳定了动荡的国家，之后取消了战时状态，雅鲁泽尔斯基政府致力于恢复经济的工作，从 1983 年起执行恢复经济的三年计划。在 1983—1985 年的三年里，经济稳定发展，国民收入有所提高，但是国民收入并未恢复到 70 年代的水平。在之后制定的五年计划时期，国民经济也有所恢复，但是以雅鲁泽尔斯基为首的领导并未意识到改革的艰巨性和长期性，在 1986 年举行的波兰统一工人党第十次代表大会上通过了加速改革的措施，计划从 1988 年 1 月起将消费品和劳务价格平均提高 40%，基本食品价格上涨 110%，把这个计划交由全民公决。根据 11 月 29 日的结果，只有 44.2% 的公民支持该项计划，这项计划因此搁置。

自 1980 年以来人民群众的生活日益恶化，人民的不满情绪迸发。1988 年出现了大规模的罢工浪潮，罢工工人要求恢复团结工会的合法地位，团结工会正式登上了波兰的政治舞台。这一事件对波兰本国和东欧各国产生了巨大的影响。1989 年由塔德乌什·马佐维耶茨基组阁，成为东欧国家第一个由非共产党人领导的政府。

(四)农业的转轨

由于小农经济一直在波兰农业中占据绝对主导权,即使在集体化推进时期(1948—1956年)也未发生过改变。因此在1989年之后的转轨中,波兰农业因产权变更而带来的"阵痛"较其他东欧国家要轻很多,在1993年得到了恢复。但这只是从农业整体来看,而从国营农场来看,波兰农业遭受的打击比其他部门要大得多。

1989年的剧变中,波兰农业的小农特征得到了保留。从1992开始,农业私有化进程加快。国有农场和合作化农场的比重下降,而个体农场的比重则不断上升,由90年代前的76.3%增至1995年的81.7%①。个体农场的增加使得土地更加分散化,经营规模更小,在人均耕地只有0.48公顷的波兰,85%以上的农场由一户或者几户农民进行经营。以1995年为例,200多万户个体农场占全国农地面积的82%,平均规模为7.6公顷,一半以上的个体农场经营面积在5公顷以下,超过10公顷的个体农场不到19%②。

1991年以来,波兰国营农场的经济状况急剧恶化,1991年中净亏损达到72000亿兹罗提,到1991年年底,超过71%的国营农场失去贷款能力,许多农场因为无法获得贷款,只能出售机械、化肥等生产资料的购买量。这些举措导致了国营农庄的经营状况更加恶化,超过四分之一的国营农场资不抵债。1992年国家原准备立即解散国营农场,直接进行农业私有化,但存在很多困难。随后成立了国家农业资产管理局,主管农业市场改革和私有化,通过出售和出租的方法为国营农场寻找新的主人。到1993年12月底,国家农业资产管理局接受了超过七成的国

---

① 陈吉元等:《波兰农业考察报告》,《经济学动态》1998年第10期。
② 陈吉元等:《波兰农业考察报告》,《经济学动态》1998年第10期。

营农场,这些农场一共拥有 17 万员工以及 280 万公顷土地。国有资产管理局主要通过出租的方式来处理接收的农场,大概有 25% 的土地被出租给了个体农户以及原国营农场工人。另外一种方式则是建立专门的农业商贸公司。截至 1994 年波兰已经在 38 个原集体农庄的基础上建立了 120 家新农业公司①。

转轨中的波兰农业发展面临着诸多的挑战和问题:第一,波兰农业日益分散化,而对于现代农业而言,分散的土地难以有效进行新作物、新技术的推广。第二,波兰农业私有化进程中拉大了农民之间收入的差距,导致农民之间的两极分化,富裕的农民可以承包和租种更多土地,而收入较低的国营农场人员在国营农场解散后面临着更加艰难的处境。第三,"剧变"前的波兰农业处于一个相对封闭的市场体系中,但是波兰农业生产效率远逊于西欧和美国。在市场对外开放之后,在传统的经互会贸易体系中,波兰农业尤其是在土豆和猪肉的生产方面具有一定优势。但是随着东欧剧变,波兰农业进入了一个更大的市场,面临着更多对手的挑战。第四,波兰农村存在较多的剩余劳动力,1000 多万农村人口中,农业劳动力有 300 多万,加之城市就业机会的减少,使得部分农民回流,加剧了农村人地矛盾,农村失业现象更为突出。

表 9-7　转轨后波兰农业的发展状况(1989—1999 年)

年份	1989	1990	1991	1992	1993	1994	1995	1996	1997	1998	1999
谷物产量(万公吨)	2695	2801	2781	1996	2341	2176	2590	2529	2539	2715	2575
谷类产量(每公顷千克数)	3218	3283	3190	2399	2753	2566	3022	2901	2854	3071	2959

---

①　赵刚:《波兰农业漫谈》,《东欧》1994 年第 3 期。

年份	1989	1990	1991	1992	1993	1994	1995	1996	1997	1998	1999
食品生产指数	94	124	114	100	112	93	101	105	99	108	101
畜牧业生产指数	114	115	108	101	94	88	90	93	93	98	96
作物生产指数	129	132	121	98	130	98	113	117	106	117	105

数据来源：世界银行波兰数据。

从表9-7我们可以看出，在1989年开始农业转轨之后，波兰农业在10年间起起伏伏，尤其是在1992年，相比1991年农业发展出现了巨大减产，尤其是谷物总产量，减少了800万公吨，食品生产、畜牧业生产、作物生产也出现了下降趋势。造成这一现象的原因一方面是气候因素的影响，出现了大面积干旱；另一方面则是农业投入的减少，使得农产品的产量随之下滑。这种情况在1993年有所改变，但是整体而言，波兰农业的发展在这10年中没有发生较大的改变。而且由于农村经营方式的粗放化，使得化肥和机械投入受到了阻碍。更为严重的问题是在畜牧业。畜牧业的生产在转轨过程中不断下滑。

尽管波兰农业转轨的方向是朝着私有化和自由化方向发展，但是这并不意味着政府对于农业完全放任，1990年波兰成立了农业市场署，以在稳定农业市场和保护消费者利益方面确保政府政策的贯彻执行，像这样的机构在东欧只有一个。该署由农业生产者或组织、食品加工者、商业与消费者组织、有关部（委）各方面代表组成咨询顾问团性质的理事会，其负责人则由总理和理事会任命，经费来自财政拨款①。

这个机构的主要职能包括：干预农业与食品供需市场（包括内外贸）；农业初级产品、半成品和成品的进口；建立和管理

① 陈吉元等：《波兰农业考察报告》，《经济学动态》1998年第10期。

有关国营服务机构;为承担了该署委托任务的企业提供信贷担保;对国内外农业和食品市场进行分析预测;为政府提供有关农业和食品市场信息并提出相应的政策建议;参与农业市场基础设施建设。

　　为了促进农业的全面振兴,波兰政府在 1993 年 12 月 29 日又成立了农业复兴与现代化署,由有关部门和贸易联盟代表以及农业专业组织以及合作社代表组成具有顾问团性质的理事会,负责人由总理任命和对总理负责。主要负责:对农业、食品加工业及相关服务业的投资;为土地购买或者租赁者提供信贷,以此推动农业规模经营;促进农业、食品加工以及服务业上创造新的就业机会,支持农业基础建设,包括自来水、电话、天然气供应;促进农业教育和技术推广事业的发展;提供农业和食品市场信息①。

　　此外,波兰还在转轨之后的十来年间,进行了加入欧盟的准备②。在农业上的准备包括:(1)改造和发展私营农场,提高其经济效益;(2)改善农产品的销售、储存和分配状况;(3)开发农产品市场;(4)改造食品加工企业,促进其现代化进程;(5)调整农产品的质量、卫生和检疫标准,使其与欧盟国家相一致;(6)开发农村地区;(7)改善农村住房条件;(8)发展现代化的农村基础设施(交通、道路、供水和电信);(9)在农村地区开发集娱乐、旅游、运动和食品加工为一体的多功能场所。

　　从整体来看,波兰农业虽然进展缓慢,起伏较大,甚至还有所下滑,但相对于其他东欧国家而言,波兰的农业改革的"阵痛"则轻了许多。一方面是特有的"波兰道路",私营农业始终占据农业的主体地位,由于产权所有制变更而对农业带来巨大

① 　陈吉元等:《波兰农业考察报告》,《经济学动态》1998 年第 10 期。
② 　波兰最终于 2004 年 5 月 1 日正式成为欧盟成员国之一。

冲击的情况并没有发生;另一方面波兰是较早融入欧美经济体系的东欧国家,拥有了更为广阔的市场,同时也从欧美国家获得了大量的资金,对于缓解国内资金缺乏带来的一系列问题起到了作用。

三、波兰农业兴衰探源

每个社会主义国家都必须面对和解决一些共同的问题,但是具体到国家来看,每个国家都面临着具体的问题,如社会主义国家在发展初期面临的共同问题是如何推动经济的快速增长,尤其是工业的发展。具体到现实来看,社会主义国家通常是在一些相对欠发达的地区建立起来的,所以这些国家在进行社会主义建设的初期存在一些相同的特点:大量的农村剩余劳动力以及落后的农业技术;分散的小土地所有者和无地农民;农业建立在封建生产关系之上;此外还有一个薄弱的、不均衡的产业结构。

国家进行转型的第一个行业无疑是农业。它要废除封建农业生产关系,进行土地改革,把富农的土地分配给农民,特别是无地农民,同时建立起与社会主义制度相匹配的集体生产。在工业部门,工人们在社会主义化之前已经具备一定的协作能力和集体工作经验。但是农民并没有这样的集体工作经验,雇农在不属于自己的土地上耕种,佃农在不具备完整产权的土地上耕种,小土地所有者在具有完整产权但较为零碎的土地上耕种,农业集体生产关系的推广的困难在于缺乏历史传统和现实经验。在集体生产关系的推广过程中,工业部门和农业部门之间出现了差异:在生产关系上:私营农业和社会化工业并存;在生产力水平上:具备先进生产技术和设备的工业较技术落后设备缺乏的农业具有更高的生产力。

　　这种由传统生产关系向新的生产关系转变的过程带来了农业和工业之间的分割,虽然社会主义的最终目标是在所有部门实现生产资料社会所有制,但对于一个欠发达的国家而言,存在着种种阻碍,一是工业基础薄弱;二是农业生产关系落后,所以要实现生产资料社会所有制必须要有一个转型政策①,但是在实施的过程中也面临着种种问题,在农业中表现得尤为突出,农民对土地有着极强的依附性,同时国家要如何把土地置于国家所有权之下,这就存在了一种潜在的发展制约。一方面国家建立在工农联盟的基础之上,必须要兼顾农民的利益;另一方面落后的工业无法为农业发展提供生产资料,同时也无法为农业人口提供充足的就业。这意味着国家难以实现农业社会化,但是无法实现农业社会化就无法建立生产资料社会所有制,同时农业发展会掣肘工业发展。所以国家的具体政策对于农业的发展有着至关重要的作用。

　　过渡问题带来了社会和物质两方面问题。物质方面问题的核心在于如何积累资金,无论在数量还是资金的构成方面。在只拥有农业部门和小型工业部门的任何一个国家,建立工业能力的可持续盈余最初都来自农业。有两个因素推动了这一过程:市场过剩(农业产品,食品和原材料)和工业部门生产能力不足。同时在这一过程中也提出了具体的问题:如何将粮食转化为钢铁,如何增加和获得农业剩余,并将其转移到国家以创造

---

① See Jozef Okuniewski, Rozwoj Rolnictwa w 25-leciu PRL, Nowe Drogi, Number 7, 1969. See Witold Lipski, "Agriculture in Poland", Warsaw, 1969 (in English), for a Useful Descriptive Account; Jerzy Tepicht, "Problems of the Development of Polish Agriculture", in "Social and Political Transformations in Poland", PWN, Warsaw, 1964. The Statistical Information up to 1965 is Covered by these Sources and Concise Statistical Year-book of Poland, Warsaw, 1969. 1 Hectare = 2.47106 Acres; 1 Quintal = 220.462 Lbs; Zloty is the Polish Currency.

新的工业能力。实现这一目标的最好办法是建立国营农场和国家工业体系。然而，由于社会和物质层面的限制，很难建立起完整的计划体系。

波兰农业 1948—1999 年这 50 年的发展中表现出一些特征，这些特征来源于波兰的历史源流，同时也受到了来自外部政治因素的影响。

第一是波兰在二战后重新划定了国土，曾经被德国占领的领土重新划归波兰，而一些波兰的领土又被并入到苏联境内。这对于波兰的影响并不仅仅是领土的变更，而对整个国家的产业结构和农业发展产生了深远影响。因为重新回归波兰的西部地区相对而言工业基础较好，而且有着集体农庄的历史；而其他被并入苏联的地区，则是传统的农业主产区，而且居住在那一地区的波兰人民被遣返回国。这些具体的细节对波兰政府制定农业政策有很大掣肘。在推进农业集体化的进程之中，出现了显著的地区差异，在西部地区和北部地区推动得较好，而在中东部和南部地区则是举步维艰。这反映了波兰农业的特殊性，在推行政策的时候忽略这些差异则会带来一些严重后果。

第二是则是特有的"波兰道路"，基于波兰劳役制的农业生产历史以及波兰的民主政治历史，使得特有的"波兰道路"贯穿于整个波兰农业的发展历史之中，其中最为明显的便是农业发展中始终存在着私有制，而且私有制所占比例甚大。即使是在推进农业集体化时期，私有制的基础也没有被打破。这间接意味着在农业产权关系中，私有产权占据了主导地位，集体产权和国有产权关系则处于次要地位。

第三是波兰农业体系中存在的私营农庄、集体农庄和国营农场，分别代表着不同的产权形式。而私营农庄占据着农业的主导地位，而且生产效率高于集体农庄和国营农场。国家对于私营农业的调整和管理主要是通过价格政策来实现的，这一政策存在种种弊端,最为重要的有两点,首先是价格调控是一种间接手段,对于整个计划体系而言,很难有效地对农业种植和产量进行规划;其次价格调控是存在政策差异性的,对于私营农庄而言,价格直接影响到收入,而对于集体农庄和国营农场而言,价格的影响相对较弱一些。而对于工业化国家而言,农产品有两个重要的含义,一方面是人们的主要消费品,另一方面则是主要的工业原料,因此农产品的定价都相对较低,以此来保证工业化和城市化的需求,以及保障工人实际收入的稳定。较低的农产品价格对于私营农庄而言意味着收入较低,难以调动生产积极性,使得农业真实产量并不能达到潜在产量。更为重要的是对于一个不大的国家而言,农业相对而言是脆弱的,气候抑或灾害的冲击对于农业而言是致命的,而农业的大规模减产对于波兰而言是一个严重危机,因为波兰所处的经互会贸易体系中并没有实际的农业大国,能够使波兰进口到足够的农产品。因此波兰每次面临农业减产只能采取提高农产品价格来减少农产品的消费量,这就带来了巨大的社会危机,无论是对工人还是农民而言。所以波兰的3次重大危机都是由农产品调价带来的。

第四是波兰所处的复杂的国际环境严重地影响了波兰农业的发展。波兰自建国起便面临着复杂的政治环境,在最初的发展中面临着来自苏联发展模式的影响。在波兰选择坚持"波兰道路"时,原有的政治格局就被苏联所打破,继而推行了集体化政策,而斯大林去世又使得波兰的集体化政策随之瓦解。从70年代开始,波兰又受到了来自西方世界的影响,西方为波兰提供了一些贷款,使得波兰经济得到了一些发展,但是在既有的计划经济体制下,对于外资的利用是缺乏效率的,使得波兰的外债越来越多。此外,80年代波兰团结工会和波兰统一工人党对峙的局面使得波兰的政治危机愈发严重,最终在1989年成为第一个转轨的东欧社会主义国家。随之波兰受到了西方经济思想的影响,采取了农业私有化的政策。不过波兰农业中的集体成分和国有成分相对占比较少,所以波兰成为东欧国家在转轨过程中受损较小的国家。

第十章　匈牙利

一、农奴制和农奴制的废除

在奥地利君主国的绝大多数地区，只有少数自由农民。在它所属的斯拉夫省份如波西米亚、摩拉维亚和西里西亚，自由农民占乡村人口的 1%。18 世纪在摩拉维亚，估计一年中只有不到 20 名农奴获得自由。农民获得自由是通过颁布单个解放农奴的法令来实现的。通常农民要为此缴纳一笔现金。而其他的所谓自由农民，实际上是逃亡的农奴。他们定居在领主的庄园中，而这些领主要承担将逃亡者归还给他们原先领主的责任。在东部王室土地上缺少自由农民。但是蒂罗尔和福拉尔贝格明显例外。在这里农民在 16—17 世纪就摆脱了领主的束缚，获得了自由。少数不自由农民一直存在到 17 世纪至 18 世纪上半叶，那时哈布斯堡君主国最终取消了束缚农民的不自由身份。

上奥地利的地主的自营地农场不仅生产市场需要的谷物和牛，而且生产商业纺织业所需的原材料如蛇麻草和大麻纤维，对劳动力的需求很少。对奥地利地主来说，缴纳代役金比实际提供劳役有更大的意义。奥地利北部一处不太大的地产克拉姆的资料表明，这里在 1600 年征收的代役金收入占地产总收入 4780 佛罗林的 11.7%。一处更大的地产加斯滕，从臣民处征收的代役金收入为 2100 佛罗林,占地产总收入的 21.1%。[1]

到中世纪末,在上奥地利乡村有各种法律。各个村庄有它们自己的法典,它规定如何选出村庄的首领,规定乡村共同体内部的生活和习惯。另一方面,帝国的法律也处于建设中,当时已经开始为 1530 年查理的帝国刑法典的制定搜集素材。[2]

15 世纪末上奥地利的地方官僚采取了取消土地自由持有制的措施。他们占有所有农民的持有地,将他们改为统一的佃户。这项措施不仅得到了王室官僚的同意,而且也得到了皇帝和下奥地利官员的同意。到 1600 年,奥地利只存在一个同质的公簿持有佃户等级,他们的地位得到国家法的保证。另一方面,奥地利地方当局须得向地产持有者发布公簿持有权文件。地方当局要把征收的税费上交给王室财政机关。[3] 15 — 17 世纪,上奥地利的若干地产有了法典。[4] 1559 年斐迪南一世授予地产所有者所有下级司法当局拥有的对一切司法事务的管理权。[5] 在中世纪奥地利存在着两种分离的劳役义务形式。在 16 世纪,国

---

① Hermann Rebel, *Peasant Classes. The Bureaucratization of Property and Family Relations Under Early Habsburg Absolutism* 1511 – 1636, Princeton U. P., 1983, p.133.

② Hermann Rebel, *Peasant Classes. The Bureaucratization of Property and Family Relations Under Early Habsburg Absolutism* 1511 – 1636, Princeton U. P., 1983, p.150.

③ Hermann Rebel, *Peasant Classes. The Bureaucratization of Property and Family Relations Under Early Habsburg Absolutism* 1511 – 1636, Princeton U. P., 1983, p.147.

④ Hermann Rebel, *Peasant Classes. The Bureaucratization of Property and Family Relations Under Early Habsburg Absolutism* 1511 – 1636, Princeton U. P., 1983, p.152.

⑤ Hermann Rebel, *Peasant Classes. The Bureaucratization of Property and Family Relations Under Early Habsburg Absolutism* 1511 – 1636, Princeton U. P., 1983, p.156.

家和地方当局实行了两种不同的代役金。在 16 世纪 60—70 年代,下奥地利当局财政官员采取措施统一了代役金的标准。①

奥地利君主国政府在 18 世纪 60 年代和 70 年代颁布了地方法典,保护领主农民免受额外的剥削。这些法典规定了农民应服劳役的总量,减轻了对农民的劳役要求。18 世纪 80 年代约瑟夫二世的改革把不牢靠的土地保有权改为世袭的土地所有权。匈牙利 1767 年颁布的法典规定,拥有充分土地的农民每年要服 104 天劳役,或带上牲畜服 52 天劳役。无地劳动者每年要服 12 天劳役。②

在欧洲东部向西部移民的过程中,匈牙利人在 9 世纪抵达喀尔巴阡山盆地,10 世纪在那里定居下来,建立了信奉基督教的以欧洲封建制度为准绳的国家。到 15 世纪中期,为市场进行的农业生产和货币地租都引入匈牙利,劳动分工和自给自足的工商业活动开始发展。尽管匈牙利和欧洲经济发展水平有相当大的差别,但它们的发展趋势相同。

土耳其人在对欧洲的侵略期间占领了匈牙利长达 150 年。这给匈牙利带来了严重的后果。持续的战争摧毁了匈牙利繁荣的农业和发展起来的城镇。17 世纪末土耳其被赶出欧洲,匈牙利这个衰弱的国家被哈布斯堡君主国控制,并入了哈布斯堡王朝的中欧帝国。匈牙利国家从 16 世纪开始丧失了独立性。16 世纪开始后,匈牙利的发展过程不同于西欧。到 18 世纪,西方国家农业生产市场已经兴起,但在匈牙利和其他一些中、东欧国家,农奴制依然存在。对农奴的束缚很严重,农民的迁居自由被

---

① Hermann Rebel, *Peasant Classes. The Bureaucratization of Property and Family Relations Under Early Habsburg Absolutism* 1511–1636, Princeton U. P., 1983, p.127.

② Jerome Blum, *The End of Old Order in Rural Europe*, Princeton U. P., 1978, pp.55,62,65.

剥夺,领主地产为市场的生产以不付薪俸的农奴劳动为基础。①

在多瑙河公国的 50 万户农民家庭中,有 10.7 万户即大约五分之一是自由农民。这批人绝大部分生活在山区。他们在那里有土地所有权,并有权使用森林和牧场。多瑙河公国也有逃亡农民。他们定居在清理出的领主土地上。他们通过签订契约获得特权。这些人通常来自特兰斯瓦尼亚(那里尽管属于匈牙利,但居民主要是罗马尼亚人)、多瑙河南岸,也有一部分来自多瑙河公国本土。他们每年要向领主服 3—6 天的劳役,他们中大部分人有权利把应服的劳役折算成现金付给领主。他们获得了永久使用自己开垦出来的土地的权利。国家降低了对他们拥有的土地征收的赋税,并允许他们将赋税直接交给国库。这样就避免了国库代理人对这些农民的额外勒索。

多瑙河公国农奴制不同于其他东部国家。这里的领主对它的农民没有民事和刑事审判权。但农奴面对领主残酷的对待和过度的要求,得不到真正的保护。1746 年和 1749 年,瓦拉几亚和摩尔达维亚的王公康斯坦丁·马夫罗科达托促使各公国的波雅尔实行取消农奴制的改革。但是在这阶段,农民仍然依附于他们的领主,几十年间农民对领主的依附和领主对农民的剥削有增无减。1761 年立窝尼亚议会尽管禁止出口农奴和使结婚的农奴夫妻分离,但仍通过法律批准出售没有土地的农奴。18 世纪 70 年代当事人报告说,农奴和他们的子女被用来交换马匹和狗。②

在 19 世纪 20 年代,匈牙利 900 万乡村人口中,有 25 万自

---

① Ference Donath, *Reform and Revolution. Transformation of Hungary's Agriculture*, 1945-1970, Corvina Kiado, 1980, pp.9-11.

② Jerome Blum, *The End of Old Order in Rural Europe*, Princeton U.P., 1978, pp.39,41.

由农民。有一些农民是经济上富有的农场主,其他的自由农民根本没有土地,他们靠为贵族或有土地的农民做雇工为生。匈牙利的自由农民极其分散,主要集中在南匈牙利和克罗地亚。1848 年在匈牙利最东端的特兰斯瓦尼亚全部 1960 个村庄中,有 94 个村庄是自由农民的村庄。①

在匈牙利和特兰斯瓦尼亚,对于出售农奴的问题法律不置可否。从 16 世纪到 18 世纪末,领主买进、出售、抵押、交换和赠送农奴之事比比皆是。布科维纳在 1775 年作为摩尔达维亚并入奥地利之前,尽管法律禁止,但领主可以自由买卖农奴。② 在多瑙河公国,吉卜赛人奴隶是欧洲最后的奴隶,到 19 世纪中叶共有 20 万人,大约占多瑙河公国人口的 5%—6%。他们为修道院或私人所有,主要用于家内劳动。有时也在修道院从事田间劳作。他们作为奴隶,个体在法律上没有权利,也没有公民权,因此他们没有资格要求法庭和警察保护他们。他们也没有向政府纳税和服劳役的义务。他们像动物一样被买进卖出,没有法律上的人身自由。如果他们的主人释放了他们,其他人会宣布对他们的占有权。大部分吉卜赛人由统治者让渡给修道院和私人,但也有少数直接隶属于统治者。1783 年约瑟夫皇帝下令将修道院土地世俗化。吉卜赛奴隶因此获得了和其他人一样的人身自由。科尔维纳的修道院奴隶获得解放后,仍有 422 名奴隶属于私人所有。1811 年民法典最终禁止奴隶在奥地利君主国存在。吉卜赛人在 1837 年有 37000 人。他们几乎拥有完全的人身自由。他们向统治者缴纳少量的税,采取传统的流浪生活

---

① Jerome Blum, *The End of Old Order in Rural Europe*, Princeton U.P., 1978,p.31.

② Jerome Blum, *The End of Old Order in Rural Europe*, Princeton U.P., 1978,p.42.

方式,以做工匠、驯马师、乐师、乞丐或小偷为生。[1]

在摩拉维亚,用货币支付的租费有 246 种。当然不是每个农民都要承担所有这些义务。农民对领主承担的税费因地而异,有的人承担得多些,有的人承担得少些。农民的住处离领主住处的远近也决定了他们应承担的劳役义务的多少,住得远的农民承担的劳役要少些。许多庄园的土地由于买卖、继承、交换、赠送等原因,与其他人持有的地产混淆,因此这些人要承担不同的义务。领主向农民索要的租税和劳役义务各不相同,然而劳役是其中最常见的义务。但是在西欧,劳役在农民的全部负担中占的比例不那么大。[2]

在多瑙河公国。19 世纪王公颁布的法律规定了农民的义务特别是劳役义务。多瑙河公国同奥地利君主国不同,政府的做法不是保护农民,而是努力满足领主增加农民劳役义务的要求。在瓦拉几亚,1746 年的立法规定劳役义务一年为 6 天。1775 年将劳役天数提高到 12 天。1818 年规定劳役义务一年至少 12 天。在摩拉维亚,1749 年的立法规定农民的劳役义务为每年 24 天,以后在 1766 年将每年劳役改为 30 天,到 1805 年将每年的劳役改为 43 天。在多瑙河公国还规定了为期 3 天的"劳动日"。在这期间,农民实际工作量比立法规定的要多 3 倍。1831 年俄国占领了多瑙河公国,俄国颁布的《组织法规》减少了农民一年劳役的天数。[3]

在东欧,什一税的征收不像在西欧那样普遍。许多地区甚

[1] Jerome Blum, *The End of Old Order in Rural Europe*, Princeton U.P., 1978,p.45.

[2] Jerome Blum, *The End of Old Order in Rural Europe*, Princeton U.P., 1978,p.50.

[3] Jerome Blum, *The End of Old Order in Rural Europe*, Princeton U.P., 1978,p.55.

至不知道什一税的名称。有的地方不普遍征收什一税。在征收什一税的波兰、丹麦和奥地利君主国,什一税数额是根据地方法或地方习惯法来确定的,其总量并非固定为产品的十分之一。有些时候纳租人把每年缴纳所有的义务折算成现金。匈牙利农民要缴纳两种什一税,一种缴纳给他的领主,一种缴纳给教会。他们缴纳给教会的是收获的谷物、绵羊、山羊和蜂蜜这些产品的十分之一。如果他的领主有一天成为修道院院长,他将缴纳两种什一税。缴纳给领主的什一税是国王路易大帝在 1351 年开始征收的,一直持续到 1848 年农奴制废除。在实际生活中,这种什一税在不同的领主的土地上是不同的,有的地方缴纳九分之一的收获物,有的地方缴纳十分之一的收获物,有的地方要求农民用现金来支付。在多瑙河公国,农民要向领主缴纳的除去菜园中生产的和为自己使用的产品外所有产品的十分之一。①

在多瑙河公国,19 世纪开展了众多道路建筑工程。它们绝大多数是由农民完成的。1831 年的《组织法规》把农民对国家的劳役义务减少为 1 年 6 天,并命令农民只是在自己所在的地区从事这种劳役。但是后一规定并没有严格执行,农民需到劳动力短缺的地区去服劳役,他们途中旅行的时间不包括在劳役时间中。有时农民来去要走一个月。

奥地利君主国的德意志和斯拉夫王室土地分成 37 个征兵区。征兵年龄为 17—40 岁,服兵役的年限为 10—14 年,不同兵种服役年限有所不同。蒂罗尔地区不征兵,那里的农民是自由的。但是在全国危急时期,有能力的农民都要拿起武器从军。在匈牙利,服兵役完全是自愿的。但如果没有人自愿参军,省和地方团体将起草招募令。例如 1830 年匈牙利议会就下令征招

---

① Jerome Blum, *The End of Old Order in Rural Europe*, Princeton U.P., 1978, p.64.

士兵。富有的农民设法让其儿子不被列入征兵名单。那些列入征兵名单的人可以出钱请人代服兵役。①

在波希米亚和奥地利君主国其他的省，领主在18世纪把小土地持有者服劳役义务的时间增至每周2—3天。甚至个别庄园要求农民一周每天都要服劳役。② 在多瑙河公国，领主对农民的索取在18世纪中叶到19世纪发展到了顶峰。在农奴制废除前几十年，许多村庄的劳役义务增加了两倍，甚至三倍。农民使用森林、牧场、河边低草地和池塘的权利被剥夺了。他们常常要为使用这些资源付费。领主要求农民对未服的劳役折算成现金缴纳。

18世纪70—80年代，奥地利皇帝玛利亚·特蕾萨和约瑟夫二世的立法改变了农民状况下降的趋势，使奥地利被奴役的农民的状况优于东欧其他国家的农民。

奥地利君主国在1817年进行了较为精确的土地调查，对约瑟夫二世时期的调查数据做了修正，作为征收土地税的依据。③

在下奥地利，一份持有地面积为34—126英亩。在上奥地利的穆尔维尔提尔，一份农民持有地面积为57英亩。而在林地或山地，一份持有地面积在280英亩以上。在匈牙利，一份农民持有地面积在17—57英亩之间。在波希米亚，一份持有地面积约为61英亩。④

在多瑙河公国，1831年的《组织法规》把农民分成三个类

① Jerome Blum, *The End of Old Order in Rural Europe*, Princeton U. P., 1978, p.68.

② Jerome Blum, *The End of Old Order in Rural Europe*, Princeton U. P., 1978, p.71.

③ Jerome Blum, *The End of Old Order in Rural Europe*, Princeton U. P., 1978, pp.66-67.

④ Jerome Blum, *The End of Old Order in Rural Europe*, Princeton U. P., 1978, p.96.

别,即拥有 4 头牛以上的人,拥有两头牛的人,拥有 1 头牛或没有牛的人。

继承制影响到匈牙利农业资本的积累和农民的结构。德意志实行了家族世代间遗产不分割的稳定的继承制。这种继承制使得地产保持了大块形式在代际间传递。在西欧大部分地区,在英格兰、德国北部和相当大部分德国地区、荷兰、斯堪的纳维亚国家,都实行这种继承制。由长子或末子继承农场,然后继承人用现金或其他方式对他们的兄弟姊妹作出补偿。作为其结果,农民农场没有崩解,而是保持了完整。从许多方面来说,这种家族世代稳定继承制和男女平等继承制对近代农业社会的经济发展的影响差别很大。德国的稳定继承制有利于资本集中和地产财政管理制度的发展,并使得农民更加关心货币。而那些离开父母留下的土地的后代则更多地去经营企业,有接触各种工业生产学习新技艺的机会。这样就使他们日后更适应于工业劳动。而实行均分继承制土地上的农民的生活方式完全限于农业。他们从土地上获取自己的需求物,甚至纺纱和织布在西欧大陆农民中也不常见,这些农民缺少资本。这些因素在相当大的程度上影响了西欧农民转变和分化的可能性。

匈牙利与英国农业发展的道路不同。这不仅反映在农业发展的历史时间表不同,而且表现在两个社会中农民资本积累的规模不同。匈牙利农民的资本积累比德国和法国要少,与奥地利和捷克农民相比更少,但比波兰、罗马尼亚和俄国农民的资本要多。15 世纪以来,匈牙利存在着拥有部分持有地的众多的农民,他们非常贫穷,被束缚在土地上。每个农民后代继承一小块维生的土地,他们努力保持这块土地,并试图扩大这块土地。继承制还使得农民无法分得牲畜,他们也无钱去购买拖犁的牲畜。但他们委身于这块土地,不愿意离开。

总的来说,19 世纪后期到 20 世纪上半叶匈牙利农村缺乏资本,这使得匈牙利的工业化无法以西欧的奥地利和波西米亚同样的速度进行。1945 年以后,匈牙利的农业社会继续扩大,大量农民被束缚在农村,减缓了工业发展。由于低工资,或是没有工资收入而几乎完全靠实物收入,大片的乡村地区无法成为工业产品的市场。①

二、封建社会瓦解后的匈牙利

1848 年 4 月 11 日,奥地利皇帝和匈牙利国王斐迪南颁布了 31 部法律,结束了匈牙利的封建社会,开始了以资本主义制度为基础的新时期。法律规定成立对议会负责的匈牙利政府。封建国会被代表制议会取代。全国居民有 10% 成为选民。议员由他们选出。匈牙利的农奴带有中世纪的残余。他们的人身自由和肉体权利都受到限制,他们生活在乡绅统治之下,没有选举权也没有被选举权,他们接受授予他们的财产和转手财产都受到限制。1848 年 4 月制定的法律将匈牙利的农奴从这种状况下解放出来,因此有很大的意义。② 由于匈牙利农奴制主要的封建义务是支付年金,它包括交给地主的九分之一税、强制性劳役、土地税、教会什一税。1848 年 4 月的法律宣布:"从此以后永远废除强制性的劳役、什一税、无兵役租佃制和类似的以契约为基础的缴纳的现金(第九条);宣布取消教会什一税。这

① Peter Gubst, "Preface", in Peter Gubst, ed., *Hungarian Agrarian Society from the Emancipation of Serfs（1848）to the Re-privatization of Land（1998）*, Coloradon Atlantic Research and Publications, Inc., 1998, pp.3-4.

② Istvan Orosz, "Peasant Emancipation and After-effects", in Peter Gubst ed., *Hungarian Agrarian Society from the Emancipation of Serfs（1848）to the Re-privatization of Land（1998）*, Coloradon Atlantic Research and Publications, Inc., 1998, p.53.

样,农民被免除了每年承担的义务,并有权认为他们自己是土地的自由所有者。根据保持社会安宁和民权的原则,法律必须尊重每个人的财产权。立法规定,对向地主收取的每年的税赋做出补偿。法律规定,对私人地主的补偿应当置于保护民族利益的旗号之下。"补偿金数额等于每年利润的 20 倍。丧失的农奴的年贡转变为"身份债务"(第十二条),补偿金额等于年利润的 20 倍。这些立法改变了持续数世纪之久的农奴制。匈牙利的农奴制通过 1848 年 4 月的法律和以后补充的法律,持续了十年,在颁布解放条例后被废除。①

1848 年以前,匈牙利社会是封建社会,匈牙利封建制社会的基础是封建土地所有制,农奴没有资格拥有土地所有权。农奴制改革的第一步是通过玛莉娅·特雷萨颁布的 1767 年《城市规章》的条款实行的。它在法律上把地主独立管理的庄园土地与农奴使用的无兵役租佃制土地分开。它把农奴和土地所有者之间的民法关系部分地转变为公法关系。敕令把土地所有者对于无兵役土地租佃制土地不受限制的处置权,转变为农民永久的集体使用权。除了例外的少数特殊的案例,不能把农奴的土地转变为庄园土地。当无兵役租佃关系巩固下来,地主的所有权和农奴的永久使用权就彼此限制,无论哪一方都没有资格自由地处置土地。②

在 1848 年以前,农民持有领主三分之一的土地,通过服劳

① 　Istvan Orasz, "Peasant Emancipation and After-effects", in Peter Gubst ed., *Hungarian Agrarian Society from the Emancipation of Serfs (1848) to the Reprivatization of Land (1998)*, Coloradon Atlantic Research and Publications, Inc., 1998, p.53.

② 　Istvan Orosz, "Peasant Emancipation and After-effects", in Peter Gubst ed., *Hungarian Agrarian Society from the Emancipation of Serfs (1848) to the Reprivatization of Land (1998)*, Coloradon Atlantic Research and Publications, Inc., 1998, pp.54-55.

役而获得其自营地的用益权；部分自营地由领主自己来耕作。到 19 世纪，拥有用益权的土地可以继承，但不能转让。地租须得按照 1767 年玛莉娅·特雷萨规定的地租率继续支付。1 年地租为服 104 天劳役或带上做工的家畜劳作 52 天。持有地大小为 7—17 公顷。劳役根据土地的价值而定，持有四分之一地块的农民平均一年服劳役 26 天，或带上家畜服劳役 13 天。除了耕地以外，农民还得到园地劳作。农民在共有草地上有放牧权，并有权在森林里拾柴。除了支付地租外，农民要向领主和教会纳税。前一种税额是农民总产出的十分之一，后一种税额是农民总产出的九分之一。领主履行与国家相关的职能。领主是法官、行政官和保护人的遗嘱执行人。随着国家权力的增长，中央权力开始侵蚀领主的习惯权力。在 18 世纪 80 年代，约瑟夫二世限制领主的司法权，给予农民无需付出金钱而离开土地的权利。此后，农民可以自由结婚、不受妨碍地出售自己的产品，不再强迫他们使用庄园领主的面粉磨坊。① 英国旅行家约翰·佩吉特曾在匈牙利农村旅行了 1 年半，他描写道，许多农民依赖肥沃的土地，"他们不是农奴，他们的领主也不是对他们的生命有无限权力的暴君"。他十分惊讶，在某些村庄，"一切都很舒适"。在察看了一系列茅舍后，他写道："在一个茅舍的储藏室中，我从未看到有如此多的奶酪、猪油、水果、干的牧草和泡黄瓜。""我目睹农民对领主表示的善意感情大吃一惊。"②

　　1848—1849 年在匈牙利和奥地利进行了土地改革，农奴得

① John Komlos, "The Emancipation of the Hungarian Peasantry and Agricultural Development", in Ivan Volgyes, ed., *The Peasantry of Eastern Europe*, Vol.I, Roots of Rura Transformation, Pergamon Press, 1978, pp.109-110.

② John Komlos, "The Emancipation of the Hungarian Peasantry and Agricultural Development", in Ivan Volgyes, ed., *The Peasantry of Eastern Europe*, Vol.I, Roots of Rural Transformation, PergamonPress, 1978, p.110.

到了解放。农民得到了有用益权的土地财产权,而不用支付费用。农民不再对他们世俗的和宗教的领主缴纳赋税,他们只向国家缴纳赋税。这些改革措施有助于发展农业生产。尽管农奴制废除习惯上被称为匈牙利农业发展的分水岭,但是在 1850 年以后,匈牙利农业发展缺少工业部类发展的呼应。事实上匈牙利农业劳动者人均谷物生产在农奴制废除后仍然以农奴制废除前通常的年增长率增长。1850 年以后资本的积累额不足以支持农业生产发展的需要。① 直到 1878—1883 年,匈牙利由于对农业投资的增加和耕地的扩大,才取得较高的农业增长率。②

　　匈牙利贵族被剥夺了免税的资格。在整个帝国内部实行了自由贸易。它对于获得解放的农民是发展经济的催化剂。它使匈牙利农业获得了充分的劳动力。这以后,奥匈农业在半个世纪的时间里稳定增长。在 40 年代以每年超过 5%的增长速度扩大谷物出口。但在随后的 50 年代,农业发展出现了相对停滞,1852 年在北方甚至出现了饥荒。只是在 1859 年,匈牙利的谷物出口一度达到了 40 年代的水平。③

　　根据 1840 年的《永久赎身法》和 1848 年的《农奴解放法》,原先由农奴使用的 76.4%的土地现在成为自由的地产。农民不用支付赎金就拥有这些地产。和其他中东欧国家的农奴不同,后者要部分缴纳赎金。匈牙利农民获得土地经过两个阶段。第一个阶段是 1840—1848 年,当时农民可以在永久赎买的范围

---

① John Komlos, "The Emancipation of the Hungarian Peasantry and Agricultural Development", in Ivan Volgyes, ed., *The Peasantry of Eastern Europe*, Vol.I, Roots of Rural Transformation, Pergamon Press, 1978, p.110.

② John Komlos, "The Emancipation of the Hungarian Peasantry and Agricultural Development." in Ivan Volgyes, ed., *The Peasantry of Eastern Europe*, Vol.I, Roots of Rural Transformation, Pergamon Press, 1978, p.115.

③ [英]彼得·马赛厄斯、悉尼·波拉德主编:《剑桥欧洲经史》第 8 卷,王宏伟等译,经济科学出版社 2002 年版,第 764—765 页。

内获得土地所有权,但当时只有全部土地的 1.89% 成为农奴的自由地产。而 1848 年,有 74.51% 的土地成为农民的自由地产,总面积为 1025.1 万寻。与这个部分相比,由农民使用的土地的十分之一仍然属于庄园,要缴纳年金。先前农奴土地的将近七分之一法律地位不清晰,需要进一步立法以确定这些土地是属于先前的农奴还是属于先前的地主。根据 1848 年的法律,土地的所有权仍然不那么清晰,由农民和地主共同使用的森林和牧地的所有权也不那么清晰。在解放过程中,制定的立法涉及 1000 万寻牧场和 150 万寻森林。改革后,所有权不清晰的土地仍有 195.6 万寻,占全部土地的 14.1%;没有废除农奴制的土地为 131 万寻,占全部土地的 9.5%。①

奥匈帝国是在 1868 年 1 月建立的。当时奥匈帝国经济景气,1867 年和 1868 年的大丰收带来了农业前所未有的繁荣。在此同时,欧洲其他市场的谷物歉收,奥匈帝国的大量谷物找到了现成的出口市场,卖出很好的价钱。以后奥匈帝国的谷物产量和出口量再也没有达到 1867—1868 年的水平。

从玛莉娅·特雷萨和她的继承者约瑟夫二世统治时起,哈布斯堡帝国实行了地区生产专业化的规划。这个规划将工业部门集中到奥地利,而把匈牙利逐渐变成帝国的主要产粮区。1849 年以后,自由主义的改革也没有改变这种趋势。

到了 19 世纪,奥匈帝国开垦的土地不到全部土地面积的 43%,森林占全部土地面积的 31%,牧场占全部土地面积的 26%。1836 年作物覆盖的土地为 3840 万英亩,1876 年为 3750 万英亩。1880 年为 3960 万英亩,1885 年为 4450 万英亩。1836

① Istvan Orosz, "Peasant Emancipation and After-effects", in Peter Gubst ed., *Hungarian Agrarian Society from the Emancipation of Serfs* (1848) *to the Reprivatization of Land* (1998), Coloradon Atlantic Research and Publications, Inc., 1998, pp.64, 63, Table 1.

年奥匈帝国谷物总产量为 3.64 亿蒲式耳,其中奥地利产量为 1.72 亿蒲式耳,匈牙利产量为 1.92 亿蒲式耳。1887 年谷物总产量为 7.18 亿蒲式耳,其中奥地利产量为 3.31 亿蒲式耳,匈牙利产量为 3.87 亿蒲式耳。奥匈帝国马铃薯产量 1846 年为 230 万吨,1859 年为 510 万吨,1885 年为 1100 万吨。1887 年奥地利谷物种植面积为 1766.5 万英亩,匈牙利为 1981.5 万英亩,奥匈帝国谷物种植总面积 3748 万英亩。奥匈帝国年谷物生产总值 1850 年为 6000 万镑,1870 年为 8300 万镑,1877—1880 年为 9000 万镑(其中奥地利为 4000 万镑,匈牙利为 5000 万镑)。1881—1884 年谷物总共产值为 9800 万镑(其中奥地利为 4100 万镑,匈牙利为 5700 万镑)。奥匈帝国肉类产量 1836 年为 84 万吨,1850 年为 88 万吨,1870 年为 97 万吨,1880 年为 98 万吨。1887 年主要农产品产值为 1.63 亿镑,其他杂类农产品产值为 1.678 亿镑。分类计算,农产品总产值为 2.247 亿镑,畜牧产品产值为 1.061 亿镑,农牧业产品总产值为 3.308 亿镑。[1]

　　1868—1888 年,奥地利小麦和裸麦的产量持续增长。1868 年小麦产量为 1181.9 万公吨,裸麦为 2416.6 万公吨,马铃薯为 6440.5 万吨。1870 年小麦产量为 1283.5 万公吨,裸麦为 2740.1 万公吨,马铃薯为 8300.8 万吨。1875 年小麦产量为 1088.5 万公吨,裸麦为 2327.2 万公吨,马铃薯为 9346 万吨。1880 年小麦产量为 1430.2 万公吨,裸麦为 2275.3 万公吨,马铃薯为 8577 万吨。1885 年小麦产量为 1701.6 万公吨,裸麦为 2798.4 万公吨,马铃薯为 12973.7 万吨。1889 年小麦产量为 1352.5 万公吨,裸麦为 2504.2 万公吨。[2] 1890 年小麦产量为

　　① Michael G. Mulhall, ed., *The Dictionary of Statistics*, Thoemmes Press, 2000,pp.26-27.

　　② B.R.Mitchell, ed., *European Historical Statistics 1750-1970*, New York, Columbia U.P.,1975,p.238.

1552.8 万公吨,裸麦为 2853.8 万公吨。[1]

根据 1930 年奥地利的统计资料,持有土地在 2 公顷以下的农户有 118422 户,他们共持有土地 118422 公顷。持有土地在 2—5 公顷的农户有 97771 户,他们共持有土地 325642 公顷。持有土地在 5—10 公顷的农户有 75720 户,他们共持有土地 544975 公顷。持有土地在 10—20 公顷的农户有 73118 户,他们共持有土地 1058510 公顷。持有土地在 20—50 公顷的农户有 52521 户,他们共持有土地 1541504 公顷。持有土地在 50—100 公顷的农户有 8177 户,他们共持有土地 553765 公顷。持有土地在 100—200 公顷的农户有 3113 户,他们共持有土地 443058 公顷。持有土地在 500—1000 公顷的农户有 520 户,他们共持有土地 372159 公顷。持有土地在 1000 公顷以上的农户有 549 户,他们共持有土地 2124837 公顷。[2]这表明,到 20 世纪 20 年代,在奥地利农村中仍然存在着一定数量的小农。

奥地利 1970 年 362216 户农户中,持有土地在 1 公顷以下的为 34171 户,占农户总数的 9.4%。其中持有土地在 0.5 公顷以下的为 5408 户,持有土地在 0.5—1 公顷的为 28763 户。[3]

关于奥地利的土地保有权,根据国际粮农组织的调查报告,1950 年所有者持有的土地为 735.7 万公顷,占土地的 95.4%,租佃者持有的土地为 36 万公顷,占土地的 4.7%。1970 年所有

① B.R.Mitchell, ed., *European Historical Statistics 1750-1970*, New York, Columbia U.P.,1975,p.249.

② Dr.Leopold Hennet and Dr.Anton Steden, "The Austrian agrarian Policy", in O.S., Morgan, ed., *Agricultural System of Middle Europe*, A Symposium, N.Y., Macmillan Company,1933,p.13.

③ Food and Agriculture Organisation of United Nation, *1970 World Census of Agriculture*, *Analysisand International Comparison of the Results*, Rome, 1981, Table 3.4,Number and Area of Holdings and Percent Distribution of Holdings under 1 hectare,p.59.

者持有的土地为 631. 5 万公顷,占土地的 94. 5%,租佃者持有的
土地为 36. 6 万公顷,占土地的 5. 5%。①

　　奥地利 1970 年全部土地面积为 1469600 公顷。其中持有
面积在 1 公顷以下的耕地总面积为 7700 公顷,持有面积在 1—
2 公顷的耕地总面积为 19100 公顷,持有面积在 2—5 公顷的耕
地总面积为 74300 公顷,持有面积在 5—10 公顷的耕地总面积
为 156600 公顷,持有面积在 10—20 公顷的耕地总面积为
410100 公顷,持有面积在 20—50 公顷的耕地总面积为 599500
公顷,持有面积在 50—100 公顷的耕地总面积为 104900 公顷,
持有面积在 100—200 公顷的耕地总面积为 35300 公顷,持有面
积在 200—500 公顷的耕地总面积为 62100 公顷。②

　　19 世纪 60 年代是匈牙利谷物出口明显增长的时期。
1857—1861 年是匈牙利铁路建设大发展的时期,这时期铁路里
程几乎增加了 3 倍。1861 年和 1862 年农业获得了大丰收,铁
路线进一步延伸到东部、东南和南部盛产谷物的地区,使得谷物
出产较容易运往国内外主要市场。当时谷物出口增长率是农业
总出口率的两倍或更多。60 年代中期谷物出口的下降是暂时
的,随后农业丰收和对外运输达到了 1869 年的水平。在 19 世
纪中叶一度实行自由主义以后,奥匈帝国又恢复了保护主义。

　　1867 年以后,在奥匈帝国范围内,匈牙利的农业生产保持
了优势,它的农业生产比奥地利增长快。在 1868/1870 年至

---

　　① Food and Agriculture Organisation of United Nation, *1970 World Census of
Agriculture*, *Analysis and International Comparison of the Results*, Rome, 1981, Table
9. 1, p. 290; Food and Agriculture Organisation of United Nation, *1970 World Census
of Agriculture*, *Analysisand International Comparison of the Results*, Rome, 1981,
Table 9. 1, p. 290, Table 9. 1, Table 15. 12- Area in Holdings by Tenure, 1970, 1960,
1950, p. 289.

　　② Food and Agriculture Organisation of United Nation, *1970 World Census of
Agriculture*, *Analysisand International Comparison of the Results*, Rome, 1981, p. 80.

1881/1883年间，匈牙利农业产量年增长率为3.4%，而奥地利的增长率为1.6%。在1881/1883年至1911/1913年间，匈牙利农业产量的年增长率下降为1.6%，而奥地利的增长率下降为1.2%。[1]

在19世纪后期，匈牙利政府实行了保护大土地所有者的政策。1869年政府发布命令，重新实行限定继承。1870年到世纪之交的几十年间，限定继承的不动产面积增长了5倍以上，从463000地籍单位增至2369000地籍单位（大约从660000英亩增至3400000英亩）。限定继承权的扩张不仅缩小了可再细分的土地面积，而且以更小的单位出售土地。后来农业部部长直接干预土地市场，停止土地经纪人对农民的剥削。经纪人全部买下负债的大农场。在奥匈帝国时期，单位面积拥有超过10000地籍单位（即大约14300英亩）的大庄园拥有匈牙利五分之一的土地。大庄园吞并了占地1000—10000地籍单位的大农场，使其拥有的土地份额翻了一番。此外，国家干预劳动力市场。匈牙利1876年第八部法律规定了国内的劳动条件、农业劳动力和日劳动量，使得劳动力更难离开土地。该法授予当局有权违背劳工意愿遣返他们以使其完成雇佣合同。政府甚至派军队镇压1897年和1906年收获季节的罢工。另一方面，匈牙利积极帮助农民改善牛的饲养条件，匈牙利本地产的灰白色品种的牛基本消失了，代之以牛肉和牛奶产量更高的西方花白牛品种。在匈牙利农业专业化过程中，谷物生产集中到大庄园中，而畜牧业集中到农民的大农场。农民从改善牛的品种中获利甚多。[2]

---

① ［英］彼得·马赛厄斯、悉尼·波拉德主编：《剑桥欧洲经史》第8卷，王宏伟等译，经济科学出版社2002年版，第765页。

② ［英］彼得·马赛厄斯、悉尼·波拉德主编：《剑桥欧洲经史》第8卷，王宏伟等译，经济科学出版社2002年版，第766—767页。

匈牙利在 1878 年最终取消了对农民出售土地的一切限制。1889 年匈牙利重建了农业部。匈牙利政府对农业采取的重要措施是对蒂萨河加以管理,降低了大量的肥沃农田遭受周期性洪水侵害的危险,同时大大缩短了蒂萨河的航道,使以前成千上万亩无法利用的土地变成耕地。奥匈帝国一度大量进口外国的谷物,进行加工然后出口。奥匈帝国从俄国、罗马尼亚和塞尔维亚进口的谷物 1892 年为 13.98 万公吨,1893 年为 21.66 万公吨,1894 年为 19.3 万公吨,1897 年为 16.24 万公吨,1898 年为 19.63 万公吨,1899 年为 17.94 万公吨。[①] 匈牙利谷物种植者展开了反对在匈牙利实施免税进口廉价的巴尔干的谷物然后加工出口的斗争。在 1896 年成功地限制了这一措施。在 1900 年完全废除了这一措施。[②]

在法律上,直到 20 世纪初,匈牙利仍然是奥匈帝国的一部分。1918 年,这个双重君主国最后瓦解。匈牙利成为独立的主权国家。

在 1918 年和 1919 年革命浪潮中,匈牙利土地改革的主要措施表现在政治方面。米哈雷·卡洛雷伯爵的民主政府曾许诺将土地返还给农民,但这个政府寿命很短,随后被持集体主义农业政策的共产党政权所取代。以后,在阿迪米哈儿·霍塞执掌政权时,于 1920 年通过了一项土地改革法案,并且建立了一个土地改革法庭来管理土地分配。但由于受到占主导地位的土地贵族的政治影响,在两次世界大战之间的时期将结束时,约 1500 个大庄园(占土地所有者总数的 0.1%)拥有可耕地的 23.5%,而其余

---

①　[英]彼得·马赛厄斯、悉尼·波拉德主编:《剑桥欧洲经济史》第 8 卷,王宏伟等译,经济科学出版社 2002 年版,第 769 页"表 113. 用于加工贸易而进口到奥匈的谷物"。

②　[英]彼得·马赛厄斯、悉尼·波拉德主编:《剑桥欧洲经济史》第 8 卷,王宏伟等译,经济科学出版社 2002 年版,第 768 页。

99.9%的土地所有者平均只占有土地1—50公顷，他们占有农业土地的53.6%。匈牙利土地改革造就了东南欧人数最多的农业无产阶级。拥有土地少于1公顷的农业劳动者和小农占农村劳动人口总数的52.3%，而罗马尼亚这部分农业人口只占15.7%，南斯拉夫只占15.2%，保加利亚只占9.1%。[1] 匈牙利的土地改革没有为本国农业结构的变化铺平道路，在为工业化提供较为健全的基础方面也几乎没有作出任何贡献。

匈牙利谷物种植面积在1890年到1917年间保持了稳定。1890年匈牙利小麦种植面积为297.9万公顷，裸麦为123.9万公顷，大麦为100.8万公顷，燕麦为99.3万公顷，玉米为193.2万公顷。1895年匈牙利小麦种植面积为313.3万公顷，裸麦为113.2万公顷，大麦为100.8万公顷，燕麦为96.2万公顷，玉米为214.8万公顷。1900年匈牙利小麦种植面积为329.5万公顷，裸麦为111.8万公顷，大麦为100.6万公顷，燕麦为98.1万公顷，玉米为221.7万公顷。1905年匈牙利小麦种植面积为341.7万公顷，裸麦为113.1万公顷，大麦为103.3万公顷，燕麦为101.7万公顷，玉米为212.3万公顷。1910年匈牙利小麦种植面积为337.4万公顷，裸麦为112.2万公顷，大麦为109.9万公顷，燕麦为106.9万公顷，玉米为242.7万公顷。1915年匈牙利小麦种植面积为335.1万公顷，裸麦为106.3万公顷，大麦为114.5万公顷，燕麦为108万公顷，玉米为251.3万公顷。1918年匈牙利小麦种植面积为306.3万公顷，裸麦为97.4万公顷，大麦为93.3万公顷，燕麦为96万公顷，玉米为223万公顷。[2]

但是，随后几十年匈牙利谷物种植面积大大减少。1920年

---

① ［英］彼得·马赛厄斯、悉尼·波拉德主编：《剑桥欧洲经史》第8卷，王宏伟等译，经济科学出版社2002年版，第802页。

② B.R.Mitchell, ed., *European Historical Statistics 1750—1970*, New York, Columbia U.P., 1975, p.216.

匈牙利小麦种植面积为 107. 7 万公顷,裸麦为 59. 4 万公顷,大
麦为 51. 2 万公顷,燕麦为 32. 5 万公顷,玉米为 816 万公顷。
1925 年匈牙利小麦种植面积为 142. 6 万公顷,裸麦为 68. 8 万
公顷,大麦为 41. 2 万公顷,燕麦为 29 万公顷,玉米为 107. 4 万
公顷。1930 年匈牙利小麦种植面积为 169. 5 万公顷,裸麦为
65. 2 万公顷,大麦为 45. 8 万公顷,燕麦为 24. 6 万公顷,玉米为
105. 4 万公顷。1935 年匈牙利小麦种植面积为 167. 3 万公顷,
裸麦为 62. 2 万公顷,大麦为 42. 8 万公顷,燕麦为 20. 3 万公顷,
玉米为 115. 1 万公顷。1940 年匈牙利小麦种植面积为 140. 7
万公顷,裸麦为 54. 1 万公顷,大麦为 41 万公顷,燕麦为 24. 5 万
公顷,玉米为 114. 6 万公顷。1944 年匈牙利小麦种植面积为
153. 9 万公顷,裸麦为 54. 1 万公顷,大麦为 44. 8 万公顷,燕麦
为 24 万公顷,玉米为 104. 9 万公顷。[①]

匈牙利在 1873 年耕地面积为 16792278 寻,占土地总面积
的 34. 7%;1883 年耕地面积为 20130533 寻,占土地总面积的
41%;1895 年耕地面积为 2006286 寻,占土地总面积的 41%;
1913 年耕地面积为 22310493 寻。[②]

匈牙利在 1895 年农场结构分布如下:极小的农地分成两
类,面积在 1 寻以下的农场有 526940 个,占农场总数的 23. 6%;
面积在 1—5 寻的农场有 716769 个,占农场总数的 30%。小农
场分四类:面积在 5—10 寻的农场有 458535 个,占农场总数的
19. 2%;面积在 10—20 寻的农场有 385381 个,占农场总数的
16. 1%;面积在 20—50 寻的农场有 205181 个,占农场总数的

---

①　B. R. Mitchell, ed. *European Historical Statistics 1750 - 1970*, New York,
Columbia U. P. ,1975,p.216.

②　Peter Gubst ed. ,*Hungarian Agrarian Society from the Emancipation of Serfs*
(*1848*) *to the Re-privatization of Land* (*1998*) , Coloradon Atlantic Research and
Publications, Inc. ,1998,p.107.

8. 6%;面积在 50 — 100 寻的农场有 36032 个, 占农场总数的 1. 5%。中等农场分三类: 面积在 100 — 200 寻的农场有 10275 个, 占农场总数的 0. 4%;面积在 200—500 寻的农场有 6448 个, 占农场总数的 0. 3%;面积在 500—1000 寻的农场有 3144 个, 占农场总数的 0. 1%;面积在 1000 寻以上的大农场有 3768 个, 占农场总数的 0. 2%。①

从 19 世纪 70 年代到第一次世界大战前夜, 匈牙利的耕地面积在持续增长。1873 年耕作的土地为 16792278 寻, 占全国土地面积的 34. 7%;1883 年耕作的土地为 20130533 寻, 占全国土地面积的 41% ;1895 年耕作的土地面积为 20906286 寻,占全国土地面积的 42. 8%;1913 年耕作的土地面积为 22301493 寻, 占全国土地面积的 45. 5%。匈牙利可耕地面积在逐年增加。就土地肥沃程度来看,1873 年肥沃的土地为 44912879 寻, 占全部土地面积的 92. 7%;同年贫瘠不毛之地为 3533291 寻, 占全部土地面积的 7. 3%。1883 年肥沃的土地为 46365999 寻, 占全部土地面积的 94. 4%;同年贫瘠不毛之地为 2777143 寻, 占全部土地面积的 5. 6%。1895 年肥沃的土地为 46520182 寻, 占全部土地面积的 95. 2%;同年贫瘠不毛之地为 2319743 寻, 占全部土地面积的 4. 8%。1913 年肥沃的土地为 46543423 寻, 占全部土地面积的 94. 9%;同年贫瘠不毛之地为 2508292 寻, 占全部土地面积的 5. 1%。②

---

① Peter Gubst ed., *Hungarian Agrarian Society from the Emancipation of Serfs* (*1848*) *to the Re-privatization of Land* (*1998*), Coloradon Atlantic Research and Publications, Inc., 1998, p.100, Table 1, The Structure of Land Ownership in Hungary in 1895.

② Peter Gubst ed., *Hungarian Agrarian Society from the Emancipation of Serfs* (*1848*) *to the Re-privatization of Land* (*1998*), Coloradon Atlantic Research and Publications, Inc., 1998, p.107, Table 2, The Development of Cultivation Section in Hungary between 1873-1913.

1871 — 1910 年匈牙利粮食作物的产量不断提高。小麦 1871—1880 年年均产量为 1648750 吨,1881—1890 年年均产量 为 3141250 吨,1891 — 1900 年年均产量为 3758100 吨,1901 — 1910 年年均产量为 4094700 吨。1901 — 1910 年小麦年均产量 是 1871—1880 年年均产量的 248.3%。裸麦 1871—1880 年年 均产量为 812850 吨,1881 — 1890 年年均产量为 1078850 吨, 1891—1900 年年均产量为 1134800 吨,1901—1910 年年均产量 为 1258000 吨。1901 — 1910 年裸麦年均产量是 1871 — 1880 年 年均产量的 154.7%。大麦 1871 — 1880 年年均产量为 753950 吨,1881—1890 年年均产量为 1026650 吨,1891 — 1900 年年均 产量为 1212800 吨,1901 — 1910 年年均产量为 1315050 吨。 1901 — 1910 年大麦年均产量是 1871 — 1880 年年均产量的 164.4%。燕麦 1871 — 1880 年年均产量为 638100 吨,1881 — 1890 年年均产量为 832250 吨,1891 — 1900 年年均产量为 1032200 吨,1901 — 1910 年年均产量为 1131250 吨。1901 — 1910 年燕麦年均产量是 1871 — 1880 年年均产量的 177.5%。 玉米 1871 — 1880 年年均产量为 1582150 吨,1881 — 1890 年年 均产量为 2320500 吨,1891 — 1900 年年均产量为 3120500 吨, 1901—1910 年年均产量为 392100 吨。1901—1910 年玉米年均 产量是 1871 — 1880 年年均产量的 214.4%。马铃薯 1871 — 1880 年年均产量为 1181100 吨,1881 — 1890 年年均产量为 2453900 吨,1891—1900 年年均产量为 3268250 吨,1901—1910 年年均产量为 4357950 吨。1901 — 1910 年马铃薯年均产量是 1871—1880 年年均产量的 369%。① 从 19 世纪最后三十年到

---

① Peter Gubst ed.,*Hungarian Agrarian Society from the Emancipation of Serfs* (*1848*) *to the Re-privatization of Land* (*1998*),Coloradon Atlantic Research and Publications,Inc.,1998,p.109,Table 3,Crop Yields in Hungary between 1871 - 1910.

第一次世界大战前夕,匈牙利耕地面积和粮食产量都有较大增长。

1910 年匈牙利农村居民持有土地面积在 50—100 寻的有 134687 人,占居民的 1.19%;持有土地面积在 20—50 寻的有 822912 人,占居民的 7.26%;持有土地面积在 10—20 寻的有 1580834 人,持有土地面积在 5—10 寻的有 1930251 人,合计占居民的 17.04%;持有土地面积在 5 寻以下的有 2437190 人,占居民的 21.52%。分成农场主有 81281 人,占居民的 0.72%;农场工人为 1265079 人,占居民的 11.17%;农业劳工有 2833025 人,占居民的 25.01%。①

匈牙利 1972 年 802892 户农户中,持有土地在 1 公顷以下的有 690114 户,占农户总数的 85.9%%。其中持有土地在 0.5 公顷以下的有 509428 户,持有土地在 0.5—1 公顷的有 180686 户。②即小农在匈牙利农民中占据了多数。

19 世纪末至 20 世纪初,匈牙利农业社会的结构与俄国和罗马尼亚不同。匈牙利农业人口中拥有土地的农民的比例比俄国和罗马尼亚要低。但是,在匈牙利为市场进行的农业生产比整个东欧国家的水平要高。在农奴解放时期,有一半的农村人口已是茅舍农,即农民没有持有足够的土地以支持他们的家庭生活。他们除了在自己的土地上劳作外,他们还在富有农民阶层的地产或农场上劳动。在农奴制度废除后 50 年间,完全靠出

① Peter Gubst ed., *Hungarian Agrarian Society from the Emancipation of Serfs (1848) to the Re-privatization of Land (1998)*, Coloradon Atlantic Research and Publications, Inc., 1998, p.144, Table 2, Distribution of the PeasantPopulation in 1910.

② Food and Agriculture Organisation of United Nation, *1970 World Census of Agriculture*, *Analysisand International Comparison of the Results*. Rome, 1981, Table 3.4, Number and Area of Holdings and Percent Distribution of Holdings under 1 Hectare, p.59.

卖自己的劳动力维生的农民人口持续增长。尽管工业以惊人的速度发展，但无法保证吸收随着人口增长创造出来的新近变得贫穷的人口。匈牙利的工业化尽管取得成绩，但是它不能保持或降低贫困人口的数量。在西欧，工业化的发展改变了社会结构，以至于不仅在农村中贫穷的农村无产阶级阶层的数量在减少，这个时期土地持有者的数量也在下降，结果是一些乡村农村阶层开始要求发展技术，农民平均持有的土地面积在增长。

在匈牙利，19世纪末到20世纪初，贫穷的农业无产阶级在数量上增长。① 乡村农民的不满在"农业社会主义运动"中表现出来。1891—1907年这一运动在匈牙利的蒂萨河与毛罗什河之间的东南部大平原展开了，以后运动又在这个国家的其他地方展开。②

从第一次世界大战到第二次世界大战前，匈牙利的粮食生产呈缓慢增长趋势。小麦产量1911—1915年为199万吨，1920—1924年为144万吨，1925—1928年为219万吨，1929—1933年为213万吨，1934—1938年为221万吨。裸麦产量1911—1915年为80万吨，1920—1924年为61万吨，1925—1928年为75万吨，1929—1933年为75万吨，1934—1938年为69万吨。大麦产量1911—1915年为71万吨，1920—1924年为46万吨，1925—1928年为57万吨，1929—1933年为66万吨，1934—1938年为50万吨。燕麦产量1911—1915年为44万

---

① Peter Gunst, " Agrarian Developments in East Ecntral Europe at the Turn of the Century ", in Peter Gubst, ed., *Hungarian Agrarian Society from the Emancipation of Serfs (1848) to the Re-privatization of Land (1998)*, Coloradon Atlantic Research and Publications, Inc., 1998, p.25.

② Peter Gunst, " Agrarian Developments in East Ecntral Europe at the Turn of the Century ", in Peter Gubst, ed., *Hungarian Agrarian Society from the Emancipation of Serfs (1848) to the Re-privatization of Land (1998)*, Coloradon Atlantic Research and Publications, Inc., 1998, p.23.

吨,1920—1924 年为 31 万吨,1925—1928 年为 36 万吨,1929—1933 年为 30 万吨,1934 — 1938 年为 25 万吨。玉米产量 1911—1915 年为 151 万吨,1920 — 1924 年为 129 万吨,1925—1928 年为 179 万吨,1929—1933 年为 179 万吨,1934—1938 年为 230 万吨。马铃薯产量 1911 — 1915 年为 194 万吨,1920—1924 年为 150 万吨,1925—1928 年为 191 万吨,1929—1933 年为 177 万吨,1934—1938 年为 213 万吨。[1]

1910 年匈牙利农业土地所有权分布如下:持有土地在 100 地籍单位(1 地籍单位等于 1.42 英亩)以上的地主有 71425 人,占人口的 0.39%。在农民业主中,持有土地在 50—100 地籍单位的有 134687 人,占农业人口的 0.7%;持有土地在 20—50 地籍单位的有 822912 人,占农业人口的 4.5%;持有土地在 5—20 地籍单位的有 3511085 人,占农业人口的 19.2%;持有土地在 5 地籍单位以下的有 2437100 人,占农业人口的 13.4%。农业工人有 4356316 人,占农业人口的 23.9%。其他人口有 30711 人。[2]

1918 年的民主革命开始了一系列改革尝试。政府在 1919 年 2 月制定了 1919 年公法第 17 款。这部法律提出征用面积在 700 英亩以上的大地产,将这些土地在农民中加以分配。但由于这届政府很快倒台,这项立法并未能付诸实施。[3]

1920 年 12 月 7 日公布了公法第 36 款。该款将 84317 英

---

① Miklos Szuhay, "Evolution of Hungarian Agriculture During the Inter-War Years(1918 - 1945)", in Peter Gubst, ed., *Hungarian Agrarian Society from the Emancipation of Serfs (1848) to the Re-privatization of Land (1998)*, Coloradon Atlantic Research and Publications, Inc., 1998, p.194, Table 3, Increase of Yields.

② Joseph Held, *The Modernization of Agriculture: Rural Transformation in Hungary*, 1848-1975, *East European Monographs*, Boulder, 1980, p.185.

③ Joseph Held, *The Modernization of Agriculture: Rural Transformation inHungary*, 1848-1975, *East European Monographs*, Boulder, 1980, p.216.

亩土地分成小块给予 259733 户农民,将 979067 英亩土地以小农场形式分给 411514 个农民,每个农民平均得到 2.38 英亩土地。学校、医院和其他公共机构共得到 267050 英亩土地。单个农业官员共得到 4 万英亩土地。另有 217429 英亩土地作为低地租土地在农民家庭中分配。这次改革使得面积在 142 英亩以下的小农场,在跨多瑙河地区从占全部土地单位的 43% 增加到占土地持有者的 49%,在北部高原地区从占土地单位的 39.3% 增至 44.4%,在大平原地区面积在 142 英亩以下的小农场从占土地单位的 46.9% 增至 50.2%。在匈牙利全国农民个人持有犁地的比例达到 73.9%。1920 年以后到 1939 年,匈牙利的土地持有的分布保持了相对的稳定。[①]改革使匈牙利小土地持有者家庭的数量达到 552000 户,增加了那些原先就拥有小块土地的农民的土地持有。大地产所有者持有的土地面积减少了 0.3%。[②]

1930 年农民持有土地面积的分布如下:持有土地在 50—100 寻的农民有 43631 人,占农村人口的 0.98%;持有土地在 20—50 寻的农民有 242620 人,占农村人口的 5.47%;持有土地在 10—20 寻的农民有 461274 人,占农村人口的 10.4%;持有土地在 5—10 寻的农民有 604157 人,占农村人口的 13.63%;持有土地在 1—5 寻的农民有 1070642 人,占农村人口的 24.15%;持有土地少于 1 寻的农民有 75088 人,占农村人口的 1.69%。分成制农民有 72872 人,占农村人口的 1.64%。农场劳工为 597474 人,占农村人口的 13.47%。农场劳工为 1252731 人,占

① Joseph Held, *The Modernization of Agriculture*: *Rural Transformation in Hungary*, 1848-1975, *East European Monographs*, Boulder, 1980, pp.216-217.

② Joseph Held, *The Modernization of Agriculture*: *Rural Transformation in Hungary*, 1848-1975, *East European Monographs*, Boulder, 1980, p.218.

农村人口的 28. 25%。①

1930 年匈牙利面积在 50—100 寻的农场有 10755 个,占农场总数的 1. 55%。面积在 20—50 寻的农场有 57367 个,占农场总数的 8. 28%。面积在 10—20 寻的农场有 111190 个,占农场总数的 16. 06%。面积在 5—10 寻的农场有 156959 个,占农场总数的 22. 66%。面积在 1—5 寻的农场有 308047 个,占农场总数的 44. 49%。面积不到 1 寻的农场有 25857 个,占农场总数的 3. 73%。②

1935 年持有土地面积在 1. 4 英亩以下的农户为 775487 户,他们共持有土地 437364 英亩,占全部可耕地面积的 1. 9%;持有土地面积在 1. 4—7. 5 英亩的农户为 664263 户,他们共持有土地 1620942 英亩,占全部可耕地面积的 10%;持有土地面积在 7. 5—70 英亩的农户为 428547 户,他们共持有土地 5654125 英亩,占全部可耕地面积的 34. 5%;持有土地面积在 70—142 英亩的农户为 14895 户,他们共持有土地 1008597 英亩,占全部可耕地面积的 7%;持有土地面积在 142—700 英亩的农户为 10699 户,他们共持有土地 2251629 英亩,占全部可耕地面积的 14%;持有土地面积在 700—1420 英亩的农户为 1816 户,他们共持有土地 1272094 英亩,占全部可耕地面积的 7. 9%;持有土地面积在 1420 英亩以上的农户为 1560 户,他们共持有土地

---

① Miklos Szuhay, "Evolution of Hungarian Agriculture during the Inter-War Years(1918‐1945)", in Peter Gubst, ed., *Hungarian Agrarian Society from the Emancipation of Serfs (1848) to the Re-privatization of Land (1998)*, Coloradon Atlantic Research and Publications, Inc., 1998, p. 194, Table 2, Division of the Peasant Population in 1930 Based on the 1930 National Census.

② Peter Gubst, "Hungarian Agrarian Society during the Inter-War Period", in Peter Gubst, ed., *Hungarian Agrarian Society from the Emancipation of Serfs(1848) to the Re-privatization of Land(1998)*, Coloradon Atlantic Research and Publications, Inc.,1998, p.207, Table 4, The Number of Peasant Farms in 1930.

3962094 英亩,占全部可耕地面积的 24.7%。①

　　1935 年农民农场雇佣外部劳动力的情况如下:每 100 个面积在 10—20 寻的农场雇佣固定的雇工的数目为 10.22 人;每 100 个面积在 20—50 寻的农场雇佣固定的雇工的数目为 42.36 人;每 100 个面积在 50—100 寻的农场雇佣固定的雇工的数目为 124—125 人;每 100 个面积在 100—200 寻的农场雇佣固定的雇工的数目为 248 人。② 农场雇佣外部劳动力总的来说数量很少。农业工人的平均日工资 1933 年为 1.26 辨戈,1934 年为 1.24 辨戈,1935 年为 1.28 辨戈,1936 年为 1.42 辨戈。③

　　1930—1931 年不同层次的农业经营者人均收入如下:农场劳工的人均收入为 183.4 辨戈,农场工人的人均收入为 205.3 辨戈,面积在 10 寻以下的小土地持有者的人均收入为 227.2 辨戈,持有土地在 10—100 寻的地主人均收入为 429.6 辨戈。相比较,同期矿工和金属工人的人均收入为 442.4 辨戈,工业的和公共交通的助理人员的人均收入为 369.7 辨戈,低收入的独立商人和工匠的人均收入为 342 辨戈,日工和军人的人均收入为 200 辨戈。④

――――――――

①　Joseph Held, *The Modernization of Agriculture*: *Rural Hungary*, 1848 - 1975, *East European Monographs*, Boulder, 1980, p.242.

②　Peter Gubst, "Hungarian Agrarian Society During the Inter-War Period", in Peter Gubst ed. , *Hungarian Agrarian Society from the Emancipation of Serfs (1848) to the Re-privatization of Land (1998)*, Coloradon Atlantic Research and Publications, Inc. , 1998, p. 209, Table 5, The Employment of Permanent Outside Manpower by Peasant Farms in 1935.

③　Joseph Held, *The Modernization of Agriculture*: *Rural Hungary*, 1848 - 1975, *East European Monographs*, Boulder, 1980, p.246. 脚注第 74。

④　Peter Gubst, "Hungarian Agrarian Society during the Inter-War Period", in Peter Gubst, ed. , *Hungarian Agrarian Society from the Emancipation of Serfs (1848) to the Re-privatization of Land (1998)*, Coloradon Atlantic Research and Publications, Inc. , 1998, p.213, Table 6, The Per Capital Income in 1930 - 1931 of some Strata within the Agricultural and Industrial Population in Pengos.

匈牙利农民农场每寻土地的产出，1929 年在跨多瑙河地区为 22.91 辨戈，1929—1933 年间每年农民农场每寻土地的产出在跨多瑙河地区为 7.84 辨戈。1931 年在大平原为 37.99 辨戈。1934 年在跨多瑙河地区为 25.8 辨戈。1935 年在大平原为 29.09 辨戈。1934 年在跨多瑙河地区为 17.77 辨戈。1936 年在跨多瑙河地区为 64.86 辨戈。1935 年在大平原为 62.65 辨戈。1937 年在跨多瑙河地区为 49.97 辨戈。1935 年在大平原为 54.60 辨戈。1938 年在跨多瑙河地区为 31.19 辨戈。1935 年在大平原为 58.66 辨戈。[1]

在跨多瑙河地区面积为 5—10 寻的农场平均年收入为 27 辨戈。面积为 10—20 寻的农场平均年收入为 31 辨戈。面积为 20—30 寻的农场平均年收入为 36 辨戈。面积为 30—50 寻的农场平均年收入为 39 辨戈。面积为 50—100 寻的农场平均年收入为 46 辨戈。[2]

1921—1949 年间，跨多瑙河地区的富裕农民家庭的年收入在 2300—4600 辨戈之间。在匈牙利大平原上，这类农民家庭年收入在 2050—4100 辨戈之间。在大平原上，农场面积在 50—100 寻之间。农场面积超过 100 寻的农民根据他们的收入被视为富裕农民。拥有土地 40—50 寻的农民属于最低限度的富裕农民。20 世纪 30 年代，面积在 20—30 寻的农场收入为 1500—

① Peter Gubst, "Hungarian Agrarian Society during the Inter-War Period", in Peter Gubst, ed., *Hungarian Agrarian Society from the Emancipation of Serfs（1848）to the Re-privatization of Land（1998）*, Coloradon Atlantic Research and Publications, Inc., 1998, p.218, Table 11, The Per Cadastral Yoke Net Yield of Peasant Farms（in Pengos）.

② Peter Gubst, "Hungarian Agrarian Society During the Inter-War Period", in Peter Gubst, ed., *Hungarian Agrarian Society from the Emancipation of Serfs（1848）to the Re-privatization of Land（1998）*, Coloradon Atlantic Research and Publications, Inc., 1998, p.218, Table 12, Farms.

2250 辨戈,面积在 30—50 寻的农场收入在 1950—3250 辨戈之间。在全国范围内,拥有土地在 5—20 寻的农场属于中小农场。面积在 5—10 寻的家庭农场,人均收入最少的在 150—226 辨戈之间,最多的在 376—565 辨戈之间。①

在匈牙利大平原上,1931—1939 年每寻土地收入大约为53.5 辨戈。1933—1939 年在北部的希利地区,农民农场每寻土地的收入为 63.78 辨戈。这样,土地面积为 5—10 寻的人口为 4—6 人的家庭农场,人均收入为 85—128 辨戈。而面积在10—20 寻的农场,最低人均收入为 121—181 辨戈,最高人均收入为 241—362 辨戈。在北方,农民农场收入水平也是如此。②1929—1941 年,位于跨多瑙河的面积小于 5 寻的农场,每个农场年收入可达 362—810 辨戈。在大平原上,同样面积的农场1931—1939 年年收入为 204—1024 辨戈,1937—1939 年年收入为 322—1660 辨戈。在北方,同样面积的农场年收入为260—1300 辨戈。③

农业失业人口的数量在第二次世界大战前一直持下降趋势。1934 年为 83807 人;1935 年为 73202 人,占农业劳动力的10.3%;1936 年为 48828 人,占农业劳动力的 6.6%;1937 年为

①　Peter Gubst,"Hungarian Agrarian Society during the Inter-War Period",in Peter Gubst,ed.,*Hungarian Agrarian Society from the Emancipation of Serfs(1848)to the Re-privatization of Land(1998)*,Coloradon Atlantic Research and Publications,Inc.,1998,p.219.

②　Peter Gubst,"Hungarian Agrarian Society during the Inter-War Period",in Peter Gubst,ed.,*Hungarian Agrarian Society from the Emancipation of Serfs(1848)to the Re-privatization of Land(1998)*,Coloradon Atlantic Research and Publications,Inc.,1998,p.220.

③　Peter Gubst,"Hungarian Agrarian Society during the Inter-War Period",in Peter Gubst,ed.,*Hungarian Agrarian Society from the Emancipation of Serfs(1848)to the Re-privatization of Land(1998)*,Coloradon Atlantic Research and Publications,Inc.,1998,p.222.

34566 人,占农业劳动力的 4.6%;1938 年为 22206 人,占农业劳动力的 3%。

匈牙利跨多瑙河地区每个家庭人均开支因农场大小有所不同。面积在 10 寻以下的农场 1923—1924 年人均开支为 324 辨戈,1934 年为 119 辨戈,1935 年为 285 辨戈。面积在 20—30 寻的农场 1923—1924 年人均开支为 534 辨戈,1934 年为 517 辨戈,1935 年为 630 辨戈。面积在 30—40 寻的农场 1923—1924 年人均开支为 718 辨戈,1934 年为 422 辨戈,1935 年为 445 辨戈。面积在 40—50 寻以下的农场 1923—1924 年人均开支为 825 辨戈,1934 年为 422 辨戈,1935 年为 445 辨戈。面积在 50—100 寻的农场 1923—1924 年人均开支为 718 辨戈,1934 年为 422 辨戈,1935 年为 445 辨戈。平均起来农场 1923—1924 年人均开支为 627 辨戈,1934 年为 502 辨戈,1935 年为 561 辨戈。①

匈牙利农民的营养水平可从农民每年糖的平均消费量看出。1933—1934 年匈牙利人均消费糖 9.5 公斤。而同年英国人均消费糖 48.7 公斤,捷克斯洛伐克人均消费糖 2 公斤,奥地利为 26.5 公斤,德国为 23.5 公斤,罗马尼亚为 6.5 公斤,南斯拉夫为 6.5 公斤,保加利亚为 4.9 公斤,欧洲平均为 17.4 公斤。② 匈牙利人均糖的消费量只有欧洲人均消费的一半稍多。匈牙利农民在欧洲农民中属于营养较差的类别。

---

① Peter Gubst, "Hungarian Agrarian Society during the Inter-War Period", in Peter Gubst, ed., *Hungarian Agrarian Society from the Emancipation of Serfs (1848) to the Re-privatization of Land (1998)*, Coloradon Atlantic Research and Publications, Inc., 1998, p.242.

② Peter Gubst, "Hungarian Agrarian Society during the Inter-War Period", in Peter Gubst, ed., *Hungarian Agrarian Society from the Emancipation of Serfs (1848) to the Re-privatization of Land (1998)*, Coloradon Atlantic Research and Publications, Inc., 1998, p.240.

从 1920 年到 1949 年,匈牙利小农的人数大大增加。持有土地在 1 寻以下的农户和佃户 1920 年为 31235 户,1930 年为 25857 户,1949 年为 69596 户。持有土地在 1—5 寻的农户 1920 年为 194576 户,1930 年为 308047 户,1949 年为 457401 户。持有土地在 5—10 寻的农户 1920 年为 134306 户,1930 年为 156959 户,1949 年为 365032 户。[1] 1949 年,占地在 1.5 公顷以下的农场占农场总数的 0.9%。占地在 1.5—7 公顷的农场占农场总数的 18.6%。占地在 7—14 公顷的农场占农场总数的 32.2%。占地在 14—28.5 公顷的农场占农场总数的 28.5%。占地在 28.5—70 公顷的农场占农场总数的 15.9%。占地在 70—140 公顷的农场占农场总数的 3.1%。占地在 140 公顷以上的农场占农场总数的 0.7%。[2]

三、集体化时期

第二次世界大战结束后,土地改革成为摆在匈牙利所有政党面前的重大问题。任何一个民主党派都无法回避这个问题。他们就土地改革问题提出了自己的纲领。匈牙利共产党人希望立即进行土地改革。由于红军迅速地占领这个国家,共产党人取得了国家的权力。苏维埃占领当局在土地立法问题上不信任国民议会的议员。而国民议会的政治委员会提出,需要解决土地改革问题的立法。苏维埃当时施加压力说,如果迅速激进地分配土地被拖延,就要采取军事行动。在 4 月 1 日召集国民议会之前,1945 年 3 月 18 日政府颁布的敕令中宣布了土地改革

---

① Ferenc Donath, *Reform and Revolution. Transformation of Hungary's Agriculture 1945-1970*, Corvina Kiado, 1980, p.167.

② Rene Dumont, *The Rural Economy. Studies in World Agriculture*, London, Methuen, 1957, p.467, 注 1。

的基本原则。在此同时,共产党发动了一场"人民运动",在红军进军之后开始了示威。大量的请愿和要求被提交给匈牙利的组织和政府。群众运动促使在匈牙利立即实行土地改革。[①]

1945年颁布的法令在《导言》中提出,土地改革的最终目标是"确保国家的民主转变和未来的发展",并"把庄园地产转交给农民",实现"被压迫数个世纪的农民人口的政治、社会、经济和知识发展"。它强调,推行土地改革,"是重大的不可缺少的国民利益"。它提出,"随着大地产制度的结束,匈牙利农业将依赖于强大的、健康的、市场方向的小土地持有制度,它将建立合法的小持有者的私有财产"。《法令》规定,创立一个"国家土地基金"以推动土地分配。分配的土地包括被没收的和征用的土地(保证就使用它做出补偿)。在农业大臣的领导下,改革的实施委托给国家土地等级解决委员会、省土地登记解决委员会和共同要求土地委员会。

在实施过程中,完全没收了叛徒、匈牙利纳粹、国社党和其他法西斯领袖,同时还有战争罪犯和犯下反人民罪的罪犯的土地。实施赎买政策,把非农民的,即乡绅的资产和大于100寻的农民农场,交给土地基金或分割它们。全部征用面积超过1000寻的所有者拥有的农场和工业家以及金融家的地产,没收措施自然也用于教会地产,同时还有部分牧师的地产,面积大于10寻的森林也被征用。家畜、工具、农场建筑和属于被征用财产的机器都被征用,并给予那些得到土地的人。大地产附属的工厂也被征用。法律规定,这些将被授予那些得到土地的人组成的

① Sandor Szakdcs, "From Land Reform to Collectivizion(1945-1956)", in Peter Gubst, ed. *Hungarian Agrarian Society from the Emancipation of Serfs(1848) to the Re-privatization of Land(1998)*, Coloradon Atlantic Research and Publications, Inc., 1998, p.257.

新的合作组织。①

农场劳动者如农业劳工和小土地所有者将给予土地,作为对他们的农场的补充。他们已婚的儿子继承的土地份额不得超过 5 寻。土地优先给予优秀的开垦土地的农民经营者和有 5 个或更多子女的农民家庭。法令规定,给予一个人或一个家庭的地产不得超过一个农场主家庭能够独立耕种的面积,从技术上说,给予的耕地和草地合起来面积不得超过 15 寻,此外,还可以给予 5 寻的菜园和葡萄园。法令允许补偿要求的财产。而土地被没收的人例外。法令规定接受个人的赎买,赎金在 10 — 20 年间付清。原则上说,法令倾向于确保新地产的稳定。它规定土地在分配后 10 年中不得出售。②

在苏联的支持下,经过匈牙利共产党的批准,1945 年 2 月建立了"土地要求委员会"。在 3300 个村庄中,成立了 3165 个土地要求委员会。③ 土地分配浪潮持续到 1945 年 5 月。1946 年的法律确认了获得土地者对土地的所有权。随后在 3200 个村庄建立了土地要求委员会。3 万名有资格的农民加入了土地要求委员会,他们共提出了 730425 份土地要求,其中有 663359 份土地要求被认为是合格的要求。在土地改革中,有 34.5% 的

① Sandor Szakdcs, "From Land Reform to Collectivizion (1945 – 1956)", in Peter Gubst, ed., *Hungarian Agrarian Society from the Emancipation of Serfs (1848) to the Re-privatization of Land (1998)*, Coloradon Atlantic Research and Publications, Inc., 1998, p.258; Ferenc Donath, *Reform and Revolution. Transformation of Hungary's Agriculture* 1945-1970, Corvina Kiado, 1980, p.98.

② Sandor Szakdcs, "From Land Reform to Collectivizion (1945 – 1956)", in Peter Gubst, ed., *Hungarian Agrarian Society from the Emancipation of Serfs (1848) to the Re-privatization of Land (1998)*, Coloradon Atlantic Research and Publications, Inc., 1998, p.259.

③ Ferenc Donath, *Reform and Revolution. Transformation of Hungary's Agriculture* 1945-1970, Corvina Kiado, 1980, p.90.

农业土地(总面积为 560 万寻)转手。其中有一半以上是耕地,四分之一是林地。在土地改革中,有将近 11 万名农场工人、26 万名农业劳工、21.4 万拥有小土地的农民、33000 名小土地持有者和 24500 名其他有资格要求土地的人得到了土地。人均分得5.1 寻土地。有 48.5%的农业劳工,53%的农场工人,55.8%的持有极少量土地的农民和 20.3%的小土地持有者获得了土地。随着土地的分配,有三分之一的农场主成为新的拥有全部土地或部分土地的土地所有者。农场工人、农业劳工、小土地持有者构成了 90%的土地获得者,他们拥有了 93%的土地。小地产平均增加了 1.4—5.3 寻土地。这样,小土地持有的平均面积从7.2 寻增至 11.6 寻。1500 个城堡和乡村大厦,8000 寻的园圃和公园的土地成为国家财产,有 6950 台拖拉机和蒸汽犁、6000台脱粒机转给合作社。16 万台小型农业机械和工具,以及 25 万台其他机具转交给了新的农场所有者。[①]

匈牙利土地改革中土地的转手造成了所有权和阶级关系的根本改变。在匈牙利形成了以小规模农耕制度为特点的农业结构。土地所有者的队伍被重组,社会结构的顶层和基部都发生了巨大的变化。随着征用大地产和中等地产,社会谱系中这两个土地所有者等级被消灭了。由于土地分配,乡村穷人等级的数量减少了 63%以上,农场面积在 25 寻以上的以及依附于他们的家庭成员减少了 60%。拥有土地面积在 25 寻以下的小农场主比土地改革以前增加了 68%。在土地改革以前,46%的乡村人口是农业无产阶级,47%的农村人口是小农场主,他们同家庭成员一同劳作。土地改革使农业无产阶级的比例减少到 17%,

---

① Sandor Szakdcs, "From Land Reform to Collectivizion (1945 - 1956) ", in Peter Gubst, ed., *Hungarian Agrarian Society from the Emancipation of Serfs (1848) to the Re-privatization of Land (1998)*, Coloradon Atlantic Research and Publications, Inc., 1998, pp.260-261.

小农场主的比例增至 80%，形成了以小农场主占绝对多数的新的乡村社会结构。部分重新分配土地所有权对社会结构产生了重大的作用。社会中小农场主的比例从 27% 增加到 43%，而农业工人、被雇佣者、农业劳工、家内雇工、领取年金者（领取工资者及其家属）在全部人口中的比例从 75% 下降到 47%。仅农业劳工的数量就减少了 50 万人。①

土地改革后，占地在 5 寻以下的人口从 1179466 人增至 1403515 人。占地在 5—10 寻的人口从 203397 人增至 87312 人。占地在 10—20 寻的人口从 142811 人增至 174205 人。占地在 20—50 寻的人口从 70730 人减少到 65385 人。占地在 50—100 寻的人口从 12466 人减少到 12212 人。占地在 100—200 寻的人口从 3779 人减少到 2986 人。占地在 200—1000 寻的人口从 3117 人减少到 21 人。占地在 1000—3000 寻和占地在 3000 寻以上的人口现在都消失了。② 在土地改革后，匈牙利农业就经济组织而论成为小农经济农业。

在第二次世界大战期间，匈牙利乡村的固定资产有 40% 被摧毁。大量家畜损失了。三分之一的农业机械被摧毁，剩下的几乎都过期无用了。农业和整个国家经济都需要重建。与 1935 年相比，主要为市场生产的乡村经济组织从占乡村组织的

---

① Sandor Szakdcs, "From Land Reform to Collectivizion（1945 – 1956）", in Peter Gubst, ed. *Hungarian Agrarian Society from the Emancipation of Serfs（1848）to the Re-privatization of Land（1998）*, Coloradon Atlantic Research and Publications, Inc., 1998, p.262.

② Sandor Szakdcs, "From Land Reform to Collectivizion（1945 – 1956）", in Peter Gubst, ed. *Hungarian Agrarian Society from the Emancipation of Serfs（1848）to the Re-privatization of Land（1998）*, Coloradon Atlantic Research and Publications, Inc., 1998, p.263, Table 1, Land Reform and Small Scale Farm Agriculture Break Down of Privately Owned Land, by Estate Size.

75% 下降到 51%。[1]

　　土地再分配以后,所有地产的 99% 都属于个人农业。这成为匈牙利农业的基础。基本的经济组织是以个人劳动为基础的农民农场。为市场而生产的地产和要求试用固定的工资劳动者的地产急剧减少。[2] 在战前,面积在 100 寻以上的中等地产和大地产占私人地产面积的 36.3%。而土地改革后,这类地产只占全部地产的 2.9%,即只占土地改革前的 8%。在土地改革后,200 万个私人地产中,只有 56000 个(占私人地产数目的2.7%)面积超过 25 寻。而这些农场的全部面积甚至不到私有财产总数的四分之一。而在战前,这个比例超过了 50%。而面积为 25—100 寻的农场,甚至 25—50 寻的农场,都要周期性地使用工资劳动者。[3]

　　土地面积在 5—25 寻的农场属于小农场。它们占农场总数的十分之一。这类农场中有 64% 拥有的土地少于 1 寻,有34% 拥有的土地为 1—3 寻。这种规模的农场可以确保农民的生计。这种农场的数量有 250 万。在土地分配中,它们的数量增加了 224000 个,总面积增加了 1243000 寻。这类农场首先是

　　① Sandor Szakdcs, "From Land Reform to Collectivizion (1945 – 1956)", in Peter Gubst, ed. , *Hungarian Agrarian Society from the Emancipation of Serfs (1848) to the Re-privatization of Land (1998)*, Coloradon Atlantic Research and Publications, Inc. ,1998, p.265.

　　② Sandor Szakdcs, "From Land Reform to Collectivizion (1945 – 1956)", in Peter Gubst, ed. , *Hungarian Agrarian Society from the Emancipation of Serfs (1848) to the Re-privatization of Land (1998)*, Coloradon Atlantic Research and Publications, Inc. ,1998, p.271.

　　③ Sandor Szakdcs, "From Land Reform to Collectivizion (1945 – 1956)", in Peter Gubst, ed. , *Hungarian Agrarian Society from the Emancipation of Serfs (1848) to the Re-privatization of Land (1998)*, Coloradon Atlantic Research and Publications, Inc. ,1998, p.274.

自给自足。但是在买入和售出活动中,仍然接近商品生产体系。它们也出售某些农产品,如奶、蛋、家禽、某些蔬菜、水果。这类农场提供的家禽数量比战前减少了。①

在土地改革中,有68600寻的土地留归国家所有,由国家管理。在紧随土地改革的年代,通过对剩余土地的占有,国有地产的数量再次开始增长。到1948年,国有地产扩大到战前的规模。原先的国家农场中有一些享有国际声望。到1947年,国有农场平均面积为700寻,只有十分之一的国有农场面积超过1000寻。国有农场所属土地中有200000寻为犁耕地,它们用于种子的生产。此外,也有120000寻农民的犁耕地也专门用于生产种子。

第三种经济组织是合作社。在1947年和1948年之交,成立的合作社已持有270—300万寻犁耕地,即占全国犁耕地的27%—30%。这包括12.5%的葡萄园和42%的草地、1600寻以上的水稻田。灌溉装备和2200台旧拖拉机、180个酒厂、228作磨坊(面粉厂)、210个其他农业工厂、几万个车匠和铁匠铺、汽水厂、将近7000台拖拉机、6000台脱粒机、给予新的小土地所有者的合作社和合作农场。到1947年年底,农业合作社有40万至60万名社员;到1949年开始时,新老合作社成员超过了200万人。在战前,有大约4000个农业合作社。由于战争的破坏作用,老的合作社都支离破碎了,有300个合作社被战争破坏。战后,老的合作社得到恢复,同时把获得土地的农民组织进新的合作社。这些合作社有的叫农民合作社,有的叫人民合作社。属于大地产的不可分割的资产绝大部分分给了小土地的所

---

① Sandor Szakdcs, "From Land Reform to Collectivizion(1945-1956)", in Peter Gubst, ed., *Hungarian Agrarian Society from the Emancipation of Serfs(1848) to the Re-privatization of Land(1998)*, Coloradon Atlantic Research and Publications, Inc., 1998, p.279.

有者组成的新的合作社。联合党倾向于建立包括农民经济和销售经济在内的包罗万象的综合的合作体系。最大的议会党"小持有者党"倾向于丹麦农业的组织模式。"社会民主党"倾向于成立工人合作社。共产党人把"人民民主合作社"作为他们理想的农业经济组织。最小的联合党"全国农民党"把他们的见解概括为"合作社会主义"。①

1946年合作化达到高潮时,全国26个法庭未能有效地解决合作化过程中出现的纠纷。到1947年年底有五分之三的农民合作社的纠纷没有得到解决。1947年到1948年,共产党清理了先前的政治结盟关系,兼并了"社会民主党",建立了"匈牙利工人党"。匈牙利工人党选择了苏联式的共产主义道路,重新清理和整顿了合作社。1948年时,据估计"合作协会"的成员有77万人,农民合作社的社员有60万人,由农民党成员组成的人民合作社的社员有20万人,农民联盟合作社有19万人,奶业合作社有将近10万人。这些组织的成员都加入了农民合作社。政府宣布农业合作社是村庄合作社的一般形式。②

总的来看,从1920年到1949年,匈牙利小农的人数大大增加。持有土地在1寻以下的农户和佃户1920年为31235户,1930年为25857户,1949年为69596户。持有土地在1—5寻的农户1920年为194576户,1930年为308047户,1949年为457401户。持有土地在5—10寻的农户1920年为134306户,

① Sandor Szakdcs, "From Land Reform to Collectivizion(1945-1956)", in Peter Gubst, ed., *Hungarian Agrarian Society from the Emancipation of Serfs(1848) to the Re-privatization of Land(1998)*, Coloradon Atlantic Research and Publications, Inc., 1998, p.279, p.285.

② Sandor Szakdcs, "From Land Reform to Collectivizion(1945-1956)", in Peter Gubst, ed., *Hungarian Agrarian Society from the Emancipation of Serfs(1848) to the Re-privatization of Land(1998)*, Coloradon Atlantic Research and Publications, Inc., 1998, p.279, p.286.

1930 年为 156959 户,1949 年为 365032 户。[1]

从 1946 年年底开始,反法西斯的同盟国成员分裂为两个敌对的阵营。1948 年夏季建立了"情报局"。在 1949 年夏季召开的情报局第二次会议上,来自苏联集团的代表正式提出了一项关于整个地区农村实行合作化的决议。1948 年,共产党拟定了一项农业合作社转变为农民合作社的计划。在 1948 年 11 月 17 日匈牙利工人党中央委员会会议上,党的总书记马加什·拉科西宣布要清除小规模农场制度,"在 3 到 4 年内,90% 的匈牙利农民人口将在各自的社会主义集体农庄中耕种他们的土地"。

1949—1953 年,匈牙利农村土地所有权发生了变化。国有土地、集体所有的土地所占的比例逐渐增大,私有土地所占的比例逐渐减少。国有土地所占的比例 1949 年为 25.4%,1950 年为 27.4%,1951 年为 31.2%,1952 年为 34.4%,1953 年为 36.6%。集体所有的土地所占的比例 1949 年为 0.6%,1950 年为 3.2%,1951 年为 9.4%,1952 年为 13.4%,1953 年为 18.3%。私有土地所占的比例 1949 年为 74%,1950 年为 69.8%,1951 年为 49.4%,1952 年为 52.3%,1953 年为 45.3%。[2]

1953 年斯大林去世后,苏联领导人下令在匈牙利采取矫正措施,以减轻自身的问题。纳吉取代拉科西成为总理。政府减少了不适合国家形势的多余的重工业和军事工业的投资,增加

---

[1]　Ferenc Donath, *Reform and Revolution. Transformation of Hungary's Agriculture* 1945-1970,Corvina Kiado,1980,p.167.

[2]　Joseph Held, *The Modernization of Agriculture*:*Rural Hungary*, 1848 - 1975,East European Monographs, Boulder, 1980, p.372, Table VI, Changes in the Private Ownership of Land.

福利开支。对农业采取了有差别的政策。[1] 允许农场主出租土地直到 25 寻（25 寻是以前富裕农民地产面积的下限），免除土地税。政府给予开垦剩余土地的农民以种子和贷款，保护每个农民的地租。政府废除了以前关于不允许成员在加入合作社 3 年内退社的规定。如果同一批社员同意，生产合作社可以在社员接受集体债权的条件下解散。到 1953 年下半年，合作社的数量减少了七分之一，合作社拥有的土地减少了四分之一，合作社社员的数量减少了三分之一。1954 年，退社继续发展。在 1953 年下半年，全部 5224 个合作社中有 688 个解散。1954 年又解散了 255 个合作社。到 1953 年 6 月底，合作社有 1620 万公顷的土地。到这年年底，合作社拥有的土地只剩下 477000 公顷。不久，有 20 万个农场重新由私人经营。[2]

由于苏联领导人的更迭和苏联政策的改变，18 个月以后纳吉在莫斯科被处以死刑，纳吉政府被解散。随后，农业人口、技术人员和零售商的赋税义务增加了。政府再次开始向贫民征收拖欠的款项，包括 1945 年土地改革的赎金。这部分资金增加了国家的收入。政府还做出决定，向工匠和零售商征税，拒绝缴税者要交出营业执照。

1956 年的政治大变动在匈牙利农村造成了新的动荡和不确定性。1956 年仲夏以后，合作社制度开始溃散，有一半合作

---

[1]　Sandor Szakdcs, "From Land Reform to Collectivizion (1945 – 1956)", in Peter Gubst, ed., *Hungarian Agrarian Society from the Emancipation of Serfs (1848) to the Re-privatization of Land (1998)*, Coloradon Atlantic Research and Publications, Inc., 1998, p.291.

[2]　Sandor Szakdcs, "From Land Reform to Collectivizion (1945 – 1956)", in Peter Gubst, ed., *Hungarian Agrarian Society from the Emancipation of Serfs (1848) to the Re-privatization of Land (1998)*, Coloradon Atlantic Research and Publications, Inc., 1998, p.293.

社社员退出了合作社。到 1956 年 12 月,在两个月的时间里,合作社人口从 200 万人下降到 11.8 万人。贫穷的无地的成员、前日工和劳工仍然留在合作社中。在以后的 6 个月中,有数万前合作社社员回到了合作社。但许多前社员并没有回到他们先前参加的合作社,而是建立了新的合作社。

这时,乡村社会摆脱了若干旧日的限制和义务,村民可以自由地参加工业部门的工作。允许有限的移民迁居。每年有 28 万村民移居其他地区。国有农场情况不佳,一些农场家畜失窃。1957 年,国家农场拥有全国 11.9% 的犁耕地。有 11.3% 的犁耕地为各种合作社拥有。75.1% 的犁耕地为私人农场拥有。[①]

到 1956 年 6 月底,全国有 4863 个合作社。到这年年底,合作社为 2089 个。1957 年年底合作社为 3457 个。1958 年 6 月底合作社为 3476 个。合作社社员总数在 1956 年年底为 34.34 万人,12 月底为 11.83 万人。1957 年 6 月底为 16.04 万人,1958 年 6 月底为 16.78 万人。从 1956 年 6 月底到 1958 年 6 月底,社员人数减少了 50% 以上。[②] 乡村大规模向城市移民,出售的地产包括耕地在增加。当时农业收入占国民总收入的 33.4%,农产品出口占国家出口的 38.4%。农业使用的劳动力占全国人口的 44%。

匈牙利农业集体化的过程与地区的特点有关。跨多瑙河流

---

① Sandor Szakdcs, "From Land Reform to Collectivizion (1945 – 1956)", in Peter Gubst, ed., *Hungarian Agrarian Society from the Emancipation of Serfs(1848) to the Re-privatization of Land (1998)*, Coloradon Atlantic Research and Publications, Inc., 1998, p.299.

② Sandor Szakdcs, "From Land Reform to Collectivizion (1945 – 1956)", in Peter Gubst, ed., *Hungarian Agrarian Society from the Emancipation of Serfs(1848) to the Re-privatization of Land (1998)*, Coloradon Atlantic Research and Publications, Inc., 1998, p.300, Table 1.

域的西部地区，大多数农民生活在小村庄和原先贵族、教会的庄园土地上。在这个地区还生活着德国人、斯洛伐克人、斯洛文尼亚人和克罗地亚人。在这个地区密集饲养家畜。东部地区的大平原上，如蒂萨河东部，有大村落和居民在5000—1万人的城市，甚至有人口超过10万人的城市。在这里后来不少居民迁移到大城市。在多瑙河和蒂萨河之间的地区，从布达佩斯延续到匈牙利与南斯拉夫的边界，主要的可耕地是沙土，适合于园艺，这里的果园和葡萄园很有名。第四个地区是匈牙利北部，这里有工矿业村庄和传统的葡萄园。1960年党中央提出，这个地区的山区不易开垦，留给集体农庄，在这里建立了专门化的合作社和销售组织。①

从1949年开始在大平原中部开展集体化。新的合作化高潮于1958—1959年在多瑙河地区展开。在多瑙河地区提出了"一个村庄建立一个合作社"的口号。在大平原上，一个大村庄甚至建立了3—4个合作社。②

在1958—1961年重新组织合作社时期，匈牙利农村土地所有权重新发生了集体所有的土地所占的比例逐渐增大，私有土地所占的比例逐渐减少的趋势。集体所有的土地所占的比例1958年为8.5%，1959年为21.6%，1960年为45%，1961年为57%，1962年为58%。私有土地所占的比例1958年为51.1%，

① Sandor Szakdcs, "From Land Reform to Collectivizion (1945 – 1956) ", in Peter Gubst, ed. , *Hungarian Agrarian Society from the Emancipation of Serfs (1848) to the Re-privatization of Land (1998)*, Coloradon Atlantic Research and Publications, Inc. , 1998 , pp.307 – 308.

② Sandor Szakdcs, "From Land Reform to Collectivizion (1945 – 1956) ", in Peter Gubst, ed. , *Hungarian Agrarian Society from the Emancipation of Serfs (1848) to the Re-privatization of Land (1998)*, Coloradon Atlantic Research and Publications, Inc. , 1998 , p.308.

1959 年为 40.5%,1960 年为 18.1%,1961 年为 3.7%,1962 年
为 3.3%。[①]

在 1958—1961 年重新组织合作社时期,农业生产没有下
降。到 1966 年,国家拥有土地 366000 寻,占全国土地面积的
32.6%。其中国有农场有 271 个,占有土地 1714 寻。合作经济
组织拥有土地 9821000 寻,占全国土地面积的 60.7%。辅助农
场占地 1079000 寻,占全国土地的 6.7%。[②] 从土地的使用来
看,1961 年国家农庄使用的土地为 986622 公顷,国有森林为
1020478 公顷,国有土地共 3030702 公顷。合作社使用的土地
为 4855452 公顷,个人农场的土地为 344113 公顷。[③]

1961 年在匈牙利农村的社会结构中,生产合作社社员有
1123200 人,占农村人口的 61.8%。生产合作社的辅助家庭成
员为 113400 人,占 6.2%。农业劳工为 321000 人,占 17.7%。
农业雇工为 36000 人,占 2.0%。个人农场主包括其助手,共有
224100 人,占 12.3%。[④] 此外,有 321000 名不在农业合作社的

① Joseph Held, *The Modernization of Agriculture*: *Rural Hungary*, 1848 -
1975,East European Monographs,Boulder,1980,p.383,Table VII,Changes in Land
Ownership and Employment Structure.

② Sandor Szakdcs, "From Land Reform to Collectivizion(1945 - 1956)", in
Peter Gubst,ed.,*Hungarian Agrarian Society from the Emancipation of Serfs(1848)to
the Re-privatization of Land(1998)*,Coloradon Atlantic Research and Publications,
Inc.,1998,p.310,Table 3.

③ Sandor Szakdcs, "From Land Reform to Collectivizion(1945 - 1956)", in
Peter Gubst,ed.,*Hungarian Agrarian Society from the Emancipation of Serfs(1848)to
the Re-privatization of Land(1998)*,Coloradon Atlantic Research and Publications,
Inc.,1998,p.313,Table 5,Land Usage by Farm Types.

④ Sandor Szakdcs, "From Land Reform to Collectivizion(1945 - 1956)", in
Peter Gubst,ed.,*Hungarian Agrarian Society from the Emancipation of Serfs(1848)to
the Re-privatization of Land(1998)*,Coloradon Atlantic Research and Publications,
Inc.,1998,p.314,Table 6.

劳动者,他们包括在国有农场中的 144900 人,在机械站的 36000 人,在国有森林中劳动的 43400 人,在专门化的农业公司中的 11200 人,从事管理和研究的人员 85500 人。[1]

根据 1972 年 3 月匈牙利的统计资料,全部农业人口为 2564582 人。其中没有土地的农户为 138244 人,持有土地在 1 公顷以下的为 2213965 人,持有土地在 1—2 公顷的为 148286 人,持有土地为 2—5 公顷的为 55592 人,持有土地为 5—10 公顷的为 8051 人,持有土地在 10—20 公顷的为 413 人,持有土地在 20—50 公顷的为 26 人,持有土地在 50—100 公顷的为 5 人。

根据 1970 年联合国国际粮农组织的资料,当时匈牙利共有可耕地 4954800 公顷,其中持有地面积在 1 公顷以下的可耕地总面积为 113700 公顷,持有地面积为 1—2 公顷的可耕地总面积 45100 公顷,持有地面积为 2—5 公顷的可耕地总面积为 48300 公顷,持有地面积为 5—10 公顷的可耕地总面积为 14300 公顷,持有地面积为 10—20 公顷的可耕地总面积为 1300 公顷,持有地面积为 20—50 公顷的可耕地总面积为 800 公顷,持有地面积为 50—100 公顷的可耕地总面积为 1400 公顷,持有地面积为 100—200 公顷的可耕地总面积为 4400 公顷,持有地面积为 200—500 公顷的可耕地总面积为 23700 公顷,持有地面积为 500—1000 公顷的可耕地总面积为 155100 公顷,持有地面积为 1000 公顷以上的可耕地总面积为 4546700 公顷。[2]

1972 年在匈牙利全部 802892 户土地持有者中,有数量不

---

[1] Sandor Szakdcs, "From Land Reform to Collectivizion (1945 - 1956)", in Peter Gubst, ed., *Hungarian Agrarian Society from the Emancipation of Serfs (1848) to the Re-privatization of Land (1998)*, Coloradon Atlantic Research and Publications, Inc., 1998, p.315, Table 8.

[2] *1970 World Census of Agriculture*, FAO Statistical Development Series 12, Food and Agriculture Organization of the United Nations. Rome, 1981, p.80.

少的小土地持有者。持有土地在 1 公顷以下的有 690114 户,持有土地在 0.5 公顷以下的有 509428 户,持有土地在 0.5—1 公顷的有 180686 户。①

自 1970 年以来,匈牙利农民利用制度的自由空间,他们的家庭农场开始加强面向市场的生产。到 20 世纪 80 年代初,大约有 5% 到 15% 的农户在经营高度专业化的、主要面向市场的家庭农业企业。他们现金收入的很大比例(家庭收入的至少三分之一或一半)来自农业生产。② 一些匈牙利学者认为这些农户变成了资产阶级或企业家。③ 但他们中的大部分人仅仅是兼职农民,他们为自己工作,不雇佣工人,或者只是季节性地雇工。

根据 1948 年春季建立合作社的经验,同年秋季合作社发展到 150 个,1949 年年底合作社数目上升到 1500 个。1950 年增加到 2272 个。1951 年为 4650 个。1952 年年底合作社达到 5315 个,他们持有 3200000 英亩可耕地,占匈牙利全部可耕地的 22.8%。这时仍有 250000 英亩可耕地在未入社的农民手中。合作社的优势在于,它们不仅可以得到购买装备的贷款,还可以

---

① *1970 World Census of Agriculture*,FAO Statistical Development Series 12,Food and Agriculture Organization of the United Nations. Rome,1981,p. 59,Table 3. 4,Number and Areas of Holdings and Percent Distribution of Holdings under 1 Hectare.

② [美]伊万·撒列尼等:《社会主义企业家:匈牙利乡村的资产阶级化》,史普原等译,中国社会科学出版社 2015 年版,第 11 页。

③ 马克思主义经典作家对这类农业从业人员有不同的提法。马克思在《资本论》第 1 卷关于商品拜物教的一章中,阐释了小商品生产的理论基础,认为那种微小的生产形式也是孕育资本家的温床,是一种不血腥的生产关系。列宁在 1919 年写道:"这些资本主义的生产形式恰是一小商品生产为基础成长起来的。""农民的家庭农场依旧是小商品生产,我们在这里又极其广阔而充分的、根深蒂固的资本主义的土壤,资本主义可能在这里继续存在或重新出来与共产主义进行殊死搏斗。"(《无产阶级专政时代的经济和政治》,1919 年)

免除赋税，减少以低价出售谷物的数量。[1]

1949 年以后，匈牙利国有农场占地总面积有所扩大。1949 年 6 月底为 106500 公顷，1953 年 6 月底为 963300 公顷，1960 年 5 月底为 970300 公顷，1970 年 5 月底为 998700 公顷，1974 年 5 月底为 991000 公顷。[2]

从 1950 年到 1980 年，在匈牙利集体农庄继续存在，成为占据主导地位的农业生产组织形式。集体化为土地所有制的现代化作出了贡献。而 20 世纪初期和内战时期，资产阶级化导向的家庭农场已经开始控制土地。当匈牙利的农民被迫进入集体农庄时，政府允许他们拥有一块"自留地"，其面积比 1 英亩稍多。这恰好与二战前在大庄园中劳动的庄园劳动力得以保留的土地份额相等。匈牙利建立的社会主义集体农庄中，家庭是禁止拥有马匹的，但是政府允许他们养猪，也允许他们拥有一到两头牛。同时，对农民在"自留地"上投入过多的时间进行限制。"自留地被限定为谋求生计型的生产"。通过对"自留地"的面积和家庭运输手段（比如禁止拥有马匹）的控制来达到这一目的。[3] 集体农庄和过去的庄园一样，都把给予社员的"自留地"作为绑定廉价劳动力的主要机制。它们表现出很大的活力，扮演着越来越重要的作用。匈牙利在 70 年代，来自家庭农业生产的产品在国家农业总产品中所占的比重一直十分稳定，比在其他社会主义国家中的状况要好。

到了 70 年代早期，匈牙利对集体农庄进行重组，农业合作

---

① Rene Dumont, *Type of Rural Economy, studies in world agriculture*, London, Muthuen, 1957, pp.86-487.

② Ferenc Donath, *Reform and Revolution. Transformation of Hungary's Agriculture* 1945-1970, Corvina Kiado, 1980, p.190.

③ ［美］伊万·撒列尼等：《社会主义企业家：匈牙利乡村的资产阶级化》，史普原等译，中国社会科学出版社 2015 年版，第 19 页。

社的合并加速进行。1960 年时每个村庄通常有几个农业合作
社,多的有 4—5 个,但到 70 年代要求每个村庄只有一个合作
社。这使得合作社的规模从起初仅占地 1200 英亩,扩大到日后
占地 12000 英亩,有的甚至面积更大。合作社大规模的资本运
营与合作使每英亩粮食产量显著提高。大型集体农庄的权利逐
步落入新型技术专家手中,他们和前中农出生的集体农庄干部
共同执掌集体农庄的管理权。①

　　在匈牙利社会主义工业化加速进行的过程中,到 20 世纪
70 年代中后期,城市的增长变慢了。匈牙利的农民并没有经历
过"离开土地"的过程,当甚至还有一半人口仍旧生活在传统的
村落中时,农村人口就已经停止下降了。匈牙利的城市化具有
"低度城市化"的特点。在第一代产业工人离开农村进城以后,
作为补偿,政府允许他们保留"自留地",使他们能达到一个合
理的生活水平。在社会主义向节约型增长转型的背景下,出现
了"农村复兴"。这是家庭生产进一步稳固的结果。在 70 年代
的 10 年中,匈牙利农民不再离开农村,有些甚至还往回挪,重新
转向商品生产的兼业性家庭农业。因为农村比城市给他们更多
的经营机会。

　　在 20 世纪 70 年代,附属农场和自留地的数量都在下降。在
60 年代集中进行集体化运动的时候,只有极少数农民留在集体农
庄外。在 60 年代,这些农民经营着传统的经济单位,他们的数量
在下降。这表明传统的小农生产方式正在匈牙利农村消失。但
是,1972—1981 年间,那些只有 1 英亩甚至更小的微小农业单位
的数量却在上升,一种新型的小型农业生产者在形成。② 小生产

---

① 〔美〕伊万·撒列尼等:《社会主义企业家:匈牙利乡村的资产阶级
化》,史普原等译,中国社会科学出版社 2015 年版,第 143—145 页。
② 〔美〕伊万·撒列尼等:《社会主义企业家:匈牙利乡村的资产阶级
化》,史普原等译,中国社会科学出版社 2015 年版,第 32—33 页。

者所占的比重的下降并不等于家庭生产的下降。相反,1981 年的家庭生产产值比 1970 年增长了 10%。小生产者比重的下降是由于 70 年代集体部门生产的迅速增长和扩张导致的。70 年代,匈牙利政府为增强集体部门的生产能力,向它们提供了资金,同时,新一代年轻的有活力的技术型官僚进入了集体农庄。小生产者无法与集体生产部门竞争。① 70 年代,家庭小农场基本是起维持生计的作用,它们的产品有 40%进入市场。到 80 年代,这一数据上升到 62%。1982 年顶层的 10%的劳动者的年收入与集体农庄或国有工厂中的领工资的体力劳动者的年收入相当,甚至更高。1981 年产业工人的年平均工资为 52000 福林,集体农庄中的体力劳动者的收入有 46000 福林。②

匈牙利对农业的投资从 1938 年到 1954 年逐步增长,1938 年投资为 9.6 亿福林,1949 年为 18 亿福林,1950 年为 17 亿福林,1951 年为 26 亿福林,1952 年为 36 亿福林,1953 年为 38 亿福林,1954 年为 45 亿福林。但是投资增加的速率仍然低于合作化的需要。③

匈牙利农民保留的家庭小块可耕地在 1961 年总量为 559000 公顷,1970 年为 492500 公顷,1974 年为 444900 公顷。④农业集体化 20 年后,家庭农业生产仍然起着重要的作用。60%的匈牙利家庭在从事粮食生产。1980 年匈牙利家庭生产的农

---

① [美]伊万·撒列尼等:《社会主义企业家:匈牙利乡村的资产阶级化》,史普原等译,中国社会科学出版社 2015 年版,第 34—35 页。

② [美]伊万·撒列尼等:《社会主义企业家:匈牙利乡村的资产阶级化》,史普原等译,中国社会科学出版社 2015 年版,第 37 页。

③ Ferenc Donath, *Reform and Revolution*, *Transformation of Hungary's Agriculture 1945-1970*, Corvina Kiado, 1980, p.254.

④ Ferenc Donath, *Reform and Revolution*, *Transformation of Hungary's Agriculture 1945-1970*, Corvina Kiado, 1980, p.214.

产品占蔬菜产量的 46.6%,占水果产量的 51%,占蛋类产量的 62%。① 1982 年,几乎 90% 的农村人口和 30% 的城市人口还在种植农作物。根据政府的农业调查,匈牙利 1000 万居民中,大约有 150 万个小农场在规模上达到了企业的标准。这 150 万个小农耕种了略多于全国 12% 的耕地,但它们的产量却占了全国农产品总量的 34%。除去成本,每个农民家庭平均每月有 1765 福林的收入,而 1981 年工业工人平均月工资是 4332 福林,农民家庭的收入已经很不错了。

　　第二次世界大战以后,匈牙利农村形成了富农、中农和贫农三个阶层。在 1949 年以后的匈牙利农村,最上层 5% 到 10% 的人口是拥有 20 或 25 霍尔德以上的土地,或者拥有大型商场、大型机器(拖拉机、联合收割机),小工厂的所有者被官方定性为农业或工业富农。他们在几年中曾被严重迫害。大部分富农在 20 世纪 50 年代被无产阶级化的浪潮吞没。在 50 年代早期,几乎所有成年的"工业富农",即大商场、磨坊、拖拉机、联合收割机、小工业企业,以及大的家畜(特别是马和牛)买卖商都去了城市。留在乡村的被贴上富农的标签。他们非常富有,拥有 50 以上甚至几百地籍单位的土地。他们可以称为农业企业家,极少从事体力劳动,主要负责管理和监督。他们因为残酷贪婪,对农民苛刻,因此为农民所仇视,被村干部列入黑名单。在富农之下,有从小农和中农起家的农民,成为拥有财富的企业家。他们受到村民的支持,当选为村的官员,在 1945 年以后村的政治中发挥了作用,他们中许多人加入小农政党。②

---

　　① ［美］伊万・撒列尼等:《社会主义企业家:匈牙利乡村的资产阶级化》,史普原等译,中国社会科学出版社 2015 年版,第 30 页,注 1。

　　② ［美］伊万・撒列尼等:《社会主义企业家:匈牙利乡村的资产阶级化》,史普原等译,中国社会科学出版社 2015 年版,第 162—163、165 页。

1949—1953 年，政府不断进行土地调整，采取了彻底铲除富农的政策。但到 1953 年，反富农政策放松。到了 60 年代早期，留在农村的富农卷土重来，在农村社会阶层中重新占有自己的位置。他们的地位比原先要低，但是仍然有一定的财富、地位和声望。一些富农被选为集体农庄的负责人和高级官员。没有当选干部的富农都加入了集体农庄。一些富农的后代在 1960 年后开始读专业学校和学院，大多成为农业工程师。80 年代他们的后代成为农村新精英。

这里可以举出杜纳帕塔基的两个富农走向专业化的例子。久洛瓦·内迪在 1953 年左右成年，在斯大林时代他的家庭丧失了 100 多地籍单位土地，他自己在 1956 年以前参军，在军队中学会了驾驶卡车。1960 年他回到杜纳帕塔基，在集体农庄中管理卡车，成为集体农庄的管理者，为集体农庄创建了赢利的工业、运输等副业，受到尊敬，很有影响力。久洛瓦·纳吉同样是拥有 100 地籍单位土地的富农之子。他在专业学校学习农业工程，毕业后在杜纳帕塔基城外的一家监狱工厂当了农业工程师，他使这些罪犯工人接受了他的管理。以后他在尤基埃特集体农庄做了一名农业工程师，管理畜牧业，成为有权力的农业知识分子的一员。①

中农在 1949 年以后生活水平下降，他们中大部分人是斯大林主义的反对者。他们在 50 年代留在了农村，因为在农业中他们能够大显身手。他们慢慢接受了集体化的现实。在政治上，中农是小农政党的坚定支持者。在 1960 年以前，中农不主张子女接受高等教育，只希望子女继承自己的土地。但从 60 年代开始，中农子女纷纷接受教育，成为农村工程领域的技术人才。

---

① ［美］伊万·撒列尼等：《社会主义企业家：匈牙利乡村的资产阶级化》，史普原等译，中国社会科学出版社 2015 年版，第 168 页。

农村下层劳动者在 60 年代中期在庄园劳动聚居地生活。这些聚居地大部分是大地主在 19 世纪为长工们建造的宿舍。吉卜赛侨民曾在这里居留过。这些居留地有的至今还没有通水通电。他们人口流动缓慢。他们中一些人在 1945 年分得土地，成为小农。一些人成为乡村干部。还有一批贫农在 1945—1956 年间参加工业生产，进入纺织业和罐头食品生产业。在 60 年代受过教育的贫农后代有的成为专业技术人员，有的进入干部队伍。[1]

在 50 年代初的匈牙利，私人农场主的消费水平比合作社社员稍高。1951 年，私人农场主年均消费为 674 福林，合作社社员年均消费为 727 福林。1952 年，私人农场主年均消费为 646 福林，合作社社员年均消费为 477 福林。1953 年，私人农场主年均消费为 658 福林，合作社社员年消费为 534 福林。[2]

在 1951—1960 年以后，匈牙利农业年增长率为 1.9%，远远低于欧洲绝大多数国家。同期奥地利农业的年增长率为 3.9%，保加利亚农业的年增长率为 6.2%，法国农业的年增长率为 4.0%，都高于匈牙利。只有捷克斯洛伐克农业的年增长率是 1.5%，低于匈牙利。[3]

匈牙利每公顷农作物年均产出从 1951—1990 年呈增长态势。其中小麦 1951—1960 年为 1480 公斤，1961—1965 年为 1860 公斤，1966—1970 年为 2430 公斤，1971—1975 年为 3320 公斤，1976—1980 年为 4060 公斤，1981—1985 年为 4630 公斤，

---

①　[美]伊万·撒列尼等:《社会主义企业家:匈牙利乡村的资产阶级化》,史普原等译,中国社会科学出版社 2015 年版,第 173—180 页。

②　Ferenc Donath, *Reform and Revolution*, *Transformation of Hungary's Agriculture* 1945-1970, Corvina Kiado, 1980, p.264.

③　Ferenc Donath, *Reform and Revolution*, *Transformation of Hungary's Agriculture* 1945-1970, Corvina Kiado, 1980, p.296.

1986—1990 年为 4880 公斤。裸麦 1951—1960 年为 1170 公斤,1961—1965 年为 1080 公斤,1966—1970 年为 1160 公斤,1971—1975 年为 1510 公斤,1976—1980 年为 1650 公斤,1981—1985 年为 1900 公斤,1986—1990 年为 2350 公斤。水稻1951—1960 年为 1880 公斤,1961—1965 年为 1870 公斤,1966—1970 年为 1980 公斤,1971—1975 年为 2350 公斤,1976—1980 年为 1340 公斤,1981—1985 年为 3250 公斤,1986—1990 年为 3240 公斤。大麦 1951—1960 年为 1710 公斤,1961—1965 年为 1870 公斤,1966—1970 年为 2120 公斤,1971—1975 年为 2880 公斤,1976—1980 年为 3250 公斤,1981—1985 年为 3660 公斤,1986—1990 年为 4210 公斤。燕麦1951—1960 年为 1340 公斤,1961—1965 年为 1160 公斤,1966—1970 年为 1390 公斤,1971—1975 年为 1820 公斤,1976—1980 年为 2370 公斤,1981—1985 年为 2810 公斤,1986—1990 年为 3020 公斤。玉米 1951—1960 年为 2190 公斤,1961—1965 年为 2610 公斤,1966—1970 年为 3230 公斤,1971—1975 年为 4170 公斤,1976—1980 年为 4850 公斤,1981—1985 年为 6110 公斤,1986—1990 年为 5630 公斤。马铃薯 1951—1960 年为 6950 公斤,1961—1965 年为 7910 公斤,1966—1970 年为 10450 公斤,1971—1975 年为 11740 公斤,1976—1980 年为 14160 公斤,1981—1985 年为 18230 公斤,1986—1990 年为 17740 公斤[1]。匈牙利粮食的单位面积产量,从 20 世纪 50 年代开始持续上升。

---

[1] Pal Romdany, "The Completion and Partial Dismantling of Collective Agriculture", in Peter Guns, ed., *Hungary Agarian Societ from the Emancipation of Serfs (1848) to the Re-privation of Language (1998)*, New Jersey, Monographs, Boulder, Coloradoo Atlantic Research and Publications, Inc. , 1998, p.366, Table 10, The Structure of Land Used by Economic Associations and Private Farms, by Size.

　　1994 年匈牙利私人农场和经济协会所属农场中,面积在 1 公顷以下的农场有 978101 个,占农场的 81.3％;这类农场占地总面积为 231665 公顷,占全部耕地面积的 3.9％。面积在 1—10 公顷的农场有 202009 个,占农场的 16.8％;这类农场占地总面积为 577715 公顷,占全部耕地面积的 9.6％。面积在 11—50 公顷的农场有 19127 个,占农场的 1.6％;这类农场占地总面积为 365345 公顷,占全部耕地面积的 6.1％。面积在 51—100 公顷的农场有 1646 个,占农场的 0.1％;这类农场占地总面积为 112042 公顷,占全部耕地面积的 1.9％。面积在 101—300 公顷的农场有 808 个,占农场的 0.1％;这类农场占地总面积为 131135 公顷,占全部耕地面积的 2.2％。面积在 301—500 公顷的农场有 267 个;这类农场占地总面积为 105538 公顷,占全部耕地面积的 1.8％。面积在 500 公顷以上的农场有 1626 个,占农场的 0.1％;这类农场占耕地总面积为 4475153 公顷,占全部耕地面积的 74.6％。① 这表明,在匈牙利,面积在 500 公顷以上的大农场已经占到全部耕地总面积的三分之二以上。

　　从匈牙利土地所有制关系来看,在经营者有所有权的土地上,国有土地(包括合股公司)有 27199 处,占所有者的 9.7％。其他机构包括教会的土地有 613 处,占所有者的 0.2％。合作拥有的土地为 100241 处,占所有者的 35.9％。私人拥有的土地有 109241 处,占所有者的 39.1％。联合所有的土地有 28229 处,占所有者的 10.1％。其他雇主拥有的土地有 13840

---

　　①　Pal Romdany, "The Completion and Partial Dismantling of Collective Agriculture", in Peter Guns, ed., *Hungary Agarian Societ from the Emancipation of Serfs (1848) to the Re-privation of Language (1998)*, New Jersey, Monographs, Boulder, Coloradoo Atlantic Research and Publications, Inc., 1998, p.361, Table 3, Development Averages of Main Farmland Crop Yield(kilograms/hectare).

处,占所有者的 5.0%。综合来看,合作所有者和私人所有者合计已占所有者的 75%。而国有土地所有者只占土地所有者的 9.7%。①

---

① Pal Romdany, "The Completion and Partial Dismantling of Collective Agriculture", in Peter Guns, ed., *Hungary Agarian Societ from the Emancipation of Serfs*(*1848*)*to the Re-privation of Language*(*1998*), New Jersey, Monographs, Boulder, Coloradoo Atlantic Research and Publications, Inc., 1998, p.357, Table 13, Active Earners Working in Agriculture Breoken Down by Employer's Ownership Type, 1996.

第十一章　西班牙

一、资本主义时期以前的农业

（一）中世纪农业：农民、土地制度及其生产力

早在罗马时代和罗马时代之前，伊比利亚半岛的农业活动就持续兴盛。西哥特王国时期，日耳曼人的农业经验又被带到这里。西班牙最重大的对早期近代甚至现代西班牙的农业生产形态产生最持久影响的历史事件当属持续了近8个世纪的"再征服运动"。711年，来自北非的穆斯林联军跨越直布罗陀海峡并迅速占领了伊比利亚半岛的大部分领土。自718年科尔东加战役开始，盘踞在半岛最北部山区的基督徒开始了旷日持久的由北向南"收复失地"的进程。其中最激烈的斗争发生在11—13世纪。到1274年，除了格拉纳达穆斯林王国以外，整个伊比利亚半岛重新回到基督徒的统治之下。在重新收复的城市和乡村，从穆斯林手中接手的大片土地亟待开垦和耕种，其中，为"再征服运动"作出巨大人力和财力贡献的基督徒贵族阶层从王室那里获得了大量土地的所有权，这种情况在卡斯蒂利亚王国尤其明显。

举例说明，利奥诺是当时阿尔布开克贵族家庭的长女，她在从阿拉贡到葡萄牙，从里奥哈地区的贝洛拉多到阿尔布开克，穿越整个卡斯蒂利亚的出游过程中，停下来休息的地方都在她自

家的土地上。索托马约尔的唐·恩里克死于 15 世纪末期，他留下的遗产价值约 500 亿比塞塔（相当于如今西班牙一年的国家预算），外加 5000 平方公里的土地。阿罗的伯爵统治着里奥哈几乎所有的土地。卡斯蒂利亚的提督恩里克斯家族的地产遍布加利西亚、莱昂、卡斯蒂利亚和安达卢西亚。贝纳文特伯爵拥有艾斯拉盆地的绝大部分。门多萨家族除了拥有从祖上继承而来的位于半岛北部的财产和安达卢西亚地区广阔的土地外，还拥有几乎整个阿尔卡利亚城。托莱多的阿尔瓦雷茨家族是阿尔瓦的伯爵，拥有萨拉曼卡地区的绝大部分土地①；到了 14—15 世纪，卡斯蒂利亚的贵族阶层在大量占有土地和财富的基础上，权力也发展到顶峰。

但在 16 世纪 70 年代之前，除贵族阶层所占有的大片土地和庄园之外，在西班牙的广大地区仍存在一些共有土地，而农民有权在这些共有土地上放牧羊群和牲畜，并可以为耕地搜集肥料。但自 16 世纪 70 年代开始到 17 世纪，约 40% 的共有土地在贵族阶层的主导下被拍卖，农民阶层中有的以财产抵押的方式购买共有土地，另一部分则设法租赁已变为私有的原共有土地。而在之前，农民使用这些土地是免费的，如今却要为其付出相当高昂的代价。促使原共有土地被拍卖的原因是，王室出于镇压"荷兰反叛"等对外战争的需要，从 1590 年开始新增了一个税种，十年之内税收就增加了一倍，至 17 世纪 20 年代，税额仍在持续增加。贵族阶层为了逃避高额税收而公开拍卖原共有土地，高额税收的负担就转嫁到农民身上。然而，很多抵押了财产的农民最终因无法按期付清购地款，失去了财产和土地而被迫流浪他乡。共有土地的买卖导致了农民的赤贫化和土地所有权

---

① James Vicens Vives, *An Economic History of Spain*, Princeton: Princeton University Press, 1969, pp.246-247.

的愈发集中化,贵族阶层和教会占有农村约三分之二甚至更多的土地。①

　　土地在贵族阶层手中大量聚集。对中世纪西班牙农业生产关系和土地制度的最大影响是大庄园制的形成,庄园领主和佃农、农业雇工的产生。大庄园的主人通常是占有大量土地的贵族阶层,即领主,而佃农和农业雇工是大庄园制度下最主要的农业劳动力。佃农通常以货币地租或实物地租的方式从领主手中租赁土地,待农作物收成后按约定的金额付给领主租金,或者将一定比例的农作物交给领主。然而,租金的不断上涨导致众多佃农陷入生产和生活的困境。1500—1600年间,土地租金翻了5倍,加之庄稼歉收,农民的负担沉重。到了1580年,地租占到佃农收入的30%。再加上国税、什一税等,佃农所缴税赋要占总收入的一半以上。为了应付眼前的困难,许多农民不得不以财产做抵押,向地主阶层借高利贷,这往往使他们最终失去仅有的生产资料,沦为无地雇工。与佃农相比,农业雇工是没有任何土地和农业生产资料的无地农民,他们只有靠出卖劳动力为生。至16世纪80年代,绝大多数农村劳动者陷入困境,五分之一或者更多的农民没有土地。而在安达卢西亚的大部分农村,无地农民的比例更是高达二分之一甚至四分之三。无地者去充当按时计酬的雇工。即使有工可做,其薪酬也愈来愈跟不上日益上涨的生活费用。在贵族的自营领地被分割出租以后,无地者受雇的机会更少了。

　　广大的卡斯蒂利亚农村,除佃农和无地雇工群体之外,还存在另外一个农民群体,即自耕农或小农。自耕农阶层诞生于再征服运动时期。西班牙南方穆斯林世界和北方基督教世界之间

---

　　① ［美］罗伯特·杜普莱西斯:《早期欧洲现代资本主义的形成过程》,朱智强、龚晓华、张秀明译,辽宁教育出版社2001年版,第69页。

存在着辽阔的人烟稀少的土地,政府为了"再殖民"的需要而实行了优惠政策,吸引大量移民前来耕种,于是自耕农阶层逐渐形成。一般来说,自耕农平均每户拥有 12—25 公顷的土地,在赋税不那么繁重的时期,其收成尚可以支撑整个家庭的开支。但是随着再征服战争的持续,他们受到战争的威胁或者上层社会的暴力恐吓而需要从伯爵、公爵、修道院院长那里购买保护;或者是因为各种赋税的增加,大部分自耕农越来越难以依靠仅有的收成糊口,而他们原有的其他收入途径,比如在公共土地上放牧、出售自家小园子的农作物收成、纺纱和织布,以及到较大的农场里打工等,也因共有土地的逐步私有化等原因而逐渐行不通了。最终自耕农丧失了土地所有权,沦为无地雇工,甚至去乞讨、流浪。自耕农起初占到整个农民的一半左右,如今为了生存,他们不得不在收成之前折卖庄稼,甚至放弃土地。

在另一个重要农业部门畜牧业中,"梅斯塔"(Mesta)是中世纪卡斯蒂利亚农村中特别的经济组织形式。① "梅斯塔"含意为"牧主公会"。该词最早是指羊群吃草的地方,后因为牧民之间相互合作照看走失的羊群而逐渐发展成为一个畜牧业经济组织,是卡斯蒂利亚牲畜业有组织的、按地域划分的形式。比如莱昂的梅斯塔是指卡斯蒂利亚王国的北部山地一带,索里亚的梅斯塔指的是杜罗河一带的高地,塞戈维亚的梅斯塔包括卡斯蒂利亚王国中部周边地带,昆卡的梅斯塔是指东部伊比利亚山的斜坡地区。"梅斯塔"这一经济组织形式在卡斯蒂利亚国王阿方索十世(1252—1284 年在位)统治下的 1273 年得到了正式的确认,后来逐渐发展成"卡斯蒂利亚牧羊人梅斯塔荣誉会"。阿方索十世之所以对"梅斯塔"予以确认,是因为这一时期王室财

---

① Agustín González y Juan Manuel Matés, *Historia económica de España*, Barcelona：Editorial Planeta,2013,pp.59-60.

政收入陷入窘境,而国王发现按牲畜收税要远比按人头收税容易得多,于是阿方索十世将"梅斯塔"发展成为一个能为王室提供大量税收收入的畜牧业经济组织。作为回馈,"梅斯塔"的牧人也获得了王室予以承认的众多特权,其中最重要的是对王国境内的所有牲畜,包括走失的牲畜的监管权。

梅斯塔作为畜牧业最重要的经济组织,其最重要的功能是管理牧道,即保证羊群从王国最北边可以畅行至安达卢西亚,或者可以从夏季牧道顺利转移到冬季牧道。牧道的最大宽度为90 巴拉①,牧道受到"梅斯塔官长"的保护。梅斯塔官长总是想尽各种办法将牧道与耕地之间的障碍移除,从而拓宽牧道。这导致了耕地农民和牧民之间层出不穷的纠纷。通常而言,一位牧羊人和 4 个牧童助手负责管理 1000 头羊,其中有 50 头种羊,25 头系着铃铛的领头公羊,5 只牧羊犬,5 头运载食盐的羊。一个牧群在指定的牧道上一天行进的距离约为 30 公里,在空旷的田野中则大约只能每天行进 10 公里。每年 4 月中旬牧群离开南方,在北去的途中或者到达夏季牧场后完成修剪羊毛的工作。

梅斯塔作为卡斯蒂利亚最重要的畜牧业经济组织,最重要的组织基础是"梅斯塔兄弟会"。其成员梅斯塔兄弟是缴纳了赋税或者那些为迁徙的牧群缴纳了牲畜税的人。梅斯塔兄弟会的成员可以参加梅斯塔内部组织的每年两次的大会,一次在南方召开,一次在北方召开。梅斯塔大会的法定人数为 40 人,而通常会有 200—300 位牧羊人参加,他们是大概 2000—3000 梅斯塔所有成员的代表。在梅斯塔大会上通过的决议事项通常涉及梅斯塔内部组织、给国王的请愿书或抗议书等。梅斯塔成员所拥有羊的数量多少不一,但总体而言,梅斯塔作为畜牧业经济组织,与这一时期卡斯蒂利亚耕作业中"大庄园制"中的农业资

---

① 中世纪卡斯蒂利亚的长度单位,1 巴拉相当于 0.8359 米。

源高度集中于贵族阶层的特点是一致的，即羊群的所有者主要是教会阶层和贵族阶层。比如位于马德里附近的埃斯科里亚尔修道院拥有4万只羊，塞戈维亚附近巴乌拉的圣玛利亚修道院拥有3万只羊，贝哈尔的公爵拥有2.5万只羊，王子采邑地的公爵拥有2万只羊。[①]

16世纪之前，以"梅斯塔"畜牧业经济组织为基础的卡斯蒂利亚王国的畜牧业得到了长足的发展。但是1550—1560年间形势发生了变化。1535年美洲的金银等贵金属进入西班牙以后，谷物价格大幅上涨。贵族和农民中的中间阶层迫切想从价格上涨中牟取暴利，于是成片的牧场被开垦成耕地。16世纪中期之后的一个世纪中，西班牙的畜牧业持续衰落，相反，种植业却逐渐兴盛起来。但好景不长，随着谷价的下跌，耕地面积再次缩减，并被重新改为牧场。但是值得一提的是，自从玉米由美洲引入以来，西班牙的玉米种植业取得了成功，它大大丰富了轮种作物的种类。[②]

伊比利亚半岛上另一个封建王国阿拉贡王国，这一时期的农业发展状况与卡斯蒂利亚王国形成较为鲜明的对比。自14世纪末期开始，加泰罗尼亚农业就因城市贵族对农村和农业的投资而走上了一条以市场为主导的发展道路。有确凿的证据表明，进入15世纪之后，城市贵族阶层在阿拉贡王国的广大农村拥有大量土地和财产，而他们的投资也获得了大量的收益。

阿拉贡王国的农业组织是以田间房屋为中心的独立小块土地为基本形式。在阿拉贡和瓦伦西亚地区，这种"田间房屋"被称为"阿尔盖里亚"。在加泰罗尼亚和阿拉贡地区，最主要的农

---

① James Vicens Vives, *An Economic History of Spain*, Princeton：Princeton University Press, 1969, p.256.

② ［意］卡洛·M.奇波拉主编：《欧洲经济史：十六和十七世纪》第2卷，贝昱、张菁译，商务印书馆1988年版，第288—289页。

作物是小麦和大麦,另外还有分别用于制作橄榄油和葡萄酒的橄榄和葡萄。在瓦伦西亚和加泰罗尼亚的一些地区,还种有大米和藏红花等。藏红花是阿拉贡王国十分重要的名贵出口作物之一。橄榄、葡萄和藏红花等经济作物的存在,是阿拉贡王国的农业经济明显区别于卡斯蒂利亚王国,走上市场化发展道路的原因之一。阿拉贡和乌赫尔的谷物产量十分充足,这里通过埃布罗河的支流同这一地区最大的港口城市托尔托萨相联系。在阿拉贡王国,葡萄种植尤其得到长足的发展。14 世纪之后,在土地所有者与土地租赁人之间的葡萄种植协议大量增多。这种葡萄种植协议日后发展成为"一茬租赁法"。所谓一茬租赁法,指租赁人对葡萄园的承租时间从葡萄栽种之后直到葡萄树死掉为止。这种租赁法即便在当代的加泰罗尼亚地区也十分流行。

尽管阿拉贡王国的农民也必须缴纳一定数量的什一税和领地税,但是同卡斯蒂利亚农民相比,他们的地租一直保持在相对较低的水平。据 1486 年阿拉贡国王的法令规定,农民享有租赁期保障,即农民租赁的土地不会随便被收回,地租也相对稳定。另外,农民向国王缴纳税款的税率也是相对固定的。因此,同西班牙其他地区相比,阿拉贡王国的农民受到国王和地主的剥削相对较少。由于阿拉贡王国农业的市场化道路,农民中的中间阶层甚至可以通过向附近城镇和国外的消费者提供多种多样的农产品而逐渐富裕起来。加泰罗尼亚的畜牧业与卡斯蒂利亚相比,其最大的不同是圈养畜牧业的兴盛,而圈养畜牧业是种植业与家养结合的产物。

纵观中世纪以卡斯蒂利亚和阿拉贡王国为代表的西班牙农业经济状况,我们大致可得出如下结论。在 13—15 世纪的卡斯蒂利亚,并没有发生因最初的资本主义萌芽经济而导致的城市和商业革命,其经济仍然是初级经济,即传统的农业和畜牧业占主导地位。这一时期卡斯蒂利亚最重要的社会结构特点就是基于领主、农业和土地三者之间关系的变革,即领主制的形成与完善。在卡斯蒂利亚王国,无论种植业还是畜牧业中,大片的土地集中在贵族和教士手中,"大庄园制"和"梅斯塔"是这一时期最重要的农业经济组织形式。由于政府和地主变本加厉地敲诈勒索,不断积累的资本不是用于改善农业,相反,它被用于金融、领地、财政。到 16 世纪后期,赋税的压力打击了地主在农村进行改革的积极性,甚至连曾经极具进取精神的农民中间阶层的积极性也受到了沉重的打击。由于没有引入有效的革新措施,农业所取得的发展只是耕地面积的扩大,一旦这种扩大达到了极限,农业便迅速出现倒退。比农业迅速倒退更为糟糕的是卡斯蒂利亚的农业经营方法,它巩固了那些使将来农业的恢复变得更为复杂的经济结构和传统习惯。[①]

在西班牙日益严峻的农业发展局面之上,唯一的亮点就是阿拉贡王国以市场为主导的农业经济的发展。虽然在 1479 年卡斯蒂利亚王国和阿拉贡王国实现了合并,成为统一的西班牙王国,但各王国的经济"民族主义"没有改变。阿拉贡王国的农业经济自一开始就走上了一条同卡斯蒂利亚传统的农业经济截然不同的以市场化为导向的发展道路。但遗憾的是,阿拉贡王国的农业经济仅是西班牙农业经济中的一个个案。比如在中世纪后期的瓦伦西亚王国,以农民为基础的农业曾经出现过与阿拉贡王国类似的繁荣。但这种繁荣在 1609 年随着摩里斯科人[②]的被驱逐而中断了。摩里斯科人原本是最有生产能力的农场主,但随着他们被驱逐,其土地被没收上交给贵族阶级。之后,瓦伦西亚王国的农业走上了类似卡斯蒂利亚王国的农业发

---

① [美]罗伯特·杜普莱西斯:《早期欧洲现代资本主义的形成过程》,朱智强、龚晓华、张秀明译,辽宁教育出版社 2001 年版,第 71—72 页。

② 改宗基督教的穆斯林被称为摩里斯科人(Morisco)。

展道路。可以说,西班牙农业经济自中世纪直到今天,都始终呈现出以卡斯蒂利亚的传统农业经济和阿拉贡王国的市场化农业经济为代表的两种发展方向。

(二)16世纪的乡村社会

1492年伊比利亚半岛南端最后一个穆斯林王国格拉纳达王国被北方基督教王国收复,半岛上拒绝改宗的犹太人被驱逐出境。受西班牙王室资助的航海家哥伦布也在这一年航行至美洲大陆。进入16世纪,随着统一的西班牙王国的建立和来自美洲金银等贵金属的大量流入,西班牙原有的传统经济受到强烈冲击,经济迅速进入了重商主义时期。但是西班牙经济的黄金发展时期并未持续很久,农业也并未随着大量资金的到来而走上资本主义化的道路。作为西班牙王国主体的原卡斯蒂利亚王国的传统经济未能适应大量资本的流入,最终它并未从资本的大量流入中受益,而是走上了与现代资本主义经济背道而驰的道路。

16、17世纪西班牙贵族和教会的封建领主制得到了巩固。这与14、15世纪卡斯蒂利亚的贵族阶层的权力发展到顶峰以及对土地的大量占有密不可分。14、15世纪贵族阶层大量占有国家土地,成为国家的统治阶层。但是他们并未像西欧其他国家的贵族一样采用守势,而是采取了挑战王室政权,接受王室遗产的做法,将王室权威作为实现自己野心的工具。很多卡斯蒂利亚城镇议会都站在贵族一边,尽管很多是被降服的。贵族阶层的胜利和荣耀使整个卡斯蒂利亚弥漫着支持贵族的气氛。贵族阶层被免除所有税收,贫穷的卡斯蒂利亚平民怀有有朝一日跻身贵族阶层,以此摆脱沉重的赋税的野心。

卡斯蒂利亚贵族势力的增加由一系列因素所导致,第一,安达卢西亚有大量的政府赠予地。这使得卡斯蒂利亚的大量贵族迁居南部,其经济实力成倍增加,王室政权从而受到贵族阶层的牵制。第二,羊毛贸易飞速增长。美利奴羊毛成为卡斯蒂利亚对外出口的主要产品,而在南部和北部拥有大量土地的贵族阶层则成为羊毛贸易的主要受益者。第三,长子继承制和田产、庄园永久产权制度的确立,继承者有对土地的绝对处理权。卡斯蒂利亚法律原本禁止长子继承制,但阿方索十世时期确立了这种土地继承制度。基于这种制度,这一时期拥有大量地产的贵族阶层想方设法地将土地留在自己家族手中。第四,在公共和教会组织中,土地在非长子中间分配。随着继承权越来越与长子相联系,提供给其他儿子的土地也就变得必要。因此,每一个贵族都希望提供一个城堡的代理官员、骑士团管理地或者一个修道院的土地给其他儿子。

贵族权力的膨胀,以及对土地的大量占有,最终促成了大庄园制的形成。然而,大庄园制与贵族拥有大量土地并不是同时出现的。大庄园制的形成是一个循序渐进的过程。16、17 世纪是大庄园制在卡斯蒂利亚最盛行的时期。大庄园制是广大的南部卡斯蒂利亚地区农业制度的支柱。其形成首先依靠长子继承,其次依靠婚姻关系,再次依靠非法篡夺。将 15 世纪西班牙领主地图与现代大地产制相比,我们甚至会发现 15 世纪土地所有者的财产与 20 世纪其继承者拥有的财产是一致的。[①]这足以见得中世纪后期形成的大庄园的持久影响力。

随着大庄园制的持续兴盛,16、17 世纪西班牙贵族和教会的领主土地制得到了巩固。他们扩张地产以图从经济繁荣中渔利的势头不仅导致了对村社土地和牧场的蚕食,而且还促使地主们以极其有利于自己的条件向农民提出土地要求。由于农作物价格的上涨,17 世纪初西班牙经济出现了相对的繁荣,但是

① James Vicens Vives, *An Economic History of Spain*, Princeton: Princeton University Press, 1969, p.248.

随着这一繁荣阶段的结束,农民们便背上了繁重的债务。随后,由于免役税制使得居住在城市的资产阶级开始撤回投放农村的资本,并鼓励在地产市场的投机活动,这就造成了农民的土地大量被抵押,农村各阶层人民的处境也随之恶化,农业地产的集中速度加快了。在这一片黑暗之中,安达卢西亚成为唯一的光明之处。尽管在17世纪初驱逐摩尔人引起了严重后果,但是安达卢西亚平原的人民设法避免了农业的恶化。在整个瓜达尔基维尔河流域,虽然仍旧存在一些大地产,但将土地划分成小块并在一些土地特别肥沃的地区采用了较为合理、较为人道的租赁制后,农民的生活得到了改善,虽然谈不上舒适,但至少不那么贫困了。① 就整个西班牙的农业生产力水平来说,16世纪还是取得了不少发展成就。在1570年之前,整个西班牙的农业生产力不断增长,多样化的农业经济发展起来。西班牙境内广泛种植着谷物、油橄榄和葡萄,这些作物是地中海耕种业的主要产品。此外,西班牙境内还发展了许多专业经营,卡斯蒂利亚盛产羊毛,阿拉贡以藏红花著称,而西北加利西亚地区则以养牛著称,东部地中海沿海地区出产生丝、水果、蔬菜、稻米和甘蔗。

　　但是整体而言,尤其是从土地制度和农业生产关系而言,当重商主义经济盛行于西欧大陆的时候,西班牙的农业经济并未朝着现代化的方向发展。相反,在这个西班牙经济正在走向衰落的时期,任何变化只不过是使得地产制度的传统特点变得更为突出而已。②

---

　　① 〔意〕卡洛·M.奇波拉主编:《欧洲经济史:十六和十七世纪》第2卷,贝昱、张菁译,商务印书馆1988年版,第261—262页。

　　② 〔意〕卡洛·M.奇波拉主编:《欧洲经济史:十六和十七世纪》第2卷,贝昱、张菁译,商务印书馆1988年版,第286页。

二、17 世纪危机时期的农业

（一）卡斯蒂利亚的农业经济危机

17 世纪,在西班牙、欧洲甚至整个世界范围内都出现了一定程度的危机,对此学界有"17 世纪危机"一说①。但 20 世纪 90 年代时期,学界也出现了对西班牙"17 世纪危机"的再评价。概括说,首先是对 17 世纪危机所涵盖时间范围的进一步精确化。研究发现,所谓的危机仅仅发生在从 1580 年持续到 1650 年,而并不是贯穿整个 17 世纪。1650—1700 年间,西班牙经济开始缓慢恢复。其次,即便在 1580—1650 年真实发生危机的阶段,不同地域之间的差异也是存在的。这种差异主要体现在内陆和沿海地区之间,其中一个典型的例子是西起加利西亚、东至巴斯克的广大的坎塔布连沿海地区的玉米引进和种植在这一时期取得了巨大的成功。第三,西班牙社会不同阶层和群体在面对经济危机时,他们并非简单地屈从,而是积极采取应对措施,这在一定程度上可以被称为"再适应"或"再调整"。②但无论如何,17 世纪是欧洲近代经济形成的一个关键的世纪,欧洲经济经过这个世纪的发展,逐渐呈现出区别于大西洋、地中海和东方模式的特点。这是欧洲从封建经济向资本主义经济过渡时期的关键阶段。③毋庸置疑,西班牙在这一过渡阶段对欧洲经济起的

---

① 比如埃里克·霍布斯鲍姆的《17 世纪欧洲经济总危机》和《17 世纪危机》二文;杰弗里·帕克和莱斯利·M.史密斯合著的《17 世纪危机》一书等。

② Angel García Sanz, "Castile 1580—1650: Economic Crisis and the Policy of 'Reform'", in I. A. A. Thompson and Bartolomé Yun Casalilla, eds., *The Castilian Crisis of the Seventeenth Century*, Cambridge: Cambridge University Press, 1994, pp.13-15.

③ E. J. Hobsbawm, "The Overal crisis of the European Economy in the Seventeenth Century", *Past and Present*, 1954(5), pp.33-53.

作用十分重要。①但对于西班牙国内经济来说,17 世纪是它在欧洲被边缘化,并逐渐落后于其他欧洲国家的一个世纪。

　　学界对上述现象作出了不同的解释。有的学者认为,西班牙自 17 世纪以来在经济上的失败应归因于专制的政府、糟糕的宗教信仰、残暴的宗教裁判所、贵族阶层的反动价值观和人民的懒惰②;也有的学者认为对摩里斯科人的驱逐以及牧主公会"梅斯塔"的种种特权是导致西班牙农业和经济下滑的主要原因③。

　　西班牙的农业经济危机首先体现在农作物产量的下降。综合卡斯蒂利亚各地自 16 世纪 70 年代至 17 世纪 30 年代谷物产量数据,可以将这一时期细分为 5 个阶段。1575 年至 1585 年,谷物产量大约下降了 13%;由于 1585 年、1586 年、1587 年 3 年的丰产,在 16 世纪的最后 15 年间谷物产量产生了小幅回升;17世纪的第一个十年,各地谷物产量大幅下跌,下跌率约为 18%;1610 年至 1630 年最大的特征是"停滞";17 世纪 30 年代,各地谷物产量再次出现大约为 20% 的下跌率。④我们再以各地的谷物产量数据加以说明。根据 1580—1650 年间对塞戈维亚主教区所管辖的 20 个行政辖区征收小麦的什一税和托莱多主教区所管辖的 20 个行政辖区征收大麦、小麦的什一税的细致统计,我们可以发现,从 1580 年至 1630 年间,塞戈维亚主教辖区大麦

　　①　I.A.A.Thompson and Bartolomé Yun Casalilla, eds., *The Castilian Crisis of the Seventeenth Century*, Cambridge: Cambridge University Press, 1994, p.1.

　　②　Pedro Sáinz Rodríguez, *La evolución de las ideas sobre la dedadancia española*, Madrid: Editorial Atlántida 1925.

　　③　J.Vivens Vives, *Historia económica de España*, Barcelona: Vicens-Vives, 1955.

　　④　Enrique Llopis Agelán, "Castilian Agriculture in the Seventeenth Century: Depression or 'Readjustment and Adaptation'?", in I.A.A.Thompson and Bartolomé Yun Casalilla, eds., *The Castilian Crisis of the Seventeenth Century*, Cambridge: Cambridge University Press, 1994, pp.77-95.

和小麦的产量持续下降,1630 年比 1580 年大约下降约 40%。在这段时间内,谷物产量并非匀速下降,而是不同阶段呈现出不同的下降率。1586—1606 年是谷物产量极速下降的 20 年,尤其在梅塞塔高原的北部地区;1606—1628 年,谷物产量的持续下降趋于停止,在梅塞塔高原北部的一些地区,谷物产量甚至已经开始恢复;然而,1628 年开始谷物产量再次暴跌,到 1637 年跌至谷底。莱昂省各地的谷物产量也大致如此。尽管在 17 世纪有一些被圈起来的牧草地被开垦出来用于耕种,但大麦、小麦和黑麦 17 世纪 90 年代的什一税还是比 16 世纪 80 年代大概下降了 42.8%。在阿穆斯科和蒙松等巴伦西亚的一些地区,1580 年至 1660 年间,谷物什一税平均下降了 50%。在迪阿拉德坎波斯东部的 15 个市镇,小麦和大麦的产量在 1580—1589 年和 1660—1669 年间,分别下降了 51.3%和 43%。

综上所述,17 世纪上半叶的农作物产量的下跌显而易见。在卡斯蒂利亚和埃斯特雷马杜拉地区,平均农作物产量的下降率达到 30%,而恢复速度却十分缓慢。各地谷物产量恢复到 16 世纪 80 年代产量的时间,在塞戈维亚是 18 世纪 50 年代,在迪阿拉德坎波斯是 18 世纪 70 年代,在新卡斯蒂利亚是在 1700 年之后,在特鲁希略是在 1814 年。这一时期人均谷物产量下降。比如在迪阿拉德坎波斯,1600—1630 年谷物产量的下降速度要远高于人口数量的下降。整个 17 世纪,人均谷物产量从未超过 16 世纪末期。在托莱多主教辖区,17 世纪上半叶人均谷物产量比之前下降了 50%。

1586—1606 年和 1625—1651 年,谷物价格暴涨。1618—1625 年,价格趋于平稳。这一时期影响谷物价格的上涨的主要因素是谷物产量的下降,而不是货币和金融政策。然而,谷价的持续上涨也并没有缓解谷物产量的下降。因为,造成谷物产量下降并非是经济的原因,而是社会因素,比如地租和税收的压力、共有土地的持续私有化以及土地越来越集中到贵族阶层,等等。[1]17 世纪上半叶的五十年间,地租大幅下跌,下跌率约为 50%。埃斯科里亚尔修道院所有的 7 块土地的地租在 1575—1660 年间下降了 64.9%。据统计,莱昂桑多瓦尔修道院所有的土地地租在 1590—1689 年间下降了 63.9%,17 世纪 50 年代塞戈维亚谷物地租比 16 世纪末期下降了 30%。上述所有地租都是以实物地租的形式上缴,因此地租的下降意味着农作物产量的下降。

作为农业的另一个重要生产部门,西班牙的畜牧业也在 17 世纪经历了持续的危机。以塞戈维亚的畜牧业为例。这里是牧主公会“梅斯塔”的总部所在,三分之一至二分之一的人口都以畜牧业为生。[2]根据卡斯蒂利亚王室档案中对缺乏肉、皮、毛的记录以及现代学者对这一时期畜牧业的可靠研究可知,至 17 世纪 30 年代,西班牙畜牧业产品同农作物一样,产量急剧下降。首先是迁徙牲畜数量的下跌,16 世纪中叶时约有 2500000 头迁徙的牲畜,到了 17 世纪 30 年代,仅剩下 1600000 头。1612—1620 年以及 1662—1670 年间,卡斯蒂利亚的羊毛出口量下降了 41%[3]。根据 1600 — 1640 年间美利奴羊毛的出口价格,在 1627 年和 1628 年,美利奴羊毛的价格每阿罗瓦暴涨了 50 雷阿尔,1642 年的塞戈维亚的美利奴羊毛价格比 1627 年又增加了

① Angel García Sanz, "Castile 1580—1650: Economic Crisis and the Policy of ' Reform ' ", in I. A. A. Thompson and Bartolomé Yun Casalilla, eds., *The Castilian Crisis of the Seventeenth Century*, Cambridge: Cambridge University Press, 1994, pp.17-22.

② Michael R. Weisser, "The Aggrarian Depression in Seventeenth-Century Spain", *The Journal of Economic History*, Vol. 42, 1982(3), pp.149-154.

③ Luis María Bilbao, "Exportación y comercialización de lanas de Castilla durante el siglo XVII, 1610-1720", in Congreso de historia de Castilla y León, *El pasado histórico de Castilla y Leon II*, Burgos: Junta de Castilla y León, 1983, p.227.

一倍，接近每阿罗瓦 110 雷阿尔。再一个现象是从 16 世纪末开始的遍布梅塞塔高原南北部的肉类价格上涨。从 17 世纪中叶开始，畜牧行业中"再调整"成为应对农业经济危机的一个焦点，这一时期无利可图的耕地被改造为牧羊地，固定而非迁徙式的畜牧业在这些被废弃的土地上发展起来。

　　耕作业和畜牧业的衰退带来的直接后果是人口的减少。从 1580—1690 年间新卡斯蒂利亚、老卡斯蒂利亚、莱昂和埃斯特雷马杜拉地区受洗人数的数据①可以大致看出 16 世纪末至 17 世纪末人口的变化。上述 4 个地区自 1580 年至 1690 年受洗人数分别在 17 世纪 40、30、80 和 50 年代出现低谷，此后人口数量开始缓慢地回升。再以塞戈维亚和托莱多城市人口数量做具体分析，从 1600—1630 年间塞戈维亚的 18 个村庄的受洗资料中可知，这 30 年间，塞戈维亚受洗人数减少了 30%，之后直到 1670 年，受洗人数持续不变。1670 年至 1700 年受洗人数开始缓慢回升。但 1700 年受洗人数也仅达到 1600 年的 20% 左右。②在托莱多，1640 年的人口比 1600 年下降了 40%，在 1670 年代才开始缓慢恢复。但是即使是恢复之后，人口数量也从未达到 16 世纪末到 17 世纪中叶的人口的水平。也有学者认为人口数量的减少，并不是因为出生率的下降，而是由于人口的外迁。比如马德里在 1561 年成为西班牙首都后至 1630 年间，人口由原来的 3 万人增加到 13 万人，增加了 10 万人③。这增加的 10 万人大多是从马德里附近的小城镇迁移而来。这虽然在

　　①　Jordi Nadal, *La población española：siglos XVI a XX*, Barcelona：Ariel, pp.78-80.

　　②　Angel García Sanz, *Desarrollo y crisis del Antiguo Régimen en Castilla la Vieja*, Madrid：Akal, 1977, pp.52-53.

　　③　Vicens Pérez Moreda, *Las crisis de la mortalidad en la España interior*, *siglos XVI-XIX*, Madrid：Siglo Veintiuno, 1980.

一定程度上可以证明人口的减少并非全部因为出生率的下降，但也从侧面证明了马德里周围城镇经济的衰退。居民正是由于经济危机，迫于生存压力才离开居住地去了马德里这样的大城市。

对于西班牙 17 世纪以农作物产量下降、畜牧产品产量下降和人口减少为特征的"农业经济危机"，也有学者认为这只是西班牙农业和整个经济部门放慢发展速度，进行自我适应和调整的过程。[①]其理由主要有以下 3 点。首先，并没有证据能证明整个 17 世纪有一个总的人口下降的趋势。其次，仅根据目前掌握的什一税的数据，无法做出关于农产品产量下降的论断，而且对于葡萄、橄榄的产量和羊毛产量的变化，目前并没有掌握相关的数据。第三，考虑到极高的失业率，以及耕种土地的减少反而会增加土地的平均产量，在失业率升高的地区农产品的产量并非必然下降。然而，根据对 16 世纪末期至 17 世纪中叶西班牙的谷物产量、人均谷物产量、畜牧产品数量、农产品价格、人口数量、地租等多个指标的综合分析，我们不能不承认在 16 世纪末期至 17 世纪中叶，农业危机确实发生在了西班牙。

（二）卡斯蒂利亚的再封建化

发生在 16 世纪末至 17 世纪中叶的农业经济危机给西班牙农业带来的最重要改变是土地使用和分配方式的改变。16 世纪中期之前，卡斯蒂利亚乡村经济结构最基本的特点是共有土地的存在。农民无需偿付租金或者仅需要支付很少的租金就可以在这些共有土地上耕种作物或者放牧。然而，自 16 世纪末期以来的农业经济危机改变了这一切。农牧产品产量下降、人口

---

① Gonzalo Anes, "The Agrarian 'Depression' in Castile in the Seventeenth Century", in I.A.A.Thompson and Bartolomé Yun Casalilla, eds., *The Castilian Crisis of the Seventeenth Century*, Cambridge: Cambridge University Press, 1994, pp.60-76.

减少、农作物价格暴涨、地租的下降等等,带给王室最直接的影响就是王室税收收入的减少和各级行政机构负债的增加。为了解决农业危机带来的财政危机,国王不得不向市政机构妥协,准许他们出售原有的共有土地。各级市政官员利用国王授权出售荒地和原本用于耕作和放牧的共有土地,将其私有化。据统计在迪阿拉德坎波斯,被出售的共有土地占到土地总量的 30%—40%,在古柯地区的这一比例是 18%①。市政官员为了增加税收收入而利用手中的权力将原共有土地的所有权和使用权私有化。而购买这些原共有土地的人多为之前就在此耕作或放牧的农民和市政官员自身。然而,为了偿付购买土地的费用,农民不得不大量抵押私有财产。如此一来,农民不仅被剥夺了原本可以免费使用的共有土地,而且要为此背负上不断增加的租金和债务压力。据统计,16 世纪下半期,大部分卡斯蒂利亚小农面临着包含租金在内的各项支出的急剧增加,其耕种土地所获收益也就寥寥无几了,比如在迪阿拉德坎波斯,地租甚至占到作物总产量的 40%。除了要支付繁重的地租,其他方面的因素也使得农民的处境更加恶劣。比如由于牧草地的减少带来的租金上涨、因提高土地产量的需要而对土地的过度使用和由此造成的土壤质量的日益下降、谷物价格的大幅波动,以及由于王室、市镇机构和贵族的大量借贷而造成对农村借贷的严格限制等等。此外,这一时期王室又推出了针对酒、油、肉等日常用品的消费税。无疑这些税收又落到了普通农民的身上。各地以市政官员、贵族和教会人员为代表的权势阶层在利用王室的授权大量出卖共有土地,其自身获得了大量的农业生产资料的同时,却将

---

① Angel Garcíía Sanz, "Bienes y derechos comunales y el proceso de su privatización en Castilla durante los siglos XVI y XVII: el casode tierras de Segovia", *Hispania*, 1980(144), pp.117-118.

政府的财政税收负担几乎全部转嫁到普通农民身上,而他们自己成为剩余农产品的处置人、廉价劳动力的雇主和债主,成为出卖共有土地的最大受益人。各级市政官员、贵族和教会人员等权贵阶层的权力和财富的进一步膨胀,而普通农民阶层愈加贫困,这种基于共有土地所有权的转移而带来的社会阶层分化是经济危机给 17 世纪西班牙农业经济结构带来的最根本的影响。原本就占有大量土地和财富的贵族阶层在 17 世纪农业危机时期中再次通过合法或非法地侵占废弃的和共有的土地,进一步增强了自身政治权力和经济实力,使得形成于中世纪末期的"大庄园制"在 17 世纪继续蓬勃发展。作为封建经济制度最典型的两个特征——"贵族阶层作为霸权阶层在政治领域有着极大的影响力"和"领主制"——在 17 世纪卡斯蒂利亚"大庄园制"主导的经济关系中有鲜明体现。因此学界提出了 17 世纪西班牙农业生产关系"再封建化"的概念①。17 世纪卡斯蒂利亚贵族阶层及其权力存在着急剧膨胀的现象。17 世纪由于农业经济危机和连年不断的战争支出造成了王室财政收入困难时期,国王便公开出售"贵族头衔"或"领主身份"。菲利普三世时期(1578—1621 年),卡斯蒂利亚新增了 46 个侯爵、32 个伯爵。菲利普四世时期(1621—1665 年)时期新增了 184 个贵族。卡洛斯二世时期(1665—1700 年)新增子爵 12 个、伯爵 80 个、侯爵 236 个,同时还有 236 人得到了不同层次的贵族头衔。从 1520—1700 年有贵族头衔者数量大增。1520 年有贵族头衔者仅有 60 人,1597 年达到 124 人,是 16 世纪初的两倍。而 1597 年至 1631 年贵族数量又增加了一倍。到了 1700 年贵族的数量

---

① Ignacio Atienza Hernández, "'Refeudalisation' in Castile during the seventeenth century: a cliché?", in I. A. A. Thompson and Bartolomé Yun Casalilla, eds., *The Castilian Crisis of the Seventeenth Century*, Cambridge University Press, 1994, pp.249-276.

为 1600 年的三倍。①贵族作为社会的特权阶层,其政治权力和经济霸权的增强与领主制的强化息息相关。

17 世纪领主制的强化有如下例证。奥苏纳家族是阿尔卡拉地区自 15 世纪就已经形成的贵族家庭。17 世纪时期,奥苏纳家族的一个奴仆曾这样抱怨他的领主:"他将他的部分土地纳入他在卡萨莉亚村的森林并禁止人们在此狩猎"。另外一种抱怨是对奥苏纳家族利用权力强制地、非法地在当地的众多垄断行为。"比如对烤面包的垄断,他禁止人们在家中拥有烤炉……对榨油活动的垄断,他禁止人们在家榨油,禁止人们在家制革,如若发现,就如同在市场上公开制革一样,需要缴纳制革税"。此外奥苏纳家族在葡萄种植和收获过程中也存在强制征税的情况。他领地上的所有葡萄的收获都要经过一扇门,尽管葡萄园的位置与过秤地离得很远,长距离的运输会造成许多不必要的花销,但奥苏纳家族仍然坚持如此,原因是这样方便葡萄的过秤,从而便于控制什一税的收取。对另外一些共有权利,奥苏纳家族也是强力掠夺,比如在已收割庄稼的土地上捡拾庄稼残茎的权利也被奥苏纳家族掠去了一半,如果让其交出这项权利,奥苏纳开价每年 70000 马拉维迪。在 17 世纪,类似奥苏纳家族奴仆的抱怨和抗议在整个卡斯蒂利亚地区都十分普遍。这说明了"领主制"的不断强化带来普通民众不断增加的经济负担和赤贫化。

以农牧产品产量下降、价格上涨、地租降低等为特征的农业经济危机给王室财政收入带来压力。为解决这一压力,王室一

---

① Ignacio Atienza Hernández, "'Refeudalisation' in Castile during the seventeenth century:a cliché?", in I. A. A. Thompson and Bartolomé Yun Casalilla, eds., *The Castilian Crisis of the Seventeenth Century*, Cambridge University Press, 1994,pp.254-255.

方面通过变卖共有土地的方式进一步促进了大庄园制的蓬勃发展和领主制的强化,另一方面又通过出售贵族头衔的方式,使贵族的实力不断膨胀。当其他欧洲国家纷纷在大量美洲金银的刺激下逐步走上商业资本主义道路的时候,17世纪西班牙仍然在封建主义制度中徘徊。然而,早期近代的加泰罗尼亚地区却是一个罕见的例外。18世纪卡斯蒂利亚的一位作家甚至将加泰罗尼亚称之为"西班牙的荷兰",20世纪法国的历史学家皮埃尔·维拉则称加泰罗尼亚为"小英国"。

(三)农业经济组织的地区差异

可以将西班牙大致分为四个区域:北部(包括加利西亚、阿斯图里亚斯、桑坦德和巴斯克地区),地中海沿海地区(加泰罗尼亚地区、巴利阿里群岛、瓦伦西亚和穆尔西亚),广大的中部内陆和南部安达卢西亚地区。西班牙土地占有制的最大特点是极大和极小的土地占有同时存在,即大地产和小庄园并存。而保证农民家庭占有适量土地非常困难。通常大于100公顷的土地种植模式被称为大地产制,小于10公顷的称为小庄园。各地由于自然条件的差异,其农作物品种、耕作方式、土地所有形式和生产关系等等都呈现出差异。在北部和中部地区,土地占有以小块土地为主,而在西部的埃斯特雷马杜拉、萨拉曼卡和南部的安达卢西亚等地,大地产制十分发达。这首先与当地的自然条件密切相关。西班牙北部属于温带海洋性气候,雨水充沛使得劳动密集型的精耕细作成为可能,农业生产长期以来都属于小农经营。虽然这里的气候适合畜牧业的发展,但是农民大多由于资金缺乏和经营管理失当而最终多选择小庄园的耕作形式。因此,尽管西班牙北部的畜牧产品占到农作物出口量的一半,但加利西亚在17、18世纪的人均占有牲畜数为3.1头,要低于北部地区的人均占有数4—4.4头的平均水平。此外,西班牙北部小块土地所有权和占有情况还有另外一个重要特点,就是所有权与使用权的分离。这种情况一直持续到 20 世纪。比如在拉科鲁尼亚的梅拉,一块 32 平方米的土地竟然为三个人拥有,其中一人拥有土地的使用权,另一人拥有土地上栗子树的所有权,另外一人每年可从耕种这片土地和拥有栗子树之人手中收 6 个鸡蛋作为租金。① 在小庄园为主的西班牙北部,十分突出的一个特点存在大量租户,其土地租期一般都只有 2—3 年,租户被严格限制混合耕作。但在巴斯克地区,情况却恰恰相反,土地、房屋、劳作的牲畜和其他财产都要一并出售,不可分割。总体而言,西班牙北部农业足够养活这里的人口,但是商品市场一体化水平的低下使得农民的收入很低,这里的农民应对人口增长压力的办法是迁出,或者改变农作物的轮作方式以使土地单产产量最大化。

与西班牙北部相反,南部安达卢西亚地区每年夏季都会遭遇干燥少雨的情况,加上因中世纪"再征服运动"的历史遗留原因,这里盛行粗放经营的大地产制,而农作物也主要以谷物和橄榄为主的粗放型农业作物为主。而在广大内陆地区,尤其是西班牙西部与葡萄牙接壤的萨拉曼卡省和埃斯特雷马杜拉省,属于温带大陆性气候,夏季炎热干燥,同安达卢西亚地区一样,这里盛行大地产制,农作物的种植也高度依赖旱地和谷物种植。同样遭受夏季干燥少雨、以谷物和橄榄等粗放的大地产制为主的内陆地区和南部安达卢西亚地区共占到西班牙耕地面积的五分之四。

而在加泰罗尼亚、巴利阿里群岛、瓦伦西亚和穆尔西亚等地中海沿海地区,土地占有的形式也同西班牙北部一样,以小块土地占有为主。但这里的农业生产方式不同于西班牙北部、中部

---

① James Simpson, *Spanish Agriculture: the Long Siesta, 1765 - 1965*, Cambridge:Cambridge University Press,1995,p.45.

和南部。这里的自然条件十分优越,加上中世纪穆斯林留在这里的先进的灌溉技术,使得这里十分适合种植劳动密集型作物,比如葡萄、水果和供应市场的蔬菜。与北部不同,这里的土地绝大部分由土地所有者直接耕种。但也有相当一部分土地用于出租。出租的方式通常有两种,一是在土地所有者和耕种者之间以一定的比例分配农作物,另外一种是双方签订能够保护土地所有者对土地投资——比如在土地上种树、灌溉或给土壤施肥——的条约。地中海沿海地区的葡萄、水果和商品蔬菜种植多为一些经济价值高的商品作物,农民可将其卖到城市,甚至可以出口至国外,因此地中海沿海地区的农业生产与北部、中部和南部极为不同,农业的商品化程度较高,资本主义化较明显。

总之,西班牙北部、中部、南部和东部的地中海沿海等四个地区的自然条件、农作物分布和土地制度的巨大差异造成了西班牙各地农业经济发展的不均衡,这种不平衡甚至一直持续至今,这也造成了各地在从传统农业经济向现代农业经济转变的速度不一。①总体而言,北部加利西亚地区,卡斯蒂利亚—莱昂地区破碎的小块土地,以及安达卢西亚、埃斯特雷马杜拉、拉曼恰地区投资不足的大地产制,都不利于西班牙农业的现代化,只有加泰罗尼亚等地中海沿海地区例外。

三、18 世纪的农业

(一)农业生产的恢复

西班牙农业在 17 世纪经历了普遍危机之后在 18 世纪开始恢复,其中最重要的表现是人口的增长。据统计,自 1750 年开

---

① James Simpson, *Spanish Agriculture*: *the Long Siesta*, *1765 - 1965*, Cambridge: Cambridge University Press, 1995, pp.4-5.

始西班牙的人口增长率一直保持在 0.57%，虽然要低于欧洲的平均水平 0.63%，但这已经是自 1530 年以来的最高水平。1750 年之后的人口增长率是 16 和 17 世纪平均人口增长率的 2 倍。1700 年西班牙人口有 750 万，而到了 1800 年，这一数值达到 1050 万。在经济复苏过程中，西班牙的 4 个区域也因各种因素而表现各异。作为西班牙主导部分的卡斯蒂利亚地区是在 17 世纪经济危机中遭受最大打击的地区。

梅斯塔自中世纪后期以来是卡斯蒂利亚地区农耕业之外最重要的农业经济组织。但在 17 世纪危机中，卡斯蒂利亚的畜牧业同样经历了长期的下跌，在 17 世纪 70 年代跌至谷底。然而随着 18 世纪国外市场对羊毛需求量的增加和羊毛价格的上涨，卡斯蒂利亚的牧羊业很快复苏。1708 年梅斯塔拥有 210 万只羊，1765 年增加到 350 万只。18 世纪 70 年代卡斯蒂利亚羊毛年平均输出量为 5140 吨，而 16 世纪 70 年代最高输出量仅有 4025 吨。[①]然而，随着西班牙人口数量的增加，原本在 17 世纪大量荒废的土地被重新利用。18 世纪与两个世纪之前的情况大为不同，借助畜牧业的复苏，梅斯塔成员的实力持续增长，他们在省和国家的议会中都占据十分有利的地位。因此 17 世纪被荒废、18 世纪重新被利用土地的一半，甚至三分之二的土地都被改造成牧场而非耕地。18 世纪卡斯蒂利亚的农业经济恢复仅仅表现在畜牧业，长期以来困扰卡斯蒂利亚的土地耕种业的问题并没有解决。1750 年之后，卡斯蒂利亚的粮食价格再次开始上涨。卡斯蒂利亚农民赤贫的情况不但没有改善，甚至出现了贫困的下层农民群体膨胀的情况。据 1797 年的普查，卡斯蒂利亚农村中有 44% 的人口是贫困的散工，另外有 27% 的佃农，

---

① ［美］罗伯特·杜普莱西斯：《早期欧洲现代资本主义的形成过程》，朱智强、龚晓华、张秀明译，辽宁教育出版社 2001 年版，第 211 页。

只有 19% 的农民拥有小块土地。在农民持续贫困化的同时,土地继续在贵族和教会手中集中。卡斯蒂利亚的绝大多数土地都集中在仅占人口 1% 的贵族和教会阶层中。1630 年这两个阶层占整个卡斯蒂利亚财富的 9%。至 18 世纪中期这一比例增加至 12%。1600 年的一篇报道列出了垄断农村的贵族家庭有 180 户,到了 18 世纪 90 年代,有的报道则称有 650 户贵族,他们总共拥有 4900 多个村庄、近 2300 个小镇和 15 座城市。其财富的持续增加大多得益于破产农民出售的土地。然而贵族阶层大量占有土地和财富之后,并没有扩大土地的价值,因为他们仅仅把土地的收入用于购买嫁妆、建设宫殿、扩大庄园。正是由于这种财产持有的结构,只有地主,尤其是大地主才能从地租的提高中获利。他们没有改变生产方式,而是提高地租和税捐,他们将土地分成小块,以高额租金出租。此外也发生了一些大规模的圈地行为,但很少引进大规模或者集约化的耕种方法。相反,被圈土地也大都以传统的方式出租,用于种植传统作物,从而错过了农业现代化的好时机。

18 世纪,卡斯蒂利亚大量的土地和财产依然集中在地主手中。整个近代早期卡斯蒂利亚的农业改革受到卡斯蒂利亚政治、社会和经济结构的阻碍。农民在缺少土地的情况下还必须遵守封建义务,封建领主制度在 18 世纪的卡斯蒂利亚进一步强化。此外,与加泰罗尼亚地区不同,卡斯蒂利亚农民的极度贫困并没有造成有利于工业发展的无产阶级群体的出现。整个 18 世纪,地主、教堂和国家榨取的大量剩余价值并没有用于投资性的生产活动。因此,整个卡斯蒂利亚缺乏能够给赤贫的农民阶层提供工作岗位的工业部门。而在西班牙西北部的加利西亚地区,17 世纪下半叶这里的农业生产曾经出现了发展的迹象,尤其是玉米和马铃薯等作物的引进。但是大量牧场改为农场,减少了肥料来源,结果在 18 世纪人口激增时期粮食的供给出现了明显的不足。最终这里生产的所有羊毛都要出口法国以换取满足人们基本生活需要的粮食。然而,即使这样,仍有相当比例的人口食不果腹,被迫转而从事捕鱼活动,或者被迫迁居葡萄牙或西班牙的其他地方,寻找临时活计。同卡斯蒂利亚的情况一样,这些失去土地的劳动力也同样没有成为工业生产活动的工资劳动力。因为他们极度贫困,所有的收入都只能勉强支付食物开支,根本没有任何额外的收入可用于购买其他消费品,这反过来限制了对工业品的需求,从而影响了工业的发展。整个西班牙只有加泰罗尼亚地区的农业和经济在 18 世纪呈现繁荣的景象。加泰罗尼亚地区的土地分配解决了大量无地农民的生计问题,加上加泰罗尼亚长期租赁制度和适度的税收等,使得加泰罗尼亚农民的农业生产有很大的保证。这里的农民增加了对水利灌溉系统的投入,对土地施用了足够的肥料,采用欧洲其他地方先进的耕作方法,而这些在西班牙其他地方几乎看不到。

(二)加泰罗尼亚农业经济的资本主义化

罗伯特·布伦纳认为封建农业和资本主义农业的的根本区别在于土地的所有权和占有情况,即基于地产的社会关系,尤其是当财产关系能够决定不同群体提取盈余的能力时。[①]基于家庭的土地所有权的差异导致了"农民农业"和"商业化的家庭农业"之间的区别。前者可以被描述成一个稳定的、不流动的社会,缺少改革精神;而在"商业化的家庭农业"中,农民被部分地卷入到商业市场之中,原本仅用于生计的农产品逐渐成为依赖市场的商品。17、18 世纪加泰罗尼亚地区的农业生产活动因为农民普遍占有土地所有权,以及农产品商业化程度较高而呈现出早期资本主义农业的一些特点,比如农业的专门化、农村开始

[①] Julie Marfany, *Land*, *Proto-Industry and Population in Catalonia*, *c.1680—1829: An Alternative Transition to Capitalism?*, Farnham: Ashgate, 2012, p.8.

出现原工业活动、农产品市场网络的不断扩张等。加泰罗尼亚的农业生产方式之所以呈现出区别于同一时期卡斯蒂利亚等地的不同特点，要追溯中世纪晚期加泰罗尼亚特有的农奴制莱门萨。

中世纪后期由于城镇化进程，大量农村人口转移到城镇从而造成农村劳动力的缺乏，加上黑死病造成大量人口死亡，农村劳动力的状况更是雪上加霜。领主为了将为数不多的农奴限定在土地上，从而实行了莱门萨制度。莱门萨是中世纪加泰罗尼亚地区农奴制特有的形式，是农奴主为了控制农业劳动力而将农奴束缚在土地上的制度。这项制度在 15 世纪初期取得了显著的成效①，但同时也引起了农奴有组织的抗议。1462 年和 1485 年加泰罗尼亚农民发动了暴动并赢得了最终成功。阿拉贡王国费尔南多二世于 1486 年签署了《瓜达卢佩裁定法案》，宣布滥用莱门萨制度为非法，并允许农民以 60 苏的铜币赎回自己完全的人身自由，农民此外还获得了对其所持财产的永久占有权和大片空置土地的使用权。针对莱门萨制度的暴动虽然并未彻底改变封建主义制度下农奴对领主的人身依附关系，但与同一时期的卡斯蒂利亚相比，加泰罗尼亚农奴主对农民的人身控制被严重削弱，农业经济的基本组织形式也并未朝着类似卡斯蒂利亚大庄园制的方向发展，马伊萨成为 16 世纪加泰罗尼亚最典型的农业生产组织形式。

马伊萨是一种面积巨大但布局十分紧凑的庄园，其运行方式与卡斯蒂利亚的大庄园的本质不同表现在土地所有者与耕种者之间的关系上。16、17 世纪的加泰罗尼亚社会出现了一些分化，一些农民家庭通过购买、婚姻或者继承等方式积累

---

① Robert Brenner, "Agratian Class Structure and Economic Development in Pre-Industrial Europe", *Past and Present*, No.70, 1976(2), pp.30-75.

了一些具有永佃权或永借资格的地产。然而他们虽然拥有地产,但常常因为多块地产并不彼此毗邻而并不具备耕作土地的能力,因此他们将全部或部分土地租让给别人。至 18 世纪,加泰罗尼亚大部分土地的拥有者都不再是土地的实际耕作者。加泰罗尼亚的大量土地由此实现了所有者与耕种者的分离,雇佣工人阶层开始出现。以上述要素为特点的马伊萨农业组织形式和运营模式成为早期近代加泰罗尼亚地区的农业进步的主要原因。加泰罗尼亚地区也成为在欧洲 17 世纪普遍的经济危机中为数不多的幸免地区之一,其农作物产量甚至出现了增加。17 世纪末期至 18 世纪初,当卡斯蒂利亚刚开始从 17 世纪农业危机中缓慢恢复的时候,加泰罗尼亚的农业却呈现出繁荣的、向早期资本主义阶段过渡的景象。加泰罗尼亚在 18 世纪的人口增加了一倍多,经济增长率是整个西班牙最高的。仅巴塞罗那 18 世纪的人口数量就从 4.3 万增长到 11.5 万。如上所述,加泰罗尼亚地区农业资本主义化很大程度上得益于这一地区葡萄、蔬菜和水果等经济作物的广泛种植。首先以葡萄种植为例。17 世纪加泰罗尼亚地区的葡萄种植面积、耕作方式,以及基于葡萄种植的土地所有方式都出现了重大的发展。这首先得益于海外市场对加泰罗尼亚葡萄的大量需求。17 世纪路易十四时期的科尔伯的贸易保护主义引起英荷之间的贸易战,使得西班牙的葡萄酒和烈酒占领了之前法国在英、荷的市场。这刺激了加泰罗尼亚地区的葡萄种植及其相关产业。加泰罗尼亚地区的葡萄种植主要集中在南部和东部沿海地区,这里靠近地中海沿海的众多优良港口,但土壤不适合大规模谷物生长。

葡萄种植面积的扩大首先得益于 17 世纪危机之后,有大量放置很久、犁过但并未耕种的土地的存在,其次是因土壤贫瘠或之前作为牧场的土地用来种植葡萄。在莱里达地区,1785 年的

葡萄种植面积是 1716 年的两倍,从 6.355 霍尔纳尔[①]增加到
11.020 霍尔纳尔。葡萄种植面积的增加首先表现为劳动力的
投入。劳动力的投入带来葡萄单产量的增加和葡萄种植技术的
革新,比如大量使用灌溉系统、改良耕犁技术、改变作物的轮种
方式从而缩短休耕时间或者代之以固氮作物。有数据显示,18
世纪中期至 19 世纪初,佩内德斯地区每公顷葡萄园的葡萄产量
增加了近 2 倍,谷物产量也有所增加。[②]加泰罗尼亚葡萄种植面
积的扩大以及产量的增加都是基于土地所有权和使用方式的变
革,即长期永借合约的签订。长期永借合约签订后,由土地使用
权的所有者而非领主用固定时长、非永借的方式来出让土地。

　　长期永借合约的一种变体是"一茬租赁法"。"一茬租赁
法"将一块土地的使用权的时间以葡萄树从生长到死亡为期,
得到的回报是对土地的清理、耕种,以及土地产出的部分农作
物。葡萄嫁接技术的发展和成熟等于无限期延长葡萄树的寿
命,也就等于无限期延长土地租约。长期永借合约,尤其是"一
茬租赁法"的存在被视为这一时期加泰罗尼亚农业和其他经济
部门持续繁荣的基础。这种租赁办法给地主以很大的自由权,
这同卡斯蒂利亚等其他地区形成鲜明对比,土地的转让在这些
地区受到严格限制。"一茬租赁法"之下,土地租期的长期性和
固定化促使土地耕种者悉心照料土地。

　　伊瓜拉达位于加泰罗尼亚中部地区,这里土壤相对贫瘠。
小土地占有是伊瓜拉达地区十分普遍的土地占有形式。[③] 1720
年时,这里 30% 的土地是耕地,其余的为牧地或者荒废的土地。

---

　　① 霍尔纳尔(Jornal)是土地面积单位,大小因地区而有所不同。

　　② Julie Marfany, *Land, Proto-Industry and Population in Catalonia, c. 1680—
1829: An Alternative Transition to Capitalism?*, Farnham: Ashgate, 2012, p.29.

　　③ Julie Marfany, *Land, Proto-Industry and Population in Catalonia, c.1680—
1829: An Alternative Transition to Capitalism?*, Farnham: Ashgate, 2012, p.33.

在 1720—1860 年间,大约有 9700 公顷的土地被 11 个村庄开垦出来,是原有耕地的 3 倍。新开垦的土地中,有 93% 的土地种植了葡萄树。1720 年时,葡萄种植面积占所有作物面积的 24.8%,1860 年这一比例上升至 66.6%。

伊瓜拉达地区有众多关于土地领主权的档案存留至今。这种档案是由对土地具有使用权的人发布的公告。公告内容为土地使用者承认封建领主的身份并陈述自己通过何种方式,比如通过继承、购买或者抵押等获得土地使用权。这种对土地使用权的割让通常要向上追溯数代,一般都超过两个世纪。依据 18 世纪 20 和 60 年代的对伊瓜拉达地区土地所有权的记载,我们可知,18 世纪 20 年代拥有 2 霍尔纳尔以下土地的家庭有 23 个,拥有 2—4.9 霍尔纳尔的家庭有 68 个,拥有 5—9.9 霍尔纳尔的家庭有 33 个,拥有土地大于 10 霍尔纳尔的家庭有 17 个。他们所占比例分别为 16.3%、48.2%、23.4% 和 12.1%。而到了 60 年代,拥有 2 霍尔纳尔以下土地的家庭有 38 个,拥有 2—4.9 霍尔纳尔的有 73 个,5—9.9 霍尔纳尔的有 24 个,大于 10 霍尔纳尔的有 9 个,其所占比例分别为 26.4%、50.7%、16.7% 和 6.3%。

关于伊瓜拉达地区土地产权的记载还有另外一种档案,即关于财产登记的记载。伊瓜拉达地区共有 1680—1829 年间的 522 份财产登记遗留下来。根据记录,我们可以了解到:30 个庄园的土地面积大概都在 40 霍尔纳尔左右,菜园的面积在 1 霍尔纳尔左右,种植谷物的土地在 2 霍尔纳尔左右。① 依据上述两种档案记载,对于 18 世纪伊瓜拉达地区土地所有权的状况可以得出以下两个结论。第一是这里的土地占有大都以小块土地为

---

① Julie Marfany, *Land, Proto-Industry and Population in Catalonia, c.1680—1829: An Alternative Transition to Capitalism?*, Farnham: Ashgate, 2012, p.35.

主,没有大型庄园,这同整个加泰罗尼亚及其他地中海沿海地区的土地占有情况吻合。从档案记载来看,拥有 50 霍尔纳尔以上土地的家庭极少,并且没有随着时间的推移而增加。甚至拥有 10 霍尔纳尔的家庭也很少。大部分家庭的土地面积都在 5 霍尔纳尔以下。第二是推着时间的推移,拥有 2 霍尔纳尔及以下土地的家庭占比持续增加,而大于 5 霍尔纳尔尤其是大于 10 霍尔纳尔土地的家庭占比持续下降。通常而言,能够满足一个家庭基本生活的土地约为 5—6 公顷,伊瓜拉达地区大部分家庭的土地是不足以满足其基本生活需要的,因此在务农之外他们必须寻找其他一些能够维持其生计的工作。此外,去其他农场挣工资的人很多。这样,在赫罗纳地区,"一茬租赁法"甚至成为将劳动力固定在庄园上的一种主要形式。如果将拥有不足以维持生计的土地的农民视为"半无产阶级"的话,18 世纪的加泰罗尼亚地区也有毫无土地的真正的无产阶级的存在。在伊瓜拉达地区的财产登记中,有 25% 的农民没有土地。虽然这部分没有土地的农民数量无法得到确定,但到 18 世纪,这部分"农村无产阶级"的数量已经相当庞大。但在伊瓜拉达地区,工资劳动力的比例不那么高,从事原工业成为伊瓜拉达地区农民务农外重要的谋生方式。

我们可以从 1709 年和 1817 年加泰罗尼亚伊瓜拉达一个普通农民兼手工业者家庭的生活状况来窥视 18 世纪当地农业和经济的演变。据 1709 年 8 月 2 日加泰罗尼亚地区伊瓜拉达的一份财产登记清单记录,农民兼裁缝路易斯·弗兰克利拥有 5 公顷土地,种植了葡萄、谷物;另外还有一片菜地;一头骡子和一副耕犁;两座房子,其中一座用于居住,其装饰甚为豪华,家里有烤面包炉和葡萄酒初酿阶段的工具;有很多匹亚麻布;一套包含了 6 只汤勺的银制器皿;在他的工作坊里还有大量用于梳理和纺织羊毛的设备,一个染色缸;等等。此外,这份清单还记录了他的 12 位债务人,尽管每个债务人欠债都不多。1817 年,一位公证人记录了伊瓜拉达的一位棉布制造商何塞·安东·法布雷加斯的财产状况。他拥有 17 公顷的土地,有大批的绵羊、山羊,有两头骡子、1 头驴、1 只公鸡和 6 只母鸡。他的 17 公顷耕地几乎都种植了葡萄,其中至少 3 公顷由佃户耕种。此外他还拥有 6 座房屋,还有财产抵押。在他的家里还有一些可从事食物加工的设备,比如葡萄酒酿造设备、烤面包炉、肉品加工设备等。除此之外,他作为棉布制造商拥有棉布工场,但棉布工场与他居住的地方是分开的,因为纺织和印染等工序都需要更大的空间。在他居住的地方已经有了功能分区,比如有专门的储物室、酒窖、烘焙室、餐厅、起居室、卧室等。在他的起居室里,有 18 张椅子围着 1 张圆桌,5 张地图;有三个卧室装有镜子,印花布的床罩和床帷;家里没有书,但有两张书桌、一个钟和一把吉他;等等。[①] 与大约一个世纪之前的弗兰克利家的财产登记相比,法布雷加斯的生活状况更加富足。显然,这与他经营棉布工厂有着巨大的关系。路易斯和法布雷加斯是 17、18 世纪时期加泰罗尼亚地区普通农民兼手工业者的典型代表,他的财产状况反映当时加泰罗尼亚农民的财产和生存状况。显然,与同一时期卡斯蒂利亚农民的赤贫状况相比,加泰罗尼亚的农业呈现出极大的繁荣和进步。18 世纪,加泰罗尼亚农民的农业生产活动可以向工业生产者提供数量充足、价格合理的农产品原料,农业与资本、市场相联系的情况日益密切,商品化程度越来越高。总之,18 世纪加泰罗尼亚资本化程度甚高的农业生产活动成为这一地区日后工业化的基础。

---

① Julie Marfany, *Land, Proto-Industry and Population in Catalonia, c.1680—1829: An Alternative Transition to Capitalism?* Farnham: Ashgate, 2012, pp.3-4.

（三）农业经济的改革

尽管 18 世纪卡斯蒂利亚的农业尤其是畜牧业已从 17 世纪危机中缓慢恢复，加泰罗尼亚地区的农业也逐步走上了一条资本主义化的道路，但应该看到，占西班牙绝大部分面积的北部、中部和南部广大地区的农业生产还面临着诸多问题。比如1765 年西班牙同欧洲其他国家一样，其人口都经历了一个极速膨胀的阶段。人口增加带给经济极大的压力，这种压力是自 16 世纪以来的欧洲各国都没有经历过的。对此，西班牙王室和统治阶层也有所认识。1765 年坎波马内斯伯爵、卡洛斯三世时期的财政部长佩德罗·罗德里格兹针对国家的土地制度做出如下论述："国家的力量来源于人民，因此应尽可能实现人人平等。而如果所有财产都限定继承，那么人人平等就不可能实现：因为富人找不到可以自由购买土地的买主，所有土地所有者最终都成为永久业主；很多土地都是未耕种的土地。这些土地的所有者，那些贵族和教士们希望土地出产果实，却不亲自耕作；甚至当土地上的建筑物、围栏倒塌或设备毁坏时，都没有将土地租金的一小部分用于维护；限定继承对国家来说极具破坏性，大量的人口被抽调，国家的勤勉精神、耕地文化逐渐消亡，农作物的数量削减，尤其是作为最珍贵的财富——大量人口的减少。针对这些拥有特权的人，要有一定的解决之策。"[1]

1766 年塞维利亚的奥拉维戴的巴布洛针对土地永久产权的危害有如下论述："没有一个永久产业主是出于对土地的维护而签订租约、让渡土地，他们也不管理自己的土地，他们主动让渡土地是为了获得以收获物为形式的租金，他们或者将土地租赁给教士，收取租金或一定份额的农作物，过着修道院式的生

---

[1] Pedro Rodriguez Campomanes, *Tratado de la regalía de amortización*, Madrid：D. Antonio Olíva Impresor de S. M.，1821，pp.437-438.

活。他们随时强制性地收取租金，他们拥有从上辈继承下来的特权，并且还会通过出租土地将特权传给他们的继承者，根据已有的规则固定从土地的收获物中抽取份额……"①

针对农业生产关系领域存在的诸多问题，1760 年之后政府推出了诸多农业经济改革的措施。1765—1801 年间，共颁布了 9 个农业改革法令。分别是 1765 年 7 月 11 日颁布的谷物自由交易法令、1770 年 5 月 26 日颁布的对租赁合同管理规定的王室敕令②、1779 年 4 月 13 日颁布的禁止在橄榄园和葡萄园放牧牲畜的王室敕令③、1788 年 6 月 15 日颁布的可自由圈围田产的敕令④、1789 年 5 月 14 日出台的对长子继承制进行控制的敕令、1793 年 5 月 24 日出台的针对所有市政土地征收税额的规定⑤、1793 年 5 月 24 日出台的对梅斯塔的特权进行限制的敕令、1796 年 8 月 29 日颁布的取消"梅斯塔官长"一职的敕令⑥，以及 1801 年 4 月 17 日颁布的关于完善私人所有权的敕令⑦。

1765 年 7 月 11 日国王颁布的谷物自由交易法令内容如下：

"1.我命令，这条法令颁布之后，在我的王国中不允许再出现针对谷物和其他种子类植物的定价，尽管之前法律有规定。

2.我希望可以自由买卖谷物，为的是饥荒之年也可以跟丰收之年一样，出售者和购买者的情况可以相互作用。

3.我希望我的臣民运用所有适当的措施去种植农作物，臣

---

① Ramón Carande, "Informe de Olavide sobre la Ley Agraria", *Boletín de la Real Academia de la Historia*, CXXXIX（1956）, p.455.

② *La Novísima Recopilación*, Libro X, título X, ley III.

③ *La Novísima Recopilación*, Libro VII, título XXVII, ley VII.

④ *La Novísima Recopilación*, Libro VII, título XXIV, ley XIX.

⑤ *La Novísima Recopilación*, Libro VII, título XXV, ley XIX.

⑥ *La Novísima Recopilación*, Libro VII, título XXVII, ley XI.

⑦ *La Novísima Recopilación*, Libro X, título XV, ley XXII.

民们所需要的东西能够及时地得到满足,只要是在我的王国之内,我准许在任何地方实行谷物的自由交易;我承认居住在王国内所有居民广泛的权利和自由,那些从事谷物买卖的商人,如同其他人一样,也享有广泛的权利和自由,如此,他们可以从一个省或者一个地方买、卖、运输谷物到另一个地方,在合适的地方将谷物存入仓库……"①

1770 年 5 月 26 日颁布对租赁合同管理规定的王室敕令内容如下:"在土地租赁合同的签订中,田产庄园和私人财产的所有者有自由签订条约的权利,也可以同租户共同商定租赁合同;在租期最后一年的年初,领主和租户都必须告知对方是否出租或续租;如果租期最后一年的年初没有通知对方,而已经到了年末,那么在接下来的一年继续处理;接下来的这年是期限,为的是任何一方突然提出某些要求;租户没有原价赎回的权利,也没有在租约所商定时间之外持有土地租赁的权利,但在那些居民拥有特权的地方除外;加利西亚地区的土地出租不在这项敕令范围之内。"②

1789 年 5 月 14 日出台的对长子继承制进行控制的敕令内容如下:"如今,所有种类的财产都限定继承的弊端日益显现,对法律的滥用,在土地所有者及其儿子或亲属中滋生懒惰和高傲,影响国家军队、航海、农业、商业、艺术的发展,等等;鉴于此,我已决定从现在开始,不允许再实行长子继承制……禁止不经过我或者我的继承人的允许而通过直接或间接的方式永久出让土地。"③

18 世纪的西班牙结束了哈布斯堡王朝的统治,开始了波旁

---

① *La Novísima Recopilación*, Libro VII, título XIX, ley XI.

② *La Novísima Recopilación*, Libro X, título X, ley III.

③ *La Novísima Recopilación*, Libro X, título XVII, ley XII.

王朝统治时期。波旁王朝在法国启蒙思想的影响下,企图在西班牙实行政治和经济的变革,上述一系列的农业改革法案就是在这样的背景下颁布的。然而卡洛斯四世(1788—1808 年在位)时期,他的财政部部长马努埃尔·歌代因害怕同一时期法国大革命的影响而几乎停止了之前的改革措施。西班牙传统的农业政策继续得以发展,封建领主的各种特权也继续得以存留,而农民却继续处于极度贫困的境况,土地极低的生产率和领主的剥削使得农村生存状况的改善几乎成为不可能。至 18 世纪末,约一半的农民处于无地状态,沦为短工。约有三分之一的农民从领主手中租赁土地,土地租赁合同因地区不同而各异,总起来说,只有加泰罗尼亚地区的"一荏租赁法"能相对保证租户的权益。而拥有土地的农民仅占极小的比例,比如拉曼恰地区仅有五十四分之一的农民拥有土地。加利西亚地区持有土地农民的比例是最高的,但他们所持有土地的规模非常小,小到甚至不足以维持其生计。

尽管 18 世纪下半叶西班牙出台了一些农业改革措施,但收效甚微。据统计,1765—1820 年西班牙的农业劳动生产率比之前有所降低。而这一时期卡斯蒂利亚地区 22 个省份全部土地的 14.73%和该地区全部农产品的 24.12%依然归教会所有①,这一定程度上标志着 18 世纪农业经济体制改革的失败。15 世纪中期至 18 世纪末期,欧洲的经济对中世纪是一个承续和分离并存的时期。这一时期,农业产量提高,农民租赁土地的新形式出现,部分农村开始出现了一些原工业,农民在耕作和放牧之外,亦从事纺纱、织布和制造铁钉等。上述特征在早期近代的加泰罗尼亚地区有所表现。然而在西班牙以卡斯蒂利亚为主体的

---

① [意]卡洛·M.奇波拉主编:《欧洲经济史:工业社会的兴起》第 4 卷(下册),吴继淦、芮宛如译,商务印书馆 1991 年版,第 148 页。

广大地区,封建领主制仍然是农业生产关系的基本制度。其农业生产力甚至仍然停留在 15 世纪的水平:土地因为缺乏化肥,所以要耕作一年、休耕一年;因为灌溉设施的缺乏,农民要经常诵读冗长的祈祷文祈雨;因为连通各地的支路很少,所以有很多畜群;因为劳动力文化水平的低下,西班牙的耕地方式主要以粗陋的轻犁浅耕为主;因为西班牙征收 12%的消费税,所以当地存在因借贷而如同奴隶的贫困农民。①

四、在改革中徘徊前进的 19 世纪农业

(一)领主制度和土地永久占有权的废除

直到 18 世纪结束,领主制都一直是西班牙经济、社会和法律结构的基础,领主占有国家土地的三分之二左右。领主制的基本特征是农民对领主保持一种依附关系。领主可以是领土意义上的,也可以是管辖意义上的,或者两者兼具。领土意义上的领主拥有土地,在领主土地上耕作的农民在众多方面都依附于领主。领主不一定拥有他所管辖土地的所有权,但在这片土地上拥有任命官员、主持公正和确定税额的权力。19 世纪的经济和政治自由化改革当然要废除建立在特权基础上的领主制,消灭管辖意义上的领主阶层。然而由于最初自由化改革制度企图在最小限度伤害国家财产的情况下,"拔除封建制度的最后一条根"。由于领主制可以追溯到中世纪,源远流长,而区分领土意义上的领主和管辖权意义上的领主很困难,因此废除领主制的进程并不顺利。

1808 年,拿破仑大军入侵,西班牙强烈的民族意识和国家

---

① James Simpson, *Spanish Agriculture: the Long Siesta, 1765 - 1965,* Cambridge:Cambridge University Press,1995,p.61.

认同被激发出来。1810 年，西班牙民众自发组织了加的斯议会。1812 年西班牙颁布了第一部宪法。宪法一方面明确规定国家主权属于西班牙民族，赋予人们自由选举权，保障司法独立和言论自由；但另一方面，宪法却禁止宗教信仰自由，规定西班牙必须是天主教国家，并承认国王的世袭和不可侵犯。这些看似不相容的概念出现在一部宪法中，体现了 19 世纪西班牙在国家建构方面的两难选择。自由派对哈布斯堡治下西班牙的扩张持批评态度，认为无休止的宗教战争、无节制的海外扩张以及严酷的专制统治是西班牙衰落的根源。因此自由派提出以欧洲为榜样来改造西班牙，推动自由、平等和民主等现代资产阶级价值观，在此基础上建立一个现代的西班牙民族共同体。自由派的政治理念体现在农业政策上，是 19 世纪上半叶西班牙大力推行农业自由化改革，目的是建立一种新的社会模式，扫除阻碍资本主义农业发展的各种障碍。19 世纪的农业自由化改革主要通过 4 项措施来实现：废除领主制度、废除土地的永久占有权、废除以长子继承为主要特征的限定继承制度和什一税。但整个 19 世纪，西班牙一直处在自由与传统、复辟与反复辟的较量之中。农业自由化改革和农业发展时常因封建势力的残余而中断。

废除领主制的改革经历了反复。约瑟夫·拿破仑于 1808 年 11 月 12 日颁布了支持农民的法令。1811 年 8 月 6 日加的斯议会颁布的"将封建领主的管辖权收归国家"的法令，它共有 14 条，标志着国家决定废除领主制度，其主要内容如下："1.从现在开始，所有封建领主的管辖权，不论何种层级、何种条件，一律收归国家所有。2.此后将会有条不紊地任命新的负责地方司法和其他公共职能的官员，在原不属于封建领地的地方也会进行。3.之前法令中提到的法官、地方长官等在本法令公布之时即要离职，但市政机构的官员和普通官员除外，可以留任至今年年底。4.要废止附属关系或臣属关系的称呼,以及源自管辖权的以皇室或者个人名义收取的赋税……"[1]然而,"自由三年时期"(1820—1823年)的1823年颁布了规定区分领主类型的法令。1823—1833年废除1812年宪法。1844—1854年伊莎贝尔二世统治时期继续保持了领主权和管辖权。[2]西班牙的农业自由化改革之路并不顺利,这个过程缓慢、不完整、曲折而又不充分,这种状况持续了近三十年。

西班牙在废除封建领主制度过程中的波折和不充分主要在于未发生过类似法国式的大革命,贵族阶层的政治权力依然很大,他们强烈抵制改革。总之西班牙废除领主制度的改革未解决所有问题,也并未实现"拔除封建制度最后一条根"的目标。直至19世纪,西班牙都一直存在许多被永久占有的土地和其他财产,即"永久产业主"大量存在。永久产业主名下的财产被禁止买卖,这种制度明显与市场占主导地位、可以自由买卖土地的农业自由化体制格格不入。在大量永久产业中,教会的财产占到相当大的比例,教会名下的土地允许赠送但禁止出售。虽然教会也不乏出于慈善或者躲避财政税收的捐赠,但教会仍在数个世纪中积累了大量财产。另外,市政机构也开始着手处理大量开垦之前因放牧需要而未耕作的荒地和那些公共的由所有居民共同利用的共有土地。

解除土地的永久占有权,是指无任何赔偿地占有原永久产业主名下的土地,并通过公开拍卖的方式将其出售给个人。如

---

① Pedro María Egea Bruno, *La lenta modernización de la agricultura Española : Expansión, Crisis y Desequilibrio (1765 - 1900)*, Murcia: Servicio de Publicaciones de Universidad de Murcia, 2002, pp.41-43.

② Francisco Bustelo, *Historia Económica : Introducción a la historia económica mundial, Historia económica de España en los siglos XIX y XX*, Madrid: Editorial Complutense, 1994, p.150.

同领主制度的废除一样,这也是一个艰难而缓慢的过程,它持续了一个半世纪之久(1766—1924 年)。1766—1798 年开始出售耶稣会的土地、分配公共财产。1798 以后的歌代①时期大规模出售教会名下的土地。1808—1813 年,西班牙独立战争期间,约瑟夫·拿破仑带来先进的制度,加的斯议会颁布了解除土地永久占有权的法令。1814—1820 年,费尔南多七世废止之前的法令,恢复了专制制度。1820—1823 年"自由三年"时期重新恢复解除土地永久占有权的法令。1823—1830 年,再次实行专制制度。1834—1854 年,门第萨巴尔②和埃斯帕特罗时期,出售了教会和兵团的土地。1855—1897 年,财政部部长马多斯时期全面没收法人团体永久占有的土地。

19 世纪的西班牙,财政部门因急需补充资金而强制大块出售被称为"国家财产"的原来的永久地产,然而只有贵族和富裕的资产阶级才有能力购买。在 19 世纪废除了封建领主制,部分解除了对土地永久占有权。最终西班牙产生了 4000 个新的产业主。在纳税额最多的 50 人中,有 40 人是贵族。1897—1924 年又开始着手处理山林。据估算,有 7000000 公顷土地废除了永久占有权,其中相当大的部分是在 19 世纪后期完成的。尽管对约占国土面积 15% 的土地废除了永久产权,为国家带来了 15 亿巨大的财政收入,对国家意义重大,但其实这仅占 1845 年半现代化的财政制度执行之后国库总收入的 5% 多一点,并没有从根本上改变国家的土地所有制,也未完成西班牙的农业革命。

(二)限定继承制度和什一税的废除

在封建领主制度下,贵族是特权阶层。贵族或者领主几乎

---

① 马努埃尔·歌代(Manuel Godoy)是卡洛斯四世时期首位部长,西班牙贵族。

② 门第萨巴尔(Juan Álvarez Mendizábal,1790—1853 年),西班牙政治和经济学家。

拥有所有的土地,并凭借其贵族身份收入大量的租金,他们的农业生产和运营方式是封建式的,他们未将财富用于投资或者进一步提高农业生产率。同时,在长子继承制之下,永久占有的土地不可以出售,只能留给指定的继承人。废除长子继承制作为解除土地永久占有权的一部分开始于19世纪上半叶。1808年7月6日,西班牙首部宪法中出现反对长子继承制进一步加强的内容。1820年10月11日颁布了取消限定继承制的法令,其内容如下:

"1.应废止所有的长子继承制、信托遗产、赞助财产或者任何其他类型的关于土地田产、可移动资产、年金、税金或者任何其他财产的限定继承制度,从此刻起上述所有财产的处理都重新恢复自由。

2.上一条中被废止限定继承财产当前的所有者从此刻开始可以将其拥有财产的一半进行自由处置;另一半财产在其死后应该立即转给长子继承制下应当继承的人——如果继承人还在的话,继承人也可以作为产业主对其进行自由处理。继承人要承担起当前所有者欠下的债务。

3.为了使前两条法令有效力,当前的财产所有者如果想要将自己的一半财产全部或部分出让,应该进行正式的估价程序以及用严格的统一的标准进行分割,其继承人也要参与其中;如果不了解这些,或者这处于当前财产所有者居住地的权力管辖之下,当地的代理人应该以财产所有者的名义介入,对此不应该征税,也不会有报酬。如果不按照上述程序执行,出让即为不合法……"①

────────────

① Pedro María Egea Bruno, *La lenta modernización de la agricultura Española*: *Expansión*, *Crisis y Desequilibrio*（*1765 - 1900*）, Murcia: Servicio de Publicaciones de Universidad de Murcia, 2002, pp.48-52.

1836 年 8 月 30 日，再次颁布针对限定继承的王室法令，内容如下：

"1.应该竭尽全部精力和力量恢复 1820 年 9 月 27 日颁布、同年 10 月 11 日印刷的王室法令，所有类型的限定继承的制度都应该废止，恢复到任何性质的财产处理都完全自由的状态。

2.同时也要针对 1821 年 5 月 15 日、19 日和同年 6 月 19 日颁布的关于废止限定继承的法令做出相关说明。

3.本条法令所确立的原则从此法令颁布之时起开始实行。

4.此后的王室保留决定适当地对长子继承制进行分解的权利，同时 1820 年 9 月 27 日通过的关于无偿赠送或有偿转让，或者通过其他任何名义合法转让支配权的规定继续有效……"①

1841 年 8 月 19 日解除限定继承制的最后法令中再次确定了之前法令的有效性："要对自宪法颁布以来所公布的、在 1836 年 8 月 30 日之后继续有效的关于废除长子继承制和其他限定继承的法令进行重新确认，这些法令在半岛及其毗邻的海岛上继续有效"。②

在基督教国家，什一税是教会强制征收的税种。13 世纪阿方索十世之后，开始规定所有的人都必须缴纳什一税。这对农民来说是极其繁重的负担，收获农作物的相当大一部分都用于缴税，这对农业发展来说是一个极大的障碍。它消耗了大量农产品，造成教会对国家经济生活的干扰。19 世纪的经济和政治自由化改革运动强烈要求废除什一税。1808—1814 年独立战

---

① Pedro María Egea Bruno, *La lenta modernización de la agricultura Española: Expansión, Crisis y Desequilibrio（1765－1900）*, Murcia: Servicio de Publicaciones de Universidad de Murcia, 2002, p.51.

② Pedro María Egea Bruno, *La lenta modernización de la agricultura Española: Expansión, Crisis y Desequilibrio（1765－1900）*, Murcia: Servicio de Publicaciones de Universidad de Murcia, 2002, p.51.

争之后,西班牙开始出现普遍不情愿缴纳什一税的情况。

1821 年 6 月 29 日颁布的法令称,"王室依照宪法所赋予的职能宣布如下:所有的什一税和其他相应向教会缴纳的实物税,和目前为止同样类型、同样种类的税都要削减一半。此种商品的什一税的征收仅适用于教会等宗教机构……"此后 1823 年、1837 年又相继出台了关于废除什一税的法令,至 1841 年 8 月 31 日什一税完全废除。对此,国家给教会一定的补贴以保证教会能够正常运行。[①] 1845 年又出台了关于赋税改革的法令。

19 世纪上半叶,法人团体永久占有的土地被没收。1835—1837 年实施了 1820 年制定的打破世俗限定继承权的法律。法人团体永久占有的一切财产,包括城市的共用土地大都被国家没收。到 1845 年,教会地产的四分之三被国家没收、出售,在某些地区,比如巴利阿里群岛,这一比例高达 99%。然而,国家并没有将土地和森林划分为小块地产加以出售,因此为数众多的自耕农和雇农群体无法取得土地。原有的法人团体所持有的大块土地只是转为团体内个人所有。这种制度仅使得少数人从中得利,使土地集中到新的地主阶层手中。而未获得土地的农民处于某种程度的依附地位,一些农民接近农奴的地位。

(三)19 世纪农业的发展与"世纪末危机"

经过上述农业自由化改革,19 世纪西班牙农业出现了开始摆脱困境的迹象。19 世纪西班牙没有确凿的农产品产量数据,仅有一些估算。根据估算,从 1800—1900 年西班牙人均消费量增加了 30%,人口增加到原来的 1.6—1.7 倍,农产品总量增加到原来的 2 倍左右。有两方面的原因导致人均消费水平的提

---

① Francisco Bustelo, *Historia Económica: Introducción a la historia económica mundial, Historia económica de España en los siglos XIX y XX*, Madrid: Editorial Complutense, 1994, pp.153-154.

高,一是人均预期寿命的增加,二是人口死亡率的降低。传统的农作物小麦、葡萄和橄榄油的产量在 19 世纪有所增长。1795年西班牙小麦产量为 14256 担,1895 年为 25399 担;1800 年葡萄酒产值为 201000000 比塞塔,1900 年为 435000000 比塞塔;1800 年橄榄油的产值为 117000000 比塞塔,1900 年为270000000 比塞塔①。1800 年小麦、葡萄和橄榄油的产量分别为 13000 担、11000000 百升、700000 百升;1900 年上述产量分别增加到 27000 担、23000000 百升、1400000 百升。②

在耕地面积增加的基础上,农产品产量有所增长。1860年、1888 年、1893 年、1910 年,西班牙的农田面积分别为16010000、18850000、15750000 和 18880000 公顷。其中谷物种植面积分别为 12920000、14560000、11780000 和 14180000 公顷,葡萄和橄榄种植总面积分别为 2100000、2950000、2580000和 2730000 公顷,其他作物的种植面积为 990000、1330000、1390000 和 1970000 公顷。③耕地面积增加的一个原因是将森林开垦为农田。整个 19 世纪大约有不低于 4000000 公顷的林地被投入市场公开出售,那些购买了林地的买主将林地上已经成材的树林砍伐之后将其变为耕地,主要种植谷物。虽然这增加了耕地面积,但从长远来看变林地为耕地的做法却是有害的。

虽然农产品产量在 19 世纪经历了大幅的增加,西班牙农业

① Pedro María Egea Bruno, *La lenta modernización de la agricultura Española: Expansión, Crisis y Desequilibrio (1765 - 1900)*, Murcia: Servicio de Publicaciones de Universidad de Murcia,2002,pp.78-79.

② Francisco Bustelo,*Historia Económica:Introducción a la historia económica mundial,Historia económica de España en los siglos XIX y XX*, Madrid: Editorial Complutense,1994,p.155.

③ Pedro María Egea Bruno, *La lenta modernización de la agricultura Española: Expansión, Crisiy Desequilibrio (1765 - 1900)*, Murcia: Servicio de Publicaciones de Universidad de Murcia,2002,p.77.

逐渐摆脱了 17 世纪以来的发展危机,但西班牙仍然未摆脱传统农业国的身份。从 19 世纪西班牙从事农业生产的人口来看,1800 年从事农业生产的人口约为 3000000 人,1900 年增加到 5200000 人,这一方面说明了农业的进步,但另一方面也说明从事农业生产的人口仍然占到西班牙总人口的大部分,从事第二、三产业的人口较少,西班牙仍然是传统的农业国家,这种现象直到 20 世纪五六十年代才开始有所转变。19 世纪农业自由化给西班牙农业带来诸多进步的同时,并没有从深层次解决西班牙农业现代化的问题,农业发展的潜在危机仍然存在,西班牙农业的本质仍然是传统农业。传统农业区别与现代农业的特点之一是易受气候,比如温度和降水等的影响。此外,传统农业体制下的农业生产活动很难有农产品的剩余与存储,从产量高过需求的地区向产量不足的地区运送农产品存在困难。这就很容易导致饥荒、粮食价格的上涨,以及农产品领域的投机倒卖行为。大饥荒容易导致居民的营养缺乏或营养不良,从而造成地方性或者流行性疾病的盛行。虽然从整体看,19 世纪西班牙农业生产的进步是确凿无疑的,但 19 世纪中仍有数次因农业发展不足造成的人口死亡率升高的情况发生。1804 年、1809 年、1812 年的超额死亡率分别为 50%、25%、25%,其原因是由饥荒和疾病导致。1834 年超额死亡率为 25%,系由霍乱造成。1855 年的超额死亡率为 50%,由霍乱和饥荒造成。

　　19 世纪欧洲农业经济在人口普遍增加、消费水平提高的情况下于 1830—1840 年和 1870—1880 年间出现了增长。但是此后在欧洲又出现了短暂的农业经济危机。这主要是受到来自欧洲以外,主要是阿根廷、澳大利亚、美国和俄国等地农产品竞争的结果。进入 20 世纪,欧洲的农业由于贸易保护主义和农业改革的继续而出现了好转的迹象。西班牙在 19 世纪末农业经济危机的出现要晚于其他欧洲国家,大概发生在 1880—1890 年间。这十年中,小麦的产量下降了 30%—40%,橄榄油的产量在 19 世纪最后 15 年中下降了 25%。葡萄的行情在 1886 年达到顶峰,此后因受葡萄蚜虫的影响,1875 年西班牙大规模砍伐葡萄树,直到进入 20 世纪葡萄种植才开始恢复。1885 年政府开始部署一项对农业生产的调查活动,并于 1887—1889 年间出版了题为《农业和畜牧业危机》的调查报告。但是由于政府的无能,由农场主联合组织农业协会来保卫其自身利益。1820 年西班牙颁布了禁止谷物进口法令,一直实行到 1870 年。这项措施暂时解决了西班牙农业经济危机,但同时也掩盖了农业改革的急迫性,最终使得西班牙农业的现代化严重滞后于欧洲其他国家。直至 19、20 世纪之交,西班牙农业仍然是自给自足型的。

五、20 世纪的农业

（一）20 世纪上半叶的改革

20 世纪之始,西班牙依然是一个传统的农业国,三分之二的国民还是农民。1900 年西班牙的城市化水平仅为 9%,这与其他欧洲国家相比十分低下。①在 19 世纪的"世纪末危机"中,小麦、葡萄和橄榄的种植受到影响,很多农民都放弃了土地,转而移民,其中拉丁美洲是其主要去向。1900—1930 年西班牙的农业生产率极低,与同一时期欧洲国家相比大约低 30%—40%。此外,大部分肥沃的土地都被用于种植谷物,但与欧洲其他国家相比谷物收益却偏低。1931 年时,四分之三的耕地被用于种植谷物和蔬菜,占到西班牙农业生产的 45%。20 世纪的头三十年,西班牙的农业仍然出现了一些不太为人知晓的成就。

---

① Joseph Harrison,*La economía española：De la Guerra Civil a la Comunidad Europa*,Madrid：Istmo,1995,p.13.

1900—1931 年,西班牙的农业产量增加了 50%[1],每年大约保持了 1.4%的增长率,这是其邻国法国的两倍,1910—1922 年间的增长率甚至达到了 2.13%。在农业生产的各部门中,畜牧业在 20 世纪头三十年间增产了 123%,这也一定程度上反映了西班牙居民生活水平的提高。此外,在这三十年中,柑橘、巴旦杏、块根植物、块茎植物、马铃薯、甜菜、园艺植物等被引入并开始大面积种植,农产品的产量也有大幅度提升。在一些地区,比如瓦伦西亚,柠檬和柑橘的出口成为当地经济收入的主要来源。

到 20 世纪初,在西班牙广大的中部和南部,收益并不好的大地产制依然盛行,大地产主并不居住在庄园中,大量农业劳动力失业。南部的大地产制造成了农民的不满、反抗和暴动,这在 1936—1939 年间的冲突中达到顶点。而在伊比利亚半岛的北部和东北部,土地被分成成千上万的小块,这仅仅能够维持耕种者基本的生计。总之,西班牙极低的农业生产率,加上 19 世纪"世纪末危机"的影响和封建的社会结构,导致了西班牙的一些进步人士呼吁尽快进行一场农业改革。1931 年第二共和国成立,1932 年激进派掌握实权,经过激烈的讨论后农业领域开始进行改革。改革触动了既有利益获得者的特权,而这些既有利益获得者是主要分布在半岛中、南部的拥有大片土地的地产主,他们往往又是西班牙的权贵阶层。总体而言,农业改革的目标就是要改变西班牙农业经济组织中普遍存在的两种极端现象,即中、南部的大地产制和北部的极小庄园制。1931 年 4 月 28 日,政府颁布了以行政区划为界限雇佣农村劳动力的法令[2]。

---

[1]　Jesús Sanz,"La agricultura española durante el primer tercio del siglo XX: un sector entransformacion",en Jordi Nadal y Albert Carreras y Carles Sudria, *La economía españolaen el siglo xx.Una perspectiva histórica*,Barcelona:Ariel,1987,p.327.

[2]　Sima Lieberman, *The Contemporary Spanish Economy*: *A Historical Perspective*,Abingdon:Routledge,2006,p.57.

雇主被迫首先雇佣位于其所在行政区域内的劳动力,只有本行政区域内的劳动力不够时才可以雇佣其他行政区域内的劳动力,这项措施的目的在于减少西班牙各地农村劳动力失业率。7月1日颁布了农村劳动力八小时工作制的法令,规定八小时以外的劳动时间需额外支付工资,旨在保护农村无地雇佣劳动力的权利。7月11日颁布的法令规定佃农有权向法庭申请削减租金。1932年9月,新一轮的农业改革开始进行,但与之前的改革相比这次改革相对保守,比如之前计划每年使60000至75000个农民家庭拥有土地的计划被放弃。至1933年12月,改革实行15个月后,政府仅仅没收了24203公顷的土地,安置了仅2500个农民。对于大地产主来说,农业改革措施不受欢迎,对于普通农民来说,改革的进程过于缓慢。

上述措施并没有涉及农业经济组织的改变,即没有触及阻碍西班牙农业现代化进程的根本问题。第二共和国时期的农业改革政策总体上来说是失败的。其原因有以下几点。首先,改革本应该仅在埃斯特雷马杜拉和安达卢西亚地区展开,这样就不会分散改革力量,但实际上改革在整个西班牙展开。在亟须改变的中部和南部地区,大地产制没有得到应有的遏制。其次,给予被征用土地所有者的赔偿金额度不高。大量的地产实际上需要高额的土地赔偿金,低额的赔偿金阻碍了农业改革的进展。第三,虽然将土地交付给农民耕作,但没有同时将农耕器具和相应的技能传授给农民,因此农民从事农业生产活动没有必要的生产资料和生产技术。第四,财政支持没有到位,在缺乏政府财政资金支持的情况下进行农业改革难以为继。第五,改革依照立法进行,因此任何行为都要经过议会冗长而复杂的立法程序。这严重影响了改革的进程。从实际效果来看,真正得到安顿的农民数量极少。

总之,1932年的农业改革是一场关于土地所有制或土地所

有权的改革,而并非整个农业领域的全面改革。农业改革的最
终目标也并未实现,即并没有增加农作物产量、农业生产率和农
产品的盈余,并没有重新分配土地,造成一个能够在国家政治中
发挥作用的中等土地产业主阶层。对农业的财政投资不够,此
后也并没有发展成为一场能够推动工业革命的农业革命。① 随
着1936年内战的爆发,1932年开始的农业改革宣告失败。然
而,即使没有内战的爆发,此次农业改革也注定不会成功,因为
改革本身存在着极大的缺陷和不充分。改革的失败向人们昭示
着在西班牙农业现代化进程中所存在的诸多障碍和困难,包括
内部的对抗、主要以打散工为生的无地农民、占有极小块土地的
农民与大地产主之间的对立、执政者内部产生的意见分歧,以及
缺乏一套整体的农业改革方案等等。1932年改革不但没有解
决上述问题,反而加剧了"两个西班牙",即实行大地产制与极
小庄园制地区之间的分裂,3000000农民及其家庭陷入极其窘
迫的处境,而这构成西班牙农业现代化以及工业革命最大的
障碍。

　　1936—1939年是西班牙三年内战时期,西班牙的农业生产
总量比战前减少了三分之一。1939年西班牙开始进入佛朗哥
独裁统治时期,之前第二共和国时期的农业改革政策多被废除,
农业也相应进入"国家主义农业政策"时期。佛朗哥在内战期
间曾经得到拥有土地的阶层的支持,作为回报,政府承认其
1932年之前的土地所有权。佛朗哥执政时期针对农业进行了
一些改革,但以改进农业技术为主,比如完善灌溉系统、合并过
于分散的极小块土地、改善耕作技术等。1938年政府成立专门

---

① Francisco Bustelo, *Historia Económica : Introducción a la historia económica mundial, Historia económica de España en los siglos XIX y XX*, Madrid : Editorial Complutense, 1994, p.161.

的机构主导国家的农业改革,这个机构的主要任务是恢复 1932 年之前的土地所有权。1939 年,这一机构被"国家垦殖中心"取代,直至 1953 年它都是主导国家农业政策的主要机构。内战结束后佛朗哥独裁政府执政。1939—1953 年间,西班牙政府共颁布了三项重要的农业法令。1939 年 12 月 26 日颁布了《基础法》。这项法令主要是国家集中修建堤坝、沟渠和灌溉设施,以解决旱地的农业用水问题,旨在提高农作物产量。第二项法令是 1946 年 4 月 27 日的向中等农场主提供无息贷款的法令,这项法令旨在为农业技术的改进,比如挖井、建造牲畜居所、农场通电以及建造农村工业设备等提供资金支持。第三项是 1949 年 4 月 21 日通过的向灌溉区移民,并在移民中间进行财产分配的法令。这项法令之所以重要,是因为它提供了在灌溉区没收土地的可能性,这也被国家垦殖中心称为"国家最高利益"。国家垦殖中心到各地决定最合适于土地所有者亲自种植的土地面积,超出部分将会被征收,但政府会对被征收部分偿付赔偿金。被征收部分用于在新移民群体中分配。新的土地所有者需向国家垦殖中心支付与所占土地相等同价值的资金。然而,土地被征收的过程十分缓慢,1939—1965 年新移民的数量只有 49645 人,其中只有 22403 人得到灌溉区土地,其余的 27043 人得到旱地。原有的土地所有者阶层是国家大力投资农业灌溉系统的实际受益者,他们在这一时期仍然占有约 72% 的国家土地。[①] 1965 年,在新移民的 49645 人中,仅有 8608 人获得了土地所有权,但他们的土地面积极小,从 4—8 公顷不等,而且常常被分成小块,这使得使用大规模机械作业几乎成为不可能。尽管在佛

---

① Francisco Bustelo,*Historia Económica*;*Introducción a la historia económica mundial*,*Historia económica de España en los siglos XIX y XX*, Madrid:Editorial Complutense,1994,p.168.

朗哥统治时期,并未针对土地制度等涉及西班牙农业经济体制的根本问题进行改革,但其间实行的针对农业生产技术的改革政策有效地提高了西班牙农业生产效率,为此后西班牙传统农业的终结以及向现代农业的过渡提供了前期技术支持。

（二）传统农业的终结和农业现代化进程

1660 年西班牙开垦的土地为 4300 万英亩,未开垦的土地为 7800 万英亩;1803 年,开垦的土地为 6600 万英亩,未开垦的土地为 6100 万英亩;1828 年,开垦的土地为 2300 万英亩,未开垦的土地为 9800 万英亩;1876 年,开垦的土地为 3200 万英亩,未开垦的土地为 8900 万英亩。谷物产量在不断提高。1803 年谷物产量为 9800 万蒲式耳,1828 年为 1.36 亿蒲式耳,1876 年为 3.26 亿蒲式耳,1888 年为 3 亿蒲式耳。[1] 农产品的总产值逐渐增加。1808 年农产品产值为 5400 万英镑,畜产品产值为 1900 万英镑,农牧产品总值为 7300 万英镑。1826 年农产品产值为 5600 万英镑,畜产品产值为 2100 万英镑,农牧产品总值为 7700 万英镑。1832 年农产品产值为 8600 万英镑,畜产品产值为 1600 万英镑,农牧产品总值为 1.02 亿英镑。1886 年农产品产值为 1.26 亿万英镑,畜产品产值为 4700 万英镑,农牧产品总值为 1.73 亿英镑。据报告,1832 年西班牙农业总资本为 7.24 亿英镑,其中土地为 6.14 亿英镑,家畜为 3800 万英镑,杂类为 7200 万英镑。1888 年农业总资本为 11.99 亿英镑,其中土地为 9.84 亿英镑,家畜为 9500 万英镑,杂类为 1.2 亿英镑。[2]

进入 20 世纪,西班牙小麦种植面积和总产量没有太大的变化。1901 年小麦种植面积为 371.2 万公顷,总产量为 372.6 万

---

[1] Michael G. Mulhall, ed., *The Dictionary of Statistics*, Thoemmes Press, 2000, p.30.

[2] Michael G. Mulhall, ed., *The Dictionary of Statistics*, Thoemmes Press, 2000, p.31.

吨。1905 年小麦种植面积为 359.3 万公顷,总产量为 251.8 万吨。1910 年小麦种植面积为 380.9 万公顷,总产量为 374.1 万吨。1915 年小麦种植面积为 406.2 万公顷,总产量为 392.3 万吨。1920 年小麦种植面积为 415 万公顷,总产量为 377.2 万吨。1925 年小麦种植面积为 433.9 万公顷,总产量为 442.5 万吨。1930 年小麦种植面积为 450.6 万公顷,总产量为 399.3 万吨。1935 年小麦种植面积为 455.4 万公顷,总产量为 430 万吨。1940 年小麦种植面积为 353.5 万公顷,总产量为 216.1 万吨。1941 年小麦种植面积为 376.2 万公顷,总产量为 307.8 万吨。1942 年小麦种植面积为 377.6 万公顷,总产量为 366.2 万吨。1943 年小麦种植面积为 373.6 万公顷,总产量为 312.7 万吨。1944 年小麦种植面积为 371 万公顷,总产量为 376.9 万吨。[1]

西班牙在内战前,45% 的人口从事农业生产活动,农业生产总值占国民生产总值的 35%。[2] 直到 1960 年,西班牙的务农人数还要高于工业和服务业,与西欧其他发达国家相比,西班牙仍然是一个传统的农业国。但自 20 世纪 50 年代开始的一些变化标志着西班牙农业开始朝着现代化进程的方向发展。其中最重要的变化就是农村人口大量迁居至城市。农村劳动力的转移很大程度上削弱了传统农业赖以生存的基础,即大量廉价农村劳动力的存在。50 年代,西班牙的农业人口减少了 50 万。60 年代在工业化的影响下,西班牙的农业人口再次减少了 100 万。农村人口的减少改变了 60 年代的农作物价格和农民工资水平,西班牙的大地产制也受到了影响。

---

[1] B.R. Mitchell, ed., *European Historical Statistics 1750-1970*, New York, Columbia U.P., 1975, pp.224, 264.

[2] Joseph Harrison, "The Agrarian History of Spain, 1800-1960", *The Agricultural History Review*, Vol.37, No.2(1989), pp.180-187.

　　至 1960 年,西班牙社会和经济领域的诸多进展已经开始冲击传统农业。主要体现在农村劳动力大量转移至城市,从而引起了工资水平的提高以及粮食结构的变化。随着国内外经济的迅速发展,大量西班牙的农村劳动力第一次有机会离开农村和农业。西班牙农村的大量短工、佃农和小土地产业主可以到本国的城市,甚至法国、瑞士、西德的工厂中去工作。另外,经济的增长也带来人们对食物种类需求的变化,某些食品的需求增加,而另一些食品的需求下降。20 世纪 60 年代西班牙的农业面临着来自对某些食物需求减少以及食物价格上涨的双重压力,这最终带来了西班牙农业种植结构的调整。此外,农村劳动力工资水平的上涨同样影响到西班牙农业耕作方式的改变。工资水平的上涨使得此前农村大量使用廉价劳动力能够获利的情况不复存在,使用农业机械代替人力是降低投入成本最直接的办法。其中,大地产因其规模大而成为农业机械化生产最大的受益者。重型拖拉机、机械收割以及其他类型的农业机械适合 100 公顷以上土地的耕作和收获。尽管 60 年代 100 公顷以上的土地仅占全部土地数量的 1.8%,但这部分土地却占有全国拖拉机数量的 36.7%,所有机械收割土地的 61.2%。而 30 公顷以上土地所占有的拖拉机和所占机械收割的比例分别是 74.7% 和 85.5%。应当注意的是,整个西班牙 30 公顷以下的土地占到全部土地的 93.3%,在这 93.3% 的土地中拥有一台拖拉机的地块仅占到 0.83%。①既无法使用机械作业,又面临劳动力价格的上涨,很多无利可图的小块土地主放弃了土地转而到城市谋生。这一时期,巴塞罗那、吉普斯夸②、比斯开③和马德里成为吸收

----

　　①　Sima Lieberman,*The Contemporary Spanish Economy:A Historical Perspective*,Abingdon:Routledge,2006,pp.83-84.

　　②　位于巴斯克自治区东北部的一个省。

　　③　位于巴斯克自治区西北部的一个省。

农村劳动力最多的四个地区。农村劳动力到城市谋生带给农村土地的最大转变是小地产逐渐消失。1955—1960 年间,6 公顷以下的土地数量减少了很多,20 世纪 60 年代 50 公顷以下的土地数量也锐减。1972 年的农业普查显示,1962—1972 年间,50 公顷以下的土地数量再次减少,而 50 公顷以上的土地数量大幅上涨,但 200 公顷以下的超大规模土地的数量下降。土地的平均规模从 14.9 公顷上升至 17.8 公顷。也说明农村劳动力转移开始影响到阻碍西班牙农业现代化的两个障碍——"大地产制"和"极小块庄园制",西班牙的传统的土地制度和农业生产方式开始发生改变。农村劳动力大量向城市转移促进了第二和第三产业的发展。1900 年西班牙的农业人口为 450 万,1940 年上升至 480 万,1950 年增至 520 万,1960 年下降至 470 万,1970 年降至 290 万。① 在短短 70 年间,西班牙从事农业生产活动的人口就减少了 160 万人,转移至城市的人口一方面成为第二和第三产业劳动力的主体,另一方面他们也是第二、三产业工业产品和服务的消费群体。伴随农村劳动力向城市的转移,农业生产逐渐走上了机械化道路,而城市的城镇化水平持续提高,城市的中产阶层不断扩大,工业化产品也有了大规模的消费群体。整个西班牙的经济从原来的自给自足的传统经济开始向市场化经济转变。在这一过程中,农业在整个国民经济中所占比例持续下降,1954 年为 25%,1960 年下降到 23.6%,1965 年下降到 17.4%,1970 年这一比例下降到 15.4%。②

　　1960—1980 年西班牙的农业发生巨大变化,其发展取得成就主要体现在质量而非数量上。这 20 年间,农作物产量增加了

---

　　① Sima Lieberman,*The Contemporary Spanish Economy:A Historical Perspective*,Abingdon:Routledge,2006,p.30.

　　② Sima Lieberman,*The Contemporary Spanish Economy:A Historical Perspective*,Abingdon:Routledge,2006,p.94.

50%,相当于 20 世纪头 30 年的农作物产量。60 年代传统农业的危机全面爆发,从根本上加速了农业劳动力向城市工业领域的转移。20 世纪 60—70 年代向城市转移的劳动力约为 2000000 人。这种变化提高了农村劳动力的工资水平,迫使之前习惯于使用大量廉价劳动力的农业生产要开始使用农业机械。这种生产方式的转变不仅影响大地产主,也影响到中等和小型规模的农业生产活动。可以说西班牙在短暂的时间里就实现了农业机械化。在小块土地上每公顷使用拖拉机的数量比在大地产上更多。新技术的使用导致农作物产量、收益以及农业税的增加。60 年代之后发生的农业变化在西班牙历史上前所未有。1960—1970 年间,西班牙海外收入持续增加,工业化进程不断发展,服务行业也吸收了大量劳动力,持续蓬勃发展,200 万西班牙农民离开土地,1957—1967 年间,农业工资增加了 269%。60 年代西班牙经济的发展甚至被称为"经济奇迹"。西班牙农业的现代化进程比其他欧洲国家要晚很多,但是却进展迅速。整个 60 年代,在农业生产中,机器和肥料的使用增加了一倍,这标志着西班牙农业彻底完成了从传统农业向现代农业的过渡①。

(三)当代农业状况

自 20 世纪中叶西班牙开始农业现代化进程以来,其农业生产活动取得巨大成就。尤其是佛朗哥独裁统治结束后,西班牙的政治、经济、社会、文化等各个层面迅速开始了民主化、现代化进程。农业在 20 世纪下半叶取得了举世瞩目的成就。至 2000 年,国内农业生产总值达到 1950 年的 1.5 倍,而农业人口却从 5400000 人下降到 1000000 人,这 50 年间农业劳动生产率提高

---

① Joseph Harrison, "The Agrarian History of Spain, 1800 - 1960", *The Agricultural History Review*, Vol.37, No.2(1989), pp.180-187.

了 8 倍①。然而,农业经济取得巨大成就的同时,农业发展仍然存在自身的问题。

1990 年,农业生产领域占有的劳动力数量为 1600000 人,比例为 16%。而对于一个国家农业发展来说,更加健康的状态应该是从事农业的劳动力保持在 1000000 人以下,比例小于7%。因此,西班牙的农业人口似乎还有进一步转移至第二、三产业的空间,其劳动生产效率也有待进一步提高。在从事农业生产的劳动力中,40%以上的年龄在 50 岁以上,这妨碍了西班牙第二和第三产业从农村劳动力中吸收劳动力的可能性。这也说明农村劳动力的内部结构有待进一步优化。此外,作为欧盟成员国之一,西班牙农业在欧盟国家中竞争力偏低,表现在单位土地的产量、农业生产率、劳动力的生产量等指标上。农作物的进出口贸易仍然存在赤字,1988 年西班牙农作物的出口量超过进口量,但 1992 年出口量仅是进口量的 85%。②

尽管西班牙的农业实现了现代化,但农业仍很大程度上受气候变化的影响,而这是西班牙农业和其他国家十分不同之处。比如,1990—1993 年的旱灾使西班牙的农作物大量减产。红酒价格因市场饱和和缺乏竞争力而降至谷底。西班牙各大区农业发展存在巨大的差别。比如 20 世纪 90 年代加利西亚的农业人口仍然占到 36%,埃斯特雷马杜拉的农业人口占到 26%。而加泰罗尼亚和马德里的情况则恰好相反,农业人口分别仅为 4%和 1%。

---

① Francisco Bustelo, *Historia Económica : Introducción a la historia económica mundial, Historia económica de España en los siglos XIX y XX*, Madrid : Editorial Complutense, 1994, p.168.

② Francisco Bustelo, *Historia Económica : Introducción a la historia económica mundial, Historia económica de España en los siglos XIX y XX*, Madrid : Editorial Complutense, 1994, p.171.

从 20 世纪 60 年代开始,西班牙完成了从传统农业向现代农业的转变,西班牙的农业和其他经济部门一样,取得了巨大的成就。1986 年西班牙成为欧盟成员国,这给西班牙的农业发展既带来有利条件,也有不利的影响。因为其农业竞争力较低,西班牙对欧盟的贡献比得到的少。此外,近些年来,西班牙的农产品消费结构也发生了变化,比如食物成品、可持久存放的食物以及更健康、低热量的食物越来越受欢迎,农作物种植结构也相应地发生了变化。进入 21 世纪之后,虽然西班牙家庭用于购买食物的支出占总支出的比例减少了,但开支总额却大幅度增加。

第十二章 北 欧

北欧包括欧洲北部的挪威、瑞典、芬兰、丹麦和冰岛共五个国家，以及实行内部自治的法罗群岛。北欧西临大西洋，东连东欧，北抵北冰洋，南望中欧，总面积 130 多万平方千米。北欧的绝大部分属于温带大陆性气候，冬季漫长，气温较低，夏季短促凉爽。冰岛、挪威北部属于寒带气候，丹麦、斯堪的纳维亚半岛西南部属温带海洋性气候。林业、水力发电、铁矿开采、渔业、造船业和航运业，均为北欧的传统经济部门。

在欧洲中世纪时期，北欧的资本主义农业发展水平滞后于西欧地区。大多数欧洲地区在 800—1300 年间进行了农业改革，而在北欧国家，山地、沼泽地和林地被敞开使用，这通常被认为是农业水平不发达的表现。[①] 早期的研究观点认为北欧农业组织是以家族为单位，拥有自由身份的农民占据大部分土地。在中世纪末期，大多数自由身份的农民转变为佃农。然而最近的研究表明，有实力的人控制着大量的土地，以大农场的形式管理土地。在挪威西部的皇室地产和挪威东部的内陆地区，中等规模的农场是农业经济的主流，其特点是耕种者即所有者。从12 世纪开始，丹麦出现大的教会地产，但其他地区依然存在广

---

① Harry Kitsikopoulo, ed., *Agrarian Change and Crisis in Europe*, *1200 - 1500*, Routledge, 2012, p.205.

泛的耕种者即所有者的农业土地类型。①

从中世纪晚期到 16 世纪初期，北欧国家的地产持有类型主要分为三种形式，而且不局限于某一特定的国家。第一种类型是贵族和教会，是主要的土地持有者，主要分布在丹麦大部分地区、东石勒苏益格的大部分地区、瑞典南部的中部平原的大部分地区和林地，以及挪威东南部的一些地区。第二种类型是教会持有大部分土地，农民和贵族的土地很少，主要分布在挪威沿海地区（包括渔业地区）。第三种类型是自由保有权身份的农民持有土地，主要分布在包括整个瑞典北部和部分林地地区、挪威的大面积内陆地区、西石勒苏益格的大面积地区和丹麦东部的数个省份。瑞典和丹麦的自由保有权农场是所有者即耕种者。在挪威，自由保有权农场是由佃农耕种，但所有权归另外的农民持有。②

决定一个国家资本主义农业经济组织特点的重要因素是土地所有权的分配方式，不同类型的土地所有者对于土地的利用方式存在着明显差异。1500—1520 年，北欧各国土地所有者的身份比例差异较大。在丹麦，在土地所有者中贵族占 39%、教会占 36%、王室占 10%、农民占 15%；在挪威，贵族占 15%、教会占 48%、王室占 7%、农民占 30%；在瑞典，贵族占 24%、教会占 25%、王室占 6%、农民占 45%；在芬兰，贵族占 3%、教会占 3%、农民占 95%。③ 这种差异化的出现与北欧国家不同的社会政治制度有关。除没有王室存在的芬兰外，丹麦、挪威和瑞典的王室

① 　Bas van Bavel and Richard Hoyle, eds., *Rural Economy and Society in North-western Europe*, *500-2000 Social Relation：Property and Power*, Brepols, 2010, p.287.

② 　Bas van Bavel and Richard Hoyle, eds., *Rural Economy and Society in North-western Europe*, *500-2000 Social Relation：Property and Power*, Brepols, 2010, p.291.

③ 　Harry Kitsikopoulo, ed., *Agrarian Change and Crisis in Europe*, *1200-1500*, *Routledge 2012*, p.211.

占有土地的份额有限。随着北欧国家农业经济组织的不断发展,各国的土地所有权的分配比例不断变化,出现了新的土地所有者阶层。从1400—1425年,在丹麦和瑞典部分地区,贵族领主和教会领主是最大的土地持有阶层。① 进入16世纪后,这种土地持有的状况出现了明显的变化。

在丹麦,1525年、1651年、1683年和1765年,王室占有土地的比例分别为10%、54%、35%和28%;自由持有土地者的比例分别为15%、6%、2%和2%;世俗领主(Lay landlords)的比例分别为38%、44%、63%和70%。在挪威,1525年和1660年,王室占有土地的比例为7.5%和60%;自由持有土地者的比例分别为32%和30%;世俗领主的比例分别为13%和10%。在瑞典,1525年、1651年、1683年、1700年和1765年,王室占有土地的比例分别为6%、29%、35%、36%和28%;自由持有土地者的比例分别为52%、50%、无数据、32%和47%;世俗领主的比例分别为21%、21%、65%、33%和33%。丹麦、挪威和瑞典三国的教会地产占有土地的比例只在1525年出现,分别为37%、47.5%和21%,其余时间教会地产没有出现在土地所有权的分配比例中。② 这与宗教改革的关系密切。16世纪30年代的宗教改革使得绝大多数教会地产被王室占有。王室从相对较小的土地所有者变成了主要的土地所有者。在瑞典,教会持有的土地几乎完全消失,在丹麦和挪威,本地教堂、教会分堂和学校等教会地产被保留下来。③

---

① *Rural Economy and Society in North-western Europe*, *500 - 2000 Social Relation: Property and Power*, ed by Bas van Bavel and Richard Hoyle, p.290.

② Bas van Bavel and Richard Hoyle, eds., *Rural Economy and Society in North-western Europe*, *500-2000 Social Relation: Property and Power*, Brepols, 2010, p.290.

③ Bas van Bavel and Richard Hoyle, eds., *Rural Economy and Society in North-western Europe*, *500-2000 Social Relation: Property and Power*, Brepols, 2010, p.291.

和其他西欧国家不同,北欧国家的政府还对农场规模进行限定。1750 年以前,从财政—军事的角度出发,北欧三国政府鼓励中等规模的农民农场的发展,以此作为纳税的基本单位。1400 年前后,瑞典玛格丽特女王在位期间,出现了各种关于保障自由保有权的土地为纳税单位的法令。贵族不得不将他们获得土地恢复为自由保有权的土地,而且瑞典、挪威和丹麦禁止贵族和教会获取更多自由保有权的土地。随着中世纪晚期人口开始增长,丹麦—挪威和瑞典王室希望自由保有权土地被划分为足以缴税的单位,并阻止进一步的分割。① 北欧国家通过对农场规模的限定确保有足够的人和土地能够缴纳赋税。

一、瑞　典

瑞典西邻挪威,东北与芬兰接壤,西南濒临斯卡格拉克海峡和卡特加特海峡,东边为波罗的海与波的尼亚湾,是北欧最大的国家。

和欧洲许多国家,特别是与早在中世纪就已经存在土地市场的英国和法国相比,瑞典的土地市场发育迟缓。瑞典的土地市场的扩张发生在阿兰所说的"约曼农农业革命"时期,即 16 世纪晚期和 17 世纪,小规模农场主引发的产量和生产率的提升。从理论上来说,对于一个前工业化社会中的农业,一个现存的土地市场能够增加农业变革和商品化的可能性。如果个体间的土地流转的限制较小,资本可以高效地投资土地。拥有大量资本的农场管理者可以投资土地,提高农场生产率。如果统治

① Bas van Bavel and Richard Hoyle, eds., *Rural Economy and Society in North-western Europe*, *500-2000 Social Relation*: *Property and Power*, Brepols, 2010, p.309.

者或政府对现行的土地分配满意,生产效率低的农场主就可以保留他们的地产。①

从中世纪至 19 世纪,瑞典的土地所有权被分为三种主要类型,王室土地、贵族土地和自由保有权土地。其中王室土地由国王所有。贵族土地完全由贵族所有,佃户在贵族的管理下持有土地,缴纳主要由劳役服务构成的地租。自由保有权的土地由农民持有,他们向国王缴税。上述三种不同的土地分配类型影响了土地市场的规模。贵族的土地只允许出售给贵族内部的成员,造成土地市场萎缩。18 世纪初期,贵族只占瑞典总人口的比例不足 1%。尽管大部分贵族的土地由佃户耕种,但佃户没有处置土地的权利,他们不能出售或出租土地。贵族对土地分配拥有独占权。在 17 世纪古斯塔夫·阿道夫国王和克里斯蒂娜女王统治时期,以及年轻女王的监国期间,为了获得贵族对战争的支持,王室土地和自有保有权土地被让渡给贵族。一种方法是王室将土地转让给贵族,另一种方法是自有保有权的所有者不向王室缴税,而向贵族缴税。至 17 世纪中期,大约三分之二的土地被贵族控制。② 1650 年,贵族掌握了全国 65% 的土地,王室土地只占 35%。而在 1560 年、1600 年、1700 年、1772年、1815 年和 1878 年,贵族占有土地比例分别只有 20%、25%、33%、33%、33%和 32%。③ 这种不正常的土地持有状况很快受

① Beaur, G., Schofield, P., Chevet, J-M. & Pirez Picazo, eds., *Property Rights*, *Land Market and Economic Growth in the European Countryside* (*Thirteenth-Twentieth Centuries*), M.T., 2013, p.456.

② Beaur, G., Schofield, P., Chevet, J-M. & Pirez Picazo, eds., *Property Rights*, *Land Market and Economic Growth in the European Countryside* (*Thirteenth-Twentieth Centuries*), M.T., 2013, p.457.

③ Beaur, G., Schofield, P., Chevet, J-M.& Pirez Picazo, eds., *Property Rights*, *Land Market and Economic Growth in the European Countryside* (*Thirteenth-Twentieth Centuries*), M.T., 2013, p.458.

到了挑战。

由于贵族的土地免税,随着贵族土地份额的增加,王室来自税收的收入明显减少。1680 年查理十一世国王召开议会,国王联合了四个等级中其余三个等级和部分小贵族,宣布将之前让渡给贵族的大面积土地交还给国王或让拥有自由保有权的农民向国王缴税。1700 年,三分之一的土地归贵族,三分之一的土地归自由保有权的所有者,剩余三分之一是王室土地。[①]

自由保有权土地的所有者可以出售土地。但是诸多法律和习惯的限制使得这类土地市场运转不灵。可继承土地的亲属拥有世袭权,将土地出售给非亲属的行为不常见。所谓世袭权是指如果土地在所有人家族之外出售,亲属比非亲属拥有优先购买权。这项法律可以追溯到中世纪,目的是为了保证土地在家族手中持有。[②]

当然,世袭权并不能阻止农场土地出售给非亲属,特别是16 和 17 世纪瑞典达拉纳地区,绝大多数的土地交易发生在非亲属之间。但这并不是资本主义土地市场,这只是保护继承权和世袭权的社会经济的组成部分。奥斯特伯格发现 17 世纪的土地市场比 16 世纪的明显增长。但是,这既不是商品化的产物也不是出现了资本主义土地市场。这是出于战争和增加税收的目的强迫农民出售土地,经常会出现 17 世纪的一个农场在接下来一个多世纪的时间内,没有在核心家庭成员内部传递,就是在

---

① Beaur, G., Schofield, P., Chevet, J-M. & Pirez Picazo, eds., *Property Rights, Land Market and Economic Growth in the European Countryside (Thirteenth-Twentieth Centuries)*, M.T., 2013, p.458.

② Beaur, G., Schofield, P., Chevet, J-M. & Pirez Picazo, eds., *Property Rights, Land Market and Economic Growth in the European Countryside (Thirteenth-Twentieth Centuries)*, M.T., 2013, p.458.

家族内部传递的例子。[1]

1681 年,瑞典国王进行的军事改革影响了土地市场的发展,即王室限定的农场规模受到了保护,资本主义土地市场希望的土地流通受到了限制。农民不向国王缴纳赋税的代价是满足装备士兵的需求,农民要向当地士兵提供必需品。为了保障可以长期地获得武器装备,王室土地和自由保有权的农场的状况必须良好。因此,王室颁布法律禁止拆分农场。这就阻止了小规模地产间的出售与购买。与此同时,瑞典已有的家庭系统和继承习惯也起了作用。在王室土地上的农民仅仅是佃户,他们拥有受限制的财产权。部分王室土地的佃户在为骑兵购买马匹和装备的费用后,可以转移或出售他们的土地保有权。佃户获得了类似于财产所有权的土地和转让土地的权利。在得到王室土地的管理官的许可之前,佃户不能分割土地。[2]

根据传统的观点,农业对于瑞典工业化的贡献主要有两种方式:一是通过劳动力的超出供给向工业提供廉价劳动力,二是从 19 世纪 40 年代开始向国外出口粮食为工业提供资金。根据这一观点,瑞典的农业变革发生在 19 世纪上半叶,特别是1840—1850 年间,大的庄园扩大了生产能力应对来自国外的粮食需求。[3]

然而,这一观点在 20 世纪 70 年代得到修正。瑞典的农业

---

① Beaur, G., Schofield, P., Chevet, J-M.& Pirez Picazo, eds., *Property Rights, Land Market and Economic Growth in the European Countryside(Thirteenth-Twentieth Centuries)*, M.T., 2013, pp.458-459.

② Beaur, G., Schofield, P., Chevet, J-M.& Pirez Picazo, eds., *Property Rights, Land Market and Economic Growth in the European Countryside(Thirteenth-Twentieth Centuries)*, M.T., 2013, p.459.

③ Beaur, G., Schofield, P., Chevet, J-M.& Pirez Picazo, eds., *Property Rights, Land Market and Economic Growth in the European Countryside(Thirteenth-Twentieth Centuries)*, M.T., 2013, p.455.

变革发生在 18 世纪和 19 世纪初期。农业对工业的影响不仅是通过劳动力和出口,还在工业革命之前农业催生了一个消费的工业品国内市场,通过投资农民教育提高劳动者的水平,以及在土地、劳动力和资本方面产生的需求。这体现了农民和农业变革传播的重要性。

从 18 世纪下半叶至 19 世纪上半叶,瑞典的粮食由进口变为出口,连续三个圈地法案促进圈地运动开展,新的劳动技术和作物被引入,土地、劳动力和信贷市场出现,这使得农业生产率不断提高。在乡村社会,农业变革还包括经济和社会的分化,出现了土地持有者和无地农民的群体。①

农业变革的一个重要成果是个人财产权的强化。18 世纪,制度的变革让农民特别是自由保有权的农民收入增加,这就增大了对农业投资的可能性。18 世纪和 19 世纪的圈地取代了过去的敞田,增强了个人管理土地的能力。通过法令强化的财产权让王室土地的佃户纷纷购买土地并将土地转变为自由保有权,以及对贵族土地的处置使得社会各阶层都可以购买土地。至 1800 年更加商业化的土地市场开始出现。②

和欧洲其他国家不同,瑞典的土地市场不是发生农业革命的先决条件之一,而是由农业革命发展起来的。购买王室土地和将土地转变为自由保有权对扩大土地市场具有潜在的重要性。1701 年,瑞典国王查理十二世在一项法令中宣布王室土地可以出售并转为自由保有权土地,被誉为"解放土地法案"。和

---

① Beaur, G., Schofield, P., Chevet, J-M.& Pirez Picazo, eds., *Property Rights, Land Market and Economic Growth in the European Countryside(Thirteenth-Twentieth Centuries)*, M.T., 2013, p.460.

② Beaur, G., Schofield, P., Chevet, J-M. & Pirez Picazo, eds., *Property Rights, Land Market and Economic Growth in the European Countryside(Thirteenth-Twentieth Centuries)*, M.T., 2013, p.461.

乡绅、贵族一样，王室土地的佃户也有权购买土地。至1789年，王室土地的佃户拥有独占地购买土地并转为自由保有权的权利。[1] 对农民来说，赎买土地的费用不成问题。一方面，作为17世纪晚期军事改革中装备士兵的物资回应，依附于土地的税收可以让农民从粮食价格上涨和开垦荒地中收益。另一方面，王室土地的价格比正常的土地价格低。[2]

不仅是王室土地在农业改革中进入土地市场，1723年和1789年的法案也允许非贵族身份的群体持有之前属于贵族的土地。1810年，所有土地向所有不同阶层的民众开放，均可购买。18世纪晚期，数个政治集团开始质疑贵族土地的免税问题。在向全体社会阶层敞开土地大门后，贵族土地的免税依然存在。贵族同样可以从改革中获益，因为贵族的土地同样有大批潜在的买家购买。18世纪晚期，大约7%的贵族土地被非贵族身份的人士持有。至1722年，甚至出现了佃户拥有贵族土地的现象，尽管法律禁止这样操作，比例只有1%。1789年和1809年法律改革之后，农民持有贵族土地的比例迅速上升。至1809年，比例达到11%，1865年则上升到27%。整个18世纪和19世纪，佃户持有瑞典土地的大部分份额。[3]

当工业革命来临之际，瑞典在经济上落后于英国和欧洲西北部地区，包括尼德兰、比利时、法国北部和德国西部部分地区。

---

① Beaur, G., Schofield, P., Chevet, J-M & Pirez Picazo, eds., *Property Rights, Land Market and Economic Growth in the European Countryside (Thirteenth-Twentieth Centuries)*, M.T., 2013, p.461.

② Beaur, G., Schofield, P., Chevet, J-M & Pirez Picazo, eds., *Property Rights, Land Market and Economic Growth in the European Countryside(Thirteenth-Twentieth Centuries)*, M.T., 2013, pp.461-462.

③ Beaur, G., Schofield, P., Chevet, J-M.& Pirez Picazo, eds., *Property Rights, Land Market and Economic Growth in the European Countryside(Thirteenth-Twentieth Centuries)*, M.T., 2013, p.462.

农业是瑞典国家居民谋生的主要手段。与其他欧洲地区不同，瑞典农业中的土地所有权是最重要的优势。长期以来农民土地所有者和租地保有权的佃户一切持有属于王室或贵族的土地。农奴制从来没有出现，租约由可选择的契约规定。在生产过程中，土地的承租人比土地所有人享有更多的自由。整个18世纪农民对自己耕种土地的权利得到了强化。[①]

受到西欧国家思想影响，瑞典政府对农业和农民的方式转变了。在一种更加开放的重农主义思想下，农业在瑞典国家的重要性被着重强调，而非税收。政府愿意给农场主更大的自由，促成人口增长。在王室土地的租地保有权通过购买和纳税被转变为自由保有权。政府通过促进土地复垦，鼓励人口增长，允许拆分不断扩大的农场和小农场主建造房屋或农舍。[②]

17世纪和18世纪的制度和经济改革提高了农民的收入，圈地运动增强了农民的财产权利，对劳动力需求的增长产生了一个劳动力市场，以及新的管理土地方式的应用。但农业变革中的其他两项必要因素的市场出现较晚，土地市场和资本市场直到19世纪才发展起来。[③]

从1720年到1810年，瑞典的农业生产增长略高于人口增长。此后，人口持续增长，人均农业生产率提高。在二十年的时间里，瑞典从一个经常性的粮食进口国变成了粮食出口国。20

---

① Lennart Schon, *An Economic History of Modern Sweden*, Routledge2012, p.26.

② Lennart Schon, *An Economic History of Modern Sweden*, Routledge2012, pp.26-27.

③ Beaur, G., Schofield, P., Chevet, J-M.& Pirez Picazo, eds., *Property Rights, Land Market and Economic Growth in the European Countryside（Thirteenth-Twentieth Centuries）*, M.T., 2013, p.455.

世纪 70 年代的研究支持这一观点,即农业发展与农民阶层的分化和能够自给自足的自由持有土地的农民—农场主的出现有关。伊莱·赫克舍认为瑞典解放农民的代价是农业发展的迟缓。许多研究者认为通过一系列制度变革导致自耕农自由和财产权利的加强导致了农业的增长。这就暗示说 18 世纪瑞典农业增长不是农民远离市场和不具备现代化农业者的资格。农民有权扩大家庭农场面积、分割财产和适应多样的市场生产,为了提高收入或购买粮食,瑞典的土地产权所有者参与了一场劳动力密集的农业革命,和罗伯特·阿兰提到的 17 世纪和 18 世纪早期英国的"约曼农农业革命"类似。①

二、挪　威

挪威位于斯堪的纳维亚半岛西部,近三分之一国土在北极圈以内,农业面积 99.9 万公顷,仅占国土面积的 2.6%,其中牧草地 65.2 万公顷。农业以畜牧业为主,蛋、奶制品基本自给,蔬菜水果主要依靠进口。森林覆盖率占国土面积的 40%。渔业是重要的传统经济部门,养殖业以三文鱼为主,主要捕捞鱼种为鳕鱼、鲱鱼、鲐鱼、毛鳞鱼等。

从中世纪到 19 世纪,挪威农业存在三种类型的土地市场。第一类是地主之间用于收取地租或其他财产的土地。其他两类市场是农民寻求建立农场或住宅的土地。这两种类型的土地市场是一个佃户的土地市场,他们需要依附于王室或教会以及中等规模的地产所有者;第一类市场则是自由保有权的土地市场,

---

① Beaur,G.,Schofield,P.,Chevet,J-M.& Pirez Picazo,eds.,*Property Rights, Land Market and Economic Growth in the European Countryside*(*Thirteenth-Twentieth Centuries*),M.T.,2013,p.495.

对土地处置的自由度较大。①

至 17 世纪中期，第一种类型的土地市场依然被公共机构（王室或教会）所有人主导，私人地主较少。土地市场的交易相对平稳，直到 17 世纪下半叶商人和官员逐渐获得相当数量的前王室地产。这种土地市场在 18 世纪几乎完全消失，原因是土地所有人逐渐地将土地出售给单独的佃户，并将投资的重点放到了其他行业。②

另外两类土地市场是为希望进入土地市场的农民准备的。一个是佃户土地持有系统，另外一个则是自由保有权性质的土地。拥有租佃权的佃户对土地流转有着可靠的影响力，他们甚至可以在土地市场上公开出售土地保有权。只要新佃户愿意向地主支付入地费，佃户可以自由地将其地产转移给自己的亲属或外来人，只需要从其地主那里获得形式上的许可。直到 18 世纪，佃户主导的土地市场催生了一个巨大的土地市场，即将退休的佃户和其遗孀可以有权将土地置于自己家族之中或流转给非亲属关系的外来人，以获得经济补偿。而在 18 世纪，拥有前王室地产的商人和官员将土地出售给佃户，佃户主导的土地市场逐渐减少。至 18 世纪中期，基于佃户的土地市场和基于自由保有权的土地市场的份额基本相当。在自由保有权的地产上，获得土地在继承人出生时就被指定。根据挪威财产权的规定，长子拥有获得土地的优先权。随着自由保有权土地的不断增加，家庭纽带和有竞争

① Beaur, G., Schofield, P., Chevet, J-M. & Pirez Picazo, eds., *Property Rights, Land Market and Economic Growth in the European Countryside (Thirteenth-Twentieth Centuries)*, M.T., 2013, p.343.

② Beaur, G., Schofield, P., Chevet, J-M. & Pirez Picazo, eds., *Property Rights, Land Market and Economic Growth in the European Countryside (Thirteenth-Twentieth Centuries)*, M.T., 2013, p.352.

力的年轻人成为获得土地的重要先决条件。[①]

　　13 世纪早期的时候,挪威农民被认为是法律意义上的自由人。和丹麦不同的是,挪威乡村没有人身依附关系。在挪威大多数地区,地主拥有全部或部分农场,以佃农的地租为生。地主对佃农没有司法权力。[②]

　　天主教会是挪威中世纪最大的地主。1536 年宗教改革之后,王室没收了天主教会的财产,教会地产的地租收入达到了整个国家的地租收入的一半。王室将没收而来的土地据为己有,或用于奖励王室官员或机构,只将大约一半的土地给予保留下来的教会机构,用于支撑地方教堂和弥撒。[③]

　　农民的地租对挪威十分重要,特别是在远离王室和教会中央管理之外的区域。1536 年之前,全国三分之一的地租来自非贵族的私人地产,土地的持有者的主体是农民以及少量的商人和城镇居民。但这并不意味着农民都是自由持有土地者,耕种自己的土地。农民也经常利用佃农耕种土地,这种复杂的地租构成体系可以使农民拥有部分农场土地,并将其余农场土地出租给佃户。[④]

---

　　① Beaur, G., Schofield, P., Chevet, J-M.& Pirez Picazo, eds., *Property Rights, Land Market and Economic Growth in the European Countryside(Thirteenth-Twentieth Centuries)*, M.T., 2013, pp.352-353.

　　② Beaur, G., Schofield, P., Chevet, J-M. & Pirez Picazo, eds., *Property Rights, Land Market and Economic Growth in the European Countryside(Thirteenth-Twentieth Centuries)*, M.T., 2013, p.343.

　　③ Beaur, G., Schofield, P., Chevet, J-M.& Pirez Picazo, eds., *Property Rights, Land Market and Economic Growth in the European Countryside(Thirteenth-Twentieth Centuries)*, M.T., 2013, pp.343-344.

　　④ Beaur, G., Schofield, P., Chevet, J-M. & Pirez Picazo, eds., *Property Rights, Land Market and Economic Growth in the European Countryside(Thirteenth-Twentieth Centuries)*, M.T., 2013, p.344.

至 1661 年,挪威不到 40% 的土地被私人持有,其中一半由地主拥有自由保有权,自己耕种土地,剩余比例中接近 80% 被出租给佃农耕种。佃农持有土地在挪威西部、特伦德拉格和挪威北部的一些地区是主流模式,而在阿格德尔地区自由持有土地的农民占到了一半以上。17 世纪中期,一场严重的经济危机迫使丹麦—挪威王室将其持有的大量土地质押给债权人,以获得同瑞典作战的军费。至 17 世纪晚期,这些土地被当地商人和官员持有。18 世纪之前属于教会和修道院的教堂和地产的出售,又使当地商人和官员持有土地的数量不断扩大。为了寻求更好的商业投资和回报,新兴地主们逐渐将土地出售给佃农。[①]

对于挪威农业经济组织来说,土地保有权、地租、入地费和租约等问题的研究十分重要。土地所有者对土地投资的原因在于可以从佃农那里获得稳定的地租收益,即所谓的土地年金(Landskyld),这是在中世纪晚期确定的和地产价值相关的固定年地租。从中世纪末期开始的人口危机(与欧洲的黑死病关系密切)使得地租普遍减少至 14 世纪中期之前地租的 1/5 至 1/4 之间。从 16 世纪起,对农场和租地保有权的需求不断上涨。为了保证佃农这一可靠的纳税者,丹麦—挪威政府阻止了由完全由农民构成的地方法庭同意领主提高土地年金的尝试。[②]

作为租地保有权土地的附属物,其他费用可以收取,包括从 16 世纪开始后出现的三年期的费用,但金额有限。领主只有一个方式来增加地租收入,即通过收取不受限制的入地费的费用。

---

① Beaur, G., Schofield, P., Chevet, J-M.& Pirez Picazo, eds., *Property Rights, Land Market and Economic Growth in the European Countryside(Thirteenth-Twentieth Centuries)*, M.T., 2013, p.345.

② Beaur, G., Schofield, P., Chevet, J-M. & Pirez Picazo, eds., *Property Rights, Land Market and Economic Growth in the European Countryside(Thirteenth-Twentieth Centuries)*, M.T., 2013, p.345.

入地费因为人口不断增长对土地需求增大而不断上涨。当 17 世纪下半叶,挪威王室的土地因为偿还债务的原因大幅度减少,丹麦—挪威政府在 17 世纪 80 年代通过法令以及之后的法令将入地费固定在中等水平,这是对佃农对入地费过高抱怨的回应。和 16 世纪的土地年金规定类似,对入地费的限定目的是让佃农有能力纳税,以及降低地主对其土地财富的控制力。在此期间,政府无视来自私人地主和教会地产的神职人员的申辩。尽管在 18 世纪出现过高额非法的入地费的情况,但对入地费的限制确实影响了私人对土地投资的热忱。①

入地费同长期租约有关。16 世纪中期之前,租约年限变化较大。早在 12 世纪,最古老的地方法律——挪威西部的究乐议会(Gulating)规定,租约期限最少为一年,但没有将地主和佃农自行达成协议的长期租约排除在外。其他地区的法律,像特伦德拉格的夫罗斯塔庭法律和 1274 年的国家法律都规定租约的最大年限为三年。这些法律和法令都没有限制地主自己同意的租约期限。挪威历史学家克努特·赫勒通过研究发现在 1350 年之前的实际租约并没有明确的标准,租约主要受出租方和承租方的影响。事实上,租约期限从短期到长期,甚至出现可继承的租约,王室和教会地产尤其偏爱长期租约。②

14 世纪开始的人口危机让地主对租约期限的影响力不断削弱。直到 16 世纪上半叶,有能力的佃农依然可以对租期有选择权,因为被遗弃的农场和住宅众多。地主不得不大幅度减少

① Beaur, G., Schofield, P., Chevet, J-M. & Pirez Picazo, eds., *Property Rights, Land Market and Economic Growth in the European Countryside (Thirteenth-Twentieth Centuries)*, M.T., 2013, pp.345-346.

② Beaur, G., Schofield, P., Chevet, J-M. & Pirez Picazo, eds., *Property Rights, Land Market and Economic Growth in the European Countryside (Thirteenth-Twentieth Centuries)*, M.T., 2013, p.346.

地租,以留住原有的佃农和吸引新的佃农。长期租约对地主的吸引力较大。中世纪晚期的土地租约中,有小部分租约的年限可长达佃农的一生,而且可以继承给后代。极少数租约是限定给佃农的儿子和孙子的数代人的时间,但大多数是可继承的。中世纪晚期的危机使得租约期限为一代或几代人以及可继承成为普遍现象。也有三年短期租约出现,目的是保证乡村巡视官的权威。①

至16世纪中期的挪威,终身期限的租约成为合法的形式。根据1604年挪威克里斯蒂安四世的法律,终身期限的租约被认为是唯一合法的形式,除非地主和佃农之间达成别的租约期限的协议,这样的情况十分罕见。至少从1568年起,一个租地保有权让渡给承租人的遗孀,在不缴纳新的入地费的情况下,遗孀可以保有她丈夫的农场。这项权利在17世纪之前被多次确认,在1604—1687年间的挪威法律体系中被再次确认。再婚之前,承租人的遗孀可以保有土地。1687年法令中的一项条款赋予遗孀的新丈夫在交纳正常的入地费后获得终身保有土地的权利。这项条款没有在1604年的法令中出现,但到16世纪中期,上述规定已经融入挪威佃农的司法体系中。1574年,一封来自王室的信件允许一位在王室土地上的遗孀的新丈夫从王室管理员那里获得租约。②

如果地主改变租约的话,挪威的佃农们无须重新制定新的租约。一方面,根据1604年克里斯蒂安五世的法律规定,佃农

---

① Beaur, G., Schofield, P., Chevet, J-M. & Pirez Picazo, eds., *Property Rights, Land Market and Economic Growth in the European Countryside (Thirteenth-Twentieth Centuries)*, M.T., 2013, p.346.

② Beaur, G., Schofield, P., Chevet, J-M. & Pirez Picazo, eds., *Property Rights, Land Market and Economic Growth in the European Countryside (Thirteenth-Twentieth Centuries)*, M.T., 2013, p.347.

可以随时终止他们的租约,只要在圣诞节前发出通知即可。另一方面,地主无权驱赶佃户,除非出现了在挪威法律中规定的可以终止租约的情况。① 佃户的土地使用权受到了法律的保护。

从 16 世纪开始,不缴纳地租(年金地租)被认为是可以驱逐佃户的。直到 1687 年克里斯蒂安五世的法律中,如果佃农不能在每三年交纳三年期的地租,佃农就会失去租地保有权。从 16 世纪中期直到 1687 年挪威国家法律出台前,放弃建筑物或农场可以成为驱逐佃户的原因。1687 年的法律将其移除取而代之的是一个非法砍伐树林会被驱逐的条款,因为木材出口在挪威经济中的重要性日益增长。在 1604 年克里斯蒂安四世的法律中不能缴纳赋税成为驱逐的原因之一,这表明财政收入对丹麦—挪威政府的重要性也在日益增长。越来越多的短期租约产生的驱逐问题发生在不安分的地主和佃户中间。②

挪威的历史学家中有一个普遍的观点,挪威的佃户对土地流转的影响力极小,地主处于土地流转的决定方,他们可以认可一个新佃户。但是根据最近的研究成果,上述观点说服力不足。有明显的证据表明确定一个土地保有权的继任者的权利在佃农或他的遗孀手中。至 16 世纪中期,终身保有权被认为是挪威土地分配的普遍形式。这样的租约可以被佃户或他的遗孀取消或放弃。尽管这种权利在任何法律和法令中都没有明确强调,但是地方法庭档案中显示在实际操作中,佃户被允许向特定的人或他们选中的人转移租地保有权,以口头或书面的形式加以确

---

① Beaur, G., Schofield, P., Chevet, J-M.& Pirez Picazo, eds., *Property Rights, Land Market and Economic Growth in the European Countryside(Thirteenth-Twentieth Centuries)*, M.T., 2013, p.347.

② Beaur, G., Schofield, P., Chevet, J-M. & Pirez Picazo, eds., *Property Rights, Land Market and Economic Growth in the European Countryside(Thirteenth-Twentieth Centuries)*, M.T., 2013, p.347.

认。这种将土地保有权给予特定继承人的权利使得佃户或遗孀可以对土地流转施加相当分量的控制力。地主可以对上述行为进行处罚,但是地方法庭的程序阻止了地主同其他佃户签订租约,一旦原有的佃户或遗孀将土地保有权转移给其他人。①

移交或流转土地保有权的合法权利,即将租地保有权转移给一个新的佃户,是极有价值的。佃户和其遗孀可以根据情况对于土地保有权作出不同的选择,既可以在其年老时将土地保有权出租,获得金钱或物品,抑或以此为嫁妆吸引年轻人入赘。在18世纪,这种特殊的权利需要佃户向地主支付数百里斯克硬币(Riskdaler),一个相当合理的价格。而在这种权利需求不足的地区,在17世纪末期和18世纪初期的挪威中西部地区,流转土地保有权的价格不会超过几件衣服或一桶谷物。②

根据上述情况,有一个观点认为挪威的佃户享受的是"事实上"的财产权,相当于中世纪晚期和近代早期欧洲其他地区存在的真正财产所有权。像在德国的某些地区,对于地主对土地权利的弱化和有效地增强佃户享有的真正所有权确实存在,通过终身或可继承的土地保有权的形式出现。在斯堪的纳维亚区域内,挪威的佃户对土地流转的控制之强应该与挪威地主的弱势地位和丹麦—挪威政府希望挪威佃户成为稳定的纳税人有着密切的关系。③

---

① Beaur, G., Schofield, P., Chevet, J-M. & Pirez Picazo, eds., *Property Rights, Land Market and Economic Growth in the European Countryside(Thirteenth-Twentieth Centuries)*, M.T., 2013, p.348.

② Beaur, G., Schofield, P., Chevet, J-M. & Pirez Picazo, eds., *Property Rights, Land Market and Economic Growth in the European Countryside(Thirteenth-Twentieth Centuries)*, M.T., 2013, pp.348-349.

③ Beaur, G., Schofield, P., Chevet, J-M. & Pirez Picazo, eds., *Property Rights, Land Market and Economic Growth in the European Countryside(Thirteenth-Twentieth Centuries)*, M.T., 2013, p.349.

　　佃户持有土地的流转和继承受到佃户及其遗孀的影响巨大。在私人或公共地产上,佃户利用他们的权利来流转土地保有权和任命新的继承者的情况众多。17世纪中期至18世纪末期,55%—63%的租地保有权的土地被佃户或遗孀通过流转机制转移到特定的继承人手中。佃户遗孀的新丈夫也有权利签订一份新的租佃协议,这等于佃户的遗孀事实上影响了新佃户的出现。如果将再婚包括在内的话,佃户控制的土地流转比例高达73%—80%,而地主自主选择的佃户的比例很低。非佃户主导土地流转的事例发生在17世纪末期至18世纪早期的教会地产上。包括再婚的遗孀在内,教会地产上的佃户控制了接近一半的土地流转。①

　　土地保有权从佃户转向自由保有权农民是18世纪之后挪威农业经济的重要组成部分。商人和官员开始在17世纪末期出售土地,地主可以从附属于农场的林地砍伐树木用于自用或出售,而佃户只能自用。在17世纪下半叶的挪威南部和东部地区,购买农场及其林地用于出售木材是佃户购买土地的主要动机。但这并不是租地保有权转变为自由保有权的唯一解释。佃户拥有相当安全的终身保有土地的权利,以及在确认土地保有权的继承人的问题上拥有话语权。佃户和其后代最大的不安全性来自土地的所有者将土地收回,自己耕作农场,理由是没有土地可以养活自己,尽管商人、官员和教会人员一般不会使用类似的借口。佃户在可能的情况下通常选择购买土地以保护自己。17世纪晚期到19世纪中期的挪威的地产结构几乎完全转变为自由保有权的土地。②

① Beaur, G., Schofield, P., Chevet, J-M. & Pirez Picazo, eds., *Property Rights,Land Market and Economic Growth in the European Countryside*(*Thirteenth-Twentieth Centuries*), M.T.,2013,pp.349-350.

② Beaur, G., Schofield, P., Chevet, J-M. & Pirez Picazo, eds., *Property Rights,Land Market and Economic Growth in the European Countryside*(*Thirteenth-Twentieth Centuries*), M.T.,2013,p.351.

教会地产于 19 世纪 20 年代开始出售土地,至 19 世纪下半
叶所有的挪威农民都成为自由持有土地者。他们当中的大多数
已经享受了挪威人的财产所有权,即其后代对家族土地的交易
和捐赠享受优先购买权和回购权。从 17 世纪 60 年代开始,地
主向佃户出售土地时,这种优先的财产所有权的重要性日益提
高,逐渐扩大到自由保有权者的群体范围。与此同时,法律逐渐
放松了农民使用优先购买权的时间限制,从 1604 年的 30 年,到
1687 年的 20 年,直到 1771 年减少至 15 年。这使得新的自由保
有权的农民能够轻易地获取财产所有权。①

在挪威前工业化之前,土地市场的获得的资本低于来自贸
易和出口的投资所获。土地财产是一个稳定安全的投资对象,
甚至还可以获得更高的社会地位。但在 17 世纪,拥有前王室土
地的商人和官员不断出售土地,将所获资金用于投资贸易、造船
业以及木材和矿产的出口工业。对土地投资的区域限定在诸如
挪威东部,这里是林地的主要区域。随着 18 世纪土地价格上
涨,大量资本被释放出来,这是提升挪威贸易和出口的关键因
素,使得商人和投资者成为挪威社会的一个重要阶层。②

佃户和自由持有者的土地市场受到土地所有权变化的影响
有限。至 18 世纪,在佃户主导的土地市场中,佃户可以决定谁
来承接他持有的土地,在许多地区产生了一个潜在的由佃户主
导的土地市场。在 19 世纪,大多数农民获得了土地的财产所有
权,他们考虑将土地留在家族内部,而将极少的土地留给自由交

① Beaur,G.,Schofield,P.,Chevet,J-M.& Pirez Picazo,eds.,*Property Rights,
Land Market and Economic Growth in the European Countryside*(*Thirteenth-Twentieth
Centuries*),M.T.,2013,pp.351-352.

② Beaur, G., Schofield, P., Chevet, J-M. & Pirez Picazo, eds., *Property
Rights,Land Market and Economic Growth in the European Countryside*(*Thirteenth-
Twentieth Centuries*),M.T.,2013,p.354.

易的土地市场。尽管这种处置土地的机制在许多地区有效,但来自不断上涨的土地的利润使得自由保有权的土地所有者将土地出售而非将土地继承给长子,以期获得更多利润。[①]

1969 年挪威共有持有者 154977 人,持有土地 955333 公顷。持有土地在 1 公顷以下的有 12077 人,他们共持有土地 8820 公顷。持有土地在 1—2 公顷的有 21237 人,他们共持有土地 31217 公顷。持有土地在 2—5 公顷的有 55167 人,他们共持有土地 184498 公顷。持有土地在 5—10 公顷的有 42240 人,他们共持有土地 291655 公顷。持有土地在 10—20 公顷的有 17938 人,他们共持有土地 241299 公顷。持有土地在 20—50 公顷的有 5822 人,他们共持有土地 162832 公顷。持有土地在 50—100 公顷的有 496 人,他们共持有土地 35012 公顷。

1979 年挪威共有持有者 125302 人,持有土地 958528 公顷。持有土地在 1 公顷以下的有 7917 人,他们共持有土地 5217 公顷。持有土地在 1—2 公顷的有 16637 人,他们共持有土地 22891 公顷。持有土地在 2—5 公顷的有 37364 人,他们共持有土地 123183 公顷。持有土地在 5—10 公顷的有 32716 人,他们共持有土地 228765 公顷。持有土地在 10—20 公顷的有 21632 人,他们共持有土地 296390 公顷。持有土地在 20—50 公顷的有 8228 人,他们共持有土地 277092 公顷。[②]

---

① Beaur, G., Schofield, P., Chevet, J-M.& Pirez Picazo, eds., *Property Rights, Land Market and Economic Growth in the European Countryside* (*Thirteenth-Twentieth Centuries*), M.T., 2013, p.354.

② Food and Agriculture Organization of the United Nations, *Supplement to the Report on the 1990 World Census of Agriculture. International comparison and Primary results by country* (*1985–1995*), Rome, 2001, p.73, Table 4.2, Number and Area (in Hectares) of Holdings Classified by Size: 1990, 1980, 1970 Rounds of Censuses (Including Only Countriesproviding this Information for the 1990 Round of Censuses).

　　1989 年挪威各种农民持有土地面积的分类如下：土地持有者共 99382 人，耕地面积共有 991077 公顷。其中，持有土地在 1 公顷以下的有 4261 人，他们共持有土地 2809 公顷。持有土地在 1—2 公顷以下的有 9343 人，他们共持有土地 12937 公顷。持有土地在 2—5 公顷的有 23427 人，他们共持有土地 77325 公顷。持有土地在 5—10 公顷的有 24969 人，他们共持有土地 177475 公顷。持有土地在 10—20 公顷的有 25320 人，他们共持有土地 355193 公顷。持有土地在 20—50 公顷的有 11194 人，他们共持有土地 307374 公顷。持有土地在 50—100 公顷的有 801 人，他们共持有土地 50156 公顷。持有土地在 100—200 公顷的有 57 人，他们共持有土地 7809 公顷。[①]

三、丹　麦

　　丹麦北部隔北海和波罗的海与瑞典和挪威相望，南部与德国接壤。直到 19 世纪中期，丹麦的乡村才出现位于紧凑地块上的农场模式，根据英国的标准，丹麦的农场较小，但比欧洲其他国家的农场规模大且完整，没有被分割。丹麦农业没有经历一个专门从事于畜牧产品生产的转变，粮食是最主要的农产品。[②]

　　从 18 世纪以来，丹麦农民最大的变化之一就是身份的解放。在 18 世纪中期，丹麦的土地主要由贵族、王室和教会所有，只有少量的农民拥有自己的地产。广大农民耕种不属于自己的

[①]　Food and Agriculture Organization of the United Nations, *Supplement to the Report on the 1990 World Census of Agriculture.International comparison and Primary results by country*（1985-1995）, Rome, 2001, p.67, Table 4.1, Number and Area（in Hectares）of Holdings Classified by Size.

[②]　Michael Tracy, *Agriculture in Western Europe*：*Challenge and Response* 1880-1980, Granada 1982, p.113.

土地,租约没有明确期限,他们向地主缴纳地租和提供繁重的强制劳动。农民生活在密集的村庄中,以敞田的形式耕种土地,三圃制是常见形态,即冬季为谷物、春季为谷物和牧场。征兵制为领主提供额外廉价劳动力,领主可以选择佃户去从事令人厌恶的兵役,领主有时肆无忌惮地使用这种方法。然而在中世纪早期13世纪前后的丹麦封建化过程中,丹麦三分之二的土地属于农民,农民阶层还可以构成第四等级,参与国王确立等事宜。但从此之后,丹麦农民失去了土地和独立,不得不依附于领主。在18世纪最后几十年至19世纪初期,丹麦农民有重新获得的土地所有权,奴役身份和强制性劳役被取消,因此产生了一个让丹麦成为欧洲最有效率农业国家之一的农场体系。①

　　农民身份解放的重要原因是丹麦王室权力的增长。1660年,丹麦被瑞典接连打败,丢失了瑞典南部的数个省份。因为战争的原因,贵族的影响力被削弱,等级议会(Estate General)决定建立一个绝对权力的君主政体。18世纪早期,国王在自己的庄园领地内为农民进行改革。另一个原因是,在拥有土地的贵族中间出现了具有改革思想的领导人。席卷欧洲的思想启蒙运动也产生了影响,特别是重农学派思想中提倡强有力政府和有权威的君主抑制垄断和特权,很多位贵族在自己的领地上进行改革。②

　　16世纪30年代的宗教改革的后果之一就是改变了丹麦的土地分配结构。16世纪下半叶,丹麦国王与贵族进行了大规模土地置换。通过置换,国王成为某些地区唯一的财产所有人,例如锡克兰及其附属岛屿,而贵族则在斯堪尼、菲英岛和日德兰半

----

　　① Michael Tracy, *Agriculture in Western Europe: Challenge and Response 1880-1980*, Granada 1982, p.113.

　　② Michael Tracy, *Agriculture in Western Europe: Challenge and Response 1880-1980*, Granada 1982, pp.113-114.

岛增加对土地占有的份额。丹麦王室也剥夺了众多自由人的权利,允许新的地主从农民那里购买完全所有权农场。自由保有权的土地在丹麦几乎完全消失。①

至17世纪初期,丹麦只有两个最主要的土地持有者:王室和贵族,几乎各占一半。1482—1660年间,强大的丹麦贵族通过法律禁止王室和非贵族身份的阶层接手贵族土地,除非王室与贵族进行等价值的土地交换。资产阶级债权人可以获得负债贵族的土地,但必须在一年内将土地出售给另外一位贵族。②这在客观上阻碍了土地在乡村社会自由地流动。

丹麦王室和政府逐渐认识到现有农业体系的低效率必须进行改革。随着乡村人口的增长,领主越来越不需要依靠"征召"(Stavnssbaand)来确保劳动力的供应,在城镇化对劳动力的需求却在不断增长。许多领主已经认识到强制性劳役(Hoveri)的低效性。征召和强制性劳役也引发了佃户的不满情绪。③

对农民的强制征召在1778年被废除,年龄为14岁以下和36岁以上,到1800年,对所有年龄佃户的征召都被废止。1799年,一个法令允许将劳役服务折算为现金。1758—1760年一系列法令推动了将分散敞田圈地为合并地块的行为,1792年的立法推动了圈地运动。随着强制征召和劳役服务被废止,领主很愿意把土地出售给佃户。从1788年开始,佃户可以获得政府提供的低息贷款用于购买土地和建立农场,还款期限为25年。佃

---

① Bas van Bavel and Richard Hoyle, eds., *Rural Economy and Society in North-western Europe, 500–2000 Social Relation: Property and Power*, Brepols, 2010, p.291.

② Bas van Bavel and Richard Hoyle, eds., *Rural Economy and Society in North-western Europe, 500–2000 Social Relation: Property and Power*, Brepols, 2010, pp.291–292.

③ Michael Tracy, *Agriculture in Western Europe: Challenge and Response 1880–1980*, Granada 1982, p.114.

户获得了更安全的租约保障,租约规定租期至少为 50 年或终身。甚至连之前没有公地权利只有公共牧场权利的佃农也获得了两或三公顷土地。丹麦政府通过立法提倡建立一个强大的中等规模农场体系,既阻止土地并购产生大农场,也阻止农场被拆分为不足以养活家庭的更小农场。①

到 1810 年,大多数公地已经被圈占,许多农民搬进新的农场。三分之一至二分之一的土地被农民自己耕种,土地成为农民自己的财产。整个 19 世纪,农民拥有自由保有权的土地的比例在不断上升。这种情况不仅是来自政府的贷款,还包括因为拿破仑战争而引起的产品价格上涨,它给予农民更多的资金用于购买土地和农业革新。关于土地继承的习惯,最普遍的做法是让一个最合适的儿子或女儿继承土地,其他子女在结婚或出嫁时会获得经济补偿。② 对于丹麦农业而言,更重要的改革来自取消人身依附限制和更多个人发展机会。

作为一个农产品的出口国,丹麦农产品出口的类别在 19 世纪出现了重要变化,即从粮食出口国转变为肉类及其产品出口国。在海外廉价粮食引入之前,丹麦是一个以粮食出口为主的国家。丹麦也向英国和德国出口一部分黄油、奶酪、蛋类和畜牧产品。从 19 世纪 70 年代开始,粮食价格下跌,至 1895 年左右,粮食价格到达谷底。③

牲畜产品受到的影响较小,肉类和牲畜价格在 19 世纪末期小幅下跌,但幅度小于粮食价格跌幅。丹麦生产的高品质黄油

① Michael Tracy, *Agriculture in Western Europe: Challenge and Response 1880-1980*, Granada 1982, pp.114-115.

② Michael Tracy, *Agriculture in Western Europe: Challenge and Response 1880-1980*, Granada 1982, p.115.

③ Michael Tracy, *Agriculture in Western Europe: Challenge and Response 1880-1980*, Granada 1982, p.116.

使其价格上涨。从 1866 年至 1910 年,丹麦哥本哈根出口牲畜类产品的价格基本呈现上涨态势。① 畜牧产品和粮食价格的变动给了丹麦农民从事畜牧养殖更大的动力。丹麦的农场主用畜牧产品出口取代了粮食出口,成为丹麦农业具有决定性意义的转变。

在 19 世纪 60 年代,开明的丹麦农业领导人已经预见到来自海外的粮食对丹麦粮食出口的挑战。1860—1888 年担任过丹麦皇家农业协会主席的爱德华·特斯多夫是一位大地主,他引进新的农业技术改良自己土地的耕种技法,并使用粮食和草料强化精细化乳制品业的基础。在特斯多夫的推动下,丹麦农业中畜牧业生产被强化。牲畜出口中奶牛的数量在稳定增长,猪的数量在成倍增长,只有羊的出口受到来自海外羊毛的冲击,和西欧国家一样呈下降趋势。

与此同时,畜牧产品的出口因为技术的更新迅速增长。1871—1914 年,牛奶、黄油、鸡蛋和猪肉的出口增加了三倍多。② 上述出口产品的变化是受农业革新的影响,主要是将农业生产的重心转移到畜牧业生产上。

从 19 世纪 80 年代开始,牲畜产品的出口开始迅速增长。1872 年,牲畜产品的出口第一次超过粮食出口。至 19 世纪 80 年代,奶制品、肉类和牲畜已经成为丹麦出口的名片,丹麦成为一个除大麦外的粮食出口国。③

联合合作是丹麦农业生产中最明显的特质之一,在丹麦农

---

① Michael Tracy, *Agriculture in Western Europe*: *Challenge and Response 1880-1980*, Granada 1982, p.116.

② Michael Tracy, *Agriculture in Western Europe*: *Challenge and Response 1880-1980*, Granada 1982, p.117.

③ Michael Tracy, *Agriculture in Western Europe*: *Challenge and Response 1880-1980*, Granada 1982, p.118.

业变革中起到至关重要的作用。农业合作的准则是在19世纪50年代成立的信用合作社和1866年首次出现的零售合作社的基础上建立的。19世纪80年代的经济危机加快了农业合作的进程。牲畜产品的增长需要快速和高效的加工和销售。这已经超出了个人小生产者的能力范围,合作社给出了解决方案。在合作社的乳制品业出现之前,制作黄油是农场主妻子的工作,合作之后,用现代化技术可以大批量生产黄油,离心机分离器大约在1880年开始投入使用。脱脂奶被送回农场喂猪。产品交货后,合作社的成员即农场主就会收到首付款,剩余收入为最终利润和交货数量的分成。1882年第一家乳业合作社成立,1886年增加到176家、1890年增加到600家、1900年增加到942家,几乎每个教区就有一家。[1]

生猪在丹麦农民的出口产品中占据十分重要的地位。1887年,德国政府暂停生猪进口,随后几年,这一政策被不断强化,这使得1896年之后丹麦的生猪出口几乎为零。丹麦农民重新定位后向英国出口熏肉。1887年,第一家合作式的肉类加工厂出现,至1890年,在丹麦乡村的每个地区都有类似的加工厂出现。至1900年,乳制品、肉类鸡蛋和其他牲畜产品的合作协会总数达到1541家,超过231000人参与其中,每年的营业额高达1亿8千9百万克朗。[2]

19世纪丹麦农业经历了一次重大的农业变革。1900年前后,受到经济危机影响的丹麦农产品价格总体不高。许多农场主无力支付贷款,许多农场被出售。农业土地的价格从1880—1884年的每公顷4000克朗下降到1895—1899年的2400克朗。

---

[1] Michael Tracy, *Agriculture in Western Europe: Challenge and Response 1880-1980*, Granada 1982, p.119.

[2] Michael Tracy, *Agriculture in Western Europe: Challenge and Response 1880-1980*, Granada 1982, p.119.

以合作社系统为基础，丹麦农业从粮食出口转向畜牧产品出口。丹麦农场主建立了一个高效、深度融合的生产、加工、经销的产业体系，这使得丹麦在 20 世纪成为一个重要的农业出口国，也让农业为整个丹麦国家经济作出了不可估量的贡献。①

从 20 世纪下半叶开始，在四分之一个世纪的时间内，丹麦的农业人口不断减少，直接和农业生产相关的劳动者大约有350000 人，占丹麦总人口的 7%。1976 年，农业领域雇佣的全职工人人数大约为 125000 人，为整个国家劳动力的 6%—7%。当然，这些数据不足以表明农业对于劳动力市场的重要性。与农产品加工相关和为农业服务的其他行业的雇佣劳动力占到了整个国家商品—生产中使用劳动力的 25%。②

直接农业生产中雇佣的 125000 名全职劳动力可以分为100000 名家庭劳动力（夫妻双方作两人计算）和 25000 名工人，这还包括农场主家庭已经成年的孩子的劳动。家庭农场在丹麦农业中具有决定性地位。年长的农场主拥有小农场，耕作范围广泛而非精细化。年轻的农场主拥有大农场，利用先进设备和机械进行大规模的牲畜养殖。农场雇佣的工人中有大约4000—5000 人是临时工和专家，他们拥有自己的房产。他们经常性地被大农场雇佣。他们根据和农场之间的协议领取工资，还可以拥有一个和他们工作有关的小房屋。剩余的 15000 人主要是受训的年轻农民，一些在其父母的农场工作，一些则是远离家乡。根据丹麦农业的传统，农场主的儿子们如果愿意承接家族农场或其他农场，他们就必须在农场为父母或其他农场主劳

① Michael Tracy, *Agriculture in Western Europe: Challenge and Response 1880-1980*, Granada 1982, p.120.

② *Agriculture in Denmark*, Published by the Agriculture Council of Denmark, Copenhagen 1977, pp.23-24.

作。他们会按月支付报酬，和其他家庭成员一起生活。①

1970 年丹麦共有持有土地 140197 公顷。持有土地在 2—5 公顷的有 14528 户，他们共持有土地 41510 公顷。持有土地在 10—20 公顷的有 43589 户，他们共持有土地 623279 公顷。持有土地在 20—50 公顷的有 43904 户，他们共持有土地 1304838 公顷。持有土地在 50—100 公顷的有 7055 户，他们共持有土地 455430 公顷。持有土地在 100—200 公顷的有 1611 户，他们共持有土地 300124 公顷。

1979 年丹麦共有持有土地 122722 公顷。持有土地在 2—5 公顷的有 16660 户，他们共持有土地 39651 公顷。持有土地在 5—10 公顷的有 21588 户，他们共持有土地 157631 公顷。持有土地在 10—20 公顷的有 32098 户，他们共持有土地 465679 公顷。持有土地在 20—50 公顷的有 40928 户，他们共持有土地 1262565 公顷。持有土地在 50—100 公顷的有 9363 户，他们共持有土地 612709 公顷。持有土地在 100—200 公顷的有 2085 户，他们共持有土地 381488 公顷。②

1989 年丹麦各种农民持有土地面积的分类如下：土地持有者共 81267 户，耕地面积共有 22774127 公顷。其中，持有土地在 10 公顷以下的有 4749 户，他们共持有土地 95462 公顷。持有土地在 10—20 公顷的有 19605 户，他们共持有土地 284791 公顷。持有土地在 20—50 公顷的有 31348 户，他们共持有土

① *Agriculture in Denmark*, Published by the Agriculture Council of Denmark, Copenhagen 1977, p.24.

② Food and Agriculture Organization of the United Nations, *Supplement to the Report on the 1990 World Census of Agriculture. International Comparison and Primary Results by Country* (*1985-1995*), Rome, 2001, p.72, Table 4.2, Number and Area(in Hectareees) of Holdings by Size: 1990, 1980, and 1970 Rounds of Censuses (Including only Countries Providing this Information for 1990 Round of Censuses).

地 1007856 公顷。持有土地在 50—100 公顷的有 12162 户,他们共持有土地 818355 公顷。持有土地在 100—200 公顷的有 3403 户,他们共持有土地 567663 公顷。①

①　Food and Agriculture Organization of the United Nations,*Supplement to the Report on the 1990 World Census of Agriculture.International Comparison and Primary Results by Country*(1985–1995),Rome,2001,p.67,Table 4.1,Number and Area(in Hectares)of Holdings Classified by Size.